専門訴訟講座⑤

第2版

不動産関係訴訟

澤野順彦　齋藤 隆　岸 日出夫　編

民事法研究会

第2版はしがき

『専門訴訟講座(5)不動産関係訴訟』の初版が平成22年に刊行されてから早や13年が経過した。この間、社会・経済情勢の変化はめまぐるしく本書の専門とする不動産ないし不動産法の分野も大きく変革した。特に不動産に関する基本法令である民法典においても、平成29年に主として債権法の分野の主要な規定が120年ぶりに改訂され（平成29年法律第44号）、また、令和3年には、財産管理制度、共有制度、相隣関係規定、相続制度の見直しについて民法の一部が改正された（令和3年法律第25号）。また、これらの不動産紛争を解決するための判例理論も種々変遷をみた。本書第2版は、これらの事情を反映したものとすべく、各テーマの執筆者に多大の配慮を戴いたものである。

本書の構成については、本書初版の編者のお一人であった塩崎勤先生のご勇退を受け、新たに岸日出夫氏にご参画戴くとともに、次のいくつかのテーマについて、下記のとおり執筆者の交替があり、初版執筆者の意向をくみつつ、ご執筆戴いた。

記

第1部第8章　付随義務の不履行と契約解除
　　鎌田薫先生→白石大先生
第2部第1章　不動産関係訴訟と実務上の問題点
　　塩崎勤先生→岸日出夫先生
第2部第4章　借家関係訴訟と実務上の問題点
　　宮川博史先生→矢作和彦先生
第2部第5章　マンション関係訴訟と実務上の問題点
　　村重慶一先生→村重慶一先生・鎌野邦樹先生
第2部第8章　相隣関係訴訟と実務上の問題点
　　安藤一郎先生→大久保由美先生
第3部第5章　賃料増減額請求訴訟
　　大久保正道先生→大嶋洋志先生
第3部第6章　共有物分割請求訴訟
　　酒井良介先生→島田英一郎先生

第2版はしがき

　初版でご執筆戴いた諸先生方に心より感謝を申し上げる。

　なお、本書第2版の改訂作業は、初版刊行後10年を経過した時点で始まったが、折しも新型コロナウイルスによる社会活動の停滞等のあおりを受け、3年余遅滞したところ、この間、早々に改訂原稿を戴いた諸先生も多く、ご迷惑をお掛けしてしまったことに深くお詫びするとともに、ご寛恕戴ければ幸いである。

　最後に、ご多忙中、貴重な論稿をお寄せいただいた執筆者各位にお礼を申し上げるとともに、本書第2版の編集に多大のご尽力を戴いた民事法研究会海谷祥輝さんには心よりお礼を申し上げます。

　　令和6年9月

編者　澤野　順彦

同　　齋藤　　隆

同　　岸　日出夫

はしがき

　民事裁判においては、不動産をめぐる訴訟は極めて多く、これをいかに迅速・適切に処理すべきかが重要な課題であるが、このたび、研究者、裁判官、弁護士がそれぞれの専門的知識を駆使して、紛争解決のための理論的解明と実務指針を明示することにした。

　本書の全体像は、以下のとおりである。

　「第1部　法理編」では、手付、二重譲渡、瑕疵担保責任、明渡し、立退料、通行権、賃料増減額請求、仲介業ほか不動産をめぐる豊富な論点につき、深化を重ね専門としている研究者が、紛争の中に活きる理論を解説し、新たな形での「理論と実務の架橋」の実現を試みた。

　「第2部　実務編」では、裁判官・弁護士等実務家を中心に、売買、借地・借家、マンション、保全、相隣関係、競売等紛争類型ごとに実務上の留意点を明示することとした。

　「第3部　要件事実と裁判編」では、裁判官を中心に、代金、明渡し・引渡し、境界確定、賃料増減、共有物分割、借地非訟等訴訟類型ごとに、要件事実の解析と紛争解決の指針を解説することとした。

　本書だけでは完全なものとはいえないが、研究者にはその更なる研鑽に、裁判官・弁護士等は訴訟実務において、十分参照していただけるのではないかと期待している。

　最後に、ご多忙中、貴重な論稿をお寄せいただいた執筆者各位にお礼を申し上げるとともに、本書の刊行・編集に尽力いただいた民事法研究会の安倍雄一さんに心より感謝する次第である。

　平成22年6月

編者　塩崎　　勤

同　　澤野　順彦

同　　齋藤　　隆

第1部　不動産関係訴訟の法理

第1章　不動産売買契約の成立時期

第1節 問題の所在──契約の成立とその意義 2

第2節 不動産売買の実務と裁判例 5

Ⅰ　不動産売買の実務 5
  1　不動産売買のプロセス 5
  2　不動産売買の特質 7

Ⅱ　不動産売買契約の成立をめぐる裁判例 8
  1　契約書が作成された場合 9
  2　契約書が作成されていない場合 10

第3節 不動産売買の成立時期の認定基準──私見 21

Ⅰ　まとめ 21

Ⅱ　契約成立意思 22

Ⅲ　契約の熟度論 23

Ⅳ　契約成立時説の再評価 24

第2章 契約締結準備段階における当事者の責任

第1節 問題の所在──契約締結上の過失の理論とその外延 ………… 25

Ⅰ　契約自由の原則と信義則 ………………………………………… 25

Ⅱ　「契約締結上の過失」の理論 …………………………………… 26

第2節 契約の無効と契約締結上の過失 ………… 27

Ⅰ　責任の法的性質 …………………………………………………… 27

Ⅱ　通説に対する批判 ………………………………………………… 28

Ⅲ　平成29年改正による規律 ……………………………………… 29

第3節 契約交渉の不当破棄 ……………………………… 30

Ⅰ　問題の所在 ………………………………………………………… 30

Ⅱ　最高裁判所の見解とその評価 ………………………………… 31

　1　昭和59年最高裁判決 ………………………………………… 31

　2　平成19年最高裁判決 ………………………………………… 32

Ⅲ　学説の展開──信義則上の義務の内容 …………………… 34

　1　契約の交渉段階に応じた責任 …………………………… 34

　2　予備的合意の理論 …………………………………………… 36

第4節 情報提供義務（説明義務） ………… 36

Ⅰ　情報提供義務の意義・根拠 …………………………………… 36

Ⅱ　合意の瑕疵によるアプローチ──契約の無効・取消し・解除 ………………………………………………………… 38

　1　錯誤取消しの主張 …………………………………………… 38

　2　詐欺による取消し …………………………………………… 39

　3　契約締結上の過失による解除 …………………………… 40

目　次

Ⅲ　損害賠償によるアプローチ──不法行為 ……………… 40

　1　最高裁判所の見解 ………………………………………… 40

　2　意思決定権の侵害 ………………………………………… 42

結　語 ………………………………………………………… 43

第3章　手付と解約

第1節　手付の性質 …………………………………………… 45

Ⅰ　手付の意義 …………………………………………………… 45

Ⅱ　手付の種類 …………………………………………………… 46

　1　解約手付 …………………………………………………… 46

　2　成約手付 …………………………………………………… 46

　3　証約手付 …………………………………………………… 47

　4　違約手付 …………………………………………………… 47

Ⅲ　契約の拘束力との関係 …………………………………… 47

Ⅳ　提供の要否 …………………………………………………… 51

　1　手付交付者の場合 ………………………………………… 51

　2　手付収受者の場合 ………………………………………… 52

第2節　手付の額 ……………………………………………… 53

第3節　手付契約 ……………………………………………… 54

第4節　解約手付と履行の着手 …………………………… 55

Ⅰ　履行の着手 …………………………………………………… 55

Ⅱ　履行期前の履行の着手 …………………………………… 57

Ⅲ　履行の着手の要件の根拠 ………………………………… 59

Ⅳ　相手方の履行の着手後の解除 ………………………… 60

Ⅴ　ローン条項 …………………………………………………… 61

目 次

第5節　違約手付の解釈 ································· 62

Ⅰ　損害賠償額の予定の併存 ··························· 62

Ⅱ　違約手付を兼ねる解約手付 ························· 62

Ⅲ　契約関係を清算する趣旨の違約手付 ··········· 64

Ⅳ　手付額を超える損害賠償 ··························· 65

第4章　登記なしに対抗できる物権変動

はじめに ·· 67

第1節　登記がなくても物権変動を対抗できる「物」 ··· 68

Ⅰ　総　論 ·· 68

Ⅱ　土　地 ·· 70

Ⅲ　建　物 ·· 71

Ⅳ　土地の定着物 ·· 74

　　1　立　木 ··· 74

　　2　未分離の果実・生育中の稲立毛 ················· 78

　　3　建物ではない建造物 ······························ 80

　　4　その他の定着物質 ································· 81

第2節　登記がなくても物権変動を対抗できる「物権」 ··· 82

Ⅰ　総　論 ·· 82

Ⅱ　入会権 ·· 84

Ⅲ　留置権 ·· 84

Ⅳ　一般の先取特権 ·· 85

目　次

Ⅴ　地役権──要役地所有権の移転に伴う移転 ……………… 85

Ⅵ　抵当権・不動産質権──被担保債権の移転に伴う
　　移転 ……………………………………………………………… 86

Ⅶ　「従たる権利」を目的に含む物権 …………………………… 87

Ⅷ　特別法によって登記以外の対抗要件が認められてい
　　る物権・物権類似の権利 …………………………………… 87

Ⅸ　特別法上の物権 ……………………………………………… 88

Ⅹ　慣習法上の物権──いわゆる「温泉権」を中心に ……… 88

第3節　登記なしに対抗できる「物権変動」…… 90

Ⅰ　総　論 ………………………………………………………… 90

Ⅱ　生存者間の契約に基づく物権変動 ………………………… 93

Ⅲ　法律行為の取消し …………………………………………… 93

Ⅳ　契約の解除 …………………………………………………… 98

Ⅴ　相　続 ………………………………………………………… 100

　1　相続内容についての公示制度 …………………………… 100

　2　単独相続 …………………………………………………… 102

　3　共同相続 …………………………………………………… 102

Ⅵ　時効取得 ……………………………………………………… 104

**第4節　登記をしないと物権変動を対抗でき
　　　　ない「第三者」の範囲** ……………………108

Ⅰ　「第三者」の客観的要件 …………………………………… 108

Ⅱ　「第三者」の主観的要件 …………………………………… 109

まとめに代えて ……………………………………………………… 111

8

第5章　不動産取引と契約不適合責任

第1節 はじめに …………………………………………112

第2節 売主の契約内容適合給付義務 …………………113

第3節 物に関する契約不適合責任 …………………115

Ⅰ　要　件 ……………………………………………………115

　1　目的物が買主に引き渡されていること …………………115

　2　目的物の品質または数量が契約内容に適合していないこと ………116

Ⅱ　物に関する契約不適合責任の効果 ……………………123

　1　買主の追完請求権 …………………………………………124

　2　代金減額請求権 ……………………………………………126

　3　買主の損害賠償請求権 ……………………………………129

　4　売買契約の解除 ……………………………………………133

第4節 権利に関する契約不適合責任 …………………136

Ⅰ　はじめに …………………………………………………136

Ⅱ　移転した権利が契約内容に適合しない場合 ……………136

Ⅲ　権利の一部が他人に属する場合においてその権利の
　　一部が買主に移転しないとき ……………………………139

Ⅳ　効　果 ……………………………………………………139

　1　追完請求 ……………………………………………………140

　2　代金減額請求 ………………………………………………140

　3　損害賠償請求 ………………………………………………141

　4　契約解除 ……………………………………………………141

　5　目的不動産に存在する担保権を買主が消滅させた場合 …………142

Ⅴ　権利の全部が他人に属する場合 ………………………142

9

目　次

第5節 **目的物の種類または品質に関する**
担保責任の期間制限 ⋯⋯⋯⋯⋯⋯⋯143

Ⅰ　物の種類・品質における契約不適合を理由とする
買主の権利の期間制限 ⋯⋯⋯⋯⋯⋯⋯⋯⋯⋯⋯⋯144

Ⅱ　新築住宅に関する特別規定 ⋯⋯⋯⋯⋯⋯⋯⋯⋯146

Ⅲ　権利および数量に関する契約不適合の場合 ⋯⋯⋯147

第6節 **契約不適合責任を減免する特約** ⋯⋯⋯148

Ⅰ　民法上の規定 ⋯⋯⋯⋯⋯⋯⋯⋯⋯⋯⋯⋯⋯⋯⋯148

Ⅱ　消費者契約における契約不適合責任を減免する
特約 ⋯⋯⋯⋯⋯⋯⋯⋯⋯⋯⋯⋯⋯⋯⋯⋯⋯⋯⋯149

　　1　宅地建物取引業法 ⋯⋯⋯⋯⋯⋯⋯⋯⋯⋯⋯⋯⋯149

　　2　住宅の品質確保の促進等に関する法律 ⋯⋯⋯⋯149

　　3　消費者契約法 ⋯⋯⋯⋯⋯⋯⋯⋯⋯⋯⋯⋯⋯⋯150

第6章　不動産の二重譲渡

はじめに ⋯⋯⋯⋯⋯⋯⋯⋯⋯⋯⋯⋯⋯⋯⋯⋯⋯⋯⋯151

第1節 **二重譲渡における所有権帰属の**
確定 ⋯⋯⋯⋯⋯⋯⋯⋯⋯⋯⋯⋯⋯152

Ⅰ　意思主義・対抗要件主義の意義 ⋯⋯⋯⋯⋯⋯⋯152

　　1　登記効力要件主義との比較 ⋯⋯⋯⋯⋯⋯⋯⋯⋯152

　　2　「対抗することができない」の意義 ⋯⋯⋯⋯⋯153

　　3　双方未登記の状態での法律関係 ⋯⋯⋯⋯⋯⋯⋯156

　　4　登記に関する主張・立証責任 ⋯⋯⋯⋯⋯⋯⋯⋯157

Ⅱ　「第三者」制限説と背信的悪意者廃除論 ⋯⋯⋯158

　　1　二つの明治41年大審院連合部判決 ⋯⋯⋯⋯⋯⋯158

　　2　第三者の主観的態様 ⋯⋯⋯⋯⋯⋯⋯⋯⋯⋯⋯160

10

3 転得者が出現した場合の法律関係 ………………………… 164

第2節 **特定物債権保護のための制度との**
連関 ………………………………………………………… 166

Ⅰ 第2譲受人に対する詐害行為取消権・不法行為責任
の追及 …………………………………………………………… 166
1 詐害行為取消権 …………………………………………… 166
2 第2譲受人に対する不法行為責任 ……………………… 169

Ⅱ 譲渡人に対する損害賠償請求権・代償請求権 ………… 171
1 譲渡人に対する損害賠償請求権 ………………………… 171
2 譲渡人に対する代償請求権の可能性 …………………… 172

おわりに ………………………………………………………… 174

第7章　危険負担

第1節 **危険負担総論** ……………………………………… 176
Ⅰ 危険負担における債務者主義 …………………………… 176
Ⅱ 危険負担に関する平成29年改正の経緯 ………………… 177

第2節 **危険負担の要件** ………………………………… 178
Ⅰ 民法536条1項の適用範囲 ……………………………… 178
Ⅱ 履行不能の意義 …………………………………………… 179
Ⅲ 帰責事由 …………………………………………………… 179
1 債権者、債務者の双方とも責めに帰すべき事由がない場合 ……… 179
2 債権者の責めに帰すべき事由による場合 ……………… 179
3 債務者の責めに帰すべき事由による場合 ……………… 180
4 債権者、債務者の双方とも責めに帰すべき事由がある場合 ……… 181
Ⅳ 立証責任 …………………………………………………… 181

11

目 次

第3節　危険負担の効果 ················ 182

Ⅰ　履行拒絶権 ······················· 182

Ⅱ　履行した場合の返還請求権 ················ 183

Ⅲ　債権者に帰責事由があって抗弁権が否定される場合
の利益償還 ·························· 184

第4節　危険の移転 ···················· 184

Ⅰ　引渡しによる危険の移転 ··············· 184

Ⅱ　危険移転の要件 ···················· 185

　1　引渡しの内容 ···················· 185

　2　危険移転の効果 ··················· 186

　3　他人物売買、二重売買の場合 ············ 186

Ⅲ　買主の受領遅滞中の危険移転 ·············· 187

第5節　請負契約 ···················· 187

Ⅰ　請負契約における危険負担 ·············· 187

Ⅱ　仕事完成による類型 ················· 188

Ⅲ　仕事完成前の滅失・損傷 ··············· 189

　1　仕事の完成が不可能になった場合 ·········· 189

　2　みなし完成の割合的報酬請求権 ··········· 190

　3　仕事の完成が可能な場合 ·············· 191

Ⅳ　仕事完成後の履行不能 ················ 192

第8章　付随義務の不履行と解除

第1節　本章の検討課題 ················ 193

第2節　裁判例の検討 ················· 195

Ⅰ　不動産売買契約の解除に関する裁判例 ·········· 195

12

	1	買主の公租公課負担義務の不履行 ……………………………… 196
	2	農地の買主の知事に対する許可申請手続協力義務の懈怠 ……… 198
	3	不動産取引業者である売主の説明義務違反 …………………… 199
	4	附帯施設の完成・提供義務の不履行 ………………………… 201
	5	その他の特約上の義務の不履行 ……………………………… 202

Ⅱ　不動産賃貸借契約の解除に関する裁判例 …………………… 203

1　賃借不動産の保管義務・用法遵守義務違反 ………………… 203

2　無断増改築 ………………………………………………… 204

3　賃借物の越境使用 ………………………………………… 205

4　迷惑行為 …………………………………………………… 206

5　その他の法令上・特約上の義務の不履行 …………………… 207

第3節　改正民法の解除の要件 ……………………………… 208

Ⅰ　改正の経緯・改正の内容 ……………………………………… 208

Ⅱ　解除の要件に関する改正民法の解釈 ……………………… 210

1　催告解除と無催告解除の関係 ……………………………… 210

2　軽微性の判断基準 ………………………………………… 211

3　不動産賃貸借契約の解除（信頼関係破壊法理との関係）………… 211

第9章　抵当権に基づく明渡請求

第1節　抵当権に基づく明渡請求の可否 ……………… 213

Ⅰ　抵当権に基づく明渡請求権の法的根拠 …………………… 213

1　問題の所在 ………………………………………………… 213

2　明渡請求をめぐる実体法と手続法 ………………………… 214

3　実体法上の法的根拠と理論構成 …………………………… 215

Ⅱ　判例の変遷 …………………………………………………… 217

1　平成3年最高裁判決 ……………………………………… 217

2　平成11年最高裁判決 ……………………………………… 219

13

3　平成17年最高裁判決 ……………………………………………… 225

　　4　判例法理とその課題 ……………………………………………… 228

第2節　抵当権に基づく明渡請求の要件 ……… 229

Ⅰ　物理的侵害の場合 ……………………………………………… 229

Ⅱ　占有侵害の場合 ………………………………………………… 231

　　1　不法占有（無権原占有）の場合と対抗不能権原占有の場合 ……… 231

　　2　占有侵害による抵当権侵害の成立時期 ………………………… 233

第3節　抵当権に基づく明渡請求の効果 ……… 234

Ⅰ　抵当権者への直接引渡しの要件 ……………………………… 234

**Ⅱ　抵当権者への直接引渡しが認められた場合の占有の
　　性質・内容** ………………………………………………………… 235

Ⅲ　明渡請求に伴う損害賠償請求 ………………………………… 236

**第4節　抵当権に基づく明渡請求と抵当権
　　本質論** …………………………………………………………… 237

第10章　通行権

第1節　通行権裁判の現状 ……………………………… 239

Ⅰ　問題の所在 ……………………………………………………… 239

Ⅱ　私道の通行使用権原 …………………………………………… 240

第2節　囲繞地通行権 ……………………………………… 241

Ⅰ　通行権の性質と通行紛争の実態 ……………………………… 241

　　1　囲繞地通行権の法的性質 ………………………………………… 241

　　2　囲繞地通行権の種類 ……………………………………………… 242

　　3　通行紛争の実態 …………………………………………………… 242

Ⅱ　通行権の成立要件 ……………………………………………… 243

1　袋　　地 ………………………………………………………………… 243

　　2　通行権の主体 …………………………………………………………… 244

Ⅲ　土地の分譲・分割による袋地通行権 …………………………… 245

　　1　制度の趣旨 ……………………………………………………………… 245

　　2　「無償通行権の特定承継」問題 …………………………………… 245

Ⅳ　自転車通行の可否 ……………………………………………………… 247

　　1　下級審判決の現状 …………………………………………………… 247

　　2　最高裁判決の登場 …………………………………………………… 248

　　3　裁判例の評価 ………………………………………………………… 249

Ⅴ　建築規制と法定通路 ……………………………………………… 250

　　1　問題の所在 ……………………………………………………………… 250

　　2　判例の立場 ……………………………………………………………… 251

　　3　学説の状況 ……………………………………………………………… 252

　　4　新たな視点 ……………………………………………………………… 252

第3節　通行地役権 ……………………………………………………… 253

Ⅰ　成立原因と内容 ……………………………………………………… 253

　　1　黙示合意 ………………………………………………………………… 253

　　2　成立事情 ………………………………………………………………… 254

　　3　通行権の内容 ………………………………………………………… 255

Ⅱ　時効による取得 ……………………………………………………… 256

Ⅲ　対抗問題 ………………………………………………………………… 257

　　1　未登記通行地役権の保護 ………………………………………… 257

　　2　地役権に基づく登記請求権 ……………………………………… 258

第4節　通行権の調整問題 …………………………………………… 259

Ⅰ　法定通行権と通行地役権 ………………………………………… 259

　　1　通行権の競合 ………………………………………………………… 259

　　2　通行権の併存 ………………………………………………………… 260

　　3　213条通行権の成否と通行権の調整問題 ……………………… 260

15

目 次

Ⅱ 人格権的権利と民法上の通行権 ……………………………… 261

第11章 賃料増減請求

第1節 賃料の概念・性質 ……………………………………………… 262

Ⅰ 借地・借家の賃料 ……………………………………………… 262

Ⅱ 賃料の本質 ……………………………………………………… 263

　1 賃料の概念 ……………………………………………………… 263

　2 権利金、更新料その他の一時金 ……………………………… 263

　3 サブリースにおける賃料 ……………………………………… 264

Ⅲ 賃料額の決定 …………………………………………………… 264

第2節 賃料増減請求権 …………………………………………… 265

Ⅰ 賃料増減請求権の根拠および性質 ………………………… 265

　1 賃料増減請求権の根拠とその沿革 …………………………… 265

　2 賃料増減請求権の性質 ………………………………………… 266

Ⅱ 賃料増減請求権の行使 ……………………………………… 267

　1 賃料の不相当性 ………………………………………………… 267

　2 期間の経過 ……………………………………………………… 268

　3 協議の要否 ……………………………………………………… 269

　4 賃料改定に関する特約がある場合 …………………………… 269

　5 サブリース、オーダーメイドリースの場合 ………………… 270

Ⅲ 賃料増減請求権行使の方法 ………………………………… 272

　1 賃料増減請求権の行使 ………………………………………… 272

　2 賃料増減請求権行使の当事者 ………………………………… 272

Ⅳ 賃料増減請求権行使の効果 ………………………………… 273

　1 判例の考え方 …………………………………………………… 273

　2 口頭弁論終結時説 ……………………………………………… 273

Ⅴ 賃料増減請求と相手方の債務不履行責任 ……………… 274

16

1	賃料増減請求がなされた場合の賃借人の支払額 ……………… 274
2	相当と認める額 ……………………………………………… 275
3	平成8年最高裁判決 ………………………………………… 275

Ⅵ 賃料増減請求の実質的要件 …………………………………… 276

1	借地借家法の定める要件 …………………………………… 276
2	公租公課等の変動 …………………………………………… 276
3	土地・建物価格の高低その他の経済事情の変動 ………… 277
4	近傍同種の建物の賃料 ……………………………………… 279
5	その他の事情 ………………………………………………… 280

第3節 相当賃料の算定 …………………………………………… 282

Ⅰ 相当賃料の算定方法 ……………………………………………… 282

1	相当賃料算定の基本的考え方 ……………………………… 282
2	鑑定結果と相当賃料の判断上の留意点 …………………… 283
3	鑑定評価基準における継続賃料の評価手法と相当賃料算定の 基本的考え方との関係 ……………………………………… 284
4	相当賃料の算定に関する学説・判例 ……………………… 285

Ⅱ 不動産鑑定評価基準における継続賃料の鑑定評価方法 …………………………………………………………… 287

1	「基準」における継続賃料の評価手法の変遷 …………… 287
2	賃料の種類 …………………………………………………… 288
3	新規賃料を求める鑑定評価手法 …………………………… 289
4	継続賃料を求める鑑定評価手法 …………………………… 289
5	賃料の鑑定評価の方法 ……………………………………… 291

Ⅲ 判例における相当賃料の算定方法 ………………………… 293

| 1 | 相当地代の算定方式 ………………………………………… 293 |
| 2 | 相当家賃の算定方式 ………………………………………… 297 |

Ⅳ 相当賃料額の決定の際の留意事項 ……………………… 300

| 1 | 従前の賃料額 ………………………………………………… 300 |
| 2 | 鑑定結果等 …………………………………………………… 302 |

目次

　3　相当賃料決定時に勘酌すべき事情 ‥‥‥‥‥‥‥‥‥‥‥303

第4節　賃料改定に関する特約の効力 ‥‥‥‥‥306

Ⅰ　賃料改定に関する特約の種類 ‥‥‥‥‥‥‥‥‥‥‥‥306

Ⅱ　賃料改定に関する特約の効力 ‥‥‥‥‥‥‥‥‥‥‥‥307

　1　賃料増減請求権の行使に関する特約 ‥‥‥‥‥‥‥‥‥307

　2　具体的な改定賃料額算定方法に関する特約 ‥‥‥‥‥‥308

　3　その他の特約 ‥‥‥‥‥‥‥‥‥‥‥‥‥‥‥‥‥‥‥309

第12章　正当事由と立退料

はじめに ‥‥‥‥‥‥‥‥‥‥‥‥‥‥‥‥‥‥‥‥‥‥‥‥‥312

**第1節　裁判所による借地借家法の規範内容
　　　　の具体化** ‥‥‥‥‥‥‥‥‥‥‥‥‥‥‥‥315

Ⅰ　借地関係における借地借家法の規範内容の具体化 ‥‥‥315

　1　主たる事由としての「借地権設定者及び借地権者が土地の使用
　　を必要とする事情」 ‥‥‥‥‥‥‥‥‥‥‥‥‥‥‥‥‥315

　2　従たる事由としての「借地に関する従前の経過及び土地の利用
　　状況」 ‥‥‥‥‥‥‥‥‥‥‥‥‥‥‥‥‥‥‥‥‥‥‥322

　3　補完事由としての立退料 ‥‥‥‥‥‥‥‥‥‥‥‥‥‥327

Ⅱ　借家関係における借地借家法の規範内容の具体化 ‥‥‥328

　1　主たる事由としての「建物の賃貸人及び賃借人が建物の使用を
　　必要とする事情」 ‥‥‥‥‥‥‥‥‥‥‥‥‥‥‥‥‥‥328

　2　従たる事由としての「建物の賃貸借に関する従前の経過、建物
　　の利用状況及び建物の現況」 ‥‥‥‥‥‥‥‥‥‥‥‥‥331

　3　補完事由としての立退料 ‥‥‥‥‥‥‥‥‥‥‥‥‥‥340

**第2節　具体的な正当事由判断基準の形成
　　　　──再開発の必要性** ‥‥‥‥‥‥‥‥342

目 次

Ⅰ 借地における土地の有効利用・再開発の必要性 ………… 342

Ⅱ 借家における再開発の必要性 ……………………… 348

第3節 近時登場した事案についての判断
基準の形成 ……………………………………… 355

Ⅰ 建物の耐震性能の不備 …………………………… 355

Ⅱ サブリース契約と建て貸し契約 ………………… 362

　1　サブリース契約と借地借家法28条の正当事由 ……… 362

　2　事業用建物の建て貸し契約 ……………………… 368

第13章　敷地利用権なき区分所有権

第1節 区分所有における敷地と建物 …………… 373

Ⅰ 建物と敷地利用権 ………………………………… 373

Ⅱ 敷　　地 …………………………………………… 375

Ⅲ 敷地利用権 ………………………………………… 375

　1　所有権 ……………………………………………… 375

　2　地上権 ……………………………………………… 376

　3　賃借権 ……………………………………………… 376

　4　定期借地権 ………………………………………… 378

Ⅳ 敷地利用権の割合 ………………………………… 378

第2節 敷地利用権なき区分所有権 ……………… 379

第3節 区分所有権売渡請求権 …………………… 381

Ⅰ 借地権と区分所有権売渡請求権 ………………… 382

　1　三つの借地権 ……………………………………… 382

　2　旧一般借地権 ……………………………………… 382

　3　一般借地権 ………………………………………… 383

　4　敷地利用権としての一般借地権 ………………… 384

19

5　借地権設定契約の一体性 ……………………………………… 385
　6　地代債務の性質 ………………………………………………… 386
　7　管理組合による一体的処理 …………………………………… 387
　8　定期借地権 ……………………………………………………… 388
Ⅱ　建物収去請求 …………………………………………………… 388
Ⅲ　区分所有権売渡請求権者 ……………………………………… 389
Ⅳ　時　価 …………………………………………………………… 391

第4節　法定地上権 ……………………………………………… 391

第5節　敷地利用権割合の不十分な区分所有権 ………………………………………… 393

第14章　区分所有建物の不法利用者等の排除

第1節　区分所有建物をめぐる「不法利用」……395
Ⅰ　本章の目的・内容 ……………………………………………… 395
Ⅱ　マンションのトラブルと不法利用・管理費滞納 ……… 396
　1　マンション総合調査 …………………………………………… 396
　2　トラブルの処理方法 …………………………………………… 397

第2節　義務違反者に対する法的措置 …………… 397
Ⅰ　義務違反者に対する区分所有法の三つの措置 ………… 398
　1　違反行為の停止等 ……………………………………………… 398
　2　専有部分の使用禁止 …………………………………………… 398
　3　区分所有建物からの排除 ……………………………………… 398
　4　各措置の関係 …………………………………………………… 398
Ⅱ　義務違反者の区分所有建物からの排除 ……………… 399
　1　区分所有権の競売請求 ………………………………………… 399

2　判定確定後の手続 ……………………………………… 401

　　3　占有者に対する引渡競売 ……………………………… 404

第3節　義務違反者の範囲──「共同利益背反行為」の意義 ……………………………………… 407

Ⅰ　義務違反に関する規約の定め ……………………………… 407

　　1　標準管理規約の定め ………………………………… 407

　　2　法律の規定と規約の定め …………………………… 408

　　3　規約の定めと「共同利益背反行為」との関係 ……… 409

　　4　共同利益背反行為者に対する制裁措置 …………… 411

Ⅱ　共同利益背反行為の意義と具体例 ……………………… 411

　　1　共同利益背反行為とは何か ………………………… 411

　　2　共同利益背反行為の具体的検討 …………………… 412

第4節　まとめ──義務違反者の区分所有建物からの排除要件 ………………………………… 421

第15章　不動産仲介業者の注意義務

はじめに …………………………………………………………… 423

第1節　注意義務の基本的あり方 …………………… 424

Ⅰ　仲介契約──媒介契約上の注意義務 …………………… 424

　　1　仲介契約の意義 ……………………………………… 424

　　2　受任者の義務 ………………………………………… 425

Ⅱ　宅地建物取引業法上の規定 ……………………………… 426

　　1　書面交付等の義務 …………………………………… 426

　　2　指定流通機構登録義務 ……………………………… 426

　　3　業務処理上の義務 …………………………………… 427

　　4　宅建業法と民事法との関連 ………………………… 428

目次

Ⅲ 仲介業者の第三者に対する義務 ················· 430
1 昭和36年最高裁判決 ····················· 430
2 不法行為責任と契約責任 ··················· 431

第2節 注意義務の具体的あり方 ·············· 432

Ⅰ 売買の仲介 ······························· 432
1 処分権限に関する事項 ··················· 432
2 物件の瑕疵に関する事項 ················· 435
3 その他の事項 ························· 444
4 損害賠償 ··························· 446

Ⅱ 賃貸に関連した仲介 ······················· 448
1 注意義務の存在 ······················· 448
2 注意義務の具体相 ····················· 448
3 損害賠償 ··························· 450

おわりに ··································· 451

第16章 不動産仲介業者の報酬

はじめに ··································· 452

第1節 不動産仲介契約と報酬 ·············· 452

Ⅰ 不動産仲介契約の法的性質 ················· 452

Ⅱ 不動産仲介業者の報酬額の算定基準 ··········· 455

第2節 不動産仲介業者を排除して直接取引が行われた場合の報酬請求 ············· 458

Ⅰ 問題の所在 ······························· 458

Ⅱ 報酬請求権の根拠に関する学説・判例 ··········· 459
1 民法130条1項説 ····················· 459
2 相当因果関係説 ······················· 460

22

3　仲介契約が解除された場合について別の論拠をあげる説 ………461
　4　その他の論拠に基づく見解 ……………………………………462
Ⅲ　学説の検討 ………………………………………………………462
　1　仲介業者の報酬額は全額か相当額か ………………………462
　2　想定された類型と立証の困難さ ……………………………463
　3　一般理論を志向するか否か ……………………………………464
　4　付随義務違反説（債務不履行説）……………………………466
Ⅳ　標準媒介契約約款 …………………………………………………466

第3節　非委託者に対する報酬請求 ………………467

**Ⅰ　不動産仲介業者が非委託者に対して報酬請求をする
　　類型** ………………………………………………………………467

Ⅱ　報酬請求権の根拠に関する学説 ……………………………468
　1　商法512条説 ……………………………………………………468
　2　商法550条2項類推適用説 …………………………………469
　3　復委任説（民法104条・106条2項（改正前民法107条2項）
　　　類推適用説）……………………………………………………470
　4　否定説 ……………………………………………………………471

Ⅲ　検　討 ……………………………………………………………472
　1　学説の検討 ………………………………………………………472
　2　関連問題 …………………………………………………………474

第4節　その他の問題 ………………………………476

**Ⅰ　仲介により成立した契約が解除された場合の報酬請
　　求** …………………………………………………………………476

Ⅱ　無免許業者による仲介 …………………………………………478

むすび ……………………………………………………………………480

目　次

第2部　不動産関係訴訟の実務

第1章　不動産関係訴訟と実務上の問題点

はじめに …………………………………………………………………482

第1節　不動産売買関係訴訟 ……………………………………483
Ⅰ　建築された建物の瑕疵と設計者・施工者等の不法行為事例 …………………………………………………………483
Ⅱ　契約不適合責任追及期間経過後の買主保護 …………485

第2節　借地関係訴訟 ………………………………………………486
Ⅰ　建物買取請求の可否 ………………………………………487
Ⅱ　賃借権の時効取得の可否 …………………………………488

第3節　借家関係訴訟 ………………………………………………489
Ⅰ　賃貸建物の賃借人の使用をめぐる諸問題 ……………490
Ⅱ　高層住宅からの居住者等の転落事故 …………………491

第4節　マンション関係訴訟 ……………………………………492
Ⅰ　賃料の滞納をめぐる問題と自力救済特約の適否 ……493
Ⅱ　区分所有者の共同の利益に反する行為をめぐる問題 …………………………………………………………494

第5節　相隣関係訴訟 ………………………………………………496
Ⅰ　隣地使用権をめぐる問題 …………………………………496
Ⅱ　囲繞地通行権をめぐる問題 ………………………………497

第6節　不動産競売関係訴訟 ……………………………………499

Ⅰ 強制執行のための請求債権の放棄または不執行の
  合意をめぐる問題 ……………………………………………………499
Ⅱ 法定地上権をめぐる問題 ……………………………………………500
おわりに ……………………………………………………………………501

第2章 不動産売買関係訴訟と実務上の問題点

はじめに ……………………………………………………………………502

第1節 不動産売買契約の成立 ……………………………………502

Ⅰ 不動産売買契約の性質と売買代金額 ……………………………502
Ⅱ 代金減額請求 …………………………………………………………503
Ⅲ 契約目的物の特定 ……………………………………………………504
  1 宅地の一部が取引対象と認められた事例 …………………………504
  2 1筆の土地の一部が取引対象と認められた事例 …………………505
Ⅳ 錯 誤 …………………………………………………………………505
  1 土地登記簿の記載が現地と異なっていた場合 ……………………505
  2 特定した土地に同一所有者の別の地番の土地の一部が含まれて
    いた場合 ………………………………………………………………506
  3 将来換地されることを前提に売買契約がなされた場合 …………506
Ⅴ 契約書の作成 …………………………………………………………506
  1 売渡承諾書が交付されても売買契約の成立が認められなかった
    事案 ……………………………………………………………………507
  2 民法上の売買契約成立要件が必要であるとして契約の成立が認
    められなかった事案 …………………………………………………507
  3 売渡承諾書と買付証明書が交付されても売買契約の成立が認め
    られなかった事案 ……………………………………………………508

25

目 次

第2節 他人の物の売買 ……………………………………508

第3節 法令等による制限 …………………………………509

Ⅰ 農地法 ……………………………………………………509
  1 対象土地の非農地化 ……………………………………509
  2 非農地化と時効の関係 …………………………………510
  3 買主が農地法5条の許可申請手続をしない場合 ………510

Ⅱ 国土利用計画法 …………………………………………510

Ⅲ 宅地建物取引業法 ………………………………………511

第4節 手 付 ………………………………………………512

Ⅰ 手付の法的性質 …………………………………………512

Ⅱ 履行の着手 ………………………………………………513
  1 履行の着手とは …………………………………………513
  2 履行の着手にあたる事例 ………………………………513
  3 履行の着手にあたらない事件 …………………………514

Ⅲ 手付と解約 ………………………………………………515

第5節 売買の予約・買戻し …………………………………516

Ⅰ 売買の一方予約・買戻し ………………………………516

Ⅱ 再売買の予約 ……………………………………………516

Ⅲ 買戻しの実行・売買の予約における売買完結権の
  行使 …………………………………………………………517

第6節 契約準備段階における当事者の
  責任 …………………………………………………………517

Ⅰ 契約締結上の過失 ………………………………………517

Ⅱ 裁判例 ……………………………………………………518
  1 契約条項の合意、契約締結日合意後の段階 …………518
  2 購入後の手配を進める事実関係を容認している場合 …518

3　契約が成立するとの期待を抱かせた場合 ･･･････････････････････ 518

第7節　付随義務の不履行と契約解除 ･･････ 519

I　契約の要素 ･･ 519

II　裁判例 ･･ 520

1　売買にあたって動機となる契約が不成立になった場合 ････････ 520

2　土地売買契約成立後、所有権移転登記前に買主が負うべき義務
を怠った場合 ･･･ 520

3　2個の契約が密接に関連づけられている場合に、一方の契約が
不成立となった場合 ･･･ 520

III　説明義務 ･･ 521

1　意　義 ･･･ 521

2　裁判例 ･･ 522

第8節　事情変更 ･･････････････････････････････････ 524

I　意　義 ･･･ 524

II　裁判例 ･･ 524

1　事情変更の原則の適用要件 ････････････････････････････････ 524

2　売買契約対象目的物の価格の高騰 ････････････････････････ 524

第3章　借地関係訴訟と実務上の問題点

第1節　借地関係訴訟の態様 ････････････････････ 526

第2節　借地関係訴訟において法律上問題となる事項 ････････････････････････････････ 527

I　借地権の種類 ･･ 527

II　地上権と賃借権の相違 ･･････････････････････････････ 528

27

Ⅲ　借地権価額の算定方法 ………………………………………528

Ⅳ　地代の増減額請求 ……………………………………………529

Ⅴ　適正な地代の算定方法 ………………………………………530

Ⅵ　地代増減額請求事件の訴額の算定方法 ……………………530

Ⅶ　借地契約の終了 ………………………………………………531

　1　正当事由のある更新拒絶 …………………………………531

　2　債務不履行を理由とする解除 ……………………………531

Ⅷ　令和2年4月1日施行の改正民法との関係 ………………532

第3節　借地関係訴訟と調停との関係 …………………532

Ⅰ　民事調停 ………………………………………………………532

　1　目　的 ………………………………………………………532

　2　管　轄 ………………………………………………………533

　3　借地関係に係る紛争の解決に調停を利用するメリット …533

　4　調停での紛争解決手続 ……………………………………534

　5　調停の効力 …………………………………………………534

Ⅱ　地代の増減額請求事件の調停前置主義 ……………………535

Ⅲ　和　解 …………………………………………………………536

第4節　借地非訟事件 ……………………………………536

Ⅰ　目　的 …………………………………………………………536

Ⅱ　対象となる借地契約 …………………………………………537

Ⅲ　種　類 …………………………………………………………537

　1　借地条件変更申立事件——借地借家法17条1項・5項 ……537

　2　増改築許可申立事件——借地借家法17条2項・5項 ………538

　3　更新後の建物再築許可申立事件——借地借家法18条1項 …538

　4　土地の賃借権譲渡または転貸の許可申立事件——借地借家法
　　　19条1項・7項 …………………………………………………538

　5　競売または公売に伴う土地賃借権譲受許可申立事件——借地
　　　借家法20条1項・5項 …………………………………………539

6　借地権設定者の建物および土地賃借権譲受許可申立事件
　　──借地借家法19条3項・7項・20条2項・5項 ……………539

Ⅳ　管　轄 ………………………………………………………………540

Ⅴ　借地関係に係る紛争の解決に借地非訟事件を利用
　するメリット ……………………………………………………540

1　簡易迅速な解決と公平性の担保 …………………………………540
2　専門的知見の活用 …………………………………………………541

Ⅵ　借地非訟事件での紛争解決手続 ……………………………541

Ⅶ　借地非訟事件の決定の効力 ……………………………………541

第4章　借家関係訴訟と実務上の問題点

はじめに ………………………………………………………………543

第1節　訴訟において争われる内容 ……………543

Ⅰ　借家関係訴訟の類型 ……………………………………………543

Ⅱ　借家契約の内容 …………………………………………………544

第2節　賃貸人から提起する訴訟 ………………545

Ⅰ　賃料不払に基づく賃料の支払および借家契約の解除
　による建物明渡しを求める訴訟 ……………………………545

1　賃料支払請求訴訟および建物明渡請求訴訟の手続 ……………545
2　訴訟手続上の留意点 ………………………………………………546

Ⅱ　用法違反に基づく解除による明渡請求 ……………………548

1　用法違反 ……………………………………………………………548
2　訴訟手続上の留意点 ………………………………………………548

Ⅲ　無断譲渡転貸に基づく解除による明渡請求 ………………550

1　無断譲渡転貸 ………………………………………………………550
2　無断譲渡転貸に対して賃貸人のとる手段 ………………………550

29

3　訴訟手続上の留意点 …………………………………………………550

**Ⅳ　解約申入れまたは期間満了（更新拒絶）による明渡
　　請求** ……………………………………………………………………551

　　1　借家契約における期間の定め …………………………………………551

　　2　解約申入れ（中途解約） ………………………………………………552

　　3　更新拒絶 …………………………………………………………………552

　　4　訴訟手続上の留意点 ……………………………………………………553

　　5　定期借家制度 ……………………………………………………………554

Ⅴ　更新料の支払請求 ……………………………………………555

Ⅵ　原状回復費用の支払請求 ……………………………………556

　　1　原状回復 …………………………………………………………………556

　　2　原状回復費用の支払請求 ………………………………………………556

　　3　原状回復と建物明渡し …………………………………………………557

第3節　賃借人から提起する訴訟 ………………………558

Ⅰ　敷金（通常損耗・経年変化等）の返還請求 …………558

**Ⅱ　建物所有権が第三者に移転した場合等の敷金・保証
　　金の返還請求** …………………………………………………559

Ⅲ　更新料の返還請求 ……………………………………………560

第4節　双方から提起されうる訴訟 ……………………560

Ⅰ　賃料の増減額請求 ……………………………………………561

Ⅱ　訴訟手続上の留意点 …………………………………………562

Ⅲ　調停手続上の留意点 …………………………………………563

第5節　その他 ………………………………………………………563

第5章 マンション関係訴訟と実務上の問題点

第1節 総 説 ·· 565

Ⅰ マンションの建築をめぐる紛争 ························· 565

Ⅱ マンションの販売をめぐる紛争 ························· 565

Ⅲ マンションの管理をめぐる紛争 ························· 566

第2節 マンションの建築をめぐる紛争 ··········· 566

Ⅰ 景観をめぐる紛争 ······································· 566

Ⅱ 建築確認に対する行政不服申立処分取消訴訟 ·········· 567

第3節 マンションの販売をめぐる紛争 ··········· 568

Ⅰ 契約不適合責任 ··· 568

Ⅱ 眺望に関する説明義務違反 ····························· 569

Ⅲ 駐車場専用使用権をめぐる紛争と法的性質 ············· 569

Ⅳ 耐震強度偽装をめぐる紛争 ····························· 570

Ⅴ 販売価格の値下げに伴う紛争 ··························· 572

第4節 マンションの管理をめぐる紛争 ··········· 573

Ⅰ 専有部分・共用部分をめぐる紛争 ····················· 573

Ⅱ 共用部分の使用・妨害をめぐる紛争 ··················· 574

Ⅲ 敷地の利用・専用使用をめぐる紛争 ··················· 574

Ⅳ 専有部分の使用、規約違反をめぐる紛争 ··············· 575

Ⅴ 損害賠償をめぐる紛争 ································· 576

Ⅵ 管理費等の支払をめぐる紛争 ························· 578

Ⅶ マンション管理組合における組合員、役員間の
紛争 ··· 579

31

目 次

Ⅷ　マンションの建替え等をめぐる紛争 ……………………………580
1　千里ニュータウンに関する紛争 ……………………………580
2　阪神・淡路大震災により被災したマンションに関する紛争 ………581
3　飯田橋Aハイツに関する紛争 ………………………………582
4　同潤会江戸川アパートメントに関する紛争 ………………582
5　芦屋川アーバンハイツに関する紛争 ………………………583
6　代官山マンションに関する紛争 ……………………………584
7　団地建替え決議の憲法適合性に関する紛争 ………………584

おわりに ……………………………………………………………585

第6章　不動産保全関係訴訟と実務上の問題点

第1節　総　説 ……………………………………………………586
Ⅰ　民事保全の意義 ……………………………………………586
Ⅱ　民事保全の種類 ……………………………………………587
Ⅲ　民事保全の特色 ……………………………………………587
Ⅳ　民事保全の審判の対象 ……………………………………587

第2節　申立てと管轄裁判所 …………………………………588
Ⅰ　申立て ………………………………………………………588
Ⅱ　管轄裁判所 …………………………………………………588

第3節　審理方式 ………………………………………………589
Ⅰ　オール決定主義 ……………………………………………589
Ⅱ　審　尋 ………………………………………………………589
Ⅲ　釈明処分の特例 ……………………………………………590
Ⅳ　民事保全命令手続における疎明 …………………………590

目 次

第4節 担 保 590

Ⅰ 担保の意義 590

Ⅱ 担保の提供 591

Ⅲ 担保の取消し等 592

第5節 仮差押え 592

第6節 仮処分 593

Ⅰ 係争物に関する仮処分 593

Ⅱ 占有移転禁止の仮処分 593

1 意 義 593

2 占有移転禁止の仮処分の被保全権利 594

3 占有移転禁止の仮処分の種類および効力 594

Ⅲ 処分禁止の仮処分 595

1 意 義 595

2 処分禁止の仮処分の種類 595

3 不動産に関する登記請求権（仮登記を除く）を保全するための
処分禁止の仮処分 595

4 建物収去土地明渡請求権を保全するための建物の処分禁止の
仮処分 597

5 その他の処分禁止の仮処分 597

6 仮処分解放金 598

Ⅳ 仮の地位を定める仮処分 598

1 意 義 598

2 審 理 598

3 仮の地位を定める仮処分の種類 599

第7節 裁判および裁判によらない終了 599

Ⅰ 裁 判 599

Ⅱ 裁判によらない終了 600

33

目　次

第8節　執行手続 ……………………………………600

第9節　当事者の保護と不服申立制度 ……………600

Ⅰ　債務者保護制度の種類 …………………………………600

Ⅱ　保全異議 …………………………………………………601

Ⅲ　保全取消し ………………………………………………601

Ⅳ　占有移転禁止の仮処分の債務者による不服申立て ……602

Ⅴ　保全抗告 …………………………………………………602

Ⅵ　即時抗告 …………………………………………………602

おわりに ………………………………………………………602

第7章　建築関係訴訟と実務上の問題点

第1節　建築関係訴訟の意義と特質 ……………604

Ⅰ　建築関係訴訟の意義 ……………………………………604

　1　建物の概念 ……………………………………………604

　2　建築の概念 ……………………………………………605

　3　建築関係訴訟のとらえ方 ……………………………606

Ⅱ　建築関係訴訟の特質 ……………………………………606

　1　建物の建築に関する紛争の態様 ……………………606

　2　建築生産システムの特殊性から生ずる紛争の特質 ……608

　3　対象の性質と当事者の意識に基づく紛争の特質 ………609

第2節　建築関係訴訟の審理上の諸問題 …………610

Ⅰ　審理実務における問題点 ………………………………610

　1　技術的側面と専門的知見の導入 ……………………610

　2　争点の複雑性・膨大性 ………………………………611

　3　事実認定の困難性 ……………………………………612

34

Ⅱ　建築関係訴訟の審理上の留意点 ································ 613

1　専門性への対処と手続の選択 ························· 613

2　争点の複雑性・膨大性への対処 ····················· 616

3　事実認定の困難さの克服と効率的な証拠調べ ········· 619

第8章　相隣関係訴訟と実務上の問題点

第1節　相隣関係の規定の概要 ·································· 621

Ⅰ　相隣関係の規定の性質 ······································ 621

Ⅱ　適用範囲 ·· 622

Ⅲ　裁判例の特徴 ·· 622

Ⅳ　近年の問題点 ·· 623

Ⅴ　本章の内容 ·· 624

第2節　隣地使用に係る訴訟 ·································· 625

Ⅰ　隣地使用権の概要 ·· 625

1　改正前民法 ·· 625

2　改正民法 ·· 626

Ⅱ　隣地使用に係る訴訟の実務上の問題点 ······················ 627

1　訴訟提起の判断 ·· 627

2　訴訟類型 ·· 628

3　訴訟の主体 ·· 629

4　訴訟の相手方 ·· 629

5　使用目的に必要な範囲内 ································ 630

6　損害が最小限であること ································ 631

7　隣地使用の通知 ·· 632

8　住家の立入り ·· 632

9　結　論 ·· 633

目　次

第3節 所有者不明土地に係る訴訟 ················633

Ⅰ　所有者不明土地に係る制度の概要 ·················633

　1　所有者不明土地・建物の管理制度 ·················633

　2　管理不全土地・建物の管理制度 ···················634

Ⅱ　所有者不明土地に係る訴訟の実務上の問題点 ·······635

　1　問題の所在 ······································635

　2　不在者財産管理制度等 ···························637

　3　所有者不明土地管理制度 ·························640

　4　管理不全土地管理制度 ···························644

　5　結　論 ···647

第4節 生活妨害に係る訴訟 ·······················648

Ⅰ　概　要 ··648

Ⅱ　日　照 ··650

Ⅲ　眺望・景観 ··651

　1　眺　望 ··651

　2　景　観 ··653

Ⅳ　騒　音 ··654

第9章　不動産競売関係訴訟と実務上の問題点

Ⅰ　不動産競売 ··656

Ⅱ　形式的競売 ··656

Ⅲ　競売手続 ··657

Ⅳ　競売関係訴訟 ······································657

第1節 執行関係訴訟 ·····························658

Ⅰ　執行関係訴訟 ······································658

36

Ⅱ　請求異議の訴え──民事執行法35条 ·················· 658

　1　請求異議の訴え ······································· 658

　2　請求異議の事由 ······································· 659

　3　異議事由の時間的制限等 ···························· 660

Ⅲ　執行文付与に対する異議の訴え──民事執行法34条 ··· 660

Ⅳ　第三者異議の訴え──民事執行法38条 ················ 661

　1　第三者異議の訴えの対象 ···························· 661

　2　第三者異議の事由 ···································· 661

　3　占有権と異議事由 ···································· 661

　4　譲渡担保の場合 ······································ 662

Ⅴ　執行文付与の訴え──民事執行法33条 ················ 662

Ⅵ　執行判決を求める訴え──民事執行法24条 ············ 662

Ⅶ　配当異議の訴え──民事執行法90条 ·················· 662

　1　配当異議の訴え ······································ 662

　2　配当異議を申し出なかった場合 ····················· 663

Ⅷ　執行停止等の仮の処分──民事執行法36条 1 項・
　　38条 4 項 ··· 663

第 2 節　執行抗告・執行異議 ······························· 664

Ⅰ　違法執行と不当執行 ·································· 664

　1　違法執行 ··· 664

　2　不当執行 ··· 664

Ⅱ　執行抗告──民事執行法10条・12条 ················· 665

Ⅲ　執行異議──民事執行法11条 ························ 665

第 3 節　不動産競売における具体的紛争解決
　　　　手続 ··· 666

Ⅰ　執行証書による執行の問題点──民事執行法22条
　　5 号 ··· 666

目　次

1　執行証書の成立に関する問題 ………………………………666

2　要件欠缺の場合の救済方法 …………………………………667

Ⅱ　担保権の不存在・消滅を理由とする競売開始決定に対する異議——民事執行法182条 ………667

Ⅲ　強制執行を行う権利の放棄または不執行の合意がある場合の救済方法 ………668

Ⅳ　目的不動産に関する情報の提供に誤りがある場合の救済方法——民事執行法71条6号ほか ………668

1　競売情報 ……………………………………………………668

2　手続上の誤りに対する異議 …………………………………669

3　評価人の評価の誤り …………………………………………669

4　買受人に対する救済方法 ……………………………………670

Ⅴ　剰余を生ずる見込みがない場合——民事執行法63条 …671

1　無剰余が見込まれる場合 ……………………………………671

2　競売手続の取消しに対する救済 ……………………………671

Ⅵ　配当異議——民事執行法89条 ………………………672

1　配当の実施 …………………………………………………672

2　配当異議の訴え ……………………………………………672

Ⅶ　引渡命令に係る救済——民事執行法83条4項ほか ……673

1　引渡命令 ……………………………………………………673

2　引渡命令の許否に対する異議 ………………………………673

第3部　不動産関係訴訟の要件事実と裁判

第1章　総　説

はじめに …………………………………………………………… 676

第1節 不動産の意義と特質 …………………………………… 677

Ⅰ　不動産紛争の位置づけ ……………………………………… 677

Ⅱ　法的概念としての不動産 …………………………………… 678

Ⅲ　不動産の特質と手続への反映 ……………………………… 680

第2節 不動産をめぐる紛争解決制度の概観 ………………… 681

Ⅰ　概　説 ………………………………………………………… 681

Ⅱ　民事調停 ……………………………………………………… 681

Ⅲ　民事訴訟 ……………………………………………………… 682

Ⅳ　非訟事件 ……………………………………………………… 684

第3節 不動産関係訴訟における訴訟物と要件事実 ………… 685

Ⅰ　訴訟上の請求と不動産関係訴訟の訴訟物 ………………… 685

Ⅱ　不動産関係訴訟における要件事実 ………………………… 687

Ⅲ　不動産関係訴訟の若干の留意点 …………………………… 689

第2章　代金等請求訴訟

第1節 総　説 …………………………………………………… 692

目　次

Ⅰ　不動産売買の特徴 ……………………………………692

Ⅱ　各訴訟類型 ………………………………………………692

  1　売主の買主に対する請求 …………………………692

  2　買主の売主に対する請求 …………………………693

第2節　訴訟物の構成 ……………………………694

Ⅰ　売主の買主に対する代金および代金の利息の支払
請求 ……………………………………………………………694

Ⅱ　買主の売主に対する売主の担保責任に基づく請求 ……695

Ⅲ　買主の売主に対する債務不履行に基づく損害賠償
請求 ……………………………………………………………695

第3節　攻撃防御方法の体系と要件事実 ………696

Ⅰ　売買契約に基づく代金請求訴訟 ……………………696

  1　請求原因 ………………………………………………696

  2　抗弁以下の攻撃防御方法 …………………………698

Ⅱ　売主の担保責任に基づく各請求訴訟 ………………713

  1　履行追完請求 …………………………………………714

  2　損害賠償請求 …………………………………………716

Ⅲ　債務不履行に基づく損害賠償請求訴訟 ……………717

  1　請求原因 ………………………………………………718

  2　抗　弁 …………………………………………………719

第4節　審理・判決における問題点 …………720

Ⅰ　売買の目的物・代金額の特定と認定 ………………720

  1　目的物の特定と認定 …………………………………720

  2　代金額の特定と認定 …………………………………720

Ⅱ　農地の売買 ………………………………………………721

Ⅲ　売買契約成否の認定 ……………………………………722

  1　問題の所在 ……………………………………………722

2 売買契約の成否の判断にあたり考慮される事情 …………………… 722

Ⅳ　和解の場合の問題点 ………………………………………………… 724

第3章　明渡・引渡請求訴訟

はじめに ……………………………………………………………………… 725

第1節　訴訟物の構成 …………………………………………… 726

Ⅰ　売買契約に基づく目的物引渡請求訴訟 ……………………… 726

1 訴訟物の意義 ……………………………………………………… 726

2 売買契約に基づく目的物引渡請求訴訟における訴訟物 ………… 727

Ⅱ　所有権に基づく不動産明渡請求訴訟 ………………………… 728

1 所有権に基づく物権的請求権 …………………………………… 728

2 所有権に基づく不動産明渡請求訴訟における訴訟物 …………… 729

Ⅲ　賃貸借契約の終了に基づく不動産明渡請求訴訟 ………… 730

1 終了原因による訴訟物の異同 …………………………………… 730

2 賃貸借契約の終了に基づく不動産明渡請求訴訟における訴
訟物 ………………………………………………………………… 732

第2節　攻撃防御方法の体系と要件事実 ……… 733

Ⅰ　売買契約に基づく目的物引渡請求訴訟 ……………………… 733

1 請求原因 …………………………………………………………… 733

2 抗弁以下の要件事実 ……………………………………………… 735

Ⅱ　所有権に基づく不動産明渡請求訴訟 ………………………… 738

1 請求原因 …………………………………………………………… 738

2 抗弁以下の要件事実 ……………………………………………… 742

Ⅲ　賃貸借契約の終了に基づく不動産明渡請求訴訟 ……… 751

1 請求原因 …………………………………………………………… 751

2 抗弁以下の要件事実 ……………………………………………… 752

目　次

第3節 審理・判決における問題点 ……… 753

Ⅰ　訴訟物の選択 ……………………………… 753

Ⅱ　訴訟物と主張の内包関係 ………………… 753

Ⅲ　基本的な書証 ……………………………… 754

第4章　境界確定・土地所有権確認請求訴訟

第1節 総　説 ……………………………………… 756

Ⅰ　はじめに …………………………………… 756

Ⅱ　境界確定訴訟の性質 ……………………… 757

　1　学　説 ……………………………………… 757

　2　判　例 ……………………………………… 758

Ⅲ　筆界特定制度 ……………………………… 760

　1　境界確定訴訟の困難さと不動産登記法の改正 … 760

　2　筆界特定手続の流れ ……………………… 761

　3　筆界特定制度の意義 ……………………… 762

第2節 訴訟物 ……………………………………… 763

Ⅰ　境界確定訴訟 ……………………………… 763

Ⅱ　所有権確認訴訟 …………………………… 763

第3節 攻撃防御方法の体系と要件事実 ……… 764

Ⅰ　境界確定訴訟 ……………………………… 764

　1　要件事実 …………………………………… 764

　2　当事者適格 ………………………………… 764

　3　抗　弁 ……………………………………… 765

Ⅱ　所有権確認訴訟 …………………………… 765

　1　要件事実 …………………………………… 765

42

目　次

2　抗　弁 ……………………………………………………………… 766

第4節　審理・判決における問題点 …………………………… 767

Ⅰ　主　張 ……………………………………………………………… 767

Ⅱ　証　拠 ……………………………………………………………… 767

1　書　証 ……………………………………………………………… 767

2　人　証 ……………………………………………………………… 768

3　検　証 ……………………………………………………………… 768

4　鑑　定 ……………………………………………………………… 769

5　その他 ……………………………………………………………… 770

Ⅲ　審　理 ……………………………………………………………… 770

1　境界確定訴訟の困難さ ………………………………………… 770

2　境界確定の判断の手法 ………………………………………… 771

Ⅳ　判決主文 …………………………………………………………… 772

1　境界確定訴訟 …………………………………………………… 772

2　所有権確認訴訟 ………………………………………………… 772

Ⅴ　和　解 ……………………………………………………………… 773

1　境界確定訴訟 …………………………………………………… 773

2　所有権確認訴訟 ………………………………………………… 774

第5章　賃料増減額確認請求訴訟

第1節　総　説 ……………………………………………………… 775

Ⅰ　賃　料 ……………………………………………………………… 775

Ⅱ　賃料増減請求 ……………………………………………………… 775

1　法的根拠 ………………………………………………………… 775

2　法的性質 ………………………………………………………… 776

Ⅲ　賃料増減請求が認められる要件等 …………………………… 776

1　はじめに ………………………………………………………… 776

43

目　次

2　事情の変更を構成する主たる要素 ……………………… 777

3　事情の変更を構成するその他の要素 …………………… 777

4　賃料に関する特約 ………………………………………… 778

5　一時使用目的の賃貸借契約 ……………………………… 779

6　サブリース契約 …………………………………………… 780

Ⅳ　賃料増減請求権の行使方法、行使後の権利義務等 …… 781

1　行使方法 …………………………………………………… 781

2　共同賃借人の場合 ………………………………………… 781

3　行使後の権利義務等 ……………………………………… 782

Ⅴ　賃料増減額確認請求訴訟の訴訟形態等 ……………… 783

1　訴訟形態 …………………………………………………… 783

2　調停前置 …………………………………………………… 784

**Ⅵ　東京地方裁判所における賃料増減額確認請求訴訟の
　　現状** ………………………………………………………… 784

**第2節　賃料増減額確認請求訴訟の訴訟物と
　　　　　確定判決の既判力の範囲** ……………………… 786

Ⅰ　訴訟物・既判力 …………………………………………… 786

Ⅱ　印紙額の算定 ……………………………………………… 787

第3節　攻撃防御方法と要件事実 ……………………… 787

Ⅰ　請求原因 …………………………………………………… 788

1　要件事実 …………………………………………………… 788

2　要件事実についての説明 ………………………………… 788

Ⅱ　抗弁等 ……………………………………………………… 789

第4節　審理・判決における問題点 …………………… 790

Ⅰ　争点整理および証拠調べをするうえでの問題点 ……… 790

Ⅱ　相当賃料額を求める算定方式 …………………………… 791

1　総合方式 …………………………………………………… 791

44

2　不動産鑑定評価による算定手法 ……………………………………… 791

　　3　各種算定法 ……………………………………………………………… 792

Ⅲ　判決主文についての留意点 …………………………………………… 794

　　1　賃料増減額確認請求 …………………………………………………… 794

　　2　給付請求 ………………………………………………………………… 794

Ⅳ　和解および和解条項についての留意点 …………………………… 795

　　1　和解についての留意点 ………………………………………………… 795

　　2　和解条項についての留意点 …………………………………………… 795

第6章　共有物分割請求訴訟

はじめに ……………………………………………………………………… 797

第1節　訴訟物の構成 ………………………………………………………… 798

Ⅰ　共有物分割請求訴訟の特色 …………………………………………… 798

Ⅱ　共有物分割請求訴訟の当事者 ………………………………………… 799

第2節　攻撃防御方法と要件事実 …………………………………………… 800

Ⅰ　共有物分割を理由あらしめるための事実 …………………………… 800

　　1　原告と被告がいずれも共有物の持分権を有していること ………… 800

　　2　共有者間に分割協議が調わないこと、または分割協議をする
　　　ことができないこと ………………………………………………… 803

Ⅱ　分割を阻害する事実 …………………………………………………… 804

　　1　分割禁止契約 …………………………………………………………… 804

　　2　権利濫用 ………………………………………………………………… 804

　　3　その他 …………………………………………………………………… 805

第3節　審理・判決における問題点 ………………………………………… 805

Ⅰ　各種の分割方法 ………………………………………………………… 805

　　1　現物分割および賠償分割 ……………………………………………… 805

45

目　次

　　2　競　売 ………………………………………………………… 808

Ⅱ　争点整理および証拠調べをするうえでの問題点 ……… 809

　　1　分割方法の選択に関する判断要素 ……………………… 809

　　2　共有物の財産評価 …………………………………………… 810

　　3　分割方法の特定 ……………………………………………… 811

Ⅲ　判決における問題点 …………………………………………… 811

　　1　分割に伴う債務の履行を確保するための手続的措置 …… 811

　　2　登記の移転等と賠償金給付の同時履行 ………………… 813

　　3　複数不動産の現物分割方法（一括分割の可否）………… 813

　　4　分割の人的範囲 ……………………………………………… 813

Ⅳ　主文例 ……………………………………………………………… 814

Ⅴ　和　解 ……………………………………………………………… 816

　　1　和解による共有物分割 …………………………………… 816

　　2　和解条項例 …………………………………………………… 816

　　3　留意事項 ……………………………………………………… 818

第7章　借地非訟手続

第1節　概　要 …………………………………………………… 819

Ⅰ　沿　革 ……………………………………………………………… 819

Ⅱ　制度の特徴 ……………………………………………………… 820

　　1　非訟性と争訟性 ……………………………………………… 820

　　2　二当事者対立主義 …………………………………………… 821

　　3　職権主義と処分権主義 …………………………………… 821

　　4　職権探知主義 ………………………………………………… 822

　　5　非公開主義 …………………………………………………… 822

Ⅲ　手続の概要 ……………………………………………………… 823

　　1　手続の準則 …………………………………………………… 823

46

	2	申立て	823
	3	審　理	824
	4	終局裁判	825
	5	和解・調停	826

Ⅳ　裁判の効力 ………826

	1	効力発生の時期	826
	2	形成力・執行力	826
	3	既判力の有無	827
	4	効力の及ぶ主観的範囲	827
	5	借地非訟手続を経ずにした違反行為の効力	827

Ⅴ　鑑定委員会 ………827

	1	鑑定委員会制度	827
	2	鑑定委員会の構成	828
	3	意見を求める事項	828
	4	鑑定委員会の手続等	829
	5	意見を聴くにあたっての留意点	830

第2節　借地非訟事件の要件 ………830

Ⅰ　総　論 ………830

Ⅱ　各類型に共通の要件 ………831

	1	当事者	831
	2	借地権の存在	832
	3	特約の存在、当事者間の協議不調	835
	4	申立ての時期	836
	5	借地に関する一切の事情	837

Ⅲ　借地条件変更 ………840

	1	概　要	840
	2	要　件	840
	3	建物の種類等を制限する借地条件の存在	841
	4	事情の変更	841

目　次

　　5　相当性 ………………………………………………………………… 842

Ⅳ　増改築許可申立事件 ……………………………………………… 843

　　1　概　要 ………………………………………………………………… 843

　　2　要　件 ………………………………………………………………… 844

　　3　増改築の予定 ………………………………………………………… 844

　　4　特約の存在 …………………………………………………………… 845

　　5　相当性 ………………………………………………………………… 845

Ⅴ　借地契約更新後の建物再築許可申立事件 …………………… 846

　　1　総　論 ………………………………………………………………… 846

　　2　要　件 ………………………………………………………………… 846

　　3　新たに建物を建築する場合 ………………………………………… 847

　　4　残存期間を超えて存続すべき建物 ………………………………… 847

　　5　やむを得ない事情 …………………………………………………… 848

Ⅵ　土地の賃借権譲渡・転貸許可申立事件 ……………………… 849

　　1　総　論 ………………………………………………………………… 849

　　2　要　件 ………………………………………………………………… 849

　　3　借地上の建物の存在 ………………………………………………… 850

　　4　譲渡・転貸 …………………………………………………………… 850

　　5　借地権設定者に不利となるおそれがないこと …………………… 851

Ⅶ　競公売に伴う賃借権譲受許可申立事件 ……………………… 852

　　1　総　論 ………………………………………………………………… 852

　　2　要　件 ………………………………………………………………… 852

　　3　競公売による建物の取得と賃借権の譲受け ……………………… 853

Ⅷ　借地権設定者の建物・賃借権譲受申立事件 ………………… 853

　　1　概　要 ………………………………………………………………… 853

　　2　要　件 ………………………………………………………………… 855

　　3　借地借家法19条1項または20条1項の申立てがあること ……… 855

　　4　設定者の申立て ……………………………………………………… 855

48

第3節 付随処分 ………………………………………………856

Ⅰ　総　論 ………………………………………………………856

Ⅱ　財産上の給付 …………………………………………………857

Ⅲ　他の借地条件の変更 …………………………………………858

　　1　期間延長 ……………………………………………………858

　　2　地代の改定 …………………………………………………858

　　3　その他の借地条件の変更 …………………………………859

Ⅳ　その他相当の処分 ……………………………………………859

・判例索引 …………………………………………………………861

・事項索引 …………………………………………………………883

・編者略歴 …………………………………………………………892

・第2版執筆者一覧 ………………………………………………895

凡 例

〈法令等略語表〉

民	民法
民訴	民事訴訟法
民調	民事調停法
民調規	民事調停規則
民執	民事執行法
民保	民事保全法
民保規	民事保全規則
破	破産法
非訟	非訟事件手続法
不登	不動産登記法
不登規	不動産登記規則
借地借家	借地借家法
借地手続規	借地非訟事件手続規則
宅建業	宅地建物取引業法
宅建業規	宅地建物取引業法施行規則
建基	建築基準法
住宅品確	住宅の品質確保の促進等に関する法律
区分所有	建物の区分所有等に関する法律
農地	農地法
消契	消費者契約法
暴力団	暴力団員による不当な行為の防止等に関する法律

〈判例集・判例評釈書誌略語表〉

民(刑)録	大審院民(刑)事判決録
民(刑)集	最高裁判所民(刑)事判例集、大審院民(刑)事判例集
判決全集	大審院判決全集
高民集	高等裁判所民事判例集
下民集	下級裁判所民事裁判例集
裁判集民	最高裁判所裁判集民事
東高民時報	東京高等裁判所(民事)判決時報
訟月	訟務月報
家月	家庭裁判月報
刑月	刑事裁判月報
金判	金融・商事判例
金法	金融法務事情

判時	判例時報
判タ	判例タイムズ
新聞	法律新聞
最判解民	最高裁判所判例解説・民事篇
重判解	重要判例解説(ジュリスト臨時増刊)
LEX/DB	TKC 法律情報データベース
D1-Law	第一法規情報総合データベース
WLJP	Westlaw Japan 判例データベース

〈定期刊行物略語表〉

銀法	銀行法務21
自正	自由と正義
ジュリ	ジュリスト
曹時	法曹時報
判評	判例評論
ひろば	法律のひろば
法協	法学協会雑誌
法教	法学教室
法時	法律時報
法セ	法学セミナー
民商	民商法雑誌
民研	民事研究
リマークス	私法判例リマークス

第1部

不動産関係訴訟の法理

第1部　不動産関係訴訟の法理

〔第1部・第1章〕第1節　問題の所在——契約の成立とその意義

第1章
不動産売買契約の成立時期

第1節　問題の所在——契約の成立とその意義

　契約が有効に成立すると、契約の効果として契約当事者間に権利義務（債権債務）が発生する。売買契約が有効に成立すると、売買契約の効果として当事者間に債権債務（とりわけ相手方に対する履行請求権）が発生する。すなわち、売主から買主に対する代金支払請求権と買主から売主に対する目的物の引渡請求権が発生することになる（もちろん、各債務に弁済期・履行期が定められていれば、それは法律行為の付款として、その弁済期の到来によって履行請求することができることになることはいうまでもない）。他方、契約が成立していなければ、契約の効力としての相手方に対する履行請求権は発生せず、また、それぞれの契約上の債務も発生せず、したがって、その不履行による債務不履行責任も負わないことになる（なお、従来、契約は成立したものの、契約が契約成立時において不能である場合（すなわち原始的不能）にも債務不履行にはならず、いわゆる「契約締結上の過失」理論により契約準備段階や交渉段階における信義則上の注意義務違反による損害賠償責任を負うことが認められてきたが[1]、平成29年民法改正によって、こうした原始的不能の場合にも債務不履行

1　この「契約締結上の過失」論については多くの論稿があるが、良永和隆「契約序説」遠藤浩編『注解法律学全集14民法Ⅴ契約総論』（青林書院、1997年）35頁以下、良永和隆『要論債権各論1契約法』（青林書院、1999年）18頁以下。最近までの判例学説については、山城一真『契約締結過程における正当な信頼——契約形成論の研究』（有斐閣、2014年）1頁以下や有賀恵美子「契約交渉段階」能見善久＝加藤新太郎編『論点体系・判例民法6契約Ⅰ〔第3版〕』（第一法規、2019年）11頁以下など参照。なお、平成29年民法改正によって原始的不能の場合でも、契約は意思の

2

第1節　問題の所在──契約の成立とその意義

責任が生ずることが認められた点は注意を要する。民412条の2第2項）。

　また、物権変動時期、特に所有権の移転時期について、判例・通説は、不動産売買契約では、法的な障害がなければ、売買契約が成立した時に所有権が売主から買主に移転するといういわゆる債権行為時説ないし契約成立時説を採用しているので、所有権帰属について不動産売買契約の成立時期が決め手となることになる。

　したがって、契約当事者間で契約上の権利義務や所有権帰属に関して紛争が生じた場合には、契約が成立したかどうかは裁判実務上も重要な争点となる。こうして、不動産売買契約の成立時期はいつか、契約成立の判断基準は何かが重要な問題となるわけである。

　さて、契約とは、2人以上の当事者間における相対立する意思表示の合致をいい、申込者による「申込み」の意思表示と承諾者による「承諾」の意思表示の合致により成立すると説明される（なお、民法は、平成29年改正前は、隔地者間の契約は、承諾の通知が発信された時に成立すると規定していたが（改正前の民526条1項）、改正によって、民法の原則どおり、承諾の意思表示が申込者に到達した時に契約の効力が生ずるものものとされた（到達主義。97条1項））。そして、契約自由の原則（方式の自由）により、契約の成立や効力発生のためには、方式は必要とされず、当事者間の合意（申込みと承諾の意思表示の合致）だけで完全な効力を生じる（諾成契約・不要式契約）のが原則とされる。このことから、より簡単にわかりやすく、売買を例にして、売主の「売りましょう（売ろう）」という意思表示と買主の「買いましょう（買おう）」という意思表示が合致すれば、売買契約が成立すると説明されることもある。

　そして、通常の説明によれば、売買契約は、その目的物について、①財産

合致さえあれば有効に成立し、その場合でも債務不履行として損害賠償を請求しうることになったことから、「契約締結上の過失」の理論は不要に帰するという見方もあるが（米倉明『プレップ民法〔第5版〕』（弘文堂、2018年）99頁）、契約準備段階・契約交渉段階における信義則違反による損害賠償については、なおこれまでに蓄積された理論の意義は残っていると思われる。

2　大判大正2・10・25民録19輯857頁──再売買の予約の事例、最判昭和33・6・20民集12巻10号1585頁など。その他この問題に関する過去の判例については、良永和隆「物権変動（所有権移転）の時期」能見善久＝加藤新太郎編『論点体系・判例民法2物権〔第3版〕』（第一法規、2019年）35頁以下参照。

3

〔第1部・第1章〕第1節　問題の所在──契約の成立とその意義

権移転の合意と②代金支払の合意を要素とする諾成不要式の契約である（民
555条）から、この2点について合意（意思表示の合致）に達していれば、契
約が成立するものとされる。また、他人物売買も有効である（民561条）か
ら、目的物の所有関係も売買契約の成立には関係ないことになる。従来から、
多くの民法の契約法関係の書籍も、不動産売買についても動産等他の売買契
約と特に区別がされずに、こうした一般的な説明がされてきた。[3]

　そうすると、不動産売買契約は、売買当事者間で申込みと承諾の合致（合
意）があった時（隔地者間では承諾の意思表示が申込者に到達した時）に成立す
ることになり、目的物の引渡し・移転登記・代金の支払などは不要であり
（要物契約ではなく、諾成契約）、契約書の作成も不要ということになる（不要
式契約）が、しかし、こうした説明は実際の不動産取引の実態や実務に必ず
しも合致していない。近時は、不動産売買の特殊性（後述する）から、単に
その申込みと承諾の合意だけで単純に契約が成立するわけではないことが認
識されるようになってきているも、いまも教科書や概説書レベルでそのこと
に触れるものは多くない。[4]本章においては、不動産売買契約においては、ど
のような場合に契約が成立したと考えてよいか、その成立時期についてこれ
までの判例をもとに検討する。[5]

3　我妻栄『民法講義（V-2）債権各論㊥⑴』（岩波書店、1957年）250頁、三宅正男『現代法律学全
　集9契約法（総論）』（青林書院新社、1978年）3頁以下、三宅正男『現代法律学全集9契約法
　（各論）㊤』（青林書院新社、1983年）136頁以下、川井健『民法概論4債権各論〔補訂版〕』（有斐
　閣、2010年）7頁・124頁、近江幸治『民法講義V契約法〔第3版〕』（成文堂、2006年）17頁・
　120頁以下、内田貴『民法Ⅱ債権各論〔第3版〕』（東京大学出版会、2011年）34頁以下・112頁、
　内田貴『民法Ⅰ総則・物権総論〔第4版〕』（東京大学出版会、2008年）33頁以下など。

4　これに触れるものとして、平井宜雄『債権各論Ⅰ㊤契約総論』（弘文堂、2008年）164頁以下、
　潮見佳男『契約各論Ⅰ』（信山社出版、2002年）65頁、平野裕之『民法総合5契約法』（信山社出
　版、2007年）268頁注2、山本敬三『民法講義Ⅵ-1契約』（有斐閣、2005年）215頁、中田裕康『契
　約法〔新版〕』（有斐閣、2021年）111頁・290頁など。

5　不動産売買契約の成立時期を論じたものとして、横山美夏「不動産売買契約の『成立』と所有
　権（の）移転⑴⑵・完」早稲田法学65巻2号1頁以下、3号85頁以下、横山美夏「不動産売買契
　約の成立過程と成立前の合意の法的効力」私法54号193頁以下、横山美夏「不動産売買契約の成立
　過程と契約成立前の合意の法的効力」会報87号－研究論集〔平成6年度版〕1頁以下、明石三郎
　「不動産売買契約の成立時期について」林良平＝甲斐道太郎編集代表『契約法〈谷口知平先生追悼
　論文集⑵〉』（信山社出版、1993年）382頁以下、福田晧一＝真鍋秀水「売買契約の成立時期」澤野
　順彦編『現代裁判法大系2不動産売買』（新日本法規出版、1998年）16頁以下、岡本正

　　　　　　　　　　　　　　　　　　　　　　　Ⅰ　不動産売買の実務

　なお、平成29年民法改正では、契約の成立と方式について議論され、申込
みと承諾の合致により契約が成立したことや方式の自由については、新条文
として明記され（民522条）、また、契約の成立時期について、発信主義を定
めていた規定（改正前の民526条1項）とそれに関連して申込みの撤回の通知
の延着に関する規定（改正前の民527条）が削除されるなどしたが、不動産売
買契約の成立時期に関しては、特に議論や提案もされず、この問題に影響す
る改正はされなかった。⁶

第2節　不動産売買の実務と裁判例

Ⅰ　不動産売買の実務

1　不動産売買のプロセス

　不動産売買契約は、実際には、伝統的な民法で説明されているように、不

治＝宇仁美咲「第5章　不動産売買契約の成立時期」『不動産売買の紛争類型と事案分析の手法』
（大成出版社、2017年）161頁以下。
　　より広く契約の成立全般について考察したものとして、青山邦夫「売買契約の認定について」
判タ503号35頁以下、河上正二「『契約の成立』をめぐって──現代契約論への一考察(1)(2・完)」
判タ655号11頁以下・657号14頁以下、太田知行「契約の成立の認定」太田知行＝鈴川重勝『民事
法学の新展開〈鈴木禄弥先生古稀記念〉』（有斐閣、1993年）251頁以下、山口志保「契約の種類に
みる成立の時期」東京都立大学法学会雑誌36巻1号231頁以下、加藤雅信「裁判実務にみる『契約
の成立』と『中間の合意』──契約塾度論の一考察をかねて」加藤雅信ほか編『21世紀判例契約法
の最前線〈21世紀判例契約法の最前線〉』（判例タイムズ社、2006年）7頁以下。また、不動産売
買契約についてではないが、日本の契約成立の慣行の特殊性を論じたものとして、小林一郎「日
本的契約慣行の研究(1)(2)(3・完)──申込み・承諾によらない契約成立の認定手法がもたらす特
異性」一橋法学22巻1号1頁以下、2号461頁以下、3号1219頁以下。
6　この点の改正については、潮見佳男『民法（債権関係）改正法の概要』（金融財政事情研究会、
2017年）216頁以下・220頁以下、日本弁護士連合会『実務解説改正債権法〔第2版〕』（弘文堂、
2020年）358頁以下・363頁以下など参照。なお、契約締結上の過失に関して、契約成立前の契約
交渉の不当破棄については、改正作業でかなりの議論がされ、中間試案にも新設規定の提案がさ
れていたが、結局は、立法化が見送られた（部会資料41-1、75-A、80-B参照）。

〔第1部・第1章〕第2節　不動産売買の実務と裁判例

動産が特定され、その代金額の合意がされていたとしても、単純に「売ろう」「買おう」という口頭の申込みと承諾によって成立するわけではない。

　不動産売買のプロセスといってもいろいろなパターンがあると思われるが、一般にいえば、不動産売買の多くは次のような経過をたどって行われる。[7]

　不動産の買受希望者（買主になる者）は、仲介の不動産業者の広告を見て（あるいは問い合わせるなどして店舗等での説明を聞いて）、不動産についての情報を収集して、自らの希望の条件に合いそうな不動産を選択し、当該不動産の所在地（現地）に出向いて、周辺環境を含む立地条件等の現況を調査し（現地検分・現地調査）、不動産の権利関係・性質・形状・価格等につき、売主または不動産業者からの説明を受け、自己の希望を提示して交渉し、また、購入資金の融資を受けるために金融機関の審査を受けるなどする。場合によっては、その過程で弁護士・司法書士・不動産鑑定士・建築士等専門家の意見を求めることもある。売主（側）と買主（側）との何度かの交渉を経て、すべての点について合意が調えば、契約が締結されることになるが、その間に、いわゆる申込証拠金が授受されたり、買受希望者から「買付証明書」、売主から「売渡承諾書」などの文書がそれぞれ作成交付されたり、また、特に大規模な土地開発やプロジェクトを含むような場合には、正式な契約書の前に、仮契約書・予備的合意書のほか覚書等の書面が作成・交付されることもある。また、必要な法律上の届出や許可の申請、手付の授受、仲介した不動産業者の宅地建物取引主任者による重要事項の説明が行われ、そうしてようやく売主・買主双方が契約書への署名・押印をして、契約締結が完了する。こうして、契約書には、詳細な契約条項によって当事者間の権利義務関係についてなされた合意が契約条項として記載されることになる。[8]

　不動産売買契約は継続的取引（継続的契約）ではなく、一回的取引（一回的契約）であるが、このように交渉開始から交渉完了の契約締結までさまざまな複雑な交渉プロセスを経て、契約書が作成されることになる。そして、

7　こうした不動産売買のプロセスについて、平井・前掲書（注4）164頁。なお、申込みと承諾に焦点をあてたものとして、滝沢昌彦『契約成立プロセスの研究』（有斐閣、2003年）1頁以下参照。
8　さまざまな不動産売買契約書の書式例および各契約条項の説明として、大村多聞＝佐瀬正俊＝良永和隆編『契約書式実務全書(1)〔第3版〕』（ぎょうせい、2020年）289頁以下〔宇野康枝〕。

6

実際には、契約書の作成の前の段階で、対象物件の所有権移転と代金額については、すでに合意が成立していることも少なくない。

そうすると、申込みと承諾の意思表示の合致という民法が想定している契約成立の仕組みからみて、どの段階で申込みの意思表示があり、どれが承諾の意思表示に当たるかは必ずしも明白ではないことも少なくない。

2 不動産売買の特質

動産の売買などと異なり、契約締結前の交渉が積み重ねられるのが常態である点に、不動産売買の特徴があるといえるが、それは何に由来するのだろうか。

これについては、従来から、動産に比して、価格が高いこと（高額性）があげられてきた。そして、高額な取引においては、証拠書類の必要性が高いので、契約書が作成されると説明される。確かに、一般的にいって、高額なものについては、慎重な判断をするということはいえるだろう。しかし、動産にも高額なものはあり、単に価格が高額であることから、前述のような複雑な交渉を経ることの説明としては十分ではないように思われる。

平井宜雄教授は、不動産は非代替性が大きいことを指摘され、不動産売買は、平井教授の提唱される契約類型のうち、「市場型契約」ではなく「組織型契約」に当たるものと論じている。すなわち、不動産は、それぞれ異なった個性をもつがゆえに、その個性の情報を当事者間で交換・共有する必要があり、また、継続的（売買）契約であるがために将来生じる事態に備えて権利義務を合意しておかなければならず、種々の交渉が必要となるとされる。不動産売買契約も組織型契約の性質である、①取引対象の「非代替性」と、②取引の「継続性」をともに備えているために、交渉を不可欠とするという。

確かに平井教授のこの分析は適切であると思われるが、さらに加えていえば、不動産売買では対象物件それ自体の個性やそれを対象とした場合の取引

9　近時のものとして、加藤雅信『新民法体系Ⅳ契約法』（有斐閣、2007年）98頁。

10　平井・前掲書(注4)165頁～167頁。また、不動産取引の特質を論じた平井教授の講演として、平井宜雄「不動産取引と不動産市場の特質──売買を中心として」『財団法人不動産適正取引推進機構創立25周年記念講演会（講演集）』（不動産適正取引推進機構、2009年）5頁以下。

〔第1部・第1章〕第2節　不動産売買の実務と裁判例

の継続性だけではなく（平井教授のいわれる個性・非代替性に含まれるべきものかもしれないが）、対象物件の選択可能性の大きさ（売買の目的を達するのに比較対象可能な他の物件が多いという意味での代替性）、そして、それに応じた購入価格の変動可能性（他の物件との比較に基づく適切な価格の見極めと価格交渉の可能性）、売買の相手方当事者への信頼の必要性、住居や店舗にする場合等購入目的に応じた利用適合性・快適性の程度等々、売買契約を決断するための判断要素が、他の物品購入に比べて著しく多い取引であることがあげられよう。また、購入後に生じうる問題発生に対する予測や発生した場合の問題の複雑性・解決の困難性、取引に失敗した場合の取り返しがつきにくいこと（不可逆性）も、取引への一層の慎重さを要求することになる。

　これらにより、不動産取引の常態として契約前の種々の交渉や専門家の介入を必要とするものとなっているということができるし、こうした不動産売買の特質に応じた法的規制や解釈が要請されることになる。

Ⅱ　不動産売買契約の成立をめぐる裁判例

　民法上は、申込みと承諾の意思表示の合致で契約は成立することになっているが、不動産売買における実際の裁判例では、そのように容易に契約の成立が認められないことはすでに多くの文献で指摘されているところである。[11]

　契約成立の有無は事実認定のためか、不動産売買契約の成立ないしその成立時期が争点となってそれについて判断が下された最高裁判例（後述の昭和23年判決1件を除いて）はほとんどなく、[12]下級審裁判例を手がかりに検討す

11　前掲（注5）に掲載の文献参照。特に、下級審の多くの判例を分析・紹介して論じているものとして、明石・前掲論文（注5）384頁以下、福田＝真鍋・前掲論文（注5）19頁以下、加藤・前掲論文（注5）5頁以下。

12　債務不履行における履行請求や契約違反ないし契約破棄による債務不履行または不法行為による損害賠償請求の前提として、あるいは所有権移転の有無を決するために、契約の成立自体が争点となりうるわけであるが、そうした意味でも、最高裁判所で不動産売買契約の成立が争われることはないようである。

　やや関連があるものとしては、原審が、土地の売買契約を公正証書で作成して締結する旨の諒解に達していたとして、契約締結の利益の侵害を理由とする不法行為に基づく損害賠償請求権を認容したのに対して、最高裁判所がそうした諒解に達していたとは認められないとしたものがあ

るほかない。次のように整理することができよう。

1 契約書が作成された場合

売買契約書が作成された場合に、少なくともその時点で契約の成立が認められることには学説上も異論はない。[13][14]

ただし、契約書と題する書面を交わしても、後に公正証書による契約書の作成を予定している場合には、契約の成立が否定される場合がある。

東京高判昭和54・11・7下民集30巻9〜12号621頁【1】は、土地の売買に関して、代金額（1億8000万円）や地上建物の取壊し費用を買主が負担するなど、約定すべき事項のすべてについて合意が成立し、後に公正証書による契約書を作成することにしつつ、買主Xからの求めに応じて「土地付建物売買契約書」と題する書面の売主名欄に、売主Yがその記名用ゴム印を押捺したばかりでなく、売主Y自らも、特約事項を記載した書面を作成して買主Xに交付し、そして、買主Xは買受代金の全額を金融機関から融資を受けて準備したが、公正証書による契約書を作成する予定日の直前に、売主Yが他

る（最判昭和58・4・19判時1082号47頁）。同判決も公正証書での契約をするという合意が争点であって、契約の成立が問題となったわけではない。また、村が製紙工場の誘致を働きかけ、工場敷地の一部として村有地を譲渡する旨の言明をしたにもかかわらず、反対派の新村長が工場建設に反対して、建築確認申請が不同意となるなどしたため、村の誘致企業に対する損害賠償責任が認められたもの（最判昭和56・1・27民集35巻1号35頁）があるが、これも土地の譲渡契約の成立が争点となったものではない。

13　なお、契約書が作成されても、意思において合致していない場合に、契約は成立しているといえるかという、いわゆる不合意の合致（ないし意思の不合致）の問題はある。意思表示ないし契約の解釈、錯誤の適用に関して議論されているが、これは契約一般の問題であって、不動産売買の成立時期に特有の問題ではない。同問題については多数の論稿があるが、最近までの議論を整理したものとして、平井・前掲書(注4)82頁以下参照。

14　建物売買契約書の売主の欄に記名・押印がされても、売主としての義務を負担する意味で記名捺印をしたとは認められないとして、当該売主との間での売買契約は成立しておらず、他の者との間での契約が成立しているとしたものとして、東京地判昭和34・6・22下民集10巻6号1318頁。また、買主に土地の購入をすすめた業者が土地付注文住宅販売の社内実績向上のため、買主に生活上多少の犠牲は強いても比較的高金利の民間資金利用をすすめ、あるいは被告の契約締結交渉の不慣れを見越して強力に契約締結諸手続を推し進めた事例につき、土地売買契約書が作成されたにもかかわらず、その成立を否定した裁判例（大分地判昭和61・4・24判タ622号121頁）がある。

〔第1部・第1章〕第2節　不動産売買の実務と裁判例

の第三者に同土地を売却した事案において、同判決は、土地の売買契約の成立を否定した。

「XとYとの間で本件土地の売買に関して約定すべき事項につきほぼ合意が成立し、確定的契約の締結は、公正証書による契約書の作成をもつてすることとして、右契約日を定めたけれども、結局、契約書が作成されるには至らなかつたのであり、かかる事実関係の下にあつては、XとYとの間にいまだX主張の売買契約が成立したということはできない」と述べている（同判決は上告されたが、前掲最判昭和58・4・19は、特に理由をあげることなく、同判決の判断は正当として、上告を棄却した）。

このように売買契約書と題する書面に記名用ゴム印を押捺し、自ら特約事項を記載していた場合でも、後に公正証書による契約書の作成が予定されているときには、契約の成立は認められない。

2　契約書が作成されていない場合

(1)　一　般

契約書の作成がない場合について、裁判例は、一般に、手付や内金の授受もなければ、契約の成立を認めない（東京控判大正2・12・25新聞925号21頁、千葉地判大正9・5・27新聞1761号15頁、後記【2】）。

東京高判昭和50・6・30判時790号63頁【2】は、次のように述べている。「問題は、本件の如き相当高額な土地という類型に属する目的物の売買において売買契約成立の時期をどう捉えるかということである。相当高額の土地の売買にあつては、前示要素のほかいわゆる過怠約款を定めた上、売買契約書を作成し、手付金もしくは内金を授受するのは、相当定着した慣行であることは顕著な事実である。この慣行は、重視されて然るべきであり、慣行を

15　純粋に口頭の契約だけで契約の成立が争われ、成立が認められた事案は、不動産売買契約に限ってはないようである。なお、日本相撲協会の年寄名跡目録に記載された年寄の名称である「年寄名跡」の譲渡契約（襲名承継）について、相撲界の慣習に従って相当の金員を授受するとの口頭の合意が成立したとして、1億7500万円もの襲名承継金の支払請求が認められた事例がある（東京地判平成15・2・24判タ1121号284頁）。特殊な事案とはいえ、契約自由の原則の適用の下に、口頭の合意による契約の成立を認めた点で注目される（ただし、報道によれば控訴審で変更されたとのことであるが、その詳細は不明）。

10

重視する立場に立てば、土地の売買の場合、契約当事者が慣行に従うものと認められるかぎり、右のように売買契約書を作成し、内金を授受することは、売買の成立要件をなすと考えるのが相当である。本件では、右慣行に従わないとする明示の意思表示はなく、慣行のように売買契約書を作成し、この時点で内金を授受することに合意していたのであるから、売買契約書を作成し、内金が授受されない以上売買は不成立というべきである」（なお、契約は不成立としつつも、不動産仲介業者からの仲介報酬請求は肯定されている）。

　土地売買の慣行では、売買契約書の作成、内金の授受が売買の成立要件であると述べている点は注目される。

　もっとも、親しい親戚や友人間では、契約書を作成しないで贈与や売買をすることは十分に予想されることであり、最高裁判決にもその旨を述べたものがある。

　最判昭和23・2・10裁判集民1号73頁【3】は、事案の詳細は全く不明であるが、次のように述べている。

　「ごく親しい友人親族等の間では契約書など作らない場合もよくあることで、契約書ができて始めて売買が成立したものと見なければならないという経験則は存在しない。所論の如く、本件においては、当事者間に売買契約書を作成した形跡は認められないけれども、原審においては、挙示の各証拠により、B1（筆者注：買主）からの送金によつて当事者双方の意思が合致して売買契約が成立したものと認定したのであり、かかる認定はもとよりなし得るところであつて所論の如き違法はない」。

　送金（代金の支払）によって当事者の双方の意思が合致して不動産売買契約が成立したという認定をすることができるとしている点は注目される（ただし「不動産売買は文書による契約書を作成するのが通例である」とし、本件で契約当事者間の交渉はまだ売買契約締結にまで達していない予備的行為にすぎず、本件でも売買契約書を作成して初めて契約締結完了したとなすのが経験則であり慣習であるとして、結論としては、契約の成立を否定している）。

　何が契約書であるかは認定の問題となるが、たとえ売買契約の内容について合意ができていたとしても、最終的に契約書の作成・締結がされない段階での契約書の案文（原案）が交付されただけでは、契約の成立は認められな

〔第1部・第1章〕第2節　不動産売買の実務と裁判例

いこと（あるいはそれが前提とされていること）については多数の裁判例がある。[16]

　他方で、売買契約書の作成がされていなくても、手付金の交付等があれば、売買契約を確定的に締結する意思があるとみられることもあるが、売買契約[17]書の作成・締結がない場合には、容易に契約の成立は認められない。

　東京地判平成19・10・11（2007WLJPCA10118006）【4】

　不動産の所有者である被告と不動産の購入交渉を始めた原告が、売買契約が締結された場合に代金に充当する趣旨で被告の銀行口座に振込みをし、被告から交付された領収書に手付金として受領した旨の記載があった事案につき、「本件不動産のような高額な不動産に係る売買契約を締結するには、目的物の引渡時期、売買代金の支払時期、危険負担、違約金の額等の各事項につき慎重に協議をした上、合意に至った内容を書面化した売買契約書を作成するのが通常であり、特に売買当事者である原告と被告とがそれまでに何らの取引等もない状況の下では、売買契約書作成の必要性がきわめて高いということはいうまでもないことに照らせば、上記各事項につき合意の成立が認められない本件においては……（略）……、原告被告間において、確定的に売買契約締結の意思表示がされたと認めることができない」とした。

(2)　中間的文書（中間的合意文書）が存在している場合

　仮契約書、買付証明書・売渡承諾書の交付、売買協定書、中間合意書など何らかの契約締結前に文書が作成・交付されていた場合（こうした正式契約前に作成された文書を中間的文書ないし中間的合意文書という）に契約の成立が主張され、その成否が問題となることは少なくない。

16　東京地判昭和63・2・29判タ675号174頁【9】、大阪地判昭和58・7・14判タ509号185頁、東京地判平成20・11・10判時2055号79頁【13】など。その場合に、前述した「契約締結上の過失」による損害賠償は問題となりうる（その例として、福岡高判平成7・6・29判時1558号35頁など）。【13】の裁判例においても、売主に対して買付証明書を交付するなどした買主は、契約準備段階における信義則上の注意義務違反として契約締結上の過失にあたるとして、売主に生じた損害の賠償義務を負うとされた。

17　東京地判平成5・12・24判タ855号217頁は、売買代金に売主と買主間で確定的な合意はないが、手付金の授受があり、売主が買主にその領収書を交付した事案で、両当事者には、売買契約を確定的に締結する意思が認められるとした。

Ⅱ　不動産売買契約の成立をめぐる裁判例

㋐　仮契約書の作成

仮契約書が作成されていた事案では、契約の成立を否定したもの（後記【5】、大阪高判昭和59・10・26判時1146号69頁）と契約の成立を認めたもの（後記【6】）とがある。

東京地判昭和57・2・17判時1049号55頁〔契約の成立否定〕【5】では、ⅩとⅩとの間で目的物（約3458平方メートルの土地および建物等）および代金（2億6000万円）につき合意が成立し、さらに交渉を継続して具体的細部事項を定めたうえ売買契約を締結することを合意し、売買契約の基本的条件を確認して書面化し「不動産売買仮契約書」という書面が作成されたが、売主Ⅹが記名捺印したのみにとどまり買主Ⅹは記名捺印を拒否した。そして、これと前後して正式契約の締結までのスケジュールが話し合われ、正式契約締結の時期、手付金の額、支払日等についても協議が調ったものの、結局、正式の契約は締結されるには至らなかったという事例において、本判決は、売買契約の成立を否定し、売主Ⅹから買主Ⅹに対する債務不履行に基づく損害賠償請求を否定した（買主Ⅹが売買契約の締結を拒否したからといって、誠実交渉義務違反にもならないとした）。

同判決は、次のように述べている。

「売買契約は、当事者双方が売買を成立させようとする最終的かつ確定的な意思表示をし、これが合致することによつて成立するものであり、代金額がいかに高額なものであつたとしても、右意思表示について方式等の制限は何ら存しないものである反面、交渉の過程において、双方がそれまでに合致した事項を書面に記載して調印したとしても、さらに交渉の継続が予定され、最終的な意思表示が留保されている場合には、いまだ売買契約は成立していないことは言うまでもない」。

京都地判昭和44・3・27判タ236号151頁〔契約の成立肯定〕【6】では、Ⅹは、不動産仲介業者の仲介により、宅地建物をⅩに売却することになり、ⅩとⅩとの間で覚書を取り交わし、そして、Ⅹが所有する約1000坪の土地と

18　なお、仮契約による売買契約の成立を認めたわけではないが、条件成就の故意の妨害として民法130条により、契約が成立したものとみなすことで、仲介業者の約定報酬請求を肯定したものとして、最判昭和39・1・23民集18巻1号99頁がある。

13

〔第1部・第1章〕第2節　不動産売買の実務と裁判例

建物を1億7000万円でYに売却する合意ができたことから、仮契約書を作成し、後日、正式契約を締結作成し、同時に手付金および内金として5000万円を支払い、所有権移転登記に必要な書類をYに提供した時に、Yは残代金を支払うこと、その他必要事項は、XY協議のうえ、正式契約において定めることが合意された。しかし、買主Yが正式契約に応じず、調印に至らなかったため、XからYに対して債務不履行に基づく損害賠償請求がされた事例において、本判決は、売買契約の成立を認めた。

　同判決は、次のように述べている。

　「売買契約は、売主の財産権移転と買主の代金支払とに関する合意によつて成立し（民法第555条）、その他の点に関する合意（一般に附随的事項とみられるものについての合意）は、当事者が特にこれをその売買の成立要件としない限り、そのような合意を欠いても、売買契約の成立に影響がないと解すべきである」そして、本件においては、「原、被告間において、売買契約の成立に必要な要素である売主の財産権移転と買主の代金支払とに関し、合意があつたことは明らかである」。

　正式な売買契約の締結が予定されている場合に、その前の段階で、合意によって契約の成立を認めた判決である。正式契約は、いまだ合意に達していない付随的事項を含めて、新しい合意事項をも包括記載した契約書を作成するにすぎないものであるという位置づけをしており、正式契約を重視する他の裁判例からは特異であるが、申込みと承諾の合致という民法の伝統的な説明には忠実な考え方ともいえる。ただし、誠実交渉義務や契約締結上の過失の理論がまだ確立していない時代の判決であって、今日では同様の事案でこのような判断が下される可能性は少ないと考えられる。

(イ)　買付証明書・売渡承諾書の交付

　不動産売買において、買受希望者（買主）が「買付証明書」という文書を作成して売主（ないし不動産業者）に交付したり、反対に、売主が「売渡承諾書（ないし売渡証明書）」という文書を作成して買主（ないし不動産業者）に交付したりする例は多い。いろいろなパターンの書式があるが、特定の不動[19]

19　代表的な書式として、大村ほか編・前掲書(注8)307頁〔宇野〕。

14

産とその代金額が明示され、買主・売主それぞれの住所・氏名・押印がされるものとなっている。それぞれ内容的には、一定の目的物を購入する意思（買付文言）、売却する意思（売渡文言）を明示した文書であって、民法にいう「申込み」と「承諾」の意思表示として、これによって契約が成立するのではないかが問題となる。買付証明書・売渡承諾書の意義が問題となる。[20]

　実際にも、契約前の文書での契約の成否をめぐる裁判例は少なくないが、これまでに公表されたいずれの裁判例も、こうした書面の交付だけでは契約の成立を認めていない（後記【7】【8】【9】【10】【11】【12】【13】【14】など）。

　ここでは、事案の詳細は省略して、同文書についての判示のみを掲げておく。

①　東京地判昭和59・12・12判タ548号159頁【7】

　　「売渡承諾書については、売買契約の交渉段階において、交渉を円滑にするため、その過程でまとまつた取引条件の内容を文書化し明確にしたものと解するのが相当であつて」「売渡承諾書の交付をもつて、直ちに売買契約あるいは売買予約を成立させようとする意思が存在していたとは認められない」。「本件における売渡承諾書は交渉を円滑にするため既に合意に達した取引条件を明確にしたにすぎないもので」「本件土地建物の売買の交渉の過程のいずれかの時点において本件土地建物に関する売買契約または売買予約等何らかの契約が成立したことを認めることはできないものといわざるをえない」。

②　奈良地葛城支判昭和60・12・26判タ599号35頁【8】

　　「本件売渡承諾書は未だ売買代金額が確定していないうえ、有効期限が付してあつて、被告が原告に対し、右有効期限内に右条件について合意が成立すれば、本件土地等の売買契約を締結する意思のあることを示す、道義的な拘束力をもつ文書にすぎず、本件売渡承諾書の交付により、原、被告間に本件土地を含む本件係争地につき未だ売買契約が成立するに至らなかつたことがあきらかであるというべきである」。

---

[20]　不動産売買における仮契約書・予備的合意書・買付証明書・売渡承諾書の意義について、大村ほか編・前掲書（注8）80頁以下〔良永和隆〕、良永和隆「不動産売買における買付証明書・売渡諾書の交付と契約の成否」ハイローヤー269号67頁以下。

〔第1部・第1章〕第2節　不動産売買の実務と裁判例

③　東京地判昭和63・2・29判タ675号174頁【9】

　「売買契約が成立するためには、当事者双方が売買契約の成立目的としてなした確定的な意思表示が合致することが必要であるが」「不動産売買、とりわけ本件のように高額な不動産売買の交渉過程においては、当事者間で多数回の交渉が積み重ねられ、その間に代金額等の基本条件を中心に細目にわたる様々な条件が次第に煮詰められ、売買の基本条件の概略について合意に達した段階で、確認のために当事者双方がそれぞれ買付証明書と売渡承諾書を作成して取り交わしたうえ、更に交渉を重ね、細目にわたる具体的な条件総てについて合意に達したところで最終的に正式な売買契約書の作成に至るのが通例であることが認められるから、こうした不動産売買の交渉過程において、当事者双方が売買の目的物及び代金等の基本条件の概略について合意に達した段階で当事者双方がその内容を買付証明書及び売渡承諾書として書面化し、それらを取り交わしたとしても、なお未調整の条件についての交渉を継続し、その後に正式な売買契約書を作成することが予定されている限り、通常、右売買契約書の作成に至るまでは、今なお当事者双方の確定的な意思表示が留保されており、売買契約は成立するに至つていないと解すべきである」「右各書面の発行時における原・被告の意思表示は、その後の交渉経過を踏まえて後日行われる正式な契約書の作成を予定した上でなされたものであつて、これをもつて売買契約の成立に必要な確定的な意思表示と評価しえない」。

④　大阪高判平成2・4・26判時1383号131頁【10】

　「(1)いわゆる買付証明書は、不動産の買主と売主とが全く会わず、不動産売買について何らの交渉もしないで発行されることもあること、(2)したがって、一般に、不動産を一定の条件で買い受ける旨記載した買付証明書は、これにより、当該不動産を右買付証明書に記載の条件で確定的に買い受ける旨の申込みの意思表示をしたものではなく、単に、当該不動産を将来買い受ける希望がある旨を表示するものにすぎないこと、(3)そして、買付証明書が発行されている場合でも、現実には、その後、買付証明書を発行した者と不動産の売主とが具体的に売買の交渉をし、

16

始めて売買契約が成立するものであって、不動産の売主が買受証明書を発行した者に対して、不動産売渡の承諾を一方的にすることによって、直ちに売買契約が成立するものではないこと、⑷このことは、不動産取引業界では、一般的に知られ、かつ、了解されていること、以上の事実が認められ」「本件不動産について、控訴人と被控訴人との間に、有効に売買契約が成立するものではないというべきである」。

⑤　東京地判平成2・12・26金判888号22頁【11】

「もともと、買付証明書又は売却（売渡）証明（承諾）書は、不動産取引業者が不動産取引に介在する場合において、仲介の受託者たる不動産取引業者の交渉を円滑に進めるため、委託者又は相手方が買付若しくは売渡しの意向を有することを明らかにする趣旨で作成されるのが通例であって、一般的にはそれが売買の申込又は承諾の確定的な意思表示であるとは考えられていない」「前記の買付証明書及び売却証明書の授受は、当時における原告又は被告の当該条件による売渡し又は買付の単なる意向の表明であるか、その時点の当事者間における交渉の一応の結果を確認的に書面化したものに過ぎないものと解するのが相当であって、これを本件不動産の売買契約の確定的な申込又は承諾の意思表示であるとすることはできないものというべきである」。

⑥　東京地判平成3・5・30金判889号42頁【12】

「国土法の規定を踏まえて、同法所定の手続完了前に発行された本件売渡証明書自体の客観的な記載を見ると、これをもって、確定的に売渡しの意思表示がなされたものとまでは言えず、被告らの前記のような考え方からすると、被告らにおいては右売渡証明書の交付によっても本件不動産を確定的に売り渡す意思を表明したものではないのである」。

⑦　東京地判平成20・11・10判時2055号79頁【13】

買付証明書が交付され、その後7通の契約書案が取り交わされた事案につき、「高額な不動産の売買契約においては、その交渉過程で、契約書案の交換などを通じて、具体的な条件を検討して細部にわたり合意すべき内容を確定する作業を積み重ね、最終的に売買契約書を正式に作成して確定的な合意内容を確認して、売買契約が成立するのが通常である。

〔第1部・第1章〕第2節　不動産売買の実務と裁判例

本件において……（略）……最終的に正式に売買契約書を作成すること
を目標に七通もの契約書案を交換して条件を検討しているのであって、
これらの契約書案は、あくまで最終的に作成されるべき契約書の案文と
して相手方に交付されたものと解される。……（略）……以上のような
事情によれば、原告は、五月一七日案が被告の確定的な契約申込みの意
思表示（原告が承諾の意思表示をすれば契約が成立に至るもの）であったと
の認識を有していなかったというべきである。したがって、原告が五月
一七日案を了解したことをもって、本件売買契約が成立したとは認めら
れない」

⑧　東京地判平成22・1・15（2010WLJPCA01158016）【14】

買受希望者からの買付証明書と売主からの売渡承諾書がそれぞれ交付
された事案につき、「売買契約が成立したといえるためには、契約の中
心部分の給付内容を確定できるだけの内容的確定性と、即時に効果を発
生させ、その法的拘束力を引き受けるという意思を伴う合意の終局性を
要する」としつつ、「本件承諾書交付の時点では売買目的物と代金額が
おおむね確定されていたものの、本件土地の引渡方法、移転登記の時期
などの不動産売買の一般的に主たる要素といえる点について確定してい
たことは認められないし、本件承諾書とその後の土地売買契約書案とで
は、売買代金額の支払方法も異なっている（厳密にいえば代金額も異なっ
ている）」として、「売買契約の成立を認めるに足りる、給付内容の確定
性、合意の終局性は認められない」とした。

いずれの裁判例も、わが国の実務慣行および一般の法意識（正式な契約書
を締結しないうちに契約は成立しないとの意識）に照らして、当該事例におけ
る当事者の意思表示を解釈したものとみられる。ただ、各事案や証明書の記
載内容などに違いがあるためと思われるが、買付証明書や売渡承諾書（売渡
証明書）をどのような文書と評価するかについて、必ずしも一貫した理解が
されているとはいいがたいところがあるものの、基本的には、買付証明書や
売渡承諾書の作成・交付では、購入・売却についての「確定的な意思」を認
めることができないという考え方がされているといってよい。

前述のようにこれらの文書の法的性質についての裁判例の表現は異なるも

のの、一般には、以後の契約交渉を円滑にするために作成・交付される文書であって、正式な契約の締結に向けて、契約交渉を開始した事実を証明する文書と理解することができよう。加えていえば、実際には、仲介業者が売却しようとする意思・購入しようとする意思を確認して、単なる問合せや冷やかしの客と区別して、仲介業務を開始するための文書という意味もあれば、買受希望者が金融機関に対して売渡承諾書を提示して融資の交渉に使用する（融資を行う金融機関から融資の審査にあたって提出を求められる）など、その活用の場面は少なくない。

(ウ) 協定書・覚書

協定という用語は政府間や企業間、あるいは地域住民間での取決めや大型の取引に用いられることが多いが（また、基本契約書に付随してつくられる書面を協定書とすることもある）、単に契約書の意味で協定書という言葉が使われることもある。ここでは、不動産売買の本契約とは別に、その前段階で取り交わされた協定書でもって、契約が成立したかが問題となる（契約書の意味での協定書で契約が成立するのは当然である）。裁判例は、協定に基づく契約締結をしなかったことによる損害賠償責任は肯定しつつも、協定による契約の成立は認めていない（京都地判昭和61・2・20金判742号25頁、東京地判平成5・1・26判時1478号142頁、後記【15】など）。

東京地判平成10・10・26判時1680号93頁【15】は、「本件協定書の文言についてみるに、同協定書は、原告らが被告に本件土地等を譲渡することに双方が同意する旨（第1条）及び代金総額が1億8000万円である旨（第2条）を定めており、売買契約の要素である目的物と代金額の特定性に欠けるものではないが、売買契約の時期は平成5年12月上旬を目途とする旨（第3条）を明確に定めていることからして、それ自体が本件土地等の売買契約ではないことが窺われる。また、本件協定書中には、一方当事者のみの意思表示によって売買の効力又は相手方の承諾義務が生じることを示唆する文言は何ら存在しないから、これが売買の予約であるとも解し難い」「本件協定書は、売買契約又は一方当事者のみの意思表示により売買契約の効力又は相手方の承諾義務を発生させる趣旨の合意（予約）であるとは認めがたいといわなければならない」とする。

19

〔第1部・第1章〕第2節　不動産売買の実務と裁判例

　他方、覚書については、土地建物の売買代金（1億5000万円）を特定して、売主Yが同不動産を売却しようとするときは、買主Xは、他に優先してYとの売買の交渉をなし得るとする覚書が作成されても、売買契約の成立は認められないとした裁判例（東京地判平成元・12・12判タ731号196頁──売買の一方の予約が成立しているとした）がある一方で、覚書でもって売買契約が成立したとした裁判例（後記【16】、東京高判平成6・2・23判時1492号92頁[21]）もある。

　仙台地判昭和62・6・30判タ651号128頁【16】は、「殊に3の覚書作成の事実に依拠して考察するに、被告と甲社との間には、右の時点で本物件の所有権を被告から甲社に移転すること及び後者が前者に代金20億円を支払うことについての合意が成立し、残されているのは登記手続、引渡及び代金支払の各債務の履行だけであり、覚書の第3条に『売買契約の締結を昭和60年4月30日までに執り行う』とある文言は同日までに双方各債務の履行をすることを約した趣旨に理解するのが相当である。すなわち、覚書作成の際の合意は単なる下話とか予約ではなくて、民法555条に該当する双方意思の合致であると見るのである。けだし、民法上売買は方式自由の諾成契約であり、対象となる財産権と代金額が定まり、売ろう買おうの約諾がなされた以上、それは予約に止まらず売買そのものであるといいうるからである」。

　ただし、本判決は、売主・買主間で契約の成否が問題となったものではなく、不動産仲介業者が売主に対して報酬請求した事案において、覚書による売買契約の成立を認め、これにより報酬請求権が発生するとしたものであり、売買を成立させて、売主・買主に債権債務を発生させたものではない点で注意を要する。

21　同判決は、当事者が、国土利用計画法23条1項の届出をすることおよび後日売買契約書を作成することを予定していたとしても、売買の対象と代金（が合意された覚書）を取り交わせば、これによって売買契約が成立したものということができるとしたものである（その後、協定書も作成されている）。また国土利用計画法23条1項の届出が売買契約の成立要件であり、その前になされた覚書を、県知事の不勧告通知を停止条件とする売買契約の締結であるとした裁判例（神戸地判平成4・2・28判タ799号194頁）もある。同判決については、吉田克己「判批」判タ817号59頁以下、福田＝真鍋・前掲論文（注5）23頁以下参照（土地売買契約の締結自体を規制した国土利用計画法に関する特殊な事例についての裁判例であるが、両論稿とも不動産売買契約成立に関するこれまでの裁判例の流れと整合しないと論じている）。

20

第3節　不動産売買の成立時期の認定基準——私見

I　まとめ

　以上の検討から明らかなように、口頭の合意のみによって契約が成立するという伝統的な民法理論は、必ずしも現実の取引実務や裁判においては、少なくとも原則とはされておらず、実際には、契約書の作成（契約の締結）をもって契約が成立するとの準則がとられているといってよいように思われる。つまり、口頭の合意があり、そのうえで何らかの合意を形成する意思表示の存在を表す文書（前述の中間的文書）が作成・交付されても、それが最終の契約書でないときには契約の成立は認定されないのが原則となっている。

　その根拠付けとしては、それが慣習・慣行である（民法の原則が慣習により修正されているという見方）というほか、契約書作成までは契約を成立させない（留保の意思）という当事者の意思を根拠とするものが多い。あくまで私的自治の下での契約自由の原則の適用により、自らが履行義務を負う根拠を契約当事者の意思に求める考え方に符合するので、また、場合によっては、契約書が作成されていなくても、手付の授受や引渡し等履行の先行によって契約の成立を認めることが可能であるので、これは理論的には妥当なようにも思える。まとめていえば、契約書の作成は、民法上契約の成立要件ではないが、一般には、正式な契約書が作成されるまでは、契約は成立していないというのが通常の取引当事者の意思であり、また、慣習でもあるというわけである。

　おそらくはこれを表す意味で、あるいは前述の伝統的民法理論との整合性をとるために、学説において、申込みや承諾の意思表示または合意を定義づ

〔第1部・第1章〕第3節　不動産売買の成立時期の認定基準——私見

けるのに、「確定的[22]」とか「終局的（ないし最終的[23]）」という修飾語句を付しているのであろうと推測、理解される。

　もっとも、日本民法においては、不動産売買契約は要式行為ではないので、契約書の作成が厳格に契約の成立要件と考えるべきではなく（なお、慣習を意思解釈の基準に用いるのはよいが、法規範としての契約の成立要件を慣習から設定すべきではないと考える）、契約書を作成しなくても、手付の授受や引渡し等の履行行為があれば、契約の成立を認定することは妨げられない。それらがなく、純粋の口頭の合意のみがされただけでは、契約の成否の争いにおいて、その時点を契約の成立時点とみることは実際上は困難であろうが、後日の履行行為によって、その時点を契約の成立時点と認定することは否定されるべきではない。

Ⅱ　契約成立意思

　さて、「確定的」合意とか「最終的」ないし「終局的」合意が不動産売買契約の成立時期の認定基準といったところで、民法理論を説得的に説明し得たことにはなっていないように思われる（通常の申込みと承諾を「不確定の」意思などと考えるのは妥当ではあるまい）。仮契約書の締結や覚書の交付の段階では、実際には、すでに確定的な、売却の意思、購入の意思はあっても（ただ細部にわたるまで合意がされ）、契約書の各条項も相互に確認済みで、ただ、後日に正式な契約書を締結する日が設定されているということは実務上は少なくない。筆者の実務経験（10年以上にわたって不動産会社の顧問弁護士をしていた）からいって、むしろ契約締結の当日に契約条項等の細部の詰めを話し合うことなどほとんど皆無であるように思われる（契約日当日に疑義が出て、特約を入れることはあるが、それも多くはない。契約当日に契約条項の

22　我妻・前掲書（注3）56頁、三宅・前掲書（注3）（総論）6頁ほか。

23　潮見佳男『新契約各論Ⅰ』（信山社出版、2021年）83頁〜84頁、山本・前掲書（注4）215頁ほか。不動産売買契約の成立要素としての合意（内容）の確定性と合意の終局性については、中田裕康「契約締結の交渉から成立まで」鎌田薫ほか編『民事法Ⅲ債権各論〔第2版〕』（日本評論社、2010年）5頁以下参照。

変更を申し出るようなことはないわけではないが、極めて稀である）。それでも
やはり、正式な契約書が作成されるまでは、契約は成立していないというべき
であろう（もちろん、その段階での交渉破棄は、近時の契約準備段階での信義
則違反による損害賠償の問題は起こるにしても、それは別問題である）。そうす
ると、ここでいう意思は、いわゆる契約の申込みと承諾の意思表示の合致の
ほか、「契約を成立させる意思」（契約成立意思）があるとみるのが妥当では
ないだろうか。物権変動理論になぞらえていえば、申込みと承諾の意思表示
とは別に、契約成立意思の独自性の観点から、その外部的徴表がまさに契約
書の作成であり、手付の授受であり、また、引渡しや代金支払等の履行行為
というべきであると考えられる。申込みや承諾の各意思表示と切り離して、
契約成立意思を考えることは、問題を複雑化するだけだろうか。筆者にはそ
うした視点は有益であるように思われるし、実際の取引実務にも合致してい
るようにも思われる（なお、本稿では外国法を扱うことはできなかったが、ドイ
ツ法やフランス法においても、公証人を通じての契約は、当事者の具体的な合意
を離れて、契約成立意思を示したものと考えることができるかもしれない。他の
契約理論との調整や理論化を含めて、後日の研究に委ねたい）。これにより、民
法理論を維持しながら、要式行為的な運用、要物行為的な運用がされている
ことの理論的な説明が可能になるように思うのである。

Ⅲ　契約の熟度論

　ところで、不動産売買契約成立の認定基準に関して、鎌田薫教授の提唱さ
れた「契約の熟度論」[24]が注目され、近時は、好意的な見方も少なくない[25]。契
約関係は、契約交渉開始（契約の端緒）から完全な履行の終了に至るまで、
段階的に成熟していくものであり、その成熟度に応じた問題解決を図る必要
があるという主張である。それが一般人の法意識に合致しているというのだ

---

[24]　鎌田薫「判批」判タ484号17頁以下、特に21頁、鎌田薫「不動産取引法の再検討」日本土地法
　　学会編『土地問題双書18不動産取引法・環境権の再検討』（有斐閣、1983年）26頁以下。
[25]　円谷峻『契約の成立と責任〔第2版〕』（一粒社、1991年）226頁、河上・前掲論文（注5）（2・
　　完）24頁以下、松本恒雄「判批」判評317号185頁など。

〔第1部・第1章〕第3節　不動産売買の成立時期の認定基準——私見

が、契約準備段階における責任に関してはともかく、少なくとも契約成立時期の認定基準として、この考え方を用いることは妥当ではないように思われる（なお、鎌田教授がそう主張しているわけではない）。十分に論ずる余裕はないが、簡単に要点のみあげておけば、だんだんと契約が成立していくと考えるのは、むしろ一般人の法意識にも合致せず、かえって、契約の成立に関しては、ある時期（契約締結時）を境に無から有に転ずると考えることが常識的ではないかと思われる。また、理論的にいっても、所有権移転時期とは異なり（所有権移転時期についても筆者はそうした考え方は採用しないが）、債権債務の発生、とりわけ履行請求権・履行義務の発生を考えるには、ある時点で画一的に明確に判断されなければならないと思うのである。

Ⅳ　契約成立時説の再評価

すでに、横山美夏教授が各論稿（前掲注5参照）の中で繰り返し指摘されていることであるが、契約成立時期に関する実務慣行や裁判例の立場を考慮すると、不動産物権変動論における所有権の移転時期などの議論においても、物権行為の独自性を否定して、債権行為（契約）時に所有権が移転するという債権行為時説（ないし契約成立時説）や、平成29年改正前の問題になるが，危険負担に関する改正前の民法旧534条1項の債権者主義の適用をめぐる議論における契約成立時説の理解・評価も考え直す必要があろう。実務や裁判例のように、わが国において契約成立時を厳格に解するならば、契約成立時説でも他の諸説との大きな違いはなく、批判されてきたような不都合はないということになるからである。

（良永和隆）

第2章
契約締結準備段階における
当事者の責任

第1節　問題の所在──契約締結上の過失の理論とその外延

I　契約自由の原則と信義則

　近代市民法の大原則の一つである契約自由の原則は、契約を締結する自由はもちろん、契約を締結しない自由をも前提とする。すなわち、契約を締結するか否かは、個人の意思に委ねられ（意思自治）、契約を締結しない自由も認められる（民521条1項）。しかし、債権法を支配する信義則は、特別の関係を結んだ契約当事者間においては、特に強く作用する。のみならず、契約が成立したものの、それが法律的に効力を生じない場合にも、当事者は、信義則に従って一定の義務を負うことがある。また、契約が成立しなくても、その交渉段階に入った当事者は、信義則上、相手方に対して不測の損害を被らせない義務を負う。さらには、信義則によって、相手方に必要な情報を提供する義務を負うこともあろう。つまり、契約当事者は、契約の存続中はもちろん、その前後においても信義則に従って一定の義務を負うこととなる。[1]

1　我妻榮『債権各論㊤民法講義（Ｖ１）』（岩波書店、1954年）33頁。

〔第1部・第2章〕第1節　問題の所在——契約締結上の過失の理論とその外延

Ⅱ　「契約締結上の過失」の理論

　ところで、平成29年改正前民法下においては、契約の内容が、契約の締結
当時から客観的に不能である場合（原始的不能）には、その契約は無効であ
ると解されていた。たとえば、建物の売買契約が締結されたものの、目的物
である建物がその締結より前に焼失していたときがこれにあたり、契約成立
後にその履行が不能となる場合（後発的不能）と区別された。そして、原始
的不能の契約が無効であるとすれば、当事者は、その契約上の債務を負うこ
とはない。しかし、契約の締結に向けて交渉段階に入った当事者間では、何
ら特別な関係にない者の間よりも緊密な関係があり、相手方に不測の損害を
被らせないようにする信義則上の義務があると考えられる。そこで、「過失
によつて無効な契約を締結した者は、相手方がその契約を有効なものと誤信
したことによつて被る損害を賠償する責任がある」という、契約締結上の過
失（culpa in contrahenndo）の理論がドイツのイェーリング（Jhering）によっ
て提唱され、わが民法の解釈としてもこれを肯定する見解も多い[2]。

　この契約締結上の過失は、当初は上記のように、①契約が無効ないし不成
立の場合にも一定の損害賠償責任を認める理論であった。しかし、その適用
範囲は次第に拡張され、②契約の準備段階における交渉の一方的な破棄、③
契約は有効に成立したものの、交渉の段階で誤った説明がなされたため当事
者の一方が不利な契約を締結したとき、および、④交渉段階で一方当事者の
過失により、相手方の身体・財産を侵害した場合が議論されている[3]。

　不動産の売買や賃貸借など、不動産をめぐる契約における「契約締結準備
段階」の当事者の責任の検討を課題とする本章では、これらの場合に応じて、
当事者がどのような責任を負うかを考察する。もっとも、上記の①〜④のう

2　我妻・前掲書（注1）39頁。

3　本田純一「『契約締結上の過失』理論について」遠藤浩ほか監修『現代契約法大系(1)現代契約の
　法理(1)』（有斐閣、1983年）193頁、本田純一『契約規範の成立と範囲』（一粒社、1999年）59頁。
　なお、北川善太郎「契約締結上の過失」契約法大系刊行委員会編『契約法大系(1)契約総論』（有斐
　閣、1962年）221頁も参照。

26

ち、④には実例がなく、わが国の民法では、不法行為法（民709条）によって対処することも可能である。それゆえ、実際には、④は問題とならない。そこで以下では、④を除いて、順に検討する。[4]

第2節 契約の無効と契約締結上の過失

I 責任の法的性質

一般に契約締結上の過失に基づく損害賠償責任の法的性質をめぐっては、それが債務不履行責任と不法行為責任のいずれであるのか、あるいは、それらとは異なる信義則に基づく法定責任なのかについて争いがある。

この問題につき、平成29年改正前民法下の通説は、これを「信義則を理由とする契約法上の責任（一種の債務不履行）」として位置づけた。そして、契約締結上の過失による責任を認めるための要件は、次の三つであるとした。すなわち、①締結された契約が原始的不能であるために、その契約が無効であること、②給付をなすべき者がその不能なことを知りまたは知ることができたこと、および、③相手方が善意無過失であることである。また、効果は損害賠償であり、その範囲は、相手方がその契約を有効であると信じたことによる損害（信頼利益）に限られるとする。具体的には、目的物を検分に行った費用、代金支払のために融資を受けた利息などを含むが、目的物の利用や転売による利益などの、契約が履行されたならば受けたであろう利益（履行利益）は含まれないとする。[5]

ところで、債務不履行責任と不法行為責任との効果の違いは、消滅時効期

---

4 全体を簡潔に概観するものとして、野澤正充「契約締結上の過失・情報提供義務」法セ615号94頁。

5 我妻・前掲書（注1）40頁。

〔第1部・第2章〕第2節 契約の無効と契約締結上の過失

間の違い（民166条1項・724条）のほかに、次の2つが指摘されている。

　一つは、過失の立証責任であり、不法行為責任では債権者（被害者）が過失を立証しなければならないのに対して、債務不履行責任の場合には、債権者が債務不履行の事実を証明すれば、債務者が免責のために責めに帰すべき事由のないことを立証しなければならないと解されている。その理由は、債務不履行においては、すでに債務者が給付義務を負っているため、債務者側が帰責事由のないことを主張・立証するのが信義則上妥当である、ということにある。

　もう一つは、履行補助者の責任であり、不法行為（民715条）では、独立補助者の責任については使用者が責任を負わない（民716条）のに対して、債務不履行では独立補助者の責任をも債務者が負うこととなる。

　この二つの点からすれば、一般的には、債務不履行責任のほうが不法行為責任よりも、その責任を負う者にとっては重いと考えられる。そして通説は、このような理解を踏まえたうえで、契約締結上の過失については、これを一種の債務不履行ととらえて、「その挙証責任、履行補助者の責任などについても、一般の不法行為より重い責任を課するのが一層適切」であるとした。[7]

Ⅱ　通説に対する批判

　上記のような通説に対しては、次のような、異なる二つの側面からの問題が提起されていた。

　一つは、沿革的・比較法的側面からの批判である。すなわち、契約締結上の過失は、ドイツ民法に固有の理論であり、わが国では不要であるとする批判がある。この指摘によれば、ドイツ民法では、不法行為法が絶対的な権利の侵害を要件とし（ドイツ民法823条1項）、その範囲が極めて狭いうえに、使用者責任（ドイツ民法831条）においても免責が容易に認められ、被害者を救済するためには契約責任の領域を拡張せざるを得なかったとされる。しかし、フランス民法に倣って一般不法行為法（民709条）を有するわが国では、

6　最判昭和34・9・17民集13巻11号1412頁。

7　我妻・前掲書（注1）40頁。

28

不法行為法で対応すれば足り、契約締結上の過失を認める必要はないとする。[8]

　もう一つは、「原始的不能の給付を目的とする契約は無効である」との命題に対する問題提起である。すなわち、原始的不能の場合をすべて無効とする必然性はなく、両当事者が給付の原始的不能であることを知らず、仮に不能であるとしてもそのリスクを甘受する意図で契約を締結する場合には、契約を有効と解して、可能な反対給付債務の成立を認めるべきであるとする。[9]

　この二つの批判のうち、原始的不能論の当否については民法改正を待たなければならなかった。これに対して、第1の比較法的観点からの指摘は、改正前民法下においても妥当した。すなわち、ドイツ不法行為法の不備を補う必要から提唱された契約締結上の過失の理論は、不法行為法の構造が異なるわが民法では不要であり、不法行為（民709条）の問題としてとらえればよい。

　なお、不法行為責任と債務不履行責任との差異については、広く請求権の競合の問題として議論されるべき事項であるが、個別に規定の趣旨や具体的な事案を考慮して解決を図ることも可能である。たとえば、消滅時効期間に関しては、契約が成立していない場合の処理を5年ないし10年という長期の時効（民166条1項）に係らせる必要性に乏しく、民法724条によるべきである、との指摘がなされている。[10]

　いずれにしても、①契約の無効については、現実の裁判例があまりない。また、学説の議論も多くはなく、しかもその議論は、もっぱら学理上のものにとどまる。そして、現実に問題となるのは、次の②契約交渉の不当破棄事例と③説明義務ないし情報提供義務違反の事例である。

Ⅲ　平成29年改正による規律

　平成29年改正民法は、上記の原始的不能論に対する批判を容れ、「契約に基づく債務の履行がその契約の成立の時に不能であった」としても、契約は

8　平井宜雄『債権総論〔第2版〕』（弘文堂、1994年）54頁以下。

9　奥田昌道『債権総論〔増補版〕』（悠々社、1992年）30頁。

10　谷口知平＝五十嵐清編『注釈民法(13)債権(4)〔新版〕』（有斐閣、1996年）136頁〔潮見佳男〕。

〔第1部・第2章〕第3節　契約交渉の不当破棄

無効とならず、その効力を妨げられないことを前提とする。そして、その場合にも、債権者は、債務者に対して、「第415条の規定によりその履行の不能によって生じた損害の賠償を請求すること」ができるとする（民412条の2第2項）。この規定は、原始的不能の契約も有効であり、債務者がその履行の不能を理由として、債務不履行の「最も代表的な法的効果」である損害賠償債務（民415条）を負うことを明らかにする[11]。このほか、債権者は、原始的に不能な契約を解除することもできよう。

　なお、改正法は、債務が後発的に不能となった場合にも当該債務が当然に消滅することなく、債権者が債務者に対し、債権に基づく履行請求権を有することを前提に、その請求をすることができない旨を規定する（民412条の2第1項）。換言すれば、「債務の履行が契約その他の債務の発生原因及び取引上の社会通念に照らして不能である」ことが履行請求権の限界事由となり、「債権者は、その債務の履行を請求することができ」なくなる。そしてこのことが、後述するように、危険負担（民536条）、および、売主のした給付が契約に適合しない場合における買主の代金減額請求権（民563条）の法的構成に影響を及ぼすこととなる。

第3節　契約交渉の不当破棄

I　問題の所在

　不動産のように高額な物件の売買契約や、長期にわたる継続的な契約に関しては、その契約の締結までに当事者が慎重に交渉を行い、一定の時間を要することが多い。このような場合に、当事者の一方が契約交渉を理由なく打ち切ると、相手方は不測の損害を被るおそれがある。そこで、判例および学

11　法制審議会民法（債権関係）部会第96回会議部会資料83-2「民法（債権関係）の改正に関する要綱仮案（案）補充説明」35頁。

説は、契約交渉を破棄した当事者が、その相手方に対して、損害賠償責任を負うことを認めている。ここで問題となるのは、契約の無効の場合におけるのと同じく、その損害賠償責任の法的性質をどのように考えるか、という点である。しかし、より根本的な問題は、前述のように、契約自由の原則との関係にある。すなわち、この原則からすれば、当事者には契約しない自由も認められ、契約交渉を破棄することも許されるはずである。にもかかわらず、その破棄が損害賠償責任を生ぜしめるのはどのような場合であり、その根拠は何かが問題となる。

Ⅱ　最高裁判所の見解とその評価

　まず、契約交渉を不当に破棄した当事者が損害賠償責任を負うとした最高裁判決は、これまでに5件存在する。しかし、その判旨からは、責任が債務不履行に基づくものか不法行為によるものであるかは、必ずしも明らかではない。すなわち、そのうちの3件は、当事者の主張および原審の判断に従って、不法行為に基づく損害賠償請求を認容した。[12]これに対して、次の最高裁判決は、契約交渉を不当に破棄した当事者が「契約類似の信頼関係に基づく信義則上の責任」を負うとした原判決を承けて、「契約準備段階における信義則上の注意義務違反を理由とする損害賠償責任を肯定した原審の判断は、是認することが」できるとした。

1　昭和59年最高裁判決

　最判昭和59・9・18裁判集民142号311頁（以下、「昭和59年最高裁判決」という）の事案の概要は次のとおりである。

　Xは、分譲マンションを建築することを計画し、着工と同時に買受人の募集を始めたところ、歯科医Yから買受けの希望があった。ただし、Yは、なお検討するので結論は待ってもらいたいと述べ、1カ月後にXに10万円を支払った。その間、YはXにスペースについて注文を出したり、レイアウト図

12　最判昭和56・1・27民集35巻1号35頁、最判昭和58・4・19裁判集民138号611頁、最判平成2・7・5裁判集民160号187頁。

〔第1部・第2章〕第3節　契約交渉の不当破棄

を交付するなどした。その後、Yから歯科医院を経営するための電気容量について問合せがあったため、XはYに確認しないまま受水槽を変電室に変更し、これに伴う出費分を上乗せすることをYに告げたが、Yは特に異議を述べなかった。しかし、その後Yは、Xに対し、購入資金の毎月の支払額が多額であることなどを理由に買取りを断った。そこでXは、Yに対して、設計変更に要した費用の賠償を請求した。第1審は、契約準備段階に入ると「信義則の支配する緊密な関係にたつ」から、この信義則上の義務に違反したときは、「契約締結に至らない場合でも契約責任としての損害賠償義務」を負うとした。そして控訴審も、「契約類似の信頼関係に基づく信義則上の責任」を負うとして、Xの請求を認容した。その後Yは上告した。[13]

最高裁判所は、「上告人（筆者注：Y）の契約準備段階における信義則上の注意義務違反を理由とする損害賠償責任を肯定した原審の判断は、是認することが」できると判示した（上告棄却）。

昭和59年最高裁判決の判旨は、債務不履行責任類似の損害賠償責任を認めたと解することもできるが、必ずしも明確ではない。なぜなら、「信義則上の注意義務」を不法行為法上の注意義務と同質のものとしてとらえることもできるからである。

また、最高裁判所は、不動産の売買ではなく、商品の継続的な製造・販売に関する契約において、その交渉の不当破棄につき、「契約準備段階における信義則上の注意義務違反」を認めている。

2　平成19年最高裁判決

最判平成19・2・27裁判集民223号343頁（以下、「平成19年最高裁判決」という）の事案の概要は次のとおりである。

米国のA会社は、平成9年4月23日、Bを通じてYに対し、ゲームに使用する牌を自動的に整列させる装置（以下、「本件装置」という）とその専用牌（以下、本件装置と牌をあわせて「本件商品」という）を開発する業者を手配し、本件商品をAに供給するよう委託した。この委託を受けてYは、Xに対して、

13　東京地判昭和56・12・14判タ470号145頁。

本件商品の開発が可能かどうかを打診し、同年6月、Xが本件商品の開発に着手した。その後Xは、本件装置の試作機を完成させたが、Yが本件商品の開発と製造に係る契約を締結しないため、開発の続行に難色を示した。そこでYは、Xに本件商品の開発等を継続させるため、Aから本件商品の具体的な発注を受けていないにもかかわらず、YがXとの間の契約の当事者になることを前提として、平成9年12月26日頃、Xに対し、本件装置200台を発注することを提案し、これを正式に発注する旨を口頭で約した。そしてYは、平成10年1月21日、本件装置100台を発注する旨を記載した発注書をXに交付し、また、同年6月16日には、本件装置を10カ月間、毎月30台を発注する旨の提案をした条件提示書を送付した。そこでXは、本件装置100台と専用牌の製造に要する部品を発注し、専用牌を製造するために必要な金型2台を完成させるなど、相応の費用を投じて本件商品の開発、改良等の作業を進め、7月分商品を製造し、これをYに対して納入した。しかし、平成10年8月17日、ＡＢＸＹ間の4社契約の締結が予定されていたが、Aの代表者Cが突然に本件装置の仕様変更を要求したため、同日は契約の締結に至らず、後に契約の交渉が決裂した。Xは、Yに対し、本件商品の開発費や逸失利益等の合計1億5937万円余の損害を被ったとして、Yの契約締結上の信義則違反に基づく損害賠償を求める訴えを提起した。

第1審は、Yの行為が「契約の締結上の信義則に著しく反する」とし、平成10年8月17日の時点では、「基本契約の案文が確定され、あとはこれに調印するのみという状況に至っていた」のであるから、「基本契約が締結された場合に準じ、基本契約から生じるであろう拘束力の範囲内での損害賠償を認めるのが条理に適う」として、逸失利益も含めた1億3219万円余の損害賠償請求を認容した。これに対して、原審は、契約が締結されなかったのはAの責任であり、Yには信義則違反がないとして、Xの請求を棄却した。X上告受理申立て。

最高裁判所は、次のように判示して、原判決を破棄差戻しとした。すなわち、「被上告人（筆者注：Y）の上記各行為によって、上告人が（筆者注：X）が、被上告人との間で、本件基本契約又はこれと同様の本件商品の継続的な製造、販売に係る契約が締結されることについて強い期待を抱いたことには

〔第1部・第2章〕第3節　契約交渉の不当破棄

相当の理由があるというべきであり、上告人は、被上告人の上記各行為を信頼して、相応の費用を投じて上記のような開発、製造をした」のであるから、「被上告人には、上告人に対する関係で、契約準備段階における信義則上の注意義務違反があり、被上告人は、これにより上告人に生じた損害を賠償すべき責任を負う」。

　平成19年最高裁判決も、当事者の主張に従い、「被上告人には、上告人に対する関係で、契約準備段階における信義則上の注意義務違反があり、被上告人は、これにより上告人に生じた損害を賠償すべき責任を負う」と判示するのみで、その責任の法的性質を明確にしていない[14]。もっとも、「少なくとも『契約準備段階における信義則上の注意義務違反を理由とする損害賠償』請求が訴訟物となることを認めている」との理解はできよう[15]。また、事案との関連では、契約交渉の決裂が第三者Aの責任に基づくものであるにもかかわらず、交渉の当事者Yに損害賠償責任が認められている。そうだとすれば、その責任は、債務不履行ではなく、不法行為ないし端的に信義則に基づく責任と解することもできよう。

　しかし、いずれにせよ、責任の法的性質についての判例の態度は明確ではない。

Ⅲ　学説の展開——信義則上の義務の内容

1　契約の交渉段階に応じた責任

　上記のような、責任の法的性質論については、学説の見解も一致しない。しかし、契約交渉の不当破棄の事例において、学説は、契約交渉の開始から契約の締結に至るまでを次の三つの段階に分けて、その損害賠償責任の有無を検討する[16]。①第1段階は、当事者の接触が始まり、契約交渉が具体的に開

14　野澤正充「判批」NBL855号14頁以下。

15　島岡大雄「当事者の一方の過失により契約締結に至らなかった場合の損害賠償責任」判タ926号60頁。

16　松本恒雄「判批」判時1151号188頁、島岡・前掲論文(注15)57頁〜58頁。

34

Ⅲ　学説の展開──信義則上の義務の内容

始されるまでの段階である。ただし、この場合には、一般不法行為法上の注意義務を除き、当事者間に特段の義務は生じない。②第2段階は、契約交渉が開始され、契約内容が具体化されるなど交渉が進展し、主たる事項が定まるまでの段階である。この段階では、契約当事者の一方がその相手方に対し、契約が成立するであろうという信頼を与えた場合には、その信頼を裏切らないように行動する義務を負う。これは、信義則の中の禁反言（自己の先行行為と矛盾する行為をしてはならない）を根拠とするものである。そして、③第3段階は、契約の具体的内容がほぼ合意に達し、正式契約の締結日が定められるに至った段階である。この段階では、当事者は契約の成立への期待を有するから、その利益を保護すべきであり、以後は契約の成立に向かって誠実に交渉する義務（誠実交渉義務）を負う。

　このうち、「契約準備段階における信義則上の注意義務違反」を理由とする損害賠償責任が認められるのは、②または③の場合である。そして、この両者の違いは、②の段階における損害賠償が信頼利益の賠償であるのに対して、③では履行利益の賠償まで認められることにある[17]。そして、平成19年最高裁判決の第1審も、このような見解を前提に、事案を③の事例であるととらえ、「基本契約が締結された場合に準じ、基本契約から生じるであろう拘束力の範囲内での損害賠償を認める」べきであるとした。しかし、最高裁判所は、その理解を異にし、②の段階の問題であるとした。すなわち、Ｙの発注書・条件提示書の交付などから、「上告人（筆者注：Ｘ）が本件商品の開発、製造にまで至ったのは無理からぬこと」であり、Ｙも、「上告人が本件商品の開発、製造にまで至ることを十分認識しながら」各行為を行ったとして、信義則に基づく注意義務違反を認めている。その判断は、事案に即したものであり、適切であると解される。

---

[17]　松本・前掲判批(注16)188頁。なお、島岡・前掲論文(注15)65頁は、原告の主張・立証責任の程度も異なり、③では、「契約交渉が第三段階にまで至っていたことと契約締結に至らなかったことを立証」すればよいのに対し、②では、具体的な注意義務の違反を立証しなければならないとする。

〔第1部・第2章〕第4節　情報提供義務（説明義務）

2　予備的合意の理論

　学説の中には、責任の性質を債務不履行であるととらえるために、「契約
の熟度」という概念を援用する見解がある。この見解も多岐にわたるが、そ
の一つの方向として、「予備的合意」を認める見解がある。すなわち、不動
産の売買契約を念頭におき、「売買契約の成立を慎重に解しつつ、交渉段階
における予備的合意に一定の債権的効力を認めることによって、一方当事者
による交渉の不当な中途拒絶に対するサンクションを与えるのが望ましい」
とする。[18]

　この見解に対しては、次のような批判ができよう。すなわち、予備的であ
れ「合意」が認められるとすれば、その効力は損害賠償責任が課せられるに
とどまらず、第1次的には履行の強制力が認められるはずである。しかし、
そのような第1次的な強制力が観念できないのであれば、それは契約ではな
く、結局は、契約準備交渉段階の具体的な行為に即して、②と③のような行
為義務が発生すると解すれば足りる。[19]そうだとすれば、責任の法的性質に拘
泥することなく、②および③の義務違反に対して損害賠償責任を認めてよい
と考える。[20]

第4節　情報提供義務（説明義務）

Ⅰ　情報提供義務の意義・根拠

　契約当事者間に情報を収集する能力や専門的知識において著しい格差があ

18　横山美夏「不動産売買契約の成立過程と成立前の合意の法的効力」私法54号197頁。

19　谷口知平＝五十嵐清編『注釈民法⒀債権⑷〔新版〕』（有斐閣、1996年）131頁〔潮見佳男〕。

20　その法的性質は、あえて明確にすると、一般的不法行為法（民709条）を有するわが民法では、
　　不法行為に基づく損害賠償責任と解して差し支えない。判例も、契約締結上の過失の理論や損害
　　賠償の法的性質が債務不履行責任であることを正面から認めてはいない。そして、情報提供義務
　　に関しては、不法行為責任によって問題を処理するのが、判例の基本的な考え方である。

る場合には、当事者の一方から他方に対して情報を提供すべき義務が課されることがある。このような義務を情報提供義務または説明義務といい、民法に規定はないが、信義則に基づいて認められると解されている。もっとも、契約法の領域では、契約締結のための情報の収集やその分析は各当事者の責任であり、仮に情報の収集や分析の失敗によって不利益が生じたとしても、その不利益は自らが負わなければならないことが原則（自己責任の原則）である。なぜなら、私的自治の原則の下では、契約の拘束力は両当事者の合意によってのみ正当化されるが、その合意は、各当事者が自ら必要な情報を収集し分析して、当該契約が自己の目的に適合するか否かをよく理解したうえでなされる、ということを前提とするからである。にもかかわらず、情報提供義務が課される根拠は何か。この点については、学説上さまざまな説明がなされているが、両当事者間の情報力の格差が解消されて初めて契約の自由が確保されるとともに、特に顧客の事業者に対する信頼を保護するために、事業者には情報を提供すべき義務が生じると考えられる[21]。この情報提供義務は、事業者と消費者との間の消費者取引に限られず、広く認められるものであるが、裁判例に現れたその主な適用領域は次の四つである。すなわち、①宅地建物取引業者などの専門業者が売主となる不動産売買、②フランチャイズ契約、③ワラント債や変額保険などの金融取引、および、④医療契約における医師の説明義務である。

　ところで、消費者の保護を目的とする行政法規や特別法において、事業者に、一定の情報を消費者に対して提供する義務が課されていることがある。たとえば、宅地建物取引業法は、宅地建物取引業者に対して、一定の重要事項を説明すべき義務を課している（宅建業35条）。しかし、業者がこの義務に違反したとしても、当該売買契約の効力がどうなるかは一義的に明らかではない。また、消費者契約法は、事業者が契約の締結に際して「重要事項について事実と異なることを告げ」た場合（重要事項の不実告知）には、消費者が契約を「取り消すことができる」とする（消契4条1項1号）。しかし、その対象となる「重要事項」は限定されている（消契4条4項）。そして、より

21　横山美夏「契約締結過程における情報提供義務」ジュリ129頁～130頁。

〔第1部・第2章〕第4節　情報提供義務（説明義務）

一般的な情報提供義務については、これを事業者の努力義務とし（消費者契約法3条1項）、事業者が違反しても、当該契約が直ちに無効・取消しの対象となるわけではない。したがって、情報提供義務違反の効果をいかに解するかは、民法の解釈に委ねられている。そして民法では、情報提供義務が尽くされなかったために不利な契約を締結した場合における当事者の救済方法として、次の二つのものが存在する。一つは、当該契約を解消するために、錯誤取消し（民95条）、詐欺取消し（民96条）、契約不適合による解除（民564条・541条）、公序良俗違反による無効（民90条）のほか、情報提供義務違反そのものを債務不履行として、解除や損害賠償を請求することが考えられる（合意の瑕疵によるアプローチ）。もう一つは、契約の有効・無効にかかわらず、事業者の情報提供義務違反を理由に不法行為（民709条）に基づく損害賠償を請求するものである（損害賠償によるアプローチ）。以下、順に検討する。

II　合意の瑕疵によるアプローチ──契約の無効・取消し・解除

1　錯誤取消しの主張

たとえば、マンションの売買契約において、日照が将来にわたって確保されるとの売主の説明を信用して売買契約を締結したが、後に隣接地にビルが建設されて日照が阻害された場合には、売買契約時に不適合が存在したわけではないため契約不適合責任の適用は難しく、また、一定の保証特約の認定も困難である。そこで、現実の裁判例で争われるのは錯誤取消しである。もっとも、この場合の錯誤は表意者が法律行為の基礎とした事情についてのその認識が真実に反する錯誤（動機の錯誤）であり（民95条1項2号）、その事情が法律行為の基礎とされていることが、相手方に表示されない限り取消しが認められず（民95条2項）、下級審裁判例の結論も肯否が分かれていた。[22]そして、そもそも情報提供義務違反の事案に錯誤を適用するのが適切かという

---

[22]　肯定例として東京地判平成10・9・16判タ1038号226頁、否定例として東京高判平成11・9・8判時1710号110頁。

Ⅱ　合意の瑕疵によるアプローチ──契約の無効・取消し・解除

問題がある。というのも、錯誤は表意者の内心を重視する半面、情報提供義務違反という相手方の行為態様を考慮しないからである。そこで、事業者が情報提供義務に反し適切な情報を提供しなかった場合には、消費者から錯誤取消しを主張されてもやむを得ないとして、錯誤の要件を緩和する見解もある[23]。

　基本的な方向としては、契約締結過程における信義則を重視して、相手方の行為態様に着目し、その情報提供義務違反が存在する場合には錯誤を容易に認定すべきであろう。

2　詐欺による取消し

　上記の例で、売主が隣接地にビルが建設されることを知りながらこれを故意に秘匿して売買契約を締結させた場合には、買主の詐欺取消しの主張も考えられる。この主張によれば、買主の錯誤が動機の錯誤であっても、売主の詐欺という行為態様が考慮されて、契約の取消しが認められうる。ただし、この場合の詐欺は沈黙によるものであり、沈黙も信義則上相手方に告知する義務がある場合には欺罔行為になるから[24]、売主に情報提供義務違反が認められる場合には、欺罔行為があると解される。しかし、詐欺が成立するためには故意が必要であり、過失による詐欺は認められない。したがって、仮に売主の説明が虚偽であったとしても、それが故意になされたことを立証できない限り、買主は詐欺による取消しを主張できない。ここに詐欺の限界があり、実際の裁判でも詐欺が主張されることは稀である。このほか、消費者の利益保護が公序であるとする観点や、消費者の契約自由ないし自己決定権が侵害されたという観点から、民法90条を活用することも考えられる[25]。

23　森田宏樹「『合意の瑕疵』の構造とその拡張理論(1)」NBL482号28頁、山本敬三「消費者契約法と情報提供法理の展開」金法1596号11頁。

24　大判昭和16・11・18法学11巻617頁。

25　山本・前掲論文(注23)11頁。

39

〔第1部・第2章〕第4節　情報提供義務（説明義務）

3　契約締結上の過失による解除

ところで、情報提供義務の問題は、当初は契約締結上の過失の1つとして説明されていた。すなわち、①契約交渉当事者間に専門知識や情報量の格差があり、②有効な契約成立のための障害となる事実を一方のみが知っていて、③その適切な説明を受けていたなら契約を締結しなかったであろう場合には、債務不履行責任としての契約締結上の過失が認められ、契約の解除も可能であるとされた[26]。この局面では、契約締結上の過失の理論が情報提供義務に反してなされた契約を解消するものであり、実質的には詐欺・錯誤と同じ機能を営んでいる。

この見解に対しては、一方では、給付義務の不履行や契約不適合責任による解除および錯誤によっても契約を解消できるため、契約締結上の過失によって解除を認める実益がないとの批判がある。他方、詐欺との関係では、契約締結上の過失により、過失による詐欺の場合にも契約を解消することができるが、過失による詐欺の場合にまで契約を解消すべきかという検討が必要である、との指摘がなされている[27]。

Ⅲ　損害賠償によるアプローチ——不法行為

1　最高裁判所の見解

当事者の一方が相手方の情報提供義務違反を理由に、その被った損害の賠償を請求する場合の法律構成としては、契約締結上の過失のほか、債務不履行および不法行為が考えられる。そして実際には、原告がこのうちのいくつかを並列的に主張するのが通常であるが、裁判例の多くはこれを不法行為の問題としてきた。このような裁判例の1つの到達点を示すものが、次の最高裁判決であろう。

最判平成16・11・18民集58巻8号2225頁（以下、「平成16年最高裁判決」と

26　本田・前掲論文（注3）199頁（「契約締結上の過失」理論について）。
27　森田宏樹「『合意の瑕疵』の構造とその拡張理論（3・完）」NBL484号60頁以下。

40

いう）の事案の概要は次のとおりである。

　A（住宅・都市整備公団（当時）。後にYが承継）は、平成2年、その設営する団地の建替え事業に着手し、団地の住宅を賃借し居住していたXらとの間で、建替え後の分譲住宅の購入を希望し、一定の期限までに住宅を明け渡して建替え事業に協力した者については、一般公募に先立つ優先購入の機会の確保するとし、その旨の優先購入条項を記した覚書を交わした。そしてXは、Aとの間で従前の賃貸借契約を合意解約し、平成7年頃に建替え後の分譲住宅の売買契約が締結された。この売買契約締結当時、Xは、本件優先購入条項により、AがXに対するあっせん後、未分譲住宅の一般公募を直ちに行い、その価格は少なくともXに対する価格と同等であるものと認識していた。しかし、Aは、すでにXに対する価格が高額にすぎ、その価格で一般公募を行っても購入希望者が現れないことを認識しており、Xに対するあっせん後直ちに未分譲住宅の一般公募をする意思を有していなかった。にもかかわらず、AはXに対しその旨を何ら説明しなかった。そして、Aは、平成10年、未分譲住宅について約25％の値下げをしたうえで一般公募をした。そこでXは、Aに対して、Aの説明義務違反によって譲渡契約を締結するか否かを決定する機会を奪われたことによる慰謝料の支払等を求めて訴えを提起した。第1審・第2審ともに、Aの説明義務違反を理由とする慰謝料の請求を認容した。その後Yは上告した。

　最高裁判所は、次のように判示してYの上告を棄却した。すなわち、「Aは、被上告人（筆者注：X）らが、本件優先購入条項により、本件各譲渡契約締結の時点において、被上告人らに対するあっせん後未分譲住宅の一般公募が直ちに行われると認識していたことを少なくとも容易に知ることができたにもかかわらず、被上告人らに対し、上記一般公募を直ちにする意思がないことを全く説明せず、これにより被上告人らがAの設定に係る分譲住宅の価格の適否について十分に検討した上で本件各譲渡契約を締結するか否かを決定する機会を奪ったものというべきであって、Aが当該説明をしなかったことは信義誠実の原則に著しく違反するものであるといわざるを得ない。そうすると、被上告人らがAとの間で本件各譲渡契約を締結するか否かの意思決定は財産的利益に関するものではあるが、Aの上記行為は慰謝料請求権の

〔第1部・第2章〕第4節 情報提供義務（説明義務）

発生を肯認し得る違法行為と評価することが相当である」。

平成16年最高裁判決は、民法709条における伝統的な違法性論に従ったものである[28]。すなわち、709条の権利侵害の要件について、従来の通説はこれを違法性と読み替え、被侵害利益の種類と侵害行為の態様との相関関係によって判断する、という相関関係説に立脚している。具体的には、「被侵害利益が強固なものであれば、侵害行為の不法性が小さくても、加害に違法性があることになるが、被侵害利益があまり強固なものでない場合には、侵害行為の不法性が大きくなければ、加害に違法性がない」ことになる[29]。そして平成16年最高裁判決も、この見解を前提に、被侵害利益の種類と侵害行為の態様とを詳細に認定し、Ａの行為が「慰謝料請求権の発生を肯認し得る違法行為と評価」しうるとした。

2 意思決定権の侵害

ところで、最高裁判所は、平成16年最高裁判決に先立ち、医師の説明義務違反によって患者の手術を受けるか否かについての意思決定をする権利が奪われた場合には、患者の人格権を侵害したものとして、その慰謝料請求権を肯定していた[30]。しかし、財産的利益に関する意思決定権の侵害については、「情報の提供や説明に何らかの不十分、不適切な点があったとしても、特段の事情が存しない限り、これをもって慰謝料請求権の発生を肯認し得る違法行為と評価することはできない」と解していた[31]。それゆえ、最高裁判所は、意思決定権を、①生命・身体等の人格的利益に関するものと、②財産的利益に関するものとに峻別し、①であれば被侵害利益が強固であり、容易に不法行為責任が認められるが、②では、①と比較して保護の必要性が高くないため、さらに侵害行為の態様を問うものである。そして、平成16年最高裁判決は、㋐Ｘの生活の基盤である借家権の喪失、㋑ＡＸ間の覚書の交付によるＸの優先購入に対する正当な期待、および、㋒Ａの意図的な説明義務の懈怠を

---

28 野澤正充「判批」判タ1187号102頁以下参照。
29 加藤一郎『不法行為〔増補版〕』（有斐閣、1974年）106頁。
30 最判平成12・2・29民集54巻2号582頁。
31 最判平成15・12・9民集57巻11号1887頁。

認定し、Ａの説明義務違反が「信義誠実の原則に著しく違反する」とした。つまり、平成16年最高裁判決は、Ｘの被侵害利益が財産的利益に関する意思決定権という強固なものではなかったとしても、Ａの侵害行為の態様に照らして、Ｘの慰謝料請求を認めたものであると解される。

　このような最高裁判所の見解に対しては、「自己決定権という人格的利益の侵害を不法と考えて、財産的利益の保護」を考えることにはズレがある、との批判がある。すなわち、「自己決定権侵害の効果として慰謝料請求権」の発生を認めると、「説明は不十分であったけれども、実際にはその危険を伴った取引から利益を得たとしても、なお慰謝料請求権が生じるという内容の保護」が認められることとなり、妥当でないとされる[32]。

　しかし、これに対して、情報提供義務違反の事例においては、「経済的損失がなくても、自己決定権が侵害され、何らかの救済が必要な場合は存在する」との反論がなされている。この見解は、情報提供義務違反により、「表意者は、整備された情報環境の下で意思決定をする機会を失う」のであり、その救済手段としては、「経済的損失ではなく、機会の喪失そのものを損害と位置づけ、その金銭的評価を考えるべきである」と主張する[33]。そして、平成16年最高裁判決も、情報提供義務違反により、「価格の適否について十分に検討した上で……契約を締結するか否かを決定する機会を奪」われたことを被侵害利益であるととらえ、その救済方法として、「慰謝料請求権の発生」を認めた点に大きな意義があると解される。

結　語

　これまでの裁判例において、契約締結上の過失として争われてきた事案は、主に契約交渉の不当破棄と情報提供義務違反の事例であった。そして、かつての議論は、契約交渉段階に入ると信義則が機能し、何ら特別の関係のない者の間の責任（不法行為法上の責任）以上の責任が生じることを、比較的容易に認めてきたように思われる。しかし、ここでの実質的な問題は、契約の

32　錦織成史「取引的不法行為における自己決定権侵害」ジュリ1086号90頁。
33　小粥太郎「『説明義務違反による損害賠償』に関する２、３の覚書」自正571号45頁～46頁。

〔第1部・第2章〕第4節　情報提供義務（説明義務）

自由およびその前提となる自己責任の原則と当事者の責任との関係をどう解すべきかであり、信義則上の義務を安易に認めると、これらの原則は成り立たなくなる。それゆえ、契約締結前の段階において、信義則上の注意義務がどのような場合に生じるかを厳格に解すべきであろう。

ところで、契約締結準備段階における当事者の責任について、学説は、その法的性質が債務不履行と不法行為のいずれであるかを争ってきた。しかし、このような法的性質論から、演繹的に何らかの結論が導かれるわけではない。ここでの重要な問題は、責任の法的性質ではなく、どのような場合に当事者が損害賠償義務を負うかである。そして、この問題については、いまだ定見がない。しかし、判例を総合すると、これまで検討してきたような準則が導かれよう。

なお、最高裁判所は、契約締結上の過失の領域を不法行為法によって処理することが多い。これに対しては、注意義務が類型的かつ一律に設定される民法709条を、当事者間に契約類似の関係がある場合に適用するのは適切ではない、との批判が存在する。しかし、信義則上の注意義務は個別具体的に検討されるため、その義務違反を不法行為として評価する場合には、このような批判は当たらない。そして、より一般的には、硬直しがちな契約法に代わって、不法行為法が機能することもある、ということも認められよう。[34]

(野澤正充)

---

[34]　道垣内弘人「取引的不法行為」ジュリ1090号140頁。

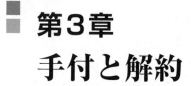

第3章
手付と解約

第1節 手付の性質

I 手付の意義

　手付とは、売買・賃貸借・請負などの契約締結の際に、当事者の一方（通常は、買主・賃借人・注文者等金銭を支払うほう）から相手方に交付される金銭その他の有価物である。不動産売買契約の場合が一番多いので、民法は売買契約について規定して、他の有償契約に準用する（民559条）。

　手付金・手金・保証金・証拠金・約定金・契約金・売買証・申込金・過怠金・違約金・内金・内入金・代金内・前払金等とよばれていても、契約締結の際に交付されれば、特別の事情がない限り、手付と解されるが、当事者の合意内容によって決まるので、特に慎重な判断を要する。通常、「手付を払う」、「手金を払う」、「手付を打つ」、「手金を打つ」といわれている。

1　山林売買で立木を手付とした例として、大判明治34・5・8民録7輯5巻52頁。
2　小脇一海「手付」遠藤浩ほか監修『現代契約法大系(1)現代契約の法理(1)』（有斐閣、1983年）272頁以下。
3　加藤一郎「手附と内金」時の法令220号55頁、加藤一郎『民法教室債権編』（井上書房、1960年）17頁。

〔第1部・第3章〕第1節　手付の性質

II　手付の種類

1　解約手付

　民法557条1項の規定によると、買主が売主に手付を交付したときは、当事者の一方が契約の履行に着手するまでは、買主はその手付を放棄し（手付損、手付流し）、売主はその倍額を償還して（手付（損）倍戻し、手付（損）倍返し）、契約の解除をすることができる（手付解除）。ただし、平成29年改正により、相手方が履行に着手した後は、契約の解除ができないことが明文化された（民557条1項ただし書）。

　手付の授受が解除権の留保（約定解除権の合意）となるので、これを解約手付と呼ぶ（任意規定）。解除手付といわないのは、解除と解約を厳密に区別していないからである。[4] 解除権を行使しても、債務不履行による解除（民545条4項参照）ではないから、損害賠償を請求することはできない（民557条2項）。契約が解除されなかったときは、売買代金の一部に充当される。[5]

　解約手付の場合にも債務不履行を理由として契約が解除されたときは一切の損害賠償責任がある。[6]

2　成約手付

　成約手付は、契約の成立の要件であるが、日本では、諾成主義のため認められないといわれてきた。しかし、不動産取引においては、慣行的に手付ないし内金の授受が売買契約成立にとって不可欠のものととらえられており、成約手付に類似した機能が担わされているという指摘がなされている。[7]

4　加藤・前掲論文（注3）56頁、加藤・前掲書（注3）19頁。

5　大判大正10・2・19民録27輯340頁。

6　最判昭和29・1・21民集8巻1号64頁。来栖三郎『法律学全集(21)契約法』（有斐閣、1974年）35頁注(1)参照。

7　潮見佳男『契約各論(1)』（信山社、2002年）71頁以下。

3 証約手付

証約手付は、契約成立の証拠として意味をもつ。どの手付にもある機能であるから、手付の最小限の効果といわれる。

4 違約手付

(1) 違約罰の性質があるもの

手付を交付した者が債務不履行のときは、それを没収され、手付を収受した者が債務不履行のときは、その倍額を償還するが、それとかかわりなく、損害賠償はさらに現実の損害について請求される。わが国では少ないといわれる。

(2) 損害賠償額の予定としての手付

手付を交付した者が債務不履行のときは、損害賠償として、それを没収され、手付を収受した者が債務不履行のときは、損害賠償としてその倍額を償還するが、それ以上に損害賠償を請求されない趣旨のものであり、違約手付が交付された場合も原則として、損害賠償額の予定を兼ねる手付と解される（民420条3項）。

Ⅲ 契約の拘束力との関係

本来、契約は、相手方の承諾がなければ、解約することができないのであるから、解約手付の交付は理論的には契約の拘束力を弱めることになる。しかし、手付が交付されていれば、両当事者は、手付金額だけはとれるのだから、実際には恣意を許さないことになり、履行をある程度確保する作用をする。[8]

民法557条は、手付を解約手付と推定する（通説）。特別の意思表示のない限り、解除権を留保する性質を有する。[9]解約手付と異なる効力を有する手付であると主張する者に、特別の意思表示の存することの主張・立証責任があ

---

8 我妻榮『債権総論民法講義(4)〔新訂〕』（岩波書店、1964年）261頁。
9 大判昭和7・7・19民集11巻1552頁。

〔第1部・第3章〕第1節 手付の性質

[10]
る。

　宅地建物取引業者が、自ら売主となる宅地または建物の売買契約の締結に際して手付を受領したときは、その手付がいかなる性質のものであっても、当事者の一方が契約の履行に着手するまでは、買主はその手付を放棄して、当該宅地建物取引業者はその倍額を償還して、契約の解除をすることができる（宅建業39条2項）。この規定に反する特約で、買主に不利なものは、無効とする（宅建業39条3項）という片面的強行規定であり、買主保護のために契約の拘束力を弱めている。業者からの手付倍戻しによる解除については疑問とする見解もある[11]。もっとも、業者＝売主からの解除は少ないとのことである[12]。

　解約手付と契約の拘束力の関係を矛盾なく説明しようとする説は、契約の拘束力を3段階に分け、当事者双方が履行に着手したとき（第3段階）、双方とも契約に拘束され、ここで初めて契約の拘束力は完全なものとなるという[13]。

　これに対して、民法557条は解約手付を推定する趣旨ではなく、解約手付の効力を規定したものと解するのは、解釈論としていささか困難であるとしても[14]、「契約は守られなければならない」（pacta sunt servanda）のが、近代契約法の大原則であり、日本で多くの場合に手付が契約の拘束力を強めるものとして意識されているとすれば（それは実は違約手付であるから）、契約の拘束力が弱められる解約手付の認定は慎重でなければならないという反対説がある[15]。

10　前掲最判昭和29・1・21。

11　来栖・前掲書（注6）50頁、内田貴『民法(2)債権各論〔第2版〕』（東京大学出版会、2007年）117頁。

12　山田卓生「契約からの脱退」遠藤浩ほか監修『現代契約法大系(2)現代契約の法理(2)』（有斐閣、1984年）214頁。

13　石黒一憲「判批」法協92巻12号1682頁、同旨として横山美夏「民法557条（手附）」広中俊雄＝星野英一編『民法典の百年(3)個別的観察(2)債権編』（有斐閣、1998年）335頁。これを新たな知見を加えたものと評価するのは、後藤巻則「手付け」鎌田薫ほか編著『民事法(3)債権各論』（日本評論社、2005年）105頁。

14　山中康雄『契約総論〔再版〕』（弘文堂、1952年）166頁。

15　広中俊雄『債権各論講義〔第6版〕』（有斐閣、1994年）50頁以下、当事者の意思不明の場合、

Ⅲ　契約の拘束力との関係

　日本人の権利意識ないし規範意識の問題とする学者は、「一方無償契約た
る贈与では約束を厚く保護し、他方有償契約たる売買では却って手附を原則
として解約手附とし要物性に執着して契約の拘束力を弱めるという一件矛盾
する特色を示している」のは、「協同体関係と協同体思想の楯の両面におけ
る表れではないだろうか」と指摘する。[16] さらに、わが国の契約遵守の意識は
不完全であるから、一般人は、手付を入れない契約、ただの口約束だけでは
拘束されないと意識して平気で約束を破るという指摘もなされた。[17]

　しかし、これに対しては、「単なる合意（口約束）の拘束力が弱いという
現象は、商人間取引も含めて欧米でもしばしば指摘されており、まして、不
動産売買において単なる合意の拘束力が弱いのは普遍的な現象である。従来
の『日本的契約意識』論は、たぶんに個人的印象論の域を出ず、学問的批判
に耐えられるかは疑問である。それに、欧米といっても、ヨーロッパとアメ
リカでは随分契約意識が異なり、ヨーロッパの中でも、国による違いが大き
い。まして、『欧米』と異なるから遅れているという発想は、もはや今日で
は一般的な支持は得られないだろう。手付の議論も、この点を踏まえて再考
する必要がある」という批判がなされている。[18]

　なお、「取引社会における契約遵守の規範意識の深まりが解約手付制度を
事実上空文化させる時がくるのもそれほど遠いことではないように思われ
る」との主張がなされたが、[19] 解約手付は不動産取引にとっては有用な制度と
考えられる。「解約手附の授受の中に解除権留保の黙示の合意が内包されて

　　原則を内金、せいぜい違約手付とするのは、石田喜久夫「手附の性質」柚木馨ほか編『判例演習
　　民法(4)債権法第2〔増補版〕』（有斐閣、1973年）15頁参照。

16　来栖三郎「日本の手附法」法協80巻6号772頁、来栖三郎『来栖三郎著作集(2)』（信山社、2004
　　年）269頁以下、来栖三郎＝太田知行「手附」谷口知平＝有泉亨編『総合判例研究叢書民法(27)』
　　（有斐閣、1965年）101頁以下、来栖・前掲書（注6）248頁～249頁。

17　川島武宜『所有権法の理論〔新版〕』（岩波書店、1987年）68頁。川島武宜『日本人の法意識』
　　（岩波新書、1967年）92頁に「大学の先生の奥さんなどというものは非常識なものだ。手付もく
　　れない、証文もとってないのに、約束をした、約束をした、といって責めた」という農家の発言
　　が引用されている。

18　内田・前掲書（注11）116頁。

19　吉田豊「手付」星野英一編集代表『民法講座(5)契約』（有斐閣、1985年）184頁、吉田豊『手付
　　の研究』（中央大学出版部、2005年）637頁。

〔第1部・第3章〕第1節　手付の性質

いる」から、近代法の意思原理と矛盾しないという指摘が重要である。「不動産取引のような重要な資産の取引においては、当事者が慎重な上に慎重になるのは当然であり、手附金の出損のみで契約の清算ができるという制度はきわめて巧みな法技術——市民の永い間の取引の知慧——と考えられる」からである[20]。さらに、不動産二重譲渡の対抗問題の発生が回避されるとの指摘がなされている。売主は、第1買主から交付された手付を倍返しして売買契約を解約することにより、履行不能による損害賠償責任を負うことなく、もっと有利な第2の売買契約を締結することが可能である[21]。

　現在は、契約の拘束力を弱めることを否定的にとらえない考え方が有力になりつつある。手付をその額の限度で双方の当事者に取引機会の選択を可能にする特約とみれば、手付の機能として、契約の拘束力を弱める面も、その逆の面もあるというべきであり、一定の軽度の事情変更に対する調整機能もあるから、手付を分岐点として契約解消のチャンスを当事者がもつことは私的自治に反するものではないというのである[22]。契約から離脱する自由が両当事者に認められているとすることは、当事者の自己決定権に基礎づけられる契約の拘束力と矛盾するものではないという指摘も同旨である[23]。

　最近、手付の法的性質について、契約締結権限を取得するための対価（予約手付）、もしくは、無理由解除権を留保するための対価（契約手付）という広い意味でのオプション取引の対価にほかならず、先物、スワップと並んで、市場経済が高度に発展した社会にみられる極めて合理的な制度であるとの仮説を提起し、解約手付の慣習を世界に先駆けて発展し、世界をリードする契約制度ととらえる注目すべき見解が出ている[24]。

　こうした潮流は、契約自由の原則の復権として歓迎すべきことと考える。契約当事者は、交渉過程で契約書の手付条項を工夫することが重要である。

20　水本浩『民法セミナー⑸債権各論(上)』（一粒社、1979年）130頁以下、水本浩『契約法』（有斐閣、1995年）139頁以下。

21　潮見・前掲書(注7)75頁。

22　北川善太郎『民法講要⑷債権各論〔第2版〕』（有斐閣、1995年）22頁。

23　潮見・前掲書(注7)74頁。

24　加賀山茂「手付の法的性質」磯村保ほか編『民法学の課題と展望〈石田喜久夫先生古稀記念〉』（成文堂、2000年）543頁以下、加賀山茂『契約法講義』（日本評論社、2007年）41頁以下。

50

「契約を破る自由」も、それが当事者の意思ならば、尊重しなければならないのである[25]。

Ⅳ 提供の要否

1 手付交付者の場合

　手付を交付した者（通常、買主）は、解除の意思表示をするだけでよい。手付を放棄する意思表示を必要とせず、手付返還請求権は当然に消滅する[26]。「手付を放棄」するとは、いわゆる「手付流れ[27]」のことをいうのであって、手付が交付されたならば、その所有権も当然に移転するのであるから、所有権の放棄を意味するものではあり得ないのであって、手付の返還請求権の放棄が問題となるにすぎないのであるが、それも別に放棄の意思表示を要するという趣旨ではなく、解除がなされたならばこの請求権放棄の効果を生ずるという意味を有するのが手付流れの内容である[28]。このように、手付返還請求権放棄の意思表示については、解除の意思表示とは別にこれを必要としないとするのが通説である。しかし、この立場によれば、手付に言及することなく、何らの理由を付さないで契約解除の意思表示をした場合でも、その効果が生ずることになって妥当でないから、これを必要と解すべきであるとするが、黙示的に主張されているとみてよい場合が多いという放棄意思表示必要説がある[29]。「手付交付者は、手付契約に基づき手付の返還請求権を有しているのであるから、法はそれを前提として、意思表示によりこれを放棄することを要件として解除権の行使を認めていると解すべきであろう」という理由[30]

25　上原由起夫「手付と契約の拘束力」Evaluation 29号64頁。

26　我妻・前掲書（注 8 ）264頁。

27　履行期に履行しなければ手付流れになることにつき、来栖・前掲書（注 6 ）33頁参照。

28　谷口知平ほか編集代表『注釈民法⒁贈与・売買・交換〔新版〕』（有斐閣、1993年）179頁〔柚木馨＝高木多喜男〕。

29　司法研修所編『民事訴訟における要件事実(1)〔増補〕』（法曹会、1995年）149頁、大江忠『要件事実民法(4)債権各論〔第 3 版〕』（第一法規、2005年）119頁も必要とする。

30　岡久幸治「手付」倉田卓次監修『要件事実の証明責任契約法㊤』（西神田編集室、1993年）269頁。

51

〔第1部・第3章〕第1節　手付の性質

である。この説は、買主の解除の意思表示が解約手付による解除の趣旨でされたことを売主が容易に理解できない類型では緻密な利益衡量が可能になるという指摘もある[31]。しかし、「契約解除の意思表示と別個に手附放棄の意思表示を要するという趣旨ではない」として、通説に従った裁判例がある[32]。

2　手付収受者の場合

手付を収受した者（通常、売主）は、手付の倍額を提供しなければならないが[33]、最高裁判所は、現実の提供をする必要があるとした。「民法557条1項により売主が手付けの倍額を償還して契約の解除をするためには、手付けの『倍額ヲ償還シテ』とする同条項の文言からしても、また、買主が同条項によって手付けを放棄して契約の解除をする場合との均衡からしても、単に口頭により手付けの倍額を償還する旨を告げその受領を催告するのみでは足りず、買主に現実の提供をすることを要するものというべきである[34]」。

千種秀夫裁判官の補足意見は、「手付けの倍額の償還は、金銭を相手方に交付するという行為の外形からすれば、債務不履行の責めを免れるための弁済の提供に類似する面があるけれども、手付けの償還は、売買契約の解除という権利行使の積極要件であるから、債権者の受領を前提とした弁済の提供とはおのずからその性格を異にし、相手方の態度いかんにかかわらず、常に現実の提供を要する」、「相手方の支配領域に置いたと同視できる状態にしなければならない」と述べる。しかし、調査官解説によれば、民法557条1項の規定は、いわゆる任意規定であるから、当事者間の特約をもって、手付の倍額償還につき口頭の提供で足りるとすることをも妨げるものではない[35]。本件事案の結論については妥当であるが、売主が素人であるような場合には、信義誠実の原則上、口頭の提供で足りるとする柔軟な解釈への含みを残しておくべきであり、口頭の提供で足りるとする特段の事情が存在しうることは[36]

31　神山千之「解約手付による契約解除」澤野順彦編『現代裁判法大系(2)不動産売買』（新日本法規出版、1998年）53頁。

32　東京地判平成5・3・29判タ873号189頁。

33　大判大正3・12・8民録20輯1058頁。

34　最判平成6・3・22民集48巻3号859頁。

35　西謙二「判解」最判解民（平成6年度）274頁。

52

否定できず、相手方があらかじめその受領を拒絶している場合には、口頭の提供で足りるとする指摘がなされている。[38] もっとも、契約消滅という重大な効果を考慮すると柔軟性より明確性を重視すべきで、現実の提供を要するとすることに一応の合理性があるという見解もある。[39]

第2節　手付の額

　不動産売買の手付額は代金の1割～2割が普通であるが、金額の多寡は原則として関係ない。[40] しかし、900余円の売買代金に対して、金額の制限はないとして、100分の1に達しない6円でも解約手付と認定されたが、[41] いささか疑問であり、あまりに少額のときは、証約手付にすぎない場合もあろうとされるが、[42] 売買本契約ではなかった可能性もあるとの指摘がなされている。[43] 非常に多額なときは、損害賠償額の予定を兼ねるものが多いとされる。[44] 1割以下でしかも極めて僅少な額の場合は、単なる証約手付としての意味しかなく、1割程度は手付であり、特別の意思表示がなければ解約手付と考えられ、代金の3分の1とか2分の1とかのように多いときは、当事者が解約手付としての性質を排除する意思を表示したものとし、単なる内金（代金などの一部弁済）としての効力のみを認めるという基準を示す学説もある。[45]

　なお、宅地建物取引業者は、自ら売主となる宅地または建物の売買契約の

36　本田純一「判批」リマークス11号71頁、工藤祐厳「判批」法セ483号26頁も同旨。

37　池田清治「判批」北大法学論集46巻2号141頁。

38　吉田豊「判批」民商111巻6号960頁。

39　森田宏樹「判批」重判解（平成6年度）84頁、同旨として潮見佳男「判批」安永正昭ほか編『不動産取引判例百選〔第3版〕』（有斐閣、2008年）45頁。

40　我妻・前掲書(注8)262頁。

41　大判大正10・6・21民録27輯1173頁。

42　我妻榮「判批」民事法判例研究會編纂『判例民法(1)〔大正10年度〕』（有斐閣、1925年）102事件。

43　横山美夏「判批」安永ほか編・前掲書(注39)43頁。

44　我妻・前掲書(注8)262頁。

45　相原東孝「手付と内金」契約法大系刊行委員会編『契約法大系(2)贈与・売買〈松坂佐一・西村信雄・舟橋諄一・柚木馨・石本雅男先生還暦記念〉』（有斐閣、1962年）69頁。それぞれ大体の相場があることにつき、加藤・前掲論文(注3)58頁、加藤・前掲書(注3)23頁。

53

〔第 1 部・第 3 章〕第 3 節　手付契約

締結に際して、代金の額の10分の 2 を超える額の手付を受領することができ
ない（宅建業39条 1 項）。

第 3 節　手付契約

　手付契約は、売買その他の有償契約が締結される際に、従たる契約として、
手付の交付によってなされる（要物契約）。手付を売買契約の一部をなす解
約条項と考え、「要物的な合意」という表現を用いる学説もある。[46]

　手付を交付すべき旨の契約（手付の予約）も可能であるが、本契約が成立
した証拠にはならない。解約の際の損害賠償としての手付の総額をあらかじ
め定めておいて、契約成立後にわたって分割して支払うことは差し支えない。[47]

　これに対して、契約自由の原則から、要物契約である必然性はないとして、
諾成契約としての手付契約を否定しなければならない理由はないという主張
がなされた。[48]

　しかし、手付の内金だけを放棄して解除することを認めないと不都合な場
合がある。悪徳不動産業者が分譲地で見学者に少額の手付の内金を支払わせ
て、合計額を支払わなければ解除に応じないというケースである。[49]錯誤無
効・詐欺取消しでよいとする説があるが、[50]事業者・消費者間の契約ならば、
消費者契約法10条の適用がある。[51]宅地建物取引業者が売主の場合は、当該業
者の事務所以外の場所においてした買受けの申込みの撤回または売買契約の
解除を行うことができる（宅建業37条の 2 ）。マンションや造成宅地の分譲の
際に購入希望者が業者に支払う申込証拠金（ 5 万円～10万円程度）は、優先

46　加藤雅信『新民法体系(6)契約法』（有斐閣、2007年）210頁。

47　我妻・前掲書（注 8 ）263頁。

48　玉田弘毅「不動産の売買」契約法大系刊行委員会編・前掲書(注45)201頁、平野裕之『契約法
　〔第 2 版〕』（信山社出版、1999年）221頁、賛成するものとして、後藤・前掲論文(注13)95頁以下、
　加賀山・前掲論文(注24)559頁。

49　太田知行「不動産の売買」ジュリ178号13頁。

50　玉田・前掲論文(注48)202頁、牛山積「手附を交付している場合の解除」中川善之助＝兼子一
　監修『不動産法大系(1)売買〔改訂版〕』（青林書院新社、1975年）94頁も同旨。

51　加藤・前掲書(注46)210頁。

54

購入の権利を得るためのものであり、手付の内金と解すると買主に不利になるから、手付ではなく、契約不成立のときは、返還されるべきものである。[52] 宅地建物取引業者が手付を貸し付け、契約の締結を誘引する行為も禁止されている（宅建業47条3号）。

第4節　解約手付と履行の着手

I　履行の着手

　解除は、相手方が契約の履行に着手した後にはすることができない（民557条1項ただし書）。「契約の履行」とは、契約によって負担した債務の履行である。

　「履行に着手する」とは、履行の準備ではなく、履行行為自体に着手することである。判例によれば、履行の着手とは、「債務の内容たる給付の実行に着手すること、すなわち、客観的に外部から認識し得るような形で履行行為の一部をなし又は履行の提供をするために欠くことのできない前提行為をした場合を指す」といい、第三者所有の不動産の売買契約において、売主が当該第三者に代金を支払い、買主に譲渡する前提として売主名義にその所有権移転登記を経たことが、特定の売買の目的物件の調達行為にあたるから、単なる履行の準備行為にとどまらず、履行の着手があったものと解する。[53]

　売主については、目的物の引渡しないしは登記という点に限定せずに、契約の趣旨に従ってそれまでにその目的物についてなすべきこと（たとえば目的物の修理・調達・荷造りなど）も履行の一部としなければならない。買主については、代金の調達だけでは、履行の着手とはならないが、履行期の到達

52　内田・前掲書(注11)117頁、建設省令改正で返還すべきものとされたことにつき、山田卓生ほか『分析と展開民法(2)債権〔第4版〕』（弘文堂、2003年）180頁。

53　最判昭和40・11・24民集19巻8号2019頁。

54　我妻・前掲書(注8)263頁。

〔第1部・第3章〕第4節　解約手付と履行の着手

した後に代金の用意をして引換えの履行を催告すれば履行の着手となる[55]。売主が先履行義務を負う場合でも、売主が履行すれば、直ちに買主が代金を支払って受領しうるよう特別の行為をすれば履行の着手になるので、買主が代金を携帯して旅館に投宿し、材木伐採および駅での受渡し手伝いのため数名の人夫を雇い入れ、運送店に貨車配給方を依頼し、売主に対し代金の用意および受渡しの準備が整った旨を通知したのは、履行の準備にすぎないという判決[56]は、不当ということになる[57]。

　買主が、しばしば売主に対し、家屋の賃借人に明渡しをなさしめて引渡しをなすべきことを督促し、その間常に残代金を用意し、明渡しがあれば、いつでもその支払をなしうるべき状態にあり、売主は買主とともに賃借人方に赴き、売買の事実を告げて家屋の明渡しを求めた場合、買主および売主の双方に履行の着手があったものと解する[58]。借家人を立ち退かせて土地、建物を引き渡すよう売主に催告するよう仲介人に対し依頼していたが、一向に埒が明かないので、買主は、引渡しおよび所有権移転登記手続を求める本訴を提起するとともに、同日、売買残代金を携えて売主方に赴き、代金を受け取るよう求めた場合は、買主に売買契約履行の着手があったとする[59]。

　土地の売主が当該土地の所有権移転登記手続をすれば、買主はいつでも支払えるよう残代金の準備をしていた場合、買主は契約の履行に着手したといえる[60]。

　農地の売買契約につき、売主、買主が連署のうえ、農地法5条に基づく許可申請書を知事宛てに提出したときは、特約その他特別の事情のない限り、売主、買主は、それぞれ、契約の履行に着手したものと解する[61]。

　農地の売買契約について知事の許可を受ける前であっても、買主が残代金全額を支払のため提供したときは、民法557条にいう契約の履行の着手があ

55　最判昭和26・11・15民集5巻12号735頁。

56　大判昭和8・7・5大審院裁判例7巻民166頁。

57　我妻・前掲書（注8）263頁。

58　最判昭和30・12・26民集9巻14号2140頁、後掲最判昭和24・10・4の差戻し後の再上告審判決。

59　最判昭和51・12・20裁判集民119号355頁。

60　最判昭和33・6・5民集12巻9号1359頁。

61　最判昭和43・6・21民集22巻6号1311頁。

56

ったものと解するのが相当である。[62]

　再三にわたって売買契約の履行を催告し、その間常に残代金の支払の準備をしており、農地法3条所定の許可がされて所有権移転登記手続をするはこびになればいつでもその支払をすることのできる状態にあったときは、買主は履行に着手したものと認められる。[63]

　なお、下級審判決であるが、取引銀行と連絡をとりいつでも残代金の支払ができるよう手配をすべて了し、借地権譲渡等に関する交渉に必要とされる関係書類も取り揃えて手渡し、後は売主から地主の承諾ないしは借地権の譲渡許可が下りたとの連絡を待つばかりの状態で待機していたが1年半以上待たされたという場合に、残代金の現実の提供がない限り履行の着手があったといえないと解釈するのはあまりに厳しすぎるとして、買主に履行の着手があったものと認めたものがある。[64]

II　履行期前の履行の着手

　履行期前でも履行の着手は生じうる。[65]「債務に履行期の約定がある場合であつても、当事者が、債務の履行期前には履行に着手しない旨合意している場合等格別の事情のない限り、ただちに、右履行期前には、民法557条1項にいう履行の着手は生じ得ないと解すべきものではない」（最判昭和41・1・21民集20巻1号65頁。以下、「昭和41年最高裁判決」という）。履行期の約10日くらい前、少なくとも約3日くらい前から、残代金の支払用意をしたうえ、これを売主に告げて期日におけるその受領方等を催告するのは、買主としての債務内容たる給付の実行に着手したものである。[66]

　しかし、「債務者が履行期前に債務の履行のためにした行為が、民法557条1項にいう『履行ノ着手』に当たるか否かについては、当該行為の態様、債

62　最判昭和52・4・4裁判集民120号401頁。

63　最判昭和57・6・17裁判集民136号99頁。

64　横浜地判昭和63・4・14判時1299号110頁。

65　前掲最判昭和40・11・24も履行期前の履行の着手であることにつき、宮下修一「判批」安永ほか編・前掲書（注39）40頁。

66　東京高判昭和49・12・18判時771号43頁。

57

〔第1部・第3章〕第4節　解約手付と履行の着手

務の内容、履行期が定められた趣旨・目的等諸般の事情を総合勘案して決すべきであ」り、「履行の着手の有無を判定する際には、履行期が定められた趣旨・目的及びこれとの関連で債務者が履行期前に行った行為の時期等もまた、右事情の重要な要素として考慮されるべきである」から、最終履行期を契約締結の約1年10カ月後に定めた約定は移転先を物色中の売主にとって死活的重要性をもつことが明らかであり、買主が履行の着手と主張する土地測量および書面による口頭の提供が、最終履行期に先立つこと1年9カ月余ないし1年2カ月弱の時期になされたものであることに、特段の留意を要するとして、履行の着手に当たらないとしたのは、[67]総合勘案説に立つものとされる。[68]着手を否定した本判決は貴重なものといえ、[69]戦後の一連の判例の着手概念拡張傾向に水を差すとする反対もあるが、[70]「履行着手概念拡張に対する一種の歯止めの役割を果たしている」と肯定的評価もなされている。[71]さらに、本判決が、民法557条1項を一般条項的に用いること（信義則的機能の承認）により、硬直した結論を回避し、より柔軟な結論を導き出せる法理を完成させたとの指摘もなされている。[72]なお、一般条項的機能より前段階の「契約の解釈」が判断基準とされたとの見解もある。[73]履行の着手は原則的には履行期以後か、少なくともその直前にあるというべきで、履行の着手の判断にあたり履行期を軽視していた、あるいは、履行期と履行の着手を無関係のように考えた昭和41年最高裁判決に問題があったという指摘もあるが、[74]調査官解説によれば、昭和41年最高裁判決の趣旨を明確にしてこのような誤解に軌道修正を迫るものであり、[75]実質的な判例変更をしたものではない。[76]

67　最判平成5・3・16民集47巻4号3005頁。

68　山本豊「判批」NBL551号65頁、良永和隆「判批」星野英一『民法判例百選(2)債権〔第5版新法対応補正版〕』（有斐閣、2005年）107頁、羽田さゆり「判批」法学60巻4号835頁。

69　池田清治「判批」法教158号109頁。

70　吉田豊「判批」民商109巻6号1096頁。

71　宮下修一「判批」名古屋大学法政論集161号554頁。

72　円谷峻「判批」リマークス9号53頁。

73　田中宏治「判批」法協113巻1号145頁。

74　田尾桃二「判批」金判945号45頁。

75　西謙二「判解」曹時48巻2号508頁。

76　早川眞一郎「判批」平井宜雄編『民法の基本判例〔第2版〕』（有斐閣、1999年）144頁。

Ⅲ　履行の着手の要件の根拠

「当事者の一方が既に履行に着手したときは、その当事者は、履行の着手に必要な費用を支出しただけでなく、契約の履行に多くの期待を寄せていたわけであるから、若しかような段階において、相手方から契約が解除されたならば、履行に着手した当事者は不測の損害を蒙ることとなる」ので、「履行に着手した当事者に対して解除権を行使することを禁止する趣旨」であり、「未だ履行に着手していない当事者に対しては、自由に解除権を行使し得るものというべきであ」り、「このことは、解除権を行使する当事者が自ら履行に着手していた場合においても、同様である[77]」。

横田正俊裁判官の反対意見は、「履行に着手した当事者もまた解除することをえない」というものである。「履行に着手した当事者は、手附による解除権を放棄したものと観るのを相当とするばかりでなく、履行の着手があった場合には、その相手方も、単に契約が成立したに過ぎない場合や、履行の準備があったに過ぎない場合に比べて、その履行を受けることにつきより多くの期待を寄せ、契約は履行されるもの、すなわち、契約はもはや解除されないものと思うようになるのが当然であるから、その後における解除を認容するときは、相手方は、手附をそのまま取得し又は手附の倍額の償還を受けてもなお償いえない不測の損害をこうむることもありうるからであり、また、右のように解することは、民法の前示法条の文理にもよく適合するからである。多数意見を推し進めれば、当事者の一方が履行の一部、いな大部分を終った場合においても、相手方において履行に着手しないかぎり、その当事者の都合次第で契約を解除することを認容しなければならなくなるものと思われるが、このような場合の解除が相手方の利益を不当に害する結果を伴い（相手方は、履行に対する期待を甚しく裏切られるばかりでなく、原状回復義務を負わされることにもなる）、時には、信義に反するきらいさえあることを否定することができないであろう。もっとも、一部でも履行があった場合には、

77　前掲最判昭和40・11・24。

〔第1部・第3章〕第4節　解約手付と履行の着手

解除権を放棄したものと観るべきであるとの論が予想されるが、もしそのような考え方が正しいとするならば、履行の準備の域を越えすでに履行の着手があった段階において同様の結論を認めて然るべきであり、これが正に民法557条1項の法意であると解される」と述べる。同じく法廷意見に疑問が残るとする反対説がある。本判例の履行の着手の定義からすれば、相手方の契約維持への期待と信頼は客観的にも高まっていること、手付金額によっては塡補できない損失が相手方に生じ、それを相手方の負担とするのが相当でない場合があること、いったん履行に着手した当事者の矛盾行為禁止（禁反言）の観点の考慮を理由とする。[78] さらに、当事者の意思解釈によっては、履行の着手を待たずに解除権が消滅すると解される場合もあるから、履行期を債務を履行すべき時であると同時に、解除権の行使期限と解釈しうる場合もあろうとする見解がある。[79]「不動産取引秩序の形成に浅慮な足跡を残す結果になった」[80] という批判は、不動産取引の実状から、解約を売主に緩やかにすると地価値上がりに加担する結果となるから、売主に厳しくすべきであるという政策的見解である。[81]

Ⅳ　相手方の履行の着手後の解除

手付解除条項に「相手方が契約の履行に着手するまで」に加えて、「又は、平成〇〇年〇月〇日までは」手付解除ができると定めている場合、いずれか早い時期までであれば手付解除は可能であるとする解釈と、「履行の着手まで」「又は」「〇月〇日まで」のいずれか遅い時期まで手付解除は可能であるとする解釈が考えられる。この点、売主が宅地建物取引業者であると、買主からの手付解除を制限する特約は無効であるから（宅建業39条2項・3項参照）、前者の解釈では「〇月〇日」を付加した意味は半減するが、後者の解釈では付加した意義を理由あらしめるとともに消費者の保護に資する。履行

78　潮見・前掲書（注7）81頁。

79　横山・前掲論文（注13）336頁。

80　水本浩『大法廷判決巡歴民法(3)』（日本評論社、1975年）50頁。

81　水本・前掲書（注20）（民法セミナー）137頁、水本・前掲書（注20）（契約法）143頁。

の着手の意義について特別の知識をもたない通常人にとって、履行の着手の前後にかかわらず「○月○日まで」は手付解除ができると理解することは至極当然である。後者の解釈では、履行の着手後の手付解除により相手方に一定の損害を被らせる結果となることは否定できず、手付解除の行使期間にはおのずから制限があるものではあるが、本件において手付解除が可能な期間である「○月○日」は本件売買契約締結日から20日余りの期間であり、履行の終了するまで手付解除ができるというがごとき無制限な手付解除を認める特約ではない。また、本件手付解除により売主が損害を被ることがあったとしても、自ら前記のような手付解除の期間について「○月○日まで」と付加した以上、不測の損害とはいいがたいので、民法557条1項の場合に加えて履行の着手後も手付解除ができる特約としての意義を有するとする後者の解釈をもって相当とすべきであるとされた。[82]

V　ローン条項

　買主が金融機関からの借入金を代金に充当する予定でいた場合において、買主の責めに帰すべからざる事由により融資が否認されても、買主は所定の期間内であれば、売買契約を解除し、売主に交付済みの金員の返還を請求できる旨の特約をローン条項（ローン特約）という。金融機関との間で融資契約を締結できなかったことについて買主に帰責事由があるかどうかが問題となる。銀行に申込手続を積極的に行ったが融資基準に満たないとして断られたが、別の支店や金融機関で融資の可能性を積極的に探る等、融資を受けるべく真摯な努力を尽くしており、買主の責めに帰すべき事由により融資が否認された場合には当たらないから、解除は有効であるとして、手付金の返還請求が認容された例、[83]「都市銀行他」という文言は、都市銀行およびそれに類する金融機関を意味するものと解するのが自然であり、ノンバンクは「都市銀行他」に含まれないからノンバンクからの融資の申込みのための必要書類を提出せず、また、提出した書類の返却を受けたことは、ローン条項に違

82　名古屋高判平成13・3・29判時1767号48頁。
83　東京地判平成9・9・18判時1647号122頁。

〔第 1 部・第 3 章〕第 5 節　違約手付の解釈

反するものではないという例[84]があるが、業界では「ローン壊し」といわれ、買主が売買契約を解除する口実に利用されかねない特約といわれている。[85]

第 5 節　違約手付の解釈

Ⅰ　損害賠償額の予定の併存

　当事者の一方が履行に着手した後は、手付の交付を理由とする解除権は消滅する。その後は相手方の債務不履行がなければ解除をすることができず、請求しうる損害賠償の額は手付の額と無関係になる。しかし、手付の交付の際の特約に注意する必要がある。

　一定の金額を手付として交付し、さらに不履行の場合の損害賠償額を、もっと多い金額または履行期の時価を標準として（当時相当相場）[86]、定めることがある。この場合には、手付と損害賠償額の予定とが併存しているから、それぞれの効果が生じる。[87]

Ⅱ　違約手付を兼ねる解約手付

　債務不履行の場合に、買主は手付を没収され、売主は倍額を返還する旨を約定する例が少なくないが、その手付は解約手付の性質を有するだけでなく、債務不履行の場合の損害賠償額の予定の性質を有するから、それ以上の損害賠償を請求し得ない。

　市販の売買契約証書第 9 条に、「買主本契約ヲ不履行ノ時ハ手附金ハ売主

---

[84]　東京地判平成16・7・30判時1887号55頁。

[85]　佐藤孝幸『実務契約法講義〔第 3 版〕』（民事法研究会、2007年）183頁。

[86]　大判大正10・11・3民録27輯1888頁。

[87]　我妻・前掲書（注 8 ）265頁は、解約手付の趣旨を含まないとする大判大正 6 ・ 3 ・ 7 民録23輯421頁に反対。広中・前掲書（注15）52頁、広中俊雄「解約手附であると同時に違約手附でもあるということは可能か」幾代通ほか『民法の基礎知識(1)』（有斐閣、1964年）146頁は賛成。

ニ於テ没収シ返却ノ義務ナキモノトス、売主不履行ノ時ハ買主ヘ既収手附金ヲ返還スルト同時ニ手附金ト同額ヲ違約金トシテ別ニ賠償シ以テ各損害賠償ニ供スルモノトス」とあった事案において、この「第9条の趣旨と民法の規定とは相容れないものではなく十分両立し得るものだから同条はたとえ其文字通りの合意が真実あつたものとしてもこれを以て民法の規定に対する反対の意思表示と見ることは出来ない、違約の場合手附の没収又は倍返しをするという約束は民法の規定による解除の留保を少しも妨げるものではない、解除権留保と併せて違約の場合の損害賠償額の予定を為し其額を手附の額によるものと定めることは少しも差支な」[88]いとする判例がある。

　この判例に対する批判は、「違約手附は一般に契約の拘束力を強めるものであるから、この判決は、ある契約の拘束力が手附の違約手附性によって強められると同時に履行の着手があるまでは同一の手附の解約手附性によって弱められるという可能性を、承認したことになる。もちろん、当事者がこのようなことを欲することは、必ずしも当事者が自己矛盾に陥っていることを意味しない。しかし、当事者が端的に——すなわち履行の着手の前後を問わず——契約の拘束力を強めることのみを意図している場合もあるはずであり（おそらくこのほうが常態である）、そのような場合には、違約手附たると同時に解約手附たる手附を認定することは当事者の意思に反する結果となろう」[89]といい、「契約違反者自ら好む処に従つて何時でも右金2万円の倍額を償還し或は之を抛棄して契約の解除が出来るとの趣旨のものであるとは到底これを解する事は出来ない」[90]との原審の判断を正当とした判決を通常の場合に関するものとみるべきであるとする。[91]

　しかし、違約手付の額が予想される現実の損害額より少ないときは、むしろ拘束力を弱めるという反論がある。[92]

　一般的に債務不履行の救済として、損害賠償請求と契約の解除が併存して

88　最判昭和24・10・4民集3巻10号437頁。

89　広中・前掲書(注15)51頁以下、広中・前掲論文(注87)145頁。

90　最判昭和26・12・21裁判民集5号1099頁。

91　広中・前掲論文(注87)146頁、加藤・前掲論文(注3)57頁以下、加藤・前掲書(注3)21頁以下。

92　星野英一「書評」星野英一『民法論集(1)』（有斐閣、1970年）357頁。

〔第1部・第3章〕第5節 違約手付の解釈

認められているから、相手方の債務不履行の場合には、手付額を損害賠償の予定として収得（違約手付の作用）するとともに契約を解除（解約手付の作用）することは、不合理といえない。また、相手方の債務不履行のない場合に解約する場合には、手付額を捨てまたは倍返しをすること（損害賠償の予定としての違約手付の作用）と契約を解除すること（解約手付の作用）とは、契約を解消する方向として同じであり、少しも不合理とはいえない。だから、同一の手付に違約手付の性質と解約手付の性質とが併存することは、特別に背理というに当たらないとされる[93]。

同様に併存説の立場から、現実においては、解約手付と違約手付の概念を区別することが困難な場合が多く、また、わが国の取引慣行上、手付は独自の解約制度としての意味をもってきたという指摘もなされている[94]。

なお、違約罰の性質がある違約手付については、特別の事情がない限り解約手付を兼ねるものと認めるべきではないとされるが[95]、債務不履行があれば手付の額が違約罰になることと、債務不履行がなくても一定の要件の下で解除をすることができることは、相互に何ら支障となるものではないという趣旨と考えれば、兼ねてよいことになる[96]。

Ⅲ 契約関係を清算する趣旨の違約手付

違約手付の特約に、契約関係清算のための損害賠償額の予定を含む場合は、契約解除をなすことなく、直ちに右予定額の請求をなしうるとされた[97]。「売買契約の当事者が特約をもつて違約手附の約定をすることは、民法557条の解約手附の規定の禁ずるところではない」とするので「最高裁は解約手附でないと認定した」[98]のであるが、「解約手附の延長線上のもの」[99]といわれる。

---

93 水本・前掲書（注20）（契約法）136頁以下、同旨として潮見・前掲書（注7）83頁。

94 近江幸治『民法講義(5)契約法〔第3版〕』（成文堂、2006年）127頁。

95 後藤巻則「判批」星野・前掲書（注68）105頁。

96 山田誠一「判批」安永ほか編・前掲書（注39）39頁。

97 最判昭和38・9・5民集17巻8号932頁。

98 来栖・前掲書（注6）29頁。

99 広中・前掲書（注15）52頁。

64

相手方に対し告知したときは、契約関係も当然に終了するから[100]、解除権を行使することなく、自らの債務をも免れることができる[101]。

Ⅳ　手付額を超える損害賠償

損害賠償額の予定を超える、現実に生じた損害の証明をして、手付の額を超える損害の賠償を求めることもできる旨を定めた約定が認められるかということが問題になった。土地の売買契約であり、代金1630万円、買主から売主に手付として150万円が交付された。売主の二重譲渡により、本件土地が履行不能となったものである。

社団法人兵庫県宅地建物取引業協会制定の定型書式を使用して作成された不動産売買契約書（以下、「契約書」という）に、買主の義務不履行を理由として売主が契約を解除したときは、買主は違約損害金として手付金の返還を請求することができない旨の約定（契約書9条2項）、売主の義務不履行を理由として買主が契約を解除したときは、売主は手付金の倍額を支払わなければならない旨の約定（契約書9条3項）および「上記以外に特別の損害を被った当事者の一方は、相手方に違約金又は損害賠償の支払を求めることができる」旨の約定（契約書9条4項）が存していた。買主は、売主に対し、契約書9条3項に基づき、手付の倍額300万円の支払を求めるとともに、契約書9条4項に基づき、本件土地の二重譲渡による履行不能時の時価と売買代金との差額2240万円の支払を求めた。原審は、契約書9条2項および3項は、債務不履行によって通常生ずべき損害については、現実に生じた損害の額いかんにかかわらず、手付の額をもって損害額とする旨を定めたものであり、契約書9条4項は、特別の事情によって生じた損害については、民法416条2項の規定に従って、その賠償を請求することができる旨を定めた約定と解すべきであると判断したうえで、本件においては、特別の事情によって生じた損害は認められないから、契約書9条4項に基づいてその賠償を請求することのできる損害は存在しないとして、手付の倍額300万円およびこれに対

---

[100]　最判昭和54・9・6裁判集民127号375頁。
[101]　山田・前掲判批（注96）41頁。

〔第1部・第3章〕第5節　違約手付の解釈

する遅延損害金の支払を求める限度で買主の請求を認容した。しかし、最高裁判所は原審を破棄して、次のように述べる。

「9条2項ないし4項の文言を全体としてみれば、右各条項は、相手方の債務不履行の場合に、特段の事情がない限り、債権者は、現実に生じた損害の証明を要せずに、手付けの額と同額の損害賠償を求めることができる旨を規定するとともに、現実に生じた損害の証明をして、手付けの額を超える損害の賠償を求めることもできる旨を規定することにより、相手方の債務不履行により損害を被った債権者に対し、現実に生じた損害全額の賠償を得させる趣旨を定めた規定と解するのが、社会通念に照らして合理的であり、当事者の通常の意思にも沿うものというべきである。すなわち、特段の事情がない限り、9条4項は、債務不履行により手付けの額を超える損害を被った債権者は、通常生ずべき損害であると特別の事情によって生じた損害であるとを問わず、右損害全額の賠償を請求することができる旨を定めたものと解するのが相当である」[102]。

（上原由起夫）

---

[102]　最判平成9・2・25裁判集民181号351頁。

第4章
登記なしに対抗できる物権変動

はじめに

　民法177条は、「不動産に関する物権の得喪及び変更は、不動産登記法（……）その他の登記に関する法律の定めるところに従いその登記をしなければ、第三者に対抗することができない」と定め、文言上は、登記をしなければ対抗することができない不動産物権の種類、登記をしなければ対抗することができない「得喪」・「変更」の内容（物権変動原因）、および登記しなければ対抗することができない相手方である「第三者」の範囲について、明文上、何ら限定を付していない。そのため、あらゆる不動産物権のあらゆる変動について登記しておかないと、その物権変動を当事者以外のすべての者に主張することができないようにもみえる。

　しかし、いかに不動産の物権変動について公示の要請が強いといっても、すべての物権のすべての物権変動について登記しなければ、その物権変動をあらゆる者に対して主張できないとするのは、適切ではないであろう。問題となる物権の性格や物権変動の性質によっては、その物権変動の登記をすることが技術上困難であったり、その物権変動の登記を要求することが権利者に過重な負担を強いることになったり、登記という形での公示がなされないまま権利変動の主張を認めてもさして第三者に不利益を与えないといった状況がありうるからである。

　そこで、本章では、登記しなくても不動産についての権利を他人に主張できるケースとして、どのようなケースがあるのかということを明らかにしよ

〔第1部・第4章〕第1節　登記がなくても物権変動を対抗できる「物」

うと思う。逆にいえば、登記記録を見ただけでは確認できない不動産に関する権利が数多く存在しうることを指摘し、登記を過度に信頼して取引を行うことの危険性を提示することを目的とする。

　以下においては、第1に、物権変動を登記しなければならない「不動産」とはいかなる対象を指すかという問題について検討し（第1節）、第2に、登記をしなくても権利変動を対抗することができる「物権」として、いかなるものがあるかについて検討する（第2節）。第3に、登記なしに対抗できる物権変動が存するか否か、存するとすればいかなる状況においていかなる原因に基づいて生じた物権変動なのかという点について検討する（第3節）。ただし、この問題は、従来から議論されてきている「登記しなければ第三者に対抗することができない物権変動」の問題の裏返しの問題であり、その点については莫大な数のすぐれた先人の業績が存するので、本章では概略を紹介するにとどめることとする。第4に、登記をしなければ対抗することができないとされている物権変動が生じた場合においても、登記せずに当該不動産物権変動を主張できる相手方が存在するのか否かについて検討し（第4節）、最後に、そこまでで確認された状況を踏まえて、登記に求められている機能について若干のコメントを示すこととする。

第1節　登記がなくても物権変動を対抗できる「物」

Ⅰ　総　論

　民法177条は、「不動産」に関する物権の得喪および変更について、登記をしなければならないと定めているため、物権変動を登記しなければならない「物」は、不動産であるということになる。土地が不動産であることは民法86条から明らかであるから、土地に関する物権変動は、原則として、登記に

よる公示の対象となる。

　他方、土地に付着する有体物質は、当該物質の性質や付着の態様に応じて、異なる取扱いを受けることになる。ローマ法を継受した国々においては、「Superficies solo cedit（土地の上にあるものは、土地に従う）」という原則に基づき、建物その他の定着物を土地の一部として取り扱うことが多い（ドイツ民法典946条、フランス民法典553条およびイギリスにおける Lancaster v Eve (1859) 5CB (NS) 717 at 728, 141 ER 288 at 293 を参照）。日本においては、民法の文言上からは必ずしも明らかではないのであるが、建物は土地から「独立した」不動産ととらえられてきており、不動産登記制度も建物が土地から独立した不動産であることを前提として構成されている。建物以外にも独立した不動産である「定着物」が存在するか否かについては、登記法に基づいて登記をすることができない不動産を認めるべきではないことを理由に、特別の規定がない限り、土地に付着する物質はその固着の程度に応じて、土地の一部となるか、動産となるのであって、独立した不動産となることはないとする有力説もある。しかし、後述するように、多数説は、立木をはじめとして、いくつかの対象について、独立した不動産として取り扱うことを認めてきている。

1　もっとも、十二表法によれば、土地に組み込まれた物の所有者は所有権を失わず、返還訴権の行使ができないだけであり、組み込まれた物が何らかの理由により土地から分離された場合には、再び返還訴権の行使が可能になるものとされていた。したがって、Superficies solo cedit は、ローマ法においても、論理必然的な動かしがたい原則であったわけではない。

2　フランス民法典は、土地の所有者が建築物・植栽物・工作物の所有者であると推定しているにすぎず、土地所有者以外の者に建物所有権が帰属している場合があることには留意しなければならない。たとえば、土地の賃借人が建物を建築した場合、賃貸借期間においては建物が土地に付合せず、賃貸借契約の満了時に建物が存在していれば土地所有者に当該建物の権利が帰属するものと理解されている。

3　「定着物」という語の用法は、論者により異なり、土地とは独立した存在を有し、1個の不動産として認められるもののみを「定着物」とする立場と、土地の構成部分でしかない場合をも含めて、土地に継続的に固着している有体物質全般を「定着物」とする立場がある。本章では、前者の用法に従っておく。

4　末弘厳太郎「土地ノ定着物」法協30巻11号105頁以下。

〔第1部・第4章〕第1節　登記がなくても物権変動を対抗できる「物」

Ⅱ　土　地

　土地は、筆に区分され、筆単位で登記記録が作製され、通常は、筆単位で取引が行われる。したがって、土地について物権変動が生じた場合には、当該筆の登記記録に登記することによって対抗要件が具備されることになる。

　しかし、筆はそもそも連続している土地を便宜的に区分したものにすぎないから、当事者間で範囲が確定されれば、1筆の土地の一部の譲渡も可能である。判例は、当初、1筆の土地の一部についての権利移転を認めなかったが[5]、大判大正13・10・7民集3巻476頁は、所有者は1筆の土地を自由に区分して取引の対象とすることができ、分筆登記以前であっても契約の当事者間においては権利移転の効力を生じるとして、それまでの判例を変更し、最高裁判所も同様の立場を承継している[6]。学説においても、旧判例の時代から[7]、1筆の土地の一部についての権利移転を認めても、分筆がなされるまで当該権利を対抗することができないのであるから、取引の安全が害されることがないということを理由に、1筆の土地の一部についての権利移転を認めるのが多数説であった[8]。ただし、あらゆる事案において分筆がなされるまで1筆の土地の一部についての権利の取得を主張できないかどうかについては、疑問の余地がある。大判昭和13・7・7民集17巻1360頁は、土地所有者の代理人の誤解により、1筆の土地の一部について売却がなされたにもかかわらず、他の筆についての移転登記がなされ、土地の残部について他の者に売却した際に当該1筆全体についての移転登記がなされたという事案において、土地の残部の売却を受けた者は、先に売却されていた部分については所有権を取得する理由がないから、登記の欠缺を主張するにつき正当な利益を有する第三者にあたらないと判断している。そこでは、登記記録上での公示と権利状

5　売買について、大判大正3・12・11民録20輯1085頁、時効取得について、大判大正11・10・10民集1巻575頁。

6　前掲大判大正13・10・7と同日の判決（大判大正13・10・7民集3巻509頁）において、1筆の土地の一部の取得時効も認められるに至っている。

7　最判昭和30・6・24民集9巻7号919頁、最判昭和31・6・5民集10巻6号643頁ほか。

8　我妻榮（有泉亨補訂）『物権法民法講義(2)〔新訂〕』（岩波書店、1983年）13頁。

態との間に齟齬があるままで、結論として、1筆の土地の一部についての権利を取得した者が権利主張できるものとされており、1筆の土地の一部についての権利の取得を認めても取引の安全が害されることがないかどうかの判断において、登記以外の要素が考慮に入れられている。

Ⅲ　建　物

　建物は、上述のように、土地から独立した不動産として取り扱われるため、建物についての物権変動は、原則として、当該建物自体の登記記録に登記することによって対抗できるものとなる。

　ただし、母屋に隣接して建造されている湯殿、トイレ、納屋、蔵、物置、（屋根のある）駐車場、（半永久的な建造物である）園芸・農耕用の温床施設のように、登記の対象となっている建物に隣接して、当該建物と密接に関連した目的のために設置されている別棟の建物については、若干の検討が必要である。登記手続においては、効用上一体として利用される状態にある数棟の建物は、所有者の意思に反しない限り、1個の建物として取り扱うものとされ（不動産登記事務取扱手続準則78条1項）、「主である建物」の登記記録に「附属建物」として記載することができるものとされている（不登2条23号・44条1項5号）。他方で、これらの建物を独立した登記の対象とすることも可能であると解されている。したがって、所有者は自己の判断により、これらの建物を「附属建物」として主である建物の登記記録に記載することも、独立の固有の登記記録を作成することもできることになる。このような附属建物と主である建物との実体法上の関係については、附属建物として登記されることにより、両者合わせて1個の建物とする所有者の意思が明瞭に示されていることを重視し、原則として、実体法上も主たる建物および附属建物を「1個の建物」として取り扱うという立場がありうる[9]。この立場に従うと、原則として、附属建物として登記されている建物の独立性を問題とする必要はなく、附属建物は主である建物とともに取引の対象となり、主である建物

9　井口源一郎「抵当権の効力の及ぶ目的物の範囲」中川善之助＝兼子一監修『不動産法大系(2)担保』（青林書院新社、1971年）135頁以下参照。

71

〔第1部・第4章〕第1節　登記がなくても物権変動を対抗できる「物」

について権利変動の登記がなされることによって、その対抗要件を具備することになる。しかし、実体法上「1個の建物」であるか否かは、理論的には、実体法の基準に従って判断されるべきであり、通常の物の個数の判断と同様に、両建物が社会通念上「1個の建物」として取引の対象となるものと観念されるような客観的関係にあるか否かが基準とされなければならないものと思われる。そうすると、物理的に数棟の建物の関係には、実体法上、①一方が他方の構成部分である場合[10]、②それぞれ独立した建物であるが、一方が主物、他方が従物であるという関係に立つ場合、③それぞれ独立した建物であり、主物・従物関係にも立たない場合がありうることになる。①の場合においては、他方の構成部分でしかない建物が本体である建物の登記記録に「附属建物」として記載されているかいないかにかかわらず、両建物についての物権変動は本体である建物の登記記録への登記によって対抗力を具備することになる。②の場合において、従物たる建物が「附属建物」として主物たる建物の登記記録に記載されているときには、主物たる建物とともに行われた従物たる建物の処分について、主物たる建物の登記記録への登記で対抗できることについては疑いがない。②の場合において、従物たる建物が「附属建物」として記載されていないときについては、議論の余地がある。一般的に、主物の処分に伴って従物についての権利変動が生じる場合に、従物についても主物とは別個に対抗要件を備える必要があると解するのであれば、「附属建物」として記載されていないと従物たる建物については対抗要件を具備していないことになるが[11]、主物について物権変動の対抗要件を備えれば、従物の権利変動についても対抗力が生じると解するならば[12]、主物たる建物について権利変動の登記がなされれば、従物たる建物が「附属建物」として記載されていなくても、従物の物権変動について対抗できることになる。

　なお、①の場合にも、②の場合にも、附属建物とされている建物が物理的

10　①の場合における附属建物を講学上「従物的附属建物」ということがあるが、実体法上における「構成部分」・「従物」の概念区分との関係で齟齬があり、表現としては適切でないであろう。

11　幾代通（徳本伸一補訂）『法律学全集(25-2)不動産登記法〔第4版〕』（有斐閣、1994年）46頁参照。

12　四宮和夫＝能見善久『民法総則〔第9版〕』（弘文堂、2018年）198頁以下。

Ⅲ　建物

に独立している以上は、主たる建物と別個に処分することは可能であると解されており[13]、この場合には、建物の分割の登記（不登54条1項1号）をしたうえで、権利移転の登記をしなければ対抗要件を具備することはできない[14]。

最後に、③の場合であるが、この中には、理論的に、両建物に効用上一体として利用される関係がないケースおよび両建物に効用上一体として利用される関係があるが、後者には両建物とも同程度の効用・規模を備えており主従の関係にないというケースが含まれうる。実務上においては、数棟の建物が相互に効用を高める関係にない場合には1個の建物としての登記を認めないため[15]、前者の関係にあるケースについて「附属建物」の取扱いがなされることは稀であるが、事務所・管理施設等を「主である建物」として数棟の工場について「附属建物」の登記をしたり[16]、ホテル等の営業施設の新館を従来の営業施設の「附属建物」として登記するなど、しばしば、後者の関係にあるケースにおいて「附属建物」としての登記が利用されているようである。このような両建物が主従の関係にないケースは、不動産登記法2条23号における「附属する」建物という文言に合致しないように思われ、附属登記の利用につき疑問があるが、多くの論者は一体的取扱いの便宜性および不動産登記事務取扱手続準則78条1項の文言を理由に、「附属建物」として取り扱うことを肯定している[17]。このような帰結に従うと、他方の効用を高めているが従たる建物とはいえない建物の場合においても「附属建物」としての登記することが可能であり、主である建物について物権変動の登記をすれば、その

13　なお、物の独立性を所有権の客体となるための要件としない場合には、ここでの物理的独立性も問題とならなくなる。このような立場に立った場合、建物の一部分を対象とした登記記録を作製することはできないため、明認方法により公示するしかないことになろう。以上の点につき、石田穣『物権法　民法大系⑵』（信山社出版、2008年）12頁以下を参照。

14　もっとも、論者の中には、①の場合における「附属建物」について分割の登記を認めることに消極的な者も多い（有馬厚彦「合併・分割・区分・合体の登記」鎌田薫ほか編『新・不動産登記講座⑷各論⑴』（日本評論社、2000年）25頁以下、山野目章夫『不動産登記法〔第3版〕』（商事法務、2024年）207頁参照）。

15　昭和52・10・5民三第5113号民事局第3課長回答参照。

16　家屋税法（1947年廃止）の下での家屋税事務規定74は、同一区域に存する数棟の工場等については、1個の家屋として取り扱うものとしていた。

17　有馬・前掲論文（注14）30頁以下。

73

〔第1部・第4章〕第1節　登記がなくても物権変動を対抗できる「物」

物権変動を対抗できることとなる。

Ⅳ　土地の定着物

1　立　木

　立木は、原則として、土地の構成部分として取り扱われ、土地と運命をともにするものとされている。しかし、土地に生育するままの状態において立木を土地とは別個に取引の対象とすることが、判例・学説によって認められてきている[18]。土地に付着した樹木の集団について、立木登記簿に保存登記がなされている場合には、土地の権利と分離した立木の権利変動は立木登記簿において公示される[19]。その場合、立木の登記の登記番号が土地登記記録の表題部に示されるものとされており（立木ニ関スル法律19条1項、立木登記規則28条）[20]、土地を購入しようと思う者は、土地登記事項証明書から立木登記の存在ひいては土地所有者とは異なる者に立木についての権利が存するという事実を知ることができる。それに対して、立木登記簿に保存登記がなされていないため立木法の適用がない立木について、判例は、明認方法を施すことが、立木取引の対抗要件となるものと解している[21]。いかなる目的の立木取引においても明認方法で立木権利を対抗できるかという点について、大判大正5・3・11民録22輯739頁が、傍論において、立木を「地上ニ生立セシムル目的ヲ以テ譲渡シタル場合ニハ譲受人ハ地上権若クハ土地ノ賃借権ヲ設定シテ之カ登記ヲ経由スヘ」きと述べて、立木取引の目的に応じて必要な公示方法が異なることを示唆しており、学説の中には、長く立木を生立しておくこ

18　大判大正5・2・22民録22輯165頁および後掲大判大正5・3・11参照。

19　ただし、政府が発表している「種類別　立木の登記の件数及び個数（平成25年〜令和4年）」によると、立木の新規保存登記は平成25年〜令和4年の間において全国で平均年1.5件であり、利用度は低い。

20　立木の登記の登記番号が土地登記事項証明書のどこに記載されるかについては実務の取扱いにばらつきがあるようであるが、一般的には、所在欄の末行に記載されるようである。

21　大判大正9・2・19民録26輯142頁、大判大正10・4・14民録27輯732頁、最判昭和28・9・18民集7巻9号954頁、最判昭和46・6・24民集25巻4号574頁等。

IV　土地の定着物

とを目的とするケースにおいて性質上一時的なものである明認方法を公示として認めるのは不適当であるとして、目的による公示手段の区別に賛同するものも存在していた[22]。しかし、その後、判例は生育を想定した立木取引の場合でも通常の明認方法で対抗できる旨を明らかにし[23]、学説においても、目的による区別を否定する立場が圧倒的多数を占めている[24]。

　そこで、いかなる事実が明認方法に該当するのかが問題となるが、裁判例においては、地盤たる土地について地上権ないしは賃借権の設定を受け、その旨の登記をしたこと[25]、立木の全部または売却範囲の輪郭に存する主要な複数の立木の皮を削って、立木の所有者の氏名を墨書しておくこと[26]、山林に立木の所有者の氏名を示した標札を設置しておくこと[27]、立木に立木権利者の住所、氏名を記載した札を掛けておくこと[28]、山林の立木の大部分に所有者の氏名を記載したベニヤ板を釘で打ち付けておくこと[29]、山林内に薪炭製造用の設備を設置して現実に伐採等の製炭事業を継続していることなどが[30]、明認方法として認められてきている。他方、立木の引渡しを受けて、立木に極印を押用したが、その字体が不分明であった場合[31]、単に伐採に着手しただけであった場合[32]、立木の引渡請求権を保全するために処分禁止の仮処分命令を受け、立木が執達吏によって占有され、処分禁止の仮処分命令の公示札が立てられ

22　末弘厳太郎「判批」民事法判例研究會編纂『判例民法(1)〔大正10年度〕』（有斐閣、1925年）170頁以下58事件。

23　前掲大判大正10・4・14。

24　末川博『物権法』（日本評論社、1956年）169頁、金山正信『物権法総論』（有斐閣、1964年）342頁、我妻（有泉補訂）・前掲書（注8）201頁、広中俊雄『現代法律学全集(6)物権法〔第2版〕』（青林書院、1982年）210頁、最近のものとしては石田・前掲書（注13）256頁。

25　大判明治39・1・29民録12輯72頁（傍論）、大判明治39・11・26民録12輯1570頁、大判明治41・10・20民録14輯1027頁。この公示が「明認方法」であるのか否かについては、論者によって取扱いが異なるが、少なくとも、これらの大審院判決においては、明認方法の一つとしてとらえている。

26　前掲大判大正9・2・19、前掲大判大正10・4・14、大判大正13・12・8新聞2351号20頁。

27　最判昭和36・5・4民集15巻5号1253頁参照。

28　静岡地判平成12・12・22訟月48巻9号2167頁。

29　東京高判平成8・3・28高民集49巻1号5頁。

30　大判大正4・12・8民録21輯2028頁。

31　大判明治38・2・13民録11輯120頁。

32　大判大正8・5・26民録25輯892頁。

75

〔第1部・第4章〕第1節　登記がなくても物権変動を対抗できる「物」

た場合[33]などには、明認方法の具備が否定されている。裁判例は、総じて、①誰が立木の権利者であるのか、②いかなる範囲の立木にその権利が及んでいるのかの2点を外観上識別しうる程度の表示がある場合に、明認方法の存在を肯定しているといえよう[34]。

　また、山林を所有していた者が立木についての権利を留保して地盤の所有権のみを譲渡し、さらに当該土地が譲受人から第三者に譲渡された場合に、立木についての権利を留保した者が、土地の転得者に対して、公示（明認方法）なしに立木所有権を対抗できるか否かが問題となる。最高裁判所は、「留保もまた物権変動の一場合と解すべきであるから、この場合には立木につき立木法による登記をするかまたは該留保を公示するに足る明認方法を講じない以上、第三者は全然立木についての所有権留保の事実を知るに由ないものであるから、右登記または明認方法を施さない限り、立木所有権の留保をもつてその地盤である土地の権利を取得した第三者に対抗し得ない」ものとしている[35]。学説の中には、このような判例の態度は1筆の土地の一部の譲渡の事案に関する前掲大判昭和13・7・7と矛盾すると批判し、そもそも立木取引をしていない状態での地盤所有者は立木についても地盤とは独立した所有権を有するものと理解すべきであり、地盤のみの転得者は立木については全くの無権利者であり、民法177条の「第三者」には該当しないと解するものもある[36]。また、同様に地盤の所有権を取得した者が立木については無権利者であるということを前提としつつ、立木を留保した者が明認方法その他の方法で立木の権利を公示できるにもかかわらずそれを怠っているということを根拠に、民法94条2項の類推適用により地盤所有権の転得者等の第三者を保護すべきであるとするものもある[37]。他方で、立木所有権の留保を物権変

---

[33]　大判昭和12・10・30民集16巻1565頁。

[34]　最判昭和30・6・3裁判集民18号741頁およびその差戻審である仙台高判昭和31・5・10民集16巻7号1381頁を参照。

[35]　最判昭和34・8・7民集13巻10号1223頁。判例の理論構成に賛成するものとして、石本雅男「判批」判評24号10頁以下および石田喜久夫「判批」民商42巻2号54頁以下。

[36]　川島武宜「判批」法協75巻5号77頁。

[37]　広中・前掲書（注24）216頁以下参照。なお、石田・前掲書（注13）259頁は、地盤のみの譲渡において、立木についての明認方法を施さずに土地の移転登記を行うことは虚偽表示に該当するとし

動とみることについては疑問を呈しながらも、明認方法に土地からの独立性付与を公示するという側面と立木の権利移転の対抗要件としての側面とを認め、明認方法が存しないことにより先決問題である立木の土地からの独立性自体が否定されるということを理由に、判例の結論を肯定する立場もある[38]。

　さらに、土地と立木を一括して山林の所有者から譲り受けた者が立木について明認方法を施すにとどまり、土地について移転登記をしない間に、同一の譲渡人から第三者が山林または立木の譲渡を受けた場合に、第1譲受人が少なくとも立木の所有権を対抗できるか否かも問題となる。この点につき、判例は、土地の所有権と立木とを一括して取得した者は、土地の所有権登記をしなければ、立木の取得についても、第三者に対して対抗することができないとしているが[39]、学説においては、立木所有権を対抗することは認めてよいとして、判例に反対するものが多い[40]。

　加えて、山林を買い受けた第1譲受人が、土地の移転登記を経ないまま伐採を行い、さらに植栽を行った後、山林の譲渡人が他の者にも当該山林を売却して、その旨の登記が経由された場合に、第1譲受人が、自己の植栽した立木の所有権を第2譲受人に対して主張することができるかも問題となる。この点、最高裁判所は、植栽を行った第1譲受人が土地の登記を取得した第2譲受人に土地所有権の取得を対抗できない結果、植栽された立木についての付合が民法242条ただし書の類推適用により否定され、当該立木は独立した所有権の客体となりうることとなるが、「立木所有権の地盤所有権からの分離は、立木が地盤に附合したまま移転する本来の物権変動の効果を立木について制限することになるのであるから、その物権的効果を第三者に対抗するためには、少くとも立木所有権を公示する対抗要件を必要とする」としている[41]。学説においては、立木が地盤所有権の登記を有する者に帰属しているような外観が作出ないし放置されていたということを基礎として民法94条2

　て、民法94条2項の類推適用ではなく、適用を問題としている。

38　新田敏「立木および未分離の果実の独立性と『明認方法』の目的」法学研究45巻9号26頁以下、鈴木禄弥『物権法講義〔5訂版〕』（創文社、2007年）205頁以下。

39　大判昭和9・12・28民集13巻2427頁、大判昭和14・3・31新聞4448号7頁。

40　広中・前掲書(注24)215頁、金山・前掲書(注24)340頁以下、鈴木・前掲(注38)205頁。

41　最判昭和35・3・1民集14巻3号307頁。

〔第1部・第4章〕第1節　登記がなくても物権変動を対抗できる「物」

項を類推適用して問題を解決すべきであるとする見解が有力に唱えられている。[42]

　土地に定着している庭石も原則として土地の構成部分として取り扱われるが、所有者は庭石の所有権のみの譲渡をすることができ、その対抗要件は明認方法であると解されている。[43]

2　未分離の果実・生育中の稲立毛

　また、土地に生育する草木から分離されていない果実、桑葉や、土地で生育中の稲立毛等についても、未分離のまま土地と分別して取引の対象とすることが認められてきている。[44]ただ、立木の場合とは若干異なり、大判大正5・9・20民録22輯1440頁は、蜜柑樹から分離されていない蜜柑の売却を受け、その旨を示した立札を設置していた第1買主が、当該未分離蜜柑を二重に買い受けた者の債権者が申し立てた強制執行に対して異議を申し立てた事案において、未分離の果実等の所有権を第三者に対して主張するためには、「其果實ノ定著スル地盤又ハ草木ノ引渡ヲ受ケ若クハ賣主ノ承諾ヲ得テ何時ニテモ其果實ヲ收去シ得ヘキ事實上ノ状態ヲ作為スルト同時ニ其状態カ外部ヨリ明認セラレ得ヘキ手段方法ヲ講スルコトヲ要スル」ものとし、公示として①当該目的物の引渡し（または、引渡しに準じる状況）および②その引渡しについての明認方法が必要である旨を説示した。そして、その後も、樹枝に定着したままの桑葉を購入し、そのままの状態で引渡しを受けた買主が、不動産の所有者の債権者によって申し立てられた桑樹を含む不動産の強制執行に対して異議申立てをした事案において、「買主カ桑葉ノ所有權ヲ第三者ニ対抗スルニハ動産ノ場合ニ於ケルカ如ク単ニ引渡ノ一事ヲ以テ足ルヘキニ非スシテ同時ニ其引渡アリタルコトヲ他人ヲシテ明認セシムヘキ方法ヲ講スルコトヲ要ス」とし、さらに、大判大正9・7・20民録26輯1077頁が立木につ

---

[42]　広中・前掲書（注24）217頁以下、山野目章夫『物権法〔第5版〕』（日本評論社、2012年）94頁以下。なお、来栖三郎「立木取引における『明認方法』について」来栖三郎＝加藤一郎編『民法学の現代的課題』（岩波書店、1972年）143頁以下も参照。

[43]　大判昭和9・7・25大審院判決全集1輯8号6頁。

[44]　果実について、後掲大判大正5・9・20、稲立毛について、後掲大判昭和13・9・28。

[45]　大判大正9・5・5民録26輯622頁。

78

いては明認方法が存すれば引渡しは不要である旨を明らかにした後においても、大判昭和13・9・28民集17巻1927頁が、土地に生育する稲立毛の譲渡を受けた者が、土地所有者の債権者によって申し立てられた稲立毛についての仮差押えの申立てに対して異議申立てをした事案において、「引渡アリタルコトヲ外部ヨリ明認シ得ル方法ヲ採リタル以上之ヲ以テ第三者対抗要件ヲ具備シタルモノト解スルヲ相当トス」とし、前掲大判大正5・9・20の態度を維持することを明らかにしている。学説においては、未分離の果実を不動産ととらえるか動産に準じてとらえるかについて見解の相違があるものの、立木の場合と同様に、未分離の果実の所有権の所在を明らかにする明認方法があれば公示方法として十分であるとするものが大多数である[46]。他方、明認方法を本来土地の構成部分である対象を土地から独立させる要件としてとらえ、明認方法によって独立性を認められた物が動産とみることができるのであれば、加えて引渡しを要求することは不当ではないとして、判例の見解に理解を示すものもある[47]。ただし、観念的な方法による占有移転が容易に認められる現在においては、具体的事案において、判例の立場と多数説の立場とで異なる結論がもたらされることはないであろう。

　また、土地の譲渡を受けた者が土地について移転登記を経由しないまま、土地に耕作物を植栽した場合において、当該耕作物の収穫前に二重に土地の売却を受けて移転登記を経由した者に対して耕作物についての所有権を主張できるかどうかが、立木の植栽の場合と同様に問題となってくる。この点に関連して、大判昭和17・2・24民集21巻151頁は、土地の所有権がAからB、BからC、CからXに移転され、Xが当該土地において稲の栽培を行っていたが、Cの債権者Yがその債権回収のために当該土地上の立稲および束稲を差し押さえたため、Xが異議を申し立てたという事案において、当該立稲および束稲はXが所有権に基づいて土地を耕作して得たものであり、あたかも田地の所有者から適法に土地を賃借した者が対抗要件を備えていないときで

46　我妻（有泉補訂）・前掲書（注8）209頁、末川・前掲書（注24）172頁、舟橋諄一『法律学全集⒅物権法』（有斐閣、1960年）266頁、金山・前掲書（注24）338頁、広中・前掲書（注24）212頁、石田・前掲書（注13）256頁以下。

47　新田・前掲論文（注38）48頁以下。

〔第1部・第4章〕第1節　登記がなくても物権変動を対抗できる「物」

あっても当該田地を耕作して取得した立稲・束稲の所有権を第三者に対抗できるのと同様に、Xが当該土地の所有権移転登記を経由していなくても立稲および束稲を差押人たるYに対抗することができるとしている。しかし、この事案での差押債権者が土地についての権利を取得した者（立稲の土地からの独立性を争う者）といえるかは微妙であり、この判例の射程が土地の二重譲受人と稲の植栽者との関係が問題となる事案に及ぶか否かは必ずしも明らかではない。[48]また、抵当権不動産の賃借人が植え付けた稲から、抵当権の実行開始後に生じた果実について、平成15年改正前の民法371条1項ただし書（現行の民法370条にほぼ相当する）を適用して抵当権の効力が及ぶとした大判大正4・3・3民録21輯224頁との関係も明らかではない。

3　建物ではない建造物

　次に、建物とは評価されない土地上の建造物について検討しておかなければならない。登記手続上においては、建物であるか否かは、当該建造物について、①屋根および周壁またはこれらに類するものを有していること（外気分断性）、②土地に継続的に固着されるものであること（定着性）、③人が出入りし、一定時間とどまることができるものであること（人貨滞留性）、④目的とする用途に供することができる状態にあることといった要件が満たされているか否かによって定まるものと理解されている（登記手続準則111条）。[49]したがって、ガソリンスタンドの地下タンク、ガスタンク、四阿、鉄塔などは、現行の不動産登記法においては、建物として取り扱うことができず、登記をすることができない。これらのものは、理論上、①土地の構成部分、②近接する建物の構成部分、③独立した動産、④独立した不動産のいずれかとなる。多くの論者は、登記を経由する可能性がないため、それらの物を不動産と評価することを躊躇するが、土地への固着の程度が高く、かつ、土地とは独立した価値をもち、独立した取引の対象と観念されうる存在であれば、1個の土地の定着物として不動産と評価して差し支えないものと思われる。立法論としては、このような建物ではない建造物についても登記を備える途

---

[48]　前掲最判昭和35・3・1参照。

[49]　山野目・前掲書（注14）197頁以下参照。

を開くか、建物の概念を拡大する必要があると考えるが、現状においては、立木等と同様に明認方法によって、独立性および権利の所在を公示すべきであろう。

建物となる前の段階の建前も、建物ではない建造物であるため、同様に取り扱うべきである（判例は、動産と考えているようである[50]）。すなわち、材料が土地に運び込まれた段階では動産であるが、材料が土地に固定されるに従って材料は土地に付合し、建前が独立の価値を有する程度に至った時点からは、土地の定着物として独立した不動産となりうる地位を取得し（この段階で独立性をもたせるためには、明認方法を施す必要がある）、建物になった時からは完全に独立した不動産となるものと理解すべきである。

4　その他の定着物質

土地に付着する有体物質のうち中でも、土地からの分離が困難で、かつ、取引通念上独立して取引されることのないものは、土地の構成部分と考えられ、土地と運命をともにすることになる。したがって、石垣、井戸、・渠、沓脱石、取り外しが困難な庭石等は、土地とともに処分・移転され、土地についての登記の効力が及ぶものと解されている（ただし、これらの部分のみの処分を認め、明認方法での公示をとなえる立場もある[51]）。

石灯籠、仮小屋、取り外しが容易な庭石など、土地に付着していても、容易に移動させることができ、継続的に土地に固着しているとはいえない物質は、独立した動産として取り扱われる。したがって、これらの物についての物権変動の対抗要件は、原則として、引渡しである。ただし、当該動産が継続して土地または土地上の建物の効用を支えている場合には、当該土地または建物との関係で従物として取り扱われるため、主物たる不動産の処分に従って権利の移転が生じたときには、主物についての対抗要件が具備されれば従物についての物権変動も対抗できると解する場合には、引渡しも不要である[52]。

50　最判昭和54・1・25民集33巻1号26頁参照。
51　石田・前掲書(注13)14頁。
52　石田・前掲書(注13)77頁参照。

81

〔第1部・第4章〕第2節　登記がなくても物権変動を対抗できる「物権」

第2節　登記がなくても物権変動を対抗できる「物権」

Ⅰ　総　論

　本節で記述の対象となるのは、新所有権者等に対して登記をしていなくて
も主張できる物権ないし物権類似の権利にはどのようなものがあるのかとい
うことである。あまり明確に論じられることの少ないテーマであるが、民法
および不動産登記法の明文上、登記を要求されていない物権や、当該物自体
の登記記録に登記しなくても第三者に権利変動を主張できる事案が、比較的
多く存在するため、鳥瞰的な観点からこのような問題を整理しておくことに
も意味があろう。なお、登記が不要であるとされる理由とその妥当性を検討
する材料として、簡単に、諸外国における状況も紹介しておくことにする。

　フランスでは、最初に総合的な登記制度を定めた1855年3月23日の法律に
よって、抵当権・先取特権・所有権・不動産質権・永小作権・地役権・使用
権・居住権・18年以上の期間が設定されている賃借権といった事項について
登記すべきものとされ、他方で多種の一般先取特権について、登記なくして
対抗できるものとされていた。それに対して、1955年1月4日の「土地公示
を改革するデクレ」第22号および1955年10月14日の「1955年1月4日の土地
公示を改革するデクレの適用のためのデクレ」第1350号並びにその後の改正
によって、登記されるべき賃借権が賃貸期間が12年以上のものにまで広がり、
12年未満の賃貸借に関しても、支払期未到来の3年分以上の賃料の前払また
は賃料債権の譲渡がなされている場合にはその旨を登記しなければならない
ものとされた。そのほかに、処分を制限する約定、権利移転の解除・撤回に
かかわる特別な約定、不分割の合意、買戻約款（1959年1月7日のオルドナ
ンスによる改正による）、抵当不動産の第三取得者による委付等が登記される
べき事項に加えられた一方で、登記なしに効力を有する一般先取特権は、裁判

82

費用に関する先取特権と労働関係から生ずる債権に関する先取特権に限定された。

イギリスでは、すでに登記が編成されている土地とこれから当初登記が行われる土地とで適用される法原則が異なるが、2030年にはすべての土地が既登記土地になると予想されているため、本書では既登記土地についてのルールのみを紹介することにする。そこでは、自由土地保有権（日本における土地所有権に相当）、（残存）期間が7年以上の賃借土地保有権（日本における賃借権に相当）、期間が7年未満であっても継続的な占有をしないタイムシェア形式の賃貸土地保有権、期間が7年未満であっても設定の日から3カ月以上後の日から占有が開始される賃借土地保有権、地役権（easement）、土地において通行料を徴収したり、市を開設したりすることができる特権（franchise）、土地に存する牧草等の諸利益を享受することが認められる採取権（profits a profit）、定期金負担（rentcharge）、（制定法上の）譲渡抵当（mortgage charge）、土地賃貸または定期金負担に付随する土地立入（取戻）権（right of entry）を独立した権原（title）として土地登記記録または土地負担登記記録に登記することができる。期間が7年未満の通常形態の賃借土地保有権、特権（franchise）、入会権等は、登記されていなくても土地譲受人に対抗できる権利（overriding interests）であるとされているほか、登記されていない権利が制定法上の地役権または採取権である場合や、登記されていない権益の権利者が土地を実際に占有していた場合には、悪意または有過失の土地譲受人に権利を対抗できるものと定められている（2002年土地登記法Sch. 3）。このことは、不動産について登記制度が存していても、現地調査が必要であるという発想が前提となっている。なお、明示的に土地に創設された権利は登記されるべきであるという要請や、土地の購入者が現地で確認できない権利を登記なくして対抗できる権利とすべきではないという理由から、1925年土地登記法において登記なくして対抗できる権利であるとされていた権利の一部（現実の占有をしていない賃料収受者の権利、エクイティ上の地役権・採取権等）が、2002年土地登記法では、登記記録に記入されていないと、登記をした土地の購入者に対して対抗できないものとされた。

ドイツにおいては、所有権（Eigentum）、地役権（Grunddienstbarkeiten）・

〔第 1 部・第 4 章〕第 2 節　登記がなくても物権変動を対抗できる「物権」

用益権（Niessbrauch）・その他の役権（Dienstbarkeiten）、抵当権（Hypothek）、地上権（Erbbaurecht）、物的負担、土地債務（Grundschuld）、定期土地債務（Rentenschuld）、先買権（Vorkaufsrecht）の設定・移転について、登記が成立要件となっている（BGB873条 1 項参照）。抵当証券が作成されている抵当権以外に、登記を要しない不動産物権はほぼみあたらない。

　日本においては、不動産登記法 3 条が、不動産の登記記録に登記することのできる権利として、所有権・地上権・永小作権・地役権・先取特権・質権・抵当権・賃借権・配偶者居住権・採石権を掲げている。ここには民法その他で認められている不動産物権のすべてが列挙されているわけではなく、権利の存在について登記をすることができない不動産物権があることになる。また、権利の存在についての登記が存在していても、その不動産権の権利変動のすべてについて登記が必要であるかについては、さらに検討が必要である。

II　入会権

　入会権は、共有の性質を有するものであっても、共有の性質を有さないものであっても、慣習に従って入会集団の構成員たる地位を取得することによって取得され、その権利変動は登記に服さない。したがって、入会権者は、登記とは無関係に土地所有者等に対抗することができる[53]。共有の性質を有する入会権にあっては、便宜的に入会権者のうちの一部の者の名において所有権の登記がなされることもあるが、登記が入会権についての対抗要件となるわけではない[54]。

III　留置権

　不動産について発生した留置権も、登記に服さない。不動産についての留

---

[53]　共有の性質を有しない入会権について、大判明治36・ 6 ・19民録 9 輯759頁、共有の性質を有する入会権について、大判大正10・11・28民録27輯2045頁。

[54]　入会権者のうちの一部の者が所有者として登記されている場合において、登記名義人が入会権

84

置権者は、留置権が生じた後に当該不動産が第三者に譲渡された場合でも、被担保債権の弁済を受けるまで当該不動産の引渡しを拒むことができる。

Ⅳ　一般の先取特権

　一般の先取特権は、不動産について登記をしなくても、特別担保を有しない債権者に対抗することができるものとされている（民336条）。また、民法336条ただし書は、一般の先取特権は、保存登記をしておかないと登記をした第三者に対して対抗できないものと定めているが、その反対解釈として、登記を具備していない抵当権者・不動産質権者・特別の先取特権者・第三取得者に対しては、登記なくして対抗できると解されている。[55]

Ⅴ　地役権──要役地所有権の移転に伴う移転

　地役権は、要役地から分離して譲り渡し、または、他の権利の目的とすることができず（民281条2項）、常に、要役地とともに譲渡されまたは担保等の目的とされることになるため、承役地の登記記録にも、地役権を有することとなる者の表示はなされず、その代わりに、権利の所在を示すために要役地たる不動産の所在事項が記載される（不登80条2項参照）。要役地の譲渡ないしは要役地に対する担保権の設定に伴い、承役地の地役権が移転し、または、担保権の目的に含まれることとなる場合には、要役地についての権利変動の登記によって、承役地上の地役権についての権利変動も公示され、対抗力を備えることとなる。

者以外の第三者に目的不動産を売却した時には、登記を信頼した当該第三者を民法94条2項の類推適用等によって保護すべきかが問題となるが、入会集団の構成員の権利を公示する手段がないため、真実の権利関係と合致しない外観の作出について必ずしも帰責性があるとはいえないことに注意しなければならない（最判昭和43・11・15裁判集民93号233頁参照）。

55　我妻榮『担保物権法民法講義(3)〔新訂〕』（岩波書店、1968年）95頁。

〔第1部・第4章〕第2節　登記がなくても物権変動を対抗できる「物権」

Ⅵ　抵当権・不動産質権──被担保債権の移転に伴う移転

　抵当権・不動産質権といった担保権の設定を受けた場合には、その旨の登記をしなければ、当該担保物権の設定を第三者に対抗できない。他方、いったん設定された抵当権・不動産質権については、被担保債権への随伴性により、被担保債権の移転に伴って権利移転が生じるが、そのようにして被担保債権とともに担保権が移転された場合においても、取得者は権利移転の付記登記を備えなければ、第三者に対して担保権の取得を主張できないのであろうか。かつては、担保権移転の対抗要件を抵当権等についての移転登記と解する立場が一般的であった[57]。しかし、近時は、むしろ、債権譲渡についての対抗要件が具備されると、たとえ抵当権等の担保権について移転登記がなされていなくても、当該債権譲受人は、少なくとも債権の二重譲受人や債権に対する差押債権者等との関係においては、担保権の取得を対抗できると解するものが多い[58]。判例も、担保物権の被担保債権について転付命令があったという事案において、担保権について移転登記がなされなくても、転付命令が債務者に送達されれば、差押債権者は担保権の取得を対抗することができるものとしている[59]。債権の譲受けを対抗できない者は、担保権の移転登記を先に得ていても、被担保債権の存在を主張することができず、結局、担保権についても無権利者として取り扱われることになるため、担保権付債権の二重譲渡における譲受人相互間の優劣は債権譲渡の対抗要件の具備いかんによって決定されざるを得ないであろう。そうすると、この場面においても、登記

---

[56]　かつては、物上保証人ないし第三取得者所有の不動産上の抵当権は被担保債権の譲渡に随伴しないとする見解も存していたが（我妻・前掲書（注55）226頁（第4刷以前））、現在の学説はこぞって、原則として被担保債権とともに抵当権・不動産質権が移転することを認めている（鈴木・前掲書（注38）268頁）。

[57]　勝本正晃『新法学全書(8)担保物権法』（評論社、1955年）420頁、我妻・前掲書（注55）416頁。

[58]　山野目・前掲書（注14）455頁、金子直史「抵当権の登記3移転・抹消」鎌田薫ほか編『新・不動産登記講座(5)各論(2)』（日本評論社、2000年）78頁以下。

[59]　大判昭和9・11・24新聞3787号9頁。

86

Ⅷ　特別法によって登記以外の対抗要件が認められている物権・物権類似の権利

記録上に記載されていない者が物権の取得を対抗できるという状況が生じていることになる。

Ⅶ　「従たる権利」を目的に含む物権

建物所有の目的での土地賃借権や地上権は、当該建物との関係で「従たる権利」とされ、地上建物と運命をともにするものと理解されている。そこで、従たる権利をも目的に含む物権が主たる物に設定された場合、主たる物について対抗要件が具備されれば、従たる権利に対しても当該物権の効力が及んでいることを主張できるものとされている。判例も、借地上の建物について設定された抵当権の効力は、別個に対抗要件を備える必要なく、当然に借地権にも及ぶとしている[60]。

Ⅷ　特別法によって登記以外の対抗要件が認められている物権・物権類似の権利

建物所有を目的とする地上権については、借地借家法が適用されるため、地上権者が当該土地上に登記されている建物を所有する場合には、当該土地の登記記録に地上権の設定登記がなされていないときであっても、第三者に地上権を対抗することができる（借地借家2条1号・10条1項）。また、そのように建物の登記によって対抗力を備えている地上権を地上建物とともに譲り受けた者は、建物についての移転登記を経由することによって、地上権の取得についても対抗できることとなる[61]。

また、建物所有目的の土地賃借権も同様に、借地借家法の適用により、当該土地上に登記されている建物を所有する場合には、土地の譲受人等の第三者に対して対抗することができる（借地借家10条1項）。建物賃借権は、建物の引渡しがなされていれば、その後当該建物について物権を取得した者に対

60　最判昭和52・3・11民集31巻2号171頁、なお、抵当権設定後に成立した賃借権に関する東京高民判昭和60・1・25高民集38巻1号1頁も参照。

61　大判大正15・12・20民集5巻873頁参照。

87

〔第1部・第4章〕第2節　登記がなくても物権変動を対抗できる「物権」

して対抗できるものとされている（借地借家31条）。農地または採草放牧地の賃貸借も、農地または採草放牧地の引渡しがあったときは、その後当該土地について物権を取得した者に対して対抗できるものとされている（農地18条1項）。したがって、これらの賃借権は、直接問題となる土地の登記記録（建物賃借権に関しては、建物の登記記録）に公示されることなく、物権に類似する効力を備えることになる。

IX　特別法上の物権

特別法によって不動産物権とされている権利の多くのものは、不動産登記記録ではなく、当該対象のために特別に設置される登記記録・登録簿に登記・登録することによって公示されている。たとえば、船舶登記、航空機の登記、著作権または出版権の登録、工業所有権の登録、漁業権または入漁権の登録等である。その中でも、工場財団抵当の登記、鉱業権または租鉱権の登録など土地・建物の権利関係に密接にかかわってくるものもあり、それらすべてが不動産登記上にリファーされるわけではないため、不動産登記記録を確認しただけでは土地・建物の権利関係がすべて確認できるわけではないことになる。

X　慣習法上の物権——いわゆる「温泉権」を 　　中心に

土地から湧出する温泉に関して増掘浚渫（ぞうくつしゅんせつ）を実施するなどして温泉源からの温泉採取を管理し、採取した温泉を利用することができる権利である「湯口権」（ないしは「温泉専用権」）や、温泉源の土地所有者または湯口権者が管理している湯口から引湯を受ける権利である「引湯権」（ないしは「分湯権」）が、慣習上、温泉源の地盤の土地所有権から独立して取引されることがある。[62]

---

[62]　川島武宜『川島武宜著作集(9)慣習法上の権利(2)』（岩波書店、1986年）314頁は、温泉利用権が源泉地盤の所有権とは別の独立の権利として取引の客体とする事実は普遍的なものであるとしているが、裁判例の中には、問題となっている地方においては、温泉に関する権利が土地所有権ま

X 慣習法上の物権――いわゆる「温泉権」を中心に

そして、判例は、多くの事案において、当該地方の慣習に基づき、それらの
いわゆる温泉権を物権ないしは物権類似の権利として取り扱ってきた。この
ような権利について、判例は、「排他的支配権ヲ肯認スル以上此ノ種権利ノ
性質上民法第百七十七條ノ規定ヲ類推シ第三者ヲシテ其ノ権利ノ變動ヲ明認
セシムルニ足ルヘキ特殊ノ公示方法ヲ構スルニ非サレハ之ヲ以テ第三者ニ對
抗シ得サルモノト解スヘキコトハ敢テ多言ヲ俟タサル」として、公示を備え
なければならないものとしている。いかなる措置がいわゆる温泉権の公示方
法として十分なものであるかが問題となるが、裁判例においては、保健所備
付の温泉台帳に温泉権利者として登載を受けていることで足りるとしたもの、
温泉の採取、利用、管理のために作業所・ポンプ室・温泉櫓などの施設を設
置し、当該建物について保存登記をなし、看板を設置していることで足りる
としたもの、温泉湧出口に隣接した採湯場・事務所について登記を経由し、
加えて温泉権が自己に帰属する旨の表示板を温泉擁護建物に設置しているこ
とで足りるとしたもの、泉源地に温泉権を取得した旨を記した立札を立てて
いることで足りるとしたものなどがある一方で、温泉動力装置設置について
の県知事への申請では足りないとしたもの、保健所に備えられた温泉台帳は
温泉の保護と適正な利用を図るという行政上の目的から作成されるものであ

たはこれに基づく土地使用権とは別個に存在し、独立して処分の対象となるような特別の慣習
（法）の存在を認めることはできず、土地所有権またはこれに基づく土地使用権から独立した取
引の客体としての温泉利用権を認めることはできないとしたものもある（東京地判昭和54・12・
17判時966号60頁参照）。

63 戦後の裁判例として、大分地判昭和31・8・9下民集7巻8号2151頁、大分地判昭和32・2・
8下民集8巻2号241頁、大分地判昭和36・9・15下民集12巻9号2309頁、山形地判昭和43・
11・25下民集19巻11号・12号731頁、東京地判昭和45・12・19下民集21巻11号・12号1547頁、高
松高判昭和56・12・7判時1044号383頁、仙台高判昭和63・4・25判時1285号59頁、釧路地判平
成11・3・16判タ1039号130頁（傍論）等参照。ただし、温泉付住宅地の買受人が取得した温泉
の供給を受ける権利の性質を債権であるととらえる裁判例もあり（東京地判昭和61・12・23判時
1252号58頁）、温泉利用権のすべてが物権的な権利として理解されているわけではない。

64 大判昭和15・9・18民集19巻1611頁。

65 前掲大分地判昭和36・9・15。

66 前掲東京地判昭和45・12・19。

67 前掲仙台高判昭和63・4・25。

68 東京高判昭和51・8・16判時837号47頁。

69 前掲東京高判昭和51・8・16。

89

〔第1部・第4章〕第3節　登記なしに対抗できる「物権変動」

り、温泉の権利関係を公示する目的も機能も有しないから、温泉台帳への登録では公示として十分でないとしたものがある。[70]　いずれにせよ、必ずしも土地登記記録からは判明しない温泉利用権の負担を土地所有者・土地購入者は負うことになる。

第3節　登記なしに対抗できる「物権変動」

I　総　論

不動産に関する権利の「保存、設定、移転、変更、処分の制限又は消滅」（不登3条参照）が、民法177条における不動産の「物権の得喪及び変更」に含まれうることについては疑いがない。[71]

ここでは、いかなる原因に基づいて物権変動が生じた場合に、権利変動の当事者は当該物権変動について登記なくして第三者に当該権利変動を主張することができるのかという点について検討する。当然、いかなる原因に基づいて物権変動が生じた場合に登記をしなければ第三者に対抗できないかという問題の裏返しの問題である。物権変動が生じているのかいないのかが争われている事案も含めて検討することとする。

イギリスにおいては、登記をしなければ対抗できない物権変動を限定する規定がほぼ存在しないのに対して、フランスにおいては、登記をしなければ第三者に対抗できない物権変動が不動産物権の設定または移転に関する「意

70　福岡高判昭和34・6・20下民集10巻6号1315頁、前掲釧路地判平成11・3・16。

71　舟橋諄一＝徳本鎮編『新版注釈民法(6)物権(1)〔補訂版〕』（有斐閣、2009年）543頁および645頁以下〔原島重義・児玉寛〕参照。なお、不動産の譲渡によって所有権を喪失したという権利の消極的な主張が問題となる場面においても登記が必要であるとされた事案として、最判平成6・2・8民集48巻2号373頁参照。

思表示による物権変動」に明確に限定されている。[72]ドイツにおいても、登記が物権変動の効力要件として機能するのは、原則として、私人間の法律行為による物権変動の場面に限定されており、法律行為以外の物権変動原因に基づく場合や公的機関の公権的作用に基づく物権変動については、登記がなされなくても物権変動の結果を主張できるものとされている。わが国の民法典の起草者は、物権変動の原因を問わず、民法177条を広く適用する立場をとっていたようである。[73]

　この点について、大審院は、家督相続による権利取得が問題となった事案に関する大判明治41・12・15民録14輯1301頁において、「第百七十七条ニハ不動産ニ関スル物権ノ得喪及ヒ変更ハ登記法ノ定ムル所ニ従ヒ其登記ヲ為スニ非サレハ之ヲ以テ第三者ニ対抗スルコトヲ得ストアリテ不動産ニ関スル物権ノ得喪及ヒ変更ハ其原因ノ如何ヲ問ハス総テ登記法ノ定ムル所ニ従ヒ其登記ヲ為スニ非サレハ之ヲ以テ第三者ニ対抗スルヲ得サルコトヲ規定シタルモノ」であるとして、いわゆる無制限説を採用することを明らかにした。この判決は、たまたま民法177条の規定が意思表示に基づく権利変動に関する民法176条の直後にあるからといって、177条が176条に定める意思表示に基づく物権変動の場合にのみ適用されると考える必然性はないという消極的な理由に加えて、177条は第三者に物権変動の存在を知悉し、不慮の損害を免れさせるための規定であるが、第三者からみれば物権変動が当事者の意思表示によって生じた場合と法律の規定によって生じた場合とで違いはないから、区別を設けて一方の場合にのみ登記が必要でないと解する根拠はないということを理由としている。その後の判例は、抽象的には、登記を備えなければ対抗できない物権変動の範囲を限定せず、すべての物権変動について登記が必要であるとの立場を固持してきている。ただし、判例は、このような物権変動の範囲に関する無制限説の立場を固持しつつも、事案に応じて、実質的無権利者（全くの無権利者）に対しては登記なくして権利を主張できるとい

---

[72] 1955年1月4日の「土地公示を改革するデクレ」第22号第30条1款1項および第28条1号を参照。

[73] 梅謙次郎「民法第一七七条ノ適用範囲ヲ論ず」法学志林9巻4号40頁以下および富井政章『民法原論(2)物権合冊』（有斐閣、1923年）69頁以下参照。

〔第1部・第4章〕第3節 登記なしに対抗できる「物権変動」

う「無権利の法理」および物権変動の当事者に対しては登記なくして権利を対抗できるという「当事者の法理」を用いることによって、実質的には、登記なくして対抗できる物権変動の領域をつくり出している。

近時の学説においては、一般的に民法177条が意思表示に基づく物権変動のみに適用されるか否かという議論の立て方をする論者は少なくなっているが、177条が意思主義を採用するために生じる二重取引によって害される者を救済することを目的とするフランス法での対抗要件主義を継受したものであることや、意思表示以外の原因による物権変動に関する種々の事案が全般的に登記での解決になじまない構造を有していることなどを理由に177条の適用範囲を意思表示に基づく物権変動に限定することを志向する論者も存する。[74]

他方、民法177条によって解決されるのは、問題となっている事案において、登記の要否が問われている物権変動の当事者と、利害関係を有するに至った第三者とが物権的な優劣を相争う関係に立つ場合に限定されるとする対抗問題限定説も有力にとなえられている。対抗問題限定説の中には、さらに、登記の要否が問われている物権変動の当事者が、実質的に登記をすることが不可能な事案においては、登記の欠缺に対するサンクションを与える基礎を欠くことを理由に177条の適用を否定する見解も存する。

さらに、民法177条を登記を有する無権利者からの権利取得を一定の要件の下で認める制度としてとらえる公信力説の立場は、判例が「無権利の法理」を適用している場面を177条の適用範囲から除外しない。公信力説にとっては、前主が無権利の場合にこそ177条が適用されると考えているからである。

以下、個別の物権変動原因ごとに、登記が必要な物権変動とされているか否かを紹介していくこととする。

---

[74] 滝沢聿代「物権変動における意思主義・対抗要件主義の継受」滝沢聿代『物権変動の理論』（有斐閣、1987年）15頁以下。

Ⅱ　生存者間の契約に基づく物権変動

　諸外国における状況と同様に、わが国の判例・学説も、売買・贈与・交換・死因贈与[75]など、契約に基づく不動産所有権の移転については、ほぼ例外なく、登記をしなければ第三者に対抗できないものとしている。また、所有権以外の不動産物権、すなわち抵当権、不動産質権、地上権（借地借家10条により対抗できる場合を除く）、地役権を設定する契約が生存者間で締結された場合についても、同様である。

　ただし、判例は、建物が建築された際において、建物所有権を当初から注文者に帰属させる旨の特約が建物建築請負契約に付されていた場合や、材料費または代金のほとんどを注文者が拠出していた場合には、建物所有権は注文者に原始的に帰属するものとしており、そこでの建物所有者は登記なくして自己の所有権を主張できるものと理解されている。すなわち、建物を建築した者は、当該建物について他の者が保存登記をして第三者に売却して移転登記がなされても、当該登記は全くの無権利者の登記であるから無効であり、自己が登記を備えていなくても建物所有権を主張することができるのである。

Ⅲ　法律行為の取消し

　物権変動の原因となった法律行為が、契約者の行為能力が制限されていたことを理由として（民5条2項・9条・13条4項・17条4項等）、または、契約が詐欺または強迫に基づくものであることを理由として（民96条）取り消された場合に、不動産物権の従前の権利者が自己に権利が回復されたことを主張するのに登記を要するか否かが問題となる。

　フランスにおいては、売買契約の当事者が売買契約に解除条件を付していた場合には、それを登記しておかなければ、当該解除条件の成就に基づく契約関係の解消を第三者に主張することはできないが、法律の規定から生じる

75　前掲大判昭和13・9・28。

〔第1部・第4章〕第3節 登記なしに対抗できる「物権変動」

取消権が行使された場合には、当初の売買契約の買主は無権利者となり、「何者も自己の有するもの以上のものを、他人に与えることはできない（Nemo plus jurisad alienum transfere potest, quam ispe habent）」という原則により、買主との間で売買契約を締結した第三者も無権利者として取り扱われる。したがって、売主は、当該第三者に対して自己の所有権を主張することができるものと理解されている。

　イギリスでは、詐欺（fraud（fraudulent misrepresantation））、不実表示（misrepresantation）、強迫（duress）、不当威圧（undue influence）のいずれの場合でも、すでに目的物が善意かつ有償で第三者の手中に入っているときには、当該目的物自体の権利の回復は認められない。したがって、問題となるのは、第三者が無償で当該不動産の権利を取得した場合か、第三者が悪意である場合に限られることになる。また、裁判所または登記官により登記の補正が命じられなければ、権利者としての地位を回復することはできない。2002年土地登記法は、この補正命令権に制限を加えており、登記の補正が現に目的不動産を占有している既登記不動産権者[76]に影響を与える場合には、当該不動産権者の同意があるか、または、当該不動産権者自身が詐欺（fraud）または適切な注意の欠如によって当該過誤を引き起こしたか、実質的に寄与していたとき、もしくは、その他の理由により補正を認めないことが正義に反するときでなければ、当該登記の補正を命じることができないものとしている（付則4第3条2項および6条2項）。したがって、直接の譲受人から不動産権の設定または移転を受けて登記を備えた第三者がすでに占有を開始している場合には、原則として原権利者は登記の補正を獲得することができないこととなる。ただし、第三者が登記を備えているとしても、第三者が取引に入った時点において原権利者が当該不動産について現実の占有を行っていたときには、原権利者の不動産に対する支配権は「登記なくして対抗できる権利（overriding interest）」として取り扱われる可能性があり（第2節Ⅰ参照）、その場合、原権利者は第三者に対して権利の主張をすることができることになる。

76　ここでの既登記不動産権者は不動産登記簿に登記されている不動産権者に限られるため、不動産権利者に該当しないとされている譲渡抵当権者（mortgagee）を含まない。

Ⅲ　法律行為の取消し

　ドイツにおいては、原因関係である売買契約が取り消されたとしても、登記が回復されるまでは所有権の帰属は変更せず、買主と第三者との間において当該目的物の売買契約が締結され、それに基づいてアウフラッスング（物権的合意）および移転登記が行われると、所有権は確定的に第三者に移転することになる。第三者が登場したのが当初の売買契約の取消し前であっても取消し後であっても、結論に変わりはない。

　わが国の判例は、第三者が取消し前に当該目的物の譲渡を受けていた場合について検討する際には、取消しの遡及効を根拠として当該第三者を無権利者からの譲受人と構成し、対抗の問題としてとらえない[77]。ただし、民法96条3項が適用される場合には、取消権者は取消しの効力自体を主張することができないので、第三者が有効に権利を取得できるとしている[78]。それに対して、取消し後に第三者が当該目的物の譲渡を受けた場合について検討する際には、取消しによる売主への物権の復帰と買主から第三者への譲渡とを二重譲渡類似の関係ととらえて、対抗の問題として取り扱い、取消権を行使した売主は登記を備えなければ第三者に所有権の復帰を対抗することができないものとしている[79]。

　学説においても、登記することが不可能な場合には登記を要求すべきではなく、登記をすることが可能である場合に登記を行わなければ権利者が不利益を被っても仕方がないという実質的な観点を重視し、判例の結論に賛同する論者が存する。しかし、このような立場に対しては、同じ取消しの効果が問題となっているにもかかわらず、取消し前に登場した第三者との関係を考える際には取消しの遡及効を貫徹させ、取消権を行使した売主の下から所有権は一度も移転していないと構成するのに対して、取消し後に登場した第三

77　大判昭和4・2・20民集8巻59頁。

78　ただ、ここでも、民法96条3項の第三者として保護されるのに、いわゆる「権利保護要件」として登記を備えていることを要するか否かが問題とされている。最判昭和49・9・26民集28巻6号1213頁は、「対抗要件を備えた者に限定しなければならない理由は、見出し難い」として登記を備えていない第三者の保護を認めたが、所有権の移転に農地法5条の許可が必要であったため仮登記を経由していたという事案であり、第三者が登記を備えてはいないが可能な限りの形式を具備していたことが評価されたととらえる余地もある。

79　大判昭和17・9・30民集21巻911頁参照。

〔第1部・第4章〕第3節　登記なしに対抗できる「物権変動」

者との関係を考える際には取消しの遡及効を無視し、いったん売主から買主に移転した所有権が取消権の行使によって買主から売主に戻ると構成しており、論理一貫性に欠けるという批判や、民法96条3項が適用される場合を除き、取消し前の第三者は善意であっても保護されないのに、取消し後の第三者は悪意であっても保護されることになり結論の妥当性にも問題があるという批判が投げかけられている。

　そこで、論理一貫性のある構成が模索されることとなったが、一方では、第三者が登場したのが取消し前であるか、取消し後であるかを問わず、民法121条に定められている取消しの遡及効を完徹させ、常に対抗問題とはならないとする立場がある。このような立場を貫徹すると、権利の所在と登記名義が永遠に分離する可能性をもたらし、取引の安全を害することになるという懸念が示されている。ただ、このような懸念に対しては、登記内容の適正の確保は対抗不能以外のサンクション（たとえば、登記の回復を懈怠している者に損害賠償責任を負わせるなど）の活用により図っていくことも可能であるという反論もあり得よう。[80]また、取消しの遡及効を完徹し、常に対抗問題とはならないとしつつ、取引の安全に配慮して、取消し後の第三者にも民法96条3項を適用する立場がある。[81]さらに、取消しの遡及効を完徹し、常に対抗問題とはならないとしつつ、第三者の保護を民法94条2項の類推適用によって図る立場も有力にとなえられている。この立場は、取り消したにもかかわらず登記を回復せず放置した場合に同条項を類推適用するのに足る帰責性ありと評価するか、そのような場合だけでなく、取り消すことができるのに取り消さないでいる状態にある場合にも第三者の信頼惹起について帰責性があると評価するかに応じて、取消し後に登場した第三者について94条2項を類

---

[80]　滝沢・前掲論文（注74）224頁以下参照。

[81]　前掲大判昭和17・9・30は、「民法第九十六条第三項ニ於テ詐欺ニ因ル意思表示ノ取消ハ之ヲ以テ善意ノ第三者ニ対抗スルコトヲ得サル旨規定セルハ取消ニ因リ其ノ行為カ初ヨリ無効ナリシモノト看做サルル効果即チ取消ノ遡及効ヲ制限スル趣旨ナレハ茲ニ所謂第三者トハ取消ノ遡及効ニ因リ影響ヲ受クヘキ第三者即チ取消前ヨリ既ニ其ノ行為ノ効力ニ付利害関係ヲ有セル第三者ニ限定シテ解スヘク取消以後ニ於テ始メテ利害関係ヲ有スルニ至リタル第三者ハ仮令其ノ利害関係発生当時詐欺及取消ノ事実ヲ知ラサリシトスルモ右条項ノ適用ヲ受ケサル」として、取消し後の第三者に民法96条3項を適用することを明確に否定している。

96

推適用する立場と、取消し可能時以降に登場した第三者について94条2項を類推適用する立場とに分かれる。ただし、いずれの立場に立つとしても、94条で予定されている積極的な虚偽の外観の作出と同程度の帰責性が認められなければならないのであるから、登記名義回復へ向けた行動が期待されるようになった時点から起算して、一定程度長期間にわたって放置されていたという状況が必要であろう。また、民法177条の効果について公信力説に立つ場合には、94条2項類推適用説において行われている判断を177条の枠内で行うことになる。すなわち、177条の適用の基礎として真の権利者である取消権者の帰責性の有無を評価し[82]、177条の問題としてとらえるべき事案類型において、善意・無過失で登記を備えた第三者に権利取得を認めるということになろう[83]。

　他方、民法121条に定められている取消しの遡及効は取り消される契約の当事者における法律関係を処理するために定められたものであり、第三者との関係を規律していないという理解に立ちつつ、取消しは目的物の返還および登記名義の回復の手段にすぎないのであるから、取消し前の第三者の問題も、取消し後の第三者の問題も、原則として、二重譲渡に類似する対抗の問題であり、売買契約を取り消した者は、登記を備えないと民法177条により第三者に対して所有権の「復帰」を主張することができないとする立場がある。ただし、この立場の中には、取消権者の利益の保護のため、取消可能時前に第三者が登場した場合には、取消権者は取消しをすることができる状態になった後、遅滞なく取消権を行使して登記回復のための法的手段をとることにより、第三者に対して177条適用の基礎が欠けていたと主張して、177条の適用を回避することができるとする限定を付するものや、返還請求・抹消

82　日本において主張されている公信力説のほとんどにおいては、その適用の前提として真の権利者の帰責性が要求されており、第三者の権利取得にあたって真の権利者の帰責性の有無が問題とされないドイツの不動産登記等における「公信力」制度とは適用のための要件が異なることに注意しなければならない。

83　ただし、取消し前の第三者のケースにおいては、取引の時点における（一応の）権利者からの譲渡が問題となっているため、登記の公信力の問題として解決を図ることに若干の疑念があることが指摘されている（鎌田薫『民法ノート物権法(1)〔第4版〕』（日本評論社、2022年）131頁以下参照）。

〔第1部・第4章〕第3節 登記なしに対抗できる「物権変動」

登記請求前に第三者が登場した場合に、遅滞なく登記回復のための法的手段をとることにより、第三者に対して177条適用の基礎が欠けていたと主張して、177条の適用を回避することができるとする限定を付するものがある。

また、物権行為の独自性を肯定して、債権を発生させる債権契約以外に物権の発生・移転に関する別個の法律行為（を観念すること）が必要であるとしつつ、物権変動を生じさせた物権行為が債権契約の無効・取消しによって直接には影響を受けないとする無因説をとる場合には、売買契約等の債権契約が取り消されても、物権の返還をもたらす物権行為が行われるまでは取り消された売買契約の買主が所有者であり、その者と売買契約を締結して物権の移転を受けた第三者は完全に所有権を取得することになる。

最後の立場を除けば、多かれ少なかれ、取消しをした売主が登記なくして所有権の主張をすることができる事案類型が存することになる。

Ⅳ　契約の解除

取消しの場合だけでなく契約の解除によって契約関係が解消される場合にも、解除によって所有権等の不動産物権の回復を主張する者と、当初の買主から転売を受けた者との関係が問題となる。

フランスでは、取消しの場合と同様に、売主は、解除に基づく契約関係の解消により当初の契約における買主に権利が移転しなかったと主張することができ、転売を受けた第三者に対して所有権の復帰を主張できるものとされている。それに対して、イギリスでは、不履行等を理由とする契約関係の解消や権利の回復は裁判所により与えられる事後的な例外的救済措置として位置付けられており、遡及的な効力は認められていない。そして、登記を有する者は完全な権利者として当該権利を第三者に処分する権限を有するため、解除をした売主が現実の占有を回復していない限り、原則として転売を受けた第三者が所有権を取得することになる。ドイツでも、取消しの場合と同様に、原因関係である売買契約が解除されても、登記が回復されるまでは所有権の帰属は変更せず、買主と第三者との間において当該目的物の売買契約が締結され、それに基づいてアウフラッスング（物権的合意）および移転登記

が行われると、所有権は確定的に第三者に移転することになる。

日本の判例においては、解除をした売主と解除前に目的物の転売を受けた第三者との関係について民法177条の適用を問題とするものがある[84]。この判決の論旨は必ずしも明確ではないが、少なくとも、結論として、解除者と第三者のいずれが先に登記を備えたのかで優劣が定まるものとしているようである。また、解除をした売主と解除後に転売を受けた第三者との関係については、解除による売主への物権の復帰と第三者への譲渡とを二重譲渡類似の関係ととらえ、対抗の問題として扱っている[85]。

それに対して、学説は、解除の法的構成を意識しつつ、売主と第三者との関係について論じている。まず第1に、解除の法的構成について、解除によって契約関係が遡及的に消滅するととらえる直接効果説に立ちつつ、解除をした売主と買主から譲渡を受けた第三者との優劣を論じる立場がある。この立場の中には、まず、解除前の第三者の問題も、解除後の第三者の問題も、対抗の問題として処理する見解がある。この見解では、解除をした売主は登記をしなければ自己への権利の復帰を主張できないということになる。直接効果説とここでの売主と転得者との優劣の議論の帰結は矛盾の契機を含むものであるが、解除の法的構成はあくまでも契約当事者の関係を処理するための論理構成であり、第三者関係には関係しないととらえることにより整合性を見出すことができるように思われる。次に、解除前の第三者の問題については、民法545条1項ただし書の「権利保護要件」として第三者に登記を要求し、解除後の第三者の問題については、対抗の問題として処理する見解がある。この見解においては、売買契約を解除した売主は、解除前に転売を受けた第三者が登記を取得していない場合には、登記なしに自己への権利の復帰を主張できることになる。ただし、この見解は、解除前の第三者の問題について議論する際には、解除の遡及効を前提として545条1項ただし書による第三者の保護を検討し、解除後の第三者との関係について議論をする際には解除の遡及効を否定しており、取消しと登記に関する判例に対する批判と同様の批判を甘受しなければならないことになる。そこで、解除の遡及効を

84 　最判昭和33・6・14民集12巻9号1449頁（ただし、合意解除の事案）。

85 　大判昭和14・7・7民集18巻748頁、最判昭和35・11・29民集14巻13号2869頁。

〔第1部・第4章〕第3節　登記なしに対抗できる「物権変動」

貫徹して、解除前の第三者の問題については、545条1項ただし書の「権利保護要件」として第三者に登記を要求し、解除後の第三者の保護を民法94条2項の類推適用によって図るという見解も主張されている。この見解においても、売買契約を解除した売主は、解除前に転売を受けた第三者が登記を取得していない場合、および、解除後に転売を受けた第三者が94条2項の類推適用の要件を満たさない場合に、登記なしに自己への権利の復帰を主張できることになる。

　他方、近時は、解除の法的構成について、解除が後発的な事情による契約関係の解消であるということを理由に、契約関係が遡及的に消滅するととらえる必要はなく、当事者間に新たに原状に回復すべき義務が発生するだけであるとする主張が有力となっており、このような解除の法的構成の理解に立つと、解除前の第三者の問題も、解除後の第三者の問題も、二重譲渡に類似する問題として民法177条で処理すべきことになる。この立場では、原則として、売買契約を解除した売主は登記を回復しなければ自己への所有権の復帰を対抗できないということになる。

V　相　続

1　相続内容についての公示制度

　ドイツにおいては、法律行為による物権変動とは異なり、相続の場合には、登記なくして物権変動が生じる（ただし、遺贈に関しては、遺贈義務者が受遺者に対して移転行為を行うことが必要である）。相続の内容は遺産裁判所の作成する相続証書によって確認することができ、相続証書には公信力が付与されている。[86] フランスにおいても、死亡を原因とする物権変動の場合には、登記なしに権利承継者は権利を主張することができる。ただし、権利承継者は原則として被相続人の死亡から6カ月以内に公証人の確認証書（attestation notariee）の作成を求め、公証人はそれから4カ月以内に当該証書を公示に

---

[86]　詳しくは、松尾知子「ドイツにおける相続証書（Erbschein）の歴史的発展」法学政治学論究15号189頁以下参照。

100

Ｖ　相　続

付さなければならず、権利承継者が６カ月の期間内に確認証書作成の申請をしない場合には、公示の不真正のために第三者に生じた損害を賠償する責任が生じうるものとされている。[87] イギリスにおいては、人格代表者にいったん被相続人の財産が帰属し、その人格代表者が被相続人の死亡から１年以内に相続債務の弁済および相続人・受遺者への遺産の分配（登記手続を含む）を行うものとされている。

　わが国では、従来、相続財産の帰属を公示する適切な制度が乏しく、相続財産に係る取引が安定して行われる基盤が欠けていたが、所有者不明土地発生の予防措置として、不動産登記法76条の２（令和６年４月１日施行）が新設され、１項は、「所有権の登記名義人について相続の開始があったときは、当該相続により所有権を取得した者は、自己のために相続の開始があったことを知り、かつ、当該所有権を取得したことを知った日から三年以内に、所有権の移転の登記を申請しなければならない。遺贈（相続人に対する遺贈に限る。）により所有権を取得した者も、同様とする」として、相続登記の申請を義務化した。さらに、２項は、「前項前段の規定による登記（民法第900条及び第901条の規定により算定した相続分に応じてされたものに限る。次条第４項において同じ。）がされた後に遺産の分割があったときは、当該遺産の分割によって当該相続分を超えて所有権を取得した者は、当該遺産の分割の日から三年以内に、所有権の移転の登記を申請しなければならない」として、共同相続の登記がなされた後の遺産分割についても、分割から３年以内の登記申請を義務化している。これらの規定により申請義務を負わされている者が正当な理由なくその申請を怠ったときは、10万円以下の過料に処するものと定めている（不登164条）。また、共同相続の登記・遺産分割の登記についての申請義務にあわせて、個々の共同相続人や受遺者（ただし、相続人に限る）が単独で簡略な形式で登記申請ができるようにするなど相続登記申請の簡易化が図られている。

　他方、遺産分割が長期間行われず、最終的な土地権利の帰属が不明確になることを防ぐために、新設の民法904条の３は、相続開始から10年を経過し

---

[87]　1955年１月４日の「土地公示を改革するデクレ」第22号第28条３号・第29条・第33条１項Ａ号。

101

〔第1部・第4章〕第3節　登記なしに対抗できる「物権変動」

たときは、個別事案ごとに異なる具体的相続分による分割の利益を消滅させ、画一的な法定相続分に基づく計算のみによって相続分が定まるものとした。

2　単独相続

相続によって生じた不動産の物権変動を主張するのに登記が必要であるか否かを検討するにあたっては、まず、被相続人からの譲受人と相続人との関係が問題となるが、相続人は被相続人の地位を包括的に承継するのであり、両者は「当事者」関係に立ち、被相続人からの譲受人は相続人に対して登記なくして自己の権利取得を主張することができるものと解されている。

次に、被相続人からの譲受人と相続人からの譲受人との関係が問題となるが、ここでも相続人は被相続人の地位を包括的に承継するのであるから、被相続人からの譲受人と相続人からの譲受人は同一人からの譲受人と同視できるのであり、二重譲渡の関係に立つ者と理解されている[88]。したがって、両譲受人は、登記を備えなければ自己の権利取得を対抗することができない。

3　共同相続

まず、遺産分割協議がなされる前において、共同相続人の一人が遺産中に含まれる不動産について単独名義の登記（または、自己の相続分より大きな割合の持分登記）をしたうえで、当該不動産（または、登記に示された自己の相続分より大きな割合の持分）を第三者に譲渡をした場合に、他の共同相続人が登記なくして譲受人に対して自己の相続分を主張できるか否かが問題となる。この点について、従来の判例は、共同相続人の一人の法定相続分について、他の共同相続人は何らの権利も有していないから、他の共同相続人から譲渡を受けた第三者は、譲渡をした相続人の法定相続分を超える部分については「全くの無権利者」であり、その部分については対抗関係が生じないとして、譲渡を行った相続人以外の共同相続人は登記がなくても自己の法定相続分にかかる土地持分を主張することができるとしてきている[89]。以下で詳述する民法899条の2第1項が法定相続分以上の持ち分を相続した共同相続人は登記

88　最判昭和33・10・14民集12巻14号3111頁。
89　最判昭和38・2・22民集17巻1号235頁等。

102

V 相 続

をしないと法定相続分を上回る部分については権利を対抗できないとするルールを導入したが、その反対解釈からも、共同相続人は法定相続分については登記していなくても第三者に対抗できるという帰結が導かれる。ただ、前述の共同相続登記の義務化、共同相続登記の簡易化を考慮に入れると、共同相続登記を早期に備えてこなかった場合には、共同相続人に帰責性があると評価される可能性が著しく高まったように思われる。無権利者からの譲受人という基本構成のもとにおいても、民法94条2項類推適用等の表見法理に基づいて譲受人を保護することが適切であると考えられる事案が生じてくることが予想される。

　法定相続分を下回る相続分を指定された共同相続人が法定相続分に応じた共有持分を第三者に譲渡した場合に、譲受人がどのような持分を取得することができるかについて、民法及び家事事件手続法の一部を改正する法律（平成30年法律第72号）施行前の最高裁判所は、法定相続分以上の持ち分が譲渡された場合と同様に、譲渡を行った共同相続人は自己の指定相続分を超える持ち分については無権利者であるから、その部分について譲受人は権利を取得することはなく、他の共同相続人は、相続分の指定に対応した登記を経由していなくても、譲受人が譲渡人の指定相続分の範囲でしか持ち分を取得していないと主張できるものと解していた[90]。しかし、本改正によって新設された民法899条の2第1項は、「相続による権利の承継は、遺産の分割によるもののかどうかにかかわらず、次条及び第901条の規定により算定した相続分を超える部分については、登記、登録その他の対抗要件を備えなければ、第三者に対抗することができない」ものと定め、相続の効力について大きな修正を加えた。この改正により、民法900条（および901条）によって算出される法定相続分以上の相続分を取得した者は、その超過部分については登記をしていないとその超過部分については権利を主張できないことになった。したがって、前記最高裁判決の帰結は変更されざるを得ず、相続分の指定により[91]法定相続分以上の相続分を与えられた共同相続人は、その超過部分については、登記を備えないと第三者に権利を主張することができないこととなった。

90　最判平成5・7・19裁判集民169号243頁。
91　前掲最判平成5・7・19。

103

〔第1部・第4章〕第3節　登記なしに対抗できる「物権変動」

　民法899条の2第1項は、その適用対象を「相続による権利の承継」と定めており、非常に広い射程を有している。そのため、遺産分割によって共同相続人の一部が不動産に関して法定相続分を超える持ち分を取得した場合、遺贈によって共同相続人以外の者が不動産に関する権利を取得した場合、遺贈によって共同相続人の一部が不動産に関して法定相続分を超える持ち分を取得した場合、特定の不動産を特定の相続人または非相続人に「相続させる」旨の遺言がなされた場合など、これまで華々しく議論されてきた問題について、登記を備えていないと法定相続分を超える部分については第三者に対抗することができないという明確な結論を導くことになる。このようなルールの導入は、相続登記の義務化と相まって、相続の分野において、登記なくして不動産についての権利を対抗できる場面を著しく減少させるものと思われる。ただし、共同相続人の一部が相続を放棄したことにより、放棄がなされる前に想定されていたものよりも相続分が増加した共同相続人と相続放棄をした共同相続人からの取得者（差押債権者等）との関係については、民法899条の2第1項の規定が適用されることはないものと思われる。相続の放棄をした者は、その相続に関しては、初めから相続人とならなかったものとみなされるのであり（民939条）、民法900条による法定相続分の算出もそのことを前提にして行われるからである。したがって、相続放棄をした者からの取得者を無権利者からの譲受人と構成し、（共同）相続人は他の者の相続放棄により増加した相続分について登記なくして第三者に対抗できるという判例の立場は維持されるものと考えられる。[92]

Ⅵ　時効取得

　イギリスにおいては、2002年の土地登記法の改正前においては、登記を有する真正所有者が有する敵対的占有者（自主占有者）に対する占有回復訴権が出訴期限法により12年で消滅すると、登記名義人は敵対的占有者のための法定信託上の受任者としての立場で不動産権を保有し、敵対的占有者は登記

---

[92]　最判昭和42・1・20民集21巻1号16頁等。

名義人に対して登記名義の変更の申請を求めることによって対外的にも不動産権者となるものとされていた。しかし、2002年の改正後は、既登記土地の敵対的占有者は、10年の占有継続の後に権利者としての登記の申請ができるが、この申請があったことは登記名義人に通知され、登記名義人が異議を申し立てた場合には、限定的に認められている例外的なケースを除き、敵対的占有者の登記申請が却下されるものとなった（2002年土地登記法96条ないし98条）。そのため、時効によって不動産権が取得されるのは所有権者が実質的に所有権を放棄しているといった例外的なケースに限られることとなった。ただし、登記の申請を却下された敵対的占有者が、登記申請が却下された後2年間占有を継続しているにもかかわらず、登記名義人が占有回復の訴えなどを起こさずに放置すると、占有者は再び登記の申請を行うことができ、今度は登記名義人からの異議があったとしても権利者として登記されるものとされている。占有者は、登記名義の変更が行われた時に、対外的に不動産権者として取り扱われることになる。

　ドイツ法においては、不動産に関して2種類の取得時効制度がある。一つは、BGB900条に定められている登記記録取得時効である。登記記録取得時効によって権利を取得するためには、占有者が30年にわたって権利者としての登記を備えている必要があり、ここでは日本におけるような時効と登記の問題は生じない。もう一つは、占有者が登記を備えている必要はないが、30年の占有の後に公示催告手続を経て除権判決を受けるという形で認められる公示催告取得時効（BGB927条）である。公示催告手続が開始されるためには、所有権者の同意を必要とする登記が30年間行われていないという要件を満たす必要があるため（BGB927条1項第3文）、この期間内に第三者が譲渡を受け登記されていると、公示催告手続を行うことができない。また、公示催告手続が開始されてから除権判決が言い渡されるまでの間に第三者が登記を取得すると、占有者は当該第三者に対して除権判決の効果を主張することができない（BGB927条3項）。さらに、除権判決後、占有者がそれに基づいて登記をする前に、第三者が従前の登記を信頼して従来の所有者と売買契約を結んで登記を経由すると、登記の公信力（BGB892条）により第三者が権利を取得することになる。したがって、占有者が所有権を取得するためには、

〔第1部・第4章〕第3節　登記なしに対抗できる「物権変動」

これらの第三者の登記がなされる前に、除権判決に基づいて登記をする必要がある。[93]

　フランスにおいて、不動産所有権は、善意（bonne foi）かつ正権原（所有権の移転をもたらしうる権原）に基づく占有の場合には10年（フランス民法典2272条2項）、それ以外の場合には30年（フランス民法典2272条1項）占有を継続することによって時効取得される。前述のように、法文上、登記しなければ第三者に対抗できない物権変動は意思表示に基づく物権変動に限定されているため、30年時効については、時効主張者が登記なくして権利取得を主張できることについては争いがない。正権原を要求される10年時効については、特に二重譲渡ケースを中心に、登記をされていない権原が正権原と評価されるかが議論されてきたが、登記されていなくても正権原たりうるとするのが判例・学説の主流である。[94] ただし、判決によって確定した場合には当該判決を登記しなければならず、弁護士が当事者の意思にかかわらず公示する義務を負うものとされている。[95]

　日本の判例においては、時効取得者と従前の所有者からの譲受人との関係について、以下のような準則が示されている。まず、①時効取得者と時効完成時の所有者との関係は、承継取得の場合の「当事者」関係に相当し、時効取得者は登記なくして権利取得を対抗することができる。[96] ②時効取得者と時効完成前に真の権利者から当該不動産を譲り受けた者（時効完成前の第三者）との関係も「当事者」関係であり、時効取得者は登記なくして権利取得を対抗することができる。[97] ③時効取得者と時効完成後に真の権利者から当該不動産を譲り受けた者（時効完成後の第三者）との関係は「二重譲渡」関係であり、時効取得者は登記がないと権利取得を対抗することができない。[98] ④不動

93　これら点については、良永和隆「『取得時効と登記』問題解決の比較法的視点」専修法学論集47号243頁以下を参照。

94　これらの点については、滝沢聿代「取得時効と登記」滝沢聿代『物権変動の理論(2)』（有斐閣、2009年）221頁以下（初出・成城法学19号1頁・22号19頁参照）。

95　1955年1月4日の「土地公示を改革するデクレ」第22号第32条1項。かつては、弁護士によるこの義務の懈怠に対しては、民事罰金が課されるものとされていたが、現在ではそのような罰則は廃止されている。

96　大判大正7・3・2民録24輯423頁。

97　最判昭和41・11・22民集20巻9号1901頁。

産の取得時効が完成しても、その登記がなければ、その後に所有権取得登記を経由した第三者に対しては時効による権利の取得を対抗し得ないが、第三者の登記後に、占有者がなお引き続き時効取得に要する期間占有を継続した場合には、その第三者に対し、登記を経由しなくても時効取得を対抗しうる[99]。⑤時効期間は、時効の基礎たる事実の開始された時を起算点として計算しなければならず、時効援用者において起算点を選択し、時効完成の時期を早めたり遅らせたりすることはできない[100]。⑥時効完成後の第三者が背信的悪意者とされるためには、取得時効の成立要件のすべてが充足されていることを当該第三者が認識している必要はないが、少なくとも時効取得者が多年にわたり当該不動産を占有していた事実を認識している必要がある[101]。

　しかし、時効取得者と真の権利者からの譲受人との関係に関する判例の立場に対しては、時効制度の趣旨からは占有を継続すればするほど保護を与えられる理由が強くなるはずであるにもかかわらず、時効完成後直ちに登記をしなければ保護を打ち切られる可能性が生じ、時効制度の趣旨と反することになるといった批判や、時効取得者が自らの善意を主張する場合よりも悪意を主張する場合のほうが有利になるケースが出てきてしまい不合理であるという批判がなされている。

　学説においては、判例の立場に賛成する説、登記を時効中断事由ととらえ、時効完成前の第三者が登記を備えた場合には、その時から10年が経過しないと占有者は時効取得し得ないとする説、時効期間を現在からさかのぼって計算すべきとし、真の権利者からの譲受人は、時効取得者との関係では常に「当事者」であるととらえる説、原則として、時効取得者は登記なくして権利の取得を主張できるが、時効取得を認める判決が確定した後に権利喪失者から譲渡を受けた第三者との関係では、登記を経なければ権利取得を対抗できないとする説、原則として、時効取得者は登記なくして権利の取得を主張できるが、時効援用後に権利喪失者から譲渡を受けた第三者との関係では、

98　大判大正14・7・8民集4巻412頁。
99　最判昭和36・7・20民集15巻7号1903頁。
100　最判昭和35・7・27民集14巻10号1871頁。
101　最判平成18・1・17民集60巻1号27頁。

〔第1部・第4章〕第4節　登記をしないと物権変動を対抗できない「第三者」の範囲

時効取得者は登記を経なければ自己の権利取得を対抗できないとする説、原則として、時効期間を現在からさかのぼって計算すべきとして「当事者」関係として処理をするが、時効取得者が登記をなし得ることをはっきり認識しながら他人名義の登記を放置している場合には、民法94条2項の類推適用により第三者を保護する説、「二重譲渡未登記ケース」においては、未登記占有者による時効取得の主張を否定し、「境界紛争ケース」においては、登記なしに占有者の時効取得の主張を肯定するといったように紛争類型に応じて異なる処理を行う説などが主張されている。

　登記を時効中断事由と考える立場を除くと、いずれの説も、登記なくして時効取得の認められるケースの存在を許容していることになる。

第4節　登記をしないと物権変動を対抗できない「第三者」の範囲

I　「第三者」の客観的要件

　判例は、大判明治41・12・15民録14輯1276頁において制限説をとることを明らかにし、当事者もしくはその包括承継人にあらずして不動産に関する物権の得喪および変更の「登記欠缺を主張する正当の利益を有する者」を「第三者」としている。したがって、登記をすべき物権について登記をすべき物権変動が生じた場合であっても、登記の欠缺主張する正当な利益を有しない者に対しては、物権変動の当事者は登記なくして物権変動の存在を主張できることになる。

　学説においては、判例の立場に賛成して、「登記欠缺を主張する正当の利益を有する者」を「第三者」ととらえる立場、「当該不動産に関して有効な取引関係に立った第三者」に限定して「第三者」性を認める立場、「登記を

備えた物権取得者」に限定されるとする立場、さらには「当該物権変動を認めるとすれば、内容がこれと両立しないため、論理上当然に否認されなければならない権利を有する者」に限定する立場も存する。

判例の立場に立つと、当該不動産に個別な利害関係（物的な支配）を有するに至っていない一般債権者、無権利者からの譲受人、表見相続人からの譲受人、不法占拠者、不法行為者等の実質的無権利者や、売主、売主の相続人、売主の前主といった物権変動の当事者または当事者に準じる者は、民法177条の「第三者」に含まれず、それらの者に対しては、物権変動の当事者は登記なくして物権変動の事実を主張できることになる。

II 「第三者」の主観的要件

次に、客観的に前記Iの条件に該当する者は、第1譲渡について悪意であっても、第1譲渡による譲受人の権利取得を否定できるか否かが問題となる。

この点については、①文言上、善意・悪意が区別されていないこと、②外形的に画一的に処理することが登記制度の目的に合致すること、③登記を信頼して取引した者が、前主の悪意を理由として権利を否定されることがあれば、登記制度の趣旨が没却されること、④対抗の問題が生ずるたびに善意・悪意が問題にされると、法律関係の紛糾が生じること、⑤物の取得をめぐって他人と競争をして、より有利な条件を提示して物の取得をすることは「自由競争の原理」から当然に許されるべきであること等を理由に第三者の善意・悪意を問わないとする立場が多数説であった。

しかし、一方では、民法177条は取引の安全を守るための規定であり、悪意の者は保護するに値しないとして悪意者を排除すべきであるとする説や、177条は取引の安全を守るための規定であり、悪意または有過失の者は保護するに値しないとする有過失者排除説も有力に主張されてきている。

判例においては、善意・悪意を問わないとするのを原則としながら、不動産登記法5条1項・2項に定めるケースに類する信義に反する事由が第三者にある場合、当該「背信的悪意者」は、登記の欠缺を主張する正当の利益を有しないとして、第1譲受人が登記なくして当該悪意者に対して権利を対抗

109

〔第1部・第4章〕第4節　登記をしないと物権変動を対抗できない「第三者」の範囲

することを認めてきている。第三者が背信的悪意者として評価される類型としては、①不動産登記法5条2項該当者に準じる者であるとき、②第2譲受人が譲渡人と「実質的同一人」であり「わら人形」と評価できる場合、③もっぱら害意をもって第2譲渡を受けた場合などがあるとされている。さらには、第1譲渡における登記の欠缺を非難できないような特別な事情がある場合には、単純な悪意でも「背信的悪意者」と評価されることがあることが指摘されている。[102]

　また、背信的悪意者からの転得者は、第1譲受人の登記の欠缺を主張できるか否かが問題となるが、判例は、転得者自身が背信的悪意者でない限り、第1譲受人の登記の欠缺を主張できるとしている。[103]ただし、背信的悪意者からの譲受人が背信的悪意者と認定されるための要件については、吟味が必要であろう。この点、権利関係を詳細に調査した慎重な者が、当該不動産を背信的悪意者である第2譲受人から譲受すれば背信的悪意者とされてしまうし、第1譲受人から譲渡を受けても登記を取得することが困難であるという八方塞がりな状態におかれてしまうことを避けるために、転得者は前主が背信的悪意者であることについて悪意であるだけでは第三者から排除されないとする見解も示されている。[104]

　また、登記を備えた善意の第2譲受人からの転得者が背信的悪意者であった場合に、第1譲受人は登記なくして自己の権利取得を主張できるかも問題となってくる。

　学説では、いったん善意の譲受人が登場したら、その者からの譲受人は善意の者の立場を引き継ぐのであって、背信的悪意者として登記の欠缺を主張できない地位におかれることはないとする見解と、個々の者の態様で背信的

---

[102]　この点、最判平成10・2・13民集52巻1号65頁が「通行地役権（通行を目的とする地役権）の承役地が譲渡された場合において、譲渡の時に、右承役地が要役地の所有者によって継続的に通路として使用されていることがその位置、形状、構造等の物理的状況から客観的に明らかであり、かつ、譲受人がそのことを認識していたか又は認識することが可能であったときは、譲受人は、通行地役権が設定されていることを知らなかったとしても、特段の事情がない限り、地役権設定登記の欠缺を主張するについて正当な利益を有する第三者に当たらないと解するのが相当である」としており注目に値するが、一般的には地役権に特有の判断であると評価されている。

[103]　最判平成8・10・29民集50巻9号2506頁。

[104]　鎌田・前掲書（注83）88頁。

110

悪意者か否かが判断され、背信的悪意者に該当する場合には善意の者からの譲受人であっても登記の欠缺の主張は認められるべきでないとする見解もある。もっとも、善意の第2譲受人からの転得者が背信的悪意者と評価されるような場合は、極めて限られているであろう。「わら人形」を間に挟むケースか暴利を企図して取引に参入するケースなどに限られるであろう。

まとめに代えて

　ここまでみてきたように、登記なくして物権を対抗される場面、すなわち、取引に入った者が、登記記録に記載されていない権利を対抗されるケースが非常に多く存在することがわかる。登記記録に記載されていない権利が保護すべき要請の高い権利であるといった要素や、現地検分をすれば容易に確認すことができるといった要素がこのような状況を産み出しているものと思われる。これらのことは、諸外国における登記法の状況においても確認できるところである。

　いくら迅速な取引が要求されても、また近い将来、電子媒体での取引が中心になったとしても、不動産を現に使用しているという利益が、現地も確認しないで行われる投機的取引の犠牲にされるべきではないであろう。登記記録からできるだけ正確な情報が取得できるようにすることは必要であるが、だからといって登記記録だけを見て行われる取引が絶対的に保護されなければならないということにはならないように思われる。近時にときおり見受けられる登記を絶対的な公示手段ととらえる見方には、簡単には賛成することができない。

（澤野和博）

〔第1部・第5章〕第1節　はじめに

第5章
不動産取引と契約不適合責任

第1節　はじめに

　2018年に債権法の大改正（平成29年法律第44号）によって、売買における売主の担保責任は大きく変更された（以下、平成29年改正前民法のことを「旧民法」という）。

　特に、売買における担保責任の性質については、旧法下では、法定責任とする学説と契約責任とする学説の争いがあったが、瑕疵担保の規定は特定物売買にのみ適用され、売主は契約に定められた特定の物を給付する債務を負うのみであり、それを買主に給付すれば、債務の履行は完了する。その目的物に隠れた瑕疵があった場合には、債務不履行の問題は生じる余地がないが、それでは当事者間の公平が図られず、取引の信用を維持することができないとして、法が特に売主の担保責任を認めたものと解する法定責任説が通説とされていた。[1]

　今回の改正では、目的物が特定物であるか、不特定物であるかを問うことなく、売主は一般に種類、品質または数量に関して売買契約の内容に適合した目的物を引き渡す義務を負うこと（契約内容適合給付義務）と定め、そし

1　我妻榮『債権各論（中1）民法講義（V2）』（岩波書店、1957年）270頁以下、柚木馨＝高木多喜男編『注釈民法(14)債権(5)〔新版〕』（有斐閣、1993年）260頁以下、広中俊雄『債権各論講義〔第6版〕』（有斐閣、1994年）57頁・73頁、鈴木禄弥『債権法講義』（創文社、1980年）234頁、下森定『債権法論点ノート』（日本評論社、1990年）21頁以下、水本浩『契約法』（有斐閣、1995年）164頁等。

112

て、売主がこの義務に違反した場合に、この義務の不履行として、買主に追完請求権（民562条）、損害賠償請求権並びに解除権（民564条）、代金減額請求権（民563条）を認め、売主の担保責任を契約内容適合給付義務の不履行であるとする契約責任と位置づけたのである[2]。特定物が目的物であるときについて、このように売主の担保責任は、改正によって契約内容不適合責任に大きく転換されたのである。

改正法は、引き渡された目的物が種類、品質または数量に関して契約の内容に適合しないとき、すなわち、物に関する契約不適合責任（民562条〜564条）と買主に移転した権利が契約の内容に適合しない、すなわち権利に関する契約不適合責任（民565条）に分けて規定をしている。もっとも、権利に関する契約不適合責任についてもその効果に関しては物の契約不適合責任の規定が準用されるから、いずれの場合も、追完請求権、代金減額請求権、損害賠償請求権または解除権が問題となり、物の瑕疵の場合と権利の瑕疵の場合で効果が異なっていた改正前の規定とは大きく変更されている。

第2節　売主の契約内容適合給付義務

改正法は、売主の担保責任を売主の契約内容適合給付義務の不履行と構成した。売主は、法文によると「ある財産権を」買主に移転する義務を負うが（民555条）、目的物が本章で問題にする不動産のような有体物の場合は、所有権の移転と不動産の引渡しが義務となり、借地権が地上権であって、その地上権が売買の目的となっているときは、地上権を買主に移転することが義

2　筒井健夫＝村松秀樹編著『一問一答民法（債権関係）改正』（商事法務、2018年）274頁以下、潮見佳男ほか編『詳解改正民法』（商事法務、2018年）426頁以下〔石川博康〕、潮見佳男『基本講義債権各論(1)』（新世社、2017年）88頁以下、潮見佳男『民法（債権関係）改正法の概要』（きんざい、2017年）257頁以下、山野目章夫『民法概論(4)債権各論』（有斐閣、2020年）105頁、中田裕康『契約法〔新版〕』（有斐閣、2021年）300頁等。

113

〔第1部・第5章〕第2節 売主の契約内容適合給付義務

務となる。したがって、たとえば、土地の売買の場合も地上権の売買の場合も、その土地に土壌汚染や擁壁に瑕疵があるような場合は、それらの売主に対して買主は契約不適合責任を追及することができるであろう。すなわち、地上権の移転を目的とする売買契約では、所有権の権能のうちの使用収益権能が地上権の存続期間中は地上権者に移転しており、地上権者が地上権設定者の行為を介せずに直接土地を支配しているのであるから、引き渡された目的物それ自体の品質が契約内容に適合するかが問題になる。

これに対して、借地権が賃借権であるときは、権利の売買といえるかは微妙である。なぜならば、いわゆる賃借権の譲渡は賃貸借契約上の権利の移転と義務の移転を含む契約上の地位の移転（民539条の2）であって、単純に権利の移転であるとはいえないから、賃借権の譲渡を権利の売買ととらえることは困難であるといえそうである。つまり、目的物にいわゆる瑕疵があるときは、特別の事情がない限りは、瑕疵の修繕を賃貸人に請求することができる権利（民606条）のある賃借人たる地位の移転、すなわち賃借権の移転がなされると解することができる。したがって、最高裁判所が賃借権の譲渡がされたがその借地に瑕疵があった場合について「賃貸人の修繕義務の履行により補完されるべき敷地の欠陥については、賃貸人に対してその修繕を請求すべきものであって、右敷地の欠陥をもって賃貸人に対する債権としての賃借権の欠陥ということはできないから、買主が、売買によって取得した賃借人たる地位に基づいて、賃貸人に対して、右修繕義務の履行を請求し、あるいは賃貸借の目的物に隠れた瑕疵があるとして瑕疵担保責任を追求することは格別、売買の目的物に瑕疵があるということはできないのである」とされるのである。[3]

さらに、建物の所有を目的とする土地賃借権の売買の場合には、土地賃借権は、その客体（土地）の使用価値・使用利益を内容とする権利であるから、土地の賃借権売買の当事者間では、建物所有のために土地を利用できる状態で土地賃借権が買主に移転することが前提とされている。つまり、土地を現存する建物を所有するために継続的に有効に利用できる土地の利用権能を伴

---

3 最判平成3・4・2民集45巻4号349頁、山野目・前掲書（注2）106頁。

っていることが土地賃借権売買契約の内容であるから、土地の欠陥について
は、買主は、売主に売買契約の契約不適合を理由とする責任を追及できると
解することができる。したがって、欠陥の存する賃借土地とその上に存する
建物の修繕請求をすることもでき（民606条1項）、他方で、土地賃借権の買
主としてその売主（賃借権の譲渡人）に対して契約不適合責任（民562条～564
条）を追求することもできる、と解すべきである。[4]

第3節　物に関する契約不適合責任

I　要　件

1　目的物が買主に引き渡されていること

　買主が売主の契約不適合責任を問うには、まず、目的物が買主に引き渡さ
れていることが必要である（民562条1項本文）。

　引き渡される前に買主が目的物の契約不適合を認めた場合には、買主は、
目的物の受領を拒絶して、売主に対して債務不履行責任を問うことになる。
不動産の売買の場合には、目的物が特定しているから、契約に適合する代替
物の引渡しを請求することができず、買主は、債務不履行として損害賠償を
請求することになり（民415条）、さらには契約を解除することになる（民541
条・542条）。しかし、買主が買い受けた目的物の引渡しを欲している場合に
は、引渡し前であっても買主は修補請求をすることができると解される。も
っとも、その根拠を債権法一般における履行請求権の行使に求めるものと、[5]
民法562条1項本文の準用ないし類推に求めるものとがある。[6]

4　潮見・前掲書（注2）（基本講義）93頁、潮見佳男『新契約各論(1)』（信山社、2021年）125頁以
　下、同旨内田貴『民法(2)』（東京大学出版会、2007年）134頁参照。

5　松岡久和ほか編『改正債権法コンメンタール』（法律文化社、2020年）731頁〔北居功〕。

6　潮見佳男『新債権総論(1)』（信山社、2017年）331頁以下、藤岡康宏ほか『民法(4)債権各論〔第

〔第1部・第5章〕第3節　物に関する契約不適合責任

2　目的物の品質または数量が契約内容に適合していないこと

(1)　契約内容に適合しないこととは

　旧民法570条では、売買の目的物に「瑕疵」がある場合に買主は担保責任を売主に追及できると規定していた。この「瑕疵」の概念については、瑕疵とは契約内容とかかわりなく物が通常有すべき品質・性能を欠いていることであるとする「客観的瑕疵概念」と、瑕疵とは当該売買契約において予定されている品質・性能を欠いていることとする「主観的瑕疵概念」が対立していた。最高裁判決は、「売買契約の当事者間において目的物がどのような品質・性能を有することが予定されていたかについては、売買契約締結当時の取引観念をしんしゃくして判断すべき」として[7]、主観的瑕疵概念を採用していた。

　改正法では「目的物が種類、品質又は数量に関して契約の内容に適合」する物を給付する義務を売主は負うとし、この義務に違反する場合は、売主は契約不適合責任を負うとしたのである（民562条）。引き渡した物は、契約内容に適合しなければならないから、旧法における瑕疵概念に関する客観的瑕疵概念は否定されたことになる[8]。

　契約の内容は、契約書等に明示的に定められているものだけではなく、明示的ではないが契約意思だと考えられるものも含まれ、それが契約の内容を構成するが、当事者の契約意思が明瞭ではない場合には、上記判決のように、「取引観念をしんしゃくして判断すべき」ことにはなるが、この場合も一般取引観念に従うのが契約意思であると考えるものであって、その意味では、契約内容は契約によって定まるとされる[9]。

　契約内容は、契約で定まるとすると、それが定まる時期は契約締結時であるが、しかし、それは契約成立後の事態の進展が契約不適合責任の成否に影響を与えないということを意味してはいない。また、上記判決は、売買目的[10]

　5版）』（有斐閣、2023年）5頁〜96頁〔浦川道太郎〕。

7　最判平成22・6・1民集64巻4号953頁。

8　潮見・前掲書各論(1)(注2)90頁。

9　山野目・前掲書(注2)107頁。

116

物の土地の土壌中に人の健康に有害なフッ素が含まれていたが、契約締結時には有害であるという認識がなく、その後に有害であることが判明したという事案について「売買契約の当事者間において目的物がどのような品質・性能を有することが予定されていたかについては、売買契約締結当時の取引観念をしんしゃくして判断すべき」として判断の基準時を契約締結時としているが、「人の健康に係る被害を生ずるおそれのある一切の物質が含まれていないことが、特に予定されていたとみるべき事情」が認められるときは、例外的処理がなされうることを留保していた。つまり、人の健康に有害な物質が含まれていない状態で引き渡すことが売主の契約適合給付義務であると解される場合は、買主は、売主に契約不適合責任を追及することができることになる。[11]

(2) 目的物の品質または数量の契約不適合

旧法では、物の瑕疵に関する瑕疵担保責任（旧民法570条）と数量を示してした売買（いわゆる、数量指示売買、旧民法565条）は、別個に規定され、その効果も瑕疵担保責任については損害賠償と契約解除が定められ、数量指示売買については代金減額請求、損害賠償または契約解除が定められていた。

これに対して、改正法では、「目的物の種類、品質又は数量に関して」（民法562条1項）と規定して、瑕疵担保と数量指示売買を一本化した。本章では、不動産の売買について論じるが、不動産は特定物であって種類物ではないので、種類の契約不適合については触れないこととする。

(ア) 品質に関する契約不適合

旧瑕疵担保の説明では、「瑕疵」とは、一般にその種類のものとして通常有すべき品質・性能を欠いていることされていたが、改正法の民法562条1項に定める「品質」も「性能」を含む概念であるとされる。[12]

品質に関する契約不適合は、旧法で物の瑕疵とされていた物質的瑕疵や環

10　前掲最判平成22・6・1。

11　山野目・前掲書(注2)107～108頁。

12　法制審議会民法（債権関係）部会（以下、「部会」という）第93回会議議事録51頁〔住友俊介発言〕、中田・前掲書(注2)303頁。

〔第1部・第5章〕第3節　物に関する契約不適合責任

境瑕疵、心理的瑕疵がこれにあたり、それが契約不適合かは上記で述べたように契約の内容の解釈の問題であって、客観的に定まるものではない。なお、瑕疵担保に関する旧民法570条では「隠れた」瑕疵であるという要件があったが、この要件は、品質に関する契約不適合責任からは外された。目的物に関する欠陥などを当事者がどこまで契約に織り込んでいたかを踏まえて行われる契約適合性の要件判断において「隠れた」という要件が課されていた趣旨は評価し尽くされていると考えられたためである。[14]

過去の判決に現れたものは次のようである。

(A)　物理的瑕疵

ビル建築用の土地の売買で、レンガやコンクリート等の埋設物があってビルを建設するためにはこれを撤去しなければならない場合、「地中埋設物が存在する本件土地は、高層建物が建築される可能性のある土地として通常有すべき性状を備えないものといえるから、本件埋設物は『瑕疵』にあたるといわなければならない」とされる。[15] また、土地・建物の売買で土地が軟弱地盤であるために地盤沈下が生じた場合、「土地の性状に起因する地盤沈下によるものであって、さらに、本件各建物の補修に要する金員は多額で、建物新築に匹敵するほどのものであること等を考慮すれば、結局、原告らは、本件各売買契約の目的を達することができないものというべきである」。「そうすると、原告らが、被告A住宅に対しした、瑕疵担保責任を理由とする本件各売買契約の解除は有効である」とされる。[16] また、土地の売買において行政上の規制基準を超える土壌汚染あった場合について「経済的取引の見地からしても、鉛及びふっ素について、各基準値を超える含有量ないし溶出量を検出した同土地については、その経済的効用及び交換価値は低下していることが明らかであり、売買代金との等価性が損なわれているから、瑕疵の存在が肯定されるべきである」とされた。[17]

13　潮見・前掲書(注2)（基本講義）91頁。

14　民法（債権関係）の改正に関する中間試案の補足説明404頁・407頁、潮見ほか編・前掲書(注2)429頁〔石川〕。

15　東京地判平成7・12・8判時1578号83頁。

16　東京地判平成13・6・27判時1779号44頁。

17　東京地判平成18・9・5判時1973号84頁。

118

あるいは新築マンションの売買においてホルムアルデヒドの濃度が厚生省（当時）指針値をはるかに超える濃度であった、いわゆるシックハウスは、建物の「品質につき当事者が前提としていた水準に到達していないという瑕疵が存在するものと認められる」とする。[18]

なお、住宅の品質確保の促進等に関する法律（以下、「住宅品確法」という）95条によると、新築住宅（①建設工事の完了の日から起算して1年以内のものであって、②人の居住の用に供したことのない住宅（住宅品確2条2項））の構造耐力上主要な部分または雨水の浸入を防止する部分に隠れた瑕疵がある場合に、売主に担保責任（損害賠償（民415条）、契約解除（民541・542条）、追完義務（民562条）および代金減額（民563条））義務を負わせるとしている。住宅品確法では、瑕疵担保責任の対象とすべき部位を住宅として使用するために必要不可欠な部分であることを基準に決定した。すなわち、構造耐力上主要な部分とは、居住者の生命、健康および財産の保護のために不可欠な部分であり、雨水の浸入を防止する部分は日常生活において必要不可欠な部分である。そして、住宅が住宅品確法に定める担保責任の存続期間10年に対応する耐用年数を備えていることが要求される（住宅品確95条1項）。

(B) 心理的瑕疵

売買目的の建物内で以前に首吊り自殺があった場合も、建物に物理的な瑕疵はないが、下級審判決では、「建物にまつわる嫌悪すべき歴史的背景等に起因する心理的欠陥」も瑕疵と解されている。[19] 建物の継続的利用を妨げるという点では物理的瑕疵と区別されない。心理的瑕疵の判断基準は、通常一般人が建物の居住に適さないと感じる合理的事情があることである。[20]

(C) 環境瑕疵

マンションの売買で区分所有建物自体に物理的瑕疵があるわけではないが、眺望、日照等の良好な住環境の享受が妨害される場合（環境瑕疵）にも、売

---

18 東京地判平成17・12・5判時1914号107頁。

19 横浜地判平成元・9・7判時1352号126頁、東京地判平成7・5・31判時1556号107頁、浦和地川越支判平成9・8・19判タ960号189頁、大阪高判平成18・12・19判時1971号130頁（建物内で殺人事件があった）。

20 大阪地判平成11・2・18判タ1003号218頁、本件では、瑕疵の存在を否定した。

〔第1部・第5章〕第3節　物に関する契約不適合責任

主に瑕疵担保責任を追及できるかが問題とされた。環境瑕疵は、売買契約締結後に隣地に別のマンションが建設されて、眺望・日照が阻害されることによって生じる場合が多い。この場合には、売買契約時には瑕疵は存在しないこととなる。判例の原則からすると、瑕疵の存否判断基準時は「危険負担カ売主ヨリ買主ニ移ル時期」であるとされるから、建物のような特定物売買では、旧法における危険負担債権者主義（旧民法534条1項）の原則によって売買契約時には瑕疵が存していなければならないことになる。しかし、環境瑕疵は多くの場合、上記で指摘したように契約締結後に発生するものである。マンションの分譲にあたって、良好な日照・眺望が確保される旨の説明がなされたが、売買契約締結後に隣地に中層建物が建設され、日照が阻害された場合に、瑕疵があるとし、環境瑕疵の要因が契約時に存在すれば、瑕疵が存する、とする判決もある。[22]

　また、マンション建築用地の売買で交差点を隔てた対角線に位置する場所に暴力団事務所があるため土地の価格が20％〜25％下落すると鑑定される場合には、瑕疵があるとされる。[23]さらに、暴力団員が居住するマンションの売買において、地裁判決では、「平穏な生活を乱すべき環境」が目的物の属性として備わっている場合には瑕疵にあたるとしている。[24]

　これら環境瑕疵を理由とする契約解除、損害賠償請求についての法的構成は、前記判決のように瑕疵担保責任（旧民法570条）を理由とするものもある[25]が、売主の説明義務違反を理由に解除を認める高裁判決もあった。[26]後者の判決では、説明義務は付随義務ではなく、本体的義務と認めたことになる（ただし、損害賠償については不法行為責任とする）。売主が説明に反して隣地にマンションを建築した場合に不法行為による損害賠償を認めた最高裁判決もある。[27]

21　大判昭和8・1・14民集12巻71頁。

22　大阪地判昭和61・12・12判タ668号178頁。

23　東京地判平成7・8・29判時1560号107頁。

24　東京地判平成9・7・7判時1605号71頁。

25　千葉地判平成14・1・10判時1807号118頁。

26　大阪高判平成11・9・17判タ1051号286頁。

27　大阪地判平成5・12・9判時1507号151頁、同様の判決として、東京地判平成18・12・8判時

(D) 法令上の制限

宅地として買い受けた土地の大部分が都市計画街路領域内に存するために、居宅を建築しても、都市計画事業の実施により早晩撤去しなければならないために契約の目的を達することができない場合は、旧法下では、最高裁判決は旧民法570条に定める「瑕疵」があるとしていた[28]。本判決に従うと、改正法でも不動産に対する法令上の制限は、品質の契約不適合となり、競売による場合には、この契約不適合について買受人は売主に責任を問うことができなくなる（民568条4項）。

旧法下では、瑕疵担保の規定は強制競売の場合に適用されないので（旧民法568条1項）、買受人の保護に欠けることになり、学説からの批判が大きかった。学説は、法律上の制限があるだけで、物理的に瑕疵があるわけではないから、旧民法566条を類推適用すべきだと解する説が有力であった[29]。改正法についても、学説は、法令上の制限は、不動産の品質に問題があるのではなく、都市計画による制限は公共が主体となる制限物権である実質を有するものであって（フランス民法の観念でいう行政地役）、民法565条の問題とされる[30]。

(イ) 目的物の数量が契約内容に適合していない

数量に関する契約不適合、すなわち、契約で定めた数量に適合しない不動産が引き渡された場合の売主の責任の問題である。旧法では、「数量指示売買」（旧民法565条）と呼ばれていたものであるが、改正法では数量指示売買に限定されず、売主が買主に対して目的物の実際に有する数量を確保する義務を負っていたかの問題であって、これも契約の解釈で確定される[31]。

数量指示売買に関する最高裁判決によると[32]、売買契約において目的物の数

1963号83頁。

28 最判昭和41・4・14民集20巻4号649頁。

29 我妻・前掲書(注1)284頁、内田貴『民法(2)債権各論〔第2版〕』（東京大学出版会、2007年）133頁、近江幸治『民法講義(5)契約法〔第3版〕』（成文堂、2006年）143頁等。潮見・前掲書(注4)124頁は、改正後もこの学説は引き継がれるとされる。

30 山野目・前掲書(注2)118頁、同旨中田・前掲(注2)314頁。

31 中田裕康『契約法』（有斐閣、2017年）317頁。

32 最判昭和43・8・20民集22巻8号1692頁。

121

〔第1部・第5章〕第3節　物に関する契約不適合責任

量を指示するのは「当事者において目的物の実際に有する数量を確保するため」の趣旨であり、その数量を確保するために「その一定の面積、容積、重量、員数または尺度あることを売主が契約において表示し、かつ、この数量を基礎として代金額が定められた売買」であるとされる。そこで、本判決は「土地の売買において目的物を特定表示するのに、登記簿に記載してある字地番地目および坪数をもってすることが通例であるが、登記簿記載の坪数は必ずしも実測の坪数と一致するものではないから、売買契約において目的たる土地を登記簿記載の坪数をもつて表示したとしても、これでもって直ちに売主がその坪数のあることを表示したものというべきではない」としている。

　つまり、わが国の登記記録に記載されている土地の面積は、必ずしも正確ではないから、登記記録に記載されている面積を契約書に転記したのみであれば、数量を確保するための数量の記載ではないとされるのである。しかし、契約の解釈から数量を確保するという意思が認められる場合には、登記記録にある面積を転記した場合であっても、数量を指示していると解されうる場合もありうる。[33]最高裁判決でも、売買の交渉過程をからすると「当事者双方とも、本件土地の実測面積が公簿面積に等しいとの認識を有していたことがうかがわれる」ときは、公簿上の面積を売買契約書に記載した場合であっても「売買契約においては、本件土地が公簿面積どおりの実測面積を有することが表示され、実測面積を基礎として代金額が定められた」と認められるときは、数量指示売買にあたるとされている。[34]

　なお、給付された数量が契約内容を超過する場合に、売主は超過部分の代金を買主に請求できるであろうか。売買契約において超過する部分の代金を支払う旨の特約があるような場合は、当然、超過部分の代金を請求できる。[35]

　しかし、これについて何らの合意もない場合はどうであろうか。旧民法565条は、「物に不足がある場合」と規定して、超過している場合に関する規定はなかった。したがって、最高裁判決も、売主は旧民法565条を類推して「代金の増額を請求することはできない」としていた。[36]改正法の民法562条1

[33]　潮見・前掲書（注2）（基本講義）93頁、潮見・前掲書（注4）129頁。

[34]　最判平成13・11・22裁判集民203号743頁。

[35]　藤岡ほか・前掲書（注6）99頁〔浦川〕、山野目・前掲書（注2）109頁。

項本文は、「数量に関して契約の内容に適合しない」と規定して、超過部分が給付されたときも契約不適合であるかのように規定しているが、後半で買主の救済手段として、「不足分の引渡し」と定めて、また、民法563条は代金の減額しか定めていない。すなわち、売主の契約不適合責任として規定されているだけであって、超過分の給付の場合に関して買主の契約不適合責任は定められていないのである。したがって、上記最高裁判決が、契約不適合の判断についても維持されるであろう。[37][38]

　もっとも、数量が超過する給付によって、買主が不利益を被る場合には、売主に契約不適合責任を追及することができる、とする指摘は重要である。[39] さらに、買主が受領した超過分は、不当利得であるから売主は、不当利得分の返還として価格の返還（実質的には、代金の増額）を請求できると解することもできよう。[40]

Ⅱ　物に関する契約不適合責任の効果

　引き渡された目的物の品質や数量に関して契約不適合があった場合には、売主の契約適合物給付義務の不履行（不完全履行）であるが、民法は、その効果として、買主のために追完請求権（民562条1項）、代金減額請求権（民563条）、損害賠償請求権（民564条・415条）および解除権（民541条・542条）を認めている。

36　最判平成13・11・27民集55巻6号1380頁。

37　前掲最判平成13・11・22。

38　潮見・前掲書(注2)（基本講義）98頁、潮見・前掲書(注4)152頁、藤岡ほか・前掲書(注6)99頁〔浦川〕、山野目・前掲書(注2)109頁は、過分な給付がされても、それは単に売主が契約に定められていた給付をしたにすぎない事態と評価するのが原則であるとされる。

39　大木満「数量超過売買と改正民法の影響」花房博文ほか編『土地住宅の法理論と展開〈藤井俊二先生古稀祝賀論文集〉』（成文堂、2019年）363頁。同旨潮見・前掲書(注4)153頁。

40　大木・前掲論文(注39)368頁以下、武川幸嗣「土地の売買と数量指示売買」澤野順彦編『不動産法論点大系』（民事法研究会、2018年）38頁。

〔第1部・第5章〕第3節　物に関する契約不適合責任

1　買主の追完請求権

(1)　追完請求権の意義

　旧法では、売主の担保責任について追完義務を認める規定をおいていなかったが、改正法では、契約不適合責任を不完全履行責任と位置づけたので、債権者たる買主は売主に対して契約に適合する物の給付を請求する権利を有することとなった。契約に適合しない物を引き渡されたときは、その不完全性を契約に適合するように請求する完全履行請求権があるはずである。そこで、改正法は民法562条において売主の追完請求権を規定した。

　追完の内容は、目的物の修補、代替物の引渡しまたは不足分の引渡しである（民562条1項）。追完の方法の選択は、買主が選択できるのが、原則である。

　もっとも、不動産は、特定物であるから、代替物は存在せず、買主は代替物の引渡しを請求することはできない。旧民法483条ではその物の引渡しをすべき時の現状で引き渡せば、瑕疵ある目的物を引き渡しても、債務不履行責任を負わないこととなっていた。したがって、旧民法570条は瑕疵ある物を給付した売主について法定責任を規定していると解されていた。これに対して、改正法は、契約内容に適合していない物が給付されたときは、特定物の場合であっても、売主は、不完全履行をしているのであり、契約不適合責任を負うこととした（民483条）[41]。また、土地の売買で契約よりも面積が不足していたとしても不足分の土地を引き渡すように売主に請求することは事実上できないであろう。したがって、特定物である不動産の売買の場合には、それに存する欠陥、たとえば、土地の擁壁の損傷や建物に存する損傷の修補が問題となるが、他の追完方法は問題となり得ないであろう。

　追完のための費用は、契約に適合した目的物を引き渡す義務の履行の延長であるから、債務の履行に要する費用は債務者である売主が負担すべきことになる。その根拠を履行費用は債務者が負担すべきとする民法485条本文に求める見解がある[42]。これに対して、この規定は履行費用の増加に関する費用

---

[41]　大村敦志『新基本民法(5)契約編〔第2版〕』（有斐閣、2020年）63頁。

[42]　磯村保「売買契約法の改正──『担保責任』規定を中心として」Law and Practice 10号72頁。

ではなく買主が履行費用を負担する旨の特約があった場合に難点があるとして、民法570条の類推を主張する説もある。[43]

買主が追完請求をしたが、売主が追完義務を履行しない場合には、買主は追完に関する履行請求権に基づいて履行の強制を請求でき（民414条1項）、また、契約の解除もできる（民541条・542条）。

追完が不能である場合には、買主は追完請求をすることができない（民412条の2第1項）。買主は、追完義務の履行不能として債務不履行の一般原則によって、売主の損害賠償を請求することになる（民415条2項）。

(2) 目的物の契約不適合が買主の責めに帰すべき事由によるものである場合

目的物が契約内容に適合しないことが買主の責めに帰すべき事由によるものであるときは、買主は売主に対して追完を請求することができない（民562条2項）。契約解除や代金減額請求の場合も、買主の責めに帰すべき事由があるときは、買主には解除権や減額請求権は認められないこと（解除について民法543条、代金減額請求権について民法563条3項）との均衡を図るために、追完請求権を排除すると定めたのである。[44]

目的物の契約不適合が買主の責めに帰すべき事由によるものであることについては、買主から追完請求を受けた売主が抗弁として主張・立証すべきである。[45]

(3) 目的物の契約不適合が売主の責めに帰すべき事由によることは要しない

目的物の契約不適合が売主の責めに帰すべき事由によるものであることは、追完請求権の要件ではない。追完請求権は、履行請求権の一種であって、債務者は自己に帰責事由があるか否かにかかわらず、履行をすべき義務を負うから、売主に責めに帰すべき事由がないときでも、買主は追完を請求することができることになる。

---

43 松岡ほか編・前掲書（注5）736頁〔北居〕。
44 潮見ほか編・前掲書（注2）431頁〔石川〕。
45 潮見・前掲書（注2）（基本講義）95頁。

〔第1部・第5章〕第3節 物に関する契約不適合責任

2 代金減額請求権

旧法では、権利の一部の移転が不能である場合もしくは数量が不足している場合について、代金減額請求を認めていたが（旧民法563条・565条）、瑕疵担保責任については契約解除と損害賠償のみを定め、代金減額請求については規定をおいていなかった（旧民法570条）。しかし、代金減額請求権は、比較法的には広く認められている。[46]たとえば、ドイツでは、契約解除、損害賠償と並んで代金減額請求が認められている（ドイツ民法437条2号）。これに対して、わが国の民法では、代金減額は算定上困難な問題を生じさせるため、損害賠償を認めることで同じ目的を達することができると考えたから、減額請求権の規定がないと説明されてきた。[47]

改正法では、代金を減額することによって対価的均衡を維持する必要性は、権利の一部移転不能および数量不足の場合以外にも、一般的に認められるべきと考えられ、契約不適合の場合について一般的に代金減額請求権が買主の救済手段として認められた。[48]この代金減額請求権は、請求権と書かれているが、形成権であると解されている。[49]

(1) 代金減額請求権の要件

代金減額請求権の要件に関して、代金減額請求は、契約の一部解除の実質を有することを前提として、解除と同様の枠組みが採用されている。[50]減額請求権行使については、追完を請求することを前提とする場合と追完の請求をすることなくできる場合がある。

① 買主が売主に相当の期間を定めて追完を催告し、その期間内に追完がないこと（民563条1項）

　この規定は、買主は代金減額請求に先立って、追完請求をしなければ

46　五十嵐清『比較民法学の諸問題』（一粒社、1976年）101頁。

47　五十嵐・前掲書（注46）102頁。

48　民法（債権関係）の改正に関する中間試案の補足説明409頁、潮見ほか編・前掲書（注2）432頁〔石川〕。

49　筒井＝村松編著・前掲書（注2）279頁、潮見・前掲書（注2）（基本講義）96頁、潮見・前掲書（注4）143頁、山野目・前掲書（注2）115頁。

50　潮見ほか編・前掲書（注2）432頁〔石川〕。

126

ならないという代金減額請求権に対する追完請求権の優位性を認めたものだとされる[51]。これが原則である。

② 追完の催告をしないで、減額請求をすることができる場合

次の４つの場合のいずれかに該当するときは、買主は、追完の催告をすることなく、直ちに代金減額を請求できる（民563条２項）。

㋐ 履行の追完が不能であるとき（民563条２項１号）

㋑ 売主が履行の追完を拒絶する意思を明確に表示したとき（民563条２項２号）

㋒ 契約の性質または当事者の意思表示により、特定の日時または一定の期間内に履行をしなければ契約をした目的を達することができない場合において、売主が履行の追完をしないでその時期を経過したとき（民563条２項３号）

㋓ ㋐～㋒に掲げる場合のほか、買主が追完を催告しても履行の追完を受ける見込みがないことが明らかであるとき（民563条２項４号）

③ 買主の責めに帰すべき事由がないこと

追完請求の場合や解除の場合と同様に、目的物の契約不適合が買主の責めに帰すべき事由よるものであるときは、減額請求をすることができない（民563条３項）。目的物の契約不適合が買主の責めに帰すべき事由によるものであることについては、買主から減額請求を受けた売主が抗弁として主張・立証すべきである[52]。

④ 売主の責めに帰すべき事由がないことは要しない

売主は、売主の責めに帰すべき事由がなかったことを主張・立証して代金減額請求を斥けることができない。代金減額請求権は、損害賠償請求権（民415条）ではなく、また、実際上代金減額請求が問題となるのは、両当事者の責めに帰すべき事由よらない契約不適合がある場合であるから、売主の責めに帰すべき事由は減額請求権のためには不要とされるのである。代金減額請求権は、売買の最も重要な要素の改訂を実現す

---

51 筒井＝村松編著・前掲書（注２）278頁、潮見・前掲書（注２）（基本講義）96頁、潮見・前掲書（注４）145頁。

52 潮見・前掲書（注２）（基本講義）97頁、山野目・前掲書（注２）116頁。

〔第1部・第5章〕第3節　物に関する契約不適合責任

るしくみである。[53]

　法務省の立案担当者によると、買主が代金減額請求権を行使したときは、契約に適合しなかった部分について、代金債務の減額と引き換えに、引渡債務の内容も現実に引き渡された目的物の価値に応じて圧縮され、契約の内容に適合したものが引き渡されたとみなされる。したがって、売主には債務不履行（契約不適合責任）がなかったことになるから、代金減額請求権を行使した後は、これと両立しない損害賠償請求権を行使することができないが、[54]代金減額請求をしても、そのほかに損害が生じている場合には、売主に責めに帰すべき事由があるときは、買主は、民法415条に基づいて損害賠償を請求することができる。[55]代金減額請求は実質的には一部解除であるから民法545条4項の考え方を参考にして損害賠償を認めることができるのである。

(2)　代金減額割合の算定

　代金減額の算定方法や算定基準時について、改正法は明文を設けておらず、これについては解釈に委ねられている。

(ア)　代金減額の算定方法

　代金減額の算定方法については、目的物が契約に適合していた場合に有している価額と実際の目的物の価額との差額が代金額から減額されるとする絶対的評価方法もあるが、これに対して、目的物が契約に適合していた場合の価額と実際に引き渡された目的物の現に有する価額とを比較してその割合を代金額に乗じて代金の減額を行うとする相対的評価方法もある。

　多くの見解は、後者の相対的評価方法が妥当であるとしている。[56]すなわち、代金額は目的物の客観的な価額から独立して主観的に形成されたものであってその主観的な等価関係が尊重されるべきであるとされるのである。[57]したがって、中古マンションを2000万円で購入した場合において、それに損傷がな

53　山野目・前掲書(注2)116頁。

54　筒井＝村松編著・前掲書(注2)279頁。

55　山野目・前掲書(注2)117頁、鎌田ほか編『新基本法コンメンタール債権(2)』（日本評論社、2020年）131頁〔渡邉拓〕。

56　筒井＝村松編著・前掲書(注2)279頁、潮見ほか編・前掲書(注2)432頁～433頁〔石川〕、藤岡ほか・前掲書(注6)102頁〔浦川〕、潮見・前掲書(注4)147頁。

57　潮見ほか編・前掲書(注2)433頁〔石川〕。

ければ評価額は2500万円であったが、損傷があるために評価額が2000万円であったときは、20％の価値の減少があるために、代金2000万円から20％の減額を請求できるから、400万円の減額を請求できることになる。[58]

(イ) 代金減額の算定基準時

代金減額の算定の基準時については、学説は、契約時を基準とすべきだとする説がある（契約時説）。法務省の立案担当者は、代金減額請求は実際に引き渡された目的物でも契約内容に適合していたものと擬制してその差を代金額に反映させるという意味で契約改訂を行うであるから、基準時は契約時であるとしている。[59]この見解を支持する学説は、買主は売買契約締結時に目的物の評価をしており、売買契約締結後における価格変動を織り込んだ買主の救済は、損害賠償によって実現されるべきであるとして、基準時を契約時とする。[60]

これに対して、引渡し時を基準とすべきだとする説も有力である（引渡し時説）。引渡し時説は、買主による代金減額請求は引き渡された物を売買の目的物として受領するという買主の意思の表明（客体としての承認）であるから、引渡しの時の価値をもって基準とすべきであるとされる。[61]

3 買主の損害賠償請求権

民法の改正によって、売主の担保責任は債務不履行責任に位置づけられた。つまり、売主の契約内容に適合した物を引き渡す債務の不履行であるから、債務不履行の一般原則に従って買主は売主に損害賠償を請求することができることになるが、民法564条は、このことを明文で確認している。

58　藤岡ほか・前掲書(注６)102頁〔浦川〕、松岡ほか編・前掲書(注５)744頁〔北居〕。

59　筒井＝村松編著・前掲書(注２)279頁。

60　潮見ほか編・前掲書(注２)（基本講義）433頁〔石川〕、磯村・前掲論文(注42)75頁は、契約締結後の価格変動のリスクは買主が負担していることを理由とする。

61　潮見・前掲書(注２)（基本講義）97頁、潮見・前掲書(注４)149頁、藤岡ほか・前掲書(注６)102頁〔浦川〕、松岡ほか編・前掲書(注５)743頁～744頁〔北居〕、山野目・前掲書(注２)116頁は、代金減額請求権による問題処理が要請され、売買契約について一種の改訂が避けられないことが確定した時点である引渡時が基準となるとする。

〔第1部・第5章〕第3節　物に関する契約不適合責任

(1)　要件──売主の責めに帰すべき事由

　この損害賠償請求権は、民法415条に基づくものであるから（民法564条）、債権総則に定められている債務不履行による損害賠償の一般原則が適用されることになる。したがって、追完請求権や代金減額請求の場合と異なり、契約不適合が「債務者の責めに帰することができない事由」によるときは、損害賠償を請求することができない（民415条1項ただし書）。つまり、売主の担保責任について従来売主に過失がなくても損害賠償を認めてきた実務は変更されなければならなくなったのである。[62]

　他方、買主の契約不適合に関する善意無過失（旧民法570条における「隠れた」という要件は、買主の善意無過失と解されていた）や数量不足の売買における買主の善意（旧民法565条）は、損害賠償請求をするについての要件ではなくなる。

(2)　効　果

　売買目的物が契約に不適合しないことを理由にする損害賠償は、債務不履行を理由すると損害賠償であり、その内容は履行利益の賠償である。すなわち、契約に適合した履行がされたならば買主が受けたであろう利益の賠償である（民416条）。[63]目的物の転売利益や値上がり益は、履行利益の中に含まれる。また、瑕疵除去費用も、契約に適合する目的物が引き渡されていたら、買主が支出する必要のなかった費用（損害）であるから、これの賠償も認められる。

　旧法下では、土地の数量指示売買に関する事案について、買主が購入した土地の面積の数量が不足していたので、数量不足による損害として数量不足とされた部分の値上がりによる買主が得るべきであった利益の賠償を求めた事案もあった。これについて最高裁判決は、原則として、「売主は、当該土地が表示どおりの面積を有したとすれば買主が得たであろう利益について、その損害を賠償すべき責めを負わないものと解するのが相当で」あって、「土地の値上がりによる利益についての損害賠償を求める上告人らの請求を

62　矢野顕「民法（債権法）改正が与える裁判実務への影響」法時87巻1号84頁、松岡ほか編・前掲書（注5）749頁〔北居〕。

63　潮見・前掲書（注2）（基本講義）99頁、松岡ほか編・前掲書（注5）752頁〔北居〕。

130

理由がないもの」とした。[64]すなわち、旧法は履行利益の賠償ではなく、信頼利益の賠償が原則と判断していたと解される。[65]

　今回の改正によって、売主の担保責任は債務不履行責任になったから、履行利益の賠償が認められることとなったが（民416条）、しかし、数量不足の売買については、契約責任に立っても、常に履行利益の賠償が認められるわけではないとされる。[66]最高裁判決では、[67]土地の面積の表示が売買契約の目的を達成するうえで特段の意味を有するものであるときは、値上がり益の賠償も認められる場合があるとしている。たとえば、買主が売主に対して、特定の用途のために一定の面積が必要である旨を説明していたり、または転売目的で土地を購入したなどと説明して、売主がこのような契約の目的に適合するものとして面積を表示した場合には、土地の面積の表示が「特段の意味を有する」ものとなり、当該土地が表示どおりの面積を有していたとすれば買主が得たであろう利益も損害賠償の対象となるとされる。[68]本判決は、売主がいかなる義務を負っているかに応じて損害賠償の範囲が決まり、信頼利益にとどまる場合もあり、また履行利益の賠償が認められる場合もあることを示したもので、[69]売主の履行義務の内容ないし射程に応じて契約不適合責任の損害賠償の範囲が異なることを示すものとして、改正法の下でも重要な意義を有するとされている。[70]

(3)　損害賠償請求と追完請求との関係

　ここでは追完と共にする損害賠償と追完に代わる損害賠償とが考えられる。

(ア)　追完と共にする損害賠償

　買主が追完と共に損害賠償を請求したとき、この損害賠償は遅延賠償になるので、売主が履行遅滞に陥っていると認められる場合には、損害賠償は認

64　最判昭和57・1・21民集36巻1号71頁。

65　近江幸治『民法講義(5)契約法〔第3版〕』（成文堂、2006年）135頁。

66　森田宏樹「判批」窪田充見＝森田宏樹編『民法判例百選(2)〔第8版〕』（有斐閣、2018年）107頁。

67　前掲最判昭和57・1・21。

68　浅生重機「判解」最判解民（昭和57年度）59頁、大村・前掲書(注41)69頁。

69　近江・前掲書(注65)135頁、中田・前掲書(注2)311頁。

70　森田・前掲判批(注66)107頁。

〔第1部・第5章〕第3節　物に関する契約不適合責任

められることになる。売主は、契約に適合した物を買主に引き渡す義務を負っているから、契約に適合しない目的物を引き渡したときは、契約に適合する目的物を引き渡すという本来の履行義務を遅滞していることになり、追完義務が発生すると共に、履行期を基準とする売主の履行遅滞責任も発生するのである（民415条）[71]。

(イ)　追完に代わる損害賠償

引き渡された目的物が契約に適合しなかった場合に、買主は、契約に適合しない物を引き渡した売主に追完を請求しないで、追完に代わる損害賠償を請求し、他の信用できる業者に修補を頼むということは、常識的に考えられることである。

ところが、学説によっては、買主が売主に対して、売買目的物の契約不適合を理由として追完に代わる損害賠償請求（一部填補賠償請求）をする場合には、まず、追完の催告をしなければならず、そして、追完の催告が奏功しなかったときにはじめて、追完に代わる損害賠償を請求することができるのが原則である、と説くものがある[72]。すなわち、買主が売主に追完を催告したが、①追完が不能であるとき、②売主が追完の履行を拒絶する意思を明確に表示したとき、または③契約の一部が解除されもしくは一部解除権が発生したときでなければ、損害賠償を請求できないことになる（民415条2項参照）。もっとも、この見解も、買主が第三者に修補させた場合には、修補代金を損害賠償額としてその損害賠償債権と代金債務とを相殺できるとする[73]。

しかし、先に述べたように、買主としては信用できない売主に追完を催告することなく、損害賠償のみをしてもらい、他の信頼できる業者に修補等の追完を頼みたいと考えることは無理もないことと考える。

このような実際的解決の妥当性に対する要請を考慮すると、民法415条2項は、債権者が債権全部の履行に代わる損害賠償を請求した場合を想定しているものであって、債権者が追完に代わる損害賠償を請求する場合までその射程に含んではいないと解すべきである[74]。

71　松岡ほか編・前掲書（注5）749頁〔北居〕。

72　潮見・前掲書（注2）（基本講義）99頁、松岡ほか編・前掲書（注5）734頁・749頁〔北居〕。

73　松岡ほか編・前掲書（注5）750頁〔北居〕。

Ⅱ　物に関する契約不適合責任の効果

　売買における契約不適合責任の場合には、買主は、目的物を売買契約の不完全な履行として受領し、それを保持したまま、一部債務不履行である契約不適合部分の追完（修補等）を請求するものである。したがって、買主が受領した目的物を売主に返還して、債務の履行の全部に代わる損害賠償を請求する場合とは異なることになる[75]。つまり、改正法によって、売主の担保責任・契約不適合責任は、先に述べたとおり、不完全履行とされたのであるから、民法415条2項は追完請求に代わる損害賠償には適用がないと解されるべきである[76]。追完の請求をせずに、追完に代わる損害賠償請求をするときは、債務不履行（不完全履行）によって生じた損害の賠償として民法415条1項によって賠償請求することになる[77]。

4　売買契約の解除

　旧民法では、売主の瑕疵担保責任を理由とする契約解除は、債務不履行による解除ではなく、特別の責任として買主が瑕疵について善意無過失であり、かつ瑕疵のために契約の目的を達することができないときに、認められていた（旧民法570条で準用する566条）。

　ところが、改正によって、契約不適合責任による契約解除は、債務不履行を理由とする解除として民法541条以下の規定によって処理されることとなった（民564条）。

　債務不履行による損害賠償請求の場合には、債務者に責めに帰すべき事由がなければ、債権者は債務不履行を理由に債務者に損害賠償を請求することができない（民415条1項）。これに対して、解除については、債務者の責めに帰すべき事由は要件となっていない（民541条）。旧法の履行遅滞による解

74　筒井＝村松編著・前掲書（注2）76頁注2は、民法415条2項は、不完全な履行がされたにとどまる場合の損害賠償請求権は射程に含んでいない、とされる。

75　潮見ほか編・前掲書（注2）136頁以下参照〔田中洋〕。

76　松尾博憲＝山野目章夫『新債権法が重要判例に与える影響』（きんざい、2018年）172頁注5、松本克美「改正民法と建築瑕疵責任」吉田和夫ほか編著『市民生活関係法の新たな展開〈大西泰博先生古稀記念論文集〉』（敬文堂、2019年）27頁以下、山野目・前掲書（注2）114頁、鎌田ほか編・前掲書（注55）131頁〔渡邉〕、中田・前掲書（注2）313頁。

77　松本・前掲論文（注76）27頁、中田裕康『債権総論〔第4版〕』（岩波書店、2020年）187頁。

133

〔第1部・第5章〕第3節　物に関する契約不適合責任

除を定める民法541条でも、債務者の責めに帰すべき事由は要件となっていなかったが、履行不能による解除を定める旧民法543条において債務者の責めに帰すべき事由が要件として定められており、これは旧民法541条にも妥当し、履行遅滞の場合にも、債務者の帰責事由すなわち売主の帰責事由が要件となるとされていた。これに対して、改正法の民法541条、542条にも「責めに帰すべき事由」という文言は現れていず、それは要件ではないとされたのである。[78]

　もっとも、契約不適合が買主の責めに帰すべき事由によるものであるときは、買主は、契約を解除することができない（民543条）。

(1)　催告解除——民法541条

　売主が契約に適合しない目的物を引き渡してきた場合には、売主は不完全履行をしているわけだから、民法541条によると、買主は相当の期間を定めて履行を催告して、その期間内に履行しないときは、買主は売買契約を解除することができる。ここでの債務の履行は、具体的には、追完の履行である。催告期間内に売主が追完の履行をしない場合には、買主は契約を解除することができる。催告解除においては債務不履行が契約をした目的を達する程度に至らないときでも契約を解消することができる余地を認めるために「軽微」という概念が設けられた。[79] 催告に応じなかった売主も、契約の目的を達成することが可能であることを主張立証して、契約の解消を回避することはできないが、契約不適合の状態が契約および取引上の社会通念に照らして軽微であることを主張立証して解除を阻止することができる、と定めたのである（民541条ただし書）。契約不適合が軽微であるかをどのような観点から判断するについて、法文上、明確な基準は示されていないが、取引上の社会通念に照らして判断することになっており、立案担当者の意見では、①不履行の態様の軽微性と②違反された義務の軽微性が問題となる。②の場合について、数量的にわずかな部分の不履行にすぎないものであっても、その不履行がその契約において重要な役割を果たしている部分に関する場合には、契約

78　筒井＝村松編著・前掲書(注2)234頁、潮見・前掲書(注2)（概要）241頁、潮見ほか編・前掲書(注2)169頁〔渡辺〕。

79　筒井＝村松編著・前掲書(注2)236頁注2。

および取引上の社会通念に照らして軽微ではないとされうる、と説明される[80]。

①と②のいずれについても、売主の追完に要する費用と催告期間経過後に追完を受けられないことによる買主の不利益を比較衡量して、追完に過分の費用を要するために契約の拘束から離脱することに向けられた買主の主張が過大なものと評価されるかどうかの観点から判断すべきとする説もある[81]。

軽微性の判断基準時は、解除権の発生時となる催告期間の経過時（「その期間を経過した時」）である（民541条ただし書）[82]。

(2) 無催告解除──民法542条

売主の担保責任は、債務不履行（不完全履行）であるから、無催告解除に関する規定（民542条）も適用される。

ただし、不完全ながら履行は行われているので、全部履行不能に関する民法542条1項1号および全部の履行を拒絶した場合に関する民法542条1項2号は適用されない。また、一部不能または一部履行拒絶に関する民法542条1項3号の規定は、契約が可分であって、その一部分のみを解消することが可能である場合を対象としているから、可分な不動産の取引に適用されることになる[83]。

追完が不能である場合には、現状以上の状態になることは客観的に想定されないから、「契約をした目的を達する」見込みがないことが明らかなときは、買主は、売主に追完の催告をすることなく、契約を解除することができる（民542条1項5号）。したがって、不完全な履行はされたが、契約の目的を達することができる場合には、追完が不能であっても、買主は、無催告の解除をすることはできないが、催告をして解除をすることはできる（民541条本文）。もっとも、このような場合は、債務不履行が軽微な場合として、催告解除をしても解除を阻止される場合もありうる（民541条ただし書）[84]。

---

80 筒井＝村松編著・前掲書（注2）236頁注1。

81 潮見・前掲書（注2）（概要）240頁〜241頁。

82 筒井＝村松編著・前掲書（注2）237頁注3、中田・前掲書（注2）205頁。

83 筒井＝村松編著・前掲書（注2）239頁注4。

84 筒井＝村松編著・前掲書（注2）239頁注3。

〔第1部・第5章〕第4節　権利に関する契約不適合責任

第4節　権利に関する契約不適合責任

I　はじめに

　先に述べたように、売主は、契約内容に適合した権利を買主に給付すべき義務を負っている（契約内容適合給付義務）。したがって、契約内容に適合しない権利を売主が買主に移転した場合も、売主は買主に対して契約不適合責任を負うことになり、民法562条〜564条の規定が準用される（民565条）。

　買主に移転された権利が契約内容に適合しない場合とは、次の2つの場合がある。

① 　売主が買主に移転した権利が契約内容に適合しないものである場合

② 　売主が買主に権利の一部を移転しない場合

　①の場合も②の場合も、㋐権利に関する契約不適合が契約締結時にすでに存在していたときのみならず、㋑権利に関する契約不適合が契約締結後に生じた場合にも、売主の権利に関する契約不適合責任が問題となる。

II　移転した権利が契約内容に適合しない場合

　売主が買主に移転した権利が契約内容に適合しないものである場合とは、売買の目的物の利用が制限される場合をいう。次のような場合である。

① 　売買の目的である不動産上に地上権、地役権、留置権、質権もしくは賃借権等の土地の占有を妨げる権利が設定されていて、買主がこれらの権利の存在を容認する特約がない限り、移転された権利が契約内容に適合しない場合にあたる。また、抵当権が目的土地上に設定されている場合も、抵当権が実行されたときは、買主は土地所有権を失うから、抵当権の存在を容認して売買契約を締結した等の事情がない限り、契約内容

136

Ⅱ　移転した権利が契約内容に適合しない場合

に適合しない場合に該当する。

　もっとも、これら地上権等の権利は、いずれも対抗力を備えていなければならない。対抗力が備わっていない場合には、買主が先に対抗力を備えれば占有を妨げられないからである。すなわち、「売主は対抗力のある他人の権利によって利用を制限されることのない財産権を移転すべき」である。教科書によっては、賃借権のみ対抗力が備わっていることを必要とするように記載しているが、これは、旧民法566条の規定に引きずられたものであって、正確とはいえない。

　地上権、地役権、不動産質権の対抗要件はそれぞれの権利の登記である（民177条、不登3条）。ただし、地上権にあっては、建物の所有を目的とする場合には、地上権の登記がなくても、土地上の建物が登記されていれば、対抗要件が備わることになる（借地借家10条）。留置権は留置していることによって対抗力がある。不動産の賃借権の場合には、土地の賃貸借のときは、原則として、賃借権の登記が対抗要件であるが（民605条）、建物所有を目的とする土地の賃貸借ではその土地上に存する建物登記も土地賃借権の対抗要件となり（借地借家10条）、建物賃貸借のときは建物を賃借人に引き渡すことが対抗要件となる（借地借家31条）。農地の賃貸借も、引渡しが対抗要件である（農地16条）。したがって、不動産の賃貸借は登記がなくても、特別法によって賃借権に対抗要件が備わる場合があることに注意すべきである。

　もっとも、地上権等の物権に対抗要件が備わっていなくても、買主が背信的悪意者であるときは、地上権者等は買主にその権利を対抗することができる場合もあることに注意しなければならない。さらに、通行地役権については、地役権が設定されていることを、土地の買主が認識していた場合には、地役権に対抗要件が具備されていなくても、地役権は対抗力がある。土地に建物と土地賃借権が存在する場合に、買主がそのことを知っていて著しく低廉な価格で購入し、賃借人に建物収去土地明

85　広中俊雄『債権各論講義〔第6版〕』（有斐閣、1994年）63頁。
86　最判昭和40・12・21民集19巻9号2221頁。
87　最判平成10・2・13民集52巻1号65頁。

137

〔第1部・第5章〕第4節　権利に関する契約不適合責任

渡を請求するのは権利濫用とされることもある。[88]

②　土地の売買で、売買契約上は当該土地を要役地とする地役権（民280条）が存在することになっていたが、存在しなかった場合、または通行権（民210条・213条）が売買契約上存在することになっていたが、存在しなかった場合は、移転された権利が契約内容に適合しないことになり、民法565条が適用される。

　　また、借地上の建物の売買において、借地権が存在することを前提に契約を締結したが、借地契約が解除されていて借地権は契約締結前にすでに存在しなかった場合も、民法565条が適用される（強制競売の場合において、借地権が存在しなかったときについて、最高裁判決は、旧民法568条1項・2項および566条1項・2項の類推によって強制競売による売買契約を解除したが、債務者が無資力であった場合について、買受人は、売却代金の配当を受けた債権者に対してその代金の返還を請求できるとしている）。[89]

　　借地権が賃借権の場合に、建物の売主である土地賃借人が賃貸人から賃借権譲渡の承諾を得ることができなかった場合でも、建物所有権は買主に移転しているから、契約不適合がないといえそうであるが、しかし、土地賃借権は建物に従たる権利であり、建物の存立に不可欠な権利であって、土地賃借権が適切に買主に移転しないと建物所有権が契約に適合した移転しているとはいえない。[90]もっとも、賃貸人から承諾を得られる可能性があるので、追完の可能性もある。

③　土地の売買の場合に、買主が土地を自己の居宅の敷地として使用する旨の目的を表示して購入したが、当該土地が都市計画の制限がかかっていて、建物の撤去をしなければならなくなったとき、売主の契約不適合責任（担保責任）について民法562条の問題か、民法565条の問題かが問題となる（第3節Ⅰ2⑵(ア)(D)参照）。

　　先に述べたように、最高裁判決は、目的物の「瑕疵」であるとして、[91]

88　最判昭和43・9・3民集22巻9号1767頁。
89　最判平成8・1・26民集50巻1号155頁。
90　山野目・前掲書(注2)118頁。
91　前掲最判昭和41・4・14。

138

旧法下では強制競売の場合は、債務者は瑕疵担保責任を負わないことになっていた（旧民法570条ただし書）。しかし、法令上の制限は権利を制限するものであって、品質に関する問題ではない。また、改正法下でも、土地について法令上の制限がある場合について本判決の趣旨が引き継がれると、民法562条が適用されることになり、競売によるときは、買受人は債務者には担保責任を追及することができないことになる（民568条4項）。旧法下では強制競売に制限されていたが、その制限は改正によってなくなり、より広く買主保護に欠けることになっているから、土地に公法上の制限が課せられている場合は、民法565条を適用して、競売の場合も担保責任を債務者に追及できると解すべきである。[92]

III　権利の一部が他人に属する場合においてその権利の一部が買主に移転しないとき

土地を購入したが、その土地の一部が他人の所有に属していた場合やその土地が共有物であって他人の共有持分があるなどして、権利の一部が買主に移転しない場合である。

権利が全部他人に属する場合には、そもそも「買主に移転した権利」なるものが存在しないから、売主の契約不適合責任は問題とならない。この場合には、民法561条が適用される。

旧民法563条において規定されていた権利の一部が他人に属する場合における売主の担保責任では、契約解除や損害賠償請求については買主の善意が要求されていたが（旧民法563条2項・3項）、売主の責任を契約不適合責任に統一してそのような要件はすべて不要となった。

IV　効　果

移転した権利が契約内容に適合しない場合にも、民法562条～564条が準用

---

[92]　山野目・前掲書（注2）118頁、中田・前掲書（注2）314頁。

〔第1部・第5章〕第4節　権利に関する契約不適合責任

されるから、買主は、売主に追完の請求、代金減額の請求、損害賠償の請求または契約の解除をすることができる。

1　追完請求

　土地の売買において、その土地に対抗力のある地上権、地役権、留置権、質権、抵当権もしくは賃借権等が設定されている場合には、それらの権利を認容するような特約があって、市場価格よりも安価な価格で買い受けたというような事情がない限りは、買主は、売主に対してこれらの権利や契約関係を消滅させて、買主に移転された権利が契約に適合するものになるように請求することができる（民562条1項）。

　また、地上権の設定されているとされる土地上の建物を購入したが、地上権が存在しなかった場合には、建物の買主は地上権の設定を受けるように売主に請求することができる。建物を購入すると同時に不動産賃借権の譲り受けた買主は、売主が賃借権の譲渡に関して賃貸人の承諾を得ていなかった場合には（民612条1項参照）、賃借権譲渡の承諾を得るように請求することができる。

　権利の一部が他人に属する場合または共有に属する場合には、買主は、売主に対してその他人に属する権利や共有持分を取得して買主に対して移転するように請求することができる（民561条カッコ書）。

　追完請求は、権利の契約不適合について売主の責めに帰すべき事由によるものであることは要求していないから、帰責事由がないときでも請求できることになる。権利の契約不適合が、買主の責めに帰すべき事由によるものであるときは、追完請求をすることができない（民562条2項）。

2　代金減額請求

　売主が期間を定めて追完の催告を受けたのに、その期間内に追完しない場合には、買主は代金の減額を請求することができる（民563条1項）。また、①追完が不能である場合、②売主が追完を拒絶する意思を明確に表示したとき、③契約の性質または当事者の意思表示によって一定の期間内に履行しなければ契約をした目的を達することができない場合において売主が追完をし

140

ないでその時期を経過したとき、または、④①〜③に掲げる場合のほか、追完の催告をしても追完を受ける見込みがないときは、買主は、追完の催告をすることなく直ちに代金減額を請求することができる（民563条2項）。

ここでも、追完の不履行等が、売主の責めに帰すべき事由によるものであることを要しない。もっとも、それが買主の責めに帰すべき事由によるものであるときは、代金減額を請求することができない（民563条3項）。

3　損害賠償請求

権利についての契約不適合責任における損害賠償請求に関しても、民法564条が準用されて民法415条によって損害の賠償を請求することができる（民565条）。債務不履行（不完全履行）による損害賠償であるから、契約不適合に関して売主に責めに帰すべき事由によるものであるときは、そのことについて買主が善意であるか、悪意であるかを問わず、損害賠償を請求することが請求することができる（旧民法563条では、一部他人の物の売買について買主が善意でなければ、損害賠償を請求できなかった）。

また、売買の目的たる不動産に抵当権が設定されている場合には、抵当権が存することが契約に適合しないときは、買主は、抵当権の実行によってその不動産の所有権を失う前でも、損害賠償を請求することができる（旧法下では、買主が所有権を失った後でなければ、損害賠償を請求できなかった（旧民法567条3項））。もっとも、目的不動産に抵当権が存するとしても、抵当権の存在を前提に廉価に不動産を購入した場合のように、契約内容に適合していると認められる場合には、損害賠償の請求はできないことになる。[93]

4　契約解除

改正によって、権利についての契約不適合による契約解除の場合にも、債務不履行解除を規定する民法541条・542条が適用される。したがって、買主が悪意であっても（旧民法563条では、解除について買主の善意を要求していた）、契約をした目的が達せられうるときも（旧民法566条1項は、買主の善意と契

---

[93]　筒井＝村松編著・前掲書（注2）283頁。

〔第1部・第5章〕第4節　権利に関する契約不適合責任

約の目的を達することができないことを要求していた）、契約を解除することができることになった。また、解除をするにあたって、当事者のいずれかに責めに帰すべき事由があることも、要件ではない。

　不動産の売買において、売買の目的たる不動産に抵当権が存している場合に、旧法では抵当権が実行されて買主が目的不動産の所有権を失ったときに、解除をすることができると定められていた（旧民法567条1項）。改正によって、抵当権の存する土地の場合において、土地に抵当権が存するのが契約の内容に適合しないときは、抵当権実行によって買主が所有権を失う前であっても、解除権を行使することが可能となった。もっとも、目的不動産に抵当権が存するとしても、抵当権の存在を前提に廉価に不動産を購入した場合のように、契約内容に適合していると認められる場合には、抵当権が実行されて買主がその不動産の所有権を失っても、直ちに契約を解除することはできないことになる。[94]

5　目的不動産に存在する担保権を買主が消滅させた場合

　買主が購入した不動産に契約に適合しない先取特権、質権または抵当権が存在していた場合に、買主が費用を支出してその不動産の所有権を保存したときは、買主は、売主に対してその費用の償還を請求することができる（民570条）。たとえば、購入した不動産に予想外の登記されている抵当権が存在していた場合に、抵当権が実行されると買主は所有権を失うので、これを回避するために、抵当権消滅請求（民378条以下）もしくは第三者弁済（民499条）をして目的不動産の所有権を保存したときは、買主は、抵当権消滅のために要した費用を売主に請求することができる。

V　権利の全部が他人に属する場合

　目的不動産の権利が全部他人に属していて、買主に権利が移転してこなかった場合は、「移転した権利」が存在しないから、民法565条の契約不適合責

94　筒井＝村松編著・前掲書（注2）282頁～283頁。

任は発生しない。この場合には、債務不履行および解除に関する一般的規定が適用される。

権利の全部が他人に帰属する場合としては、①売主が他人所有の不動産を売却し、不動産の所有者が所有権の移転を拒否したために、売主が買主に所有権を移転することができない場合（他人物売買）、②たとえば、AからBにA所有の土地が売却され、Bがその土地をCに転売したが、その後、A・B間の売買契約が取り消されて、Cが所有者Aから返還請求を受け、引き渡されていた土地を返還したような場合（旧法下では、追奪担保責任と称されていた）、③抵当権の存在する不動産を購入した買主が、抵当権が実行されて、その不動産の所有権を失った場合、④土地賃借権付きの建物を購入したが、売主が土地賃借権の譲渡についての承諾（民612条）を賃貸人から得ることができなくて、買主は適法に土地賃借権を取得できず、土地を賃貸人に返還せざるを得なくなった場合等がある。

買主に権利が移転しない場合には、売主に責めに帰すべき事由がないときを除いて、売主の権利移転義務の不履行となり、履行の可能性があれば、履行遅滞として（民415条1項）、また権利移転義務の履行が不能であれば、履行不能として（民415条2項）、買主は、悪意であっても、損害賠償求することができる（他人物売買の場合、旧法下では、買主が悪意の場合には、損害賠償を請求することができなかった（旧民法561条後段））。

買主が契約を解除するについても、売主の責めに帰すべき事由がなくても、催告解除（民541条）・無催告解除（民542条）をすることができる。買主が、解除権を行使したときも、あわせて損害の賠償も請求できる（民545条4項）。

第5節 目的物の種類または品質に関する担保責任の期間制限

旧法では、目的物に隠れた瑕疵があったときは、買主は瑕疵があるという事実を知ってから1年以内に契約解除また損害賠償の請求をしなければなら

〔第1部・第5章〕第5節　目的物の種類または品質に関する担保責任の期間制限

ないと定められていた（旧民法570条が準用する566条3項）。また、売買の目的である権利の一部が他人に属する場合、数量指示売買において数量が不足していた場合、物の一部が契約時にすでに滅失していた場合もしくは売買の目的物に地上権等の制限物権が設定されていた場合等についても、買主は、その事実を知った時等から1年以内に契約の解除や損害賠償を請求しなければならない等が定められていた（旧民法564条・565条・566条3項）。

　上記のように、改正前において民法は、買主が売主に担保責任を追及することができる期間を広く制限していた。しかし、この期間制限は買主の権利を大きく制限することになるために、売主の期待を保護する必要のある類型に限り、制限されるべきであると考えられた[95]。

I　物の種類・品質における契約不適合を理由とする買主の権利の期間制限

　改正法では、引き渡された目的物が種類または品質に関して契約の内容に適合しない場合において、買主の追完請求権、代金減額請求権および契約解除権について期間の制限を設けている。

　すなわち、目的物の種類・品質に関して契約内容に適合しないことを知った買主は、その不適合を知った時から1年以内に不適合の事実を売主に通知しなければ、買主は、追完請求等をすることができない（民566条本文）。つまり、不適合の事実を知った時から1年以内にその事実を売主に通知をすれば、買主の追完請求権等は保存され、通知をしなかったときは、買主はそれらの権利を失う（失権）という効果が定められている[96]。

　この理由としては、①目的物を引き渡したことによって履行は完了したという売主の期待を保護する必要があることと、②物に関する不適合の有無は使用や時間の経過による劣化等によって比較的短期間で判断が困難となるから、短期の期間制限によって早期に法律関係を安定させる必要があることがあげられている[97]。

95　筒井＝村松編著・前掲書（注2）284頁。
96　潮見・前掲書（注2）（概要）267頁。

Ⅰ　物の種類・品質における契約不適合を理由とする買主の権利の期間制限

「不適合を知った時から１年以内」に通知をしなければならないが、「不適合を知った時」については、旧法下の最高裁判決が「担保責任を追及し得る程度に確実な事実関係を認識した」時としていたが[98]、これが改正法下でも維持されるべきとされる[99]。

別の最高裁判決では、瑕疵担保責任について買主が権利を保存するためには、「売主に対し、具体的に瑕疵の内容とそれに基づく損害賠償請求をする旨を表明し、請求する損害額の算定の根拠を示すなどして、売主の担保責任を問う意思を明確に告げる必要がある」としていた[100]。

これについては、買主に過重な負担を課すものではないかという指摘があり、改正法では、契約不適合がある旨の通知を売主に対してすると権利が保存されることとした（民566条本文）[101]。なお、この通知の趣旨は、引き渡した物の種類や品質についての契約不適合は時間の経過とともに不分明となるので、不適合を知った買主から早期にその事実を売主に知らせ、売主の不適合の事実の存在を認識し、把握する機会を与えることにあるから、「通知」は単に契約との不適合がある旨を抽象的に通知するだけでは足りず、細目にわたる必要はないが、不適合の内容を把握できる程度に、不適合の種類・範囲を伝えることを想定している[102]。

この期間制限の趣旨は、目的物を引き渡したことによって履行が完了したという売主の期待を保護するものであるから、引渡しの時に売主が目的物の契約不適合を知り、または重大な過失によって知らなかったときは、このような売主を保護すべき理由がないことになる[103]。この場合には、１年以内に通知がなかったとしても、買主は契約不適合責任を追及する権利を失わない（民566条ただし書）。

97　部会資料75A「民法（債権関係）の改正に関する要綱案のたたき台(9)」23頁。

98　最判平成13・2・22判時1745号85頁。

99　中舎寛樹『債権法　債権総論・契約』（日本評論社、2018年）175頁、松岡ほか編・前掲書（注5）764頁〔北居〕。中田・前掲書（注2）318頁は、判例の基準よりも緩やかでよいとしている。

100　最判平成4・10・20民集46巻7号1129頁。

101　筒井＝村松編著・前掲書（注2）285頁。

102　筒井＝村松編著・前掲書（注2）285頁。

103　筒井＝村松編著・前掲書（注2）285頁。

145

〔第1部・第5章〕第5節　目的物の種類または品質に関する担保責任の期間制限

　なお、民法566条の規定は、消滅時効の一般原則の適用を排除するもので
はない。したがって、買主が契約不適合を知ってから1年以内にその事実を
売主に通知して権利を保存した場合にも、買主の追完請求権等の権利は、債
権に関する消滅時効の一般原則に従うことになる。すなわち、買主の追完請
求権等は、買主が権利を行使することができることを知った時から5年（民
166条1項1号）または権利を行使することができる時から10年（民166条1項
2号）で消滅時効にかかることになる。

　5年の消滅時効の起算点は、権利を行使することができることを知った時
である。買主が契約不適合を知った時に権利を行使できることを知ったとい
えるから、その時から起算するものと解される。また、買主が契約不適合を
理由に権利を行使できる時期は、不適合な給付がされた時とされる。[105]

　また、10年の消滅時効の起算点は、権利を行使することができる時である
が、旧法下では、引渡し時を起算点としていた。[106]

　学説には、契約不適合責任は、債務不履行の原則に従うと改正されたので
あるから、履行期を基準として起算されるべきとするものがある。[107]しかし、
買主が契約不適合を理由に権利を行使できる時期は、不適合な給付がされた
時であるから、[108]引渡し時を起算点とすべきであろう。[109]

II　新築住宅に関する特別規定

　住宅品確法95条によると、新築住宅（①建設工事の完了の日から起算して1
年以内のものであって、②人の居住の用に供したことのない住宅（住宅品確2条
2項））の構造耐力上主要な部分または雨水の浸入を防止する部分に瑕疵
（種類・品質の契約不適合）がある場合に、売主に担保責任を負わせるとして

104　筒井＝村松編著・前掲書（注2）285頁注2。

105　潮見・前掲書（注2）（基本講義）106頁。

106　最判平成13・11・27民集55巻6号1311頁。

107　磯村・前掲論文（注41）81頁、松岡ほか編・前掲書（注5）765頁〔北居〕。

108　潮見・前掲書（注2）（基本講義）106頁。

109　潮見ほか編・前掲書（注2）435頁〔石川〕、潮見・前掲書（注2）（概要）268頁、潮見・前掲書
　　（注2）（基本講義）105頁、中田・前掲書（注2）318頁～319頁。

いる。買主は債務不履行による損害賠償請求権（民415条）、契約解除権（民541条・542条）、追完請求権（民562条）および代金減額請求権（民563条）を行使することができ、売主は、住宅を買主に引き渡した時から10年間、担保責任を負う（住宅品確95条1項、この規定は、強行規定である（住宅品確95条2項）。担保責任を負う期間は、特約によって20年に伸長することができる（住宅品確97条））。

　住宅品確法では、売主の瑕疵担保責任の対象とすべき部位を住宅として使用するために必要不可欠な部分であることを基準に決定した。すなわち、構造耐力上主要な部分とは、居住者の生命、健康および財産の保護のために不可欠な部分であり、雨水の浸入を防止する部分は日常生活において必要不可欠な部分である。そして、住宅が住宅品確法に定める瑕疵担保責任の存続期間10年に対応する耐用年数を備えていることが要求されているのである。

　買主は、上記の瑕疵担保責任を売主に追及する権利を保存するためには引き渡された住宅に瑕疵があることを知った時から1年以内に売主にその事実がある旨を通知しなければならない（住宅品確95条3項、民566条本文）。

Ⅲ　権利および数量に関する契約不適合の場合

　権利に関する契約不適合（民565条）については、「売主が契約の趣旨に適合した権利を移転したという期待を生ずることは想定し難く、短期間で契約不適合の判断が困難になるとも言い難い。そこで、目的物の性状に関する契約不適合について論じられているような、消滅時効の一般原則と異なる短期の期間制限を必要とする趣旨が妥当しないと考えられる」として、不適合を知った時から1年が経過すると買主の権利が保存されないとする制度は採用されなかった。

　また、数量に関する契約不適合についても「数量不足は外形上明白であり、履行が終了したとの期待が売主に生ずることは通常考え難く、買主の権利に期間制限を適用してまで、売主を保護する必要性は乏しいと考えられる。ま

110　部会資料75A「民法（債権関係）の改正に関する要綱案のたたき台(9)」24頁。

〔第1部・第5章〕第6節　契約不適合責任を減免する特約

た、数量不足の場合は、性状に関する不適合と異なり、目的物の使用や時間経過による劣化等により比較的短期間で瑕疵の有無の判断が困難となることから、法律関係の早期安定という期間制限の趣旨が妥当しない場面が多いように思われる[111]」として、同様に買主の権利の期間制限に関する特則を設けなかった。

　権利および数量に関する契約不適合の場合について、買主の契約不適合を理由とする権利には消滅時効に関する一般的原則が適用されることになる。すなわち、買主が契約不適合を知った時から5年、または買主が権利を行使できるようになった時から10年経過すると消滅時効にかかることになる（民166条1項）。

第6節　契約不適合責任を減免する特約

I　民法上の規定

　民法562条〜565条の契約不適合責任に関する規定は任意規定であるから、これらの規定と異なる売主の責任を軽減する特約や責任を免除する特約をすることは、契約自由の原則上、公序良俗に反しない限り、原則として許されると解される。ただし、売主が知りながら告げなかった事実（たとえば、土地の売買において、土壌が汚染されている事実）については、契約不適合責任を免れることができない。また、売主が自ら第三者のために設定または譲り渡した権利について売主は契約不適合責任を免れることはできない（民572条）。

---

[111]　部会資料75A「民法（債権関係）の改正に関する要綱案のたたき台(9)」24頁〜25頁。

II 消費者契約における契約不適合責任を減免する特約

　事業者間の売買契約においては、契約交渉力が対等であって、情報、経験においても差がないと考えられるから、契約自由の原則に委ねて、契約不適合責任を減免する特約を有効と認めてよいが、専門知識・経験を有する事業者と知識・経験を有しない消費者との間においては同様に論じることができない。また、売主は事業者として消費者に対して重い責任を負うべきである。さらに、事業者が一方的に作成した契約書における約款に拘束力を認めることは、いわば消費者に対する不当な契約不適合責任を減免する約款の押しつけになりうる。そこで、消費者に不当な契約不適合責任減免約款が押しつけられないように特別法が設けられている。

1 宅地建物取引業法

　宅地建物取引業法40条は、宅地建物取引業者が自ら売主となる宅地または建物の売買において、目的物の種類または品質に関して契約に適合しない場合には、その不適合を担保すべき責任は、民法566条に定める買主の権利制限期間を目的物引渡し時から2年以上とする特約をする場合を除いて、民法566条が規定するものより買主に不利となる特約をしてはならないと定める（宅建業40条1項）。この規定に反する特約は、無効である（宅建業40条2項）。
　この規定は、売主が宅地建物取引業者の場合にのみ働くのであるから、その適用範囲は限定されている。

2 住宅の品質確保の促進等に関する法律

　さらに、住宅品確法95条2項も、新築住宅の買主を保護するために、売主の契約不適合責任を減免する特約は無効としている。本法では、適用を受ける売主を事業者に限定せず、買主も消費者に限定していないので、消費者たる買主の保護を目的する消費者契約法よりも買主の保護の範囲は広い。
　ドイツ民法444条は、売主が瑕疵について悪意で沈黙していた場合もしく

149

〔第1部・第5章〕第6節　契約不適合責任を減免する特約

は目的物の性質について保証をしていた場合には、売主は、買主の瑕疵に対する権利を排除もしくは制限する合意を主張することができないと定めている。さらに、公証人によって作成された新築住宅の売買契約について、連邦通常裁判所（BGH）は、売主の瑕疵担保責任排除特約を信義則（ドイツ民法242条）に反するものとして無効であると判断している。[112]新築住宅売買契約における契約不適合責任減免特約について、わが国では特別法で、ドイツでは民法上の一般条項を用いて、同様の解決を導いていることは注目すべきことである。

3　消費者契約法

　消費者契約においては、原則として、不動産の売主たる事業者と消費者たる買主との間で、事業者が債務不履行をし、消費者に損害が生じても、その損害賠償の責任を免除する特約、または事業者に責任の有無を決定する権限を付与する特約を無効とする（消契8条1項1号）。また、事業者の債務不履行によって消費者に生じた損害の一部を免除し、または事業者に責任の限度を決定する権限を付与する特約も無効とされる（消契8条1項2号）。

　ただし、契約不適合責任については、事業者の損害賠償責任を免除する特約や事業者にその責任の有無もしくは限度を決定する権限を付与する特約も次に掲げる特約もされているときは、有効とされる。

　すなわち、引き渡された目的物が契約に適合しないときは事業者が履行の追完をする責任または不適合の程度に応じた代金の減額をする責任を負うとする特約がある場合には、有効とされるのである（消契8条2項1号）。

　目的物が新築住宅以外の場合でかつ売主が事業者であり、かつ買主が消費者である場合には、消費者契約法の規定が適用されることになる。

（藤井俊二）

---

[112]　BGH, BGHZ98, 100, 107f.

第6章
不動産の二重譲渡

はじめに

　契約により同一の財貨の獲得をめざす競合者相互の関係をどう規律すべきか、という課題は、自由主義経済の下における私法秩序の根幹にかかわる基本的問題である。いわゆる「二重譲渡」をめぐる法律関係は、民法の諸制度が重層的に絡む紛争の代表例であり、現実に紛争の主体として登場する個人の権利・利益保護の要請に加え、競争秩序の規律という公益的要請も踏まえたうえで、解釈論および立法論を展開する必要がある。

　動産や指名債権の二重譲渡などの場合、仮に第1譲受人が対抗要件を具備しなかったため第2譲受人との競合において敗れ、獲得をめざしていた財貨を取得できなかったとしても、代替取引と譲渡人への損害賠償請求により、失権に伴う不利益を比較的容易にカバーできることが多い。対抗要件具備の先後による画一的優劣決定が大きな不都合をもたらすことは少ない。ところが不代替物である不動産、特に土地に関しては、権利獲得をめざす競合者間の争いは先鋭化し、悪質な第2譲渡の場合は対抗要件による画一的処理が関係当事者に不公平感をもたらし、帰属の優劣決定自体の判断の見直しが裁判所に求められることも多くなる。そこで本章では、まず「不動産の二重譲渡」における所有権の帰属決定問題を取り上げ（第1節）、次に所有権を取得したことを主張できなくなった第1譲受人が譲渡人と第2譲受人に対してどのような救済を求めることができるか（第2節）、という順序で、検討する。

〔第1部・第6章〕第1節　二重譲渡における所有権帰属の確定

第1節　二重譲渡における所有権帰属の確定

I　意思主義・対抗要件主義の意義

1　登記効力要件主義との比較

　わが国では、物権変動に関して意思主義が採用されており（民176条）、登記や引渡し等を経ることなく、意思表示のみにより物権変動の効果が生じる。もっとも、物権の変動は、常に外界から認識しうる何らかの表象を伴うことを必要とするため（公示の原則）、公示（対抗要件）を備えなければ第三者によってその効力を否定される可能性がある（民177条・178条）。

　立法主義としては、物権変動の効力を登記の具備に結び付ける選択肢（効力要件主義）もありうる。この場合二重譲渡は成立する余地がなく、二重売買（債権契約の競合）が問題となる。効力要件主義は、物権の帰属を絶対的に確定する点において、法律関係が単純明解になると同時に、硬直的にもなりうる点で諸刃の剣となる。また、登記の慣行が未定着であった民法制定当

1　公示の原則の意義につき、舟橋諄一『法律学全集(18)物権法』（有斐閣、1960年）64頁、我妻榮（有泉享補訂）『民法講義(2)物権法〔新訂〕』（岩波書店、1983年）40頁、海老原明夫「公示の原則・公信の原則」法教157号16頁。紙幅の都合上、文献引用は必要最小限にとどめざるを得ないことにつきご海容賜りたい。

2　立法論として効力要件主義の妥当性を説くものとして、我妻（有泉補訂）・前掲書(注1)59頁、松岡久和「物権変動法制のあり方」ジュリ1362号39頁、七戸克彦「意思主義の今日的妥当性」森泉章刊行委員会代表『民法と著作権法の諸問題〈半田正夫教授還暦記念論集〉』（法学書院、1993年）26頁。解釈論として、この方向性に賛同するようにみられるものとして、石田穣『民法大系(2)物権法』（信山社出版、2008年）137頁、石田剛「不動産物権変動における公示の原則と登記の効力（三・完）」立教法学51号98頁、大場浩之『不動産公示制度論』（成文堂、2010年）448頁（初出は、大場浩之「ドイツにおける仮登記（Vormerkung）についての考察（6・完）」早稲田法学83巻2号26頁）など。

152

時の社会状況の下では、効力要件主義の導入が不動産取引の促進にとって障害となることが危惧された。[3] この点、意思主義は、取引に対する国家的規制の可及的抑制（方式自由の保障）という自由主義的な思潮と相まって、取引関係の簡易迅速な構築を可能にする点において歓迎された。[4] とはいえ、対抗要件制度の下における権利関係の相対化・柔軟化は法律関係の複雑化というデメリットと裏腹の関係にある。

2 「対抗することができない」の意義

「対抗不能」とは、登記なしに物権変動の効力を第三者に対して主張できないことを意味する。もっとも、第三者が登記欠缺を主張する利益を放棄して未登記物権変動の効力を承認することは可能であると解されている。[5] 従来から意思主義および物権の排他性（一物一権主義）との関係で、二重譲渡の譲受人相互間の法律関係をどのように構成すべきかが問題とされてきた。以下Ａが不動産甲をＢに譲渡した後、重ねてＣにも譲渡した事例（以下、「設例」という）に即して、諸説の論理を概観しておく。[6]

(1) 二重譲渡可能説

二重譲渡の法的可能性を導く論理として、Ｃとの関係でＡＢ間の未登記物権変動は相対的に無効であるととらえる説（相対的無効説）、未登記の物権変動は効力が不完全であり、Ｂは排他性を備えた物権を取得していないとする説（不完全物権変動説）、Ｂに観念的物権は完全に移転するが、観念的物権相互間における優先的効力の順位が未決定の状態にとどまるとする説（優先的効力説）、Ｂは「債権的物権」ないしは「萌芽的物権」を取得するだけで、実質的には特定物債権者と大差ないとみる説（債権的効果説・二段階物権変動

---

3 梅謙次郎『民法要義(2)物権編〔訂正増補〕』（和佛法律學校ほか、1898年）5頁、鎌田薫「対抗問題と第三者」星野英一編集代表『民法講座(2)物権(1)』（有斐閣、1984年）67頁。

4 わが国の意思主義の意義を歴史的・比較法的観点から考察するものとして、松尾弘「不動産譲渡法の形成過程における固有法と継受法の混交（3・完）」横浜国際経済法学4巻1号149頁。

5 大判明治39・10・10民録12輯1219頁、大判昭和16・6・12判決全集8巻23号4頁。どのような場合に「承認」があったとみられるかについては、舟橋諄一＝徳本鎮編『新版注釈民法(6)〔保訂版〕』（有斐閣、2009年）518頁以下〔原島重義＝児玉寛〕を参照。

6 諸説の詳細と出典は、舟橋＝徳本・前掲書（注5）502頁以下〔原島＝児玉〕、鎌田薫『民法ノート物権法(1)〔第4版〕』（日本評論社、2022年）61頁に委ねる。

〔第1部・第6章〕第1節　二重譲渡における所有権帰属の確定

論）が主張されている。登記名義を保持するＡには、譲渡済みの甲をＣに譲渡する権能が残っており、Ｃは権利者Ａから所有権を承継取得する、という理解を前提としている。これらの説に対しては、効力要件主義に過度に傾斜しているのではないかとの批判が考えられる。

　もう一つは、ＡＢ間では意思表示のみで物権変動の効果が完全に生じるものの、Ｃは、登記欠缺を主張することにより、ＡからＢへの物権変動の効果を否認することができ、その結果、他人物譲渡である第2契約に関して、Ａの処分権欠缺という処分行為の無効原因が治癒され、遡及的にＣへの承継取得が生じるとする考え方がある（否認権説）。先行する物権変動と両立しない反対事実を主張することで否認権行使の効果が生じるとする見解も同様である（反対事実主張説）。両者はあわせて「第三者主張説」と呼ばれている。しかし、無権利者であるはずのＡと取引したＣが先行するＡＢ間の物権変動を否認する権限を有するのはなぜか、必ずしも明らかにされてはいない。仮にそれが民法177条の存在自体に求められるとすれば、これは次にみる法定制度説とそれほど変わりないことになる。

　すなわち民法176条は本来民法177条と不可分一体の規定であり、第1譲渡後も目的不動産につき有効に権利を承継取得しうる第三者の出現を予定したものとみる考え方がある（法定制度説）。仮に民法176条しかなければ不可能であるはずの二重譲渡が、民法177条が存在することの法定効果として可能になるというものである。この説には理論的分析の放棄ではないかとの批判がある。[7]

　判例の立場は、上記諸説のバリエーションの間で若干の揺れをみせているが、[8]いずれにせよ二重譲渡における第二譲受人の権利取得を無権利者からの取得と区別してとらえる点では一貫しているといえる。

7　七戸克彦「民法899条の2をめぐって(1)」法政研究87巻1号168頁。

8　初期には、相対的無効説（大判明治34・2・22民録7輯2巻101頁、大判明治39・4・25民録12輯660頁）第三者主張説に立つものがある一方（大判明治45・6・28民録18輯670頁）、戦後は、いずれも無償譲渡についてではあるが不完全物権変動説に親和する言辞を用いるものがある（最判昭和33・10・14民集12巻14号3111頁（贈与）、最判昭和39・3・6民集18巻3号437頁（遺贈））。

154

(2) 二重譲渡否定説

これに対して、二重譲渡は法的に不可能であり、Ｃの権利取得を無権利者であるＡからの法定取得と構成する考え方も主張されている。法定取得の内実をどうみるかについては、三つのバリエーションが考えられる。

第１に、意思主義の下では未登記でも所有権はＢに確定的に移転し、Ａは無権利者であり、Ｃは登記名義人Ａを権利者と正当に信頼した場合に限り、公信力の効果として権利を原始取得するという考え方が主張された（公信力説）。民法177条を即時取得と同じ趣旨の信頼保護規定とみるわけである。しかし、民法典が動産に関して民法178条と民法192条を区別していることとの整合性、民法94条２項類推適用との関係性などについて十分な説明がなされておらず、解釈論としては問題があるという批判がある。

第２に、意思表示のみでＢが所有権を完全に取得するという前提を共有するものの、ＣはＡとの取引行為に基づき登記を先に取得することにより、民法177条の法定効果として所有権を取得し、その反射としてＢは権利を失うとみる考え方が示された（法定取得——失権説）。Ｃの法定取得は信頼保護の効果ではなく、登記を懈怠したＢに対する制裁に重点がおかれ、Ｃは悪意でも登記を先に具備すれば優先しうる点で公信力説と異なる。この説に対しては、Ｂは登記義務を負うわけではないのに、Ｃが権利取得することの反射として失権するという形で制裁を受けること、ＢとＣにとって対抗要件の有する意味が異なること、の法理論上の妥当性が問題となる。

第３に、無権利者からの権利取得を例外的に認めるために、登記を怠ったことに対する帰責性と登記されていない物権変動は存在しないという第三者の信頼を保護要件として定めるのが民法177条であるとする見方も有力に主張されている。

(3) 「二重譲渡」を権原の対抗とみる考え方

前記(1)(2)でみた諸説のように、二重譲渡の法的可能性という観点からではなく、民法177条を物権変動の原因である権原相互間の優劣決定規範としてとらえる見解も存在する。一つは、登記を物権変動原因事実の時間的先後に関する法定証拠ととらえる考え方である（法定証拠説）。もう一つは、民法176条と民法177条の規範構造をとらえ直す考え方である（規範構造説）。すな

〔第1部・第6章〕第1節　二重譲渡における所有権帰属の確定

わち物権変動の原因に関する規範である民法176条には時間的に先に権原を得たBが優先するという権原の優劣決定規範が内在するところ、民法177条はこれに外在する物権の排他的帰属を決定する規範である、というものである。競合する権原相互間の優劣は、仮に民法176条しか存在しなければBがCに優先すべきところ、民法177条の適用によりBCの権原は法的に対等に扱われ、登記の先取得を基準として優劣が判定されることになる。いずれも前記(1)(2)の対立軸を超える視点からの法的構成である。法定証拠説に対しては、現行法は旧民法と異なり、登記を証拠法上の制度と位置づけていないという批判が、規範構造説に対しては、民法177条は物権変動の第三者対抗力全般を扱う体裁の規範であり、その趣旨を権原相互間の優劣決定機能に限定する根拠が不明確であるとの批判が考えられる。

3　双方未登記の状態での法律関係

次にBC双方が登記していない場合の相互の法律関係はどうなるか。意思主義と物権の優先的効力から出発し、双方未登記の場合に民法177条が適用されないならば、民法176条の原則に戻り、Bは未登記でCに物権変動を対抗できるとも考えられる。法定証拠説および公信力説・法定取得——失権説のように、Cの権利取得を自己の登記具備に伴う法定取得とみる法的構成は、Bが登記なしにCに優先するという結論と親和するように思われる。

判例は二重譲渡肯定説に立脚している。さらに民法177条は、すでに生じた競合権利者間の優劣を事後的に画一的に決定する役割を担う裁判規範であると同時に、行為規範としての側面を有することが看過されてはならない。民法177条は、第2譲受人よりも先に登記を備えて自己の権利を保全できたはずの第1譲受人がこれを怠ったこと（登記懈怠）に対して、失権という不利益を与えることで、事実上登記を促進する効果をもつ。判例が一貫して、民法177条を文言どおり適用し、BCいずれも相互に物権変動の効果を対抗できないとして、「両すくみ」状態を肯定するのも、民法177条のような行為規範の側面をも重視し、登記へのインセンティブを高める配慮に基づくもの

9　大判明治43・1・24民録16輯1頁、前掲最判昭和33・10・14。

と考えられる[10]。

4 登記に関する主張・立証責任

　また、Bが、Cを被告として所有権確認請求訴訟を提起する場合、請求原因として、自ら登記を有することを主張・立証する必要があるか、も問題となる。論理的には肯定する考え方もありうるが（請求原因説）[11]、意思主義・対抗要件主義とは整合しにくい。次に登記に関する主張はCの抗弁事由であり、Cが対抗要件の抗弁を主張するにあたり、自らが民法177条の「第三者」に該当すること（設例ではAとの譲渡契約締結の事実）に加えて、Bの登記欠缺をも主張・立証しなければならないとする見解がある（抗弁説）。しかし、BC双方未登記の場合は相互に優劣関係がないはずであるのに（前記3参照）、物権変動の効力を積極的に主張するBよりCのほうが重い主張・立証責任を負うのは不公平である。

　そこで登記具備の事実は、Bが再抗弁として主張・立証しなければならないとするのが判例・通説である（再抗弁説）。再抗弁説は、抗弁としてCが主張すべき事実は何かについての見解の相違に応じて、さらに、①Cは、Bの物権取得に対する反対事実の主張・立証で足りるとする見解（第三者主張説）と、②①に加えて、登記の有無を問題にする旨をも主張しなければならないとする説（権利抗弁説）に分かれる。実務上は権利抗弁説がとられている[12]。

10　インセンティブ効果一般については、神田秀樹「法のインセンティブ効果と会社法」曹時44巻7号1頁〜14頁。

11　舟橋＝徳本編・前掲書(注5)515頁〔原島＝児玉〕。

12　司法研修所編『民事訴訟における要件事実(1)〔増補〕』（法曹会、1986年）249頁。

〔第1部・第6章〕第1節　二重譲渡における所有権帰属の確定

Ⅱ　「第三者」制限説と背信的悪意者排除論

1　二つの明治41年大審院連合部判決

(1)　変動原因に関する制限説から無制限説への転換

　民法177条は、登記すべき物権変動を広く抽象的に「得喪及び変更」と定めており、旧民法のような限定列挙主義をとっていない[13]。判例も当初は民法177条を意思表示による物権変動にのみ適用していた[14]。確かに近代的な不動産登記制度の歴史は取引（法律行為）による物権変動を公示する必要性から出発している。民法177条の主な適用領域が意思表示に基づく物権変動であることに疑いの余地はない。民法177条が民法176条の直後にあることも、前者が後者の例外則として、意思表示による物権変動のみにかかわる規定であることの論拠とされていた。

　しかし、その後、判例は、「得喪及び変更」の原因を意思表示に限定しない立場（無制限説）に転換した[15]。①民法176条は物権変動の当事者間の関係、民法177条は第三者との関係を規律するのであって、両者は適用領域を異にする別個の規範であり、規定の位置関係は制限説の根拠とはならない、②民法177条は第三者保護規定であり、第三者の立場からすれば変動原因が意思表示か否かで未登記物権変動の対抗力が区別されるべきでない、③登記手続上も、家督相続による物権変動は、意思表示による場合と同様に登記を期待できるから、両者を区別する必要がない、ことが根拠として述べられている。その根底には、民法177条を第三者保護の観点からみれば、原則として物権変動は原因を問わず登記されるのが公示の原則の要請からして望ましく、登記簿をみる者は、未登記の物権変動を一応無視して行動してよい、とする制度観の存在を読み取ることができる。

13　旧民法財産編348条は、1号～4号において、登記すべき物権変動として、意思表示に基づく物権変動、権利の変更、競売および公用徴収による物権変動、を限定列挙していた。

14　大判明治38・12・11民録11輯1736頁。

15　大判明治41・12・15民録14輯1301頁。

158

(2) 民法177条における第三者制限説──「登記の欠缺を主張する正当の利益」基準

　民法177条は「第三者」の範囲についても制限を設けていない。この点でも、第三者を同一物上に両立不能な権利を取得した者に限定していた旧民法の立場が修正されている。[16]立法直後は当事者および包括承継人以外の第三者をすべて含むとする無制限説も有力であったが、[17]大審院は明治41年の連合部判決において制限説に立場を改めた。[18]対抗要件は「彼此利害相反」する関係で機能する制度であり、民法177条の第三者は、「登記の欠缺を主張する正当の利益」を有する者に限るとする、柔軟性に富む判断基準が生み出された。

　明治41年に二つの連合部判決が行った方針転換はどう評価されるべきか。この問題は巨視的にみれば、二重譲渡論との関係においても極めて重要な意味がある。すなわち、連合部判決は、対抗要件制度を契約に基づく物権変動に対抗力を付与する手段としてだけではなく、不動産の権利に関する総合情報システムとして設計された不動産登記簿に適合的な対抗要件法理を構築する基礎を提供したものととらえることができる。フランス法では、契約（合意）に対抗力を与えるための制度として、伝統的に年代順に証書を綴じ込むスタイルの登記制度が発達した。[19]証書登録方式は、基本的に契約による物権変動を想定した公示手段であり、検索・調査手段としては非常に不便であるうえ、登記の専門家である公証人が介在するフランス社会の土壌と不可分のものであった。[20]わが国では、民法典施行後、当時新興のプロイセン（＝ドイツ）が採用する権利帳簿方式の登記制度が導入された。[21]不動産の履歴書のよ

---

16 旧民法財産編350条「第348条ニ掲ケタル行為、判決又ハ命令ノ効力ニ因リテ取得シ変更シ又ハ取回シタル物権ハ其登記ヲ為スマテハ仍ホ名義上ノ所有者ト此物権ニ付キ約束シタル者又ハ其所有者ヨリ此物権ト相容レサル権利ヲ取得シタル者ニ対抗スルコトヲ得ス但其者ノ善意ニシテ且其行為ノ登記ヲ要スルモノナルトキハ之ヲ為シタル時ニ限ル」。

17 鳩山秀夫「不動産物権の得喪変更に関する公信主義及び公示主義を論ず」鳩山秀夫『債権法における信義誠実の原則』（有斐閣、1955年）57頁。

18 大判明治41・12・15民録14輯1276頁。

19 フランスの登記制度・対抗要件主義の歴史については、星野編集代表・前掲書（注3）6頁、滝沢聿代『物権変動の理論』（有斐閣、1987年）64頁。

20 鎌田薫「フランスにおける不動産取引と公証人の役割(1)・(2)」早稲田法学56巻1号31頁・2号1頁。

〔第1部・第6章〕第1節　二重譲渡における所有権帰属の確定

うな登記制度を整備することにより、登記に両立不能な権原相互間の優劣決定機能を超えて、物権変動の効果を物権の内容変更を含めて広く第三者一般に公示する機能を付与しようとしたのである。[22]民法177条が物件の得喪変更と定めていることには、このように明確な意図が反映されている。

　連合部判決は、上記のような、旧民法から現行民法典に至るまでの実体法の変化[23]と、これと並行して進められた登記制度の機能拡張の要請を踏まえて、民法177条の解釈枠組みを再構築するものと理解することができる。すなわち変動原因レベルで、意思表示によるか否かという基準で、民法177条の適用範囲を一刀両断するのは硬直的であり、かつ登記の帰属公示機能を重視すれば、変動原因で一律に入口を絞ることは不適切である。そこですべての物権変動を一応民法177条の土俵に乗せたうえで、第三者の範囲論で個別に決着をつける方針を採用した。取消し、解除、取得時効、遺産分割による物権変動につき、判例が第三者の出現時期に応じてつまり個別具体的な事案に着眼して民法177条の適用・不適用を区分するのも、[24]明治41年の二つの連合部判決の指針の具体化にほかならない。まず未登記を具体的な第三者との関係において懈怠と評価できるか、仮に懈怠と評価できるとして、その第三者が懈怠を非難するに足る正当の利益を有するか、という比較衡量の枠組みを確立したのである。[25]

2　第三者の主観的態様

(1)　善意悪意不問原則

　第三者の主観的態様に関しても、現行法は対抗不能による保護を善意者に

21　明治19年の旧登記法は「地所建物船舶ノ売買譲与質入書入」に第三者対抗力を付与するとして、旧民法の対抗要件制度と親和する登記制度を想定しているようにもみえる。これに対して明治32年の不動産登記法は権利帳簿方式の登記制度を採用した。

22　石田・前掲論文(注2)92頁。

23　この点に関して、鎌田・前掲論文(注3)71頁。

24　取消し後（大判昭和17・9・30民集21巻911頁）、解除後（最判昭和35・11・29民集14巻13号2869頁）、時効完成後（最判昭和33・8・28民集12巻12号1936頁）、遺産分割後（最判昭和46・1・26民集25巻1号90頁）の第三者との関係には177条が適用される。

25　同判決の意義と背景につき、川井健『民法判例と時代思潮』（日本評論社、1981年）31頁、池田恒男「明治41年大審院『第三者』制限連合部判決の意義」社會科學研究28巻2号197頁。

160

限定していた旧民法のルールを改めて、善意悪意不問を原則とした。民法177条は不動産物権にかかわる紛争を登記により画一的処理する点に重要な存在意義がある。裁判規範としては、第三者の主観的態様を問わず、客観的基準で紛争を形式的に処理できることこそが生命線となる。加えて物権変動を登記しないと悪意者に対しても敗れてしまうことが第1譲受人にもたらす心理的効果は大きく、登記を促進するという観点からも望ましい効果をもつ。

　公示制度の目的が物権変動の存在を部外者に知らせることにあるとすれば、登記簿外の情報を通じて先行する未登記物権変動の存在を知る者は民法177条の第三者として保護する必要はないようにも思われる（悪意者排除説）。悪意の第2譲渡は第1譲受人の所有権または特定物債権を侵害する一種の取引的不法行為ともみられるからである。このように考えると、ＡＢ間の第1契約締結と同時に自由競争の余地はなくなり、悪意者・善意有過失のＣは排除されるべきことになる。しかし、現行民法が、第1契約締結の事実だけで競争関係が終結することを前提としているとみてよいか、なお疑問の余地がある。民法177条はあくまでも登記名義の先取得を競争のゴールとする建前をとっており、判例も先行譲渡の認識により後行の権利取得の可能性が直ちに封ぜられるとはみていない。学説においても、善意悪意不問原則の存在意義を重視する説、あるいは「悪意」よりも、信義則違反（背信性）の認定こそが本質的であるとする説が有力に主張されている。

26　前掲（注16）旧民法財産編350条参照。

27　公信力説のほかに、悪意者排除説を支持するものとして、松岡久和「不動産所有権二重譲渡紛争について(1)・(2・完)」龍谷法学16巻4号65頁・17巻1号1頁、内田貴『民法Ⅰ〔第4版〕』459頁、潮見佳男「債権侵害（契約侵害）」山田卓生編集代表『新・現代損害賠償法講座(2)権利侵害と被侵害利益』（日本評論社、1998年）250頁、吉田邦彦『債権侵害論再考』（有斐閣、1991年）579頁、平野裕之『物権法〔第2版〕』（日本評論社、2022年）97頁等がある。

28　滝沢聿代『物権変動の理論(2)』（有斐閣、2009年）117頁、松尾弘「悪意の二重譲受人の不法行為責任」円谷峻＝松尾弘編集代表『損害賠償法の軌跡と展望〈山田卓生先生古稀記念〉』（日本評論社、2008年）373頁、辻伸行「民法177条と悪意の第三者」上智大学法学会編『変容する社会の法と理論〔上智大学法学部創設50周年記念〕』（有斐閣、2008年）484頁、石田剛「背信的悪意者排除論の一断面(1)・(2・完)」立教法学73号69頁・74号189頁。

29　川井健『不動産物権変動の公示と公信』（日本評論社、1990年）23頁、広中俊雄『現代法律学全集(6)物権法〔第2版増補〕』（青林書院、1987年）108頁、加藤雅信『新民法大系(2)物権法〔第2版〕』（有斐閣、2005年）121頁、安永正昭『講義物権法・担保物権法〔第4版〕』（有斐閣、

〔第1部・第6章〕第1節　二重譲渡における所有権帰属の確定

⑵　不動産登記法の特則

　もっとも、法は、悪質な第三者に対処するため、未登記でも物権変動を第三者に対抗できる場合として、不動産登記法中に例外則を設けている（不登5条（旧4条・5条））。[30]

　まず不動産登記法5条1項は、詐欺または強迫により登記申請を妨害した者を民法177条の第三者から除外している。登記を妨害された第1譲受人は登記を懈怠したと非難されるいわれはなく、またその状況は第三者（第2譲受人）の違法な行為によりもたらされたものである。未登記を登記懈怠と評価できない場合は、そもそも民法177条適用の基礎を欠くといわざるを得ず、加えて違法な手段で他人の権利保全行為を妨害する場合は、取引倫理上許される自由な競争の範囲内の行為とはみられない。不動産登記法5条は、登記懈怠に対する非難可能性という未登記譲受人側の事情と第三者側の行為態様の違法性をも考慮して、登記欠缺の主張の可否を実質的に判断するという比較衡量の基準を内包するものとみられる。しかし、不動産登記法5条の立法趣旨は、そもそも登記懈怠を非難できない場合には、換言すれば登記請求権を事実上行使できない状況におかれた未登記物権取得者に民法177条による不利益を課すべきでない、という点に端的に求められるべきである。

　不動産登記法5条2項も同様の位置づけが可能である。特別の法律関係に基づき他人のために登記申請義務を負う者に、その他人の登記欠缺を非難する資格はない。たとえば未成年者Bの法定代理人CがBを代理してAから不動産甲を譲り受ける契約を結んだ後、CがAB間の第1譲渡を登記せず、自ら甲を二重に譲り受けて登記名義を得た場合、CはBの登記欠缺を主張できない。登記をCに任せるほかないBの登記欠缺はB自身の懈怠と評価されない一方、AB間の譲渡に自ら代理人として密接に関与し、Bに対して負う登記申請義務に違反して違法に自己の利益を図るCに、Bの登記欠缺を非難する資格はないからである。

　未成年者A所有の不動産甲を法定代理人CがBに売る契約をした後、甲を

　2021年）、松岡久和『法学叢書⑼物権法』（成文堂、2017年）138頁など。

30　「いわば登記請求権を他人が違法に侵害した場合の、私法上の効果の一部について定めた実体的規定」と簡潔にまとめられる（幾代通『登記請求権』（有斐閣、2004年）16頁）。

162

自らが譲り受けて登記を経由する場合、Cは、先の例と同様の義務違反の責めを負うのみならず、先行するＡＢ間の物権変動に積極的に関与しておきながら、その物権変動の効果を否認するのは矛盾行為禁止原則（信義則）に抵触し、またＡＣ間に実質的な当事者ともいうべき一体的に把握されうる特別な人的関係（親族関係等）が存在し、その関係性から「第三者」性を否定されるべき利益状況に焦点が合わされていると評価することができる。

(3)　背信的悪意者排除論──信義則違反との結合

　背信的悪意者排除論は、昭和40年代に裁判所による目的論的な制限解釈により民法177条の内部に生み出された特殊法理である。「不動産登記法４条または５条のような明文に該当する事由がなくとも、少なくともこれに類する程度の背信的悪意者」という最高裁判所の表現を端緒とし[31]、やがて「実体上物権変動があつた事実を知る者において右物権変動についての登記の欠缺を主張することが信義に反するものと認められる事情」（背信性）がある者を背信的悪意者と呼ぶ用語法が定着する[32]。すなわち単なる悪意では民法177条の第三者から排除されないが[33]、悪意に＋αとして取引倫理に反する行為態様がみられ、自由競争の範囲を逸脱するような登記欠缺の主張が個別的に封じられることになる。

　最高裁判決において、実質的に背信的悪意と評価された者は、①第１物権変動を前提に行動した者またはその実現に助力すべき立場にある者[34]、②第２譲渡に違法な手段を用いた者[35]、③不当な利益追求や害意など違法な目的で第２譲渡に及んだ者[36]、④譲渡人と密接な人的関係があり実質的に同一主体とみられる者[37]等に分類されうる[38]。不動産登記法の特則は、第１譲受人に懈怠があ

31　最判昭和40・12・21民集19巻９号2221頁。

32　最判昭和43・８・２民集22巻８号1571頁、最判平成18・１・17民集60巻１号27頁。

33　最判昭和43・11・21民集22巻12号2765頁。

34　最判昭和35・３・31民集14巻４号663頁、最判昭和43・11・15民集22巻12号2671頁、最判昭和44・１・16民集23巻１号18頁、最判昭和45・２・24裁判集民98号229頁（ただし「背信的悪意者」という表現は判決文中にない）。

35　最判昭和36・４・27民集15巻４号901頁（ただし90条違反構成）、最判昭和44・４・25民集23巻４号904頁。

36　最判昭和32・６・11裁判集民26号859頁、前掲最判昭和43・８・２、最判平成８・10・29民集50巻９号2506頁。

163

〔第1部・第6章〕第1節　二重譲渡における所有権帰属の確定

るとはいえない場合を対象とするが、背信的悪意者排除論では、たとえ第1
譲受人に登記懈怠と評価できる事情があっても、第2譲受人側に目的・手段
の違法、実質的当事者関係、第1物権変動への積極的関与があり登記欠缺の
主張が禁反言となる場合、そのような者に第1譲受人の単なる登記懈怠を非
難する資格はないとする利益衡量を介することで、未登記で物権変動を対抗
できる範囲が実質的に拡大されている。

　すなわち第三者制限説の「登記欠缺を主張する正当の利益」という定式は、
第2譲受人側の事情と第1譲受人側の事情を相関的かつ総合的に衡量する判
断構造を支える理論枠組みとして機能しており、背信的悪意者排除論は、登
記欠缺の主張における「正当性」の考慮を二重譲渡の譲受人相互間において
も徹底したものとみられる。[39]そこには（広義の）違法行為者に他人の単なる
登記懈怠を非難する資格はないという一貫した評価を見て取ることができる。
違法行為とは具体的な法義務の違反のみならず、信義則違反や脱法目的によ
り実質「違法」と評価されるものを含む。このように背信的悪意者排除論は、
連合部判決が第三者の客観的範囲論の文脈で打ち出した趣旨を第三者の主観
的態様の問題性において具体化したものと捉えられる。

3　転得者が出現した場合の法律関係

　最後に転得者が現れた場合、すなわち設例において、不動産甲がさらにC
からDに譲渡された時におけるBD間の法律関係を後記(1)(2)に場合分けして、
考察する。

(1)　背信的悪意者からの転得者が善意の場合

　ＡＣ間の第2契約が民法90条違反で無効になる場合、[40]転得者Ｄは権利をＣ

37　最判昭和48・4・12裁判集民109号79頁。

38　この類型化については、北川弘治「民法177条の第三者から除外される背信的悪意者の具体的
　　基準(1)～(4・完)」判時538号121頁・541号105頁・544号111頁・547号107頁、松岡久和「判例に
　　おける背信的悪意者排除論の実相」奥田昌道編集代表『現代私法学の課題と展望(中)〈林良平先生
　　還暦記念論文集〉』（有斐閣、1982年）65頁、松岡久和「民法177条の第三者・再論」前田達明編
　　集代表『民事法理論の諸問題(下)〈奥田昌道先生還暦記念〉』（成文堂、1995年）185頁、池田恒男
　　「判批」星野英一＝平井宜雄編『民法判例百選(1)〔第4版〕』（有斐閣、1996年）121頁等に負うと
　　ころが大きい。

39　川井・前掲書(注29)23頁。

164

から承継することができず、不実登記に対する信頼保護法理により例外的に権利を取得する可能性があるにとどまる。

　ＡＣ間の譲渡契約が民法90条違反にあたらない場合、Ｄが所有権とともにＣの「背信的悪意者」としての（登記欠缺の主張が許されない）地位を合わせて引き継ぐと考えれば、登記を先に取得してもＢに対抗し得ないと解すべきことになる。そもそも民法177条の適用範囲が同一前主を起点とする権原の競合関係に限定されると考えれば[41]、対抗関係はＡからの直接の譲受人であるＢＣ間にしか生じないから、ＣがＢより先に登記を備えれば、Ｃの勝利は絶対的に確定する。Ｄは勝者Ｃの地位を承継し、自ら登記を備えているかどうかにかかわらず、Ｂに優先する結果となる。

　しかし、判例は、背信的悪意者であるＣは所有権をＡから承継取得しており、登記欠缺の主張が信義則違反として属人的に否定されるだけであると考えている。すなわちＤはＣと別個の人格として民法177条の「第三者」に該当し、自らが背信的悪意者の烙印を押されない限り、登記を先に取得すれば先できる[42]。民法177条の文言からはＢＣ間にしか対抗問題が生じないという規範理解は論理必然的には導かれない。ＢＤは同一物につき両立し得ない物権変動の効力を争う関係にあり、ＤがＡＢ間の物権変動につき登記欠缺を主張する正当の利益を有する以上、ＢＤ間には民法177条が適用され、登記を先に取得したほうが優先すると考えられる。

(2)　善意の第２譲受人からの転得者が背信的悪意の場合

　Ｃが善意者で、Ｄが悪質者である場合はどうなるだろうか。法的安定性を重視して、善意のＣが登場した時点で、ＢＣ相互間の優劣が絶対的に確定するとみれば、Ｄの主観的態様に悪性がみられても、善意で登記を得たＣが勝ち、ＤもＣの地位を承継する（絶対的構成）。他方で民法177条を紛争当事者間で相対的に適用する考え方からは、Ｃが善意でもＤが背信的悪意と評価されるかどうかを個別的に判断することになる（相対的構成）。

---

[40]　前掲最判昭和36・4・27。

[41]　横山美夏「判批」法教200号140頁、横山美夏「二重譲渡における転得者の法的地位」民研521号12頁。

[42]　前掲最判平成8・10・29。

〔第1部・第6章〕第2節　特定物債権保護のための制度との連関

　この問題を扱う最高裁判例は存在しない。下級審判決には相対的構成を採用したものがある一方[43]、他方で、時効完成後出現の第三者事例において、「特段の事情のない限り」絶対的構成に依拠しつつ、登記を備えたDがCをわら人形として利用する等、取引秩序に著しく反するような態様で不動産取引に関与した場合には、信義則上Bとの関係で例外的に権利主張を封ずるべきとするものもある[44]。今後の議論の行方が注目される論点である。

第2節　特定物債権保護のための制度との連関

I　第2譲受人に対する詐害行為取消権・不法行為責任の追及

1　詐害行為取消権

(1)　特定物債権保護の必要性

　現在では不動産売買における所有権移転時期について、当事者間で明示の特約がなされるのが通常である[45]。また諾成契約主義の原則が比較的広く妥当するわが国においても、不動産譲渡契約締結の事実認定を契約書に基づき慎重に行うべきだとすれば[46]、従来「二重譲渡」問題として論じられてきた紛争は「二重売買」問題として立ち現れ、多くの場合未登記のBの権利は特定物債権にとどまることになる。物権変動の対抗を規律するのが民法177条であ

43　東京高判昭和57・8・31下民集33巻5号〜8号968頁、大阪地堺支判令和2・8・26判時2533号20頁、大阪高判令和3・5・21判時2533号13頁。

44　大分地判平成20・11・28判タ1298号167頁。

45　奥田昌道「判批」安永正昭ほか編『不動産取引判例百選〔第3版〕』（有斐閣、2008年）67頁。

46　横山美夏「不動産売買契約の『成立』と所有権移転(1)・(2・完)」早稲田法学65巻2号1頁・65巻3号85頁。

るとみる限り、所有権がＡＢ間において移転していなければ、ＢＣ間に民法177条が適用される余地はない。しかし、Ｂが所有権を取得し、Ｃが特定物債権者にとどまる場合でも、Ｃは民法177条の第三者にあたると解されている[47]。また、Ｂが特定物債権者にとどまる一方、Ｃが所有権を取得した場合でも、未登記のＢＣ間においてＢへの所有権移転の有無を厳格に問うことが法的に有意的でないとすれば、この場合も民法424条類推適用・転用により、背信的悪意者排除論と同等の保護をＢに与えてもよさそうに思われる[48]。

(2) 第三者の背信的悪意と第２譲渡行為の詐害性

　そこでＡがＢに甲を1000万円で譲渡したが、Ｂへの所有権移転登記をせず、その後悪意のＣに甲を300万円で二重に譲渡し、Ｃへの所有権移転登記をした、というように設例を改めたうえで考えることにしよう。

　民法424条によれば、債務者が債務超過の状態において責任財産を減少させる行為をした場合に、債権者が詐害行為にあたることを理由として裁判所にその取消しの請求をすることができる。責任財産を減少させる行為の典型例としては、債務者が所有する不動産を第三者に贈与し、または不当な廉価で売買する場合などが考えられる。

　上記の設例において、ＡＢ間で定められた代金1000万円が甲の価値に相当する適正額であるとすれば、Ｃに甲を300万円で売却する行為は不当な廉価売買にあたる。Ｃが登記を備えることにより、ＢのＡに対する甲の特定物債権は履行不能となり、塡補賠償を求めることができるところ（民415条２項１号）、ＡはＢの債権回収の拠り所である責任財産を減少させている。債務超過状態にあるＡがＣへの第二譲渡に及び、かつＣが行為の詐害性につき悪意であったとすれば、ＢはＡに対する損害賠償請求権を保全するため詐害行為取消権を行使することが考えられる。

　民法424条が適用されるためには、まず特定物債権が民法424条の被保全債権としての適格性を有しているといえるかが問題となる。判例は、特定物債

---

[47]　最判昭和28・9・18民集7巻9号954頁（立木取引の事例）。

[48]　二重譲渡を特定物債権保護の観点から分析するものとして、好美清光「Jus ad rem とその発展的消滅」一橋法学研究3号179頁、磯村保「二重売買と債権侵害(1)～（3・完)」神戸法学雑誌35巻2号403頁・36巻1号25頁・2号289頁。

〔第1部・第6章〕第2節　特定物債権保護のための制度との連関

権も「窮極において損害賠償債権に変じうるのであるから、債務者の一般財産により担保されなければならないことは、金銭債権と同様」であるとして、適格性を肯定する。[49] よって、Cが背信的悪意者にあたるかどうかと関係なく、AのCへの不当廉売を詐害行為として、Aに詐害意思があり、かつCも行為の詐害性につき悪意であれば、BはAに対する特定物債権の保全を目的として、Cへの廉価売買を取り消すことができる。このことは、結果として、民法177条により決せられる物権帰属関係が民法424条により覆される場合が生じうることを意味するが、両者は制度趣旨を異にしており、背信的悪意者の要件・効果は詐害行為取消権の要件・効果と一致していないことから、このことをもってただちに評価矛盾とまではいえない。

　では、上記の設例において、AはCに甲を1500万円で売却した場合はどうか。この場合は、甲を1500万円という相当な対価で売却しているから、責任財産を減少させたとはいえない。原則として、Bは、Cへの甲の売買を詐害行為として取り消すことはできない。もっとも、民法424条の2は、債務者が財産の種類を金銭に変更することにより、隠匿等債権者を害するおそれを現に生じさせるものである場合において、かつ債務者がその行為の当時、対価として取得した金銭について隠匿などの処分の意思を有しており、さらに受益者が、その行為時において、債務者の隠匿意思があることを知っていた場合に限り、詐害行為として取り消すことができるものとしている。

　したがって民法424条の2が定める要件を満たす場合には、相当な対価で売却された場合でもBはCへの売却を取り消すことができる。

　以上により、Cへの売却につき取消請求が認容された場合の効果として、責任財産保全という制度趣旨に照らし、Bは甲の登記名義をAに回復するよう求めることができるにとどまり、直接自己名義に改めるよう求めることはできない。[50]

49　最大判昭和36・7・19民集15巻7号1875頁。
50　最判昭和53・10・5民集32巻7号1332頁。

2 第2譲受人に対する不法行為責任

(1) 民法177条と民法709条との関連性

　次に悪意のＣが甲の権利を取得した場合に、ＢはＣに対して不法行為に基づく損害賠償責任（民709条）を追及することができるか。Ｃが確定的に甲の権利を取得することで、Ｂの特定物債権が侵害される結果になる。判例は物権法と責任法における違法性評価の調和を重視している。すなわち「一般に不動産の二重売買における第二の買主は、たとい悪意であつても、登記をなすときは完全に所有権を取得し、第一の買主はその所有権取得をもつて第二の買主に対抗することができないものと解すべきである」とし[51]、Ｃは悪意であり、かつＡのＢに対する債務の履行をＣが引き受けたとしても、それだけでは、Ｂの債権を違法に侵害したとはいえないとする。判例は伝統的に債権侵害の成立要件を絞り込み、故意でかつ行為態様に特に悪性がみられる場合にのみ不法行為責任を認めており[52]、この価値判断はいわゆる相関関係理論によって正当化されてきている[53]。

　下級審判決にも、「第二の買主が第一の買主を害する目的で自由競争の許容される範囲外の不法手段を用いたり、もしくは売主と共謀して第一の買主の所有権を失わしめる等信義則に照して不当な手段を用いたりしたような場合には、第二の買主の行為は不法行為となる」と一般論を述べたうえで、係争地を第1買主が占有管理していることを知りつつ、未登記に乗じて二重に買い受けることは、違法でないとするもの[54]、先行売買を知っていても、「売買の動機、目的、態様等に不法、背信性」が認められない場合は背信的悪意者といえず、正当な取引行為の範囲内にあり、不法行為にならないとするものなどがある[55]。

51　最判昭和30・5・31民集9巻6号774頁。債務者（譲渡人）に債務不履行を教唆・幫助して第2契約を締結した悪意者は不法行為責任を負うとする説もある（山田卓生ほか『分析と展開民法(2)債権〔第5版〕』（弘文堂、2005年）303頁）。

52　大判大正4・3・10刑録21輯279頁。

53　我妻榮『事務管理・不当利得・不法行為』（日本評論社、1937年）125頁。

54　名古屋高判昭和54・7・30判時946号61頁。

55　大阪高判昭和54・3・16下民集34巻9号～12号1128頁。

〔第1部・第6章〕第2節　特定物債権保護のための制度との連関

(2)　不法行為制度の目的

　不法行為法は伝統的に、すでに生じた被害（損害）を填補する事後的救済制度として理解されてきている。加えてわが国では損害賠償の方法として金銭賠償原則がとられており（民417条）、現物返還による原状回復は不法行為法の原則的効果ではないとも考えられている。私人の行為自由に対する事前規制については抑制的である分、事後的な被害回復措置である損害賠償請求で不公平を調整することに重点がおかれるべきだとすれば、事前規制と事後規制との間で行為の許容性を判断する基準が異なってもよい。そのため所有権の帰属は背信的悪意者排除論による一方、不法行為責任は民法709条の定める一般的基準で判断し、両者の成立範囲が一致する必要はないとする見解も有力である。[56]確かに物的帰属については予測可能性・法的安定性の観点から悪意＋背信性という厳格な認定基準をクリアしたもののみ第三者から排除し、帰属確定の画一性と簡明性を堅持する一方、不法行為法では公平の観点からより柔軟に賠償責任の可否を判断するという方向性は傾聴に値する考え方といえよう。

(3)　債権侵害論の再構成

　しかし、不法行為制度の目的は再検討の対象とされ、[57]損害の事後的填補にとどまらず、被害の抑止・予防機能を少なくとも補充的には承認する見解も有力となっている。[58]もしこのような不法行為の抑止機能を重視し、かつ民法177条の背信的悪意者排除論と民法709条の不法行為責任とは、違法行為に対する救済（原状回復）方法の違いにすぎないとみれば、両者の違法性判断を一体に行うほうが、法秩序の一貫性という点で望ましいと考えられる。[59]

56　中田裕康『債権総論〔第4版〕』（岩波書店、2020年）338頁。

57　「特集　不法行為法の新時代」法時78巻8号4頁、森田果「不法行為法の目的」NBL874号10頁、潮見佳男『不法行為法(1)〔第2版〕』（信山社出版、2011年）13頁。

58　平井宜雄『債権各論(2)不法行為』（弘文堂、1993年）5頁、内田貴『民法(2)債権各論〔第3版〕』（東京大学出版会、2011年）324頁、加藤雅信『新民法大系(5)事務管理・不当利得・不法行為〔第2版〕』（有斐閣、2005年）411頁、吉村良一『不法行為法〔第6版〕』（有斐閣、2022年）17頁。

59　Bが背信的悪意者であるCに対して所有権を主張できることを、CがBに対して負う不法行為に基づく原状回復的損害賠償としての移転と説明する考え方がある（好美清光「不動産の二重処分における信義則違反等の効果」手形研究57号12頁、吉田・前掲書(注26)579頁、松尾弘＝古積健三郎『物権法・担保物権法〔第2版〕』（弘文堂、2008年）82頁〔松尾弘〕。この場面でのみ金

そこで所有権の帰属確定と不法行為の成否を同一の基準で判断することを前提として、かつ既存の契約関係を第三者も原則として尊重すべきだとする価値判断を重視し、民法177条においても契約の存在についての悪意の第2譲受人を問題とし、第1買主への引渡しがなされると第2買主の過失を推定したうえで、過失不法行為をも認める説も有力化している。自由競争の原理は契約の拘束力が発生する前にのみ無条件にあてはまり、第1譲渡を行った譲渡人（債務者）に対して義務違反を奨励し、助長し、あるいは少なくとも契約の拘束力が生じていることを十分に認識しつつ債務者との間で取引しようとする者には妥当しないという考え方に基づく。財産権を物権と債権で区別する現行法において、排他性を欠くとされている債権に物権と同等の保護を不法行為法上与えるべきかを問うものであり、相関関係論に対する抜本的見直しにも連なりうる提案として注目される。

Ⅱ　譲渡人に対する損害賠償請求権・代償請求権

1　譲渡人に対する損害賠償請求権

最後に、二重譲渡を行ったAに対して、甲の所有権を取得できなかったBがいかなる責任を追及し、あるいは権利を行使することができるかという問題を検討する。第2譲受人が背信的悪意者にあたらない限り、第1譲受人は失権し、これにより被った不利益は譲渡人に対する債務不履行責任によるべきこととなる。これと並んで、Aに対しては不法行為責任としての損害賠償請求権（民709条）も発生し、両者は請求権競合の関係に立つと考えられる。

このとき、Bが履行利益の賠償をAに対して求めることができることには

銭賠償原則の例外が認められるべき積極的理由が問われるが、不動産の不代替性ゆえに要請される特別準則として説明することは可能であろう（石田・前掲論文（注2）71頁）。

60　債権侵害の不法行為は、権利一般の不可侵性を根拠としており（大判大正4・3・20民録21輯395頁）、その延長線上で債権の対外的保護を充実する方向の議論が活発である。

61　吉田・前掲書（注27）576頁。

62　潮見・前掲書（注57）113頁、内田貴『民法(3)債権総論・担保物権〔第4版〕』（東京大学出版、2020年）214頁。

171

〔第1部・第6章〕第2節　特定物債権保護のための制度との連関

疑いがない。しかし、二重譲渡をするようなＡは資力が十分でないことも多く、Ｂは甲の所有権を得られないばかりか、その代償である金銭による補償も受けられないおそれがある。そこでＢは、Ａが第2譲渡によって得た対価である代金または代金債権に対してＡの他の一般債権者に対して優先的な地位を主張することができないか、検討する余地があると考えられる。

2　譲渡人に対する代償請求権の可能性

(1)　代償請求権

債務者が、その債務の履行不能と同一の原因により債務の目的物の代償である権利または利益を取得したときは、債権者は、その受けた損害の額の限度において、債務者に対し、その権利の移転またはその利益の償還を請求することができる（民422条の2）。

民法422条の2に基づく代償請求権は、同条の文言上、不能に免責事由があることを明示の要件としておらず、債務者に帰責事由がある場合にも認められるかどうかが問題となる。

平成29年改正前民法下における判例法理の解釈につき[63]、債権者が損害賠償請求権を有する場合にさらに代償請求権を認めるのは債務者の財産管理に対する過剰な介入であるとする否定説と、債務者が無責の場合さえ認められる救済手段は有責の場合にも認められるべきとする肯定説が対立していた。民法422条の2新設の際に、債務者に免責事由があることを要件とする提案が否定された経緯に照らすと、債務者に帰責事由がある場合にも適用の余地を認めるべきと一応の判断がされたものと考えられる[64]。

(2)　二重譲渡の第1譲受人による主張

したがって、二重譲渡の第2譲受人への所有権移転登記をすることで、第1譲受人に対する債務を履行不能とした債務者には通常帰責事由が認められところ、このような場合においても民法422条の2が適用される余地がある。

---

[63]　最判昭和41・12・23民集20巻10号2211頁。

[64]　もっとも、現行法の解釈においても、債権者が損害賠償請求権を有する場合にはその適用に謙抑的であるべきとする解釈が示されている（中田・前掲書(注56)228頁、田中宏治『代償請求権と履行不能』(信山社出版、2018年) 452頁)。

172

上記の設例において、AがBに甲を1000万円で譲渡したが、Bへの所有権移転登記をせず、その後悪意のCに1500万円で甲を二重に譲渡し、Cへの所有権移転登記をした場合、AはBに対する甲の引渡債務の履行不能と同じ原因である第2売買契約の締結により代価1500万円を代償として得ており、BはAまたはCに対して、自己が受けた損害の額の限度で1500万円の代金を自己に支払うよう請求できることになりそうである。

　もっとも、二重売買において目的物の権利を取得できない第一買主が目的物の権利を取得した第2買主に対する代金請求権について代償請求権を主張できるかについても賛否両論があった。第2譲渡と第1譲渡の代価の差額（500万円）は、AがCとの新たな取引を介して得たものであり、また履行不能は第2譲渡の対抗要件具備の効果であって、代金の取得と「同一の原因」に基づくものとはいえないとする否定説が主張される一方[65]、第三者による債権侵害に基づく不法行為とのバランス[66]および受益者が利得した代替物を第三者に売却した場合に受益者が売買代金相当額の不当利得返還義務を負うことから、肯定する説もある[67]。

(3)　刑法上の評価との関連性

　この点に関しては二重譲渡問題が刑法上どのように扱われているか、という観点からの検討も必要となる。刑法は犯罪行為に対する制裁と予防を目的とする。他方、民法は、私人間の利益調整を主な目的とするため、不法行為制度に制裁的な効果を盛ることには一般的に謙抑的な態度がとられ、懲罰的損害賠償は原則として認められない。しかし、損害の予防・抑止は制裁とは異なり、私法上の制度目的に含まれると考えることは可能である。法の主目的が異なるとはいえ、刑事法と民事法とで違法評価が互いに無連絡に行われるのは本来望ましいことではない。

65　林良平ほか『現代法学全集(8)債権総論』（青林書院、1978年）104頁以下〔林良平＝安永正昭〕、中田・前掲書（注56）229頁。

66　奥田昌道『債権総論〔増補版〕』（悠々社、1992年）151頁、前田達明『口述債権総論〔第3版〕』（成文堂、1993年）221頁。

67　潮見佳男『新債権総論(1)』（信山社出版、2017年）297頁。なお改正前民法下の議論であるが、損害額を限度とすることなく第二譲渡の対価に対して全面的に代償請求権を肯定するものとして、磯村・前掲論文（注48)(1)407頁。

〔第1部・第6章〕第2節　特定物債権保護のための制度との連関

判例は、AがBに甲を譲渡し、代金を受け取っているにもかかわらず、さらに甲を二重譲渡し、Cに登記名義を移転した場合、Aに横領罪が成立するものとしている[68]。また、CがAの横領の共犯にあたるかどうかにつき、判例は、第1契約締結後の悪意の第2譲渡は自由競争として許されるとして、悪意者の共犯性を否定しており[69]、民事法上の違法評価との連動性を意識している。学説においても、背信的悪意者にあたる第2譲受人は、売主と横領罪の共同正犯になると解されている[70]。このように刑法と民法は互いに別個の法領域であるとして、それぞれが独自に違法基準をもつのではなく、両者を緩やかな形態で統合する視座が模索されてもよいであろう[71]。

おわりに

本章は、不動産の二重譲渡に関する問題を、自由競争を前提とした登記による画一的処理を原則とする物的帰属の確定ルールを修正する背信的悪意者排除論の意義と失権した一方当事者の権利侵害に対する債権法上の救済のあり方の二面から検討してきた。その結果として、債務不履行に基づく金銭債権の履行確保のための詐害行為取消権と物的帰属確定のための背信的悪意者排除論の機能領域の明確な線引きがなされるべきである一方、民法177条の第三者範囲論が信義則違反の判断を媒介として不法行為責任法の規範と連動していることに留意する必要があることを指摘した。背信的悪意者排除論においても、不法行為責任（民709条）と同様に、第1譲受人の諸事情（登記懈怠の有無・権利または利益の要保護性）と第2譲受人の主観的態様・行為態様を相関的にとらえて違法性を判断するという判断枠組みの基盤が共有されている。このことは不法行為制度の損害抑止機能を重視する近時の潮流にも調

68　大判明治44・2・3刑録17輯32頁、最判昭和30・12・26刑集9巻14号3053頁。

69　最判昭和31・6・26刑集10巻6号874頁。

70　佐伯仁志＝道垣内弘人『刑法と民法の対話』（有斐閣、2001年）124頁〔佐伯仁志〕、下級審裁判例としては、福岡高判昭和47・11・22刑月4巻11号1803頁。

71　民法上適法な行為は刑法上も適法とすべきだが、民法上違法であれば刑法上も常に違法となるわけではない、という片面的独自性を認めるのは、佐伯＝道垣内・前掲書（注70）127頁〔佐伯〕、松尾・前掲論文（注28）394頁。

和しているといえる。

　二重譲渡問題は、責任法・物権法・責任財産保全法の役割分担という民法体系論の根本問題にかかわる。同時に刑事法との関係をも意識した議論を継続する必要がある。

　さらに自由競争論の当否・評価がここでの問題の本質であるとすれば、民法177条の規範の形式性・画一性を堅持する一方、取引倫理の観点から、また競争過程の規律という公益保護の観点からの検討も要請される[72]。そのための判断枠組みとして、法律行為論（民法90条違反）によるアプローチと判例の背信的悪意者論との関係も問題となりうるが、引き続き検討することとしたい。

（石田　剛）

---

[72]　瀬川信久「競争秩序と損害賠償論」NBL863号48頁。

〔第1部・第7章〕第1節　危険負担総論

第7章
危険負担

第1節　危険負担総論

I　危険負担における債務者主義

　まず、「危険負担」の意義を明確にしておく。危険負担は、狭義では、双務契約の一方の債務が当事者双方の責めに帰すべき事由によらずに履行が不可能になったとき、その損失を当事者のいずれが負担するかという問題である（これを「対価危険」ということがある）。不動産に関する危険負担の問題は、売買、請負で発生する。売買では、目的物である不動産（ほとんどが建物）が、契約後に滅失、毀損したようなとき、それによる損失を、売主、買主のどちらが負担するかという問題となる。多くの場合は、契約書等に明確に約定されていると思われるが、それがない場合にどのように解決するかを定めておく必要がある。本章では、売買を中心に述べ、最後に役務提供契約である請負について触れる。

　現在の民法は、債務者主義を採用している。債務者主義とは、不能になった債務の債務者が損失を負担するという主義である。すなわち、民法536条1項は、当事者双方の責めに帰することができない事由によって債務を履行することができなくなったときは、債権者は、反対給付の履行を拒むことができると定めている。したがって、その場合、債権者は反対給付を拒むことができるので、債権者が損失を負担することはなく、債務者が目的物の滅失によって履行不能になって発生した損失を負担することになるのである。建物の売買契約であれば、契約後に地震、台風などの天災によって建物が滅失

176

し、買主が当該建物を取得できなければ代金支払を拒絶することができることになる。

　もっとも、従来は、「債務者主義」という場合、一方の債務が履行不能によって消滅すれば他方も消滅することを意味していた。ところが、民法の一部を改正する法律（平成29年法律第44号）による民法の改正（以下、「平成29年改正」という）によって、履行不能であっても債権は成立し、後発的に履行不能になっても債権は消滅しないこととなった（民412条の2）。そして、他方の債権も消滅するのではなく、履行を拒絶することができるとされた（民536条）ので、従来とは異なる新たな問題が生じている。

　以上に対して、「給付危険」という概念がある。これは、契約の目的物が不可抗力で滅失・毀損したときに、債務者が他から調達するなどして履行しなければならないかどうかという問題である（第4節で言及する）。債務者が給付危険を負うというのは、その場合に債務者は履行しなければならないということである。

Ⅱ　危険負担に関する平成29年改正の経緯

　平成29年改正前の民法は、債務者主義を原則としながらも（平成29年改正前民536条1項）、売買等特定物に関する物権の設定または移転を目的とする双務契約の場合等は債権者主義としていた（平成29年改正前民534条・535条1項・2項）。債務者主義に対する批判はなかったが、実質的には債権者主義の場合が多く、公平ではないとして批判されていたところであり、改正によって民法534条・535条が削除され、債権者主義は廃止されたのである。もっとも、改正法は、売買の章に、引渡しによって危険が移転するという民法567条を新設し、従来の民法534条の解釈論はそちらに引き継がれた。

　改正の過程では、解除との関係で、危険負担の規定を削除することも検討された。すなわち、改正前は、債務者に帰責事由がある場合は解除の問題、帰責事由がない場合は危険負担の問題という棲み分けがなされていたが、改正によって解除の要件として帰責事由を不要とすることになり（民法541条は帰責事由を要件としておらず、改正過程の議論からも明らかである）、両者が重

〔第1部・第7章〕第2節　危険負担の要件

なりあうことになったからである。そこで、改正過程における中間試案の段階では危険負担制度を廃止し解除に一元化するという案が示されたが、その後の審議で特に実務家委員から危険負担制度を残すべきという意見が強く、履行拒絶権という全く新しい構成になって危険負担制度が残された。その結果、改正前の民法536条1項は、履行不能になった債務が消滅し、反対債務も消滅するという構成であったが、改正法は、履行不能な債務も成立はするが請求することができないだけであると規定した（民412条の2）ので、履行不能になっても債務は消滅せず、そこで、反対債務も消滅するのではなく請求することができない（履行不能になった債務の債務者からすると反対債務の履行を拒絶することができる）ということになったのである。

　以上のような経緯で改正されたが、現行制度に対し、買主が契約を解除せずに代金債務の履行拒絶権だけ主張することは想像できないとか、解除制度に一元化すべきであったといった批判が多い。また、改正前の判例・学説の多くは意味を失ったが、履行拒絶権という抗弁権構成によって多くの新たな問題が発生したことにも注意すべきである。

第2節　危険負担の要件

I　民法536条1項の適用範囲

　民法536条は、売買契約などの双務契約に適用されるので、不動産売買契約には適用がある。双務契約であっても、建物の建築契約、修理・改造等の工事の請負契約においては、請負人の仕事が完成しなければ報酬を請求できないので、民法536条1項の適用はないはずであるが、「請負の危険負担」として適用の議論がある（第5節）。

　賃貸借契約においては、賃借物全部の滅失等により使用収益ができなくなった場合、賃貸借は終了すると定めている（民616条の2）ので、民法536条1項の適用はない。また、賃借人の責めに帰することができない事由による

一部滅失の場合には、使用収益をすることができなくなった割合に応じて賃料は減額される（民611条1項）ので、やはり民法536条は適用されない。

II　履行不能の意義

履行不能は、契約および取引上の社会通念に照らして判断される（民412条の2第1項）。

民法536条1項の文言は、債務を履行することが「できなくなったとき」となっており、履行不能の時期として、後発的不能を指すように見える。しかし、民法412条の2第2項は、原始的不能であっても債務不履行となると定めているので、原始的不能の場合も適用の余地がある。

III　帰責事由

目的物が滅失した債権について、帰責事由によって分類すると、①債権者、債務者の双方とも責めに帰すべき事由がない場合、②債権者に責めに帰すべき事由がある場合、③債務者に責めに帰すべき事由がある場合、④債権者、債務者ともに責めに帰すべき事由がある場合という四つの場合がある。

1　債権者、債務者の双方とも責めに帰すべき事由がない場合

民法536条1項が、「当事者双方の責めに帰することができない事由によって」と規定しており、条文のとおり、債務者が危険を負担し、債権者は反対債務の履行を拒絶することができる。この場合、債権者は解除することもできる（民542条1項1号）。

2　債権者の責めに帰すべき事由による場合

この場合については、民法536条2項前段が、債権者は反対給付の履行を拒むことはできないと規定する。もっとも、この場合の解決方法としては、損害賠償によることもあり得た。たとえば、特定物売買契約の目的物が買主の過失で滅失すれば、売主の目的物引渡債務は当然消滅し、買主は代金債務

〔第1部・第7章〕第2節　危険負担の要件

を拒絶できるが、売主から買主に対して損害賠償請求するという方法である。しかし、立法者は、契約の履行を法律が保護するという点から、このように規定したものである。なお、解除することはできない（民543条）。

　また、雇用契約を中心とする議論であるが、債権者の帰責事由を広げる方向での見解がある。たとえば、工場が使用者・労働者双方の帰責事由なく焼失したため労働できなくなった労働者は、履行不能だとすれば賃金を請求できないが、工場の焼失は債権者の支配領域に属するので、履行不能ではなく受領不能と解するのである（領域説）。受領不能であれば民法413条の2第2項が適用され、両当事者に責めに帰すべき事由がなく履行不能になったときは債権者の責めに帰すべき事由によるとみなされるので、工場の焼失が債権者（使用者）の責めに帰すべき事由によることになって、労働者の賃金請求を拒むことができないことになる。領域も重要であるが、履行不能は契約その他の債務の発生原因および取引上の社会通念によって判断される（民412条の2第1項）ので、受領不能との区別についても、領域だけではなく、契約等の事情を考慮すべきであろう。[1]

3　債務者の責めに帰すべき事由による場合

　この場合についての危険負担の規定はない。債務者のみに帰責事由があるときは、本来、債務不履行による損害賠償および解除の問題である。平成29年改正の立案担当者の説明によれば、債務者は本来の債務に代わる塡補賠償債務を負担するので、債権者は、債務者からの請求に対して同時履行の抗弁権を主張することができるが、民法536条1項の抗弁権は生じないとされる。[2]もし、民法536条1項の抗弁権を主張できるとなると、債権者は塡補賠償の請求をしながら自己の債務については抗弁を主張できるのはおかしいというのである。これに対して、この場合にも民法536条1項の抗弁権を主張できるという見解が有力に主張されている。

　条文の文言どおり抗弁権が生じないという立場は、法制審議会の部会審議において、危険負担にこの場合を含むべきという議論も踏まえて最終的に含

1　中田裕康『契約法〔新版〕』（有斐閣、2021年）169頁。
2　筒井健夫＝村松秀樹編著『一問一答民法（債権関係）改正』（商事法務、2018年）228頁。

180

まない文言が成立したのであるから、この場合に当然適用できると解することはできず、極端に不都合が大きい場合にのみ類推適用の余地があるとする。[3]この場合も、債権者が抗弁権を主張できるという立場は、解除できるのに履行拒絶できないのはおかしいという制度間競合からの視点や、債務者が自己の帰責事由を主張して抗弁の対抗を免れるのは妥当でないという点などをあげている。[4]最後の抗弁の点は、立証責任の構造として後記Ⅳにて述べる。

4　債権者、債務者の双方とも責めに帰すべき事由がある場合

　この場合、債務者に帰責事由があるので債権者に損害賠償請求権が発生するが、過失相殺（民418条）がなされる。さらに、債権者に帰責事由があるから、民法543条によれば債務者は解除できないことになるが、両当事者の帰責性の大きさを比較して債権者を契約の拘束から解放するに値する場合に解除を認めるという見解がある。[5]

　危険負担については、債権者の落ち度が優越的で債権者のみに帰責事由がある場合に匹敵する場合に「債権者の責めに帰すべき事由」によるとしてよく、履行拒絶を否定すべきという見解がある。[6]債権者のみに帰責事由があると評価できるならそれでよいであろうが、帰責性が6対4といった場合はどう解決すべきか。両当事者の帰責性の大きさを比較して、債権者の帰責性が大きければ、履行拒絶権を否定するが、債務者の損害賠償責任を認めることによって調整すべきであろう。[7]

Ⅳ　立証責任

　建物の売買契約がなされたが引渡し前に建物が滅失していた場合において、売主が買主に対して代金請求したという事例によって説明する。

3　鎌田薫「コメント」鎌田薫ほか『重要論点実務民法（債権関係）改正』（商事法務、2019年）267頁。
4　潮見佳男『新契約各論Ⅰ』（信山社出版、2021年）620頁、潮見佳男ほか編『詳解改正民法』（商事法務、2018年）181頁〔渡邉拓〕など。
5　中田・前掲書（注1）171頁。
6　曽野裕夫ほか『民法Ⅳ契約』（有斐閣、2021年）83頁。
7　中田・前掲書（注1）171頁。

〔第１部・第７章〕第３節　危険負担の効果

　民法536条１項の条文は、「当事者双方の責めに帰することができない事由によって債務を履行することができなくなったときは」と規定しているので、債権者が、反対給付の履行を拒絶するための要件として、履行不能（建物の滅失）と「当事者双方の責めに帰することができない」の主張・立証責任を負うようにみえる。[8] 履行不能が買主の責めに帰すべき事由による場合は、売主は当初から存在する代金請求権を行使するだけであるから、それ以上に、民法536条２項がなくとも、買主の帰責事由を証明する必要はないはずである。履行不能が売主の帰責事由による場合でも、反対給付を妨げる規定はないから、代金請求権を行使でき、買主は、塡補賠償請求権（民法415条２項１号による履行に代わる損害賠償債権）との同時履行の抗弁権を行使することはできる。[9]

　しかし、有力な見解は次のように考えている。[10] 買主は、引渡債務の履行不能を主張・立証（抗弁）することによって代金債務の履行を拒絶することができる。買主の責めに帰すべき事由によって履行不能になった場合は、民法536条２項により、売主が買主の帰責事由を主張・立証することによって、買主は代金債務の履行を拒絶することができない（民法536条１項の抗弁に対する再抗弁）。売主の帰責事由による場合は、売主が、履行不能について自己の帰責事由によることを主張・立証しても、履行拒絶の抗弁を排斥できない。このように解する理由は、自らの帰責事由を主張して履行拒絶権の対抗を免れるのは妥当でないということである。

第３節　危険負担の効果

Ⅰ　履行拒絶権

　建物の売買契約であれば、引渡し前に売主、買主双方の責めに帰すべき事

8　中田・前掲書（注１）167頁はそのように考える。

9　法制審議会民法（債権関係）部会第91回議事録18頁〔金洪周関係官発言〕。

10　潮見・前掲書（注４）619頁など。

由によらずに建物が滅失した場合、消滅した目的物引渡債務の債務者である売主が危険を負担し、売主が買主に代金請求をしても、買主は履行を拒絶することができる。代金請求訴訟がなされ、買主が履行拒絶権を行使した場合、請求は棄却となる。これは、同時履行の抗弁権を主張した場合に引換給付判決がなされるのとは異なるので注意が必要である。

履行拒絶権を行使すると、反対給付債務の履行期を徒過しても、遅延損害金が発生しないとされている[11]。

Ⅱ 履行した場合の返還請求権

履行拒絶権があるとして、履行してしまった場合に返還請求することができるか。

平成29年改正前であれば、反対給付債務は消滅するので不当利得となることが明確であったが、履行拒絶権を行使せずに履行した場合に当然に不当利得となるわけではない。解除すれば反対給付債務は消滅するが、軽微性の要件などで解除が認められないことも考えられ、改正過程においてすでに問題が提起されていた[12]。原状回復を認めるべきという意見が多かったが、立案担当者は、解除できず、非債弁済にもあたらない場合があるので、その場合は返還請求できないが、解除と危険負担制度の並存を認めるので、それは許容されると述べていた[13]。

改正後の解釈論としても、容易に認められるものではないという消極説もあるが[14]、不当利得として返還請求できるという見解が多数のようである。その法律構成は、次のとおりである。まず、履行拒絶権によって常に反対債務の履行を拒絶できるから、反対給付債務について給付保持を認める必要がな

11　筒井＝村松編著・前掲書（注2）228頁。

12　前掲（注9）議事録17頁〔中田裕康委員発言〕・21頁〔鹿野菜穂子幹事発言〕、磯村保「解除と危険負担」瀬川信久編著『債権法改正の論点とこれからの検討課題』（商事法務、2014年）89頁以下。

13　前掲（注9）議事録23頁以下〔金関係官発言〕。

14　大村敦志＝道垣内弘人編『解説民法（債権法）改正のポイント』（有斐閣、2017年）161頁〔吉政知広〕、山本敬三「契約責任法の改正」曹時68巻2号1251頁以下。

〔第1部・第7章〕第4節　危険の移転

く、債権としては存在しないのと同様に評価できるという理由を述べるものがある。また、抗弁権がある債権を債務者が知らずに弁済した場合に、非債弁済を拡張解釈するという見解もある。[16]

Ⅲ　債権者に帰責事由があって抗弁権が否定される場合の利益償還

　債権者に帰責事由があるので、債権者は履行拒絶ができない、すなわち、反対給付を履行しなければならない（民536条2項前段）。すると債務者は、履行しなくても反対給付を受けることができる。その場合に、もし債務者が、自己が債務を免れたことによって利益を得ていれば、それを債権者に償還しなければならない。たとえば、建物の売主は、買主の過失で建物が滅失してしまったら、その後に建物の管理等の費用を支出する必要がなくなるので、その費用分を債権者に償還しなければならない（民536条2項後段。平成29年改正前から内容は変わらない）。債務者が反対給付である売買代金を得たうえに費用分の支出を免れれば債務者が二重の利益を得ることになるからである。

　償還は、代金から不要になった費用を差し引くことによってなされる。判例（請負の事例）[17]は、利益や権利の取得は、注文者が証明責任を負うとしている。

第4節　危険の移転

Ⅰ　引渡しによる危険の移転

　売買契約においても、民法536条1項によって、買主が給付を受けられな

15　筒井＝村松編著・前掲書（注2）228頁。

16　中田・前掲書（注1）168頁。

17　最判昭和52・2・22民集31巻1号79頁。

184

い場合は、債務者である売主が危険を負担し、買主は代金債務を拒絶することができる。しかし、目的物が買主に引き渡された後は、その所有権も買主にあり、もはやその滅失の危険を売主ではなく買主が負うべきと考えられる。その観点から、平成29年改正前の民法534条1項（債権者主義）を批判する学説も、目的物の支配が移転した後は、債権者である買主に危険が移転するとしていた。そこで平成29年改正によって、民法534条は削除されたが、危険の移転が最も問題となる売買の章に、危険の移転としての規定を新設した。すなわち、民法567条1項は、「売主が買主に目的物（売買の目的として特定したものに限る、以下この条について同じ。）を引き渡した場合において、その引渡しがあった時以後にその目的物が当事者双方の責めに帰することができない事由によって滅失し、又は損傷したときは、買主は、その滅失又は損傷を理由として、履行の追完の請求、代金の減額の請求、損害賠償の請求及び契約の解除をすることができない。この場合において、買主は、代金の支払を拒むことはできない」と規定した。この規定によって、目的物の引渡し後は、反対債務の履行拒絶権（民536条1項）がないということだけではなく、追完請求等をすることができなくなる、という、給付危険の移転についても定めていることに注意すべきである。

　民法567条1項が、「引渡し」によって危険が移転すると定めたことにより、従来、危険の移転を目的物の支配移転時とする学説が、不動産については、所有権移転時、登記移転時、引渡し時のいずれによるかに分かれていたことは意味を失い、引渡時となった。

II　危険移転の要件

1　引渡しの内容

　引渡しの内容について、占有改定と指図による占有移転も含まれるかという問題があり、一度引渡しをして再度売主や第三者に占有させるのは無意味として肯定する説がある。これに対して、民法567条が引渡しだけをあげ登記を掲げていないことから、実質的な支配の移転を徹底する趣旨であるから、

185

〔第1部・第7章〕第4節　危険の移転

観念的な所有権移転によって危険を移転させてしまうことになる占有改訂による危険移転は認められないという見解もある。[19]

さらに一部の引渡しがあった場合に、危険は移転しないとみるか引き渡した部分についてのみ危険移転を認めてよいか、という問題がある。[20]

2　危険移転の効果

民法567条1項の反対解釈により、目的物の引渡し前における「当事者双方の責めに帰することができない事由」による滅失または損傷の場合は、履行の追完等の請求をすることができる。また、目的物の買主への危険の移転によって追完請求等の権利を失うのは、「その滅失又は損傷を理由」としたものであり、引渡し以前に生じていた契約不適合等を理由とした権利行使は可能である。

3　他人物売買、二重売買の場合

他人物売買においても買主に引き渡された後は買主が危険を負担するので、その後に目的物が不可抗力で滅失すると、他人物の売主が代金を取得できることになりそうである。その不合理を避けるためには、目的物の滅失による売主の所有権の取得・移転義務の不履行に基づく解除（民542条1項1号）によって代金支払を免れることができるという見解がある。[21]

二重売買の場合にも、引渡しを受けた買主のみが危険を負担することになる。そうすると、XがYとZに二重に目的物を売却し、Yが登記、Zが引渡しを受けた場合、Zが危険を負担し、目的物が不可抗力で滅失するとZのみ代金支払義務を負担する。この場合、Zはいったん危険を負担するが、目的物の滅失により所有権移転義務が確定的に履行不能となるので、Zは売買契約を解除して代金支払義務を免れるとされる。[22]

18　平野裕之『債権各論(1)契約法』（日本評論社、2018年）197頁など。

19　潮見・前掲書(注4)191頁、森田宏樹監修『ケースで考える債権法改正』（有斐閣、2022年）252頁〔吉永一行〕。

20　平野・前掲書(注18)197頁が問題を提起する。

21　千葉恵美子ほか編『Law Practice 民法(2)債権編〔第5版〕』（商事法務、2022年）79頁〔北居功〕。

Ⅲ　買主の受領遅滞中の危険移転

　上記のように、引渡しによって危険が移転するのが原則であるが、民法567条2項は、「売主が契約の内容に適合する目的物をもって、その引渡しの債務の履行を提供したにもかかわらず、買主がその履行を受けることを拒み、又は受けることができない場合において、その履行の提供があった時以後に当事者双方の責めに帰することができない事由によって」その債務の履行が不能となったときは、その履行の不能は、債権者の責めに帰すべき事由によるものとみなすと規定し、引渡しがなくとも危険が移転する場合を認めている。

　受領遅滞によって危険が移転することは、平成29年改正前から解釈論として通説であったが、明文化したものである。ただし、危険の移転時点については、条文は提供時としているが、取立債務の場合には提供時が受領遅滞よりも早く、その時点で危険移転を認めるべきではないとして提供を受領遅滞と読み替える[23]、受領遅滞が発生して初めて提供時に遡及するといった解釈が[24]提案されている。

第5節　請負契約

Ⅰ　請負契約における危険負担

　請負契約にはさまざまなものがあるが、ここでは、不動産である建物に関する請負契約を取り上げる。その場合の危険負担（対価危険）とは、請負債務の履行が不能となった場合に、報酬債権がどうなるかという問題である。

22　千葉ほか編・前掲書(注21)80頁〔北居〕。

23　磯村保『事例でおさえる民法　改正債権法』（有斐閣、2021年）85頁。

24　千葉ほか編・前掲書(注21)772頁〔北居〕。

〔第1部・第7章〕第5節　請負契約

もっとも、建物建築請負契約において、建築中の建物が火事や自身で滅失しても、多くの場合、建て直すことが可能である。その場合、請負人はなお履行する義務を負っているので履行不能を前提とする危険負担の問題は生じないはずであるが、再建築のための費用を誰が負担するかという問題も「請負の危険負担」として扱われている。

　建築請負契約は、まず建物の建築を完成させ、その後に引き渡すことによって履行が終了するので、その段階について言及し（Ⅱ）、完成前（Ⅲ）、完成後（Ⅳ）の順に言及する。

Ⅱ　仕事完成による類型

　請負契約における債務は仕事完成債務であるが、建築請負契約のように有形物の完成という仕事であれば、さらにその完成物を注文者に引き渡すという債務も負う。そこで、この債務の段階に対応して、以下に述べるように仕事完成前の滅失・毀損と仕事完成後の滅失・毀損を分けて論ずるのが従来から一般的である。ここでいう「仕事の完成」は、請負工事が予定された最後の工程まで一応終了した場合とするのが従来からの裁判例・通説とされている[25]。

　完成によって仕事完成義務は目的物引渡義務に集中するので、その後は目的物が滅失すると履行不能になるという。これは、仕事が未完成であれば、不完全履行であるが、完成後は瑕疵担保責任（平成29年改正前民634条以下）という振り分けに対応しており、完成後に滅失した場合まで履行可能だから請負人が再履行しなければならないというのは請負人に厳しすぎるという考慮もあった。これに対して、平成29年改正前から、仕事完成債務と引渡債務を区別しなければ、分ける必要はないという見解があったが[26]、現行法では、前述の振分けはなくなり、「契約不適合責任」は引渡しの先後で区別するから（民562条以下・559条・632条）、もっぱら引渡しの前後が基準となるという見解がある[27]。もっとも、後者も、仕事完成義務の存続が請負人にとって経済

25　東京高判昭和36・12・20高民集14巻10号730頁、大阪高判昭和61・12・9判タ640号176頁など。
26　内田貴『民法⑵〔第3版〕』（東京大学出版会、2011年）265頁など。

III　仕事完成前の滅失・損傷

的に過酷な場合などに履行不能と評価されることがあるという。[28]

III　仕事完成前の滅失・損傷

1　仕事の完成が不可能になった場合

たとえば、建物のリフォーム請負契約において、リフォーム途中に当該建物が火事で滅失すれば、リフォームを完成することは不可能である。ここでいう「不可能」は、社会通念上のものである。約定の期日前までに再度の完成が可能かどうかが一応の基準となるが、契約の趣旨に照らして「相当な期間」内に再度完成されうるかどうかを問題にすれば足りるだろう。

また、以下において、注文者、請負人の各帰責事由が問題となる（民634条1号など）が、平成29年改正後の現行法では、「契約及び取引上の社会通念に照らして」判断すべきということになろう。[29]

まず、①仕事の完成が不可能になったのが請負人の帰責事由によるときは、請負人の債務不履行であり、注文者は請負人に損害賠償請求することができる（民415条・542条1項1号）。請負人は、仕事完成債務を履行していないので報酬を請求することができない。ただし、割合的報酬請求権が発生することがある。

②不能が不可抗力によるとき（請負人、注文者ともに帰責事由がない場合）は、民法536条1項により請負人が危険を負担し、注文者は報酬請求を拒絶することができるというのが従来からの多数説である。また、仕事が完成していないから、536条を適用するまでもなく報酬請求権が発生しないという見解もある。いずれにせよ請負人は報酬を請求できないのが原則であるが、注文者の帰責事由の操作（次の③参照）によって報酬請求を認めたり、割合的請求権が発生することがある（後記2参照）。さらに、注文者は契約を解除することができ（民542条1項1号・3号）、解除すれば報酬債権は消滅する。

27　潮見佳男『新契約各論II』（信山社出版、2021年）250頁以下。

28　曽野ほか・前掲書（注6）325頁。

29　潮見・前掲書（注27）269頁。

〔第1部・第7章〕第5節　請負契約

実際のところ、履行拒絶権を行使するよりは解除するほうが明快であろう。

　③注文者の帰責事由によるときは、民法536条2項前段により、請負人は報酬全額を請求することができるが、同項後段により、仕事をせずにすんだことによって得た利益は償還しなければならない。材料費や他人に支払うべきであった労働報酬などがこれに該当するが、利益の取得についての立証責任は注文者が負うとされている[31]。この場合、請負人は、注文者の債務不履行による契約解除および損害賠償請求をすることもできる。

　注文者の帰責事由については、注文者の危険領域にある事由が不能の原因になった場合を含むという考え方がある（危険領域説）。この立場によれば、注文者の危険領域で建築が行われた場合に請負人の報酬請求権を出来高に応じた割合で認めるべきという[32]。

2　みなし完成の割合的報酬請求権

　みなし完成とは、注文者の責めに帰することができない事由によって仕事を完成することができなくなった場合において（請負人に帰責事由があるとき、双方に帰責事由がないとき）、仕事が完成していなくても、すでにした仕事の結果をいう（民634条柱書）。

　注文者の責めに帰することができない事由による場合は、①注文者、請負人のいずれにも責めに帰すべき事由がないときと、②請負人の責めに帰すべき事情があるときがある。②の場合は、請負人の債務不履行であるが、既履行部分が注文者の利益となるなら、その部分の報酬を認めたものである。

　判例[33]は、請負契約において、工事未完成の場合、すでに施工された部分について当事者が利益を有するときは、未完成部分の解除のみできるとしていた。この判例法理から、解除しなくても、完成部分については給付があり、報酬請求権も発生するとして、平成29年改正の際に民法634条が定められた。

30　これを潮見・前掲書（注27）268頁は、適用ではなく「法意」によるという。

31　前掲最判昭和52・2・22は、注文者の主張・立証がないとして、注文者に請負代金全額の支払を命じた。

32　笠井修『建設工事請負法』（有斐閣、2023年）296頁など。

33　最判昭和56・2・17裁判集民132号129頁。

Ⅲ　仕事完成前の滅失・損傷

3　仕事の完成が可能な場合

　たとえば、建物建築請負契約において建築途中に火事で滅失したとしても、再度建築して仕事を完成することは可能である。再度履行するためには、当初予定していた費用よりも多額の費用がかかることになるので、その費用を誰が負担するのかという問題があり、それを「請負の危険負担」という表題の下で議論してきた。いまだ完成可能であれば、履行不能を規律する危険負担の問題ではないはずであるが、再履行のために余分にかかった費用が発生するので、その負担について「危険負担」の問題の一部とされている。

　再建築するなどにより仕事完成が可能である場合は次のようになる。①請負人の帰責事由によるときは、請負人の履行が完成してないだけであるので、完成が遅延すれば、請負人は履行遅滞による責任を負う。費用が余分にかかっても、請負人が負担するだけであり、注文者に請求することはできない。このような事態に備えて負担について特約を結んでおくべきであるが、特約がない場合であっても、請負人の負担が著しく重くなってしまう場合は、信義則、事情変更の原則により報酬の増額や仕事のやり直しを免除するといったことが考慮される可能性はあり、また、前述の危険領域説によって、危険原因が注文者にあるときは注文者の帰責事由とする見解も主張されている。[34]

　なお、民間（七会）連合協定工事請負約款では、工事目的物等に生じた損害が不可抗力による場合について、両当事者の協議によってその損害が重大なものと認められ、かつ受注者が善良な管理者として注意をしたと認められた損害に限り発注者が負担するものとしている（民間（七会）連合協定工事請負約款21条2項）。

　②注文者に帰責事由があるときは、民法536条2項により、請負人は、対価である報酬請求をすることができる。ただし、請負人は完成した仕事の引渡債務を免れたことによって得た利益を注文者に返還しなければならない。③費用増加が不可抗力によるときは、請負人は報酬請求をすることができないが、損害賠償責任を負うこともない。

34　笠井・前掲書（注32）302頁～303頁。

191

〔第1部・第7章〕第5節　請負契約

Ⅳ　仕事完成後の履行不能

　前記Ⅱに前述したとおり、仕事完成債務と引渡債務を区別しない見解によれば、仕事完成後を別に扱う必要はないが、前述のように仕事が完成しているのに、その後に滅失したため請負人が再度仕事を完成させるということに対して、請負人に過酷ではないかという疑問があり、この場合を履行不能と扱うのが多数説である。履行不能となれば、仕事完成前（前記Ⅲ2）と同様、以下のような扱いとなる。

　まず、請負人に帰責事由があるときは、請負人は債務不履行責任（民415条）を負い、注文者は損害賠償請求することができる。

　注文者に帰責事由があるときは、民法536条2項により、請負人は、対価である報酬請求をすることができる。ただし、請負人は完成した仕事の引渡債務を免れたことによって得た利益を注文者に返還しなければならない。不能が不可抗力によるときは、給付義務は消滅し、報酬債権は民法536条1項によって、注文者は拒絶することができる。

（難波譲治）

第8章
付随義務の不履行と解除

第1節　本章の検討課題

　平成29年改正前の民法541条は、「当事者の一方がその債務を履行しない場合」は催告を経て契約を解除することができる旨を規定していたが、いかなる債務の不履行があれば解除が可能となるかについては何らの限定も付していなかった。しかし、古くから判例・学説は、同条による解除が認められるのは「要素たる債務」の不履行の場合に限られ、「付随的義務」の不履行の場合には解除は許されないと解してきた。ここにいう「要素たる債務」とは、本体たる債務[1]、債務の本来的かつ主要な部分[2]、契約をした目的を達成するために必要不可欠の債務[3]、その不履行によって契約をした目的が達せられないほど重要な債務であって、双務契約においては互いに対価的意味を有する債務などとされ[4]、これに対して「付随的義務（付随的債務）」とは、契約をした主な目的の達成に必要不可欠ではない債務であるとされていた[5]。

　「要素たる債務」の不履行の場合にのみ解除が認められる根拠は、以下のように説明されていた。すなわち、元来契約が締結されるのはそれによって一定の目的を実現するためであるから、債務不履行によって債権者が契約を締結した目的が達成されなくなる場合には、解除を認めて最初から契約が締結されなかった状態に戻すほうが債権者保護として妥当である。これに対し

1　和田于一『判例契約解除法(上)』（大同書院、1937年）405頁。
2　永田菊四郎『新民法要義（3・下）債権各論』（帝国判例法規出版社、1959年）79頁参照。
3　山中康雄『総合判例研究叢書　民法(10)』（有斐閣、1958年）33頁。
4　末川博『契約法(上)総論』（岩波書店、1958年）148頁、松坂佐一『民法提要・債権各論〔第5版〕』（有斐閣、1993年）59頁参照。
5　柚木馨『債権各論　契約総論』（青林書院、1956年）242頁参照。

〔第1部・第8章〕第1節　本章の検討課題

て「付随的義務」は、（その定義からして）履行されなくても契約目的の達成が妨げられることはないから、解除は許されない。[6]

　債権法改正作業においては、この判例法理を踏まえた解除の要件の定式化がめざされた。その結果、催告解除について定める民法541条には、「債務の不履行がその契約及び取引上の社会通念に照らして軽微であるとき」は解除ができないとするただし書が設けられた。また、催告によらない契約の全部解除について定める民法542条1項は、「契約をした目的を達することができないとき」という要件を各号に共通するものとして課している。このうち、無催告解除において「契約目的達成不能」を要件としたことは、「要素たる債務」の不履行を解除の要件としていた改正前の判例との連続性が明らかであるが、催告解除における「軽微性（債務不履行が軽微でないこと）」という要件については、これが無催告解除の要件や従来の判例法理とどのような関係に立つのかが議論されている。

　上記の「要素たる債務」と「付随的義務」の概念は、主として売買契約の解除の可否を判断する際に用いられてきたものだが、不動産賃貸借契約の解除の可否を争う裁判例では、ある義務の不履行が当事者間の信頼関係を破壊するか否かによって解除の可否を決する「信頼関係破壊法理」が判例を通じて生成してきた。この法理もまた、契約から生じる義務が履行されなかった場合に、これを理由として契約を解除することが可能かという問題を判断するための枠組みであった。債権法改正ではこの法理の明文化は行われなかったが、改正後の民法541条・542条の下で、信頼関係破壊法理がどのように受け止められるのかも問題となる。

　そこで、本章では、まず不動産売買契約の解除と不動産賃貸借契約の解除に関する改正前の裁判例をみた後に（第2節）、それらと対比しつつ債権法改正後の解除の要件を検討したい（第3節）。

　なお、ここであらかじめ、「付随義務」と「付随的義務」の異同について述べておく。前者の「付随義務」は、義務構造論において主たる給付義務と対置されるものであって、債権者による履行請求が可能な程度に特定した内

6　浜田稔「付随的債務の不履行と解除」契約法大系刊行委員会編『契約法大系(1)契約総論』（有斐閣、1962年）315頁。

容を有するか否かという観点からの義務の分類であるのに対し、後者の「付随的義務」は、その不履行が解除権を発生させるか否かという観点からみた義務の分類であり、論理的に両者が一致する保証はない[7]。ただし、主たる給付義務は、その不履行が契約目的を達成できなくするという意味で原則として「要素たる債務」にあたるのに対し、「付随義務」は、（後でみるように例外はあるものの）不履行があっても契約目的がなお達成可能であるという意味で「付随的義務」にとどまるものが多いといえる[8]。そこで、本章では、このような緩やかな対応関係が存在することを前提としつつ、「付随義務」の不履行がどのような場合に解除を基礎づけるかについて検討していくことにする。

第2節　裁判例の検討

I　不動産売買契約の解除に関する裁判例

　不動産売買契約において各当事者に課せられるある義務が、不履行による解除権の発生を根拠づける「要素たる債務」であるか、それともそうでない「付随的義務」であるかは、一般的・抽象的な基準に従って決せられるわけではなく、当該売買契約の具体的な諸事情を総合的に勘案して判定を行わなければならないとされてきた。すなわち、①契約に明示的に表示されているところのみならず、社会通念に照らし、契約締結時における事情のすべてを考慮して、当事者の合理的意思を客観的に決定し、②この当事者意思を基準として、契約の目的がどこにあったかを明らかにし、③当該義務が契約目的の実現に必要不可欠であって、それが履行されないならば当事者は契約を締結しなかったであろうと判断されれば「要素たる債務」であるが、当該義務

7　森田宏樹「判批」安永正昭ほか編『不動産取引判例百選〔第3版〕』（有斐閣、2008年）56頁。

8　松井和彦「付随的な義務の不履行と契約の解除」法時1126号104頁、山城一真「契約の解除」法セ811号74頁参照。

195

〔第1部・第8章〕第2節　裁判例の検討

が契約目的の実現に必須のものでなければ「付随的義務」である、とされる。
したがって、ある義務が外見上は付随的なものとされていても、客観的に決
定された当事者の合理的意思においてはそれが重大視され、契約締結の目的
がそこにあるような場合や、あるいはそれが契約の前提条件となっているよ
うな場合は、その義務は「要素たる債務」に該当することになる[9]。

　そうすると、「付随的義務の不履行は解除原因とならない」という命題は
それ自体では問題の解決を導かず[10]、むしろどのような義務が「付随的義務
（＝履行されなくても契約目的の達成が妨げられない義務）」に該当するかを具体
的な事案に即して問うことが不可欠となる。そこで以下では、一部の義務の
不履行が契約の解除原因となるか否かが争われた裁判例を、類型ごとに概観
していく。

　なお、売買契約においては、売主の目的不動産引渡義務および買主の代金
支払義務が「要素たる債務」であることはいうまでもなく、また、売主の所
有権移転登記申請協力義務についても、その不履行が解除原因となることが
判例上認められている[11]。

1　買主の公租公課負担義務の不履行

　大判昭和13・9・30民集17巻1775頁【裁判例1】では、土地の売主が買主
による残代金の完済までその土地の所有権を留保し、その間、買主はその土
地に対する公租公課および残代金の利息を支払う代わりに、その土地から得
られる小作料取立ての代理権を取得するが、この代理権は公租公課または利
息の支払を遅滞した場合には消滅するという特約がされていた。買主の公租
公課および利息の不払を理由とする売主の解除の主張に対して、大審院は、
「右公租公課及利息支払ノ義務ハ附随ノモノニシテ……法律カ債務ノ不履行
ニ因ル契約ノ解除ヲ認ムルハ契約ノ要素ヲ為ス債務ノ履行ナク契約ヲ為シタ

9　浜田・前掲論文（注6）316頁。

10　村上淳一「判批」法協80巻6号153頁は、「解除原因たりえぬと考えられる場合にこれを附随的
　義務と呼ぶわけだから、附随的義務の不履行は解除原因にならぬというのはトートロジーの一種
　である」という。

11　大判明治44・11・14民録17輯708頁。

ル目的ヲ達スルコト能ハサル場合ヲ救済センカ為メニシテ……以上ノ如キ附
随的ノ義務ヲ怠リタル場合ノ如キハ特別ノ約定ナキ限リ之ヲ解除シ得サルモ
ノト謂ハサルヘカラス」としてこれを斥け、売主は買主から小作料取立ての
代理権を剥奪することで甘んじるべきであると判示した。

　最高裁判所がこの枠組みを踏襲することを明らかにしたのが、最判昭和
36・11・21民集15巻10号2507頁【裁判例2】である。土地の売買契約締結後
に公租公課を負担した売主が、買主にその償還を求めたところ、買主がこれ
に応じなかったので、売主は契約解除の意思表示を行った。最高裁判所は、
「法律が債務の不履行による契約の解除を認める趣意は、契約の要素をなす
債務の履行がないために、該契約をなした目的を達することができない場合
を救済するためであり、当事者が契約をなした主たる目的の達成に必須的で
ない附随的義務の履行を怠つたに過ぎないような場合には、特段の事情の存
しない限り、相手方は当該契約を解除することができないものと解するのが
相当である」と判示し、公租公課負担義務の不履行を理由とする解除を認め
なかった。

　もっとも、買主の公租公課負担義務の不履行は常に解除原因とならないと
いうわけではない。東京地判昭和32・9・18下民集8巻9号1717頁【裁判例
3】は、売主が立替納付した公租公課を買主が償還する旨の特約は附随的条
項と解し得ないわけではないとしつつ、本件ではその未償還分が売買代金額
の半分以上に上っており、売主にとっては宅地売買の目的が達成されなかっ
たものということができるとして解除を認めた。また、最判昭和47・11・28
裁判集民107号265頁【裁判例4】は、当該事案における買主の公租公課負担
義務は付随的義務とはいえないとして、その不履行を理由とする解除を認め
ている。[12]

　このように、同じく公租公課負担義務の不履行であっても、個々の契約の
具体的事情によって、契約解除が認められることもあれば認められないこと
もある。解除の可否を分ける要因としては、売買代金に占める公租公課負担

---

[12]　小野剛「付随的債務の不履行と契約の解除」判タ494号22頁は、本判決につき、割賦代金の支
　払とともにする買主の公租公課の負担義務を、割賦代金の支払義務と同視して、土地売買契約の
　要素たる債務と認めたものと解する。

〔第1部・第8章〕第2節　裁判例の検討

額の割合（【裁判例3】）や解除以外のサンクションに関する特約の有無（【裁判例1】）等が考慮されているようである。[13]

　なお、これに関連して、公租公課負担義務ではなく買主の所有権移転登記申請協力義務が問題となったものではあるが、買主の登記手続懈怠のため売買代金の約半額に相当する公租公課が売主に課せられた事案につき、契約の解除を認めた東京地判昭和34・1・26下民集10巻1号143頁【裁判例5】がある。この判決は、買主が所有権移転登記手続を懈怠しても特段の事情のない限り売買契約の解除原因とはならないが、この懈怠によって売主が事実上売買契約の目的を達し得ないとほぼ同様の不利益を蒙っており、しかもこの懈怠が信義則に違反するような場合には、例外的に売主は売買契約を解除することができると判示している。

2　農地の買主の知事に対する許可申請手続協力義務の懈怠

　宅地に転用するための農地の売買については、農地法5条所定の都道府県知事の許可が所有権移転の効力要件であると解されている。したがって、売主の主要な義務が財産権移転義務である以上、売主がこの許可申請手続に協力すべき義務は「要素たる債務」に該当することになろう。他方、買主にとってこの許可申請手続協力義務が「要素たる債務」にあたるか、その不履行が解除原因となるかについては必ずしも明らかではない。この問題に関しては、解除の可否の判断を異にする2つの最高裁判決が存在する。

　最判昭和42・4・6民集21巻3号533頁【裁判例6】は、売買代金未払のまま買主が許可申請手続への協力を拒んだ事案につき、申請手続協力義務の不履行を理由とする売主からの解除を認めた。この判決は、農地法所定の知事の許可がない間は所有権移転を前提とする売主の所有権移転登記義務も発生しないため、買主はこれと牽連関係に立つ代金支払義務の履行を拒絶することができるという前提に立っている。そのうえで本判決は、買主の申請手続協力義務の懈怠のために売主は契約締結の目的を達し得ないことになるから、この義務の懈怠を理由として契約を解除しうるとした。

13　小野・前掲論文（注12）22頁参照。

他方、最判昭和51・12・20民集30巻11号1064頁【裁判例7】は、【裁判例6】とは異なり、買主が代金を完済したにもかかわらず農地法所定の許可申請手続をせずに放置していた事案である。最高裁判所は、買主が売買代金の支払をすでに完了しているときは、特段の事情がない限り、売主は買主が許可申請手続に協力しないことを理由に売買契約を解除することはできないと判示した。[14]

　売買契約における買主の主要な義務は代金支払義務であり、売主としては代金が完済されれば契約締結の目的を達成するのが通常であるから、買主が農地法所定の許可申請に協力しないことは受領遅滞にすぎず、それ自体では解除原因とならないと考えられる。しかし、売買代金が未払である場合には、知事の許可が所有権移転の効力要件であること、および、所有権移転登記義務と代金支払義務とが同時履行関係に立つことを前提とする限り、買主が許可申請手続協力義務を懈怠することは実質的には代金支払を怠るのと等しい結果となる。【裁判例6】は、このように許可申請手続協力義務の履行が代金支払義務の履行の前提となっている事案であったため、その点を重視して解除を認めたものと解されよう。

3　不動産取引業者である売主の説明義務違反

　上記1・2の類型に属する裁判例は古くからみられたのに対して、この類型は比較的最近になって現れたものである。

　まず、東京高判昭和52・3・31東高民時報28巻3号86頁【裁判例8】は以下のような事案である。宅地建物取引業者である売主から、売買に係る土地は所有者が1人であって問題はないとの説明を受けた買主が、これを信じて売買契約を締結し手付金を支払ったが、実際には土地の一部に市道部分や他人所有の土地が含まれている等の問題があった。買主は、売主に対してこれら重要事項についての説明を求めたが、納得のいく説明が得られなかったため、代金を支払ったとしても契約の確実な履行が得られるかどうか強く不信の念をもつに至った。そこで買主は、売主が重要事項の説明義務（宅建業35

14　同様に解除を認めなかったものとして、名古屋高判昭和49・1・16判時743号63頁、東京地判昭和53・9・11判タ381号89頁がある。

〔第1部・第8章〕第2節　裁判例の検討

条参照）に違反したとして契約解除の意思表示を行った。本判決は、このような説明義務は売主の本来的義務である不動産引渡義務・所有権移転登記義務に比すれば付随的な義務にとどまるものの、この義務が履行されるか否かが契約を締結するか否かを決定するうえで重要な事柄であることは否定できないとして、その不履行を理由とする契約の解除を認めた。

　次いで、東京高判昭和53・3・30東高民時報29巻3号71頁【裁判例9】は、第三者名義の土地建物の売買契約において、売主が買主に対し、所有名義人の売渡承諾書その他売主が売却権限を有することを示す書類を交付すること、および、買主を現地に案内することを約したが、これが履行されなかったとして、買主が契約の解除を主張した事案である。本判決は、これらの義務は付随的な義務であることは否定できないものの、本件売買契約は所有名義人が売主ではないことを明示して締結されたのであるから、売却権限を示す書類を交付することは売主としての重要な義務といわざるを得ないし、買主の購入目的が転売にあることは契約締結の前提とされていたのであるから、その実現を容易にさせるために現地を案内することも売主としての重要な義務であるとして、これらの不履行に基づく解除を認めた。

　さらには、大阪高判昭和58・7・19判時1099号59頁【裁判例10】が、売買された土地の上に家屋を建築するには都市計画法上の開発許可が必要であった事案につき、東京高判平成2・1・25金判845号19頁【裁判例11】が、売買された土地に行政指導に基づく建築規制が存した事案につき、東京地判平成9・1・28判時1619号93頁【裁判例12】が、宅地の細分化防止に関する区の指導要綱により、売買された建物を建て替える際には建築確認申請の前提として区長に対し事前協議を求める必要があった事案につき、それぞれ不動産取引業者である売主側の説明義務違反を理由とする買主からの解除を認めている。なお、この説明義務の法的性質に関しては、「土地売買に附随する売主としての当然の義務」（【裁判例8】・【裁判例10】）、「売買契約における信義則から導かれる（広義の）契約上の付随義務の一種」（【裁判例11】・【裁判例12】）であるとされているが、ここでいわれているのは「要素たる債務」と対置される「付随的義務」であるということではなく、主たる給付義務と対置される「付随義務」であるという趣旨であろう。

200

このように、売主の説明義務の不履行を理由に解除を認めることに対して
は、「重要事項の説明義務懈怠というのは契約が成立していない段階での問
題であるから解除権は契約締結上の過失の法理によって根拠づけられるべき
ではないか、説明義務の懈怠があれば直ちに解除権が導びかれるといってし
まってよいかなどについて議論がある[15]」という指摘がある。この点について
は、「より多くの情報および情報収集可能性を有する者に対し、相手方の居
住という最低限の契約目的が達成されないことのないよう調査・説明をなす
べき義務を一般的に課しても、必ずしも不合理とはいえないであろう」とし
て、「かかる最低限の契約目的の達成不能は、損害賠償のみならず解除をも
正当化してよいと思われる」とする見解も示されている[16]。

4　附帯施設の完成・提供義務の不履行

上記3の類型と同様、この類型も比較的最近になって裁判例に現れたもの
である。その背景には、バブル経済期に着工されたリゾート開発がその後の
バブル崩壊により頓挫し、計画された施設のすべてが完成しないケースが多
く発生したことがある。

この類型に属する代表的な裁判例としては、最判平成8・11・12民集50巻
10号2673頁【裁判例13】があげられよう。これは、リゾートマンションの売
買契約と同時にスポーツクラブ会員権契約が締結されたが、当初予定されて
いた屋内プールの完成が遅延したことを理由に、買主がマンション売買契約
を含む契約全体の解除を求めた事案である。最高裁判所は、屋内プールの完
成遅延というスポーツクラブ会員権契約の債務不履行を理由に、マンション
売買契約の解除まで認めた。

本判決は、複数契約上の債務不履行と契約解除の可否に関するリーディン
グ・ケースとして知られているが、本章との関係では、当該マンションをス
ポーツ施設の利用を主要目的としたリゾートマンションであるととらえ、買

15　山崎敏彦「判批」森島昭夫＝伊藤進編『消費者取引判例百選』（有斐閣、1995年）65頁。

16　工藤祐巌「不動産取引と説明義務」判タ1178号127頁。もっとも、【裁判例8】・【裁判例9】・
　【裁判例11】では買主も不動産取引業者であり、この理由づけがあてはまる事案ではないことに
　注意を要する。

〔第1部・第8章〕第2節　裁判例の検討

主もそのような目的をもつ物件として当該マンションを購入したことがうかがわれるとしたうえで、附帯施設である屋内プールの完成遅延により、買主は当該マンションの売買契約を締結した目的を達成することができなくなったとして、当該売買契約の解除を認めている点が重要である。

5　その他の特約上の義務の不履行

上記1～4の類型以外で、特約上の義務違反が解除原因となるかにつき争われた裁判例を概観する。

まず、解除を肯定したものとしては、最判昭和43・2・23民集22巻2号281頁【裁判例14】がある。事案は、土地の売買契約において、所有権移転登記手続は代金完済と同時に行うこと、それまでは買主は当該土地の上に建物その他の工作物を築造しないこと、という特別の約款が付されていたものである。本判決は、この約款は外見上は付随的約款であるが、売主にとっては代金の完全な支払の確保のために重要な意義をもつものであり、その不履行は契約締結の目的の達成に重大な影響を与えるものであるから、当該約款の債務は「要素たる債務にはいり」、その不履行を理由とする解除が可能であると判示した。

また、大阪地判昭和33・6・9下民集9巻6号1024頁【裁判例15】は、買受土地を一般人の通路としても使用させる旨の特約が付されていた事案であるが、この特約の売買契約への付随の程度はかなり密接であるから、その不履行は売買契約そのものに影響し、契約全体の解除原因となるとした。[17]

他方、否定例としては、東京の市中で境界が明確である土地の売買につき、売主の測量立会義務は重要な意義を有するとはいいがたいとして、その不履行に基づく解除を認めなかった大判昭和16・12・9法学11巻715頁【裁判例16】等がある。

---

[17]　ただし本判決は、売買価格が時価相当であったこと、近傍に公道があること、当該土地を失えば買主の営業に重大な支障を生ずること等を考慮し、結論としては売主の解除権行使を権利濫用であるとして認めなかった。

II 不動産賃貸借契約の解除に関する裁判例

本章第1節で述べたとおり、賃貸借契約の解除に関しては、ある義務の不履行が当事者間の信頼関係を破壊するか否かによって解除の可否を決する、「信頼関係破壊法理」が用いられるのが通常である。ところで、信頼関係破壊法理は、①解除権の制限（賃借人に債務不履行がある場合でも、賃貸人との信頼が破壊されたと認めるに足りない特段の事情があるときには解除は認められないとする）、②無催告解除の肯定（信頼関係破壊が認められる場合には催告を経ずに解除しうるとする）、③債務不履行なき解除の肯定（賃貸借契約上の義務の不履行がない場合でも、当事者間の信頼関係が破壊されれば解除しうる余地を認める）の3点で、債務不履行解除の一般原則を修正するものであることが指摘されている[18]。本章との関係では①が重要であるが、いったん信頼関係の破壊が認められ解除が肯定されると催告は不要とされるのが通常であり、その意味で②は①と重なることが多い。また、③は、主に迷惑行為の類型において問題となる（後記4参照）。

ここでも、どのような義務違反が当事者間の信頼関係を破壊し、契約解除を導くかを、具体的な事案に即して判断することが重要である。そこで以下では、付随的とみえる義務の違反を理由として賃貸借契約の解除の可否が争われた裁判例を検討していく[19]。

1 賃借不動産の保管義務・用法遵守義務違反

賃借人は、契約上要求される善良な管理者の注意をもって賃借物を保管する義務（保管義務）、および、契約またはその目的物の性質によって定まった用法に従い使用収益すべき義務（用法遵守義務、民616条・594条1項）を負

---

18 山本敬三『民法講義(4-1)契約』（有斐閣、2005年）474頁。

19 なお、①の類型に属する裁判例としては、賃料不払による催告解除を信頼関係破壊法理により制限した最判昭和39・7・28民集18巻6号1220頁等が重要であるが、賃貸借契約において賃料支払義務が賃借人の中心的な義務であることは明らかであり、付随義務の不履行と解除の可否を検討課題とする本章では取り上げなかった。

〔第1部・第8章〕第2節　裁判例の検討

う。その不履行は損害賠償責任を発生させることはもちろんであるが、その違反の程度が甚だしい場合には契約の解除原因ともなる。

　最判昭和27・4・25民集6巻4号451頁【裁判例17】は、借家人の家屋の使用方法があまりに乱暴で、子どもが室内で野球をし、建具類を燃料代わりに使い、便所が使用不能になると裏口マンホールで用便をする等という極端な保管義務・用法遵守義務違反がある事案につき、これらは契約関係の継続を著しく困難ならしめる不信行為であるとして、賃貸人からの無催告解除を認めた。また、最判昭和47・2・18民集26巻1号63頁【裁判例18】では、賃借人がその責めに帰すべき事由によって賃借建物に火災を発生させたことは保管義務の重大な違反であり、当事者間の信頼関係に破綻を生ぜしめるものであるとして、賃貸人からの無催告解除が認められた。

2　無断増改築

　賃借人の用法遵守義務違反を理由とする解除の可否が問題となるのは、無断増改築に関するケースが多い。これには、借地上の建物の増改築と、賃貸借の目的物そのものである建物の増改築とがある。

　まず、借地上の建物の無断増改築に関して、最判昭和31・6・26民集10巻6号730頁【裁判例19】は、バラック所有のためにのみ使用し本建築をしないことを特約して一時使用のため土地を借りた賃借人が、これに反してバラックを木造瓦葺2階建ての本建築物へと全く旧態をとどめない程度に改築した事案につき、この行為は当事者間の信頼関係を甚だしく裏切るものであるとして無催告解除を認めた。これに対し、最判昭和41・4・21民集20巻4号720頁【裁判例20】は、土地賃借人が増改築禁止特約に反して建物の2階部分を拡張し、2階の居室全部をアパートとして他人に賃貸するように改造した事案であるが、最高裁判所は、住宅用普通建物であることは前後同一であり、建物の同一性も損なわれないのであるから、この増改築は土地の通常の利用上相当で賃貸人に著しい影響を及ぼさないとして、信頼関係破壊のおそれを否定し賃貸人による解除を認めなかった。

　他方、借家の無断増改築が問題とされたケースとしては、最判昭和38・9・27民集17巻8号1069頁【裁判例21】が解除を肯定している。事案は、建

204

坪6坪の家屋の賃借人がその隣接土地に建坪約6坪の家屋を無断で増築した
ものであるが、これは賃貸人の信頼を裏切り賃貸借の継続を著しく困難なら
しめる不信行為であるとして無催告解除が認められた。これに対して最判昭
和36・7・21民集15巻7号1939頁【裁判例22】は、増築部分が、賃借建物の
構造を変更せずにこれに付属せしめられた、1日で撤去できる程度の仮建築
であった事案につき、賃貸人に対する背信行為にあたらないとして解除を否
定している。

　借家の無断増改築は賃貸人の建物所有権を侵害する行為とも評価すること
ができ、【裁判例22】のように原状回復が容易な場合を除いては、解除が認
められやすいといえる。これに対して、借地上の建物は土地賃借人自身の所
有物であることから、【裁判例19】のように建物の同一性が損なわれる程度
の増改築であれば格別、【裁判例20】のようにかなり大規模な増改築であっ
ても解除が認められていない。[20]

3　賃借物の越境使用

　上記2の無断増改築と並んで、用法遵守義務違反として問題となるものに、
賃借人が借地または借家をその賃借部分を越えて使用するケースがある。[21]こ
の場合には、賃借人は越境使用部分について賃貸人の財産権を侵害しており、
解除が認められやすい傾向にある。

　最判昭和38・11・14民集17巻11号1346頁【裁判例23】は、土地賃借人が借
地に隣接する賃貸人所有地にまで越境して建物を建築したため、賃貸人所有
店舗と賃借人所有建物が極めて近接し、賃貸人の店舗経営上非常な支障を来
したという事案につき、この越境は借地自体の用法違反にあたり、賃貸借契
約の解除原因となるとした。最判昭和40・8・2民集19巻6号1368頁【裁判
例24】は、賃貸人の所有建物の一部についての賃借人が、他の部分の賃借人

---

[20]　もっとも、賃借人としては増改築の代諾許可手続（借地借家17条2項）をとることも可能であ
り、この手続をとらずに無断で増改築を強行した場合には、信頼関係の破壊を基礎づける事情と
して考慮されうるとする指摘もある。山本・前掲書（注18）484頁参照。

[21]　ただし、この類型を用法遵守義務違反とみず、不履行なき解除（賃貸借契約上の不履行がなく
とも信頼関係破壊を理由に解除が認められうる）の一例ととらえる見解もある。小堀勇「判解」
最判解民（昭和47年度）432頁、山本・前掲書（注18）486頁。

205

〔第1部・第8章〕第2節　裁判例の検討

が立ち退くや、賃貸人に無断でその部分を不法に占拠して自己の賃借部分の便宜にあてていた行為について、賃貸借関係の継続を著しく困難ならしめる不信行為であるとして、無催告での解除を認めた。最判昭和44・6・17裁判集民95号509頁【裁判例25】は、8畳間1室を除外して家屋の賃貸借がされたにもかかわらず、賃借人がこの8畳間と隣室との境の敷居を取り除き、境の一部にドアを設けて他の部分に仕切りをし、室内の床を一段下げる等の改造を施して洋風の応接間としたうえで、これを賃借部分とあわせて使用しているという事案について、賃借人には著しい不信行為があるとして無催告での解除を認めている。

4　迷惑行為

賃借人が通行妨害や粗暴な振る舞い等によって他の賃借人や近隣住民に迷惑を及ぼしている場合に、賃貸人はこのことを理由として賃貸借契約を解除することができるか。これらの迷惑行為は賃貸借契約上の債務不履行といえるか微妙であり、これらを禁ずる特約がある場合はともかくとして、特約がない場合には解除の前提となる義務の不履行を欠き、当事者間の信頼関係の破壊いかんを問うまでもなく解除は認められないとも考えうる。

これに関して、賃貸借契約の解除原因たりうる義務違反には、賃貸借契約の要素をなす義務の不履行のみならず、賃貸借契約に基づいて信義則上当事者に要求される義務に反する行為も含まれる、との一般論を示している最判昭和47・11・16民集26巻9号1603頁【裁判例26】が注目される。この判決は、土地の賃借人が無免許で自動車運送業を営み、そのトラックが完全に格納できずに公道上に約1メートルはみ出して公衆の通行を妨害しているという事案について、賃借人の無免許営業等に関して賃貸人に責任が及ぶわけではなく、通行妨害に関して近隣や歩行者から苦情が出たこともないという事情を考慮のうえ、結論としては信義則上の義務違反を理由とする解除を否定している。しかし、本判決は、特約がない場合であっても賃借人の迷惑行為を原因とする解除を認める余地を示した点で重要である。

最判昭和50・2・20民集29巻2号99頁【裁判例27】は、賃借人の迷惑行為が特約に反するとして無催告解除を認めたものである。ショッピングセンタ

206

一の一区画である建物部分につき賃貸借契約が締結されたが、この契約には、賃借人が一定の迷惑行為を行った場合に賃貸人が無催告解除をすることができる旨の特約があった。ところが、この賃借人が他の賃借人に迷惑をかける商売方法をとったため、賃貸人は他の賃借人から苦情を言われて困却し、賃貸人がそのことを注意しても、この賃借人はかえって賃貸人に暴言を吐き暴行を加える等の行為に及んだ。最高裁判所は、本件の特約違反が解除理由となるのは、それが賃料債務のような賃借人固有の債務の不履行となるからではなく、特約に違反することによって賃貸借契約の基礎となる当事者間の信頼関係が破壊されるからであるとする。そして、本件における賃借人の行為は、共同店舗賃借人に要請される最少限度のルールや商業道徳を無視するものであって、ショッピングセンターの正常な運営を阻害し、賃貸人に著しい損害を加えるものであるとされ、これにより本件賃貸借契約についての当事者間の信頼関係は破壊されたとして、無催告での解除が認められた。本判決の調査官解説によれば、本件における特約は、信義則上の義務を賃借人の債務に高めたものであるとされており、その違反に基づく解除を認めた点で、本判決には【裁判例26】の判旨との親和性がみられる。

5　その他の法令上・特約上の義務の不履行

上記以外で、まず、法令上の義務の不履行が問題となったものとしては、賃借人の賃貸物保存行為受忍義務（民606条2項）に関する横浜地判昭和33・11・27下民集9巻11号2332頁【裁判例28】がある。本判決は、この受忍義務は賃借人の義務としては付随的なものであるが、賃借人が保存行為を拒むならば、賃貸建物の保存に必要な工事を行うことができず建物の倒壊をきたすから、当該義務違反により賃貸人が賃貸借契約をした目的を達することができなくなるとして解除を認めた。

次に、特約上の義務の不履行については、最判昭和59・4・20民集38巻6号610頁【裁判例29】（調停に基づく本件更新料の支払は、賃料の支払と同様、更

22　田尾桃二「判解」最判解民（昭和50年度）46頁以下。これに対して、能見善久「判批」法協94巻3号123頁は、「本件を賃貸借契約上の給付とは直接関係がない賃借人の行為を原因とする契約の解除が認められた事例として分類すべきでなく、用法義務違反の事例と考えるべき」とする。

〔第1部・第8章〕第3節　改正民法の解除の要件

新後の賃貸借契約の重要な要素として組み込まれ、当事者の信頼関係を維持する基盤をなしているから、その不払は著しい背信行為として解除原因となりうる）、福岡高判昭和31・6・18下民集7巻6号1578頁【裁判例30】（賃借人に固定資産税を負担させる旨の特約は、本件賃貸借契約に付随的なものではなく賃料支払債務と同視しうべき主要部分を構成するものであり、賃貸人はその履行遅滞を理由として解除できる）等が解除を肯定している。

　これに対し、特約上の義務の不履行を理由とする解除が認められなかったものとしては、東京地判昭和42・2・2判タ205号163頁【裁判例31】（契約書の作成は契約の本質的部分を構成せず、賃貸借契約書を公正証書で作成する義務に違反しても、賃貸借を解除するに足る特に著しい背信行為とはいえない）、大阪地判平成19・3・30判タ1273号221頁【裁判例32】（賃貸建物への立入りの際に賃借人の承諾を得る義務は、賃貸人の本質的な債務である「貸す債務」との関連性は強いものの、なお付随義務にすぎない）等がみられる。

第3節　改正民法の解除の要件

Ⅰ　改正の経緯・改正の内容

　平成21年に法務大臣の諮問を受けて設置された法制審議会民法（債権関係）部会では、第2節でみた債務不履行解除の判例法理を踏まえて、解除の要件を適切に条文に示すことが試みられた。

　まず、「民法（債権関係）の改正に関する中間試案」では、催告解除・無催告解除ともに「契約目的達成不能」を解除の要件とすることが提案された。すなわち、催告解除については、不履行が「契約をした目的の達成を妨げるものでないとき」には解除ができないとされ、無催告解除についても契約目的を達成できないことが共通の要件とされた。[23] これは、付随的義務等の軽微

23　民法（債権関係）の改正に関する中間試案（第11・1）18頁。

な義務の違反は解除原因とならないとする判例法理（【裁判例2】・【裁判例6】が例としてあげられている）の趣旨を明文化するものであることが明言されている。[24]

　ところが、パブリック・コメント手続を経た後の部会審議では、改正提案が「相手方が契約をした目的を達することができるとき」には催告解除ができないとする文言に改められたことを契機として、「契約目的達成不能」を[25]催告解除の要件とすることに対する異論が唱えられた。この提案に反対する委員は、債務不履行があっても契約目的を達することができるときに常に解除を否定するのは不当であると批判したほか、付随的約款の不履行であって[26]も契約締結の目的の達成に重大な影響を与える場合には解除を認めるとした判例（【裁判例14】）とも整合しないと指摘した。その結果、催告解除の消極[27]要件が「債務の不履行がその契約及び取引上の社会通念に照らして軽微であるとき」に改められ、最終的にこれが改正民法541条ただし書となった。他方、無催告解除については、「契約目的達成不能」という要件が維持された。[28]

　学説からは、催告解除の要件の文言を変更する契機となった【裁判例14】の理解について疑義が示されている。【裁判例14】は、付随的約款の不履行が契約目的の達成に重大な影響を与えることを理由に、当該債務が「要素たる債務」に入るとしており、この判例もやはり「契約目的達成不能」を解除の要件としていると読むことができるというのである。また、【裁判例14】は催告解除の事案ではないにもかかわらず、催告解除の要件に関してこれを参照したことに対しても批判が向けられている。[29]

24　民法（債権関係）の改正に関する中間試案の補足説明133頁〜134頁。

25　法制審議会民法（債権関係）部会資料68A　21頁。

26　法制審議会民法（債権関係）部会第78回会議議事録34頁〜36頁〔佐成実委員・中井康之委員発言〕。

27　法制審議会民法（債権関係）部会第78回会議議事録34頁〔永野厚郎委員発言〕。

28　改正民法542条1項3号〜5号は、明文で契約目的が達成できないことを解除の要件として定めており、履行不能に関する1号と履行拒絶に関する2号も、契約目的の達成不能を前提としていると解される（鎌田薫ほか編『新基本法コンメンタール債権(2)』（日本評論社、2020年）54頁〔曽野裕夫〕）。なお、改正民法では債務者の帰責事由を解除の要件としないことになったが、本章ではこの点は取り扱わない。

29　横山美夏「契約の解除」法時1079号32頁。

〔第1部・第8章〕第3節　改正民法の解除の要件

　ともあれ、従来の判例が用いていた「要素たる債務」と「付随的義務」の区別は、改正民法の下では541条ただし書の「軽微」性の問題に解消されると指摘されている。[30]

II　解除の要件に関する改正民法の解釈

1　催告解除と無催告解除の関係

　上記の経緯からすれば、改正民法541条ただし書は、契約目的が達成可能であっても不履行が軽微でなければ催告解除できる余地を認める趣旨であると解される。立案担当者もこの立場である。[31] これは取引社会における催告解除の機能を重視したものとみられるが[32]、催告解除のほうが要件が緩和されることの理論的根拠が明らかでないという批判もある。[33] また、不完全履行の追完が可能な場合には、契約目的が達成可能であっても不履行が軽微でなければ催告解除ができるのに対し、追完不能の場合には契約目的が達成可能である限り解除ができないという規律になっていることも問題視されている。[34]

　学説においては、「重大な契約違反」あるいは「契約に対する正当な期待の欠落」を催告解除と無催告解除に共通する要件とみて、両者を統一的に理解することを試みる見解がある。[35] また、解除の要件はあくまで「契約目的達成不能」であるとしつつも、債権者はこの要件が充足されるかをあらかじめ確知することが困難でありうるため、「契約目的達成不能」という実体要件に代えて催告という手続要件が設定されたとみる見解もある。[36]

30　松井・前掲論文（注8）106頁、田中洋「要素たる債務と付随的義務」法教454号38頁。

31　筒井健夫＝村松秀樹編著『一問一答民法（債権関係）改正』（商事法務、2018年）236頁注2。

32　中田裕康『契約法〔新版〕』（有斐閣、2021年）204頁。

33　横山・前掲論文（注29）33頁。

34　潮見佳男『新債権総論(1)』（信山社出版、2017年）559頁注13。ただし、立案担当者は、追完不能だが契約目的が達成可能である場合はそもそも不履行が軽微であるとみる（筒井＝村松編著・前掲書（注31）239頁注3）。

35　潮見・前掲書（注34）560頁注14、松岡久和ほか編『改正債権法コンメンタール』（法律文化社、2020年）650頁〔渡辺達徳〕。

36　山城・前掲論文（注8）75頁。

210

2 軽微性の判断基準

改正民法の下では、催告解除の消極要件である不履行の軽微性をどのような基準で判断するかが問題となる。この点について立案担当者は、軽微であるか否かの判断においても、契約目的を達成することができるか否かは最も重要な考慮要素であるとしており[37]、軽微性と「契約目的達成不能」との関係についてあいまいさを残す。

学説によれば、不履行が軽微な場合には、①違反された義務自体が契約全体からみて軽微な場合と、②義務違反の態様が軽微な場合とが含まれる[38]。さらに、より具体的に、㋐不履行のあった債務の内容（要素たる債務か付随的な債務か）、㋑債務不履行の程度（数量・品質・種類の相違の程度）、㋒契約の目的の内容、㋓債務の不履行が契約の目的達成に及ぼす影響の程度（債権者の受ける不利益の程度）、㋔追完・追履行の容易性（必要なコスト）、㋕追完・追履行に係る債務者の態様、などを考慮要素として列挙する見解もある[39]。ただし、債務者側のコスト（㋔）を考慮に入れるべきか否かについては賛否両論が存在している[40]。

条文の文言からも明らかなとおり、不履行が軽微か否かは債務不履行時ではなく催告期間経過時を基準として判断される。催告時に不履行が軽微か否かを問う必要はない[41]。

3 不動産賃貸借契約の解除（信頼関係破壊法理との関係）

解除の要件に関する規定（民541条・542条）は契約総則に設けられており、賃貸借契約に固有の解除のルールは改正民法でも定められなかった。改正民法の下では、従来の判例の立場である「信頼関係破壊法理」がどのような位置づけを与えられるかが特に問題となる。

---

37 筒井＝村松編著・前掲書(注31)236頁注2。
38 潮見・前掲書(注34)567頁、松岡ほか編・前掲書(注35)647頁〔渡辺〕。
39 鎌田薫ほか『重要論点 実務民法（債権関係）改正』（商事法務、2019年）249頁～250頁〔篠原孝典〕。
40 鎌田ほか・前掲書(注39)265頁～266頁〔鎌田薫〕、鎌田ほか・前掲書(注28)50頁〔曽野〕参照。
41 中田・前掲書(注32)205頁。

〔第1部・第8章〕第3節 改正民法の解除の要件

　現在の多数説は、改正民法541条・542条に信頼関係破壊法理を読み込んで解釈するというものである。すなわち、解除権の制限としての信頼関係破壊法理（賃借人に債務不履行がある場合でも、賃貸人との信頼が破壊されたと認めるに足りない特段の事情があるときには解除は認められないとする）は、不履行が改正民法541条ただし書の「軽微」に該当するか否かを判断する際に考慮されることになる。また、無催告解除の肯定としての信頼関係破壊法理（信頼関係破壊が認められる場合には催告を経ずに解除しうるとする）は、不履行が改正民法542条1項5号に該当するか否かの判断に引き継がれることになろう。[42]

（白石　大）

---

[42]　中田・前掲書(注32)427頁～428頁、潮見佳男『新契約各論(1)』（信山社出版、2021年）422頁～423頁。

第9章
抵当権に基づく明渡請求

第1節　抵当権に基づく明渡請求の可否

I　抵当権に基づく明渡請求権の法的根拠

1　問題の所在

抵当権に基づく抵当不動産の明渡請求が認められるか否かという問題は、それ自体が物権的請求権論の一環として、重要な理論的テーマである。加えて、この問題は抵当不動産の競売手続における執行妨害をどのようにして排除することができるかという現実的問題を背景に、実務的にも重要な問題としてクローズアップされてきた。それは、かつてバブル経済崩壊後の不良債権処理の過程で社会問題となり、不動産競売をめぐる民法・民事執行法等の改正による対応が行われた。[1]しかし、執行妨害はその後も後を絶たないといわれ、[2]それも契機にして、抵当不動産をめぐる所有者と抵当権者の権限調整の規準については、今なお未解決の問題が残されていることが浮き彫りにされた。こうした状況の下では、裁判例の蓄積によって形成された判例法理の

1　道垣内弘人ほか『新しい担保・執行制度〔補訂版〕』（有斐閣、2004年）、山川一陽＝山田治男編著『改正担保法・執行法のすべて』（中央経済社、2003年）、松尾弘「不良債権処理と担保・執行法制の見直し」東京税理士界554号5頁参照。

2　本多健司「抵当権に基づく妨害排除」判タ1296号74頁～75頁。

〔第1部・第9章〕第1節　抵当権に基づく明渡請求の可否

内容を確認し、立法と実務の間隙を一般法理によって補充し、より体系的な一般原則を明確にするために、抵当権の本質にまでさかのぼった検討が迫られているとみることができる。

そこで、本章では、最初に、抵当権に基づく明渡請求の法的根拠と理論構成を確認したうえで（第1節）、明渡請求が認められるためにはどのような要件が必要か（第2節）、また、明渡請求が認められた場合の法的効果はどうなるか（第3節）について、主要な判例と学説を中心に検討する。そして、最後に、これらの問題を、抵当権の本質に照らして再考し、あるべき解決の方向性を展望する（第4節）。

2　明渡請求をめぐる実体法と手続法

(1)　民事執行法上の保全処分

抵当権者が抵当不動産の占有者に対して明渡しを請求する方法としては、実体法・手続法の双方に複数の制度が存在する。抵当権の実行段階における執行妨害に対処する方法というコンテクストでは、すでに民事執行法の平成8年改正により（平成8年法律第108号）、①売却のための保全処分（民執55条）および②買受人のための保全処分（民執77条）において、債務者のほかに「不動産の占有者」も相手方に加えられた。また、③引渡命令（民執83条）においても、買受人に対抗できない占有者が相手方に加えられた。さらに、④競売開始決定前の保全処分（平成8年改正前民執187条の2。現規定は民執187条。ただし、「特に必要があるとき」が要件になる）が創設された。平成10年改正では（平成10年法律第128号・平成10年法律第129号）、⑤買受申出をした差押債権者のための保全処分（民執68条の2）が創設された。さらに、平成15年改正では（平成15年法律第134号。本改正より前の民法を、「旧民法」という）、⑥これら保全処分の対象となる価格減少行為の定義から「著しく」の文言が削除され、要件が緩和された。また、⑦執行官保管の保全処分（民執55条1項3号）が創設された。こうした一連の民事執行法改正の結果、抵当権に基づく物権的請求権としての明渡請求のように、訴訟の遅延、要件・効果の不明確さ等の問題を残している実体法上の手段よりも、「実際場面での利用のしやすさという点において、民事執行法上の保全処分の方が多く用い

214

られる」との見通しも示されている。[3]

(2) 民事保全法上の仮処分

その一方で、抵当権に基づく抵当不動産の明渡請求権を被保全権利とする民事保全法上の仮処分（占有移転の禁止等）の申立ても可能と解されており、これを用いて、訴訟段階において不法占有者等の占有を排除してから競売手続に移行することもできる。したがって、「個々の抵当権者のニーズに合わせて、民事執行法上の保全処分と抵当権に基づく明渡請求の両方の手段を実効化させておく必要がある[4]」という問題整理が妥当であろう。

(3) 抵当権に基づく明渡請求の意義

こうした一連の手続法改正およびその運用改善の結果、現在はそれら手続法上の抵当権保護手段との関係において、抵当権に基づく明渡請求という実体法上の請求権が果たすべき意義および固有の機能をあらためて明確化すべき段階に到達したということができよう。それはまず、①民事執行法・民事保全法上の処分に対して実体法上の根拠を与えることにより、それらの解釈・適用の範囲を明確化することに寄与する。[5]実際、後掲最大判平成11・11・24（第1節Ⅱ2）が、抵当権に基づく明渡請求権という実体法上の権利を認めたことにより、占有移転禁止の仮処分等、民事保全法上の保全処分が利用可能になったことは、執行妨害対策を促進するものと評価されている。[6]さらに、②抵当権の実行段階や訴訟段階以前においても、抵当権の本質に立脚して、抵当不動産の利用関係や使用・収益権限の調整をめぐるルールを体系的に明らかにすることにより、抵当権者と抵当不動産の所有者・利用権者との紛争の解決・予防に資することも期待される。

3 実体法上の法的根拠と理論構成

抵当権は「債務者又は第三者が占有を移転しないで債務の担保に供した不

---

3 本多・前掲論文（注2）82頁。もっとも、民事執行法上の保全処分が年々減少傾向にあることも指摘されている（同82頁注28）。

4 本多・前掲論文（注2）82頁。

5 鎌田薫「抵当権の侵害と明渡請求」田山輝明ほか編『民法学の新たな展開〈高島平蔵教授古稀記念〉』（成文堂、2003年）263頁以下参照。

6 若林弘樹「判批」銀法575号53頁。

215

〔第1部・第9章〕第1節　抵当権に基づく明渡請求の可否

動産について、他の債権者に先立って自己の債権の弁済を受ける権利」である（民369条）。しかし、そうした非占有担保権としての抵当権が侵害された場合に、抵当権者にどのような救済手段が与えられるかについて、民法は抵当権に特有の救済規定をおいていない。その結果、抵当権が侵害された場合の救済手段としては、抵当権の性質に鑑み、かつ権利侵害の態様に応じて、既存の規定を解釈し、個別事件に適用することになる。明渡請求については、主として2つの法的根拠と理論構成が考えられる。

　第1に、物権的請求権である。抵当権も物権であるから（民法第2編第10章）、抵当権が侵害されたときは、物権的請求権が発生することに異論はない。しかし、どのような場合が物権としての抵当権の侵害にあたるか、それに対してどのような内容の物権的請求権が認められるかについては、見解が一致しているわけではない。

　第2に、抵当権者が抵当不動産の所有者（債務者もしくは物上保証人たる抵当権設定者、または抵当不動産の第三取得者）に対してもつ債権を被保全債権とし、抵当不動産の所有者がもつ所有権に基づく明渡請求権を代位行使（民423条）する方法である。その際、被保全債権をどうみるか、債権者代位権の転用として位置づけうるか、代位債権者への直接引渡しが認められるかといった[7]、債権者代位権それ自体の要件・効果のほか[8]、物権的請求権としての抵当権に基づく明渡請求との関係をどう整理するかという問題が生じる。

　抵当権に基づく明渡請求に関するこれら二つの法的構成は、すでに裁判例でも繰り返し問題になっている。そこで、まずは従来の判例法理を確認し、残された課題が何かを整理してみよう。

7　平成29年の民法改正（平成29年法律第44号）により、債権者代位権の転用に関しては、登記または登録の請求権を保全するための債権者代位権の行使が認められた（民423条の7）。

8　平成29年の民法改正（平成29年法律第44号）により、金銭の支払または動産の引渡しを目的とする被代位権利の行使については、債権者への直接の支払または引渡しが認められた（民423条の3）。

Ⅱ　判例の変遷

1　平成3年最高裁判決

(1)　事案の概要

　最判平成3・3・22民集45巻3号268頁[9]（以下、「平成3年最高裁判決」という）の事案の概要は、以下のとおりである。

　Aは、昭和59年7月29日、B会社から2570万円を借り受け、同年8月10日、同借受金の支払を担保するため、自己所有の土地・建物（3階建て）に抵当権を設定し、同日抵当権設定登記が行われた。Aは、昭和60年4月22日頃、Cに対し、本件土地・建物を期間3年の約定で賃貸し（同年10月14日、賃借権設定仮登記）、また、同年8月27日頃、Dに対し、同じく本件土地・建物を期間3年の約定で賃貸した（同年10月14日、賃借権設定仮登記）。CおよびDは、昭和60年12月5日頃、各自の賃借した本件土地・建物をY₁に対しておのおの期間3年の約定で転貸した（同月11日、CおよびDからY₁に対する仮登記賃借権移転の付記登記）。Y₁は、昭和61年3月20日頃、転借した本件土地・建物をY₂会社に期間3年の約定で転貸し（同月27日、Y₁からY₂に対する仮登記賃借権移転の付記登記）、本件建物は現在Y₂が占有していた。Xは、昭和60年11月15日、Aの連帯保証人として、Bに対してAの借受金の残元金2530万円余およびこれに対する利息、損害金を支払い、弁済による代位により、本件抵当権移転の付記登記が経由された。本件抵当権の実行に係る不動産競売事件において、本件土地・建物の鑑定評価額は1027万円であるが、本件各

9　滝澤孝臣「判解」最判解民（平成3年度）79頁。本件評釈として、以下のものがある。生熊長幸「判批」法時63巻9号44頁、生熊長幸「判批」ジュリ981号30頁、石田喜久夫「判批」重判解（平成3年度）64頁、岩城謙二「判批」NBL471号6頁、甲斐道太郎「判批」法時63巻6号16頁、片山直也「判批」ジュリ989号97頁、加登屋健治「判批」判タ790号38頁、小杉茂雄「判批」法教133号92頁、小杉茂雄「判批」民商105巻4号519頁、佐久間弘道「判批」金法1297号11頁、鈴木正和「判批」手形研究453号4頁、田中康久「判批」金法1298号8頁、椿寿夫「判批」金法1433号84頁、椿寿夫「判批」リマークス4号4頁、円谷峻「判批」判タ765号77頁、安永正昭「判批」金法1304号40頁、安永正昭「判批」判評359号154頁、山田文「判批」法学56巻2号96頁。

217

〔第1部・第9章〕第1節　抵当権に基づく明渡請求の可否

短期賃貸借が付着することを前提にすると820万円であった。そこで、Xは、本件各短期賃貸借の存在は抵当権者Xに損害を及ぼすことになるとして、第1審において、A・C・Dを共同被告として、平成11年改正前民法395条ただし書に基づき、本件各短期賃貸借の解除を求め、その解除を命じる判決の確定を条件に、本件抵当権に基づく妨害排除請求として、Y_1・Y_2に対して仮登記賃借権移転の付記登記の抹消登記手続を、Y_2に対して本件建物の明渡しを求めた。

　第1審は、本件各短期賃貸借の解除を命じたうえ、XのY_1・Y_2に対する請求を認容した。Y_1らが控訴。第2審でXは、第1審における抵当権に基づく妨害排除請求として明渡しを求める訴えと選択的に、本件抵当権の「被担保債権」を保全するため、債務者AのY_2に対する本件建物の所有権に基づく返還請求権を代位行使して明渡しを求める訴えを追加した。第2審判決は、XのY_1らに対する抹消登記手続請求およびY_2に対する代位請求を認容した（Y_1らの控訴棄却）。

(2)　判決の論理

　最高裁判所は以下の理由で、原判決を破棄した。①抵当権は抵当不動産の占有権原を包含せず、「抵当不動産の占有はその所有者にゆだねられている」から、所有者自身や所有者から賃借した第三者が占有している場合はもちろん、第三者が「何ら権原なくして抵当不動産を占有している場合においても」、「抵当権が侵害されているわけではない」ゆえに、抵当権者は「抵当不動産の占有関係について干渉し得る余地はない」。したがって、②いわゆる短期賃貸借が抵当権者に損害を及ぼすものとして旧民法395条ただし書の規定によって解除された場合も、抵当不動産を占有する賃借人ないし転借人の占有権原は抵当権者および設定者に対する関係で消滅するが、それにとどまり、それ以上に賃借人等の占有を排除しうる権原を抵当権者に付与するものではない。抵当権者に占有排除権限が与えられなくとも、抵当権の実行によって買受人が民事執行法83条（民事執行法188条による準用を含む）による引渡命令または訴えによる判決に基づき、その占有を排除することができるから、それによって「抵当不動産の担保価値の保存、したがって抵当権者の保護」が図られている。その結果、③抵当権者がかつての賃借人等の占有によ

218

って担保価値が減少するものとして「その被担保債権を保全するため」、債務者たる所有者の所有権に基づく返還請求権を代位行使して明渡しを請求することも「その前提を欠く」（裁判官全員一致で原判決破棄、第1審判決取消し、XのY₁らに対する請求棄却、自判。なお、仮登記移転の付記登記の抹消登記手続請求に関しては、Y₁らは上告理由を記載した書面を提出しなかった）。

(3) 判決の特色と課題

本判決は、抵当権の実行段階に入った抵当権者が、短期賃貸借解除（旧民395条ただし書）後の不法占有者に明渡請求をしたが、抵当権者に対抗し得ない抵当不動産の賃借人・転借人・不法占有者は、抵当不動産の買受人が民事執行法による引渡命令または訴えによる判決に基づいてその占有を排除することができるから、抵当権者に占有排除権限を与える必要がないと解した。これは、「縦令何人カカ無権原ニ当該不動産ヲ占有シ其ノ使用収益ヲ為シタリトテ之カ為メ例ヘハ抵当物ソノモノヲ損壊シ其ノ価格ヲ低減スル虞アルカ如キ場合ヲ外ニシテ抵当権ハ何等増損セラルルコト無キ」ものであると解してきた大審院以来の判例[10]を踏襲している。そのような解釈は、抵当不動産の買受人は最終的に抵当権者に対抗し得えない賃借人・転借人・不法占有者を排除できるのだから、そうした占有者の存在は抵当不動産の買受価格の減価要因とはみないはずであるという競売市場への期待を前提とする。しかし、それは、抵当不動産の買受希望者がとる現実の市場行動とはギャップのある想定であった。

2 平成11年最高裁判決

(1) 事案の概要

最大判平成11・11・24民集53巻8号1899頁[11]（以下、「平成11年最高裁判決」

---

10 大判昭和9・6・15民集13巻1164頁。

11 八木一洋「判解」最判解民（平成11年度）833頁。本件評釈として、以下のものがある。生熊長幸「判批」重判解（平成11年度）71頁、石井眞司「判批」金判1081号2頁、石口修「判批」法学新報106巻11号・12号207頁、伊藤進「判批」判評496号7頁、今井和男「判批」金判1079号2頁、岩城謙二「判批」法令ニュース35巻1号16頁、梶山玉香「判批」法時72巻7号75頁、角紀代恵「判批」法教234号44頁、川嶋四郎「判批」法セ544号52頁、小杉茂雄「判批」金法1588号35頁、斉藤和夫「判批」リマークス22号22頁、佐久間弘道「判批」金法1603号6頁、高橋智也「判批」

〔第1部・第9章〕第1節　抵当権に基づく明渡請求の可否

という）の事案の概要は、以下のとおりである。

　Ｘ金融公庫は、平成元年11月10日、Ａとの間で、同人所有の土地・建物につき、債務者Ａ、極度額3500万円、被担保債権の範囲を金銭消費貸借取引・保証取引・保証委託取引とする根抵当権設定契約をした（同月14日、根抵当権設定登記）。ＸはＡに対し、平成元年11月17日、2800万円を貸し付け、平成2年2月以降毎月15日に元金11万7000円を当月分の利息とともに支払う旨を約定した。その後、Y₁・Y₂は、平成5年5月頃から、本件建物を権原なく占有している（Y₁らは、ＡがＢに本件土地・建物を譲渡・転貸可能の特約付きで賃貸し（本件建物には、ＡからＢへの条件付賃借権設定の仮登記が存在する）、ＢがY₁らへ本件建物を転貸したと主張するが、ＡＢ間で賃貸借が成立したとの証拠は認められず、建物賃貸借契約書もＡの承諾なしにＢが勝手に作成したものと認定された。なお、平成7年12月11日、ＢＸ間において、Ｂは本件土地・建物に対して何ら占有権原がないことを確認し、平成8年4月14日限り本件土地・建物を明け渡し、条件付賃借権設定の仮登記の抹消登記手続をする旨の訴訟上の和解が成立）。Ｘは、本件貸金債権の残額に対する期限の利益が失われた後である平成5年9月8日、本件不動産に対する本件根抵当権の実行としての競売を申し立て、同日、不動産競売の開始決定がされた。しかし、同事件の開札期日（平成7年5月17日）においても入札がなく、その後再競売期日の指定も行われず、競売手続は進行しなかった。それは、Y₁らが本件建物を占有していることにより、買受希望者が買受けの申出を躊躇したためであると主張するＸは、Y₁らが本件建物を権原なく占有して不動産競売手続の進行を阻害し、そのために本件貸金債権の満足を受けることができないとし、Y₁らに対し、本件根抵当権の被担保債権である本件貸金債権を保全するため、本件建物に対するＡの所有権に基づく妨害排除請求権を代位行使し、本件建物の明渡しを請求した。

　　熊本法学98号117頁、滝澤孝臣「判批」金法1569号6頁、椿寿夫「判批」金法1581号118頁、平井一雄「判批」ジュリ1189号100頁、牧賢二「判批」判タ1036号60頁、松岡久和「判批」NBL681号6頁・682号36頁・683号37頁、村上正敏「判批」判タ1053号53頁、山野目章夫「判批」金法1569号46頁、山本和彦「判批」金法1569号58頁、若林弘樹「判批」銀法575号50頁、渡辺達徳「判批」法セ45巻3号111頁。

Ⅱ　判例の変遷

　第1審は、Xの請求を認容し、Y₁らが控訴した。Y₁らは控訴理由として、①Xが貸金債権に基づいてAの物上請求権を代位行使することが認められるとしても、Aが本件建物の明渡しを受領しないことの立証はないから、XはY₁らにAへの明渡しを請求できるだけであるし、抵当権は目的物の占有権原を含まないから、Xは直接自己への明渡しを請求できない。②原判決は、「近年の不動産取引の沈静化の傾向の中で買受希望者は第三者占有のある物件の購入を差し控える傾向が顕著であり、本件土地及び建物の買受希望者は、本件建物についてY₁らが占有していることから、買受を躊躇し、競売手続が進まない実情にある」と認定したが、「最近裁判所の競売手続が進まないのは、不動産価格が低落し裁判所の最低競売価格が市民に高額な印象を持たれていたり、長引く不況のため需要と供給のバランスが崩れ買い手が少ないことによるというのが主な理由である」との経験則に反し、事実誤認である。また、③担保権の実行に際して目的不動産に占有者がいても、買受人は買受後に裁判所から不動産引渡命令を得て明渡しを強制できるから、占有者の存在が競売手続の進行を妨げているというのは事実誤認であると主張した。

　第2審は、原判決を是認してXの請求を認容し、Y₁らの控訴を棄却した。控訴理由①に対しては、「XがAに対する貸金債権に基づきAの所有権に基づく妨害排除請求権を行使するに当たり、債権者としては、債権の保全のために必要な行為をなしうるのであって、所有者への明渡しに限定されるものではなく、原審認定の事実関係のもとにおいては、XはAに対する貸金債権の保全のため、Xへの本件建物の明渡しをY₁らに求めうると解される」とした（下線は引用者による。以下同じ）。ここでも、Aの妨害排除請求権を代位行使（民423条）するための被保全債権は、XのAに対する貸金債権ととらえられている。

　控訴理由②については、「Y₁らは、本件建物につき何らの占有権原を有しない占有者であって、このような占有者がいることによって、一般に不動産競売手続における買受希望者が買受申出に躊躇を覚え、結果として競売手続の進行が害されること、及び不動産引渡命令の制度の存在はかならずしも買受希望者の不安の解消にはつながっていないことは、当裁判所に顕著な事実であるから、この点の原審の判断には何らの事実誤認はない」とした（Y₁ら

221

〔第1部・第9章〕第1節 抵当権に基づく明渡請求の可否

が上告）。

(2) 判決の論理

最高裁判所は、以下のように述べて、Y₁らの上告を棄却した。抵当権は「競売手続において実現される抵当不動産の交換価値から他の債権者に優先して被担保債権の弁済を受けることを内容とする物権」で、非占有担保であるから、抵当権者は原則として抵当不動産の所有者が行う抵当不動産の使用・収益に干渉できない。しかし、「第三者が抵当不動産を<u>不法占有することにより、競売手続の進行が害され適正な価額よりも売却価額が下落するおそれがあるなど</u>、抵当不動産の交換価値の実現が妨げられ抵当権者の優先弁済請求権の行使が困難となるような状態」（以下、「交換価値実現妨害状態」という）があるときは「抵当権に対する侵害」と評価できる。そして、「抵当不動産の所有者は、抵当権に対する侵害が生じないよう抵当不動産を適切に維持管理すること」が予定されており、交換価値実現妨害状態があるときは、抵当権者は抵当権の効力として抵当不動産の所有者に対し、「その有する権利を適切に行使するなどして右状態を是正し抵当不動産を適切に維持又は保存するよう求める請求権」（以下、「交換価値実現妨害状態の是正請求権」という）を有する。それゆえに、抵当権者は「右請求権を保全する必要があるときは、民法423条の法意に従い」、所有者の不法占有者に対する妨害排除請求権を代位行使できる。さらに、交換価値実現妨害状態があるときは、「抵当権に基づく妨害排除請求として」、抵当権者がその状態の排除を求めることも許される。平成3年最高裁判決は以上と抵触する限度において変更されるべきである。

なお、Xの請求は「本件根抵当権の被担保債権」をもって代位の原因とするが、それは「本件根抵当権に基づいて、その交換価値の実現を阻害するY₁らの占有の排除を求めるため、所有者に代位して、Yらに対して本件建物の明渡しを請求する趣旨を含む」と解釈できるから、Xの請求を認容した原審判断は結論において是認できる。

奥田昌道裁判官の補足意見は、抵当不動産が「不法占有」されている場合の抵当権者の救済のあり方に関し、以下の3点にわたる。

①抵当権は「抵当不動産の担保価値（交換価値）を排他的に支配し、競売

Ⅱ　判例の変遷

手続において実現される交換価値から他の債権者に優先して被担保債権の弁済を受けることを内容とする物権」であり、「抵当不動産を有形的・有体的に支配する権利ではなく、その交換価値を非有形的・観念的に支配する」にとどまる。そうした「抵当不動産の交換価値に対する排他的支配の権能」は、「交換価値が実現される抵当権実行時（換価・配当時）において最も先鋭に現われるが、ひとりこの時点においてのみならず、抵当権設定時以降換価に至るまでの間、抵当不動産について実現されるべき交換価値を恒常的・継続的に支配することができる」。したがって、抵当権設定時以降、換価に至るまでの間でも、抵当不動産の交換価値を減少させたり、交換価値の実現を困難にさせたりする第三者の行為ないし事実状態は、抵当権に対する侵害ととらえるべきであり、抵当権者がかかる侵害を阻止・除去する法的手段が必要である。他方、「抵当不動産の交換価値は競売手続において実現されるものであるから」、抵当権の侵害にあたるか否かは、当該行為等の内容、競売手続における当該抵当権者に対する配当の可能性等も考慮して判断すべきである。

　②抵当権は目的物の交換価値を非有形的・観念的に支配する権利であるが、交換価値実現妨害状態が生じているときは、抵当権者は抵当権に基づく妨害排除請求、すなわち、「不動産の明渡し」請求ができる。

　③抵当権設定者または抵当不動産譲受人は「担保権（抵当権）の目的物を実際に管理する立場にある者として、第三者の行為等によりその交換価値が減少し、又は交換価値の実現が困難となることのないように、これを適切に維持又は保存することが、法の要請するところ」であり、「その反面として、抵当権者は、抵当不動産の所有者に対し、抵当不動産の担保価値を維持又は保存するよう求める請求権（担保価値維持請求権）を有する」。この担保価値維持請求権は、抵当権設定時から実行（換価）時に至るまで恒常的に存続する権利であるから、第三者が抵当不動産の毀損や不法占有によって交換価値の実現を妨げる状態が生じているにもかかわらず所有者が適切な措置をとらない場合は、抵当権者が「抵当不動産の所有者に対する担保価値維持請求権を保全するために」、抵当不動産の所有者が侵害者に対して有する妨害停止または妨害排除請求権を代位行使できる。そして、抵当権に基づく妨害排除請求権の要件・効果（請求権の内容）について論議が尽くされていない現状

223

〔第1部・第9章〕第1節　抵当権に基づく明渡請求の可否

では、債権者代位権の転用事例における補充性（他に適切な救済手段がないこと）に照らしても、代位請求による救済の途を閉ざすべきではない。

　そして、抵当不動産の所有者が受領を拒み、または所有者において受領することが期待できない事情があるときは、抵当権者は「抵当不動産の所有者に代わって受領するという意味において、直接自己への明渡しを請求することができる」。その場合、「抵当権者が取得する占有は、抵当不動産の所有者のために管理する目的での占有、いわゆる管理占有である」とされた。

(3)　判決の特色と問題点

　平成11年最高裁判決は、①抵当権に関する価値権説（特に奥田補足意見にはその趣旨が顕著に表れている）に立脚しながら、「不法占有」の場合に抵当権侵害の成立を認め、従来の判例を変更した。さらに、②一歩進んで、原告も主張していない、抵当権に基づく明渡請求の可能性をも肯定した。このように、抵当権の価値権的理解と不法占有による抵当権侵害の成立との関連性が確認された。両者を媒介するものが、抵当権者が抵当不動産所有者（債務者のみならず、物上保証人や第三取得者の場合を含む）に対してもつ交換価値実現妨害状態是正請求権ないし奥田補足意見にいう「担保価値維持請求権」である。奥田補足意見では、この「担保価値維持請求権」の概念をはじめ、抵当権の価値権論的解釈がよりストレートに示されている点に特色がある。

　もっとも、平成11年最高裁判決では、①抵当権に基づく妨害排除をどの時点から行えるか（奥田補足意見①は、抵当権実行後に限らず、抵当権設定後は目的物に対する価値支配の効力が及ぶことを示唆する）、②代位請求と抵当権に基づく請求権との関係（両者は並列的か、奥田補足意見が示唆するように、前者は過渡的なものか）、③明渡請求が可能となる時期（㋐抵当権設定後いつでも利用可能か、㋑履行遅滞以後か、㋒競売申立て以後か）、抵当権者に直接に引き渡された後の占有（奥田補足意見にいう「管理占有」の性質・内容、管理権限の範囲と管理の注意義務の程度、専門業者等への管理委託の可否、工作物責任の所在、抵当権者による使用権の有無ないし使用利益の返還の要否、所有者の返還請求の可否ないし要件、管理費用の償還請求権の有無、管理者が管理占有をやめることの可否など）について、未解決の問題がある（第3節Ⅱ参照）。[12]

3 平成17年最高裁判決

(1) 事実の概要

最判平成17・3・10民集59巻2号356頁[13]（以下、「平成17年最高裁判決」という）の事案の概要は、以下のとおりである。

Xは、平成元年9月5日、A社との間で同社所有地に地上9階・地下1階のホテルを請負代金17億9014万円で建築する旨の請負契約を締結し、平成3年4月30日完成させたが、A社が請負代金の大部分を支払わなかったため、引渡しを留保した。A社は、平成4年4月頃、Xとの間で、請負残代金が17億2906万円余であることを確認し、これを同年5月〜8月まで毎月末日限り500万円ずつ支払い、同年9月末日に残りの全額を支払う、Xの請負残代金債権を担保するため、本件建物とその敷地にXを権利者として、抵当権および停止条件付賃借権（本件抵当権の実行としての競売が申し立てられることなどを停止条件とし、本件建物の使用・収益を目的とするものではなく、本件建物とその敷地の交換価値の確保を目的とするもの）を設定する、本件建物を他に賃貸する場合はXの承諾を得ることを合意し、平成4年5月8日、本件抵当権設定登記と本件停止条件付賃借権設定仮登記を了した。そこで、XはA社に対して本件建物を引き渡した。ところが、A社は本件合意に反し、分割金の弁済を一切行わず、平成4年12月18日、Xの承諾を得ずに本件建物をB社に賃料月額500万円、期間5年、敷金5000万円の約定で賃貸して引き渡した。AはBとの間で、平成5年3月、敷金を1億円に増額し、同年5月1日、賃料を月額100万円に減額するとの合意をしたが、敷金が実際に交付されたか

12　松岡久和「判批」星野英一編『民法判例百選(1)総則・物権〔第5版・新法対応補正版〕』（有斐閣、2005年）179頁。

13　戸田久「判解」最判解民（平成17年度）153頁。本件評釈として、以下のものがある。浅井弘章「判批」銀法646号65頁・658号39頁、太矢一彦「判批」金判1247号44頁、片山直也「判批」金法1748号45頁、上北正人「判批」神奈川法学38巻2号〜3号35頁、工藤祐巌「判批」ひろば59巻1号55頁、古賀政治「判批」金法1742号9頁、清水元「判批」判時1912号190頁、城阪由貴「判批」主判解（平成17年度）38頁、道垣内弘人「判批」リマークス32号20頁、戸田久「判批」ジュリ1306号167頁、野口恵三「判批」NBL815号99頁、本田純一「判批」銀法657号74頁、松岡久和「判批」重判解（平成17年度）77頁、丸山絵美子「判批」法セ607号120頁、三上徹「判批」NBL807号4頁、森田修「判批」金法1762号18頁。

〔第1部・第9章〕第1節　抵当権に基づく明渡請求の可否

否かは定かでない。B社は、平成5年4月1日、Xの承諾を得ずに本件建物
をY（B社代表取締役。ちなみに、A社代表取締役は、平成6年から平成8年に
かけてYの取締役の地位にあった。A社は平成8年8月6日、銀行取引停止処分
を受けて事実上倒産）に対し、賃料月額100万円、期間5年、保証金1億円の
約定で転貸して引き渡した（不動産鑑定士の意見書によれば、本件建物の適正
賃料額は、平成7年1月31日時点で月額592万円、平成10年10月26日時点で月額
613万円とされ、本件転貸借契約の賃料額は適正額を大幅に下回るものであった）。
Xは、平成10年7月6日、本件建物とその敷地につき、抵当権の実行として
の競売を申し立てた。本件建物の最低売却価額は、平成12年2月23日に6億
4039万円、同年10月16日に4億8029万円に引き下げられたが、本件建物とそ
の敷地の売却見込みは立たなかった。このように競売手続が進まない状況下
で、A社代表取締役は、Xに対し、本件建物の敷地に設定された抵当権を
100万円の支払と引き換えに放棄するよう要求した。

　第1審において、Xは、Yに対し、Yによる本件建物の占有によって本件
停止条件付賃借権が侵害されたことを理由に、賃借権に基づく妨害排除請求
として、本件建物を明け渡すこと、および賃借権侵害による不法行為に基づ
き賃料相当損害金を支払うことを請求したが、第1審はこれらの請求を棄却
した。これに対し、Xは、控訴審において、上記請求と選択的に、Yによる
本件建物の占有により本件抵当権が侵害されたことを理由に、抵当権に基づ
く妨害排除請求として本件建物を明け渡すこと、および抵当権侵害による不
法行為に基づき賃料相当損害金を支払うことを追加して請求したところ、原
審はこれらの追加請求をいずれも認容した（原判決変更。Yが上告および上告
受理申立て）。

(2)　判決の論理

　最高裁判所は、以下の理由で、原判決を一部認容し、一部破棄・自判した。
まず、不法占有者に対する抵当権に基づく妨害排除請求の要件・効果につい
て判断した平成11年最高裁判決に言及したうえで、①抵当権設定登記後に
「抵当不動産の所有者から占有権原の設定を受けてこれを占有する者」も、
㋐その占有権原の設定に「抵当権の実行としての競売手続を妨害する目的」
が認められ、㋑その占有により「抵当不動産の交換価値の実現が妨げられて

226

抵当権者の優先弁済請求権の行使が困難となるような状態」があるときは、抵当権者は当該占有者に対し、「抵当権に基づく妨害排除請求として、上記状態の排除を求めることができる」。なぜなら、「抵当不動産の所有者は、抵当不動産を使用又は収益するに当たり、抵当不動産を適切に維持管理することが予定されており、抵当権の実行としての競売手続を妨害するような占有権原を設定することは許されないから」である。また、②抵当権に基づく妨害排除請求権の行使にあたり、「抵当不動産の所有者において抵当権に対する侵害が生じないように抵当不動産を適切に維持管理することが期待できない場合」には、抵当権者は占有者に対し、「直接自己への抵当不動産の明渡し」を求めることができる。

　本件では、①につき、⑦A社は、抵当権設定登記後、被担保債権の分割弁済を一切行わず、Xとの合意に反してB社と賃貸借契約を締結し、その約4カ月後にはB社がYと転貸借契約を締結した。B社とYは同一人が代表取締役を務め、本件賃貸借契約の内容変更後は、賃貸借契約も転貸借契約も賃料額が適正賃料額を大きく下回り、敷金・保証金額は賃料額に比して著しく高額で、A社代表取締役（平成6年から平成8年にYの取締役）は本件建物・敷地の競売手続が進まない状況下で本件抵当権を100万円の支払と引き換えに放棄するよう要求した。これらの諸点に照らすと、抵当権設定登記後に締結された本件賃貸借契約・転貸借契約のいずれにも、抵当権の実行としての競売手続を妨害する目的が認められ、④Yの占有によって本件建物と敷地の交換価値の実現が妨げられ、Xの優先弁済請求権の行使を困難とする状態が認められる。また、②につき、A社は、Xとの合意に反して本件建物に5年にも及ぶ賃借権を設定し、A社代表取締役はYの関係者であるから、A社が抵当権侵害の生じないように本件建物を適切に維持管理することは期待できない。したがって、XはYに対し、抵当権に基づく妨害排除請求として、直接自己への本件建物の明渡しを求めうる。

　次に、③「職権による検討」として、原審がYの占有によって本件抵当権が侵害され、Xに賃料額相当の損害が生じたとして、抵当権侵害による不法行為に基づくXの賃料相当損害金の支払請求を認容した点は、以下の理由で原判決を破棄し、Xの請求を棄却した（自判）。すなわち、「抵当権者は、抵

〔第1部・第9章〕第1節　抵当権に基づく明渡請求の可否

当不動産に対する第三者の占有により賃料額相当の損害を被るものではない」。なぜなら、「抵当権者は、抵当不動産を自ら使用することはできず、民事執行法上の手続等によらずにその使用による利益を取得することもできないし、また、抵当権者が抵当権に基づく妨害排除請求により取得する占有は、抵当不動産の所有者に代わり抵当不動産を維持管理することを目的とするものであって、抵当不動産の使用及びその使用による利益の取得を目的とするものではない」からである。

　また、この請求と選択的にされていた賃借権侵害による不法行為に基づく賃料相当損害金の支払請求については、本停止条件付賃借権は「本件建物の使用収益を目的とするもの」ではなく、「本件建物及びその敷地の交換価値の確保を目的とするもの」であったから、Yによる本件建物の占有によってXが賃料額相当の損害を被るとはいえないとして原判決を破棄し、第1審判決中、賃借権侵害による不法行為に基づく賃料相当損害金の支払請求を棄却した部分は正当として、Xの控訴を棄却した。

(3)　判決の特色と問題点

　平成17年最高裁判決は、①不法占有者に関する平成11年最高裁判決を一歩進め、抵当不動産の所有者からの権原に基づく占有者（ただし、抵当権者に対抗不能な権原）に対しても、妨害排除請求を認め、その具体的判断基準として、㋐抵当権の実行としての競売手続を妨害する目的と、㋑交換価値の実現が妨げられて優先弁済請求権の行使が困難となる状態を提示した点に特色がある。なお、本件では、占有者が抵当不動産の所有者から権原の設定を受けているので、所有者の明渡請求権を代位行使するという構成はとりがたい事案でもある。また、②本判決も、抵当権者への直接の明渡しを認めた。もっとも、抵当権者が明渡しを受けた後の管理権限の内容については必ずしも明らかになっていない（使用・収益までは認めていないと解されている[14]）。

4　判例法理とその課題

　以上3つの判例は、いずれも抵当権者の競売申立てによって抵当権が実行

14　田高寛貴「判批」潮見佳男＝道垣内弘人編『民法判例百選(1)総則・物権〔第9版〕』（有斐閣、2023年）175頁。

段階に入った後に、不法占有者および競売妨害目的を認定された権原占有者に対し、抵当権に基づく妨害排除として、直接自己への明渡請求を認めたものである。それに対し、学説は「ほぼ一致して」賛成しているが、要件・効果ともに、なお不明な点も多い[15]。とりわけ、①抵当権侵害の成否の判断基準（不法占有者による場合と、抵当不動産所有者との合意による権原占有者の場合で違いがあるか）、②抵当権侵害の成否の判断時期（判例の事案のように抵当権実行時ないし競売申立て時以後に限るか、それ以前にさかのぼりうるか）、③抵当権者への直接の明渡請求の要件と、それが認められた場合の抵当権者による占有の法的性質、④抵当権者による抵当不動産所有者の妨害排除請求権の代位行使（民423条）と抵当権に基づく妨害排除請求権との関係が問題になる。これらはいずれも、抵当権の効力と抵当不動産所有者の使用・収益権限との調整規準の問題といえる。

第2節 抵当権に基づく明渡請求の要件

I 物理的侵害の場合

　第三者が抵当不動産を損傷し、またはその一部（付加一体物を含む）を分離・搬出することは抵当権侵害にあたり、それに対しては直ちに、つまり、抵当権設定後であれば、債務不履行の有無や抵当権実行の有無を問わず、物権的請求権を行使して、妨害の排除、妨害の予防、分離・搬出物の返還を請求しうる。ちなみに、かつての短期賃貸借の解除請求の訴え（旧民法395条ただし書）も、競売申立ての有無にかかわらないのみならず、被担保債権の弁済期の前後を問わず、提起できると解されていた[16]。

15　道垣内弘人『担保物権法〔第4版〕』（有斐閣、2017年）186頁。
16　松岡久和「抵当権の本質論について」占部洋之ほか編『現代民法学の理論と実務の交錯〈高木

〔第1部・第9章〕第2節　抵当権に基づく明渡請求の要件

　判例は、「抵当権ハ絶対権ナルヲ以テ抵当物ニ対シ……危害ヲ加ヘムトスル者アル場合ニ於テハ其所有者タルト第三者タルトヲ問ハス之ニ対シ不作為ノ請求権ヲ有スル」とする[17]。もっとも、抵当不動産の所有者（債務者、物上保証人または第三取得者）自身が損傷等を行う場合については、若干注意すべき点がある。①第1に、所有者が抵当不動産たる建物を利用する際に汚損したり、同じく山林の樹木を伐採するなどしても、それが通常の使用の範囲内であれば抵当権侵害にはならず、通常使用の範囲を超えると認められる場合に、物権的請求権を行使しうる[18]。②第2に、債務者たる所有者が通常使用の範囲を超える損傷等を行った場合は、被担保債権の期限の利益が失われるので（民137条2号）、抵当権者は被担保債権を行使して債務の履行を請求することも、抵当権を実行することも可能になる。

　なお、分離・搬出物に対しては、抵当権に基づく物権的請求権が及び、抵当権者は返還請求できると解される。それが第三者に譲渡された場合に関しては、①抵当不動産の所有者B自身が分離・搬出し、第三者Cに譲渡したときは、抵当権者Aと第三者Cとの関係は対抗問題（民178条）として、また、②無権限者Cが分離・搬出し、さらに第三者Dに譲渡したときは、Dに即時取得（民192条）が成り立つかどうかの問題として処理すべきであろう[19]。抵当権者は抵当不動産の場所に返還するよう請求できるのが原則である[20]。ただし、抵当不動産の所有者が受領を拒んだり、受領を期待できないときは、抵当権者自身への引渡しを請求することができると解される[21]。

多喜男先生古稀記念〉』（成文堂、2001年）31頁。

[17]　大判昭和7・4・20新聞3407号15頁（抵当権の効力が及ぶ木材を伐採し、山林地内に積み置いていたが、その後これを搬出・運送しようとする者に対し、抵当権者が木材の引渡しを請求した事案）。

[18]　道垣内・前掲書(注15)190頁。

[19]　なお、分離物が抵当不動産上にある場合については、占有改定では即時取得が認められないとの解釈を前提として、第三者の権利取得を否定する見解が一般的である。しかし、抵当不動産の所有者自身が処分したときは、対抗問題とみて（民178条・183条）、占有改定が行われていれば第三者は権利取得（承継取得）しうると解される。その場合、抵当権者は第三者が背信的悪意者であったことを立証することにより、自己への引渡しを請求できると解される（第三者に処分するような所有者には抵当目的物の適切な管理が期待できないからである）。

[20]　最判昭和57・3・12民集36巻3号349頁参照。

[21]　道垣内・前掲書(注15)185頁。

また、不法行為を理由とする損害賠償請求に関しては、抵当権者は、①第三者による損傷等の場合は、抵当不動産の所有者が取得する損害賠償請求権に対して物上代位する方法（民372条・304条）により[22]、②抵当不動産の所有者自身による損傷等の場合は、抵当不動産の価値減少分を不法行為時点で評価し、被担保債権の弁済期の到来を待たずに損害賠償請求できるものと解される[23]。

Ⅱ　占有侵害の場合

1　不法占有（無権原占有）の場合と対抗不能権原占有の場合

(1)　無権原占有の場合

無権原占有（旧民395条ただし書により、短期賃貸借が解除された場合を含む）の場合につき、抵当権侵害にあたるかどうかの判断基準を示したのが、平成11年最高裁判決である。ここでは、抵当権侵害の判断基準として、売却価額

22　これに対し、抵当権者が直接第三者に損害賠償請求することを認める判例（大判昭和7・5・27民集11巻1289頁）、学説もある。平井宜雄『債権各論(2)不法行為』（弘文堂、2019年）44頁、山野目章夫『物権法〔第5版〕』（日本評論社、2012年）300頁（ただし、第三者の故意を要すると解する）。

23　道垣内・前掲書(注15)190頁～191頁。抵当権者は、抵当不動産を一体のものとして把握しており、そのいずれの部分からでも被担保債権の全額を回収できる権利をもっていることを理由とする。また、河上正二『担保物権法講義』（日本評論社、2015年）148頁～149頁は、抵当権侵害が「抵当不動産に対する担保価値支配の完全性の侵害」であるとみるならば、抵当不動産の減価分が損害であり、侵害行為時を基準として直ちに賠償額を確定し、賠償請求できるとの見解も成り立ちうることを認め、債権回収が「『危うくなるまでは、できるだけ我慢せよ』というのがよいかどうかは問題であろう」とする。抵当権の本質論にかかわるが、抵当権を抵当不動産の担保価値支配権あるという理解（価値権説）は、損害賠償請求を肯定する見解に親和的であるように思われる。

これに対し、判例は、抵当不動産の価値減損によって被担保債権の満足が得られなくなったときに限り（大判昭和3・8・1民集7巻671頁）、抵当権実行時または被担保債権の弁済期到来後における損害賠償請求権行使時を基準にして（前掲大判昭和7・5・27）、損害賠償請求できると解している。その限りで、損害賠償請求に関する従来の判例は、抵当権侵害を優先弁済請求権の危殆化（優先的な債権回収による被担保債権の満足の可能性が困難になること）と解しているとみられる。このような解釈は、抵当権の本質を抵当不動産の換価による優先弁済の確保に見出す見解（換価権説）に親和的であるように思われる。

の低下（占有減価）の立証まで要するか、競売手続が進行しないことだけで足りるかが問題になる。平成11年最高裁判決は、具体的な占有減価の立証がなくとも、不法占有者の存在によって買受人が現れず、競売手続が進行していないこと自体が、価値権としての抵当権の実行を妨害するものと評価したとみられる。

(2) 権原占有の場合

所有者との契約に基づく（しかし抵当権者に対抗し得ない権原に基づく）占有の場合はどうであろうか。この場合について、抵当権侵害にあたるかどうかの判断基準を示したのが、平成17年最高裁判決である。そこには平成11年最高裁判決にない、独自の意義が見出される。それは、①交換価値実現の妨害・優先弁済請求権行使の困難という客観的要件に加え、②競売妨害目的による占有権原設定という主観的要件の充足をも要求する点である。平成17年最高裁判決は、②の具体的判断要素として、賃料の低廉、それに比しての敷金の高額、所有者と占有者との人的関係等をあげている（第1節Ⅱ3(2)①⑦参照）。

もっとも、学説には、②要件は①要件に包含されていると解し、②を独立の要件とみることに消極的な見解もある。この立場に立てば、より容易に抵当権侵害の成立を認めうる。しかし、抵当不動産の所有者による占有・利用の自由と抵当権者による価値支配との調整規準を明らかにするという視点からみれば、無権原占有（不法占有）に比して、権原占有による抵当権侵害の

24　なお、不動産の所有者が第三者のために設定した権原（たとえば、登記・その他の対抗要件を具備した賃借権、地上権等）が抵当権者に対抗可能な場合は、その権利の範囲内である限り、どのように利用しようとも、抵当権侵害の問題は生じない。もっとも、そうした権原設定後、当該不動産に抵当権が設定・登記された場合、第三者の利用が、所有者との関係で、当該対抗可能な権原の用法義務に反する場合は、抵当権侵害の可能性も否定できない。抵当権の存続中に到来しうる返還時期に返還不能となるような利用方法は、抵当権侵害を生じさせうる。しかし、そもそも抵当権が実行されれば直ちに明け渡さなければならない対抗不能権原に基づく占有の場合と、抵当権者に対抗可能な占有の場合とでは、抵当権侵害にあたる利用かどうかの判断基準には、おのずから相違があるというべきであろう。

25　田高・前掲判批(注14)174頁～175頁、工藤・前掲判批(注13)58頁、道垣内・前掲判批(注13)23頁。

26　松岡久和「判批」金法1742号13頁、松岡・前掲判批(注13)77頁、太矢・前掲判批(注13)44頁。

判断基準はより厳格になるとみるべきであり、その意味で、競売妨害目的に象徴される主観的要件は、権原占有であっても抵当権侵害と判断するために不可欠な要素であると解される。もっとも、②を立証するための具体的事実が、①を立証するためのそれと重なることはありうる。

2 占有侵害による抵当権侵害の成立時期

物理的侵害の場合と異なり、占有侵害（無権原占有または侵害目的の権原占有）の場合は、抵当権侵害の成立、したがって、抵当権に基づく明渡請求が認められるのが、競売申立てによる抵当権の実行後の段階に制限されるのか、それともそれ以前の段階にもさかのぼりうるのかが問題になる[27]。この点は、競売申立て後の事案に関して判断された従来の判例からは、必ずしも明らかでない。

学説には、①抵当権設定者の経済活動の自由を保障するためにも、抵当権に基づく明渡請求は競売申立てないし競売開始決定以後に限定すべきであるとの立場がある[28]。この立場によれば、競売申立てを介さない任意売却のために占有者に対して明渡請求することは認められないことになる。これに対し、②履行遅滞後はいつでも抵当権の実行が可能であり、競売手続前から優先弁済権の確保が必要になることから、その時点から明渡請求することを認める見解もある。それによれば、私的実行（任意売却）の場合も、担保不動産収益執行の場合にも、明渡請求が認められる余地がある[29]。

ちなみに、③平成11年最高裁判決における奥田裁判官補足意見では、抵当不動産の「交換価値に対する排他的支配の権能」は、交換価値が実現される抵当権実行時（換価・配当時）に「最も先鋭に現われる」ものの、この時点に限らず「抵当権設定時以降換価に至るまでの間」は「交換価値を恒常的・継続的に支配する」ことができ、「抵当権設定時以降、換価に至るまでの間でも、抵当不動産の交換価値を減少させたり、交換価値の実現を困難にさせたりする第三者の行為ないし事実状態は、抵当権に対する侵害と捉えるべき

27　生熊長幸『執行妨害と短期賃貸借』（有斐閣、2000年）440頁参照。
28　高橋眞「判批」金法1616号39頁、松岡・前掲論文（注16）29頁〜34頁。
29　田高・前掲判批（注14）175頁、生熊・前掲書（注27）476頁〜477頁。

であり、抵当権者がかかる侵害を阻止・除去する法的手段が必要である」とする[30]。実際、抵当不動産の物理的侵害やかつての濫用的短期賃貸借の場合は、競売申立ての有無や被担保債権の弁済期の到来を問わず、抵当権に基づく妨害排除請求を認める立場が支持されている（第2節Ⅰ参照）。この観点からは、抵当権者による交換価値支配権の確保と、抵当不動産所有者による利用自由の確保との調整という観点から、抵当権侵害要件の判断基準の緻密化を図りつつ、抵当権侵害の態様（物理的侵害、占有侵害など）と抵当権に基づく妨害排除請求（明渡請求を含む）可能時を相関的に判断する枠組みの設定も、検討に値するように思われる（〔図1〕参照）。

〔図1〕 抵当権侵害の態様と明渡請求可能時

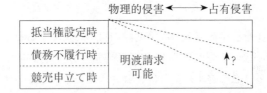

第3節 抵当権に基づく明渡請求の効果

Ⅰ 抵当権者への直接引渡しの要件

抵当権に基づく明渡請求が認められる場合において、抵当権者自身への引

---

30 もっとも、「抵当不動産の交換価値は競売手続において実現されるものであるから」、抵当権侵害の成否の判断要素として、当該行為等の内容のほか、競売手続における当該抵当権者に対する配当の可能性等もあげている（第1節Ⅱ2(2)・平成11年最高裁判決〔奥田裁判官補足意見①末尾〕参照）。

渡しが認められるための要件としては、①抵当不動産の所有者による受領拒絶、②同所有者による受領の期待不可能性、または③同所有者が受領することはできても、抵当権侵害が生じないように適切に維持・管理することが期待できない場合[31]があげられており、これらについては学説上も特に異論はみられない[32]。[33]

Ⅱ　抵当権者への直接引渡しが認められた場合の占有の性質・内容

　これに対し、抵当権者への直接引渡しが認められた場合の占有の性質・内容に関しては、議論は流動的である。平成11年最高裁判決の奥田補足意見では、抵当権者は「抵当不動産の所有者に代わって受領する」のであり、その占有は「抵当不動産の所有者のために管理する目的での占有、いわゆる管理占有」と解されている（管理占有説）。この立場によれば、抵当権者は代理占有における直接占有者と解されるが、さらに進んで、その法的地位（受任者に準じるか、事務管理者か、不動産競売の執行共助機関かなど）、管理の義務と権限などについては、議論が収束していない。この問題は、抵当権に基づく明渡請求がどの時点から認められるか、さらにその背景にある抵当権の本質は何かという根本に立ち入ることなしには、十分な解決が期待できない。

　現時点では、この場合の抵当権者は、受任者に準じ、所有者のための善管注意義務（民644条）を負うが、不動産管理会社等への管理委託も認められるとの見解がある[34]。問題は、抵当権者による不動産の管理費用の償還請求の方法である。ちなみに、執行妨害目的の賃借人・転借人の占有を排除し、民事執行法上の保全処分として、執行官保管の命令を受けた場合は、抵当権者が抵当不動産を管理する必要はなく（民執55条1項2号）、その保管費用は共益費用となる（民執55条10項）[35]。また、担保不動産収益執行の申立てが認めら

31　第1節Ⅱ2・平成11年最高裁判決〔奥田裁判官補足意見〕参照。

32　第1節Ⅱ3・平成17年最高裁判決参照。

33　道垣内・前掲書(注15)185頁・187頁。

34　生熊長幸「抵当権に基づく不動産の明渡請求と不動産の管理占有のあり方」銀法29巻7号19頁。

〔第1部・第9章〕第3節　抵当権に基づく明渡請求の効果

れれば、裁判所によって管理人が選任され（民執188条・94条）、この管理人が抵当不動産の占有を始めたとき（民執188条・96条1項）は、抵当不動産の占有は抵当権者から管理人に移るものと解されている。これら関連制度にも鑑みて、抵当権者が負担した管理費用を民事執行法55条10項または56条の類推適用によって共益費用として扱いうるとの解釈も示されている。[36]

　他方、抵当権者は直接引渡しを受けても、抵当不動産の使用・収益権限はもたないと解されているが、抵当権者が必要最小限の使用収益をして、それを管理費用にあてる程度のことは「維持管理」行為の中に含まれるとみてよいとの立場もある。[37] さらに進んで、使用・収益を正面から肯定し、それを被担保債権の弁済にあてることを認めることができるかどうかは、民法371条「抵当権は、その担保する債権について不履行があったときは、その後に生じた抵当不動産の果実に及ぶ」の解釈にかかわるものと解される。そこでの「果実」の収取が、担保不動産収益執行手続（民執180条2号）を指すのか、あるいはその手続外での果実の収取も認められるのかである。ちなみに、抵当権が実行され、不動産の差押えの効力が生じた時点以降は、抵当権者は自己のために目的不動産を占有する権原をもつとみる見解もある。[38] 今後は、直接引渡しを受けた抵当権者の占有がどこまで使用・収益を許容するかという観点からの検討が必要になろう。

Ⅲ　明渡請求に伴う損害賠償請求

　平成17年最高裁判決は、明渡し時までの賃料相当の損害賠償請求を否定した。①抵当権者は、たとえ明渡しを受けたとしても使用・収益権限がないと

35　抵当権に基づく明渡請求の場合にも、抵当権者ではなく、執行官を管理占有の主体とすることも考えられてよいとの見解もある。滝澤孝臣「判批」金法1569号18頁。

36　抵当不動産を管理占有する抵当権者は、当該不動産の競売手続が開始されたときは、管理占有の開始当初にさかのぼって、不動産競売の「執行共助機関」になると解されることを根拠とする。中野貞一郎＝下村正明『民事執行法〔改訂版〕』（青林書院、2021年）492頁。生熊・前掲論文（注34）18頁も参照。

37　田高・前掲論文（注14）175頁。

38　古積健三郎『担保物権法』（弘文堂、2020年）111頁〜112頁。

236

すれば、いわんやそれ以前の使用・収益に相当する利益を損害賠償請求することはできないことになろう。②抵当権者には担保不動産収益執行の手続をとる途があることも、損害賠償請求の否定を根拠づけるであろう。

　もっとも、その反射的効果として、無権原占有者や詐害的賃借人に使用・収益の利益獲得を可能にしてしまうことには疑問が残る。そこで、被担保債権について債務不履行が生じた後の賃料には抵当権の効力が及び（民371条）、物上代位権の行使も可能となることから、物上代位権を行使していれば適正賃料相当額の賃料収取ができたにもかかわらず、不当な廉価の賃料設定によってそれが妨げられた額を基準に、これを抵当権者の損害として賠償請求する余地を肯定する見解もある[39]。それは被担保債権の弁済にあてられることになろう。明渡請求に際して妨害排除の仮処分を申し立て、その執行について間接強制の方法をとった場合の利益についても同様に解することになろう。しかし、そうした扱いは、端的に担保不動産収益執行の手続外での果実取得（使用・収益）を認めることの可否を検討することを要請することになり、結局は抵当不動産の引渡しを受けた抵当権者の占有の性質論に回帰せざるを得ないことに留意する必要がある。

第4節　抵当権に基づく明渡請求と抵当権本質論

　以上のようにみてくると、抵当権に基づく明渡請求をめぐる実際の具体的問題を解決するためにも、抵当権本質論に立ち返った議論が求められていることがわかる。ここではまず、判例法理の背景にも示唆されている抵当権＝交換価値支配権（価値権説）の内容と射程をあらためて検討する必要がある。

　従来から判例法理の基盤にあったと考えられる価値権説は、抵当権の非占有担保権性を強調して占有関係への干渉を一切認めない価値権ドグマを緩和

---

[39]　田高・前掲判批（注14）175頁。

〔第1部・第9章〕第4節　抵当権に基づく明渡請求と抵当権本質論

しつつも、交換価値がまさに実現される抵当権実行時における交換価値支配を重視し、抵当権の実行申立て前の妨害排除請求には慎重な態度をとるようにみえる。また、抵当権が交換価値支配権であるとすれば、明渡請求によって抵当権者が取得する占有の性質が何であるかを理論的に説明することが、今なお困難であるとみられている。[40]　むしろ、平成17年最高裁判決を契機に、抵当権を単に抽象的な価値のみを把握する権利とする見方が維持しがたい段階に至ったとの評価もみられる。[41]　そうした中で、物権的換価権を抵当権の本質ととらえ、換価権を実行する段階では、抵当権者は所有者から使用・収益権能および占有の権能を奪うこともできるとみる立場（換価権説）も有力になっている。この立場は、価値権説に対し、交換価値の支配といったところで、抵当不動産の価格評価は主観的である一方、客観的価値は、たとえ不法占有があっても、占有自体によっては変動しないとみる。[42]

　もっとも、①適正賃料額等を基準にして、抵当不動産の適正価格を求めることは実務上可能であるし、それを基準にして、不法占有者等の存在による価値下落は無視できないというのが、一般的な感覚ではなかろうか。また、②抵当権＝交換価値支配権であるからといって、未来永劫に目的物の占有権原はないということにはならない。交換価値の支配を実現するために、それを具体化する手段として、換価以前にも、目的物を占有する必要性が認められる余地があるからである。さらには、③交換価値支配という本質的根拠が認められるからこそ、その実現手段の一つとして、換価権という強力な効力が付与されるともいえる。そこで、今後は、価値権説の核心にある「交換価値支配」の内実をより具体化する方向で、抵当不動産所有者の安心した利用自由の確保を最低限の調整ラインとしつつ、抵当権の実行段階以前における妨害排除の要件、直接引渡しが認められた場合の使用・収益権限の内容等をより積極的に提示することが求められるであろう。

（松尾　弘）

40　古積・前掲書(注38)111頁。
41　田高・前掲判批(注14)175頁。
42　古積・前掲書(注38)111頁、古積健三郎『換価権としての抵当権』（弘文堂、2013年）191頁。

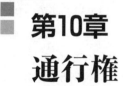

第10章
通行権

第1節　通行権裁判の現状

I　問題の所在

　通行紛争は、通行利用者が従来から隣地の私道を隣人間の善隣関係に基づいて通行使用していたところ、私道の所有者が代わるなどの事情に起因して生ずることが多いが、元々当事者間で通行使用に関する明示の合意（契約書の作成など）がなされないのが普通であり、権利関係があいまいであることから、紛争解決にあたり裁判所を悩ましている。つまり、通行利用者が隣地に対していかなる通行権を有するのかにつき、民法上いくつかの権利が用意されているので、その確定を避けて通れないからである。特に囲繞地通行権と通行地役権とは同じ機能を果たしているので（本章では、両権利を「隣地通行権」と称することもある）、両権利の具体的な成立事情を明らかにする課題があるほかに、同一私道に対しいずれの権利も成立しうる要件がある場合に、その調整問題も困難を生じさせている。

　また、私道に対し特定の通行権が存在するとしても、いかなる通行方法がどの範囲まで認められるのかという問題もある。ことに、今日の難題は、既存通路の拡幅ないし自動車通行の可否にあり、とりわけ都会の密集地での紛争では、より重たい新たな負担を私道所有者に課すこととなる場合には、格別の慎重な判断が求められるからである。

　他方で、民法上の通行権と建築公法とが交錯する局面もあり、たとえば接道要件（建基43条）を考慮して法定通行権の成否を判断することが妥当かど

〔第1部・第10章〕第1節　通行権裁判の現状

うかの議論がある。また、当該私道が建築基準法上の私道であると（建築基準法42条）、今日の最高裁判決によれば、その通行使用が生活上必須の利益となっている場合には、通行のための「人格権的権利」に基づいて妨害排除請求も認められているので、この種の権利との調整問題も生ずる。

　通行権問題は多様であり、また土地所有権制度と不即不離の関係にあることは制度の沿革からも明らかであるが、本章では、解釈論上特に重要と思われる問題に限定して解説する。[1]

Ⅱ　私道の通行使用権原

　他人の土地ないし私道を通行使用することのできる法的根拠としては、いくつかの可能性が考えられる。これは民法上の権利体系論からおのずと明らかになるものではあるが、実際の裁判例にも登場している点が興味深い。[2]典型的な通行権である囲繞地通行権と通行地役権のほか、隣地所有者との債権契約（賃貸借ないし使用貸借、またはこれらと類似の契約）に基づいて通行使用できることはいうまでもないが、今日では、紛争防止の趣旨で私道を「共有」としている例も少なくない。他方で、通行使用が占有保護訴権で保護されたり、通行使用を妨害することが権利濫用となる結果、保護されたりすることもある。しかし、何といっても重要な通行の使用権原は隣地通行権であり、また、この種の裁判例が主流となっているので、本章でも、かかる権利の成立要件と効力を中心として検討することとした。

　ところで、前述のように、通行使用関係は善隣関係に基づいているので、当事者間でも権利意識がないのが普通である。隣地の所有者としては、当面当該土地を使用する計画もなく、またその通行によって格別の損害を被るわけでもないので、好意的に通行を黙認ないし承諾することによって通行使用

1　通行権一般に関する裁判例や学説については、安藤一郎『私道の法律問題〔第7版〕』（三省堂、2023年）1頁以下が必読の文献である。また、囲繞地通行権ないし隣地通行権に関する判例・学説の一般的な動向と現代的課題については、大村敦志ほか編集代表『新注釈民法(5)物権(2)』（有斐閣、2020年）366頁以下・378頁以下〔秋山靖浩〕を参照のこと。

2　裁判例については、安藤・前掲書(注1)10頁以下が詳しい。

240

関係が成立し、通行利用者も所有者の好意によるものであることを自覚していることが多いであろう。「他人には拒絶しても隣人には寛容となる」というのが隣人間の道義でもあり、親族間の無償使用と構造的には類似しているわけである。このような「好意通行」は、そもそも権利関係ではないので、いつでも廃止できるのを原則とするし、たとえ長期間継続していても、権利関係に昇格することはない（「慣習」による権利というものを認めるべきではない）。この点は、今日の裁判所でも同じ見解をとっている。[3]

　問題は、このような好意通行と権利による通行とが混同されるおそれがあるので、事実認定においては慎重に見極める必要があることであろう。これを裏からみれば、隣地通行権の成立論（要件事実論）の問題となり、ことに通行地役権等の約定通行権の成否については、後述のように、その時効取得も含めて、かかる好意通行との区別に重要な論点があるといってもよい。つまり、通行権理論は好意通行を基盤にして構築されるべきものであり、このことは、理論面のみならず、実は通行権制度の沿革からみても、イタリアの中世時代から論じられているので、それなりに合理性のある視角といえよう。[4]

第2節　囲繞地通行権

I　通行権の性質と通行紛争の実態

1　囲繞地通行権の法的性質

　現行法上、法定通行権は、袋地所有権の法律上の拡張であり、囲繞地に対する法律上の制限であるとされている（所有権編に位置づけられている）。機能的にみれば、通行権の実体は妨害排除権能であるが、独自の物権的権利と

3　好意通行については、岡本詔治『隣地通行権の理論と裁判〔増補版〕』（信山社出版、2009年）24頁、安藤・前掲書（注1）38頁などを参照。
4　岡本・前掲書（注3）11頁以下参照。

241

〔第1部・第10章〕第2節　囲繞地通行権

いってもよいであろう。したがって、その確認請求も認められている。ただし、登記の方途はない（登記しなくとも第三者に対抗できる）。なお、現行の民法典（平成17年施行）は、「公道に至るための他の土地の通行権」と称しているが（民210条）、ここでは従来のすぐれた「技術用語」（囲繞地通行権）に従っている。

2　囲繞地通行権の種類

囲繞地通行権は2つの種類に区別され、1つは、客観的な地理的状況から袋地状態にある土地のために認められる通行権であり（民210条。以下、「210条通行権」という）、もう1つは、元々公道等に接続して袋地ではなかった土地につき、所有者がこれを分譲したり、分割（共有土地）したりした結果、袋地となった土地のために認められる通行権である（民213条。以下、「213条通行権」という）。210条通行権は有償であり（民212条）、その対象地は制限されていない。しかし、213条通行権は無償であり、かつ分譲・分割前の元の一団の土地の中に通行地を求めなければならない。今日では、袋地は主として分譲分割によって生ずるが、この通行権については、論ずべき問題が多いので、別に項を改めて解説する。

3　通行紛争の実態

通常、通行紛争は、所有者が従来から何らかの事情で囲繞地を通行していたところ、囲繞地所有者がその通行を妨害するという形で生ずる。従来、通行の事実がないのに、新たに隣地に通行権を主張する場合には、隣地の負担が大きいので、慎重な判断がなされる。ことに、元々通路もないような土地を購入したうえで（通常は廉価に）、袋地であることを理由に通行権を主張しても、認められる可能性は極めて低い。

裁判例では、従来の利用状況（通路の幅員と通行の方法）を尊重する方向で通行利用者を保護する傾向が強い（現状維持型訴訟）。たとえば、従来は1mの幅員で通行がなされていたが、これを1.5mに拡幅する目的で請求する場合や、従来は徒歩通行であったが、新たに車両通行を請求する場合などは、事情にもよるが、認められる可能性は必ずしも高くはない（現状変更型訴訟）。

242

ことに、子どもや老人が車両を避けることが容易ではない通路幅であったり、隣地の建物を取り壊すことが必要であったりするような場合には、一層難しくなる。結局は、諸般の事情を総合判断して、通行権の可否が決せられているが、現在のところは、現状維持型を基本的な姿勢としているのが、下級審判決の一般的な傾向といえよう[5]。以下に取り上げる諸問題についても、かかる裁判所の基本的な姿勢が後景にあることに留意すべきであろう。

II　通行権の成立要件

1　袋　地

囲繞地通行権は袋地のために認められる権利であるので、その成否は囲まれた土地の「袋地性」の解釈に左右される。ここにいう袋地とは、完全に公道から遮断されていること（これを、「絶対的袋地」という）は必要とされない。他に通路があっても、当該土地の「通常の用法」からみて不十分なものであれば、なお法的には袋地（以下、「相対的袋地」という）である。たとえば石材搬出地で急傾斜の狭い通路しかないことから、そのために必要な範囲で別の山道に法定通路を求めることができる[6]。また、既存の畦はん通路が迂回の甚だしく不便なものであるときも同様である[7]。

さらに、近時の下級審判決では、ことに既存通路の狭隘さが問題となっているが、袋地の「通常の用法」に従った利用を満たしていないならば、認められる可能性が高くなる。たとえば、既存通路（0.9m）では農作業に必要なリヤカー・自転車の利用ができない場合[8]、同じく既存通路（1m）では耕耘機の利用ができない場合[9]には、袋地である。また、住宅地では、少なくとも徒歩通行が可能で日常生活上の利便を満たすことが必要であり、既存通路

5　澤井裕『民法総合判例研究(4)隣地通行権〔増補版〕』（一粒社、1987年）51頁、吉田克己「建築基準法43条1項の規制と囲繞地通行権」判タ619号55頁参照。

6　大判昭和13・6・7民集17巻1331頁。

7　大判大正3・8・10新聞967号31頁。

8　福岡高判昭和48・10・31下民集24巻9号～12号826頁。

9　高松高判平成元・12・13判時1366号58頁。

243

〔第1部・第10章〕第2節　囲繞地通行権

（0.75m）では不十分とした例もある。[10]

　ただし、注意すべき点は、これらの具体例が別の対象地を法定通路として認めたものの、これら対象地はすべて通路として利用されていた土地であるということであろう。新規の通路開設を認めたものではない。ことに対象地に建物が建築されているならば、たとい袋地であるとしても、特段の事情がない限り、建物の一部の取壊しを認めることはないといってもよいであろう。この種のケースで、法定通行権の主張を権利濫用とした例もある。[11]

　袋地は崖とか河川により公道から遮断されている場合にも生ずる。これを「準袋地」というが（民法210条2項）、崖による袋地化の認定は厳格である。たとえば、かなりの段差・急傾斜があっても、階段やスロープを設置するなどの相当な工事を施せば通行が可能となる場合には、袋地とはならないとした例がある（段差は3.6mないし5.6m）。[12]

　なお、袋地が公道に接続したり、袋地所有者が公道に接する土地を買い取ったりするなどの事情により、袋地性が解消すれば、囲繞地通行権は当然に消滅する。

2　通行権の主体

　法定通行権は隣地との「利用の調整」を図ることを目的とするので、袋地の所有権につき未登記であっても認められる。[13]また、袋地の所有者のほか、地上権者（民法267条）や永小作人にも認められる。さらに、袋地の賃借人も、対抗要件を具備すれば、通行権の実体が妨害排除権能であるので、法定通行権を取得することができるが、単なる占有者には認められないと解するのが判例の立場である。[14]しかし、学説では、意見が分かれており、占有者についても肯定する有力な見解がある。[15]

10　東京高判昭和37・1・30下民集13巻1号104頁。

11　東京地判昭和55・12・19判夕449号83頁。

12　東京高判昭和54・5・30下民集30巻5号～8号247頁。

13　最判昭和47・4・14民集26巻3号483頁。

14　最判昭和36・3・24民集15巻3号542頁。東京地判平成29・2・13LEX/DB25551446も同旨。

15　澤井・前掲書（注5）33頁など。

244

Ⅲ　土地の分譲・分割による袋地通行権

1　制度の趣旨

　今日では袋地は主として一団の土地の分割・譲渡（相続土地の分割や土地の分譲など）によって生ずる。かかる213条通行権の場合には、所有者が自らの意思で袋地を形成しているので、本来ならば、自らが物理的に公道への通路を遮断した場合と同様に法定通行権を認めるべきではないが、「土地には罪がない」ので、土地の効用を確保するため、通行権の対象地を元の一団の土地の中に限定したうえで、法定通行権を認めることとされた（民213条1項前段）。ただし、袋地形成に関与していない第三者所有の囲繞地に累を及ぼすべきではないので、たとい元の土地内での通行が少々不便であっても、第三者所有地には通行の受忍義務を課すことはできない。なお、民法213条2項の譲渡には裁判所で行われる競売や公売も含まれると解されている。[16]

　213条通行権は「無償」である（民213条1項後段）。その趣旨は、分譲分割の当事者は、これによって袋地が形成されることを予期できるので、たとえば売買の当事者ならばこの通行権の負担を考慮して囲繞地の代金額を決めることが可能であることから、特にその償金は不要とされたことにある。

　ところで、213条通行権は、沿革的には210条通行権よりもずっと遅れて制度化され、フランスでは、元来は分譲当事者間の債権的通行権とされていたが、わが国では、物権的権利として位置づけられている。

2　「無償通行権の特定承継」問題

　分譲分割の当事者ならば以上のような措置を期待できるとしても、その特定承継人にも、かかる無償通行権の負担が承継されるかであり、戦後の学説では、この問題が大論争となった。特に無償通行権が付着した囲繞地を買い受けた者も当然にかかる通行権の受忍義務を負うかどうかにつき、学説では

---

[16] 最判平成5・12・17裁判集民170号877頁（担保競売の例）。

〔第 1 部・第10章〕第 2 節　囲繞地通行権

意見が紛糾した。制度の趣旨からいえば、分割分譲の当事者的関係にない第三者には無償通行権の受忍義務はないということとなろう。しかし、このような立場（民法213条適用否定説）だと、当該土地が袋地であることが前提となっているので、結局は原則に戻って、210条通行権の問題とならざるを得ないが、これでは、袋地形成に関与しない隣地所有者が通行権の受忍を強いられることにもなりかねない。他方で、民法213条の適用肯定説によれば、分譲により袋地所有権を取得した者が、囲繞地を通行した事実もなく、また囲繞地所有者と通行権につき折衝した事実すらないような場合でも、囲繞地の特定承継人に通行受忍義務を課すこととなるので、これでは特定承継人にとって酷にすぎるとの批判もあった。

　そこで、善意の特定承継人は無償通行権を承継しないとする説、通路が開設され通行の事実があれば、特定承継人に対して無償通行権の公示がなされたものとして、この場合に限って承継されるとする説、あるいは無償性と通行権とを分離して、通行権は承継されるが、無償性は承継されないとする説などが登場した。他方で、承継を原則的に否定する有力な見解もあった。[17]

　下級審判決でも意見が分かれていたが、このような状況の中にあって、最高裁判決は、この無償通行権は「袋地に付着した物権的権利」であり、被通行地の所有者が変わっても物権的負担として当然に承継されるとしたので、[18]判例理論は確立した。[19]判例の立場では、袋地所有者の通行事実の有無や囲繞地の特定承継人の善意・悪意にかかわらず、当然に承継されることになるので、基準が一義的で明快となり、要件事実論からいっても合理性があるとされている。[20]しかし、この立場でも、袋地所有者が通行権の折衝すらした事実がなく、他方ですでに囲繞地に建物が建築されたような場合には、むろん「早い者勝ち」であってはならないことはいうまでもないとしても、たとえば建物の重要部分の取壊しが必要なときのように、無償通行権の主張が権利

17　学説の状況については、澤井・前掲書（注 5 ）93頁以下参照。

18　最判平成 2 ・11・20民集44巻 8 号1037頁、前掲最判平成 5 ・12・17。

19　判例・学説の詳細については、安藤・前掲書（注 1 ）218頁以下、秋山靖弘「判批」潮見佳男＝道垣内弘人編『民法判例百選(1)総則・物権〔第 8 版〕』（有斐閣、2018年）144頁以下を参照。

20　宮田桂子「土地の特定承継と囲繞地通行権」安藤一郎編『現代裁判法体系(5)私道・境界』（新日本法規出版、1998年）71頁。

濫用となりうることまで、否定されたわけではない。

　なお、同一所有者の一団の土地が全部同時に譲渡された場合にも、民法
213条2項の趣旨から、第三者所有地に対し210条通行権は主張できないが[21]、
前記判決の立場からいえば[22]、おそらくその特定承継人間でも無償通行権を主
張しうることとなろう。学説では、かかる譲受人相互間には当事者的関係が
ないことから、意見が分かれている[23]。

Ⅳ　自動車通行の可否

1　下級審判決の現状

　今日、自動車の利用が日常生活上必須のものとなっているので、囲繞地通
行権でも、徒歩通行のみならず自動車通行も主張されることが、少なくない。
一般論としては、自動車の通行も囲繞地通行権の内容になることは認められ
ているといえよう[24]。ただし、車両通行は徒歩通行とは比較にならないほどの
負担を囲繞地に課すこととなるので、従来の下級審判決は、私道開設の経緯、
袋地の用途、袋地取得の経緯、当事者の利害得失、私道の利用状況、車両通
行の必要性・重要性、付近の地理的状況、交通上の危険、環境被害など諸般
の事情を総合的に考慮して慎重に判断している。

　つまり、ここでも従来の通路の幅員や通行の方法が尊重されているので、
自動車通行のために新規の通路の開設や通路の拡幅を求めても、認められる
可能性は低い[25]。また、既存通路の幅員が自動車通行も可能とするほどの広さ
があるので、袋地所有者が新たに車両通行を請求しても、当然には車両通行
が通行権の内容となるものではない。たとえば、古くから農業用通路として
のみ利用され、現在もその必要性が基本的には変わらず、節度のある通行が

21　最判昭和37・10・30民集16巻10号2182頁。

22　前掲最判平成2・11・20。

23　澤井・前掲書(注5)91頁、和根崎直樹「土地の一部譲渡と囲繞地通行権」塩崎勤＝安藤一郎編
　　『裁判実務大系24相隣関係訴訟』(青林書院、1995年) 189頁など参照。

24　たとえば、松山地判平成9・9・29判時1649号155頁が参考となる。

25　東京地判昭和44・10・15判時585号57頁、東京地判昭和58・4・25判時1086号123頁など。

247

〔第1部・第10章〕第2節　囲繞地通行権

保たれてきたことなどの事情から、新たに開発された沿道宅地の所有者らの自動車による通行を否定（ただし、二輪自動車等の通行は認容）した事例が注目に値する。[26]

　これに対して、既存通路について従来から車両通行の事実があった場合には、袋地所有者側に将来においても車両の使用の必要性がある限り、原則として通行地の所有者は車両通行を阻止できないと解されている。[27] ただし、従来から自動車通行の事実があっても、その後、自動車を所有する者が多くなって通行量が増大し、通路が狭いため歩行者（幼児・年寄り）に危険が生ずるなどの理由から、すべての居住者に（従来の自動車利用者にも）自動車の乗入れを禁止した例があることに注意すべきであろう。[28]

　また、既存通路では徒歩通行しかできないが、別の既存通路では車両・自動車の通行も可能である場合には、その必要性などが考慮されて、車両通行を認めた例がある。[29]

2　最高裁判決の登場

　近時、最高裁判決も「現代社会においては、自動車による通行を必要とすべき状況が多く見受けられる反面、自動車による通行を認めると、一般に、他の土地から通路としてより多くの土地を割く必要がある上、自動車事故が発生する危険性が生ずることなども否定することができない。したがって、自動車による通行を前提とする210条通行権の成否及びその具体的内容は、他の土地について自動車による通行を認める必要性、周辺の土地の状況、自動車による通行を前提とする210条通行権が認められることにより他の土地の所有者が被る不利益等の諸事情を総合考慮して判断すべきである」との一般的な指針を明らかにした。[30]

26　大阪地岸和田支判平成9・11・20判タ985号189頁。

27　福岡高判昭和47・2・28判時663号71頁、東京高判昭和50・1・29高民集28巻1号1頁、前掲高松高判平成元・12・13など。

28　福岡高判昭和58・12・22判タ520号145頁。東京高決昭和43・7・10高民集21巻4号370頁もほぼ同旨。

29　前掲福岡高判昭和48・10・31、前掲高松高判平成元・12・13。

30　最判平成18・3・16民集60巻3号735頁。

事案は、囲繞地所有者（県）が大規模な宅地開発事業に伴う緑地を建設した結果、袋地所有者側に自動車通行の支障が生じたので、袋地所有者が墓地の建設を目的として自己の所有する通路を一部拡幅するために、当該緑地の側端にある極めて僅少な土地部分（20平米）に法定通行権を主張したものである。最高裁判所は、かかる事情などを指摘して自動車通行を許容する方向性を示したうえで、原判決を破棄した。[31] 差戻審は、自動車使用の必要性に合理性があると判断して、係争地に法定通行権を認めている。[32]

なお、本判決の一般的基準は、213条通行権にも基本的には妥当するものと思われる。最近の下級審判決には、譲渡地を含む既存通路で自動車の通行がなされていたケースであるが、準袋地となった残余地のために、通行の必要性、周辺の状況のほか、囲繞地所有者の不利益等の諸事情を考慮して、自動車の通行を認めた判決がある。[33]

3　裁判例の評価

結局のところ、下級審判決にみる袋地と囲繞地とは、すでに相隣地関係として秩序化され、固定化されていることから、自動車の必要性は何人も否定できないとしても、これが認められると、囲繞地側に従来以上の負担が課されることになるので、よほどの事情でもない限り、現状の変更を求める請求は認められないこととなろう。今日の学説も基本的には同様の立場にあると考えてよい。

これに対して、今次の最高裁判決の事案では、囲繞地所有者による開発行為によって袋地所有者側の自動車通行に支障が生じたものであることなどの諸事情が重要性をもっていたので、従来の下級審判決のケースとは事案を異にすることに留意する必要があろう。

ところで、このような閉塞的な土地利用状況に陥ったのは、わが国の都市計画規制が未成熟のまま推移したことにも遠因があるように思われるが、直

31　東京高判平成19・9・13判タ1258号228頁。

32　詳細は、岡本詔治「隣地通行権に基づく車両通行について」龍谷法学40巻4号60頁、秋山・前掲論文（注19）142頁、安藤・前掲書（注1）139頁を参照のこと。

33　高松高判平成26・4・23判時2251号60頁。

〔第1部・第10章〕第2節　囲繞地通行権

接的には民法の囲繞地通行権制度自体がその生い立ちからはらんでいた消極的な機能に由来する。積極的に土地利用を調節することが期待されていたわけではなく、既存の相隣地秩序の現状の中で、できるだけ囲繞地に負担をかけないようにすることが企図されていた。より合理的な通行目的のためには、合意による地役権が利用されるべきである、というのが立法者の基本姿勢であった[34]。

　ただし、213条通行権の場合には、分譲分割当時の趣旨、道路開設の経緯など諸般の事情を慎重に判断する必要があり、必ずしも現状維持的で消極的な判断に自制する必要はないように思われるが、従来の学説はこの区別の視点をもっていない。

V　建築規制と法定通路

1　問題の所在

　建築基準法は、公益的見地から都市計画区域内において建物を建築する場合には、原則としてその敷地が幅員4m以上の道路に2m以上接続すること（接道要件）を要求している（建基42条・43条参照）。したがって、いわゆる袋地状にある敷地については、建築基準法の道路に接する幅員2mの通路（路地状敷地とか敷地延長とかいわれる）を設けなければならない。このような要件を充足しないと、建築確認が下りないので、当該敷地の所有者は建物を建築・増改築等ができないことになる（建基6条）。宅地としては適法に利用できない、という意味では、当該宅地は、民法の袋地と相通ずるものがあるので、このような建築基準法の規制が囲繞地通行権の存否または法定通路の幅員を判断するうえで考慮すべき事情となるかが問題とされている。

　敷地の所有者の請求が認められないとすれば、このままでは適法な建替えができないことになる。土地が空き地であるときには新築の計画が立たないので、一層損失が大きい。逆に、その請求を肯定すると、囲繞地所有者がこ

34　岡本・前掲書(注3)408頁以下。

250

れまで積み上げてきた自己の土地利用に多大の負担を被ることにもなりかね
ない。場合によっては、建物を一部取り壊さなければならないことになる。
袋地所有者と囲繞地所有者との利害をどのように調整すればよいのか、困難
な問題が生ずる。2006年（平成18年）に改正された建築基準法による特例的
措置（連担建築物設計制度等）にも限界があるので（建基86条2項）、将来は立
法的解決が必要とされようが、現行法の下では、消極的な判断に傾かざるを
得ないであろう。

2　判例の立場

　最高裁判所は、この問題に消極的に対応した。袋地所有者がダンス練習場
の増改築のためには自己所有の既存通路（路地状敷地）では都条例所定の幅
員（3m）に満たないので不足する幅員（72cm幅）を求めて隣接地の帯状部
分に法定通行権を主張したという事例で、「民法210条の囲繞地通行権を主張
するのであるが、その通行権があるというのは、土地利用についての往来通
行に必要、欠くことができないからというのではなくて、その主張の増築を
するについて、建築安全条例上、その主張の如き通路を必要とするというに
過ぎない。いわば通行権そのものの問題ではないのである」と一蹴した。[35] 学
説では、いわゆる公法私法峻別論を採用したと評価したうえで、このような
消極的な立場に対しては批判が強い。しかし、本判決は単なる事例判決であ
るとする見解もみられる。実際、その後の非公式の判例では、現状維持型訴
訟であるが、この種の建築規制を考慮することも可能とする例も出てきたか
らである。[36]
　しかし、しばらく最高裁判決が登場しなかったところ、近時の最高裁判決
[37] は、前記の公式判例を再確認するに至っている。本件の袋地所有者は、袋地
と地上の賃貸建物とを買い受け、建物を建て替える時期にきたことから、こ
れを取り壊したところ、自己の所有地が1.5m幅でしか公道に接続していな
いので、隣地所有者の玄関の空き地部分（0.5m幅の帯状地）に対し法定通行

35　最判昭和37・3・15民集16巻3号556頁。
36　最判昭和43・3・28裁判集民90号813頁、最判昭和49・4・9裁判集民111号531頁。
37　最判平成11・7・13裁判集民193号427頁。

〔第1部・第10章〕第2節　囲繞地通行権

権を請求したが、認められなかった。本件は、前掲最高裁判決と同様に現状変更型訴訟であるが、袋地が空き地であり、建替えに相当性があった事例である。[38]

3　学説の状況

学説では意見が紛糾している。[39]代表的な見解を概観しておこう。袋地が空き地である場合や地上建物が朽廃しており法定通行権が認められないと新築の見通しが立たない場合には、建築に客観的な相当性があるならば、法所定の通路を原則として認めるが、増改築のときは、特段の事情がない限り、これを否定する説がある。

また、ことに袋地が空き地であり、法所定の通行権が認められないと建築が不可能となる（建築確認が下りない）ような「追いつめられたケース」では、通行地所有者の損害等をも斟酌するが、基本的には接道要件を考慮して新規通路の開設・通路拡幅を認めるべきであるとする説もある。さらに、更地・増築ケースにかかわらず、土地の「通常の必要」という観点から利益衡量をする説のほか、この説と基本的には同じ立場にあるが、増築と新築との差異にも配慮しながらも、新築・朽廃の場合に限定するのは狭すぎるので、「通常の利用」と「場所的慣行上の利用」も考慮して、袋地所有者側の利用を重視する説がある。

これに対して、袋地が空き地であるかどうかを問わず、過去に形成されてきた隣地（通行予定地）の利用関係を尊重し、過去の利用関係の実績のない場合（団地の造成、広大な土地の分割など）のほかは、たとえ新築の計画があっても、建築基準法所定の通路は認められないとする、相当に厳格な立場もある。

4　新たな視点

この問題は、210条通行権と213条通行権との規範構造に立ち返って検討す

38　前掲最判昭和37・3・15。
39　学説の詳細は、澤井裕「隣地通行権と建築基準法」判評476号2頁に的確に整理されているので、文献も含めて、これに譲る。

る必要がある。袋地と囲繞地がすでに利用の調整を終わって、秩序化・固定化されている場合には、判例の立場に合理性があろう。この種のケース（現状変更型訴訟）で法定通行権を課すことは、一種の強制収用にほかならないからである。しかし、213条通行権のケースで、袋地と囲繞地との利用の調整がまだ終わっていない場合には（囲繞地に通行した事実がないときや、通行権問題が曖昧なまま推移したようなとき）、建築に相当性があるならば、囲繞地所有者には袋地が建築可能用地となるため法定通路を負担する義務があるといえよう。分割・分譲の趣旨からいって、およそ建築できないような袋地を形成するなどというのは、取引観念上は考えられないからである。従来の裁判例でも、この種のケースでは建築法規所定の法定通路が認められやすい。中には囲繞地上の建物の一部撤去すら肯定した事例もあることに、注目すべきであろう。[40] なお、ドイツ法流の公法私法峻別論を堅持しながら、法定通行権制度の公共的利益（近隣地の利益）をも考慮して、積極論を展開しようとする見解も出てきた。[41]

第3節　通行地役権

I　成立原因と内容

1　黙示合意

　地役権は当事者間の合意で成立するのが普通であるが（民法280条参照）、従来の裁判例では、黙示合意によるケースが主流となっている。取引実務では、通行地役権はあまり利用されることがなかったところ、一団の宅地内の私道での通行紛争では、通行紛争が生じてから、通行地役権が主張されるこ

40　岡本詔治『通行権裁判の現代的課題』（信山社出版、2010年）287頁。

41　秋山靖浩「囲繞地通行権と建築法規(1)・(2)・（3・完）」早稲田法学77巻4号1頁・78巻2号77頁・78巻4号1頁。

253

〔第1部・第10章〕第3節　通行地役権

ととなり、通行権につき契約書が作成されていないので、いきおい黙示構成によらざるを得なかったからである。

この点は、電力会社が高圧線を私有地上に設置する場合の、いわゆる送電線地役とは、全く事情を異にし、この種の地役権は登記も経由されている。ただし、明示合意による通行地役権の登場も時間の問題であり、今日、そのような兆しもみられるようになった。ここでは主として黙示合意による（それゆえ、未登記の）通行地役権を裁判所がどのように処理してきたかについて検討する。

2　成立事情

通行地役権は承役地に永続的な負担を課すことになるので、その成立が認められるためには、合理的な根拠が必要とされる。ただ隣地の空き地部分を長年通行していたという事実だけでは、通行権の合意があったとは推知されない。通常は、次のような事情が必要とされている。

①一団の住宅地の中に築造された私道敷地の所有権を元の地主などの特定の者が留保する場合（特定人留保型通行権）、②沿道の宅地所有者が相互に土地を出し合って私道を築造し、私道敷地を分割所有する場合（相互的・交錯的通行権）、③宅地が分割譲渡されて袋地が形成されるときなど、要役地と承役地との地理的状況から囲繞地通行権が認められてもよいような場合（法定通行権型通行権）である。

これらのケースでは、元の地主は買主に対し私道を公道同然に通行してもよい旨を表明していることが多いが、たといそのような事実が証明できなくとも、そもそも宅地の売却のためには当該宅地にとって合理的かつ相応な私道が必須となるので、むしろ物理的な形状と継続的な通行使用とが重要な考慮事情となろう。また、私道築造の経費は宅地の価格に織り込み済みであり、現に無償で通行しているのが普通であるので、通常は無償・無期限の通行地役権が認められている。

ところで、沿革的には、要役地と承役地とが客観的な地役関係にあるが（宅地と通路のごとし）、双方の土地が同一所有者に帰属しているので地役権が成立する余地がない場合に（「何人も自己の土地に役権を取得することはでき

254

ない」との原則）、そのままの状態で両土地の所有権が別々の主体に分離帰属
したとき、そこに黙示による地役権の合意があるとされていた（「家父（土地
所有者）の用法」による取得）。これが近代法における黙示合意による地役権
の唯一の例であるが、前記の裁判例によって形成されている準則は、これと
相通ずるものがある。ちなみに、かかる「家父の用法」による通行地役権の
典型例が、わが国の裁判例にも登場してきたことは、興味に尽きない。被相
続人の生前に宅地と通路とが客観的な地役状態にあったところ、そのままの
状態で各共同相続人に分割帰属した後も現に通路として長期間にわたり使用
されていたという事案で、通行地役権の黙示合意による成立を認めた地裁判
決がある。[42] 新たな事件類型といえよう。

なお、明示合意による場合としては、元の所有者が一団の土地の分割譲渡
に際して、袋地ないし通行に不便な土地のために特に通行地役権を留保する
場合がある（「地役権の留保」型）。これは、一般に他物権の設定の場合には、
元の所有者は土地の譲渡の際にこの種の強い権利を留保できる立場にあるか
らであり、ローマ法以来、地役権の取得の一方法であるが、下級審判決でも、
この種の例が散見される。

3　通行権の内容

通行権が承役地に及ぶ具体的な範囲や車両通行の可否は、合意の内容によ
って決まるが、黙示合意によることが多いので、結局のところ、成立の経緯
や通路の形状、従来の通行事実など諸般の事情を総合的に考慮して判断せざ
るを得ないであろう。そこで、ここでも重要な事実は、従来の通行使用の態
様であり、当該道路が「建築基準法の私道」であるならば、かかる建築規制
も考慮事情になると考えてよかろう。

通行地役権は承役地の共同利用を前提とする権利であるので、所有者も当
該道路を通行できるし、また複数人が重畳して通行権を取得することも可能
である（登記の重複も認められている）。なお、自動車を当該私道に恒常的に
駐車することは、たとい現実に自動車の通行の支障とはならない場合でも、

42　横浜地判昭和62・11・12判時1273号90頁。

〔第 1 部・第10章〕第 3 節　通行地役権

地役権の侵害となる。[43]

　ところで、当初の合意では徒歩通行しか予定されていない場合でも、自動車の使用の必要性が相当といえるならば、事情の変更を理由として通行権の内容の変更を請求することは可能であるが[44]、法定通行権の場合と同様に、ここでも慎重な判断が求められるべきである。

Ⅱ　時効による取得

　地役権の時効取得については、一般原則（民163条）に服するほか、継続的に行使され、かつ外形上認識することができる地役権でなければならない旨の特則があるので（民283条）、民法283条の解釈が議論となっている。通行権については、特に継続性の解釈が問題となり、単に隣地の空き地部分を長期間にわたり事実上通行していても、この要件を満たさないと解されている。判例によれば、通路の開設が必要であるほかに、要役地所有者自らが通路を開設しなければならない。[45]単なる通行使用だけでは、それは隣人の好意によるのが普通であるので、この事実が継続したからといって、そのまま権利に昇格させるのは、隣人の好意を逆手にとることに等しいので、それでは道義にもとることになるからである。たとえば、隣人がその所有地に自ら通行するために開設した通路を要役地所有者が単に便乗して通行使用していたとしても、これも好意による通行と考えるのが、穏当である。結局のところ、判例が継続要件を厳格に解しているのは、承役地所有者側に時効中断（妨害排除請求権の行使）のチャンスを与えることを重視しているからであろう。

　このような判例の準則に従えば、他人の土地に権限なくして通路を開設することが必要となるが、よほど緊密な特別の人間関係（近親関係など）でもない限りは、通常はそのような事態は考えられないので、通行地役権を時効取得する例は、これまでのところ、あまり登場していない。[46]最近でも、既存

---

[43]　最判平成17・3・29裁判集民216号421頁。

[44]　東孝行『相隣法の諸問題』（信山社出版、1997年）40頁以下参照。

[45]　最判昭和30・12・26民集 9 巻14号2097頁、最判昭和33・2・14民集12巻 2 号268頁。

[46]　前掲最判昭和30・12・26と前掲最判昭和33・2・14はいずれも否定例。

256

通路を単に利用しやすいよう手を加えただけでは足りないとした地裁判決がある。ただし、里道拡幅のため沿道地所有者が他の所有者らの強い要請があったことから、他の所有者とともに自分も宅地の一部（係争地）を提供した結果、通路が拡張開設されたところ、後にその所有者が係争地を宅地内に取り込んだという事案で、他の所有者が自ら通路を開設したことを理由として、係争地に対し20年の取得時効を肯定した最高裁判決がある。なお、学説では、判例の立場を支持する見解も少なくないが、要役地所有者自身による通路の開設まで必要とはせず、単に開設された通路を維持管理しておれば足りるとする見解が多い。

Ⅲ　対抗問題

1　未登記通行地役権の保護

　従来の裁判例では、黙示合意による通行地役権が問題となっているので、地役権の登記はなされていない。ところが、通行紛争は、主としてかかる地役権の成立している道路敷地を譲り受けた第三者との関係で生じているので、結局のところ、新所有者と未登記通行地役権者との対抗問題に帰着する。通行地役権者が道路を現に通行使用しているので、このような事情を知りながら、当該道路敷地を譲り受けた者を保護する必要性は弱い。そこで、裁判所は、先述した黙示合意による通行地役権を認定するうえで考慮される諸事情があれば、ことに一見して道路とわかるような場合には、譲受人は登記の欠缺を主張する正当な利益を有しない第三者であるとして、地役権者を保護する傾向が強かった。しかし、第三者が前主から建物の敷地として使用できる旨の説明を受けるなどして、通行権につき善意に準ずるような事情があると、通行地役権の対抗力を否定したケースもあり、悪意・善意問題に結論が左右されることもあった。これらのケースでは、別に囲繞地通行権の成立を認めたり、地役権の時効取得を肯定したりして、結局は通行利用者を保護してい

47　東京地判平成25・4・22LEX/DB25512566。
48　最判平成6・12・16裁判集民173号517頁。

〔第1部・第10章〕第3節　通行地役権

たが、理論的には問題を残していた。このような状況の中にあって、最高裁判所は、「主観的事情」[49]も指摘するが、「客観的な事情」に力点をおいて、この問題に決着をつけた。次のように説示する。

「通行地役権（通行を目的とする地役権）の承役地が譲渡された場合において、譲渡の時に、右承役地が要役地の所有者によって継続的に通路として使用されていることがその位置、形状、構造等の物理的状況から客観的に明らかであり、かつ、譲受人がそのことを認識していたか又は認識することが可能であったときは、譲受人は、通行地役権が設定されていることを知らなかったとしても、特段の事情がない限り、地役権設定登記の欠缺を主張するについて正当な利益を有する第三者に当たらないと解するのが相当である」とした。このような場合には、「譲受人は、要役地の所有者が承役地について通行地役権その他の何らかの通行権を有していることを容易に推認することができ、また、要役地の所有者に照会するなどして通行権の有無、内容を容易に調査することができる」からである。

なお、担保競売により承役地が売却された場合には、上記の客観的・主観的な事情による判断は、売却時ではなく、最先順位の抵当権の設定時が基準となる。[50]

抵当権者（ひいては買受人）は、その設定時に既存の通行地役権に関する上記の事情を容易に認識することができるからである。

2　地役権に基づく登記請求権

上記のように未登記の通行地役権が第三者に対して保護される場合には、地役権者は第三者を登記義務者とする地役権の設定登記手続を請求することができるかにつき、議論があった。通行地役権は当初の私道所有者と地役権者との間で黙示的・明示的合意により設定されているので、当初の私道所有者には設定合意に由来する登記義務があるとしても、第三者はかかる人的な登記義務を当然には承継しないからである。そこで、この種の登記請求権を否定する裁判例もあったが、最高裁判所は積極論を展開して、この問題にも[51]

49　最判平成10・2・13民集52巻1号65頁。
50　最判平成25・2・26民集67巻2号297頁。

終止符を打った。次のように説示している。「譲受人は通行地役権者との関係において通行地役権の負担の存在を否定し得ないのであるから、このように解しても譲受人に不当な不利益を課するものであるとまではいえず、また、このように解さない限り、通行地役権者の権利を十分に保護することができず、承役地の転得者等との関係における取引の安全を確保することもできない」とした。ただし、具体的な理論的根拠を述べていないので、問題解決は学説に委ねられている。学説では、設定義務・登記義務が第三者に承継されるとする見解と、それでは迂遠であるので物権の効力として当然に登記請求権をもつとする見解に大別できる。前説が妥当であるが、地役権の付随性を根拠とするのは、沿革的・理論的にみて問題があるので、民法286条を類推適用するのが妥当である。

第4節　通行権の調整問題

I　法定通行権と通行地役権

1　通行権の競合

　法定通行権が成立しうる土地部分に通行地役権が成立するか、という問題がある。法定通行権を優先させる見解もあるが、通行地役権の合意が認められるならば、この合意を優先させるべきであろう。[52] 袋地にとって最も合理的な通路・通行権を確保するというのが当事者の通常の意思であるからであり、下級審判決にも同旨を説く判決がある。この立場であると、後に公道に接続するようになって袋地性が解消しても、通行地役権は当然には消滅しないこととなる。

　なお、問題となる点は対抗要件の要否であるが、未登記通行地役権につい

51　最判平成10・12・18民集52巻9号1975頁。

52　澤井・前掲書（注5）138頁。

〔第1部・第10章〕第4節　通行権の調整問題

ても、先述のように、判例によってその対抗力が保護強化されているので、この点を強調して法定通行権を優先させる実益はほとんどないといってもよいであろう。

2　通行権の併存

ある土地に2つの通路があり、一方に通行地役権が成立している場合、なお他方に法定通行権が成立しうるかという問題がある。法定通行権は袋地から公道に出入りするために認められる権利であるので、すでに合意による通行権が成立している袋地に重ねて法定通行権を認めることは、制度の趣旨に悖ることとなろう。したがって、他方の通路の通行使用につき、何らかの約定通行権の成立原因を立証できないときには、それは好意通行というしかないので、所有者によって通路が廃止されても、それが権利濫用にでもなれば格別、その妨害を排除することはできない。

3　213条通行権の成否と通行権の調整問題

分譲・分割により袋地が形成された当時に、袋地となる土地部分にすでに通行地役権等の約定通行権が存在している場合、なお民法213条の無償通行権が成立するのかという問題がある。実際上は、その後に約定通行権が消滅したときに、本条の無償通行権がいわば顕在化するのか、それとも、その分譲分割当時には袋地の要件がそもそも満たされていないので、原則である210条通行権の問題として処理するのかという形で議論がなされている[53]。213条通行権は、分譲・分割の当時に袋地であるからこそ、関係当事者が通行権の負担等につき処理していたはずである、という擬制のうえに成り立っている制度であるので、理論的には消極説が正しいであろう。沿革的にみても、母法の下では、このようなケースでは213条通行権は成立しないものと考えられている[54]。

53　澤井・前掲書(注5)113頁。
54　岡本・前掲書(注3)444頁以下。

Ⅱ　人格権的権利と民法上の通行権

　判例によれば、建築基準法上の私道につき、通行利用者（沿道地所有者など）の通行使用が「日常生活上不可欠の利益」となっている場合には、私道所有者による通行妨害に対して、通行利用者の妨害排除請求権が認められ、この妨害排除請求権の前提となる地位的権利が「人格権的権利」と称される。[55]かかる権利が認められるのは「生活の本拠と外部との交通は人間の基本的生活利益に属するもの」であることによるが、他に代替手段がなければ、原則として私法上の保護を享受しうる、という。[56]

　したがって、通常は建築基準法の私道が１本しかない場合が問題となるので、このような場合には民法上の通行権の要件事実を認定しうることが多いであろう。そこで、１本の私道につき隣地通行権が重畳することとなるが、当事者としては、人格権的権利のみを、または隣地通行権とともに主張することが可能である。

　なお、従前は徒歩が中心で自動車の通行がなされたことがない場合には、その通行使用は生活上必須の利益にはならないとした例があるが、[57]「人格権的権利」なるものの明確化・具体化は判例の展開を待つしかない。[58]

（岡本詔治）

55　最判平成９・12・18民集51巻10号4241頁。
56　岡本・前掲書（注40）307頁以下を参照のこと。
57　最判平成12・１・27裁判集民196号201頁。
58　東京高判令和元・６・12D1-Law28272906（積極例）や東京地判平成28・11・30D1-Law29038646（消極例）などを参照のこと。

第11章
賃料増減請求

第1節　賃料の概念・性質

I　借地・借家の賃料

　建物所有の目的で他人の土地を有償で利用する場合の権限としては、賃貸借および地上権が存するが（借地借家1条）、建物に対する有償の利用権原としては賃貸借のみである。これらの借地および借家については、民法に定める規定のほか、いずれも借地借家法（平成3年法律第90号）が適用される。

　賃貸借は、当事者の一方がある物の使用および収益を相手方にさせることを約し、相手方がこれに対してその賃料を支払うことおよび引渡しを受けた物を契約が終了したときに返還することを約することにより、効力が生じる契約であり（民601条）、賃料は賃貸借の本質的な要素である。他方、地上権は地代の支払いを要素とはしていないが（民266条1項・268条1項）、地上権設定契約において地代の支払いを定めたときは、地代は地上権の要素となるものと解される。

　また、地上権の地代については、民法274条（地代の減免）、275条（不可抗力による減収の場合の地上権の放棄）、276条（地代の不払による地上権消滅請求）に規定されていることのほかは、賃貸借に関する規定（民611条（賃借物の一部減失による賃料の減額等）・614条（賃料の支払時期）・312条～316条（賃貸人の先取特権））が準用される（民266条2項）。建物所有目的の地上権は、地代が支払われるのが通常であることから、建物の所有を目的とする土地の賃貸借および地上権（以下、「借地権」もしくは「借地」という）の賃料または地代

（以下、「賃料」という）は、借地の本質的な要素である。したがって、借地における賃料および建物賃貸借（以下、「借家」という）における賃料は、借地・借家契約上の本質的、かつ、重要な要素となる。

Ⅱ　賃料の本質

1　賃料の概念

ところで、借地・借家の賃料の概念、性質については、それが土地・建物の収益の対価であること（民601条）のほか、賃料の支払時期に関する規定（民611条）から類推し、賃料は賃貸借の期間に対応するものであること以外には特段の規定がない。また、法律上の賃料の概念、性質について述べた学説も存しないようである。[1]

2　権利金、更新料その他の一時金

使用・収益の対価を広義に解し、賃貸借契約上、賃貸人が賃借人から受ける経済的利益ということであれば、名目上の賃料のほか権利金、更新料その他の一時金および敷金、保証金等の預り金の償却額ないし運用益も実質的には賃料の一部といえる。これに対し、使用・収益の対価としての賃料を狭義に解すれば、賃貸借契約において、明確に期間に対応するものとして賃料（地代、借賃、家賃、使用料等の名目を問わず、実質的に賃料とみなされる金銭またはその代替物）として定められたものが、賃貸借契約における法律上の賃料ということになる。判例には、権利金について賃料の一部前払いの性質を包含する場合もありうることを認めるものもあるが、[2]この場合には、期間の中途で契約が終了したときは、残存期間に対応する分を返還することになる。

---

[1]　経済的な賃料の本質と鑑定評価の関連について触れたものとして、大野喜久之輔＝谷沢潤一編『賃料の研究』（税務経理協会、1967年）1頁〔大野喜久之輔〕参照。なお、澤野順彦「賃料の本質・序論」清水曉ほか編『現代民法学の理論と課題〈遠藤浩先生傘寿記念〉』（第一法規出版、2002年）363頁。

[2]　最判昭和43・6・27民集22巻6号1427頁。

263

〔第 1 部・第11章〕第 1 節　賃料の概念・性質

借家の更新料および敷引金について賃料の一部としての性質を否定した裁判
例もあり[3]、権利金や更新料、敷引金について当然に賃料の一部と認めている
ものではない。

3　サブリースにおける賃料

　他方、いわゆるサブリース契約において賃料減額請求をした場合の相当賃
料額を判断する場合には、当事者が賃料額決定の要素とした事情その他諸般
の事情を総合的に考慮すべきであるとして、賃借人の転貸事業における収支
予測、賃貸人の敷金および融資を受けた建築資金の返済の予定にかかわる事
情をも考慮すべきであるとしているが[4]、これらの事情は相当賃料額判断の総
合考慮事項であっても、本来の土地、建物の使用・収益の対価とは本質的に
は何らかかわりのない事情であり、賃料の本質とは関係のない、借地借家法
上の相当賃料決定に際しての一種の法政策的配慮と考えるほかない。むしろ、
サブリース契約における賃料は、本来の賃料以外の事業による報酬、負担等
の対価を含む複合的な金員として、その性格上、借地借家法32条の適用のな
い性格の金員と解するのが理論的に正しい。サブリース契約における賃料の
減額請求について、借地借家法32条の適用を認めた上記一連の最高裁判決は、
サブリース契約と建物賃貸借の差異および賃料の本質を見誤ったものと評す
ることができよう。

III　賃料額の決定

　賃料は、賃貸人および賃借人が合意により自由に定めることができる。こ
れは、新規の賃貸借の場合に限らず、賃料を改定する場合も同様である。現
行法上、当事者の賃料額決定を規制する法令は存しない（第三次地代家賃統
制令（昭和21年勅令第443号）は、昭和61年12月31日に廃止された）。
　それでは、土地を賃貸する合意はできているが、賃料額の合意が成立して

3　京都地判平成21・ 7 ・23判時2051号119頁、大阪高判平成21・ 8 ・27判時2062号40頁。

4　最判平成15・10・21民集57巻 9 号1213頁、最判平成15・10・23裁判集民211号253頁、最判平成
　16・11・ 8 裁判集民215号555頁ほか。

いない場合に、当事者は裁判所に賃料額の確定を求めることができるかが問題となる。法定地上権の地代については、当事者間に合意が成立しない場合には、当事者の請求により裁判所が定める旨の規定がある（民388条）。裁判例には、土地を賃貸する旨の合意は成立しているが、賃料額の合意が成立していない場合において、民法388条ただし書（現行民法388条後段）を類推適用して賃料額を確定したものがある半面、賃貸借を行うことの基本合意は成立しているものの、具体的な賃料額について合意に達せず、「公正な額で決定する」といった抽象的な合意がされるにとどまったなどの事実関係の下においては、「法律上の争訟」にあたらないとして訴えが却下されたものがある。[6]

　しかし、賃貸借が成立したと認定できる場合において、当事者の合意等により賃料が確定しない場合には、当事者は裁判所に賃料額の確定を請求できるものと解すべきである。[7]この場合の法律上の根拠としては、民法388条後段の類推適用もしくは当事者の意思の推測に求められ、この場合の賃料は、賃貸借が効力を生じた時の諸事情を勘案して、新規賃料または継続賃料が求められることになろう。

第2節　賃料増減請求権

I　賃料増減請求権の根拠および性質

1　賃料増減請求権の根拠とその沿革

賃貸借が継続している場合において、賃料が不相当となった場合、当事者

5　東京地判昭和60・4・25判時1178号95頁。

6　東京高判平成13・10・29東高民時報52巻1号～12号18頁。なお、同事件の後件訴訟である東京地判平成20・2・27判時2011号124頁参照。

7　最判昭和36・9・29民集15巻8号2228頁。

［第1部・第11章〕第2節　賃料増減請求権

が合意のうえ賃料額を改定することは自由である。これに対し、当事者の一方が賃料の改定を希望し他方当事者がこれを望まない場合、もしくは改定することについては当事者間に合意が成立しているが、その改定額について合意ができない場合に、当事者の一方が裁判所に対し、賃料増減請求をすることができるかである。現行法上、賃料増減請求権については、借地法12条、借家法7条および借地借家法11条・32条にそれぞれ規定されている。しかし、古くは、「公租公課ノ増徴ニ因リ地主ノ負担増加スルカ又ハ土地ノ隆盛繁昌等ニ因リ附近ト共ニ地価ノ騰貴スルカ如キ事由ノ発生セルニ拘ハラス借地人ニ於テ承諾ヲ為サヽルカ為メ地料増加ノ途ナク而カモ貸借関係ハ尚ホ之ヲ将来ニ継続セサルヲ得サルニ於テハ地主ノ痛苦独リ甚シキモノアリ故ニ此ノ如キ場合ニ於テ地主ハ借地人ニ対シ増額ヲ強要スルヲ得ルコト即チ訴訟上ノ請求ヲ為シ得ルコトハ本院ノ一般慣習法トシテ認ムル所ナリ」として、地代増額請求権は慣習法に基づくものであるとされていた。その後、判例は、地代増額請求権を民法92条の慣習（いわゆる事実たる慣習）とみなして、「民法第92條ノ……慣習存スル場合ニ於テ普通之ニ依ルノ意思ヲ以テ為スヘキ地位ニ在リテ取引ヲ為ス者ハ特ニ反對ノ意思ヲ表示セサル限リ之ニ依ルノ意思ヲ有スルモノト推定スル」として、事実たる慣習としての地代増額請求権を認めた。これらの判例により認められた慣習としての地代増額請求権が、借家の家賃について、また、減額請求権についても実定法化されたのが借地法12条および借家法7条の規定であり、現在では借地借家法11条および32条に承継されている。

2　賃料増減請求権の性質

この賃料増減請求権の規定は強行法規であるとするのが判例[10]、通説[11]である。また、賃料増減請求権の法的性質は、いわゆる形成権であって、請求者の一方的意思表示により効力を生じ、増減額請求の理由が存する場合には、これ

8　大判明治40・7・9民録13輯811頁。

9　大判大正3・10・27民録20輯818頁、同旨大判大正3・12・23民録20輯1160頁。

10　最判昭和31・5・15民集10巻5号496頁ほか。

11　我妻榮『債権各論(中1)民法講義(Ⅴ2)』(岩波書店、1968年) 507頁ほか。

266

により賃料は相当額に増額または減額されるとするのが判例であるが、[12]学説には、形成権と解してもその具体的内容が問題であるとするものが多い。[13]

II 賃料増減請求権の行使

1 賃料の不相当性

(1) 賃料増減請求権の行使の要件

借地借家法11条・32条の規定に基づく賃料増減請求権は、従前の賃料が不相当となったときに行使することができる。[14]賃料決定の時から不相当であっても、それを理由に増減請求をすることはできない。また、賃料増減請求権は形成権の性質を有すると解するのが判例であり、[15]この立場によれば、賃料増減請求の意思表示が相手方に到達すれば、以後、賃料は相当額に増減額される（増額の意思表示が賃借人に到達した日の分から増額の効果が生ずる）。[16]増減額の幅について当事者間に争いがある場合には、裁判によって相当額が定められるが、その裁判は不相当となった従前の賃料を客観的に定まっている相当額に増減されたことを確認することになる。したがって、賃料増減請求権は、結果的に従前の賃料が不相当になったことを原因として初めてその効力を生ずるものということができる。

(2) 不相当性の判断

現行賃料が不相当となったか否かの判断は、従前賃料額と相当な賃料として算定された額との間に少なくとも10％～20％程度の開差が存しなければ不相当とはいえないものと解すべきであろう。この点、従来の裁判実務においては、不相当性の判断が適切になされず、単に鑑定結果のみに依拠して（鑑定結果の適正、妥当性の判断のみを争点として）なされる判決も少なくないよ

---

12 大判昭和7・1・13民集11巻1号7頁、最判昭和32・9・3民集11巻9号1467頁。
13 我妻・前掲書(注11)507頁、星野英一『借地・借家法』（有斐閣、1969年）242頁、幾代通＝広中俊雄編『新版注釈民法⒂債権⑹』（有斐閣、1996年）648頁〔篠塚昭次〕。
14 大判昭和17・2・27新聞4763号12頁、大阪高判昭和58・5・10判タ500号164頁。
15 前掲最判昭和32・9・3。
16 最判昭和45・6・4民集24巻6号482頁。

267

〔第1部・第11章〕第2節　賃料増減請求権

うに思われるが、土地・建物賃貸借の継続性、賃料および賃料増減請求権の本質に鑑み、問題なしとはいえない。

2　期間の経過

(1)　相当の期間の経過の要否

賃料増減請求権は、従前賃料が決定した後相当の期間の経過を要するかについて、一般的には従来賃料が決定された後相当の期間を経過しなければ不相当とはならないともいえる。しかし、賃料増減請求権は賃料が不相当となったときに行使できるのであり、相当の期間の経過を要しないとするのが判例、通説である。[17][18]

もっとも、比較的長期間継続する賃貸借契約の安定性からいえば、たびたび（1年に複数回）の増減請求は権利の濫用として許されないものと解される。すなわち、具体的な相当賃料の決定にあたっては、賃料が不相当になった期間およびその程度等を斟酌して行うものであり、短期的な賃料（継続賃料）の変動を示す適切な指数や鑑定評価手法はなく、実際の賃料鑑定においては短期的な将来予測については織り込み済みであること、並びに賃料は株価のようにその時々の経済情勢を直接的に反映するものではないことなどがその理由である。

(2)　短期間に複数回の増減請求がなされた場合

短期間に複数回の賃料増減請求権が行使され、一括して賃料確定の裁判が係属している場合、あるいは賃料増減請求の訴訟手続において数回の増減請求権が行使された場合には、不相当に至った時点に最も近い時点における相当な賃料を確定し、それ以降の増減請求については、上記相当賃料額を基準にして各請求時における不相当性の判断および相当賃料の認定を行うべきであろう。複数時点の賃料増減請求における裁判上の鑑定において、最終の増減請求時点の相当賃料を算出し、各請求時点について単に変動指数を乗じてスライドする例も存するが妥当でない。賃料増減請求権は、各請求時点にお

17　最判平成3・11・29裁判集民163号627頁ほか。

18　星野・前掲書（注13）238頁、鈴木禄弥『現代法律学全集⑭借地法㊦〔改訂版〕』（青林書院新社、1986年）877頁ほか。

268

いて不相当であることが立証される必要があるが、上記鑑定方法では必ずしもこれが担保されているわけではないからである。

3 協議の要否

「将来の賃料は当事者が協議して定める」旨の約定が存する場合において、当事者があらかじめ協議を経ないで賃料増減の意思表示をした場合、また、増減の意思表示をしたが当事者相互の事情によりその後の協議が進まないためさらにその協議を尽くさなかった場合に、賃料増減の意思表示は無効となるか。判例は、賃料増減請求の規定（借地法12条1項）は強行規定であるから、本件約定は、賃貸借契約当事者間の信義に基づき、できる限り訴訟によらずに当事者双方の意向を反映した結論に達することを目的としたにとどまり、当事者間に協議が成立しない限り賃料増減請求をすることはできないと解することはできないとしている[19]。

基本的にはそのとおりであるが、協議条項が定められ、かつ、協議を妨げる事情もないのに事前に何らの通知もしないでいきなり書面で増減額の通知をした場合には、他の事情と相まって、信義則上増減請求の効力を否定することができる場合も考えられる。

4 賃料改定に関する特約がある場合

(1) 増額しない旨の特約

一定の期間賃料を増額しない旨の特約がある場合には、賃貸人は賃料の増額を請求できないとするのが借地借家法の定めである（借地借家11条1項ただし書・32条1項ただし書）。一定の期間とは、特別の事情がある場合を除き、通常の賃料の改定期間（2年〜3年）の2倍〜3倍の期間を一応の限度と考えるべきであろう。定められた一定の期間中に著しい経済変動等があり、賃料が著しく不相当となった場合には、事情変更の原則の適用により、当該特約は効力を失い賃貸人は賃料増額請求をすることができるものと解される。

---

[19] 最判昭和56・4・20民集35巻3号656頁。

〔第1部・第11章〕第2節　賃料増減請求権

(2) 減額しない旨の特約

　賃料を減額しない旨の特約が存する場合に賃借人は賃料減額請求をすることができないかについては、借地借家法11条1項および32条1項各本文の規定は強行規定と解されることから、賃借人の賃料減額請求を拒むことはできないとするのが判例[20]、通説である[21]。

(3) 自動改定特約

　賃料自動改定特約が存する場合についても、賃料減額請求をできるとするのが判例である[22]。

　しかし、賃料不減額特約あるいは賃料自動増額特約は、賃料額の決定にあたり、当事者が重要な事項として合意し、定められたものであるのが通常であり、かかる事情は、増減請求権行使の適否および改定額を決定するにあたり十分斟酌されなければならないことはいうまでもない[23]。

5　サブリース、オーダーメイドリースの場合

(1) サブリース、オーダーメイドリースとは

　いわゆるサブリースとは、一般に賃貸事業者が建物所有者から建物を一括して賃借し、これを第三者に転貸することをいうが、法的には、賃貸事業者と建物所有者との間のサブリース事業契約（典型的なサブリース事業契約は、ビル建設、収益事業のノウハウの提供、企画、資金調達、建築設計・請負、賃貸経営等の全部または一部を目的とした組合ないし請負等の複合契約となっており、賃貸事業者と建物所有者間の建物賃貸借契約は、この複合契約の一部にすぎない）と賃貸事業者と建物賃借人との間の建物賃貸借契約からなっている。他方、いわゆるオーダーメイドリースとは、一般に、土地所有者（建築主）が建物利用者の要望に応じた建物を建築したうえ、建物所有者と利用者との間に締結される建物賃貸借契約をいう。

20　大判昭和13・11・1民集17巻21号2089頁、最判平成16・6・29裁判集民214号595頁。

21　星野・前掲書（注13）249頁。

22　前掲大判昭和13・11・1、最判平成15・6・12民集57巻6号595頁、最判平成17・3・10裁判集民216号389頁。

23　前掲最判平成15・10・21参照。

270

⑵　サブリース、オーダーメイドリース賃料の特色

　サブリースにおける賃貸事業者と転借人間の建物賃貸借における賃料は一般の市場において成立する市場賃料であるが、建物所有者と賃貸事業者間における当初の建物の賃料および賃料改定条項は、上記サブリース事業契約上の諸要素（特に、建物所有者の収益保証、投下資本の回収等を重要な要素として）を考慮して定められている。また、オーダーメイドリースにおける賃料および賃料改定条項も同様に建物所有者の収益保証、投下資本の回収を重要な要素として決定されている。したがって、サブリースおよびオーダーメイドリース契約が仮に賃貸借契約の形式をとっていても、賃料の改定および賃料改定条項の効力の判断にあたっては、借地借家法32条の規定を直ちに適用することは適切でない。同条において、賃料改定にあたり考慮すべき事情と、サブリースおよびオーダーメイド賃貸の場合で考慮すべき事情が明らかに異なるからである。

⑶　サブリース、オーダーメイド賃料に対する判例の考え方

　しかし、判例[24]は、借地借家法32条の適用を認め、そのうえで、増減請求の当否および相当賃料額を判断するにあたっては、当事者が賃料額決定の要素とした事情その他諸般の事情を総合的に考慮すべきとしているが、厳密にいえば、そのようにして求められた賃料は、もはや賃貸借における目的物の使用・収益の対価というべきものではないように思われる。しかも、本判決の補足意見によれば、法廷意見によっても当事者が賃料額決定の重要な要素とした事情等が反映されれば、賃貸借契約の法システムにおいても、しかるべき解決法を見出すことが十分にできるとしている。しかし、現実には、当該サブリース事業契約における最も重要とされた事情、すなわち賃料保証等は全く反古にされ、単に賃料の減額のみが認められ、一般的には大企業の賃貸業者の法的安定には適っているものの、賃貸借契約当事者の公平、契約的正義という観点を著しく欠如した見解というほかないように思われる。当事者が当初合意した内容が増減請求の当否および相当賃料額の決定に反映されず、しかもそのことが著しく公平、正義に反するような場合には、別途、債務不

---

[24]　サブリースにつき、前掲最判平成15・10・21のほか、大型スーパーストアにつき前掲最判平成17・3・10。

〔第1部・第11章〕第2節　賃料増減請求権

履行ないし不法行為責任を追及することができると解すべきであろう。

Ⅲ　賃料増減請求権行使の方法

1　賃料増減請求権の行使

　賃料増減請求権は、当事者の一方が他方に対し、賃料を相当額に増減する旨の意思表示をすれば足り、必ずしも具体的に額を明示する必要はない。増減額の意思表示が相手方に到達すれば、賃料は相当額に増減され、増減の幅に争いがあれば最終的には裁判所が相当額を決定することになる。裁判所は客観的に定まっている相当額を確認することになる。もっとも、当該賃貸借に即応した客観的に相当な賃料を求めることは至難の業であり、通常は、鑑定評価による経済的に適正な（継続）賃料を参考として、賃貸借契約締結の経緯、賃貸借の内容その他諸般の事情を考慮して相当な賃料額を決定することになる。

2　賃料増減請求権行使の当事者

　賃貸借の当事者が複数の場合の増減請求の意思表示は全員に対してなすべきか。賃借人が複数いる場合には、賃料債務は性質上不可物債務であり、共[25]同賃借人に対する賃料の請求は他の賃借人に影響しないが、賃料は共同賃借人の目的物の不可分的使用の対価といえるから、賃料増額の意思表示は共同賃借人の全員に対して行う必要があり、賃借人の一部に対してなした増額請求は、その者との関係においても、効力を生じないと解すべきである[26]。これに対し、減額請求については、共有物の保存に属するものと考え、賃借人の一部からの請求も認められるものと解される。

　他方、賃貸人が複数いる場合の増額請求については、共有物の管理に属するものとして、賃貸人である共有者の過半数でこれをすることができるとの裁判例があるが[27]、賃料額は客観的に相当額が決まるものであることから、多

25　大判大正11・11・24民集1巻670頁。

26　最判昭和54・1・19裁判集民126号1頁。

数決によらず、一人からでもすることができると解してよい。[28]これに対し、共同賃貸人に対する減額請求は、賃料の不可分債権としての性質から、全員に対してなされる必要がある。

Ⅳ　賃料増減請求権行使の効果

1　判例の考え方

賃料増減請求の訴訟係属中に、さらに増額を相当とする事由が生じた場合に、新たな増額請求をしなくても、最初の増額請求額の範囲内で段階的に増額が認められるかについて、判例はこれを消極に解する。[29]その理由とするところは、賃料増減請求権は私法上の形成権であり、[30]増減請求権が行使されると形成的効力が生じ、増減請求に相当の理由が存するときは、賃料は以後相当額に増減され、裁判所の賃料額の決定は、請求の日における客観的に相当な額を確認することにあり、訴訟の係属は直ちに私法上の形成権の行使を継続しているものとはいえないとするものである。

2　口頭弁論終結時説

しかし、特に昭和60年代のバブル経済およびその崩壊後、地価や賃料の乱高下が甚だしく、賃料の額も月額数千万円あるいは1億円を超えることも少なくなく、また、訴訟係属中に数度にわたる増減請求がなされることも稀ではなかった。増額請求の訴訟係属中に、従前賃料より減額すべき相当な事由が発生したり、また、その逆であったりして、過去の特定の増減請求時の賃料を確定することに疑問を生じることも少なくない。賃料確定後の精算の段階で従来賃料との差額に対する年10％の利息（借地借家11条2項・3項・32条

27　東京地判平成14・7・16金法1673号54頁。

28　山下寛ほか「賃料増減請求をめぐる諸問題(上)」判タ1289号38頁。

29　大判昭和17・4・30民集21巻9号472頁、最判昭和44・4・15裁判集民95号97頁、最判昭和52・2・22裁判集民120号107頁。

30　最判昭和36・2・24民集15巻2号304頁。

〔第1部・第11章〕第2節　賃料増減請求権

2項・3項）は、極めて不合理で時代錯誤的な懲罰の意味合いが強く、増減請求権の適正な制度運用を阻害している。しかも、相当な賃料額を決定する際の賃料鑑定とその採否についての裁判所の判断が適切に行われているか疑問がある場合も少なからず存することもこれに拍車をかけているように思える。相当な賃料は、従前賃料決定時から賃料増減請求時までの増減請求事情を考慮し、かつ、弁論終結時に至るまでの諸事情を考慮して、口頭弁論終結時の相当賃料額を決定するというのが賃料の本質（賃料は一定時点の適正な対価を意味するものでなく、従前賃料決定時以降の諸事情のほか将来の賃料その他経済変動の将来予測を織り込んで決定される）に即しているものといえる。解釈論としては、増減請求訴訟の維持は、当事者の相当な賃料決定に向けての黙示的な意思の継続であり、裁判所はこれを受けて口頭弁論終結時までの諸事情を考慮して、同時点の相当賃料額を決定するというのが相当と思われる。

V　賃料増減請求と相手方の債務不履行責任

1　賃料増減請求がなされた場合の賃借人の支払額

　増減請求の意思表示が相手方に到達した時に、増減すべき理由が存すると、賃料は以後相当額に増減されたことになるとすると、増額請求を受けた賃借[31]人が従前どおりの賃料を支払い続け、訴訟において増額が確定した場合には、増額賃料と従前賃料との差額分は債務不履行となる理である。これに対し、減額請求の場合に、賃借人が減額請求した額を支払っていたが減額が認められない場合も同様の問題が生じる。しかし、この点は、昭和41年の借地法・借家法の改正により、賃料額について当事者に協議が調わないときは、増額請求の場合は賃借人が相当と認める額を、減額請求の場合は賃貸人が相当と認める額を支払い、訴訟による確定額との差額については年10％の利息を支払えばよいこととされ（借地法12条2項・3項、借家法7条2項・3項）、同様の規定が借地借家法に定められた（借地借家11条2項・3項・32条2項・3項）。

31　前掲最判昭和36・2・24。

2　相当と認める額

　問題は、「相当と認める額」の意味である。この場合の「相当と認める額」は従前の賃料額を下回るものであってはならないとするのが最判平成5・2・18裁判集民167号129頁などの判例および通説の趣旨であり、賃貸借当事者は合意賃料に拘束されることに鑑みれば当然のことである。

　しかし、従前の賃料額以上を支払っていれば常に債務不履行にならないかについては学説・判例上争いがあった。学説上は、①従前の賃料額を支払う限り債務不履行とはならないとする説（従前賃料説）、②「相当と認める額」とは、借主が内心正当と思っている額であり、借主が内心正当と思っていなかった低額を支払い続けた場合には債務不履行となり、その程度が信頼関係を破壊する程度に至れば解除が認められるという説（主観説）、③基本的には借主が内心正当と思っている額（ただし、従前賃料額以上である必要がある）の支払で足りるが、あまりにも非常識な著しく低額の賃料の支払は例外的に債務不履行となるとする説（不合理額除外説）があった。下級審の判例は当初は主観説の立場に立つものが多かったようであるが、昭和60年代以降は不合理額除外説の立場に立つ判例が現れるようになった。

　この傾向に一定の歯止めをかけたのが前掲最判平成5・2・18であり、支払額が賃借人が主観的に相当と認める限りどんなに低額であっても債務不履行に当たらないとするのが原則であるが、公租公課の額を下回るなど賃貸人に損失が生じることを賃借人が知っていた場合には、例外的に債務不履行となることを傍論として説示したものと解されている。その後、前掲最判平成5・2・18に沿う裁判例も現れた。

3　平成8年最高裁判決

　他方、最判平成8・7・12民集50巻7号1876頁の原審は、賃借人が公租公

32　星野・前掲書（注13）127頁、鈴木・前掲書（注18）883頁ほか。

33　千葉地判昭和61・10・27判時1228号110頁、横浜地判昭和62・12・11判時1289号99頁、横浜地判平成元・9・25判時1343号71頁、福井地判平成4・2・24判時1455号136頁。

34　松山地判平成5・10・26判時1524号113頁、東京高判平成6・3・28判時1505号65頁。

〔第1部・第11章〕第2節 賃料増減請求権

課の額が供託額を上回るということを知っていたというだけでは債務の本旨に従った履行でないということはできないとして、前掲最判平成5・2・18と異なる見解を示していた。前掲最判平成8・7・12は、このような判例の推移の中で、まず、①賃借人が従前額以上の賃料の支払をした場合であっても、賃借人がその額を主観的に相当とは認めていなかったときは債務不履行となると解したうえで、②賃借人が自らの支払額が公租公課の額以下であることを知っているときは、賃借人が支払額を主観的に相当と認めていたとしても、特段の事情がない限り、債務の本旨に従った履行をしたとはいえないとした。

賃借人が支払賃料が公租公課の額を下回ることを知っていた旨の事実の立証ができない場合であっても、支払額が非常に低額であるなどの間接事実から、借主は支払額が内心正当と思っていた額ではないことが推認できる場合には、債務不履行となることが明らかにされたものということができよう。

Ⅵ 賃料増減請求の実質的要件

1 借地借家法の定める要件

借地借家法が定める賃料増減請求の要件としては、地代については、①土地に対する租税その他の公課の増減により、②土地の価格の上昇もしくは低下その他の経済事情の変動により、または、③近傍類似の地代に比較して不相当となったこと（借地借家11条1項）、家賃については、①土地もしくは建物に対する租税その他の負担の増減により、②土地もしくは建物の価格の上昇もしくは低下その他の経済事情の変動により、または、③近傍同種の建物の賃料に比較して不相当となったこと（借地借家32条1項）である。

2 公租公課等の変動

地代、家賃とも、①は、賃料の要素の1つである費用に着目したものであ

---

35 大阪高判平成4・9・30民集50巻7号1895頁。

り、土地、建物の租税公課は一般に土地、建物の所有者に対し、固定資産税等として賦課されているものであるが、実際に土地、建物を利用する者にその負担を転嫁し、賃料の一部とみるのが一般である（固定資産税については、疑問を呈する学説もある[36]。したがって、租税公課の増減は原則として賃料の増減に直接影響を与えるものであるが、租税公課の増減があっても、それにより賃料が不相当とならない限り、それ自体では直ちに増減請求の理由とは認められない。もっとも、租税公課に満たない賃料は、目的物の使用・収益の対価としての賃料の本質を備えているとはいえないから、租税公課の増減にかかわらず、実質的な使用・収益の対価（純賃料）に租税公課を含む費用相当額に満つるまでは賃料増額は認められるべきであろう（ただし、農地の賃貸借において、宅地並み課税により固定資産税等の額が増加したことを理由とする小作料の増額請求を認めなかった最高裁判例がある[37]）。なお、家賃については、地代と異なり、その他の負担の増減も増減も理由とされているが、これは家賃に含まれる必要諸経費が多様なことからこのような表現となったものと解される。すなわち、家賃の必要諸経費としては、一般に、土地、建物の公租公課のほか減価償却費、維持修繕費、管理費、損害保険料等を含むものとされており、これらの費用等の増減も家賃の増減請求の理由となることを示したものである。ただし、家賃の要素として考慮すべき費用の内容については吟味する必要があろう。

3　土地・建物価格の高低その他の経済事情の変動

(1)　土地・建物価格の高低

②の増減理由については、借地法は土地価格の昂低（借地法12条1項）、借家法は土地もしくは建物の価格の昂低（借家法7条1項）をそれぞれ掲げていたが、借地借家法は土地、建物価格の上昇もしくは低下のほか、その他の経済事情の変動を追加した。土地、建物の価格は、地代、家賃の基礎価格となるものであるから（いわゆる新規賃料を求める評価手法である積算法によると、土地、建物価格に期待利回りを乗じた額が純賃料であり、これに必要諸経費等を

---

[36]　幾代＝広中・前掲書（注13）633頁〔篠塚〕。

[37]　最判平成13・3・28民集55巻2号611頁。6名の反対意見あり。

〔第1部・第11章〕第2節　賃料増減請求権

加算した額が積算賃料となる。不動産鑑定評価基準（平成14年国土交通事務次官通知。以下、「鑑定評価基準」という）各論第1章第2節Ⅱ参照）、土地、建物の変動は賃料変動の一要素とはいえる。しかし、賃料増減請求が問題となる、いわゆる継続賃料の場合においては、土地、建物価格の変動が賃料に及ぼす影響は極めて低く、むしろ賃料が不相当となる理由の一つとして考えればよいわけであるが、土地価格の高低が明文で規定されているばかりに、従来の賃料増減請求（特に地代について）は、もっぱら土地価格の変動を理由としたものが多かった。しかし、土地価格の変動と賃料の変動とのギャップは大きく、相当な賃料の決定にあたり、辻褄を合わせるのに苦労するというのが鑑定・裁判実務の現場であったように思われる。借地借家法は、土地、建物価格の変動とあわせて、その他経済事情の変動が賃料の変動理由に加えられたが、当然のことと解すべきことになる。

(2) 建物価格の変動に関し

建物価格の変動が建物の賃料に影響を及ぼすかについては、建物は一般的には次第に老朽化するから、大規模修繕等が行われない限り、積算賃料中の純賃料は経年により減額されるべきことになるはずである。この場合の建物価格は、賃料改定時における建築費等を基準とした再調達原価によることになるから、建物の老朽化より建築費等の高騰が上回れば、純賃料は経年によっても減額しない理屈である。しかし、このことが問題であるとして、この場合の建物価格は、賃貸人が当初建物を建築した当時の価格を採用すべきとする考え方もないではないが、そうすると、建物の建築費が異常に高騰していた時に建物が建築され、それを基に当初賃料が決定されていた場合には、賃料改定時において建築費が低額に変動しても、それ自体では賃料減額の理由とはなり得ないことになる。そうかといって、賃貸人が実際に負担した建築費を全く考慮しないで相当賃料を決定することもできず、建物価格の変動を考慮して相当賃料を定めることは容易ではなく、経済事情の変動の一場合として考慮するのが適切であろう。

(3) その他経済事情の変動

「その他経済事情の変動」とは、賃料の構成要素に影響を与える経済的要因をいうが、一般的には、国民の消費支出（消費者物価指数）、企業物価の変

動（企業物価指数）、国内総生産（GDP）、労働者の給与水準・賃金の動向（賃金指数）などが考えられる。土地・建物価格の変動も経済事情の変動の1つとして考える場合には、公示価格等の変動等（または市街地価格指数）、建築費の変動率（建築費指数）等が参考となる。

4　近傍同種の建物の賃料

(1)　賃料の不相当性判断の1資料としての比隣賃料

③の近傍同種の建物の賃料に比較して不相当であることが賃料増減請求の要件とされているが、この要件は最も客観的であり、かつ、認識しやすいように思われるが、実際にはこの要件の認定が最も困難である。すなわち、継続賃料の改定にあたり比較すべき賃料は、新規賃料ではなく継続賃料でなければならない。それにもかかわらず、建物賃料減額請求事件の鑑定において、一時、継続賃料は新規賃料を上限として決定されるべきとする考え方が現れた。賃借人は新規賃料相当額で他に賃借できるのであるから、それ以上の額を継続賃料とする経済的合理性はないというものである。

しかし、賃料は、当事者が自由に定めることができるのであり、合意された賃料が必ずしも経済合理性を有する必要はない。当初賃料が当時の比隣賃料より高く、または低く定められても、そのこと自体は法的には何らの問題にならず、その後の賃料の改定は特段の事情（契約の基礎となった事情が変化したなど）がない限り、当初の合意賃料を基準にして、その後の、経済事情の変動を考慮して相当賃料を決定すべきことになる。

(2)　比隣賃料の問題点

ところが、比隣賃料は、それぞれの契約事情の下において定められ、その後種々の事情により改定されたとしても、必ずしも経済事情の変動を適切に反映されて改定されたという保証は全くない。比隣賃料は、契約の当事者、契約時期、経過期間、賃料改定の経緯、賃貸目的物の異同等により、相当賃料を求めるべき事案との同一性は極めて低いものとならざるを得ない。すなわち、比隣賃料なるものは、比較対象すべき相似性が低く、採用することは極めて困難というほかない。仮に比較可能であったとしても、比隣賃料と改定すべき賃料との間にどの程度の乖離が存在すれば不相当となったと判断で

279

〔第1部・第11章〕第2節　賃料増減請求権

きるのかも問題であろう。

5　その他の事情

以上の賃料増減要因は、いずれもいわゆる経済的要因といわれるものであるが、これらの経済的要因以外の当事者（特に賃貸人）の変更その他契約の基礎となった事情が変更した場合に、借地借家法上の賃料増減請求権を行使できるかは問題である。

(1)　賃料額決定の要素とされた事情等の変更

賃料自動増額特約等の約定がなされていた場合の賃料減額請求について、その請求の当否および相当賃料額を判断するにあたっては、当事者が賃料額決定の要素とした事情その他諸般の事情を総合的に考慮すべきであり、賃料額が決定されるに至った経緯や賃料自動増額特約が付されるに至った事情、とりわけ約定賃料額と当時の近傍同種の建物の賃料相場との関係、賃貸人の転貸事業における収支予測にかかわる事情、賃貸人の敷金および融資を受けた建築資金の返済の予定にかかわる事情等をも考慮すべきとした判例がある。[38]

(2)　主観的事情の変更

これに対し、当事者間の個人的な事情の変更があった場合、たとえば、親子関係、友人関係あるいは同族会社における会社と代表者間の賃貸借において、時の経過や世代の交替等により従来の関係が失われたり稀薄になったような場合に、そのことを理由として借地借家法上の賃料の増減請求をすることが認められるかである。借地法12条1項の規定は、当初定められた土地の賃料額がその後の事情の変更により、不相当となった場合に、公平の見地から、当事者に増減請求することを認めたもので、この事情としては経済事情の変動にとどまらず、当事者の個人的事情であっても当事者が当初の賃料額決定の際にこれを考慮し賃料額決定の要素となったものであれば、これを含むものと解するのが相当であるとして、当初、当事者が特別な関係（当事者は代表者を同じくする会社）にあり、賃貸人を金銭的に援助する意図の下に高額な賃料を支払っていた場合において、特別な関係があるとはいえない状況

---

[38]　前掲最判平成15・10・21、前掲最判平成15・10・23、前掲最判平成16・11・8。

VI 賃料増減請求の実質的要件

になったことから、賃料は不相当になったとして、減額請求を認めた判例がある。[39]また、当事者の会社が親子であり、賃料が低額に定められていた場合において、その後賃貸人が建物を第三者に売却したことから、賃貸人の地位を承継した者からの賃料増額請求について、かかる特殊な事情の変更も借地借家法32条1項の要件となりうるとしたが、具体的には、当事者の特殊事情により従前の賃料が低額に定められたものであるとしても、当事者が合意して定めたものである以上、これを無視することは相当でないとして、適正賃料と従前賃料の中庸値をもって相当賃料とした裁判例もある。[40]

このような当事者間の個人的事情の変更による賃料の見直しは、本来借地借家法上の増減請求により行うべきものではなく、事情変更の原則の一場合として契約変更請求権として処理すべきものと思われるが、わが国の裁判実務は、事情変更の原則の適用には極めて慎重であることから、この原則を具現化した借地借家法上の増減請求権の要件を満たすものとして現実の紛争解決を行うことも許されると考えられる。学説もこれを是認するのが通説である。[41]もっとも、この場合には、「客観的な事情」の変動という枠組みを崩さない配慮が肝要であるとする意見がある。[42]

---

39 最判平成5・11・26裁判集民170号679頁。

40 東京高判平成18・11・30判タ1257号314頁。

41 星野・前掲書(注13)238頁、幾代=広中・前掲書(注13)637頁〔篠塚〕。

42 永田眞三郎「判批」民商113巻1号147頁。

〔第1部・第11章〕第3節　相当賃料の算定

第3節　相当賃料の算定

Ⅰ　相当賃料の算定方法

1　相当賃料算定の基本的考え方

(1)　訴訟における相当賃料の判断過程

　賃料増減請求は、最終的には訴訟において、不相当性の判断および相当賃料額の認定がなされるが、具体的には、前記の賃料増減請求権発生の各要因を吟味し、各種の算定方式を適用し諸事情を考慮して、具体的な相当賃料額を算定するという、極めて経済的な価値判断を伴うとともに、借地借家法11条・32条の法解釈を必要とするものである。したがって、賃料増減請求における相当賃料額の決定には、経済的な価値判断を十分に理解したうえでの法の解釈、適用が求められることになる。

　裁判所が具体的に相当賃料額を決定するにあたっては、借地借家法11条・32条に定められる賃料増減要因のほか、当該賃貸借にかかるその他の一切の客観的、主観的事情を考慮すべきであり、そのうちの一つの事情だけを考慮してなされた判決は違法と考えるべきであろう[43]。もっとも、これらの要因、事情を考慮すればよく、これらの要因等が存しなくても増減請求を認めることは問題はない。ただし、原審の認定した相当賃料が原審の挙示する証拠に照らし、証拠のどの部分を採用し、どの部分を排斥して相当賃料を算定したものであるかを了知することができない場合には、証拠に基づかないで認定した違法があるか、理由不備の違法があるとして原判決を破棄・差し戻した判例がある[44]。

(2)　相当賃料決定の裁判実務とその問題点

　相当賃料の具体的な算定にあたって、最近の裁判実務においては、借地借

---

[43]　星野・前掲書（注13）244頁。

[44]　最判昭和60・1・24裁判集民144号65頁。倉田卓次「判批」民商93巻5号141頁参照。

282

家法11条・32条に規定する賃料増減要因の立証はもっぱら鑑定（もしくは私的な鑑定評価）に依存しているといってよく、鑑定結果の是非についての審理が中心となっている感がある。そして、複数の鑑定結果、鑑定評価が存する場合の多くは、裁判所が選任した鑑定人は、中立公正な立場から学識経験に基づいて鑑定評価を行ったものであり、その手法および判断内容については、基本的に信用すべきものとしており、基本的にはそのとおりであろう。[45]しかし、裁判所における鑑定人の選任方法に問題が全く存しないわけではなく（鑑定人の選任を裁判所に一任した場合に、鑑定人の選任が特定の者に偏る傾向があるなど）、また、鑑定結果よりも私的鑑定評価に傾聴すべき意見が存することも少なくなく、さらに、当事者の代理人および裁判所がこれらの証拠資料を適切に判断する資質が十分とはいえないケースも少なからず存するのではないかとの危惧もある。相当賃料の算定にあたり鑑定（または私的鑑定評価）は欠くことのできない証拠資料であるが、裁判所としては、相当賃料についての基本的理念を明確に意識したうえ、鑑定結果、私的鑑定の差異にかかわらず、鑑定結果等に現れた継続賃料の鑑定評価手法と鑑定評価資料を駆使し、かつ、その他の一切の客観的、主観的事情を考慮して、適正な相当賃料を算定すべきであり、その算定過程は必要最少限、判決理由中に記載されるべきであろう。

2 鑑定結果と相当賃料の判断上の留意点

相当賃料とは、いうまでもなく、借地借家法11条・32条に基づき、同条に規定された諸要因およびその他の諸事情を考慮した適正な賃料いう。したがって、鑑定人ないし不動産鑑定士等が鑑定評価基準にのっとって算定した継続賃料が直ちに相当賃料となるわけではない。一般的には、鑑定評価基準に則って算定された継続賃料は、経済的に適正な賃料ということはできるが、当該賃料増減訴訟において証拠に現れたその他の諸事情のすべてを反映しているものではないから、直ちに、借地借家法上相当な賃料ということはできない。もっとも、鑑定評価基準上も、継続賃料の算定にあたって考慮すべき

---

45 東京高判平成18・10・12金判1265号46頁など。

〔第1部・第11章〕第3節　相当賃料の算定

事項として、「①契約の内容及び契約締結の経緯、②契約上の経過期間及び残存期間、③賃料改定の経緯、④更新料の必要性、⑤近隣地域若しくは同一需給圏内の類似地域等における宅地の賃料又は同一需給圏内の代替競争不動産の賃料、その改定の程度及びそれらの推移、動向、⑥賃料に占める純賃料の推移、動向、⑦底地に対する利回りの推移、動向、⑧公租公課の推移、動向」を掲げているが、鑑定人等が当該訴訟に現れたこれらの事情等について的確に把握し、判断したという保証はなく、また、当該事情等をどの程度斟酌して継続賃料を決定したのか明らかでない場合も少なくない。それにもかかわらず、特に理由を示すことなく、また、他の証拠調べをすることもなく、鑑定結果のみをもって相当賃料と判示することは、裁判の職責を放棄することになる。

3　鑑定評価基準における継続賃料の評価手法と相当賃料算定の基本的考え方との関係

　現行の鑑定評価基準は、継続賃料の鑑定評価手法として、平成2年の鑑定評価基準の改正時に定められた4手法（差額配分法、利回り法、スライド法、賃貸事例比較法）を基本的に採用することとしている。平成2年より前の基準では、種々の手法により求められた継続試算賃料と従前の賃料との差額について諸事情を考慮し公平に按分して、従前賃料に加減して適正な継続賃料を求めるというものであった。これに対し、平成2年の鑑定基準の改正では、差額配分法は新規賃料（と解されているが、継続賃料とする考え方もある）と従前賃料の差額を適正に配分し、従前賃料に加減して試算賃料とするものとし、このほかに、一般に判例で認められてきた利回り法、スライド法および賃貸事例比較法を採用し、これらの各手法の適用により求められた各試算賃料を比較勘案して、適正賃料を求めるものとしている。鑑定評価基準は、法的拘束力のあるものではないが、不動産鑑定士等が鑑定評価する場合においては、一般的にこれに準拠すべきものとされているものである。しかし、同基準に示された各手法は、平成2年改正時に従来の学説、判例を要約する形で定められたもので、各手法の適用過程において確立した基準が存するわけでなく、鑑定評価を行う不動産鑑定士等の広範な解釈、価値判断を許容する

ものであり、鑑定結果の検討にあたっては、各手法の適用方法、採用した資料等の適否について、慎重に吟味する必要がある。

4　相当賃料の算定に関する学説・判例

相当賃料の具体的な算定手法については、従来の学説、判例は、①スライド方式を主体とする考え方[47]、②利回り方式を主体とする考え方および③各手法を適用するなどして総合的に判断すべきとするいわゆる総合方式[49]に大別できる。しかし、相当賃料の最終的な判断にあたっては、総合的に考慮すべきことは当然のことであるから、相当賃料の算定方法としては基本的にどのような方法によるべきか、また、地代と家賃、あるいは居住用と営業用とで考え方を異にすべきかが問題となる。

賃料増減請求権は、従前賃料決定時以降の経済事情その他諸事情の変動により、従前賃料を維持することが公平とはいえなくなった場合に相当な額に改定することを認めるものである。かかる観点から考えられる改定額算定の方法としては、従前賃料に従前賃料決定時から改定時までの経済変動率を乗じて求めるスライド方式および両時点の賃貸目的物の資本的価値の差異に着眼して、改定時における目的物の資本的価値に従前賃料決定時の純賃料利回り（従前賃料から必要諸経費等を控除した純賃料の目的物の資本的価値に対する割合）を乗じて求めた額に改定時おける必要諸経費等を加算して求める利回り方式、並びに比隣賃料との比較により求める比準方式が考えられる。

スライド方式における変動率については、賃料の変動そのものを示す適切

46　澤野順彦『民事裁判と鑑定』（住宅新報社、1982年）59頁参照。

47　幾代＝広中・前掲書(注13)634頁〔篠塚〕、露木晴郎「賃料増額請求の場合における相当賃料額の算出方法」判タ222号72頁。

48　鈴木禄弥「借地法12条による相当な地代と借地権価格」判評72号3頁、星野・前掲書(注13) 247頁。

49　山本和敏「賃料増額訴訟における相当賃料の算定」鈴木忠一＝三ケ月章監修『実務民事訴訟法講座(4)不動産訴訟・手形金訴訟』（日本評論社、1969年）151頁、渋川満「相当家賃と増減額請求権」西村宏一編『不動産法大系(3)借地・借家〔改訂版〕』（青林書院新社、1970年）571頁、大須賀滋「賃料増減事由と具体的な増減額」塩崎勤＝澤野順彦編『裁判実務大系㉓借地借家訴訟法』（青林書院、1995年）461頁、金子順一「地代の増減請求と相当地代」渋川満ほか編『現代裁判法大系(3)借地借家』（新日本法規出版、1999年）91頁ほか。

〔第1部・第11章〕第3節　相当賃料の算定

な指数はなく、一般的には、消費者物価指数、企業物価指数、GDP（国内総生産）、賃金指数、地価変動率、建築費指数等の複数の指数を変動率として採用することになる。しかし、継続賃料の変動とこれらの経済変動指数との相関関係が稀薄であるうえ、いかなる指数をどのような割合で採用すべきかの定見はなく、恣意的にならざるを得ない点が短所となる。他方、利回り方式は相当賃料が目的物の価値に見合ったものでなければならない根拠（元本の増減が賃料の増減をもたらすことの是非）は必ずしも明確でなく、また、継続賃料算定の場合の目的物の価値は、賃借人の寄与による部分（借地権価格、借家権価格の全部または一部）および投機的部分を控除すべきであるが、その程度が不確定であるうえ、当該賃貸借に即した適正な期待利回りを求めることが困難であることなどが短所となる。また、比準方式は、当該賃貸借と契約の始期、賃貸借条件等が類似した賃貸事例を発見することが困難であるうえ、地域要因および個別的要因のほか賃貸借条件等による比較は容易でなく、そもそも何ゆえに当該賃貸借における賃料を比隣の賃料と同じにする必要があるのか（当初賃料が比隣賃料水準を前提とした場合は格別）、疑問なしとしない。

　判例は、一方で、「従来の賃料にその後における地価高騰率を乗じてのみ算出しなければならないものではない」[50]とし、他方で、「借地法12条による賃料増額請求があった場合、裁判所は、同条所定の諸契機を考慮し、具体的事実関係に即し、相当賃料を確定すべきであり、……底地価格に利子率を乗ずる算定方法……も一つの合理的尺度として使用できるものであるが、この算定方法が他の合理的算定方法に比して本則であるとまで解すべきものではない」[51]としている。

　この具体的事実関係については、「相当な賃料額を定めるにあたっては、同条（筆者注：借地法12条）所定の諸事由にかぎることなく、請求の当時の経済事情ならびに従来の賃貸借関係、とくに当該賃貸借の成立に関する経緯その他諸般の事情を斟酌して、具体的事実関係に即し、合理的に定めることが必要である」[52]とし、「当事者間の個人的な事情であっても、当事者が当初

50　最判昭和40・11・30裁判集民81号237頁。
51　最判昭和43・7・5裁判集民91号623頁。

の賃料額決定の際にこれを考慮し、賃料額決定の重要な要素となったもので
あれば、これを含むものと解するのが相当である」とされている[53]。さらに、
借地借家法32条1項に基づいて賃料減額を請求した場合において、その請求
の当否および相当賃料額を判断するにあたっては、当事者が賃料額決定の要
素とした事情その他諸般の事情を総合的に考慮すべきであり、「本件契約に
おいて賃料額が決定されるに至った経緯や賃料自動増額特約が付されるに至
った事情、とりわけ、約定賃料額と当時の近傍同種の建物の賃料相場との関
係……、……（筆者注：賃借人の）転貸事業における収支予測にかかわる事情
……、……（筆者注：賃貸人の）敷金及び銀行借入金（筆者注：融資を受けた建
築資金）の返済の予定にかかわる事情等」をも考慮すべきものとされている[54]。

Ⅱ　不動産鑑定評価基準における継続賃料の鑑定評価方法

1　「基準」における継続賃料の評価手法の変遷

　鑑定評価基準において継続賃料の評価手法として定められている差額配分
法、利回り法、スライド法および賃貸事例比較法の4手法が鑑定評価基準の
中に初めて明記されたのは、平成2年10月26日土地鑑定委員会答申の旧・不
動産鑑定評価基準においてである。それ以前は、継続賃料（限定賃料）の評
価手法としては、いわゆる差額配分法のみであった。もっとも、鑑定評価の
実務上は、利回り方式、スライド方式および比準方式（賃貸事例比較法）も
使用されてはいたが、基準上は明文化されなかったものである。

　これらの4手法は、主に判例実務において形成されてきた典型的な相当賃
料の算定方法を集約したものであるが、この各手法の考え方は、バブル経済
が崩壊し、賃料の下落傾向が続く平成14年の基準の改正に際しても基本的に
維持されている。これらの各手法の問題点についてかなり突っ込んだ意見を

52　最判昭和44・9・25裁判集民96号625頁。
53　前掲最判平成5・11・26。なお、判例評釈として、永田・前掲判批(注42)147頁。
54　前掲最判平成15・10・21。

〔第1部・第11章〕第3節　相当賃料の算定

表明する判例も存するが、裁判実務上はかなり定着してきているように思われる。もとより、上記各手法の具体的な適用にあたっては、それぞれの不動産鑑定士あるいは裁判所において異なった扱いをすることも少なくなく、いずれをもって是とすべきかは一概にいえないが、以下において、鑑定評価基準が定める継続賃料の評価手法等について述べる。

2　賃料の種類

(1)　正常賃料、継続賃料、限定賃料

基準は、賃料の種類を正常賃料、継続賃料および限定賃料に区分し、それぞれの評価手法を定めている。

正常賃料とは、自由な市場において新たな賃貸借等の契約が成立するであろう経済価値を表示する適正な賃料、いわゆる新規賃料をいう。これに対し、継続賃料とは、賃貸借等が継続している特定の当事者間において成立するであろう経済価値を適正に表示する賃料をいう。なお、借地借家法上の求めるべき賃料は、このうちの継続賃料ということになる。

限定賃料とは、隣接不動産の併合使用、あるいは経済合理性に反する不動産の分割使用を前提とする賃貸借等に関連し、新たな賃貸借等の契約が成立するであろう経済価値を適正に表示する賃料をいう。

(2)　実質賃料と支払賃料

さらに基準は、賃料の内容について、実質賃料と支払賃料に区分する。

実質賃料とは、賃料の種類のいかんを問わず貸主に支払われる賃料の算定の期間に対応する適正なすべての経済的対価をいい、純賃料および不動産の賃貸借等を継続するために通常必要とされる諸経費等（以下、「必要諸経費等」という）から成り立つものをいう。

これに対し、支払賃料とは、各支払時期に支払われる賃料をいい、契約にあたって、権利金、敷金、保証金等の一時金が授受される場合においては、当該一時金の運用益および償却費とあわせて実質賃料を構成するものである。契約にあたって一時金が授受される場合における支払賃料は、実質賃料から

55　東京高判平成14・10・22判時1800号3頁。

当該一時金について賃料の前払的性格を有する一時金の運用益および償却額並びに預り金的性格を有する一時金の運用益を控除して求めるものとされている。

3 新規賃料を求める鑑定評価手法

新規賃料を求める評価手法としては、積算法、賃貸事例比較法、収益分析法が定められている。

(1) 積算法

積算法は、対象不動産について、価格時点における基礎価格を求め、これに期待利回りを乗じて得た額に必要諸経費等を加算して対象不動産の試算賃料を求める手法である（この手法による試算賃料を以下、「積算賃料」という）。

(2) 賃貸事例比較法

賃貸事例比較法は、まず多数の新規の賃貸借等の事例を収集して適切な事例の選択を行い、これらに係る実際実質賃料（実際に支払われている不動産に係るすべての経済的対価をいう）に必要に応じて事情補正および時点修正を行い、かつ、地域要因の比較および個別的要因の比較を行って求められた賃料を比較衡量し、これによって対象不動産の試算賃料を求める手法である（この手法による試算賃料を以下、「比準賃料」という）。

(3) 収益分析法

収益分析法は、一般の企業経営に基づく総収益を分析して対象不動産が一定期間に生み出すであろうと期待される純収益（減価償却後のものとし、以下、「収益純賃料」という）を求め、これに必要諸経費等を加算して対象不動産の試算賃料を求める手法である（この手法による試算賃料を以下、「収益賃料」という）。

4 継続賃料を求める鑑定評価手法

継続賃料を求める評価手法として、差額配分法、利回り法、スライド法および賃貸事例比較法が定められている。

(1) 差額配分法

差額配分法は、対象不動産の経済価値に即応した適正な実質賃料または支

〔第1部・第11章〕第3節 相当賃料の算定

払賃料と実際実質賃料または実際支払賃料との間に発生している差額について、契約の内容、契約締結の経緯等を総合的に勘案して、当該差額のうち貸主に帰属する部分を適切に判定して得た額を実際実質賃料または実際支払賃料に加減して試算賃料を求める手法である。

従前賃料±（正常賃料−従前賃料）× a ＝差額配分賃料

---

① 対象不動産の経済価値に即応した適正な実質賃料は、価格時点において想定される正常賃料であり、積算法、賃貸事例比較法等により求める。

② 対象不動産の経済価値に即応した適正な支払賃料は、契約にあたって一時金が授受されている場合については、実質賃料から権利金、敷金、保証金等の一時金の運用益および償却額を控除することにより求める。

③ 貸主に帰属する部分については、一般的要因の分析および地域要因の分析により差額発生の要因を広域的に分析し、さらに対象不動産について次に掲げる契約の事項等に関する分析を行うことにより適切に判断する。

　⑦ 契約上の経過期間と残存期間

　④ 契約締結およびその後現在に至るまでの経緯

　⑨ 貸主または借主の近隣地域の発展に対する寄与度

(2) 利回り法

利回り法は、基礎価格に継続賃料利回りを乗じて得た額に必要諸経費等を加算して試算賃料を求める手法である。

基礎価格×継続賃料利回り＋必要諸経費等＝利回り賃料（または積算賃料）

---

① 基礎価格および必要諸経費等の求め方については、積算法に準ずる。

② 継続賃料利回りは、現行賃料を定めた時点における基礎価格に対する純賃料の割合を標準とし、契約締結およびその後の各賃料改定時の利回り、基礎価格の変動の程度、近隣地域もしくは同一需給圏内の類似地域等における対象不動産と類似の不動産の賃貸借等の事例または同一需給圏内の代替競争不動産の賃貸借等の事例における利回りを総合的に比較衡量して求める。

Ⅱ　不動産鑑定評価基準における継続賃料の鑑定評価方法

(3)　スライド法

スライド法は、現行賃料を定めた時点における純賃料に変動率を乗じて得た額に価格時点における必要諸経費等を加算して試算賃料を求める手法である。なお、現行賃料を定めた時点における実際実質賃料または実際支払賃料に即応する適切な変動率が求められる場合には、当該変動率を乗じて得た額を試算賃料として直接求めることができる。

（現行賃料－必要諸経費等）×変動率＋必要諸経費等＝スライド賃料

---

① 　変動率は、現行賃料を定めた時点から価格時点までの間における経済情勢等の変化に即応する変動分を表すものであり、土地および建物価格の変動、物価変動、所得水準の変動等を示す各種指数等を総合的に勘案して求める。

② 　必要諸経費等の求め方は、積算法に準ずる。

(4)　賃貸事例比較法

賃貸事例比較法は、新規賃料に係る賃貸事例比較法に準じて試算賃料を求める手法である。

事例賃料×事情補正×時点修正×地域要因補正×個別的要因補正＝比準賃料

5　賃料の鑑定評価の方法

(1)　地　代

㋐　新規地代

宅地の新規賃料（正常賃料）は、賃貸借等の契約内容による使用方法に基づく宅地の経済価値に即応する適正な賃料を求めるものとし、積算賃料、比準賃料および配分法に準ずる方法に基づく比準賃料を関連づけて決定する。純収益を適切に求めることができるときは、収益賃料を比較衡量して決定する。

㋑　継続地代

継続中の宅地の賃貸借等の契約に基づく実際支払賃料を改定する場合は、差額配分法による賃料、利回り法による賃料、スライド法による賃料および

291

〔第1部・第11章〕第3節　相当賃料の算定

比準賃料を関連づけて決定する。この場合、次に掲げる事項を総合的に勘案して決定するものとする。

① 契約の内容および契約締結の経緯

② 契約上の経過期間および残存期間

③ 賃料改定の経緯

④ 更新料の必要性

⑤ 近隣地域もしくは同一需給圏内の類似地域等における宅地の賃料または同一需給圏内の代替競争不動産の賃料、その改定の程度およびそれらの推移、動向

⑥ 賃料に占める純賃料の推移、動向

⑦ 底地に対する利回りの推移、動向

⑧ 公租公課の推移、動向

なお、賃料の改定が契約期間の満了に伴う更新または借地権の第三者への譲渡を契機とする場合において、更新料または名義書換料が支払われるときは、これらの額を総合的に勘案して求める。また、契約上の条件または使用目的が変更されることに伴い賃料を改定する場合は、契約上の条件または使用目的の変更に伴う宅地および地上建物の経済価値の増分のうち適切な部分に即応する賃料を上記で求めた賃料に加算して決定するものとする。この場合には、上記に掲げる事項のほか、賃貸借等の態様、契約上の条件または使用目的の変更内容、条件変更承諾料または増改築承諾料が支払われるときはこれらの額についても総合的に勘案する。

(2) 家　賃

(ア) 新規家賃

建物の新規賃料（正常賃料）は、賃貸借の契約内容による使用方法に基づく建物およびその敷地の経済価値に即応する賃料を求めるものとし、積算賃料および比準賃料を関連づけて決定する。この場合、純収益を適切に求めることができるときは収益賃料を比較考量して決定する。

(イ) 継続家賃

継続中の建物賃貸借契約に基づく実際支払賃料を改定する場合は、継続地代を求める場合の鑑定評価に準ずる。

292

Ⅲ　判例における相当賃料の算定方法

　相当な地代・家賃の算定方式としては、判例上、積算（利回り）方式、スライド方式、差額配分方式、賃貸事例比較方式、公課倍率方式、総合方式等が存するが、いずれか一方式のみをもって唯一の相当賃料算定方式と解することはできないとするのが一般である。いずれも一長一短あるから、それぞれの具体的事案に応じて、最も合理的と思われる1ないし複数の方式を採用し、それによって求められた試算賃料を比較勘案して、当該相当賃料額を決定すべきことになる。もっとも、いずれの方式を採用するかは、時代により、また地代の場合と家賃の場合とで微妙に異なるので以下において、多少の分析を試みる。

1　相当地代の算定方式

(1)　算定方式の変遷

　相当地代の算定方式としては、昭和50年頃までは積算方式によるものが多くを占めており、スライド方式および差額配分方式等によったものは極めてわずかであった。ところが、昭和51年以降は積算方式によるものは影をひそめ、差額配分方式、スライド方式、積算方式、賃貸事例比較方式、公課倍率方式などの複数の方式を採用するいわゆる総合方式がそのほとんどを占めるようになった。

　これらのほとんどの事案において鑑定が採用されているが、このように方式の適用について大きな変遷がみられるのは、社会経済情勢の変動、地代の本質に対する考え方の変化、鑑定評価制度の発展等によるものであろう。すなわち、昭和40年代までは地価は間断なく上昇はしていたものの、いまだ地代は土地価格もしくは底地価格に対する一定の利回り（早い年代の頃は年5％〜6％というのも見受けられていたが、40年代後半には1％〜2％に落ちてきた）を乗ずることによって求められたが、40年代後半における地価の異常な

56　詳細は、澤野順彦『判例にみる地代・家賃増減請求』（新日本法規出版、2006年）39頁参照。

〔第1部・第11章〕第3節　相当賃料の算定

高騰は、この方式の理論的妥当性を失わせた。合理的な理由づけのできない極めて低率の利回りを採用しない限り、妥当な賃料を求めることが不可能となったのである。

　他方、継続賃料の評価に関する鑑定評価理論の成熟と鑑定人の資質の向上と経験の蓄積は、適正な継続賃料算定のための多くの材料を裁判所に提供できることとなった。鑑定結果がそのまま裁判所に採用されなくても、鑑定において採用された各種の方式、土地価格や借地権割合、公租公課、スライド指数などの情報は、裁判所に種々の賃料改定方式の適用を可能にした。これらの事情も総合方式の多くなった一要因であろう。

(2)　各算定方式の特徴

(ア)　積算（利回り）方式

　この方式は、地代は土地使用の対価であるという前提から、借地の目的物である土地の価格（基礎価格）に期待利回り（土地資本利率などとも呼ばれる）を乗じて純賃料を求め、これに必要諸経費として公租公課（固定資産税・都市計画税）、管理費を加算した額をもって相当賃料とするもので、この方式によって求められた賃料を積算賃料と呼んでいる。

　基礎価格としては、更地価格（土地上に建物が存せず、また所有権の行使を制限する何らの権利も設定されていない場合の取引を前提とした正常な価格）を採用する例は稀で、更地または建付地価格から借地権価格相当額を控除したいわゆる底地価格による場合がほとんどである。控除する借地権価格相当額は更地または建付地価格の30％～80％程度である。期待利回りとしては、民事または商事法定利率の5％、6％によるものと、実質的な慣行利回りまたは契約（合意賃料）利回りによるものとに大別することができるが、前者によった場合には、そこで求められた賃料が新規賃料であるという理由の下に、継続賃料としての大幅な修正がなされるのが通常である。必要諸経費としては、公租公課および管理費が考えられており、公租公課は当該土地の固定資産税および都市計画税の実額の全部が加算されるが、管理費はこれを加算するものと加算の必要なしとするものとがある。加算する場合の管理費の額は、純賃料の2％～3％もしくは公租公課の20％程度とするものが多い。

294

㈠　スライド方式

　この方式は、最終の合意賃料にその後の変動指数を乗じて相当賃料を求めるものである。初期の頃は、最終合意賃料に地価変動率を乗ずるものが多かったが、公租公課の変動と地価変動とは必ずしも同様とはいえないことから、まず、最終合意賃料から公租公課等必要諸経費を控除した純賃料に地価変動率を乗じ、これに改定時の公租公課を加算するようになった。次に、異常な地価高騰が続き、地代がこれに追随することは妥当性を欠くとの見地から、変動指数は地価変動率によるものから物価変動率によるものへと次第に変化していった。実務的には、物価変動率および地価変動率その他種々の経済変動率を考慮した複合指数による場合が多くなっている。

㈡　賃貸事例比較方式

　この方式は、近隣の賃貸事例数例と比較して相当賃料を算出するもので、この方式により求められた賃料を比準賃料と呼んでいる。しかし、土地の賃貸借は、土地の個別的要因の差異のほかに賃貸借の始期、賃貸借に至った経緯、権利金の授受の有無、契約条件、賃料改定の動向、賃貸借当事者の主観的事情等がことごとく異なるのが通常であるから、厳密にいえばこれらの諸事情のすべてを適正に比較することはほとんど不可能である。したがって、この方式の適用により求められた数値は、その地域の一般的な賃料水準を示すほどの意味を有するにすぎず、借家の家賃のように、比準賃料により借地の需給関係が直接左右されることはないといってよい。

㈢　差額配分方式

　この方式は、不動産鑑定評価基準において採用されているもので、改定時の客観的適正賃料と実際支払賃料との差額について、借地人が負担すべき部分を求め、これを実際支払賃料に加減して相当賃料とする方式である。客観的適正賃料を求める方式としては、積算方式を採用するのがほとんどである。実際支払賃料との差額を配分する方法としては、2分の1または3分の1を借地人の負担とする場合が多いが、その理論的根拠は不明である（それが公平であるという以外に理論的根拠は存在しないといってもよい）。この方式は、基礎価格と実際支払賃料との間に相関関係が認められる場合に意味があり、そうでない場合にはこの方式を採用する理論的前提を欠くことになるとの考

え方もある。この考え方によると、昨今の基礎価格と実際支払賃料との間には相関関係が認められないのが一般であるから、差額配分方式を採用することは妥当性を欠くことになろうか。それゆえか否かは不明であるが、この方式のみによった判例はごく稀である。

(オ) 総合方式

総合方式という方式が特にあるわけではないが、相当賃料算定のための方式を複数採用して、それぞれの方式によって求められた各試算賃料を比較勘案し、その他契約の経緯等の諸事情を斟酌して相当賃料を決定する方法を、一般に総合方式とよんでいる。その多くは、裁判所が自ら各方式を適用して相当賃料を求めるというのではなく、鑑定結果もしくは書証としての鑑定評価書に現われた証拠資料に基づいて、そこに採用されている各方式を検討し、当該事案に妥当する結論を導くという作業による場合がほとんどである。採用される複数の方式としては、積算方式、スライド方式、賃貸事例比較方式、差額配分方式のほか、公課倍率方式を採用している例も見受けられる。各試算賃料を総合する方法はまちまちで、相加平均をとる例はほとんどなく、他の諸事情との比較勘案で、特に計数的根拠を示すことなく結論としての相当賃料を決定しており、いわば刑事判決における量刑と同様に裁判官の裁量の範囲内において処理されている。

(カ) 公課倍率方式

この方式は、改定時の公租公課（固定資産税および都市計画税）の実額に、当該地域もしくは当該借地関係上認められる実際支払賃料に対する公租公課の倍率を乗じて相当賃料を求めるものである。しかし、賃料は公租公課の何倍がよいか、また実際支払賃料に占める公租公課の割合は何％くらいが相当かという理論上の根拠はなく、したがってこの方式自体は何ら相当賃料を求める算定方式としての理論的な合理性は認められない。また、個々の固定資産税の額は、土地の用途、面積等により、かなり大幅な調整措置がとられており、賃料や土地価格との直接的な関連性はほとんど認められないといってよい。したがって、この方式は当該地域の地代水準を求めたり、地代の増減請求の適否を判断する場合の一資料となるが、この方式のみにより相当賃料を算定する合理性はない。

296

㈭　その他

判例に現われたその他の方式としては、公示価格に継続地代の一般的比率（いわゆる平均的な活用利子率）を乗ずる方法に言及したものがある。

2　相当家賃の算定方式

⑴　算定方式の変遷

地代が土地の使用の対価であるとの認識に立ち、その相当額算定について種々の方式が採用されてきたのとは対照的に、家賃が建物およびその敷地に対する使用の対価であるとの認識は比較的稀薄であるようである。すなわち、継続家賃算定に際し、積算方式ないしは差額配分方式を採用する判例は地代に比べ相対的に少なく、はっきりした計算根拠に基づかないで、従前の賃料あるいは契約の経緯、比隣賃料その他諸般の事情を考慮して総合的に決定しているものが多い。特に、昭和30年代以前はその傾向が強かったが、昭和40年以降になると、積算方式もしくは差額配分方式、またはスライド方式を明確に採用して、比隣賃料、その他の諸事情をも考慮して相当賃料を求めるものが多くを占めるようになった。これは、地代に関する判例の集積にもよるが、他方、不動産鑑定評価基準の設定、不動産鑑定評価理論の発展が大いに寄与してきたであろうことは推測にかたくない。ほとんどの判例が鑑定を採用し、もしくは書証としての鑑定評価書により、そこに採用されている相当賃料算定方式と各種の資料に基づき、鑑定結果を当該賃貸借契約の経緯、諸事情により検討するという方法で、相当賃料額を決定している判例が多数を占めていることからもそのことがうかがえる。少なくとも、相当賃料の算定に関する判例理論の進展と不動産鑑定評価理論の発展とは無関係ではないように思われる。しかし、家賃に関しては、各方式の適用について各判例相互間に相当なバラツキが見受けられる。

⑵　各算定方式の特徴

㋐　積算方式

この方式は、土地・建物から生ずる純収益に建物を賃貸借するに必要な諸経費を加算して相当賃料を求めるものであるが、判例上、最初に積算方式が採用されたと思われるのが東京地判昭和27・1・18下民集3巻1号45頁であ

〔第1部・第11章〕第3節 相当賃料の算定

る。ここでは、まず純賃料を求める方式として、土地・建物価格に期待利回りを乗ずる方法によらず、土地・建物価格を20年の耐用年数で償却する点に特色がある。必要諸経費としては、修繕費、管理費、公租公課、損害保険料を認めており、当時としては画期的な判例であったように思われる。

　次いで、昭和38年に至りこの積算方式を採用した判例が一つ現われた。この判例は建物に対する収益（建物価格×適正利潤率6％）に地代額を加算するというものであるが、地代額は土地の時価に適正利潤率（3％）を乗じて求めるとされているから、結局、土地・建物に利潤率を乗じた額をもって相当賃料とするものである。この積算方式の特色は、公租公課および管理費は、これを借主の負担とする特約がない限り賃料算定にあたり考慮すべきでないとしていること、また適正利潤率とされているものは、いわゆる純賃料を求める場合の期待利回りではなく、支払賃料利回りらしいことである。その後、昭和40年代に入ると、土地・建物に対する適正利潤（土地・建物の基礎価格×期待利回り）に必要諸経費を加算するという原則的な形態に納まった。ただ、土地・建物の基礎価格としては、建物については時価によるものと借家権価格相当額を控除するものとがあり、土地については更地価格によるもの、底地価格によるもの、借地権価格によるもの、さらに借家権価格相当額を控除するもの等まちまちとなっている。期待利回りとしては、土地・建物とも同一利回りによるものと差を設けるものとがあり、また法定利率（5％または6％）を採用したと思われるもの、現実利回り（1％〜3％）によるものなどがある。必要諸経費としては、土地・建物の公租公課、建物の減価償却費、修繕費、管理費、損害保険料が認められている。

　(イ)　**スライド方式**

　この方式は、従前賃料（最終合意賃料）にその後の変動率を乗じて相当賃料を求めるものである。基準となる従前賃料は、支払賃料をそのまま用いるものと、必要諸経費を控除した純賃料部分を基準とするものとがある。また、変動率としては、従前賃料に地価変動率（市街地価格指数、路線価変動率等）を乗ずるもの、また、純家賃部分に建物価格変動率（建築費指数）、地代相当分に地価変動率を採用するもの、さらに消費者物価指数（総合、家賃指数）によるもの、一般の経済変動率によったとみられるものなどがある。

298

(ウ) 賃貸事例比較方式

家賃の賃貸事例は、土地の場合以上に個別性が強く（敷地や契約内容の差異のほか建物の状況により家賃はまちまちである）、比較することが極めて困難であるため、比準賃料のみによって相当賃料を決定する場合は例外である（他に適正な賃料が存しない場合など）。多くは、相当賃料が近隣の家賃水準と比較し、均衡を失していないか否かの衡量要素として採用されているようである。

(エ) 差額配分方式

この方式は、正常賃料と実際支払賃料との差額を適切に配分して得た額を、実際支払賃料に加算して相当賃料とするものである。不動産鑑定評価基準においてこの方式を採用して以来、鑑定結果もこの方式を採用するものが多く見受けられるようになった。

正常賃料としては、比準賃料または新規賃料とするものもあるが、基本的には積算賃料｛(土地価格×期待利回り＋建物価格×期待利回り)＋必要諸経費｝によっている。また、正常賃料と実際支払賃料との差額の配分は、3分の1を賃借人の負担とすべきとするものもあるが、2分の1とするものがほとんどである。ただし、その配分の根拠を述べるものは少ない。

(オ) 総合方式

この方式は、複数の方式に基づく各試算価格を比較勘案し、または鑑定において採用された各方式を資料あるいは当該賃貸借の経費等により検討を加え、適正な相当賃料を求めるもので、前記判例のうち、50％がこの方式によっている。もっとも、同じ総合方式といっても、昭和30年代以前は方式としては明確なものは採用せず、比隣の賃料水準や契約の内容、賃貸借の経緯、公租公課の増徴等諸般の事情を総合的に考慮するというものがほとんどであったが、昭和40年代以降は、総合方式によったもののうち多くが、積算方式、または差額配分法方式、もしくはスライド方式、賃貸事例比較方式のうち2ないし3の方式を採用しており、一般的には、客観的な適正賃料を求める方式として、積算方式または差額配分方式を採用し、これにより求められた試算賃料をスライド方式または賃貸事例比較方式による試算賃料によって調整するという傾向が見受けられる。

〔第1部・第11章〕第3節 相当賃料の算定

Ⅳ 相当賃料額の決定の際の留意事項

1 従前の賃料額

(1) 直近合意賃料

賃料増減請求は、従前賃料が経済事情の変動等により、または近傍の類似もしくは同種の土地、建物の賃料と比較して不相当となったときに認められるものである。したがって、基準となる賃料は増減請求がなされる直前まで支払われていた従前の支払賃料（以下、「従前賃料」という）ということになる。この従前賃料は、賃貸借当事者が現実に合意した賃料のうち直近のもの（以下、「直近合意賃料」という）をいい、賃料自動改定特約に基づいて改定された賃料は、その改定時に現実の合意がなされたのと同じ性質のものと評価されることはないから、この改定賃料を基準とすることは認められないとする最判平成20・2・29裁判集民227号383頁がある。その理由として賃料減額請求の当否および相当賃料額を判断するにあたっては、経済事情の変動等を考慮しなければならないところ、自動改定特約に基づく賃料は改定前の経済事情の変動等を考慮の対象外としているからであるとする。

しかし、賃料は、契約当初の賃料のみならず、継続賃料においても必ずしも経済的に適正な賃料である必要はなく、当事者が自由に定めることができるのが原則である。賃料改定特約についても、本来は、経済事情の変動等と関係のない基準によって当事者が自由に定めることができ、特約に基づき算定された賃料に当事者に異議がなければ、その特約も、また、特約に基づき算定された賃料も有効であって、裁判の対象とはならない。

(2) 賃料改定特約がある場合と賃料減額請求権の行使

他方、借地借家法11条・32条の賃料増減請求権の規定は強行法規と解されているから、賃料改定特約が定められていても、その改定基準の基礎とされていた事情が失われることにより、特約によって賃料額を定めることが借地借家法11条・32条の規定の趣旨に照らし不相当なものとなった場合には、賃料改定特約の適用を争う当事者はその特約に拘束されず、借地借家法11条・

300

Ⅳ　相当賃料額の決定の際の留意事項

32条に基づく増減請求権を行使することができるとする判例がある。この判[57]
例は、賃料改定特約を有効と解したうえで、当事者がその特約に拘束されず
に賃料増減請求権を行使することができる場合について判示したものであり、
特約に基づく賃料が経済事情の変動等を反映しない不相当な賃料となっても、
当事者が賃料増減請求権を行使しない限り、当該賃料は有効であることを当
然の前提としているものと解される。

　そうすると、自動改定特約に基づき賃料が増減額されたが、自動改定時点
において当事者に異議がない（増減請求権が行使されない）限り、改定賃料は
改定特約が合意で定められていることを根拠に、合意賃料というべきである。
改定時において、現実に合意されたか否かは借地借家法11条・32条の解釈と
しては加重な要件設定であろう（特約に基づく賃料に異議があれば、増減請求
権を行使することができるのである）。

(3)　基準とすべき従前賃料

　前掲最判平成20・2・29は、自動改定特約に基づく賃料はそれ以前の経済
事情の変動等が反映していないから相当賃料の判断の基準とはなし得ないと
するもののようであるが、増減請求があった場合の基準とすべき従前賃料は
相当賃料である必要はない。そもそも、相当賃料という概念は極めてあいま
いなものであって、当事者の合意が存するか、もしくは合意が推認しうる賃
料は、それが相当な賃料であろうがなかろうが、改定時の相当賃料の判断の
基準とすべきである。このように考えるのでなければ、当初賃料決定後、自
動改定特約に基づき数回にわたり2年～3年ごとに改定されている場合にお
いて、増減請求があった場合に、現実に合意された賃料は当初賃料（新規賃
料）のみであるとして、当初賃料を基準としてその後の経済事情の変動等を
考慮し相当賃料を求めるというのはいかにも適当でない。特約に基づき定め
られた賃料も、それに異議なく相当期間（2年～3年）を経過している場合
には、増減請求のあった場合の相当賃料算定の基準とすべき賃料は、直前の
特約に基づき改定された賃料で足り、当該特約に基づく賃料が前掲最判平成
20・2・29のいう「現実に合意された直近の賃料」決定後の経済事情の変動

57　前掲最判平成15・6・12。

301

〔第1部・第11章〕第3節　相当賃料の算定

等は、他の事情とともに総合的に斟酌すれば十分であるように思われる。

(4)　賃料改定が据え置かれた場合

なお、数回の賃料改定時（たとえば、賃料は3年ごとに見直す旨の特約が存する場合）において、当事者が協議のうえ、従前賃料を据え置いた場合（現実の賃料額の改定がない場合）には、改定時において経済事情の変動等を考慮した当事者の賃料額の合意が存するから、改定時の賃料額がそれ以前の賃料と同額であっても、その後の増減請求に係る相当賃料の基準とすべき賃料は、据え置かれた直近の賃料ということになる。

(5)　割り付け賃料の場合

賃貸借期間（たとえば、20年）中の賃料額を当初賃料額を低額に、その後数回にわたり順次増額することとし、その確定額が定められている場合の直近合意時点は当該特約が定められた当初の時点、直近合意賃料は増減額請求権が行使された直近の特約により定められた賃料と解すべきである。すなわち、直近合意時点と直近合意賃料は、必ずしも一致する必要はない。[58]

2　鑑定結果等

(1)　裁判鑑定

賃料増減請求のあった場合において、訴訟上、適正な（継続）賃料額についての鑑定が採用されることが多い。継続賃料の鑑定はそのほとんどが不動産鑑定士に下命され、鑑定人は誠実に（公正に）鑑定評価基準にのっとり鑑定評価を行うのであるが、採用する鑑定評価手法や資料等は極めて多様であり、また、鑑定結果もまちまちである。鑑定評価そのものが不動産鑑定士の主観的な価値判断であることからやむを得ないことであるが、裁判所がその鑑定結果が適正であるか否かを判断することは極めて困難である。

(2)　私的鑑定の存在

私的鑑定評価書が複数存する場合には、さらにその判断が困難となるが、一般的には裁判鑑定は公正であり、特段に不合理な点も見受けられないとして鑑定結果が採用されることも少なくないが、そこが問題なのである。その

58　東京高判平成27・9・9金法2050号62頁参照。

主たる理由は、継続賃料の鑑定評価についての理解が不動産鑑定士によりかなりの差があり、かつ、特異な見解を有する場合もあること、裁判所によっては鑑定人の選任に偏りが見受けられないでもないこと、鑑定結果に対する他の鑑定評価書や不動産鑑定士の意見が出された場合に、その適否を判断する素地が訴訟手続の中で十分には存在していないことなどがあげられよう。賃料の鑑定は、科学的に論証可能な他の鑑定と異なり、鑑定人の主観がかなり大きく作用することを認識する必要がある。

(3) 鑑定評価額と相当賃料との関係

しかして、不動産鑑定士による継続賃料の鑑定結果（評価）は、あくまで経済的に適正な賃料であって、直ちに相当賃料とはいえないことに留意すべきである。継続賃料の鑑定評価の過程においても、本来は裁判所が相当賃料決定の際に考慮すべき事項（特に、経済事情以外の諸事情）について判断されている場合があり、これらの事情が鑑定評価の中でどの程度斟酌されたかを明確にしたうえで、さらに相当賃料決定の判断事情として考慮すべきか否かを吟味する必要がある。

3 相当賃料決定時に斟酌すべき事情

(1) 判例による斟酌事情

借地借家法11条・32条に定められている土地、建物価格の高低、租税その他の公課の増減、その他の経済事情の変動、並びに近隣における地代、家賃の水準、推移等については、鑑定評価における適正賃料の決定および相当賃料の決定の際の斟酌すべき共通的要素であるが、相当賃料額（もしくは増減請求の当否）の決定にあたっては次のような事情も考慮すべきとするのが判例である。[59]

① 当初賃料決定の経緯
② 賃料自動増額特約等が付されるに至った事情
③ 当初賃料額と当時の近傍同種の賃料相場との関係
④ 賃借人の転貸事業の収支予測にかかわる事情

---

[59] ①～⑤は前掲最判平成15・10・21が、⑥は前掲最判平成15・10・23、⑦⑧は前掲最判平成16・11・8が掲げている。

〔第1部・第11章〕第3節　相当賃料の算定

⑤　賃貸人の敷金、融資を受けた建築資金の返済の予定にかかわる事情

⑥　一定期間の賃料保証等の合意

⑦　サブリース事業を行うために、あらかじめ賃料額およびその改定等についての協定の存在

⑧　自動増額特約に係る約定の存在

(2)　借地借家法上の考慮すべき事情との関係

しかし、以上の諸事情を相当賃料額の決定にあたり借地借家法上考慮すべき事情といえるか否か、また、当該事情の存否、内容によりどの程度賃料額の決定ないし増減請求の当否に影響を及ぼすかは不透明である。私見によれば、次のように考えるべきものと思われる。

㋐　当初賃料決定の経緯

①の当初賃料決定の経緯は、一般の建物賃貸借であれば、募集賃料に対して賃借人がどの程度の値引きを申し出たかなどの通常の賃貸交渉の枠を出ないから、賃料決定において何ら考慮する必要はないが、サブリース事業やオーダーメイドリース等においては、賃貸人の投下資本の額、資金調達の態様、賃料保証の有無・程度等種々の事情が存在し、これらの事情は当初賃料決定の基礎的、本質的事情であるから、当該事情が存続する限り、賃料改定においても十分に考慮されるべきである。

㋑　自動増額特約等が付されるに至った事情

②の自動増額特約等が付されるに至った事情は、種々の場合がありうるが、一般の建物賃貸借においてこのような特約が付されるのは稀である。賃貸借期間中、賃料が上昇し続けるような契約を結ぶ賃借人は一般的には存在しないからである。それにもかかわらず、賃料の自動増額特約を許容できるのは、賃借人にとってもそれなりの採算上の思惑や契約条件の有利性等の動機があり、また賃貸人側にとっても投下資本の回収（融資を受けた資金の返済や金利負担、預り保証金等の積立て）等の必要性があるからであり、当該特約が存するから賃貸借契約が存在しうる場合である。したがって、当該特約自体は契約の基礎をなす事情であって、他の経済変動等の諸事情より優位にその効力を認めるべきであり、安易に借地借家法32条の強行法規的性格を持ち出して否定的に解すべきではないように思われる。

304

㈦ 当初賃料額と当時の近傍同種の賃料相場との関係

③の当初賃料額と当時の近傍同種の賃料相場との関係は、類似の新規賃貸事例が存する場合に比較可能であるが、当初賃料が近隣相場より安かったり高かったりしても、当事者間に何らの特約がないにもかかわらず、そのことを理由に、以後の賃料改定の際にその分を修正する意味での賃料増減請求は認められない。借地借家法32条の賃料増減請求権は従前賃料を基準にして、同賃料決定後の経済事情の変動等が認められる場合に初めて行使できる権利であるからである。当初賃料が近隣相場より高かったり安かったりしてもそれは契約自由の原則の当然の結果であって、司法がこれに関与する余地はない。もっとも、当初賃料を決定するにあたり、賃貸人の当初投下資本の回収の必要性から近隣相場より賃料を高く設定し、長期間にわたり漸次賃料を減額する旨の特約を結んだり、賃借人の負担を軽減するための当初賃料を低額に設定し、相当期間が経過するまでの間に近隣相場の賃料に戻すべく、賃料自動増額特約を結んだ場合には、当該特約は十分尊重しなければならないことはいうまでもない。

㈢ 賃借人の転貸事業の収支予測にかかわる事情

④の賃借人の転貸事業の収支予測にかかわる事情は、一般的にはサブリース賃貸に特有の事情であるが、簡単にいえば、賃借人が転貸事業を行うことを前提とした賃貸借において、転貸借における収益が転貸賃料が下落したために賃貸借契約時に予測したよりも下回った場合に、この事情を賃貸借契約上の賃料減額請求の理由とすることができるかである。賃料決定にあたり、転貸賃料が基礎となっていた場合その他転貸賃料の変動を賃料改定の事由とする旨の合意がない限り、かかる事情は賃借人の経営判断上の問題であって、そのリスクは賃貸人に転嫁すべきではない。

㈣ 賃貸人の敷金、融資を受けた建築資金の返済の予定にかかわる事情

⑤の賃貸人の敷金、融資を受けた建築資金の返済の予定にかかわる事情は、建物賃貸借にあたり賃借人の希望する建物を建築し提供するため多額の資金を調達するため、賃借人から差し入れられる敷金、保証金をこれにあて、また、金融機関から長期返済の約束で借り入れる。賃貸人は建物の建築資金にあてた敷金や借入金およびその利息は賃借人からの賃料で賄うほかない。そ

〔第1部・第11章〕第4節　賃料改定に関する特約の効力

こで、サブリース賃貸やオーダーメイドリースにおいては、賃貸人と賃借人が合意のうえで、長期の賃貸借期間を設定し、その間に、賃貸人は賃貸借終了の際に賃借人に返還すべき敷金相当額を貯えるとともに、借入金および利息の返済を行うことになる。そのためには、賃借人から支払われる賃料は、賃貸人のこの要望を満たす必要があり（そうでなければ賃貸人は賃貸借契約に応じなかったことは明らかである）、そこで合意されたのが将来にわたって賃料を自動的に増額し、かつ、その賃料額の支払を保証するというものである。かかる合意は、当該賃貸借契約の本質的基礎となるものであり、他のいかなる事情が存在するとしても守られるべきであり、借地借家法32条がもつ強行法規的性格にも優るものというべきである。

㈍　一定期間の賃料保証等の合意

⑥の一定期間の賃料保証等の合意（⑦⑧において述べられている賃料自動増額特約等）は、上記⑤において述べた当該賃貸借契約の本質的かつ必然的合意であり、その効力は最大限尊重されるべきものである。

第4節　賃料改定に関する特約の効力

I　賃料改定に関する特約の種類

賃料改定に関する特約については種々のものがあるが、大別すると、①賃料増減請求権の行使に関する特約、②具体的な改定賃料額算定の方法に関する特約、③①②のいずれにもあたらない特約に区分できる。

①の類型にあたるものとしては、㋐賃料の増額請求はしない旨の特約、㋑賃料の減額請求はしない旨の特約、㋒賃料増減請求権を行使するには、あらかじめ当事者が協議する必要がある旨の特約などがある。②の類型にあたるものとしては、㋐賃貸借期間中の賃料をあらかじめ一定の期間ごとに定額（定率）で改定する旨の特約（賃料自動改定特約）、㋑一定の期間経過ごとに一定の経済変動指数（たとえば、消費者物価指数など）の変動に応じて改定額を

定める旨の特約、⑦一定の期間経過ごとに公租公課の一定倍率により改定額を定める旨の特約、⑪営業収益の一定割合をもって賃料（またはその一部）とする旨の特約などがある。③の類型にあたるものとして、⑦固定賃料の特約、⑦階梯賃料特約、および⑰最低賃料保証特約などがある。

II　賃料改定に関する特約の効力

1　賃料増減請求権の行使に関する特約

①の類型のうち、⑦の賃料不増額特約は、一定の期間については有効とされている（借地借家11条1項・32条1項）。一定期間とは、一般的には5年程度と考えられるが、当該賃貸借契約の経緯、内容等により、もう少し長期の10年程度は有効と解することができよう。もっとも、この期間中であっても、著しい経済変動等により不増額賃料によることが当事者間の公平に悖るものとなったときは、その賃料の改定を希望する当事者（賃貸人）は、賃料増額請求権を行使することができるものと考えられる。また、期間の定めのない不増額特約については、相当の期間経過後は、増額請求できるものと解すべきであろう。

⑦の賃料不減額特約については、当該特約があっても賃料減額請求権を行使できるものとするのが判例[60]、通説[61]である。もっとも、相当賃料の算定にあたり不減額特約の存在も他の諸事情とともに十分考慮されるべきである。

⑰の事前協議特約については、かかる「約定は、賃貸借当事者間の信義に基づき、できる限り訴訟によらずに当事者双方の意向を反映した結論に達することを目的としたにとどまり、当事者間に協議が成立しない限り賃料の増減を許さないとする趣旨のものではないと解するのが相当」であり、当事者が「賃料増減の意思表示が予め協議を経ることなく行われても、……また、当事者相互の事情によって協議が進まない場合……でも当事者は協議を尽くすべき義務を負い、これに違反すると先にした増減請求の意思表示が無効と

60　前掲大判昭和13・11・1、前掲最判平成16・6・29。

61　星野・前掲書（注13）249頁。

〔第 1 部・第11章〕第 4 節　賃料改定に関する特約の効力

なると解すべきものではない」とした判例があり[62]、相当である。

2　具体的な改定賃料額算定方法に関する特約

(1)　賃料自動増額特約

　次に、②の類型のうち、㋐のいわゆる賃料自動改定特約には種々のものが
あるが、最も一般的なものは、一定の年数経過ごとに一定の割合の賃料を増
額するというもので、当事者の意思表示なく、当然に定められた賃料額に改
定されるというものである（賃料自動増額特約）。賃料自動増額特約について
は、一般的には、それだけでは直ちに賃借人に不利なものとして無効となる
のではなく、借地借家法11条 1 項または32条 1 項の趣旨に反する場合、ある
いはその特約により求められた額が経済的事情の変更の程度と著しくかけ離
れた不合理なものであるときに無効となると解されてきた[63]。また、地代等自
動改定特約が存する場合において、「その地代等改定基準を定めるに当たっ
て基礎となっていた事情が失われることにより、同特約によって地代等の額
を定めることが借地借家法11条 1 項の規定の趣旨に照らして不相当なものと
なった場合には、同特約の適用を争う当事者は、同特約に拘束されず、……
同項に基づく地代等増減請求権の行使を同特約によって妨げられるものでは
ない」とする判例も現れた[64]。このような判例の傾向からいえば、賃料自動改
定特約の効力は、その効力を結んだ当時の改定基準を定めるにあたって基礎
とされていた事情が失われていない限りにおいて、当該特約の効力が認めら
れるかのようである。しかし、改定基準を定めるにあたって基礎とされてい
た事情には幾多のものがあり、賃貸借契約の経緯、態様（サブリースである
か、オーダーメイドリースであるか、もしくはその他の主観的事情）のほか、当
時の経済的事情と将来予測などが考えられるが、前者に変動があれば当該特
約の効力は見直されるべきであろうが、後者の経済的事情の変動については、
10年程度の期間における特約の見直しは認めるべきではないものと思われる。
当該特約が定められるに至った事情、経緯等諸般の事情を考慮して、当該特

62　前掲最判昭和56・ 4 ・20。
63　前掲最判昭和44・ 9 ・25。
64　前掲最判平成15・ 6 ・12。

約の効力の是非について判断すべきであろう。

(2) 一定の経済指数の変動に応じて改定する特約

④の一定の経済指数の変動に応じて改定賃料額を定める旨の特約は、改定賃料額は賃料算定方式のうちスライド方式による旨およびその変動率を特定する旨の合意と考えられるが、適正賃料はスライド方式によってのみ算出されるべきものではないという観点からいえば、この特約に基づき算定された賃料額に異議のある当事者は、別途、賃料増減請求権を行使できると解することになる。

(3) 公租公課倍率法

⑨のいわゆる公租公課倍率法は、当該土地の実際に課税されている固定資産税および都市計画税の額の一定の倍率をもって改定賃料額とするものであるが、実際に課税される固定資産税は税務上の種々の特例措置（たとえば、小規模画地、土地の利用状況・建物の用途による修正等）によりかなりの開差があること、並びに公租公課の一定倍率が適正賃料であることの論証は全くなく、さらに、一定の地域において実際に支払われている賃料水準が公租公課の一定の倍率である慣行はほとんど認められないことなどから、改定賃料は公租公課の一定倍率とする旨の特約は合理性なく、これによることに異議のある当事者は、賃料増減請求権を行使できるものと解すべきである。

3 その他の特約

(1) 固定賃料

③の類型のうち、⑦の固定賃料の定めは、賃貸借の全部またはその一部の期間中、賃料額を固定するもので、賃貸借期間中の全賃料を期間配分するものであり、基本的には有効と解すべきであろう。ただし、経済事情の変動等により、固定賃料を定めるにあたり基礎となった事情が変動し、これを強制することが当事者にとって著しく不相当、不公平となった場合には、将来に向かって、信義則上賃料増減請求権を行使できるものと解すべきであろう。

(2) 階梯賃料

④の階梯賃料の定めは、一定期間、段階的に賃料を増額し、または減額していくものであるが、これも基本的に有効と考えてよい。ただし、基礎とな

309

〔第1部・第11章〕第4節　賃料改定に関する特約の効力

った事情の変動により、これによることが著しく不相当、不公平になった場合は、㋐と同様、賃料増減請求権を行使できるものと考えられる。

(3)　最低賃料保証特約

㋒の最低賃料保証特約は、賃貸借の当初において、賃貸人が過大の負担をし、これを解消するには長期間にわたって賃料収入により補填する必要がある場合等において、賃借人もこれを了解して当初賃料を定めるとともに、以後の賃料についても賃料の最低額を保証するというものである。賃料不減額特約の一種とも考えられるが、賃料保証は単なる賃料不減額とは異なり、当事者間の賃貸借契約が存続すべきことを賃借人が保証し、かつ、将来発生するかもしれない賃貸人のリスク（賃料減額のおそれ）を賃借人が負担することを約束をしたものであって、そのように解することが賃貸借全体として合理的と思われる場合になされるものであり、その効力は認められるべきであろう。このような観点からは、最低賃料保証特約が当該賃貸借契約上、必然的かつ合理的と考えられる場合には、賃借人は賃料減額請求権を行使することができないと解すべきである。

(4)　相当の地代および相当の地代の改訂に関する特約が定められている場合

借地権を設定するにあたり、権利金を収受する慣行があるにもかかわらず、権利金を収受しないで権利金の認定課税を避けるため、相当の地代および相当の地代の改訂について合意し、その旨の賃貸借契約上の特約として定めた場合の効力については、相当の地代（更地価格に年6％を乗じた額）の定めは、当初地代についての契約自由の原則により問題ないが、相当の地代の改訂に関する合意については当該特約が認められない場合がある。

すなわち、これらの特約（相当地代方式）の定めのある賃貸借であっても、借地借家法の適用があるから、地代の改訂にあたっても借地借家法11条の適用が認められる。借地借家法11条による地代等増減請求については、当然、借地借家法11条に関する解釈、判例理論が適用され処理されることになり、借地借家法11条の規定は強行規定と解されることから、これに反する特約は、仮にその根拠が税務上の通達にあるとしても、無効と認めざるを得ない。

たとえば、相当の地代の改訂方式として、地代は、3年ごとに改訂すると

310

して、前面路線価価格に 6 ％を乗じた額をもって改定額とする旨定めた場合において、仮に 3 回目の改訂時において、正面路線価価格が当初の 3 分の 1 に下落した場合には、改定賃料額も当初賃料の 3 分の 1 となる理である。しかし借地借家法11条の適正賃料は、地価の変動のみによって地代の増減を許容しているわけでなく、直近合意時点から改訂時点までの経済事情の変動およびその他の諸般の事情を考慮して定まるものであって、当該、相当の地代の改訂特約は極めて不合理な特約となると判断されるケースもありうる。具体的事案に応じて適切に判断するほかない。

(澤野順彦)

〔第1部・第12章〕正当事由と立退料

第12章
正当事由と立退料

はじめに

平成3年に制定された借地借家法は、平成4年8月1日から施行され、30年が経過した。従来、借地借家法における正当事由に関しては、個々の事案の特質に強く影響されるので、裁判所による判断の予測可能性が乏しいといわれ、判決例の分析によって裁判所の判断基準を明確にする試みがなされてきた。

しかし、平成以降の裁判例を検討すると、正当事由に関する借地借家法6条・28条の規範内容が裁判例に定着し、裁判所の判断の予見可能性が高まったことがわかる。裁判例は、借地借家法制定の際、明確にされた、「主たる要素」、「従たる要素」、「補完事由」という基本的枠組みに沿って判断している。たとえば、建物の耐震性能の不十分さを理由として更新拒絶の正当事由を主張する事例では[1]、裁判所は、主たる要素である建物使用の必要性、従たる要素である従前の経緯、建物の利用状況、建物の現況について逐一検討し、さらに、補完事由である立退料について、正当事由を基礎づける事由はおよそ認められないのであるから、立退料の申出によってもなお正当事由は認められないと結論づける。

また、別の裁判例では[2]、建物の賃貸人による更新拒絶の通知は、①建物の賃貸人および賃借人が建物の使用を必要とする事情のほか、②建物の賃貸借に関する従前の経過、建物の利用状況および建物の現況並びに、③建物の賃貸人が建物の明渡しの条件としてまたは建物の明渡しと引換えに建物の賃借

1　東京地判平成25・2・25判時2201号73頁。
2　東京地判平成25・12・24判時2216号76頁。

312

人に対して財産上の給付をする旨の申出をした場合におけるその申出を考慮して正当の事由があると認められる場合でなければすることができない。そして、この正当事由の有無の判断にあたっては、前記①を主たる要素とし、前記②および③は従たる要素として考慮すべきであり、前記③については、それ自体が正当事由を基礎づける事実となるものではなく、他の正当事由を基礎づける事実が存在することを前提に、当事者間の利害の調整機能を果たすものとして、正当事由を補完するにすぎないものと解するのが相当であるという一般論を述べ、この判断枠組みを前提として、各事情について検討する。

　平成以降の判決例を検討すると、以下の3点を確認できる。第1に、借地借家法の規範内容が裁判実務に定着し、裁判例は法文の枠組みをあてはめることによって結論を導き出しており、裁判所による判断の予見可能性が高まった。第2に、制定当時すでに問題は存在していたが、それに対する判断基準が明確ではなかった事案（その典型は再開発の必要性と正当事由判断である）について、裁判所は徐々に判断基準を明確にしてきた。第3に、建物の耐震性能と正当事由、サブリース契約と正当事由のように、制定当時にはほとんど想定されていなかった事案に関して、裁判所は、裁判例の蓄積により、具体的な規範を創造している。本章はこれら3点を平成以降の判例分析によって明らかにする。

　正当事由に関する判決は、当事者の使用の必要性のみならず、それ以外の諸事情の総合的な比較によって、結論を導くゆえに、複数の正当事由判断要素に該当するのが通例である。それゆえ、正当事由判断要素についての分析表を作成して、1つの判決についてどのような要素がどの程度の比重で考慮されたのかを示すという判例研究の方法もある。しかし、本章では、百科事典的・網羅的な裁判例の紹介ではなく、判決を導く際に、重要と評価されたと思われる判断要素について焦点を当てる。

　本書の初版では、借地23件、借家59件[3]の裁判例を概観し、その特徴を検討した。第2版である本書では、初版で検討した裁判例を補充し、また、初版

3　塩崎勤ほか編『専門訴訟講座(5)不動産関係訴訟』（民事法研究会、2010年）。

313

〔第1部・第12章〕正当事由と立退料

刊行後の裁判例を加えた。初版刊行時と比べると、データベースとしてデジタル的に公開されている裁判例の数は飛躍的に増加している。

　それらを概観すると、裁判所による判断・結論が微妙であり、異なる判断もありうると思われる裁判例は少ない。判決例の紹介が紙ベースで行われていた時代では、それまでとは異なる新たな判断を示す判決、判断内容が微妙と思われる判決が紹介され、条文の単純なあてはめにより結論が導かれる判決は紹介されていなかった。しかし、デジタルベースに掲載された裁判例の多くは、新たな規範創造に関するものではなく、借地借家法およびこれまでの裁判例のあてはめという性質のものが多い。本章では、それら判決例を網羅的に紹介・検討することはせずに、筆者の観点からして興味ある判決例に焦点を絞って論じることにする。なお、平成期の裁判例を通じてみた正当事由と立退料に関する今日的な問題点の分析に関して、参考となる研究がある。[5]

4　借地借家に関する契約実務慣行・裁判例の網羅的な紹介・分析としては、渡辺晋『建物賃貸借〔改訂3版〕』（大成出版社、2022年）、渡辺晋＝山本幸太郎『土地賃貸借〔改訂版〕』（大成出版社、2022年）がある。

5　七戸克彦「正当事由と立退料の今日的課題」澤野順彦編『不動産法論点大系』（民事法研究会、2018年）308頁以下。

> Ⅰ　借地関係における借地借家法の規範内容の具体化

第1節　裁判所による借地借家法の規範内容の具体化

Ⅰ　借地関係における借地借家法の規範内容の具体化

1　主たる事由としての「借地権設定者及び借地権者が土地の使用を必要とする事情」

(1)　借地権設定者の土地使用の必要性

(ア)　土地使用の必要性が高いとされ、正当事由が肯定された事例

借地権設定者の自己使用の必要性が高い場合には、正当事由が肯定される。後記①の判決はその典型例である。

① 　東京地判平成30・3・30LEX/DB25553129

　　地域の基幹病院というべき本件病院において、身体障害者が利用しやすい専用駐車場を設ける必要があり、本件土地はそれを開設するには立地・距離などの面でこのうえなく適しているから、借地権設定者による本件土地の自己使用の必要性は高いとして、裁判所は、200万円の立退料支払いと引換えに、正当事由を肯定した。

② 　東京地判平成7・2・24判タ902号101頁

　　東京都浅草橋での明治年間から続く借地関係につき、関東大震災後に建築した建物で印刷業を営んでいる借地権者に対して、借地権設定者である新聞販売店経営者が従業員の寄宿舎を建築するため、建物収去土地明渡しを求めた。裁判所は、自己使用の必要性は借地権者の必要性に優るとはいえないが、借地権者には近隣に転居することの経営上、生活上の不利は少ないとし、近隣の適当な代替物件を取得するために必要な資金（6450万円）の支払と引換えに正当事由を肯定した。

借地権設定者に土地使用の切実な必要性、高い必要性はないが、相応の必

315

〔第 1 部・第12章〕第 1 節　裁判所による借地借家法の規範内容の具体化

要性がある場合には、借地権者の自己使用の必要性、近隣に転居することの
不利益、建物の老朽化の程度等と比較のうえ、立退料支払により正当事由を
肯定する事例である。

(イ)　土地使用の必要性が低いとされ、正当事由が否定された事例

　借地権設定者の土地使用の必要性が低い場合には正当事由は否定される。
以下の①～⑧の判決は、借地権設定者に立退料を支払う意思がない事例であ
る。

①　東京地判平成23・2・1（2011WLJPCA02018003）

　　借地権設定者には、本件土地を含まずに 8 階建ての共同住宅を建築す
る計画が15年前からあった。本件土地を含む土地利用計画を立て、正当
事由を主張した。裁判所は、本件土地を含まない土地利用が十分可能で
あり、本件土地を利用する必要性が高いとはいえないとして、正当事由
を否定した。

②　東京地判平成24・8・1 LEX/DB25496020

　　借地権設定者には家族 4 名が生活するのに支障のない住宅がある。将
来の介護の必要性、子女が結婚した際に家族が増える可能性を更新拒絶
の正当事由として主張した。裁判所は、土地使用の必要性は低いとして、
正当事由を否定した。

③　東京地判平成25・1・25LEX/DB25510446

　　相続により借地権設定者となった者には、定年退職を控えているので
本件土地上に住居を確保したいという必要性がある。しかし、賃貸土地
の一部はすでに返却されたにもかかわらず、モデルハウス用敷地として
賃貸しており、本件土地使用の必要性が高いとはいえないとされ、裁判
所は、正当事由を否定した。

④　東京地判平成26・2・28LEX/DB25517907

　　昭和26年10月から賃貸借契約が設定されている土地につき、自身が 7
分の 2 の持分を有する 7 階建てのビルに居住している高齢の借地権設定
者は、居住部分の居住環境は劣悪であり、本件土地上で孫夫婦と同居す
ると主張した。裁判所は、何ら具体性がなく、原告居住部分につき今後
も無償で居住することが可能であり、ひとり暮らしが困難な状況であれ

316

ば家族と同居することが可能であるとして、正当事由を否定した。

⑤　東京地判平成26・5・27LEX/DB25519806

　　借地権者は昭和26年に本件土地を賃借し、創業以来60年以上、本件建物において調理道具などの販売店舗を営んできた。宗教法人である借地権設定者は、本件土地に隣接する墓地の参詣者のため、本件土地を利用してスロープを設置する必要があると主張した。裁判所は、階段を削ってスロープにできるし、休憩所設置の必要性があるというがすでに寺務所に設置されており、本件土地の使用の必要性は高いとはいえないとして、正当事由を否定した。

⑥　東京地判平成28・1・22LEX/DB25533348

　　東京都荒川区所在の宅地1087㎡のうち167㎡に借地権が設定され、借地権者は同地上の建物にその家族とともに居住している。借地権設定者は隣地に居住しており、本件土地の有効利用、本件土地に仕事場を移転する計画があるとして、契約の更新に異議を述べた。裁判所は、本件土地全体を有効利用するための差し迫った必要があるとはいえず、仕事場を移設するのはその所有する土地の他の部分でも可能であり、借地権者の立退きは不可欠ではないとして正当事由を否定した。

⑦　東京地判平成29・11・30(2017WLJPCA11308035)

　　借地権設定者の地位を承継した者（本件土地の隣地900㎡を所有し、その一部に自宅を建設し、その余の土地を駐車場としている）は、夫と子どもの3人で40㎡のアパートに居住している娘に本件土地を贈与し、現借地権設定者である娘は本件土地上に自宅建物を建築すると主張した。裁判所は、本件土地上に自宅を構えなければ原告の生活に支障が生じることをうかがわせる事情は認められず、その必要性は高度ではないとして正当事由を否定した。

⑧　東京地判平成30・3・9LEX/DB25552647

　　東京都北区所在の本件土地を、戦後まもなく賃借し、地上建物を所有している高齢の借地権者に対して、叔母から本件土地を相続した借地権設定者は、不動産業者を通じて、更新料220万円の支払を受けることにより契約の改定を図ろうとしたが、不動産業者から更新料が高すぎると

〔第1部・第12章〕第1節　裁判所による借地借家法の規範内容の具体化

　拒絶されたことから、明渡請求をした。裁判所は、具体的な建築計画などはなく、切迫しているとは認められないとして正当事由を否定した。
　以下の⑨～⑪判決は、借地権設定者の土地使用の必要性が低く、立退料の提供によっても、正当事由が認められなかった事例である。
⑨　東京地判平成20・6・11(2008WLJPCA06118001)
　戦後初期に借地権が設定された東京都世田谷区の住宅地上の建物に永年居住している借地権者に対して、隣地に居住し多くの不動産を所有する高齢の借地権設定者は相続税対策のために資産活用をしたいと主張した。裁判所は、自己使用の必要性はほとんどなく、申し出ている3000万円の立退料によっては、借地権者が本件建物と同等の建物を取得し、環境を変えずに生活の根拠地を確保することはできないとして正当事由を否定した。
⑩　東京地判平成26・12・16LEX/DB25523108
　借地権設定者は静岡県御前崎で開業している医師である。本件土地は東京都杉並区にあり、昭和43年1月より借地権が設定されている。原告は、本件土地を含む土地に戻り、共同住宅を建築し、子女とともに居住し、一部を賃貸し、効率的に土地を利用したいとの希望がある。裁判所は、本件土地以外の他の部分はすでに更地になっているが、適正な財産上の給付の申出をしていることを考慮したとしても、直ちに本件土地を使用しなければならない強い必要性はないとして正当事由を否定した。
⑪　東京地判平成29・6・15LEX/DB25555247
　東京都品川区所在の本件土地につき、昭和31年から借地権が設定され、陶器店を営む借地権者は本件土地上の建物1階を倉庫とし、2階を賃貸アパートとしている。昭和59年に借地権設定者の母は本件土地上にアパートを建設した。借地権設定者は本件土地上の母親所有のアパートの通路とするため、本件土地の明渡しを請求し、立退料1000万円の提供を申し出た。裁判所は、アパート建築当時から復員4mの通路を設けることなく、その後も、自宅の新築等の機会にもこれを行わなかった。借地上建物を消去して通路を開設する必要性はないとして正当事由を否定した。

(2) 借地権者の土地使用の必要性

(ア) 借地権者の使用の必要性が高く、正当事由が否定された事例

借地権者の土地使用の必要性が高い場合には、立退料の提供があっても正当事由は否定される。以下はその典型例である。

① 東京地判平成2・4・25判時1367号62頁

江戸時代にさかのぼる銀座所在の土地の賃貸借契約（土地評価額97億円、借地権価格85億円程度）。借地権者は1階で店舗を営み2階に居住、高層ビルを建築して有効利用を図ることを希望しその実現も可能であるが、賃貸人が承諾を与えず借地権の更新を拒絶した。裁判所は、借地権者に具体的な土地有効利用計画があり、30億円の立退料も正当事由を満たさないとした。

② 東京地判平成26・11・28LEX/DB25522958

昭和25年頃に本件土地に借地権が設定され、高齢の借地権者は、数十年にわたり本件借地上の建物に居住しており、転居し、他の物件を賃借することは容易ではない。相続により借地権設定者の地位を承継した原告には、本件土地と隣地を駐車場事業に供するなどして現金収入の増加を図るという土地使用の必要性はあるが、裁判所は、正当事由を否定した。

③ 東京地判平成27・9・14LEX/DB25531412

東京都品川区所在の居住用建物の敷地賃貸借につき、相続税の延滞解消のため本件土地を含めた一帯の土地に賃貸アパートを建築して賃貸事業をするとの借地権設定者の計画に現実性はない。本件建物には借地権者の家族が居住しており、その生活は本件建物から近い品川に勤務する借地権者の収入に頼っており、本件土地を利用して本件建物に居住し続ける必要性があるとして、正当事由は否定された。

(イ) 借地権者の土地使用の必要性が乏しく、正当事由が肯定された事例

借地権者の利用の必要性が乏しい場合には正当事由は肯定されやすい。

以下の事例は、借地権設定後、長期間経過し、借地権者側の利用状況が変化し、使用の必要性が乏しくなった事例である。

① 東京地判平成13・5・30判タ1101号170頁

賃貸土地が更地のままであり、賃貸借契約満了時に賃借土地上に建物

〔第1部・第12章〕第1節　裁判所による借地借家法の規範内容の具体化

が存在しないことについて賃貸人に責めに帰せられるべき事由がない事
例につき、裁判所は、立退料の支払がなくても、正当事由を肯定した。

② 東京地判平成17・4・19判例集未登載

宗教法人である借地権設定者は、本件土地（30㎡）を含む境内地
（1533㎡）に檀信徒会館を建設する必要がある。借地権者は、自己が経
営する中華料理店の近所に競業業者が進出するのを未然に防ぐために借
地をし、本件土地上の飲食店舗兼住居を地代の10倍の賃料（月賃料11万
円）で賃貸している。裁判所は、440万円の立退料の支払と引換えに正
当事由を肯定した。

③ 東京地判平成7・9・26判タ914号177頁

土地の返還を受けて共同賃貸住宅を建てたいという借地権設定者の意
図は必要性として必ずしも十分ではないが、借地権者は他所に居住し、
借地上建物を賃貸しており、本件賃貸借契約の経過、本件賃貸借契約を
めぐる従前からの紛争の経緯、その紛争における借地権者の責任から、
裁判所は、3000万円の立退料の支払により正当事由を肯定した。

④ 東京高判平成11・12・2判タ1035号250頁

東京都港区の海岸沿いの土地賃貸借につき、借地権設定者は釣船や屋
形船を出す船宿を経営し、本件土地の隣接地上建物に居住している。公
認会計士である借地権者は借地上建物を計算センターとして利用してい
るが、築後45年経過し、老朽化しており、使用の必要性は他の場所でも
満たされるとして、裁判所は、借地権価格によらない立退料（1000万
円）の支払により正当事由を肯定した。

借地権者が長期間利用していることが正当事由肯定の事情とされ、立
退料算定において50年を経過した借地権の借地権価格を考慮しなかった。

⑤ 東京地判平成28・2・25LEX/DB25533795

昭和20年3月に本件土地に借地権が設定され、土地上に2棟の建物が
存在している。賃貸人・賃借人共に相続によりその地位を承継しており、
2名の賃借人は共に別の土地建物を所有している。1名はこれまで居住
したことはなく倉庫として利用し、他の1名は第三者に賃貸していた。
現在の借地権設定者には家族状況や家計の状況から早い段階から本件土

地上に住居を建築して利用したいとの希望があるとして、裁判所は、正当事由を肯定した。

(3) 長期間継続した借地権の解消

　借地権設定者および借地権者が土地の使用を必要とする事情に関する前記(1)・(2)の判決例は、正当事由をめぐる市民間の紛争であり、両者の使用の必要性の強弱で判断するという原則に従っており、裁判所の判断基準は定着している。

　これら事例の多くは、戦後まもなくから継続している借地関係の解消に関する。戦後初期に木造住宅を建築するために借地権を設定した場合、借地権設定者は当時の木造住宅の存続期間は長いものではなく、土地を遊ばせておくよりは収入を得るために賃貸するのが都合よく、20年の期間が経過すれば返却されると考えていたであろう。借地権者は、住居を得ることが重要であり、建物を建て居住を始めたが、生活を継続する中で地域に定着し、家族には友人ができ近隣関係が緊密になり、居住の継続を強く望むようになる。

　当初は当事者間には信頼関係があっただろうが、時の経過に従い、当事者の意識は賃貸借の目的は達成したのであるから返還を求めたい、継続的な人間的結びつきができたので継続を希望したいと分裂・衝突する。さらに、土地価格は戦後初期とは比べものにならないほど上昇し、他方、借地権価格が形成され、住宅地でも7割程度になる場合もあり、20年に一度の借地権の解消・更新の機会には、両者の利益は鋭く対立する。正当事由訴訟は稀に訪れる機会に際して、賃貸借の目的、当事者間の意識、継続した生活関係の評価、所有者および借地権者に帰属している財産的価値の配分等をめぐる全人格的な紛争となる。借地権が長期間継続したことは、事案に応じて、長期間の継続により賃貸借の目的を達成したとして、正当事由肯定に働く判決と[6]、長期間の継続により生活の本拠となり、高齢の賃借人は継続を希望するとして否定に働く判決とに分かれる[7]。

6　東京地判昭和62・3・23判時1260号24頁、横浜地判昭和63・4・21判時1293号148頁、前掲東京高判平成11・12・2。

7　前掲東京地判平成26・11・28、後掲東京地判平成29・10・18。

〔第1部・第12章〕第1節　裁判所による借地借家法の規範内容の具体化

2　従たる事由としての「借地に関する従前の経過及び土地の利用状況」

(1)　借地に関する従前の経過

借地に関する従前の経過とは、借地契約成立後から存続期間が満了した時点までの間で当事者間に生じた事情をいう。借地契約成立当時の事情、権利金支払の有無、地代額の多寡、滞納状況、信頼関係破壊の有無等が含まれる。

(ア)　借地権設定者が新地主である事例

借地権設定者が新地主である場合、とりわけ土地転がしを目的とする不動産業者である場合には正当事由は否定されがちである。

①　東京高判平成4・6・24判タ807号239頁

　　銀座スズラン通り所在の土地（更地価格5億5400万円）につき、リゾートマンション開発などの事業を営む会社が本社ビルを建築するとして、40年余り本件土地上の木造建物を営業および居住の場として使用し、それにより生計を維持しており、今後も継続する意向がある借地権者に明け渡しを求めた事例につき、裁判所は、借地権の設定および本件建物の存在を知りつつ購入した新地主の利用計画が確たるものではなく、借地権者の利用継続性が高いとして、4億5000万円の立退料によっても正当事由はないとした。

②　最判平成6・6・7裁判集民172号633頁

　　借地権の存在を前提に港区麻布十番所在の本件土地を更地価格の2割程度の安価で買い受け、更地にして転売する目的で更新を拒絶した事例につき、裁判所は、正当事由を否定した。

③　東京地判平成8・7・29判タ941号203頁

　　バブル経済期に港区麹町所在の本件土地を取得した大手消費者金融業者が、本件土地上の建物を第三者に賃貸して賃料を取得している借地権者に対して、土地の有効利用を図るとして明渡しを求めた事例につき、裁判所は、借地権者は建物賃借人らと共同して再開発を意図していたが、バブル経済崩壊で困難となったので、借地権設定者との共同開発を意図した。土地転がしの対象として本件土地を取得した借地権設定者は、借

地権者等の再開発計画を頑固に拒絶し妨害していたとして、立退料3億円の提供でも正当事由はないとされた。

前記①～③の判決はバブル経済期に土地転がしを目的として取得した借地権設定者が再開発計画があるとして、借地契約の更新を拒絶した事例である。借地権取得に関するこのような事情は借地に関する従前の経過に該当する。

(イ) 代襲相続により借地権設定者の地位を承継した事例

○ 東京地判平成29・10・18LEX/DB25539667

原告らの母方の祖父と被告の夫が昭和30年代終わりに、本件土地に借地権を設定し、被告は本件土地上の建物に居住していた。原告らの祖父の死亡後、その妻およびその長男への相続を順次経たが、同長男が子なくして死亡し、その時点では原告らの母が死亡していたことから、原告らは本件土地および隣地のアパートを代襲相続により各自2分の1の持ち分で取得した。原告らは、それぞれが自身または父親に所有権原のある自宅に居住しており、本件土地上に自宅兼賃貸用共同住宅を建設しなければならない具体的な必要性があると認められないとして正当事由を否定した。

代襲相続によって借地権設定者の地位を承継した者からの更新拒絶に正当事由がないとした事例につき、裁判所は、被告の自己使用の必要性を強調して正当事由がないと判断するが、代襲相続という偶発的な理由により土地を取得した原告らの行為、とりわけ本件訴訟を主導した原告らの父の行為に対する否定的な評価を読み取ることができる。

(2) 土地の利用状況

土地の利用状況には、借地上の建物の有無、建物の種類・構造・面積、借地権者による建物利用状況等が含まれる。これら事情は正当事由判断の決定的な要因というよりは総合的判断の一要素として考慮される。

(ア) 借地権者が土地を利用していない場合

賃貸土地が更地のままであり、賃貸借契約満了時に賃借土地上に建物が存在しないことについて賃貸人に責めに帰せられるべき事由がなければ正当事由は肯定される。[8]

〔第1部・第12章〕第1節　裁判所による借地借家法の規範内容の具体化

(イ)　借地権者が建物を利用せず、建物賃借人が存在する事例

　借地権者は建物を利用せず、建物賃借人が存在する場合、借地の正当事由判断において借地上建物賃借人の事情を考慮できるかにつき、裁判所は、特段の事情のない場合には借地人側の事情として建物賃借人の事情を参酌することは許されないとする[9]。

　正当事由判断は、土地所有者側の事情と借地人側の事情を比較衡量して決すべきであり、この判断に際し、借地人側の事情として借地上にある建物賃借人の事情をも斟酌することが許されることがあるのは、借地契約が当初から建物賃借人の存在を容認したものである場合（たとえば、アパートを建設し、賃貸することを目的とする借地契約）、または実質上建物賃借人を借地人と同一視することができるなどの特段の事情の存する場合（借地権者が自己の経営する企業に建物を賃貸する場合）である。

(ウ)　建物賃借人の存在を考慮しない事例

　建物賃借人の存在を考慮せず、正当事由を肯定した事例がある。

○　東京地判平成27・1・27LEX/DB25524427

　　東京都中央区所在の本件土地に賃貸借契約が結ばれ、本件建物の1階は公衆浴場、2階は共同住宅として利用されてきた。借地権者は公衆浴場建物を所有している。借地権者の叔父が公衆浴場を経営してきたが、高齢となったため、会社組織とし、借地権者と会社との間で建物賃貸借契約が結ばれた。借地契約の更新拒絶につき裁判所は、借地人側の事情として借地上建物賃借人の事情を参酌することできないとし、借地人は土地建物を自ら使用せず、賃料収入を得ているのみで、借地権設定から40年以上が経過しており投下資本を回収する十分な期間が経過している。被告の本件土地を使用する必要性は客観的にみて高いとはいえない。被告が本件建物から得ている賃料収入は生活に必要不可欠であるとしても、さらに20年もの長期保護すべき必要性があるとはいえない。原告はその

8　前掲東京地判平成13・5・30。

9　最判昭和58・1・20民集37巻1号1頁（建物買取請求権が行使されていない事例）、最判昭和56・6・16裁判集民133号47頁・東京地判平成3・6・20判時1413号69頁（建物買取請求権が行使されている事例）等参照。

324

経営する木材会社の事務所および倉庫を移転する用地として本件土地を使用する必要性がある。原告の申し出た5000万円の立退料は更新拒絶の正当事由を補完するに十分とした（本件建物からの賃料収入の40月分、借地権価格は2億8877万円）。なお、被告が建物買取請求権を行使したことにより本件建物の所有権は被告から原告に移転し、被告と被告会社との本件建物賃貸借契約の賃貸人の地位も原告に当然承継されることになる。それゆえ、立退料の支払と引き換えに指図による占有移転を求める限度で明渡請求が認容された。

㊤　借地上建物を賃貸して賃料収入を得ることが当初から契約内容となっている事例

借地上建物を賃貸して賃料収入を得ることが当初から契約内容となっていれば正当事由が否定される。

○　東京地判平成24・7・18LEX/DB25495927

借地権者は、賃貸借契約締結以来、借地上建物を第三者に賃貸しその賃料収入を生活の糧としており、借地権設定者の本件土地上にマンションを建築して高度利用するという主張は具体的でなく、法令上も実現可能性に疑問があり、裁判所は、その主張限度内の立退料では正当事由を満たさないとした。

㊥　借地権者の建物賃料取得の必要性が高い事例

借地権者の借地上建物の賃貸による賃料収入の必要性が高い場合は正当事由は認められない。

○　東京地判平成24・4・23LEX/DB25493952

東京都千代田区所在の本件借地上の建物は賃貸され、飲食店として利用されている。借地権者は脳腫瘍を原因とする左片麻痺により夫の介護を受けて生活しており、本件建物の賃料収入により生計を維持し、本件建物の賃貸により本件建物を利用する必要性は強い。借地権設定者は本件土地および隣接した土地について将来的にはこれを一体として再開発する構想を有しているが、被告の事情を覆すに足りる事情とはいえない。原告の主張する立退料と著しくかけ離れない範囲で裁判所が相当とする額を判断することは困難として、裁判所は、正当事由を否定した。

〔第1部・第12章〕第1節　裁判所による借地借家法の規範内容の具体化

㈹　**転貸借関係がある事例**

○　那覇地判平成14・5・14LEX/DB28071030

　　沖縄県の大手不動産業者である原告は、昭和42年頃、水田や耕作地で
あった本件土地を含む土地につき、被告を含む30名近い地権者と土地の
賃貸借契約を結び、道路を整備し、宅地造成をし、区画整理をして150
戸～160戸の分譲住宅を建築し、転借地権付き建物として販売した（借
地賃料は月1坪135円、転借料は月1坪235円）。被告は本件土地の転借人か
ら建物を購入して自己が居住することを計画し、当該敷地に関する原告
の借地権を消滅させることを申し入れたところ、転借権譲渡承諾料の請
求を受けたので、原告に対し、本件賃貸借契約を期間満了により終了さ
せる旨の通知をしたところ、原告は借地権の確認を求め、訴えを提起し
た。裁判所は、原告は30年間で投下した資本を回収し、利益を上げてお
り、当初の目的は達成した。原告の借地権が消滅しても転借人らは格別
不利益な事態は生じない。被告の正当事由を否定し、本件賃貸借契約の
更新を認めるとすると、原告は更新後の30年のみならず半永久的に被告
の土地利用から賃料差益を継続的に受領しうることになる。また、旧借
地法は、借地上に居住している借地権者や転借人を保護するために制定
されたもので、原告のように賃料差益を収受できるという経済的利益を
保護することを直接の目的としたものではない。本件のような事情があ
る場合には、被告に本件賃貸借契約の更新を拒絶する正当事由を肯定す
るのが相当として借地権確認請求を棄却した。

　本判決は土地所有者が転借人の地位を取得する場合であるが、土地所有者
＝借地権設定者と転借人とが別個の人格である場合、どう考えるべきか。借
地権設定者には使用の必要性がない、宅地開発計画を立案し実現した借地権
者の利益を保護する必要があると考えれば、正当事由を否定する方向に働く。
もっとも、30年間継続したことですでに利益は十分に確保されたと考えれば
正当事由肯定の方向に働く。さらに、借地権者は原賃料と転借料との差額を
取得するという経済的利益の確保を目的としており、現実的・直接的な使用
をしていないので、借地借家法の保護目的にはかかわらないとして正当事由
を肯定する方向で考えることもできる。これらの論点はサブリース契約解消

326

と正当事由の場面でより明確になるので、そこで論じよう。

㈠　借地上建物が老朽化しほとんど使用していない事例

借地上建物が老朽化しほとんど使用していない事例では、立退料の提供を条件として正当事由が肯定される。

○　東京地判平成17・7・12判例集未登載

　　従業員5000名ほどの大企業である借地権者は、昭和33年に本件土地を賃借し、建物を建築し、従業員寮として利用してきたが、建物は老朽化しほとんど使用しておらず、長期間にわたり公租公課に満たない賃料の供託を続けている。裁判所は、借地権設定者は本件土地の裏側の自社ビルに居住しており、本件土地の明渡しを受けて、一体的に有効利用を図りたいとの希望をもっており、借地権者に相当な補償がされれば、看過できない不利益が生じるわけではないとして、借地権価格の45％程度の2850万円の立退料により正当事由を肯定した。

3　補完事由としての立退料

従来からの判例理論によれば、正当事由の補強事由として提供される立退料の額は他の諸事情との相関で決定されるものであり、金員の提供はそれのみで正当事由の根拠となるものではなく、他の諸般の事情と総合考慮され、相互に補完し合って正当事由の判断の基礎となるものであるから、解約の申入れが金員の提供を伴うことにより初めて正当事由を有することになるものと判断されるときでも、上記の金員が、明渡しによって借家人の被るべき損失の全部を補償するに足りるものでなければならない理由はないし、また、上記金員がいかなる使途に供され、いかにして損失を補償しうるかを具体的に説示しなければならないものでもないとされている[11]。

また、別の判例では、立退料提供の意思はその主張する額に固執せず、これと格段の相違のない一定の範囲内で裁判所の決定する金額を支払う旨の意思を表明していると擬制し、賃貸人の申し出た立退料額の増額を認めることができるとし[12]、これが確立している。

10　最判昭和38・3・1民集17巻2号290頁、最判昭和46・11・25民集25巻8号1343頁。

11　最判昭和46・6・25下民集32巻1号～4号158頁。

〔第1部・第12章〕第1節　裁判所による借地借家法の規範内容の具体化

　これら原則は借地借家法制定にも当然の前提とされた。平成以降の判決に
おいてもそうである。借地の場合、裁判例の分析で示したように、借地権価
格を基準として、他の事由との総合的判断の結果、それを減額、増額し立退
料を定める手法が確立している。借地権価格を立退料算定の基礎とすること
ができないとした前掲東京高判平成11・12・2は異例な判決である。

Ⅱ　借家関係における借地借家法の規範内容の具体化

1　主たる事由としての「建物の賃貸人及び賃借人が建物の使用を必要とする事情」

(1)　建物の賃貸人の建物使用の必要性

(ア)　建物賃貸人の居住の必要性が高い事例

　建物賃貸人の居住の必要性が高い場合には正当事由が肯定される。

　賃貸人は定年退職により社宅からの立退きを求められており、賃貸建物が
唯一の持家であり、他に居住場所を求めると多額の出費を余儀なくされると
いう事情がある事例[13]、地方国立大学の教授であった者が東京都内の大学教授
に転職したため賃貸建物を自己使用する必要が生じた事例[14]は正当事由が肯定
される典型である。このほか、以下の裁判例がある。

①　東京地判平成17・4・27判例集未登載

　　本件建物の1階部分が賃貸され賃借人は焼鳥屋を経営している。建物
　2階部分には賃貸人である高齢の寡婦の孫とその夫および2名の幼い子
　が居住している。1階部分の返還を受けて住居に改造し、同居し、介護
　を受ける必要があるとし、裁判所は、180万円の立退料の提供により正
　当事由が補完されるとした。

②　東京地判平成17・6・23判例集未登載

　　賃貸人は本件建物を診療所、住居として新築し、医院を開業していた
　が、ボランティア活動のため一時海外に移住している間に本件建物を賃

12　前掲最判昭和46・11・25。
13　東京地判平成元・11・28判時1363号101頁（立退料500万円）。
14　東京地判平成3・9・6判タ785号177頁（立退料700万円）。

328

貸していた。帰国後、診療を再開し、家族と居住する必要があるとして
解約の申入れをした。裁判所は、300万円の立退料の提供により正当事
由を肯定した。。

③ 東京地判平成17・10・11判例集未登載

　現在勤務医師である賃貸人は、近い将来、退職後のことも考え、夫で
ある医師と共に本件建物に居住し、医院を開業する必要があると主張し
た。裁判所は、350万円の立退料の提供により正当事を肯定した。

⑷　居住の必要性が低い場合

建物賃貸人の居住の必要性が低い場合には正当事由が否定される。

○ 東京地判平成３・２・28判タ765号209頁

　東京都港区北青山所在６階建てアパートの４階の１区画約40㎡につき、
立地の便がよいので事務所への転用を意図し、立退料として450万円の
提供をしたが、裁判所は、正当事由を否定した。

⑵　建物の賃借人の建物使用の必要性

⑺　賃借人の建物使用の必要性が高い事例

賃借人の建物使用の必要性が高い場合には正当事由は否定される。居住用
建物の場合は当然のことであるが、事業用建物についても以下の裁判例があ
る。

① 東京地判平成３・５・13判時1396号82頁

　新宿紀伊國屋ビル１階の一部の店舗明渡請求の事例につき、裁判所は、
賃借人の使用の必要性が高いとして正当事由を否定した。

② 東京地判平成17・４・22判例集未登載

　賃借人は昭和46年に完成した東京都田町駅前の５階建て商業用ビルの
３階部分を賃借し麻雀店を営んでいる。５階部分に居住している賃貸人
からの老朽化を理由とする明渡請求につき、麻雀店の営業を認めてもら
える店舗の借入れは容易ではなく、風俗営業等の規制及び業務の適正化
等に関する法律上の地域的制約もあり、本件店舗を利用して麻雀店を営
む必要性は高いとして、裁判所は、立退料の申出について判断するまで
もなく、正当事由を否定した。

〔第1部・第12章〕第1節　裁判所による借地借家法の規範内容の具体化

(イ)　事業用建物の事例

　事業用建物に関しては、近隣で同等の移転先・代替建物を見出すことは、最近では困難ではないとして、賃借人に生じる経済的な負担を補償するに足る立退料を支払うことで正当事由が認められる事例が多い。以下はその事例である。なお、営業上の損失が大きければ立退料が高額になる。

①　東京地判平成17・3・30判例集未登載

　　賃貸人は6階建てビルの4階・5階部分を不動産管理会社、不動産仲介業者に賃貸し、また同建物の隣接地で結婚式場を経営している。式場スペースが手狭になり本件賃貸部分の返還を受け結婚式場サロン等として使用する必要があるとした更新拒絶につき、裁判所は、それぞれ1100万円、1250万円の立退料を支払うことで正当事由を肯定した。

②　東京地判平成17・5・30判例集未登載

　　東京渋谷駅近辺の容積率700％の商業地域にある本件ビル8階事務所の賃借人（建設会社）に対し、本件建物およびその敷地を建替え目的で取得した賃貸人による大規模な高層建物を建築する予定があるとした解約申入れにつき、賃借人の従業員は4名であり、取引業者は本件建物周辺に集中してはおらず、駐車場兼資材置き場として利用していた本件ビルに並ぶ空地を明け渡しており、他の事務所用ビルにおいても業務を行うことが可能であり、本件ビルの他の賃借人が退去していること、本件建物程度の賃貸物件に移転することが困難な事情はうかがえないとして、賃借人が今後も事業を継続するとした場合、引越料等の移転実費のみならず、営業上の損失が生じると推認されること等を総合勘案して、裁判所は、賃料の2年分に該当する立退料600万円により正当事由を肯定した。

③　東京地判平成元・7・10判時1356号106頁

　　東京新宿駅近くの木造2階建ての建物で印刷業を営む賃借人に対して、賃貸人が建物の老朽化・再開発計画を理由として明渡しを求めた。裁判所は、営業上の損失が極めて大きいとして、借家権価格2500万円、代替店舗確保に要する費用、移転費用、移転後営業再開までの休業補償、顧客の減少に伴う営業上の損失、営業不振ひいては営業廃止の危険性などを総合勘案して6000万円の立退料を算定した。

2 従たる事由としての「建物の賃貸借に関する従前の経過、建物の利用状況及び建物の現況」

(1) 建物の賃貸借に関する従前の経過

従前の経過とは賃貸借契約成立後から現時点までの間で当事者間に生じた事情をいう。契約成立当時の事情、権利金支払の有無、家賃額の多寡、滞納状況、信頼関係破壊の有無等である。

賃貸人の債務支払のために賃貸建物を売却する事例では、売却が必要になった事情・理由が精査され、明け渡しを求める必要性が判断される。必要性の高い場合は、立退料額は相対的には低額となる。以下はその事例である。

① 東京高判平成12・12・14判タ1084号309頁

経営していた会社の銀行に負っていた債務2650万円につき年金生活のため元本の返済ができず唯一の財産である本件貸家を金銭に変えて借金の弁済にあてようとする賃貸人からの、長期間続いた店舗兼住宅賃貸借の解約申入れにつき、裁判所は、借家権価格によらずに、店舗改装費の残額、店舗部分の一定期間の所得、移転実費および移転前後の賃料差額を基礎として算定される立退料600万円の提供により正当事由を具備するとした。

② 東京地判平成17・7・20判例集未登載

相続税や固定資産税の滞納が1700万円に及び、本件建物および敷地も差押えを受けており高齢のために収入も不十分であり、滞納税を支払うために売却の必要性があるとして、裁判所は、70万円の立退料で正当事由を肯定した。

賃借人は美容院を営んでおり、立退料算定に際して店舗移転に伴う諸費用の補填という要素を考慮する必要は乏しく、店舗移転で営業が中断される間の休業補償のみを考慮すればよいとした。

前記①・②の判決は債務弁済のための建物売却を理由とする正当事由訴訟であり、経済的に困窮した賃貸人の立退料の算定の事例である。店舗の賃貸借の事例であり、適当な代替物件を見出すことは容易であり、そのための費用、移転先の家賃負担増、一時休業を余儀なくされることによる損失補償に

〔第1部・第12章〕第1節　裁判所による借地借家法の規範内容の具体化

より立退料を算定するという点でも共通している。店舗賃貸借に関しては、供給不足は存在せず、適切な代替物件を見出すことは容易であり、それにかかわる損失補償をする立退料の提供で正当事由を満たすとする傾向がある。

　契約合意の尊重に関する事例として次の判決がある。

○　東京地判平成9・11・7判タ981号278頁

　　「都市計画などにより賃借物件が収去される場合は本契約は当然に終了する」との契約があり、東京都の都市整備事業の一つとして建物敷地が道路拡幅のため買収される予定が確実になった事例につき、裁判所は、倉庫・車庫・事務所・社員宅を兼ねて会社が賃借している建物についての賃貸借契約の解約申入れについて、立退料2048万円の提供により正当事由を肯定した。

賃借人の性質に関する事例として次の判決がある。

○　岐阜地判平成13・11・28判タ1107号242頁

　　賃借人がオウム真理教の信者であることを理由とする不安感に基づく建物明渡請求につき、裁判所は、正当事由は認められないとした。

　競売妨害の事例として、根抵当権の実行による競売において、マンションの1室を競落した買受人からの解約申入れに関するものがある。

○　東京地判平成17・2・3判例集未登載

　　裁判所は、賃借人は建物に現に居住せず、本件根抵当権の被担保債権の債務者であり本件建物の所有者である者の親族が立退料を取得することを目的として、賃借権の主張をしているとして、正当事由を肯定した。

賃借人の更新希望を了承した事例では正当事由は否定される。

○　仙台高判平成19・3・30LEX/DB28132159

　　賃貸建物は福島市内の1戸建て住宅であり、賃貸人は娘と横浜市の公団賃貸住宅に居住し、無職であり、収入は本件建物の賃料のみである。賃借人は年金暮らしで、以前あった持家は住宅ローン不払で差し押さえ競売された事例につき、裁判所は、賃貸人の建物使用を必要とする事情はある程度首肯できるが、今後4年～5年は本件賃貸借を継続したい旨の賃借人の希望を手紙によって了承しているとして、正当事由を否定した。

賃借人の建物管理の不十分さ、近隣への迷惑行為、不誠実さ等の事情は従前の経緯に含まれる。以下の①～③判決は、この種の事例である。

①　東京地判平成元・8・28判タ726号178頁

運送業を営んでいる賃借人に不誠実な態度があるとして、裁判所は、立退料なしで正当事由を肯定した。

賃借人の建物管理の不十分さ、近隣への迷惑行為、不誠実さ等の事情は従前の経緯に含まれる。

②　東京地判平成5・1・22判時1473号77頁

古紙回収業のための建物の賃貸借において騒音、塵芥、悪臭などにより近隣に迷惑をかけたことが更新拒絶の正当事由にあたるかにつき、裁判所は、「近隣住民から苦情が出たとしても、それは、原則的には、近隣住民と賃借人たる被告との問題であり、しかも賃貸人たる原告は右営業を承諾している以上、これをもって直ちに賃貸人・賃借人間の信頼関係を破壊する不信行為ということはできない」。もっとも、例外的に「賃貸人自身又は近隣住民に耐え難い迷惑を及ぼすに至った場合には……正当事由の一要素となり得るものと解するのが相当である」。とするが、本件では、この例外的事情と「断ずるに足りる確たる証拠は必ずしもない上、被告（賃借人）においても近隣住民からの苦情に全く対応しなかったわけではないこと、……仮に移転先が見つかったとしても本件建物から移転して営業を継続することが経済的に極めて困難である」として正当事由を否定した。

③　東京地判平成4・9・14判時1474号101頁

渋谷駅周辺所在8階建てビルの1階から7階までを一括して不動産会社に賃貸し、転貸を包括的に承諾し、建物の保安管理は賃借人の責任で行い、その経費を負担するという特約がある事例につき、裁判所は、転借人の火災、ガス漏れ等ビルの保安管理が不十分であったことを理由とする更新拒絶について、正当事由を否定した。一般論として、ビル管理の不十分さを理由とする解約申入れに正当事由を肯定することはできるが、本事案ではその程度がそれまでには達していないとした。

〔第1部・第12章〕第1節　裁判所による借地借家法の規範内容の具体化

(2)　建物の利用状況および建物の現況

(ア)　建物の修繕義務と老朽化

　建物の現況に関する裁判例の中心は、建物の老朽化である。建物賃貸人は賃貸借契約の目的である建物を使用収益させる義務を負っており、目的物を使用収益に適した状態におかねばならない。それゆえ、建物に欠陥がある、建物に損傷が生じた場合には、賃貸人は建物を修繕する義務を負う。賃貸人の修繕義務は、修繕が必要であり、しかも可能な場合に生じる。老朽化した木造建物の柱、屋根、板壁等につき、賃貸人の修繕義務を認めた事例において[15]、裁判所は賃貸人の修繕義務の有無、その範囲、程度は契約で定められた建物使用の目的、実際の使用方法・態様との関係で相対的に定められるべきであり、修繕が可能であって、修繕をしなければ契約の目的に即した使用収益に著しい支障が生じる場合に限って修繕義務があるというべきとし、当該建物の経済的価値、賃料の額、修繕に要する費用の額なども考慮に入れて、契約当事者間の公平という見地からの検討も付け加える必要があるとした。

　老朽化は建物が朽廃した、使用収益の用に堪えないことを意味するので、「建物の現状」に該当し、法制定前の時期においても、老朽化の程度、建替えの必要性、賃借人の移転の容易さなどにより正当事由の有無が判断されてきた。いわゆるバブル経済期には戦後まもなく建築された建物が老朽化しつつあったことにもより、老朽化を理由として建物を建て替えるという主張が多くみられた。以下の裁判例は、建物の老朽化にかかわるものである。

(イ)　立退料なしで正当事由を肯定した事例

① 　東京地判平成3・11・26判時1443号128頁

　昭和2年建築の本件建物を、賃借人は昭和20年に賃借し、薬局を経営している。本件建物は老朽化が著しく、これを取り壊して今後の生活の基盤となるビルを建築する必要性が高く、賃借人は近隣に母所有のビルがあり薬局の移転先を見つけることは不可能ではないとして、裁判所は、正当事由を肯定した。

15　東京地判平成2・11・13判時1395号78頁。

② 東京地判平成20・4・23判タ1284号229頁

　　昭和4年に建築された木造3階建て共同住宅の賃借人に対する明渡請求事件において、本件建物は遅くとも数年後には朽廃に至り取壊しを免れない状況に達すると予想され、賃借人が支払っている家賃は著しく低廉であり、本件建物は不動産の有効利用を阻害しており、本件建物を取り壊して新建物を建築することが社会経済的に有益であるとして、裁判所は、正当事由を肯定した。

前記①・②いずれも昭和初期に建築された建物であり、老朽化の程度が著しいとされ、立退料の支払なしに正当事由が肯定された。

③ 東京高判平成15・1・16LEX/DB28081250

　　慶応年間以前に建築された建物の賃貸借であり、老朽化した建築物を建て替えることは賃貸人や近隣住民の利益であるだけでなく国民経済的観点からも是認されるべきで、賃借人が本件建物を低廉な家賃で賃借してこれたのは、賃貸人の経済的損失のうえに成り立っており、これを賃貸すること自体が経済的に採算がとれなくなっており、正当事由があり立退料は不要であると判示するも、この点についての控訴がなかったので1審の立退料363万円と引換給付判決を是認した。

㈡　立退料の支払を条件として正当事由を肯定する事例

立退料の支払を条件として正当事由を肯定する事例も多い。

① 大阪高判平成元・9・29民集45巻3号303頁

　　昭和5年頃建築され、昭和10年頃から賃貸借が継続している建物につき、建物の全体的な老朽化があり、戦後まもなくとは異なり、一定額の経済的負担をしさえすれば、他に借家を求めることも容易であることは公知の事実であり、相当額の立退料を提供すれば正当事由を具備するとし、裁判所は、立退料300万円とする正当事由を肯定した。

② 東京地判平成3・4・24判タ769号192頁

　　賃借人は東京日本橋に所在する昭和3年建築の建物の一部を賃借し、畳店の営業と煙草の小売業をしており、賃貸人は賃貸ビル新築を実現し、敷地の有効利用を意図している事例につき、裁判所は、賃借人の必要性は高いが、建築後60年を経て経済的耐用年数を経過し、客観的にみて建

〔第1部・第12章〕第1節　裁判所による借地借家法の規範内容の具体化

替えの必要性があり、本件土地建物の収益性からみて賃貸借の継続は賃貸人に酷な結果となるとし、借家権価格相当の立退料2810万円による正当事由を肯定した。

③　東京地判平成8・3・15判時1583号78頁

印刷会社である賃借人が昭和43年に千代田区麹町所在8階建てビルの一区画を賃借した事例につき、賃貸人は建物の老朽化、建替えの必要性を主張し、すでに他の賃借人が明渡し済みであること等から、立退料800万円の提供による更新拒絶の正当事由を肯定した。

④　名古屋地判平成14・2・22LEX/DB28071781

本件土地区画上（東西40m、南北30m）には大正時代に建築された賃貸人の自宅と相当数の借家が存在していた。借家は老朽化したことから借家人が順次退出し、平成8年頃に残っていた建物について、本件建物を除いて取り壊した。用途地域は商業地域であり、近隣は住居事務所商店が混在する地域であり、今後は土地の再開発、高度利用が徐々に進んでいくと推測される。賃貸人は身体脆弱で定職に就いたことはなく、収入のない賃貸人が本件土地上に賃貸店舗を建設し安定した収益により生活基盤を得ようとする計画は合理的であり、賃借人は近隣で低家賃の住居を見出すのは困難ではないとして、裁判所は、250万円の立退料により正当事由を肯定した。

⑤　東京地判平成17・5・31判例集未登載

東京都台東区御徒町周辺の宝石商密集地域に所在する本件建物の賃貸借につき、賃貸人は、本件建物は築後50年以上経過し老朽化しており、建替えのうえ、店舗として使用する必要があるとして、宝石卸売商を営む賃借人に対し、明渡しを求めた。裁判所は、650万円の立退料（借家権価格を440万円と算定し、借家人補償として2年分を認め、動産移転料、移転雑費、工作物補償、営業休止補償、その他補償額を算定し、借家権価格と借家人補償との合計額の2分の1が相当であるとする）を支払うことにより正当事由を肯定した。

⑥　東京地判平成20・4・23判タ1284号229頁

昭和4年に建築された木造3階建て共同住宅の5名の賃借人に対する

II　借家関係における借地借家法の規範内容の具体化

明渡請求であり、本件建物は遅くとも数年後には朽廃に至り取壊しを免れない状況に達すると予想され、賃借人が支払っている家賃は著しく低廉であり、本件建物は不動産の有効利用を阻害しており、本件建物を取り壊して新建物を建築することが社会経済的に有益であるとして、裁判所は、正当事由を肯定した。

㈥　賃借人の使用の必要性が高い事例

建物の老朽化が主張されている事例においても、賃借人の使用の必要性が高い場合には立退料額が高額となり、また裁判所による増額もなされる。

① 　東京地判平成元・7・4判時1356号100頁

昭和20年頃建築された建物の朽廃により借地権が消滅するおそれがあるので、借地権設定者との調停により、借地権者が建物を取り壊し、更地とし、借地権設定者の所有する隣地の土地と等価交換する約束がある事例につき、他に住まいはない高齢の夫婦である賃借人について、老朽化により明渡しを余儀なくされるのは時間の問題であり、明渡し問題の早期解決により賃貸人の受ける利益を考慮するとして、立退料を裁判所が700万円に増額して正当事由を肯定した。

② 　東京地判平成元・7・10判時1356号106頁

賃借人は新宿駅近くの木造2階建ての建物で印刷業を営み、賃貸人は建物の老朽化・再開発計画を理由として明渡しを求めた。裁判所は、営業上の損失が極めて大きいとして、借家権価格2500万円、代替店舗確保に要する費用、移転費用、移転後営業再開までの休業補償、顧客の減少に伴う営業上の損失、営業不振ひいては営業廃止の危険性などを総合勘案して6000万円の立退料を算定し、正当事由を肯定した。

③ 　東京地判平成元・9・29判時1356号112頁

賃借人は本件建物でディスコを経営している。築後30年を経過し、建物自体および設備が老朽化しているとして、賃貸人は右建物を取り壊して、新ビルを建築する計画を有している事例につき、裁判所は、賃借人には改修改造工事代金の償却、投下資本の回収の必要、ディスコ従業員の整理、移転先の確保等の苦労、営業上の損失等の事情があるとして、4億円の立退料で正当事由を肯定した。

337

〔第1部・第12章〕第1節　裁判所による借地借家法の規範内容の具体化

④　東京地判平成2・1・19判時1371号119頁

　　老朽化したアパートの借家契約の解約申入れにつき、裁判所は、借家権価格（340万円）の2倍にあたる700万円の立退料の提供により正当事由を肯定した。

　　バブル期に典型的な判決であり、建物の老朽化を理由に再開発を意図する賃貸人は高額の立退料を支払う意向をもっており、賃借人（居住用および賃貸用マンションを所有している税理士）も経済的な補償を求める意向が強い事例であった。

⑤　東京地判平成8・5・20判時1593号82頁

　　昭和36年に建築された駅前ビルの一区画で賃借人は食堂を経営しており、賃貸人は若者層を相手とする服飾関係の専門学校を営んでいる。建物の老朽化、建替えの必要性を理由とする解約の申入れにつき、裁判所は、賃料3年分の立退料4000万円の提供で正当事由を肯定した。

⑥　東京地判平成9・10・29判タ984号265頁

　　築地場外市場にある昭和2年建築の木造建物の一部約3㎡において、賃借人はおでん種物・珍味商品の販売をし、賃貸人は他の部分で総菜屋を営み、近隣建物所有者との間で共同ビル建築計画を有する事例につき、裁判所は、立退補償料654万円の支払を条件に正当事由を肯定した。

⑦　東京高判平成10・9・30判時1677号71頁

　　東京都麻布十番に立地する昭和21年建築の木造2階建て建物の1階部分店舗は高級婦人下着店として賃貸され、2階部分に賃貸人が居住する事例につき、裁判所は、賃借人の使用の必要性が優っているが、老朽化しており、建替えを行って高層化し、自己所有建物で家族らとの居住と営業とを実現したいとの希望は社会経済的見地から首肯されるとして、賃貸人の提供した500万円の立退料を裁判所は4000万円に増額して正当事由を肯定した。

(ｵ)　**賃貸人の使用の必要性は乏しくても建物の老朽化の程度が著しい事例**

　賃貸人の使用の必要性は乏しくても建物の老朽化の程度が著しい場合、立退料の補完により正当事由は肯定される。

Ⅱ 借家関係における借地借家法の規範内容の具体化

① 東京高判平成3・7・16判タ779号272頁

　賃貸人は近隣に千数百坪余りの土地を所有しており、本件建物または敷地を今使用する必要性はないが、本件建物（明治37年・38年頃に建築され、賃借人は1階で電気店を営み2階に居住している）は倒壊する危険があるとして、裁判所は、本件建物における収入の4年分にあたる1500万円の立退料の提供により正当事由を肯定した。

② 東京地判平成11・1・22金法1594号102頁

　再開発目的で土地建物を競落した者による抵当権に対抗できる建物賃借人に対する賃貸借解約の申入れにつき、裁判所は、建物の老朽化を認め、建物賃借人による建物の利用が土地の有効利用とはいえず、競落人のマンション建築計画には合理性があるとし、8000万円の立退料提供により正当事由を認めた。

⒞ 老朽化の程度が著しくない事例

賃貸建物が老朽化していない場合には、正当事由は否定される。

① 東京高判平成4・3・26判時1449号112頁

　マンションの部屋の賃貸借契約の解約申入れにつき、裁判所は、大修繕は必要であるが老朽化していないとして正当事由を否定した。

② 福岡地判平成元・6・7判タ714号193頁

　福岡市中心部の繁華街に所在する賃貸建物の老朽化を理由とする明渡請求につき、裁判所は、本件建物の明渡しにより土地の最適利用が可能となるので、それにより得られる賃貸人の客観的な経済的利益を立退料算定の基準とすべきであるが、賃貸人には立退料提供の意思がないとして正当事由を否定した。

③ 名古屋地判平成14・1・30LEX/DB28071134

　昭和20年頃に建築された罹災者用仮住宅であり、商店街の店舗として利用されている本件建物につき、賃貸人は本件建物を含む合計5棟の建物をすべて取壊し、1棟の建物に建て替えたいと計画するが、建物基礎部分や屋根に腐食はみられるが雨漏りなどなく日常の商売に格別の支障はなく、老朽化には至っていないとして、裁判所は、正当事由を否定した。

339

〔第1部・第12章〕第1節　裁判所による借地借家法の規範内容の具体化

④　東京地判平成27・2・5判時2254号60頁

昭和10年に建築された木造住宅について、賃借人の父が昭和49年に建物賃貸借契約を結び、これまで更新されてきた。賃借人は昭和61年頃から本件建物に居住している。不動産業者である原告は平成24年11月に本件建物の所有権を取得し賃貸人の地位を承継し、平成25年2月に解約申入れの意思表示をした。裁判所は、本件建物は建築後79年が経過し外観が古びてはいるものの、本件建物内部が朽廃している事実や地震により倒壊する現実的な危険はないことである。賃借人は本件建物のある地域で貨物の運送業をしており、その収入と基礎年金で生計を立てており、本件建物に居住することが被告の生活の基盤となっていること等から正当事由を否定した。

なお、建物老朽化の原因が賃貸人の管理運営上の問題にあるときは、建物建替えの必要性による更新拒絶は認められない。[16]

3　補完事由としての立退料

基本的な原則は借地の場合と同じである。立退料の性質について、鈴木禄弥博士は、①明渡しを実行するために利用者が直接に支払わねばならぬ費用、すなわち移転費用の補償の意味をもつもの、②明渡しのために利用者が事実上失う利益の補償の意味のもの、③明渡しによって消滅する利用権の補償の意味のもの、の3者があるとした。[17]澤野順彦博士は、多くの著作の中で、立退料の内容について、①借地権および借家権価格、②建物または造作買取の対価、③営業上の損失の補償、④移転実費、⑤慰謝料、⑥開発利益を含むものとし、借地権価格について、法的保護利益、寄与配分利益、付加価値利益に区別して論じている。

これらの議論は立退料の内容についての類型的な違いを示すものとして有益である。しかし、立退料の金額は、主たる事由、従たる事由の補完として認められるものであり、時代により変化し、一般化は困難である。また、当

16　東京地判平成4・9・25判タ825号258頁。

17　鈴木禄弥「いわゆる立ち退き料について」川島武宜編集代表『損害賠償責任の研究(上)〈我妻榮先生還暦記念)』(1957年、有斐閣) 479頁以下。

340

事者間の現実の生活関係によって彩られた利害関係の調整という色彩も強い。裁判例の検討からすると、立退料は個々の事例において正当事由の判断の主たる要素、従たる要素の充足度合いを前提として、それら諸事情との総合的・相対的判断のうえ、補完的な事由として判断される裁判所の裁量的要素が強いものである。

借家の場合、立退料の性質、額の算定は、事案の性質により個別具体的に判断されている。事業用建物に関しては、現在でも、借家権価格を基礎とし、賃借人の投下した費用の償還、営業補償を認め、新規家賃との差額の補償を加味する等、借地の場合と同様の手法がとられている。事業用建物における立退料の算定を具体的に説示した判決として、後掲東京地判平成28・3・18があり、以下のように算出している。①借家人補償に準じて求めた価格（代替建物の新規支払賃料と実際支払賃料の差額の補償相当額と代替建物の借入れに要する一時金等の補償相当額を合計して価格を算定＝24月分の補償＝165万8880円）、②工作物補償（新規に造作工事をする場合の工事費用を査定し、この工事費用に対し補償率を100％として工作物補償を査定＝2000万円程度）、③営業休止補償（休業期間の収益減補償＋固定的経費の補償＋従業員休業手当補償＋得意先喪失に伴う損失補償＋店舗など移転に伴うその他費用の補償＋移転先の内装工事等の期間に係る家賃補償＝508万円）、④その他補償（動産移転費用＋移転先選定費用＋法令上の手続に要する費用＋移転旅費＝156万円）これらを合計した2831万円につき、いっさいの事情を考慮し、3000万円が相当とした。

バブル経済期には、地価の急激な上昇をも勘案した事例、再開発後に賃貸人が取得するであろう開発利益の事前配分を認める事例もあった。当事者の利益状況の調整という視点では是認できるが、異常な地価上昇の時期の判断である。現在では、賃借人の支出した費用の返還補償、移転費用、一定期間の賃料差額にとどめる事例もあるが、当該事件の具体的事情との関連で、理解すべきであり、一般化はできない。

居住用建物に関しては、従前は借家権価格を基礎としていた。現在は、移転実費および一定期間の賃料差額にとどめる事例が借地の場合、事業用建物賃貸借よりは多い。当該事件の具体的事情との相関において理解、評価すべきである。

〔第1部・第12章〕第2節　具体的な正当事由判断基準の形成——再開発の必要性

第2節　具体的な正当事由判断基準の形成——再開発の必要性

I　借地における土地の有効利用・再開発の必要性

(1)　正当事由を肯定した事例

　立法過程では、「土地の存する地域の状況」は条文に含まれないことになった。しかし、借地の土地利用の方法が、その土地の存在する地域の状況と比べて、効率的でない、低度である、土地の有効利用が必要である（容積率の限度まで建築する）という主張がなされることも多い。これらいわゆる土地の有効利用・再開発の必要性について、裁判所は正当事由の具体的な判断基準を徐々に形成した。その過程を示しておこう。

(ア)　抽象的な再開発がある場合

　抽象的な再開発の主張でも正当事由を肯定した判決がある。

　○　東京地判平成元・12・27判時1353号87頁

　　東京都中央区京橋所在の土地において、木造2階建ておよび平屋建ての建物で60年の長きにわたって皮革製造販売業を営んできた借地権者に対し、土地の有効利用を図るためビルの建築計画を有するという借地権設定者が、更新拒絶の異議を申し立てた事例につき、裁判所は、4億円の立退料（借地権価格6億5900万円）の提供による正当事由具備を認めた。新地主は転売を業とする悪質な地上げ屋であるにもかかわらず、裁判所は本社ビル建築の必要性を認定し、立退料の提供は異議申出から13年後であるにもかかわらずこれを斟酌した。[18]

　　本判決は、再開発の必要性の判断が抽象的に判断され、あいまいであり、どの程度の必要性が当事者双方にあるのかの具体的な検討も乏しく、

18　東京高判平成3・1・28判時1375号71頁も控訴を棄却した。

342

I　借地における土地の有効利用・再開発の必要性

立退料額 4 億円が相当であることの具体的な説示もない、バブル経済期に特有の異例な判決であった。現在では、このような判決はみられない。

(イ)　具体的・合理的な計画がある場合

土地の有効利用・再開発の必要性が具体的であり、合理的な計画がある場合には正当事由が肯定される。

① 東京地判平成 6 ・ 8 ・25判時1539号93頁

東京都西新宿所在の土地につき、江戸時代からの地主である借地権設定者は35階建ての業務棟と23階建ての居住棟等の高層ビルの建築計画を有し、近隣にかなりの土地を所有する借地権者のみが街づくり協議会に不参加という事例につき、裁判所は、立退料10億3800万円の提供により正当事由を肯定した。

② 東京高判平成10・ 8 ・21判タ1020号212頁

借地権設定者は昭和51年に港区三田所在の本件土地を期間20年で賃貸し、借地権者（司法書士）は木造 2 階建ての本件建物を新築した。賃貸人は不動産業者と共同して本件土地を含む賃貸人所有9000㎡に高層ビル（地上35階）を建てることを計画し、所有地上の借地人・借家人約60名と交渉を始め、中心部に位置する本件賃借人のみが交渉に応じなかったので、設計変更をして本件土地を除いた部分において高層ビルの建築を開始した。本件借地の期間満了後、異議を述べ、建物収去土地明渡しを求めた。裁判所は、本件土地周辺は商業地域・近隣商業地域に指定されていること、本件土地を除いた部分について高層ビルを建築した場合居住者や原告に不都合があり、明渡しが認められればすぐにでも設計変更が可能なこと、賃借人は本件土地から数分のところに別の建物を所有しており、本訴提起後もそこを住所としていることから、賃貸人の本件土地使用の必要性が高く、被告の必要性は、原告の必要性を下回るとし、立退料6500万円で正当事由を肯定した。

(ウ)　開発による経済的な利益の獲得を目的とする事例

再開発の必要性が具体的でなく、開発による経済的な利益の獲得を目的とする場合でも、相当な立退料の支払により正当事由を肯定する事例もある。

343

〔第1部・第12章〕第2節　具体的な正当事由判断基準の形成——再開発の必要性

① 東京地判平成17・7・12判例集未登載

　従業員5000名ほどの大企業である借地権者は、昭和33年に本件土地を賃借し、建物を建築し、従業員寮として利用してきたが、建物は老朽化し、ほとんど使用しておらず、長期間にわたり公租公課に満たない賃料の供託を続けている。借地権設定者は本件土地の裏側の自社ビルに居住している。本件土地の明渡しを受けて、一体的に有効利用を図りたいとの希望はそれほど切実なものではないが、借地権者に相当な補償がされれば、看過できない不利益が生じるわけではないので、裁判所は、相当な額の立退料を補完事由として正当事由を肯定することが相当とし、借地権価格の45％程度の2850万円を立退料として認めた。

② 東京地判平成25・3・14判時2204号47頁

　東京都中野区所在の本件土地について、借地権設定者（原告）の先代が昭和8年に賃貸借契約を締結した。昭和36年4月に、借地権者（被告）先代が借地権上建物を取得し、昭和49年頃、旧建物を改築し本件建物を建築した。改築に対する承諾について紛争が生じ、原告先代はそのときから賃料の受領を拒絶し、被告は賃料供託を続けている。原告は本件土地の隣地に自宅を保有しそこに居住しており、本件土地を含む土地（2051㎡）を利用して大型スーパーマーケットおよびそれに附帯する関連施設を建設する必要性があると主張する。被告は平成14年以降その妹と居住しているが、本件建物以外に所有する不動産はない。裁判所は、原告の本件土地使用の必要性が被告の必要性を上回るとはいえないこと、賃貸人および賃借人の間では良好な信頼関係が継続していたとはいえないものの直ちに賃借人の背信行為があるともいえない、原告による更新拒絶が正当事由を充足するとはいえないが、被告らが本件建物から転居すること自体は十分可能であることなどから5000万円の立退料で正当事由を肯定した。

③ 東京地判平成30・6・27LEX/DB25555645

　借地権設定者は東京都新宿区神楽坂所在の本件土地および本件隣地を所有していた。都市計画事業の認可により、それら土地は東京都に買収され、道路予定地ではない一部が買収されずに残っている。借地権設

者は本件都市計画事業による道路予定地の買収後の本件土地および隣地の残地の上に建物を建築することを想定し、更新拒絶をし、建築設計、管理業務を委託し、工事を発注した。借地権者は全国で1341店舗を保有するドラッグストアーチェーンであり、本件建物で営業する店舗については移転等の対応が可能であるとし、裁判所は、１億3000万円の立退料の提供により正当事由を肯定した。

(2) 正当事由を否定した事例

(ア) 再開発計画が具体的・合理的でない事例

再開発計画が具体的・合理的でない場合は、正当事由が否定される。以下の判決はその種の例である。

① 東京地判平成元・９・14判タ731号171頁

東京大森駅近隣の土地につき、賃貸人は本件土地の周辺とあわせた大商業ビルを建設する予定があるが、会計事務所を経営している賃借人は本件土地にビルを建てることを意図している。賃貸人は土地の有効利用を目的として３億円の立退料を提供し更新拒絶をした。裁判所は、賃貸人は本件土地がなくても再開発ビルを建築できるとして正当事由を否定した。

② 東京地判平成17・９・27判例集未登載

本件土地の共有者一族の先代が戦災復興のため当時の借地借家人と借地契約を結んだ元来の契約があった。本件土地につき昭和54年11月、賃貸借契約が結ばれ、借地権者は本件建物で焼鳥屋を経営し、隣接地（同一当事者間の借地）でキャバレーを営んでいる。共有者一族の土地管理会社である借地権設定者は、期間満了に際し、立退料6308万円の提供を申し出て、更新拒絶を通知した。裁判所は、借地権設定者の本件土地などを利用して再開発を行いたいとの希望はいまだ具体的なものではないとして正当事由を否定した。

③ 東京地判平成17・10・21判例集未登載

東京駅八重洲口近隣に所在する本件土地につき、昭和47年に堅固な建物所有目的の賃貸借契約が締結され、借地権者は、かなり高額の建物建築承諾料を支払い、地下１階地上７階建てのビルを建築し、地下１階か

ら6階までは店舗として賃貸し、地上7階は借地権者が代表者である本件建物の管理をしている会社が占有使用している。底地所有権の信託譲渡を受けた者が、隣接所有地と一体として再開発事業を行う必要があるとして相当額の立退料提供の用意があると申し出たが、裁判所は、再開発事業計画がいまだ具体性や現実性に欠けるとして、立退料の提供によっても正当事由は補完されないとした。

④　東京地判平成21・11・30(2009WLJPCA11308003)

　　東京銀座の一角の土地所有者から信託契約による譲渡を受けている原告が一棟のビルを建築する再開発計画を実現する目的で、被告らを含む土地賃借人に借地の返還を求める事例につき、裁判所は、原告の本件土地使用の必要性は収益性の高い建物を建築することで高収益を上げたいというものにすぎず、再開発計画は具体的であるものの実現可能性は不確実である。被告らの経営する飲食店にとっては、立地条件が経営を行ううえで極めて重要であり、被告らが本件土地と同等の立地条件の物件を確保できることが明らかである等の事情がない限り、被告らに本件土地の使用の必要性がないということはできない。原告は1億9700万円またはこれと大幅に異ならない限度で裁判所が相当と認める立退料提供の申出を行っているが、原告による土地使用の必要性は非常に低い等からして、立退料の提供によっても正当事由は補完されないとした。

⑤　東京地判平成22・10・4(2010WLJPCA10048013)

　　前記④と同じく、東京銀座の事案であり、土地の共有者から信託契約による譲渡を受けている原告会社が被告らに対して、借地の明渡しを求めた事例につき、本件土地を含む周辺の土地の再開発計画には具体性がないこと、建物は老朽化していないことなどから、正当事由を否定した。

　　(イ)　**借地権者の使用の必要性が高い事例**

借地権者の使用の必要性が高い場合には正当事由は否定される。

①　東京地判平成2・4・25判時1367号62頁

　　借地権者と借地権設定者が共に再開発の計画を有しており、借地権者による再開発計画は昭和53年頃から始まっており合理的であり具体的であるが、借地権設定者の計画は合理的とはいえないとして、裁判所は正

当事由を否定した。

② 東京高判平成 4 ・ 6 ・24判タ807号239頁

借地権の設定と本件建物の存在を知り購入した新地主の利用計画が確たるものではなく、借地権者の利用継続性が強いとされ、裁判所は 4 億5000万円の立退料によっても、正当事由は認められないとした。

③ 大阪地判平成 5 ・ 9 ・13判時1505号116頁

大阪府の一等地である土地につき、昭和32年に堅固建物所有を目的とする期間30年の借地契約がされ、大手映画会社である借地権者は建物を建築し、映画館を経営し、建物の一部には店舗を所有し、多数の賃借人がいる。借地権設定者は土地高度利用を理由とし、50億円を立退料として提供する旨の更新拒絶をしたが、裁判所は、正当事由を否定した。

本判決では、本件土地の借地権価格は267億円であり、借地権者は映画館の営業により年10億円の収益を上げている。

一般的に、借地権価格が成立している地域での再開発は、更新拒絶・正当事由により土地の返却を求め、借地権者を排除して再開発を進めるのではなく、借地権を適正に評価して、借地権者を含んで再開発することが、可能であり、実現可能性も高く、より合理的である。前掲諸判決における裁判所の判断もこのような方向へと再開発を誘導する機能を果たすということができる。

⑶ 小規模宅地における再開発

バブル経済期とは異なり、近時は小規模宅地が密集している地域において周辺宅地をも所有している借地権設定者が、集合住宅として再開発をするという主張が増えている。借地権者も生活に困窮しているわけではなく、適切な立退料を得れば移転することが可能という場合が多い。

○ 東京地判平成24・12・12LEX/DB25498926

本件借地は東京代々木駅近隣の小規模宅地に戸建て住居と賃貸マンションとが混在している地域にあり、借地権設定者は不動産の賃貸経営を目的とする株式会社であり、周辺土地を購入し、借地権を解消させて、再開発を図ろうとしており、本件借地は原告所有土地・マンションと駐車場に囲まれている。本件建物は築41年を経過した小規模の住宅であり、

〔第1部・第12章〕第2節　具体的な正当事由判断基準の形成——再開発の必要性

借地権設定者は典型的な地上げ屋とは様相を異にし穏健な方法で不動産業を営んできており、借地権者の収入も少なくはなく、その収入で家族の家を用意し生活することは十分可能であるとして、裁判所は、2000万円の立退料提供による正当事由を肯定した。

Ⅱ　借家における再開発の必要性

⑴　建物の再建築・敷地の再開発

バブル経済期以降、建物の老朽・朽廃ではなく、賃貸建物が存在する地域の高度利用、有効利用、有効活用、再開発の必要性等を理由とする正当事由訴訟が多発した。再開発は、既存の建物を取り壊し、その敷地を利用して容積限度の建物を建築し、その賃貸により賃料などの収益を獲得しようとする経済行動である。これらの事柄は、借家法1条の2では「自己使用その他の事情」に含まれると解された。立法過程では「建物の存する地域の状況」は独立の要素とするかが議論の的となったが、結局独立の要素としては認めないことになった。

建物取壊しを前提とするので、建物の賃貸人の建物使用の必要性には該当しないが、建物の利用状況、建物の現況からして、建物の再建築、敷地の再開発が必要であるという意味において、正当事由に含まれると解される。当初は抽象的な判断も多かったが、現在では、現実的・具体的な再開発の必要性があるか（建物の老朽度も考慮される）、再開発計画が合理的で実現可能性があるかが判断基準となり、建物賃借人が建物賃貸借の解消によって被る困難の程度、移転先を見出す容易さ等と比較衡量のうえ、正当事由の有無が決定される。

バブル経済期には、建物賃借人の立退きによって敷地の再開発が可能となるので、開発利益の一部を賃借人に還元するという趣旨で高額の立退料の提供を補完事由として明渡しを認める裁判例もあった。その場合、有効利用の必要性・合理性、建物の立地する地域、賃借建物の種類・構造・規模、建物の使用状況、賃貸借の継続した期間、これまでの賃料の状況、近隣の同種建物の賃料水準等を勘案して立退料が算定された。

Ⅱ　借家における再開発の必要性

(2)　再開発を理由とする正当事由を肯定した事例

(ア)　再開発の必要性が抽象的な事例

　バブル経済期には再開発の必要性が抽象的であっても高額の立退料と組み合わせて正当事由を肯定する判決があった。以下はその事例である。

①　東京高判平成元・3・30判時1306号38頁

　　東京池袋駅西口周辺ではビル建築が急速に進んでおり、本件建物は老朽化している。賃貸人には再開発し、事務所店舗兼用ビルの建設計画があるとして、長年店舗兼住居として酒店を営業してきた賃借人に対して、裁判所は、1億6000万円の立退料の支払を条件として賃貸借契約の解約を認めた。抽象的な再開発計画と高額の立退料の組合せにより正当事由を肯定するというその当時の思考形式を示している。前掲東京地裁平成元・7・10も、再開発の抽象的な必要性を前提として、高額の立退料を肯定するバブル経済期特有の判決である。

②　東京高判平成2・5・14高民集43巻2号82頁

　　東京都新宿区早稲田通りと明治通りとの交差点にある店舗賃貸借につき、裁判所は、再開発の必要性、土地の有効利用を目的とする更新拒絶について2億8000万円の立退料の提供による正当事由を肯定した。

③　東京地判平成2・9・10判時1387号91頁

　　賃借人は六本木所在の建物の一部で日本料理店を経営している。賃貸人の敷地の高度利用、再開発のため建物の建替えが必要であるとする解約申入れにつき、裁判所は、1億5000万円の立退料の支払を条件に正当事由を肯定した。

　立退料の算定に際して、立退きによって生じる開発利益の一部を借家人に還元するバブル経済期特有の事案である。これら前記②・③の判決はバブル経済期の裁判例であり、地域の環境からして再開発が進行していくと判断され、賃貸人の計画の具体性に触れることなく、高額の立退料の支払を要件として正当事由を認めた。賃借人も商業的な建物利用をしており、商業的合理性により判断されている。

④　東京地判平成7・10・16判タ919号163頁

　　取壊し後の建物建設計画が具体的かが判断の重要な要素であり、同事

349

〔第1部・第12章〕第2節　具体的な正当事由判断基準の形成──再開発の必要性

例では具体的でないとしたが、裁判所は、2億5000万円の立退料の提供によって正当事由が具備されるとした。新宿という土地柄、ゲームセンターという職種が重視され、高額の立退料により正当事由は補完されるとした。

⑤　東京地判平成17・2・25判例集未登載

賃借人は、昭和36年以来本件6階建てビルの1階部分を賃借して婦人服の服装専門店として使用してきた。宅地建物取引業を営む賃貸人は、平成14年に本件ビルとその敷地および隣接する3階建てのビルとその敷地を取得し、直ちに賃料の値上げと解約申入れをした。裁判所は、賃貸人は本件建物を取壊し隣接土地と一体として土地の有効利用を図る必要があり、9階建ての自社ビルを建築する計画を有する。本件建物の経済的耐用年数はほぼ尽きようとしており、2棟のビルを取り壊して高層建物の敷地とすることは社会経済的にみて有効である。賃借人が本件建物の使用を継続する必要性は高いが、地区内の他の場所に適当な代替物件を求めることは困難ではないとし、1億円の立退料の提供により正当事由を肯定した。

このような判断形式はバブル経済期にはみられたが、平成17年当時の判決としては異例である。

(イ)　**近隣の土地利用状況が変化した事例**

近隣の土地利用状況の変化を理由として正当事由を肯定する事例もあった。

①　東京地判平成2・3・8判時1372号110頁

東京都江東区白河所在の倉庫の賃貸借契約につき、本件土地上の建物のほとんどが平屋建ての倉庫群であり非効率的なため、これらを取り壊し、近代的な建物を建築し本件土地を有効利用する目的は首肯でき、近隣は急速に土地の高度利用が進んでいるとし、裁判所は、立退料の支払なしに正当事由を肯定した。

立法過程では明確に否定されたにもかかわらず、近隣の土地利用の変化を理由として正当事由を肯定した事例である。

②　東京地判平成3・7・25判時1416号98頁

東京都文京区本郷所在の鉄骨プレハブ3階建て建物賃貸借（賃料128

万円）について、裁判所は、近隣地域の状況に応じた敷地の有効利用を理由として、立退料１億円によって、正当事由を肯定した。

立退料の算定に関しては、本件建物と同種の貸事務所の新規賃料の水準、本件建物の賃料、本件建物についての保証金額、近隣の貸事務所の保証金の水準、借家権価格についての鑑定結果、これまでの利用期間が７年足らずであること等を考慮したとされた。

(ｳ) 建物賃借人の使用の必要性が乏しい事例

建物賃借人の使用の必要性が乏しい場合は、正当事由が認められやすい。

① 東京地判平成３・５・30判時1395号81頁

東京銀座の５階建て賃貸ビル（昭和４年建築・昭和21年以来賃貸借・賃借面積2322㎡）につき、不動産賃貸業者である賃貸人は地上８階地下２階の店舗兼事務所ビルの建築計画を有し、年間売上げは154億円余りの賃借人は印刷工場として利用し、他にも多数の工場・営業所を有している事例につき、裁判所は、取り壊して建て替えるのが経済的であり、銀座という土地の性質上、高度利用、有効活用が望ましく、相当高度の合理性がある。借家人は場所の移転により壊滅的な打撃を受けるとは認めがたいとし、立退料の申出額６億円については、借家権価格のほか、建物の現状、賃貸借の継続した期間、今後の建物の使用可能年数、近隣の賃料との比較、地価の急激な上昇等を勘案して立退料を決すべきとし、８億円に増額して明渡しを認めた。

② 東京地判平成17・３・14判例集未登載

７階建ての小さなビルの３階部分を昭和49年から事務所として賃借する者（従業員数名・移転先の見出しも困難でない）に対し、競売取得した者からの大修繕、建替えの必要性を理由とした解約申入れにつき、裁判所は、借家権価格の約３倍の1280万円の立退料の提供により正当事由を肯定した。

③ 東京地判平成17・５・30判例集未登載

東京渋谷駅近辺の容積率700％の商業地域にある本件ビル８階事務所の賃借人（建設会社）に対して、本件建物およびその敷地を建替え目的で取得した賃貸人からの大規模な高層建物を建築する予定があるとした

〔第 1 部・第12章〕第 2 節　具体的な正当事由判断基準の形成——再開発の必要性

解約申入れにつき、裁判所は、賃借人の従業員は 4 名であり取引業者は
本件建物周辺に集中してはおらず、駐車場兼資材置き場として利用して
いた本件ビルに並ぶ空地を明け渡しており、他の事務所用ビルにおいて
業務を行うことも可能であり、本件ビルの他の賃借人が退去しており、
本件建物程度の賃貸物件に移転することが困難な事情はうかがえないと
する。賃借人が今後も事業を継続するとした場合、引越料などの移転実
費のみならず営業上の損失が生じることなどを勘案して賃料の 2 年分に
相当する立退料6000万円による正当事由の補完を認めた。再開発が集中
的に行われている地域に所在する事務所用ビルの賃貸借について、大規
模な高層建物を建築する予定があり、賃借人は同様な事務所を近隣で見
出すことは可能とし、 2 年分の賃料を補償することで正当事由を肯定し
た判決である。

　事務所などの事業用建物賃貸借では、近隣に同程度の物件を容易に見出せ
るかという判断が中心になった。今日では、十分な借家供給があり、近隣で
同様の物件を賃借できるかは、賃料いかんによるので、賃料の補填により正
当事由を満たすという思考が一般化している。

　　　(エ)　**再開発の必要性と他の要素を総合判断した事例**

　再開発の必要性と他の要素を総合判断して正当事由を肯定する裁判例もあ
る。

　①　東京地判平成 9 ・ 9 ・29判タ984号269頁

　　　建物賃借人は東京飯田橋所在の 4 階建てビルにて30年間家具店を経営
（年間売上約 4 億円、本件建物での売上3600万円）。大手不動産業者の賃貸
人は平成元年に本件ビルと周辺土地の所有権を取得し、再開発ビルの建
築を計画した事例につき、裁判所は、建物の老朽化、再開発ビル建築の
必要性、賃借人の移転の意向、営業収入、本件ビルの賃料などを総合判
断して4200万円の立退料提供により正当事由を肯定した。

　②　東京地判平成 9 ・10・29判タ984号265頁

　　　立退補償料654万円（賃借権価格136万円、営業補償金額358万円、 2 年間
の家賃補償金額160万円の合計）の支払を条件に、裁判所は、正当事由を
肯定した。

352

㈲　その他の事例

正当事由を肯定した結論に疑問がある事例もあった。

○　東京高判平成12・3・23判タ1037号226頁

　　昭和34年建築の共同住宅の賃貸借についての賃貸人からの建物の老朽
化、マンション建築計画を理由とする明渡しについて、裁判所は、立退
料200万円の提供により正当事由を肯定した。立退料額の算定につき、
「改築計画を持つことには十分な合理性がある。そして、控訴人ら（筆
者注：賃借人）の本件建物の使用の必要性は、住居とすることに尽きて
いる。そのような場合の立退料としては、引越料とその他の移転実費と
転居後の賃料と現賃料との差額の1、2年分程度の範囲内の金額が、移
転のための資金の一部を填補するものとして認められるべきである」と
した。

　　本判決の論理は粗雑であり、使用の必要性の検討は不十分であり、建
替え計画に合理性かつ具体的でなければ正当事由にはならないはずであ
るが、その検討は乏しい。立退料についての賃料差額の1年、2年程度
という説示も、1年分か2年分かでほぼ倍額の違いが生じるのであり、
1年、2年程度とまとめるのは、生活実態を具体的に考察したうえでの
判断としては精密さを欠くといわざるを得ない。

　⑶　**正当事由否定事例**

　　㋐　**再開発計画が具体的でない事例**

再開発計画が具体的でない場合正当事由は否定される。

①　東京地判平成元・6・19判タ713号192頁

　　東京神保町に所在する建物で賃借人は出版業を営んでいたが、利益追
求的要素が強い地上げ屋である賃貸人からの、再開発計画に基づく賃貸
用ビル建設を目的とする建物賃貸借の解約申入れにつき、裁判所は、正
当事由を否定した。

②　東京高判平成5・12・27金法1397号44頁

　　地上げ屋による自社ビルの建築を理由とする借家契約の解約申入れに
つき、具体的な建築計画がないとした。

バブル経済期の前記①・②判決には、賃貸人には具体的な再開発計画がな

〔第1部・第12章〕第2節　具体的な正当事由判断基準の形成——再開発の必要性

いこと、悪性の強い地上げ屋による建物取得・解約申入れという取得態様への否定的評価が裁判所の判断の基礎にある。計画が具体性を有するかという判断基準はこの後の判決で一般的な基準として形成されていく。

③　東京地判平成19・5・16(2007WLJPCA0576009)

　　原告（倉庫会社）は、被告（所有土地）所有本件建物（3万7534㎡）を昭和61年1月に、期間20年、倉庫営業の目的で賃借した（敷金5000万円、賃料3.3㎡あたり月5500円）。被告は平成17年9月に更新拒絶の通知をし、原告は賃借権確認請求訴訟を提起した。本事例はいわゆるサブリース契約であり、賃料値下げ要求がされ、そのつど、値下げを合意してきた経緯がある。裁判所は、原告には倉庫営業の必要があり、本件建物は有明地区にあり、再開発が行われているので近隣に住居用高層マンションが建築されると倉庫営業が困難になるという被告の更新拒絶の主張は認めるに足りず、本件建物の転用の必要性を裏づける具体的な自己使用の必要性を裏づける主張はない、として賃借権を確認した。

(イ)　**再開発計画を実現する経済的能力に疑問がある事例**

再開発計画を実現する経済的能力に疑問がある場合には正当事由は否定される。

○　東京地判平成9・2・24判タ968号261頁

　　東京池袋駅西口木造2階建て1階部分店舗において賃借人は昭和31年頃から飲食店を経営してきた事例。裁判所は、賃貸人は平成元年に土地建物を取得し、建物の老朽化を理由とする再開発計画を有するが、莫大な債務超過にあり、事業資金を提供していた金融機関から競売申立がされ、税金滞納により差押えを受け、今後の建築資金立退料を融資する金融機関、キーテナントも明らかではなく、再開発計画を実現する経済的能力に疑問があるとして正当事由を否定した。

Ⅰ　建物の耐震性能の不備

第3節　近時登場した事案についての判断基準の形成

Ⅰ　建物の耐震性能の不備

(1)　建物の耐震性能と建物の現状

　正当事由に関して、法制定時には想定されていなかった新たな事例が登場してきた。その典型は、平成23年の東日本大震災以降、主張される耐震性能の不備である。耐震性能の不備は「建物の現状」に含まれるので、主たる事由である建物賃貸人・賃借人の建物使用の必要性に次いで、従たる事由として判断される。耐震性能の不備を理由とする建物の取壊し、建物の建替えは、建物の老朽化についての判断基準と連続する側面がある。

　当初は、耐震性に欠けているという抽象的な主張を是認した裁判例もあった。しかし、現在では、耐震基準、耐震性能の具体的なデータを精査して、耐震性、正当事由を判断するようになった。しかも、借地借家法28条の条文構造に適合する判断形式、すなわち、主たる事由である賃貸人・賃借人の「建物使用の必要性」を精査した後に、従たる事由としての「建物の現状」のなかで耐震性能の欠如・不備を判断し、補完事由としての立退料を考慮する裁判例が主流になってきた。裁判例の進展状況を確認しておこう。

(2)　耐震性能の不備による正当事由を肯定した事例

(ア)　賃借人の使用の必要性が乏しい事例

　耐震性能の不備・危険性があり、賃借人の使用の必要性が乏しい場合は正当事由が肯定される。

①　東京地判平成24・11・1 LEX/DB25497266

　　賃借人（ゴルフ会員権の販売業者）は、前賃貸人との間で、昭和63年9月、本件貸室（昭和33年に建設された5階建てのビル・地下鉄三越前駅出口から徒歩1分）につき、賃貸借契約を締結し、その後、更新されてきた。

〔第1部・第12章〕第3節　近時登場した事案についての判断基準の形成

　賃貸人の地位を譲り受けた賃貸人は、譲受け後まもなく、本件建物には老朽化がみられ、震度5強以上かつ周期の短い地震動を受けた場合、中破以上の被害を受ける可能性があるとして、賃貸借解約通知をした。裁判所は、本件建物は、竣工後50年以上を経ており、老朽化が相当に進行し、耐震性の面での危険性は否定できない、耐震補強を行うには相当の費用がかかり、建替えが望ましい。賃貸人は本件建物の敷地を含む土地全体についての開発計画を有し、本件建物近隣の土地については取壊しが進み、本件建物についても本件貸室ともう1室を除き空室になっており、賃貸人には本件貸室の明渡しを求める必要性が認められる。賃借人は本件貸室において、長年にわたりゴルフ場会員権の販売を行っており、そのメリットは大きく、本件貸室を利用する必要性は認められるが、本件貸室でなければならない必要性はない。賃貸人は賃借人らが本件建物から立ち退くことを前提に開発を計画して本件建物を取得したこと、賃借人側が明渡しによる被る不利益を考えると、本件建物の状況および賃貸人の事情のみで正当事由を具備するには足りない、被告に生じる不利益を一定程度補う立退料311万余円によって正当事由が補完されるとした。

②　東京地判平成28・3・18判時2318号31頁

　昭和49年建築の本件建物を所有する原告は、平成5年、本件建物部分を被告に賃貸した。原告は東京都の条例に基づき本件建物につき耐震診断をし、基準値を大幅に下回る構造体であること、30年内に70％の確率で大地震が発生するといわれているので、本件建物を解体するとして、平成25年9月に本件賃貸借契約を終了すると通知した。被告会社は、本件店舗を含む5店で、日用雑貨の輸入卸売り、販売並びに宝石の輸入販売をしており、本件建物部分において輸入日用雑貨販売の店舗を営んでいる。本件建物は地下1階から地上11階まで賃貸用として使用されてきたが、現在は被告ともう1名の賃借人のみが賃借、使用している。裁判所は、建物の利用状況および賃借人の建物の使用を必要とする事情について、本件店舗が売上げの3割程度を占め、地元に根付き、幅広い年齢層の顧客が来店し、本件建物部分を使用する必要性は高い。他方、本件

建物の耐震性には問題があり、補強工事による対応は合理的でなく現実的でもない。本件建物における営業は被告の顧客に対しても危険な面があり、建物利用の必要性を重要視することは相当ではない。本件建物を明け渡した場合、被告自体の営業継続が困難になるとは認められない。本件建物について行われた耐震診断などの信用性は高く、耐震補強計画案は一時的な安全を保持するもので、建替えが強く推奨された。原告には自らが本件建物に入居し、使用する必要性はないが、建物の所有者および賃貸人として、耐震性に問題のある建物をそのまま放置し賃貸することは問題である。補強工事を施しても一時的な安全性が保持されるにとどまり、耐震性の問題が解決されないにもかかわらず、2億4000万円以上の費用を要する補強工事を施すことは合理性を欠き、現実的ではなく、本件建物の取壊しには正当な理由がある。ただし、立退料なくして正当事由が具備されるということはできず、3000万円の立退料が相当であると判旨した。

(イ)　建替え計画に具体性・合理性がある事例

耐震性能の不備による建替え計画に具体性・合理性があれば正当事由は肯定される。

○　東京地判平成25・1・25判時2184号57頁

賃借人は、昭和49年9月建築の鉄筋コンクリート3階建ての建物内の1階部分を、昭和58年頃から賃借し、歯科診療所を開設し、歯科医として生計を立てている。本件土地建物を購入した賃貸人は、分譲マンションとする計画がある。本件建物を設計施工した建設会社の耐震診断報告書には「地震の震動及び衝撃に対して倒壊し、又は崩壊する危険性がある」との結論があり、本件建物を取り壊し本件土地上に新たに建物を建築しようとするのは不合理とはいえない。分譲用マンションの建築という具体的計画は本件土地の立地条件、周辺環境、用途規制などに照らして合理的である。耐震性に問題のある本件建物を取り壊し、本件開発計画を実現するために本件建物部分の明渡しを求める必要性がある。賃借人は60歳近くであり本件建物部分を使用し続ける必要性が高いとして、裁判所は、6000万円の立退料の支払により正当事由が具備されるとした。

〔第1部・第12章〕第3節　近時登場した事案についての判断基準の形成

(ｳ)　代償措置がある事例

代償措置があるとして正当事由が肯定された事例もある。

○　東京地立川支判平成25・3・28判時2201号80頁

都市再生機構・高幡台団地の建物（昭和46年5月に建築された11階建て総戸数250戸の集合住宅・1階は店舗など2階から11階が賃貸住宅）の耐震性に問題があるとして、賃貸人が当該物件の除去を決定し、賃借人に対し賃貸借契約の更新拒絶を通知した事例につき、裁判所は、賃貸人が除去を当該物件において想定すべき改修方法と判断したことについて科学的な見地から誤謬があったと認めるに足りる事情は見当たらない。賃貸人の代償措置については、居住者に対し、その希望、年齢、障害の有無などを考慮したうえで本件号棟に類似した物件を移転先としてあっせんする等の内容であり、居住者は確実に移転先を確保できるうえに、転居先に応じ、移転費用の補償額、移転先家賃の減額ないし補助などを定めるもので、本件号棟からの退去に伴う経済的負担などについて十分配慮した手厚い内容と評価できるとして、正当事由を肯定した。

(2)　耐震性能の不備を理由とする正当事由の主張を否定した事例

(ｱ)　補強工事により耐震性能を補強できる事例

補強工事により耐震性能を補強できる場合には明渡しの正当事由は認められない。以下はその種の事例である。

①　東京地判平成24・9・27LEX/DB25497159

賃借人は、東京都渋谷区所在の昭和44年1月に建築された鉄筋コンクリート地下1階地上4階建物の2階および3階部分を平成12年に賃借し、飲食店を経営している。平成18年に本件建物を譲り受けた賃貸人は期間満了により賃貸借契約が終了する旨通知した。裁判所は、賃貸人は本件ビルの建替えの必要性を主張するが、耐震補強工事によって耐震性能を十分確保できること、そのために必要な費用は本件ビルの賃貸収入から十分に賄える程度の額であり、耐震補強工事によることに経済的合理性があること、賃貸人自身も本件ビルの建替えが当面ないことを前提に本件建物を利用しており、その資力に照らしても本件ビルの建替え計画が具体的に存在するとは認められないとして正当事由を否定した。

358

I　建物の耐震性能の不備

②　東京地判平成25・2・13LEX/DB25510907

　東京都港区所在の昭和30年11月頃に建築された本件ビルにつき、賃借人Aは1階部分で喫茶店を、Bは2階部分の一部で歯科診療所を営んでいる。解約申入れの正当事由につき、裁判所は、本件建物は一定規模以上の地震によって倒壊する危険性がある。しかし本件ビルがすでに朽廃したとか朽廃に近い状態にあるとはいえない。地震によって倒壊または崩壊する危険が直ちに差し迫っているとはいえない。本件ビルを取り壊すことなくその耐震補強工事を実施することが技術的または経済的に不可能ではない。現に経営している賃借人には使用を必要とする事情がある。賃貸人は明渡しを受けた場合には、本件ビルを取り壊す予定であるが、建替えの予定はないので、本件建物の使用を必要とする事情があるとはいえない。解約申入れに正当事由があることを基礎づける事情を認めるに足りる証拠もないので、立退料の提供によって正当事由が補完されることもないと判示した。

③　東京地判平成25・12・24判時2216号76頁

　地下鉄赤坂見附駅まで徒歩5分程度に位置する地下1階地上5階建てビルである本件建物は、昭和41年11月に新築され、被告は、同年12月から同建物の地下1階部分を賃借し、レストランを開店し、営業を継続している。原告は、平成22年11月更新拒絶の意思表示をし、本件訴訟を提起した。裁判所は、後掲東京地判平成25・2・25と同様、借地借家法の条文構造に即した判断枠組みを用いて、本件更新拒絶の通知について以下のように判示した。被告が本件店舗の使用を必要とする必要性は高く、建物使用に切実な事情がある。原告には本件建物を自己使用し、あるいは本件建物を取り壊した後の敷地を利用する差し迫った必要性はない、本件建物の耐震性能など、従たる考慮要素である各事情についてそれでもなお被告の立退きを肯定すべき相当程度の事情が認められなければ、正当事由は容易には認めがたい。建物の現況については、更新拒絶の意思表示がされた当時、本件建物は築後44年を経過していた。耐震性能に関しては、耐震補強が必要な建物であるが、その改善には本件建物の取り壊しまでは必要ではない、耐震性能を理由に取壊しが不可避と認める

359

〔第1部・第12章〕第3節　近時登場した事案についての判断基準の形成

ことは困難である、さらに、建物の賃貸借に関する従前の経緯、建物の
利用状況にも触れ、本件更新拒絶の通知について正当事由を基礎づける
事実がおよそ認められないのであるから、原告の立退料の申出によって
もなお正当事由を認めることはできないとする。

(イ)　耐震性能の具体的・現実的な不備がない事例

耐震性能の具体的・現実的な不備がない場合には正当事由は否定される。

① 　東京地判平成25・2・25判時2201号73頁

昭和56年に建築された池袋駅東口にある本件建物につき、賃借人であ
る被告は、平成6年から店舗（焼き鳥屋）として賃借している。賃貸人
（原告）は平成19年に本訴を提起した。更新拒絶の正当事由に関する本
判決の判断形式は借地借家法28条の条文の構造に適合する典型的な判決
である。以下判旨内容を紹介していく。

主たる要素である建物使用の必要性に関しては、賃貸人は本件建物の
老朽化が進み耐震性能の点で問題があるから本件建物を建て替え、敷地
を含む不動産を有効利用する必要があると主張するが、建替えや不動産
の有効利用については具体的な内容は全く不明であり本件建物の使用を
必要とする現実的・具体的事情は認められない。被告は店舗賃借後、焼
き鳥店を営業し、今後も本件店舗で営業を続ける意思を有している。被
告が本件店舗から立ち退いた場合近隣で従前と同様の条件により店舗を
借りられる保証はなく、営業を継続できなければ常連客を失うなど相当
の経済的損失を被るおそれがあり、被告には本件店舗の使用を必要とす
る現実的・具体的事情が認められる。主たる考慮要素である建物使用の
必要性につき被告の必要性がより大きいから、従たる考慮要素である従
前の経緯などにつき、それでもなお被告の立退きを肯定すべき相当程度
の事情が認められなければ、正当事由は容易には認めがたい。

従たる要素としての、従前の経緯について、裁判所は、従前の賃貸人
と被告の間では格別の支障がなかった。賃借人として被告がいることを
承知しつつ比較的低廉な価格で本件建物を購入した原告が賃貸人の地位
を承継してまもなく建物の老朽化を理由に本件店舗の明渡しを求めるよ
うになったと認定する。

建物の利用状況につき、被告は契約によって定められた目的に従って本件店舗を有効に使用収益しており、支払賃料も近隣の相場と比較して不相当に低額ではない。本件建物のテナントは被告のみである。原告は訴訟の提起を含めて各テナントに明渡しを求めてきた結果であり、原告は本件建物の購入後新規のテナントをいっさい募集していない。本件建物の大部分は原告またはその関連会社が使用している。

建物の現況について、本件建物は建築後28年であるから朽廃に近いとはいえず、建替えの必要性があるとは直ちには認められない。原告は耐震性能に欠けることを建替えの必要とするが、建物は旧耐震基準のもので新耐震基準を満たさないが、建物の全体について耐震性能に著しく欠けた状態にあるとはいえず、直ちに建て替えることが要求される建物とはいえない。新耐震基準に合わせるために必要最小限の耐震補強工事に限定すればその費用は比較的低廉な価格で済み、建替えなどは原告の利益を図る側面が相当強い。

補完事由としての立退料については、正当事由を基礎づける事由はおよそ認められないのであるから、立退料の申出によってもなお正当事由は認められないとした。

本判決の判断構造は条文に適合したものであり、主たる要素である建物使用の必要性について、詳細に検討し、次に従たる要素である各事由について、一つひとつあてはめを行い、最後に補完事由である立退料について検討する。条文の構造に適合した正当事由判断の典型というべきものである。

② 東京地判平成25・9・17LEX/DB25515013

千代田区神保町近辺の本件建物につき、賃借人（被告・出版社）は昭和54年8月に当時の所有者と賃貸借契約を結び、その後更新されてきた。原告は平成24年7月に本件建物を取得し賃貸人の地位を承継し、同年9月に賃貸借契約解約の申入れをした。裁判所は、原告の主張する耐震性の不備について、原告は、震度6以上の地震による倒壊の危険性があることを理由とする取壊しの必要性を主張するが、本件建物の倒壊の危険性を具体的に立証できていない。また、老朽化による雨漏り、電気系統

〔第1部・第12章〕第3節　近時登場した事案についての判断基準の形成

の異常、漏電の危険性があるため建物の解体が必要というが、これらについて具体的危険性があるとは認められない。賃借人は長年にわたり、本件建物部分で営業活動を行っており、書籍等の出版および販売という業務において本件建物の立地が営業上の利点となっているとして正当事由を否定した。

II　サブリース契約と建て貸し契約

1　サブリース契約と借地借家法28条の正当事由

(1)　概　要

近時登場した新たな建物賃貸借関係として、サブリース契約と建て貸し契約（オーダーリース契約）がある。サブリース契約とは、不動産開発業者が開発用地の所有者との間で行う契約であって、開発業者の系列金融機関が土地所有者に融資をし、土地所有者が商業業務用ビルを建築し、開発業者にビルを一括して賃貸する。開発業者＝賃借人は、そのビルをテナントに転貸借し、転貸賃料を取得し、それによって賃貸人に賃料を支払う。開発業者は、土地所有者＝建物建設＝建物賃貸人に対して一定額の賃料を保証するのが通例であった。当初は、これら全体のしくみをサブリース契約と呼んでいた。最近では、賃貸人とサブリース業者が結ぶ契約をマスターリース契約、サブリース業者と建物を転借して使用するテナントとの間の契約をサブリース契約ということもある。サブリースには多様な形があったが、共同事業方式が典型とされ、典型的なサブリース契約には、最低賃料保証特約、賃料自動改定特約、長期間の賃貸借期間の設定、中途解約禁止特約が含まれていた。

(2)　サブリース契約における借地借家法32条の適用の有無

バブル経済崩壊後の不動産不況の中で、最低賃料保証特約、賃料自動改定特約があるにもかかわらず、賃借人による借地借家法32条の賃料増減請求権の行使、賃料の値下げ請求が多発し、その結果、賃借人からの賃料減額請求訴訟、賃貸人による賃料保証特約に基づく賃料確認訴訟がなされ、サブリース契約における賃料保証・賃料自動改訂特約の効力、借地借家法32条の適用

362

の有無が争点となった。

　この問題については、平成15年の最高裁判決が一応の決着をつけた。[19]「本件契約における合意の内容は……本件賃貸部分を使用収益させ、……その対価として賃料を支払うというものであり、本件契約は、建物の賃貸借契約であることが明らかであるから、本件契約には、借地借家法が適用され、同法32条の規定も適用される」。「本件契約には本件賃料自動増額特約が存するが、借地借家法32条１項の規定は、強行法規であって、本件賃料自動増額特約によってもその適用を排除することができないものであるから……、本件契約の当事者は、本件賃料自動増額特約が存するとしても、そのことにより直ちに上記規定に基づく賃料増減額請求権の行使が妨げられるものではない」。「この減額請求の当否及び相当賃料額を判断するに当たっては、賃貸借契約の当事者が賃料額決定の要素とした事情その他諸般の事情を総合的に考慮すべきであり、本件契約において賃料額が決定されるに至った経緯や賃料自動増額特約が付されるに至った事情、とりわけ、当該約定賃料額と当時の近傍同種の建物の賃料相場との関係（賃料相場とのかい離の有無、程度等）、第１審被告（筆者注：賃借人）の転貸事業における収支予測にかかわる事情（賃料の転貸収入に占める割合の推移の見通しについての当事者の認識等）、第１審原告（筆者注：賃貸人）の敷金及び銀行借入金の返済の予定にかかわる事情等をも十分に考慮すべきである」と述べた。この後の最高裁判決も、[20]借地借家法32条１項により、賃料の減額を求めることができるとしたうえで、「本件契約締結に至る経緯、取り分け本件業務委託協定及びこれに基づき締結された本件契約中の本件賃料自動増額特約に係る約定の存在は、本件契約の当事者が、前記の契約締結当初の賃料額を決定する際の重要な要素となった事情と解されるから、衡平の見地に照らし、借地借家法32条１項の規定に基づく賃料減額請求の当否（同項所定の賃料増減額請求権行使の要件充足の有無）及び相当賃料額を判断する場合における重要な要素として十分に考慮されるべきである」とし、サブリース契約締結当時の特別の事情を個別具体的に考

19　最判平成15・10・21民集57巻９号1213頁、最判平成15・10・21裁判集民211号55頁、最判平成15・10・23裁判集民211号253頁。

20　最判平成16・11・８裁判集民215号555頁。

363

〔第1部・第12章〕第3節　近時登場した事案についての判断基準の形成

慮すべきとした。

　その後、居住用建物についても同様なサブリース契約が結ばれるようになり、賃貸住宅の所有者は、その管理を管理業者に委託するのが通例となった。サブリース業者が住宅の所有者に対して勧誘を行う際、家賃の減額リスクがあるにもかかわらず家賃を確実に保証するとか、修繕費に関しても所有者＝賃貸人負担が原則であるにもかかわらず、負担は不要である等の著しく事実に反する表示をする等により紛争が多発した。そこで、賃貸住宅の管理業務などの適正化に関する法律（令和2年法律第60号）が制定されるに至った。同法は所有者＝賃貸人とサブリース業者との原賃貸借契約をマスターリース契約・特定賃貸借契約といい、サブリース業者と居住者である転借人との転貸借契約をサブリース契約という。

(3)　サブリース契約における借地借家法28条の適用の有無

　サブリースと借地借家法の適用に関するもう1つの問題は、原賃貸借契約（マスターリース契約）の期間が満了する場合、更新拒絶につき、借地借家法28条が適用されるかである。これが争点として争われた裁判例として①～④がある。

　①　札幌地判平成21・4・22判タ1317号194頁

　　　原告はその所有する本件建物を平成4年9月に訴外会社に対し、平成19年8月末までの期間15年で賃貸し、訴外会社がこれを一括して被告に転貸する契約を締結した。平成9年3月に訴外会社の地位を被告が承継した。本件契約の賃料は数度改定されたが、原告は平成19年2月に本件契約を更新しない旨の通知をし、更新拒絶に借地借家法28条の正当事由があるとして、次のように主張した。本件契約はいわゆるサブリース契約であり、サブリース契約が終了しても現に入居しているテナントについてはその法的地位に変化はなく原告が賃貸人の地位を承継する。サブリース契約は賃貸人である建物所有者と賃借人である管理会社との共同事業としての性格を有し、賃借人は経済的弱者ではなく、賃借人保護を理念とする借地借家法の理念と整合しない面があるので、借地借家法28条の正当事由の適用にあたってはサブリース契約であることが重要な考慮要素となる。

364

これに対して、裁判所は原告の主張を失当として、本件契約がサブリース契約であることが建物の使用を必要とする事情の一要素として考慮されることはあっても、それが正当事由を認める方向での独立の考慮要素となるものではないと判旨した。原告が本件賃貸部分の使用を必要とする理由は本件建物賃貸部分を直接テナントに賃貸することによって本件契約の賃料以上の収益を上げようとすることにあり、被告は自らの企業努力によってテナントを確保し、転貸を主要な収入源としているのであるから、必要性の比較の観点からは直ちに正当事由を認めることにはならない。サブリース契約は賃貸人にリスクのない安定した賃料収入を保証する一方、賃借人であるサブリース業者に空室発生や賃料滞納などのリスクを負わせる反面、企業努力によって転貸借契約の履行状況が良好な場合に相応の利益をもたらすことを前提とする契約形態であるから、被告が原告に支払う賃料以上の収益をテナントから得ているとしてもこのことは想定の範囲内であるとする。

② 　東京高判平成14・3・5判時1776号71頁

　建物所有者とサブリース業者との建物賃貸借契約の解約について正当事由があるかに関して、借地借家法28条は転借人が建物を使用する必要があるかを正当事由判断の要素とすることで転借人の保護を図っており、このような法の趣旨からして、転貸目的の賃貸借においては賃貸借が終了しても賃貸人が転貸借契約を承継して、転借人が建物の使用を従前どおり継続できる場合には、賃貸人が賃借人兼転貸人に対して賃貸借の解約を申し入れるについて特別の事情のない限り、解約の正当事由が肯定されると解している。

③ 　東京地判平成24・1・20判時2153号49頁

　原告はサブリース業者である被告に、千代田区所在11階建て建物の1階部分48㎡を賃貸していた。原告は、借地借家法28条の正当事由につき、本件建物を本社として利用する必要性があると主張した。しかし、裁判所はその主張を認めず、被告を排除して転借人と直接契約し賃料を増額させたいという経済的利益を目的とするものであるとし、被告に対して賃料増額請求をすることで目的を達成できるとした。

365

〔第1部・第12章〕第3節　近時登場した事案についての判断基準の形成

④　東京地判平成27・8・5判時2291号79頁

　本件建物所有者と被告との間で、本件建物を被告が転借人に転貸することにより収益を上げることを目的として賃貸借契約および満室保証契約を締結した。建物所有者の死亡によりその父である原告が本件建物を単独相続し、平成21年に賃料月10万円、5年間の賃貸借契約を結んだ。原告は、平成25年5月頃本件建物の転借人が退去することになった旨の報告を被告から受け、本件契約を更新しないことおよび自分が入居するので入居者を募集しないように求めたが、被告は他の者との間で賃貸借契約を締結した。原告は更新を拒絶し、原告の居住する自宅は築60年を超える老朽化した木造草葺き平屋建ての建物であり、その補修改築のためまとまった資金を必要とし、その資金を捻出するためには本件建物を可能な限り高額で売却する必要がある必要があると主張した。裁判所は、原告には本来的な意味での自己使用の必要性はないが、占有負担のない形での売却を可能にするため期間満了をもって本件契約を終了させるべき強い必要性があった。終了により転貸借契約を承継するが、この事情は被告の契約違反行為に起因するので、賃貸借に関する従前の経過として原告に有利に斟酌すべきである。被告の本件建物を使用する必要性は建物を転貸して経済的利益を得ることにすぎず、本件契約の終了によって被告の経営に影響を及ぼすような重大な不利益が生ずるものとは認められないとして、50万円の立退料の支払で正当事由が肯定されるとした。

　それでは、サブリース業者に対するマスターリース契約の解約についてどう考えるべきか。平成15年の最高裁判決がある以上[21]、借地借家法の適用があり、借地借家法28条が適用されることが前提となる。

　正当事由判断はどうか。「使用の必要性」という点からみてみよう。賃貸人が自ら使用することは極めて稀であろう[22]。マスターリース消滅後にテナントと直接契約をして、より高額の賃料を取得するという経済的目的の達成が実質的な目的である。他方、賃借人であるサブリース業者は転貸人として賃料取得を目的とし、現実的な使用をしていない。サブリース契約ではマスタ

21　前掲最判平成15・10・21、前掲最判平成15・10・23参照。

22　前掲東京地判平成27・8・5は稀な事例である。

ーリースが消滅する場合には賃貸人はテナントとの転貸借契約を承継するので、賃貸借契約を終了させても建物を使用している者の保護に欠けることはない。賃貸人・賃借人とも現実的な使用の必要性はないので、使用の必要性の比較は意味のあることではない。サブリース業者の投下資本の回収、賃料の継続的な取得等の経済的利益が奪われるかどうかの問題であり、正当事由判断においては、サブリース契約というしくみ自体の評価が重要となる。

　サブリース契約であることは、建物使用の必要性においてではなく、従たる事由である「従前の経緯」の中で判断するのが適切である。サブリース契約は賃貸借におけるリスク配分を内容とする賃貸業務委託ないし共同事業的性格を有している契約であり、当事者の合意のなかで賃料額、賃料保証、賃料増減方法、賃貸借期間、期間満了時の処理方法、賃貸業務の適切・良好な実施等が規定されているので、「従前の経緯」の中でサブリース契約の詳細を考慮するのが適切である。

　賃貸人はサブリース業が好調であるときには賃貸借契約を解約して転貸人の地位を承継して収益を得ようと考えるから、正当事由を肯定すると、サブリース業者の収益が失われる。もっとも、サブリース業が不調であれば、賃借人は自由に解約できるので、バランスという点では賃貸人の解約を認めても不均衡になるわけではない。サブリース契約というしくみの中である程度長期間の存続期間が定められている場合には、その期間内で投下資本の回収が図られているので、期間経過後は解約を認めてもよいであろう。[23]

　サブリース契約であることは、「従前の経緯」に含まれるので、元来共同事業的性格を有するサブリース契約の契約・合意内容を詳細に検討することが必要となる。なお、当事者間の経済的な利益調整という点では、立退料による利害調整、さらには賃料増減額請求の適切な行使などによる解決方法も検討されるべきである。

23　借地の転貸借に関する前掲那覇地判平成14・5・14はこの観点から正当化できる。

〔第1部・第12章〕第3節　近時登場した事案についての判断基準の形成

2　事業用建物の建て貸し契約

(1)　概　要

　事業用建物の建て貸し契約・オーダーメイド賃貸借も近時増加している。これは、土地所有者がその土地の上に賃借人が希望、設計をした建物を建設し、これを賃貸するという契約類型である。土地所有者が賃借人のために汎用性のない建物を建築し賃貸借する事例をオーダーメイド賃貸借・オーダーリースということがある。オーダーメイド賃貸借においては、商業施設を運営する賃借人が建物の仕様を指定し、土地の所有者が指定に基づく建物を建築して賃借人に建物を賃貸するという方法が用いられる（同一仕様で各地に展開するチェーン店舗がその例である）。商業施設等の運営者が、保証金、建築協力金等の名目で、土地所有者に融資して、建物を建築してもらい、それを賃借する形式である。借地形式にすると借地借家法の規定により借地権者の権利が強固になり、土地所有者の意向に反するので、借家形式をとることになる。施設運営者も、地域の環境、経済状況、自身の経営状況の変化に対応でき、ある程度の期間、当該場所で商業施設を運営できればよいので、借地形式にする必要がない。最近では、医療用建物を建築し、各診療科の医院を入居させるメディカルモールが流行している。

　建築された建物が当該商業施設運営者の要望に即した特殊な建物であり、汎用性に欠けるので、他の用途に転用すること、賃貸借契約終了後他の賃借人を見出すことが困難である。そこで、賃貸人は中途解約禁止条項、違約金条項を盛り込む。ある程度長期の定期建物賃貸借契約にする。将来にわたり安定した賃料収入を得ることを目的として、3年ごとに賃料を増額する特約を付すこと等がある。他方、賃借人は建物の適切な維持管理、修繕義務を賃貸人に要求する。どのような契約内容を取り結ぶかが重要になり、それらの合意条項が借地借家法の規定との関係で有効かが問題となる。

(2)　オーダーメイド賃貸借契約

　建て貸し契約・オーダーメイド賃貸借は、建物の汎用性を犠牲にして、特に賃借人の営業上の利益を図るものであるから、単なる賃貸借ではなく、一種の事業受託契約であるとして、借地借家法の適用を否定する判決もあった。[24]

368

しかし、最高裁判所はオーダーメイド賃貸借契約の特性について深入りすることなく、通常の建物賃貸借契約と異なることがないとして借地借家法32条1項に基づく賃料増減額請求権の行使を認めた。同判決は、当初の合意賃料を維持することが衡平に失し信義に反するというような特段の事情の有無により賃料減額請求の当否を判断すべきものとして、もっぱら公租公課の上昇および賃借人の経営状態のみを参酌し、土地建物の価格等の変動、近傍同種の建物の賃料相場等借地借家法32条1項所定の他の重要な事情を参酌しないまま、賃借人のした賃料減額請求権の行使を否定した原審の判断に違法があるとした。

オーダーメイド賃貸借に関しても、サブリース契約と同様、建物賃貸借であり、借地借家法が適用されるという原則に従い、契約締結時の特別事情は賃料増減請求権の行使についての基本的判断枠組みの中に組み入れて、判断するのが適切である。

(3) 建物賃借人から契約解除を求める場合

建物賃借人から、賃貸人の修繕義務不履行などの義務違反、債務不履行を理由として契約解除を求める等の紛争も生じている。

○　福岡高判平成19・7・24判時1994号50頁

地盤沈下の影響で建物が損傷した事例において、建て貸し契約の中途解約規定に基づき、契約期間中であっても相当な理由がある場合には賃借人による一方的な解約が認められるとした。

(4) 賃貸人からの更新拒絶、解約申入れの場合

建て貸し契約において、賃貸人からの更新拒絶、解約申入れには正当事由制度が適用されるか。

○　東京地判平成30・2・16LEX/DB25552533

中古車販売業を営んでいた被告は、原告と駐車場契約を結ぶ際に、本件建物を事務所として自動車販売および修理を行うことにし、建設協力金の趣旨で、事務所建設費用を支払い、5年間無償で使用した。事務所は原告名義で保存登記されている。裁判所は、事務所賃貸借契約更新拒

24　東京高判平成15・2・13判タ1117号292頁。

25　最判平成17・3・10裁判集民216号389頁。

〔第1部・第12章〕第3節　近時登場した事案についての判断基準の形成

絶の正当事由に関して、原告が負債を返済するため建物賃貸借契約など
を解消して本件不動産を売却しようとすることに一定の合理性・必要性
は認められるが、被告は相当額の投資をして本件不動産で事業を営んで
おり、事業を継続する必要性が高いとして正当事由を否定した。

　本事例は、被告が原告に建設資金を出して原告に建物を建築させ賃借
するという形態の契約であるが、建物賃貸借であり、借地借家法が適用
され、解約申入れには借借家法28条の正当事由が必要であるとする。

より一般的に考えると、建て貸し契約は、土地所有者＝建物所有者＝建物
賃貸人と事業経営者＝資金提供者＝建物賃借人との利害関係の調整から生ま
れた一種の共同事業であり、建築協力金契約と建物賃貸借契約とが密接な一
体的な関係で締結される。正当事由判断に際しては、建て貸し契約であるこ
とは「従前の経緯」に含まれ、建て貸し契約の合意内容が重要な意味をもつ。
とりわけ、賃貸借期間の長短、賃料額、賃料増減額、建物の修繕義務、中途
解約、期間満了後の更新等に関する合意内容、建設協力金契約との密接さの
程度等が正当事由判断の重要な考慮要素となる。

最後に、紙幅の関係上、参照文献を一括して掲げておく。

①　正当事由に関する文献

　　野崎幸雄「借家法1条の2にもとづく家屋明渡請求訴訟」鈴木忠一＝三ケ
月章監修『実務民事訴訟講座(4)不動産訴訟・手形金訴訟』（日本評論社、1969
年）65頁以下、本田純一『借家法と正当事由』（一粒社、1984年）、矢部紀子
「正当事由(1)借地関係終了の正当事由について」判タ695号32頁、小林正「正
当事由(2)借家法1条の2の正当事由」判タ695号41頁、小川克介「正当事由」
篠田省二編『現代民事裁判の課題(6)借地・借家区分所有』（新日本法規出版、
1990年）503頁以下、小林正「借地・借家の正当事由と阻害事情」西村宏一ほ
か編『現代借地・借家の法律実務(1)』（ぎょうせい、1994年）205頁以下、本
田純一「借地契約の更新拒絶における正当事由」稲葉威雄ほか編『新借地借
家法講座(1)総論・借地編(1)』（日本評論社、1998年）188頁以下、中路義彦
「更新、更新拒絶等と正当事由」渋川満ほか編『現代裁判法大系(3)借地借家』
（新日本法規出版、1999年）42頁以下、小野木等「更新、更新拒絶等と正当事

由」渋川満ほか編『現代裁判法大系(3)借地借家』(新日本法規出版、1999年)
247頁以下、松井宏興=鈴木龍也「借家関係の終了と正当事由」稲葉威雄ほか
編『新借地借家法講座(3)借家編』(日本評論社、1999年)44頁以下、稲本洋之
助=澤野順彦編『コンメンタール借地借家法〔第2版〕』(日本評論社、2003
年)、佐藤岩夫「社会的関係形成と借家法」法時70巻2号27頁以下、本田純一
『借家法と正当事由の判例総合解説』(信山社出版、2010年)、吉田克己「サブ
リース契約と正当事由」吉田克己『市場・人格と民法学』(北海道大学出版会、
2012年)325頁、本田純一ほか「借家の賃貸人による解約申入れまたは更新拒
絶の正当事由に関する裁判例の動向(上)・(下)」NBL978号66頁以下・979号48頁
以下、瀬川信久「不動産の賃貸借―その現代的課題(1)」松尾弘=山野目章夫
編『不動産賃貸借の課題と展望』(商事法務、2012年)1頁、吉田克己「賃貸
住宅の耐震強度不足と修繕義務・正当事由」広渡清吾ほか編『日本社会と市
民法学〈清水誠先生追悼論集〉』(日本評論社、2013年)323頁以下、宮崎裕二
「借家の正当事由に関する裁判例分析から見えてきたもの」法時86巻3号105
頁以下、平田厚『借地借家法の立法研究』(成文堂、2014年)、大村敦志=小
粥太郎『民法学を語る』(有斐閣、2015年)170頁～173頁、吉田克己「住宅法
学の過去・現在・未来」浦川道太郎先生・内田勝一先生・鎌田薫先生古希記
念論文集編集委員会編『早稲田民法学の現在〈浦川道太郎先生・内田勝一先
生・鎌田薫先生古希記念論文集〉』(成文堂、2017年)163頁以下、住田英穂
「正当事由制度の意義と民法学」浦川道太郎先生・内田勝一先生・鎌田薫先生
古希記念論文集編集委員会編『早稲田民法学の現在〈浦川道太郎先生・内田
勝一先生・鎌田薫先生古希記念論文集〉』(成文堂、2017年)187頁以下、秋山
靖浩「民法改正と不動産賃貸借法」ジュリ1516号64号以下、升田純『民法改
正と賃貸借契約賃貸管理業者への影響』(大成出版社、2018年)、大野武「借
地契約における正当事由制度の再構成」吉田和夫ほか編著『市民生活関係法
の新たな展開〈大西泰博先生古希記念論文集〉』(敬文堂、2019年)85頁、稲
本洋之助=澤野順彦編『コンメンタール借地借家法〔第4版〕』(日本評論社、
2019年)、田山輝明ほか編『新基本法コンメンタール借地借家法〔第2版〕』
(日本評論社、2019年)、大野武『住宅と借地制度』(敬文堂、2019年)、澤野
順彦編『実務解説借地借家法〔第3版〕』(青林書院、2020年)、渡辺晋=山本

幸太郎『土地賃貸借〔改訂版〕』（大成出版社、2022年）、渡辺晋『建物賃貸借〔改訂3版〕』（大成出版社、2022年）。

② 正当事由と立退料に関する文献

小川克介「立退料と正当事由」水本浩＝田尾桃二編『現代借地借家法講座⑵借家法』（日本評論社、1986年）35頁以下、小川清一郎「借家法1条の2と立退料」法学新報95巻5～6号141頁以下、澤野順彦「正当事由と立退料との関係」西村宏一ほか編『現代借地・借家の法律実務(1)』（ぎょうせい、1994年）235頁以下、原田純孝「不動産」判タ1054号67頁以下、松田佳久「正当事由具備の段階的判断と借地立退料の意義(1)・(2)」大阪経大論集58巻5号49頁以下・58巻6号263頁以下、松田佳久「判例分析に基づく借家立退料の法的機能および借地立退料と借家立退料との異同(1)～(3)」大阪経大論集59巻1号31頁以下・59巻2号175頁以下・59巻3号87頁以下、伊藤秀誠『借地借家契約における正当事由・立退料』（日本加除出版、2017年）、川口誠＝岡田修一編著『借地借家の正当事由・立退料』（新日本法規出版、2017年）、七戸克彦「正当事由と立退料の今日的課題」澤野順彦編『不動産法論点大系』（民事法研究会、2018年）308頁以下。

③ 裁判例を網羅した詳細な研究

澤野順彦『借地借家の正当事由と立退料〔改訂版〕』（新日本法規、2009年）。

④ 立退料の法的な意味に関する文献

鈴木禄弥「いわゆる立ち退き料について」川島武宜『損害賠償責任の研究(上)〈我妻榮先生還暦記念〉』（有斐閣、1957年）477頁以下。

⑤ 借地権価格、借家権価格に関する文献

中島康典「借地権価格」西村宏一ほか編『現代借地・借家の法律実務(2)』（ぎょうせい、1994年）35頁以下、澤野順彦「借家権価格」『現代借地・借家の法律実務(2)』（ぎょうせい、1994年）79頁以下、澤野順彦「借地権の価格」渋川満ほか編『現代裁判法大系(3)借地借家』（ぎょうせい、1999年）72頁以下・258頁以下。

（内田勝一）

第13章
敷地利用権なき区分所有権

第1節　区分所有における敷地と建物

I　建物と敷地利用権

　専有部分を所有するために敷地への権利が必要であることは、区分所有建物以外の建物と同様で、いうまでもないことである（敷地利用権）。わが国の民法、不動産法では、土地と建物は別の不動産としており（この経緯根拠は、いまだに十分に解明されてはいない）、別々に取引の対象とされることがないわけではない。この結果、敷地利用権を欠いた建物は収去の危険にさらされる。民法では、法定地上権（民388条）や土地、建物の一括競売（民389条）などの制度をつくってこの結果を回避しようとしている。しかし、すべてが救済できるわけではない。

　昭和37年に成立した建物の区分所有等に関する法律（以下、「区分所有法」という）は、敷地利用権を有しない区分所有者があるときは、その専有部分の収去を請求する権利を有する者は、その区分所有者に対して、区分所有権を時価で売り渡すべきことを請求できると規定していた（区分所有旧7条）。この規定は、土地と建物が分離した場合、建物の収去を避けようとするものであった。

　しかし、特別法の制定当初から、この区分所有権売渡請求権の性格が問題とされ、請求権にすぎないとしたら建物収去、土地明渡請求権も認められる

〔第1部・第13章〕第1節　区分所有における敷地と建物

のではないか、とされた（第3節II参照）。

　昭和58年の区分所有法の改正では、区分所有関係の成立時およびそれ以降に、建物と土地とが別々に取引されることを回避することが、実体法および登記法でしくまれた。これは、この改正の最大の狙いといってよい。すなわち、敷地利用権が数人で有する所有権その他の権利である場合には、区分所有者は、その有する専有部分とその専有部分に係る敷地利用権とを分離して処分することができず、分離して処分しても無効である（区分所有22条1項本文・23条）。建物の共用部分と専有部分は、すでに分離して処分できないことになっていたので（区分所有旧11条）、この改正で、建物と敷地利用権とが一体化したと評価できよう。区分所有法は、部分的に地上物が土地に属する（superficies solo cedit）とした考えを実現したといえよう。

　この一体化の時期は、区分所有建物が完成した時点ないし普通建物を区分所有建物とする意思決定がなされた時期である[1]。

　もっとも、この無効は善意の第三者に主張できないという制約を被る（区分所有23条本文）。

　また登記法でも、一方で、敷地利用権であっても登記ができ、かつ専有部分と分離できないものを専有部分と分離できないものとして、専有部分の表題部に記載し（敷地権。不登旧91条2項4号、44条1項9号）、他方で、敷地の登記用紙に職権で当該権利が敷地権である旨の登記をする（敷地権たる旨の登記。不登旧93条の4、46条）。そして以後は、専有部分の権利変動だけが登記用紙に記載され、それが敷地権についての相当の登記たる効力をもつこととし（不登旧110条の15、不動産登記法73条1項）、敷地上の権利変動は敷地の登記用紙に記載しないこととした（不登旧110条の13・旧140条の2、73条2項・3項）[2]。

　この区分所有法、不動産登記法の改正によって、区分所有をめぐって土地と建物が別々に動くことは大幅に減ったといってよい。

1　水本浩ほか編『基本法コンメンタールマンション法〔第2版〕』（日本評論社、1999年）40頁〔石田喜久夫〕

2　不動産登記法改正後の区分所有建物の登記については、月岡利男「敷地利用権」丸山英氣編『区分所有法〔改訂版〕』（大成出版社、2007年）124頁以下が詳しい。

Ⅱ 敷 地

建物と一体化する敷地には二つの態様がある（区分所有2条5項）。

まず、法定敷地があげられる。これは、建物が所在する土地である（区分所有2条5項）。区分所有建物の物理的底地をいう。法律上当然に建物の敷地とされ、数筆にまたがっているときは、それ全体が法定敷地となる。

次に、区分所有法5条1項の規定により建物の敷地とされた土地があげられる（区分所有2条5項）。区分所有者が建物および建物が所在する土地と一体として管理または使用する庭、通路その他の土地である（規約敷地）。この場合には、規約によって敷地としなくてはならない（区分所有5条1項）。この敷地とするための規約は、最初に建物の全部を所有する者（たとえば分譲者）が、公正証書によって単独で設定することができる（区分所有32条）。

建物が所在する土地が建物の一部の滅失により建物の所在する土地以外の土地になったときは、その土地は、規約で建物の敷地と定められたものとみなされる（区分所有5条2項前段）。また建物の所在する土地の一部が分割により建物の所在する土地以外の土地になったときも同様である（区分所有5条2項後段）。

Ⅲ 敷地利用権

敷地利用権とは、専有部分を所有するための建物の敷地に関する権利をいう（区分所有2条6項）。敷地利用権には、所有権、地上権、賃借権がある[3]。また、定期借地権もここに含めることができる。

1 所有権

敷地利用権が所有権である場合、①共有と、②分有の形態があることはいうまでもない。

---

3 玉田弘毅『注解建物区分所有法(1)』（第一法規、1978年）270頁・310頁。

〔第1部・第13章〕第1節　区分所有における敷地と建物

①では、専有部分の床面積の割合によって敷地利用権が定められることが多い（区分所有法22条2項・14条1項〜3項）。また①では、不動産登記法上、専有部分と敷地利用権の一体化が可能である（区分所有22条1項本文）。ただし、規約に別段の定めをすることができる（区分所有22条1項ただし書）。

もっとも、建替え後の新建物につきこの割合で配分すべきかは議論が多い。

②では、隣接するＡＢが所有する2筆の土地上に1棟の区分建物を建築し、1階をＡが、2階をＢが所有するというのが典型である。その場合、相互に必要な敷地を利用する権利は賃借権が設定されているとみるべきであろう[4]。この場合には一体化はできない。

さらにこのほかに、敷地利用権が、③その専有部分の位置に対応する空間所有権を理論上否定するいわれはないが[5]、ここでは深入りしない[6]。

2　地上権

敷地利用権が地上権である場合、①地上権の準共有、②地上権の分有、③空間地上権の三つの態様が考えられる。

①は、借地借家法により、後述の賃借権に準じて考えればよいであろう（借地借家1条・2条参照。もっとも、地上権の譲渡は自由で民法612条の適用を受けない）。

問題は、③である。特に昭和41年の民法・借地借家法の改正で民法269条の2の区分地上権が創設されており、登記も可能となっているので、この③との関係が検討されねばならない。ここでも、民法269条の2による区分地上権を敷地利用権から除外する理由は理論上は存しない。しかし、登記実務では否定的である。この点につき、ここでは深入りしない。

3　賃借権

敷地利用権が賃借権の場合にも、①賃借権の準共有、②賃借権の分有、③

4　玉田・前掲書(注3)271頁。

5　丸山英氣『区分所有建物の法律問題』（三省堂、1980年）9頁。

6　この議論は深まっているとはいえず、現在での評価については、丸山英氣『区分所有法』（信山出版、2020年）210頁参照。

376

Ⅲ　敷地利用権

空間賃借権の三つの態様が考えられる。

③も契約自由から理論的には排除される理由はない。

①（および前記2①）で問題となるのは、賃料債務の性格である。賃料債務を不可分債務とみるか、可分債務とみるかによって区分所有権売渡請求権のあり方が変わってくる[7]。不可分債務とみると、賃料滞納による賃貸借契約の解除は、賃借権の準共有者（区分所有者）全員を相手方とする全部解除であるから、区分所有者全員が賃借権を失うことになり、賃貸人である土地所有者は、全部解除することができる。そうすると建物全体の収去が可能となる（第3節Ⅱ参照）。

これに対し、可分債務だとみると、賃借人の一人の賃料滞納の場合、滞納区分所有者に催告し、解除することになる。解除された賃借人の賃借権の準共有持分は民法255条の準用により、他の共同賃借人（区分所有者）に帰属するか、賃貸人（土地所有者）に帰属するかが問題となるが、後者と考えると、土地所有者が区分所有権売渡請求権を行使することになる。そうすると、建物全体の収去は事実上難しい（前者としても同様である）。

区分所有者相互の関係を考えると、賃料債務を不可分債務とするのは難しいであろう。

もっとも、区分所有者が団体を構成していることからすると（区分所有法3条）、賃料債務は、事実上、団体（管理組合）の債務とみられなくはない。そう解すると、不可分債務的処理が可能となろう（第3節Ⅰ5・6参照）。

実務の処理は、賃貸人と貸借人の関係は個別的にとらえられており、賃料のみならず存続期間も異っていることも少なくない。区分所有建物の最終処理（建替え、敷地売却など）を考えると管理組合の債務（管理組合が関与する債務）とすることが妥当である。

そもそも区分所有建物の敷地利用権に賃借権が適当かが考慮されなくてはならない。

なお、建物所有を目的とする地上権と賃借権は借地借家法（旧借地法）で一本化された。ここでは一般借地権という。

---

[7]　玉田・前掲書（注3）316頁。定期借地権についてであるが、斉藤広子『定期借地権マンションの法的課題と対応』（信山社出版、2021年）54頁。

377

〔第1部・第13章〕第1節　区分所有における敷地と建物

　しかし、地上権と借地権はその性質は同一でない。両者を含むときは借地権、賃借権のみを対象とするときは賃借権という。

　一般借地権における区分所有権売渡請求権については第3節Ⅰ1〜5参照。

4　定期借地権

　平成4年の借地借家法改正により、3種類のいわゆる定期借地権が創設され、敷地利用権とすることが可能となった。定期借地権を敷地利用権とすることが、建替えの合意の困難を回避する視点から注目されている。

　①存続期間を50年以上とする定期借地権（借地借家22条）、②設定後30年以上を経過した日に、借地権の目的である土地の上の建物を借地権設定者に相当の対価で譲渡する内容の建物譲渡特約付借地権（借地借家24条）、③専ら事業の用に供する建物（居住の用に供するものを除く）の所有を目的とし、かつ、存続期間を30年以上50年未満とする事業用借地権等（借地借家23条1項。なお、10年以上30年未満のものもある（借地借家23条2項））である（平成19年追加）。敷地利用権とされるのは、主として、①であろうが、②③も否定される理由はない。定期借地権も借地権の一種であるのでそれぞれに前記3①②③の態様が考えられる。

　定期借地権に特有な問題としては、存続期間が満了したとき（①③）、借地権者の費用で建物を当然収去されることが予定されていることである（期間満了後、建物所有権が当然に移転し、旧来の借地権者が借家人として居住を保障するしくみが提案されているが（つくば方式）、この場合は、建物収去の問題は生じない）。

　問題は、この場合に区分所有法10条を準用して、借地権者から区分所有権買取請求権の行使ができないか、である。借地権者からそのような請求は、この請求権の性質からして、予定されていないというべきであろう。

Ⅳ　敷地利用権の割合

　区分所有者が数個の専有部分を所有しているときは、各専有部分に係る敷地利用権の割合は、区分所有法14条1項〜3項に定める割合による（なお、

378

第5節参照）。

　注意すべきは、この割合は専有部分とその敷地に係る敷地利用権とが分離して処分することができない場合に限定されていることである。したがって、分有に係る敷地利用権では、この割合となるわけではない。

　その割合は、その有する専有部分の床面積の割合による（区分所有14条1項）。そして、床面積は、壁その他の区画の内側線で囲まれた部分の水平投影面積による（区分所有14条3項）。また一部共用部分（付属の建物であるものを除く）で床面積を有するものがあるときは、その一部共用部分の床面積は、これを共有すべき各区分所有者の床面積に配分して、それぞれの区分所有者の専有部分の床面積に算入する（区分所有14条2項）。この場合も、内側計算によることは専有部分の床面積の測り方の場合と異なるところはない。

　もっとも、この区分所有法14条1項〜3項と異なる持分を定めることを否定するものではない。区分所有法22条2項ただし書では、規約でこの割合と異なる割合が定められているときは、その割合によるとされている。

第2節　敷地利用権なき区分所有権

　昭和58年の区分所有法改正により敷地利用権と専有部分とが一体化され、敷地利用権のない区分所有権は大幅に減少した。しかし、減少してはいるが、全くなくなったわけではない。[8]

　以下、敷地利用権の存しない場合を検討しよう。

　第1は、小規模建物が区分所有建物となるときに生ずる。わが国の区分所有法では、区分所有関係の成立は当事者の意思によって成立し、登記上で一体化の手続を経ることなく、専有部分のみが譲渡されることがありうるのである。たとえば、1階建物にかく壁が設置され、また出入口が別々に設置されることで2個の区分所有権となり、その1個が敷地利用権を伴わないで譲渡され、相続の対象とされる。また、2階建て建物の2階部分に地上に通ず

8　丸山・前掲書（注6）300頁。

〔第1部・第13章〕第2節　敷地利用権なき区分所有権

る出入口が設置され、2階部分のみが敷地利用権を伴わないで譲渡され、相続の対象とされるのも同様である。

この場合、土地所有者は区分所有権売渡請求ができることは疑いがない。区分所有権売渡請求権が成立する典型の第1である。

このようなことが生ずるのは登記とも関連する。わが国の区分所有法では、区分所有関係の成立が登記と連動しているわけではないことが、敷地利用権なき区分所有を生むことがある。

通常は、区分所有関係が成立し、それを譲渡する場合は、融資が絡む関係上登記がなされるので、敷地利用権と専有部分の一体化が図られ、敷地利用権のない専有部分が生ずることはない。また敷地利用権の持分も明確にされる。

第2は、隣地関係にある土地所有者A、Bが、共同して区分所有建物を建築する場合に、敷地については依然として所有権を留保することが多い（分有）。共有への嫌悪ないし近隣への不信が底にあるようにみえる。建物の存続期間が満了したときは、それぞれは更地で戻ってくることを期待している。

この場合、AがB土地上に区分所有建物を建築したときは、Aは、B所有土地に賃借権など何らかの権利を設定する必要がある。

第3は、区分所有法自体が区分所有関係の成立時に規約によって専有部分と敷地利用権が分離することを認めている（区分所有22条1項ただし書）。立法者によると、棟割長屋やタウンハウスの場合、大規模分譲において数次にわたって建物を売却しようとする場合が想定されていた。[9]

第4は、専有部分が存在しているが、敷地利用権だけが法律上消滅する場合がある。敷地利用権が賃借権（まれには地上権）の場合、区分所有者である賃借人の地代不払があると土地賃貸人は契約を解除することができ（民612条）、賃借権は消滅する。この場合も、土地賃貸人は区分所有権売渡請求ができることは疑いがない。区分所有権売渡請求権が成立する典型の第2である（第3節Ⅰ参照）。さらに定期借地権が敷地利用権の場合も（借地借家22条など）、存続期間満了後は、借地権は消滅するから、敷地利用権のない区

9　法務省民事局参事官室編『新しいマンション法』（1983年、商事法務研究会）126頁。

380

分所有権が現出する。

　第5は、再開発に伴う複合建築物の敷地利用権の存否につき、微妙な問題が生じている（第2、第3の発展的問題である）。隣接する土地を共有して、その上に1棟の建物を建築し、区分所有してさまざまな用途に供しようとする動きが最近出てきている。

　この用途には鉄道線路とか道路が入ることがあって、敷地利用権につき困難な問題をひき起こしている。たとえば、隣接者が敷地を共有して1棟の建物を建築し、専有部分とその専有部分の所有者らで共有する土地持分の間を一体化し（区分所有22条）、その旨の登記もなされたが（不登46条、不登規119条）、1階・2階のホーム・線路を含めた駅舎部分は分離処分規約を設定して切り離した（区分所有22条1項ただし書）。そこで、この駅舎部分の敷地利用権の存否、存在するとすればいかなる態様かが問われるのである[10]。

　ここでは詳論する余裕はないが、実践的課題であるとともに理論的な問題があり、今後検討が必要である。この基底には、わが国の民法、不動産登記法での「地上物は土地に属さない」との原則があることを理解することが必要である。

第3節　区分所有権売渡請求権

　敷地利用権を有しない区分所有者があるときは、その専有部分の収去を請求する権利を有する者は、その区分所有者に対し、区分所有権を時価で売り渡すべきことを請求できる（区分所有10条）。

　請求できるとしているが、区分所有権売渡請求権は形成権である。敷地利用権を有しない区分所有者に対する売渡請求権者の一方的意思表示によってその法的効果が生ずる。

10　相馬計二「公共施設を含む再開発ビル・マンション等の敷地利用権に関する事例研究」マンション学36号92頁。

〔第 1 部・第13章〕第 3 節　区分所有権売渡請求権

I　借地権と区分所有権売渡請求権

1　三つの借地権

　売渡請求権が成立するか否かが特に問題となるのは、敷地利用権が借地権、とりわけ賃借権（定期借地権を含む）の場合である。

　建物所有を目的とする地上権および賃借権は借地法、借地借家法の適用を受ける（旧借地法 1 条、借地借家 1 条）。そこで敷地利用権としての賃借権が失われる可能性がある場合を検討しよう。

　敷地利用権が建物所有を目的とする地上権および賃借権の場合、平成 3 年旧借地法を改正し、借地法、借家法を一本化して借地借家法が成立したので、区分所有物の敷地利用権がそれ以前の旧借地法の適用のあるもの、借地借家法の適用があるものとでその法的性格が異なる。この二つを一般借地権といおう。一般借地権を敷地利用権とするものがかなり存在する。

　また、平成 3 年の借地借家法は定期借地権を創設した。定期借地権を敷地権とする区分所有建物が存在することはいうまでもない。定期借地権は一般借地権と法的性格が異なる。

　定期借地権は後述することとし、ここでは二つの一般借地権について検討しておこう。

　重要なことは、借地借家法の施行前の借地契約は旧借地法の基準（旧一般借地権）が適用されることである。ここにやっかいな問題が潜んでいる。

2　旧一般借地権

　まず、旧借地法によると旧一般借地権の存続期間や更新の規定は次のようになっている。

　借地権の存続期間は、堅固の建物を所有する場合は60年、非堅固な建物を所有する場合は30年であり、建物はこの期間満了前に朽廃したときは借地権は消滅する（旧借地法 2 条 1 項）。契約をもって堅固の建物につき30年以上、非堅固の建物につき20年以上の存続期間を定めたときはその期間の満了によ

382

って消滅する（旧借地法2条2項）。

借地権消滅の場合において、借地権者が契約の更新を請求したときは建物がある場合に限り、前契約と同一の条件で借地権を設定したものとみなす（旧借地法4条1項本文）。その存続期間は堅固な建物については30年、非堅固な建物については20年とする（旧借地法4条3項・5条1項）。ただし、土地所有者が自ら土地を使用することを必要とするなど正当な事由がなければ異議は認められない（旧借地法5条1項ただし書）。借地権者が借地権の消滅後土地の使用を継続する場合、土地所有者が遅滞なく異議を述べないときは契約が更新され、堅固な建物については30年、非堅固な建物については20年存続する（旧借地法6条1項）。

借地権消滅前建物が滅失した場合において存続期間を超えて存続すべき建物を築造した場合、土地所有者が遅滞なく異議を述べないときは、借地権は、建物滅失した日より起算して、堅固な建物については30年、非堅固な建物については20年存続する（旧借地法7条）。

旧借地法の建物の朽廃（借地借家附則5条）、借地権に係る契約の更新（借地借家附則6条）、建物再築による借地権の期間の延長（借地借家附則7条）についてはなお、従前の例によるとし、旧借地法が適用されることになっている。

現時点で旧一般借地権によって設定されることはないから、賃借権の消滅可能性のあるのは、朽廃、自動更新での正当事由がある場合、契約による更新で正当事由がある場合、建物滅失時での築造への異議申立てが正当事由がある場合である。

また、借地権者の無断賃借権の譲渡による解除、地代不払いによる契約解除がある。

3　一般借地権

次に、平成3年の借地借家法によると一般借地権の存続期間、更新は次のようになっている。

借地権の存続期間は、30年とする（借地借家3条本文）。ただし、契約でこれより長い期間を定めたときは、その期間とする（借地借家3条ただし書）。

383

〔第1部・第13章〕第3節　区分所有権売渡請求権

　当事者が、借地契約を更新する場合においては、借地権設定後の最初の更新については20年、その後は更新の日から10年とする（借地借家4条本文）。ただし、当事者がこれより長い期間を定めたときは、その期間とする（借地借家4条ただし書）。

　借地権の存続期間が満了する場合、借地権者が契約の更新を請求したとき、建物が存続し、土地の使用を継続しているときは、前契約と同一の条件で契約の更新をしたものとみなす（借地借家5条1項本文・2項）。ただし、借地権設定者が遅滞なく異議を述べ、借地権設定者および借地権者が土地の使用を必要とする事情のほか、借地に関する従前の経過等正当の事由がなければ異議は認められない（借地借家5条1項ただし書・6条）。

　借地権の存続期間が満了する前に借地権者などによる建物の取壊しを含む建物の滅失があった場合において、借地権者が残存期間を超えて存続すべき建物を築造したときは、その建物を築造するにつき借地権設定者の承諾がある場合に限り、借地権は承諾があった日または建物が築造された日のいずれか早い日から20年間存続する（借地借家7条）。

　一般借地権でも、朽廃を除いて、旧一般借地権と同じ場合に賃借権消滅の可能性がある。

4　敷地利用権としての一般借地権

　平成3年以降も、定期借地権ではなく、旧借地法に基づく旧一般借地権、借地借家法に基づく一般借地権を敷地利用とする区分所有建物も存在する。

　そこで、旧一般借地権、一般借地権を敷地利用権とする区分所有物の妥当性について検討しなくてはならない。

　旧一般借地権を敷地利用権とする場合では、区分所有建物は一般には堅固な建物といってよいから、存続期間を定めなかったときは60年、契約で存続期間を定めたときは30年以上であるから、専有部分を所有するための敷地利用権としては妥当な存続期間といえよう。

　また、一般借地権を敷地利用権とする場合では、存続期間を堅固、非堅固の区別を取り外して、一律に30年としているから、やや短いとはいえ専有部分を所有するために存続期間として妥当でないとはいえない。

384

Ⅰ　借地権と区分所有権売渡請求権

このことは、賃借権のみならず地上権についても妥当する。

そうすると、両者での更新時での処理が問題となる。

5　借地権設定契約の一体性

そこで、旧一般借地権、一般借地権がどのような形で行われたかが問題となる。以下、賃借権について述べる（地上権はこれに準ずる）。

一般には、ディベロッパーが土地所有者との間で賃借権を一括して設定し、これを敷地利用権としてマンションなどの区分所有建物を建設し、賃借権の準共有持分つきで区分所有権を分譲するという形態をとる（賃借権の譲渡）。

ディベロッパーが借地権者として残り、転借地権の準共有持分つきで分譲する形態もある（転借地権の譲渡。この形態が地代値上げ、存続期間などをめぐって最も紛争が起きやすい[11]）。

これらの形態ではディベロッパーと土地所有者との間の旧一般借地権、一般借地権の賃借権設定契約は一体で、その後の分譲契約でも賃借権の存続期間、そして地代も㎡あたり何円とされることになろう。

また、個別的に土地所有者と合意して旧一般借地権、一般借地権を設定してこれを敷地利用権として何人かで区分所有建物を建設して区分所有者となる場合でも、この設定契約は一体のものであろう。存続期間や地代などが賃借人ごとに異なるということは通常考えられない。

ところが、問題は、その後両者とも賃借権つき（転借地権つき）区分所有建物として譲渡されている場合、地代のみならず賃借権の存続期間も、故意か過失かバラバラになっている可能性があることである。

11　旧一般借地権、一般借地権の転貸借権を敷地利用権として、借地権者がマンションなどの区分所有建物を建設し、転貸借権の準共有持分で区分所有権を分譲するという形態もある（転借地権の譲渡）。この場合、土地所有者と賃借人、転貸人と転借人の間の二つの契約があり、複雑である。区分所有者との関係は、転貸借関係によって規律される。転借人は区分所有物の譲渡につき承諾料、更新、地代支払いが問題となる。

　　転貸借契約が解除されると、転貸人から区分所有権売渡請求権が行使されることになる。転貸人はこれを転借権の準共有持分つきでさらに譲渡する。区分所有者の地代は分譲当初からそれぞれ異なっており、譲渡ごとにその差が大きくなる。分譲者も区分所有者として残り、その地代は一般分譲より安く設定されているのが一般である。

　　各区分所有建物の終末、たとえば建替えなどの議決では多大な困難が予測される。

385

〔第1部・第13章〕第3節　区分所有権売渡請求権

賃借権（転借地権）の一括設定の場合も個別設定の場合も設定契約の基本は承継されていくべきである。

①賃借権につき区分所有物を譲渡（転貸）する場合は、賃借人は土地所有者の承諾が必要であり、無断で譲渡した場合は土地所有者は契約を解除できる（民612条1項・2項）。

ここでの承諾料は譲渡人との合意で地代は譲受人との合意で決まってくる。ここから、承諾料は地代の各譲受人ごとに異なってくる。解除されれば、土地所有者は賃借人に対して区分所有売渡請求権を有することになる。

②存続期間が満了したときは、土地所有者が更新を拒絶すると正当事由判断がなされることになる。存続期間がいつまでかは、各賃借権者で異なる状況が生ずることは先に述べたとおりである。

その場合、個々の賃借人（転借人）との間で設定契約が成立しているとみると、個々の賃借人（転借人）との間で正当事由をみなくてはならない。そうすると、賃貸人（転貸人）との間では正当事由があるとされ、更新が認められず区分所有権売渡請求権が認められることになる。これは妥当な結論であろうか。

この場合、個々の賃借人（転借人）との間で設定契約が成立していても賃借人（転借人）全体で正当事由を判断すべきだとする考え方があろう。そうすると、全体の賃借人（転借人）の何をみて正当事由を判断することになるのだろうか。

6　地代債務の性質

③この問題は、地代不払をめぐっても顕著に現れる。

個別賃借人が地代不払を起こし、賃貸借契約が解除されると、土地所有者は区分所有権売渡請求権が認められることになる（転借人についても同様のことが生ずる）。

この場合、地代債務を可分債務とみるか、不可分債務とみるかで他の賃借人との関係が変わり、区分所有権売渡請求権の所在に影響する。

地代債務を可分債務とみると、地代不払の賃借人は借地権設定者である土地所有者から賃貸借契約を解除され、区分所有権売渡請求権者の対象とされ

386

る。その先に土地所有者は建物全体の収去請求、土地明渡請求が認められるかに発展する。

　地代債務を不可分債務とみると、土地所有者は他の債務者に対して請求することができる（民430条・432条・434条）。他の債務者が支払わないと土地所有者は賃貸借契約を解除できる。一般に、他の債務者すべてが支払わないということはないから、賃借権全体が解除されることはないが、特定の借地権者が狙い撃ちされることはありうる。

　この場合の賃借人と土地所有者の地代債務をめぐる関係は可分債務とすべきである。

　問題はこの先にある。

　いずれの場合も、区分所有権が譲渡されるときは個々の取引ごとの承諾料や地代が定められていく。また更新については個々の賃借権ごとに更新されていく。この結果、個々の賃借権ごとに異なる内容となることは否定できない。これは妥当であろうか。

　敷地は一体として各専有部分を支えている。そうすると、存続期間を更新するにしても一体的になされる必要がある。また、建替えをするにしても、個々の賃借人ごとに新たな存続期間が異なったりすることは、敷地が一体的に各専有部分を支えていることに反する。

　ここから、賃貸借契約の中で存続期間やその更新については、一体的なものとして土地所有権者は賃借人ごとに異なる契約はできないとすべきである。また、正当事由による更新も同じ処理をすべきである。

　さらにこの一体性を承諾料、地代に及ぼすことはできないだろうか。

7　管理組合による一体的処理

　このようなことを解決するためには、土地所有者（借地権設定者）と管理組合が合意（契約）して、設定契約の一方の当事者を管理組合に変更することである。そして規約で各区分所有者は地代支払の相手方は管理組合とすることである（少くとも管理組合を関与させることである）。区分所有法は、区分所有者が全員で団体を構成しており（区分所有3条）、敷地利用権に関する事項は、敷地の管理または使用に関する区分所有者相互の事項といえなくはな

〔第1部・第13章〕第3節　区分所有権売渡請求権

いから（区分所有30条1項）、地代支払等借地権に関する契約事項を規約によって管理組合に委ねるべきである。

契約の中途からの合意は困難があろうが、土地所有者と管理組合は区分所有建物の建替えなどの処理を考えてなすべきであろう。

8 定期借地権

定期借地権は存続期間が決まっており、更新できないが、その本質は賃借権であることに変わりはない。したがって、旧一般借地権、一般借地権での賃借権の譲渡や地代不払をめぐる問題状況は同じである。

したがって、ここでも管理組合が定期借地権の一方の当事者となるしくみが考えられなくてはならない。

II 建物収去請求

区分所有法10条は、専有部分の収去を請求する権利がある者に区分所有権売渡請求権を付与しているが、請求できるとしており、収去請求を否定しているわけではない。区分所有権売渡請求権を行使しないで収去請求権を行使した場合はどうなるか。[12]

Xは、Aから敷地および建物の1階部分を買い受けた。後に、Yは本件建物の2階部分を買い受けた。Xは、Yに対して、敷地への権利の存しないことを理由に建物収去、土地明渡しを求めた。この場合、Yが敷地利用権を有しない区分所有者であることは明らかである。したがって、Xは、区分所有権売渡請求権があることは疑いがない。問題は、区分所有権売渡請求権ではなく、建物収去請求権を行使したことである。

裁判所は、建物の1階部分およびその敷地所有者から同建物の2階部分所有者に対する建物収去、土地明渡しは権利の濫用であり認められないとして、請求を棄却した。[13]

区分所有権売渡請求権では、敷地利用権が賃借権（地上権）の準共有の場

12　丸山・前掲書（注6）302頁。
13　奈良地判昭和40・10・4下民集16巻10号1543頁。

388

合が、従来、最も問題とされてきた。典型的には、次のような場合である。

　Xから土地を賃借して、Yが1階・2階を区分所有してきたが、Yが地代不払いのため、Xから契約解除された。Xは、Yに対して、区分所有権売渡請求権を有することは疑いがない。

　問題は、Yは、区分所有権売渡請求権を行使せず、建物収去土地明渡請求権を行使することができるか、である。また、この場合、地代債務は分割債務か、不可分債務かにも関連する。

　次の事案は、収去を認めている。

　国はXに、用途を限定し、一定期間は譲渡禁止、さらに約旨に違反したときは解除ないし違約金を請求できるものとして土地を譲渡した。Xは、国に無断で、Yに当該土地の一部を譲渡した。Yは、地下1階、地上6階建ての建物を建築し、3階から6階までは第三者に譲渡し、地下1階、地上1階・2階は自らが所有していた。国は、Xに対して違約金の請求をした。Xは、Yに対して当該土地の売買契約の解除、建物の収去と土地明渡しを請求した。

　裁判所は、地下1階、地上1階・2階の収去を認めた（3階ないし6階は収去義務が履行不能）。[14]

　いずれも昭和58年の区分所有法改正前のものである。特に後者は、3階から6階までは一般に譲渡されており（履行不能）、建物収去、土地明渡しを認めても、収去権者が現実にどのように判決を実現するかの詰めはなされていない。一般に分譲された3階から6階の区分所有権を巻き添えにすることはしてはならず、現実にこの判決を執行することは不可能というべきだろう。そうかといって権利濫用とする方法も安定的といいがたく、結局、このような事案では建物収去、土地明渡しは制限されるとすべきであろう。

Ⅲ　区分所有権売渡請求権者

　次の事案は、区分所有権売渡請求権者か否かが争われたものである。

　AはBから土地を借地し、そこに旧建物を所有していたが、A死亡により

14　東京地判昭和47・6・10下民集23巻5号～8号303頁。

〔第1部・第13章〕第3節　区分所有権売渡請求権

同人の相続人である長男CおよびAの妻およびその他の子らY5名が、借地権および旧建物の所有権を取得し、借地権は同人らの準共有、旧建物は共有となった。その後Cが単独で新建物の建築を計画し、建築資金を調達し、鉄筋新建物を建築することとなった。旧建物の取壊しと新建物を建築すること、借地権を無償使用することはYらに異存はなく、完成後はYらが建物を利用することが予定されていた。Cは、完成した新建物の引渡しを受け、C名義の保存登記を経た。ところがCは他から調達した資金を返済することができず、競売に付され、Xが取得した。Xは、Yらに対して明渡請求をする。Yらは、Xに対する抗弁として、第1次的には、借地権の準共有持分に基づく建物収去請求権を、第2次的には、Bの有する区分所有権売渡請求権の代位行使を主張する。

　裁判所は次のような理由でYらの抗弁を否定した。[15]

　①借地権を準共有する相続人のうちの一人（C）が、他の相続人から借地権の準共有持分上に使用貸借権類似の権利の設定を受け、借地上に建物を建築した場合、競売によって建物の区分所有権、借地権の準共有持分および使用貸借類似の権利を取得したXに対して、他の相続人Yらは準共有持分に基いて建物収去を求めることはできない。YらとXとは借地権を準共有している関係にあり、Yらは当然には明渡しを求めることはできないのである。Yらが借地権の準共有持分の過半数を超えており、Yらが借地権に基づく妨害排除請求を行うこととしても結果は変わらない。

　②競売によって区分所有権等を取得した者が、借地権の譲渡につき地主の承諾を得られず、かつ承諾に代わる裁判所の許可申立ての期間を徒過していても、借地権の準共有者Yらから取得者Xに対して、地主に代位して区分所有権売渡請求することはできない。

　①は、XもYらと借地権の準共有持分を有しているから明渡しを求めることはできないということになろう。②区分所有権売渡請求権は収去権者自身に建物を得させる権利であるから結論はやむを得ないであろう。

15　東京高判平成元・1・31金法1237号25頁。

Ⅳ　時　価

　区分所有権売渡請求権での時価は、建物価格（専有部分、共用部分）である。

　問題となるのは、敷地利用権が賃借権であり、地代不払によって解除されたとき、敷地に対する何らかの権利（場所的利益）が認められるかである。

　周知のように、旧借地法10条の判例で、借地権の価格は加味されないが、場所的利益は参酌されるとする[16]。区分所有権売渡請求権についても旧借地法10条と制度趣旨が同じであり、同様に解すべきものであろう。

　建物にはその外枠（屋根、囲壁など）とそれによって囲まれた空間があり、区分所有権売渡請求権の対象が前者だけであったときは少額とならざるを得ないが、後者を含めるべきである[17]。

第4節　法定地上権

　1階・2階をABが区分所有し、敷地をABが共有している場合、Aが建物のみに抵当権を設定し、後に抵当権が実行されCが買受人となったとき、Cは敷地に法定地上権を主張できるか[18]。

　いうまでもなく、専有部分と敷地利用権とが一体化されていないところで問題となる。

　判例は、多数説に従って持分への用益権を設定し得ないことを理由に否定する[19]。しかし、学説では成立を肯定する有力説がある（敷地への持分といっても区分所有権の存立のためであり、区分所有法22条は、このしくみの本質的な要請であるからである[20]）。

16　最判昭和35・12・20民集14巻14号3130頁。

17　玉田・前掲書（注3）322頁。

18　丸山・前掲書（注6）305頁。

19　東京地判昭和52・10・27判時882号63頁、東京地判昭和53・2・1下民集29巻1号～4号53頁。

〔第1部・第13章〕第4節　法定地上権

　もっとも、法定地上権の成否については、裁判所内部でも確信がなかった
状況が次の判決において明らかにされている。

　原告所有の敷地とその敷地上の2棟の建物の一部が競売に付され、敷地と
建物1棟の一部（区分所有）の売却で被担保債権を満足させる見込みが立っ
たので、執行裁判所は原告に一括競売の有無を確認したが、その申立てがな
かったので敷地の建物の一部のみが売却され、その後、新敷地所有者から建
物収去を求められ、法定地上権の成立が否定されたので、原告が国家賠償法
に基づき損害賠償を請求したものである。

　第1審は、法定地上権を否定された場合の不利益を考慮すれば一括競売す
べきだったとして損害賠償を認容した。[21]

　しかし、控訴審では法定地上権が成立するか否かは明らかでなかったので
あるから損害賠償は認められないとした。[22] 異なる解釈の可能性のある法律問
題について、裁判官がある解釈を採用することは裁量の範囲内であり、後に
その解釈が別の裁判所によって否定され損害が発生しても、裁判官に過失が
あるとはいえないというのである。この事案は、興味深いことに、昭和58年
の区分所有法の改正で創設された区分所有法22条1項・3項が、区分所有法
附則5条および昭和63年政令334号により適用がないものである。

　近時、法定地上権の成立を認める決定があった。[23]「1棟の建物のうちの一
部の区分所有建物のみが売却された場合に、当該区分所有建物について法定
地上権を成立させたとしても、土地の抵当権者や所有者にとって不測の損害
ないし不利益が生ずるとはいえない。他方、他の区分建物所有者にとっても、
一部の区分所有建物にその存立に必要な限度（割合等）で法定地上権が成立
することは、少なくとも建物の存立のために必要な共用部分の存立も図れる
ことになるから、利益になることはあっても不利益になるとも考え難い。し
たがって、第1順位の抵当権設定時に1棟の建物の全区分所有建物とその敷

20　石田喜久夫『民法研究(3)金融取引法の諸問題』（成文堂、1982年）130頁、丸山・前掲書（注5）
　　172頁。
21　東京地判平成5・2・9判時1462号132頁。
22　東京高判平成5・9・30判時1477号58頁。
23　東京高決平成14・11・8判タ1109号109頁。

392

地の所有者が同一であり、かつ、一部の区分所有建物のみが売却されて、敷地所有者と別の所有に帰することになった場合であっても、当該区分所有建物の存立のために必要な限度で法定地上権が成立するものと解するのが相当である」。

第5節　敷地利用権割合の不十分な区分所有権

　敷地利用権はあるが、その専有部分に係る割合の敷地利用権を有していなかった場合、区分所有権は、売渡請求権の対象となるか。

　Yは、マンションの102号室、103号室を取得した際には、敷地利用権を取得していなかったが、後に同マンションの203号室に217138分の5076の持分を取得した。同マンションの104号室およびその敷地に217138分の15115の持分を有していたXは、昭和62年12月12日、Yに対し、区分所有法10条に基づき、102号室並びに103号室の売渡請求をした。

　第1審は、Xの請求を認容したので、Yは控訴した。[24]

　控訴審は、逆にYの控訴を認容した。[25]

　区分所有者が敷地利用権を有する以上、敷地利用権を取得した経緯、元々その敷地利用権が当該専有部分に係るものとして分離処分が禁止されるものであったかどうか、敷地利用権である共有持分の多寡等の事情にかかわらず、その専有部分を保持するための土地利用権を有するとし、102号室、103号室を取得した際は、土地に関する利用権を取得していなかったけれども、後に102号室、103号室について敷地利用権を取得した。したがって、その専有部分は売渡請求の対象とする余地はないというべきであるというのである。

　ここでの問題は、102号室、103号室、203号室の3室を所有している場合、それぞれの専有部分に係る敷地利用権を有しなければ区分所有権売渡請求権

---

[24]　東京地判平成元・3・15D1-Law28170589。
[25]　東京高判平成2・3・27判時1355号59頁。

〔第1部・第13章〕第5節　敷地利用権割合の不十分な区分所有権

の対象となってしまうか、それとも203号室に係る敷地利用権を有していれば、区分所有権売渡請求権の対象にならないか、である。第1審判決は前者をとり、控訴審判決は後者をとった。控訴審判決は、共有部分は全体にかかること、この事案で専有部分と敷地利用権が一体化していたかどうか疑問であることを考慮したのであろう。控訴審判決は、区分所有者の安定に資することは疑いがない。XがYに対して区分所有権売渡請求権を行使せず、建物収去、土地明渡しを請求したときの困難を回避できる点はメリットであるからである。しかし、この結論は、敷地利用権の割合をすべて有していなくても、区分所有権を所有できることになって問題である。[26]

（丸山英氣）

---

[26]　半田正夫「判批」判評387号32頁。

第14章
区分所有建物の不法利用者等の排除

第1節　区分所有建物をめぐる「不法利用」

I　本章の目的・内容

　本章は、編者によって与えられた標題にある「区分所有建物の不法利用者等の排除」に関して「管理費滞納者を含む不法利用者の排除の法理」を検証し解説を行うものである。編者の意図したところは、区分所有建物の専有部分を所有する区分所有者、または区分所有者から賃借権の設定を受けている賃借人（その限りでは「不法占有者」ではない）が、区分所有建物または敷地の利用に関して、他の区分所有者に対する義務違反行為（共同利益背反行為）があるために、「不法利用者」として、実体法（建物の区分所有等に関する法律。以下、「区分所有法」という）上どのような要件の下に区分所有建物から「排除」されるのかというものであり、そこにおいては、管理費の滞納者も含まれるのかというものであると思われる。したがって、本章では、区分所有建物について元来、利用権原のない者（賃貸人から契約を解除された専有部分の賃借人も含む）の「排除」や、侵害行為が特定の区分所有者に対してのみ問題となる場合（たとえば、もっぱらマンションの上下階での生活音をめぐる紛争等）は対象外とする。

〔第1部・第14章〕第1節　区分所有建物をめぐる「不法利用」

　以上から、本章では、大きな柱として、第1に、区分所有建物からその利用者が「排除」される実定法（区分所有法）の構造を明らかにし（第2節参照）、第2に、排除の対象となる「不法利用者等」の範囲について、「管理費滞納者や不法利用賃借人」を含めて具体的に検討したい（第3節参照）。なお、以下では、以上のことから、「不法利用者」という用語よりも法的には「義務違反者」または「共同利益背反行為者」という用語のほうが適切であると考えるので、後二者の用語を用いることにする。

　ところで、これらの解明・検討の前に、区分所有建物のうちマンション（区分所有建物のうち居住を主たる用途とするもの）において実際にどのようなトラブルが現に多く生じているかについてみておこう。

Ⅱ　マンションのトラブルと不法利用・管理費滞納

1　マンション総合調査

　国土交通省の『平成30年度マンション総合調査』では、調査項目の一つとして、管理組合に対して、過去1年間のトラブルの発生状況およびその内容について質問している（回答数1688件）。約7割の管理組合がトラブルありとしているが、その内容の割合（重複回答あり）は、①「居住者間のマナー」55.9％、②「建物の不具合」31.1％、③「費用負担（管理費等の滞納等）」25.5％、④「管理組合の運営」12.6％、⑤「近隣関係」8.8％、⑥「管理規約」5.0％、⑦「管理会社等」2.0％、⑧「その他」14.5％であった。最も多かった①の「居住者間のマナー」の具体的内容は、「生活音」38.0％、「違法駐車（違法駐輪含む）」28.1％、「ペット飼育」18.1％、「共用部分の私物の放置」15.1％、「バルコニーの使用方法」12.9％、「専有部分の修繕等」4.3％の順であった。これらのうち、①および③については、本章で対象とする「区分所有建物の不法利用者」および「管理費滞納者」にかかわるものである。なお、①に関しては、わずか0.5％であるが「すでに行われている民泊に関するトラブル」もあり、本章では、これについても触れる。

396

2 トラブルの処理方法

上記の調査では、それらのトラブルの処理方法についても管理組合に尋ねている（回答数1191件）。処理方法の上位は、「管理組合内で話し合った」（58.9％）、「マンション管理業者に相談した」（46.5％）、「当事者間で話し合った」（19.4％）であったが、「弁護士に相談した」（10.2％）、「訴訟によった（4.9％）」もあり、一定程度が訴訟になっている。

次には、上記のようなマンションのトラブルにおいて問題となる不法利用（本章では前記の①および③に関連する事項を含む広義の意味でこの言葉を用いる）に対して、法はどのような措置を用意しているかを概観しよう。

第2節　義務違反者に対する法的措置

区分所有法は、区分所有者は、建物の保存に有害な行為その他建物の管理または使用に関し区分所有者の共同の利益に反する行為をしてはならないと規定する（区分所有6条1項）。たとえば、専有部分の改造により建物の躯体に影響を及ぼしたり、住居専用マンションにおいて飲食店を開設して近隣に迷惑をかけることなどが、ここでの共同の利益に違反する行為である。ただ、具体的にどのような行為が「区分所有者の共同の利益に反する行為（共同利益背反行為）」として義務違反行為となるかは一義的に明らかではなく、この点が法的に最も問題となる。

以下では、区分所有法がこのような義務違反者に対して講じることができるとしている三つ措置について概観したうえで、さらに、第3番目の「排除」の措置について詳述しよう。

〔第1部・第14章〕第2節　義務違反者に対する法的措置

I　義務違反者に対する区分所有法の三つの措置

1　違反行為の停止等

　第1に、義務違反行為がなされた場合またはそのおそれがある場合には、他の区分所有者の全員または管理組合法人は、区分所有者の共同の利益のため、その行為を停止し、その行為の結果を除去し、またはその行為を予防するため必要な措置をとることを請求することができる（区分所有57条1項）。

2　専有部分の使用禁止

　第2に、義務違反行為による共同生活上の障害が著しく、当該行為の停止等の区分所有法57条1項の請求によっては共同生活の維持を図ることが困難であるときには、区分所有者および議決権の4分の3以上の集会決議により、訴えをもって、相当の期間、当該専有部分の使用の禁止を請求することができる（区分所有58条1項・2項）。

3　区分所有建物からの排除

　第3に、これら上記の二つの方法によったものでは共同生活上の障害が除去できない場合には、同様の手続を経て、当該専有部分に係る区分所有権および敷地利用権の競売を請求でき、当該区分所有者をマンションから排除することができる（区分所有59条）。賃借人等の占有者の義務違反行為についても、同様の手続が定められており、最終的には、当該専有部分に係る区分所有者との契約を解除して当該専有部分の引渡しを請求することができる（区分所有60条）。

4　各措置の関係

　上記に述べた共同利益背反行為者（義務違反者）に対する、①区分所有法57条による行為の停止等の請求、②区分所有法58条による専有部分の使用禁止の請求、③区分所有法59条による区分所有権および敷地利用権の競売の請

398

求、④区分所有法60条による占有者に対する専有部分の引渡請求のうち、①の請求は必ずしも訴えをもってする必要はないが、②〜④の請求は訴えをもってしなければならない。区分所有者の共同利益背反行為に対しては、まず①の請求をする（ただ、実際には他の区分所有者の全員または管理組合法人が請求するのではなく、当該行為が規約で禁止されている場合に、管理者がその職務（区分所有26条1項）として請求をする）ことが多いと思われるが、当初から①の請求によっては共同生活の維持を図ることができないと認められるときは、①の訴訟を経ることなく②または③（もしくは④）の訴訟を提起することが認められる。次には、本章の目的との関係で、③および④について詳しくみていこう。

Ⅱ　義務違反者の区分所有建物からの排除

1　区分所有権の競売請求

⑴　区分所有法59条

　区分所有法59条は、共同利益背反行為による区分所有者の共同生活上の障害が著しく、その行為の停止等（区分所有57条）や当該行為者の専有部分の使用禁止の請求（区分所有58条）の方法によってはその障害を除去して共用部分の利用の確保その他の区分所有者の共同生活の維持を図ることが困難であるときは、他の区分所有者の全員または管理組合法人は、集会の決議に基づき、訴えをもって、当該行為に係る区分所有者の区分所有権および敷地利用権の競売を請求することができると規定する。

　区分所有法58条の請求が共同利益背反行為をした区分所有者に対する区分所有関係からの一時的な排除であるのに対して、区分所有法59条の請求は、行為者の区分所有権を剥奪するものであり、行為者を区分所有関係から終局的に排除するものである。上記に示した区分所有法59条の規定にあるように、区分所有法58条の請求による一時的排除で足りる場合には、区分所有法59条の請求をすることはできないが、前述のように、区分所有法58条の請求を経たうえでなければ区分所有法59条の請求ができないということを意味するも

399

〔第1部・第14章〕第2節　義務違反者に対する法的措置

のではないので、管理組合としては、いきなり区分所有法59条の請求をすることもできる。

　昭和37年の区分所有法の制定過程において、すでに区分所有者排除の規定が採用の方向で検討されていたが、最終的には、村八分的に悪用されるおそれがある等の理由によって採用が見送られた。しかし、昭和58年の改正にあっては、区分所有権の剥奪は、裁判を通して達せられるのであるから村八分的運用を懸念する必要はないし、区分所有権の特質に伴う内在的制約として許容されるべきものと考えられ、立法に至った。

(2)　暴力団事務所に対する立退請求

　具体的にどのような場合に、区分所有法59条の請求が認められるか。マンションの専有部分を暴力団組事務所として使用し、頻繁に外部の暴力団関係者が出入りし、定期的に自己の組織の会合が開かれる一方、他の暴力団組員との乱闘・抗争もすでに同マンションで発生している事例において、「被告は、自己及びその配下の組員らの行動を介して……（筆者注：当該マンション）の保存、管理、使用に関し、区分所有者の共同の利益に反する行為をなし、これによる他の区分所有者らの共同生活上の障害は著しい程度に至っていると認めることができ、かつ使用禁止等の他の方法によっては、その障害を除去して共用部分の利用の確保その他の区分所有者らの平穏な共同生活の回復、維持を図ることが困難と認められる」として、区分所有法59条の競売請求を認めた裁判例がある。[1]

　このほか、区分所有法59条の請求が認められる場合として、専有部分の使用禁止の判決を得たが当該区分所有者がその判決に従わず、強制執行も効を奏しない場合が考えられる。

　なお、暴力団員による不当な行為の防止等に関する法律では、公安委員会により認定された非営利法人たる適格都道府県センターは、当該都道府県の区域内にある指定暴力団等の事務所の使用により付近住民等の生活の平穏または業務の遂行の平穏が害されることを防止するための事業を行う場合において、当該付近住民等で、当該事務所の使用によりその生活の平穏または業

1　札幌地判昭和61・2・18判時1180号3頁。同旨のものとして名古屋地判昭和62・7・27判時1251号122頁、京都地判平成4・10・22判時1455号130頁。

務の平穏が違法に害されていることを理由として当該事務所の使用および付随する行為の差止めの請求をしようとするものの委託を受けたときは、当該委託をした者のために自己の名をもって、当該請求に関する一切の裁判上または裁判外の行為をする権限を有する（暴力団32条の4第1項）。適格都道府県センターは、その行為をするにあたり、第1項の委託をした者に対して報酬を請求することができない（暴力団32条の2第4項）。

　当該マンションに暴力団事務所がある場合において、区分所有者は、区分所有法57条から60条に定める集会決議を経る必要はなく（ただし、暴力団員以外の区分所有者の全員または管理組合法人の名において委託する場合には、委託することにつき普通決議を要するものを解される）、「付近住民」として、適格都道府県センターに対して、訴訟等を委託することができる。ただ、その内容は、暴力団事務所の立退請求（区分所有59条・60条）を委託することはできず、使用等の差止請求の委託に限られる。使用等の差止請求が認められた場合には、当該暴力団としては、自らで使用することは認められないから、事実上、売却を迫られることになろう[2]。

(3)　集会の決議

　区分所有権および敷地利用権の競売請求の決議については、専有部分の使用禁止の決議（区分所有58条）の場合と同様に、区分所有者および議決権の各4分の3以上の多数である。また、上記の場合と同様に、あらかじめ、当該区分所有者に対し、弁明する機会を与えなければならない（区分所有59条2項）。

2　判決確定後の手続

(1)　競売の申立て

　管理組合側の請求が認められ、共同利益背反行為者が、その判決に従って自ら退去すればよいが、なお自己の専有部分の使用を継続していた場合に、管理組合としては、どうすればよいか。判決の確定によって、競売権が形成され、原告（管理者等）は、その判決に基づき、民事執行法の定めるところ

2　この点に関しては、鎌野邦樹「判批」公益法人51巻11号35頁以下参照。

〔第1部・第14章〕第2節　義務違反者に対する法的措置

によって執行裁判所に競売の申立てをすることができる。この競売は、民事執行法195条に規定する「民法、商法その他の法律の規定による換価のための競売」にあたり、いわゆる形式的競売である[3]。なお、競売代金は、競売のための費用を控除した後に、当該区分所有者（共同利益背反行為者）に渡される。

　判決の確定後に、共同利益背反行為者が当該区分所有権を任意に第三者に譲渡した場合には、判決の効力は譲受人に及ばず、競売の申立てをすることはできない。管理組合としては、共同利益背反行為者の立退きが目的であるので、それが実現すれば競売の方法は必要なくなる。これに対して、競売開始決定に基づく差押えの登記がなされた後に第三者への譲渡があった場合には、形式的競売手続における差押登記に処分制限の効力を認めるか否かによって見解が分かれる[4]。

　この点に関連する最高裁決定がある[5]。同決定は、区分所有法59条1項の区分所有権競売請求訴訟の口頭弁論終結後に管理費滞納者である共同利益侵害者から当該区分所有権等を譲り受けた者に対しては、確定判決の効力に基づく競売の申立てはできないと判断した。しかし、区分所有法59条1項の競売請求に係る訴訟およびその認容判決に基づく競売の申立てにおいては、あくまでも、当該共同利益背反行為の結果およびそのおそれの除去いかん、すなわち他の区分所有者の共同利益の回復が実質的に実現できるか否かを請求および申立ての認否の判断基準とすべきである。判決の確定後の任意の譲受人たる第三者も含め、区分所有法59条4項を準用し、口頭弁論終結後に任意に譲り受けた第三者が、当該区分所有者のために買い受けた場合には、確定判決の効力に基づく競売の申立てを認めるべきであると考える[6]。

　なお、最高裁判所は、区分所有法59条1項に規定する競売を請求する権利

3　担保権の実行としての競売のように目的物の強制処分を行うことによって自己の債権の満足を図るというものではなく、特定の財産を換価する必要がある場合に、それを適切な手続に委ねて当該財産権者を保護するため、裁判所または執行官の手続によって換価を行う競売をいう。

4　濱﨑恭生『新法解説叢書(8)建物区分所有法の改正』（法曹会、1989年）362頁。

5　最決平成23・10・11裁判集民238号1頁。

6　鎌野邦樹「区分所有権競売請求訴訟（区分所有法59条1項）の法的性質」市民と法79号2頁以下の私見について、その根拠を以上のように改める。

402

　　　　　　　　　　　　　Ⅱ　義務違反者の区分所有建物からの排除

を被保全権利として、民事保全法53条または55条に規定する方法により仮処分の執行を行う処分禁止の仮処分を申し立てることはできない、とした[7]。

(2)　競売の申立期間

　共同利益背反行為者の区分所有権および敷地利用権の競売を認める判決に基づく競売の申立ては、その判決が確定した日から6カ月を経過したときは、することができない（区分所有59条3項）。当該区分所有者の地位を長期間不安定な状態にしておくことは相当でないからである。また、判決によって共同利益背反行為が治癒されることがあり（第三者へ譲渡される場合もある）、そのような場合には、相当の期間（判決が確定した日から6カ月）経過後に競売の申立てをすることは許されないからである。

(3)　買受申出の禁止

　共同利益背反行為者の区分所有権および敷地利用権の競売においては、共同利益背反行為者である区分所有者、またはその者の計算において買い受けようとする者は、買受けの申出をすることができない（区分所有59条4項）。このような者の買受けを認めたのでは、その者の排除を目的とする区分所有法59条の趣旨を達成することができないからである。「その者（区分所有者）の計算において」とは、第三者（たとえば、利益背反行為者の親族・知人）が自己の名をもって買受けの申出をするのがもっぱら当該区分所有者（共同利益背反行為者）のためである場合をいい、その者が、買受代金を買受申出人に提供したり、あらかじめ買受申出人から転売の約束を得ているなど、実質的には、買受人が区分所有者である場合がこれに該当する。

　ところで、このようないわゆる「紛争物件（事故物件）」だと、買受人が出現しない可能性もありうる。そのような場合に、区分所有者の一人、または区分所有者の全員（買受け後は当該専有部分を規約共用部分とすることを予定している）が競売に参加して買い受けることは法的には可能である。

7　最決平成28・3・18民集70巻3号937頁。

〔第 1 部・第14章〕第 2 節　義務違反者に対する法的措置

3　占有者に対する引渡競売

(1)　区分所有法60条

　共同利益背反行為者が、区分所有者ではなく、その者から住戸を借りている賃借人などの占有者である場合には、その者に対して直接に共同利益背反行為の停止等を請求することができるが（区分所有57条 4 項）、さらに、その者をマンションから退去させることもできる（占有している住戸の使用禁止という区分所有者に対して認められる制度（区分所有58条）は存在しない）。区分所有法60条は、占有者の共同利益背反行為による区分所有者の共同生活上の障害が著しく、その行為の停止等の請求の方法によってはその障害を除去して共用部分の利用の確保その他の区分所有者の共同生活の維持を図ることが困難であるときは、区分所有者の全員または管理組合法人は、集会の決議に基づき、訴えをもって、当該行為に係る占有者が占有する専有部分の使用または収益を目的とする契約の解除およびその専有部分の引渡しを請求することができる（区分所有60条 1 項）、と規定する。

　集会の決議は、区分所有者に対する専有部分の使用禁止の決議（区分所有58条）や区分所有権の競売の決議（区分所有59条）の場合と同様に、区分所有者および議決権の各 4 分の 3 以上の多数で行う（当該専有部分の区分所有者も、共同被告となっているかどうかを問わず議決権を有する）。また、あらかじめ、当該占有者に対し、弁明する機会を与えなければならない（区分所有60条 2 項）。

(2)　裁判例

　具体的に、どのような場合に上記の請求が認められるか。最高裁判所は、区分所有建物の一室を暴力団事務所として賃借して占有している暴力団組長に対して管理組合側が引渡請求をした事例について、その暴力団が現に他の暴力団と対立抗争中でありその身辺には常に暴力的抗争の生じる危険性が存在すること、並びに同占有者およびその関係者はこれまで区分所有者の共同生活に種々の障害を与えてきたこと（無断駐車、対立暴力団の襲撃に備えての玄関ホールや廊下での組員による見張りや威嚇等）を理由に、このような障害は単なる警告あるいは共同利益背反行為の停止等の請求によっては除去する

404

ことはできないとして、管理組合側の請求を認めた原審の判断を相当とした[8]。[9]また、下級審判決として、住居専用部分と店舗専用部分からなり両者の区画が明確になされている複合用途型マンションにおいて、賃借人が住居専用部分を会社の事務所として使用している事例について、これを放置すると当該マンションにおいて両者の区画が曖昧になり、やがては居住環境に著しい変化をもたらす可能性が高いとして、賃借人に対する引渡請求を認めたものがある[10]。

(3) 誰に対して、どのような請求をすればよいか

請求の相手方は、当該占有者が賃借人などの占有権原のある占有者であるときは当該専有部分の区分所有者と占有者の両者であり（共同被告）、占有者が無権原占有者であるときは占有者のみである。占有者が占有権原を有するために、請求の相手方を占有者と区分所有者の両者とするときは、当該区分所有者は、請求する側となる「区分所有者の全員」の中から除外される。

請求の内容は、共同利益背反行為をした占有者が占有する専有部分の使用または収益を目的とする契約を解除し、その専有部分の引渡しを求めることである。したがって、この訴えに基づく裁判の判決は、使用または収益を目的とする契約（転貸借の場合には転貸借契約。当該占有者が転借人であるときには、転貸人と転借人を共同被告とすべきであり、原貸主たる区分所有者は被告とはならない）の解除を宣言し、かつ、当該専有部分の管理組合側（原告）への引渡しを命ずるものである。判決の確定によって、契約解除の効果と専有部分の引渡義務が形成されるとともに、引渡しの命令について執行力が生じる。

(4) 賃貸人に弁明の機会を提供すべきか

上記で述べたように、引渡請求等を決する集会の決議においては、あらかじめ、当該占有者に対して、弁明の機会を与えなければならないが、当該専

---

8 東京高判昭和61・11・17東高民時報37巻11号・12号128頁。

9 最判昭和62・7・17裁判集民151号583頁（第1審：横浜地判昭和61・1・29判時1178号53頁）。同旨のものとして、福岡地判昭和62・7・14判タ646号141頁、前掲京都地判平成4・10・22。

10 東京地八王子支判平成5・7・9判時1480号86頁。また、東京地判平成7・11・21判時1571号88頁参照。

〔第1部・第14章〕第2節　義務違反者に対する法的措置

有部分の区分所有者（賃貸人）を共同被告とする場合に、当該区分所有者にも弁明の機会を与えなければならないか。この決議において準用される区分所有法58条3項の規定が、「第1項の決議をするには、あらかじめ、当該区分所有者に対し、弁明する機会を与えなければならない」としていることから問題となる。学説は、当該区分所有者に弁明の機会を与える必要はないとし、また、判例も同様に解している[11]。この最高裁判決の原審では[12]、「弁明の機会は違反者たる占有者に与えれば足り、違反行為者でもなく、排除の対象者でもない区分所有者に弁明の機会を与える必要はないというべきである」と述べられている。

(5)　判決後の専有部分の引渡しのプロセス

区分所有法60条1項の規定による占有者に対して引渡しを命ずる判決に基づいて、原告である管理組合側（管理者等）は、民事執行法168条により専有部分の引渡命令を執行させることができる。まず、占有者をして当該専有部分を管理組合側に対して引き渡させるが、引渡しを受けた管理組合側は、その後遅滞なく、それを占有する権原を有する者、すなわち当該専有部分の所有者（転貸借の場合は転貸人）に引き渡さなければならない（区分所有60条3項）。本来、賃貸人に区分所有権があるわけであり、賃貸人（区分所有者）が共同利益背反行為をしたわけではないからである。

占有する権原を有する者（賃貸人）に対して直接に引き渡すようにしなかったのは、占有権原者がこの引渡しを拒絶する場合も想定され、その場合には共同利益背反行為者たる占有者の区分所有関係からの排除という本条の目的を実現することができなくなるからである。

11　前掲最判昭和62・7・17。
12　前掲東京高判昭和61・11・17。

406

I 義務違反に関する規約の定め

第3節　義務違反者の範囲──「共同利益背反行為」の意義

　区分所有建物から排除される義務違反者とはどのような者かという義務違反者の範囲の問題については、結局は、「義務違反行為」ないし「共同利益背反行為」とは何かという問題に帰着する。そのうえで、具体的事案において、行為の停止や専有部分の使用禁止によるのでは共同利益の回復が図れないことが、「排除」のための要件となる。したがって、以下では、共同利益背反行為とは何か（共同利益背反行為の意義）を検討する。まず、規約で定められている義務違反行為との関連からみていこう。

I　義務違反に関する規約の定め

1　標準管理規約の定め

　現実に多くのマンションでは居住者間のトラブルを未然に防止するために居住者間のルール（義務）に関する規定を規約の中に設けている。マンション標準管理規約（単棟型）（以下、「標準管理規約」という）においては、これに関し、専有部分の用途（住宅専用。標準管理規約12条）、敷地および共用部分等の用法（標準管理規約13条）、専有部分の修繕等についての理事長の承認（標準管理規約17条）、管理費・修繕積立金の納入義務（標準管理規約25条）等が定められている。そして、別途、使用細則を定めるものとし（標準管理規約18条）、「マンション使用細則」（専有部分、敷地および共用部分等の使用に関する細則）、「専有部分の修繕等に関する細則」、「専用庭使用細則」、「駐車場使用細則」、「自転車置場使用細則」、「集会室使用細則」、「ペット飼育細則」等の各モデルが財団法人マンション管理センターによって策定されている。

407

〔第1部・第14章〕第3節　義務違反者の範囲──「共同利益背反行為」の意義

2　法律の規定と規約の定め

(1)　法律効力規定

　一般に、規約の効力に関しては、一方では、規約に規定が存在しなくても区分所有法によって当然に区分所有者の義務として効力が生ずるものがある（以下、このような規約の規定を「法律効力規定」という）。たとえば、区分所有法6条1項の「区分所有者は、建物の保存に有害な行為その他建物の管理又は使用に関し区分所有者の共同の利益に反する行為をしてはならない」との規定と同趣旨の規定が標準管理規約66条にあるが、たとえ規約にこのような規定がなくても、「区分所有者の共同の利益に反する行為」（以下、「共同利益背反行為」または「義務違反行為」ともいう）は、法律により当然に禁止される。そして、前述のように、義務違反者に対しては、区分所有法57条〜60条の規定に従った措置が講じられる。前掲の標準管理規約13条の規定（敷地および共用部分等の用法）も基本的にはこのような性格を有する規定であると解される（区分所有13条参照）。

(2)　規約効力規定

　他方、規約において当該規定が存在して初めて区分所有者の義務として効力が生ずるものがある（以下、このような規約の規定を「規約効力規定」という）。前掲の標準管理規約12条および17条の規定は基本的にはこのような性格を有する規定であると解される。たとえば、標準管理規約12条の専有部分の用途についての義務違反は、区分所有者としての絶対的な共同利益背反行為ではなく当該住宅専用型マンションにおいてのみ共同の利益に反することになる。また、専有部分の修繕について標準管理規約17条のような理事長の書面による承認を要する旨の規約がない場合には、このような手続を経ないで専有部分の修繕をしても、そのこと自体が必ずしも共同利益背反行為として問題とされることはない。もちろん、専有部分の修繕が「建物の保存に有害な行為その他建物の管理または使用に関し区分所有者の共同の利益に反する行為」となることは、先の法律効力規定に反するものとして、許されない。

　ところで、管理費や修繕積立金に関する標準管理規約25条の規定の性格は、区分所有法19条との関連で上記のどちらの場合に属するか（法律効力規定か

408

規約効力規定か）。議論のありうるところであるが、区分所有法19条の規定は、基本的には事故等により共用部分等の保存（修繕）が必要になった場合について定めているのであって、他方、標準管理規約25条の規定は、建物等の維持・管理のために要する費用を計画的に毎月、負担する旨を特に規約で定めたものと解すると、同規定は規約効力規定といえよう。ただ、法律効力規定に基づいて、当該マンションで費用負担のあり方をより具体的に定めた規約効力規定であるという言い方がより適切であろう。

3 規約の定めと「共同利益背反行為」との関係

それでは、規約の定めと区分所有法6条1項および57条～60条において定められている「共同利益背反行為」とはどのような関係にあるのか。規約の定めに違反すると、直ちに「共同利益背反行為」として管理組合から訴えられ、当該違反行為の停止を求められたり、場合によってはマンションから排除されることになるのか。この点については、当該行為を基本的に次の(1)～(3)の場合に分けて考えるべきである。

(1) 規約の定めがなくても「共同利益背反行為」となる場合

まず、規約に定めがなくても、「共同利益背反行為」があれば法的措置（区分所有57条～60条）の対象となる。たとえば、専有部分等に大量の爆発物など危険物を保管している場合や、専有部分等で猛獣を飼育している場合は、たとえ規約にこの点に関する具体的規定を欠いていても、「共同利益背反行為」に該当する。

(2) 規約上の義務違反行為が「共同利益背反行為」とはならない場合

規約の定めがあっても、必ずしも「共同利益背反行為」となるわけではなく、したがって、当該行為が「規約上の義務違反行為」には該当するが、「共同利益背反行為」とまではならず、法的措置（区分所有57条～60条）の対象とならない場合がある。この場合は、さらに、①義務違反行為の性質上「共同利益背反行為」とはならない場合（後記(ｱ)）と、②義務違反行為が著しい場合にのみ「共同利益背反行為」とはなる場合（後記(ｲ)）とに分けることができる。

〔第1部・第14章〕第3節　義務違反者の範囲──「共同利益背反行為」の意義

(ア)　性質上「共同利益背反行為」とはならない場合

　このような場合としては、たとえば、上下階の住戸間または隣接する住戸間のみで問題となるような生活音を発生させる行為やベランダ（バルコニー）での喫煙行為があげられよう。これらに関しては、仮に規約において関連規定（当該行為に関し配慮義務ないし禁止を定める規定）が設けられたとしても、それらは、「共同の」利益という点から（単なる「相隣者間での」利益の問題である）、さらに法的保護に値する「利益」ではなくいわゆる「マナー」の問題である場合には、「共同利益背反行為」とはならないものと解される。もっとも、それら利益の侵害が著しくその行為が悪質な場合には、マンション全体（「共同の」利益）の問題としてではなく、当該区分所有者間の問題として法的保護の対象となりうる（差止請求ないし損害賠償請求が可能）。

(イ)　軽微な「共同利益背反行為」である場合

　このような場合としては、たとえば、敷地内に所定の駐輪場があるにもかかわらず敷地や共用部分に自転車を放置する行為（共用部分の私物の放置）や、美観上、ベランダ（バルコニー）に洗濯物を干すことを禁止する規約がある場合において、その態様や頻度（反復性）等に照らして軽微な場合には、「共同利益背反行為」とはならないものと解される。このような「規約上の義務違反行為」にすぎない行為に対しては、管理組合の措置として、管理者（理事長）が、その権限に基づき（区分所有26条1項）、または規約に定めがある場合には理事会の決議を経て、当該行為の停止を求める勧告・指示・警告または訴訟の提起が可能であると解される（標準管理規約67条1項・3項）。したがって、基本的には、区分所有法57条～60条の手続（集会決議）を経たうえでの措置（「排除」等）を講ずることはできないが、ただ、義務違反の態様や頻度等に照らしてその程度が著しい場合には、もはや「軽微」とはいえないので、一般の「共同利益背反行為」と同様に区分所有法57条等の措置をとることができるものと解される。

(3)　規約の定めがあることにより「共同利益背反行為」となる場合

　当該行為は、規約に規定がないときには「共同利益背反行為」となることはなく、規約に当該規定があることによって「共同利益背反行為」となる場合がある。たとえば、上記でみた標準管理規約12条に定める専有部分の住宅

用途義務については、その旨の規約の定めがない場合には、専有部分を住宅用途としなくても「共同利益背反行為」になることはないが、その旨の規約の定めがある場合には、専有部分を住宅用途としないときには「共同利益背反行為」になる。なお、民泊については、後述する。

また、標準管理規約25条に定める管理費および修繕積立金の納入義務については、その旨の規約の定めがない場合でも、区分所有者には共用部分等に関して費用を分担する義務があり（区分所有19条）、その義務を履行しないときには「共同利益背反行為」になり得るが、定期的に管理費および修繕積立金を納入する義務は規約の定めによって初めて発生するものであり、したがって、その旨の規約の定め（または集会決議）がないときには、管理費等の滞納が「共同利益背反行為」となることはないと解される。

4　共同利益背反行為者に対する制裁措置

区分所有法の共同利益背反行為に関する規定（区分所有6条・57条～60条）は基本的に強行規定であり、規約またはその他の合意によって排除することは許されない。逆に、上記のように「共同の利益に反する行為」を規約等によって具体的に定め、その際に、その違反に対する制裁措置もあわせて定めることはそれが合理的な内容である限りにおいてできると解される。たとえば、違法駐車について、1回につき1000円の制裁金を課するなどの定めである。実務的には、先にあげた調査において、「居住者間のマナー」の具体的内容のうち多くの割合を占めた「違法駐車（違法駐輪含む）」（28.1％）については、区分所有法が用意している義務違反者に対する措置（区分所有57条～60条）よりも、こちらのほうが効果的であると思われる。

Ⅱ　共同利益背反行為の意義と具体例

1　共同利益背反行為とは何か

⑴　共同利益背反行為の3段階

規約の定めと「共同利益背反行為」との関係を以上のように解するとして、

〔第1部・第14章〕第3節 義務違反者の範囲──「共同利益背反行為」の意義

それでは、「共同利益背反行為」とはどのようなものであろうか。繰り返しになるが、これは、規約の定めとはかかわりなく認められるものであり、区分所有法57条〜60条の各規定により、義務違反者に対して、①行為の停止、②専有部分の使用禁止、③専有部分の競売請求または占有者の排除（賃貸借契約等の解除）が用意されているものである。ここで重要なことは、区分所有法では、「共同利益背反行為」の背反性の強さに段階を設けていることである。つまり、「共同利益」を回復するのに必要な方法である上記の①、②、③に応じて、いわば、レベル1、レベル2、レベル3の3段階がある。なお、すでに述べたように、軽微な「共同利益背反行為」でレベル1にも達しないものもあり、結果的にそのようなものは、法が定める「共同利益背反行為」にはならない。

(2) 共同利益背反行為の一般的基準

それでは、「共同利益背反行為」となる基準はどのようなもので、また、レベル1、レベル2、レベル3の各基準はどのようなものか。それらの基準は、区分所有者が集会の決議等において決定できるものではなく、あくまでも社会通念等に照らして客観的に決定される。この点に関し、下級審判決では、「共同の利益に反する行為にあたるかどうかは、当該行為の必要性の程度、これによって他の区分所有者が被る不利益の態様、程度等の諸事情を比較考量して決すべきものである」として一般的基準を示したものがある。[13] 学説もこのように解している。レベル1、レベル2、レベル3の各基準は、区分所有法57条〜59条が示しているところから、帰納的に考えられよう。なお、共同利益背反行為には、財産的観点からの共同の利益だけではなく、いわゆる生活上の共同の利益も考慮されると解される。この一般的基準だけでは、現実の場面での具体的指標としては必ずしも十分ではないので、次には、これまでの判例を中心に具体的に検討してみよう。

2 共同利益背反行為の具体的検討

共同利益背反行為は、大きく、不当毀損行為、不当使用行為および共同生

---

13 東京高判昭和53・2・27下民集31巻5号〜8号658頁。

活上の不当行為の三つに分けることができる。以下では、まず、共同利益背反行為に関する三つの類型について述べ（後記(1)～(3)）、その後、個別の利益の侵害行為に言及（後記(4)）した後、共同利益背反行為に関して特に議論があると思われるペット飼育と管理費等の滞納について取り上げよう（後記(5)(6)）。

(1) 不当毀損行為

不当毀損行為は、区分所有法6条1項にいう「建物の保存に有害な行為」にほぼ該当する行為である。現実には、区分所有者が専有部分ないし共用部分に対し積極的な侵害行為をすることは稀であるから、区分所有者が自己の専有部分を中心に増改築やリフォームをする場合が問題となる。たとえば、区分所有者が室内の改装のために自己の専有部分内にある耐力壁を撤去したり、専有部分に接続してベランダをつくったり、ベランダを居室に変更したりすることがその例である。裁判例上、①換気装置を設置するために建物の外壁に円筒型の開口部分を設けた行為が建物の保存に有害な行為にあたるとされたものがある。[14] また、そのほか、②共用部分たるピロティ部分に外壁を設置して物置としていた場合に、その区分所有者および賃借人に外壁の撤去請求、その部分の明渡請求が認められたもの、[15] ③ガス風呂釜を設置するため構造上の共用部分である壁柱の部分に穴を開けて配管をした区分所有者に対して復旧工事を命じたもの、[16] ④ルーフテラスに設置したサンルームの撤去請求が認められたもの[17] などがある。このうち②、④は次の不当使用行為にも該当しうる。

(2) 不当使用行為

(ア) 専有部分・共有部分の不当使用

不当使用行為は、区分所有法6条1項にいう「建物の管理又は使用に関し区分所有者の共同の利益に反する行為」に該当し、専有部分ないし共用部分について区分所有者の共同の利益に反するような仕方で使用する行為がこれ

14　前掲東京高判昭和53・2・27。同趣旨の判決として東京地判平成3・3・8判時1402号55頁。

15　東京高判平成7・2・28判時1529号73頁。

16　前掲東京地判平成3・3・8。

17　京都地判昭和63・6・16判時1295号110頁。

〔第1部・第14章〕第3節　義務違反者の範囲──「共同利益背反行為」の意義

にあたる。たとえば、廊下や階段室などに私物を置いたままにしておく場合
や、共有敷地に常時自動車・自転車を駐車させてこれを独占的に使用し他の
区分所有者の使用を妨げる場合、専有部分に危険物を持ち込む場合などであ
る。専有部分を規約等で定められている用途以外の目的で使用したりする場
合やバルコニーの不当使用もこれにあたり裁判例もある。前者に関しては、
住居専用マンションを事務所や店舗等として使用する場合についての裁判例
が[18]、後者に関しては、①専有部分に接続するバルコニーを木製などの枠、ガ
ラス戸、ベニヤ板、発泡スチロールを使って温室とした行為についてバルコ
ニーを管理組合が管理する共有物としたうえで建築協定に違反するとしてそ
の撤去・復旧を命じた裁判例や[19]、②バルコニーに衛星放送受信用アンテナを
設置したことが共用部分の通常の用法に反するとしてその撤去請求を認めた
裁判例がある[20]。

　さらに、別の裁判例では、①区分所有者が外壁やベランダに看板を取り付
けるなどして不当に外観を変更する行為[21]、②共用部分である軒内（建物外壁
部分の空間地）にクーラーの屋外機を設置する行為[22]、③敷地について規約に
より使用目的を庭と定められて専用使用権を与えられたにもかかわらず、そ
の敷地部分を駐車場に改造する行為などがある[23]。

(イ)　民泊（住宅宿泊事業）

　住宅宿泊事業法（平成29年法律第65号）は、「住宅宿泊事業」（いわゆる「民
泊」）とは、旅館業法に規定する営業者以外の者が「宿泊料を受けて住宅に
人を宿泊させる事業」であって、宿泊させる日数が1年間で180日を超えな
いものをいうと定める（住宅宿泊事業法2条2項・3項）。ここで重要なこと
は、当該「住宅」が、住宅宿泊事業の都道府県知事への届出（住宅宿泊事業
法3条）の時に、現に、または元来、住宅宿泊事業者の「生活の本拠」であ
るという点である。そのような「住宅」であれば、1年間で180日を超えな

18　前掲東京地八王子支判平成5・7・9等。

19　最判昭和50・4・10下民集31巻5号～8号857頁。

20　東京地判平成3・12・26判時1418号103頁等。

21　大阪高判昭和62・11・10判時1277号131頁。

22　その撤去が命じられたものとして横浜地川崎支判昭和59・6・27判タ530号272頁。

23　原状回復が命じられたものとして東京地判昭和53・2・1下民集31巻5号～8号646頁。

い限度において、有償で観光旅客等の宿泊の用に供することができる。

　民泊においては、宿泊者の衛生および安全の確保（住宅宿泊事業法5条・6条参照）とともに、近隣住民とのトラブルの発生も想定される（住宅宿泊事業法9条・10条参照）。後者については、特にマンション（居住用途型区分所有建物）の専有部分での民泊事業が問題となり得る。

　住宅宿泊事業法は、住宅宿泊事業を営もうとする住宅ごとに所定の事項を記載した届出書を都道府県知事に提出しなければならないとしているが、その中には国土交通省令・厚生労働省令で定める事項も掲げられ（住宅宿泊事業法3条2項7号）、その事項の一つとして、マンションにおいては、「規約に住宅宿泊事業を営むことを禁止する定めがない旨」が掲げられ、それには、管理組合に「届出住宅において住宅宿泊事業を営むことを禁止する意思がない旨を含む。」とされている（住宅宿泊事業法施行規則（以下、「国・厚規則」という）4条3項13号）。

　標準管理規約12条の規定は、住宅宿泊事業法の施行に伴い改訂され（標準管理規約12条2項を新設）、宿泊事業を可能とする場合と禁止する場合の両方の場合が併記されるようになった（なお、標準管理規約12条のコメントも参照されたい）。

　それでは、民泊事業については、どのような場合が共同利益背反行為として、区分所有法57条以下の対象となるか。

　当該マンションの規約において専有部分における民泊が禁止されている場合には、民泊事業の届出は認められないが、ただ、その届出の後に規約が設定（変更）され民泊が禁止された場合には、当該民泊事業者の承諾を得ない限り、規約の設定（変更）はできないと解される（区分所有31条1項後段）。ただ、その場合でも、標準管理規約12条1項に定める「区分所有者は、その専有部分を専ら住宅として使用するものとし、他の用途に供してはならない」旨の規定がすでにあったときには、同規定を根拠に、民泊は専有部分だけではなく共用部分についても常時不特定多数の旅客等の用途に供するものであるから、「専ら住宅として使用するもの」には該当しないとして、区分所有法31条1項後段の適用はなく、民泊は規約により禁止されているから、その届出は無効であり、民泊は許されない（区分所有法57条以下の対象とな

〔第1部・第14章〕第3節　義務違反者の範囲——「共同利益背反行為」の意義

る）と解する余地はある。しかし、法令（国・厚規則4条3項13号を含む）に
従いその届出がなされた以上、そのように解することは難しいであろう。し
たがって、このような場合には、民泊事業そのものではなく、その具体の内
容が共同利益背反行為に該当するときに、区分所有法57条以下の対象となる
と解すべきであろう。

　他方、規約によりマンションの専有部分における民泊を可能とするか、こ
れを禁止していない場合には、住宅宿泊事業を行おうとする者は、民泊の届
出をして、住宅宿泊事業を行うことができるが、ただ、当該規約において、
他の区分所有者の共同の利益のために、民泊事業に一定の制約を課すこと
（たとえば、住宅宿泊事業者が同じマンション内に居住している限りでこれを可能
とすること（「家主居住型」）や、さらに、住宅宿泊事業者が自己の生活の本拠と
して使用している専有部分において宿泊させる限りでこれを可能とすること（「家
主同居型」）等（標準管理規約12条関係コメント③））は、合理的かつ相当な範
囲においては許されよう。

　規約により民泊が可能な場合でも、騒音やごみ出しおよび共用部分の使用
をめぐって、他の区分所有者に迷惑を与える場合も想定され、その迷惑行為
が、特定の民泊事業者の民泊事業に起因し、他の区分所有者の共同の利益に
反するような場合には、区分所有者は、当該民泊事業者に対して、当該民泊
事業の停止等（区分所有57条以下）を請求することができよう。

(3)　共同生活上の不当行為

　生活上の共同の利益に反するような行為（共同生活上の不当行為）は、区
分所有法6条1項にいう「建物の管理又は使用に関し区分所有者の共同の利
益に反する行為」に含まれると解されている。たとえば、騒音・振動・悪臭
などの発散、猛獣や規約で禁止されたペットの飼育などがこれに該当する。
生活音ないし騒音に関しては、条例の基準内のカラオケ騒音であっても当該
区分所有建物内では受忍限度を超えるとして夜10時から朝8時までのカラオ
ケ装置の全面的使用禁止を認めた裁判例[24]や、主として居住用のマンション1
階店舗部分におけるカラオケスタジオについて、夜間の一定時間帯の使用禁

24　横浜地決昭和56・2・18下民集32巻1号～4号40頁。

止が認められた裁判例がある[25]。また、住居以外の使用を規約で禁止されているマンションにおいて、幼児による騒音等の被害が少なくないとして保育室としての使用禁止が認められた裁判例もある[26]。

(4) 共同生活上の個別の利益の侵害

上記で述べたような区分所有者全体の「共同利益」ではなく、特定の区分所有者に対する個別の利益の侵害に対しては、侵害を受けた区分所有者が、自己の人格権や区分所有権または共用部分共有持分権に基づいて、単独でその停止等や損害賠償を請求することができる。判例上、マンション1階の上方の外壁（共用部分）に設置された看板について、共用部分共有持分権から生ずる物権的請求権に基づいて、その撤去を認めたものがある[27]。また、階上の住人（専有部分の賃借人）の子どもが室内にて飛んだり跳ねたりして連日騒音を発生したために不眠等の症状が生じたとして、階下の区分所有者が慰謝料等を請求をした事件で、これを認めた裁判例がある[28]。これらの請求は、区分所有者の個別的な請求であり、被侵害利益が「区分所有者の共同の利益」（区分所有57条1項）であることは必要ではない。

個別的な請求か、共同利益背反行為（区分所有6条1項・57条1項）に基づく請求かに関する最高裁判決として次のものがある[29]。区分所有者Xが、Yから誹謗中傷を受け、また、他の役員等に対してもYの区分所有法6条1項の共同利益相反行為があったとして、区分所有法57条1項に基づきYの行為の差止めを求めた事案について、最高裁判所は、「マンションの区分所有者が、業務執行に当たっている管理組合の役員らをひぼう中傷する内容の文書を配布し、マンションの防音工事等を受注した業者の業務を妨害するなどする行為は、それが単なる特定の個人に対するひぼう中傷等の域を超えるもので、それにより管理組合の業務の遂行や運営に支障が生ずるなどしてマンションの正常な管理又は使用が阻害される場合には、法6条1項所定の『区分所有

25　東京地決平成4・1・30判時1415号113頁。

26　横浜地判平成6・9・9判時1527号124頁。

27　前掲大阪高判昭和62・11・10。同旨のものとして前掲東京高判昭和53・2・27、東京地判昭和56・9・30判時1038号321頁。なお、東京地判平成3・11・12判時1421号87頁参照。

28　東京地判平成19・10・3判時1987号27頁。

29　最判平成24・1・17裁判集民239号621頁。

〔第1部・第14章〕第3節　義務違反者の範囲──「共同利益背反行為」の意義

者の共同の利益に反する行為』に当たるとみる余地があるというべきである」と判示したうえで、原審は、この点について審理判断することなく区別所有法57条に基づく請求を棄却すべきものとしたものであるから、破棄を免れないとして、原審に差し戻した。

(5) ペット飼育

　マンションの専有部分（またはベランダ）において犬や猫などの動物の飼育が認められるか否かは従来から議論のあるところである。犬や猫は人間に精神的な安らぎを与える生き物としてその飼育は憲法で保障される「幸福追求権」（憲法13条）の一つとして尊重されるべきであるという考え方もある。今日では、分譲時に「ペットと同居できるマンション」として売買契約書および規約に明示して販売しているマンションも少なくない。問題は、分譲時にこの点について明確でなかったマンションである。標準管理規約のコメント（標準管理規約18条関係）では、ペットの飼育を認めるか否かは、規約で定めるべき事項であるとしており、両者の場合の規約の例を掲げている。今日の通説的な見解によると、マンションでのペット飼育については、先に述べた（前記 I 3(3)参照）、規約の定め（飼育禁止の定め）があることにより「共同利益背反行為」となる場合にあたるといえよう。

　ペット飼育に関しては平成10年に最高裁判決が出されている。本判決の経緯としては、小鳥および魚類以外の動物の飼育を禁止する規約が定められていたマンションにおいて、これに違反する区分所有者がいたために、管理組合（原告）が集会において現に犬猫を飼育している者でペットクラブを創設し一代限りの飼育を認めるという旨の決議をしたが、ある区分所有者（被告）がこれに従わずに新たに犬の飼育を始めたため、管理組合が飼育の中止等を求めたものである。第1審は、規約の明確さ、公平さに鑑みれば具体的な実害の発生を待たずに本件のような形で動物の飼育について禁止する規約および集会決議は許容できるとして管理組合の請求を認めた。控訴審および上告審ともに判例集未登載であるが、控訴審は被告の控訴を棄却し、上告審

30　東京地判平成8・7・5判時1585号43頁。
31　東京高判平成9・7・31判例集未登載。
32　最判平成10・3・26LEX/DB25541552。

は、「所論の点に関する原審の認定判断は、原判決挙示の証拠関係に照らし、正当として是認することができ、その過程に所論の違法はない」（以上ほぼ全文）として上告を棄却した。

また、別の裁判例として、規約中にペットの飼育を禁止する規定を新たに設けた事例について、現に犬を飼っていた区分所有者が受ける不利益は社会生活上通常受忍すべき限度を超えたものとはいえず、同規約の変更について当該区分所有者の承諾は不要であるとしたものがある[34]。

(6) 管理費の不払

(ア) 立法担当者等の見解

管理費の不払が、「共同利益背反行為」に含まれるか否かが問題となる。法務省立法担当者は、管理費の支払義務は建物等の管理に関する最も基本的な義務であること等を理由に、著しい管理費の不払はこれに含まれると解している[35]。学説も肯定する[36]が、なお議論の余地もある[37]。

区分所有者が管理費や修繕積立金等を長期間支払っていない場合に、このことが共同利益背反行為に該当し区分所有法59条による当該専有部分の競売請求の理由となるか。このような管理費等の支払をめぐる区分所有者間の債務不履行の関係については、本来は、区分所有法7条の先取特権の規定によって解決がなされるべきである。法務省立法担当者は、「一般的には、（筆者注：7条により）他の区分所有者の全員又は区分所有者の団体が当該不払の区分所有者の区分所有権の上に先取特権を有し、その実行として競売をすることができる。したがって、……の『他の方法によっては、……困難』とい

33　ただし、篠原みち子「判批」安永正昭ほか編『不動産取引判例百選〔第3版〕』（有斐閣、2008年）196頁参照。

34　東京高判平成6・8・4高民集47巻2号141頁（第1審：横浜地判平成3・12・12判時1420号108頁）。第1審は、本件マンションにおいて分譲時の入居案内等により従前から区分所有者間にペットの飼育は原則として禁止されているとの共通認識があったとの認定をしている。同種の判例として東京地判平成6・3・31判時1519号101頁参照。

35　高柳輝雄『改正区分所有法の解説』（ぎょうせい、1983年）162頁。

36　丸山英氣『区分所有建物の法律問題』（信山社出版、2020年）226頁以下、水本浩ほか編『基本コンメンタールマンション法〔第3版〕』（日本評論社、2006年）24頁〔大西泰博〕など。

37　管理費の不払が管理組合に対する不法行為を構成しないとされた事例として東京地判平成3・10・7判時1432号86頁参照。

〔第1部・第14章〕第3節　義務違反者の範囲──「共同利益背反行為」の意義

う要件を満たすためには、その先取特権の実行又はその他の財産に対する強制執行によってもその債権の満足を得ることができない場合であることを要するものといわなければならない」としている。[38]このような場合には、債務額との関係で区分所有権自体に価値がないということが多いであろうが、競落価格が下がることによって競売による買受人を得ることができる限り、なお競売請求には一定の意味があるというべきである。立法担当者も、買受人は未払いの管理費等の支払義務を承継する（区分所有8条）から買受人が現われることは期待しがたく、その実効性には疑問があるとしながら、「しかし、他の区分所有者又は区分所有者の団体が右のような負担を覚悟してあえて買受けることによって、事態を解決することも考えられるから、本条の規定の適用を肯定することは、全く無意味ではないであろう」と述べる。[39]

(イ)　裁判例

管理費滞納者に対する区分所有権競売請求事件に関しては、最高裁決定がある。[40]そのほか、下級審判決の代表的な事例として、ある区分所有者が約5年分の管理費等約170万円を滞納したため、管理組合は、支払督促命令を得たうえで、同人の預金債権の差押えをしたが預金残高がなく、また、同人所有の住戸部分を強制競売しようとしたが、抵当権（債権額1710万円の抵当権と債権額1320万円の根抵当権）が設定されていて無剰余となるおそれがあるため、集会決議を経て、その者に対して区分所有法59条に基づき、同専有部分の区分所有権の競売を請求したものがある。裁判所は、①長期かつ多額の管理費等の滞納は、共同利益背反行為にあたり、上記の被告の滞納はこれに該当する、また、②区分所有法59条1項所定の共同生活上の著しい障害が生じているといえる、ただ、③被告は経済状況が好転していることから管理費等の分割弁済による和解を希望していることからすれば、本判決においては、競売申立て以外に管理費等を回収する途がないことが明らかであるとはいえないとして、管理組合の競売請求を棄却した。[41]

38　濱崎・前掲書（注4）360頁・361頁。
39　濱崎・前掲書（注4）361頁。
40　前掲最決平成23・10・11。
41　東京地判平成18・6・27判時1961号65頁。そのほか、大阪地判平成13・9・5判時1785号59頁等参照。

第4節 まとめ——義務違反者の区分所有建物からの排除要件

　本章では、第1に、区分所有建物からその利用者が「排除」される実定法（区分所有法）の構造を明らかにし（第2節参照）、第2に、排除の対象となる「不法利用者等」（義務違反者ないし共同利益背反者）の範囲について検討してきた（第3節参照）。最後に、簡単にまとめておこう。

　区分所有法は、共同利益背反行為（義務違反。区分所有法6条1項）に対して、①区分所有法57条による行為の停止等の請求、②区分所有法58条による専有部分の使用禁止の請求、③区分所有法59条による区分所有権および敷地利用権の競売の請求、④区分所有法60条による占有者に対する専有部分の引渡請求の措置を用意しているところ、当初から①の請求によっては共同生活の維持を図ることができないと認められるときは、①の訴訟を経ることなく②または③（もしくは④）の訴訟を提起することが認められる。

　区分所有建物の多くは、規約において当該建物における義務違反行為を定めている。その規約の定めと区分所有法6条1項および57条〜60条において定められている「共同利益背反行為」とはどのような関係にあるのか。本章では、この点について、①規約の定めがなくても「共同利益背反行為」となる場合、②規約上の義務違反行為が「共同利益背反行為」とはならない場合、③規約の定めがあることにより「共同利益背反行為」となる場合の三つに分けて考えるべきであるとした。

　それでは、「共同利益背反行為」とは何か。これは、一般的には、当該行為の必要性の程度、これによって他の区分所有者が被る不利益の態様、程度等の諸事情を比較衡量して決すべきものであり、社会通念によって客観的に決定されるもので、集会の決議によって決定されるものではない。そして、「共同利益背反行為」の甚大さ（3段階）に応じて、①行為の停止等、②専有部分の使用禁止、③区分所有権等の競売または占有者に対する専有部分の引渡しの各請求が認められる。したがって、③の区分所有建物からの排除の

421

〔第1部・第14章〕第4節　まとめ——義務違反者の区分所有建物からの排除要件

ためには、他の方法では共同利益の回復が図れないレベル3の背反性が必要となる（管理費等の滞納者の排除に関しても、判例上この点が問題とされている）。

　共同利益背反行為は、大きく、不当毀損行為、不当使用行為および共同生活上の不当行為の三つに分けることができ、今日までに相当数の判例の蓄積があるが、区分所有建物からの共同利益背反行為者の「排除」を求めた事例はそれほど多くはない。代表的なものとしては、暴力団事務所および管理費等の長期滞納者に対するものがある。

　本文の「第1節Ⅱ1マンション総合調査」に関し、脱稿後に国土交通省『令和5年度マンション総合調査結果報告書』（令和6年6月）に接した。

（鎌野邦樹）

はじめに

第15章
不動産仲介業者の注意義務

はじめに

　宅地建物取引業法（以下、「宅建業法」という）によれば、①宅地・建物の売買および交換、②宅地建物の売買・交換・貸借の代理、③宅地建物の売買・交換・貸借の媒介を業として行うためには、都道府県知事または国土交通大臣の免許を受けなければならないのであり（宅建業3条）、免許を受けない者は宅地建物取引業を営んではならない（宅建業12条）。本章でいう「仲介」は、宅建業法上の「媒介」に該当し、不動産仲介業者とは、宅建業法3条の免許を受け、売買・交換・貸借の媒介を行う者である（以下、「業者」または「仲介業者」という）。

　不動産仲介業者の注意義務をめぐる紛争は、報酬についての紛争と同様に多い。塩崎勤判事は、平成10年の論稿で「登記簿や権利証の調査を怠ったという単純な内容のものから、不動産の権利関係、法令上の制限、環境悪化の見通し、不動産の物的情況、代価の妥当性や相手方の信用状態等の調査・説明等の義務違反等が問題とされるケースにまで及んでおり、その紛争はきわめて複雑、多岐化してきている」と指摘している。[1]その後も、複雑、多岐化の傾向は顕著である。[2]

---

[1]　塩崎勤「不動産仲介業者の注意義務」澤野順彦編『現代裁判法大系(2)不動産売買』（新日本法規出版、1998年）356頁。吉野荘平「宅地建物取引士に求められる土地・建物の調査実務」不動産政策研究会編『不動産政策研究各論(1)不動産取引法務』（東洋経済新報社、2018年）196頁は、宅地建物取引業者が関与した取引に関する都道府県対応紛争事例（2016年度）のうち、宅建業法35条の重要事項に関するものが「30％強と最も多い」と指摘する。同様の指摘として、小林正典「不動産取引の紛争・処分事例・判例の変遷・傾向から見る近年の課題」不動産政策研究会編・前掲書186頁。

423

〔第1部・第15章〕第1節　注意義務の基本的あり方

　仲介業者の注意義務については多数の文献が、多くの裁判例を論じている。[3]
本章では、これらに従いつつ、第1節で業者の注意義務の基本的あり方について、第2節で具体の裁判例を手がかりに注意義務の内容について論ずる。

第1節　注意義務の基本的あり方

　業者は、仲介契約に基づき、委託者に対して契約上の義務を負うが（後記
Ⅰ参照）、さらに、宅建業法に基づいた義務（後記Ⅱ参照）が課せられており、
また、第三者に対する不法行為責任上の注意義務を負う場合がある（後記Ⅲ
参照）。

Ⅰ　仲介契約──媒介契約上の注意義務

1　仲介契約の意義

　一般に、不動産仲介契約とは、不動産取引の媒介をなす契約である。取引
の媒介とは、「他人の間で取引（契約）が成立するように情報を提供し、斡
旋・仲介をし、みずからは契約当事者とならないこと」である。[4]なお、実際
には、代理との区別が問題になるが、代理では、本人が代理人に代理権を授
与し、代理人が本人のためにすることを示して、相手方に対して代理行為を
行い、その法律効果が本人に帰属する（民99条）のに対して、媒介では、業
者は代理権を授与されず、それゆえ、本人のために代理行為を行うものでは
なく、当事者の契約成立に向けて尽力する[5]
　媒介契約は、準委任契約として理解される。[6]民法は、「法律行為をするこ

2　工藤祐厳「不動産取引と説明義務」判タ1178号125頁。

3　塩崎勤「宅地建物業者の責任」川井健＝塩崎勤編『新・裁判実務大系(8)専門家責任訴訟』（青林
　書院、2004年）159頁以下、丸山英氣ほか編『不動産媒介の裁判例〔第2版〕』（有斐閣、1999年）、
　岡本正治＝宇仁美咲『詳解不動産仲介契約〔全訂版〕』（大成出版社、2012年）。

4　我妻榮『債権各論(中2)民法講義(Ⅴ3)』（岩波書店、1962年）653頁。

5　岡本＝宇仁・前掲書(注3)122頁。

424

と」を委託することを委任契約とし（民643条）、さらに、「法律行為でない事務の委託」について準委任として委任契約の規定を全部準用している（民656条）。我妻榮博士は、委任と準委任の区別を重視すべきではないとし、委任について「他人の労務を利用する契約の一種であつて、一定の事務を処理するための統一的な労務を目的とすることを特色とする」と指摘している。

近時、不動産仲介契約に関連して、宅建業法が免許制度を設け、種々の規制を課し、仲介業者は仲介業についての専門的・独占的地位にある。かくして、不動産仲介契約において、単に物件や売主・買主の存在を情報提供するだけにとどまらず、一定の調査、説明義務が仲介業者に課せられている。そこから、不動産仲介契約について、「仲介業者が委託者（依頼者）から不動産売却、賃貸等のあっせん委託を受け、物件情報の探索・入手、物件調査、買主（筆者注：借主）等への説明、当事者の間に立って取引条件を交渉、調整して契約の成立に向けて尽力することを受託し、仲介業者の仲介行為により当事者間で売買等の契約を成立させたときには、仲介業者が委託者に対し報酬を請求することができる契約である」とする定義すら提唱されている。[7]

2　受任者の義務

我妻博士は、委任について「統一的な事務を処理するためには、多かれ少かれ、自分の意思と能力によつて裁量する余地を必要とし、従つて、その労務は、いわゆる知能的な高級労務であるのを常とする。見方を変えれば、委任は、他人の特殊な経験・知識・才能などを利用する制度なのである。……かような信頼・委託の関係は、すべて委任的色彩を持つものといつても過言ではない」と指摘している。[8]仲介業者の契約上の注意義務は、委任契約との関連では、受任者の注意義務として理解できる。受任者は、「委任の本旨に従い、善良な管理者の注意をもって、委任事務を処理する義務を負う」（民

6　最判昭和44・6・26民集23巻7号1264頁、岡本＝宇仁・前掲書（注3）778頁。債権法改正に際して、法制審議会では、媒介契約規定新設が検討されたが、立法には至らなかった（岡本正治＝宇仁美咲『不動産媒介契約の要点解説』（大成出版社、2021年）7頁）。

7　岡本＝宇仁・前掲書（注3）84頁。

8　我妻・前掲書（注4）652頁。

〔第1部・第15章〕第1節　注意義務の基本的あり方

644条）。この場合、委任の本旨に従うとは、「委任契約の目的とその事務の性質に応じて最も合理的に処理すること」である。受任者は、委任者からの指示がある場合には、一応これに従うべきであるが、しかし、指示の不当なことを発見したときには、指示の変更を求めるべきであるとされる。

また、善良なる管理者の注意義務は、一般的には、「自己の財産におけると同一の注意」とは異なり、一定の水準が要求される。我妻博士は、「受任者が専門的な知識・経験を基礎として、素人から当該事務の受託を引き受けることを営業としている場合、とりわけ当該業務を営業とすることが何等かの形式で公認されている場合（……）には、受任者の注意義務は当該事務についての周到な専門家を標準とする高い程度となる」と指摘している[10]。

II　宅地建物取引業法上の規定

仲介業者の義務については、以上の一般の契約法上の義務のほかに宅建業法に基づいた義務の観点からも検討する必要がある。

1　書面交付等の義務

業者は、宅地または建物の売買または交換の媒介契約を締結したときは、遅滞なく、宅地の所在等の目的物特定情報、売買すべき価額または評価額、依頼者が他の業者に重ねて媒介の依頼をなし得るか、媒介契約の有効期間等を記載した書面を作成して記名押印し、依頼者にこれを交付しなければならない（書面交付義務。宅建業34条の2第1項、令和3年宅建業法改正によって、相手方の承諾を得て、媒介契約書の電磁的方法による提供も可能（宅建業11条))[11]。

2　指定流通機構登録義務

売買、交換の媒介契約には、①一般媒介契約、②専任媒介契約（宅建業34

9　我妻・前掲書（注4）670頁。

10　我妻・前掲書（注4）673頁。

11　三浦逸広「宅地建物取引業法改正による不動産取引オンライン化の推進について」日本不動産学会誌144号35頁。

426

条の２第３項)、③専属専任媒介契約の３種がある(宅建業規15条の９第２号項)。このうち、②専任媒介契約は、依頼者が他の業者に重ねて媒介や代理を依頼することを禁じているが、依頼者は自ら発見した相手と契約することは可能である。契約の期間は３カ月を超えることができず、業者は依頼者に２週間に１回以上業務処理状況を文書か口頭で報告する義務を負う。また、業者は契約締結後７日以内に該当物件を指定流通機構に登録する義務を負う(①一般媒介契約では登録義務はない)。指定流通機構とは、宅建業法50条の２の５に基づき国土交通大臣の指定を受けた団体の運営する不動産物件情報交換のためのネットワークである。③専属専任媒介契約は、②の専任媒介契約に比べ、依頼者の自己発見取引も禁止され、業務処理状況の報告は１週間に１回以上となり、また、指定流通機構登録は５日以内に行うものとされている。

3　業務処理上の義務

　宅建業法は、仲介業者に、多くの義務を課している。業務処理の原則として、「宅地建物取引業者は、取引の関係者に対し、信義を旨とし、誠実にその業務を行なわなければならない」(信義誠実義務。宅建業31条１項)。また、業者は、「相手方等」が取得または借り受けようとしている宅地または建物に関し、売買、交換または貸借の契約が成立するまでの間に、宅地建物取引主任者をして、「当該宅地又は建物の上に存する登記された権利の種類及び内容並びに登記名義人」をはじめとした重要事項について書面を交付して説明させなければならない(重要事項説明義務、宅建業35条１項、令和３年宅建業法改正によって、相手方の承諾を得て、重要事項説明書の電磁的方法による提供も可能(宅建業35条８項)。また、宅建士のオンライン重要事項説明も可能)。

　さらに、宅建業法47条は、業務に関する禁止事項として、「宅地建物取引業者の相手方等に対し」、重要「な事項について、故意に事実を告げず、又は不実のことを告げる行為」などを禁止していたが、平成18年宅建業法改正は、この点をいっそう詳細化した。改正後は、禁止事項として、宅建業法35条１項および２項に掲げる重要事項に関する事項や「宅地若しくは建物の所在、規模、形質、現在若しくは将来の利用の制限、環境、交通等の利便、代

〔第1部・第15章〕第1節　注意義務の基本的あり方

金、借賃等の対価の額若しくは支払方法その他の取引条件又は当該宅地建物取引業者若しくは取引の関係者の資力若しくは信用に関する事項であつて、宅地建物取引業者の相手方等の判断に重要な影響を及ぼすこととなるもの」を列挙している。それゆえ、これらの事項について業者が「故意に事実を告げず、又は不実のことを告げる行為」は許されない。ここで、「相手方等」とされているのは、「宅地若しくは建物の売買、交換若しくは貸借の相手方若しくは代理を依頼した者又は宅地建物取引業者が行う媒介に係る売買、交換若しくは貸借の各当事者」である（宅建業35条1項）。このため、直接の依託者だけでなく、媒介された契約の当事者も含まれる。

4　宅建業法と民事法との関連

宅建業法の義務と民事法の関連について、第1に、重要事項説明に関する義務は、行政法上の定めであるのみならず、民事法的にも規範となる。裁判例は、重要事項説明の義務について、「宅地及び建物の取引における購入者の利益の保護を図ることを、その目的事項の一つとして掲げる宅地建物取引業法（昭和27年法律176号）の法意に照らして、右注意義務はたんなる規制法上のものにとどまらず、十分に規範的意味を有するものと解すべきである」と判示している[12]。

第2に、宅地建物取引業者の民事法上の義務は、宅建業法35条列挙事項の調査説明義務に限定されない。宅地建物取引業者の調査説明義務は、購入希望者に重大な不利益をもたらすおそれがあり、その契約締結の可否の判断に影響を及ぼすことが予想される事項等についても及ぶ。この点について、たとえば、近時の裁判例は[13]、「不動産の購入希望者と媒介契約を締結した宅地建物取引業者は、同契約に基づく善管注意義務や宅地建物取引業法35条1項の趣旨に基づき、購入希望者に重大な不利益をもたらすおそれがあり、その契約締結の可否の判断に影響を及ぼすことが予想される事項や虚偽の事実をことさら告げるなどした事項については、調査・説明することが困難であるなどの特段の事情がない限り、購入希望者に対する調査説明義務を負うと解

---

[12]　東京高判昭和57・4・28判タ476号98頁。岡本＝宇仁・前掲書（注3）505頁参照。
[13]　東京地判平成26・4・15LEX/DB25519248。

Ⅱ　宅地建物取引業法上の規定

すべきである」としている。

　なお、これに関連して、苦情・紛争事案や裁判例を見ると、宅建業法35条
１項各号に掲げられていない事項に関する調査・説明義務をめぐる紛争が圧
倒的に多い。実務家からはその要因として、重要事項説明書には、宅建業法
35条１項１号から14号に掲げられた事項と、施行令３条１項に列挙された法
令の規定を説明すれば足りるという宅地建物取引業者や宅地建物取引士の不
注意が招いたものとも言えるとの指摘もある。[14]

　仲介業者が、取引に関与する際に、不動産売主側の媒介業者と買主側の媒
介業者がそれぞれ別個の場合がある（いわゆる「片手」）。この場合、売主側
の業者を「元付業者」、買主側業者を「客付業者」などと呼ぶが、本章では、
それぞれ「売主（側）業者」、「買主（側）業者」と呼ぶことにする。[15]これに
対して、媒介業者が、売主媒介業者と買主媒介業者を兼ねる場合もあり、こ
の場合には不動産の売主と買主の双方から媒介の委託を受けることになる
（いわゆる「両手」）。「両手」の場合には、売主と買主の双方から媒介に関す
る手数料を受領できる。インターネット等の情報伝達技術が発達した現在と
異なり、旧時は情報の流通自体が容易でなかったため、売主媒介業者と買主
媒介業者の間に業者（いわゆる「あんこ」）が介在する場合が存在したが、そ
うしたあり方は流通業者の責任が不明確になりかねないため、媒介契約の書
面化・標準化および物件情報の公開および共同処理が重視されている。[16]重要
事項説明等の義務については、買主媒介業者のみならず、売主業者もまた買
主に対して義務を負うし、不実告知等禁止についても同様である（宅建業35
条柱書参照）。

14　高橋兼生「判批」RETIO109号101頁参照。

15　不動産適正取引推進機構編著『望ましい重要事項説明のポイント〔３訂版〕』（住宅新報社、
　　2007年）172頁。

16　稲本洋之助「不動産取引における業者の役割」ジュリ1048号25頁。

429

〔第1部・第15章〕第1節　注意義務の基本的あり方

Ⅲ　仲介業者の第三者に対する義務

1　昭和36年最高裁判決

　仲介業者の注意義務についての最高裁判例として重要なのは、最判昭和36・5・26民集15巻5号1440頁である[17]。これは、いわゆる地面師（土地所有権がないのに所有者であると偽って売買契約や貸地契約を締結し、代金等をだまし取る詐欺師）にだまされた土地賃借人から業者（貸主側業者）への不法行為責任追及が問題になった事案である。最高裁判所は、免許登録を受けた不動産仲介業者は、委託者に対してはもちろん、「直接にはかかる委託関係がなくても、これら業者の介入に信頼して取引をなすに至つた第三者一般に対しても、審議誠実を旨とし目的不動産の瑕疵、権利者の真偽等につき格段の注意を払い、以て取引上の過誤による不測の損害を生じせしめないよう配慮すべき業務上の一般注意義務があ」ると判示した。

　本判決は、「不動産仲介業者についての最高裁判例としては初めてのもの」として、「委託者以外の者への責任を認めた」ものであるが、「『業者の介入に信頼して取引するに至った第三者』と限定して、この範囲内での一般的注意義務を要求している」ものと理解すべきである[18]。本判決は、賃借人とは直接の契約関係にない貸主側仲介業者が地面師を地主として紹介した場合であり、地面師は、偽造印鑑証明、偽造勤務先身分証明書等を提示していた。しかし、仲介業者が土地台帳を通じた所有者本人への照会、年齢の不釣り合いの把握、印鑑証明書上の住所の確認等を行っていれば、その説明が虚偽であることを見抜けたはずであった。

　このような業務上の注意義務の根拠として、①宅建業法そのものに根拠を求める説、②業者が報酬を取得することに根拠を求める説、③業者に対する社会的要請に根拠を求める説などがあり、③が有力であるとされている[19]。ま

17　丸山ほか編・前掲書（注3）65頁34事件、岡本＝宇仁・前掲書（注3）330頁。

18　倉田卓次「判解」最判解民（昭和36年度）210頁。

19　塩崎・前掲論文（注1）360頁。

430

た、すでに述べたように、宅建業法は、重要事項説明に際して、買主側業者のみならず、取引に関与した全業者が説明の義務があるとし（宅建業35条。実際には全関係業者が1冊の重要事項説明書を作成し、説明を行うことが多い）、関連業者すべてが買主に情報を提供していることも考慮に入れると、本判決の法理は、当然と考えられる。

2 不法行為責任と契約責任

本判決が明らかにした業務上の注意義務は、業者の取引に関与した第三者に対するものであるが、「委託者に対してはもちろん」適用される。

実務的には、買主が不適切な物件を購入した場合は、買主が買主側業者に対して仲介契約上の債務不履行責任（または不法行為責任）を追及し、売主側業者に対して不法行為責任を追及する（さらに、売主にも売買契約上の責任を追及する）例が多い。

以上のように、媒介契約上の宅地建物取引業者の責任と不法行為上の第三者に対する宅地建物取引業者の責任とが接近している。両者の相違が問題になるが、不法行為責任では、原告は、①故意または過失、②違法性、③損害発生と因果関係を主張・立証することになる。とりわけ、①に関しては仲介業者が故意または過失によりなすべき調査を尽くさなかったことあるいは説明義務を怠ったことを主張・立証することになる。これに対して、債務不履行責任による場合には、契約責任になり、原告は、①媒介契約の成立、②不完全な履行、③損害の発生を主張・立証することになる。②に関連して、「○○について説明すべきであったにもかかわらず、これを説明しなかった」などと主張する。[20]

20　債務不履行責任と不法行為責任の相違を含めて、山崎敏彦「委任」伊藤滋夫＝山崎敏彦編『ケースブック要件事実・事実認定〔第2版〕』（有斐閣、2005年）275頁、山崎俊敏「不動産仲介業者の説明義務違反」リマークス27号26頁。

〔第1部・第15章〕第2節　注意義務の具体的あり方

第2節　注意義務の具体的あり方

Ⅰ　売買の仲介

　注意義務の具体的あり方については、裁判例が参考になる。まとめの仕方としては、昭和36年最高裁判決に従い、権利者の真偽などの処分権限に関する事項、続いて目的不動産の瑕疵に関する事項を検討し、最後にその他の事項（価格調査、履行確保）を取り上げる。

1　処分権限に関する事項

　処分権限に問題がある場合には、買主等は目的不動産を取得できない。典型的なのは、地面師などの詐欺的ケースであるが、目的物件に抵当権が存在する場合、農地売買のように知事や農業委員会の許可が必要な場合などもこれに含まれる。

⑴　売　主

　土地所有者でない者が、登記済書等を偽造して所有者であるような外観を作出した事例について、裁判所は、媒介業者は、地主と称する者が真実に地主かについて特別に注意を払い、少なくとも自称地主と直接面接し、住所または勤務先に電話で確認するなどすべきであったとして、仲介業者の注意義務違反を認めている[21]。一般に、地面師等は巧妙に書類を作成して自己が所有者であるとの外観をつくり出すと考えられるため、業者も高度の注意義務を負う。

　成りすまし・地面師事件に関連しては、近時の地面師は、登記済証の偽造などの旧来の手法ではなく、公証人認証手続（不登23条4項2号）などの手の込んだ手法を用いるのであり、仲介業者としては注意が必要である[22]。裁判

---

[21]　東京地判昭和34・12・16判時212号29頁、丸山ほか編・前掲書（注3）65頁34事件、岡本＝宇仁・前掲書（注3）372頁。

[22]　小柳春一郎「地面師・成りすまし不動産詐欺と公証人認証」Evaluation 69号1頁。

432

例では、第1売買契約（実は虚偽）が平成22年12月20日（価格不明）、第2売買契約が同年同月27日で価格9000万円、第3売買が同年同月28日で価格1億5000万円という一連の土地売買契約において、第3売買契約の買主が代金を支払ったにもかかわらず、真の土地所有者から返還請求を受けた。第3売買での買主は、第3売買の売主のみならず、媒介業者の責任を追及した。本件では、真の所有者の名義が残ったままの第2売買の価格が相場と比べ著しく低額、真の所有者に低額処分の理由がなく、真の所有者との面会が「急な交通事故」により不可能になるなど、「疑わしい事情」があった。裁判所は、「仲介業者として、P_6が所有権移転登記を得た後も、P_6が本件土地の所有権を取得したかどうかについて疑いを持ち、疑わしい事情について調査を尽くし、買主となる原告に対し、不測の損害を与えないよう注意すべきであった」として、仲介業者の賠償責任を認めた。

　また、別の裁判例では、同じく地面師事件であるが、業者の責任を否定した。その判断基準は、媒介業者は、「通常の場合、その売主が所有者として登記されているか否かを確認すれば足りると解されるが、当該売主が真の所有者ではないことを疑うに足りる事情がある場合には、その他の方法をもって、当該売主が真の所有者であるか否かを確認すべき義務を負っているものというべきである」であり、当該事案では、そのような「疑うに足りる事情」があるとは認められなかった。

(2) 代理権限

　自称代理人の場合について、「仲介業者としては、瑕疵のない売買契約の締結をはかる義務があるから、売主の代理人と称する者の代理権の有無を調査し、確認することは最小限度の要請であり、たとい代理人と称する者が委任状、印鑑証明書、権利証等の関係書類を所持していたとしても、書類が偽造される場合もあり、同居の親族は容易に印鑑等を盗用し得るので、特別の事情がない限り本人の意思を確認する必要があるというべきである」との判示がある。

23　東京地判平成27・1・7 LEX/DB25524668、岡本＝宇仁・前掲書（注3）134頁。

24　東京地判平成29・2・22 LEX/DB25551436。

25　東京高判平成元・2・6金判823号20頁、丸山ほか編・前掲書（注3）81頁44事件、岡本＝宇

〔第1部・第15章〕第2節　注意義務の具体的あり方

(3)　他人物

　他人物売買の場合には、通常の場合に比べいっそう高度の注意義務があるとされ、単に委任状および印鑑証明書の提示を受けるだけでは不十分で、所有者の売渡し意思の有無、抵当権登記がある場合には抹消可能かなど直接問い合わせて確認すべきであるとの裁判例がある。[26]

(4)　目的物に担保権がある場合

　売買目的物に担保権があった場合について、媒介業者が担保権消滅のために必要だと称して中間金を支払わせたが、しかし被担保債権の額に不足し、抵当権の抹消ができなかった事例について、裁判所は、媒介業者は、担保権の種類、内容等を十分調査する義務があるとして、買主の賠償請求を認容した（ただし過失相殺5割）[27]。土地売買にあたって、売買契約締結後に、目的不動産について売主のために根抵当権登記がなされたが、そのまま代金決済がなされ、しかも根抵当権が抹消されなかった事例について、裁判所は、媒介業者には代金決済日までに登記簿を閲覧して所有権移転手続や代金決済について助言する義務があると判示した。[28]

(5)　目的物に仮処分登記がある場合

　裁判例[29]は、宅地建物取引業者が、委託を受けて不動産買受の媒介をなすにあたり登記簿の調査等をせず不動産に処分禁止の仮処分があることを知らないで、漫然と委託者にその買受契約を締結させた場合には、当該宅地建物取引業者に過失があるとしつつ、買主が業者であったことを理由に、5割の過失相殺を認めた。

(6)　所有権の取得過程の調査義務

　売主は前主から代物弁済により所有権を取得していたが、媒介業者の仲介

　仁・前掲書（注3）392頁参照。

[26]　宮崎地判昭和58・12・21判タ528号248頁、丸山ほか編・前掲書（注3）86頁45事件、岡本＝宇仁・前掲書（注3）375頁参照。

[27]　大阪地判昭和57・9・22判タ486号109頁、丸山ほか編・前掲書（注3）85頁46事例、岡本＝宇仁・前掲書（注3）426頁参照。

[28]　東京地判平成8・7・12判タ926号197頁、丸山ほか編・前掲書（注3）86頁47事例、岡本＝宇仁・前掲書（注3）429頁参照。

[29]　名古屋高判昭和36・3・31高民集14巻3号213頁、岡本＝宇仁・前掲書（注3）424頁参照。

により売買契約締結後、売主が前主に訴えられたため物件を返還してしまった例について、裁判所は、媒介業者は登記簿を調査しており、その時点で売主が所有者であるという記載があり、また、前主の訴え提起について予告登記がなかったので、一応義務は尽くしたとした（予告登記の制度は、現在は廃止している[30]）。

(7) 農地売買

農地法適用の農地については、所有権移転のために都道府県知事や農業委員会の許可が必要な場合がある（農地3条・5条。市街化区域内農地については届出で足りる）。媒介業者の責任が問題になった事例では、裁判所は、媒介業者は、売主の履行に不安があって買主に損害を与えるおそれがある場合には、専門家として、適切な措置がとれるよう事情を説明するなどして移転登記および引渡しが履行されるよう努力する義務を負うと判示しつつ、この事件については、媒介業者が弁護士を紹介するなどしていることで、責任を負わないとした[31]。

2 物件の瑕疵に関する事項

(1) 売買目的物の欠陥と仲介業者責任

処分権限の問題の場合には、買主等が所有権等を取得できなくなることが多いのに対して、この問題では、買主は一応所有権等を取得できても物件に何らかの欠陥・瑕疵があることになる。物件の瑕疵の場合でも、調査義務および情報提供義務が問題になる。仲介業者に調査義務はないとするのは、不適切な不動産取引に至るおそれがある。他方で、仲介業者が、物件の瑕疵等について全面的に調査を行うことまでは不動産仲介契約の内容となっていないと考えられる。なお、情報提供義務では、売主側仲介業者であっても、直接買主に情報を提供すべきとする裁判例がある[32]。

---

[30] 大阪地判昭和41・1・20民集23巻11号2113頁、丸山ほか編・前掲書（注3）88頁49事件、岡本＝宇仁・前掲書（注3）397頁参照。

[31] 東京地判昭和62・11・27判時1280号97頁、丸山ほか編・前掲書（注3）80頁43事件、岡本＝宇仁・前掲書（注3）338頁参照。

[32] 後掲大阪高判平成16・12・2。

〔第1部・第15章〕第2節　注意義務の具体的あり方

(2)　物件についての法令上の制限

　物件についての法令上の制限は、不動産を購入するか否かの判断やその価格に大きく影響する。法令上の制限については宅建業法35条1項2号で説明義務があり、また、これについて「重要な事項について、故意に事実を告げず、又は不実のことを告げる行為」などが禁止されている（宅建業47条）。法令等に関する調査は、後述の物理的性状や環境的性状の調査に比べて対象が明確であり、調査を欠いたときは調査義務違反となりやすい。

　法令上の制限としては、都市計画法、建築基準法、その他の建築規制などがありうる。

(ｱ)　都市計画法

　都市計画法に関連する裁判例として、仲介業者が仲介した土地の一部が都市計画法上道路予定敷地として買収されるものであったが、業者はこれに関する調査、説明を欠いたまま取引を進め、報酬を請求したところ、報酬請求が認められず、逆に買主からの仲介業者の債務不履行による損害賠償請求を認容した事例[33]、土地が市街化調整区域（都市計画法7条2号「市街化を抑制すべき区域」）に含まれるかについて調査、説明すべきであったとした事例[34]などがある。

(ｲ)　建築基準法

　マンション（耐火性が建築基準法上求められている）の一部が木造で建築基準法上の違法建築であることを知っていた仲介業者に告知義務があるとした事案がある。裁判所は、「少なくとも違法建築の存することが判明している限り、仲介依頼者である買主に対し、重要事項説明において違法建築の存することを告知するのが当然」であるとして、告知をしなかった仲介業者は不法行為責任を免れないとした[35]。

　さらに、接道義務違反について、宅地建物取引主任者が注意義務を尽くせば、容易に判明したとして、仲介業者は不法行為責任を負うとした事案[36]、仲

33　東京地判昭和48・3・23判タ295号279頁、岡本＝宇仁・前掲書（注3）354頁参照。
34　東京地判昭和54・10・30判時946号78頁、岡本＝宇仁・前掲書（注3）449頁参照。
35　横浜地判平成9・5・26判タ958号189頁、岡本＝宇仁・前掲書（注3）266頁参照。
36　前掲東京高判昭和57・4・28、また、奈良地葛城支判平成14・9・20裁判所ホームページ、岡

436

介業者が一般的な都市計画制限については説明したものの、擁壁について問題のある土地で2000万円以上をかけて擁壁をつくり直すことが法令上要請されている土地について説明なしに媒介し、媒介契約報酬を請求したところ、請求が棄却された事案などがある。[37]

(ウ) その他の法令

文化財保護法について、購入後に目的物件が実は古墳であったことが判明し、文化財保護法の対象物件となってしまった例について、裁判所は、「宅地建物取引業者が、不動産売買の仲介をなすに当つては、その委託の趣旨に則り、当事者双方がその契約の目的を達し得るよう配慮し、事前に当該物件に関して契約の目的を達し得ないような瑕疵の有無等を調査し、委託者に対し不測の損害を生ぜしめることのないよう誠実にその業務を遂行すべき一般的な業務上の注意義務がある」としつつ、「その注意義務について、目的不動産の隠れた瑕疵などに関する専門家的調査や鑑定能力を要求すべきではないと解すべきである」と判示して、当該物件について史跡としての仮指定も指定もなかったこと、本件土地自体も古墳を包蔵する土地としては周知されていなかったことおよび本件土地の地形は自然な地形であったことなどを理由に、媒介業者の責任を否定した。[38]

判例は、宅地建物取引業者が宅地造成の目的でする山林の売買を仲介する場合には、買主に対して交付すべき物件説明書に都市計画法、森林法などの法令に基づく制限の記載欄があり、目的たる山林が山間地に所在していて森林法による保安林の指定が推測される場合には、登記簿上の地目が保安林でなく、また現地に保安林指定の標識がないときでも、所轄機関に照会して上記山林について保安林の指定があるかどうかを調査すべき注意義務があるとした。[39]

本＝宇仁・前掲書（注3）469頁参照。

37　東京地判昭和57・2・22判タ482号112頁、丸山ほか編・前掲書（注3）63頁33事件、岡本＝宇仁・前掲書（注3）850頁。

38　大阪地判昭和43・6・3判タ226号172頁、丸山ほか編・前掲書（注3）89頁50事件、岡本＝宇仁・前掲書（注3）516頁。

39　最判昭和55・6・5裁判集民130号1頁、丸山ほか編・前掲書（注3）94頁53事件、岡本＝宇仁・前掲書（注3）512頁。

〔第1部・第15章〕第2節　注意義務の具体的あり方

　がけ条例に関連して、裁判例は、買主から説明を求められた宅地建物取引[40]
業者が、「仮にがけ条例の適用があっても、多分大丈夫だろうが、正確なと
ころは分からないので、売主」に問い合わせるようにと返答したことについ
て、宅地建物取引業者の賠償責任を認容した。なお、がけ条例の説明義務の
具体的あり方について、「宅地建物取引業者である被告らが原告らに対し、
本件土地の売主又は仲介業者として行うべき説明告知義務については、本件
土地が東側隣地との関係でがけ条例の適用を受け、所定の対策を講じなけれ
ばならない蓋然性が高いことを認識し得る程度の事項を説明・告知すること
によって果たされる」と判示している裁判例もある。[41]

㈑　行政指導による規制

　行政指導の要綱に基づく建築規制について媒介業者が調査、説明を欠いた
場合には、多くの裁判例で、義務違反とされている。[42]

(3)　物件についての物理的・心理的・環境的瑕疵

㈎　物理的瑕疵

　修理不能な雨漏りのあるマンションを、その事実を秘して買主に購入を勧
め、契約を締結させた媒介業者、銀行、税理士に損害賠償を命じた裁判例が
ある。[43]媒介業者については、重要な情報を告知すべき義務があるのに、意図
的に重大な不具合等の重要情報を隠したから、損害賠償責任を負うとした。

①　過去の火災により焼損していた事例

　　東京地判平成16・4・23判時1866号65頁は、過去の火災による焼損等[44]
　は隠れた瑕疵にあたり、売主と媒介業者に損害賠償責任があるとされた
　事例である。売買契約（土地建物について代金総額2980万円）にあたって、
　売主からも媒介業者からも買主にその旨の説明はなく、重要事項説明書
　にも記載がなかった。媒介業者は「隠れた瑕疵についてまで調査して説

40　東京地判平成24・5・31LEX/DB25494437。

41　東京地判平成31・2・25LEX/DB25559427。

42　東京高判平成2・1・25金判845号19頁、丸山ほか編・前掲書（注3）40頁21事件、岡本＝宇
　仁・前掲書（注3）491頁。東京地判平成3・2・28判時1405号60頁、東京地判平成9・1・28判
　時1619号93頁、岡本＝宇仁・前掲書（注3）491頁。

43　東京地判平成10・5・13判時1666号85頁。岡本＝宇仁・前掲書（注3）568頁参照。

44　岡本＝宇仁・前掲書（注3）533頁。

438

明すべき責任を負うものではない」と主張したが、裁判所は「仲介業者は、売主の提供する情報のみに頼ることなく、自ら通常の注意を尽くせば仲介物件の外観（建物の内部を含む。）から認識することができる範囲で、物件の瑕疵の有無を調査して、その情報を買主に提供すべき契約上の義務を負う」とし、媒介業者が本件焼損等を確認したうえで、買主に告げるべきであったのにこれをしなかったのは、媒介契約上の債務不履行にあたると判示した。

② 蝙蝠が多数棲息する中古住宅に関する事例

神戸地判平成11・7・30判時1715号64頁[45]は、蝙蝠が多数棲息する中古住宅は、建物の価格に見合った快適さを備えていない瑕疵があるとして、売主については瑕疵担保責任を認めたが、仲介業者については、不法行為に基づく売主側業者、債務不履行に基づく買主側業者、いずれの責任も否定した。裁判所は、「不動産仲介業者が、業務上、取引関係者に対して一般的注意義務を負うとしても、一見明らかにこれを疑うべき特段の事情のない限り、居住の妨げとなるほど多数の蝙蝠が棲息しているかどうかを確認するために天井裏等まで調査すべきとはいえない」と判示した。

③ 売主が物件への立入りを拒否している事例

東京簡判平成16・12・15裁判所ホームページ[46]は、売主が物件への立入りを拒否している状況下では、媒介業者は通常行える調査を行い、その結果を買主に報告していれば、調査義務違反には当たらないとされた事例である。裁判所は、仲介業者がヒアリング調査等を行ったこと、自らポンプの作動状況を確認できなかったのは、売主が現況調査を拒否したためであることなどから、これを買主に報告できなかったことは、やむを得なかったことであり、「被告に責めに帰すべき事由があったとまではいえない。したがって、被告には、仲介契約上の債務不履行（仲介物件の調査報告義務違反）があるとは認められない」と判示した。

---

45 岡本＝宇仁・前掲書（注３）545頁。
46 岡本＝宇仁・前掲書（注３）545頁。

〔第1部・第15章〕第2節　注意義務の具体的あり方

④　軟弱地盤に関する事例

　　軟弱地盤については、東京地判平成13・6・27判時1779号44頁およびその控訴審である東京高判平成13・12・26判タ1115号185頁は、業者が軟弱地盤であることを知っていた場合に責任を認めた。[47]

⑤　シロアリ被害の建物に関する事例

　　シロアリ被害の建物について、東京地判平成18・1・20判時1957号67頁は、業者がこれを知り得なかったとして否定しているが、大阪地判平成20・5・20判タ1291号279頁[49]は、雨漏りの跡が複数あること、シロアリの死骸を発見したこと、建物に複数の腐食箇所があることなどについて売主側業者が認識していた例について、売主側業者にはこれらの事実を買主に説明し、一層の調査を行うことを促すべき注意義務があるのにこれを尽くさなかったとして、責任を認めた。[48]

⑥　災害リスクのある土地の事例

　　大雨で冠水しやすい土地について、東京高判平成15・9・25判タ1153号167頁[50]は、調査が困難であり、また業者がそうした事実を認識していなかったことおよび土地の性状に関する説明義務について、「法令上の根拠や業界の慣行等があるとも認め難い」ことを理由に注意義務違反を否定した。

　　類似の傾向として、東京地判平成26・4・15LEX/DB25519248がある。媒介業者は、神奈川県発表の液状化危険度分布図（液状化危険度マップ）の情報を提供しなかったが、判決は、液状化危険度マップの内容の客観的正確性に限界があることなどを理由に、媒介業者の責任を認めなかった。[51]

　　しかし、最近、東京地判平成29・2・7LEX/DB25554062は、媒介業者の責任を認めた。これは、戸建て住宅購入・引越し後に、地下駐車

47　岡本＝宇仁・前掲書（注3）575頁。

48　岡本＝宇仁・前掲書（注3）536頁。

49　岡本＝宇仁・前掲書（注3）573頁。

50　岡本＝宇仁・前掲書（注3）560頁。

51　村川隆生「判批」RETIO111号76頁。

440

I 売買の仲介

場に浸水事故があったため、買主が、売主業者および媒介業者に損害賠償を請求した例である。買主が契約前に調査を要求したにもかかわらず、媒介業者は、売主側の虚偽の説明（「前所有者の浸水事故はなかった旨の説明」）と市役所での情報（「街区への浸水履歴の回答」）との突合せを怠った。本判決は、「情報開示制度を利用して本件不動産の浸水履歴」を入手して、買主に情報提供すべきであったとした。[52]

媒介業者の災害リスク説明義務は、最近強化された。宅地建物取引業法施行規則の令和2年改正により、不動産取引時の法定重要説明事項に、水害ハザードマップ（水防法施行規則11条1号の図面）における対象物件の所在地の説明が加えられた。また、市町村によっては、土砂災害ハザードマップを作成している。土砂災害は、生命・身体の危険を伴う災害であることから、土砂災害ハザード「マップの提示による説明が望ましいことは浸水ハザードマップと同様である」との指摘がある。[53]

⑦　土壌汚染・地中障害物がある土地の事例

土壌汚染・地中障害物について、東京地判平成30・3・29LEX/DB25552845は、土地の買主が、建物を建築しようとしたところ、従前の建物の土間スラブ、鉄骨等が地中から出てきたことなどのため、地盤改良工事が必要になった事案である。買主は売主および媒介業者の責任を追及した。裁判所は、土地が更地化されていたこと、売主が敷地内残存物はない旨を説明していたことなどから、媒介業者が「独自にその真偽等について調査すべき義務が発生するとはいい難い」と判示した。[54]

(イ)　心理的環境的瑕疵

物件周辺の開発計画について調査報告義務があるかに関して、緑に包まれた物件であることが仲介契約の条件の一つであったが、実は物件周辺に大規模開発計画があり、市民運動があった場合には、仲介業者は、そうした開発計画について調査説明すべき契約上の義務を負うとした裁判例がある。[55]

52　西崎哲太郎「判批」REITO111号76頁、岡本＝宇仁・前掲書（注3）213頁。
53　宇仁美咲「宅地建物取引における災害を見据えた説明」土地総合研究28巻3号31頁。
54　宝満哲也「判批」REITO114号102頁、岡本＝宇仁・前掲書（注3）284頁。
55　東京高判昭和53・12・11判時921号94頁、丸山ほか編・前掲書（注3）101頁57事件、岡本＝宇

441

〔第1部・第15章〕第2節　注意義務の具体的あり方

① 隣地の高架道路建設計画を告知しなかった事例

　松山地判平成10・5・11判タ994号187頁[56]は、隣地の高架道路建設計画を、買主に告知しなかった売主および媒介業者に対して、損害賠償が命じられた事例である。媒介業者は、周辺土地の現況を調査し、その結果を説明報告すべき義務があるところ、本件高架道路の建設計画は、調査すれば容易に知り得たのに、これを怠った過失があり、売主を信用していたとしても、媒介手数料を取得する以上、独自に調査を行う義務を免れないとした。

② 隣地に建築物が建築され、日照が阻害された事例

　東京地判平成10・9・16判タ1038号226頁[57]は、隣地に建築物が建築され、日照が大幅に阻害された（日照は1日30分）とする、中古マンションの買主による損害賠償請求が認容された事例である。買主は、媒介業者の媒介で、売主から中古マンションを買い受けた。本件契約にあたり、買主が日照確保を重視していたところ、媒介業者および売主は、隣地には別業者の建築計画があるが、本件マンションの区分所有者の承諾がなければ建築できないと説明した。また、区役所が別業者の建築の説明会を行うと媒介業者および売主業者に通知していた。裁判所は、媒介業者および売主業者が虚偽の説明をしたとして、損害賠償を認めた。

③ 隣人からの騒音を説明しなかった事例

　近年で著名裁判例となったのは、大阪高判平成16・12・2判時1898号64頁[58]である。本判決では、土地建物の売主は、隣人から騒音を理由とした嫌がらせを受け、警察への相談、波板設置などをしたが効果はなく、このため、土地建物売却を決意し、売主側仲介業者に売却の仲介を依頼したこと、売主側仲介業者（被告）は、嫌がらせについて売主および買主側仲介業者に対して、買主に対して説明するように要請したが、説明がないまま契約に至ったこと、買主は代金支払と登記経由の後、本件不

仁・前掲書（注3）656頁。

56　岡本＝宇仁・前掲書（注3）658頁。

57　岡本＝宇仁・前掲書（注3）453頁。

58　岡本＝宇仁・前掲書（注3）342頁。

動産を訪れると隣人が「追い出したる」等の発言をしたことで、入居を断念したことなどの事実が存在した。

　大阪高等裁判所は、原審と同様の判断を下し、買主側仲介業者に嫌がらせ等の情報を伝達を依頼するだけで売主側仲介業者の義務を尽くしたとみることは、宅地建物取引業者が説明義務を負う対象は、「宅地建物取引業者が行う媒介に係る売買、交換若しくは貸借の各当事者」と宅建業法（35条1項・47条1項1号）で定められていることに照らして正当でないと判示した。[59]

　ここで問題になったのは、売主側仲介業者が認識した不都合な事実を直接買主に提供すべきであったという情報提供義務である。高裁判決は、この場合、単に買主側業者に伝達するのでは義務を尽くしたことにならず、直接買主に伝達しなければならないとしたが、宅建業法からみても正当であろう。

④　建物で自殺があった事例

　自殺等の心理的瑕疵については、高松高判平成26・6・19判時2236号101頁が2点において注目に値する。第1に、本件では、自殺は、25年近くの前であり、建物も自殺の約1年後に取り壊され、売買契約当時は土地が更地であったが、判決は、マイホーム取得目的の買主は、「あえて本件土地を選択して取得を希望することは考えにくい」との理由で、媒介業者は、「これを控訴人らに説明する義務を負うものというべきである」とした。

　第2に、本件土地上で過去に自殺があったとの事実は、締結してしまった売買契約につき、その効力を解除等によって争うか否かの判断に重要な影響を及ぼす事実でもあるとの理由で、媒介業者は、本件売買契約締結後であっても、このような重要な事実を認識するに至った以上、代金決済や引渡手続が完了してしまう前に、これを売買当事者である買主に説明すべき義務があったと判示した。

令和3年10月には、国土交通省は、「宅地建物取引業者による人の死の告

59　石川博康「売主及び仲介業者の説明義務と隣人に関する事情」NBL 804号14頁。

〔第１部・第15章〕第２節　注意義務の具体的あり方

知に関するガイドライン」を策定した。それは、「宅地建物取引業者が媒介
を行う場合、売主・貸主に対し、過去に生じた人の死について、告知書等に
記載を求めることで、通常の情報収集としての調査義務を果たしたものとす
る。取引の対象不動産で発生した自然死・日常生活の中での不慮の死（転倒
事故、誤嚥など）については、原則として告げなくてもよい」等を明らかに
している。これらは、民事法における義務についても参考になる。[60]

3　その他の事項

(1)　価格情報

　宅地建物取引業者は、不動産鑑定業者ではないから、取引物件の鑑定評価
を行う義務を負うものではない。もっとも、仲介業者が売買すべき価格につ
いて意見を求められることが多いため、宅建業法34条の２第２項は、業者が
価格について意見を述べるときには根拠を明示しなければならないと定めて
いる。

　裁判例で価格情報に関する義務違反が認容された例は珍しいが、仲介業者
が土地の相場価格が坪あたり80万円であると売主に告げたうえで、坪あたり
90万円で購入するとの申出を非常に有利であると説得して、いったん土地売
買契約を締結させた事例がある。土地所有者は、土地が実際にはそれ以上の
価値があることを知り、売買契約を違約金を支払って解除し、３カ月後に別
の買主に坪あたり180万円で売却した。仲介業者が最初の売買契約の仲介報
酬を請求したのに対して、裁判所は、本件の価格情報提供は、むしろ仲介業
者の子会社が買主から建物建築を請け負うことを目的としたものであるから、
著しく不相当なものであったとして、報酬請求を権利の濫用として認容しな
かった。[61]

---

[60]　国土交通省「『宅地建物取引業者による人の死の告知に関するガイドライン』を策定しました」
　　参照。なお、宇仁美咲『宅地建物取引業者による人の死の告知に関するガイドラインの解説』
　　（大成出版社、2022年）42頁～43頁は、「ガイドラインは、宅建業法上の宅建業者の調査・告知義
　　務に関する解釈を示したものであって、民事上の調査・説明義務などによる損害賠償責任には言
　　及していません」。「宅建業者がガイドラインに基づく対応を行ったとしても、当該契約の趣旨・
　　目的や取引経過等に照らして、宅建業者が民事上の調査義務や告知義務に違反すると認定される
　　場合もありうる」と指摘している。

Ⅰ　売買の仲介

(2)　税

　宅地建物取引業者は、税の専門家ではないから税について調査、説明義務を負うものではない。しかし、税についての情報はとりわけ売主が土地を売却する場合には重要である。裁判例では、宅地建物取引業者が誤った説明をし、これを基礎に売買契約が締結された場合には責任を負う場合がある。これに関して、媒介の事例ではないが裁判所は、宅地建物取引業者から所得税[62]法の交換の特例が適用され、仮に課税された場合には業者が負担すると説明を受けて交換に応じた土地所有者が後に課税された場合に宅地建物取引業者に賠償責任を認めており、媒介に関しても参考になる。

(3)　賃貸用マンションの売買仲介

　賃貸用マンションの売買仲介に際して、当該マンションの賃借人に暴力団組員がいるか否かの調査義務があるかが問題とされた事例について、裁判所は、賃貸物件を対象とした売買契約の仲介においては、賃貸借関係は重要事項に該当し、賃料支払状況、用法違反の有無、占有状況などについて調査義務があるが、賃借人の属性については賃貸借関係を将来継続しがたくなる事項についてのみ調査義務があり、その場合でも内見などを行う義務は負わず、暴力団員であっても組員出入りがなくまた近隣とも紛争がない場合には賃貸借関係を将来継続しがたくさせる重要事項とは直ちにはいえないとして、業者の責任を否定した。[63]

(4)　私道や境界に関する事項

　私道通行承諾および境界の確定について買主が仲介業者に確認するように要求し、仲介業者もこれを承諾していたが、売主側の説明を鵜呑みにして仲介を行い、結果として買主に損害を与えた事例について、「公道に接しない宅地については私道の通行承諾がありその通行に支障がないことを近隣者や私道所有者などに問合せて調査し、また売買対象土地の範囲が不明確な場合

61　東京地判平成元・3・29判時1344号145頁、丸山ほか編・前掲書(注3)104頁59事件、岡本＝宇仁・前掲書(注3)709頁。

62　東京地判昭和49・12・6判タ322号190頁、丸山ほか編・前掲書(注3)111頁63事件、岡本＝宇仁・前掲書(注3)729頁。

63　東京地判平成9・10・20判タ973号184頁、岡本＝宇仁・前掲書(注3)437頁。

445

〔第 1 部・第15章〕第 2 節　注意義務の具体的あり方

はその境界を明示して買主に土地建物買受の目的を達成させ損害の発生を未然に防止すべき義務がある」との裁判例がある。[64] 私道通行承諾についての調査義務を課したものと考えられる。

　境界について、「仲介業者は、土地の売買に当たっては、現地において売主から当該土地の境界の指示説明を受け、当該境界線を確認すべき義務を負う。……もし当該境界部分に境界杭がなく判然としなければ、隣地所有者との間で現地での相互確認をはじめとして、さらなる調査、確認をする必要がある」との指摘がある。[65]

4　損害賠償

　宅地建物取引業者の注意義務違反が認められるときは、債務不履行または不法行為による損害賠償義務が発生する。損害賠償の範囲は、債務不履行では、「通常生ずべき損害」（民416条 1 項）および当事者がその事情を予見すべきであった「特別の事情によって生じた損害」（民416条 2 項）である。不法行為の場合にも、民法416条が類推適用されている。[66] 具体的には、とりわけ物件を取得できなかった場合には、売買契約に基づき買主が売主に支払をなした手付金・内金・売買代金相当額がその中心になり、さらに、仲介業者報酬、金融機関への支払利息などがある（たとえば、地面師による詐欺事件）。[67] また、物件を取得できた場合でも、瑕疵の存在を減価要因として考慮した価格と売買代金の差額や修理費用などが損害賠償の対象になる。[68] さらに、財産的損害の回復で償うことができない著しい精神的損害がある場合には、慰謝料請求も可能である。[69]

　この場合、「買主が売主から回収もしくは賠償を得なかったすべてに相当する損害全額の賠償を認めることは、媒介の性格あるいは仲介業者の責任の

64　大阪高判昭和61・11・18判タ642号204頁、丸山ほか編・前掲書（注 3 ）112頁58事件、岡本＝宇仁・前掲書（注 3 ）414頁。

65　岡本＝宇仁・前掲書（注 3 ）400頁〜401頁。

66　最判昭和48・6・7民集27巻 6 号681頁。

67　千葉地判平成12・11・30判時1749号96頁、岡本＝宇仁・前掲書（注 3 ）326頁。

68　前掲大阪高判平成16・12・2、岡本＝宇仁・前掲書（注 3 ）342頁。

69　前掲東京地判平成13・6・27、岡本＝宇仁・前掲書（注 3 ）574頁。

446

尻ぬぐい的要素に鑑み、妥当でないように思われる」として過失相殺（債務不履行では民法418条、不法行為では民法722条2項）の適用を考えうるとしつつ、買主が（宅地建物取引業者でない）一般人の場合は、「あまり過失相殺の抗弁を認めないのが下級審裁判例である」との指摘もある。[70]

　裁判例では、過失相殺を否定した場合として、買主がもっぱら不動産業者を信用していた場合、権利関係の調査を依頼している場合などがある。[71]これに対して、買主が業者であった場合、[72]不動産の知識がある場合であって権利調査を怠った場合[73]や買主が損害の拡大を招いた場合[74]に過失相殺を認める裁判例が存在する。

　なお、過失相殺に関して、最近の裁判例では、買主が買主側業者の責任を追及せず、売主側業者の責任を追及した事例[75]について、買主側業者にも過失があったとして、これを「被害者側の過失」として損害額の2割の過失相殺を行ったものがある。しかし、一般に、過失相殺に関しては、損害の公平な分担の理念から、被害者のみならず、被害者側の過失も考慮されるが、その場合の判例は、「被害者側」の具体例として、「被害者に対する監督者である父母ないしはその被用者である家事使用人などのように、被害者と身分上ないしは生活関係上一体をなすとみられるような関係にある者」とする。[76]買主側業者と買主が社会的経済的に一体視しうる場合（買主側業者が買主の実質的子会社である場合等）に同様に考慮することは妥当だが、本判決は、拡張的に適用しているのであり、疑問も指摘されている。[77]

70　山崎・前掲論文（注20）（委任）280頁注14・281頁、岡本＝宇仁・前掲書（注3）810頁。

71　前掲東京地判昭和34・12・16、丸山ほか編・前掲書（注3）87頁48事件、岡本＝宇仁・前掲書（注3）372頁。

72　大阪高判昭和60・6・28判タ565号110頁（過失相殺3割）、岡本＝宇仁・前掲書（注3）389頁等多数。

73　大阪地判昭和46・10・9判タ274号269頁、岡本＝宇仁・前掲書（注3）519頁等。

74　東京地八王子支判昭和54・7・26判時947号74頁、買主の転売に際する売り急ぎ、岡本＝宇仁・前掲書（注3）823頁。

75　前掲大阪地判平成20・5・20（シロアリ被害の建物）。

76　最判昭和42・6・27民集21巻6号1507頁。

77　山野目章夫「判批」判タ1305号54頁。

〔第 1 部・第15章〕第 2 節　注意義務の具体的あり方

Ⅱ　賃貸に関連した仲介

1　注意義務の存在

　宅建業法は、賃貸に関する仲介について、媒介契約書の書面作成義務を課していない。この点は、売買・交換とは異なる。しかし、売買・交換の場合と同様に、重要事項説明を行う義務は課せられているし（宅建業35条）、そもそも媒介契約が準委任契約であり、仲介業者が注意義務を負うことや誠実義務等については変わりない。

2　注意義務の具体相

(1)　賃貸権限

　賃借人からの責任追及の例として、第 1 に、賃貸権限にかかわるものがある。すでに、前掲最判昭和36・ 5 ・26を紹介したが、その後も、建物賃貸借仲介に関連して、 1 カ月前の登記簿謄本を基礎に物件説明書を作成し、その後不動産の譲渡があった結果、賃貸権限が失われたのに調査を怠った例について、仲介業者の責任を認容した例がある（過失相殺はなし、損害については、退去までの 1 年間の店舗営業による利益を控除した）[78]。

　また、賃借建物に裁判所の競売開始決定に基づく差押登記があったのに、賃借を媒介し、その後実行された競売に基づき賃借人が建物を明け渡さざるを得なくなった事例について、裁判所は、差押登記がある場合には、競売が実行される可能性が大きいから、媒介業者が調査する義務があるとして、調査を怠った媒介業者の義務違反を認めた[79]。さらに、賃貸建物が一時使用の土地賃貸借を敷地利用権とするものであり、敷地利用権の期間経過で建物撤去が必要になった事例で、賃貸借契約における重要事項説明書の本文にはその旨の記載がないものの、添付の敷地契約書が「土地一時賃貸借契約書」であ

---

[78]　東京地判昭和59・ 2 ・24判時1131号115頁、岡本＝宇仁・前掲書(注 3)742頁。

[79]　東京地判平成 4 ・ 4 ・16判時1428号107頁、丸山ほか編・前掲書(注 3)87頁48事件、岡本＝宇仁・前掲書(注 3)750頁。

った場合について、業者はその旨を説明する義務があったとして責任を認めた（借家人も容易に一時使用であることを知り得たとして3割の過失相殺も認めた[80]）。

(2) 賃借物件の瑕疵

賃借物件の瑕疵に関する問題では、駐車場用地賃貸契約で、雨天時にぬかるみとなり車を出すには牽引が必要になる物件であった場合について、借主が業者に対して仲介報酬額相当の損害賠償請求をした事例について、裁判所は、業者の代表者と貸主の代表者が夫婦であったことに鑑み、駐車場用地の問題を知っていたかまたは容易に知り得たとして、説明義務違反があったとした（過失相殺は5割）[81]。

さらに、賃借物件の使用のあり方について、裁判所は、「被告が発声練習[82]について予め甲（著者注：賃貸人）の承諾を得ていると原告に説明して本件賃貸借契約を媒介したことは、仲介業者である被告に課せられている仲介契約上の善管注意義務ないし説明義務の尽くし方として疑問が残るところである」としながら、「甲が原告の希望する発声練習の条件に対して承諾している」として原告の請求を棄却した。

(3) その他の問題

(ア) 差別にかかわる問題

裁判所は[83]、所有者が国籍を理由に入居を拒む意思を有しているかについて業者が事前に調査する義務を有しているかについては、もっぱら入居希望者の国籍を理由に賃貸契約の締結を拒絶することはおよそ許されないことを理由として、特約があるのでない限り調査義務はないと判示した。入居差別の問題に関しては、裁判所は、差別的理由により賃貸を拒絶した家主について[84]は賠償責任を認めたが、業者については差別的理由による入居拒否に共謀していないとして責任を認めなかった。なお、別の裁判例では、外国籍を有す[85]

80　東京地判平成13・3・6判タ1129号166頁、岡本＝宇仁・前掲書（注3）756頁。

81　東京地判平成5・10・1判時1497号82頁、岡本＝宇仁・前掲書（注3）774頁。

82　神戸地判平成14・7・4裁判所ホームページ、岡本＝宇仁・前掲書（注3）783頁。

83　京都地判平成19・10・2裁判所ホームページ、岡本＝宇仁・前掲書（注3）783頁。

84　大阪地判平成5・6・18判時1468号122頁、岡本＝宇仁・前掲書（注3）507頁。

85　さいたま地判平成15・1・14LEX/DB28081177、岡本＝宇仁・前掲書（注3）782頁。

449

〔第1部・第15章〕第2節　注意義務の具体的あり方

る賃借希望者に対して「皮膚の色」を執拗に問い合わせるなどの行為を行った従業員を雇用する仲介業者について使用者責任（民715条）を認めた。

(イ)　賃借人の属性についての調査

業者が属性調査を怠ったため過激派賃借人と契約を締結したとの賃貸人からの責任追及の裁判例がある。[86] 売買の場合と異なり、賃貸借は継続的契約関係であるから、賃借人の属性が賃貸人にとっても重要になってくる。本件では、原告の所有するビルの8階部分について賃貸を仲介したところ、借家人は過激派の委員長であり、結果としてビル全部を封鎖するなどしてしまった。そこで、賃貸人が仲介業者に対して、賃借希望者の身元や職業を十分に調査していなかったとして、義務違反を問題にした。裁判所は、賃借希望者の申し出た事項に疑問があるような場合は別として、業者は原則としてそれ以上について調査する義務を負わないとした。

(ウ)　賃貸契約上の助言義務

いわゆる建て貸し契約（賃借人の要望に従って建物を新築・増改築する契約）において、賃貸借契約上に中途解約条項を設けていため、賃借人から中途解約された事例で、損害を被った賃貸人＝所有者が媒介業者の責任を追及した事例がある。裁判所は、賃借人から当初提案された契約では、中途解約制限条項があったのに、これをはずした形で仲介したことについては、説明義務違反があったとして、仲介業者の責任を認めた。[87]

3　損害賠償

賃貸仲介の場合でも、売買の仲介と同様に、注意義務違反の効果の中心は損害賠償であり、この損害賠償の範囲についても売買の仲介と同様の法理に従う。具体的な損害賠償の重点は、賃借人が賃貸人に支払った敷金、保証金、権利金、礼金などであり、また、賃借人が仲介業者に支払った仲介報酬もそ[88]

---

[86]　東京地判昭和56・7・15判タ455号123頁、丸山ほか編・前掲書（注3）78頁42事件、岡本＝宇仁・前掲書（注3）753頁。

[87]　福岡地判平成19・4・26判タ1256号120頁、過失相殺4割、岡本＝宇仁・前掲書（注3）786頁。

[88]　東京地判昭和31・11・26下民集7巻11号3364頁（地面師への権利金支払）、岡本＝宇仁・前掲書（注3）740頁。

れに含まれる。[89]

おわりに

　仲介業者は、一方では税理士が税の専門家であり、不動産鑑定士が鑑定の専門家であるような専門家としての役割を果たすものではない。他方、仲介業については独占的な地位にあること、顧客の売却動機や購入動機を最もよく知りうる立場にあること、旧時と異なり、物件情報はインターネット等を通じて容易に入手できるようになり、買主の希望は、自分の目的に合致した適切な価格の物件を購入することであること、仲介業者は高額な取引を仲介し、相当の手数料を受領することなどから、仲介業者にも高度の注意義務が課せられるようになってきている。物件権原や物件についての法令上の制限などについては、仲介業者には積極的な調査義務が課せられている。これに対して、近年その紛争例が多い物件の瑕疵（物理的・心理的・環境的）については積極的調査義務までは認められないことが多いが、しかし、知り得た場合にはこれを顧客に伝達すべき義務を負い、また、特に念入りに調査を行わなくとも容易に知りうるような瑕疵の場合には仲介業者の義務違反が認められる傾向にある。この点について、有力な実務家が「裁判例は、仲介業者は、特段の事情がない限り、目的物の瑕疵に関する調査、説明義務を負わないとしており、ただ、仲介業者が瑕疵の存在を知っている場合または知りうる場合には、これを買主に調査、説明すべき義務を負うとしている」としつつ、「個々の事案によっては仲介業者の調査確認、説明すべき義務を拡げられつつある」と指摘していることが参考になる。[90]「知りうる場合」ということから考えると、購入物件に不満のある買主が、業者に対して義務違反を問題とするためには、業者が瑕疵を「知っていた」か通常の注意を尽くせば外観等から「知り得た」ことを主張・立証すべきということになるであろう。

（小柳春一郎）

89　前掲東京地判平成5・10・1（不適切な物件の仲介）、岡本＝宇仁・前掲書（注3）774頁。
90　岡本＝宇仁・前掲書（注3）538頁〜539頁。

〔第1部・第16章〕第1節　不動産仲介契約と報酬

第16章
不動産仲介業者の報酬

はじめに

　不動産の売却を望む者から、宅地建物取引業者（以下、「宅建業者」という）のような不動産仲介業者が仲介を委託され、その仲介により売買契約等が成立し、仲介契約の目的が達成された場合、不動産仲介業者には報酬請求権が認められる。もっとも、仲介された契約の内容が気に入らなければ、委託者（依頼者）は、これを拒絶することもでき、仲介業者は、仲介した契約が成立しなければ、報酬を請求することはできない（成功報酬制）。さらに、不動産仲介業者に報酬を支払うことを回避するために、委託者が不動産仲介業者を排除して直接相手方との間で契約を成立させる場合もある。あるいは、仲介により成立した売買契約などが後に解除された場合でも仲介業者が報酬請求権を行使しうるか否かは、解除の原因も考慮して判断する必要がある。本章では、①不動産仲介契約の性質、②不動産仲介業者を排除して直接取引がなされた場合、③非委託者に対する報酬請求、④その他の問題につき検討を加える。

第1節　不動産仲介契約と報酬

I　不動産仲介契約の法的性質

　宅地建物取引業法（以下、「宅建業法」という）2条2号は、宅地建物取引

業につき、「宅地若しくは建物（建物の一部を含む。以下同じ。）の売買若しく
は交換又は宅地若しくは建物の売買、交換若しくは貸借の代理若しくは媒介
をする行為で業として行うものをいう」と定めている。それによれば、不動
産仲介業とは、宅地もしくは建物の「売買」、「交換」、「貸借」の「媒介」と
いうことになる（宅建業2条2号）。すなわち、不動産仲介業者は、委託者か
ら不動産の売買等の仲介（媒介）を委託され、相手方と委託者との間で売買
等が成立することによって、報酬請求権を取得する。そして、不動産仲介業
者の報酬請求権の発生要件としては、①不動産仲介契約の存在、②仲介行為
が行われること、③売買等の契約の成立、④仲介行為と売買等の契約成立と
の因果関係があげられてきた。[1]これらの要件がすべて満たされれば、報酬請
求権が発生することに異論はないと思われるが、いずれかの要件が満たされ
ない場合でも、諸事情に鑑み報酬請求権が認められるかが問題となる。

　不動産仲介契約は、商行為には該当しない不動産取引の仲介を行うもので
ある。そのため、商法543条以下に規定される商事仲立と区別される民事仲
立であるとされている。他方で、営業として不動産仲介業者が行う不動産の
仲介は、商行為に該当し（商法502条11号）、これを業として行う不動産仲介
業者は、商人となる（商法4条1項）。それゆえ、不動産仲介業者にも商法が
適用されうる。そして、通説によれば、仲介契約は、仲介という事実行為の
委託を目的としていることから、準委任（民656条）とされている。他方で、
不動産仲介業者は、仲介された売買契約等が成立しない限り報酬を請求する
ことができないため、その性質には請負的要素が強いことが指摘されている。
その他の特徴としては、委託者には仲介された契約を拒絶する自由が認めら
れること、委託者は、競合的に複数の業者に仲介を委託することができ、さ
らに自ら相手方を探すことも否定されない（これは、一般媒介契約の場合であ
り、競合的に委託することを認めないものが専任媒介契約である。専任媒介契約
は、[2]3カ月を超えない範囲で締結することができる（宅建業34条の2第3項）。さ

1　島田禮介「不動産取引業者の報酬請求権をめぐって」木村保男編『現代実務法の課題』（有信堂、
　1974年）3頁、明石三郎『不動産仲介契約の研究〔第3版（再増補）〕』（一粒社、1987年）36頁以
　下も参照。
2　専任媒介契約について明石三郎『不動産仲介契約論』（信山社出版、1994年）170頁以下も参照。

〔第1部・第16章〕第1節　不動産仲介契約と報酬

らに、専任媒介契約のうち委託者が自ら相手方を探すこともできない特約がある場合には専属専任媒介契約となる）。そして、委託者は、自由に不動産仲介契約を解除することができるといった点などが指摘されてきた[3]。このように、不動産仲介契約の実態は、その取引ごとに多様であることから、「この実態に応じて当事者の特約・慣習によるほか民法の委任や請負、商法ことに仲立営業の規定および宅地建物取引業法を合理的に判断して類推適用すべきことになる」と指摘されている[4]。

そして、昭和55年の宅建業法の改正で、媒介契約に関する規定が追加された（宅建業34条の2）。宅建業法34条の2第1項は、宅建業者が媒介契約を締結したときは、遅滞なく媒介契約の内容を書面化し、交付することを義務付けている。そして、報酬に関する事項は必要的記載事項とされている（宅建業34条の2第1項7号）。媒介契約は、諾成・不要式の契約であるから、契約書の交付は媒介契約の成立要件でないものの[5]、実際には宅建業法上の規制が重要な意味を持っている。そして以下にみるように、昭和57・5・7建設省告示第1110号「宅地建物取引業法施行規則の規定による標準媒介契約約款」（以下、「標準媒介契約約款」という）[6]、昭和45・10・23建設省告示第1552号「宅地建物取引業者が宅地又は建物の売買等に関して受けることができる報酬の額」（以下、「報酬告示」という）[7]によって規律がなされており、これらの規定等も参照する必要がある。

なお、平成29年民法（債権関係）改正（以下、本改正前の民法を「改正前民法」という）では、媒介に関する規定を設けることも検討されたものの、善管注意義務、報告義務、報酬支払方式など提案されている内容が通常の準委

3　以上の不動産仲介契約の性質につき、明石・前掲書(注1)1頁以下、海老塚和衛「宅地建物取引業者と依頼者との間の不動産仲介をめぐる法律関係について」判夕136号3頁、川村俊雄「不動産仲介契約」遠藤浩ほか監『現代契約法大系(3)不動産の賃貸借・売買契約』（有斐閣、1983年）274頁、柏谷秀男「不動産仲介業者の報酬請求権」澤野順彦編『現代裁判法体系(2)不動産売買』（新日本法規出版、1998年）372頁など。

4　中川高男「判批」我妻榮編集代表『不動産取引判例百選』（有斐閣、1966年）219頁。

5　岡本正治＝宇仁美咲『逐条解説宅地建物取引業法〔3訂版〕』（大成出版社、2020年）365頁。

6　平成2・1・30建設省告示第115号により全部改正、令和6・1・24国土交通省告示第34号が最終改正（本稿執筆時）。

7　令和6・6・21国土交通省告示第949号が最終改正（本稿執筆時）。

454

任と区別される特殊な特徴を備えているものとはいえないなどとして、見送られている。一方、報酬に関しては、委任に成果完成型の報酬支払方式が明文化された（民648条の2第1項）。従来の通説は、上記のように、仲介契約の法的性質を準委任と解していたから、成果完成型の準委任として報酬について規律されることになる。

Ⅱ　不動産仲介業者の報酬額の算定基準

　不動産仲介契約は、前述したように、通説によれば準委任と解される。委任では、特約がない限り、報酬を請求することはできない（民648条1項）。しかし、不動産仲介業者は、商人であるため、その営業の範囲内において他人のために仲介行為をしたときは、相当な報酬を請求できる（商法512条）。

　報酬の額に関しては、本来自由に定めることができるが、経験知識に乏しい依頼者が不利に取り扱われることを回避するために、宅建業法46条は、1項に「宅地建物取引業者が宅地又は建物の売買、交換又は貸借の代理又は媒介に関して受けることのできる報酬の額は、国土交通大臣の定めるところによる」と定め、2項は、「宅地建物取引業者は、前項の額をこえて報酬を受けてはならない」と定めている。

　そして、報酬告示（報酬告示第3・第5・第8・第10は代理の場合であり、本章では省略する）により、売買または交換の媒介に関する報酬額としては、取引金額が200万円以下の場合は5.5％、200万円を超え400万円以下の場合については4.4％、400万円を超える場合について3.3％を取引金額（交換において両方の物件の価額に差がある場合には、いずれか多い価額）に乗じた額をそれぞれ合計した金額と、仲介業者の報酬の最高限度額が定められている（報酬告示第2）。

　宅地または建物の貸借の媒介に関する報酬額は、依頼者の双方から報酬を受け取る場合、当該宅地または建物の借賃の1カ月分の1.1倍に相当する金額内である。この場合において、居住の用に供する建物の賃貸借の媒介に関

8　法制審議会民法（債権関係）部会第55回会議「部会資料46」88頁。
9　岡本＝宇仁・前掲書（注5）359頁。

〔第1部・第16章〕第1節　不動産仲介契約と報酬

して依頼者の一方から受けることのできる報酬の額は、借賃の1カ月分の0.55倍に相当する金額内とされているが、依頼者の承諾を得ている場合は、借賃の1カ月分の1.1倍までは認められる（報酬告示第4）。

宅地または建物の賃貸借で権利金（名目を問わない）の授受がある場合には、当該権利金の額を売買に係る代金の額とみなして、売買の場合の計算方法によることができる（報酬告示第6）。

そして、低廉な空家等（売買に係る代金の額または交換に係る宅地または建物の価額が800万円以下の金額の宅地または建物をいう）の売買または交換の媒介については、報酬告示第2の規定にかかわらず、当該媒介に要する費用を勘案して、報酬告示第2の計算方法により算出した金額を超えて報酬を受けることができる（報酬告示第7「低廉な空家等の売買又は交換の媒介における特例」）。報酬告示第7は、空き家等の流通促進に対応するため、平成29・12・8国交省告示第1155号により追加されたものである。他方で、宅建業者が空き家等を取り扱うためには、ビジネス上の課題があることから、令和6・6・21国交省告示第949号により物件価額が400万円以下から800万円以下に見直された。

また、長期の空家等（現に長期間にわたって居住の用、事業の用その他の用途に供されておらず、または将来にわたり居住の用、事業の用その他の用途に供される見込みがない宅地または建物をいう）の貸借の媒介については、報酬告示第4の規定により算出した金額を超えて、依頼者の双方から受ける報酬の額の合計額が借賃の1カ月分の2.2倍に相当する金額を超えない範囲内で報酬を受けることができる（報酬告示第9「長期の空家等の貸借の媒介における特例」）。報酬告示第9も第7と同様に令和6・6・21国交省告示第949号により追加された空家等の流通促進とともに宅建業者のビジネス上の課題に対応する規定である。

なお、宅建業者は、報酬告示第7や第9に基づき報酬告示第2により算出された報酬額を超える報酬を受ける場合には、媒介契約締結に際してあらかじめ上記の上限の範囲内で報酬額について依頼者に説明し、合意する必要がある（「宅地建物取引業法の解釈・運用の考え方」（平成13・1・6国総動第3号。令和6・6・28国不動31号により一部改正（令和6年7月1日から施行））第46条

456

第 1 項関係 1 (6)④(8)③参照)。

　宅建業者は、以上の規定によらない報酬を受領することは禁じられている。ただし、依頼者の依頼によって行う広告の料金に相当する額は除かれる（報酬告示第11）。

　本告示による最高限度額が仲介業者の報酬額の算定においては基準とされるところ、以上の制限に違反した場合、1年以内の期間で、その業務の全部または一部の停止が命じられ（宅建業65条2項2号・4項2号）、罰則として、100万円以下の罰金が科せられる（宅建業82条2号）。民事上も、宅建業法46条は強行法規であるため、報酬告示を超える額の報酬を定めても制限を超える部分は無効であり、不当利得となる（もっとも、種々の名目で規制を超えて報酬を受け取るケースが多いという指摘もある[11]）。また、「不当に高額の報酬を要求する行為」も禁じられている（宅建業47条2号）。この行為をした場合には、1年以内の期間で、その業務の全部または一部の停止が命じられ（宅建業65条2項2号）、1年以下の懲役もしくは100万円以下の罰金に処し、またはこれを併科する（宅建業80条）。

　そして、宅建業者は、その事務所ごとに、公衆の見やすい場所に、報酬の額を掲示しなければならないとされている（宅建業46条4項）。これに違反した場合には、監督処分として指示がなされ（宅建業65条1項・3項）、50万円以下の罰金に処せられる（宅建業83条1項2号）。

　業者の仲介により契約が成立した場合には、報酬告示の最高限度額の範囲内で定めておいた報酬額の請求が認められる（標準媒介契約約款では、報酬告示限度額の範囲内で、協議のうえ定めるとされている（専任媒介契約約款8条2項、専属専任媒介契約約款8条2項、一般媒介契約約款10条2項））。前述のように宅建業法上、報酬に関する事項は媒介契約書の必要的記載事項とされており（宅建業34条の2第1項7号）、媒介契約書を交付しないことは指示または業務停止処分の対象となる（宅建業65条1項・3項・2項2号・4項2号）から、報酬についての定めがあることがほとんどである（さらに実務では別途「報酬支払約定書」等で確認することもある[12]）が、宅建業法上の規制違反がただ

10　最判昭和45・2・26民集24巻2号104頁。

11　明石三郎ほか『詳解宅地建物取引業法〔改訂版〕』（大成出版社、1995年）437頁。

〔第1部・第16章〕第2節　不動産仲介業者を排除して直接取引が行われた場合の報酬請求

ちに媒介契約の無効をもたらすわけではないので、報酬額について定めがなく、争いが生じる場合がある。報酬額について定めがない場合には、①原則として告示の所定額の報酬を業者に認むべきとする考え方、②業者の尽力の程度に従い告示の所定額の範囲内で相当の報酬額を定むべきとする考え方の対立がある。かつては、前者が主流という指摘もあり[13]、慣習等を根拠に仲介業者が最高限度額を主張することが多かった。しかし判例は、かかる慣習が存在することの根拠を示せない場合には、「取引額・媒介の難易・期間・労力その他諸般の事情」を斟酌して定めるべきであるとしており[14]、現在では、報酬告示の最高限度額の範囲内で仲介業者の貢献度に照らして「相当な報酬額」を定める立場が通説となっている[15]。

第2節　不動産仲介業者を排除して直接取引が行われた場合の報酬請求

I　問題の所在

　判例・通説によれば、委託者が、委託をした不動産仲介業者を排除して紹介を受けた相手方と直接にあるいは別の不動産仲介業者を介して取引を行う、いわゆる直接取引の場面で、相手方を紹介した不動産仲介業者に報酬請求権が認められている（これに対し、標準媒介契約約款が設けられ、書面化義務が明記された後の仲介業務に直接取引に関する従来の解釈論を妥当させることに疑問

12　岡本＝宇仁・前掲書（注5）389頁。

13　来栖三郎『法律学全集㉑契約法』（有斐閣、1974年）577頁。

14　最判昭和43・8・20民集22巻8号1677頁。

15　割合的な報酬額を認定した比較的最近の事例として福岡高判平成10・7・21判時1695号94頁など。

458

を呈し、口頭の売却方・買受方斡旋の委託により成立した仲介契約において、業者の貢献の程度に応じた報酬の請求を認めることは、契約の書面化義務を履行していない仲介業者の利益を保護することになると指摘する見解もある[16]。しかし、法律構成に関しては、従来から学説が分かれるところであり、さらに、報酬を認めるとしても、所定の報酬を全額認めるべきか、あるいは契約成立に寄与した割合に限って報酬を認めれば足りるとするかに関して議論がある。また、報酬請求権が認められるためには不動産仲介契約が存在している必要がある一方、不動産仲介契約の法的性質を準委任と解すると委託者には解除の自由が認められると考えられ、解除された場合に不動産仲介業者の報酬請求権の法的根拠をどこに求めるかも問題となる。さらに、従来の裁判例を踏まえて、直接取引が行われた場合の報酬請求権に関する規定が標準媒介契約約款に定められており、これを参照する必要がある。

Ⅱ　報酬請求権の根拠に関する学説・判例

1　民法130条1項説

　民法130条1項（改正前民法130条）説とは、仲介契約が仲介の対象となった契約の成立を停止条件とする契約であるとみたうえ、仲介業者を排除して委託者による直接取引が行われた場合、停止条件成就の妨害があったとして報酬請求権を認める見解である。民法130条1項説は、判例および多数説とされている[17]。

　民法130条1項の要件は、通説によれば、①条件成就を妨害したこと、②妨害の故意、③妨害と条件不成就の因果関係、④信義則違反があげられる[18]。この点につき、仲介行為と近接した時期に売買契約が成立し、取引価額もま

16　齊藤真紀「不動産仲介業者の報酬請求権」法学論叢164巻1号～6号608頁、齊藤真紀「判批」神作裕之＝藤田友敬編『商法判例百選』（有斐閣、2019年）134頁。

17　東京地判昭和30・7・8下民集6巻7号1347頁、東京地判昭和44・5・2判時571号61頁、最判昭和45・10・22民集24巻11号1599頁、学説として明石・前掲書（注1）111頁。

18　我妻榮『民法総則民法講義(1)〔新訂版〕』（岩波書店、1965年）411頁。

〔第1部・第16章〕第2節　不動産仲介業者を排除して直接取引が行われた場合の報酬請求

もなく合意に至る状況であり、仲介業者と依頼者が下相談した価額をわずか
に上回る価額で成約しているような場合には、上記要件を立証することは比[19]
較的容易であるものの、やむを得ない事由で契約を解除した後に直接取引で
売買契約等を成立させた場合や、仲介業者、依頼者のいずれにも帰責事由な
しに契約が解除された後、直接取引が行われ契約が成立した場合には上記要
件の立証が困難であることが指摘されている。[20]

　報酬額に関しても、民法130条1項に基づくと停止条件が成就したとみな
されることから、成功報酬全額につき報酬を認めることになりそうである。
しかし、下級審裁判例は、業者の尽力の程度、貢献度等に応じた相当額の範
囲で報酬を認めており、その際には、別の論拠が持ち出されることもある。
かかる割合的な報酬判断は、民法130条1項説からすれば導き得ないとして、
その実質が後述する相当因果関係説と同様であるという指摘もある。[21]

　また、民法130条1項説を支持する見解の中でも適用範囲に関して、仲介
契約が解除された場合も含むとする見解と仲介契約が解除されずに直接取引[22]
が行われた場合に限定し、仲介契約が解除された場合には別の法律構成を示
す見解（後記3で検討する）に分かれている。[23]

2　相当因果関係説

　相当因果関係説は、仲介契約の解除の有無を問わず、仲介行為と契約成立
との間に相当因果関係がある場合に、仲介契約または商法512条に基づき仲
介行為の寄与に応じた相当額の報酬請求を認めるべきとする。[24]

19　前掲最判昭和45・10・22。

20　明石・前掲書（注2）117頁、川村・前掲論文（注3）285頁、山下郁夫「不動産仲介業者の報酬請
　求権」判タ436号56頁。

21　川村・前掲論文（注3）285頁。

22　玉田弘毅「宅地建物取引業者の報酬請求権」不動産研究5巻3号227頁、宇野栄一郎「宅地建
　物取引業者の報酬請求権」遠藤浩編『不動産法大系(1)売買〔改訂版〕』（青林書院、1975年）563
　頁、大島和夫「宅地建物取引業者の報酬請求権と民法130条」民商95巻3号421頁。

23　明石・前掲書（注1）107頁、佐藤栄一「不動産売買仲介契約の解除と不動産取引業者の報酬請
　求権」本井巽＝賀集唱編『民事実務ノート(3)』（判例タイムズ社、1988年）101頁。

24　島田・前掲論文（注1）80頁、山下・前掲論文（注20）56頁、仙台高判昭和48・1・24高民集26巻
　1号42頁、東京地判昭和45・11・25判時629号87頁。

460

Ⅱ 報酬請求権の根拠に関する学説・判例

相当因果関係説は、「端的に業者の媒介行為と成立した取引との間の因果関係の存否こそが判断の核心である」、「因果関係を肯定または否定すべき諸要因を具体的・類型的に考察する方が、直接取引の場合における報酬請求権の成否をめぐる紛争の解決に資するところ大」とする[25]。そして、因果関係の存否の判断に影響があると思われる要因として、①業者の媒介活動の進行程度、②直接取引に至った動機、③仲介委託契約の解約、④複数業者の競合的仲介、⑤業者の媒介行為と取引成立との時間的関係などがあげられる[26]。また、相当因果関係がないと認めるべき特段の事情として、①他の仲介業者から同一の相手方の紹介を受け、他の仲介業者の仲介により契約が成立した場合、②いったん仲介が不調に終わった後、他の要因で障害が除去されて契約成立に至った場合、③仲介業者に義務懈怠や不信行為があった場合があげられている[27]。

3 仲介契約が解除された場合について別の論拠をあげる説

一方、仲介契約が解除された場合について、民法130条1項の適用を批判し、別の論拠をあげる見解がある。

仲介契約が請負的性格を有することから民法641条の準用・適用により、仲介業者が委託者に損害賠償を請求することを認める説[28]、民法651条2項1号（改正前民法651条2項）の「不利な時期」に委任の解除がなされたとして、得べかりし報酬を損害賠償として請求する説[29]、仲介業者による物件の紹介、両当事者間の斡旋、売買の成立といった一連の行為を仲立の対象とし、民法648条3項を類推する説などがある[30]（なお、民法648条3項説は、解除があった場合に限定する見解、解除がない場合にも適用されるとする見解に分かれるほか、

---

25 島田・前掲論文（注1）80頁。

26 島田・前掲論文（注1）84頁。

27 山下・前掲論文（注20）57頁。

28 広中俊雄『契約法の理論と解釈』（創文社、1992年）224頁、佐藤・前掲論文（注23）103頁、玉田・前掲論文（注22）226頁以下。

29 東京地判昭和36・4・24判時265号29頁。

30 明石・前掲書（注2）94頁、中川・前掲判批（注4）219頁。東京地判昭和47・11・15判時698号75頁。

461

〔第1部・第16章〕第2節　不動産仲介業者を排除して直接取引が行われた場合の報酬請求

民法641条説や信義則説と併用する見解がある[31]）。

4　その他の論拠に基づく見解

　そのほかに、慣習や信義則に基づいて報酬請求権を認めたり、寄与の割合に応じて相当額の報酬を認める下級審裁判例もある[32]。また、商法512条に基づく事案もあった[33]。慣習や信義則は根拠として明確さを欠くと批判されており[34]、商法512条は商人の報酬請求権の一般的規定にすぎないことから、直接取引の場面で報酬請求権を認める根拠として適切ではないと批判されている[35]。むしろ、商法512条は、報酬の特約がない場合でも、報酬請求権が認められることを基礎づける規定として理解すべきであろう。

Ⅲ　学説の検討

　各学説の主張するところから、問題点、対立点を整理すると、①直接取引が行われた場合に、仲介業者は報酬額全額を求めることができるか相当額にとどまるべきか、②想定された類型と立証の困難さ、③一般理論を志向するか、をあげることができよう。以下では、上記の視点に立ちながら、各学説を検討する。

1　仲介業者の報酬額は全額か相当額か

　直接取引が行われた場合に仲介業者に報酬額全額を認めるべきか否かに関して、裁判例は、寄与の割合に応じた相当額を認めることが多い。もっとも、仲介行為が契約成立に寄与した範囲で報酬を認めるべきであるとしても、その評価は当該事案ごとに判断され、寄与の割合が高ければ報酬額全額を認め

31　中川・前掲判批（注4）219頁、広島高岡山支判昭和33・12・26高民集11巻10号753頁。
32　慣習によった事例として東京地判昭和33・6・13判時157号24頁、東京地判昭和36・12・18判時287号17頁、東京地判昭和41・11・19判タ202号181頁、京都地判昭和43・11・5判タ230号279頁。信義則によった事例として大阪高判昭和41・2・11判時448号55頁。
33　相当因果関係説に立つ前掲仙台高判昭和48・1・24など。
34　柏谷・前掲論文（注3）375頁。
35　大島・前掲論文（注22）416頁。

462

るべき場合も存する。そうであれば、結局事実の評価の問題に帰結するにすぎないといえそうである。したがって、本問題点に関しては、当該仲介行為の評価を反映しやすい法律構成が求められる。なお、寄与度に応じた請求を認める見解は、不動産仲介業者の報酬の決定方法に対する批判を含んでいるのではないかという指摘もある[36]。

　従来、直接取引の場合に関する通説・判例とされている民法130条1項説は、委託者の妨害行為により条件が成就するという法律構成をとることから、報酬額全額を肯定することが論理的に帰結される。民法130条1項説を支持する立場から、不動産仲介契約が仲介による取引の成立を条件としているという性質に鑑み、割合的報酬に批判的な見解もあった[37]。そのため、判例や学説の中には民法130条1項説の立場を支持しながら、他の論拠に基づき割合的報酬を肯定する見解がある。民法641条説や民法648条3項説、信義則説は、かかる場面で主張されたという面もある。これに対し、不動産仲介取引において労働はすでに完了し期待権が発生している場合であることから、民法641条説や民法648条3項説を適切でないとし、割合的報酬の根拠を結局「衡平の観念」に基づくとする見解もある[38]。

　一方、相当因果関係説によれば、割合的報酬を認めることに関しては、理論的な障害は存在せず、相当因果関係の中で仲介行為の契約成立への寄与度も評価されることになる。

2　想定された類型と立証の困難さ

　民法130条1項説に対しては、立証の困難さという観点からの批判が加えられているが（前述）、それは、各学説がどのような紛争類型を想定しているかという問題と理解できる。たとえば、民法130条1項説や民法641条説は、委託者が自己の有利な立場を利用して契約成立直前で解除をしたような「信義則違反型」を想定した学説であり、民法648条3項説や相当因果関係説は、仲介業者の媒介努力が契約に結びついた「通常型」を想定した学説であると

36　滝沢昌彦「判批」安永正昭編『不動産取引判例百選〔第3版〕』（有斐閣、2008年）177頁。

37　玉田・前掲論文（注22）224頁。

38　大島・前掲論文（注22）423頁。

〔第１部・第16章〕第２節　不動産仲介業者を排除して直接取引が行われた場合の報酬請求

いう指摘がある。結局、各学説は、それぞれが念頭においた紛争類型に適した見解ということができ、この点を考慮したうえで各学説を評価する必要があるように思われる。

3　一般理論を志向するか否か

　前記２とも関連するが、学説は、特定の類型にのみ適した学説と、特定の類型にとどまらず一般性を志向した学説とに分かれるように考えられる。

　この点から各学説を整理すると、民法130条１項説を軸とした見解と相当因果関係説が存するように思われる。

　民法130条１項説には、解除の有無や割合的報酬の場合を問わずに適用を認める見解もあるが、解除がなされた場合や割合的報酬を認める場合に他の規定と併用する見解も多い。たとえば、委託者が、解除することなく直接取引がなされた場合には民法130条１項説に基づき、解除がなされた場合には民法641条を適用する見解や、不動産仲介業者の契約成立への寄与の割合を考慮して割合的報酬を認める場合に、民法130条１項にあわせて、641条や648条３項、信義則（信義衡平）をあげる見解は、民法130条１項説の修正説と理解することも可能であろう。しかし、この点につき、紛争類型ごとに根拠が異なることを批判する見解もある。

　一方、相当因果関係説は、どのような妨害行為がなされた場合であっても、仲介行為とその後成立した契約との間の因果関係の有無を問題とする以上、一般性を認めることができ、他の論拠を必要としない。しかし、一般理論のもつ問題点を相当因果関係説も有しており、限界が曖昧にならざるを得ず、適用範囲が広すぎる結果になるのではないかという批判や、「相当因果関係」のほかに法律根拠が必要ではないかという批判が加えられている。

　これに対して、相当因果関係説の論者は、民法130条１項説が委託者によ

39　川村・前掲論文(注３)287頁。

40　明石・前掲書(注２)118頁。

41　中川・前掲判批(注４)219頁。

42　来栖・前掲書(注13)572頁、柏谷・前掲論文(注３)377頁。

43　柏谷・前掲論文(注３)376頁。

44　明石・前掲書(注１)141頁。

る業者の排除行為に着目するのに対し、相当因果関係説は業者の仲介活動が契約成立に与える貢献の面に着目するものであると反論している。[45]

しかし、民法130条1項説と相当因果関係説との間の論争も、必ずしもかみ合っていないようにもみえる。結局、両者は、形式的アプローチをとるか、実質的アプローチをとるかの相違であるという指摘が適切であるように思われる。[46]

民法130条1項説と相当因果関係説の対立は、直接取引がなされた場合、仲介による取引の成立は実現されない以上、報酬が「潜在的」に存在するにとどまるという評価をするか、売買契約等が成立したという結果が存する以上、一定の割合で報酬は「現実」に存在しているという評価をするかの相違であるように考えられる。報酬が「潜在的」に存在するにとどまり、「現実」には発生していないという評価をするならば、報酬の「現実」化のためには何らかの論拠が必要である。それに対し、相当因果関係説は、報酬が「潜在的」に存在するにとどまるにすぎないと評価するのではなく、直接取引による契約の成立という結果には、一定の割合で「現実」の報酬が存在するという評価から出発している。報酬が「現実」に存在する以上、問題は仲介行為の契約成立への因果関係であるということになる。

本問題は、報酬がどの段階で発生するかということと密接に関連しているが、通常、不動産仲介契約においては、仲介行為によって売買契約等が成立して初めて報酬請求権が発生する。それゆえ、直接取引がなされた場合には、報酬はあくまで「潜在的」に存在しているにとどまり、その「現実」化には、一定の論拠を必要とするというべきではなかろうか。相当因果関係説は仲介契約や商法512条を報酬請求権発生の根拠にあげているが、「潜在的」報酬の「現実」化の論拠としては適切ではないように思われる。それゆえ、この点からは相当因果関係説は支持できない。

一方、民法130条1項は、「潜在的」報酬の「現実」化の論拠として有用である半面、学説からの指摘のように、仲介契約が合意解除や解除がされている場合や業者の報酬を寄与に応じた額に制限するには適切ではないように思

---

45 山下・前掲論文(注20)57頁。
46 中田裕康「判批」リマークス7号50頁、四宮和夫「判批」法協89巻6号745頁も参照。

〔第１部・第16章〕第２節　不動産仲介業者を排除して直接取引が行われた場合の報酬請求

われる。仲介業者の報酬を割合的に認めることを前提にする限り、民法641条など他の規定と併用するか、「衡平」などの観点による修正を余儀なくされることになるためである。

4　付随義務違反説（債務不履行説）

これに対し、近時、直接取引がなされた場合を委託者による付随義務違反の問題とし、債務不履行に基づく損害賠償として構成する見解がある（付随義務違反（債務不履行）説）[47]。委託者には仲介努力を妨害しない義務があり、直接取引はその付随義務違反（債務不履行）と解するのである。かかる立場によっても、相当因果関係説において主張された仲介業者の契約成立への寄与度に基づいて損害賠償の範囲は判断されることになるため、割合的報酬を認める有力な立場と結論は異ならない（なお、仲介契約の合意解除ないし解除が有効になされた場合、清算（不当利得）の問題として処理されるとする見解もある）[48]。

このように付随義務違反説は、「潜在的」報酬の「現実」化としての論拠としても有用であり、割合的報酬を認めることにも無理がない。その点で、多様な事件に対応でき、紛争の実態に即した解決を可能にするように思われる。

Ⅳ　標準媒介契約約款

直接取引がなされた場合の報酬請求について現在では標準媒介契約約款により解決される事案が多いであろう。この点、専任媒介契約約款では、「専任媒介契約の有効期間内又は有効期間の満了後２年以内に」直接取引がなされたとき（専任媒介契約約款11条）、専属専任媒介契約約款では、「専属専任媒介契約の有効期間の満了後２年以内に」直接取引がなされたとき（専属専任媒介契約約款11条）、一般媒介契約約款では、「一般媒介契約の有効期間内

---

[47]　四宮和夫＝能見善久『民法総則〔第９版〕』（弘文堂、2018年）404頁、中田・前掲判批（注46）51頁、古くは松岡誠之助「判批」ジュリ161号62頁。

[48]　中田・前掲判批（注46）51頁。

466

又は有効期間の満了後 2 年以内に」直接取引がなされたとき（一般媒介契約約款13条）、「契約の成立に寄与した割合に応じた相当額の報酬」を請求できると規定されている。

　直接取引の類型としては、「有効期間内又は有効期間の満了後 2 年以内」とあるように、①媒介契約の有効期間内に委託者が直接相手方と売買等の契約を締結する場合、②媒介契約の有効期間満了後や合意解除等による終了後に直接相手方と売買等の契約を締結する場合がある。かかる場面で、売買契約の成立が媒介契約の有効期間の満了後 2 年を経過していたときには、委託者が殊更 2 年の経過を待って契約を締結したといった特段の事情がない限り、媒介契約と売買契約の成立に因果関係が存在しないことになり、報酬請求権は認められない。[49]

第 3 節　非委託者に対する報酬請求

I　不動産仲介業者が非委託者に対して報酬請求をする類型

　非委託者に対して不動産仲介業者が報酬請求をすることは原則として認められるべきではない。しかし、非委託者が仲介業者の仲介行為により事実上利益を受けている場合には報酬請求権の当否を考慮する必要がある。従来、不動産仲介業者が非委託者に対して報酬請求をする場合として、以下の 3 類型が指摘されている。[50]

①　Yから仲介業者Xが仲介委託を受け、相手方Zとの間で売買契約等が成立した場合、XはZに報酬請求権を有するか（I型）

②　Yが仲介業者 X_1 に仲介委託をし、Zが X_2 に仲介委託をした場合、売

49　岡本＝宇仁・前掲書（注 5 ）429頁。

50　明石・前掲書（注 1 ）61頁以下。なお、島田・前掲論文（注 1 ）12頁以下は、仲介業者が事実上売主（買主）のために、媒介活動を行った場合に売主（買主）に報酬請求権を有するかも指摘する。

〔第1部・第16章〕第3節　非委託者に対する報酬請求

買契約等が成立すると、X_1がZにX_2がYに報酬請求権を有するか（II
型）

③　Yが仲介業者X_1に仲介委託をし、ZがX_2に仲介委託をし、さらに
X_1とX_2との間に中間業者X_3がいる場合に、売買契約等が成立すると、
X_3は、YまたはZに報酬請求権を有するか（III型）

これらの類型を念頭に主要な学説を整理する。

II　報酬請求権の根拠に関する学説

1　商法512条説

商法512条説は、不動産仲介業者は、商人と解されているため、委託を受
けていなくても、その営業の範囲内で他人のために仲介行為をしたとき、相
当な報酬額を請求できると解する[51]。通説によれば、商法512条の「他人のた
めに」とは他人の委託に基づく場合だけでなく、事務管理の場合も含むと解
されている[52]。そして、その要件は、①当事者間に取引が成立すること、②そ
の取引の成立と業者の仲介行為との間に因果関係が認められることとされて
いる[53]。

判例は、委託関係の肯定される場合に商法512条に基づき不動産仲介業者
の報酬請求を認めていたところ[54]、さらに、III型につき明示の仲介契約がなさ
れていない場合でも、黙示の仲介契約を認定したうえで、商法512条に基づ
いて報酬請求を認めた[55]。そして、最判昭和44・6・26民集23巻7号1264頁は、
I型につき、商法512条の適用の可否に際しては相手方の「ためにする意思」
が問題となることを示した。

前掲最判昭和44・6・26に続き、最判昭和50・12・26民集29巻11号1890頁

51　柳川俊一「判解」最判解民（昭和44年度）354頁。
52　江頭憲治郎『商取引法〔第9版〕』（弘文堂、2022年）251頁。
53　牧山市治「判解」最判解民（昭和50年度）666頁。
54　最判昭和38・2・12裁判集民64号405頁。
55　最判昭和43・4・2民集22巻4号803頁。

468

では、Ⅱ型について客観的にみて、当該業者が相手方当事者のためにする意思をもって仲介行為をしたものと認められることを要し、その仲介行為の反射的利益が相手方当事者にも及ぶというだけでは足りないとし、「他人のために」する意思は客観的に判断する必要があることを示して、前掲最判昭和44・6・26の文言に限定を加えたと理解されている。この点は、業者からの不意打ち的不当な報酬請求を避ける趣旨とされている。[56]

　そして、商法512条の立法趣旨に鑑み、非委託者に対する報酬請求を認めるためには、①「客観的・具体的に非委託者のためにも仲介の労がとられたこと」、②宅建業者の取引態様説明義務を顧慮したうえで「非委託者がそれを自分のためになされた商人の営業上の行為と知るべき事情の存したことが必要」と指摘されている。さらにⅡ型の場合には、仲介業者は委託者のために仲介行為をしており、交錯して活動することは考えられないため、報酬請求権が認められる場合は稀であろうとされている。[57]

2　商法550条 2 項類推適用説

　商法550条 2 項は、商事仲立の場合に、仲立人の報酬は当事者双方が等しい割合で負担すると規定し、仲立人は、委託契約がなくても相手方に報酬請求権を有する。これは、仲立人は委託者ではない相手方に対しても公平に利益を図るべきこと、各種の紛争防止のための義務等を負担するためであるとされている。[58]

　商法550条 2 項類推適用説は、不動産仲介業者が商人であり、不動産売買の仲介を行うことに鑑みると、商事仲立と区別する必要がないとして非委託者に対する報酬請求権を肯定する。その根拠として、①仲立の本質から商事仲立と民事仲立を区別して扱う理由がないこと[59]、②契約が成立した場合には当事者双方が利益を受けること[60]、③宅建業者は非委託者に対しても業務上一

56　牧山・前掲判解(注53)669頁以下。

57　安永正昭「判批」判タ336号124頁。

58　平出慶道『現代法律学全集⒄商行為法〔第 2 版〕』(青林書院、1989年) 354頁。

59　東京地判昭和39・10・22判タ170号237頁。

60　明石・前掲書(注 1)84頁。

469

〔第1部・第16章〕第3節　非委託者に対する報酬請求

般的注意義務を負担していることなどがあげられている。[61]

　これに対しては、①非商人間における宅地建物の売買等は非投機的であり、商事仲立とは本質的に差異があること、②民事仲立人の負う注意義務は、商事仲立人の負う結約書作成、交付義務とはその性質が異なること、宅建業者は非委託者に対して所定の書面の作成交付義務を負っていないこと、③民事仲立の場合非委託者は業者と利益が対立する関係にあること、④民事仲立において商法550条2項に基づく報酬請求を認めると非委託者にとって不意打ちとなる事態が生じうることなどを理由に商法550条2項の類推適用を否定する見解もある。[62]また、統一的な判断基準となり得ないことから反対する説もある。[63]

　前掲最判昭和44・6・26は、商法550条2項の適用を否定した事案であるが、同判決の理解は分かれているものの、同判決以降、商法550条2項の類推適用については否定説で統一されたという指摘がある。[64]他方で、同条同項は、報酬が寄与の割合において認められるべきとする場合の根拠として類推適用されることがある。[65]

3　復委任説（民法104条・106条2項（改正前民法107条2項）類推適用説）

　復委任説は、Ⅱ型およびⅢ型のように両当事者間に仲介業者が複数いる場合、各仲介業者はそれぞれ非委託者に対する関係で復受任者たる地位にあるとする。すなわち、仲介委託契約では、特別の意思表示のない限り、他の業者への復委任は許諾されており（民法104条類推）、委託を受けていない業者も当然に報酬請求権があるとする（民法106条2項〔改正前民法107条2項〕類推）。[66]

61　京都地判昭和42・9・5判時504号79頁。

62　川村・前掲論文(注3)281頁、宇野・前掲論文(注22)558頁、中川高男「判批」判評140号38頁、神作裕之「判批」神作＝藤田編・前掲書(注16)71頁、牧山・前掲判解(注53)668頁。

63　林豊「不動産仲介業者の報酬請求権」塩崎勤編『裁判実務大系(11)不動産訴訟法』（青林書院、1987年）452頁。

64　神作・前掲判批(注62)71頁。

65　たとえば、東京高判昭和56・8・31判時1018号117頁。

470

　　　　　　　　　　　　　　　　　　　　Ⅱ　報酬請求権の根拠に関する学説

　復委任説に対しては、任意代理人は原則として復任権がなく、他の業者への復委任が広く許諾されているようにみることはできないこと、民法106条2項は代理に特有な関係であり、この場合に類推適用することに疑問が呈されているほか、擬制的・技巧的すぎると批判されている[67]。[68]

4　否定説

　明示・黙示の委託契約、法規、慣習がない限り、非委託者への仲介業者の報酬請求権は否定されるべきとする説もある[69]（なお、一部の説でドイツにおける判例の基準をめざすものとすれば、わが国では報酬請求が認められることはほとんどなくなり、その結論に疑問が指摘されている[71]）。[70]

　さらに、近時の否定説からは、前掲最判昭和50・12・26に対し、宅建業法に取引態様の明示（昭和42年改正前宅建業法14条の2、宅建業34条）、媒介契約の規制（昭和55年改正前宅建業法34条の2（昭和57年5月1日施行））が設けられる以前の取引についての判示であり、宅建業法のかかる規制を念頭においておらず、指導的判例としての役割を失ったという指摘がある。また、非委託者が結果として有利な取引条件で成約したとしても、委託者が成約の際に譲歩、受諾したものであって、これをもって宅建業者に買受媒介を委託した意思があるとか、黙示の買受媒介契約に関する合意があったとはいえないとも指摘されている[72]。さらに宅建業法の上記改正を踏まえ、宅建業法が媒介報酬に関して定める規定の趣旨に鑑み、報酬に関する宅建業法上の義務は民事上も規範的意味を有すると解すべきという指摘もされている[73]。

66　明石・前掲書（注2）268頁、横浜地判昭和42・10・27下民集18巻9号・10号1048頁。

67　中川高男「判批」判評117号129頁、田村諄之輔「判批」ジュリ459号167頁、安永・前掲判批（注57）122頁。

68　島田・前掲論文（注1）24頁、林・前掲論文（注63）452頁。

69　中川・前掲判批（注62）39頁、柏谷・前掲論文（注3）380頁、宇野・前掲論文（注22）559頁（非委託者との関係で事務管理となる場合には報酬請求を肯定）。

70　中川・前掲判批（注62）39頁。

71　安永・前掲判批（注57）123頁。

72　以上につき、岡本＝宇仁・前掲書（注5）401頁。

73　熊谷則一『不動産取引紛争の実践知』（有斐閣、2019年）288頁。

471

〔第1部・第16章〕第3節　非委託者に対する報酬請求

Ⅲ　検　討

1　学説の検討

上記のように、非委託者に対する報酬請求の可否に関しては、いくつかの理論構成が主張され、また批判が加えられてきた。そのような中で、現在では、商法512条説が通説・判例の立場と解されている。

商法512条説に対しては、仲介業者が仲介をする過程で、売買契約が成立したら報酬を請求することや報酬額の範囲等について非委託者に告げることもせず、取引が成立してから突如、報酬を請求することは闇討ちになると批判されている。[74]さらに、商法512条説によると媒介の対象となった取引の成立および媒介と取引成立との因果関係が認められない場合にも、報酬請求権の発生が肯定されることになる点にも批判が加えられている。[75]そのほかに報酬請求権を同条に基づくことに異論はないとするが、非委託者との関係では反対する見解もある。[76]

しかし、このような批判に対しては、商法512条の適用にあたり、仲介行為の結果として契約が成立したという修正を受けてしかるべきとし、業者と非委託者間の衡平妥当な利益調整が可能と反論されるほか、[77]非委託者に対する報酬請求権に関する紛争を処理すべき統一的な判断基準たりうるという評価がある。[78]

上記のように学説の批判はあるものの、前掲最判昭和50・12・26以降、非委託者に対する報酬請求権については、下級審判決においては商法512条に基づいて判断されている。[79]

---

[74]　竹内昭夫「判批」法協94巻4号591頁。

[75]　山崎悠基「判批」ジュリ220号77頁。

[76]　宇野・前掲論文(注22)556頁。

[77]　島田・前掲論文(注1)26頁。

[78]　島田・前掲論文(注1)25頁。それに加えて、川村・前掲論文(注3)281頁、林・前掲論文(注63)452頁では、理論構成の簡明さ、「相当な報酬」の判断を通じて妥当な結論に到達できることが指摘されている。

472

それゆえ、商法512条説の判断枠組みの下で、具体的にどのような事情があれば「その当事者のためにする意思をもって媒介行為をした」と認めることができるかを明らかにする作業が有益である。その際には、非委託者との間には契約関係がないにもかかわらず、報酬請求権を認めることが不意打ちになるという問題を回避するため、仲介業者側の主観的態様と非委託当事者側が仲介業者の仲介行為を利用したという事情とを考慮することが必要になろう。仲介業者が通常委託者のために仲介行為をし、非委託者のために仲介行為をすることは、委託者との関係で背信行為、利敵行為となるとし、「他人のためにする意思」の認定には、かなりの困難を伴うことが指摘されていることに鑑みると、かかる作業は慎重に行われる必要がある。[80]

「非委託者のためにする意思」を認定するに際しては、①宅建業者が非委託者のためにも公平に媒介業務を行ったこと、②業者が仲立人として行動していることを非委託者が知っており、または知るべき事情があったこと、③仲立人が報酬を請求する意思を有していることを非委託者が認識していたことなどに基づいて判断されるべきとされている。[81]そして、この認定を慎重にすればするほど、その作業は「黙示の委託」の認定に接近することが指摘されている。[82]他方で、実務における宅建業法による規制の重要性に鑑み、従来の最高裁判例が指導的判例としての役割を失ったという指摘については前述した。これらの指摘も考慮すると、非委託者に対する報酬請求の場面で、宅建業法上の契約書面によらない黙示の媒介契約の認定や、さらに商法512条の要件である「その当事者のためにもする意思をもって媒介行為をした」と容易に認めるべきではないであろう。[83]

---

[79] 比較的近時の肯定例として東京地判平成8・7・3金判1022号32頁。これに対し名古屋地判平成5・6・11判タ833号218頁では、その当事者「のためにする意思をもって媒介行為をしたとは認めることはできない」として否定している。

[80] 林・前掲論文(注63)452頁。

[81] 神作・前掲判批(注62)71頁。

[82] 神作・前掲判批(注62)71頁、林・前掲論文(注63)453頁など。

[83] 直接取引に関連して齊藤・前掲論文(注16)608頁。同時に齊藤教授は、仲介業務にかかる費用が低い方が、より多くの依頼が業者に集まり、仲介業の本領が発揮されやすくなる、という側面もあると指摘している（齊藤・前掲判批(注16)135頁）。

〔第1部・第16章〕第3節　非委託者に対する報酬請求

2　関連問題

(1)　複数業者が競合した場合における報酬債権の性質

　上記のⅡ型、Ⅲ型の場合には、複数業者により仲介行為がなされている。このとき、競合する業者の報酬請求権の性質をいかに解すべきであろうか。

　商法512条に基づいて非委託者に対する報酬請求権を認めた場合に、委託を受けた仲介業者との報酬請求権の関係に関しては、「特段の事情のないかぎり、売買の媒介に尽力した度合に応じて、報酬額を按分して請求できる」とされ、各仲介業者が自己の報酬を請求できるとする分割債権説が通説であるとされていた。[84]しかし、分割債権説によれば、委託者が仲介業者との間で[85]報酬額について合意をしていた場合でも、委託を受けていない業者からの報酬を認めると、委託者は想定していた報酬額を超える支払を求められることになる。このような帰結を回避するために、かかる場合の報酬請求権を不可分債権と解する見解[86]や連帯債権と解する見解[87]が、主張されていた。[88]他方で、連帯債権には、特定の債権者による債権全額の受領という危険があることから批判する見解もある。[89]また、複数の仲介業者が委託を受けている場合、各業者は「一体となって」報酬を受領しうると判例は解している。[90]

　この場面では、委託者が当初の報酬以上の支払を余儀なくされることと、特定の仲介業者による持ち逃げのリスクとのいずれを優先すべきかが問題であると思われる。連帯債権説は、両者を比較して委託者を保護すべきである

84　前掲最判昭和43・4・2。

85　名古屋地判昭和58・12・16判時1111号127頁、学説として分割債権説を支持するものとして岡本＝宇仁・前掲書（注5）816頁。

86　東京地判昭和36・10・20下民集12巻10号2490頁。

87　明石・前掲書（注1）88頁、坪田潤二郎『判例不動産取引法』（酒井書店、1964年）64頁、名古屋地判昭和61・12・26判時1229号125頁。

88　川村・前掲論文（注3）281頁、林・前掲論文（注63）453頁参照。来栖教授は、この問題につき、業者は全員共同して報酬を請求するのが原則であるが、各業者が委託者に業者全員に対し報酬を支払うことを請求するのを妨げないという合有債権とする（来栖・前掲書（注13）581頁注1）。

89　山本豊「判批」判タ649号40頁。連帯債権一般の問題につき、椿寿夫『多数当事者の債権関係』（信山社出版、2006年）421頁以下。

90　最判昭和45・2・26民集24巻2号89頁。本判示をどのように解するか学説は分かれているが、連帯債権説をとるものとして明石・前掲書（注1）88頁がある。

474

と考えることになろう。連帯債権を認めるためには、債権者の「緊密な信頼関係」が必要であることが指摘されることがあり、下級審判決の中にも複数の仲介業者が取引に関与していても、それぞれが単独で仲介を行った場合、ある業者の報酬請求は、他の業者の受領する報酬額に左右されないとした事案もある。連帯債権については、平成29年民法（債権関係）改正により民法432条以下に規定が設けられた。それによれば、連帯債権の成立のためには、債権の性質上の「可分」性と「法令の規定又は当事者の意思表示」による連帯が必要となる。上記の議論は、平成29年改正以前の議論であるが、民法432条に照らして従来の議論を整理すると、各業者の仲介活動に鑑みて、「黙示の意思表示」による連帯の存在を認めることができるか否かが基準となると考えられる。各業者の間に事実上緊密な関係が存する場合は、「黙示の意思表示」の存在が認められ、連帯債権が成立すると解することができるのではないか。かかる場面では、委託者側の報酬額以上の支払というリスクと特定の仲介業者による持ち逃げリスクを比較しても、委託者側の事情を優先すべきであろう。

(2) 中間業者の報酬請求権

　また、Ⅲ型の場合に、委託者に報酬請求権をもつのは元付き業者に限るべきではないかという疑問が指摘されていたが、判例は、中間業者の報酬請求において、黙示の委託契約があったとして報酬請求権を認めている。もっとも、かかる場面でも黙示の委託契約の認定は慎重にされるべきであろう。

91　岡孝「判批」ジュリ903号100頁。

92　椿・前掲書(注89)432頁参照。

93　東京高判平成6・7・19金判964号38頁。

94　来栖・前掲書(注13)579頁。

95　前掲最判昭和43・4・2。

〔第1部・第16章〕第4節　その他の問題

第4節　その他の問題

I　仲介により成立した契約が解除された場合の報酬請求

　不動産仲介契約により売買契約等が成立したが、履行前に委託者が売買契約等を解除した場合でも、売買契約等が成立している以上仲介業者には報酬請求が認められるのか、履行がされていないとして認められないのか、また、報酬請求を認めるとしても全額認められるのか相当額に制限されるのかなどの議論がある。[96] 近時、本問題について仲介契約の解釈の問題として考える見解が主張されているが、[97] そのように考えるとしても、当事者の意思が明確でない場合にどのように解されるかは問題となる。本問題について、従来の下級審判決などを参照すると次のように考えられる。仲介業者の仲介行為によって売買契約等が成立している以上、仲介業者に報酬請求が認められることが原則であり、現実に履行されたか否かは問われない。[98] 一方で、売買契約等が解除された場合には、委託者は、仲介行為による利益を享受していない。かかる点を考慮して、本問題については、解除に至った原因ごとに仲介業者に報酬請求を認めるべきであるかどうか論じるべきである。[99]

---

[96]　仲介業者が報酬請求をするためには、仲介業者の仲介行為によって売買契約等が成立していれば足り、その後解除されたとしても報酬請求を認めつつ、諸事情に照らして特約に定められた報酬（特約がない場合商法512条に基づく報酬）について制限を加えるという理解は、細かい点での差異はあるが、現在の多数の立場であると解される（福瀧博之「売買契約解除後における不動産仲介業者の報酬請求権」關西大學法學論集55巻3号605頁、（岡本正治＝宇仁美咲『詳解不動産仲介契約〔全訂版〕』（大成出版社、2012年）992頁以下、熊谷・前掲書（注73）293頁以下、重高啓「不動産仲介業者の報酬請求権」判タ1487号66頁）。また、明石教授は、かかる場面で、実務上、行政指導上行われている売買契約成立時に半額、履行完了時に残額を支払うことを穏当としていた（明石・前掲書（注1）46頁・182頁・371頁）。

[97]　熊谷・前掲書（注73）293頁、重高・前掲論文（注96）72頁。

[98]　大阪高判昭和43・11・28下民集19巻11号・12号753頁。

[99]　岡本正治弁護士・宇仁美咲弁護士は、商事仲立では、仲立業者の媒介により当事者間に契約が

I　仲介により成立した契約が解除された場合の報酬請求

　まず報酬請求権が認められる場合として、①契約当事者の債務不履行による解除の場合がある[100]。また、②両当事者が合意解除した場合も、当事者が故意に条件を成就したものとみなし、報酬請求を認めるのが判例である[101]。そして、③仲介業者の仲介行為によって売買契約等が成立したが、相手方の手付放棄により解除がなされた場合も報酬請求は認められる[102]。

　これに対し、仲介業者に付随義務違反があり、それが原因となって売買契約等が解除された場合には、報酬請求は認められない[103]。

　また、報酬請求が認められる場合であっても、報酬額全額の請求を認めるのではなく、相当報酬額の範囲に限定する事案が多い。合意解除の場合に、仲介業者に認められる報酬額をそのまま認めるのではなく、相当の報酬額に減額した裁判例がある[104]。別の裁判例では[105]、委託者が相手方の手付放棄により経済的利益を得ていること、それらを予想した特約を設けていなかった点を考慮して、約定された報酬額をそのまま請求することはできず、商法512条に定める「相当報酬額」の範囲での請求を認めている。

　そのほかに、不動産売買においては住宅ローンを伴う場合が少なくないが、売買契約成立後、所定の融資審査書類を金融機関に提出し、審査を経たところ、住宅ローンの融資が承認されない場合がある。かかる場面では、売買契約はいったん成立しているが、融資が不成立であるために解除されることに

成立したときは商法546条に定める結約書の作成・交付手続が終われば報酬請求権が発生し、成立した契約が履行されたか否かは問わないとし、民事仲立でも原則として同様に解すべきとしたうえ、解除原因ごとに個別に検討する必要があるという（岡本＝宇仁・前掲書（注96）992頁〜993頁）。

100　東京地判昭和56・6・24判時1022号85頁。

101　大判大正14・3・13新聞2389号18頁。

102　福岡高那覇支判平成15・12・25高民集56巻4号1頁。

103　東京地判昭和48・3・23判タ295号279頁は、調査説明義務違反があった事例であり、東京地判昭和57・2・22判タ482号112頁は、仲介業者に重要事項告知義務違反があった事例である。これに対して東京地判平成6・9・1判時1533号60頁は業者の債務不履行がないとして報酬請求権が認められた事例である。

104　函館地判昭和42・9・4判時504号82頁では、仲介料が高額であること、仲介業者の仲介が強引であったこと等が考慮された。大阪高判昭和56・10・30判時1043号123頁では、合意解除に至る経緯、合意解除の内容などを考慮して、約定された報酬額の半額を相当報酬額とした。

105　前掲福岡高那覇支判平成15・12・25。

〔第1部・第16章〕第4節　その他の問題

なる（このとき解除の構成には、解除権留保型、停止条件型、解除条件型がある）。このとき、仲介業者は、依頼者に受領した報酬を返還する必要がある。標準媒介契約約款にも仲介業者が報酬を返還する義務を負う旨の規定がある（専任媒介契約約款9条2項、専属専任媒介契約約款9条2項、一般媒介契約約款11条2項）。なお、融資の不成立に至る経緯が買主の責めに帰すべき事由により、権利濫用または信義則違反が問題となる場合もある[106]。もっとも、これらは確認的な条項と解すべきであり、かかる規定がなくてもローン解約の場面では、委託者に仲介業者は受領済みの報酬を返還するべきとされる[107]。

　なお、宅建業者が売主となる場合にはクーリング・オフ制度が定められており、事務所等以外の場所においてなした買主の買受けの申込みの撤回または売買契約の解除が認められている。買主がクーリング・オフをした場合、宅建業者は、非宅建業者である買主に受領済みの手付金その他の金銭を返還する義務がある（宅建業37条の2）。売主が宅建業者であり、買主が非宅建業者である売買に仲介業者が関与した場合でも、買主が売買契約につきクーリング・オフをすると、仲介業者は、すでに受領した報酬を委託者に返還すべき義務を負う[108]。

II　無免許業者による仲介

　現在、不動産仲介業は、宅建業法3条に定める免許制の下、宅建業者により行われている。しかし、免許をもたない者が、一回的に非営利的に不動産取引の仲介を行うことはありうる。このような無免許業者が、委託者に対し報酬請求権を有するかに関しても論じられている。無免許で取引を行った者が媒介をした場合、民法の委任、準委任の規定が適用されることはあっても、宅建業法46条の類推適用はなく、報酬告示に基づいて報酬を請求することはできないとされる[109]。

106　東京地判平成9・9・18判時1647号122頁、東京地判平成10・5・28判タ988号198頁。

107　以上につき岡本＝宇仁・前掲書（注96）1028頁以下、岡本＝宇仁・前掲書（注5）425頁以下。なお、解除に関して宅建業法35条1項8号参照。

108　岡本＝宇仁・前掲書（注96）1039頁。

478

II　無免許業者による仲介

　学説の中には、委託者が実際に仲介による利益を得ていることを重視し、報酬請求を認める有効説もあるが[110]、下級審の判決の多くや[111]、通説は、任意の支払の効力を否定すべきではないが、裁判上の請求は認められないとする自然債務説に立っている。宅建業法が宅建業者の統制を目的として免許制を採用した点などを理由とする[112]。また、任意に支払われれば報酬金全額の受領が認められ、裁判上訴求したときは報酬が認められないという自然債務説の結論に対し、報酬額の減額等の措置の可能性を指摘する見解もある[113]。

　本問題は、取締法規違反の行為の効力に関する問題に位置づけられるが、取締法規違反の行為の効力に関しては、規定の目的のほか、当該契約全体を総合的に判断する立場が現在有力である。そして、履行段階という立場から当該問題の判断枠組みを提示する見解（履行段階論）がある[114]。それによれば、給付が既履行であれば、それを無効とすると取引の安全を害するために効力を否定し得ないが、給付が未履行であれば取引の安全を害しないので無効とすることになる。自然債務説は、このような履行段階論になじむ考え方といえる。すなわち、免許制の趣旨を徹底すれば、宅建業者のなした取引は一律無効であり任意の支払も認められないとする立場もありうるが、委託者が得た経済的利益を考慮すると、無効説は適切ではないといえよう。また、有効説も宅建業法の免許制の意義に鑑みると問題がある[115]。それゆえ、宅建業法の

109　札幌地判平成15・6・26裁判所ホームページ。岡本＝宇仁・前掲書（注5）796頁による。
110　松岡誠之助「判批」ジュリ152号94頁、近藤弘二「判批」ジュリ369号143頁、吉川栄一「判批」ジュリ1090号159頁、山本敬三『民法講義(1)総則〔第3版〕』（有斐閣、2011年）261頁。また、横浜地判昭和61・7・9判タ621号115頁は、無免許業者がした宅地の売買契約を有効としている。
111　名古屋地判昭和38・11・11下民集14巻11号2221頁、東京地判昭和47・9・12判時694号72頁ほか、近時の事案としては、東京地判平成10・7・16判タ1009号245頁がある。
112　明石・前掲書（注1）60頁、石井吉也「判批」リマークス21号97頁。
113　山崎悠基「判批」ジュリ1013号146頁。
114　川井健『無効の研究』（一粒社、1979年）26頁、磯村保「取締規定に違反する私法上の契約の効力」谷口知平＝山木戸克己編集代表『判例における法理論の展開〈民商創刊50周年記念論文集(1)〉』（有斐閣、1986年）1頁。また強行法規違反と公序良俗違反の一元説について大村敦志『契約法から消費者法へ』（東京大学出版会、1999年）201頁以下、山本敬三『公序良俗論の再構成』（有斐閣、2000年）246頁以下も参照。
115　近時の最判令和3・6・29民集75巻7号3340頁は、「無免許者が宅地建物取引業を営むために宅建業者からその名義を借り、当該名義を借りてされた取引による利益を両者で分配する旨の合意」が問題となった事例であり、委託者に対する報酬請求が問題となった事例ではないが、

479

〔第 1 部・第16章〕第 4 節　その他の問題

免許制の意義と委託者の得た経済的利益のいずれを優先するかという観点からは、自然債務説を支持してよいのではなかろうか。

むすび

　不動産仲介業者の報酬請求にかかわる問題を取り扱ってきた。本章では、従来の判例・学説上の議論を参照・整理する形で検討したが、本文でも示したように、本問題に関しては、宅建業法や標準媒介契約約款、報酬告示などが重要な位置を占めており、それらの法政策上の意義も踏まえて、判例や学説の位置づけや理解に関しては批判的な見方も示されている。

　実際に不動産仲介業者が報酬請求をする場面では、宅建業法や約款等により規律がなされる事案が多いであろうが、それらからはずれる事案では、従来の議論が参照されることになろう。そのような場面では、当事者の特約や慣習、民商法の規定の類推適用など、従来の議論で示された解釈論が事案の実態に即した形で展開されると考えられる。

（中村　　肇）

　係る合意を宅建業「法12条 1 項及び13条 1 項の趣旨に反するものとして、公序良俗に反し、無効であるというべきである」と判断している。

第２部

不動産関係訴訟の実務

第２部　不動産関係訴訟の実務

〔第2部・第1章〕はじめに

第1章
不動産関係訴訟と実務上の問題点

はじめに

　民事訴訟の分野において、土地・建物等の不動産に関する訴訟は、金銭の支払に関する訴訟に次いで多く、全国の裁判所の第1審通常訴訟新受件数の20％前後を占めており、その適正かつ迅速な解決が常に重要な課題となっている。

　不動産訴訟と一口にいっても、その内容には多種多様なものがあり、比較的多い訴訟類型としては、土地・建物明渡訴訟、登記手続関係訴訟、所有権等に基づく妨害排除・予防訴訟、共有物分割訴訟、境界確定訴訟、相隣関係訴訟、借地関係訴訟、マンション関係訴訟、賃料増減額確認請求訴訟、権利の保全執行関係訴訟などがあり、不動産はわれわれの社会生活に必要不可欠な財産であって、その所有、取得、利用、処分等をめぐって今後も種々多様な紛争の発生が予想されるが、第2部「不動産関係訴訟の実務」では、不動産売買関係訴訟、借地関係訴訟、借家関係訴訟、マンション関係訴訟、不動産保全関係訴訟、建築関係訴訟、相隣関係訴訟、不動産競売関係訴訟に焦点を当て、当該訴訟に関する従来の判例を中心として実務上の問題点を整理、再検討するとともに、今後生起することが予想されるような諸問題についてもできる限り問題点を明らかにしつつ、適切かつ妥当な実務上の解決方法を提言することにした。

　本章では、総論として、不動産関係訴訟における実務上の問題点について概観することが求められているが、その問題点は無数にあって、それらにつ

482

いては、第2章以下において詳論されることになっているので、ここでは、紙幅の範囲内で不動産関係訴訟の各類型（保全関係、建築関係訴訟を除く）ごとに注目される近時の若干の裁判例を取り上げ、簡単なコメントを付すこととする。

第1節　不動産売買関係訴訟

不動産売買関係訴訟では、従来から売買契約の成否、他人の不動産の売買、売主の契約不適合責任（瑕疵担保責任）、建物の焼失等に伴う危険負担、不動産の二重売買、事情変更による契約内容の改定・解除等が問題点として論述され、その周辺問題として、不動産仲介業者の報酬請求権や不動産仲介業者の責任等についても整理、検討されている。

I　建築された建物の瑕疵と設計者・施工者等の不法行為事例

不動産売買については、その目的物の瑕疵責任を追及する事案が少なくないが、建物の設計者、施工者または工事監理者の建物の瑕疵責任に関する注目すべき最高裁判決がある[1]。

この事案は、9階建ての共同住宅・店舗（本件建物）とその敷地を購入した者が、本件建物にひび割れや鉄筋の耐力低下等の瑕疵があるとして、本件建物の設計者、施工者または工事監理者に対し、不法行為に基づく損害賠償を請求したものである。原審は、建築された建物の瑕疵の違法性が強度である場合、たとえば、請負人が注文者等の権利を積極的に侵害する意図で瑕疵ある目的物を製作した場合や、瑕疵の内容が反社会性や反倫理性を帯びる場合、瑕疵の程度・内容が重大で、目的物の存在自体が社会的に危険な状態である場合に限って、不法行為責任が成立する余地があるとしたが、本件建物

1　最判平成19・7・6民集61巻5号1769頁。

483

〔第2部・第1章〕第1節　不動産売買関係訴訟

について不法行為責任を問うような強度の違法性があるとはいえないとして、不法行為の成立を否定した。

　しかし、本判決は、①建物は、そこで居住する者、そこで働く者、そこを訪問する者等のさまざまな者によって利用されるとともに、当該建物の周辺には他の建物や道路等が存在しているから、建物は、これらの建物利用者や隣人、通行人等の生命、身体または財産を危険にさらすことがないような安全性を備えていなければならず、このような安全性は、建物としての基本的な安全性というべきである。②建物の建築に携わる設計者、施工者等は、建物の建築にあたり、契約関係にない居住者等に対する関係でも、当該建物に建物としての基本的な安全性が欠けることがないように配慮すべき注意義務を負うと解するのが妥当である。③設計・施工者等がこの義務を怠ったために建築された建物に建物としての基本的な安全性を損なう瑕疵があり、それにより居住者等の生命、身体または財産が侵害された場合には、設計・施工者等は、特段の事情のない限り、これによって生じた損害について不法行為責任を負うべきである、などと判断し、本件建物に建物としての基本的な安全性を損なう瑕疵があるか否か、ある場合にはそれにより買主らの被った損害があるか等不法行為責任の有無についてさらに審理を尽くさせる必要があるとして、事件を原審に差し戻した。

　その後、上記事件の第二次上告審では、建物としての基本的な安全性を損なう瑕疵を居住者等の生命、身体または財産を危険にさらすような瑕疵と定義したうえ、その判断基準について、建物の瑕疵が居住者等の生命、身体または財産に現実的な危険をもたらしている場合だけでなく、当該瑕疵の性質に鑑み、これを放置するといずれは居住者等の生命、身体または財産に対する危険が現実化することとなる場合も該当すると判示した。ここで留意しなければならないのは、上記の不法行為責任として検討すべき「瑕疵」は、瑕疵担保責任における「瑕疵」が主観的な概念（契約への不適合）であるのに対し、客観的な概念であって、取引において一般に期待されるところの、その種類のものとして通常有すべき品質、性能を有しないことや、通常される

2　最判平成23・7・21裁判集民237号293頁。

べき工事内容と異なる施工がされたことを意味する点である。また、上記第二次上告審は、「建物としての基本的な安全性を損なう瑕疵」に該当する例として、①鉄筋の腐食、劣化、コンクリートの耐力低下等を引き起こし、ひいては建物の全部または一部の倒壊等に至る建物の構造耐力にかかわる瑕疵、②外壁が剥落して通行人の上に落下したり、開口部、ベランダ、階段等の瑕疵により建物の利用者が転落したりするなどして人身被害につながる危険があるとき、③漏水、有害物質の発生等により建物の利用者の健康や財産が損なわれる危険があるときを挙示しており、参考となる。

II 契約不適合責任追及期間経過後の買主保護

　売買された不動産に瑕疵ある場合、買主が売主に対して契約不適合責任を追及することができることはいうまでもないが、その責任追及期間（商法566条、旧商法526条。現行法における期間制限は、引き渡された目的物が種類または品質に関して契約の内容に適合しない場合（物理的欠陥）にのみ適用され、引き渡された目的物が数量に関して契約の内容に適合しない場合などには適用されないこととなった）が経過した場合、どのような理論構成により売主の責任を追及することができるかが問題であるが、土地の売主の説明義務に関する注目すべき地裁判決が出されている。[4]

　この事案は、工場敷地と建物を購入した者が、後日土壌汚染の調査を行ったところ、鉛、フッ素による土地汚染が生じていることが判明したため、売主に対し、債務不履行等を理由として損害賠償を請求したものである。

　本判決は、土壌汚染の瑕疵担保責任については、旧商法526条の適用があり、引渡し後6カ月の経過により同責任に基づく主張をすることができないとしたが、売主としては、本件土地を工場敷地、機械解体上の作業用地として使用を継続し、土壌が汚染されているおそれがあることを認識していたの

3　齋藤繁道編著『最新裁判実務大系(6)建築訴訟』（青林書院、2017年）176頁〔片野正樹〕、小久保孝雄＝徳岡由美子編著『リーガル・プログレッシブ―⒁建築訴訟』（青林書院、2015年）188頁〔齋藤毅〕。
4　東京地判平成18・9・5判時1973号84頁。

485

〔第2部・第1章〕第2節　借地関係訴訟

であるから、買主に対しては、本件土地の埋立てから同土地の利用形態について、説明・報告すべき信義則上の付随義務を負っていたというべきであるとし、しかるに、買主に交付された本件土地の重要事項説明書には、本件土地の来歴や使用状況についての詳細は記載されていなかったのであるから、説明義務の不履行があると判断し、売主の損害賠償責任を認めた。

　近代民法における「契約自由の原則」は、契約当事者双方の情報収集・認識・判断・決定・行動力等の対等性を基礎とするものであるから、実質的な「対等性」が認められない契約・取引については、契約自由の原則を実質的に保障すべき観点から、優位当事者に対し、契約締結過程ないし契約内容等に関し、積極的に説明義務・情報提供義務等を課すべきであるとする学説が有力であり、判例でも、この理論が広く援用されている。[5][6]

　説明義務・情報提供義務をめぐる議論の核心は、その背後にある思想的・原理的基礎に立ち戻って理論を検証することにあろうが、実務的には、その要件、効果を具体的にいかに構築するかということであろう。

　本判決は、購入した不動産の土壌汚染について、売主に信義則上の付随義務としての説明義務違反を認めたものであり、事案としてはやや異例であるが、説明義務発生の要件、特にその適用範囲を考えるにあたって参考になろう。

第2節　借地関係訴訟

　平成4年8月1日施行の借地借家法において、借地については定期借地権、自己借地権などが新設され、また民事調停法の改正によって、賃料の増減額請求について調停前置主義や調停条項の制度も導入された借地利用関係については比較的安定しているため、訴訟にまで至るケースはあまりみられない

5　潮見佳男「説明義務・情報提供義務と自己決定」判タ1178号9頁など参照。

6　最判平成16・11・18民集58巻8号2225頁、潮見佳男「最近の裁判例にみる金融機関の説明・情報提供責任」金法1407号7頁、小粥太郎「説明義務違反による不法行為と民法理論(上)・(下)」ジュリ1087号118頁・1088号91頁など参照。

が、地価の高い都市部においては借地非訟事件として当事者間の紛争が顕在化しているようである。

Ⅰ　建物買取請求の可否

借地借家法14条によれば、借地権設定者が賃借権の譲渡または転貸を承諾しない場合に、第三者の建物買取請求権が認められているが、土地賃借権の無断譲受人の建物買取請求の可否に関する地裁判決がある。[7]

この事案は、土地の賃貸人が、借地権の無断譲渡を理由として、無断譲受人に対し、建物収去土地明渡しを求めたのに対し、無断譲受人が、借地上の建物について買取請求権を行使したものである。

本判決は、借地借家法14条に基づく建物買取請求権は、借地権者が権原によって土地に付属させた建物その他の物について認められるものであるから、借地権者から建物とともに借地権を譲り受けた第三者が、その借地権譲受につき賃貸人の承諾を得られぬまま、当該建物に増築・改築・修繕等の工事を施したときは、譲受当時の原状に回復したうえでなければ買取請求権を行使できないと解すべきであるとしたうえ、本件においては、無断譲受人が、本件建物を譲り受けた後、押入れのトイレへの変更、土間の変更、サッシの変更、壁紙の貼り付け、外回りの変更等の工事を施し、当該工事により本件建物の価格が199万円から620万円になったことが認められるから、本件建物につき建物買取請求をすることができないと判断し、本訴請求を認容した。

土地賃借権の無断譲受人が地上建物に増築等の工事をした場合と建物買取請求権の行使の可否について、最高裁判決は、原則否定、例外的肯定の判断[8]を示しており、本判決は、上記判例理論に依拠するものであるが、買取請求権を認める場合と認めない場合の区別ないし判断基準が事柄の性質上明確でないので、事例的意義を有するものである。

7　東京地判平成18・7・18判時1961号68頁。
8　最判昭和42・9・29民集21巻7号2010頁。

〔第2部・第1章〕第2節　借地関係訴訟

Ⅱ　賃借権の時効取得の可否

　賃借権の時効取得の可否については、旧民法当時から見解が分かれていたところ、最高裁判決は、これを肯定し、「土地の継続的な用益という外形的事実が存在し、かつ、それが賃借の意思に基づくことが客観的に表現されているときは、民法163条に従い土地賃借権の時効取得が可能である」との判断をしたことは周知のとおりであるが、本来の賃借地の範囲に属しない隣接地について賃借権の時効取得を認めた地裁判決がある。[10]

　この事案は、宗教法人からその所有土地を賃借して建物を所有している者が、同法人から隣接地を賃借している者に対し、本件係争地が他人の賃借地と認められる場合には、自己が本件係争地についての賃借権を時効取得したとして、本件係争地の賃借権の確認を求めたものである。

　本判決は、本件係争地は他人の賃借地に属するが、宗教法人からその所有土地を賃借した者が、本件係争地上に建物を建築所有して継続的に占有してきたし、賃貸人に対しては、本件係争地を含む借地の用益の賃料として賃貸借契約で定められた賃料を支払い続けてきたことが認められると判断し、本件係争地について賃借地の時効取得を認め、本訴請求を認容した。

　判例上、賃借権の時効取得が認められているが、具体的にどのような場合に時効取得が認められるか、特に所有者でない者から土地を賃借した場合、真の所有者に対する賃借地の時効取得が認められるかについては特に疑問があり、時効取得を認めたものはほとんど見当たらない。

　本件では、本来的な賃借地の賃貸人と本件係争地の賃貸人が同じ宗教法人であり、非所有者に対する賃借権の時効取得の可否という解決困難な問題でないため、事案に即した妥当な判断であるといえるが、賃借権の時効取得を認めた一事例として実務上参考になるものと思われる。

　ところで、抵当権設定登記がされた後に賃借権の時効取得に必要な期間当該不動産を用益した者が、賃借権の時効取得を当該不動産の競売または公売

9　最判昭和43・10・8民集22巻10号2145頁。
10　東京高判平成18・11・28判時1974号151頁。

による買受人に対抗することができるかどうかが争われた最高裁判決がある。[11]

　本判決は、不動産につき賃借権を有する者がその対抗要件を具備しない間に当該不動産に抵当権が設定されてその旨の登記がされた場合、賃借権者が上記の登記後賃借権の時効取得に必要な期間当該不動産を継続的に用益したとしても、競売はまた公売により当該不動産を買い受けた者に対し、賃借権を時効取得したと主張してこれを対抗することはできないとの判断を示した。事案は建物に関するものであるが、この理は土地の賃貸借においても変わるところはなかろう。

第3節　借家関係訴訟

　借家関係については、賃貸借契約の終了事由としての「正当事由」、正当事由の補強要件としての「立退料」、借地上建物の賃借人、建物の転借人の保護、賃料増減額請求などをめぐって、多くの紛争が発生している。正当事由については、時代の推移に伴い、都市の再開発などに関連した大型ビルへの建替えや、耐震性の向上のための建替えなどを契機とするものが目につくようになってきている。

　なお、定期建物賃借制度が定着してきたことに関連して、借地借家法38条の書面性が争われる事案なども散見される。[12]

　また、平成13年施行の消費者契約法の適用をめぐり、賃貸借契約書に記載された更新料条項の有効性[13]、いわゆる敷引特約の有効性[14]などが争われる事案が増加した。

11　最判平成23・1・21裁判集民236号27頁。

12　最判平成22・7・16裁判集民234号307頁、最判平成24・9・13民集66巻9号3263頁。

13　最判平成23・7・15民集65巻2号2269頁。

14　最判平成23・3・24民集65巻2号903頁、最判平成23・7・12裁判集民237号215頁。

〔第2部・第1章〕第3節　借家関係訴訟

I　賃貸建物の賃借人の使用をめぐる諸問題

　賃貸建物の賃借人の使用をめぐっては、さまざまなトラブルが発生するが、飲食店の経営者の看板、メニュー板の設置の許否に関する地裁判決がある。[15]

　この事案は、ビルの所有者である賃貸人が、ビルの地下1階店舗を賃借して飲食店を経営する会社に対し、特約に違反してビルの共用部分と公道上に袖看板、置看板およびメニュー板（以下、「看板等」という）を設置したと主張し、看板等の撤去、看板等の設置禁止を求めた事案である。

　本判決は、多数の賃借人が入居するビルにおいて、個々の賃借人が共用部分に看板等を設置すれば、他の賃借人の営業に支障が生ずるし、実際、他の入居者から苦情を受けていること、公道上の看板等の設置は、道路の不適正使用に該当することが明らかであること、看板等のためビルの電源を無断で使用するとビル全体の電気系統に支障を及ぼすおそれがあることからすれば、看板等の設置は、特約にいう「他の入居者の営業に支障を及ぼすような広告等」に該当すると判断し、本訴請求を認容した。

　本件と類似の先例としては、アパートの「庭」や「物置」の使用に関する裁判例[16]、「換気装置」や「看板」の設置に関する裁判例[17]などがあるが、本判決は、ビルの賃借人の使用関係をめぐる紛争の解決に参考となる裁判例である。

　その後、建物の地下部分を賃借して店舗を営業する者が建物所有者の承諾を得て1階部分の外壁等に看板等を設置していたところ、建物の所有権を譲り受けた者が上記賃借人に対し看板等の撤去を求めた最高裁判決がある。[18]この事案は、看板等が営業用店舗と社会通念上一体のものとして利用されており、看板等を撤去することになると、建物周辺の通行人らに対し地下店舗における営業の存在を示す手段がなくなって営業の継続が著しく困難になるう

15　東京地判平成18・6・9判時1953号146頁。

16　東京地判昭和51・5・27判時844号48頁。

17　神戸地尼崎支判平成13・6・19判時1781号131頁。

18　最判平成25・4・9裁判集民243号291頁。

490

え、建物の旧所有者の承諾は譲受人においても知り得たものであるとして、撤去請求を権利の濫用として認めなかった。賃借人の交代により生じた紛争に関する判断として意義があるので紹介する。

Ⅱ　高層住宅からの居住者等の転落事故

　高層マンションやアパートからの居住者等の転落事故について賃貸人等の責任が問題となる事案が散見されるが、アパートの2階の窓から主婦が転落[19]して死亡した事故に関する高裁判決が出されている。[20]

　この事案は、木造2階建ての棟割り賃貸アパートに居住していた主婦が、2階の窓から身を乗り出して外にある物干し竿に洗濯物を干そうとした際、誤って階下に転落して死亡したため、その遺族が、アパートの賃貸人・所有者に対し、債務不履行ないし土地工作物責任に基づいて損害賠償を請求した事案である。

　第1審は、①このアパートではこれまで同種の事故はなかったし、賃借人から危険性の指摘もなかった。②この窓は、通常転落する危険はなく、洗濯物を干す場合にも通常の注意をすれば転落することはない。③この主婦らは、これまで2年以上もこのアパートに居住しており、この窓の状態をよく知っていた、などと判断し、この窓が通常有すべき安全性を欠いていたとはいえないとして、本訴請求を棄却した。ところが、本判決は、①この窓は、床（畳）面からの高さ（腰高）約73cmの位置に窓枠下部があって、2枚の窓ガラスを交互にスライドさせて開閉する構造になっていたこと、②この窓には、手すりや柵等は設けられていなかったこと、③主婦の身長が約157cmであったことを総合すると、窓から身を乗り出した場合、身体のバランスを失うとそのまま下に転落する危険性がなくはなかったなどとして、窓の設置、管理の瑕疵を認め、第1審判決を変更したうえ、本訴請求を認容した。

　民法717条1項にいう「工作物の設置又は保存に瑕疵」とは、工作物が「通常有すべき安全性を欠いていること」を意味するとされているが、その[21]

19　塩崎勤編『裁判実務大系(19)区分所有関係訴訟法』（青林書院、1992年）638頁〔北河隆之〕。
20　福岡高判平成19・3・20判時1986号58頁。

〔第2部・第1章〕第4節　マンション関係訴訟

瑕疵の有無は、工作物の構造、用法、場所的環境および利用状況等諸般の事情を総合して個別的・具体的に判断すべきものであるとされ、事故が被害者の「通常予測できない行動」によるものとされるときには瑕疵は否定されているので、本件は、第1審・第2審で判断が分かれたように限界的事例といえようが、賃貸アパートの建築、保守、点検などの問題を考えるうえで参考となる裁判例である。

　なお、建物としての基本的安全性を損なう瑕疵が存する場合当該建物の設計・施工者等の責任については前記Ⅰで述べたところ、建物の賃借人自身が注文者であるとき、当然には建築関係者と同様の責任を負担するわけではないが、施工者等に著しい納期短縮や著しいコスト減を強いたことが不適切施工の原因になっているような場合には、賃借人である居住者に対し不法行為責任を負うこともありうると解される（民716条）。また、賃借人は、一定の要件の下に、賃借人である注文者の権利を不適切施工に関与した者に対し代位行使することも考えられよう。

第4節　マンション関係訴訟

　マンションの建築、分譲、賃貸、管理、利用等をめぐってはさまざまなトラブルが発生しているが、高額な中高層・共同・集合住宅が増加し、いろいろな職業、出自の異なる多くの人々が共同生活を送るため、管理・利用をめぐる紛争に関する裁判例が多くみられる。

　また、近時、外国人の居住者・滞在者の増加に伴うトラブルも散見されるようになってきている。

21　最判昭和45・8・20民集24巻9号1268頁参照。

22　最判昭和53・7・4最判32巻5号809頁参照。

23　岸日出夫編集代表『Q&A 建築訴訟の実務』（新日本法規出版、2020年）330頁参照。

Ⅰ　賃料の滞納をめぐる問題と自力救済特約の適否

　マンションの賃貸借における賃料とは、マンションの専有部分の使用および収益の対価として、賃借人から賃貸人に支払われる金銭その他のものである。賃借人が賃料を滞納した場合、賃貸人は、賃料の支払を求める訴えを提起して債務名義を取得し、民事執行の手続に従い、賃借人の財産に対して、適宜強制執行することができることはいうまでもないが、訴えの提起、民事執行には多大の費用を要するし、手続が煩雑であるため、賃貸人としては、賃貸する際、ある程度の自力救済を認める特約を締結することが少なくなく、このような特約の効力、自力救済の適否に関する地裁判決が出された。[24]

　この事案では、賃貸借契約では、「賃借人が賃料を滞納した場合、賃貸人は、賃借人の承諾を得ずに本件建物内に立ち入り適当な処置を取ることができる」旨の特約（以下、「本件特約」という）があったため、管理会社の従業員が、2回にわたり、業務の執行として、賃借人の不在中に本件建物の扉に施錠具を取り付け、本件建物に立ち入り、窓の内側に侵入防止のための施錠具を取り付けることもし（以下、「本件立入り等」という）、同扉に「最終通告及び契約解除通知」と題する書面を貼り付けたため、賃借人が、本件立入り等は不法行為にあたるとして、管理会社に対し、損害賠償を請求したものである。

　本判決は、①本件特約は、賃貸人が賃借人に対して賃料の支払や本件建物からの退去を強制するために、法的手続によらずに、賃借人の平穏に生活する権利を侵害することを認容することを内容とするものというべきところ、このような手段による権利の実現は、法的手続によったのでは権利の実現が不可能または著しく困難であると認められる緊急やむを得ない特別の事情がある場合を除くほかは、原則として許されないというべきであって、本件特約は、そのような特別の事情があるといえない場合に適用されるときは、公序良俗に反して、無効であるというべきである。②本件立入り等は、賃借人

24　東京地判平成18・5・30判時1954号80頁。

〔第2部・第1章〕第4節　マンション関係訴訟

の本件建物において平穏に生活する権利を侵害する違法な行為というべきであり、本件立入り等は、管理会社の業務の執行としてされたものであるから、同会社は、民法715条に基づき、本件立入り等によって賃借人に生じた損害を賠償する責任がある、と判断し、賃借人の本訴請求を認容した。

　マンションの賃借人に賃料不払、用法違反等があった場合、裁判によって解決することは、経済的にみても時間的にも相当でないところから、貸主側にある程度の自力救済を認める特約等を付すのが通常であり、標準約款でも、立入り点検、家具類の任意処分条項が設けられているが、本判決は、賃貸人の自力救済のあり方、限界を考えるうえで参考となる裁判例である。[25]

　なお、類似の事案として、家賃保証会社が賃貸建物の鍵を付け替えるなどして実力で賃借人の占有を排除し、物件内の動産を撤去処分したケースや、[26]賃借人から貸室の管理を委託されている管理会社従業員が貸室内の賃借人の家具等を搬出し、玄関の鍵を交換して賃借人に退去を余儀なくさせたケース[27]などがある。

Ⅱ　区分所有者の共同の利益に反する行為をめぐる問題

　建物の区分所有等に関する法律59条によれば、マンションの区分所有者が共同の利益に反する行為を繰り返し、共同生活上の障害が著しいなど一定の要件を具備する場合には、当該違反者の区分所有権等の競売を請求することができるとされているが、管理費を滞納した場合における競売請求の可否に関する地裁判決がある。[28]

　この事案は、マンションの所有者が、管理費等を滞納し、その滞納額が合計169万5000円に達したので、管理組合が、支払督促命令を得たうえ、銀行

25　遠藤浩編『現代実務法律講座マンション（建築・売買・管理・賃貸）』（青林書院、1985年）566頁参照。

26　東京地判平成24・9・7判時2171号72頁。

27　大阪高判平成23・6・10判時2145号32頁。

28　東京地判平成18・6・27判時1961号65頁。

預金の差押えをしたが、預金残高が0円であり、所有マンションに対して強制競売しようとしたが、根抵当権の設定により無剰余となるおそれがあるため、建物の区分所有等に関する法律59条により、所有マンションの区分所有権等の競売を請求したものである。

本判決は、長期的かつ多額の管理費等の滞納は、共同利益背任行為にあたるということができ、これによって、共同生活上の著しい障害が生じているといえるとしたが、滞納者が、長期間にわたる管理費の滞納を謝罪するとともに、経済事情が好転したことから管理費等の分割弁済による和解を希望する旨の態度を示しているので、分割弁済により和解で解決する途を模索することも考えられ、競売以外に管理費等を回収する途がないことが明らかとはいえないというべきであるとし、本訴請求を棄却した。

マンションの管理費等は、マンションの維持、管理上必要かつ不可欠な費用であるから、悪質な滞納者を放置することはできず、先取特権の実行や強制執行が功を奏さず、かつ将来も支払の可能性がない場合には、競売の請求も許されると解されているので[29]、本判決の判断は、競売請求の許否についてやや厳しすぎるきらいがあるが、マンションの管理費の滞納をめぐる紛争の処理上参考となる裁判例である。

また、このほかにも、近時、マンション全体の維持・管理の観点から生じがちな紛争としてペット飼育に関する問題がある。具体的な事例としては、マンションの管理者が、区分所有者の一人に対し、管理費等の滞納に加えて、ペットの管理を適切に行わないことを理由に、区分所有者の共同生活の維持を図ることが困難であるとして、区分所有権および敷地利用権の競売を求めた地裁判決がある[30]。

本判決は、管理組合の管理規約およびその細則で定められたペット飼育に関する遵守事項に照らし、飼育管理が十分にされていなかったことを認定し、競売の請求を認容した。

さらに、近年、都会における生活様式の変化に伴い、区分所有者が専有部分に多くの間仕切り等を設置して多数者を居住させるシェアハウスが流行し

---

29 法務省民事局参事官室編『新しいマンション法』（商事法務研究会、1983年）59頁。

30 東京地判平成30・3・2 LEX/DB25552876。

〔第2部・第1章〕第5節　相隣関係訴訟

ているが、このような利用形態が管理規約に反する、あるいは区分所有者の共同の利益に反する行為にあたるとして、多数者による使用行為の禁止や間仕切りの撤去などが請求される事案も見受けられる。別の地裁判決では、貸室を2畳程度の10区画に区切られた形に改装し、最大10名の見知らぬ者同士が多くは窓もないスペースで寝起きしながら、便所・浴室・台所等を共同使用している状況は、マンションの専有部分の使用態様として想定されているところからほど遠く、管理規約に反する行為であるとして、区画部分の数が3を超えることになる使用許可行為を禁止するとともに、間仕切りの撤去を命じた。

　加えて、海外からの観光客の増加などに伴い、マンションの一室を不特定多数の者を対象に宿泊施設として使用させる民泊行為が管理組合規約や区分所有法に違反するとして争われるケースが増えつつある。ある地裁判決では、区分所有者の行っている民泊行為は規約に反するものであり、使用状況や経緯に照らし以後も不特定多数の者に対し短期間の宿泊や滞在の用に供する可能性が高いとして、民泊行為の差止請求を認容した。

第5節　相隣関係訴訟

　相隣関係訴訟についての民法の規定は、所有権の拡張あるいは制限という形式を用いて土地所有者相互間の利害関係の調整を図っているが、近隣者間の紛争は、隣地の所有・利用に関連し、建物の建築、隣地の通行権、土地の境界、日照・眺望、生活騒音等のいろいろな分野で生起しており、近時の個人主義的志向や権利意識の高まりと相まって、解決困難な様相を呈している。

I　隣地使用権をめぐる問題

　民法209条1項によれば、「土地の所有者は、境界又はその付近において障

31　東京地判平成27・9・18LEX/DB25530790。
32　東京地判平成30・8・9LEX/DB25557080。

壁又は建物を築造し又は修繕するため必要な範囲内で、隣地の使用を請求することができる」とされているが、隣地使用権の行使について新しい判断を示した地裁判決[33]がある。

この事案は、他人の所有土地に隣接する土地上において、事務所棟および住宅棟を併設する施設の開発を行おうとする建設会社等が、隣接地の所有者に対し、両土地を接続する歩行者通路の開設を行うため、両土地の接合部付近の隣地の使用を承諾することを求めた事案である。

本判決は、民法209条以下の相隣関係の規定は所有権に関して規定するものであり、明文では地上権者間または地上権者と土地の所有者との間について準用されているが、民法の相隣関係の規定は、相隣地の円滑な利用を図るために土地相互の利用を調整する趣旨のものであるから、民法209条1項の規定も所有権および地上権に限られることなく、債権的利用権も含めて他の利用権にも類推適用されるべきであると解されるとし、土地の使用借権者について民法209条1項の隣地使用権の行使を認めた。

相隣関係法上の隣地使用権は、不動産の所有をめぐる利害関係の調整ではなく、不動産の利用をめぐる利害関係を調整する趣旨であるから、地上権者以外の用益権者についても必要な限りで準用すべきであるとするのが通説であり[34]、最高裁判決では[35]、民法213条の規定は、土地の賃借人にも準用されるとしているが、本判決は、学説、判例の見解を一歩進め、土地の使用借権者につき民法209条の隣地使用権を認めたものであって、理論上、実務上重要な意義を有するものである。

II　囲繞地通行権をめぐる問題

他人の所有土地に囲繞されて公路に通ずることができない土地の所有者は、公路に出るため囲繞地を通行することができるとされているところ（民210条1項）、自動車の通行が認められるかどうかについては議論のあったとこ

33　東京地判平成17・8・9判時1983号90頁。

34　我妻榮（有泉亨補訂）『民法講義(2)物権法〔新訂〕』（岩波書店、1983年）283頁。

35　最判昭和36・3・24民集15巻3号542頁。

〔第2部・第1章〕第5節　相隣関係訴訟

ろ、自動車による通行に関する最高裁判決が出された。[36]

　この事案は、県有地の道路を自動車で通行していた者が、県が当該道路につき自動車の通行を禁止したため、県に対し、①民法210条の通行権等に基づき、当該道路を自動車で通行することの妨害禁止等を求めるとともに、②県有地について自動車による通行を前提とする民法210条の通行権を有することの確認を求めた事案である。

　原審は、本訴請求を棄却したが、本判決は、自動車による通行を前提とする民法210条通行権の成否およびその具体的内容は、他の土地について自動車による通行を認める必要性、周辺の土地の状況、自動車の通行を前提とする民法210条に基づく通行権が認められることにより他の土地の所有者が被る不利益等の諸事情を総合考慮して判断すべきであるとし、自動車の通行を前提とする民法210条に基づく通行権の成立を否定した原審の判断には、法令の違反があると判断した。

　自動車の通行を前提とする民法210条に基づく通行権の成否等に関する学説は、肯定・否定に分かれ、下級審裁判例も、肯定・否定に分かれているが、[37]本判決は、自動車の通行を前提とする民法210条に基づく通行権の成否およびその具体的内容についての判断基準を示したものとして実務上参考になろう。ただし、本判決は、自動車の通行のため、既存の通路の拡張や通路の開設請求を認めたものでないことに留意すべきであろう。

　なお、自動車による通行を前提とする通行地役権の黙示の設定合意を認めた事例や、[38]土地の所有者の土地譲渡によって生じた準袋地について、自動車の通行を前提とする囲繞地通行地役権が認められた事例がある。[39]

36　最判平成18・3・16民集60巻3号735頁。

37　塩﨑勤＝安藤一郎編『裁判実務大系(24)相隣関係訴訟法』（青林書院、1995年）151頁〔塩﨑勤〕、
　　安藤一郎『私道の法律問題〔第7版〕』（三省堂、2023年）139頁以下など参照。

38　東京地判平成27・4・10判タ1421号229頁。

39　高松高判平成26・4・23判時2251号60頁。

498

第6節　不動産競売関係訴訟

　不動産競売については、債務名義に基づく強制競売であると抵当権等担保権の実行としての競売とを問わず、執行の申立て、競売手続の開始、不動産の売却、売却代金の配当、引渡命令などそれぞれの段階で多くの問題があり、これらの問題については、昭和55年の民事執行法の施行と、その後の再三の法改正、判例の積み重ねにより精力的に解決されてきたが、なお問題が残されている。

I　強制執行のための請求債権の放棄または不執行の合意をめぐる問題

　強制執行のための請求債権につき権利の放棄または不執行の合意があった場合、債務者はどのような方法により執行の排除を求めることができるかについては、古くから学説上見解が分かれていたが、この問題について、最高裁判所として初めての判断を示した判決がある。[40]

　この事案は、公正証書に基づく預金債権について債権差押・転付命令の発令、執行を受けた債務者が、執行債権の放棄または不執行の合意を理由として、当該命令の取消し等を求めて執行抗告した事案である。

　第1審は、債務者の主張は抗告理由とはなり得ないとして執行抗告を却下し、第2審も、抗告を棄却したため、債務者が、許可抗告したが、本決定は、強制執行を受けた債務者が、その請求権につき強制執行を行う権利を放棄または不執行の合意があったことを主張して、裁判所に強制執行の排除を求める場合には、執行抗告または執行異議の方法によることはできず、請求異議の訴えによるべきものと解するのが相当であると判断し、これと同旨の第2審の判断を正当として是認して、本件抗告を棄却したものである。

　本決定は、執行の方法による異議の手続によるべきであるとしていた大審

---

[40]　最決平成18・9・11民集60巻7号2622頁。

〔第2部・第1章〕第6節　不動産競売関係訴訟

院の判例を変更するものであり、理論的にはもとより、執行実務上も重要な
意義を有するものである。

Ⅱ　法定地上権をめぐる問題

　民法388条によれば、土地と地上建物が同一の所有者に属する場合におい
て、その土地または建物に抵当権を設定したときに、抵当権の実行により所
有者を異にするに至った場合には法定地上権が設定されたものとみなすもの
とされているが、土地を目的とする先順位の甲抵当権が消滅した後に後順位
の乙抵当権が実行された場合と法定地上権の成否について、最高裁判例では、[41]
重要な判断を示した。

　この事案は、土地を目的とする先順位の甲抵当権が消滅した後に後順位の
乙抵当権が実行された場合に、競売により土地を買い受けた者が、地上建物
の所有者に対して建物収去土地明渡しを求めた事案である。甲抵当権設定時
には土地と地上建物は同一の所有者に属していなかったが、乙抵当権設定時
には同一の所有者に属していたものである。

　第1審、第2審とも、法定地上権の成立を否定し、本訴請求を認容したた
め、地上建物の所有者が上告受理の申立てをしたところ、本判決は、土地を
目的とする先順位の甲抵当権と後順位の乙抵当権が設定された後、甲抵当権
が設定契約の解除により消滅し、その後、乙抵当権の実行により土地と地上
建物の所有者を異にする場合において、当該土地と建物が、甲抵当権設定当
時には同一の所有者に属していなかったとしても、乙抵当権の設定時に同一
の所有者に属していたときは、法定地上権は成立すると判断し、これと異な
る第1審・第2審判決を破棄、取り消したうえ、本訴請求を棄却した。

　民法388条所定の土地と地上建物が同一の所有者に属するとの要件（同一
所有者要件）の充足性については、甲抵当権の設定時を基準として判断すべ
きか、それとも乙抵当権の設定時を基準として判断すべきかについては見解
が分かれているところ、執行実務では、乙抵当権基準説によっているとみら

41　最判平成19・7・6民集61巻5号1940頁。

500

れるが、本判決は、乙抵当権設定時基準説をとって、執行実務を追認したものであり、重要な意義を有する新判例である。[42]

おわりに

　以上、不動産関係訴訟に関する注目すべき裁判例を取り上げ、簡単なコメントを付することを試みたが、紛争解決のための理論上の問題はなお多く残されており、また、適正かつ迅速に解決すべき実務上の課題も少なくない。

　これら実務上の問題点の概観、整理と解決のための実務上の指針は、第2章以下において明らかにされる。

（岸日出夫）

---

[42]　裁判所書記官研修所監修『不動産執行事件等における物件明細書の作成に関する研究』（司法協会、1995年）456頁参照。

〔第2部・第2章〕第1節　不動産売買契約の成立

第2章
不動産売買関係訴訟と実務上の問題点

はじめに

　不動産売買契約に関して実務上どのような点が問題となっているか、主に最高裁判決により不動産売買関係訴訟の裁判例の動向を考察する。なお、不動産売買においては、売主と買主との関係のほか、それぞれの仲介業者や、資金を融資した金融機関、登記手続等にかかわる司法書士、二重譲受人その他の者との関係も問題になるが、本章においては売主と買主との関係に絞ることにする。

第1節　不動産売買契約の成立

Ⅰ　不動産売買契約の性質と売買代金額

　不動産売買契約は、当事者の一方（売主）がある不動産の所有権を相手方（買主）に移転することを約し、相手方がこれに対してその代金を支払うことを約することによって、その効力を生じるものである（民555条）。
　したがって、売買契約の成立によって、買主は目的不動産の引渡しを求め、売主は代金の支払を請求できるのであり、また、買主は、移転登記手続等も請求できるようになるのであるから、売買契約成立の有無およびその時期の

502

認定等が重要な争点となる。それでは、具体的にどのような事由があれば、不動産売買契約の成立に至ったといえるかである。

上記のとおり不動産売買契約成立のためには代金支払についての合意が必要であるが、その代金額については必ずしも具体的な金額まで合意していなくとも、代金額の決定方法を定めておくことにより（契約書中に代金額が明示的に定められていなくても、諸般の事情を考慮して確定することが可能ならばよい）売買契約は有効に成立する。[1]

しかし、売買目的物の価格は時価を標準として、当事者が協議して決定する旨定めた場合においては、当事者間にその価格の協議が調わない限り売買契約は成立しないことになる。[2]

売買代金額は当事者間において自由に定めることができるが、それが高額または低額にすぎ、公序良俗に違反すれば無効となることはいうまでもない（民90条）。マンションを買取専門業者へ売却した売主が取引価格を大幅に下回る代金額で売買契約を締結させられて損害を被ったとして、買主および仲介業者に対して損害賠償を請求をした事案において、買取専門業者へ売却する場合の取引価格は、一般の消費者へ売却する場合の取引価格よりも相当程度低くなるのが相当であるとして請求を棄却した事例がある。[3]

II　代金減額請求

買主は売買契約で定められた代金額を支払う義務があるが、引き渡された目的物が数量等に関して契約の内容に適合しないものであるときは（契約不適合）、その不適合の程度に応じて代金の減額を請求することができる。なお、民法563条・562条（平成29年改正前民法565条・563条）では、数量を指示して売買をした物に不足がある場合において、買主がその不足を知らなかったときは、買主はその不足する部分の割合に応じて代金の減額を請求することができるとされていた（数量指示売買）。

1　我妻榮『債権各論（中1）』（岩波書店、1957年）254頁。
2　最判昭和32・2・28裁判集民25号671頁。
3　東京地判平成17・8・26判例集未登載。

503

〔第2部・第2章〕第1節　不動産売買契約の成立

最高裁判決[4]は、市街化区域内に所在する50坪余りの更地の売買契約において、契約書には目的物件の表示として公簿面積のみが記載されていたとしても、それが住宅用の敷地として売買されたものであり、代金額については、坪単価に面積を乗じる方法により算定することを前提にして、売主が提示した坪単価の額からの値下げの折衝を経て合意が形成され、当事者双方とも土地の実測面積が公簿面積に等しいとの認識を有しており、契約書における公簿面積の記載も実測面積が公簿面積と等しいか少なくともそれを下回らないという趣旨でされたものであるなどの事情の下においては、当該土地が公簿面積どおりの実測面積を有することが売主によって表示され、実測面積を基礎として代金額が定められたものということができ、その売買契約はいわゆる数量指示売買にあたるとした。

他方、数量指示売買において数量が超過する場合、売主は民法565条の類推適用を根拠として代金の増額を請求することはできない[5]。

Ⅲ　契約目的物の特定

土地売買契約においては、対象となる土地の特定が問題となることもある。

土地売買契約の対象土地は、一般に、所在、地番、地目、地積という登記簿の登記事項の情報（不登34条1項）により特定される。しかし、1筆の土地の一部について取引の対象とすることも認められる[6]。

1　宅地の一部が取引対象と認められた事例

最高裁判決[7]は、当事者間において成立した売買契約は、宅地および同地上の店舗等を目的とするものであって、土蔵2棟を含まないこと、土蔵敷地が本来上記宅地の一部であるにかかわらず、登記簿上は隣地に存在し、土地の状況としても契約当時においては、当事者双方はもとより関係人においても

4　最判平成13・11・22裁判集民203号743頁。

5　最判平成13・11・27民集55巻6号1380頁。

6　最判昭和39・10・8裁判集民75号589頁。

7　最判昭和30・10・4民集9巻11号1521頁。

土蔵敷地が売買契約の対象土地に属することを知らず、売買成立後相当日時を経過して初めてこれを知ったということ、買主は、本件売買契約を締結するにあたり、現場を検分に行き、少なくとも係争の2棟の土蔵そのものを売買の目的物としなかったこと、土蔵をそのまま存置するか収去するか等について当事者間に協議があったといえないという事実関係の下においては、他に特段の事情のない限り、土蔵敷地が登記簿上売買の目的たる1筆の土地に属するかどうかにかかわらず、通常その敷地を除外する暗黙の意思表示があったとみるのが取引の通念からいって相当であるとした。

2　1筆の土地の一部が取引対象と認められた事例

　最高裁判決は、1筆の土地の一部（甲部分）が上記土地のその余の部分（乙部分）から現地において明確に区分され、甲部分は甲に、乙部分は乙にそれぞれ賃貸された後に、甲が目的物を当該1筆の土地と表示して売買契約を締結したとしても、他に賃貸されている乙部分を含むとする旨の明示的な合意がされている等特段の事情のない限り、取引の通念に照らして甲部分のみを売買の目的としたものと解するのが相当というべきである（実測面積と公簿面積との関係だけでは、特段の事情があるものということはできない）とした。

Ⅳ　錯　誤

　売買対象土地についての錯誤により契約が無効になるかどうかは、その錯誤が法律行為の目的および取引上の社会通念に照らして重要なものであるかどうか（民95条。平成29年改正前民法95条では、法律行為の要素に錯誤があったかどうか）の問題である

1　土地登記簿の記載が現地と異なっていた場合

　高裁判決は、分筆の過程で公図が混乱し、結果的に現地が二重に公図上に

8　最判昭和61・2・27裁判集民147号161頁。
9　福岡高判平成18・9・5判時2013号79頁。

〔第2部・第2章〕第1節　不動産売買契約の成立

表示される形になって、現地が何番の土地かをめぐって争いとなった事案において、土地登記簿の記載が現地と異なっていたとしても、現地で特定した土地自体に錯誤はないとして、要素の錯誤を認めなかった。

2　特定した土地に同一所有者の別の地番の土地の一部が含まれていた場合

地裁判決[10]は、土地売買の際、当事者が認識していた土地の地番に誤解があり、特定した土地に同一所有者の別の地番の土地の一部が含まれていても、売買の目的たる土地自体について錯誤はなく、買主は同土地を取得するとした。

3　将来換地されることを前提に売買契約がなされた場合

最高裁判決[11]は、土地区画整理事業の施行地内にある特定の土地につき将来それが別の特定の土地に換地されることを前提として従前の土地を目的土地とする売買契約が締結された場合においても、買主が上記換地処分およびその基礎となった換地計画には重大かつ明白な瑕疵があって無効であるから上記売買契約も無効であり、買主は代金支払義務を負わないと主張した事案において、そのとおりの換地がされるかどうかは一応浮動的であるけれども、このような事態が生ずるまでは、従前の土地につき締結された売買契約は有効な契約として存続するとした。

V　契約書の作成

売買契約は、諾成契約であるから、契約書が作成されないからといって直ちに契約の成立が否定されるものではなく、その他の間接事実により契約の成立が認定されうることは当然である。しかし、売買契約の目的となる不動産は高額であることから、取引実務においては売買契約書が作成されるのが通例であり、契約書が作成されていないことは契約成立に至っていないとの

10　千葉地判昭和39・11・25判タ172号214頁。

11　最判昭和55・3・6裁判集民129号247頁。

認定に導かれやすい。また、取引の交渉過程において、購入意思または売却意思を明確することを目的に、買主側からは「買付証明書」が、売主側からは「売渡承諾書」が交付されるということも少なくない。このような買付証明書または売渡承諾書の交付により不動産売買契約が成立したといえるかも実務上問題となる。

1 売渡承諾書が交付されても売買契約の成立が認められなかった事案

地裁判決は、不動産の売買契約の交渉段階において、売主側が買主側に対して「売渡承諾書」を交付した場合において、「売渡承諾書」に売買代金額が記載されているものの、契約時に手付金・内金として2億円を支払うことが明記されているし、契約締結日も別途明示されていることから、上記書面の交付をもって売買契約が成立したと認めることはできないとした。

2 民法上の売買契約成立要件が必要であるとして契約の成立が認められなかった事案

地裁判決は、不動産の売買では、代金額が高額に及ぶうえ、権利の確保に万全を期する必要があることから、慎重に条件が煮詰められ、少なくとも、代金の支払時期と方法、引渡しと所有権移転登記の時期と方法、不履行になった場合の処置等について合意されるのが通常であり、売買対象の不動産が特定され、代金額について合意ができたとしても、これによって売買の合意がなされたものとはいえないとして、買受申込書に記載された事項と、手付金の支払時期が合意されておらず、残代金の支払が地積更正登記ができる時期との兼ね合いから明確にできなかったとの事情から、上記段階では売買の条件が定まったとはいえず、契約が成立したとはいえないとした。

---

12 東京地判昭和59・12・12判タ548号159頁。
13 名古屋地判平成4・10・28金判918号35頁。

507

〔第2部・第2章〕第2節　他人の物の売買

3　受渡承諾書と買付証明書が交付されても売買契約の成立が認められなかった事案

　地裁判決[14]は、売買契約の当事者らは、国土法所定の手続を進める一方、明渡しをも含めた売買の重要な事柄についてさらに協議してこれを確定したうえで、手続完了の暁に正式に売買契約を締結する旨の合意には至っていて、土地建物につき売買代金および手付金の額、最終取引日などを記載した売渡証明書と買付証明書が交換されていても、買主は不動産業者であって、目的土地につき国土利用計画法所定の手続完了後に売買契約書を取り交わすことが約され、目的建物に入居している多数の賃借人との立退交渉が未解決のため、明渡時期、残金支払の時期および方法、登記手続などについて確定的合意に至っていないなどの事実関係の下においては、いまだ売買契約の成立を認めることはできないとした。

第2節　他人の物の売買

　売買契約の対象不動産については、売主の所有するものであることは必要とされない。売主以外の所有する不動産を売買の目的としたときは、売主はその権利を取得して買主に移転する義務を負うことになる（民561条、平成29年改正前民法560条）。そして、売買契約の目的不動産が売主の所有となったときにその不動産は当然に買主に移転する[15]。

　これに対し、他人の権利の売主が死亡し、その権利者において売主を相続した場合には、権利者は相続により売主の売買契約上の義務・地位を承継するが、そのために権利者自身が売買契約を締結したことになるものでなく、これによって売買の目的とされた権利が当然に買主に移転するものでもない。上記権利者は、相続人として承継した売主の履行義務を直ちに履行することができるが、他方、権利者としてその権利の移転につき諾否の自由を保有し

14　東京地判平成3・5・30金判889号42頁。
15　最判昭和40・11・19民集19巻8号2003頁。

ており、それが相続による売主の義務の承継という偶然の事由によって左右されるべき理由はなく、また、権利者がその権利の移転を拒否したからといって買主が不測の不利益を受けるというわけでもない。したがって、権利者は、相続によって売主の義務・地位を承継しても、相続前と同様その権利の移転につき諾否の自由を保有し、信義則に反すると認められるような特別の事情のない限り、売買契約上の売主としての履行義務を拒否することができる。[16]

　なお、宅地建物取引業者は、自己の所有に属しない宅地または建物については、自ら売主となって、売買契約（予約を含む）を締結してはならない（宅建業33条の２。同条ただし書に該当する場合を除く）。

第３節　法令等による制限

I　農地法

1　対象土地の非農地化

　農地について所有権を移転するには農業委員会（または都道府県知事）の許可を受けなければならない（農地３条）。また、農地を農地以外のものにするために農地法３条１項本文に掲げる権利を設定しまたは移転する場合には、都道府県知事等の許可を受けなければならない（農地５条）。

　しかし、農地の売買契約締結後その現況が宅地となった場合には、特段の事情のない限り、売買契約は知事の許可なしに効力を生ずる。[17] 同様に農地を目的とする売買契約締結後に売主が目的物上に土盛りをし、その上に建物が建築され、そのため農地が恒久的に宅地となった等買主の責めに帰すべからざる事情により農地でなくなった場合にも、売買契約は、知事の許可なしに

16　最判昭和49・9・4民集28巻6号1169頁。
17　最判昭和48・12・11裁判集民110号667頁。

〔第2部・第2章〕第3節　法令等による制限

完全に効力を生ずる。[18]

　最高裁判決[19]は、農地を目的とする売買契約締結後、当該農地がその周辺土地とともに放置され、遅くともそれから約15年後には現況が非農地（雑種地）となったという判示の事情の下では、当該農地が非農地となるにつき、買主が盛土をして資材置場等として使用したという事情があったとしても、そのことのみでは当該売買契約が効力を生じ買主に所有権が移転するとの判断を妨げるものとはいえないとした。

2　非農地化と時効の関係

　農地の売買に基づく県知事に対する所有権移転許可申請協力請求権の消滅時効期間が経過しても、その後に農地が非農地化した場合には買主に所有権が移転し、非農地化後にされた時効の援用は効力を生じない[20]。

3　買主が農地法5条の許可申請手続をしない場合

　農地の売買契約において、売主の協力にもかかわらず買主が農地法5条の許可申請手続をしないときは、売主はこれを理由に契約を解除することができる[21]が、その場合であっても、売買代金が完済されているときは、特段の事情がない限り、売主はこれを理由に契約を解除することができない[22]。

II　国土利用計画法

　国土利用計画法による規制区域に所在する土地について、土地に関する所有権等の権利またはこれらの権利の取得を目的とする権利（土地に関する権利）の移転または設定（対価を得て行われる移転または設定に限る）をする契約（予約を含む）を締結しようとする当事者は、都道府県知事の許可を受け

18　最判昭和42・10・27民集21巻8号2171頁。
19　最判平成12・12・19金法1609号53頁。
20　最判昭和61・3・17民集40巻2号420頁。
21　最判昭和42・4・6民集21巻3号533頁。
22　最判昭和51・12・20民集30巻11号1064頁。

510

なければならず、この許可を受けないで締結した土地売買等の契約は、その効力を生じないものとされている（国土利用計画法14条）。その許可に係る事項のうち、土地に関する権利の移転もしくは設定の予定対価の額を変更（その額を減額する場合を除く）し、または土地に関する権利の移転もしくは設定後における土地の利用目的を変更して、当該契約を締結しようとするときも同様の許可を受ける必要がある。

したがって、土地の売買契約の締結に先立ち国土利用計画法所定の届出または許可申請の手続をしなければならないものと指定されている土地については、国土利用計画法所定の手続が完結していない段階では、売買を前提とする代金額についての大筋の合意が形成されていても、当事者間では手続完結を待って売買をする意思であり、そのため他の重要な事項の合意が形成されていないなど、売買契約の締結には至っていない場合が多い（地裁判決では、そもそも、不動産の売買には国土利用計画法による届出が必要で、勧告の結果があるまでは、売買契約（予約を含む）を締結することが禁じられ、違反に対しては罰則が課せられることになっており、このことは契約者当事者および不動産取引業者も、当然に知っており、そのためにこそ、不勧告通知後に正式に売買契約を締結することを当然の前提として合意された事項を基本的事項として契約締結に向けて努力することを誓約する意味で売渡承諾書、買受申込書を交換し合うことにされたものと認められると判示している）。もっとも、国土利用計画法所定の手続が終わっていなくとも、売買契約は完了していながら、単に形式的な手続の履践を待っているだけである場合もあり得よう。

Ⅲ　宅地建物取引業法

宅地建物取引業者が自ら売主となる宅地または建物の売買契約について、当該宅地建物取引業者の事務所その他国土交通省令で定める場所（事務所等）以外の場所において、当該宅地または建物の買受けの申込みをした者または売買契約を締結した買主（事務所等において買受けの申込みをし、事務所

23　前掲名古屋地判平成4・10・28。

〔第2部・第2章〕第4節　手　付

等以外の場所において売買契約を締結した買主を除く）は、申込みの撤回等を
行う場合の方法について告げられた場合において、その告げられた日から起
算して8日を経過したとき、当該宅地または建物の引渡しを受け、かつ、そ
の代金の全部を支払ったときを除き、書面により当該買受けの申込みの撤回
または当該売買契約の解除（申込みの撤回等）を行うことができる。この場
合において、宅地建物取引業者は、申込みの撤回等に伴う損害賠償または違
約金の支払を請求することができない。申込みの撤回等は、申込者等が前項
前段の書面を発した時に、その効力を生じ、申込みの撤回等が行われた場合
においては、宅地建物取引業者は、申込者等に対し、速やかに、買受けの申
込みまたは売買契約の締結に際し受領した手付金その他の金銭を返還しなし
なければならない（宅建業37条の2）。

第4節　手　付

Ⅰ　手付の法的性質

手付金は、売買契約締結の際、買主が売主に交付する金員であり、契約成
立を証明するために交付される証約手付、当事者が解約権を留保するために
交付する解約手付、違約罰にあてるために交付する違約手付がある。[24]
売買の手付は、反対の証拠がない限り、民法557条所定のいわゆる解約手
付と認められる。[25]したがって、買主が売主に手付を交付したときは、買主は
その手付を放棄し、売主はその倍額を現実に提供して、契約の解除をするこ
とができる。ただし、当事者の一方が契約の履行に着手したときは、この限
りではない（民557条1項ただし書）。この解除権の行使については損害賠償
を請求することができない（民557条2項）。

---

[24]　我妻・前掲書（注1）260頁ほか。
[25]　最判昭和29・1・21民集8巻1号64頁。

Ⅱ　履行の着手

1　履行の着手とは

　民法557条所定の「契約の履行に着手」したかどうかについては最高裁判例が少なくない。この履行の着手とは、債務の内容である給付の実行に着手すること、すなわち、客観的に外部から認識しうるような形で履行行為の一部をなしまたは履行の提供をするために欠くことのできない前提行為をした場合を指すものである[26]。

2　履行の着手にあたる事例

(1)　賃貸不動産の売買契約における履行の着手①

　最高裁判決[27]は、売主が賃借人に家屋の明渡しをさせたうえ、これを買主に引き渡す旨の約定のある賃借人の居住する家屋の売買において、買主が、しばしば売主に対して賃借人に家屋の明渡しをさせて引渡しをなすべきことを督促し、その間常に残代金を用意し、明渡しがあればいつでもその支払をなしうるべき状態にあったうえ、売主が買主とともに賃借人方に赴いて売買の事情を告げて家屋の明渡しを求めた場合に、買主および売主の双方が契約の履行に着手したものと認めた。

(2)　賃貸不動産の売買契約における履行の着手②

　最高裁判決[28]は、借家人の居住する建物およびその敷地の売買で、売主が借家人を立ち退かせたうえで土地建物を買主に引き渡す約定である場合、売主が売買直後頃一度、二度借家人に立退きを要求しただけでその後は借家人を立ち退かせる努力をせずに放置し、他方、買主は、その間しばしば売買の仲介人に対し借家人を立ち退かせて土地建物を引き渡すよう売主に催告されたい旨を依頼し、さらにその後売買代金を携えて売主方に赴き、売主に対しこ

26　最判昭和40・11・24民集19巻 8 号2019頁。
27　最判昭和30・12・26民集 9 巻14号2140頁。
28　前掲最判昭和51・12・20。

513

〔第2部・第2章〕第4節　手　付

れを受け取るよう求めた場合には、買主が契約の履行に着手したものと認めた。

(3)　第三者所有不動産売買契約における履行の着手

最高裁判決[29]は、解約手付の授受された第三者所有の不動産の売買契約において、売主が、不動産を買主に譲渡する前提として、当該不動産につき所有権を取得し、かつ、自己名義の所有権取得登記を得た場合には、契約の履行に着手したときにあたるものとした。

(4)　農地売買契約における履行の着手①

最高裁判決[30]は、農地の売買契約について知事の許可を受ける前であっても、買主が残代金全額を支払のため提供したときは、契約の履行の着手があったことになるとした。

(5)　農地売買契約における履行の着手②

最高裁判決[31]は、農地の買主が約定の履行期後売主に対してしばしば履行を催告し、その間農地法3条所定の許可がされて所有権移転登記手続をする運びになればいつでも残代金の支払をすることができる状態にあったときは、現実に残代金を提供しなくても、契約の履行に着手したものと認めた。

(6)　農地法5条の適用となる農地売買契約における履行の着手

最高裁判決[32]は、農地法5条の都道府県知事の許可を要する農地の売買契約で解約手付が授受された場合において、売主および買主が連署のうえ農地法5条による許可申請書を都道府県知事あてに提出したときは、特約その他特別の事情のない限り、売主および買主が契約の履行に着手したものと解するとした。

3　履行の着手にあたらない事例

最高裁判決[33]は、土地および建物の買主が、履行期前において、土地の測量

29　前掲最判昭和40・11・24。
30　最判昭和52・4・4裁判集民120号401頁。
31　最判昭和57・6・17裁判集民136号99頁。
32　最判昭和43・6・21民集22巻6号1311頁。
33　最判平成5・3・16民集47巻4号3005頁。

514

をし、残代金の準備をして口頭の提供をしたうえで履行の催告をしても、売主が移転先を確保するため履行期が約1年9ヵ月先に定められ、上記測量および催告が履行期までになお相当の期間がある時点でされたなどの事実関係の下においては、上記測量および催告は契約の履行の着手にあたらないとした。

なお、解約手付の授受された売買契約において、当事者の一方は、自ら履行に着手した場合でも、相手方が履行に着手するまでは、民法557条1項に定める解除権を行使することができる[34]。

Ⅲ　手付と解約

最高裁判決[35]は、売買契約がなされたが、買主において代金の調達ができず、再三代金支払期日の延期を得た等の事情の下に合意解除がなされたときは、買主は手付を放棄したものと解するのが相当であるとした。

別の判例[36]では、売主から買主に対する手付金流しの告知によって売買契約関係の終了が認められるとした。

売主は、契約の履行に着手した後を除き、手付金の倍額を償還して契約を解除できる（民557条1項）が、売主が手付の倍額を償還して売買契約を解除するためには、買主に対して前記額を現実に提供をすることを要する[37]。

不動産売買契約において、買主の義務不履行の場合に手付金を返還せず、売主の義務不履行の場合に手付金の倍額を支払う旨の定めとともに、「上記以外に特別の損害を被った当事者の一方は、相手方に違約金又は損害賠償の支払を求めることができる」旨の約定がされた場合、前記約定に基づいて賠償請求することのできる損害は、特段の事情がない限り、相手方の債務不履行によって通常生ずべき損害であると特別の事情によって生じた損害であるとを問わない[38]。

34　最判昭和40・12・21裁判集民81号683頁（反対意見がある）。
35　最判昭和44・2・21裁判集民94号377頁。
36　最判昭和54・9・6裁判集民127号375頁。
37　最判平成6・3・22民集48巻3号859頁。

〔第2部・第2章〕第5節　売買の予約・買戻し

第5節　売買の予約・買戻し

I　売買の一方予約・買戻し

　売買の一方の予約は、相手方が売買を完結する意思を表示した時から、売買の効力を生ずる。この意思表示について期間を定めなかったときは、予約者は、相手方に対し、相当の期間を定めて、その期間内に売買を完結するかどうかを確答すべき旨の催告をすることができる。この場合において、相手方がその期間内に確答をしないときは、売買の一方の予約は、その効力を失う（民556条1項・2項）。買戻しは、不動産の売主が、売買契約と同時にした特約により、買主が支払った代金（平成29年の民法改正により別段の金額を合意することができるようになった）および契約の費用を返還して、売買の解除をすることができるとするものである（民579条）。

II　再売買の予約

　再売買の予約とは、売買契約を締結した売主が将来目的不動産を再び買い戻す旨を予約する当初の契約とは別の契約であり、契約締結の時期・再売買金額の制限がない。

　再売買の予約および買戻しは、いずれも貸金担保の機能を有するものである。最高裁判決[39]は、第1審および原審が真正な買戻特約付売買契約と認めた契約について、買戻特約付売買契約の形式がとられていても、目的不動産の占有の移転を伴わない契約は、特段の事情のない限り、債権担保の目的で締結されたものと推認され、その性質は譲渡担保契約と解するのが相当であるとした。

---

[38]　最判平成9・2・25裁判集民181号351頁。
[39]　最判平成18・2・7民集60巻2号480頁。

Ⅲ　買戻しの実行・売買の予約における売買完結権の行使

買戻しは、10年の期間内（民580条）に代金および契約の費用を提供して実行することを要するが（民583条、平成29年改正前民法582条）、売買の予約における売買完結権の行使には、買戻しの場合と異なり、代金を提供することを要しない。[40]

第6節　契約準備段階における当事者の責任

Ⅰ　契約締結上の過失

契約準備段階においても当事者は一定の信義則上の注意義務を負い、この注意義務に違反すれば、損害賠償責任を負う。契約締結上の過失ともいわれ、これによる責任の性質については、不法行為責任か債務不履行責任か、その効果として信頼利益の賠償に限るか否か等種々の問題があるが、実務的には個々の事案における信義則の適用を検討し、相当因果関係のある損害について賠償責任を認めているものと考えられる。

40　最判昭和46・5・25裁判集民103号55頁。

〔第2部・第2章〕第6節　契約準備段階における当事者の責任

Ⅱ　裁判例

1　契約条項の合意、契約締結日合意後の段階

　最高裁判決[41]は、土地売買契約締結の過程において、当事者が互いに契約条項をすべて了解し、公正証書の作成をもってすることとした契約締結の日を取決めるなどして、買主となる者が交渉の結果に沿った契約の成立を期待し買受代金の調達などの準備を進めるのが当然であるとみられるような段階に達した場合に、売主となる者がその責めに帰すべき事由によって契約の締結を不可能にすることは、特段の事情のない限り、不法行為となり、買主となる者は、買受代金にあてる資金を借り受けたため金融機関に支払を余儀なくされた利息相当額の損害につき、売主となる者に対しその賠償を求めることができるとの原審の判断を是認した。

2　購入後の手配を進める事実関係を容認している場合

　最高裁判決[42]は、不動産購入希望者が売却予定者と売買交渉に入り、その交渉過程で歯科医院とするためのスペースについて注文を出したり、レイアウト図を交付するなどしたうえ、電気容量の不足を指摘し、売却予定者が容量増加のための設計変更および施工をすることを容認しながら、交渉開始から6カ月後に自らの都合により契約を結ぶに至らなかったなどの事情があるときは、購入希望者は、前記契約の準備段階における信義則上の注意義務に違反したものとして、売却予定者が設計変更および施工をしたために被った損害を賠償する責任を負うとした。

3　契約が成立するとの期待を抱かせた場合

　最高裁判決[43]は、売買契約締結の過程において、その目的物、代金の額およ

41　最判昭和58・4・19裁判集民138号611頁。
42　最判昭和59・9・18裁判集民142号311頁。
43　最判平成2・7・5裁判集民160号187頁。

518

I 契約の要素

び支払時期、契約締結の時期などを当事者の双方が了解し、買主となる者が、売主となる者に確実に契約が成立するとの期待を抱かせるに至ったにもかかわらず、一方的、無条件に契約の締結を拒否し、これを正当視すべき特段の事情もないなどの事実関係の下においては、買主となる者は、売主となる者に対し、信義則上の義務違反を理由とする不法行為責任を負うとした。

第7節 付随義務の不履行と契約解除

I 契約の要素

履行遅滞を理由として民法541条により売買契約を解除するには、その債務が付随的義務ではなく、要素たる債務でなければならない。法律が債務不履行による契約の解除を認める趣旨は、契約の要素をなす債務の履行がないために、当該契約をなした目的を達することができない場合を救済するためであり、当事者が契約をなした主たる目的の達成に必須的でない付随的義務の履行を怠ったにすぎないような場合（民541条ただし書「債務の不履行がその契約及び取引上の社会通念に照らして軽微であるとき」）には、相手方は当該契約を解除することができない[44]。

しかし、外見上は契約の付随的約款で定められている義務の不履行であっても、その不履行が契約締結の目的の達成に重大な影響を与えるものであるときは、この債務は契約の要素たる債務であり、これを理由に契約を解除することができる[45]。すなわち、要素たる債務であるか付随的義務であるかは、契約の外見・形式によっては決まらず、その不履行があれば契約の目的が達成されないような債務は付随的義務ではなく、要素たる債務であるというこ

---

44 最判昭和36・11・21民集15巻10号2507頁。
45 最判昭和43・2・23民集22巻2号281頁。

519

〔第2部・第2章〕第7節　付随義務の不履行と契約解除

とになる。

Ⅱ　裁判例

1　売買にあたって動機となる契約が不成立になった場合

　最高裁判決は、山林中の立木・倒木の伐採、搬出を目的とする立木・倒木および諸施設の売買契約において、売主の買主に対する山林の所有者から買主が伐採・搬出のため前記山林を使用することの承諾を得させる債務は、契約の目的達成のために必要不可欠な債務と解すべきであるとして、前記山林につき管理権限を有する者が、買主からされた伐採期限の延長許可申請を拒絶し、さらに、買主側に対して山林への立入禁止を通告したときは、前記債務は売主の責めに帰すべき事由により履行不能となったものと解すべきであり、買主はこれを理由に本件売買契約を全部解除できるとした。

2　土地売買契約成立後、所有権移転登記前に買主が負うべき義務を怠った場合

　最高裁判決は、土地の売買契約において、買主が代金を5年間にわたって分割して支払い、その完済後売主が所有権移転登記をなし、その支払期間中の公租公課を買主が負担する旨約された場合には、買主の公租公課負担義務は付随義務とはいえず、売主はこの義務不履行を理由に契約を解除することができるとした。

3　2個の契約が密接に関連づけられている場合に、一方の契約が不成立となった場合

　最高裁判決は、同一当事者間の債権債務関係がその形式は甲契約および乙契約といった2個以上の契約からなる場合であっても、それらの目的とする

46　最判昭和45・3・3裁判集民98号349頁。
47　最判昭和47・11・28裁判集民107号265頁。
48　最判平成8・11・12民集50巻10号2673頁。

ところが相互に密接に関連づけられていて、社会通念上、甲契約または乙契約のいずれかが履行されるだけでは契約を締結した目的が全体としては達成されないと認められる場合には、甲契約上の債務の不履行を理由に、その債権者は、法定解除権の行使として甲契約とあわせて乙契約をも解除することができるとし、同一当事者間でいわゆるリゾートマンションの区分所有権の売買契約と同時にスポーツクラブ会員権契約が締結された場合において、区分所有権の得喪と会員たる地位の得喪とが密接に関連づけられているなどの事実関係の下において、屋内プールの完成の遅延という会員権契約の要素たる債務の履行遅滞を理由として、区分所有権の買主は、民法541条により売買契約を解除することができると判示した。

Ⅲ　説明義務

1　意　義

不動産取引において売主は一定の重要な事項について買主に説明する義務を負い、これに反すれば、契約の解除が認められ、損害賠償義務を負うことになる[49]。

宅地建物取引業者には、宅地もしくは建物の売買の相手方等に対して、当該宅地または建物に関し、その売買契約が成立するまでの間に、取引主任者をして、宅地建物取引業法35条所定の事項について書面を交付して説明する義務が課せられている（宅建業35条）。

なお、契約締結上の過失の法的責任について種々の考え方があることは前記のとおりであるが、最高裁判決は、契約の締結に先立ち、一方当事者が、信義則上の説明義務に違反して、当該契約を締結するか否かに関する判断に影響を及ぼすべき情報を相手方に提供しなかった場合に相手方が当該契約を締結したことにより被った損害賠償責任につき、不法行為責任を負うことは

---

[49]　説明義務については、中田裕康ほか編『説明義務・情報提供義務をめぐる判例と理論』（判例タイムズ社、2005年）等参照。

[50]　最判平成23・4・22民集65巻3号1405頁。

〔第2部・第2章〕第7節　付随義務の不履行と契約解除

格別、当該契約上の債務不履行責任を負うことはないと判示した。

2　裁判例

(1)　防火電源スイッチの操作方法等の説明義務

　最高裁判決は、居住マンションの火災について、室内に設置された防火戸[51]は、防火設備として重要な役割を果たすものと考えられること、当該マンションは防火戸の電源スイッチが切られた状態で買主に引き渡され、しかも、電源スイッチは一見してそれとはわかりにくい場所に設置されていたことなどから、売主（および仲介業者）について、売買契約上の付随義務として、買主に対し電源スイッチの位置、操作方法等について説明すべき義務があるとした。

(2)　マンションにおける日照・通風等の情報の説明義務

　高裁判決は、マンションの一室の買主が、売主に対し、売主が日照・通風[52]等に関する正確な情報を提供する信義則上の義務を怠ったことにより損害を被ったとしてした債務不履行に基づく損害賠償請求を認めた。

(3)　居住用不動産の売買における隣人関係の情報の説明義務

　高裁判決は、居住用不動産の売買における売主（および売主側の仲介業者）[53]の隣人とのトラブルに関する説明義務違反について、売主が買主から直接説明することを求められ、かつ、その事項が購入希望者に重大な不利益をもたらすおそれがあり、その契約締結の可否の判断に影響を及ぼすことが予想される場合には、売主は、信義則上、当該事項について買主を誤信させるような説明をすることは許されないとして、売主の契約締結の場での説明は、最近は隣人との間で全く問題が生じていないという誤信を買主に生じさせたと判断し、損害賠償請求を認容した。

(4)　売買契約成立後、買主の購入の動機となった事実を売主が実現不可能とした場合

　地裁判決は、室内から隅田川花火大会の花火を鑑賞できるマンション居室[54]

51　最判平成17・9・16裁判集民217号1007頁。

52　東京高判平成11・9・8判時1710号110頁。

53　大阪高判平成16・12・2判時1898号64頁。

を販売した分譲業者が、販売後にその眺望を遮るマンションを建築したことにつき、室内からの花火の観望を妨げないよう配慮すべき信義則上の義務に違反したとして、購入者等に対する慰謝料等の支払を命じた。

(5) 財産的利益に関する意思決定権の侵害

　財産的利益に関する意思決定権の侵害について慰謝料請求が認められるかについては、最高裁判決では、これを肯定した[55]。本判決は、買主らは住宅・都市整備公団（当時）との間でその設営に係る団地内の住宅につき賃貸借契約を締結していたところ、公団による団地の建替事業の実施にあたって、貸借契約を合意解約し、住宅を明け渡すなどしたうえ、建替え後の団地内の分譲住宅につき譲渡契約を締結したこと、前記建替事業の実施にあたり買主と公団が交わした覚書には、公団において買主に対し分譲住宅をあっせんした後未分譲住宅の一般公募を直ちにすることおよび一般公募における譲渡価格と買主に対する譲渡価格が少なくとも同等であることを意味する条項があり、買主は譲渡契約締結の時点において、前記条項の意味するとおりの認識を有していたこと、公団は前記時点において、買主に対する譲渡価格が高額にすぎることなどから、前記一般公募を直ちにする意思を有しておらず、かつ、買主において前記認識を有していたことを少なくとも容易に知り得たにもかかわらず、買主に対して前記一般公募を直ちにする意思がないことを説明しなかったこと、これにより買主は公団の設定に係る分譲住宅の価格の適否について十分に検討したうえで前記譲渡契約を締結するか否かの意思決定をする機会を奪われたことなど判示の事情の下においては、公団が買主に対して前記一般公募を直ちにする意思がないことを説明しなかったことは、慰謝料請求権の発生を肯認しうる違法行為と評価すべきであるとした。

54　東京地判平成18・12・8判時1963号83頁。
55　最判平成16・11・18民集58巻8号2225頁。

〔第2部・第2章〕第8節　事情変更

第8節　事情変更

I　意　義

いったん成立した契約はその内容のとおり履行されなければならない（pacta sunt servanda）。しかし、契約締結当時とは事情が大きく変動した場合、事情変更による契約解除等が認められることもある。[56]

II　裁判例

1　事情変更の原則の適用要件

最高裁判決は、事情変更の理由により当事者に解除権を認めることは、その事情変更が、客観的に観察して信義誠実の原則上当事者を契約によって拘束することが著しく不合理と認められる場合であることを要するとした。また、別の判例は、契約締結後の事情変更が、当事者にとって予見することができず、かつ、当事者の責めに帰することのできない事由によって生じたものであることを、事情変更の原則の適用要件としている。なお、具体的事例において事情変更の原則の適用を認めた最高裁判決はない。[57][58]

2　売買契約対象目的物の価格の高騰

(1)　農地の高騰

最高裁判決は、農地法5条所定の許可を停止条件とする農地の売買契約において、土地の地価が売買契約締結当時に比べて十数倍になったからといっ[59]

56　谷口知平＝五十嵐清編『注釈民法(13)債権(4)〔新版〕』（有斐閣、1996年）63頁以下〔五十嵐清〕。

57　最判昭和30・12・20民集9巻14号2027頁。

58　最判平成9・7・1民集51巻6号2452頁。

59　最判昭和50・9・25金法772号26頁。

524

て、事情変更の原則によって売買の効力を失うものとはいえないとした。

(2) 再売買予約対象不動産の高騰

最高裁判決[60]は、自治体が貸ビル業者所有のＡ土地を道路用地として買収するにあたり、その代替地としてＢ土地を貸ビル業者に売り渡し、Ｂ土地に隣接するＣ土地につきＡ土地上のビルを撤去しＢ土地上に新ビルを建築するまでの間、旧ビルの入居者を収容するための仮事務所として使用する目的で賃貸借契約を締結するとともに、期間の定めのない売買予約を締結したところ、貸ビル業者においてＢ土地上に新ビルを建築する工事に着手しないまま数年間が推移するうち、Ｃ土地が新幹線の用地として買収されるという当事者双方の予想を超えた事態を生じ、Ｃ土地の時価が予約締結時に定められた代金額の6倍弱になったという事情の下で、貸ビル業者が収用裁決前に前記売買予約の完結権を行使して売買契約を成立させて収用裁決による損失補償金を取得することになったとしても、売買予約が自治体から貸ビル業者に買取方を要望した結果成立したものであること、自治体と貸ビル業者とは、Ｃ土地が新幹線の用地となることが公表される直前にいったん期間満了となっていたＣ土地の賃貸借契約を重ねて締結したが、その際、売買予約の内容に変更を加え、または予約を失効させるなどの措置を講ずることがなかった等の事情の下においては、他に特段の事情のない限り、貸ビル業者の前記予約完結権の行使が信義則に反して許されないと解することはできないと判示した。

（長谷川誠）

---

[60]　最判昭和56・6・16裁判集民133号75頁。

〔第2部・第3章〕第1節　借地関係訴訟の態様

第3章
借地関係訴訟と実務上の問題点

第1節　借地関係訴訟の態様

　借地をめぐる法律関係の中心をなすのは、土地を目的とする借地契約である。たとえば、借地契約の当事者である賃貸人は、賃借人に対し、目的たる土地を使用収益させる義務を負うのに対し、賃借人は、賃貸人に対し、その用法に従って、土地を使用収益すべき義務や、その使用収益の対価として賃料を支払うべき義務および当該賃借権を賃貸人に無断で譲渡または転貸してはならない義務等を負う。

　そのため、借地関係をめぐる紛争は、土地の使用関係の存在を前提とした未払地代の請求や地代の増減額請求、あるいは、土地の使用関係の終了を前提とした土地明渡請求等の形で顕在化することになる。

　そして、借地関係の当事者間においては、過去、さらには将来にわたり、長期間、目的物たる土地を継続的に使用するという関係が基礎にあり、信頼関係の維持が重要であることから、かかる紛争は当事者間での話合いに基づく和解や調停等、合意による解決が望まれる。

　しかし、借地契約をめぐる紛争は、当事者の生活の基盤にかかわるものであるだけに、妥協が難しく、裁判所の判決や決定等、公権的判断に解決を委ねなければならないことも少なくない。その一方で、訴訟による解決は、手続が厳格であるため、煩雑で時間がかかるうえに柔軟な対応が難しい。

　それゆえ、借地関係をめぐる争いについては、裁判所が事実に法規範を適用して実体法上の権利や法律関係の存否を終局的に確定する民事訴訟手続と

526

は別に、裁判所が当事者の主張に拘束されることなく、その裁量により、簡易、迅速かつ柔軟に妥当な法律関係を形成することを目的とする借地非訟事件手続も多く採用されている。

　ここでは、こうした借地関係訴訟、和解および調停の中で、実務上問題とされている事項と借地非訟事件手続について概括的に述べることにする。

第2節　借地関係訴訟において法律上問題となる事項

I　借地権の種類

　借地借家法上の借地権とは、建物所有を目的とする地上権または土地の賃借権のことである（借地借家2条）。

　これには、契約の更新が認められている従来型の普通借地権と、契約期限が到来しても契約の更新はなく、建物を取り壊し更地にして返還しなければならない定期借地権とがある。

　定期借地権は、さらに、契約の更新および建物の築造による存続期間の延長がなく、契約終了時に建物買取請求しないことを特約で定めた存続期間50年以上の一般定期借地権（借地借家22条）と、専ら事業の用に供する建物（居住の用に供するものを除く）所有を目的とした存続期間10年以上50年未満の事業用定期借地権等（借地借家23条）、そして、存続期間を30年以上とし、借地権消滅のため、借地人が、借地上の建物を相当の対価で、地主に譲渡することをあらかじめ約した建物譲渡特約付借地権（借地借家24条）とに分かれている。事業用定期借地契約は、公正証書によってしなければならない（借地借家23条3項）が、存続期間10年以上30年未満の事業用借地契約は、特約の有無にかかわらず事業用定期借地権と認められ（借地借家23条2項）、存続期間30年以上50年未満の事業用借地契約は、一般定期借地権と同じく、借

527

〔第2部・第3章〕第2節　借地関係訴訟において法律上問題となる事項

地契約の更新および建物の築造による存続期間の延長がなく、存続期間満了時に建物買取請求しないことを特約で定めた場合に限り、その効果が認められる（借地借家23条1項）。

　このほかにも、存続期間、契約の更新請求、建物買取請求、借地条件の変更および増改築の許可、借地契約の更新後の建物の再築の許可、定期借地権等に関する借地借家法の規定（借地借家3条～8条・13条・17条・18条・22条～24条）が適用されない、臨時設備の設置、その他一時使用のために設定したことが明らかな一時使用目的の借地権（借地借家25条）も存在する。

　このいずれかによって、成立要件も効果も異なるため、借地関係に関する紛争においては、対象となっている借地権が、実質的にどれに該当するのかをまず見極めなければならない。ちなみに、裁判所においても、「一時使用のため」か否かは、契約書の文言だけでなく、建物の構造、契約期間等、諸般の事情を総合的に判断して決せられている[1]。

II　地上権と賃借権の相違

　同じ借地権であっても、建物所有を目的とする地上権は物権であり、譲渡が自由であるのに対し、賃借権は債権であるから、譲渡するには賃貸人たる地主の承諾が必要である（民612条）。

　これが両者の相違であるが、賃借権譲渡の際、地主の承諾が得られなくても、借地借家法19条に基づき、地主の承諾に代わる裁判所の許可を得ることにより、賃借権の譲渡も認められている。そのため、この手続上の煩雑さを除けば違いはない。

　それゆえ、その財産的価値においても両者の間に差異はない。

III　借地権価額の算定方法

　借地権価額を算定する評価方法としては、①更地価額または建付地価額に

1　東京地判平成元・9・26判時1354号120頁、東京高判昭和56・10・26判時1028号51頁等。旧借地法9条に関する判断を示したものとして最判昭和45・7・21民集24巻7号1091頁参照。

528

借地権割合を乗じて（土地の価額×借地権割合）求める「割合方式」、②正常
実質地代相当額から実際の支払地代を控除して得た差額地代を還元利回りで
還元して（（正常実質地代相当額−実際支払地代）÷還元利回り）求める「差額
地代還元方式」、③借地から生み出される利益から、その借地の適正投資価
格を算出する「収益還元方式」、④多数の取引事例を収集して適切な事例の
選択を行い、これらの取引価格に必要に応じて補正や修正、さらに、個別的
要因の比較等を行い算出する「取引事例比較方式」、⑤自用地価額から借地
権価額を控除して評価する「控除方式」がある。

　実務の現場では、事案に即して、前記いずれかの算定方式が採用、あるい
は併用されている。

Ⅳ　地代の増減額請求

　地代は、地上権の設定契約や借地契約によって定められている。

　しかし、土地に対する公租公課、土地価格、その他の経済事情の変動、ま
たは、周辺の類似土地と比較して、地代が相当でなくなったときには、当事
者は、契約条件にかかわらず、将来に向かって地代の増減額を相手方に請求
することができる。ただし、地代を増額しないという特約がある場合は除か
れる（借地借家11条）。

　当事者間において、地代の値上げをあらかじめ合意しておく賃料増額特約
のような地代等自動改定特約も、その地代等の改定基準が借地借家法11条１
項の規定する経済事情の変動等を示す指標に基づく相当なものである場合に
は、その効力が認められている。しかし、その地代等の改定基準を定めるに
あたって基礎となっていた事情が失われることにより、地代等自動改定特約
によって地代等の額を定めることが借地借家法11条１項の規定の趣旨に照ら
して不相当なものとなった場合には、地代等自動改定特約の適用を争う当事
者はもはや地代等自動改定特約に拘束されず、これを適用して地代等の改定
の効果が生ずることとすることはできず、このような事情の下においては、
当事者は、借地借家法11条１項に基づく地代等増減額請求権の行使を地代等
自動改定特約によって妨げられるものではないと解されている。[2]

529

〔第 2 部・第 3 章〕第 2 節　借地関係訴訟において法律上問題となる事項

V　適正な地代の算定方法

　適正な地代の額は、従来の賃料を前提として、増減額請求時における客観的な経済事情、当該賃貸借関係に基づく個別的な諸事情等を斟酌して算定されるべきものと解されている。[3]

　算定には、①従来の地代に従来の賃料決定後の変動率（当該土地の地価上昇率、近隣地価の上昇率、地代指数の上昇率、消費者物価の上昇率等）を乗じて算出する「スライド方式」、②賃料決定時における賃料利回りを借地価格に乗じ、これに税金等の必要諸経費を加えて算出する「利回り方式」、③借地価格に即応した適正な実質賃料と実際の支払賃料との間に生じている差額を、地主と借主双方に配分して地主に帰属すべき適正な額を求め、これを従来の支払賃料に加減して算定する「差額配分方式」、④租税公課（固定資産税額等）に当該地域における慣行倍率を乗じて算定する「公課倍率方式」、⑤近隣または類似地域の賃貸借事例における賃料を多数収集して適切な事例を選択し、これに補正、修正を加えたうえで、個別的事情等を比較衡量して算定する「賃貸事例比較方式」等の手法が用いられている。

　裁判所は、これらいずれかの方法を唯一の地代算定方式として採用するのではなく、事案に応じて、いずれかを採用あるいは併用して地代を試算したうえで、適正な地代を導き出している。

VI　地代増減額請求事件の訴額の算定方法

　賃料の増減額分の価額に残りの賃貸借期間を乗じた額と、目的不動産の 2 分の 1 の価額とを比較し、いずれか低いほうの価額が、地代増減額請求事件の訴額となる。

2　同旨裁判例として、東京地判平成 8・6・13判時1595号87頁、東京高判平成10・12・3 金法1537号55頁等参照。また、借地借家法32条 1 項に関する判断を示したものとして最判平成16・11・8 裁判集民215号555頁参照。

3　東京高判昭和54・8・28判タ398号93頁等。

530

同じ訴額であっても、印紙代は、調停の場合には、通常訴訟の半額で足りる。

Ⅶ　借地契約の終了

1　正当事由のある更新拒絶

通常の借地契約は、契約期間が終了しても、契約期間終了時に建物が存在すると、借地権者が更新を請求した場合や、借地権者が使用を継続し続けた場合には、従前の契約と同一の条件で契約は更新されたものとみなされてしまう（借地借家5条）。

地主は、これに対して遅滞なく異議を述べることができる（借地借家5条1項ただし書）が、これが認められるのは、①地主および借地権者が土地の使用を必要とする事情（自己使用の必要性の比較衡量）、②借地に関する従前の経緯（権利金や保証金等の有無・多寡、当事者間の信頼関係を破壊するような事情の有無等）、③土地の利用状況（建ぺい率、容積率、商業地域か否か、防火地域か否か等）、④地主が土地明渡しの条件として、または、土地明渡しと引換えに、借地権者に対して財産上の給付をする旨の申出をした場合におけるその申出内容を考慮して、正当事由があると認められる場合でなければならない（借地借家6条）。

もっとも、このうち、④財産上の給付は、あくまでも①〜③の他の事情を補完する要素にすぎないため、これだけで正当事由ありと認められることはなく、額も、他の事情との相関関係によって決まることになる。

2　債務不履行を理由とする解除

原則として、借地契約（地上権の設定契約や賃貸借契約）は双務契約であるから、民法541条に基づき地代の不払、無断増改築、用法違反、無断譲渡・転貸等の債務不履行があれば、催告して借地契約自体を解除することができるはずである。

しかし、賃貸借は当事者の個人的信頼を基礎とする継続的法律関係であることから、債務不履行があれば直ちに解除できるというわけではなく、当事

531

〔第2部・第3章〕第3節　借地関係訴訟と調停との関係

者の当該行為が相手方に対する背信的行為と認めるに足りない特段の事情が
ある場合には契約の解除までは認められないというのが判例である。[4]

Ⅷ　令和2年4月1日施行の改正民法との関係

　借地契約については、借地借家法が一般法である民法の特別法にあたるた
め、借地借家法に規定のある事項については、令和2年4月1日に施行され
た民法の改正によって影響を受けることはない。

　しかし、同日以降に締結された借地契約には、借地借家法に規定がない事
項については民法が適用されるため、改正法により新たに定められた敷金規
定（民622条の2）、賃借物の一部滅失その他の事由により使用および収益を
することができなくなった場合の賃料減額の定め（民611条）、根保証契約の
個人保証人にかかる極度額の定め（民465条の2）、保証人が破産手続開始決
定を受けたときや主債務者または保証人の死亡を元本確定事由とした規定
（民465条の4）等により、借地契約も、これまでとは異なる規律に復するこ
とになる点に注意が必要である。

第3節　借地関係訴訟と調停との関係

Ⅰ　民事調停

1　目　的

　民事調停は、民事上の紛争解決のため、法定の手続に従い、第三者たる調

4　最判昭和28・9・25民集7巻9号979頁等。

停委員会（裁判官たる調停主任と２名以上の調停委員によって構成。民事調停法
６条・７条）が、当事者の間を仲介して、当事者の互譲により、条理に適い
実情に即した紛争の解決を図ることを目的とした制度である（民調１条）。

　したがって、借地関係に係る紛争も民事調停の対象となる。

2　管　轄

　管轄は、原則として、相手方の住所、居所、営業所もしくは事務所の所在
地を管轄する簡易裁判所であるが、当事者の合意がある場合には、合意で定
める地方裁判所もしくは簡易裁判所の管轄とされている（民調３条）。ただ
し、宅地の貸借その他の利用関係の紛争に関する調停事件の場合には、紛争
の目的である宅地の所在地を管轄する簡易裁判所も管轄となる（民調24条）。
また、簡易裁判所や地方裁判所に係属する訴訟事件が調停に付された場合に
は、当該簡易裁判所または地方裁判所が管轄を有することになる（民調20
条）。

3　借地関係に係る紛争の解決に調停を利用するメリット

(1)　専門的知識・経験を有する調停委員の存在

　当事者間の継続的な信頼関係を基礎とする借地に係る紛争では、調停手続
が利用されることが多い。そのため、都市部の裁判所では、不動産鑑定士等、
不動産について専門的な知識や経験を有する者が調停委員として採用され、
事件を簡易・迅速・適切に処理する努力がなされている。

　調停における合意内容の効力は、和解と同様であるが、調停には、不動産
について専門的知識を有する調停委員の関与の下、調停委員会による解決案
の提示を期待できるというメリットがある。

(2)　意見聴取制度の利用

　事件を担当する調停委員会を構成する調停委員の中に専門的知識や経験を
有する者がいない場合であっても、調停では、意見聴取の制度（民調規14条）
を利用して、当該調停委員会の構成委員ではない専門的知識を有する調停委
員の意見を聴取し、これを参考にすることができる。

〔第2部・第3章〕第3節　借地関係訴訟と調停との関係

(3)　職務代行制度の利用

当該事件が係属する簡易裁判所の調停委員の中に、専門的知識や経験を有する調停委員がいない場合であっても、調停における事件処理のため特に必要があるときは、その所在地を管轄する地方裁判所は、同地方裁判所またはその管轄区域内にある他の簡易裁判所に所属する民事調停委員を当該事件の係属する簡易裁判所に派遣して、当該事件を担当させることができる（民事調停委員及び家事調停委員規則5条）。

4　調停での紛争解決手続

調停では、調停委員会が、当事者から事件に関する事情を聴取し、必要に応じて、職権で、事実の調査や証拠調べも行うことができる（民調規12条）。

もっとも、証拠調べは、民事訴訟で定める厳格な方式によって行わなければならないため、調停で実施されることはまずない。

5　調停の効力

調停において、当事者間に合意が成立し、これが調書に記載されれば、調停が成立し、その記載は、裁判上の和解と同様、確定判決と同一の効力をもつ（民調16条、民訴267条）。

裁判所は、調停委員会の調停が成立する見込みがない場合であっても、相当であると認めるときは、当該調停委員会を組織する民事調停委員の意見を聴き、当事者双方のために衡平に考慮し、一切の事情をみて、職権で、当事者双方の申立ての趣旨に反しない限度で、事件解決のために必要な決定（以下、「17条決定」という）をすることができる（民調17条）。

当事者または利害関係人は、当事者がこの決定の告知を受けた日から2週間以内であれば異議の申立てをすることができ、その場合、この決定は効力を失う。しかし、この期間内に異議の申立てがないときは、17条決定は、裁判上の和解と同一の効力をもつことになる（民調18条）。

もっとも、賃料増減額の調停事件では、調停案を提示できるに至るまでの話し合いすらできない場合が多いことや、調停委員会の調停案に対し、当事者が明確に拒否の意思表示をしているため、17条決定をしても異議が出され

534

ることが明らかである場合が多いことから、ほとんど利用されていない。

　また、地代増減額請求事件については、調停委員会が、当事者間に合意が成立する見込みがない場合または成立した合意が相当でないと認める場合で、当事者間に調停委員会の定める調停条項に服する旨の書面による合意があるときは、申立てにより、調停委員会が事件解決のため適当な調停条項を定めることも認められている（調停条項裁定制度）。この場合、当該調停条項が調書に記載されたときは、調停が成立したものとみなされ、その記載は、裁判上の和解と同一の効力をもつ（民調24条の3）。しかも、これに対しては、異議、抗告、その他不服申立ては、一切認められていない。

　しかし、これも、利用されたという話は聞いたことがない。

II　地代の増減額請求事件の調停前置主義

　地代の増減額請求権は、地代の増減額に係る意思表示が相手方に到達したとき、効力を生じる形成権と解されている。[5]

　地代の増減額請求権の行使を相手方が認めず、当事者間で話し合いがつかなければ、裁判手続によるしかない。ただし、民事調停法24条の2第1項は、地代の増減請求に関する事件について訴えを提起しようとする者は、まず調停を申し立てなければならない（調停前置主義）と定めている。これは、地代の増減額請求は、あくまでも借地契約の継続を前提としたものであるため、当事者間の協議により、互譲の精神で解決したほうが、契約関係を維持していくうえで好ましいこと、調停のほうが、訴訟よりも手続が簡易・迅速で、申立費用も安く、不動産鑑定士の資格を有する調停委員の活用により、鑑定を採用したのと同様の結果を得ることが可能であること等の理由によるものである。

　したがって、調停を経ることなく、いきなり地代の増減額請求事件の訴訟が提起された場合には、受訴裁判所は、同事件を調停に付さなければならな

5　通説として、稲本洋之助＝澤野順彦編『コンメンタール借地借家法〔第2版〕』（日本評論社、2003年）85頁、幾代通＝広中俊雄編『注釈民法(15)債権(6)〔新版〕』（有斐閣、1996年）648頁〔篠塚昭次〕参照。大判大正6・2・10民録23輯138頁、最判昭和45・6・4民集24巻6号482頁参照。

〔第2部・第3章〕第4節　借地非訟事件

い（民調24条の2第2項）。ただし、相手方が行方不明である等、相手方が調停期日に出頭する見込みが全くないときや、過去の賃料増減額をめぐる紛争の経緯に照らし、当事者間で協議が成立する可能性が全くない等、同事件を調停に付すのが適当でないと認められる場合は、調停に付さないこともできる。

Ⅲ　和　解

前述したとおり、借地関係に係る紛争は、当事者間での話し合いによる解決に適している。

それゆえ、訴訟事件となった場合であっても、当事者が、互いにその主張を譲歩して争いを解決する和解手続（民訴89条）は、有効な紛争解決手段と位置づけることができる。

和解が調書に記載されれば、確定判決と同一の効力をもつことになる（民訴267条）。

第4節　借地非訟事件

Ⅰ　目　的

通常の民事訴訟手続は、裁判所が事実に法規範を適用して実体法上の権利や法律関係の存否を終局的に確定することを目的とする紛争解決手続である。これに対し、非訟事件手続は、裁判所が後見的に介入して、当事者の主張に拘束されることなく、その裁量により、簡易、迅速かつ柔軟に、将来に向かって妥当な法律関係を形成することを目的とする手続である。

借地借家法は、借地をめぐる多くの紛争について、この手続を採用している（借地借家17条～20条）。

Ⅱ　対象となる借地契約

　借地非訟事件手続の対象になるのは、土地を借りて利用する借地契約（土地賃貸借契約・土地使用貸借契約・地上権設定契約）のうち、旧借地法および借地借家法に定められた借地権に限られるため、建物所有を目的とする土地賃貸借契約および地上権設定契約である。[6]

Ⅲ　種　類

　借地非訟事件の対象となる事件は、以下のとおりである。

1　借地条件変更申立事件──借地借家法17条1項・5項

　借地契約では、通常、借地上に建築できる建物の種類（居宅・店舗・共同住宅等）や建物の構造（木造・鉄骨造・鉄筋コンクリート造等）や建物の規模（床面積・階数・高さ等）や建物の用途（自己使用・賃貸用・事業用等）等を制限しているが、借地権者が、このような借地条件を変更して、別の種類・構造・規模・用途等の建物に新しく建て替えたいと思った場合には、土地所有者との間で当該借地条件を変更する旨の合意をすることが必要である。

　しかし、当事者間で合意ができないときは、借地権者は、借地条件変更の申立てをして、裁判所が相当と認めれば、借地契約の借地条件を変更する裁判を受けることができる。[7]

　なお、転借地権が設定されている場合において、必要があるときは、転借地権者の申立てにより、裁判所は、転借地権とともに借地権につき同様の裁判をすることができる。

6　建物賃貸借契約には、このような非訟事件手続は存在しない。

7　東京地方裁判所の借地非訟係では、借地契約において、地上の建物の建替え（改築）・増築・大修繕等をするには土地所有者の承諾が必要である旨の定めがある場合において、適法に借地条件の変更を必要とする増改築をしようとするときは、借地条件変更の申立てとともに、増改築許可の申立てが必要とされている。

〔第2部・第3章〕第4節　借地非訟事件

2　増改築許可申立事件——借地借家法17条2項・5項

　借地契約には、通常、借地上の建物を建て替え・増築・大修繕等する場合には、土地所有者の承諾が必要であると定められている。

　しかし、土地所有者の承諾を得られないときでも、借地権者は、増改築許可の申立てをして、裁判所が相当と認めれば、土地所有者の承諾に代わる許可の裁判を受けることができる[8]。

　なお、転借地権が設定されている場合において、必要があるときは、転借地権者の申立てにより、裁判所は、転借地権とともに借地権につき同様の裁判をすることができる。

3　更新後の建物再築許可申立事件——借地借家法18条1項

　借地契約の更新後に、借地権者がやむを得ない事情で残存期間を超えて存続すべき建物を築造するときは、土地所有者の承諾を得る必要がある（借地借家8条1項・2項）。

　しかし、土地所有者の承諾を得られないときでも、借地権者は、更新後の建物再築許可の申立てをして、裁判所が相当と認めれば、土地所有者の承諾に代わる許可の裁判を受けることができる[9]。ただし、本申立ては、平成4年8月1日以降に設定された借地権についてのみ適用される。

4　土地の賃借権譲渡または転貸の許可申立事件——借地借家法19条1項・7項

　土地賃貸借契約の場合、借地権者が借地上の建物を譲渡すると、これに伴い土地の賃借権も移転することになるため、当該土地の賃借権の譲渡につき土地所有者の承諾を得る必要がある（民612条）。

　しかし、土地所有者の承諾を得られないときでも、借地権者は、土地の賃

---

[8]　増改築後の建物が借地条件と異なる場合には、増改築許可申立てとともに、借地条件変更の申立てもする必要がある。

[9]　借地条件と異なる建物を再築しようとするときは、更新後の建物再築許可の申立てとともに、借地条件変更の申立てをする必要がある。

借権譲渡許可の申立てをして、裁判所が相当と認めれば、土地所有者の承諾に代わる許可の裁判を受けることができる。

なお、この申立ては、転借地権が設定されている場合における転借地権者と借地権設定者との間にも準用される。

5 競売または公売に伴う土地賃借権譲受許可申立事件——借地借家法20条1項・5項

土地賃貸借契約の場合、競売または公売により借地上の建物を買い受けた者は、これに伴い土地の賃借権も譲り受けることになるため、当該土地の賃借権の譲渡につき土地所有者の承諾を得る必要がある（民612条）。

しかし、土地所有者の承諾を得られないときでも、借地上の建物を買い受けた者は、競売または公売に伴う土地賃借権譲受許可の申立てをして、裁判所が相当と認めれば、土地所有者の承諾に代わる許可の裁判を受けることができる。ただし、この申立ては、建物の代金を支払った後2カ月以内にしなければならないので、注意が必要である（借地借家20条3項）。

なお、この申立ては、転借地権者から競売または公売により建物を取得した第三者と借地権設定者との間にも準用される。

6 借地権設定者の建物および土地賃借権譲受許可申立事件——借地借家法19条3項・7項・20条2項・5項

前記4の土地の賃借権譲渡または転貸の許可申立て、および5の競売または公売に伴う土地賃借権譲受許可申立てがあった場合、土地所有者には、優先的に自ら借地上の建物とともに、相当の対価および転貸の条件にて、当該土地の賃借権の譲渡または転貸を受けることができる権利（介入権）が与えられており、土地所有者は、裁判所が定めた期間内に限り、介入権を行使する申立てをすることができる。

この申立てがあると、裁判所は、相当の対価および転貸の条件を定めてこれを命ずることができ、土地所有者は、この条件で、借地権者の建物および土地の賃借権の譲渡または転貸を受けることができる。

なお、この申立ては、転借地権が設定されている場合における転借地権者

〔第2部・第3章〕 第4節 借地非訟事件

と借地権設定者との間にも準用される。ただし、借地権設定者がこの申立て
をするには、借地権者の承諾を得なければならない。

Ⅳ 管 轄

　管轄は、借地権の目的である土地の所在地を管轄する地方裁判所である。
当事者の合意があるときは、その所在地を管轄する簡易裁判所の管轄とする
こともできる（借地借家41条）。

Ⅴ 借地関係に係る紛争の解決に借地非訟事件を　利用するメリット

1 簡易迅速な解決と公平性の担保

　民事訴訟手続は、公開の法廷で、当事者の提出する主張と証拠に基づき事
実認定を行うという弁論主義が採用されているが、これには時間がかかり、
手続も煩雑である。これに対し、非訟事件手続は、職権探知を原則とし、審
理も非公開とされている。

　しかし、借地非訟事件においては、当事者間の利害が対立する事案を扱い、
争訟性も高いため、手続には公平性も求められる。

　それゆえ、借地非訟事件では、裁判所は、審問期日を開いて、民事訴訟手
続と同様、当事者の陳述を聴かなければならず、当事者は、他の当事者の審
問に立ち会うこともできる（借地借家51条）し、また、裁判所が職権で事実
の探知と証拠調べを行うだけでなく、当事者の申出により必要と認める証拠
調べもされている。

　このように、借地非訟事件は、当事者の対立構造を意識した審理を行いな
がら、柔軟で簡易迅速な紛争解決をめざそうとするものである。[10]

10　東京地方裁判所では、特段の事情がなければ、おおむね1年以内には終結しているとのことで
　　ある。

540

2 専門的知見の活用

借地非訟事件では、専門的な知見が求められることから、裁判所が判断をする前に、鑑定委員会の意見を聴取しなければならないと定めている例が多く（借地借家17条6項・18条3項・19条6項・20条2項）、実際に鑑定委員の意見が多く尊重されている。

鑑定委員会は3人以上の鑑定委員で組織され、鑑定委員は、原則として、地方裁判所が、弁護士・不動産鑑定士・一級建築士等、特別の知識経験を有する者その他適当な者の中から毎年あらかじめ選任した者、あるいは当事者の合意によって選定した者の中から、事件ごとに裁判所によって指定される（借地借家47条）。

Ⅵ　借地非訟事件での紛争解決手続

借地非訟事件には、調停前置主義は適用されていない。

裁判所の審理は、審問期日において、当事者（申立人および相手方）から陳述を聴くなどして行われる。

裁判所が、鑑定委員会に、許可の可否、承諾料額、賃料額、建物および借地権価格等について意見を求めると、鑑定委員会は、現地の状況を調査（当事者も立ち会う）、意見書を作成、裁判所に提出する。通常、裁判所は、その意見書を当事者に送付して、鑑定委員会の意見に対する当事者の意見を聴取したうえで、審理を終了、決定書を作成して当事者に送付する。

手続上は調停に移すこともできるが、必要性がないため、めったに行われていない。

Ⅶ　借地非訟事件の決定の効力

当事者は、裁判所の決定に対し、告知を受けた日から2週間の不変期間内に、不服申立て（即時抗告）をすることができ、同期間内に即時抗告がなければ、裁判は確定する（非訟66条・67条）。

541

〔第2部・第3章〕第4節 借地非訟事件

　給付を命ずる裁判については、強制執行が可能でなければ実効性がないため、強制執行に関し、この決定には、裁判上の和解と同一の効力が認められている（借地借家58条）。

　また、前記4の「土地の賃借権譲渡または転貸の許可申立事件（借地借家19条1項・7項）」において、許可の裁判があると、土地の賃借人は、賃借権の譲渡・転貸や建物を譲渡する資格を取得するが、そのまま現実に譲渡・転貸をしないでいると、当事者間の法律関係は不安定になり、土地の賃貸人を害する可能性もある。それゆえ、当該許可の裁判があった場合には、裁判確定後6カ月以内に土地の賃借人が現実に譲渡・転貸をしないときは、裁判は効力を失うとして法律関係の安定も図っている。ただし、借地関係はさまざまな事情が絡み合っていることが多いため、事案ごとに柔軟で妥当な処理ができるよう、当該裁判において、この期間を伸長または短縮することもできるとしている（借地借家59条）。

（石黒清子）

第4章
借家関係訴訟と実務上の問題点

はじめに

　借家関係については、一般法である民法のほか、賃借人保護の観点から、特別法である借地借家法にも規定があり、片面的強行規定も設けられている（借地借家30条・37条）。そこで、借家関係訴訟では、上記の法令等により、契約書の規定どおりに解釈されない場合があることを考慮しなければならない。また、借家契約が継続的契約であるとの性質から、契約の解除が制限的に解釈されることがあり、この点も訴訟の見通しを立てる際に検討しなければならない。

第1節　訴訟において争われる内容

I　借家関係訴訟の類型

　借家関係訴訟において争われる内容は、一般的にはおおよそ以下の類型が想定される。
① 賃貸人から提起する訴訟
　㋐ 賃料不払に基づく賃料支払請求および借家契約の解除による建物明渡請求

〔第2部・第4章〕第1節　訴訟において争われる内容

  ④　用法違反に基づく借家契約の解除による建物明渡請求

  ⑤　無断譲渡転貸に基づく借家契約の解除による建物明渡請求

  ㋑　解約申入れまたは期間満了（更新拒絶）による建物明渡請求

  ㋒　更新料の支払請求

  ㋓　原状回復費用の支払請求

 ②　賃借人から提起する訴訟

  ㋐　敷金（通常損耗・経年変化等）の返還請求

  ㋑　建物所有権が第三者に移転した場合等の敷金・保証金の返還請求

  ㋒　更新料の返還請求

 ③　双方から提起される可能性のある訴訟

  ○　賃料の増減額請求

 ④　その他

サブリース契約やオーダーメイド賃貸における賃料の減額請求訴訟などの問題もある。

Ⅱ　借家契約の内容

　借家契約といっても、大規模オフィスの賃貸や大規模建物の一棟貸し等の賃料が高額なものからアパートの1室という賃料が低額なものまであり、用途も事業用（オフィス、店舗、倉庫その他）や居住用などがあり、契約書の記載内容も、規模や用途等の違いにより、極めて詳細なものから簡潔なものまでさまざまである。さらに、高齢者住宅についてはまた別の配慮が必要な場合がある（高齢者の居住の安定確保に関する法律参照）。

　契約書で裁判管轄が合意されていることも多いが、賃借人に著しく不利な合意管轄は無効とされる余地がある。賃貸借の対象不動産の所在地を専属管轄とする合意は問題が少ない。

　また、借家契約において、連帯保証人が連帯保証契約を締結していることも多いが、平成29年の民法改正（令和2年4月1日施行）により、個人根保証契約については、極度額を定めなければその効力を生じないものとされ（民465条の2第2項）、また、一定の事由がある場合には主たる債務の元本が

確定するものとされる（民465条の4第1項）など、連帯保証契約の有効性やその範囲について留意する必要がある。

第2節　賃貸人から提起する訴訟

I　賃料不払に基づく賃料の支払および借家契約の解除による建物明渡しを求める訴訟

1　賃料支払請求訴訟および建物明渡請求訴訟の手続

　賃料支払請求訴訟においては、賃料不払を理由とした契約解除による建物明渡請求と共に提起されていることが多いため、ここでは建物明渡請求訴訟と共に説明する。

　賃料不払があった場合、賃借人に十分な資力があるなど賃料支払の確保が比較的容易である場合は、支払に向けた交渉を行い、合意に至らない場合には、必要に応じて仮差押命令の申立てを行うなどして、賃料支払請求訴訟の提起を検討する。

　賃料支払の確保が容易とはいえない場合は、通常、速やかに賃借人に未払賃料の支払を催告し、借家契約を解除して、建物の明渡しを求めることが望ましい。できる限り早期に建物の明渡しを実現し、次の賃借人から賃料を得るほうが経済的に合理的だからである。

　この点は、個々の事案により判断の分かれるところであり、あらかじめ損得を検討する必要がある。そのうえで、借家契約を解除して建物明渡しを求めたほうが望ましいと判断したときは、まず、未払賃料の支払を催告するとともに、一定期間を定め、その間に支払がない場合は当然に借家契約が解除されるとの内容証明郵便を送付する。そして、期限までに支払がない場合には、必要に応じて占有移転禁止の仮処分の申立てを行うなどして、賃料支払請求および建物明渡請求訴訟を提起することなる。

545

〔第2部・第4章〕第2節　賃貸人から提起する訴訟

　なお、建物明渡請求訴訟については、所有権（物権的請求権）に基づく請求と賃貸借契約終了（債権的請求権）に基づく請求があるが、賃貸人が賃借人に対して建物明渡しを請求する場合は後者が一般的である。前者を選択した場合でも、抗弁として占有権原として賃借権を主張されることは容易に予測でき、再抗弁として賃貸借契約の債務不履行解除を主張することになり、結局は、主張および立証すべき事実が重なることになる。

2　訴訟手続上の留意点

(1)　借家契約の解除による建物明渡請求の可否

　借家契約において、賃借人の賃料支払債務は賃借人が負担する最も重要な中心的債務であり、賃借人が賃料支払を怠れば、債務不履行事由に該当する。

　しかし、借家契約を解除して建物明渡しを請求する場合、債務不履行事由があれば直ちに解除が認められるわけではなく、当事者間の信頼関係が破壊されたといえる状況に至ることが必要とされる（信頼関係破壊の法理[1]）。

　賃貸人が賃料不払を理由に債務不履行解除を主張する場合、未払賃料の額および期間のほか、従前の賃料支払状況や賃借人が主張する賃料不払の理由等の事情を総合的に考慮する必要がある。たとえば、1カ月分の賃料を遅滞したという程度で、解除が認められる可能性はほぼなく、少なくとも3カ月分の賃料を遅滞した程度に至ることは必要と考えられる。

　この信頼関係破壊の法理は、平成29年の民法改正（令和2年4月1日施行）後も否定されるものではなく、解除権についての判例法上の制限準則として適用されるか、催告解除の要件である期間経過時の債務不履行の軽微性（民541条ただし書）の判断に際して、考慮されるものと考えられる[2]。

　また、無催告解除の可否について、それまでたびたび賃料の不払をしていた賃借人が11カ月分の賃料を滞納した事案においても、特段の事情のない限り、催告を要するとした判例があり[3]、賃貸人としては、できる限り、催告により賃借人に債務不履行状態の解消の機会を与えるように対応すべきである。

1　最判昭和39・7・28民集18巻6号1220頁。

2　中田裕康『契約法〔新版〕』（有斐閣、2021年）427頁。

3　最判昭和35・6・28民集14巻8号1547頁。

平成29年の民法改正（令和2年4月1日施行）により無催告解除ができる場合が規定されたが（民542条）、賃借人の履行拒絶（民542条1項2号）または履行見込みの不存在（民542条1項5号）に該当するか否かの判断要素として、信頼関係破壊の法理が考慮されるものと考えられる[4]。

(2) 契約書の特約が与える影響

借家契約に、無催告解除が認められる旨の特約や1カ月の未払で契約が解除できる旨の特約がある場合がある。判断が困難な事件の場合には、このような条項が裁判所の判断に影響を与える場合がないとはいえない。

この点、1カ月分の賃料の延滞を理由に無催告で契約を解除することができる旨の条項について、催告をしなくても不合理とは認められない事情がある場合には有効であるとした判例[5]もあるが、この事案も4カ月分の賃料を延滞している場合の無催告解除であり、上記条項が直ちに有効とされたわけではない。

借家契約は継続的契約であるとの性質から、契約書に特約が規定されていても、売買契約などに比して、その特約が制限的に解釈される可能性があることに留意が必要である。

(3) 訴訟解決の視座

賃借建物の使用状況や需要状況等を踏まえ、訴訟手続中においても、契約どおりに賃料が支払われれば引き続き賃貸建物に賃借人が居住したままでよいのか、速やかに建物明渡しを実現して、次の賃借人から賃料を得るのか、という点を意識する必要がある。

また、訴訟で勝訴判決を得て、建物明渡し等の強制執行を行うよりも、賃借人に任意に退去してもらうほうが、時間の面でも費用の面でもメリットが多い場合もあるため、訴訟上の和解による解決もしばしば行われている。

4　中田・前掲書(注2)428頁。
5　最判昭和43・11・21民集22巻12号2741頁。

〔第2部・第4章〕第2節　賃貸人から提起する訴訟

II　用法違反に基づく解除による明渡請求

1　用法違反

賃借人は、借家契約の期間中、善良なる管理者の注意をもって賃借物を保管する義務を負い、契約または目的物の性質によって定まった用法に従い、賃借物の使用および収益をしなければならず（民616条・594条1項）、賃借人がこれに違反した場合、用法違反として債務不履行となる。

用法違反の事例としては、賃借建物の増改築や改装、賃借建物の損傷[6]、賃借部分以外の占有使用[8]、賃借建物の使用目的の変更[9]、ペット等の動物の飼育[10]、敷地の無断利用[11]などがある。

さらに、賃借人の周辺住民に対する迷惑行為[12]などは、借家契約に付随する信義則違反にあたることがある[13]。

2　訴訟手続上の留意点

用法違反に基づく解除が認められるかについては、そもそも賃借人の行為が用法遵守義務に違反するか否かが問題となることがあり、また、当該行為について賃貸人が承諾していたか否かが問題となることがある。

さらに、用法違反や信義則違反があったとしても、直ちに解除が認められるわけではなく、借家契約当事者間の信頼関係を破壊するおそれもあると認めるに足りないときは、賃貸人は解除権を行使できないとされる[14]。そこで、訴訟では、賃借人の用法違反等が当事者間の信頼関係を破壊するおそれがあ

6　最判昭和38・9・27民集17巻8号1069頁。

7　東京地判平成4・8・27判タ823号205頁。

8　最判昭和40・8・2民集19巻6号1368頁。

9　東京地判昭和60・1・30判時1169号63頁。

10　東京地判昭和58・1・28判時1080号78頁。

11　前掲最判昭和38・9・27。

12　最判昭和50・2・20民集29巻2号99頁。

13　最判昭和47・11・16民集26巻9号1603頁。

14　最判昭和41・4・21民集20巻4号720頁等。

548

Ⅱ　用法違反に基づく解除による明渡請求

ると認められるか否かが争点となることが多い。

　この信頼関係破壊の法理は、賃料不払の場合と同様に、平成29年の民法改正（令和2年4月1日施行）後も否定されるものではなく、解除権についての判例法上の制限準則として適用されるか、催告解除の要件である期間経過時の債務不履行の軽微性（民541条ただし書）の判断に際して考慮されるものと考えられ、また、無催告解除ができる場合の賃借人の履行拒絶（民542条1項2号）または履行見込の不存在（民542条1項5号）に該当するか否かの判断基準として考慮されるものと考えられる。[15]

　賃借建物の増改築については、増改築に至る経緯、増改築の規模や程度、増改築が建物に与える影響、原状回復が困難な増改築か、賃貸目的等に照らして賃貸人が承諾すべきものといえるか等の事情を考慮して、契約当事者間の信頼関係が破壊されたといえるか判断されると考えられる。[16]

　賃借建物の取壊しについては、「取毀しの程度が極めて軽微である等社会通念上是認できる特段の事情のないかぎり、賃借建物を取り毀すことによって賃貸借契約の基礎である賃貸人と賃借人との間の信頼関係に著しい破綻を生ぜしめるにいたるもの」として、無催告解除を認めた判例がある。[17]

　賃借建物の損傷については、建物の損傷の場所や程度、建物の使用方法や態様、賃借人の対応等により判断されると考えられる。[18]この点、失火の事案において、過失の態様および焼燬の程度が極めて軽微である等特段の事情のないかぎり、その責めに帰すべき事由により火災を発生せしめたこと自体によって賃貸人と賃借人との間の信頼関係に破綻を生ぜしめるに至るとして、無催告解除を認めた判例がある。[19]

　賃借建物の使用目的の変更については、使用目的を限定する約定の有無、使用方法や態様の変更の程度等により、契約当事者間の信頼関係が破壊されたといえるか判断されると考えられる。

15　中田・前掲書(注2)427頁以下。

16　東京地判平成3・11・28判時1438号85頁等参照。

17　最判昭和48・4・24裁判集民109号193頁。

18　前掲東京地判平成4・8・27等参照。

19　最判昭和47・2・18民集26巻1号63頁。

〔第2部・第4章〕第2節　賃貸人から提起する訴訟

Ⅲ　無断譲渡転貸に基づく解除による明渡請求

1　無断譲渡転貸

　借家契約において、賃貸人の承諾なしに、賃借権を譲渡することや賃借物を転貸することは禁止されている（民612条1項）。

　借地の場合と異なり、借家権の譲渡・転貸について賃貸人の承諾が得られない場合に、借地非訟手続のような賃貸人の承諾に代わる許可を求める裁判手続は設けられていない。

2　無断譲渡転貸に対して賃貸人のとる手段

　無断譲渡転貸の場合、譲受人・転借人はその権利を賃貸人に対抗できないため、賃貸人が所有者である場合は、借家契約を解除せずに、譲受人・転借人に対し、物権的請求権により明渡請求ができる[20]。ただし、判決で譲受人・転借人に対する明渡請求が認められたとしても、占有者が変われば、強制執行ができなくなる可能性があるため、明渡請求訴訟を提起する前に占有移転禁止の仮処分の申立てを行うことも検討すべきである。

　賃貸人が所有者でない場合には、その明渡請求の根拠が問題となる場合があるが、賃借人に対する明渡請求であれば、借家契約の解除に基づく返還請求権によることができる。

　なお、無断転貸の場合、賃貸借契約が解除されていない場合でも、賃貸人は、賃借人から賃料の支払を受けた等特別の事情のない限り、無断転借人である目的物の占有者に対し、賃料相当の損害賠償の請求をすることができる[21]。

3　訴訟手続上の留意点

　無断譲渡転貸に基づく解除が認められるかについては、まず、そもそも賃借人の行為が譲渡転貸に該当するか否かが問題となることがあり、譲渡転貸

20　最判昭和26・5・31民集5巻6号359頁。
21　最判昭和41・10・21民集20巻8号1640頁。

に該当しなければ賃貸人の承諾は必要ないことになる。たとえば、経営委任契約や業務委託の形式をとる場合[22]、店舗の名義貸しをした場合、建物の一部につき貸店舗契約をした場合[23]、賃借人が法人の場合に株主や役員の変更があった場合[24]、会社分割などの組織再編があった場合などで問題となる[25]。

また、賃借人の当該行為について賃貸人が承諾していたか否かが問題となることがある。譲渡または転貸から一定の時間が経過している場合などには、賃貸人の黙示の承諾の有無が争点となることもある。

さらに、賃借人が無断譲渡転貸をしていたとしても、賃貸人に対する背信的行為と認めるに足らない特段の事情があるときには、解除権が発生しないとされる[26]。そこで、訴訟では背信的行為と認めるに足らない特段の事情の有無が争点となることが多く、賃借人はこの特段の事情を主張・立証する必要がある[27]。

IV 解約申入れまたは期間満了（更新拒絶）による明渡請求

1 借家契約における期間の定め

借家契約の期間について、民法604条では賃貸借の存続期間は50年以下（平成29年改正前民法604条では20年以下）でなければならないとされているが、借地借家法29条2項において、借家契約については民法604条の規定は適用しないとされており、50年超の長期の契約も可能である。

一方、1年未満の期間を定めた場合には、期間の定めのない契約とみなされる（借地借家29条1項）。

また、期間の定めのある契約について法定更新がなされた場合には、従前

---

22 東京地判平成7・8・28判時1566号67頁。
23 最判昭和30・2・18民集9巻2号179頁。
24 最判平成8・10・14民集50巻9号2431頁。
25 東京地判平成22・5・20D1-Law28291486。
26 最判昭和28・9・25民集7巻9号979頁、最判昭和36・4・28民集15巻4号1211頁。
27 借地に関する判例として、最判昭和41・1・27民集20巻1号136頁。

〔第2部・第4章〕第2節　賃貸人から提起する訴訟

の期間と同期間の賃貸借となるのではなく、期間の定めがない契約となる（借地借家26条1項）。

2　解約申入れ（中途解約）

(1)　期間の定めのある借家契約

　賃貸人は、借家契約に賃貸人の中途解約を認める条項がなければ、契約期間中に借家契約を解約することができない。賃貸人の中途解約を認める条項が規定されていたとしても、賃貸人が解約するには正当事由が必要であると考えられ[28]、また、解約の効果は解約申入れから6カ月後（特約でそれを超える期間を定めたときは、その定めにかかる期間経過時）に生じると考えられる（借地借家27条1項・28条・30条[29]）。

　賃借人も、借家契約に賃借人の中途解約を認める条項がなければ、契約期間中に解約することができない（定期借家契約に係る借地借家法38条5項に該当する場合を除く）。もっとも、実際の契約では賃借人の中途解約条項が定められていることが多く、この場合、当該中途解約条項に基づき賃借人の解約が認められる。

(2)　期間の定めのない借家契約

　期間の定めのない借家契約において、賃貸人が解約申入れをした場合、賃貸人の解約申入れの日から6カ月の経過時に契約は終了する（借地借家27条1項）。ただし、解約の申入れには正当事由が必要とされる（借地借家28条）。

　これに対し、賃借人が解約申入れをした場合、賃借人の解約申入れの日から3カ月の経過時に借家契約は終了する（民617条1項2号）。借家契約に賃借人の解約条項が定められている場合は、当該解約条項に基づき賃借人の解約が認められる。

3　更新拒絶

　期間の定めのある借家契約の場合、賃貸人が期間満了の1年前から6カ月前までの間に契約の更新を拒絶する通知をした場合、契約期間の満了時に借

---

[28]　東京地判昭和36・5・1下民集12巻5号1065頁参照。

[29]　東京地判昭和55・2・12判時965号85頁参照。

家契約は終了する（借地借家26条1項）。ただし、契約の更新拒絶は、賃貸人および賃借人が建物の使用を必要とする事情のほか、正当の事由があると認められる場合でなければすることができない（借地借家28条）。

4　訴訟手続上の留意点

解約申入れや更新拒絶をする場合の正当事由の有無については、建物の賃貸人および賃借人が建物の使用を必要とする事情のほか、建物の賃貸借に関する従前の経過、建物の利用状況、建物の現況、立退料の提供の申出等を考慮するとされている（借地借家28条）。

このような事情は個々の事案により大きく異なるため、この種の事案の見通しが困難なことも多い。

建物の使用の必要性には、居住の必要性や営業の必要性、再開発等の高度利用の必要性[30]、借入金返済のための売却の必要性[31]などさまざまある。建物の賃貸借に関する従前の経過としては、借家契約締結に至る事情、賃料額の相当性、権利金や更新料支払の有無、借家期間の長短、当事者間の信頼関係に影響する事情の有無等が考えられる。建物の利用状況としては、使用態様や管理・保存状況等が考えられる。建物の現況としては、建物の朽廃等による崩壊の危険等が考えられる[32]。

また、正当事由を補完するために、金銭（立退料）支払との引換給付にすることもできるが[33]、あくまで正当事由を補完するものにすぎず、金額の算出に明確な基準がないことから、見通しが立てにくい。一般的には、用途（居住用か営業用か）、借家契約の内容、借家契約締結の際の特殊事情、近隣との賃料比較、移転する場合に賃借人に及ぼす影響、転居先のあっせんの有無、建物の使用状況、築後の経過年数、老朽化、修繕の有無および費用の負担者のほか、賃貸人および賃借人双方の年齢、経歴、職業、資産、経済状況、健

---

[30]　東京地判平成2・3・8判時1372号110頁、浦和地判平成11・12・15判時1721号108頁等。

[31]　東京高判昭和63・11・30金法1242号112頁等。

[32]　東京地判平成20・4・23判タ1284号229頁、東京地判平成25・1・25判時2184号57頁、東京地判平成25・2・25判時2201号73頁等。

[33]　最判昭和38・3・1民集17巻2号290頁、最判昭和46・11・25民集25巻8号1343頁、最判平成3・3・22民集45巻3号293頁等。

〔第2部・第4章〕第2節　賃貸人から提起する訴訟

康状態および家族の状況等が考慮されることになる。

　賃貸人は、このような事情を踏まえて、訴訟提起等の対応を判断することが必要であり、訴訟においても、当事者双方が時間的・経済的負担の見通しを立てる意味で、訴訟上の和解という選択は紛争解決の手段として重要となる。

　なお、立退料の提供による正当事由の補完については、立退料の提供が正当事由の一つとして斟酌されるものの、立退料の支払義務まで認められるわけではない。すなわち、立退料の支払との引換給付の判決になるのであって、賃貸人が立退料を支払わない場合であっても、賃借人が建物の明渡を条件として立退料の支払を求めることはできないと考えられる。

5　定期借家制度

(1)　定期借家制度の特徴

　賃貸人において、たとえば、海外長期出張の期間のみ建物を賃貸したい場合など、一定期間だけ他人に賃貸したい場合に、賃借人の建物明渡しの見通しが立ちにくい等の事情を考慮し、契約期間が満了すれば、正当事由なくして建物明渡しが認められる定期借家制度が設けられている（借地借家38条）。定期借家制度では、契約が更新されることはないが、当事者双方の合意があれば、再契約をすることはできる（契約期間についてはあらためて合意により定める）。

　定期借家制度は、①公正証書等の書面を作成した場合に限られ（借地借家38条1項）、②賃貸人が、あらかじめ賃借人に対し、その契約が定期借家契約であって期間の満了によって確定的に賃貸借が終了することを書面によって説明することを必要とされる（借地借家38条2項）。

(2)　定期借家契約における留意点

　定期借家契約にあたっては、上記のとおり、契約書面の作成や書面による説明が成立要件とされており、定期借家契約の要件を満たしていない場合には、普通借家契約とされ、普通借家契約に対する法規制に基づくことになる。それゆえ、定期借家契約に関する紛争では、定期借家契約の要件を満たしているかが問題となることがある。

554

定期借家契約では、期間満了の1年前から6カ月前までの間に賃貸人が賃借人に対して期間の満了により借家契約が終了する旨の通知をして、契約期間が満了すれば、正当事由の有無に関係なく借家契約は終了し、建物の明渡しが認められることから、賃借人が争うことは困難なことが多い。

なお、賃貸人が通知期間の経過後に賃借人に対して借家契約が終了する旨の通知をした場合は、通知の日から6カ月を経過した後に借家契約が終了することとなる（借地借家38条4項ただし書）。

V　更新料の支払請求

借家契約では、契約期間の満了後、契約を更新するごとに、賃貸人が賃借人に対して更新料を請求する場合が多い。

もっとも、当事者間に更新料支払の合意がない場合には、契約更新時に当然に更新料の支払義務が生ずるとの慣習法ないしは事実たる慣習が認められなければ、賃貸人は更新料の支払を求めることはできないと考えられる。

そこで、借家契約締結に至る経緯や契約条件設定の際の諸事情、過去の更新時における更新料支払の有無、その他の諸事情等を踏まえ、更新料支払の黙示の合意の有無が争われることがある。

借家契約に更新料支払の特約がある場合、かつては、消費者契約法の観点から、更新料支払特約の効力を否定する裁判例もあったが、最高裁判決は、[35]賃貸借契約書に一義的かつ具体的に記載された更新料の支払を約する条項は、更新料の額が賃料の額、賃貸借契約が更新される期間等に照らし高額にすぎるなどの特段の事情がない限り、消費者契約法10条にいう「民法第1条第2項に規定する基本原則に反して消費者の利益を一方的に害するもの」にはあたらないとしている。

また、法定更新の場合にも、更新料支払の特約に基づき更新料の請求が認められるかについては争いがある。更新料は更新拒絶権・異議権放棄の対価であると考えられること、法定更新の場合は期間の定めのない契約とされ、

34　東京地判平成24・3・23判時2152号52頁参照。
35　最判平成23・7・15民集65巻5号2269頁。

〔第2部・第4章〕第2節　賃貸人から提起する訴訟

期間の定めのある契約の場合の契約期間中は解約されない利益を享受できないこと等から、更新料請求権は発生しないとする裁判例[36]と、更新料の支払に関して更新の事由を限定していないこと、更新料は実質的には賃料の一部の前払としての性質を有するものと推定されること、期間満了後も賃貸借が継続される点では合意更新も法定更新も同じであること等から、更新料請求権は発生するとした裁判例[37]がある。なお、更新料請求権は発生するとの考えに立っても、法定更新後は、期間の定めがない契約となるから、その後の一定期間ごとの更新料の請求は困難であると思われる。

　なお、2回の更新料の不払が賃貸借契約当事者の信頼関係を失わせるに足る背信行為であるとして、賃貸借契約の無催告解除の原因にあたるとした裁判例[38]がある。

VI　原状回復費用の支払請求

1　原状回復

　賃借人は、借家契約が終了したときは、建物を借りた後に生じた損傷（通常の使用および収益によって生じた賃借物の損耗並びに賃借物の経年変化を除く）を原状に復する義務を負う（民621条[39]）。

2　原状回復費用の支払請求

　後述する敷金返還請求と裏腹な問題でもあるが、賃借人が退去した後に原状回復工事を行った賃貸人が、賃借人に対し、敷金・保証金を工事代金に充当したうえで、さらに不足する残金の支払請求をすることがある。

　この問題は、賃借人が原状回復をせずに退去した場合や、賃借人が一応の

36　東京地判平成9・1・28判タ942号146頁、東京地判平成29・11・28金判1551号49頁等。

37　東京地判平成2・11・30判時1395号97頁、東京地判平成9・6・5判タ967号164頁、東京地判平成10・3・10判タ1009号264頁。

38　東京地判平成29・9・28LEX/DB25539408。

39　大判昭和5・10・31民集9巻1009頁。

原状回復工事を行ったが、賃貸人がいまだ原状には回復していないとしてさらに原状回復工事を行う場合などに生じうる。

賃借人の原状回復義務の範囲については、特約がない場合、通常の使用および収益によって生じた賃借物の損耗や経年変化を超えるか否かの評価によることになる（民621条本文カッコ書）。具体的には、借家契約当初の状況と借家契約終了時の状況を比較しつつ、どのようなものにどのような損傷が生じているのか、その損傷に至った原因、借家期間の長短等を考慮して、社会通念に基づいて判断される。

そして、原状回復義務の対象であるとしても、通常損耗まで補修する必要はないことから、通常の使用および収益をした場合にそうなったであろう状態に回復すれば足りると考えられる。

一般財団法人不動産適正取引推進機構が取りまとめた「賃貸住宅の原状回復をめぐるトラブル事例とガイドライン」においても、①建物や設備の経過年数または賃借人の入居年数を考慮して年数が多いほど負担割合を減少させることが適当であり、②補修費用は補修工事が最低限可能な施工単位に基づく補修費相当分が基本となるとされている。

また、賃貸物件の所有者が変更された場合や、管理会社が変更された場合などで、借家契約当初の状況に関する資料が十分になく不明な場合もあり、回復すべき原状の状態について争われることもある。

3　原状回復と建物明渡し

賃貸人が、原状回復が終了していないことから建物の明渡しも未了であるとして、賃貸借契約期間経過後の損害金をあわせて請求する場合もある。

賃貸借契約書には、借家契約終了時に原状回復をしたうえで建物の明渡しをすると規定されている場合もあれば、借家契約終了時に原状回復をする旨と建物明渡しをする旨が別個に規定されている場合もある。

前者の場合、原状回復が行われるまでは建物明渡しが完了していないとみることも可能であるが、その場合でも、借家契約の終了に至る経緯を踏まえ、建物の明渡し後に賃貸人が賃借人に代わって原状回復工事をするのに社会通念上必要とされる相当な期間の経過をもって、建物明渡しが完了したとして、

〔第2部・第4章〕第3節　賃借人から提起する訴訟

以後損害金は発生しないとする余地はあると考えられる。

　他方、後者の場合には、原状回復が建物明渡しの条件とされているわけではなく、建物明渡しは完了しているとして、賃貸借契約期間経過後の損害金を請求することは困難な場合が多いと考えられる。

第3節　賃借人から提起する訴訟

I　敷金（通常損耗・経年変化等）の返還請求

　借家契約が終了した後、敷金から通常損耗の原状回復費用を差し引かれた場合など、賃借人が負担する原状回復の範囲に不服がある場合、賃借人が敷金の返還を求めて訴訟を提起することがある。

　この点、賃貸借は目的物を使用収益することを目的としているから、特約のない限り、賃貸借期間中に通常の使用方法で損耗した部分や自然的な劣化・損耗等については、原状回復の範囲に含まれない（民621条）。通常損耗および経年変化を超える損耗か否かの判断等については、本章第2節Ⅵの2で述べたとおりである。

　そして、原状回復に関する特約がある場合でも、通常の使用収益により生じた通常損耗や経年変化により生じた損耗については、賃借人が補修費を負担することになる損耗の範囲について契約書に明記されているか、賃貸人が説明して賃借人がその旨を明確に認識して合意の内容としたと認められるなど、その旨の特約が明確に合意されていない限り、賃借人は原状回復義務を負わないと考えられる[40]。国土交通省の「賃貸住宅の原状回復をめぐるトラブル事例とガイドライン」においても、特約の必要性があり、かつ、暴利的でないなどの客観的・合理的理由が存在し、賃借人が特約により通常の原状回復義務を越えた修繕等の義務を負うことについて認識し、賃借人が特約によ

---

[40]　最判平成17・12・16裁判集民218号1239頁参照。

る義務負担の意思表示をしていることが必要とされている。通常損耗等についての原状回復義務は、賃借人にとって例外的な負担になるため、特約の有効性については制限的に解釈されている例が多い。

また、通常損耗の補修義務を賃借人が負うものとしたうえでその補修費を敷金から差し引く旨の敷引特約について、賃借人が社会通念上通常の使用をした場合に生ずる損耗や経年により自然に生ずる損耗の補修費用として通常想定される額、賃料の額、礼金等他の一時金の授受の有無およびその額等に照らし、敷引金の額が高額にすぎると評価すべきものであるときは、当該賃料が近傍同種の建物の賃料相場に比して大幅に低額であるなど特段の事情のない限り、消費者契約法10条により無効であるとした判例もある。[41]

II　建物所有権が第三者に移転した場合等の敷金・保証金の返還請求

借家契約が継続している間に賃貸人が賃貸建物を第三者に譲渡し、新所有者が賃貸人の地位を承継する場合、原則として、敷金返還請求権は譲受人に承継される（民605条の2第4項・605条の3）[42]。この場合、未払賃料債務があれば、敷金が当然に充当され、残額について、その権利義務関係が譲受人に承継される[43]。もっとも、建設協力金の性質を有する保証金の場合には、敷金とは別異に扱い、賃貸建物の所有権移転に伴い新所有者が当然には承継しないと解されることが多い[44]。

これに対し、建物の譲渡人と譲受人が賃貸人たる地位を譲渡人に留保し、譲受人が建物を譲渡人に賃貸する旨の合意をした場合は、賃貸人たる地位は譲受人に移転せず（民605条の2第2項前段）、敷金も譲受人には承継されないと考えられる。

借家に設定された抵当権が実行された場合は、抵当権の設定登記と借家権

41　最判平成23・3・24民集65巻2号903頁。
42　最判昭和46・4・23民集25巻3号388頁。
43　最判昭和44・7・17民集23巻8号1610頁。
44　最判昭和51・3・4民集30巻2号25頁等。

〔第2部・第4章〕第4節　双方から提起されうる訴訟

の対抗要件具備の先後による優劣が問題となる。金融機関からの借入れにより建物を建築して借家とすることがあり、その場合、賃貸建物に金融機関に対する抵当権が設定されていることは珍しくない。そして、抵当権の設定登記が優先する場合、抵当権が実行され競売になると、賃借人は競落人から明渡しを求められたら賃借権を対抗できず（ただし、民法395条参照）、また競落人に対して敷金の返還を請求することはできない。

なお、更新料請求権については、賃貸人の地位の移転に伴い当然には譲受人に移転せず、別途、債権譲渡の合意を要するとした裁判例がある[45]。

Ⅲ　更新料の返還請求

本章第2節Ⅴで述べたとおり、かつては、消費者契約法の観点から、更新料支払特約の効力を否定して、更新料の支払請求を認めない裁判例もあったが、最高裁判決は[46]、賃貸借契約書に一義的かつ具体的に記載された更新料の支払を約する条項は、更新料の額が賃料の額、賃貸借契約が更新される期間等に照らし高額にすぎるなどの特段の事情がない限り、消費者契約法10条にいう「民法第1条第2項に規定する基本原則に反して消費者の利益を一方的に害するもの」にはあたらないとした。

したがって、この最高裁判決の規範に基づき、更新料支払条項の有効性が判断され、更新料の返還請求の可否が判断されることになる。

第4節　双方から提起されうる訴訟

賃貸人および賃借人の双方から提起されうる訴訟として賃料の増減額請求訴訟があげられる。

---

[45]　東京地判平成30・1・30LEX/DB25551562。
[46]　前掲最判平成23・7・15。

I　賃料の増減額請求

　賃料の増減額請求は事情変更の法理（民1条2項）に基づくものであるが、一般的に借家契約に規定されており、また、借地借家法32条にもその権利が規定されている。

　借家契約に一定期間は増額請求しない特約がある場合は、これに従うことになる（借地借家32条1項ただし書）。

　これに対し、借家契約に一定期間は減額請求しない特約がある場合でも、賃借人からは減額請求ができると解される（借地借家32条1項ただし書反対解釈）。ただし、定期借家契約にはこの条項は適用されず、減額請求しない特約も有効とされる（借地借家38条7項）。

　借家契約に賃料自動改定特約が定められている場合、その改定基準が経済事情の変動等に照らして相当なものである場合には効力が認められるが、事情が変更し、借地借家法32条1項の趣旨に照らして不相当なものとなった場合には、上記特約が定められていても、賃料増減額請求ができると考えられる[47]。

　なお、賃借人が賃料減額請求をする場合において、賃料減額請求後に自己の主張する額の支払を継続したのに対し、賃借人の賃料不払を理由とする借家契約の解除が認められた裁判例もあることから、賃借人は賃料減額の裁判が確定するまでは、減額請求以前の賃料を支払うのが無難であると考えられる[48]。これに対し、賃貸人が賃料増額請求をした場合、賃借人は賃貸人が主張する増額後の賃料ではなく、増額請求以前の賃料を支払えば、通常は賃料不払（債務不履行）とはいえないと考えられる[49]。

　賃料増減額請求権は、相手方に意思が到達することで効力が生じる形成権であるとされており、その意思が相手方に到達した時点で、適正な額まで変

---

[47]　土地についてであるが最判平成15・6・12民集57巻6号595頁、建物のサブリース契約における最判平成15・10・21民集57巻9号1213頁参照。

[48]　東京地判平成10・5・28判時1663号112頁。

[49]　東京高判昭和56・8・25東高民時報32巻8号190頁参照。

〔第2部・第4章〕第4節　双方から提起されうる訴訟

更される[50]。したがって、その意思表示は配達証明付きの内容証明郵便で行うなど、いつ意思表示が相手方に到達したのかを証明できるようにしておく必要がある。

定期借家契約では、原則として賃料増減額請求が可能であるが、特約によりこれを排除することができる（借地借家38条7項）。具体的には、一切増減額しない特約のほか、一定期間は増減額しない特約や一定期間ごとに一定金額を増減額する特約も認められる。

Ⅱ　訴訟手続上の留意点

賃料増減額請求の根拠となる事情としては、土地建物に対する固定資産税等の公租公課の増減、土地建物の価格の変動、物価の変動、その他の経済事情の変動、近傍同種の建物の借賃（継続賃料）との比較、当事者が賃料決定の要素とした事情、その他諸般の事情を総合的に考慮すべきと考えられる（借地借家法32条1項参照）。

賃料増減額請求事件における争点は、新規賃料ではなく、継続賃料としての適正賃料であって、周辺の同種建物の新規募集（成約）賃料のみを主張・立証するのでは足りないことに留意する必要がある。継続賃料の算定は、差額配分法、利回り法、スライド法、賃貸事例比較法などを用いて行うのが一般的である（第3章第2節Ⅴ参照）。

また、賃料増減額請求権は形成権であり、増減額の意思が相手方に到達した時点で効力が生じることから、判決で増減額請求が認められると、その効力が生じた時点にさかのぼって判決で認められた賃料額が適用されることになる。そうすると、訴訟係属中も従前の賃料額と同額の支払をしている場合、判決で認められた増減額後の賃料額と各支払期の実際の支払額との差額の合計額のほか、各支払期の差額に対する各支払期から年1割の割合による利息（借地借家32条2項ただし書）を支払わなければならない。

50　最判昭和36・2・24民集15巻2号304頁、最判昭和45・6・4民集24巻6号482頁。

第5節　その他

Ⅲ　調停手続上の留意点

　賃料増減額請求事件では調停前置主義が採用されており（民調24条の２）、訴訟提起の前に調停手続を経る必要がある。賃料額の問題は、継続的な契約関係にある当事者間の問題であることから、できる限り、互譲の精神による話合いで円満な解決を志向することが望ましいこと等から、調停において、調停委員である不動産鑑定士等の有識者の意見を尊重しつつ、当事者間での合意をめざすためとされている。この調停手続では、調停委員がより適切な意見を述べられるように、当事者は不動産に関する資料や私的鑑定等の資料を積極的に調停手続に提出する等の協力が求められる。

　また、調停が不成立となって訴訟が提起されたとしても、鑑定手続の時間面や費用面の負担を考慮して、あらためて調停手続に付すこともあるが、ここでも当事者には資料提供への協力や互譲の実現への協力が求められる。

第5節　その他

　その他にも借家訴訟にはさまざまな態様があるが、ここではサブリース契約やオーダーメイド賃貸における賃料の減額請求に関する紛争について触れておく。

　サブリース契約における賃料減額請求の問題とは、賃料自動増額特約が規定されたサブリース契約を締結した後、経済事情の変動等により、賃借人の転貸賃料が低下し、転貸事業の採算が悪化した結果、賃借人が賃貸人に対して賃料減額を求めた場合に、かかる賃料減額請求が認められるかという問題である。

　この点、賃料自動増額特約が規定されたサブリース契約についても、賃借人が賃貸人に対して賃料減額を請求した場合、借地借家法32条１項が適用され、その請求の当否および相当賃料額を判断するにあたっては、当事者が賃料額決定の要素とした事情その他諸般の事情を総合的に考慮すべきで、同契

〔第2部・第4章〕第5節　その他

約において賃料額が決定されるに至った経緯や賃料自動増額特約等が付されるに至った事情、とりわけ約定賃料額と当時の近傍同種の建物の賃料相場との関係、賃借人の転貸事業における収支予測にかかわる事情、賃貸人の敷金および融資を受けた建築資金の返済の予定にかかわる事情等をも考慮すべきとされる。[51]

　また、賃借人の意向に沿って賃貸人が建築した建物の借家契約であるオーダーメイド賃貸についても、賃料自動増額特約が規定されていたとしても、借地借家法32条1項の賃料減額請求権は排除されず、賃料減額請求の当否を判断するにあたり、当初の合意賃料を維持することが公平を失し信義に反するというような特段の事情の有無により賃料減額請求の当否を判断すべきとされる。[52]

（矢作和彦）

---

[51] 前掲最判平成15・10・21。
[52] 最判平成17・3・10裁判集民216号389頁。

第5章
マンション関係訴訟と実務上の問題点

第1節　総　説

　マンション訴訟を概観すれば、紛争の実態に応じて、以下のように分類される。

Ⅰ　マンションの建築をめぐる紛争

　マンションの建築をめぐる紛争には、付近住民が、騒音、振動、地盤沈下、大気汚染、日照妨害、通風妨害、電波妨害、眺望妨害等の生活妨害を理由に、マンション建築工事の差止め、損害賠償請求の仮処分ないし本訴の提起が考えられる。また、建築確認に対し、行政不服申立てないし処分取消し等の行政訴訟や国家賠償請求訴訟の提起もある。

Ⅱ　マンションの販売をめぐる紛争

　マンションの販売をめぐる紛争には、マンションの欠陥（瑕疵ないし契約不適合）を理由に売買契約の解除、修補請求ないし損害賠償請求訴訟の提起が考えられる。近時、問題となった耐震強度偽装事件については、建築確認に対する行政不服申立てないし処分取消しの行政訴訟や国家賠償請求訴訟が考えられる。

〔第2部・第5章〕第2節　マンションの建築をめぐる紛争

Ⅲ　マンションの管理をめぐる紛争

　マンションの管理をめぐる紛争には、管理組合の規約を中心として、役員の責任や専有部分と共用部分をめぐる紛争、管理費の不払者に対する処置等について民事訴訟が提起されることが考えられる。この場合には、管理者ないし管理組合と区分所有者との関係が問題となる。

　以下、これらの訴訟について、実務上問題となる点を判例を中心として検討することにしよう。

第2節　マンションの建築をめぐる紛争

Ⅰ　景観をめぐる紛争

　居室における日照について、最高裁判決は[1]、「居宅の日照、通風は、快適で健康な生活に必要な生活利益であり、それが他人の土地の上方空間を横切つてもたらされたものであつても、法的な保護の対象にならないものではな」いと判示して、法律上保護される生活利益であることを認めた。そして、最高裁判決は[2]、いわゆる国立マンション事件につき、「良好な景観に近接する地域内に居住し、その恵沢を日常的に享受している者は、良好な景観が有する客観的な価値の侵害に対して密接な利害関係を有するものというべきであり、これらの者が有する良好な景観の恵沢を享受する利益（以下「景観利益」という。）は、法律上保護に値する」。「この景観利益の内容は、景観の性質、態様等によって異なり得るものであるし、社会の変化に伴って変化する

1　最判昭和47・6・27民集26巻5号1067頁。
2　最判平成18・3・30民集60巻3号948頁。

566

可能性のあるものでもあるところ、現時点においては、私法上の権利といい得るような明確な実体を有するものとは認められず、景観利益を超えて『景観権』という権利性を有するものと認めることはできない」。「本件におけるように建物の建築が第三者に対する関係において景観利益の違法な侵害となるかどうかは、被侵害利益である景観利益の性質と内容、当該景観の所在地の地域環境、侵害行為の態様、程度、侵害の経過等を総合的に考察して判断すべきである」。「ある行為が景観利益に対する違法な侵害に当たるといえるためには、少なくとも、その侵害行為が刑罰法規や行政法規の規制に違反するものであったり、公序良俗違反や権利の濫用に該当するものであるなど、侵害行為の態様や程度の面において社会的に容認された行為としての相当性を欠くことが求められる」ところ、「本件建物の建築は、行為の態様その他の面において社会的に容認された行為としての相当性を欠くものとは認め難」いとして、上告を棄却し、マンションの建物の一部撤去を認めた第1審判決を取り消した原判決を維持した。

建築差止めの仮処分においては、生活妨害の程度が受忍限度を超えて、差止めを認める必要性がなければならない。損害賠償請求においても、受忍の限度を超えた違法な生活妨害があることが必要である。

Ⅱ　建築確認に対する行政不服申立処分取消訴訟

建築確認に対する行政不服申立処分取消訴訟においては、まず、不服申立適格、原告適格がなければならない。最高裁判決[3]は、いわゆる新潟空港訴訟事件につき、行政事件訴訟法9条に定める「法律上の利益を有する者」とは、「当該処分により自己の権利若しくは法律上保護された利益を侵害され又は必然的に侵害されるおそれのある者をいうのであるが、当該処分を定めた行政法規が、不特定多数者の具体的利益をもっぱら一般的公益の中に吸収解消させるにとどめず、それが帰属する個々人の個別的利益としてもこれを保護すべきものとする趣旨を含むと解される場合には、かかる利益も右にいう法

3　最判平成元・2・17民集43巻2号56頁。

〔第2部・第5章〕第3節　マンションの販売をめぐる紛争

律上保護された利益に当たり、当該処分によりこれを侵害され又は必然的に侵害されるおそれのある者は、当該処分の取消訴訟における原告適格を有するということができる」としている。公害発生源等の企業等に対する規制法が存在する場合に、その規制法の解釈を通じて、法律上保護されている利益説に立ちつつ、行政処分からみると第三者である付近住民等の原告適格を個別に判断するのが判例の基本的態度である。建築基準法59条の2に基づく許可処分の2つの取消請求事件において、許可建築物の倒壊・炎上等に伴う直接的な被害を受けることが予想される居住者または所有者や、日照を阻害される周辺の住民建築物の居住者に[4]、原告適格が認められた[5]。次に本案につき、処分の違法性が認められるかどうかである。建築確認の違法性の有無が問題（争点）となる（この点については、第3節Ⅳ参照）。

第3節　マンションの販売をめぐる紛争

Ⅰ　契約不適合責任

　マンションの専有部分に欠陥があった場合（契約の内容に適合しない場合）には、買主は売主に対し、その修補による履行の追完を請求することができる。履行の追完がないときは代金の減額を請求することができ、また、損害賠償請求、売買契約の解除も可能である（民562条～564条、住宅の品質確保の促進等に関する法律（以下、「品確法」という））。品確法では、10年間基本的構造部分について請求できる（品確法87条～90条）。

　マンションの共用部分に瑕疵があった場合には、管理者、管理組合法人が売主に対し損害賠償請求をすることになる（区分所有26条2項・47条6項）。

4　最判平成14・1・22民集56巻1号46頁。

5　最判平成14・3・28民集56巻3号613頁。

かつて裁判例は、管理組合からの共用部分の瑕疵に関する損害賠償請求を否定していたが、不当であるとの意見が強く出され、平成14年の区分所有法の改正において、管理者等の代理権として、生じた損害賠償金の請求および受領等が追加された（区分所有26条2項参照）。

なお、住宅の売主が倒産した場合には、買主は、売主に対して責任を追及することができなくなる。後述する耐震強度偽装事件ではこの点が問題となった（本節Ⅳ参照）。そこで、特定住宅瑕疵担保責任の履行の確保等に関する法律（以下、「住宅瑕疵担保履行法」という）が制定され、住宅事業者は、修理費用等の資力確保のために「住宅建設瑕疵担保保証金」の供託等が義務づけられた（住宅瑕疵担保履行法3条1項）。

Ⅱ　眺望に関する説明義務違反

眺望に関する説明義務違反を理由にマンション販売契約が解除された事例がある。地裁判決は、居室からの眺望をセールスポイントとして、建築前のマンションを販売する場合においては、眺望に関係する情報は重要な事項ということができるから、可能な限り正確な情報を提供し説明する義務があるというべきであるとして、説明義務違反を理由とする契約解除を認めた。

Ⅲ　駐車場専用使用権をめぐる紛争と法的性質

マンションの建物底地に隣接し、当該マンションの区分所有者が利用する駐車場が設けられていた隣接地の所有権が争われた事案につき、高裁判決は、区分所有者の所有権を認めず、黙示の通行地役権の設定を認めた。また、敷地の一画に設置した駐車場の専用使用権の分譲を認めた最高裁判決がある。

6　東京高判平成8・12・26判時1599号79頁。
7　福岡地判平成18・2・2判タ1224号255頁。
8　大阪高判平成11・9・17判タ1051号286頁も同旨。
9　大阪高判平成2・6・26民集49巻7号2709頁。
10　最判昭和56・1・30下民集31巻5号～8号858頁。

569

〔第2部・第5章〕第3節　マンションの販売をめぐる紛争

駐車場専用使用権の法的性質について、本判決は共有物の管理に関する合意説に立つものと解される。別の判例では、「専用使用権は、区分所有者全員の共有に属するマンション敷地の使用に関する権利であるから、これが分譲された後は、管理組合と組合員たる専用使用権者との関係においては、法の規定の下で、規約及び集会決議による団体的規制に服すべきものであり、管理組合である被上告人は、法の定める手続要件に従い、規約又は集会決議をもって、専用使用権者の承諾を得ることなく使用料を増額することができる」とした。

Ⅳ　耐震強度偽装をめぐる紛争

　平成17年に、いわゆる耐震強度偽装事件が発生した。マンションの鉄筋量を減少させて安く建築することに着目した1級建築士・建築会社等が耐震強度の偽装を計画し、偽りの構造計算書を作成して確認許可をとり、建築した事件である。このような強度の不足するマンションを購入した買主は、売主に対して売買契約に基づく契約不適合責任を追及することができる（本節Ⅰ参照）。具体的には、契約の目的が達成できないとして、修補のほか損害賠償請求、または契約を解除し、代金返還請求ができる。無過失責任であるから、売主の故意・過失は不要である（民562条～564条）。品確法の適用により修補請求ができる。これも無過失責任であり、その期限は10年となる。代金返還請求とともに、訴訟費用、登記費用等の損害賠償請求もできる。

　耐震強度偽装の構造計算を行った建築士や設計士に対しても、故意・過失を主張して損害賠償請求ができる。この点で参考となる最高裁判決がある。[12]本判決は、「建物の建築に携わる設計者、施工者及び工事監理者（以下、併せて「設計・施工者等」という。）は、建物の建築に当たり、契約関係にない居住者等に対する関係でも、当該建物に建物としての基本的な安全性が欠けることがないように配慮すべき注意義務を負うと解するのが相当である。そして、設計・施工者等がこの義務を怠ったために建築された建物に建物とし

11　最判平成10・10・30民集52巻7号1604頁。
12　最判平成19・7・6民集61巻5号1769頁。

ての基本的な安全性を損なう瑕疵があり、それにより居住者等の生命、身体又は財産が侵害された場合には、設計・施工者等は、不法行為の成立を主張する者が上記瑕疵の存在を知りながらこれを前提として当該建物を買い受けていたなど特段の事情がない限り、これによって生じた損害について不法行為による賠償責任を負う」としている。ここでの責任は、不法行為責任であり、売主に対する契約不適合責任とは異なる。

　また、建築基準法の改正により、国土交通大臣または都道府県知事から指定を受けた確認検査機関は、確認・検査業務を行えるようになった。

　民間の指定確認検査機関の確認は、建築主事の業務と位置づけられるから、その義務違反は建築主事の義務違反として、建築主事を職員とする指定行政庁（地方公共団体）に国家賠償責任が存することになる（国家賠償法1条）。最高裁決定は[13]、「建築基準法6条1項の規定は、建築主が同項1号から3号までに掲げる建築物を建築しようとする場合においてはその計画が建築基準関係規定に適合するものであることについて建築主事の確認を受けなければならない旨定めているところ、この規定は、建築物の計画が建築基準関係規定に適合するものであることを確保することが、住民の生命、健康及び財産の保護等住民の福祉の増進を図る役割を広く担う地方公共団体の責務であることに由来するものであって、同項の規定に基づく建築主事による確認に関する事務は、地方公共団体の事務であり（同法4条、地方自治法2条8項）、同事務の帰属する行政主体は、当該建築主事が置かれた地方公共団体である」。建築基準法6条の2第1項・4項の定めからすると、「同法は、建築物の計画が建築基準関係規定に適合するものであることについての確認に関する事務を地方公共団体の事務とする前提に立った上で、指定確認検査機関をして、上記の確認に関する事務を特定行政庁の監督下において行わせることとしたということができる。そうすると、指定確認検査機関による確認に関する事務は、建築主事による確認に関する事務の場合と同様に、地方公共団体の事務であり、その事務の帰属する行政主体は、当該確認に係る建築物について確認をする権限を有する建築主事が置かれた地方公共団体であると解

13　最決平成17・6・24裁判集民217号277頁。

〔第２部・第５章〕第３節　マンションの販売をめぐる紛争

するのが相当である」としている。なお、構造計算の瑕疵を看過した建築訴訟につき、地裁判決では、建築確認の申請に構造計算書を添付する必要があり、実際に添付されているならば、当該構造計算の瑕疵を看過して建築確認した場合には不法行為（民709条）が成立するとしているのが参考になる。

Ⅴ　販売価格の値下げに伴う紛争

　住宅・都市整備公団（当時。以下、「住宅公団」という）の従前の入居者（賃借人、以下「被上告人」）が建替え後の分譲住宅を優先購入した後に値下げ販売がなされた最高裁判決がある。本判決は、「住宅公団は、被上告人らが、本件優先購入条項により、本件各譲渡契約締結の時点において、被上告人らに対するあっせん後未分譲住宅の一般公募が直ちに行われると認識していたことを少なくとも容易に知ることができたにもかかわらず、被上告人らに対し、上記一般公募を直ちにする意思がないことを全く説明せず、これにより被上告人らが住宅公団の設定に係る分譲住宅の価格の適否について十分に検討した上で本件各譲渡契約を締結するか否かを決定する機会を奪ったものというべきであって、住宅公団が当該説明をしなかったことは信義誠実の原則に著しく違反するものである」「被上告人らが住宅公団との間で本件各譲渡契約を締結するか否かの意思決定は財産的利益に関するものではあるが、住宅公団の上記行為は慰謝料請求権の発生を肯認し得る違法行為と評価することが相当である」としている。

14　この改正が不備であると主張するのは、吉木隆文「建築の安全──建築士が責任を持てる制度を」朝日新聞（2020年２月７日）である。

15　山口地岩国支判昭和36・２・20下民集12巻２号320頁。

16　最判平成16・11・18民集58巻８号2225頁。

I 専有部分・共用部分をめぐる紛争

第4節 マンションの管理をめぐる紛争

I 専有部分・共用部分をめぐる紛争

　管理人室、駐車場、倉庫、機械室等が分譲者の名義で所有権保存登記がされている場合に、区分所有者らが、登記名義人である分譲者らに対して、管理人室等が共用部分であるとして、所有権保存登記等の抹消登記手続を請求し、あるいは管理人室等の明渡しを請求することがある。登記の抹消等を請求することができるのは、区分所有者らが共用部分につき共有持分権に基づき保存行為として登記の抹消、明渡しを請求することができると解されるからである。[17]これに対し、管理組合が原告になって管理人室、駐車場につきなされた所有権保存登記の抹消を請求した事案において、原告適格を認めた裁判例がある。[18]なお、最高裁判決として、[19]管理人室（居住部分）が管理事務室（事務所部分）との一体的利用を予定され機能的に分離することができない場合には、たとえ管理人室に構造上の独立性があるとしても利用上の独立性はなく、したがって、管理人室は管理事務室とともに共用部分であるとしたものがある。

　建物の区分所有等に関する法律（以下、「区分所有法」という）26条1項・4項によれば、管理者は、共用部分を保存する権利・義務を有し、その職務に関し、原告または被告になることができる。そうすると、区分所有法の下においては、区分所有者も管理者もこのような訴訟を提起することができ、

17　これを肯定した判例として、最判昭和56・6・18民集35巻4号798頁、最判昭和56・7・17民集35巻5号977頁、最判昭和61・4・25裁判集民147号615頁、最判平成5・2・12民集47巻2号393頁などがある。

18　東京地判昭和63・11・10判時1323号92頁、東京地判平成3・1・29判時1401号75頁、東京地判平成5・9・30判タ874号202頁など。

19　前掲最判平成5・2・12。

573

〔第2部・第5章〕第4節　マンションの管理をめぐる紛争

訴訟外の紛争においても当事者としてその解決を図ることができる。ただ訴訟追行の費用、弁護士費用等の紛争解決費用の負担を考慮すれば、管理者が訴訟を提起するのがマンションの管理費用から支出することができるという意味で実務上の便益がある（区分所有28条、民649条・650条）といえる。

Ⅱ　共用部分の使用・妨害をめぐる紛争

マンションの共用部分には、玄関、駐車場、廊下、壁、屋上、階段、エレベーター等さまざまな部分がある。各区分所有者は、共用部分につき共有持分を有するから、その用法に従って使用することができる。区分所有者、専有部分の占有者が共同の利益に反する行為をしたり、規約に反する行為をした場合には、その違反行為の排除、原状回復を請求することができる。具体的には、以下のような事例がある。

個々の区分所有者からの請求を認めた事例[20]、管理組合からの請求を認めた事例[21]がある。

Ⅲ　敷地の使用・専用使用をめぐる紛争

マンションの敷地は、個々の区分所有者の共有になっているのが通常であ

---

[20]　東京地判昭和53・2・1下民集31巻5号～8号646頁（設置された門扉の撤去）、東京高判昭和53・2・27下民集31巻5号～8号658頁（外壁の開口部の修復）、東京高判昭和55・3・26下民集31巻5号～8号808頁（設置された門扉の撤去）、東京地判昭和56・9・30判時1038号321頁（階段上に設置された工作物の撤去）、東京地判昭和61・9・25判時1240号88頁（バルコニー上に設置された看板の撤去）、大阪高判昭和61・11・28判時1242号55頁（設置された店舗の収去）、大阪高判昭和62・11・10判時1277号131頁（設置された広告用看板の撤去）、東京地判平成3・12・26判時1418号103頁（バルコニーに設置された衛星放送受信用アンテナの撤去）がある。

[21]　東京高判昭和47・5・30下民集23巻5号～8号288頁（バルコニーに設置された温室の撤去）、その上告審である最判昭和50・4・10下民集23巻5号～8号857頁（バルコニーに設置された温室の撤去）、横浜地川崎支判昭和59・6・27判タ530号272頁（クーラーの撤去）、京都地判昭和63・6・16判時1295号110頁（バルコニーに設置されたサンルーム等の撤去）、東京地判平成4・9・22判時1468号111頁（バルコニーに設置されたガラス戸の撤去）、神戸地尼崎支判平成13・6・19判時1781号131頁（ダクト等の撤去）、東京地判平成18・8・31判タ1256号342頁（バルコニーに設置された大理石等の撤去）。

る（ほかに、借地権の準共有、定期借地権の準共有、使用借地権の準共有がある）。敷地の一部を駐車場としている場合に、使用権の設定を管理組合が行っていることから、専用使用権の存在・不存在の確認を請求する訴訟につき、管理組合に当事者適格を認めた裁判例がある[22]。専用使用権の有無が区分所有者間で争われている場合には、区分所有者が当事者になる[23]。

駐車場部分の明渡請求につき、高裁判決は[24]、管理組合が明渡請求訴訟を提起した場合に原告適格を認め、また、個々の区分所有者が共有持分に基づき保存行為として明渡請求をすることを認め、別の裁判例では、管理者に敷地の明渡請求ができることを認めている[25]。

IV 専有部分の使用、規約違反をめぐる紛争

専有部分の使用は、区分所有者が自由に決めることができるのが原則であるが、その使用が共同の利益に反する場合には、その行為の停止等を請求することができる（区分所有57条）。また、区分所有者の全員または管理組合は、集会の決議に基づき、訴えによって、専有部分の使用禁止（区分所有58条）、区分所有権の競売（区分所有59条）、占有者に対する引渡し（区分所有60条）を請求することができる（第14章第2節 I 参照）。

高裁判決は[26]、鉄筋鉄骨コンクリート造り7階建て26戸の一般居住用マンションにおいて、区分所有者が入居以来、犬（中型猟犬イングリッシュ・ビーグル）を飼育していたところ、マンションの管理組合総会で規約が改正され、マンションの居住者が犬・猫・小鳥などの動物類を飼育することを禁止する旨の規定が新設されたとして、管理組合の管理者が区分所有者に対し、犬の飼育禁止を求める訴訟を認めた（その他、ペット飼育をめぐっては、第14章第

---

22 東京地判平成2・5・31判タ748号159頁、浦和地判平成5・11・19判時1495号120頁、東京地判平成6・3・24判時1522号85頁、福岡高判平成7・10・27民集52巻7号1678頁。

23 大阪地判昭和53・11・29判タ375号105頁、大阪高判昭和55・4・25下民集31巻5号〜8号815頁、前掲最判昭和56・1・30。

24 東京高判平成8・2・20判タ909号176頁。

25 東京地判平成4・8・27判タ823号203頁。

26 東京高判平成6・8・4高民集47巻2号141頁。

575

〔第2部・第5章〕第4節　マンションの管理をめぐる紛争

3節Ⅱ2(5)参照)。地裁判決では、占有者がベランダで50羽〜100羽の野鳩の[27]
餌付けをした事案につき、おびただしい数の野鳩が毎日一定時刻に飛来し、
その糞・羽毛・羽音などによりマンション共同生活に著しい障害が発生して
いるとして、専有部分の明渡しを認めた。別の裁判例では、病院経営者が所[28]
有する専有部分を、看護婦（当時）等の幼児の保育室として使用している場
合に、住居としての使用に限定している管理規約に違反するものとして、そ
の使用を禁止した。その他、専有部分の用途を制限する内容の規約違反につ
き、管理組合の当事者適格を認めた裁判例がある。規約においては、制限の[29]
内容、規約違反による制裁の内容等の実体面（使用差止め、電気・水道・ガス
等の供給停止、除名、氏名公表、違約金の支払等の記載）について、公序良俗、
プライバシー、権利濫用の法理による制限を受けることがあり、また、その
手続面においても、権利義務の主体、紛争解決の方法、費用負担等について
も配慮する必要がある。

V　損害賠償をめぐる紛争

　専有部分からの騒音につき、被害を受けた区分所有者が加害者に対して損
害賠償を請求することができるが、騒音がマンション全体に及んでいるよう
な場合には、管理組合、管理者が損害賠償を請求することができるかが問題
になる。損害の内容が個々の区分所有者に対する平穏な生活、人格権の侵害
になる場合は別として、区分所有建物の保存に必要な範囲や規約に違反する
範囲では、管理組合において損害賠償の請求ができる。暴力団関係者による
専有部分の使用を排除するために、区分所有法57条ないし60条所定の請求を
する際に損害賠償を請求することができる。[30]
　水漏れ事故が発生した場合には、発生箇所はどこか（共用部分か専有部分

27　東京地判平成7・11・21判時1571号88頁。

28　横浜地判平成6・9・9判時1527号124頁。

29　前掲東京地判平成2・5・31（住居としての使用確認請求）、東京高判平成3・9・26東高民
　　時報42巻1号〜12号64頁（住居としての使用確認請求）、前掲神戸地判尼崎支判平成13・6・19
　　（深夜の営業禁止請求）。

30　福岡地判昭和62・5・19判タ651号221頁、京都地判平成4・10・22判時1455号130頁。

か）、その原因は何かを検討しなければならない。水漏れ箇所が共用部分と専有部分のいずれであるかが判明しない場合には、共用部分の設置または保存の瑕疵に原因があるものと推定される（区分所有9条）。水漏れ事故に関する裁判例には、以下のものがある。

① 公団賃貸住宅の排水本管の汚水逆流による漏水事故につき、清掃不十分を理由に、公団に民法717条の工作物責任を肯定した事例[31]

② 賃貸ビルにおいて2階床下の排水支管が切断されたままになっていたところ、排水本管の詰まり（原因不明）により、切断部分から汚水が溢水し、階下に漏水した事案につき、切断の事実を知らなかった2階の（店舗）賃借人に占有者としての工作物責任を肯定した事例[32]

③ 賃貸ビルの共用部分の配水管の詰まりにより、1階の賃借人店舗の床に溜まった汚水が地下1階に漏水した事案につき、賃貸人の債務不履行責任（民415条）と1階賃借人の民法717条の工作物責任を認めた事例[33]

④ マンションベランダの排水口の管理の不備等が原因で階下の部屋に漏水した事案につき、階上の部屋の所有者および占有者に民法717条の工作物責任を認めた事例[34]

⑤ 特定の区分所有者の専用に供されている配水管の枝管であっても、その区分所有者の専有部分内に存在していないものは共用部分にあたるとした事例[35]

⑥ 階下住戸の天井裏に設置された枝管につき、マンションの特定の専有部分からの汚水が流れる配水管の枝管が共用部分に該当する旨判示し、原判決を維持した事例[36]

⑦ 屋上排水ドレーンのゴミ詰まりによる漏水事故につき、管理組合の責任を認めた事例[37]

---

31 大阪高判昭和49・1・18判時744号61頁。
32 大阪高判平成元・5・26判タ704号236頁。
33 大阪高判平成3・8・29判時1410号69頁。
34 東京地判平成4・3・19判時1442号126頁。
35 東京高判平成9・5・15判時1616号70頁。
36 最判平成12・3・21裁判集民197号703頁。
37 福岡高判平成12・12・27判タ1085号257頁。

〔第2部・第5章〕第4節　マンションの管理をめぐる紛争

　上記⑥の裁判例は、もっぱら専有部分のためだけの枝管であっても、その設置場所や構造によっては共用部分に該当することもありうると実質的に判断すべきことを明らかにした点で注目すべきものである。

Ⅵ　管理費等の支払をめぐる紛争

　管理費、修繕積立金等の名目で区分所有者から徴収される金銭は、マンションの管理のために必要不可欠である。管理費等が支払われない場合には、管理組合に原告適格が認められ、管理組合が原告となって支払請求訴訟を提起することになる。管理組合が法人化されていなくても、「権利能力なき社団」として同様である。[38]管理費を滞納した場合に、内容証明郵便や支払督促、裁判等に要した費用（弁護士費用）について、規約に定めがない限り、その滞納者に負担させることはできない（なお、マンション標準管理規約（単棟型）67条4項は、訴えを提起する場合、理事長は、請求の相手方に対し、違約金としての弁護士費用等の諸費用を請求することができるとしている）。ただ、管理組合に訴訟提起を余儀なくさせたことが滞納者の不法行為（民709条）を構成するとして、弁護士費用の支払を命じた裁判例がある。[39]なお、規約によらずに集会決議によって、集会決議前の滞納管理費の回収に要した弁護士費用について遡及的に負担させる旨を決議した事案について、高裁判決は、特別の不利益を強いるものとして無効であるとしている。[40]

　管理費等の滞納者に対して、電気や水道などの供給停止ができるか。給湯設備による給湯を停止したことが権利濫用として不法行為にあたるとした事例、[41]水道元栓を閉めてガムテープを巻き付けた行為が不法行為にあたるとした事例、[42]給水停止を予告したことが不法行為を構成しないとした事例[43]が参考になる。

38　大阪地判昭和57・10・22判時1068号85頁。

39　東京地判平成4・3・16判時1453号142頁など。

40　東京高判平成7・6・14判タ895号139頁。

41　東京地判平成2・1・30判時1370号83頁。

42　福岡地小倉支判平成9・5・7判例集未登載。

43　東京高判昭和50・11・26東高民時報26巻11号226頁。

管理費を滞納することは、共同利益違反であるとして、滞納者の専有部分
の使用を禁止することができるか。地裁判決では、使用差止めを認めたが、[44]
高裁判決では、原判決を取消し、使用差止めを取り消した。管理費等の滞納[45]
は共同利益違反行為（区分所有6条1項）に該当するが、管理費等の滞納は
積極的作為ではなく不作為にすぎないから、区分所有法57条の差止請求を認
める実益がないことを理由としている。

管理組合が管理費等の支払請求訴訟を提起し、勝訴したがその支払がない
場合に、区分所有法59条に基づく競売請求訴訟を提起し、勝訴判決を得、競
売申立てをした場合において、当該マンションの最低売却価格を超える優先
債権があり、剰余を生じる見込みがないとして「無剰余取消し」ができるか。
高裁決定では、区分所有法59条に基づく競売請求には民事執行法63条2項の[46]
無剰余取消しの規定は適用されないとした。別の判例では、滞納管理費等の[47]
消滅時効期間は5年とされているので、5年間以上の管理費等の滞納があれ
ば、区分所有法59条に基づく競売請求が認められるとした（以上の点につい
ては、第14章第3節Ⅱ2(6)も参照）。

Ⅶ　マンション管理組合における組合員、役員間の紛争

マンション管理組合の決議が招集手続等に瑕疵があるとして無効とされた
事例、無効とされなかった事例がある。[48][49]

44　大阪地判平成13・9・5判時1785号59頁。

45　大阪高判平成14・5・16判タ1109号253頁。

46　東京高決平成16・5・20判タ1210号170頁。

47　最判平成16・4・23民集58巻4号959頁。

48　東京地判昭和62・4・10判時1266号49頁、東京高判平成7・12・18判タ929号199頁、東京地判
平成13・2・20判タ1136号181頁など。

49　東京地判昭和63・11・28判タ702号255頁、東京地判平成7・10・5判タ912号251頁、名古屋高
判平成9・6・18判時1616号153頁（森林組合の事案）、東京地判平成19・2・1判タ1257号321
頁（役員間の対立に端を発して理事長を解任するために反理事長派の役員らが臨時総会を招集し
た際の手続等に瑕疵が認められるが、重大なものではなく軽微なものとした）など。

〔第2部・第5章〕第4節　マンションの管理をめぐる紛争

Ⅷ　マンションの建替え等をめぐる紛争

マンションの建替えをめぐる紛争については、以下のような裁判例が参考になる。

なお、区分所有法62条の要件については、平成14年の法改正により、変更がなされたため、現行法下では争点にはならないが、歴史的変遷も踏まえ、下記1・2の裁判例も取り上げることとする。

1　千里ニュータウンに関する紛争[50]

本件マンションは、昭和42年頃に竣工した12棟のマンションであり、団地を構成している。平成8年4月、区分所有者集会が開催され、区分所有者および議決権の各5分の4以上の賛成多数により建替え決議がなされた。建替え決議に賛成しなかった区分所有者に対し、建替えに参加するか否か催告したところ（区分所有63条1項）、いずれも参加する旨の回答をしなかったため、買受指定者が非参加者に対し、区分所有建物の売渡しを請求した（区分所有63条4項）。そこで、非参加者らが決議に参加した区分所有者等に対し、決議の無効確認を請求し、買受指定者が非参加者の区分所有者らに対し、区分所有法63条の売渡請求権を行使したうえ、所有権に基づき区分所有建物の所有権移転登記手続および明渡しを請求した事案である。

本件の主な争点は、①本件決議が区分所有法62条（平成14年改正前）所定の要件を具備しているかどうか、②本件決議を行うための集会の招集通知に手続上の瑕疵があるかどうか、③本件団地管理規約（区分所有法62条の建替え決議に団地管理組合の総会の議決を経なければならない）に基づく団地管理組合の決議が必要であったか、④建替え計画が社会的相当性を欠き、本件決議が無効かどうかである。

第1審の大阪地裁判決は、①について、本件マンションが老朽化しており、建物価額その他の事情に照らし、建物の効用維持回復に過分の費用を要する

---

[50]　大阪地判平成11・3・23判時1677号91頁、大阪高判平成12・9・28判時1753号65頁（上告棄却）。

とし、②について、手続上の瑕疵を否定し、③について、本件団地管理規約は区分所有法66条（区分所有法62条は準用していない）に抵触し無効であるとし、④について、Xらの主張を排斥した。控訴審の大阪高裁判決は、①ないし④についての原審の判断を維持し、さらに、本件団地管理規約は、建替えに関連して団地共用部分に変更が生じる場合の規定であると解する限り有効であるとの主張を付加したが、これを否定した。

2　阪神・淡路大震災により被災したマンションに関する紛争[51]

本件マンションは、平成7年1月17日の阪神・淡路大震災で被災し、損傷を受けた。マンションの復興方法について、区分所有者間で、建替えによるのか、補修によるのか意見が分かれていたが、管理組合の臨時総会において、総会決議数178票のうち148票の賛成により区分所有法62条1項（平成14年改正前）に基づく建替え決議がなされた。そこで、建替えに反対するマンションの区分所有者らが、管理組合に対し、本件決議の無効確認を求め、他方、本件決議に賛成した区分所有者らが建替えに参加しない区分所有者らに対し、区分所有法63条4項による売渡請求権を行使して、区分所有権および敷地利用権に関する所有権移転登記手続専有部分の明渡し、売渡代金の確定を求めた事案である。

本件では、①本件決議が費用の過分性の要件を満たすか、②売渡請求権が行使された場合の区分所有権および敷地利用権の「時価」の算定方法、が主な争点となった。

神戸地裁判決は、①について、建物の使用目的に応じた社会的経済的効用を果たすために社会通念上必要とされる性能を損ない、その効用を維持、回復するために必要な費用が相当な範囲を超えるに至った場合をいうとし、効用の維持、回復費用が相当な範囲を超えるに至ったか否かは、建物時価と建物の維持回復費用との比較のみではなく、建物の利用上の不具合その他建物の現状、土地の利用に関する周囲の状況等、建替えの要否の判断に際して社会通念上検討されるべき諸般の事情を総合判断すべきであるとし、本件マン

51　神戸地判平成11・6・21判時1705号112頁。

581

〔第2部・第5章〕第4節　マンションの管理をめぐる紛争

ションの状況等から本件決議は、費用の過分性の要件を満たすとした。また、②の「時価」について、「時価」とは売渡請求権行使時の区分所有権および敷地利用権の客観的取引価額をいうものとし、建替え決議が行われるのは、建物の維持、存続がかえって敷地の有効利用上阻害している場合と考えられるのであり、取引価額は、更地として有効利用が可能となった敷地の価額から建物の除去費用を控除した金額に類似するから、「時価」は敷地の更地価額から建物の除去費用を控除して算出するのが相当であるとした。

3　飯田橋Ａハイツに関する紛争[52]

　本件は、地上11階建てのマンションの管理組合が、平成16年11月に開催された臨時総会において、区分所有法62条に基づき、区分所有者および議決権の各5分の4以上の賛成多数で、本件マンションを建て替える旨の決議をした。これに対し、本件マンションの区分所有者から、本件決議には、建替え敷地の不特定、地上権の処理に関する説明の欠如、買取価額の提示の欠如等の瑕疵があり、本件決議は違法無効であるとして、本件決議が無効であることの確認を求めた事案である。

　第1審である東京地裁判決は、本件決議には、敷地の特定がされていない点において区分所有法62条2項1号の要件を満たさない重大な瑕疵が、第三者との権利関係が不明確である点において区分所有法62条2項4号の再建建物の区分所有権の帰属に関する事項の要件を満たさない重大な瑕疵が、それぞれあるとして本件決議は無効であると判示した。控訴審である東京高裁判決も、本件決議は、再建建物の敷地の特定がされていない点において、区分所有法62条2項1号の要件を満たしていないとし、本件決議は、地上権の処理について明らかにしていない点において、同条項の要件を満たしていないとして、原判決を維持した。

4　同潤会江戸川アパートメントに関する紛争[53]

　本件マンションは、昭和9年に建築されたもので、鉄筋コンクリート造り

52　東京地判平成19・1・24判時1984号46頁、東京高判平成19・9・12判タ1268号186頁。
53　東京地判平成16・2・19判時1875号56頁、東京高判平成16・7・14判時1875号52頁。

582

6階建て（1号館）および同4階建て（2号館）の2棟の建物からなる住戸数258戸の集合住宅である。平成14年3月23日、上記2棟の集会において、区分所有法62条に基づき建替え決議がなされた。その後、区分所有者でかつディベロッパーが、建替えに参加しなかった区分所有者に対して、同人らが所有する区分所有建物について時価による売渡しを請求した事案である。

争点は、本件売渡請求時における時価であった。東京地裁判決は、区分所有法63条4項にいう建物の「時価」は、①建物が完成した場合における再建建物および敷地利用権の価格から建替えに要した経費を控除した額、および②再建建物の敷地とすることを予定した敷地の更地価格から現存建物の取り壊し費用を控除した額について、それぞれ相当な算出方式により具体的な数値を算出し、その後さらに当該建替えにおける個別的事情も加味した総合判断を行ったうえで、最終的な「時価」の算定を行うのが相当であると判示した。

5　芦屋川アーバンハイツに関する紛争[54]

本件は、昭和47年に新築されたマンションであるが、平成7年1月に発生した阪神・淡路大震災によって被災し、本件マンションの2分の1を超える部分が滅失し、集会決議において、区分所有法61条5項所定の復旧決議がなされた。これに対して決議に反対した区分所有者13戸が、決議に賛成した区分所有者（不動産会社であり本件マンションの販売会社）に対して買取請求をした事案である。買取請求をした不賛成者は、時価を、「請求時点において被災しなかったものとした場合の価格から復旧工事費等の被災による減価を控除して算定されるべき」（直接法）と主張したのに対し、買取請求を受けた業者は、「時価とは一部滅失の状態での価格であって、復旧後の想定価格から復旧工事費等の額を被災による減価控除して算定される価額である」（間接法）と主張した事案である。

第1審の大阪地裁判決は、直接法を採用して具体的な時価を算定した。控訴審である大阪高裁判決は、「法61条7項に基づき買取請求権は形成権であ

54　大阪地判平成10・8・25判時1668号112頁、大阪高判平成14・6・21判時1812号101頁。

〔第2部・第5章〕第4節　マンションの管理をめぐる紛争

り、その意思表示により直ちに当事者間に売買が成立した効果が発生する。
従って、買取請求により直ちに時価による売買代金債務が発生する」とし、
「時価の算定の基準時は、買取請求権が行使された時である」「『時価』は、
損壊した状態のままの評価基準時における建物及び敷地に関する権利の価格
をいう」と判示し、評価方法として原審同様に直接法を採用して時価を算定
した。最高裁決定は、上告を棄却し、上告受理申立てを不受理とした。

6　代官山マンションに関する紛争[55]

　本件マンションの敷地は、第三者が所有しており、各区分所有者は敷地を
賃借している。本件マンションは、老朽化のため、管理組合の総会で建替え
決議がなされたが、Yは建替えに反対した。そこで、X（管理組合理事長で
区分所有者）はYに対し、区分所有権および敷地賃借権を売り渡すよう請求
した。Xは、Yが敷地の賃借権譲渡に必要な地主の承諾を得ること、および
借家人を退去させて建物を引き渡すことを求めて、本訴を提起した事案であ
る。

　本判決は、区分所有法63条4項に規定する売渡請求権は形成権であるから、
その行使により売買契約が成立し、その効果として区分所有権および敷地利
用権が売主から買主に移転するので、相手方は専有部分の引渡義務および登
記移転義務を負うとともに、建物の売主の引渡義務には賃借人を立ち退かせ
て引き渡す義務が含まれるところ、これには地主の承諾を得る義務も含まれ
ると解され、この理は、区分所有法63条4項の売渡請求権行使による場合も
異ならないとして、Xの請求を認容した。

7　団地建替え決議の憲法適合性に関する紛争[56]

　本件団地は、17棟の区分所有建物からなる団地であるところ、本件団地の
管理組合の集会において、区分所有法70条所定の一括建替え決議がなされた。
同決議成立後、賛成の議決権を行使した区分所有者から区分所有権の譲渡を
受けたXは、反対の議決権を行使したYらに対し、各専有部分等を時価で売

55　東京地判平成16・7・13金法1737号42頁。

56　最判平成21・4・23裁判集民230号435頁。

り渡すよう請求した。第1審である大阪地裁判決および控訴審である大阪高裁判決は、Xの請求を認容したが、最高裁判決は、同様の判断をしつつ、区分所有法70条の憲法適合性について次のように判示した。「同法70条1項は、団地内の各建物の区分所有者及び議決権の各3分の2以上の賛成があれば、団地内区分所有者及び議決権の各5分の4以上の多数の賛成で団地内全建物一括建替えの決議ができるものとしているが、団地内全建物一括建替えは、団地全体として計画的に良好かつ安全な住環境を確保し、その敷地全体の効率的かつ一体的な利用を図ろうとするものであるところ、……団地全体では同法62条1項の議決要件と同一の議決要件を定め、各建物単位では区分所有者の数及び議決権数の過半数を相当超える議決要件を定めているのであり、同法70条1項の定めは、なお合理性を失うものではないというべきである」と述べ、区分所有法70条は、憲法29条に違反するものではない、とした。

おわりに

本章は、マンションの紛争に応じて生ずるであろう訴訟について、裁判例を中心として実務上の問題点を検討したものである。紛争を解決するためには、誰が誰に対して、いかなる内容の請求をするか、が問題である。マンションの紛争においては、建築者、販売者、付近住民、買主（区分所有者）、賃借人、管理組合、管理者、個々の区分所有者など、多くの関係者が登場する。訴訟法的には、当事者適格が問題となる。また、紛争解決法規範も、民法、区分所有法、品確法などの私法から、建築基準法、建築士法、マンションの管理の適性化の推進に関する法律、マンションの建替え等の円滑化に関する法律、などの行政法と広範であり、民事訴訟のほかに、行政不服申立て、行政訴訟、国家賠償訴訟と検討の範囲も広い。紛争の多様性から、簡易・迅速・専門性に富んだ新しい紛争解決方法（たとえば、仲裁の活用など）も考えなければならないであろう。

（村重慶一・鎌野邦樹）

〔第2部・第6章〕第1節　総　説

第6章
不動産保全関係訴訟と実務上の問題点

第1節　総　説

I　民事保全の意義

　保全処分には民事保全を指す狭義のものと特殊保全処分をも含めた広義のものとがあるが、本章においては、もっぱら民事保全について述べることとする。

　民事保全の制度は、総じていえば、本案の手続に不可避的にある程度の時間を要することから、その遅滞によって生ずる危険に対して当事者を保護し、仮救済の措置を講ずる機能を営むものであるといえる[1]。

　そして、民事保全は、本案判決の執行を確実にするという本来の目的にとどまらず、仮救済の措置ではありながらも、その効果は、債務者に対する権利を制限するものであることから、本案判決を待たずに紛争に事実上の決着がついてしまうことも少なくなく、また、本案訴訟の帰趨に影響を与えることもありうると思われる。その意味でも民事保全は、民事訴訟実務において、極めて重要な意義を有しているといえよう。

1　竹下守夫＝藤田耕三編『民事保全法』（有斐閣、1997年）32頁。

Ⅱ　民事保全の種類

　民事保全には仮差押えと仮処分とがあり、仮処分には係争物に関する仮処分と仮の地位を定める仮処分とがある。仮差押えは、金銭債権を被保全権利とするものである。係争物に関する仮処分は、金銭以外の物または権利に対する給付を目的とする請求権についての将来の権利の実行の保全を目的とするものである。仮の地位を定める仮処分は、将来の権利の実行の保全を目的とするものではなく、争いのある権利関係について債権者に生じている不安、危険を除去して本案判決による解決までの間の一定の権利関係を暫定的に形成することを目的とするものである。

Ⅲ　民事保全の特色

　民事保全については、次のような特質があるとの指摘がなされている。すなわち、民事保全は、その効果が本案判決の確定までという点では暫定的性格をもち、本案判決による確定を留保しているという点では仮定的性格をもつが、これを暫定性（仮定性）といい、本案訴訟手続に従属する手続であり、これを付随性（従属性）といい、債務者に執行免脱の機会を与えないために、保全命令の発令およびその執行が迅速になされなければならず、これを緊急性（迅速性）という。また、民事保全は、債務者に察知され、民事保全が無意味にならぬよう秘密を保持すべきものがあり、これを密行性という。

Ⅳ　民事保全の審判の対象

　民事保全手続における審判の対象は、被保全権利と保全の必要性から生じる保全請求権というべきである。[2]

2　須藤典明ほか『リーガル・プログレッシブ・シリーズ⑴民事保全〔4訂版〕』（青林書院、2019年）20頁。

〔第 2 部・第 6 章〕第 2 節　申立てと管轄裁判所

第 2 節　申立てと管轄裁判所

I　申立て

　民事保全手続の当事者は、保全命令の申立人たる「債権者」と、その相手方である「債務者」とからなる。これらの呼称は、保全手続上の呼称であって、実体法上の意味ではない。なお、保全取消手続では、取消しを求める者を「申立人」、これを受ける者を「被申立人」と呼称し、保全抗告手続では、「抗告人」、「相手方」と呼称する。

　保全命令の申立ては、その趣旨並びに保全すべき権利または権利関係および保全の必要性を明らかにして、これをしなければならない（民保13条 1 項）。保全命令の申立ての理由においては、保全すべき権利または権利関係および保全の必要性を具体的に記載し、かつ、立証を要する事由ごとに証拠を記載しなければならない（民保規13条 2 項）。かかる記載が正確になされていると、審理の迅速化に役立つ。[3]

　被保全権利は、条件付きまたは期限付きであってもよい（民保20条 2 項・23条 3 項）。

　請求債権目録は一読して内容がわかるものにすることが肝要である。

II　管轄裁判所

　管轄は、専属である（民保 6 条）。これは、合意管轄や応訴管轄が排除され、併合管轄も生じないということである。保全命令事件は、本案の管轄裁判所または仮に差し押さえるべき物もしくは係争物の所在地を管轄する地方裁判所が管轄する（民保12条 1 項）。ただし、事物管轄に関して、簡易裁判所または家庭裁判所に管轄がある場合もある。もっとも、本案の管轄が合意で

---

[3]　申立ての趣旨、請求債権目録等の書式については、松本利幸＝古谷健二郎編『書式民事保全の実務〔全訂 6 版〕』（民事法研究会、2020年）の記載が参考になる。

588

なされていれば、本案の管轄地として、民事保全の管轄が認められることになる（民保12条）。管轄のない裁判所に申立てがなされた場合、移送手続によると、時間がかかり、また、密行性を害することにもなることから、裁判所は、取下げを勧告することが多いと思われ、申立人としてもこれに応じたほうが得策であるといえる。

第3節　審理方式

I　オール決定主義

民事保全法は、一般的に、民事訴訟法を準用している（民保7条）。

審理方法は、書面審理、口頭弁論、審尋ということになる。

民事保全の手続に関する裁判は、決定手続によることとされ、口頭弁論を経ないですることができる（任意的口頭弁論。民保3条、民訴87条1項ただし書）。実際、口頭弁論を開くことはほとんどない（旧法事件での保全取消し等においては旧法が適用になり、口頭弁論を開く必要がある場合がある）。また、一度口頭弁論手続に付したとしても、再び審尋手続に戻すこともできる。

II　審　尋

審尋（民訴87条2項）とは、決定手続で口頭弁論を開かない場合に、当事者その他の利害関係人に対して書面もしくは口頭で裁判所に意見を陳述する機会を与える手続であり、主張の整理あるいは補充のための手続であると解される。[4]

---

[4]　須藤ほか・前掲書(注2)53頁。

589

〔第2部・第6章〕第4節　担　保

Ⅲ　釈明処分の特例

　裁判所は、争いに係る事実関係に関し、当事者の主張を明瞭にさせる必要があるときは、口頭弁論または審尋の期日において、当事者のために事務を処理し、または補助する者で、裁判所が相当と認めるものに陳述をさせることができる（民保9条）。

Ⅳ　民事保全命令手続における疎明

　保全すべき権利または権利関係および保全の必要性の立証は、疎明で足りるものとされ（民保13条2項）、証明の程度が軽減されている。他方、管轄や当事者能力等の保全命令手続における訴訟要件については、民事訴訟法の原則により、証明を要する（ただし、自由な証明で足りる）。

　要件事実についての考え方は、基本的には本案訴訟と同様である。しかし、債務者を審尋しない保全の場合には、債権者側の一方的な主張と疎明により、発令されることがあるため、債務者側の予想される抗弁等を封ずるだけの主張と疎明が必要とされる。必要とされる疎明の程度は、事案の内容によっても異なり、一概にはいえない。債務者に対する打撃が大きいものについては、高度の疎明が要求されるといえよう。

第4節　担　保

Ⅰ　担保の意義

　保全命令は、担保を立てさせて、もしくは相当と認める一定の期間内に担保を立てることを保全執行実施の条件として、または担保を立てさせないで発することができる（民保14条1項）。無担保で発令することは極めて例外的

590

である。担保は、違法な保全処分の執行により、債務者に損害が生じた場合の引当てになるものである。それゆえ、民事保全の類型により、担保の定め方は異なり得る。なお、担保により疎明の代用とすることはできない。すなわち、被保全権利の存在および保全の必要性の存在について、疎明がなされない場合には、担保を積まれても発令はなし得ない。

立担保の要否およびその額については、裁判所が裁量によりこれを決する。

不動産の仮差押えにおいては、担保額の決定方法について、請求債権額を基準とする考え方と目的物価額を基準とする考え方とがある。大要、目的物価額を基準とするが、目的物価額よりも請求債権額が高い場合には、目的物に請求債権額と同じだけの価値があるものと考えられるから、その額を基準とすることになり、請求債権額を基準とする見解と結論的には同じとなる。係争物に関する仮処分のうち（不動産に係る）処分禁止の仮処分においても、同様に考えることができる。

目的不動産の価額については、緊急性の見地から、鑑定等によらず、固定資産評価証明書の評価額、公示価格ないし路線価を用いて決することが多い。全部事項証明書の地番と住居表示との違いがあるときは、地番と住居表示の両者が記載されている地図（いわゆるブルーマップ）を提出してもらう扱いである。当該不動産が借地権付き等である場合には、その借地権等の価額を加算し、当該不動産に担保が付されているときは、全部事項証明書をみて、被担保債権額を控除して計算することが多い。

担保の機能として、濫用的申立ての防止という面があることも否定できず、事案の内容および疎明の程度により、相当高額の担保決定をすることもあり得る。

担保決定に不服のある債権者は、即時抗告をなしうると解する。[5]

Ⅱ　担保の提供

担保を立てる方法としては、金銭を供託所（法務局）に供託する方法が原

---

[5] 仙台高決平成4・5・27判タ805号210頁。瀬木比呂志『民事保全法〔新訂第2版〕』（判例タイムズ社、2020年）99頁以下。

〔第2部・第4章〕第5節　仮差押え

則であるが、裁判所の許可を得て、有価証券を供託することもでき、また、支払保証委託契約を締結する方法（いわゆる「ボンド」）や、第三者供託もある。おおむね3日ないし5日（初日不算入）の期間内に担保を提供するように決定されることが多い。あまりに長い担保提供期間は、保全の必要性の観点からも認められない。

Ⅲ　担保の取消し等

　債権者または担保を立てた第三者が担保を取戻す方法としては、原則として担保取消決定が必要である（担保提供者は、①担保提供者が担保の事由が消滅したことを証明したとき（民保4条2項、民訴79条1項）、②担保提供者が担保取消しにつき担保権利者の同意を得たことを証明したとき（民保4条2項、民訴79条2項）、③訴訟完結後、裁判所が、担保提供者の申立てにより、担保権利者に対し一定の期間内にその権利を行使すべき旨の催告をしたのに、担保権利者が権利を行使しなかったとき（民保4条2項、民訴79条3項）（この場合は、担保取消しにつき担保権利者の同意があったものとみなされる）には、担保取消決定の申立てをなしうる）が、一定の場合には担保取消決定を要しない簡易な担保の取戻しという方法も認められる（民保規17条）。

第5節　仮差押え

　仮差押えは、被保全権利が金銭債権であるものである。債権者は、仮差押命令を得ておけば、後に本案訴訟で勝訴確定判決を得た場合、仮差押えに抵触する債務者の処分は無効となり、責任財産を保全し得る。

　裁判所は、①金銭の支払を目的とする債権について、②強制執行をすることができなくなるおそれがあるとき、または①金銭の支払を目的とする債権について、③強制執行をするのに著しい困難を生ずるおそれがあるとき、に仮差押命令を発することができる（民保20条1項）。そこで、不動産関係訴訟においては、賃料請求訴訟、損害賠償請求訴訟等が本案である場合に、仮差

592

押命令の申立てがなされる。目的物を不動産とする不動産仮差押えについては、比較的問題となる点が少ない。

第6節　仮処分

I　係争物に関する仮処分

　裁判所は、①係争物の現状の変更により、②債権者が権利を実行することができなくなるおそれがあるとき、または、①係争物の現状の変更により、②権利を実行するのに著しい困難を生ずるおそれがあるときに、係争物に関する仮処分命令を発することができる（民保23条1項）。係争物に関する仮処分として、占有移転禁止の仮処分と処分禁止の仮処分とがある。いずれも当事者恒定効を認めることで、わが国の民事訴訟法が当事者恒定主義を採用せず、訴訟承継主義を採用していることによる債権者のリスクを補う趣旨に出たものである。

II　占有移転禁止の仮処分

1　意　義

　占有移転禁止の仮処分は、紛争の対象となっている係争物の占有者を債務者として、その債務者の占有の変更を暫定的に禁止しておくものであり、特定物の占有状態の現状維持を目的とする。訴訟承継主義の下では、物の引渡し・明渡請求訴訟の係属中に目的物の占有が移転した場合には、新占有者に訴訟を引き受けさせない限り、旧占有者を被告とした訴訟は請求棄却を免れない。そこで、民事保全法は、当事者恒定効を生じる占有移転禁止の仮処分の制度を定めた。

593

〔第2部・第6章〕第6節　仮処分

2　占有移転禁止の仮処分の被保全権利

　占有移転禁止の仮処分の被保全権利としては、物権的、債権的な物の引渡・明渡請求権であれば足りる。所有権、占有権、占有を内容とする制限物権または賃借権（賃貸人の賃借人に対するものおよび賃借人の不法占拠者に対するもの）に基づく建物明渡（引渡）請求権、抵当権に基づく妨害排除請求権、引渡命令が考えられるところ、多数説によれば、いずれもその被保全権利性を肯定されている。

3　占有移転禁止の仮処分の種類および効力

　占有移転禁止の仮処分には、仮処分命令の具体的な内容に応じて、①基本型たる債務者保管型、②執行官保管型および③債権者使用型がある。

　占有移転禁止の仮処分の債権者が、本案訴訟で勝訴確定判決を取得した場合、執行文の付与を受けて、新たな占有者に対して強制執行することができるのは、①当該占有移転禁止の仮処分命令の執行がされたことを知って当該係争物を占有した者か、②当該占有移転禁止の仮処分命令の執行後にその執行がされたことを知らないで当該係争物について債務者の占有を承継した者に限られる（民保62条1項）。もっとも、仮処分債権者を保護するため、この仮処分命令の執行後に当該係争物を占有した者は、その執行がされたことを知って占有したものと推定される（民保62条2項）。

　また、占有移転禁止の仮処分において、係争物が不動産であるものについては、仮処分命令の執行前に債務者を特定することを困難とする特別の事情があるときは、裁判所は、債務者を特定しないでこの仮処分を発することができる（民保25条の2第1項）。もっとも、この仮処分の執行は、係争物である不動産の占有を解く際にその占有者を特定することができない場合は、することができない（民保54条の2）。

　なお、占有移転禁止の仮処分を前提とする引渡しまたは明渡しの強制執行の場合には、債務者を特定しない承継執行文の付与が認められる（民執27条3項）。

594

Ⅲ　処分禁止の仮処分

1　意　義

　これは特定物に関する給付請求権の執行を保全するため、特定物についての権利状態の現状維持を目的とする仮処分である。

　土地所有者が、自己所有地につき無権原者名義の所有権移転登記が存在することを知り、この者を被告として抹消登記手続請求の訴えを提起した場合、同訴訟の事実審の口頭弁論終結時以前に、無権原者が第三者に当該土地についての所有権移転登記をすると、所有者は、無権原者を被告とする勝訴の確定判決を得ても、第三者名義の登記につき抹消登記手続をなし得ない。このような場合に、債権者としては、訴え提起前（後でもよい）に処分禁止の仮処分を得ることにより、その当事者恒定効により、かかる事態を避けることができる。

2　処分禁止の仮処分の種類

　ところで、民事保全法は、処分禁止の仮処分の執行に関して、被保全権利である実体権の性質を考慮して、合理的な規律をすべく、①処分禁止の登記をするもの（民保53条1項）、②処分禁止の登記に加えて、仮処分による仮登記（保全仮登記）を併用するもの（民保53条2項）、および③建物収去土地明渡請求権を保全するための建物の処分禁止の仮処分（民事保全法55条）を定めている。処分禁止の登記により当事者恒定効が生ずる。保全仮登記は、順位保全のためのものである。

3　不動産に関する登記請求権（仮登記を除く）を保全するための処分禁止の仮処分

　ここにいう不動産とは、不動産登記法1条のそれである。

　たとえば、不動産の買主に対し、売主が移転登記手続をしない場合、買主は、所有権または売買契約に基づく登記請求権を有し、売主を債務者として、

〔第2部・第6章〕第6節　仮処分

当該不動産の処分禁止の仮処分を求めることができる（民保53条1項。物権的請求権のみでなく、債権的請求権も被保全権利となると解されている）。

　もっとも、かかる仮処分を、登記請求権にかかわらない権利の保全のために利用することは、基本的に困難であるといえよう。建物の区分所有等に関する法律59条1項に規定する競売を請求する権利を被保全権利として民事保全法53条または55条に規定する方法により仮処分の執行を行う処分禁止の仮処分を申し立てることはできない。[6]

　不動産の一部についての権利を保全するためにも、対象となる範囲が特定できれば、認められる。ただし、この場合には仮処分の登記を行う前提として分筆登記が必要である。不動産に関する権利の一部（たとえば、共有持分）についても処分禁止の仮処分を求めることができる。もっとも、このような処分禁止の仮処分については、執行方法（登記）との関係で難しい問題を生じることがあるから、注意が必要である。

　仮登記請求権は被保全権利たり得ない（民保53条1項）が、条件付登記請求権という構成によれば認められる。仮登記権利者は、本登記請求権または本登記承諾請求権を被保全権利として、処分禁止の仮処分をすることができる。

　賃借権に基づく不動産引渡請求権も被保全権利とは認めがたいと解されるが、登記の特約がある場合は認められよう（また、任意の履行に期待する仮処分なら発令可能である）。

　売買契約に基づく不動産引渡請求権を被保全権利とすることも可能であるが、この場合には、民法177条の建前を損なわぬよう注意する必要があろう。

　離婚に伴う財産分与請求権も本仮処分の被保全権利となりうると解される。

　共有物分割請求権は、登記請求権にかかるものではないので、原則として被保全権利とすることは困難であるといえよう。

　登記に関する承諾請求権を被保全権利とすることについても、消極に解すべきである。

　境界確定訴訟に関する請求権も形成権であって、被保全権利とはなり得な

6　最決平成28・3・18民集70巻3号937頁。

いものと解する。

4 建物収去土地明渡請求権を保全するための建物の処分禁止の仮処分

　これは、被保全権利が登記とは無関係の権利であり、登記請求権を保全するための仮処分とは取扱いを異にすることから、別に規定されたものである（民保55条1項）。この仮処分の効力は、占有移転禁止の仮処分に近い。

　建物の敷地の明渡しを求める場合、建物につき処分禁止の仮処分を得ておけば、その他の仮処分を併用しなくとも、敷地の直接占有者である建物所有者については当事者の恒定を図ることができる。しかし、建物所有者が建物の占有を第三者に移転するおそれがある場合には、建物の占有によりその敷地を間接的に占有する者についての当事者恒定を図るため、所有者に対し、建物について占有移転禁止の仮処分をもあわせて得ておくのがよいであろう。建物を第三者が占有している場合にも、建物所有者を債務者として処分禁止の仮処分を得るとともに、その第三者（場合によっては所有者も）を債務者として占有移転禁止の仮処分を得ておく必要がある。また、明渡しを求める土地が広くて、建物の敷地部分以外に、独立の占有が可能な部分があるに場合には、さらに、建物所有者および建物占有者を債務者として、土地についての占有移転禁止の仮処分を得ておく必要がある[7]。

5 その他の処分禁止の仮処分

　これは、所有権以外の権利の「保存、設定又は変更」についての登記請求権を被保全権利とする場合（民保53条2項）である。たとえば、不動産賃貸借契約において、賃借権の登記をする旨の合意がある場合には、賃借人は賃貸人に対して賃借権設定登記請求権を有するから、これを被保全権利として処分禁止の仮処分を申し立てることができる。賃借権の登記をする旨の合意がない場合には、賃借人は、別に登記以外の対抗要件を具備しない以上、第三者に対して賃借権を対抗し得ないのであるから、処分禁止の仮処分という

7　原井龍一郎＝河合伸一編著『実務民事保全法〔3訂版〕』（商事法務、2011年）342頁。

〔第2部・第6章〕第6節　仮処分

形で結果的に第三者に対抗できるようにすることは、単なる賃借権が本来もっていた性質を超えることになり、認められないものと解する。

　実務上は、この仮処分のほとんどが、抵当権設定登記請求権を被保全権利とするものである。[8]

　かかる仮処分については、原則として第三者の登記を抹消すべきではなく、登記の順位を保全すれば足りることになるので、処分禁止の登記と仮処分による仮登記（保全仮登記）を併用することにしたのである。

6　仮処分解放金

　仮差押えには仮差押解放金の制度が認められている（民事保全法22条1項）が、仮処分においても、執行解放金（民保25条）が認められる場合があり得る。仮処分解放金を定めることができるのは、被保全権利の基礎あるいは背後に金銭債権があり、債権者が金銭の支払を受けることをもって被保全権利を行使したのと同じ結果を得られるような場合に限定される。

Ⅳ　仮の地位を定める仮処分

1　意　義

　裁判所は、①争いがある権利関係について、②債権者に生ずる著しい損害を避けるためこれを必要とするとき、または①争いがある権利関係について、③債権者に生ずる急迫の危険を避けるためこれを必要とするときに、仮の地位を定める仮処分を発することができる（民保23条2項）。仮の地位を定める仮処分の被保全権利については、特に限定はなく、債権者と債務者との権利関係であって、それについて争いがあればよい。

2　審　理

　仮の地位を定める仮処分については、債務者に与える影響も重大であるこ

8　菅野博之＝田代雅彦編『裁判実務シリーズ(3)民事保全の実務』（商事法務、2012年）。

とが多く、また、それ以外の民事保全とは性質が異なり、密行性が要求されない場合も多い。すなわち、裁判所は、仮の地位を定める仮処分の審理に際しては、原則として、口頭弁論または債務者が立ち会うことができる審尋の期日を経なければ、保全命令を発することができない（民保23条4項）。もっとも、これは、債務者に反論の機会を与えるという趣旨によるものであるから、現実に審尋期日に呼び出された債務者が出頭しなくとも発令が可能である。また、特段の事情があれば、無審尋で発令することもありうる。

3 仮の地位を定める仮処分の種類

不動産保全関係訴訟で考えられるものとしては、不動産明渡断行の仮処分、意思表示を命ずる仮処分、抵当権実行禁止の仮処分、競売手続停止の仮処分、通行妨害禁止の仮処分、建築工事妨害禁止の仮処分、建築禁止の仮処分、通行禁止の仮処分等がある。

第7節 裁判および裁判によらない終了

I 裁 判

民事保全命令の申立てに対する判断は、常に決定の形式で示される。民事保全の申立てに対する裁判所の判断は、調書決定がなされる場合を除いて、決定書が作成される（民保規9条1項・10条）。保全命令の申立てについての決定には、理由を付さなければならない。ただし、口頭弁論を経ないで決定をする場合には、理由の要旨を示せば足りる（民保16条）。

〔第2部・第6章〕第9節　当事者の保護と不服申立制度

Ⅱ　裁判によらない終了

　裁判によらない終了事由としては、和解と取下げがある。

　保全命令の申立てを取り下げるには、保全異議または保全取消しの申立てがあった後においても、債務者の同意を得ることを要しない（民保18条）。期日において、債権者が取り下げる場合には、取下書の提出は不要であるが、実務上は取下書の提出があると便宜である。

　保全手続において、和解をすることもでき、これは、裁判上の和解となる（民保7条、民訴89条・267条）。

第8節　執行手続

　保全執行手続とは、保全命令手続で発令された保全命令を執行するという段階である。

　仮処分の執行については、民事保全法の仮処分の執行の節に定めるもののほか、仮差押えの執行または強制執行の例によるものとされている（民保52条1項）。保全命令送達の日から2週間経つと、保全執行をすることができなくなる（民保43条2項）。

第9節　当事者の保護と不服申立制度

Ⅰ　債務者保護制度の種類

　保全命令が発令された場合の債務者による不服申立方法としては、保全異

議（民保26条）、保全取消しがある。保全取消しには、本案不提起による保全取消し（民保37条）、事情変更による保全取消し（民保38条）および仮処分に特有のものとして、特別事情による保全取消し（民保39条）がある。

Ⅱ　保全異議

保全異議（民保26条以下）は、保全命令ないしはその申立ての当否について、同一審級の裁判所に再度審理することを求める不服申立方法である。

裁判所は、保全異議の審理に際しては、口頭弁論または当事者双方が立ち会うことができる審尋の期日を経なければ、保全異議の申立てについての決定をすることができない（民事保全法29条）。

裁判所は、審理を終結するには、相当の猶予期間をおいて、審理を終結する日を決定しなければならない。ただし、口頭弁論または当事者双方が立ち会うことができる審尋の期日においては、直ちに審理を終結する旨を宣言することができる（民保31条）。

裁判所は、保全異議の申立てについての決定においては、保全命令を認可し、変更し、または取り消さなければならない（民保32条1項）。いずれの決定に対しても不服のある側から保全抗告（民保41条）をなし得る。

保全異議の申立てを取り下げるには、債権者の同意を得ることを要しない（民保35条）。

Ⅲ　保全取消し

保全取消しは、保全命令発令時には、その発令の要件が存在していたことを前提にしたうえで、その後に発生ないし判明した事情、あるいは、別個の特別の事情を考慮して、保全命令を取り消すべきか否かが審理されるもので、保全異議とは異なっている。

保全取消しには、本案の訴えの不提起等による保全取消し（民保37条）、事情変更による保全取消し（民保38条）および（仮処分特有のものとして）特別の事情による保全取消し（民保39条）がある。

601

〔第2部・第6章〕第9節　当事者の保護と不服申立制度

保全取消しの申立てが認容または却下された場合にも、不服のある側から保全抗告（民保41条）をなしうる。

民事保全法29条、31条および35条等は保全取消しに準用されている（民保40条1項）。

Ⅳ　占有移転禁止の仮処分の債務者による不服申立て

占有移転禁止の仮処分においては、占有者は、執行文付与に対する異議の訴えで争うことができるほか、執行文の付与に対する異議の申立てにおいて、債権者に対抗することができる権原により当該物を占有していること、または、その仮処分の執行がされたことを知らず、かつ、債務者の占有の承継人でないことを理由とすることができる（民保63条）。

Ⅴ　保全抗告

保全抗告は、保全異議または保全取消しの裁判について、上級審に再審理するように求める不服申立方法である。保全異議または保全取消しの申立てについての裁判に対しては、その送達を受けた日から2週間の不変期間内に保全抗告をすることができる（民保41条1項本文）。

Ⅵ　即時抗告

保全命令の申立てを却下する裁判に対しては、債権者は、告知を受けた日から2週間の不変期間内に、即時抗告をすることができる（民事保全法19条1項）。

おわりに

以上、主に実務的観点から不動産保全訴訟について述べてきた。実務につ

602

いては、庁または裁判体により異なる結論、運用をとる可能性もあり得るものである。

（甲良充一郎）

〔第2部・第7章〕第1節　建築関係訴訟の意義と特質

第7章
建築関係訴訟と実務上の問題点

第1節　建築関係訴訟の意義と特質

I　建築関係訴訟の意議

1　建物の概念

　民法は、権利の客体となる物を不動産と動産に分け、そのうち不動産を「土地及びその定着物」（民86条1項）としているが、この定着物の典型であって、社会的に人の生活の本拠としての機能を営み、取引の対象としても重要な意義を有する建物については、積極的に定義づけをしていない。しかし、他方では、抵当権の効力の及ぶ範囲および法定地上権の成否を規定するに際して、土地と建物を別個の不動産として取り扱っており（改正民370条・388条）、また、不動産登記法は、権利の得喪変更を公示するための登記制度に関し、不動産とは「土地及び建物をいう」（不登2条1号）としたうえで、土地と建物を別に取り扱っているので（不登2条・27条以下）、建物とは何を指すのかという概念規定をしておくことが必要である。

　ところで、建物は、土地と異なり、当初から自然の状態で存在するわけではなく、建築という行為を介在して初めて存在するに至るから、その過程においてどのような状態になったときに建物となるのかということが問題となる。もとより私法的な権利関係を規律するために考察するのであるから、観

604

念的には、建築途中に土地とは別個の取引の対象とする実質を備えた時から建物と認められるということができるが、どの段階でそのような実質を具備するかを解釈により一義的に定めることは困難である。この点に関し、登記実務上、登記官が建物と認定する基準を設け、「建物は、屋根及び周壁又はこれらに類するものを有し、土地に定着した建造物であって、その目的とする用途に供し得る状態にあるもの」（不登規111条）としているのが参考となる。これによると、①定着物性（土地に定着した構造物であること）、②構造上の特性（屋根および周壁等の外界と隔絶する設備を有すること）、③供用可能性（目的とする用途に供し得る状態にあること）、以上の3要素を備えることが必要である。他方、建築基準法は、建築物の敷地、構造および用途に関する最低の基準を定めてその安全性に関する法規制をするという観点から、「建築物」をもって「土地に定着する工作物のうち、屋根及び柱若しくは壁を有するもの（これに類する構造のものを含む。）、これに附属する門若しくは塀、観覧のための工作物又は地下若しくは高架の工作物内に設ける事務所、店舗、興行場、倉庫その他これらに類する施設（鉄道及び軌道の線路敷地内の運転保安に関する施設並びに跨線橋、プラットホームの上家、貯蔵槽その他これらに類する施設を除く。）をいい、建築設備を含むものとする」と定義している（建築基準法2条1号）。このような意味での建築物のうち屋根および周壁を有するものが前述の民法上の建物にあたるから、これよりもやや広いとらえ方をしていることになる。建築に関する私的紛争の中でも、建物に至らない状態での建築途上の工作物や付属施設等の建築物が問題となることもあるので、参考となろう。

2 建築の概念

建築基準法は、「建築」について、「建築物を新築し、増築し、改築し、又は移転すること」（建基2条13号）と定義している。そして、新築は材料の新旧を問わず新たに築造すること、増築は床面積を増加させること、改築は従前と構造・規模・用途が著しく異ならないもの（著しく異なれば新築）、移転は同一敷地内での位置の変更（他への移動はその敷地内での新築または改築）をそれぞれ指すものと一般に理解されており、通常の用語法とも一致してい

〔第2部・第7章〕第1節　建築関係訴訟の意義と特質

ることから、これをそのまま援用して差し支えないと思われる。もっとも、この定義では改築に至らない程度の改装（リフォーム）が含まれないことになるが、改装の際に生じた不具合・欠陥が取引上問題になることもあるので、これをも含めて取り扱うのが実務上の処理に即しているということができる。

3　建築関係訴訟のとらえ方

　前述のような意味での「建物」の「建築」に関して生じた私法上の権利義務に関する訴訟が「建築関係訴訟」であるということになろうが、後述するように、建築訴訟が一般の民事通常訴訟の中で特に審理方法に関して特徴があるものとして取り上げられるのは、建築技術上の専門的な事項が多数かつ多岐にわたって争点として現れてくることに基づいているから、建物の建築に関して提起された訴訟の中でも特に専門性の高いものに限定して「建築関係訴訟」と定義づけ、考察の対象にするのが問題の核心に沿っていることになる。[1]

　本章では、建築関係訴訟の特質と審理上の問題点について概括的に論ずることとする。

II　建築関係訴訟の特質

1　建物の建築に関する紛争の態様

　建物は建築された後に取引によって流通されるものであるから、建物をめぐる紛争は建築それ自体に関するものとその後の取引に関するものとに分類されるが、建築の過程において生じた建物の不具合・欠陥に起因して生じた紛争であれば、それが顕在化したのが建築段階であれ、その後の流通過程であれ、いずれも建築紛争に含まれる。そして、その紛争は、いずれのケースについても、設計・施工・監理または売買の契約当事者間に生ずる場合のほ

1　松本克己美ほか編『専門訴訟講座(2)建築訴訟〔第3版〕』（民事法研究会、2022年）においては、上記のような観点から審理上の問題を網羅的にとらえて説明を加えているので、詳細は同書を参照されたい。

606

か、施主・施工者等の建築関係者と直接の契約関係にない第三者（たとえば、建物の転得者や建築工事現場の付近住民等）との間に生ずる場合とがある。そして、前者については主として契約責任が、後者については不法行為責任が問題とされる。

ところで、建築紛争が訴訟に持ち込まれる場合、実務上は、施工業者または売主から施主または買主への代金請求事件という形態をとるものが比較的多いが、このような事案では、施主または買主が代金の支払を拒絶するため、抗弁として、契約の目的物である建物に不具合・欠陥があることを理由に担保責任や不法行為責任等を主張することによって建築に関する専門技術的事項が争点として顕在化することになる。また、施主または買主が施工業者または売主に対して債務不履行または不法行為に基づく損害賠償を請求し、あるいは、建物の転得者や建築工事現場の付近住民がその建築関係者に対して不法行為に基づく損害賠償を請求する事案においては、当初から建築技術に関する事項が争点とされるのが特徴である。

このようにして建築技術上の専門的な事項が訴訟の審理の過程で争われることによって本来的な意味での建築関係訴訟に位置づけられることになる。

なお、建物の不具合・欠陥が争点となる事案は「建築瑕疵型事件」、建築関係者の第三者への加害の有無等が争点となる事案は「第三者被害型事件」と呼ばれることがあるので、本章でもその用語例に従って説明する。この点に関し、民法の一部を改正する法律（平成29年法律第44号）により主として債権関係の規定に大幅な修正が加えられ（本章では、改正された条文を表す際には「改正民」という）、売買契約について担保責任が見直されて改正前の瑕疵担保責任から契約内容不適合による債務不履行責任へと転換するとともに、瑕疵という言葉そのものは民法の規定では用いられることがなくなり（ただし、民法の一部を改正する法律の施行に伴う関係法律の整備等に関する法律（平成29年法律第45号）による改正後の住宅の品質確保の促進等に関する法律においては、瑕疵とは「種類又は品質に関して契約の内容に適合しない状態をいう」と定義したうえで（住宅品確2条5項）、新築住宅に関する瑕疵担保責任の特例が存置されていること（住宅品確87条〜90条）に注意を要する）、それが他の有償契約に準用される（改正民559条）ため、請負契約も同様の規律を受けることと

607

〔第 2 部・第 7 章〕第 1 節　建築関係訴訟の意義と特質

なったが、判例では、目的物が契約において予定されていた品質・性能を欠くことを瑕疵と捉えており（いわゆる主観的瑕疵概念）、民法改正後も契約の内容に適合しないとの意味合いで瑕疵という言葉が一般に用いられているので、建物に不具合や欠陥があるために契約において予定されていた性状・性能を備えていないことをもって瑕疵と称するのは何ら不適切なことではない（以下、実務上の用語に従い、契約内容不適合も含めて瑕疵と表記することがある）。

2　建築生産システムの特殊性から生ずる紛争の特質

　建物をその目的とする用途（住居、事務所、店舗、工場等）に供するためには、施主が建築計画を立て、設計者がその趣旨に沿った設計を行い、建築確認がされた後に、施工者が設計図書に従い、監理者の監理の下に工事を行い、建物を完成して、建築主に引き渡し、建築主がこれを自ら使用するかまたは販売するという過程を経るのが一般的であるが、そのプロセスには、当該分野に特有の技術的な問題が伏在しており、そこに生じた関係者間の利害対立を解決するためには、設計・施工・監理の全般にわたり、かつ、地盤、構造、材料、仕上げ、設備等の諸点に関する専門技術的な問題を取り上げて検討しなければならない。このような高度な専門性が建築関係訴訟の最大の特質である。

　次に、このような建築生産システムの過程には、施主、建築士（一級建築士、二級建築士、木造建築士の種別がある）および施工業者（わが国においては建設業者間の多重的な下請構造が特徴的であるといわれている）等の多数の者が関与しているが、その間において締結される契約関係は多様である。たとえば、施主と建築士との間では設計・監理契約（準委任契約と解する説が有力であるが、請負契約説や混合契約説等も主張されている）、施主と施工業者との間、元請け・下請け・孫請け等の業者間においては工事請負契約がそれぞれ締結され、建売住宅やマンションの販売等に関しては売主と買主間に売買契約が締結される。このような事情から、いったん関係者間において紛争が生じた

2　最判平成22・6・1民集64巻4号953頁、最判平成25・3・22裁判集民243号83頁。

場合、法律的判断の基準が一様でないばかりでなく、その原因がどの過程で発生したかによって責任主体が異なることもありうるから、法律関係はさらに複雑となる。

　また、建築取引の業態を反映しているためか、請負契約の締結が口頭で行われ、契約書や設計図面が作成されていなかったり、契約の前提としての見積書が作成されていなかったり、契約の内容を特定するための仕様書が存在しなかったり、工事の過程を表す工程管理記録等が備えられていなかったりすることも多い。そして、当初の契約締結に際して契約書や設計図面が作成されたとしても、その後の工事内容の変更や追加にあたって、口頭で発注され、書面が作成されないこともよく見かける。このような事案においては、そもそも契約内容を確定することが困難となる。さらに、業者間の下請取引においては、請負報酬額に関する合意がされないまま工事に着手し、完成・引渡しの後に金額に関する争いが生ずることも多い。このような場合に、適正報酬額や出来高を算定するのは困難なことが多い。このように、証拠が乏しいことが多く、事実認定に困難を伴うこともまた建築関係訴訟の特徴である。

　なお、建物の建築については、民法に基づく私法上の権利義務関係のみならず、建築物の構造、設備および用途に関する最低の基準を定めてその安全性確保の見地からの法規制を行う建築基準法への適合性が問題となり、都市計画法、土地再開発法、土地区画整理法等の都市計画の見地からの法規制、消防法、労働基準法、医療法等による公共の安全・防災・衛生の見地からの法規制をも視野に入れて紛争の解決を図らなければならない。このような公法的規制をも含めた法律関係の複雑性も建築関係訴訟の特質としてあげられる。

3　対象の性質と当事者の意識に基づく紛争の特質

　建物は、一般の請負や売買の目的物と比べても高価な商品であり、特に住居を構えることは施主または買主にとって一生の問題であるから、建物の性能や形状についての関心が極めて高いことは当然である。ところが、建物の性能や形状に関する要求水準は、施主・買主と施工者・売主との間でしばし

609

〔第2部・第7章〕第2節　建築関係訴訟の審理上の諸問題

ば食い違うことから、この点に関する認識の相違が顕在化した場合には、深刻な紛争となり、感情的な対立から人格訴訟の様相を呈することすらある。また、第三者被害型事件においては、建築とは直接的な関係のない近隣住民等が不測の損害を被るわけであるから、その被害感情は極めて強い場合が多い。このような厳しい対立が訴訟の場にもち込まれる点が大きな特徴でもある。

　次に、建物という複雑な構造を有する物が対象であるだけに、当事者から主張される不具合・欠陥の事象および発生箇所がいきおい多数に及ぶこととなり、審判対象が膨大になりがちである。この点は、建築瑕疵型事件において顕著である。そして、前述のように当事者間の感情的対立が著しい場合には、根拠の乏しい主張であっても、これを撤回することにも躊躇し、争点を合理的に絞り込むことが難しく、結果的には意味のない攻撃・防御が繰り返されることも少なくない。そのため、審理の対象が膨大になりがちであることもまた大きな特質として取り上げられる。

第2節　建築関係訴訟の審理上の諸問題

I　審理実務における問題点

1　技術的側面と専門的知見の導入

　建築関係訴訟のうちで多数を占める建築瑕疵型事件の審理においては、施主または買主の側から主張される瑕疵の存在が認められるか否かが主要な争点となるところ、この瑕疵該当性（契約内容不適合性）そのものは最終的に規範的な価値評価を経た後に判断されることになるが、その前提として、当該部位に生じた事象が建築に関する専門技術的な見地から不具合・欠陥にあ

610

たるか否かがまず問題となる。そして、建築技術的観点から不具合・欠陥に
あたり、かつ、これが法的評価としても契約内容不適合（瑕疵）に該当する
と認められる場合、続いて、これを修補するにはどのような方法が適切であ
るか、さらに、これに要する費用はどのくらいかが問題となる。これらの点
について検討するためには設計・施工および積算に関する専門的な知識と経
験を欠かすことはできない。

　また、第三者被害型事件においては、建築過程でとられた工法の適否、こ
れと第三者の側に生じた事象との間の因果関係の存否、当該事象の発生につ
いての予見可能性および結果回避可能性の有無、損害回復の方法および費用
等が争点となるが、そのいずれについても法的判断の前提となる技術的事項
に関する専門的な知見が必要である。

　以上のように建築関係訴訟の審理・判断に際しては建築技術的側面からの
検討が不可欠であるが、裁判官および当事者（訴訟代理人である弁護士）は建
築に関する知識および経験を有していないことが多いから、建築家の関与を
得て訴訟に専門的な知見を導入する必要が生じる。そこで、この点を争点整
理、証拠調べおよび和解・調停の各手続においてどのように円滑に遂行する
かが実務上の重要な課題とされている。

2　争点の複雑性・膨大性

　建築瑕疵型事件においては、建築生産システムのプロセスを構成するさま
ざまな部分（たとえば、地盤、基礎、柱・梁、外壁、屋根、内壁、床、天井、階
段、建具、設備等）が不具合・欠陥の生じた部位として主張され、かつ、そ
の瑕疵事象として主張される具体的状態も、地盤沈下・傾き、構造上の安全
性の欠如、コンクリートかぶり厚さ・配筋・壁厚の不足、亀裂・ひび割れ、
仕上げ不良、漏水・雨漏り、結露・かび、遮音性能不十分、シックハウス、
電気・給排水・衛生の設備の不良等の諸点に及んでいる。

　そして、その発生について責任があると主張されるのは、設計・施工・監
理の各分野にわたっており、しばしばこれらの責任が競合するものとして取
り上げられることになる。さらに、そのうち施工上の問題について考えてみ
ても、実際のプロセスにおいては、土工事、山留め工事、仮設工事、基礎ス

〔第2部・第7章〕第2節　建築関係訴訟の審理上の諸問題

ラブ工事、鉄筋コンクリート工事、鉄骨工事、木工事、建具工事、内装工事、防水工事、断熱工事、屋根工事、左官工事、塗装工事、吹付工事、電気設備工事、通信設備工事、外構工事等が複合的に組み合わされて行われ、その担当業者が異なる場合も少なくないから、不具合・欠陥を生じさせた責任を負う者を特定するのも困難なことがある。

　また、施主または買主は、建物の性能および形状についての要求水準が高い傾向にあることは前述のとおりであり、争点の数も必然的に多数になりがちであるから、それをすべて審理の対象とし、当事者双方の主張を逐一対比し、立証方法を検討するとなれば、膨大な作業にならざるを得ない。もっとも、その中には主観的な不満のみに基づく根拠の乏しいものや簡単な手直しで修補できる程度の軽微なものも含まれており、効率的な訴訟運営のためには争点を適切に絞ることが必要であるのに、施主または買主の感情論もあって、これを適切に整理することは極めて困難であり、結局、膨大な瑕疵主張がそのまま残されることもある。

　以上のとおり、建築関係訴訟においては、審判対象の性質に伴う複雑性・膨大性が色濃く反映しており、円滑な審理の遂行を妨げる阻害要因となっている。

3　事実認定の困難性

　建築瑕疵型事件において主張されている不具合・欠陥事象が契約内容不適合（瑕疵）に該当するか否かは、完成した建物の現状が当該契約によって求められている状態に適合するか否かによって判断されるので、その点を検討するにはまずもって当該契約における建物の性能および形状に関する合意内容が確定されなければならない。この合意は、通常、契約書、設計図書（工事用図面のほか仕様書等を含む）、見積書等によって認定されることになるが、実際には、これらの書面が作成されず、口頭の合意によることがあることは前述のとおりである。また、追加・変更工事にあたるか否かは、結局、当初契約の範囲に含まれるか否かに帰することになるので、当初の合意内容を確定する必要があるところ、この点に関する契約書等の書面が存在しない場合が多いばかりでなく、工事開始後の指図は、書面によることなく、口頭でさ

612

れることが多いので、後にその指図の有無および内容について主張が対立し、水掛け論になることもよくみかけられる。元請けと下請けのような業者間において工事請負契約が締結されている場合には、工事現場での口頭の指図によることが多く、その内容を確認することが困難であるばかりでなく、指図ないし注文をした者の立場や権限の有無が問題になることさえある。

このように建築をめぐる契約関係については、その内容を確定するための適切な証拠を欠いていることが多く、事実認定およびこれに基づく法的判断に困難が生ずることになりがちである。

II 建築関係訴訟の審理上の留意点

1 専門性への対処と手続の選択

訴訟における審理は争点整理と証拠調べの段階に分けられるが、従前はその過程で専門的知見を導入しようとしても、証拠調べとして鑑定を行うしか方法がなく、争点整理の段階でこれを実現する方途は存在しなかったことから、自庁調停に付したうえで、建築専門家の調停委員の関与の下に争点整理を兼ねた話合いをし、その過程で裁判所（調停委員会）と当事者双方との間で確認された争点について瑕疵一覧表や主張対比表等の争点整理書面を作成し、これに基づいて調停における話合いを行い、合意が成立せず不調に終わったとしても、審理再開後の口頭弁論期日または争点整理手続期日において、調停時の争点整理書面を活用して主張整理をするという方法が考案され、特に調停専門部のおかれている東京・大阪の各地方裁判所で広く実践されていた。この方法は、専門委員制度のない時点における一種の代替的手続であるが、調停制度を利用するものであるだけに、話合いによる解決を望まない当事者に対して試みることはできなかった。そこで、争点整理を中心とする審理の当初から専門家の関与を求めることのできる本格的な手続が待望されていたところ、民事訴訟法等の一部を改正する法律（平成15年法律第108号）による民事訴訟法の改正により、専門委員制度を創設し、審理手続に専門的知見を必要とする場合、該当分野の専門的な知見を有する者の中から選任され

613

〔第2部・第7章〕第2節　建築関係訴訟の審理上の諸問題

た専門委員に、訴訟手続（争点または証拠の整理等、証拠調べ、和解の各手続）
に関与してもらうことが可能となった（民訴92条の2以下）。これまで訴訟関
係人（裁判官および訴訟代理人である弁護士）の専門的知見の不足から、とか
く審理が錯綜し、長期化しがちであった医療訴訟や建築関係訴訟等の専門訴
訟において活用されることが望まれる。

　そこで、現在建築関係訴訟においては、専門家調停委員と専門委員の両制
度を利用し得るのであるが、専門委員は、争点整理・証拠調べ・和解の各手
続に広く関与することができるものの、あくまでも「専門的な知見に基づく
説明を聞くため」に関与するのであり、訴訟の結論について意見を述べたり、
判断を示す立場にはない（ただし、瑕疵や契約内容不適合の法的判断の前提と
なる専門技術的事項について、一般的な説明にとどまらず、事故の見解に基づく
意見を述べることはあり得る）のに対し、調停委員は、もっぱら調停手続で関
与できるにすぎないものの、専門的知見に基づいて整理した争点について自
ら判断を形成し、合意による解決のために意見を述べ、場合によっては当事
者を説得することによって紛争解決に導くことができる。このように、両制
度は、それぞれ長所と短所があるが、事案の性質に応じて、それぞれの長所
が発揮できるように使い分ける必要がある。

　具体的には裁判所が当事者の意見を聴いて選択することになるが、一般論
としては、当事者間の感情的対立が厳しく、合意が成立する可能性が低い場
合には、争点整理だけを目的として調停に付するのは相当でない。また、第
三者被害型事件においては、建築工事と被害発生との間の因果関係が争われ、
鑑定等による厳密な立証が必要とされることが多く、建築専門家調停委員の
現地見分の結果による意見で納得することはあまり期待できない。さらに、
建築瑕疵型事件の中でも、不具合・欠陥事象の発生原因が不明であり、その
究明のために外観検査では足りず、破壊検査を要するケース事案については、
専門委員の関与の下に争点整理および鑑定事項の確定を進め、速やかに鑑定
を実施したほうがよいと考えられる。もっとも、審理の当初は感情的対立が
厳しくても、主張を整理している間に事案の性質や利害得失を考慮して、話
合いによる解決の気運が生じてくることもないわけではない。また、建築瑕
疵型事件に多くみられる例として、多数の不具合・欠陥を指摘して、その中

614

のいくつかは瑕疵に該当すると認められるものの、その修補にさほど多額の費用を要しない場合には、鑑定を行ってもコスト倒れになる可能性があるので、むしろ建築家調停委員に現地調査のうえで相当な修補方法とこれに要する費用についての意見を述べてもらい、それに基づいて解決するほうが合理的である。また、追加変更工事に関する発注が口頭でされたため合意の存否およびその内容が不明確であったり、代金額に関する明確な合意が存しないうちに工事に着手して完成したため相当報酬額を算定しなければならないというような場合には、施工業者が要した費用と発注者が得た利益を中心にして両者に負担させるべき合理的金額を算定する必要があるところ、これを訴訟手続の中で立証させることは容易でなく、当事者としても、了解できる範囲内の金額であれば、訴訟コストをかけるよりも話合いにより解決したいとの意向をもつことが多いので、積算実務に詳しい専門家調停委員の試算額に基づいて調整を図ることになる。

　なお、建築家に関する専門分野は、おおまかには意匠、構造、施工、材料、設備、積算、地盤等に分かれており、また、対象建物の種類（戸建住宅やマンション等の居住用建物、商業施設等のビル系建物、工場のように特定の目的のために建築される建物）や構造（木造、鉄骨造、鉄筋コンクリート造等）によって専門性が異なり、さらに、建築技術が複雑化した現在においてはその細分化が進んでいる状況にある。そこで、一人の専門委員がどのような分野でも担当できるというわけではないので、効果的に専門家を活用するためには、専門委員についても、専門家調停委員についても、紛争の内容に即した専門性を有する建築家を選任する必要がある。この点に関し考慮を要するのは、建築関係訴訟において取り上げられる紛争の具体的内容がさまざまであるということである。たとえば、対象となる建物の種別および構造によっても紛争の態様が異なることが多いばかりでなく、不具合ないし欠陥の生じた部位および事象の具体的態様は、前述のとおり、千差万別であるから、それらのいずれに該当するかによって専門家が異なることにならざるを得ない。事案に適した建築専門家を選ぶのは容易なことではないので、各建築家の専攻や得意分野をあらかじめ把握したうえで、当該事案の内容と建築における専門分野の分類とを対照し、適切な人選をすることが必要であり、事案によって

615

〔第2部・第7章〕第2節　建築関係訴訟の審理上の諸問題

は、複数の建築家を専門委員または調停委員に指定することも考慮すべきである。

2　争点の複雑性・膨大性への対処

　建築関係訴訟は、争点として取り上げられる主張が複雑かつ膨大であることから、とかく審理が難渋しがちであるので、これを合理的に整理し、効率的な訴訟運営を図らなければならない。最も問題となる建物の瑕疵主張を例にとって留意点を説明すると次のとおりである。

(1)　契約内容不適合（瑕疵）を主張する場合の法律構成

　まず、瑕疵が問題となる場合の法律構成としては、改正民法下においては、売買契約および請負契約のいずれについても担保責任によることとなり、買主・注文者は、売主・請負人に対し、履行の追完（改正民562条、改正民559条により請負契約に準用）、代金の減額（改正民563条、改正民559条により請負契約に準用）のほか、債務不履行による損害賠償責任（改正民564条・415条）、契約の解除（改正民564条・541条・542条）を主張し、また、主として契約当事者以外の者の間では不法行為責任（民709条）を主張することが考えられるが、事案の性質に適したものを選択するようにしなければならないし、それらの法律要件の違いを踏まえて、要件事実を漏れなく主張しなければならない。この点、改正前民法下の建築瑕疵型事件では、瑕疵修補に代わる損害賠償請求が主張されることが多かったが、改正後は、契約内容不適合部分につき履行の追完請求をしたうえで、または履行の追完が不能であるとして（この不能の中には社会通念上の不能も含まれると解される）直ちに代金減額請求（改正民563条）をすることが考えられるが、これと債務不履行に基づく損害賠償請求（改正民564条・415条）の使い分けをどうするかは新たに生じた問題であり、今後の運用が注目される（代金が減額されれば、債務もそれに見合うものに減縮されることになるであろうから、同一の不適合箇所につき両方の請求をすることはできないと解される）。なお、請負契約の場合、契約内容不適合（瑕疵）があるというにとどまらず、工事が未完成である場合には、従前と同様に債務不履行一般の問題になる。工事の完成については、予定された最後の工程を一応終了しているか否かによって判断されるが（いわゆる最

616

後工程終了説)、建物の瑕疵が重大であるため予定された工程を終了していないと評価されることもあるので、担保責任と債務不履行責任の振り分けはしばしば微妙な問題となる。

建物の瑕疵を理由とする不法行為責任が主張される場面としては、施主と施工業者との関係、建物の買主や転得者と施工業者・設計者・監理者との関係に分類されるが、前者においては、契約責任と不法行為責任とは請求権競合の関係にあり、そのどちらを選択して請求してもよいが、両者の要件事実の相違から、一方の責任が認められても、他方の責任が認められないことは当然にありうる。実務上しばしば問題となるのは、建物の買主が建築(設計・施工・監理)に関与した者を相手に不法行為責任を主張する事案である。不法行為が成立するのは、違法性が強度である場合に限られるとする理解もみられるが、判例は、建物の建築に携わる設計者、施工者および工事監理者は、建物の建築にあたり、契約関係にない居住者等に対する関係でも、当該建物に建物としての基本的な安全性が欠けることがないように配慮すべき注意義務を負うとして、この関係での過失があることを前提としたうえで、建物に基本的な安全性を損なう瑕疵があり、これにより居住者等の生命、身体または財産が侵害された場合には、これによって生じた損害について不法行為による賠償責任を負うとしており、重大な違法性を特に要件とはしていないことに注意しなければならない。

(2) 契約内容不適合(瑕疵)の主張方法

次に、瑕疵に該当する根拠について、あるべき状態と現状とを具体的に対比し、瑕疵該当性の基準(契約書、見積書、設計図書、法令、日本建築学会建築工事仕様書等)を明示して、いかなる理由により建物について不具合・欠陥があり、それが瑕疵にあたるかを具体的に主張すべきである。往々にして施主または買主の側からみて不満足な現状のみを指摘するにとどまることがあるが、契約において求められている性能および形状に照らして、現状がそれを備えていないことを具体的に摘示することを要する。請負契約によって求められている性状については、判例が、建物建築請負契約において、施主

3　最判平成19・7・6民集61巻5号1769頁。

4　最判平成15・10・10裁判集民211号13頁。

617

〔第2部・第7章〕第2節　建築関係訴訟の審理上の諸問題

と施工業者の間で、建物の耐震性を高め、耐震性の面でより安全性の高い建物にするため、一部の主柱につき当初の設計よりも太い鉄骨を使用することが特に約定され、これが契約の重要な内容となっていたにもかかわらず、施工者がこの約定されたものより細い鉄骨を使用して施工した事案について、建物に瑕疵があるものと判示したことが注目される。

　また、あらゆる不満足な点を網羅的に主張するのではなく、瑕疵の程度および補修に要する費用等の諸点に鑑み、訴訟で取り上げる意味のある瑕疵を対象とし、かつ、具体的な根拠のあるものに限定すべきである。そして、証拠との対比や専門委員・調停委員の説明等により、鑑定等の証拠調べを経ることなく根拠のないことが判明した場合には主張を撤回するなどして柔軟に対処することが円滑な審理を実現させることになる。

　さらに、いずれの法律構成をとるにせよ、その法律効果としての損害賠償責任との関係を意識して、損害の具体的内容について主張することを要する。しばしば瑕疵該当性のみが明示的に争われ、損害については主張・立証が疎かなケースが散見されるので、注意しなければならない。損害の内容の関係では、通常は瑕疵が存する部位の修補の方法を特定したうえで、それに要する費用を損害として主張することになろうが、瑕疵が重大な場合には建替えの費用をも損害に含ませることもできる。判例は、建築請負の仕事の目的物である建物に重大な瑕疵があるためにこれを建て替えざるを得ない場合には、注文者（施主）は、請負人（施工業者）に対し、建物の建替えに要する費用相当額を損害としてその賠償を請求することができることを認めている。

　以上に対し、瑕疵の存在を争う側は、不具合・欠陥の生じた部位・事象ごとに漏れなく認否し、否認する場合には、専門的な立場から具体的に論拠を示して反論をし、特に、現状に関する主張を否認するのか、瑕疵該当性の基準との関係で評価の面で争うのかを明確にしなければならない。損害額を争う場合には、修補の方法が相当であるか過大であるか、適正な修補に要する費用はいくらかを具体的に反論することが必要である。

5　最判平成14・9・24裁判集民207号289頁。

3　事実認定の困難さの克服と効率的な証拠調べ

　前述のとおり、追加変更工事や業者間取引については、合意内容を示す契約書等の証拠が乏しい事案が多く、また、交渉経過等を記載した文書等が存在するとしても、網羅的でなく、断片的なものであったりすることも多い。そこで、追加変更工事の内容や相当代金額が争点とされている事案においては、当事者の交渉過程を対比した時系列表を作成するなどして、当初契約の内容とその後の追加変更部分を具体的に明示し、合意内容および代金額の根拠について客観的資料（見積書、建設物価等の積算資料）に基づき説明することを要する。

　ところで、建築関係訴訟においては、審理の進展に応じて、多数の証拠が整理されることなく、雑然と随時提出され、そのため主張と証拠との対照ができずに、立証が系統立てて行われないという弊害が生じやすいので、書証を整然とわかりやすく整理することが必要である。

　そこで、まず、当事者の側からみて、自己の立証に必要不可欠な書証については漏れなく提出するように点検したうえで、整理すべきである。そもそも重要な証拠が存在しない場合は別として、ほとんどの事案に共通して必要とされる書証としては、見積書、注文書、契約書、約款、設計図書（基本設計図・実施設計図、仕様書、意匠図、構造図、設備図）、請求書、領収書等がある。また、それぞれの事案の特性にもよるが、比較的提出されることの多い書証としては、構造計算書、土質柱状図、地盤等高線図、日影図、建築確認通知書、工程表、施工図、打合せ記録、工事日報、工程写真、監理報告書、検査済証等がある。これらがないと立証に支障が生じることになるが、当事者本人が訴訟代理人に対して提出することを失念している場合もあるので、基本書証一覧表等を用いるなどして、その存否および提出の有無を確認すべきである。これらの書証は、その立証趣旨との関係で、契約内容や実際の施工内容に係るもの、不具合ないし欠陥の存否およびその態様に係るもの、これらの事象が生じた原因に係るもの、修補方法および費用に係るものに分類することが可能である。これらを各分類ごとにまとめて、かつ、瑕疵一覧表との対応関係を意識しながら整理して提出するのが立証上有効であることは

〔第2部・第7章〕第2節　建築関係訴訟の審理上の諸問題

いうまでもない。そして、膨大な書証については関係部分をマーカー等により明示し、必要な説明を付記するなどの工夫も必要である。

　また、不具合ないし欠陥の具体的態様を可視的に立証するために、写真やビデオテープ等の準文書を用いることも多いが、いずれについても撮影の位置および方向を意識して、対象をなるべく忠実に再現するようにしなければならない。

　なお、以上の各証拠の提出に際しては、証拠説明書を要領よく作成し、証拠の標目、原本と写しの区別、作成者、立証趣旨等につき疑義が生じないようにするとともに、裁判所が証拠によって心証をとりやすいようにする工夫が必要である。

　次に、瑕疵該当性や建築と被害との因果関係が厳しく争われる事案においては、鑑定が重要な立証手段となる。しかし、鑑定に一定の時間と費用がかかることは避けられないので、専門的な知識と経験則の補充のために真に必要な場合に限って鑑定を申請すべきであり、安易に考えると、立証が奏功しても損害額との間に均衡を欠き、いわゆるコスト倒れになることもある点に留意しなければならない。

　さらに、客観的証拠が乏しい事案においては、人証による立証が重要な作用を営むことになるが、技術的な事項が問題となる事案においては、いきおい尋問事項が複雑となることが多いので、陳述書を提出して、供述内容を事前開示する必要がある。この陳述書は、争点整理の最後の段階で、絞られた真の争点に即して立証することを意識したものを作成するように努めるべきである。

（齋藤　　隆）

第8章
相隣関係訴訟と実務上の問題点

第1節　相隣関係の規定の概要

I　相隣関係の規定の性質

　民法は209条から238条に隣接する不動産の所有権相互の権利関係を規定している。民法の一部を改正する法律（平成16年法律第147号）により、これらの規定に「第2款　相隣関係」との表題が設けられ、民法等の一部を改正する法律（令和3年法律第24号）（以下、「令和3年民法等改正法」という）により、隣地の使用に係る規定（民209条）等の改正がなされた（以下、令和3年民法等改正法によって改正される前の民法の規定は「改正前民法」といい、令和3年民法等改正法によって改正された民法の規定は「改正民法」という）。

　これらの相隣関係の規定は、不動産の所有権の水平方向に関する調整を定めるものである。すなわち、隣接する不動産のすべてがそれぞれしかるべく利用されるようにするには各所有権の内容を一定の範囲において制限し、各所有者をして一定の範囲において協力させることが必要である。したがって、所有権の内容は、一面から見れば、この範囲において消極的な制限を受けるだけでなく、積極的な義務を包含することになり、他面から見れば、その目的不動産の範囲外に及び、かつ他人に対して積極的な行為を要求する力を有することとなり、相隣関係の規定は、この隣接する不動産所有権の共存の目的のために生ずる所有権内容の拡張と制限とを定めたものとされている。[1]

〔第2部・第8章〕第1節　相隣関係の規定の概要

　なお、地役権（民280条）は、原則として土地所有者間の設定契約によって生じ、所有権とは異なる物権として所有権を一時的に制限するのものであり、所有権内容の当然の拡張と制限を定めた相隣関係の規定とは性質が異なる。[2]

Ⅱ　適用範囲

　相隣関係の規定は、地上権者相互間または地上権者と土地所有者との間にも準用される（民267条）。相隣関係の規定は、その実質は、不動産の「所有」の調節というよりも、不動産の「利用」の調節をするものであり、永小作権や少なくとも対抗要件を具備した土地賃借権についても準用あるいは類推適用をすべきであるとされている。[3] 改正民法の下でも、相隣関係の適用範囲は同様に解されるものと考えられる。[4]

Ⅲ　裁判例の特徴

　前記Ⅰのとおり、相隣関係の規定は、隣接する不動産の所有権相互の調節を定めるものであり、裁判例においても、この規定の趣旨に照らして柔軟な解決を図ったものがある。

　たとえば、傾斜地においては格別の人為的作為を加えなくとも土砂が崩落する危険がある場合が多いところ、この場合、物権的請求権の一般原則からすれば、下方の土地所有者は、上方の土地所有者に対して、その費用負担において、擁壁を設けるなど妨害を未然に防止する設備を講ずるよう請求できる。しかし、擁壁を設置するには莫大な費用を要する場合が多く、その費用を上方の土地所有者のみの負担とすることは酷であり、他方、予防措置を講ずることは双方の土地に必要であり利益も共通するものであるとして、一方的な

1　我妻榮（有泉享補訂）『物権法民法講義(2)〔新訂〕』（岩波書店、1983年）282頁～283頁。
2　我妻（有泉補訂）・前掲書(注1)283頁。
3　最判昭和36・3・24民集15巻3号542頁は、対抗力のある土地賃借権者に限り、囲繞地通行権の規定の準用を認めている。
4　村松秀樹＝大谷太編著『Q&A 令和3年改正民法・改正不登法・相続土地国庫帰属法』（金融財政事情研究会、2022年）25頁・36頁。

622

妨害予防請求を認めず、相隣関係の民法223条・226条・229条・232条の規定
を類推し、共同の費用をもって予防措置を講ずべきであるとしたものがある。[5]

また、隣地との間に、約4mの高低差がある低地所有者から高地所有者に
対する所有権に基づく妨害予防請求としての擁壁の改修請求について、相隣
関係の民法223条・226条・229条・232条の規定を類推適用して、低地所有者
に改修費用の3分の1の負担を認めたものがある。[6]

Ⅳ　近年の問題点

相隣関係の規定は、明治29年に民法が制定された以降実質的な見直しがな
されておらず、現代社会において生じる問題に適合していないという指摘が
なされていた。

たとえば、改正前民法には、土地所有者が、他人所有の隣地を通さないと
継続的給付を受けられない場合に、当該隣地に、電線、ガス管、上下水道管
を設置することができるかという点について何ら規定しておらず、裁判例に
おいて、民法209条以下を類推適用してこれらの設置が認められているにす
ぎなかった。[7]

また、近年、土地の所有者が死亡しても相続登記がされないこと等を原因
として、不動産登記簿により所有者が直ちに判明せず、または判明しても連
絡がつかない土地（以下、「所有者不明土地」という）が生じ、相隣関係にも
影響が生じている。

所有者不明土地をめぐる問題については、所有者不明土地の利用の円滑化
および土地の所有者の効果的な探索を図ることができるよう、「所有者不明
土地の利用の円滑化等に関する特別措置法」（平成30年法律第49号）（以下、
「特措法」という）が平成30年6月13日に公布され、令和元年6月1日に全面

5　東京高判昭和51・4・28東高民時報27巻4号102頁、東京高判昭和58・3・17判タ497号117頁。
6　横浜地判昭和61・2・21判時1202号97頁。
7　東京地判昭和57・4・28判時1057号77頁、大阪地判昭和60・4・22判タ560号169頁。なお、水
　道管の設置権が問題となった最高裁判決として、最判平成5・9・24民集47巻7号5035頁、最判
　平成14・10・15民集56巻8号1791頁がある。

623

〔第2部・第8章〕第1節　相隣関係の規定の概要

施行されている。表題部所有者不明土地（所有権の登記がない一筆の土地のうち、表題部に所有権の氏名または名称および住所の全部または一部が登記されていないもの）についても、登記官によるその所有者等の探索および当該探索の結果に基づく表題部所有者の登記等の措置を講じることができるよう、「表題部所有者不明土地の登記及び管理の適正化に関する法律」（令和元年法律第15号）が同年5月24日に公布され、令和2年11月1日に全面施行されている。また、土地基本法や国土調査法等を改正するための「土地基本法等の一部を改正する法律」（令和2年法律第12号）が同年3月31日に公布され、このうち土地基本法は同日または同年4月1日に施行されている。加えて、相続等による所有者不明土地の発生を予防するためのしくみや、所有者不明土地を円滑かつ適正に利用するためのしくみを早急に整備する観点から、民法、不動産登記法等を改正する必要があるとして、平成31年2月14日に法制審議会に民法・不動産登記法部会が設置され、同部会において、令和元年12月3日に「民法・不動産登記法（所有者不明土地関係）等の改正に関する中間試案」（以下、「中間試案」という）が取りまとめられたうえで審議が進められ、令和3年民法等改正法が令和3年4月28日に公布されている。

令和3年民法等改正法により、電気、ガス、水道等の継続的給付を受けるために必要な範囲内で他の土地に設備を設置し、他人が所有する設備を使用する権利（民213条の2第1項）が創設されるなどされた。このほか、不動産登記法が改正され、相続により不動産所有権を取得した者の所有権移転登記申請が義務化され（不登76条の2）、また、「相続等により取得した土地所有権の国庫への帰属に関する法律」（令和3年法律第25号）が制定され、相続または遺贈により土地の所有権を取得した者がその土地の所有権を国庫に帰属させることができる制度（相続土地国庫帰属制度）が創設された。このように、令和3年民法等改正法により、相隣関係や所有者不明土地問題にとどまらない重要な改正がなされている。

V　本章の内容

令和3年民法等改正法による相隣関係に関する規定の見直しとしては、①

624

隣地使用権の承認、②竹木の枝の切除権の承認、③継続的給付を受けるための設備設置権および設備使用権の創設がある。これらに関する訴訟の実務上の問題点すべてを本稿において取り扱うことが難しいことから、第2節で、①を取り上げて、その訴訟の実務上の問題点を検討する。

次に、第3節で、所有者不明土地に係る訴訟の実務上の問題点について、例をあげて検討する。

さらに、第4節で、相隣関係で頻繁に問題となる生活妨害について、その訴訟の実務上の問題点を検討する。

第2節　隣地使用に係る訴訟

I　隣地使用権の概要

1　改正前民法

改正前民法209条1項は、土地の所有者が、「境界又はその付近において障壁又は建物を築造し又は修繕するため必要な範囲内で、隣地の使用を請求することができる」としていた。

そのため、隣地の使用が「障壁または建物を築造しまたは修繕する」こととの目的に限定されるのか（限定列挙説）、それ以外の目的にも認められるのか（例示列挙説）明確でないとの指摘があった。裁判例上は、コンクリート石垣の削除行為といった目的や、解体・撤去工事の目的で隣地および隣家の屋根の使用を認めたものなどがあった。

また、その法的性質について、文字どおり請求であって、承諾を得ることができない場合には、訴えを提起し、承諾の意思表示に代わる判決（民事執

8　村松＝大谷編著・前掲書（注4）23頁。

9　横浜地判昭和38・3・25下民集14巻3号444頁。

10　広島地尾道支判平成10・9・2訟月45巻5号979頁。

625

〔第2部・第8章〕第2節　隣地使用に係る訴訟

行法177条参照）を得る必要があるとする考え方（請求権説[11]）と、民法276条と同様の形成権であって、土地の所有者の一方的意思表示により隣地の使用が可能となるとする考え方（形成権説[12]）とがあった。実務上は、前者の請求権説に立って、「承諾せよ」との判決を求める訴えが一般的であった[13]。

2　改正民法

改正民法209条は、土地の所有者の隣地の使用が認められる場合を、「境界またはその付近における障壁、建物その他の工作物の築造、収去または修繕」、「境界標の調査または境界に関する測量」、「枝の切取り」に拡張した。

また、「隣地を使用することができる」として、隣地使用請求権から隣地使用権に改めた（改正民209条1項本文柱書）。これにより、一定の要件を充足すれば、土地の所有者の意思表示や隣地の所有者の承諾の意思表示なく隣地を使用する権利が認められる（使用権構成）と解されている[14]。

隣地の使用については、使用の日時、場所および方法が、隣地の所有者および隣地を現に使用している者（以下、「隣地使用者」という）のために損害が最も少ないものを選ばなければならないとされた（改正民209条2項）。なお、ここで、隣地という土地ではなく、隣地の所有者や隣地使用者という人に着目した文言を入れることにより、隣接する不動産の所有権の共存の目的のために生ずる所有権内容の拡張と制限を内容とする相隣関係の性質が変容されると指摘されている[15]。

隣地の使用にあたっては、あらかじめ、所定の事項を隣地の所有者および隣地使用者に通知しなければならないが、あらかじめ通知することが困難な

11　我妻（有泉補訂）・前掲書（注1）286頁。東京地判平成17・8・9判時1983号90頁。

12　谷口知平ほか編集代表『新版注釈民法(7)物権(2)』（有斐閣、2007年）331頁〔野村好弘・小賀野晶一〕、926頁〔高橋寿一〕。

13　東京地判平成11・1・28判タ1046号167頁、東京高判平成18・2・15判タ1226号157頁。

14　民法・不動産登記法部会「第22回会議議事録」12頁〔山野目章夫部会長〕、日本弁護士連合会所有者不明土地問題等に関するワーキンググループ編『新しい土地所有法制の解説』（有斐閣、2021年）46頁・47頁・52頁〔島田耕一〕、荒井達也『Q&A 令和3年民法・不動産登記法改正の要点と実務への影響』（日本加除出版、2021年）161頁。

15　民法・不動産登記法部会「第22回会議議事録」4頁〔道垣内弘人委員〕、村松＝大谷編著・前掲書（注4）28頁注4。

ときは、公告等の手続を経ることを要せず[16]、使用を開始した後、遅滞なく、通知することをもって足りるとされた（民209条3項）。

Ⅱ 隣地使用に係る訴訟の実務上の問題点

> X社は、甲地を所有している。X社は、甲地にマンションを建設する予定であり、甲地と隣接する乙地との間に塀を設置する予定であるが、その設置にあたり乙地の一部を使用する必要がある。
>
> 乙地の所有者Yが甲の使用を拒絶している場合、X社はどうすればよいか。

1 訴訟提起の判断

前記Ⅰ2のとおり、改正民法により隣地使用請求権が隣地使用権に改められ、土地の所有者は、一定の要件を充足すれば、隣地の所有者の承諾がなくとも隣地を使用する権利を有しているが、当該権利を司法手続によらずに実現すること（自力救済）まで認められたわけではない。

たとえば、土地の所有者が、住居として現に使用されている隣地について、隣地使用者の承諾なく、門扉を開けたり、塀を乗り越えたりして隣地に入ることはできない。また、隣地使用者が隣地使用に関する通知を受けても回答しない場合には、黙示の同意をしたと認められる事情がない限り、隣地の使用について同意しなかったものと推認され、土地の所有者は訴訟を提起せざるを得ない[17]。ここにいう黙示の同意があると認められるか否かはケース・バイ・ケースである。実務上は、土地の所有者が、改正民法209条3項本文に基づき、隣地の所有者および隣地使用者に対し、隣地を使用する目的、日時、

---

[16] 中間試案では、隣地の所有者を知ることができずまたはその所在を知ることができない場合において所定の事項を公告したにもかかわらず相当の期間内に異議がないときに隣地の使用を認めることが検討されていた（中間試案第1部第3・1②b）。改正民法では、隣地の所有者および隣地使用者の不明または所在不明の場合を含めこれらの者にあらかじめ通知することが困難なときは公告の手続を経ずして隣地の使用を認めており、土地の所有者の隣地の使用の権利をより確保したものといえる。

[17] 民法・不動産登記法部会「部会資料52」2頁。

627

〔第2部・第8章〕第2節　隣地使用に係る訴訟

場所および方法を通知する際に、当該通知文に、「隣地の使用につき同意する旨を2週間以内に回答してください。回答がない場合には、同意したものとみなします」と記載しておき、2週間以内に回答がないことをもって黙示の同意があったとすることも考えられるが、この一方的な通知のみをもって黙示の同意があったというわけにはいかず、黙示の同意については慎重に判断される必要がある。[18]

したがって、隣地の所有者が、隣地の使用を明確に拒絶する、または、隣地の使用に関する通知に回答しない場合には、土地の所有者は訴訟提起を検討せねばならない。

なお、訴訟でなく民事調停を選択してもよいが、民事調停が前置（民調24条の2）とされているわけではない。[19]

2　訴訟類型

前記Ⅰ1のとおり、改正前民法の下においては、請求権説を前提に、「承諾せよ」との判決を求める訴えが一般的であった。しかし、改正民法209条1項本文柱書により隣地使用請求権から隣地使用権に改められ、隣地の所有者の承諾の意思表示なくして隣地を使用する権利が認められたことから、「承諾せよ」との判決を求める訴えを提起するのは不適法となる。

土地の所有者としては、隣地の所有者に対し、隣地使用権の確認の訴えや、隣地の使用を現に妨害している場合にはその妨害排除の訴えを、隣地の使用の妨害のおそれがある場合には妨害の差止めの訴えを提起することになる。[20]なお、確認判決には執行力がないから、隣地使用権の確認の判決を得ることのみでは紛争の抜本的な解決になり得ないことが予想される場合には、妨害排除または妨害差止めの訴えを選択することになると思われる。

18　民法・不動産登記法部会「部会資料52」4頁、民法・不動産登記法部会「第24回会議議事録」5頁〔大谷太幹事〕。

19　日本弁護士連合会所有者不明土地問題等に関するワーキンググループ編・前掲書(注14)52頁〔島田耕一〕。

20　民法・不動産登記法部会「資料51」1頁・2頁、民法・不動産登記法部会「部会資料52」1頁・2頁、村松=大谷編著・前掲書(注4)32頁。

3　訴訟の主体

　隣地使用権は、明文上、土地の所有者（改正民209条 1 項本文柱書）のほか、地上権者（民267条本文）に認められるから、これらの者が、隣地使用権につき訴訟を提起することができる。

　さらに、前記第 1 節Ⅱのとおり、改正前民法の下で、改正前民法209条を含む相隣関係の規定は、永小作権や少なくとも対抗要件を具備した土地賃借権についても準用あるいは類推適用すべきであるとされていた。改正前民法209条に限ってみても、たとえば、土地使用者と使用貸借契約を締結した使用貸借権者が隣地使用権の主体となるか争われた事件において、一定の事実関係を前提に同条の類推適用によりこれが肯定された[21]。改正民法209条の隣地使用権についても同様に解釈され、永小作権者のほか、土地賃借人、土地使用貸借人もその主体となり訴訟を提起することが検討されよう[22]。

4　訴訟の相手方

(1)　隣地使用者

　隣地の所有者と隣地使用者とが異なる場合であって、隣地の所有者が隣地の使用を承諾しているものの、隣地使用者が隣地の使用を拒みまたは妨害しているときにも、訴訟を提起しなくてはならないかが問題となる。この点に関し、改正民法209条は、隣地の使用の日時等につき、隣地の所有者および隣地使用者のために損害が最も少ないものを選ばなければならないとし、一定事項を隣地の所有者および隣地使用者に通知しなければならないとしていることとして、隣地使用者の権利・利益を保護していることからすると、隣地の使用につき、隣地の所有者が承諾している場合であっても、隣地使用者が承諾していないときは、自力救済は許容されないものと解される。したがって、隣地使用者を相手方として訴訟を提起する必要がある。

　なお、上記の際、固有必要的共同訴訟として隣地の所有者をも被告とすることが必須ではないが、隣地の所有者が使用承諾の意思表示を撤回するおそ

21　前掲東京高判平成18・ 2 ・15。
22　村松＝大谷編著・前掲書（注 4 ）25頁。

629

〔第2部・第8章〕第2節　隣地使用に係る訴訟

れがある場合には、隣地の所有者をも被告とすることも検討されよう。

(2)　不法占有者

改正民法209条の趣旨に照らせば、隣地使用者が不法占有をしている場合には、隣地使用にあたりその者の承諾は不要であり、隣地の所有者が承諾をしている限り、隣地使用権の行使は妨げられないと解される。もっとも、実務上は、隣地使用者の占有が不法なものか否かの判断は慎重になされるべきであろう。

5　使用目的に必要な範囲内

隣地使用権の行使は、改正民法209条1項本文所定の、「境界又はその付近における障壁、建物その他の工作物の築造、収去又は修繕」、「境界標の調査又は境界に関する測量」、「枝の切取り」のいずれかの目的のために必要な範囲内であることが求められている。

改正前民法209条1項と同様、改正民法209条1項本文所定の目的が限定列挙か、例示列挙かが問題となるが、「自己の土地上の樹木の植樹や庭石の移設等」を目的として掲げるか検討されたものの[23]、規定されなかった改正経過に照らせば、限定列挙であると解される。ただし、同項に規定のない目的の使用であっても、隣接する不動産の所有権の共存のための所有権内容の拡張と制限という民法209条の性質に照らして、同条が類推適用される余地もあるものと思われる。

さらに、改正民法209条1項本文所定の目的のため「必要な範囲内」であるか否かについては、隣地使用権の成否およびその具体的内容は、隣地の使用状況、隣地が受ける損害の性質と程度、他の代替方法の有無等の事情を考慮して判断されるとされていることが参考となる[24]。たとえば、建物の建築等を行う場合、まずは自己の土地の中で工事が完結する工法が追求されるべきであり、それが可能であれば、必要性を欠くため隣地使用権は成立しないと解される[25]。他方、「境界標の調査」のため隣地の表土を掘り起こす必要があ

23　民法・不動産登記法部会「部会資料7」20頁。

24　民法・不動産登記法部会「部会資料55」1頁・2頁。なお、この際、使用方法の相当性についても実質的に考慮されることになるとされている。

630

る場合にはその限度で掘り起こしが許容されると解される[26]。なお、改正前民法のものであるが、前掲東京高判平成18・2・15が、「『必要な範囲内』か否かは、使用が必要となった経緯、使用態様、使用により隣地の所有権者が受ける不利益などを総合的に勘案して判断すべきものと解される」としているのも参考となる。

6　損害が最小限であること

　隣地の使用につき、その日時、場所および方法が、隣地の所有者および隣地使用者のために損害が最も少ないものを選んでいることが求められている（民209条2項）。

　この要件については、隣地使用権の成立要件と解する考え方と、成立した隣地使用権の行使の範囲を定めるものと解する考え方とがある[27]。前者の考え方に立てば隣地使用権の成立を主張する者がこの要件を充足することにつき主張・立証責任を負うことになるが、後者の考え方に立つ場合には、この要件は隣地使用権の行使を拒絶することの違法性阻却事由であるとして隣地使用権の行使を争う者がこの要件を充足しないことにつき主張・立証責任を負うことになろう。

　なお、公道に至るための他の土地の通行権については、恒常的に認められるものであるから日時の損害の最小性は求められていない（民211条1項）のに対し、隣地使用権については、一時的に隣地を使用するものであり、かつ、日時が隣地の所有者や隣地使用者に影響を与え得ることから、日時の損害の最小性が求められている[28]。裁判実務上は、特定した日時につき損害の最小性が認められる場合であっても、訴訟手続に時間を要し、当該日時までに確定判決を取得できない可能性もある。そのような場合には、隣地を使用する者は、訴訟手続にあわせて使用日時を選択し直すか、急を要する場合には仮処分を利用することも考えられよう。

25　民法・不動産登記法部会「部会資料55」2頁。
26　村松＝大谷編著・前掲書(注4)26頁。
27　民法・不動産登記法部会「部会資料56」2頁。
28　村松＝大谷編著・前掲書(注4)27頁注3。

631

〔第2部・第8章〕第2節　隣地使用に係る訴訟

7　隣地使用の通知

　隣地を使用する者は、あらかじめ、その目的、日時、場所および方法を隣地の所有者および隣地使用者に通知するか、または、あらかじめこれらの事項を通知することが困難なときは、使用を開始した後、遅滞なく、通知することが求められている（民209条3項）。

　この要件は、隣地使用権の成立要件ではなく、隣地使用権を適法に行使するための手続であって、隣地使用権の行使を拒絶することの違法性阻却事由であると解される[29]。したがって、隣地使用権の行使を争う者がこの要件を充足しないことについて主張・立証責任を負うことになろう。

　上記にいう「あらかじめ」とは、隣地使用権の行使の準備をするに足りる合理的な期間をいい、その具体的な長さは個別の事情に応じて判断されるが、隣地使用の目的が隣地の所有者や隣地使用者の負担の小さいものである場合には2週間程度の期間を置けば足りると指摘されている[30]。

　また、「あらかじめ通知することが困難なとき」とは、現地の調査に加えて隣地の不動産登記記録や住民票を確認するなど合理的な方法によって調査をしても所在が不明である場合や[31]、急迫の事情があり、通知することが困難な場合も含まれる。後者については、たとえば、①暴風雨により、土地上の建物の一部が崩落する危険が生じ、崩落を防ぐための工事を行うために、隣地において足場を組む必要がある場合や、②地震により破損した給排水設備の修繕工事のために隣地の一部を掘り起こす必要がある場合などは、急迫の事情があるとされている[32]。

8　住家の立入り

　土地の所有者が隣地を使用するのみならず、「住家」に立ち入る場合には、

---

[29]　法・不動産登記法部会「第21回会議議事録」〔山野目章夫部会長〕。

[30]　村松＝大谷編著・前掲書（注4）30頁。

[31]　参議院法務委員会会議録7号（令和3年4月13日）4頁〔政府参考人（小出邦夫）〕。

[32]　法務省民事局参事官室・民事第二課「民法・不動産登記法（所有者不明土地関係）等の改正に関する中間試案の補足説明」97頁。

632

「居住者の承諾」を得ることとされている（民209条1項ただし書）。

そのため、隣地の所有者や、隣地上の建物の所有者であっても、居住していなければ、その者の承諾を得る必要はない。[33]

居住者が住家を一時的に不在にしているにすぎない場合には、その住家に立ち入るためには当該居住者の承諾が必要となるが、建物に長期間居住していないなど居住の実態がないような建物は「住家」にあたらず、住家の立入りに関する承諾の規律が適用されない。[34]また、改正前民法209条の「住家」につき、建物の屋上部分や非常階段などはこれにあたらず、隣地使用の対象となり得るとする裁判例がある。[35]

9　結　論

以上のとおり、X社は、Yに、乙地を使用する目的、日時、場所および方法を通知し、これを拒絶された場合、Yを被告として、隣地使用権確認の訴え、または、隣地使用の妨害の排除または差止めの訴えを提起することになる。

第3節　所有者不明土地に係る訴訟

I　所有者不明土地に係る制度の概要

1　所有者不明土地・建物の管理制度

土地の所有者が従来の住所または居所を去って容易に帰来する見込みがない不在者になっている場合や、土地の所有者が死亡したが相続人があることが明らかでなく相続財産法人が成立している場合、これまで、不在者管理制度（民25条1項）や相続財産管理制度（民952条1項）が活用されてきたが、

---

[33]　村松＝大谷編著・前掲書(注4)24頁。
[34]　村松＝大谷編著・前掲書(注4)24頁。
[35]　東京地判平成11・1・28判タ1046号167頁。

633

〔第 2 部・第 8 章〕第 3 節　所有者不明土地に係る訴訟

これらの財産管理人は、不在者の財産全般または相続財産全般を管理することとされているため、財産全般を管理することを前提とした事務作業や費用等の負担を強いられ、事案の処理にも時間を要しているとの指摘がある。そこで、所有者不明土地・建物の管理に特化した新たな制度（所有者不明土地・建物の管理制度）が創設された[36]。

　すなわち、裁判所は、所有者を知ることができず、またはその所在を知ることができない土地（土地が数人の共有に属する場合にあっては、共有者を知ることができず、またはその所在を知ることができない土地の共有持分）について、必要があると認めるときは、利害関係人の請求により、その請求に係る土地または共有持分を対象として、所有者不明土地管理人による管理を命ずる処分（所有者不明土地管理命令）をすることができ（民264条の 2 第 1 項）、この場合、所有者不明土地管理人を選任しなければならないとされた（民264条の 2 第 4 項）。

　建物についても、裁判所は、所有者を知ることができず、またはその所在を知ることができない建物（建物が数人の共有に属する場合にあっては、共有者を知ることができず、またはその所在を知ることができない建物の共有持分）について、必要があると認めるときは、利害関係人の請求により、その請求に係る建物または共有持分を対象として、所有者不明建物管理人による管理を命ずる処分（所有者不明建物管理命令）をすることができ（民264条の 8 第 1 項）、この場合、所有者不明建物管理人を選任しなければならないとされた（民264条の 8 第 4 項）。

2　管理不全土地・建物の管理制度

　さらに、土地・建物の所有者およびその所在が明らかである場合であっても、現に土地・建物が管理不全状態になっているとき、その管理不全状態にある土地・建物の所有者に代わって管理を行う者を選任するしくみがなければ、対応が硬直化しがちであり、管理不全状態にある土地や建物について継続的な管理を行うことができないほか、土地や建物の実際の状態を踏まえて

36　村松＝大谷編著・前掲書(注 4)166頁・167頁。

適切な管理措置を講ずることが困難であるなどの問題があることから、新たな制度（管理不全土地・建物管理制度）が創設された。[37]

すなわち、裁判所は、所有者による土地の管理が不適当であることによって他人の権利または法律上保護される利益が侵害され、または侵害されるおそれがある場合において、必要があると認めるときは、利害関係人の請求により、当該土地を対象として、管理不全土地管理人による管理を命ずる処分（管理不全土地管理命令）をすることができ（民264条の9第1項）、この場合、管理不全土地管理人を選任しなければならないとされた（民264条の9第3項）。

建物についても、裁判所は、所有者による建物の管理が不適当であることによって他人の権利または法律上保護される利益が侵害され、または侵害されるおそれがある場合において、必要があると認めるときは、利害関係人の請求により、当該建物を対象として、管理不全建物管理人による管理を命ずる処分（管理不全建物管理命令）をすることができ（民264条の14第1項）、この場合、管理不全建物管理人を選任しなければならないとされた（民264条の14第3項）。

II　所有者不明土地に係る訴訟の実務上の問題点

> X社は、甲地を所有している。隣接する乙地にある石垣や崖の崩落、工作物の倒壊またはその危険が生じていることから、X社は、所有権に基づく妨害排除請求または妨害予防請求をして、石垣や崖、工作物の除去またはこれらの予防設備の設置を求めたい。
>
> 乙地の所有者またはその所在が明らかでない場合、X社はどうすればよいか。

1　問題の所在

所有者不明土地の訴訟における問題について、隣地からの危険状態の排

37　村松＝大谷編著・前掲書(注4)197頁・198頁。

〔第2部・第8章〕第3節　所有者不明土地に係る訴訟

除・予防請求を題材として検討する。

　ある者が所有している土地に、隣地にある石垣や崖の崩落、工作物の倒壊またはその危険が生じている場合、当該土地の所有者は、所有権に基づく妨害排除請求または妨害予防請求をして、石垣や崖、工作物の除去またはこれらの予防設備の設置を求めることが考えられる。この点、「すべての権利の行使は、その態様ないし結果において、社会通念上妥当と認められる範囲内でのみこれをなすことを要するのであつて、権利者の行為が社会的妥当性を欠き、これによつて生じた損害が、社会生活上一般的に被害者において忍容するを相当とする程度を超えたと認められるときは、その権利の行使は、社会観念上妥当な範囲を逸脱したものというべく、いわゆる権利の濫用にわたるものであつて、違法性を帯び、不法行為の責任を生ぜしめるものといわなければならない」とされており[38]、上記事象が受忍限度を超えたと認められる場合には、所有権に基づく妨害排除請求または妨害予防請求は認容されるものと思われる。そして、当該土地の所有者は、勝訴の確定判決の代替執行（民執171条）により、専門業者に必要な工事を行わせ、その費用を相手方に請求することができる（ただし、その費用負担については相隣関係の規定の類推適用により柔軟な解決を図った例があることは前記第1節Ⅲで述べたとおりである）。

　もっとも、隣地の所有者が明らかでなければ、訴訟を提起することができないことになる。この場合、不在者財産管理制度または相続財産管理制度により、財産管理人または相続財産管理人の選任を行い、財産管理人または相続財産管理人に管理を促すほか、必要に応じて妨害排除請求または妨害予防請求の訴えを提起することが考えられる。さらには、新たに創設された所有者不明土地の管理制度または管理不全土地の管理制度により、所有者不明土地管理人または管理不全土地管理人の選任を行い、これらの管理人に管理を促すほか、必要に応じて妨害排除請求または妨害予防請求の訴えを提起することが考えられる。以下詳述する。

---

[38]　最判昭和47・6・27民集26巻5号1067頁。

2 不在者財産管理制度等

従来の住所または居所を去った者（不在者）がその財産の管理人をおかなかったときは、家庭裁判所は、利害関係人または検察官の請求により、その財産の管理について財産管理人の選任等必要な処分を命ずることができ（民25条1項）、当該管理人は、民法103条に規定する権限を有し、または家庭裁判所の許可を得て民法103条に規定する権限を越える行為を行うことができる（民28条）。また、相続人のあることが明らかでない場合、家庭裁判所は、利害関係人または検察官の請求により、相続財産の管理人を選任しなければならず（民951条・952条1項）、当該管理人は、不在者の財産管理人と同じ権限を有する（民953条）。

そこで、土地の所有者は、隣地にある石垣等の崩落等またはその危険が生じている場合、財産管理人または相続財産管理人の選任を行い、これらの管理人に管理を促すほか、必要に応じて妨害排除請求または妨害予防請求の訴えを提起することができるか、不在者財産管理制度を例に検討する。

(1) 不在者

まず、住所または居所を去って容易に帰来する見込みのない者をいい、必ずしも生死不明であることを要せず、生死不明であっても、死亡が証明されるか失踪宣告の確定（民31条本文）までの間は不在者にあたると解されている[39]。

この点につき、「不在者財産管理人制度は従来の住所又は居所を去って容易に帰来する見込みのない不在者につき一時的にその財産を管理することを目的とする制度であって、不在者が生存していることをその要件とするものではない」として、財産管理人を選任した当時実際には不在者が死亡していた場合にもその選任にあたった家事審判官の職務執行の違法を理由とする国家賠償請求は理由がないとする裁判例がある[40]。

他方で、不在者財産管理制度は不在者が特定していることが前提とされている。そのため、隣地の所有者が不在であるだけでなく、不明の場合には所

---

[39] 伊東正彦ほか「財産管理人選任等事件の実務上の諸問題」司法研究報告書55輯1号117頁。

[40] 大阪高判平成26・10・16金商1460号10頁。

〔第2部・第8章〕第3節　所有者不明土地に係る訴訟

有者不明土地の管理制度を利用する必要がある。[41]

(2)　利害関係人

次に、利害関係人または検察官が請求権者とされているが、このうち利害関係人とは、相続人や債権者等の法律上の利害関係を有する者とされている。[42]

また、ごみの不法投棄や雑草の繁茂により不在者所有土地が周辺に悪影響を与えている場合などに、地方公共団体の長等が利害関係人として財産管理人等の選任を請求することができるか否か明らかでなかったが、特措法38条1項により、所有者不明土地につき、その適切な管理のため特に必要があると認めるときは、国の行政機関の長や地方公共団体の長は、利害関係の有無を問わず、財産管理人等の選任を請求することができることが可能となった。

さらに、私企業による土地開発等については、事業の営利性、不在者財産管理の法的性格等の観点から利害関係を肯定すべきかどうかについて疑義があるとされている。[43]宅地造成業者が不在者の土地を含む周辺一帯の土地を、当該不在者の同意なしに宅地造成した場合、利害関係があるとされた事例も[44]あるが、すでに損害賠償の問題が発生していたことを踏まえたものであって、必ずしも一般化することはできない。

(3)　管理人の権限

(ア)　妨害排除等の権限

財産管理人は、保存行為、目的物の性質を変えない範囲内において、その利用または改良を目的とする行為行為は、裁判所の許可を得ずに行うことができる（民28条・103条）。石垣等の崩落等またはその危険が生じている場合にその排除または予防することも、基本的には「保存行為」に該当するものと解されるから、裁判所の許可なくこれらを行いうる。仮に、目的物の処分をしないと石垣等の崩落等またはその危険を除去できない場合には、「処分行為」について裁判所の許可を得て行うことになろう。

41　荒井・前掲書(注14)324頁・325頁。

42　谷口知平編集代表『新版注釈民法(1)総則(1)〔改訂版〕』（有斐閣、2002年）447頁〔田山輝明〕。

43　伊東ほか・前掲論文(注39)125頁。

44　大分家審昭和49・12・26家月27巻11号41頁。

Ⅱ　所有者不明土地に係る訴訟の実務上の問題点

㈡　訴訟行為

相続財産管理人について、被相続人が訴訟代理人を選任して提起した訴訟につき、民法936条1項により選任された相続財産管理人が家庭裁判所の許可を得ないでした訴訟代理人の解任および訴えの取下げは、いずれも無効であるとした事例[45]、相続財産管理人が家庭裁判所の許可を得ないでした控訴の取下げは無効であるとした事例[46]があり、他方、相続財産に関して提起された訴えについては、家庭裁判所の許可なくして応訴することができるとした事例がある[47]。いずれにしても、これらは財産管理人の権限の問題であって家庭裁判所の許可を得ている限り問題が生じるものではない。

これに対し、不在者が不詳であって、財産管理人が明らかである場合に、財産管理人を被告とする訴えが提起できるかはまた別問題である。この点につき、財産管理人を被告として提起した訴訟につき、「不在者のための財産管理制度が、不在者の保護を目的とするものであつて、不在者本人の管理処分権を剥奪するためのものではないから、財産管理人は不在者のための法定代理人であると解するのが至当である（大審院昭和15年7月16日判決集19巻15号1190頁参照）」。「然らば、本件訴訟の被告両名は、原告の自認するように何処の何人であるかが全く不明なのであるから、被告を確定できない訴訟は不適法であり、その欠缺は補正することもできない（仮に、不在者財産管理人が訴訟追行上職務上の当事者となるとの見解に立つても、判決の既判力は不在者本人に及ぶべきところ、その既判力を及ぼすべき者が何人なのか不明であるというのでは、実体判決をなしてもすべて徒労に帰するわけで、民事訴訟制度はそのようなことに利用されるべきではない。もし、その場合本件土地につき権利を主張すべきすべての人に既判力が及ぶとするのであれば、それは形成判決でもないものに対世的効力を認めようとするものであつて、論外である。）」とされている裁判例がある点に留意する必要がある[48]。

45　東京高判昭和57・10・25家月35巻12号62頁。

46　名古屋高判昭和35・8・10下民集11巻8号1698頁。

47　最判昭和47・7・6民集26巻6号1133頁。

48　横浜地判昭和54・9・5判タ403号149頁。

639

〔第2部・第8章〕第3節　所有者不明土地に係る訴訟

(4)　小　括

　以上のとおりであるから、土地の所有者が、隣地にある石垣等の崩落等またはその危険が生じている場合で、当該隣地の所有者が不明であるときはそもそも不在者財産管理制度を利用できるものではない。隣地の所有者が明らかだが所在が不明の場合に、利害関係があるとして、隣地につき財産管理人または相続財産管理人の選任を行いうるかという問題があるが、仮に行い得た場合には、不在者財産管理人をして石垣等の崩落等の排除または予防を行うよう求めることが考えられる。仮に、不在者財産管理人がこれらを行わない場合、不在者を名宛人（財産管理人等は法定代理人）として妨害排除請求または妨害予防請求の訴えを提起することになろう。

3　所有者不明土地管理制度

　次に、土地の所有者は、隣地にある石垣等の崩落等またはその危険が生じている場合、所有者不明土地管理人の選任を行い、所有者不明土地管理人に管理を促すほか、必要に応じて妨害排除請求または妨害予防請求の訴えを提起することができるか、以下検討する。

(1)　所有者不明土地管理命令の発動要件

(ア)　要　件

　所有者不明土地管理命令を発するには、「所有者を知ることができず、又はその所在を知ることができない土地（土地が数人の共有に属する場合にあっては、共有者を知ることができず、又はその所在を知ることができない土地の共有持分）」であって、「必要があると認めるとき」に該当する必要がある（民264条の2第1項）。

　裁判所は、上記要件を満たし、所有者不明土地管理命令の必要があると認める場合であっても、①対象となるべき土地または共有持分について所有者不明土地管理命令の申立てがあったこと、②所有者不明土地管理命令をすることについて異議があるときは、同命令の対象となるべき土地または共有持分を有する者は一定の期間（1カ月を下ってはならない）内にその旨の届出をすべきこと、③②の届出がないときは、所有者不明土地管理命令がされることにつき公告をし、当該一定の期間を経過した後に所有者不明土地管理命令

640

をするものとされている（非訟事件手続法90条2項）。

(イ)　所有者不明・所在不明

「所有者を知ることができず、またはその所在を知ることができない土地」とは、必要な調査を尽くしても、所有者の氏名・名称やその所在を知ることができない土地または所有者の所在が不明な土地をいうとされている。所有者が法人である場合には、その本店および主たる事務所が判明せず、かつ、代表者が存在しないまたはその所在を知ることができないときに該当することを想定しているとされている[49]。

そして、どのような調査をすれば「調査を尽くし」たといえるかについては、少なくとも、①所有者が自然人である場合には、登記簿上および住民票上の住所に居住していないかどうかを調査する（所有者が死亡している場合には、戸籍を調査して、その戸籍の調査で判明した相続人の住民票を調査する）ことや、②所有者が法人である場合には、ⓐ法人の登記簿上の所在地に本店または主たる事務所がないことに加え、ⓑ代表者が法人の登記簿上および住民票上の住所に居住していないか、法人の登記簿上の代表者が死亡して存在しないことを調査することが想定されるが、その他にどのような調査を行うのかは、最終的には裁判所において適切に判断されることを想定しているとされている[50]。

(ウ)　必要性

「必要があると認める」との要件は、土地の状況を踏まえて所有者不明土地管理人に管理をさせる必要がないときはこの要件を欠くとされ、たとえば、土地の所有者が不明でも、第三者が適法な権限に基づき当該土地を管理している場合、管理の必要がなく、申立ては却下される可能性があるとされている[51]。

不在者財産管理人または相続財産管理人が選任されている場合には、少なくとも土地の所有者が特定できているはずであるから「所有者を知ることが

---

[49]　村松＝大谷編著・前掲書（注4）168頁。

[50]　民法・不動産登記法部会「部会資料33」3頁・4頁、日本弁護士連合会所有者不明土地問題等に関するワーキンググループ編・前掲書（注14）181頁〔中村多美子〕。

[51]　法務省民事局参事官室・民事第二課・前掲資料（注32）52頁。

〔第2部・第8章〕第3節　所有者不明土地に係る訴訟

できず」にはあたらないが、「その所在を知ることができない」として、所有者不明土地管理命令の申立てがなされることもある。しかし、不在者財産管理人または相続財産管理人は、その土地を含む所有者の財産全般の管理が委ねられており、それとは別に所有者不明土地管理命令を発する必要性はないし、隣地の所有者としては、前記2(4)のとおり、不在者を名宛人（財産管理人等は法定代理人）として妨害排除請求または妨害予防請求をすれば足りるから、所有者不明土地管理命令の申立ては却下されるであろう。[52]

(2)　申立人

　所有者不明土地管理命令の申立人は「利害関係人」のほか（民264条の2第1項）、国の行政機関の長または地方公共団体の長である（特措法38条2項）。

　ここでいう利害関係人は、所有者不明土地を適切に管理するという制度の創設の趣旨に照らして判断されるものである。一般論としていえば、その土地が適切に管理されないために不利益を被るおそれがある隣地の所有者や、一部の共有者が不明な場合の他の共有者、その土地を取得してより適切な管理をしようとする公共事業の実施者があたるほか、民間の買受希望者についても一律に排除されるものではない。[53]この点、買受希望者が「利害関係人」に当たるかどうかの判断要素として、買受希望の強弱や代金の支払能力等が挙げられるが、他方で、買受希望が単に強いというだけで利害関係が認められるというものでもないとされている。[54]そのため、「利害関係人」に該当するか否かは、所有者不明土地制度の趣旨に照らし事案に応じて判断することになるものと思われ、今後の裁判例の集積が期待される。

(3)　所有者不明土地管理人の権限

(ア)　妨害排除等の権限

　所有者不明土地管理命令の対象とされた土地または共有持分および同命令の効力が及ぶ動産（民264条の2第2項）並びにその管理、処分その他の事由により所有者不明土地管理人が得た財産（民264条の2第3項）（以下、あわせ

52　村松＝大谷編著・前掲書（注4）169頁・218頁・219頁。

53　民法・不動産登記法部会「部会資料43」3頁、村松＝大谷編著・前掲書（注4）172頁。

54　民法・不動産登記法部会「部会資料33」6頁、民法・不動産登記法部会「第25回会議議事録」4頁〔大谷太幹事〕。

Ⅱ　所有者不明土地に係る訴訟の実務上の問題点

て「所有者不明土地等」という）の管理および処分をする権利は所有者不明土地管理人に専属するものとされている（民264条の3第1項）。これは、所有者不明土地管理制度が対象となる土地を処分することもありうることを念頭に、所有者不明土地管理人による職務の円滑な遂行等の観点から、権限を所有者不明土地管理人に専属させることとなったものである。[55]

　所有者不明土地管理人は、保存行為、所有者不明土地等の性質を変えない範囲内において、その利用または改良を目的とする行為は、裁判所の許可を得ずに行うことができる（民264条の3第2項）。

　石垣等の崩落等またはその危険が生じている場合にその排除または予防することも、基本的には「保存行為」に該当するものと思われるから、所有者不明土地管理人は、裁判所の許可なくこれを行い得る。

㈦　訴訟行為

　さらに、所有者不明土地等の管理処分権を所有者不明土地管理人に専属させたことは、所有者不明土地等に対する管理・処分権限が所有者不明土地等の所有者から剥奪され、所有者不明土地管理人に付与されることを意味し、[56]その帰結として、所有者不明土地等に関する訴えについては、所有者不明土地管理人が当事者適格を有し、所有者不明土地管理人を原告または被告とするものとされている（民264条の4）。そして、所有者不明土地管理人が原告となって訴訟を提起する場合には裁判所の許可が必要となるが、被告となって応訴する場合には裁判所の許可は必要ないと解される。[57]

⑷　小　括

　以上のとおりであるから、土地の所有者が、隣地にある石垣等の崩落等またはその危険が生じている場合で、当該隣地の所有者が不明またはその所在

55　村松＝大谷編著・前掲書（注4）174頁・175頁、日本弁護士連合会所有者不明土地問題等に関するワーキンググループ編・前掲書（注14）189頁〔中村多美子〕。

56　松尾弘『物権法改正を読む──令和3年民法・不動産登記法改正等のポイント』（慶応義塾大学出版会、2021年）64頁。

57　村松＝大谷編著・前掲書（注4）178頁～180頁。同書において、土地が隣地に崩落するおそれがある場合に、隣地所有者がその所有権に基づき、崩落の防止措置を求める妨害予防請求訴訟を提起するケースなど、第三者が所有者不明土地等に関する訴えを提起するときは、所有者不明土地管理人が被告となって応訴することになるとされている。

643

〔第2部・第8章〕第3節　所有者不明土地に係る訴訟

を知ることができないとき、利害関係人として、隣地につき所有者不明土地
管理人の選任を行い、所有者不明土地管理人をして石垣等の崩落等の排除ま
たはその危険の予防を行うよう求めることが考えられる。仮に、所有者不明
土地管理人がこれらを行わない場合、所有者不明土地管理人を被告として妨
害排除請求または妨害予防請求の訴えを提起することになろう。

4　管理不全土地管理制度

　土地の所有者は、隣地にある石垣等の崩落等またはその危険が生じている
場合であって、隣地の所有者およびその所在が明らかであるものの、その土
地が管理不全状態になっているときは、管理不全土地管理人の選任を行い、
管理不全土地管理人に管理を促すほか、必要に応じて妨害排除請求または妨
害予防請求の訴えを提起することができるか、以下検討する。

(1)　管理不全土地管理命令の発動要件

(ア)　要件

　管理不全土地管理命令を発するには、「所有者による土地の管理が不適当
であることによって他人の権利又は法律上保護される利益が侵害され、又は
侵害されるおそれがある場合において、必要があると認めるとき」との要件
を満たす必要がある（民法264条の9第1項）。

(イ)　管理の不適当による権利・利益の侵害等

　所有者が現に土地を管理していない場合に限らず、所有者が土地を管理し
ているもののその管理が適切になされているか否かこそが重要であるとの観
点から、「土地の管理が不適当であること」という要件とされた。[58] たとえば、
土地に設置された擁壁にひび割れ・破損が生じているが、土地の所有者が放
置しており、隣地に倒壊するおそれがあるケースや、ゴミが不法投棄された
土地を土地の所有者が放置しており、臭気や害虫の発生による健康への被害
を生じさせているケース、不可抗力によって他人の権利等を侵害する状態が
生じた後に、所有者が適切に対応しないため、現在も侵害の状態が継続して
いるケースも、この要件にあたりうるとされている。[59]

---

[58]　民法・不動産登記法部会「部会資料39」15頁、民法・不動産登記法部会「部会資料50」2頁。

644

Ⅱ　所有者不明土地に係る訴訟の実務上の問題点

(ｳ)　発令の必要性

　管理不全土地管理命令を発令する必要があると認められるのは、土地の管理状況等に照らし、管理不全土地管理人による管理を命ずることが必要かつ相当であるときである。民法・不動産登記法部会での審議等において、現行法において物権的請求権、人格権等に基づく差止請求権等が認められる場合に限定されることを明確にすべきとの意見や、権利侵害の程度が社会生活上の受忍限度を超えている場合に限定して管理人を選任できるとするが妥当であるとする意見もあったが、いずれにしても、その侵害の程度が低いなどのケースでは、この制度を利用する必要性が乏しいため、「土地の管理のために必要と認めるとき」の要件を満たさないと解されるとされている。[60]

　また、土地の所有者が管理不全土地管理命令の発令に反対をしていても、これを発令することは可能であるが、管理不全土地管理人は、土地の所有者による妨害を直ちに排除する権限を有しているものではないため、土地に所有者が居住しており、管理不全土地管理人による管理行為を妨害することが予想されるなど、実効的な管理を期待することができないときは、管理命令を発することが必要とは認められず、申立ては却下されることになる。[61]

(ｴ)　所有者不明土地管理命令との関係

　なお、「所有者を知ることができず、またはその所在を知ることができない土地」についても、管理不全土地管理命令を発するための上記要件を充足すれば同命令を発することができる。ただし、所有者不明土地管理命令では所有者不明土地等の管理・処分権限を所有者不明土地管理人に専属させるから（民264条の２第２項）、所有者不明土地管理人と管理不全土地管理人とが同時に選任された場合には、所有者不明土地管理人の権限が優先すると考えられ、実際上の運用では、所有者不明土地管理命令が発せられていれば、管理不全土地管理命令の申立ては却下され、管理不全土地管理命令が発せられた後に所有者不明土地管理命令が発せられれば、管理不全土地管理命令は取り消されるものと解される。[62]

59　村松＝大谷編著・前掲書（注４）199頁。
60　民法・不動産登記法部会「部会資料39」14頁。
61　村松＝大谷編著・前掲書（注４）200頁。

645

〔第2部・第8章〕第3節　所有者不明土地に係る訴訟

(2)　申立人

　管理不全土地管理命令の申立人は「利害関係人」である。ここでいう利害関係人とは、所有者が土地を管理していないことによって権利または法律上の利益が侵害され、または侵害されるおそれがある者をいうとされている。[63]たとえば、土地に設置された擁壁にひび割れ・破損が生じているにもかかわらず、土地の所有者がこれを放置し、隣地に倒壊するおそれがある場合における当該隣地の所有者や、ゴミが土地に不法投棄されたにもかかわらず、土地の所有者がこれを放置し、臭気や害虫の発生による健康への被害を生じさせている場合における当該被害を受けている者は、利害関係人にあたりうると考えられる。[64]

　所有者不明土地と異なり、国の行政機関の長または地方公共団体の長に、利害関係を問わない申立権は認められておらず、あくまで、所有者による土地の管理が不適当であることによって他人の権利または法律上保護される利益が侵害され、または侵害されるおそれがある場合において、必要があると認めるときとの要件を充足したときに「利害関係人」として申し立てることができるにすぎない。[65]

(3)　管理不全土地管理人の権限

(ア)　妨害排除等の権限

　管理不全土地管理人は、管理不全土地管理命令の対象とされた土地および同命令の効力が及ぶ動産（民264条の9第2項）ならびにその管理、処分その他の事由により管理不全土地管理人が得た財産（以下、あわせて「管理不全土地等」という）の管理および処分をする権限を有するものとされている（民264条の10第1項）。管理不全土地管理人は、保存行為、管理不全土地等の性質を変えない範囲内において、その利用または改良を目的とする行為は、裁判所の許可を得ずに行うことができる（民264条の10第2項）。

　しかし、所有者不明土地管理人と異なり、管理不全土地等の管理・処分権

62　民法・不動産登記法部会「部会資料39」16頁、村松＝大谷編著・前掲書（注4）220頁・221頁。

63　民法・不動産登記法部会「部会資料39」17頁。

64　村松＝大谷編著・前掲書（注4）201頁。

65　民法・不動産登記法部会「第10回会議議事録」60頁〔大谷太幹事〕。

Ⅱ　所有者不明土地に係る訴訟の実務上の問題点

が管理不全土地管理人に専属するものとはされていない。したがって、管理不全土地においては、土地の所有者が管理人の管理を妨害している場合には、管理不全土地管理人はその妨害排除を求めて裁判をしない限り、実効的な管理行為ができない。[66]

(イ)　訴訟行為

管理不全土地管理人には管理不全土地に関する訴訟の当事者適格は認められない。[67]

(4)　小　括

以上のとおり、土地の所有者は、隣地にある石垣等の崩落等またはその危険が生じている場合であって、隣接の所有者およびその所在が明らかであるものの、その土地が管理不全状態になっているときは、管理不全土地管理人の選任を行い、石垣等の崩落等の排除またはその危険の予防を求めることになろう。もっとも、土地の所有者がこのような管理に異を唱えている場合には、実効的な管理を行えずそもそも管理不全土地命令が発令されないし、仮に発令されたとしても、所有者不明土地とは異なり、管理不全土地管理人が妨害排除請求または妨害予防請求の訴えの被告適格を有しないから、結局のところ、所有者を被告として訴えを提起するか、所有者不明土地管理制度を活用できるのであれば、同管理命令を発令してもらうことになろう。

5　結　論

以上のとおりであるから、X社は、乙地に財産管理人または相続財産管理人がいる場合、これらの管理人に、石垣等の崩落等の排除または予防を求めることになる。仮に、これらの管理人がいない場合には、所有者不明土地管理制度の要件を満たす限り、同管理命令を申し立て、所有者不明土地管理人に上記の管理を求めるか、必要に応じて、同管理人を被告として妨害排除請求または妨害予防請求の訴えを提起することになろう。乙地の所有者の協力を得られそうであれば、乙地の管理不全土地管理命令を申し立て、管理不全

66　村松＝大谷編著・前掲書(注４)202頁・203頁。
67　日本弁護士連合会所有者不明土地問題等に関するワーキンググループ編・前掲書(注14)233頁・234頁〔山中眞人〕。

〔第2部・第8章〕第4節　生活妨害に係る訴訟

土地管理人に上記の管理を求めることも考えられる。

第4節　生活妨害に係る訴訟

I　概　要

隣地の建物またはその建築によって、日照、眺望、景観、騒音、振動、通風、悪臭等の生活環境に係る利益に影響が生じる場合には、建築等の差止請求、建物の撤去請求、損害賠償請求がなされる。差止請求や撤去請求の根拠としては不法行為、物権的請求、人格権、環境権の諸説があり、物権的請求によれば借家人や公的施設の利用者が請求者から除外され、環境権を根拠とすれば直接日照等を阻害されない者であっても地域の調和の観点等から差止め等の請求者となりうる余地が出てくるが、裁判上は、物権的請求ないし人格権（またはその双方）が根拠とされることが多い。他方、損害賠償請求の根拠としては不法行為によるのが一般である。[68]

日照妨害等による建築差止め請求、損害賠償請求等がなされた場合、最高裁判決が[69]、「すべての権利は、その態様ないし結果において、社会通念上妥当と認められる範囲内でのみこれをなすことを要するのであって、権利者の行為が社会的妥当性を欠き、これによって生じた損害が、社会生活上一般的に被害者において忍受するを相当とする程度を超えたと認められるときは、その権利の行使は、社会観念上妥当な範囲を逸脱したものというべく、いわゆる権利の濫用にわたるものであって、違法性を帯び、不法行為の責任を生ぜしめるものといわなければならない」としていることから、日照妨害等が社会生活上一般に受忍すべき限度を超えると認められるか否かにより判断される（いわゆる受忍限度論）。

---

[68] 宮田桂子「日照・眺望の侵害と救済」塩崎勤＝安藤一郎編『新・裁判実務大系(2)建築関係訴訟法〔改訂版〕』（青林書院、2009年）413頁。

[69] 最判昭和47・6・27民集26巻5号1067頁。

648

I 概要

　また、差止請求は、損害賠償請求と異なり社会経済活動を直接規制するものであって、その影響するところが大きいから、その受忍限度は損害賠償請求の場合よりもさらに厳格な程度を要求されると解するのが相当であるとするいわゆる違法性段階論が唱えられている。最高裁判決は、「道路等の施設の周辺住民からその供用の差止めが求められた場合に差止請求を認容すべき違法性があるかどうかを判断するにつき考慮すべき要素は、周辺住民から損害の賠償が求められた場合に賠償請求を認容すべき違法性があるかどうかを判断するにつき考慮すべき要素とほぼ共通するのであるが、施設の供用の差止めと金銭による賠償という請求内容の相違に対応して、違法性の判断において各要素の重要性をどの程度のものとして考慮するかにはおのずから相違があるから、右両場合の違法性の有無の判断に差異が生じることがあっても不合理とはいえない」としており、同判決が違法性段階論がとるものか否かは見解が分かれているが、差止め請求と損害賠償請求とが全く同じ基準ないし要素で判断されるものでないことについては争いがないものと思われる。[71]

　なお、建物を建築するには、建築主事または指定確認検査機関によって、当該建物が敷地、構造および建築設備に関する法律並びにこれに基づく命令および条例の規定に適合する旨の確認がなされなければならないところ（建基6条1項・6条の2第1項）、建築確認に対し、相隣関係上の権利者あるいは近隣居住者が、当該建築確認の取消請求をすることによって当該建物の建築を阻止することも考えられる。そして、相隣関係上の権利者等が当該取消訴訟の原告適格を有するかについては、従来最高裁判所は、原告適格を定める行政事件訴訟法9条にいう「法律上の利益を有する者」とは、当該処分により自己の権利もしくは法律上保護された利益を侵害され、または必然的に侵害されるおそれのある者をいうとし、その法律上保護された利益の考慮事項の判断については柔軟に対処していたところ、それを参考として平成16年の行政事件訴訟法の改正によって9条2項が新設され、原告適格が広く認められるようになった。そして、その後も、従来判例が示した枠組みの中で行

70　最判平成7・7・7民集49巻7号2599頁。
71　田中豊「判解」最判解民（平成7年）738頁。
72　最判平成4・9・22民集46巻6号571頁参照。

649

〔第 2 部・第 8 章〕第 4 節　生活妨害に係る訴訟

政事件訴訟法 9 条 2 項の定める事項を考慮して個別的に検討し、原告適格を判定すべきものとの判断が示されている。[73] したがって、相隣関係上の権利者についてもこのような検討を経て判断されることになる。

　以下、日照、眺望、景観、騒音ごとに検討する。

Ⅱ　日　照

　日照妨害につき、受忍限度を超えるかどうかの具体的な判断要素としては、①被害程度、②地域性、③加害建物の公的規制違反の有無、④加害回避の可能性、⑤被害回避の可能性、⑥加害建物の用途、⑦先住関係、⑧交渉経過等があげられている。[74]

　このうち、③が最も重要となる。すなわち、建築基準法は、日照保護を考慮して、建築物の高さに関する規制として、建築物の絶対高さ制限（建基55条）、斜線規制として、①道路斜線制限（建基56条 1 項 1 号）、②隣地斜線制限（建基56条 1 項 2 号）、③北側斜線制限（建基56条 1 項 3 号）を設け、さらに、日影規制（建基56条・56条の 2 ）を設けている。建築物の絶対高さ制限とは、第一種および第二種低層住居専用地域内においては、建築物の高さは10mまたは12mのうち当該地域に関する都市計画において定められた建築物の高さの限度を超えてはならない規制をいう。また、斜線規制は、日照、通風、採光等を確保するために建築物の各部分の高さを規制するものであり、このうち日照の確保という観点からは特に南側の高さを制限する北側斜線制限が重要である。さらに、日影規制とは、対象となる建築物の敷地境界線から水平距離 5 mおよび10mの測定線において、当該建築物による日影時間が冬至日を基準に一定の時間以上とならないよう規制するものである。そして、これらの規定に違反している場合には自治体が指導等をすることから裁判に至る例は少ないが、自治体の指導、命令に従わず建築を強行した場合に、建物の建築差止めにとどまらず、既存建物の一部切除・収去も認めうる。[75] 他方、こ

73　最判平成17・12・ 7 民集59巻10号2645頁、大阪地判平成18・10・25判タ1237号181頁。

74　宮田・前掲論文（注68）416頁。

75　東京地判平成 6 ・11・15判時1537号139頁。

650

れらの規定に適合している場合には特段の事情のない限り受忍限度を超える侵害とはいいがたいとの判断がなされる傾向がある。[76] ただし、規定に適合している場合であっても日照被害の程度が大きいことを理由に慰謝料を認めた例[77]や、高さ制限ぎりぎりの建物であるような場合に建築の差止めを認めた例[78]がある。

Ⅲ　眺望・景観

次に、眺望・景観の妨害については、日照と比較して、主観的な要素を含む面もあるため、まず、保護に値する利益かどうかの検討がなされる。そして、眺望が特定地点に存する不動産の所在位置から得られる観望が問題となるのに対し、景観は一定範囲内の生活環境に関する外観により得られる利益との側面があり、景観は眺望に比べて請求が認容に至らない場合があるとの指摘がある。[79]

1　眺　望

上記のとおり、まず眺望について保護に値する利益かどうかの検討がなされるが、自然公園の利用者等の眺望の利益を問題とする事案につき、公園の景観の保護を求めた公園利用者の請求が単なる「反射的利益」にすぎないとした地裁判決がある。[80] 眺望につき保護に値する利益とされたとしても、差止め等の請求が認容されるためには、眺望を侵害する者の行為が違法で受忍の限度を超えているといえる必要があり、その判断にあたっては、①当該眺望の保護の必要性・重要性、被害の程度や範囲、侵害行為の予測可能性等の侵害を受ける側の要素と、②眺望を侵害する行為の必要性および相当性、行為者の意図、目的等の侵害をした側の要素を検討することになると解される。

76　佐藤道夫「最近の日照権をめぐる仮処分事件の傾向」NBL228号6頁。

77　東京地判昭和61・11・28判タ640号187頁。

78　名古屋地決平成7・11・8判タ910号238頁、名古屋地決平成5・3・11判時1485号77頁、大阪地判平成4・2・21判時1457号122頁。

79　齋藤隆編著『建築関係訴訟の実務〔3訂版〕』（新日本法規出版、2011年）220頁。

80　東京地決昭和53・5・31判時888号71頁。

651

〔第2部・第8章〕第4節　生活妨害に係る訴訟

そして、その判断は、日照妨害等に比べればより厳格な判断になると解される。[81]

眺望の侵害を理由に差止めを認容した事例[82]、損害賠償を認めた事例[83]がある。これに対して、差止めを認めなかった事例[84]、損害賠償を認めなかった事例[85]がある。

このような契約関係にない当事者間の事案と異なり、眺望等を売りにしたマンション等の売主と買主との紛争も存するが、この場合には、売主が買主に購入マンションからの眺望等が保証されるような言動があったか否かなどの売買契約締結過程の事実関係を基に判断される。たとえば、不動産業者Y（被告）が事業主かつ売主となったマンション（本件マンション）を購入したX（原告）らが、Yらがその後に事業主かつ売主となって販売した近隣マンションによって本件マンション等からの眺望などが阻害されたとして、Yらに対し、債務不履行または不法行為に基づく損害賠償請求をした事案において、地裁判決は[86]、「眺望利益は、特定の場所がその場所からの眺望の点で格別の価値をもち、このような眺望利益の享受を一つの重要な目的としてその場所に建物が建築された場合のように、当該建物の所有者ないし占有者によるその建物からの眺望利益の享受が社会観念上からも独自の利益として承認せられるべき重要性を有するものと認められる場合に限って、法的に保護される権利となるものと考えられる」としたうえで、「被告近鉄不動産において、本件敷地に原告らの眺望を阻害するような高層マンションが建つ可能性を説明せず、逆に、将来的にもそうした事態は生じないであろうと保証し、あるいはそのような信頼を与えるかのような言動を用いて本件売買契約を締結した（その結果、原告らにおいて、将来的にも良好な眺望が保証されるものと

81　宮田・前掲論文（注68）421頁。

82　東京高判昭和38・9・11東高民時報14巻9号243頁、京都地決昭和48・9・19判時720号81頁等。

83　大阪地判平成4・12・21判時1453号146頁等。

84　和歌山地田辺支判昭和43・7・20判時559号72頁、東京高決昭和51・11・11下民集27巻9号～12号774頁、仙台地決昭和49・3・28判時778号90頁等。

85　長野地上田支判平成7・7・6判時1569号98頁、大阪高判平成10・11・6判時1723号57頁、東京高判平成13・6・7判時1758号46頁。

86　大阪地判平成20・6・25判時2024号48頁。

652

誤信して本件売買契約を締結した）という事実は認められない」として、原告
の請求を棄却した。他方、別の裁判例では、「原告Ｘらがａ号室からの隅田[87]
川花火大会の花火の観望という価値を重視し、これを取引先の接待にも使え
ると考えて同室を購入し、被告においてもこれを知っていたこと、……隅田
川花火大会を巡る状況からみてこれを室内から鑑賞できるということは、取
引先の接待という観点からみると少なからぬ価値を有していたと認められる
ことを考慮すると、被告は、原告Ｘらに対し、信義則上、ａ号室からの花火
の観望を妨げないよう配慮すべき義務を負っていたと解すべきである」「被
告のＢマンション建築は、上記の信義則上の義務に違反するものといえる。
したがって、被告は、これによって原告Ｘらに生じた損害の賠償をしなけれ
ばならない」としている。

2　景　観

　景観については、マンションの販売等を業とする会社が国立市内の「大学
通り」と称される公道沿いに地上14階建てのマンション（本件建物）を建築
したところ、その付近に土地を有する住民や学校法人らが原告となり、本件
建物の建築により受忍限度を超える被害を受け、景観権ないし景観利益を違
法に侵害されているなどと主張し、不法行為に基づき、建築主らに本件建物
のうち高さ20mを超える部分の撤去を、被告らすべてに対して慰謝料等の支
払を求めた事案において、最高裁判決は[88]、「良好な景観に近接する地域内に
居住し、その恵沢を日常的に享受している者は、良好な景観が有する客観的
な価値の侵害に対して密接な利害関係を有するものというべきであり、これ
らの者が有する良好な景観の恵沢を享受する利益（以下「景観利益」という。）
は、法律上保護に値するものと解するのが相当である」としたうえで、「景
観利益は、これが侵害された場合に被侵害者の生活妨害や健康被害を生じさ
せる性質のものではないこと、景観利益の保護は、一方において当該地域に
おける土地・建物の財産権に制限を加えることとなり、その範囲・内容等を
めぐって周辺の住民相互間や財産権者との間で意見の対立が生ずることも予

87　東京地判平成18・12・8判時1963号83頁。
88　最判平成18・3・30民集60巻3号948頁。

〔第2部・第8章〕第4節　生活妨害に係る訴訟

想されるのであるから、景観利益の保護とこれに伴う財産権等の規制は、第一次的には、民主的手続により定められた行政法規や当該地域の条例等によってなされることが予定されているものということができることなどからすれば、ある行為が景観利益に対する違法な侵害に当たるといえるためには、少なくとも、その侵害行為が刑罰法規や行政法規の規制に違反するものであったり、公序良俗違反や権利の濫用に該当するものであるなど、侵害行為の態様や程度の面において社会的に容認された行為としての相当性を欠くことが求められると解するのが相当である」とし、本件建物の建築が当時の刑罰法規や行政法規の規制に違反するものであったり、公序良俗違反や権利の濫用に該当するものであるなどの事情はうかがわれないとして、請求を認めなかった。

　景観の利益に対する侵害は、上記判断基準により判断されることになるが、上記判断基準は、日照等の受忍限度の範囲を超えるかどうかの判断に比べると侵害行為の側により強度の違法性を求めていると解される。[89]

Ⅳ　騒　音

　工場操業や建設工事に伴う騒音による生活妨害についてもたびたび差止請求、損害賠償請求がなされている。この点については、判例が、[90]「工場等の操業に伴う騒音、粉じんによる被害が、第三者に対する関係において、違法な権利侵害ないし利益侵害になるかどうかは、侵害行為の態様、侵害の程度、被侵害利益の性質と内容、当該工場等の所在地の地域環境、侵害行為の開始とその後の継続の経過及び状況、その間に採られた被害の防止に関する措置の有無及びその内容、効果等の諸般の事情を総合的に考察して、被害が一般社会生活上受忍すべき程度を超えるものかどうかによって決すべきである。工場等の操業が法令等に違反するものであるかどうかは、右の受忍すべき程度を超えるかどうかを判断するに際し、右諸般の事情の一つとして考慮され

89　大畠崇史「建物の建築制限をめぐる訴訟」滝澤孝臣編著『最新裁判実務大系(4)不動産関係訴訟』（青林書院、2016年）544頁。

90　最判平成6・3・24裁判集民172号99頁。

654

るべきであるとしても、それらに違反していることのみをもって、第三者との関係において、その権利ないし利益を違法に侵害していると断定することはできない」としていることから、この判断基準によって判断されることになる。

ところで、騒音規制法は工場騒音、建設作業の騒音等を規制し、振動規制法も同様に工場騒音、建設作業の振動等を規制しており、さらに、騒音規制法27条2項または振動規制法23条2項に基づき各条例においても、騒音、振動規制がなされている。たとえば東京都の「都民の健康と安全を確保する環境に関する条例」は、「現在及び将来の都民の健康で安全かつ快適な生活を営む上で必要な環境を確保することを目的」としており（都民の健康と安全を確保する環境に関する条例1条）、何人も環境基準を超える騒音を発生させてはならないと定めている。受忍限度の一つである「侵害行為の態様およびその程度」を評価するにあたっては、騒音の測定結果と規制基準との比較は有効な手掛かりとなり、受忍限度の判断のなかで、規制基準を上回る騒音の存在が重視されたと考えられる裁判例は少なくない。[91]

（大久保由美）

---

91 東京地判平成17・12・14判タ1249号179頁、東京地判平成21・10・29判時2057号114頁等。騒音による生活妨害については、長瀬有三郎「建設騒音・振動の規制」塩崎勤＝安藤一郎編『新・裁判実務大系(2)建築関係訴訟法〔改訂版〕』（青林書院、2009年）425頁等が詳しい。

〔第2部・第9章〕Ⅰ　不動産競売

第9章
不動産競売関係訴訟と実務
上の問題点

Ⅰ　不動産競売

　不動産を差押えの対象とする金銭執行の方法としては、民事執行法上、不動産自体の交換価値を目的とする強制執行としての強制競売（民414条、民執45条以下）と担保権実行としての担保不動産競売（民303条・342条・369条、民執180条1号・188条）および不動産の継続的収益を目的とする強制管理（民414条、民執93条以下）と担保不動産収益執行（民371条・341条・361条、民執180条2項・188条）が認められている。

Ⅱ　形式的競売

　このほか、留置権による競売および民法、商法その他の法律による換価のための競売（たとえば、共有物分割のための競売（民258条2項）、限定承認の相続財産の売却（民932条）、弁済者の自助売却（民497条）、商人間の売買の自助売却（商524条）など）もあるが（いわゆる形式的競売）、これらはいずれも担保権の実行としての競売の例によることとされており（民執195条）、解釈上、これらの競売手続に関し、抵当権等の負担が売却により消滅するという消除主義の規定（民執188条・59条）が適用されるか否か、また、配当手続を実施すべきか否か等の点において問題が存するが（民法258条2項の競売に関し、民事執行法59条・63条が準用されるとする最高裁判決がある）、本章においては、主として強制競売および担保不動産競売に関し述べることとする。

656

Ⅲ　競売手続

　強制競売は、執行力のある確定判決等の債務名義（民執22条）に基づき、債務名義に表示された当事者の一般財産である不動産を差し押さえて換価し、その売却代金をもってその債権の満足を図るものである。これに対し、担保不動産競売は、債務名義を必要とせず、担保権の存在を証する文書等法定文書の提出により、担保権が設定されている当該不動産について競売の申立てをすることができる（民執181条）。担保不動産競売は、担保権に内在する実体的換価権に基づくものとして、強制競売とは本質的に異なる特殊性が認められる。しかし、競売の執行手続については、強制競売も担保不動産競売も実際的な側面においてほとんど差異はなく、強制執行について定められている規定は、強制執行に固有の規律を除いて、ほとんどそのまま担保権実行について準用することとしている（民執188条・192条ほか）。

Ⅳ　競売関係訴訟

　この両者の不動産競売の手続の過程において、実体法上および執行手続上、当事者もしくは第三者との間に種々の紛争が生じることがあり、これらの紛争を解決するための訴訟手続を、一般に、不動産競売関係訴訟ということができる。しかし、強制執行としての競売と担保権実行としての競売には本質的な差異があることから、その紛争処理手続にも多少の差異が生じる。以下において、不動産競売おいて実務上問題となるいくつかの紛争類型について、その訴訟形態を検討することとする。

1　最判平成24・2・7裁判集民240号1頁ほか。

〔第2部・第9章〕第1節　執行関係訴訟

第1節　執行関係訴訟

I　執行関係訴訟

　強制執行としての競売は、実体法上の給付請求権の存在と範囲が表示され、法律により執行力が認められた債務名義について執行文の付与を受けて申し立てられる（民執22条・25条）。しかし、執行機関としては、執行手続の迅速性、効率性の要請により、債務名義、執行文などを基礎として、形式的・外形的基準に基づき手続を進める構造となっていることから、執行手続の実体法的基礎について紛争が生じた場合には、執行機関がこれに直接関与せず、別途、権利判定機関の判断に委ね、その結果を執行手続に反映させる必要がある。

　民事執行法上は、このような実体法的基礎に紛争がある場合に、執行手続における実体的正当性を確保するための制度として、請求異議の訴え（民執35条）、執行文付与に対する異議の訴え（民執34条）、第三者異議の訴え（民執38条）のほか、執行文付与の訴え（民執33条）、執行判決を求める訴え（民執24条）、配当異議の訴え（民執90条）を規定している（これらを一般に執行関係訴訟ということができる）。

II　請求異議の訴え──民事執行法35条

1　請求異議の訴え

　請求異議の訴えは、特定の債務名義（民事執行法22条2号または3号の2から4号までに掲げる債務名義で確定前のものを除く）に表示された請求権の存在または内容についての異議（民執35条1項前段）、または裁判以外の債務名義（民執35条1項後段。執行調書、和解調書、調停調書、請求認諾調書等）の成立についての異議がある場合に債務者がその債務名義による強制執行の不許

658

を求める訴えである。請求異議の訴えの法的性質および訴訟物に関しては諸
説が存し、帰一するところをみない。

2 請求異議の事由

請求異議の事由としては、請求権の存在・内容（民執35条1項前段）については、債務名義における請求権の存在・内容の記載と実体との不一致を生じさせる事由であり、次のような事由があげられる。

(1) 請求権の発生障害事由

契約不成立、通謀虚偽表示（民94条）、公序良俗違反（民90条）、無権代理（民113条）などがこれにあたる。これらの事由は、請求権の発生自体を妨げる事由であることから、請求異議の対象となる債務名義が既判力を有し、基準時前の主張が制限されるときは、請求異議の事由とはならないことに留意する必要がある。

(2) 請求権の消滅・縮減事由

弁済（民473条）、相殺（民505条）、更改（民513条）、免除（民519条）、取消し（民95条・96条）、解除（民540条）、消滅時効の完成（民166条）などがこれにあたる。これらは、いったん有効に成立した請求権を後に消滅・縮減させる事由であることから、既判力のある債務名義については、これらの事由がどの時点で生じたかにより、請求異議の事由として主張できるか否かが異なる。

(3) 請求権の効力排斥事由

期限の猶予（民135条）、停止条件の付加（民127条）およびこれらに類する相続の限定承認（民922条）、破産・会社更生における免責（破253条、会社更生法204条）などがこれにあたる。

(4) 請求権の主体の変更事由

債権譲渡（民466条）、免責的債務引受（民472条）などがこれにあたる。

(5) 裁判以外の債務名義の場合

このほか、裁判以外の債務名義（民執35条1項後段）については、これらの債務名義の成立についての異議（たとえば、公正証書の作成に際し、代理権の欠缺があった場合など）も請求異議の事由とすることができる。

〔第2部・第9章〕第1節　執行関係訴訟

(6)　不執行の合意がある場合等

　以上の法定の請求異議事由のほか、不執行の合意がある場合[2]、その債務名義による執行が、権利濫用あるいは信義則違反により適切ではなく、執行を認めるべきでないときは、当該債務名義の執行力は排除される[3]。

3　異議事由の時間的制限等

　異議事由の時間的制限としては、確定判決についての異議事由は、口頭弁論終結後に生じた事由に限られる（民執35条2項）。これに対し、既判力を伴わない債務名義に対しては、名義成立前に存した事由であっても請求異議の訴えにおいて主張できる。

　なお、異議の事由が数個あるときは、債務者は、同時に、これを主張しなければならない（民執35条3項・34条2項）。

Ⅲ　執行文付与に対する異議の訴え──民事執行法34条

　執行文付与に対する異議の訴えは、条件の成就または承継を理由に執行文が付与された場合に、これらの事実を争う債務者に許される訴訟手続である。執行文は、執行可能な債務名義の存在およびその執行力がすでに発生し存続していることを一般的要件として、債務名義に表示された請求権に付された条件・期限等が成就していること、また、債務名義に表示された当事者以外の者が債権者、債務者となる場合には、その承継の事実が証明された場合に付与される（民執27条1項・2項）。請求権にこのような条件・期限等が付されていることが明らかでない場合には、請求異議の訴えによることになる。

　なお、債務名義が確定期限の到来に係る場合、担保を立てることを強制執行の条件とする場合および反対給付と引換えに、または他の給付に代えて認められる場合は、執行文付与の要件ではなく、執行開始の要件となる（民執

2　最決平成18・9・11民集60巻7号2622頁。

3　最判昭和37・5・24民集16巻5号1157頁、最判昭和43・9・6民集22巻9号1862頁、東京高判平成17・11・30判時1935号61頁など。

30条・31条)。

Ⅳ　第三者異議の訴え──民事執行法38条

1　第三者異議の訴えの対象

第三者異議の訴えは、債務名義の執行力が及ばない第三者の財産、または債務名義に表示された責任財産以外の債務者の財産に対してなされた執行について、第三者または債務者が自己の権利を違法に侵害されたとして、その救済を求める訴えであり、債務名義の存在を前提にしていないことから、すべての民事執行に対して提起できる。

2　第三者異議の事由

第三者異議の事由は、所有権その他目的物の譲渡または引渡しを妨げる権利を有することであるが、いずれも執行権利者に対抗できるものであることが必要である。所有権移転の仮登記がなされていても、仮登記には対抗力が認められないから第三者異議の訴えは提起できず、執行債権者に対する本登記承諾請求に基づく本登記を経た後に第三者異議の訴えを提起することになる（この間、執行停止の仮処分を得ておく必要がある）。

3　占有権と異議事由

不動産の強制管理、不動産の引渡命令等の執行機関またはその補助者が目的物を占有することが執行の内容となっている場合において、占有権が異議の事由となり得るかは、執行妨害との関係で一つの問題であるが、これを認めた判例もある。[4]執行債権者としては、本権に関する事由に基づき、第三者が執行を受忍すべき理由があることを抗弁として主張することもできると解すべきであろう。[5]

---

[4]　最判昭和47・3・24裁判集民105号333頁、東京高判昭和32・9・11東高民時報8巻9号220頁。
[5]　最判昭和38・11・28民集17巻11号1554頁参照。

〔第2部・第9章〕第1節　執行関係訴訟

4　譲渡担保の場合

　不動産を目的とする譲渡担保について、被担保債権の弁済期後に譲渡担保の債権者が目的不動産を差し押さえ、その旨の登記がなされたときは、設定者は、差押登記後に債務の弁済をしても、第三者異議の訴えにより強制執行の不許を求めることはできないとする判例がある。[6]

Ⅴ　執行文付与の訴え——民事執行法33条

　執行文付与の訴えは、条件・期限等の成就や承継を証明する文書が提出できないために、執行文の付与を受けることができない場合に、その債務名義の執行力の現存または執行文付与の許容性の確認を求めるものである。

Ⅵ　執行判決を求める訴え——民事執行法24条

　執行判決を求める訴えは、外国裁判所の判決について、わが国における執行力を付与するもので、執行判決は、裁判の当否を調査しないでしなければならない（民執24条4項）。

Ⅶ　配当異議の訴え——民事執行法90条

1　配当異議の訴え

　配当異議の訴えは、配当表に記載された各債権者の債権額・配当額について不服があり、配当期日において配当異議の申出をした者が提起する訴えである。配当異議を申し出ることができる者は、配当期日に呼出しを受けた債権者・債務者であり、配当表に記載のない債権者は、まず配当表に対する執行異議を申し立てるべきで、直ちに配当異議を申し出ることはできないとす

6　最判平成18・10・20民集60巻8号3098頁。

るのが判例である。[7]

2　配当異議を申し出なかった場合

　配当表に不服があるにもかかわらず、異議を述べず、または異議を申し出たが異議の訴えを提起しなかった場合において、実体的な権利と異なる配当が実施された場合、配当実施後に、債務者または債権者が不当利得の返還請求権を行使できるかが問題となる。債務者から債権者に対する返還請求権については例外なく認められるべきであるが、一般債権者にはその返還請求権[8]を認めないとするのが判例である。[9]なお、抵当権者による不当利得返還請求を認めた判例がある。[10]

Ⅷ　執行停止等の仮の処分——民事執行法36条1項・38条4項

　これらの執行関係訴訟のうち、請求異議の訴え、執行文付与に対する異議の訴えおよび第三者異議の訴えについては、執行手続の迅速性を確保するため、訴えが提起されても執行手続の開始またはその続行は当然には影響を受けない。しかし、執行に異議のある当事者は、その執行が終了してしまうと、後日異議訴訟において勝訴判決を受けても回復できない損害を被ることもあり、執行手続自体を停止等させる必要がある。そこで、民事執行法は執行手続の中で、執行異議訴訟の終局判決がなされるまでの間、執行停止等の仮の処分をすることができることとしている（民執36条1項・38条4項）。なお、配当異議の訴えが提起された場合は、その対象となる債権に係る配当額は供託され（民執91条1項7号）、その判決結果を待って配当表が変更され、または還付されることになる。

7　最判平成6・7・14民集48巻5号1109頁。
8　最判昭和63・7・1民集42巻6号477頁。
9　最判平成10・3・26民集52巻2号513頁。
10　最判平成3・3・22民集45巻3号322頁。

〔第2部・第9章〕第2節　執行抗告・執行異議

第2節　執行抗告・執行異議

　執行機関（執行裁判所・執行官）が執行手続において行う裁判（競売開始決定、売却許可・不許可決定等）、裁判以外の法的行為（物件明細書、配当表の作成等）、単なる事実行為（執行官による抵抗の排除等）などの処分（執行処分）に瑕疵がある場合、また、執行機関がなすべき執行処分をしない場合の救済方法として、民事執行法は、執行抗告および執行異議の二つの手続を規定する。

I　違法執行と不当執行

1　違法執行

　執行処分に瑕疵がある場合としては、執行処分または執行処分をしないことが執行法上違法である場合（違法執行）と執行処分は執行法上適法であるが、執行処分の結果が実体法上是認できない場合（不当執行）がある。執行抗告および執行異議は、この前者の違法執行を是正するための手続であり、執行抗告は執行処分のうち執行裁判所のした特定の裁判について民事執行法の規定により特別に許された事項について、また、執行異議は執行抗告の対象とならない執行裁判所または執行官の執行処分について認められた不服申立手続である。

2　不当執行

　不当執行（債務名義が存在するがその債権が実体法上存在しない場合など）については、執行抗告または執行異議の手続によることは認められず、請求異議または執行文付与に対する異議等の訴訟により解決するほかない。

　もっとも、担保権実行としての競売については債務名義を要件としないことから、不動産担保権の実行の開始決定については、執行抗告または執行異議の申立てにおいて、担保権の不存在または消滅を主張することができるも

664

のとされている（民執182条）。

Ⅱ　執行抗告──民事執行法10条・12条

　民事執行の手続に関する裁判に対しては、特別な定めがある場合に限り、執行抗告をすることができる（民執10条）。

　執行抗告の対象となる裁判は、①民事執行の手続上なされる最終処分となる裁判（不動産競売に直接関連するものとしては、競売申立てを却下する裁判（民執45条3項）、競売の手続の続行申立てを却下する裁判（民執47条5項）、配当要求を却下する裁判（民執51条2項・105条2項・154条3項）、売却許可または不許可の決定（民執74条1項）、不動産が損傷した場合の売却許可決定取消しの申立てについての決定（民執75条2項））など、②手続の中間の処分であるが、その段階で執行抗告を認めないと関係人に重大な不利益を与えるおそれがある裁判（不動産競売に直接関連するものとしては、売却のための保全処分に関する裁判（民執55条6項）、最高価買受人等のための保全処分に関する裁判（民執77条2項・55条6項）など）、③実体権の存否の判断を内容とする裁判（不動産競売に直接関連するものとしては、不動産引渡命令の申立てについての裁判（民執83条4項））がある。

Ⅲ　執行異議──民事執行法11条

　執行異議は、執行裁判所の執行処分で執行抗告の対象とならないものおよび執行官の執行処分またはその懈怠に対してすることができるが（民執11条1項）、民事執行法上、不服申立てができないとされている裁判（執行停止等の裁判（民執10条9項・11条2項・36条5項）など）については、執行抗告も執行異議も申し立てることはできない。執行機関の補助機関（不動産等の評価人（民執58条）、管理人（民執94条）等）のする処分に対しては、民事執行法11条を類推適用して執行異議の申立てができるものと解すべきであろう。

〔第2部・第9章〕第3節　不動産競売における具体的紛争解決手続

第3節　不動産競売における具体的紛争解決手続

不動産競売は、競売の申立てから換価、配当に至るまで順次手続が行われるが、それぞれの手続過程中において実務上生ずるいくつかの紛争について、その解決手続を検討する。

Ⅰ　執行証書による執行の問題点──民事執行法22条5号

1　執行証書の成立に関する問題

公証人が作成した公正証書で、金銭の一定額の支払またはその他の代替物もしくは有価証券の一定の数量の給付を目的とする請求を内容とし、債務者が直ちに強制執行に服する旨の陳述（強制執行受諾文言）が記載されている場合には、当該公正証書自体（執行証書）が債務名義となり、強制執行の申立てをすることができる。執行受諾の意思表示は、執行法上の効果を直接発生させる、公証人に対する訴訟行為であるが、その意思表示の瑕疵について判例は、民法95条の錯誤の規定の適用を認めるが、表見代理に関する民法109条、110条の適用については否定する。なお、署名代理により作成された公正証書は債務名義としての効力を有しないというのが判例である。また、公正証書に記載された債権と真実の債権とが、その発生原因、契約日、金額などの点で全く一致せず、両者の間に客観的な同一性を認めることができないときには、その公正証書は債務名義たる効力を有しないとする判例がある。

11　最判昭和44・9・18民集23巻9号1675頁。

12　最判昭和33・5・23民集12巻8号1105頁。

13　債務者につき、最判昭和51・10・12民集30巻9号889頁、債権者につき、最判昭和56・3・24民集35巻2号254頁。

2　要件欠缺の場合の救済方法

　公正証書について執行証書としての要件が備わっていない場合、債務者は執行文付与に対する異議または請求異議の訴えを提起することになる。この不服申立手続をとらないで瑕疵ある公正証書に基づき執行手続が終了した場合に、債務者が債権者に対して、不当利得に基づく返還請求をしたり、不法行為に基づく損害賠償を請求できることに問題はない。しかし、その瑕疵ある執行証書に基づきなされた執行の手続上の効力に関しては、これを当然無効とする判例がある。[15]もっとも、権利義務関係に実体法上の無効があっても、それに基づく強制執行手続が終了した場合には、実体法上の無効を理由として競落による不動産取得の効果を覆すことができないと解すべきであろう。[16]

Ⅱ　担保権の不存在・消滅を理由とする競売開始決定に対する異議──民事執行法182条

　担保権（そのほとんどは抵当権であるが）の実行としての競売の申立ては、担保権の登記のある登記事項証明書により行われるのがほとんどである。担保権の設定は裁判所や公証人の関与がない全くの私的な取引行為であり、担保権が実体法上存在しない場合や担保権設定時には存在したがその後弁済等により被担保債権が消滅している場合には、実体法上換価権を認めることができない。このような担保権が実体法上存在しない場合、あるいは消滅した場合、請求異議または執行文付与に対する異議の訴えを提起することができず、担保権不存在確認訴訟等により実体権の存否を争うとともに、執行法上は執行異議訴訟の中で実体権に関する不服を主張することになる（民執182条）。

　具体的には、担保不動産競売の開始決定に対する異議の申立てにおいて、担保権の不存在または消滅を理由とすることになる（実体異議）。かかる実

14　最判平成 6・4・5 裁判集民172号201頁。

15　最判昭和50・7・25民集29巻 6 号1170頁、最判昭和52・4・26裁判集民120号543頁。

16　最判昭和54・2・22民集33巻 1 号79頁。

〔第2部・第9章〕第3節　不動産競売における具体的紛争解決手続

体異議を提起しないで、担保権の不存在または消滅を売却許可決定に対する
売却不許可事由として主張できるかについて、判例はこれを認めない。[17]

Ⅲ　強制執行を行う権利の放棄または不執行の合意がある場合の救済方法

　強制執行を受けた債務者が、その請求債権について、債権者が強制執行を
行う権利を放棄し、または不執行の合意があった場合において、当該債務名
義により強制執行が行われた場合の救済方法としていかなる手続を利用すべ
きか問題となる。民事執行法が制定される以前の判例は、執行の方法に関す
る異議の手続によるべきものとしていたが、[18]学説は、請求異議によるべきと
する見解が多数説であった。[19]

　最高裁判所は、不執行の合意等のなされた債権を請求債権として実施され
た強制執行も民事執行法規に照らして直ちに違法になるということはできな
いこと、不執行の合意等は、債権の効力の一部である強制執行力を排除また
は制限するものであって、請求債権の効力を停止または限定するような請求
異議の事由と実質を同じくするものということができることなどを根拠とし
て、不執行の合意を理由とする強制執行の排除は、請求異議の手続によるべ
きものとして大審院の判例を変更した。[20]

Ⅳ　目的不動産に関する情報の提供に誤りがある場合の救済方法──民事執行法71条6号ほか

1　競売情報

　不動産競売の申立てがなされると、執行裁判所は執行官に不動産の現況調

17　最決平成13・4・13民集55巻3号671頁。

18　大判大正15・2・24民集5巻235頁ほか。

19　兼子一『強制執行法〔増補版〕』（酒井書店、1973年）142頁ほか。

20　前掲最決平成18・9・11。

668

IV　目的不動産に関する情報の提供に誤りがある場合の救済方法——民事執行法71条6号ほか

査を命じ（民執57条）、評価人を選任して不動産の評価を命じる（民執58条）。執行裁判所は評価人の評価に基づき売却基準価額を決定する（民執60条）とともに一括売却をするか否かを決定する（民執61条）。他方、裁判所書記官は物件明細書を作成し、現況調査報告書、評価書とともに執行裁判所に備え置いて買受希望者の閲覧に供するか、インターネットを通じてその内容を提供する措置をとるべきこととされている（民執62条2項、民執規31条1項2号）。物件明細書には、不動産の表示、買受人が引き受けることとなる不動産に関する権利や仮処分で売却により失効しないものおよび法定地上権の概要が記載されることとされている（民執62条1項）。

2　手続上の誤りに対する異議

買受人はこのような情報に基づいて競売に参加するわけであるが、これらの情報に誤りがあって買受人に不利益が生じた場合の救済方法が問題となる。競売手続が終了する前であれば、売却基準価額もしくは一括売却の決定、物件明細書の作成またはこれらの手続に重大な誤りがあることを理由として売却不許可の申出をすることができ（民執71条6項）、売却不許可の申出が認められないときは執行抗告をすることができる（民執74条1項）。また、物件明細書の作成、公表等に係る裁判所書記官の処分に対して執行裁判所に異議を申し立てることができる（民執62条3項）。現況調査報告書の内容の瑕疵自体は執行抗告の理由とはならないが、現況調査の誤りが最低売却価額もしくは一括売却の決定、物件明細書の作成に重大な誤りを生じさせた場合は、当該決定等の重大な誤りを主張して執行抗告の理由とすることができる（民執71条7号）。[21]

3　評価人の評価の誤り

評価人の評価に誤りがある場合については、評価の前提となる事実で法令により評価人に調査義務および評価書に記載して報告する義務がある事項（民執規30条1項・31条2項）と評価の専門家としての意見の部分に分けて考

21　東京高決昭和57・3・26下民集33巻1号～4号141頁。

669

〔第2部・第9章〕第3節　不動産競売における具体的紛争解決手続

えるべきであろう。前者については売却手続に直接影響を与える重大な誤り
については執行異議を申し立てることができるものと解する（民執11条の準
用）。執行異議を申し立てることができない場合についても、その評価結果
が著しく不相当で売却基準価額の決定に影響を及ぼす場合は、売却不許可事
由となり執行抗告を申し立てることができる（民執74条・75条）。評価人が評
価した土地の面積よりも実測面積が22％少なかった場合の売却許可について、
かかる事情は民事執行法75条1項の損傷に含まれるとして同条項を類推適用
して売却許可決定の取消しを認めた判例がある[22]。

4　買受人に対する救済方法

売却が終了した後に競売目的の不動産に関する情報提供に誤りがあったこ
とが判明した場合の買受人の救済方法としては、民法568条に基づく担保責
任または国家賠償法に基づく損害賠償責任を追及することができる。前者の
例として、借地権付建物の競売において、売却後借地権が否定され買受人が
建物を収去しなければならなくなった事案で、買受人の担保責任の追及を認
めた判例がある[23]。また、後者の例として、現況調査報告書に競売の対象外の
隣接地が表示されており、それを買い受けたものと信じて建物を建築した買
受人が、土地の所有者から建物収去土地明渡しを求められた事案で、執行官
の現況調査に誤りがあったとして、国家賠償法に基づく損害賠償責任を認め
た判例がある[24]。

なお、不動産の強制競売事件における執行裁判所の執行処分が関係人間の
実体的権利関係に適合しない場合において、右処分により自己の権利を害さ
れる者が、強制執行法上の手続による救済を求めることを怠り、このため損
害を被ったときは、執行裁判所自らその処分を是正すべき場合等特別な事情
がある場合でない限り、その賠償を国に対して請求することはできないとす
る判例がある[25]。

22　東京高決平成17・7・6判タ1198号294頁。

23　最判平成8・1・26民集50巻1号155頁。民法568条1項・2項および566条1項・2項の類推
　　適用。

24　最判平成9・7・15民集51巻6号2645頁。

670

V 剰余を生ずる見込みがない場合──民事執行法63条

1 無剰余が見込まれる場合

売却不動産の買受可能価額で手続費用および差押債権者に優先する債権を弁済して剰余を生ずる見込みがない場合において、競売手続の続行を希望する債権者は、執行裁判所からその旨の通知を受けた後1週間以内に、剰余の見込みがあることを証明するか、手続費用と優先債権の合計額を超える額で自ら買い受ける旨の申出をして、上記申出額に相当する保証を提供しなければ競売手続は取り消されるのが原則である（民執63条2項）。なお、上記合計額を下回る場合であっても、手続費用の見込額を超えていれば、買受希望価額で全額の弁済を受けられない優先債権者の同意があれば競売手続を続行することができる（民執63条2項ただし書）。

2 競売手続の取消しに対する救済

これらの手続の過程において不服のある当事者は、競売手続取消決定や売却許可決定に対し執行抗告を申し立てることができる。前者の事例として、二重開始決定がされている場合に、先行事件は無剰余であっても、後行事件を基準とすれば剰余があるときに、先行事件を無剰余により取り消すことはできないとしたもの、[26]個別売却をすると無剰余となるが一括売却すれば剰余を生ずる場合に、無剰余取消しをせず、一括売却を実施するのが相当であるとしたもの[27]などがある。また、後者の例として、抵当不動産所有者からの無剰余を理由とする売却許可決定の取消しを求める申立てを否定したもの、[28]後順位抵当権者からの申立てによる先行競売事件が無剰余の場合であっても、

---

25 最判昭和57・2・23民集36巻2号154頁。
26 名古屋高決平成16・12・7判時1892号37頁。
27 東京高決平成9・3・14判時1604号72頁。
28 東京高決平成10・9・14判時1665号71頁。

〔第2部・第9章〕第3節　不動産競売における具体的紛争解決手続

先順位抵当権者からの申立てに基づく後行競売事件の競売開始決定がある場合において、先行競売手続の続行を認めたものなどがある。[29]

VI　配当異議——民事執行法89条

1　配当の実施

競売における債権者の最大の関心事は、売却代金からいくらの配当が受けられるかである。売却代金の納付があると執行裁判所は配当期日を定め、配当表に基づき配当が実施される。配当表には、売却代金のほか、各債権者の債権元本・利息・執行費用の額および配当の順位・額が記載される（民執85条6項）。配当の順位・額は、配当期日において全債権者の合意が成立したときはその合意により、その他の場合には民法・商法等の実体法の定めによる（民執85条1項ただし書・2項）。

2　配当異議の訴え

この配当手続においては配当異議の申出をした債権者および執行力のある債務名義の正本を有しない債権者に対し配当異議の申出をした債務者は、配当異議の訴えを提起しなければならない（民執90条1項・188条）。配当異議訴訟の例としては、根抵当権に基づく不動産競売の申立てにおいて、競売申立書には元本のみ記載し、利息、損害金の記載をしなかった場合において、元本相当分の配当を受けた申立人が、その残金の配当を受けた後順位債権者に対して、極度額の範囲内でさらに利息、損害金の内金への配当を求めて、後順位債権者に対して配当異議の訴えを提起した事案において、競売申立書における被担保債権の記載が錯誤、誤記等に基づくものであることおよび真実の被担保債権の額が立証されたときは、真実の権利関係に即した配当への変更を求めることができるとしたものがある。[30]

---

[29]　東京高決平成7・8・8金判989号33頁。

[30]　最判平成15・7・3裁判集民210号217頁。

Ⅶ　引渡命令に係る救済——民事執行法83条4項ほか

1　引渡命令

　引渡命令は、競売における買受人に対し、売却不動産の引渡しを容易にするために、簡易な決定手続により不動産引渡しの債務名義を買受人が取得することを可能にした制度である。引渡命令は、債務者または事件の記録上買受人に対抗することができる権限により占有していると認められる者以外の不動産占有者に対し、発することができる（民執83条1項）。売却のための保全処分または公示保全処分（民執55条1項）、最高価買受申出人等の保全または公示保全処分（民執77条1項3号）は、当事者恒定効が認められ、保全処分後の悪意の占有者や善意の承継人に対しても、引渡命令に基づき不動産引渡しの強制執行をすることができる（民執83条の2第1項）。

2　引渡命令の許否に対する異議

　引渡命令の許否については執行抗告をすることができ（民執83条4項）、また、引渡命令は債務名義となるから（民執22条3号）、これに対し請求異議の訴えを提起することができる。[31]引渡命令に関する執行抗告の例としては、競売の対象とされた土地上に競売対象外の建物等が存する場合に、右土地の引渡命令を発することができることを認めた事例、[32]抵当不動産の賃借人が民法395条の明渡猶予制度の保護を受ける場合に、賃貸人の承諾を受けないで当該賃借人との間の使用貸借契約に基づき当該不動産を占有している転借人に対し、当該不動産の買受人が引渡命令を求めることの可否が問題となった事例などがある。[33]

（澤野順彦）

31　最判昭和63・2・25裁判集民153号443頁。
32　最決平成11・10・26裁判集民194号925頁。
33　東京高決平成20・4・25判時2032号50頁。

第3部

不動産関係訴訟の
要件事実と裁判

〔第3部・第1章〕

第1章
総　説

はじめに

　本書の第1部では不動産関係訴訟における重要な論点について法理上の見地からの検討を加え、第2部では不動産をめぐる訴訟類型ごとに紛争を処理するうえで実務上考慮すべき事柄を説明しているが、さらに、第3部では不動産に関する紛争を裁判により解決するうえで理解しておくことが必要な基本的な事項について、紛争類型ごとに、解決のための手続のしくみ、審判の対象およびその判断方法等を解説することとする。

　不動産に関する紛争として実務上しばしば取り上げられるのは、①不動産所有権の範囲や帰属に関する問題、②不動産所有権の移転を目的とする取引のための売買契約上の債務の履行に関する問題、③不動産の利用関係を規律する賃貸借契約に関する問題であるが、①については第4章および第6章、②については第2章および第3章、③については第3章、第5章および第7章で、各手続の類型ごとに訴訟物および要件事実を中心とする観点を中心に詳論しているので、本章ではこれらの論点を理解するための前提的事項について説明を加えておくこととしたい。

　なお、不動産に関する権利関係を公示するための登記制度は、取引上重要な作用を営んでおり、これをめぐる訴訟も裁判所に多く係属しているが、別巻に譲ることとし、前記の論点の解説に必要な限度で触れるにとどめる。

676

第1節　不動産の意義と特質

I　不動産紛争の位置づけ

　不動産は、人間が社会生活を営み、生存していくために必須の財であり、もとより所有や利用に関する取引の対象として重要な価値を有するから、所有権等の物権や契約等に基づく債権関係をめぐって紛争を生ずることも多く、これをどのように解決するかは、その結果次第で当事者に深刻な影響を及ぼすばかりでなく、社会にとっても重大な関心事である。そこで、司法制度の中では、不動産をめぐる紛争解決のために通常の訴訟のほかに特別の制度も用意しており、これらの総体を視野に入れながら、それぞれの判断のしくみを検討しなければ、不動産紛争の解決システムを理解することはできないので、これらの不動産紛争の司法的解決の全般を対象として説明する。[1]

　ところで、最高裁判所の裁判の迅速化に係る検証に関する第10回報告書によると、[2]令和4年度に全国の地方裁判所で既済になった民事訴訟事件（終局事件）は13万1795件であるが、そのうち土地を目的とする事件は土地境界確定事件331件を含めて6379件（約4.8%）、建物を目的とする事件は2万9284件（約22.2%）であって、合計しても3割に満たない程度であるが、これは直接土地または建物を対象とする請求（たとえば、登記手続請求、土地・建物明渡請求、建物収去土地明渡請求など）であり、土地・建物売買契約に基づく代金請求、建築請負契約に基づく報酬請求、これらの契約上の債務の不履行に基づく損害賠償請求等は、全体の約7割を占める金銭を目的とする訴えに含まれるから、以上の不動産関係の紛争を合計すれば、比率はさらに高くなるであろう。訴訟に関する解説書や要件事実の概説書等においても、不動産

1　紛争解決制度における実務上の問題点については、座談会「不動産をめぐる権利関係の裁判所による決定(上)・(下)」ジュリ1305号96頁・1306号52頁参照。

2　最高裁判所ホームページ「裁判の迅速化に係る検証に関する報告書（第10回）（令和5年7月28日公表）」参照。

〔第3部・第1章〕第1節　不動産の意義と特質

関係訴訟が広く取り上げられており、質的な面でも実務上極めて重要な地位を占めることは疑いないところである。

Ⅱ　法的概念としての不動産

民法は、権利の客体となる物を不動産と動産に分け、そのうち不動産を「土地及びその定着物」（民86条1項）としている。

土地については、「一定の範囲の地面に、合理的な範囲において、その上下（空中と地中）を包含させたもの」と説明するのが一般であり[3]、概念およびその範囲の決定にあたって問題は少ない。

しかし、土地の定着物の典型であって、起臥寝食や営業活動に供せられるため人の社会生活の本拠としての機能を営み、取引の対象としても重要な意義を有する建物については、民法自体が積極的に定義づけていないので、その概念は解釈によって決するほかないが、他方では、物権編において、相隣関係における不動産相互の権利および利用の調整に際し（民209条・225条・230条・234条）、不動産賃貸の先取特権の目的物の範囲を定めるにあたり（民313条）、抵当権の目的ないしその効力の及ぶ範囲との関係で（民370条・380条・389条・395条）、さらに、債権編において、賃貸借契約の対象となる財産の一つとして（民602条・603条・614条・617条）、それぞれ建物を取り上げており、建物をめぐる権利関係を規律することが民事上の紛争解決のために不可欠であることはいうまでもない。また、民法は、抵当権の効力の及ぶ範囲および法定地上権の成否を規定するに際して、土地と建物を別個の不動産として取り扱っており（民370条・388条）、また、不動産登記法は、権利の得喪変更を公示するための登記制度に関し、不動産とは「土地又は建物をいう」（不登2条1号）としたうえで、土地と建物を別に取り扱っているので（不登2条・27条以下）、建物とは何を指すのかという概念規定をしておくことが必要である。

ところで、建物は、土地と異なり、当初から自然の状態で存在するわけで

3　我妻榮ほか『我妻・有泉コンメンタール民法〔第7版〕』（日本評論社、2021年）171頁参照。

678

はなく、建築という行為によって生産される物であり、動産である建築資材を組み立てて時間的経過をもって徐々に形づくられていくという点に特質があるから、その過程においてどのような状態になったときに建物となるのかということが問題となる。もとより私法的な権利関係を規律するために考察することであるから、概念的には、建築途中に土地とは別個の取引の対象とする実質を備えたときから建物と認められるということができるが、どの段階でそのような実質を具備するかを解釈により一義的に定めることは困難である。この点に関し、登記実務上、登記官が建物と認定する基準を設け、「建物は、屋根及び周壁又はこれらに類するものを有し、土地に定着した建造物であって、その目的とする用途に供し得る状態にあるものでなければならない」（不登規111条）としているのが参考となる。これによると、①定着物性（土地に定着した構造物であること）、②構造上の特性（屋根および周壁等の外界と隔絶する設備を有すること）、③供用可能性（目的とする用途に供しうる状態にあること）、以上の3要件が必要である。他方、建築基準法は、建築物の敷地、構造および用途に関する最低の基準を定めてその安全性に関する法規制をするという観点から、「建築物」をもって「土地に定着する工作物のうち、屋根及び柱若しくは壁を有するもの（これに類する構造のものを含む。）、これに附属する門若しくは塀、観覧のための工作物又は地下若しくは高架の工作物内に設ける事務所、店舗、興行場、倉庫その他これらに類する施設（鉄道及び軌道の線路敷地内の運転保安に関する施設並びに跨線橋、プラットホームの上屋、貯蔵槽その他これらに類する施設を除く。）をいい、建築設備を含むものとする」と定義している（建基2条1号）。これに該当する建築物のうち屋根および周壁を有するものが前記の民法上の建物にあたるから、これよりもやや広いとらえ方をしていることになる。不動産に関する紛争の中でも、建物に至らない状態での建築途上の工作物や付属施設等が問題となることもあるので、注意を要する点である。[4]

---

4 不動産の概念一般につき詳細に論じたものとして、座談会「不動産とは何か(1)～(5・完)」ジュリ1331号126頁・1333号86頁・1334号196頁・1336号82頁・1337号62頁、建築とその生産物としての建物の関係については、第2部第7章第1節Ⅰ1、松本克美ほか編『専門訴訟講座(2)建築訴訟〔第3版〕』（民事法研究会、2022年）243頁以下〔齋藤隆〕参照。

〔第3部・第1章〕第1節　不動産の意義と特質

Ⅲ　不動産の特質と手続への反映

　不動産は、人間が日常生活を営むうえでの拠点としての社会的意義を有し、物理的・地理的な性質としては固定性・不動性がその主要な特徴であるが、そのうち土地については、本来自然的な存在であって、埋立てや隆起等の例外的な場合を除けば新たに発生することはなく、希少性・有限性を有している。また、建物についても、多くの建築資材と労力を用いて生産されるうえ、人の生活を維持するための多数の設備が施されていることが多いため、いずれも他の一般的な動産と比して高価なことが多いばかりでなく、非常に個性が強く、特定物・不代替物の典型であることから、客観的・経済的な価値のほか、主観的な価値も無視することができない。そこで、不動産の所有や利用をめぐって問題が起きた場合には、当事者間に極めて厳しい利害関係が生ずることになり、しばしば感情的な対立に至ることもある。特に、境界紛争および共有物紛争は、隣地所有者や親族等の身近な者同士の争いであることから、経済的合理性よりも非合理的な感情的要因が当事者の意思決定を左右することがしばしばである。また、賃貸借契約をめぐる紛争は、所有と利用との対立関係が顕著に現れる場面であるから、両当事者の立場の相違がもたらす感情的対立が合理的解決を妨げることも多くみられるところである。

　ところで、不動産の経済的価値は、交換の対価としての価格または利用の対価としての賃料によって表されるが、不動産紛争を合理的に解決するためにはこの経済的価値を正しく把握する必要がある。したがって、不動産の評価が紛争解決過程で重要な作用を担うことになり、鑑定評価に関する専門的知見を不動産鑑定士等により補充しなければ正しい解決方法を選択できないこともあることに留意しなければならない。不動産関係訴訟ということだけでは必ずしも専門訴訟に位置づけられるわけではないが、訴訟における専門委員や鑑定人、調停における専門家調停委員としての関与など、不動産鑑定の専門家の助力を必要とする場面は多い。

680

第2節　不動産をめぐる紛争解決制度の概観

I　概　説

　民事上の紛争を解決することを目的とする制度は、強制的解決を図るものから任意の話合いによる解決をめざすものまで種々存するが、その中でも主要なものが民事訴訟と民事調停であることはいうまでもない。両者は同じく司法機関である裁判所による紛争解決制度でありながら、民事訴訟が、当事者双方から訴訟法規に従って提出された主張と証拠に基づいて事実関係を確定し、これに民事実体法を適用して公権的判断を示すことにより紛争を強制的に解決する制度であるのに対し、民事調停は、紛争当事者が調停機関（調停委員会）のあっせんの下に話合いを行い、一定の合意に達することにより争いを解決する制度である点に特色がある。

　司法制度の利用者である国民は、通常、その意思に従って両手続のうちどちらを使うかを自由に選択できる。しかし、不動産賃料に関する紛争（借地借家法11条の地代もしくは土地の借賃額の増減の請求または借地借家法32条の建物の借賃額の増減の請求に関する紛争）については、訴額が比較的少なく、継続的な法律関係に関する争いであるため、話合いによる解決が望ましいことから、いわゆる調停前置主義がとられており、民事訴訟を提起する前にまず民事調停を申し立てなければならないものとされていること（民調24条の2）に留意しなければならない。

II　民事調停

　民事調停は、民事に関する紛争について当事者の互譲により条理に適い実情に即した解決を図ることを目的として設けられた制度であり（民調1条）、

〔第3部・第1章〕第2節　不動産をめぐる紛争解決制度の概観

その進行は調停委員会の裁量に任せられ、格別の厳格な様式は定められていない。

　調停の対象は、訴訟における審判対象としての訴訟物のような概念はなく、当事者間に意思の一致さえあれば、申立て外の事項について合意することも可能である。

　調停委員会が紛争の解決を図る際の基準は、上記の制度趣旨・目的に照らすと、実体法の規定を尊重すべきことは当然であるとしても、厳密にこれに拘束されることなく、最終的には条理に従って判断されることもありうる。これにより、当事者双方の事情、特に紛争発生に至る帰責性を十分に斟酌し、紛争の全体を視野に入れた柔軟な解決を図ることができることにもなる。

　申立てにより手続が開始されるが（民調2条）、民事訴訟の受訴裁判所が職権で事件を調停に付することもあり（民調20条1項）、東京地方裁判所や大阪地方裁判所のような大規模裁判所には、そのための調停専門部が設けられている。地方裁判所の第1審事件で調停に付されるケースとしては、審理（争点整理および証拠調べ）や話合いによる解決（和解）のために土地の特定や不動産評価に関する専門的知見を要する、いわゆる専門訴訟について、専門家調停委員の関与により争点を整理しながら話合いによる解決をめざす場合が多く、不動産関係訴訟についても、不動産評価の専門家である不動産鑑定士や測量の専門家である土地家屋調査士等が専門家調停委員として、地価・建物価格・賃料等の不動産評価、係争土地の特定、境界の位置などに係る専門的知見を駆使して紛争解決に努めている。

Ⅲ　民事訴訟

　民事訴訟は、任意の話合いによる解決ができなかった場合に裁判所が公権的判断を示すことにより強制的に解決するための制度であるから、いったん訴えが提起されれば、被告に応訴の意思がなくとも、これを手続に組み込んで審理を行うことになるし、裁判所も和解や取下げによる場合を除けば、審理および判断を回避することはできず、紛争解決のために判決をすることが義務づけられる。

682

Ⅲ　民事訴訟

　民事実体法上の権利義務の存否を既判力をもって確定することが目的であるから、ここで行われる手続は、民事訴訟法および民事訴訟規則に従って厳格に運用され、原則として弁論主義の下に当事者の主張する事実のうち争いのあるものについて証拠調べを行ったうえで確定した事実に実体法を適用して、解決方法を決定することになる。

　裁判所に対する審判の要求の性質を有する申立てには、①原告が被告に対して給付請求権を主張し、裁判所が給付義務の履行としての一定の作為または不作為を命ずるように求める給付の訴え、②原告が権利または法律関係について争っている被告に対して、その存在または不存在の確認を求める確認の訴え、③原告が被告に対して裁判所の判決により権利または法律関係を変動させることを求める形成の訴えがあり、これらの類型に対応して、訴訟についても、①給付訴訟、②確認訴訟、③形成訴訟の３種がある。これを第３部で取り上げている各訴訟類型についてみると、第２章の代金等請求訴訟および第３章の明渡・引渡請求訴訟は①給付訴訟に、第４章のうち土地所有権確認請求訴訟および賃料増減額請求訴訟（借地借家11条・32条）は②確認訴訟に該当する。なお、③形成訴訟の中には、実体法または訴訟法に定められた形成原因・形成権に基づき権利関係・法律関係を変動させることを目的とする実体法上の形成の訴えまたは訴訟法上の形成の訴えのほかに、実体法には何ら形成原因や形成権が規定されていないものの、一定の法律関係の形成のための手段として訴訟手続を用いているものがあり、形式的形成訴訟とよばれている。第４章および第６章において取り上げられている土地の公法上の境界を定めることを目的とする境界確定の訴えや物の共有状態を解消して単独所有とするための分割を行うことを目的とする共有物分割の訴え（民258条）がそれに該当する。これらにおいては当事者間に法律関係に関する紛争状態は存するが、審判の対象となる権利関係は存しないので、訴訟物を観念することはできず、実体法上の権利の発生・消滅等に係る要件事実も具体的に定められていないため、事実に実体法を適用して解決方法を決定するという訴訟の特質を備えていない。したがって、裁判所は、当事者の主張に拘束されることなく、裁量により結論を出さなければならない。

683

〔第３部・第１章〕第２節　不動産をめぐる紛争解決制度の概観

Ⅳ　非訟事件

　民事訴訟のほかに、私人間における法律上の紛争の解決のために裁判を用いる制度として非訟事件手続がある。実体法上の権利義務の確定を目的とするものでないので、訴訟法規に基づく厳格な審理によることなく、また、権利の発生・消滅等に係る要件事実を確定することなく、裁量により法律関係を形成することになる。訴訟事件との区別については、争訟性の存否、裁量性の有無、厳格な審理手続（口頭弁論）の要否の３点をあげるのが通例であるが、争訟性のある民事紛争に非訟事件手続が用いられることもあるから、この点は絶対的なものではない。上記の形式的形成訴訟は、対象の重要性から訴訟手続が用いられているけれども、その裁量的性格から非訟事件的性質を有するといわれている。

　不動産紛争に関する非訟事件としては、借地借家法所定の借地非訟事件が代表的なものとしてあげられることが多いので、第７章において特にこれを取り上げてその手続と要件全般について詳細に説明する。この制度は、とかく利害が先鋭に対立しがちな借地・借家をめぐる契約関係のうち、借地に関する紛争を防止ないし解決することを目的とするものであり、借地条件の変更（借地借家17条１項）、借地上の建物の増改築許可（借地借家17条２項）、土地賃貸借契約更新後の建物再築許可（借地借家18条１項）、土地の賃借権譲渡または転貸許可（借地借家19条１項）、競公売に伴う土地賃借権譲渡許可（借地借家20条１項）、借地権設定者の建物・賃借権譲渡許可（借地借家19条３項・20条２項）の６種の手続が設けられている。一般的によく利用される制度というわけではないが、借地取引の多い都市部においては多数の事件が裁判所に申し立てられることから、東京地方裁判所および大阪地方裁判所にはそのための集中処理部が設けられており、特に各地方裁判所が前記各事件について決定をする際の財産上の給付等の付随処分についてはある程度の基準に沿った運用をしていることから、一般の借地取引における給付金額（借地上の建物の増改築や借地権の譲渡に関する承諾料）の指標ともなっている。

　なお、借地非訟事件は、あくまでも非訟事件であるから、訴訟物といった

概念はなく、したがって、要件事実も問題とならない。もっとも、借地借家法は、裁判所が前記の各裁判をするための要件（形式的要件と実質的要件）を定めているから、職権探知主義の制度の下ではあるが、申立てを認容する裁判をするためにはその要件に該当する事実が存するものと認められなければならず、しかも、手続的には二当事者対立構造がとられ、両当事者に主張・立証の機会が与えられ、申立人も相手方も自己に有利な事実の存在を立証しようとするので、民事訴訟に近似した手続形態となっている。

第3節　不動産関係訴訟における訴訟物と要件事実

I　訴訟上の請求と不動産関係訴訟の訴訟物

　民事訴訟において審理の対象としてその中核となるものが訴訟物である。すなわち、訴訟による紛争の相手方に対する請求は、特定の権利または法律関係の主張をその内容とし、裁判所は、これを審判の対象として、その存否を公権的に判断することになるが、その際における原告の主張する権利または法律関係を訴訟物という。訴訟物をどのように理解するかについては、従来から新説と旧説との間で争いがあるが[5]、実務においては、特定の基準を実体法に求める旧訴訟物理論に基づいており、訴えにより主張されている請求の実体法上の性質決定が審理の前提として重要な課題となっている。

　当該紛争において問題となる権利ないし法律関係は実体法的には種々の構成が可能である場合が多いが、原告が紛争の解決を求めて訴えを提起する場合、これをどのように構成するかは、処分権主義をとる法制度の下では、原則として原告が自由に選択しうるところである。原告が訴えによりどのよう

5　新旧訴訟物論争については、高橋宏志『重点講義民事訴訟法(上)〔第2版補訂版〕』（有斐閣、2013年）25頁参照。

〔第3部・第1章〕第3節　不動産関係訴訟における訴訟物と要件事実

な権利または法律関係を主張しているかは、訴状の請求の趣旨および請求の原因によって特定されるので、訴訟物は、訴状の記載を解釈することによって判明することになる。裁判所は、当事者の選択した訴訟物についてのみ審判する権能を有するが（民訴246条）、訴訟物の特定は、権利の法的性質に関する原告の主張によってされるものではなく、このような主張によって裁判所が拘束されるわけではない。審判対象の限定は、原告が主張する事実に基づいてどのような権利が発生するかという見地から特定された訴訟物について及ぶのである。

　ところで、訴訟物がどのように特定されるかは、原告の主張する権利または法律関係の性質によって異なり、物権の場合には、権利の主体（所有者等の物権を有する者）と内容（物権の種類とその対象である物）によって定まり、債権の場合には、権利義務の主体（債権者と債務者）、権利の内容（給付を求める内容）、発生原因（具体的な契約や不法行為）によって定まる。そこで、訴状には、これらについて明確に記載し、他の請求との異同を識別できるようにしなければならない。

　前記のとおり、不動産に関する紛争において争われるケースとしては、①不動産所有権の範囲や帰属に関する問題、②不動産所有権の移転を目的とする取引のための売買契約上の債務の履行に関する問題、③不動産の利用関係を規律する賃貸借契約をめぐる問題に大別されるが、①の紛争においては物権（特に所有権）が、②および③の紛争においては債権（不動産の所有または利用を目的とする契約に基づくもの）が訴訟物とされることになろう。

　これを訴訟類型別にみると、①の紛争に属するのは所有権確認請求訴訟（第4章参照）と所有権に基づく不動産の明渡請求訴訟（第3章参照）であり、争いの対象とされる不動産の所有権ないしこれに基づく明渡請求権（物権的請求権）が訴訟物である。また、②の紛争に属するのは、売買代金等請求訴訟（第2章参照）と売買契約に基づく不動産引渡請求訴訟（第2章および第3章参照）であり、各契約に基づく代金等支払請求権や目的物引渡請求権がその訴訟物である。さらに、③の紛争に属するのは、賃貸借契約の終了に基づく不動産明渡請求訴訟（第3章参照）と賃料増減額確認請求訴訟（第5章参照）であり、解除・合意解除・期間満了等による賃貸借契約の終了に基づく

686

明渡請求権（その性質は、原状回復請求権、不当利得返還請求権、目的物返還請求権等が考えられる）や賃料増減額確認請求権が行使されたことにより形成された新たな賃料額がその訴訟物である。

なお、形式的形成訴訟に属する境界確定訴訟（第4章参照）および共有物分割請求訴訟（第6章参照）並びに非訟事件の性質を有する借地非訟事件（第7章参照）については、訴訟物の概念が存しないことは上記のとおりである。

II　不動産関係訴訟における要件事実

審判の対象である訴訟物は観念的な存在であるから、裁判所も当事者も、これを直接認識することはできないが、権利または法律関係を定めている実体法が法律効果を発生するために必要な条件を定めているので、その条件に該当する事実の存在により認識することが可能となる。換言すれば、実体法の定める必要条件に該当する事実があれば、これを備えることにより発生する法律効果が確認できるので、この条件に該当する事実の存在により一定の権利または法律関係を認識できることになる。この実体法の定める条件を民事法の分野においては法律要件または構成要件といい、これに該当する具体的事実を要件事実という。このように法律要件とこれに基づく法律効果という観点から考えれば、要件事実は直接権利の発生・消滅等の消長にかかわる事実であるから、主要事実と同義ということになり、法律効果の発生を直接にはもたらさない間接事実と区別される。[6]

そして、原告が訴訟物として主張する権利の存在については、過去の一定の時点において、その権利の発生要件に該当する具体的事実が存在すれば、それに基づき発生した権利には継続性ないし永続性があることから（いわゆる権利関係不変の法理）、他方で、その発生の障害となる事実、発生を阻止する事実、いったん発生した権利を消滅させる事実が存しない限り、現時点においても存在していることになるので、裁判において権利の存在を肯定する

6　要件事実に関する基本的な考え方については、司法研修所編『民事訴訟における要件事実(1)〔増補〕』（法曹会、1995年）2頁参照。

〔第3部・第1章〕第3節　不動産関係訴訟における訴訟物と要件事実

ためには、権利の発生、障害、消滅、阻止の各法律効果を定める実体法の法律要件に該当する事実の存否を確定しなければならないことになる。もっとも、実際の訴訟においてはこれらの権利の消長にかかわるすべての事項が問題となるわけではなく、権利の発生に関する要件事実のみが争われる事案、権利の発生とその障害となる要件事実が争われる事案、権利の発生とその消滅および消滅の効果を阻止する要件事実が争われる事案というように、いくつかの組合せにより原告と被告との間で攻撃・防御が繰り広げられる。弁論主義により、裁判所は、当事者によって主張されない要件事実を判決の基礎とすることはできないし、当事者が自白した要件事実は証明することを要しない（民訴179条）ばかりでなく、この自白には拘束力があるから、裁判所がこれと異なる認定をすることは許されない。したがって、主張された要件事実のうち、争いのあるものについてのみ証拠調べが行われ（ただし、民事訴訟法179条により顕著な事実も証明を要しない）、立証できなければ、法律効果の発生は認められないことになる。

　この要件事実が立証されないことにより被る不利益を立証責任または証明責任というが、そもそも法律効果が発生するための条件を具備しているか否かの問題であるから、この意味での責任は、法律効果の発生により利益を受ける当事者が負担していることに帰着する。そして、法律要件および法律効果は、すべて実体法が権利の発生および障害・消滅・阻止という権利の消長に関する論理的な組合せを考慮して、権利根拠規定、権利障害規定、権利滅却規定および権利阻止規定として定めているものであるから、これらの実体法の規定によって利益を受ける者が立証責任を負うことになり、具体的には、各法規の条文、規定の構造に、公平の観点をも加味したうえでの実体法の解釈により定まることになる。実務も、このような法律要件分類説に立脚して、訴訟上主張された要件事実の存否に係る立証責任の負担者を考えながら、争点整理、証拠調べおよび判決（最終的には真偽不明の場合に不利益を被る当事者が原告と被告のいずれかという点に帰着する）をそれぞれ行っており、訴訟の全過程を通じてのバックボーンの役割を果たしている。

　そして、各当事者は、自己の立証責任に属する事項について主張し、相手方の争う事実については立証を要することになるが、このような攻撃・防御

688

の応酬は、まず、訴訟物たる権利の発生に関し、その存在を主張する当事者が、その権利の発生のために必要な最小限の事実を請求原因として主張・立証し、次いで、その相手方が、請求原因と両立する事実であって、請求原因事実の存在により発生する法律効果を排斥するに足るものを抗弁として主張・立証し、これに対しては、抗弁と両立する事実であって、抗弁の存在によって発生する法律効果を排斥するに足る事実を再抗弁として主張・立証し、さらに、必要があれば、同様に再々抗弁、再々々抗弁というように主張・立証が繰り広げられていくという構造をとっている。

以上の攻撃・防御の構造を不動産関係訴訟についてみると、各訴訟類型によって原告が主張する訴訟物は種々考えられるので、一律に論ずることはできないが、所有権に基づく請求権を訴訟物とする類型の訴訟においては、請求原因において原告が当該不動産の所有権取得原因を主張することになるし、これに対して、抗弁においては、その所有権の喪失事由や占有を正当化する根拠となる事実等が主張されることになる。契約に基づく請求権を訴訟物とする場合には、まず請求原因において契約締結の事実を主張することになり、抗弁においては、その請求権の発生を障害または阻止し、いったん発生した請求権が消滅する原因となる事実が主張されることになる。いずれにせよ、個別の紛争の態様によってさまざまであるので、第2章以下の解説を参照されたい。

なお、上記のとおり、各要件事実の構成およびその証明責任の分配は、法律要件分類説によれば、権利の発生・障害・消滅・阻止の要件を定めた実体法の規定によって定まるのであるが、平成29年法律第44号による民法改正で主として債権関係の規定に次いで、令和3年法律第24号による民法改正で物権および相続の規定の一部に大幅な見直しが加えられたことから、不動産をめぐる権利関係の規律も変容を余儀なくされていることは重要である。

Ⅲ　不動産関係訴訟の若干の留意点

不動産に関する各訴訟類型は、その紛争の態様が不動産の所有や利用をめぐって多岐にわたることが反映して、複雑な様相を呈しており、そこで争わ

〔第3部・第1章〕第3節　不動産関係訴訟における訴訟物と要件事実

れている法律的な問題点も多様である。大きくは所有権等の物権に関するものと契約等に基づく債権に関するものとに分かれるが、その内容は事案に応じてさまざまである。前記のとおり、訴訟物は原告の選択に任されており、その主張する訴訟物たる権利の発生原因を実体法的にどのように構成するかは原告が自由に決し得るところであるが、紛争の実態を正しく把握したうえで、事実的な基礎を有したものでなければならないことはいうまでもない。ところが、不動産は、一般的に高価で、社会生活上重要な意義を有していることから、関係者間の利害が厳しく対立し、感情的な問題にまで発展することすらあるため、原告に限らず、被告の主張も詳細を極め、およそ考えられる法的主張を網羅することもないわけではない。しかし、その主張が事実に支えられ、争われた場合に証拠により立証できなければ、訴訟上は何ら意味を有しない。原告にとっては、訴訟物の選択およびこれに伴う請求原因の構成は、紛争の実態に即したものに限定すべきであり、他方、被告も、抗弁として主張する権利発生の阻止・障害事由および権利の消滅事由は、立証可能なものに厳選すべきである。不動産関係訴訟においては、往々にして争点整理に時間がかかることが多いが、当事者双方がこの主張の厳選に意を用いて訴訟追行すれば、審理が格段に迅速化されるものと考えられる。

　また、訴訟の進行を遅延させる要因として、不動産関係訴訟の専門性があげられる。賃料改定の意思表示によって形成された賃料額が直接の審判の対象となる賃料増減額請求訴訟はもとより、他の不動産取引に関する訴訟においても、不動産の価額が問題とされることが多いが、不動産の鑑定評価は専門家の関与なしに理解することは難しい側面がある。立証段階になってから、鑑定によって専門的知見を導入することも考えられるが、むしろ争点整理の段階から不動産鑑定士等の専門家の関与を求め、争点ないしその前提的事項を正しく理解することが適正・迅速な審理をもたらすことになる。この点、平成15年の民事訴訟法の改正（施行は平成16年4月1日）によって専門委員制度が創設され、争点整理、証拠調べおよび和解の各段階において専門委員を関与させることが可能となった。実際にも、不動産関係訴訟における専門委員の活用例が紹介されており、その大半が不動産評価ないし適正賃料額が争われている事案について不動産鑑定士を専門委員に指定したものであるとさ

れている。具体的には、争点に関する専門的事項について説明を受けること
を目的とするケースが多いが、当初から和解を主目的にするケースもあると
されており、従来からの専門家調停との使い分けが実務上の課題となろう。
なお、専門的知見の導入の必要性が感じられる場面の１つとして、土地の境
界や所有権の範囲の確定のための対象土地の特定の問題がある。当事者双方
が主張する土地の位置関係が曖昧で、その提出する図面を現地に復元するこ
とができないこともしばしばみられるところである。双方の主張を対比する
ためには、審理の過程で共通図面を作成することが有益であり、そこに現地
復元性のあるポイントを落とし、当事者の主張する境界や所有範囲をこのポ
イントを用いて特定することが必要である。従来は、検証の際に同時に測量
鑑定を行っていたが、争点整理段階で双方の主張を特定する必要があるので、
専門委員の関与により事案に応じた工夫をしたうえで、当事者をして正確な
図面を作成させることが考えられてよいであろう。

　さらに、不動産関係訴訟において当事者の主張を理解するためには、準備
書面によるだけでは足りず、現場の状況を視覚的に確認する必要がある場合
が多い。一般的には、準備書面や証拠説明書によって図面を用いて説明し、
立証のために写真を提出することになるが、写真には正確な撮影位置方向図
を添付することが必要である。また、実際に現地に赴いて、その状況を確認
するのが有用なことも否定できない。しかし、適切な写真および図面が提出
されていれば、証拠調べにおいて検証を行うまでの必要もないことが多く、
進行協議期日において現地確認をしたり、現地和解に際して実際の状況を見
分するという方法もしばしば用いられている。事案に応じて使い分ける必要
があろう。

（齋藤　隆）

7　東京地方裁判所民事部四委員会共同報告「改正民事訴訟法500日の歩み(2)」判時1911号９頁。

8　不動産関係訴訟における専門家の活用につき齋藤隆「建物明渡請求訴訟等における法律家と不動産鑑定専門家の役割」二弁フロンティア223号10頁参照。

〔第3部・第2章〕第1節　総　説

第2章
代金等請求訴訟

第1節　総　説

I　不動産売買の特徴

　不動産売買契約は、他の売買契約と同様、目的物の財産権を移転することおよびその対価としての代金を支払うことの合意によって成立する双務・諾成・無方式の契約であるが（民555条）、一般に、不動産が高価・個性的かつ重要であり、当事者が多数回の交渉を重ねて条件を煮詰める慎重な過程を経て確定的な意思表示に至るという特徴がある。契約に際し、手付が交付されることもある。その目的物は通常、特定物であると考えられる。また、契約の目的達成のためには、目的物の引渡しだけでなく所有権移転登記手続を経て買主が対抗要件を備えたり、目的物が農地である場合には農地法の要件を満たしたりする必要があることも不動産売買の特徴である。

II　各訴訟類型

　売買契約当事者間において、売主が買主に対して請求する訴訟類型と、買主が売主に対して請求する訴訟類型が考えられる。

1　売主の買主に対する請求

⑴　代金支払請求

売買契約成立により売主の買主に対す代金支払請求権が発生するから（民

692

555条）、売主が買主に対し、代金支払請求をする訴訟類型が考えられる。これに対し、買主（被告）は、契約の成立を否認するほか、同時履行、意思表示の瑕疵、契約の解除、代金減額、弁済、相殺等の抗弁を主張して争うことが考えられる。

(2) 代金の利息の支払請求

売主は買主に対し、目的物の引渡しの日からの「代金の利息」の支払を請求することができる（民575条2項本文）。通常は、代金支払請求訴訟において附帯請求とされる。

2 買主の売主に対する請求

(1) 目的物の引渡等の請求

不動産売買契約成立により買主の売主に対する目的物引渡請求権および所有権移転登記手続請求権が発生するから（民555条・560条）、買主が売主に対し、目的物引渡請求および所有権移転登記手続請求をする訴訟類型が考えられる。

不動産明渡・引渡請求訴訟については第3章参照。

(2) 売主の担保責任または債務不履行責任に基づく請求

平成29年法律第44号による改正（以下、「法改正」という）前の民法（以下、「旧民法」という）の売主の担保責任および瑕疵担保責任に関する規定は大幅に改められた。法改正後の民法では、引き渡された目的物が契約内容に適合しない場合には、目的物が特定物か不特定物かを区別せず債務は未履行であるとの整理（契約責任説）を基本として、買主の救済手段（履行追完請求、代金減額請求、損害賠償請求、契約の解除）が定められ、損害賠償請求および解除については債務不履行があった場合の一般的な規律が適用されることが明確になった（契約責任説の採用により売主の担保責任と債務不履行責任とを質的に区別する必要はなくなったが、法文上、売主の担保責任の文言が用いられていることから、売主の担保責任として整理することとする[1]）。

そこで、引き渡された売買目的物が契約内容に適合しない場合、買主が売

---

1 鎌田薫ほか『重要論点実務民法（債権関係）改正』（商事法務、2019年）292頁、筒井健夫＝村松秀樹編著『一問一答民法（債権関係）改正』（商事法務、2018年）274頁以下。

〔第3部・第2章〕第2節　訴訟物の構成

主に対し、売主の担保責任により、履行の追完請求（民562条1項本文）、代金減額請求（民563条1項・2項）による不当利得返還請求等をするほか、損害賠償の請求（民564条）および契約の解除（民564条・541条・542条）に基づく原状回復請求をするなどの訴訟類型が考えられる。

　上記以外の場合でも、売主の目的物の引渡し等の債務が本旨に従って履行されず、または履行不能に陥っている場合、債務不履行に基づき、買主が売主に対し、これによる損害賠償を請求し（民415条1項）、また、売主の債務が履行不能等である場合は、債務の履行に代わる損害賠償（いわゆる塡補賠償）を請求する（民415条2項）訴訟類型が考えられる。

第2節　訴訟物の構成

第1節で述べた各訴訟類型についての訴訟物は以下のようになる。

I　売主の買主に対する代金および代金の利息の支払請求

　売主の買主に対する売買代金支払請求の訴訟物は、売買契約に基づく代金支払請求権である。

　ところで、原告が、売買代金のうちすでに弁済された金額を控除した残額を請求する場合について、判例は、1個の債権の数量的な一部についてのみ判決を求める旨を明示して訴えが提起された場合、その債権の一部のみが訴訟物になるとする。[2] 売主が、土地売買代金の一部の弁済を受けたとして、買主に対し、売買代金債権の一部である旨を明示して残額の支払を求めた場合、訴訟物は土地売買契約に基づく残額分の代金支払請求権となり、弁済済みの部分は訴訟物に含まれず、一部の弁済を受けたとの事実は、請求を特定するための主張としては不要である。[3]

2　最判昭和37・8・10民集16巻8号1720頁。
3　司法研修所編『紛争類型別の要件事実〔4訂版〕』（法曹会、2023年）2頁参照。

694

売主の買主に対する「代金の利息」（民575条2項本文）の支払請求の訴訟物については、見解が分かれる。「代金の利息」の法的性質を遅延損害金ととらえ、民法575条2項は買主の履行遅滞の責任を目的物の引渡しまでは発生させない趣旨とする説（遅延利息説）によれば、売買契約に基づく買主の代金支払債務の履行遅滞による損害賠償請求権であると解される。一方、「代金の利息」は法定利息であり同項は買主の履行遅滞の有無にかかわらず目的物の引渡しがあった時から買主に代金の利息支払義務を負わせる趣旨とする説（法定利息説）によれば、訴訟物は民法575条2項に基づく法定利息請求権と解される。[4]

II　買主の売主に対する売主の担保責任に基づく請求

引き渡された目的物が契約内容に適合しないとして、買主が、売主に対し、追完請求や損害賠償請求をする場合の訴訟物は、売買契約における売主の担保責任に基づく各請求権である。買主が代金減額請求をしたうえ、過払いとなった代金の返還請求（訴訟物は不当利得返還請求権）をし、あるいは、契約を解除して原状回復請求（訴訟物は売買契約の解除に基づく原状回復請求権）する場合もある。

III　買主の売主に対する債務不履行に基づく損害賠償請求

買主が売主に対し、売主が債務の本旨に従った履行をしないまたは債務の履行が不能であるとして損害賠償請求をする場合の訴訟物は、債務不履行に基づく損害賠償請求権（民415条1項）である。

売主の債務が履行不能等であるとして、買主が売主に対し、履行に代わる損害賠償の請求をする場合の訴訟物も、債務不履行（履行不能等）に基づく損害賠償請求権（民415条2項）である。

4　司法研修所編・前掲書（注3）4頁・6頁。

〔第3部・第2章〕第3節　攻撃防御方法の体系と要件事実

第3節　攻撃防御方法の体系と要件事実

Ⅰ　売買契約に基づく代金請求訴訟

1　請求原因

⑴　主たる請求

　売買契約成立によって直ちに代金支払請求権が発生するので、売買代金支払請求の要件事実は「売買契約の締結」だけである。売買契約締結の事実は、売買契約の要素である目的物、および、代金額または代金額の決定方法を特定して主張することが必要である（目的物および代金額の特定につき第4節Ⅰ参照）。

　代金支払債務の履行期限は契約の本質的要素（要件）ではないから、売主（原告）は期限の合意とその到来を請求原因で主張する必要はない（代金支払期限の合意は買主（被告）の抗弁、期限の到来は売主（原告）の再抗弁と解される（付款に関する抗弁説））。目的物を引き渡したことも代金支払請求権の発生要素ではなく、請求原因とならない。また、他人物を目的物とする売買契約も有効であるから、契約当時、目的物が売主（原告）の所有に属したことを請求原因として主張する必要もない。[5]

　したがって、請求原因は次のようになる（旧民法からの改正点はない）。

＜請求原因＞

①　原告が被告との間で売買契約を締結したこと

---

[5]　司法研修所編・前掲書(注3)3頁・4頁。

696

(2) **附帯請求**

売主（原告）が附帯請求として、「代金の利息」（民575条2項本文）を請求する場合の請求原因について、多数説とされる遅延利息説（第2節Ⅰ参照）によれば、「買主（被告）の代金支払債務の履行遅滞に基づく損害賠償請求権の発生原因事実」と、「売主（原告）の売買契約に基づく目的物引渡し」を主張・立証することになる。

「履行遅滞に基づく損害賠償請求権の発生原因事実」は、買主（被告）の債務の発生（売買契約の締結）、その債務の履行期の経過（履行期の種類により要件事実が異なる）、売主（原告）の損害の発生およびその額であるが、売買契約は双務契約であり、同時履行の抗弁権（民533条）の存在効果を消滅させるため、売主による債務の履行の提供（目的物の引渡しの提供および所有権移転登記手続の提供）をも主張・立証する必要がある（履行遅滞の要件はⅠ2(3)(ア)参照）。ただし、目的物引渡しの提供の事実は、結局、民法575条2項の目的物引渡しの事実（④）に包含される。

「売買契約に基づく目的物引渡し」の要件について、民法575条2項の「引渡し」の文言は占有の移転を意味し、目的物が不動産の場合の買主への所有権移転登記はこれにあたらないとされる。[6]

以上をまとめると、遅延利息説による請求原因は次のようになる。[7]

＜請求原因＞

---

① 原告が被告との間で売買契約を締結したこと（ただし、主たる請求の請求原因と同様であり、重ねて主張する必要はない）

② 代金支払債務の履行期が経過したこと

  (ア) 確定期限の定めがある場合
    被告の債務について確定期限の合意をしたことおよびその期限の経過

  (イ) 不確定期限の定めがある場合

---

6 大判昭和12・2・26民集16巻176頁。
7 司法研修所編・前掲書（注3）4頁以下。法改正により、不確定期限がある場合の遅滞の時期に関する規定が改められたが（民412条2項）、従前の解釈を明文化したものであり、実質的な変更はない。ただし、法定利率は旧民法から変更されており、債務者が遅滞の責任を負った最初の時点における法定利率によって損害賠償の額が定められることになる（民404条・419条1項）。

〔第3部・第2章〕第3節　攻撃防御方法の体系と要件事実

> 　　　　被告の債務について不確定期限の合意をしたこと、その期限の到来
> 　　　　被告がそれを知った日または期限到来後に被告が履行の請求（催告）を
> 　　受けた日のいずれか早い日の経過
> 　　⑦　期限の定めがない場合
> 　　　　原告が被告に対して、被告の債務の履行の請求（催告）をしたことおよ
> 　　びその日の経過
> 　　履行期の類型により⑦〜⑦のいずれかを主張することとなる。
> ③　原告が被告に対して前記①の契約に基づき目的物の所有権移転登記手続を
> 　したこと
> 　（厳密にいえばその提供で足りる）
> ④　原告が被告に対して①の契約に基づき目的物を引き渡したこと
> ⑤　②または④の時期のいずれか遅い時期以降の期間の経過
> 　（当然のこととして摘示が省略されるのが通常である）

　一方、法定利息説（第2節Ⅰ2参照）では、代金支払債務の履行遅滞の有無にかかわらず、目的物の引渡しがあれば売主（原告）は代金の利息を請求できるから、前記①④⑤（⑤は「④の時期の経過」）が請求原因となる。ただし、代金支払に期限があるときは、買主（被告）は期限到来まで利息を支払うことを要しない（民575条2項ただし書）から、「代金支払の期限があること」は買主（被告）の抗弁になると考えられる。

2　抗弁以下の攻撃防御方法

　主たる請求の請求原因に対する抗弁以下の攻撃防御方法の中で、不動産売買契約に基づく代金支払請求訴訟において主張される可能性が高いと思われるものを掲げる。

(1)　同時履行

⑦　抗　弁

　売買契約は双務契約であるから、代金支払請求された買主（被告）は、売主（原告）がその債務の履行（目的物の引渡しおよび所有権移転登記手続）を[8]

8　法改正により、売主が、買主に対し、権利移転についての対抗要件を備えさせる義務が明記された（民560条）。

Ⅰ　売買契約に基づく代金請求訴訟

提供するまでは、自己の債務の履行を拒むことができる（民533条）。同時履行の抗弁は権利抗弁であり、権利行使することが要件となる。

　同時履行の抗弁が認められれば引換給付判決がなされる。

＜抗弁＞

（同時履行の抗弁）

> ❶　原告が目的物の引渡しおよび所有権移転登記手続をするまで代金の支払を拒絶する

(イ)　再抗弁

　これに対し、売主（原告）は、「買主（被告）の債務を先履行とする合意があること」や、「原告が売主の債務を履行したこと」を、再抗弁として主張できる。履行の提供が再抗弁となり得るかにつき、双務契約の当事者の一方は、相手方の履行の提供があっても、その提供が継続されない限り、同時履行の抗弁権を失わないとするのが判例であるから[9]、少なくとも訴え提起前に履行の提供をした事実は再抗弁とならないと解される[10]。

＜再抗弁＞

（先履行の合意）

> ❷　原告と被告との間で、代金支払を目的物引渡しおよび所有権移転登記手続の先履行とする旨の合意をしたこと

（反対給付の履行）

> ❸　原告は被告に対し、目的物の引渡しおよび所有権移転登記手続を履行したこと

(2)　詐欺・錯誤
(ア)　詐　欺

　買主（被告）は、売主（原告）の詐欺によって売買契約を締結した場合、契約の取消しを抗弁として主張することができる（民96条1項）。この場合の

9　最判昭和34・5・14民集13巻5号609頁。

10　司法研修所編・前掲書（注3）9頁。

699

〔第3部・第2章〕第3節　攻撃防御方法の体系と要件事実

要件事実は次のようになる。

＜抗弁＞

(詐欺取消し)

> ❶　被告が、原告の詐欺により売買契約を締結したこと
> ❷　被告が原告に対し、上記売買契約を取り消すとの意思表示をしたこと

(イ)　錯　誤

(A)　抗　弁

　買主（被告）は、売買契約の意思表示に錯誤があったとして、その取消しを抗弁として主張できる（民95条1項）。法改正により、①錯誤に基づき意思表示がされていたこと（主観的な因果関係の存在）と、②錯誤が法律行為の目的および取引上の社会通念に照らして重要なものであること（客観的な重要性の存在）が要件とされ、その効果は「取消し」となった。また、表示の錯誤（意思表示の内容と真意が不一致。たとえば、甲土地を買うつもりであったが、誤って「乙土地を買う」と言ってしまい、乙土地の売買契約をした場合）と動機の錯誤（意思表示の内容と真意は一致しているもののその基礎となった事実に誤解がある。たとえば、甲土地の近隣にスーパーが出店すると聞いたので甲土地を購入したが、実際には出店されなかった場合）は区別され、後者の場合には、表意者にとって法律行為の動機となった事情が法律行為の基礎とされていることが表示（黙示的な表示を含む）されていなければ、動機の錯誤による意思表示の効力を否定することはできない（民95条2項[11]）。

＜抗弁＞

(錯誤取消し——表示の錯誤の場合)

> ❶　売買契約当時、被告の意思表示に錯誤があったこと
> ❷　❶の錯誤が法律行為の目的および取引上の社会通念に照らして重要なものであることを基礎づける具体的事実
> ❸　被告が、原告に対し、売買契約を取り消すとの意思表示をしたこと

(錯誤取消し——動機の錯誤の場合)

11　筒井＝村松編著・前掲書(注1)19頁以下。

Ⅰ　売買契約に基づく代金請求訴訟

❹　売買契約の当時、被告の意思表示の基礎となった事実に錯誤があったこと

❺　❹の錯誤が法律行為の目的および取引上の社会通念に照らして重要なものであることを基礎づける具体的事実

❻　売買契約に際し、動機である事情が表示されていたこと

❼　被告が、原告に対し、売買契約を取り消すとの意思表示をしたこと

　（B）　再抗弁

　売主（原告）は、「表意者である買主（被告）の重過失」を再抗弁として主張することができる（民95条3項）。

＜再抗弁＞

（表意者の重過失）

❽　被告に重大な過失があることを基礎づける具体的事実

　（C）　再々抗弁

　買主（被告）は、「被告の重過失の評価を妨げる具体的事実」（評価障害事実）を再々抗弁として主張できるとともに、「売主（原告）が買主（被告）に錯誤があることを知り、または重大な過失によって知らなかったこと」もしくは「売主（原告）が買主（被告）と同一の錯誤に陥っていたこと」も再々抗弁として主張できる（民95条3項）。

＜再々抗弁＞

❾　被告に重大な過失があるとの評価を妨げる具体的事実

❿　原告が被告に錯誤があることを知り、または重大な過失によって知らなかったこと

または、

⓫　原告が被告と同一の錯誤に陥っていたこと

(3)　解　除

㋐　債務不履行による（催告）解除

　（A）　抗　弁

　買主（被告）は、売主（原告）が債務（不動産の引渡しおよび所有権移転登記手続）の履行をしない場合、契約を解除したことを抗弁として主張すること

701

〔第3部・第2章〕第3節　攻撃防御方法の体系と要件事実

ができる（民541条・542条）。

　民法541条が定める催告解除の要件は、債務者が「債務を履行しない」こと（履行遅滞）、債権者が相当の期間を定めて履行の催告をしたこと、および、相当の期間経過後に契約解除の意思表示をしたことである。

　　（a）　売主（原告）が「債務を履行しない」こと

　履行期の経過および履行しないことが違法であることが必要である（「債務を履行しないこと」自体は解除権の発生原因とならない）。売買契約は双務契約であり債務に同時履行の抗弁権が付着していることは請求原因から明らかであるから（民533条）、買主（被告）が解除権を行使するには、その存在効果を消滅させるために自己の債務の履行またはその提供、もしくは、売主（原告）の債務の履行を先履行とする合意の存在を主張・立証すべきである。この場合、買主（被告）がいったん履行の提供をしていれば、その後提供を継続する必要がないとするのが判例・通説である。

　　（b）　買主（被告）が相当の期間を定めて催告をしたこと

　期間が不相当または期間の指定のない催告も有効であり、催告後相当期間の経過によって解除権が発生する。[12]

　　（c）　買主（被告）が相当の期間経過後、解除の意思表示をしたこと

　相当の期間を定めて履行の催告をすると同時にその期間に履行なきときは契約が解除されたものとする旨の停止条件付契約解除の意思表示は有効であり、その期間の経過によって契約解除権が発生すると同時に契約が解除されたこととなる。[13]

　　（d）　小　括

　旧民法では、債務不履行について債務者に帰責事由がない場合、債権者は契約の解除をすることができないと解されていたが、債務者に帰責事由がある場合でなければ契約の解除ができないとすると、債権者は債務不履行があっても契約に拘束され続け、不都合があること、解除制度の意義は、債務の履行を得られない債権者を契約の拘束力から解放するところにあることから、法改正後の民法では、債務者に帰責事由があることは解除を行ううえで必要

12　大判昭和2・2・2民集6巻133頁、最判昭和31・12・6民集10巻12号1527頁。

13　大判明治43・12・9民録16輯910頁。

とせず、債権者に帰責事由がある場合にのみ契約の解除ができないとされた。[14]

＜抗弁＞

（契約の催告解除）

---

❶　不動産の引渡しまたは所有権移転登記手続の履行期を経過したこと

　㋐　確定期限の定めがある場合

　　原告の債務について確定期限の合意をしたことおよびその期限の経過

　㋑　不確定期限の定めがある場合

　　原告の債務について不確定期限の合意をしたこと、その期限の到来

　　原告がそれを知った日または期限到来後に原告が履行の請求（催告）を

　受けた日のいずれか早い日の経過

　㋒　期限の定めがない場合

　　被告が原告に対して、原告の債務の履行の請求（催告）をしたことおよ

　びその日の経過

履行期の類型により㋐～㋒のいずれかを主張することとなる。

❷　被告が催告以前に代金支払の提供をしたこと

または

　原告の債務の履行を先履行とする合意の存在

❸　被告が原告に対し、不動産の引渡しおよび所有権移転登記手続を求める旨

　の催告をしたこと（ただし、一つの催告で解除のための催告と付遅滞のため

　の催告を兼ねることができる）

❹　❸の催告後相当期間が経過したこと

❺　被告が原告に対し、❹の相当期間経過後売買契約を解除する旨の意思表示

　をしたこと

　　(B)　再抗弁

　催告後、❺の解除の意思表示前に、売主（原告）が履行の提供をすれば、債務を履行しないことによる責任を免れる（民492条）から、「不動産の引渡しおよび所有権移転登記手続の提供をしたこと」は再抗弁となる。

　また、民法541条ただし書は、「（❹の相当期間）経過した時における債務の不履行がその契約及び取引上の社会通念に照らして軽微であるとき」は、債

14　筒井＝村松編著・前掲書（注１）234頁。

703

〔第3部・第2章〕第3節　攻撃防御方法の体系と要件事実

権者が契約の解除をすることができない旨定める。ただし、不動産売買契約において、売主が目的物の引渡しまたは所有権移転登記手続を履行していない場合、「（その不履行が）契約及び取引上の社会通念に照らして軽微である」といい得るのは例外的であろう。

　さらに、(A)(d)のとおり、債務者（売主）に帰責事由があっても債権者（買主）は契約を解除できるが、債務者の履行遅滞が債権者の帰責事由によるときは、債権者は契約の解除をすることができない（民543条）。

＜再抗弁＞

（履行の提供）

> ❻　原告が、催告後❺の意思表示前に、不動産の引渡しおよび所有する移転登記手続の提供をしたこと。

（不履行の軽微性）

> ❼　❹の相当期間経過時において、債務の不履行が軽微であることを基礎づける具体的事実

（被告の帰責事由）

> ❽　債務の不履行につき被告に帰責性があることを基礎づける具体的事実

⑷　履行不能等による（無催告）解除または履行拒絶

　(A)　抗　弁

　債務の全部の履行が不能となったときや、債務者がその債務の全部の履行を拒絶する意思を明確に表示したとき、債務の一部の履行が不能である場合または債務者がその一部の履行を拒絶する意思を明確に表示した場合において、残存する部分のみでは契約をした目的を達することができないとき等は、債権者は、無催告で契約を解除することができる（民542条1項各号）。

　売主（原告）の債務の全部が履行不能となった場合を例とすると、買主（被告）の契約解除の抗弁の要件事実は次のようになる。

＜抗弁＞

（履行不能による解除）

704

❶ 原告の債務の全部が履行不能になったこと
❷ （履行不能となった後）被告が原告に対し、①の売買契約を解除する旨の
意思表示をしたこと

　売買契約成立後、目的物が滅失または損傷し、売主の債務の履行が契約その他の債務の発生原因および取引上の社会通念に照らして不能となった場合、買主は当該債務の履行を請求できない（民412条の2第1項）。旧民法の下では、債務の履行不能が、債務者（売主）の責めに帰すべき事由によって生じたときは債務不履行の問題となり債権者（買主）は契約を解除できるが、債務者（売主）に帰責事由がないときは債権者（買主）の反対給付債務については危険負担の問題となり、特定物（不動産売買契約の目的物は通常は特定物である）を目的とした双務契約については債権者主義（旧民法534条1項）によると解されていた。しかし、法改正後の民法では、危険負担に関する債権者主義の規定は削除され、債権者は、履行不能につき当事者双方に帰責事由がない場合、危険負担制度に基づき当然に反対給付債務の履行を拒むことができることとなった（民536条1項）。履行拒絶の抗弁が容れられた場合、引換給付判決ではなく、請求棄却判決となる[15]。また、この場合、債権者は契約の解除をすることもできる[16]。

　なお、法改正後の民法では、契約成立時において債務の履行が不能であった場合にも、契約は必ずしも無効でないとされており（民412条の2第2項）、この場合にも危険負担の規律が及ぶ[17]。

＜抗弁＞
（履行拒絶）

❸ ❶と同じ
❹ 被告が代金債務の履行を拒絶する旨の意思表示

15　潮見佳男『民法（債権関係）改正法の概要』（金融財政事情研究会、2017年）248頁。
16　筒井＝村松編著・前掲書（注1）227頁以下。
17　筒井＝村松編著・前掲書（注1）225頁。

〔第3部・第2章〕第3節　攻撃防御方法の体系と要件事実

(B)　再抗弁

(ア)(B)と同様、債務者（売主）の履行不能が債権者（買主）の帰責事由によるものである場合、債権者は契約の解除をすることができない（民543条）。また、この場合、債権者は危険負担制度による反対給付債務の履行を拒絶することもできない（民536条2項）。

また、不動産売買契約の目的物は通常特定物であるから、履行不能が目的物の滅失または損傷による場合につき、目的物の引渡しがあった時以後に目的物が当事者双方の責めに帰することのできない事由により滅失または損傷したときは、債権者は、契約の解除をすることができず、代金の支払を拒むこともできない（民567条1項）。売主が契約内容に適合する目的物の引渡しの債務の履行を提供したにもかかわらず、買主がその履行を受けることを拒み、または受けることができない場合において、その履行の提供があった時以後に当事者双方の責めに帰することができない事由によって目的物が滅失または損傷したときも同様である（民567条2項）。売主と買主の公平の観点から、目的物の支配が売主から買主のもとに移転したとき（引渡し時）または買主の受領遅滞以降に、当事者双方の責めに帰することのできない事由により生じた滅失、損傷については、買主に危険が移転するとの趣旨である[18]。

(A)の各抗弁に対する売主（原告）の再抗弁は次のようになる。

＜再抗弁＞

（被告の帰責事由）

❺　履行不能につき被告に帰責性があることを基礎づける具体的事実

（引渡しまたは受領遅滞後の目的物の滅失または損傷）

18　筒井＝村松編著・前掲書(注1)287頁。なお、引渡し後の滅失・損傷が売主の責めに帰すべき事由による場合（たとえば、機械の売買で売主が操作方法について誤った説明をしたため、その機械が破損した場合）は、買主は解除や代金支払拒絶を行うことができると解されている（潮見・前掲書(注15)270頁）。もっとも、不動産の売買において引渡し後に目的物が滅失または損傷したことについて売主に帰責事由がある場合には、現実には、引渡し時までにすでに目的物に何らかの契約不適合が存在していることが多いと考えられる。

Ⅰ　売買契約に基づく代金請求訴訟

> ❻　目的物の滅失または損傷がその引渡しがあった時以後に生じたこと
>
> または
>
> ❼　目的物の滅失または損傷が、原告が引渡しの債務の履行を提供したにもか
> かわらず、被告がその履行を受けることを拒み、または受けることができな
> かった時以後に生じたこと

㈡　手付解除

(A)　抗　弁

　不動産売買契約では、手付契約が締結されることも多い。手付契約が締結
されている場合、買主は、手付を放棄して売買契約を解除したとの抗弁を主
張することができる（民557条1項）。この場合、買主（被告）は、まず、手
付契約締結の事実を主張・立証すべきであるが、手付契約は要物契約と解さ
れており「手付の合意」および「手付金の交付」が要件事実となる。また、
「売買契約解除の意思表示」も要件事実となる。売買契約解除の意思表示と
は別に、「手付返還請求権放棄の意思表示」が必要かにつき、通説は、契約
解除の意思表示がなされると手付返還請求権放棄の効果が生じるので、手付
返還請求権放棄の意思表示は不要とし、同旨の裁判例もある。[19]一方、有力説
は、通説の考え方では手付に言及せず契約解除の意思表示をした場合でもそ
の効果が生じることになって妥当でないとし、手付返還請求権放棄の意思表
示の主張を必要とする。ただし、有力説も、実際上は契約解除の意思表示の
主張により、黙示的には手付返還請求権放棄の意思表示も主張されていると
みてよい場合が多いとする。

＜抗弁＞

> ❶　原告と被告とが、売買契約に付随して手付として〇〇円を交付する合意を
> したこと
>
> ❷　被告が原告に対し、手付金〇〇円を交付したこと
>
> ❸　被告が原告に対して契約解除のためにすることを示して手付金返還請求権
> を放棄するとの意思表示をしたこと

---

[19]　東京地判平成5・3・29判タ873号189頁。なお、有力説については、司法研修所編・前掲書
（注3）18頁参照。

〔第3部・第2章〕第3節　攻撃防御方法の体系と要件事実

---

❹　被告が原告に対し、売買契約解除の意思表示をしたこと

(B)　再抗弁

　売主（原告）は、「履行の着手」（民557条1項ただし書）があったことを再抗弁として主張できる。法改正後の民法は、判例法理を明文化して、解除しようとする者の「相手方が契約の履行に着手した後」は、解除をすることができない旨規定している。

　また、民法557条1項の規定から、手付は解約手付と解されているが、同規定は任意規定であり、当事者間の合意により、解除権留保の効果を排除することは可能であるから、「解除権留保排除の合意をしたこと」は売主（原告）の再抗弁となる。

＜再抗弁＞

（履行の着手）

---

❹　原告が、被告の解除の意思表示に先立ち履行に着手したこと

（解除権留保排除の合意）

---

❺　原告と被告との間で、❶の手付の合意に際し、解除権の留保はしないとの合意をしたこと

　　(エ)　**目的物の契約不適合による解除**

　(A)　抗　弁

　第1節Ⅱ2(2)のとおり、法改正後の民法は、売買契約に関し、引き渡された目的物が契約の内容に適合しない場合には債務は未履行であるとの整理（契約責任説）を基本として、買主の救済手段を明文化した[20]。売主が買主に目的物を引き渡したが、「引き渡された目的物が種類、品質又は数量に関して契約内容に適合しないものであるとき」は、買主は、売主の担保責任に基づき、売主に対し、追完請求権、代金減額請求権を行使し得るほか、債務不履行があった場合の一般的な規律により契約の解除および損害賠償の請求を行うことができる（民562条・563条・564条）。すなわち、目的物の契約不適合

20　筒井＝村松編著・前掲書（注1）274頁。

　　　　　　　　　　　　　　　　　　　Ⅰ　売買契約に基づく代金請求訴訟

に基づく解除の要件事実は、債務不履行による解除と同様に考えられる。

　そこで、売主（原告）が買主（被告）に売買契約の目的物を引き渡したところ、当該目的物に契約不適合があったとして、買主（被告）が契約解除の抗弁を主張する場合の要件事実は次のようになる。

＜抗弁＞

> ❶　売買契約に基づき原告から被告に目的物が引き渡されたことおよび引渡し当時、当該目的物が契約内容に適合しないものであること
> ❷　被告が原告に対し、履行の追完を求める催告をしたこと
> ❸　❷の催告後相当期間が経過したこと
> ❹　被告が原告に対し、❷の催告以前に売買代金の提供をしたこと
> ❺　被告が原告に対し、❸の相当期間経過後、売買契約を解除する旨の意思表示をしたこと

　　(B)　再抗弁

　契約の解除に関する一般的な規律があてはまることから、売主（原告）は、債務不履行に基づく解除（(3)(ア)参照）の場合と同様の再抗弁を主張することができる（ここでは摘示を省略する）。

　また、売主が「種類または品質」に関して契約の内容に適合しない目的物を買主に引き渡した場合、買主がその不適合を知った時から1年以内にその旨を売主に通知（細目にわたるまでは必要ないものの、不適合の内容を把握できることが可能な程度に、不適合の種類・範囲を伝えることが想定されている）[21]しないときは上記各請求や解除権の行使ができない（民566条本文）。目的物に物理的な欠陥があるような場合、目的物の引渡しにより履行を終えたと考える売主に、買主からの担保責任の追及に備えて関係書類を長期間保存しておくことを期待するのは、過度の負担を強いることになるからである。したがって、期間制限が適用されるのは、基本的に、目的物に物理的な欠陥がある場合に限られると解されている（数量不足の場合や移転した権利の契約不適合の場合はこれにあたらない）[22]。

21　筒井＝村松編著・前掲書(注1)284頁。
22　筒井＝村松編著・前掲書(注1)284頁以下。

709

〔第3部・第2章〕第3節　攻撃防御方法の体系と要件事実

＜再抗弁＞

（期間制限——目的物の種類または品質に関する契約不適合の場合）

---
❻　被告が❶の契約不適合の事実を知った時から1年が経過したこと

　(C)　再々抗弁

　買主の権利の期間制限は、買主（被告）が期間内に通知を行ったときや、売主（原告）が引渡しの時に契約不適合を知りまたは重大な過失により知らなかったときは適用されない（民566条ただし書）。

　なお、買主は、契約不適合であることを通知すれば期間制限の規定の適用は免れるが、買主の権利は消滅時効の規定（民166条1項）の適用は受ける。

＜再々抗弁＞

（期間内の通知——期間制限に対し）

---
❼　被告は、❶の契約不適合の事実を知った時から1年以内にその事実を原告に通知したこと

（契約不適合に関する売主の認識等——期間制限に対し）

---
❽　原告が、引渡しの時にその契約不適合を知っていたこと、または重大な過失によって知らなかったことを基礎づける具体的事実

⑷　売主担保責任に基づく代金減額

㋐　抗　弁

　「引き渡された目的物が種類、品質又は数量に関して契約の内容に適合しない」場合、買主（被告）は、売主（原告）に対し、その不適合の程度に応じて代金減額請求をすることができる（民563条）。代金減額請求権は、形成権と解されており、[23]行使したときは、契約不適合部分について、代金債務の減額と引き換えに、引渡し債務の内容も現実に引き渡された目的物の価値に応じて圧縮され、契約の内容に適合したものが引き渡されたものとみなされるから、契約の一部解除と類似する機能を果たすものである。もっとも、本来の契約内容どおりに売主によって完全な履行がされるのが望ましいことか

23　筒井＝村松編著・前掲書（注1）279頁。

ら、売主に履行の追完の機会を与えるため、原則として、買主は売主に対して相当の期間を定めて履行の追完の催告をする必要があるが（民563条1項）、履行の追完が不能であるなど、買主が催告をしても履行の追完を受ける見込みがないことが明らかである場合は無催告で代金減額請求をすることができる（無催告解除の要件と同趣旨。民563条2項）。

減額される代金額の算定については、契約時を基準として、実際に引き渡された目的物の現に有する価値と契約内容に適合していたならば目的物が有していたであろう価値を比較して、その割合を代金額に乗じたものとすることが想定されている。[24]

＜抗弁＞

---

❶　売買契約に基づき原告から被告に目的物が引き渡されたことおよび引渡し当時当該目的物が契約内容に適合しないものであること

❷-❶　被告が、原告に対し、履行の追完を催告したことおよび当該催告後相当の期間が経過したこと

❷-❷　次の㋐から㋓までのいずれかの事実

　㋐　履行の追完が不能であるとき

　㋑　原告が履行の追完を拒絶する意思を明確に表示したとき

　㋒　契約の性質または当事者の意思表示により、特定の日時または一定の期間内に履行をしなければ契約をした目的を達することができない場合において、原告が履行の追完をしないでその時期を経過したとき

　㋓　以上のほか、被告が催告をしても履行の追完を受ける見込みがないことが明らかであるとき

❸　減額される代金額

❹　被告が原告に対し、❶を理由とする代金減額の意思表示をしたこと

　　⑷　再抗弁

売主（原告）が❷-❶の催告期間内に履行を追完すれば、買主（被告）の代金減額請求権は発生しない。

また、目的物の契約不適合が買主（被告）の責めに帰すべき事由によるも

24　筒井＝村松編著・前掲書（注1）279頁。

711

〔第3部・第2章〕第3節　攻撃防御方法の体系と要件事実

のであるときは、代金減額を請求できない（民563条1項・2項・3項）。

　さらに、引き渡された目的物の種類または品質に契約不適合がある場合の1年間の期間制限の規定（民566条）の適用を受ける（(3)(エ)(B)参照）。

＜再抗弁＞

（履行の追完）

---

❺　❷-❶の期間内に履行の追完をしたこと

（被告の帰責事由）

---

❻　❶の契約不適合が被告の責めに帰すべき事由によること

（期間制限——目的物の種類または品質に関する契約不適合の場合）

---

❼　原告が❶の契約不適合の事実を知った時から1年が経過したこと

(ウ)　再々抗弁

　買主（被告）の権利の期間制限の抗弁に対する再々抗弁は目的物の契約不適合に基づく解除の場合（(3)(エ)(C)参照）と同様である。

＜再々抗弁＞

（期間内の通知——期間制限に対し）

---

❽　被告は、❶の契約不適合の事実を知った時から1年以内にその事実を原告に通知したこと

（契約不適合に関する売主の認識等——期間制限に対し）

---

❾　原告が、引渡しの時にその契約不適合を知っていたこと、または重大な過失によって知らなかったことを基礎づける具体的事実

---

(5)　弁　済

　買主（被告）は、売主（原告）に対し、「売買契約の代金債務につき、債務の本旨に従った給付をしたこと」を弁済の抗弁として主張できる。[25]

　売買代金の一部請求に対して弁済の抗弁が主張された場合、これを代金債

---

[25]　最判昭和30・7・15民集9巻9号1058頁。

権全体に対する消滅原因として弁済はまず非請求部分からあてられるとする外側説、弁済の主張を請求部分に対する抗弁とする内側説、弁済の主張は請求部分と非請求部分とにそれぞれ金額の割合に応じてあてられるとする按分説がある。原告の通常の意思は、弁済がなされた場合、非請求部分を含む代金債権全体の弁済にあて、残部を請求するものと解されるし、実際にも一部請求に相応する債権が存在すれば、その請求を認めるのが相当であるから、外側説が妥当である。[26]

＜抗弁＞

> ❶　被告が原告に対し、売買契約の代金債務につき、債務の本旨に従った給付をしたこと

(6)　相　殺

買主（被告）が売主（原告）に対し、相殺適状にある債権を有する場合、買主（被告）は、その債権を自働債権として相殺の抗弁を主張できる（民505条1項）。

なお、相殺の抗弁は、その判断に既判力を伴うため、他の抗弁が認められるよりも買主（被告）にとって不利益であるから、複数の抗弁が主張された場合、他の抗弁が全部排斥された後に判断される。

Ⅱ　売主の担保責任に基づく各請求訴訟

引き渡された目的物が、「種類、品質又は数量に関して契約内容に適合しない」場合の売主担保責任に基づく買主の救済手段は、債務の履行の追完請求（民562条1項本文）、代金減額請求（民563条1項・2項）、損害賠償請求（民564条・415条1項）および契約の解除（民564条・541条・542条）がある。

売主が買主に移転した権利が契約の内容に適合しないものである場合（目的物である不動産のために存在するとされていた地役権や敷地利用権が存在しなかった場合、目的物である不動産に制限物権が存在している場合など）の買主の

26　最判平成6・11・22民集48巻7号1355頁、最判昭和48・4・5民集27巻3号419頁。

〔第3部・第2章〕第3節　攻撃防御方法の体系と要件事実

救済手段も同様である（民565条）。[27]

　上記買主の救済手段のうち、代金減額請求および契約の解除の要件事実は前記Ⅰにおいて抗弁の中で触れたので、ここでは履行追完請求および損害賠償請求について述べる。

1　履行追完請求

(1)　請求原因

　「引き渡された目的物が種類、品質又は数量に関して契約の内容に適合しない」場合、買主（原告）は、売主（被告）に対し、目的物の修補、代替物の引渡しまたは不足分の引渡しによる履行の追完を請求することができる（民562条1項）。[28]

　履行の追完方法が複数選択可能な場合、第一次的には、買主（原告）がどのような方法で履行の追完をすべきかを選択して請求できる。また、買主（原告）は追完の方法を選択して請求しなければならないものではなく、何らかの方法で追完をするよう請求することも可能である。[29]

＜請求原因＞

---

① 　原告が被告との間で売買契約を締結したこと

② 　①の契約に基づき被告から原告に目的物が引き渡されたことおよび引渡し当時当該目的物が契約内容に適合しないものであること

③ 　（履行の追完の具体的方法。ただし、必要的ではない）

---

(2)　抗　弁

　売主（被告）は、買主（原告）に不相当な負担を課するものでないときは、

27　なお、他人物（権利の全部が他人に属する）売買では、売主（原告）は他人から所有権を取得して買主（被告）に移転する義務を負い（民561条）、売主が他人の権利を買主に移転不能の場合（たとえば、真の所有者が所有権移転を確定的に拒否している場合）、債務不履行責任に関する一般的規律が適用されて、買主（被告）は損害賠償請求（民415条）および契約の解除（民541条・542条）をすることができる（法改正により旧民法561条および562条は削除された）。

28　もっとも、修補請求が問題となる事案は少ないといわれる。認容判決を得たとしても強制執行は困難であることや原告が修補を受け入れるだけの信頼関係がなく、損害賠償請求を選択することがその理由とされる。大江忠『新債権法の要件事実』（司法協会、2016年）37頁。

29　筒井＝村松編著・前掲書（注1）276頁。

714

買主が請求した方法と異なる方法による履行を追完することができるから（民562条1項ただし書）、適法に買主が請求した方法と異なる履行の追完方法を選択したことを権利消滅の抗弁として主張できると解されている。[30]

　また、契約不適合が買主（原告）の責めに帰すべき事由によるものであるときは、追完請求はできない（民562条2項）。

　さらに、引き渡された目的物の種類または品質に契約不適合がある場合の1年間の期間制限の規定（民566条）の適用を受ける（Ⅰ2(3)(エ)(B)参照）。

＜抗弁＞

（履行の追完）

> ❶　被告が、原告に不相当な負担を課さない方法（原告が請求した方法と異なる方法も可能）により履行を追完したこと

（原告の帰責事由）

> ❷　②の契約不適合が原告の責めに帰すべき事由によること

（期間制限——目的物の種類または品質に関する契約不適合の場合）

> ❸　原告が②の契約不適合の事実を知った時から1年が経過したこと

(3)　再抗弁

　買主（原告）の権利の期間制限の抗弁に対する再抗弁は目的物の契約不適合による解除の場合（Ⅰ2(3)(エ)(C)参照）と同様である。

＜再抗弁＞

（期間内の通知——期間制限に対し）

> ❹　原告は、②の契約不適合の事実を知った時から1年以内にその事実を被告に通知したこと

（契約不適合に関する売主の認識等——期間制限に対し）

> ❺　原告が、引渡しの時にその契約不適合を知っていたこと、または重大な過失によって知らなかったことを基礎づける具体的事実

30　筒井＝村松編著・前掲書(注1)277頁。

〔第3部・第2章〕第3節 攻撃防御方法の体系と要件事実

2 損害賠償請求

(1) 請求原因

　引き渡された目的物が契約の内容に適合しない場合の損害賠償請求には債務不履行の一般的な規律（民415条等）がそのまま適用されるから（民564条）、要件事実も一般の債務不履行に基づく損害賠償請求の場合と同様に考えられる。損害賠償請求には売主の帰責事由が必要であり（民415条ただし書）、賠償の範囲は、履行利益にまで及びうる（民416条）[31]。以下は、引き渡された契約目的物に契約不適合が存在する場合の損害賠償請求の請求原因事実である。

　なお、代金減額請求との関係については、買主が代金減額請求権（形成権）を行使したときは、契約不適合部分について、代金債務の減額と引換えに、引渡債務の内容も現実に引き渡された目的物の価値に応じて圧縮され、契約内容に適合したものが引き渡されたものとみなされて債務不履行はなかったことになるから、代金減額請求権行使後は、これと両立しない損害賠償請求はできないと解される[32]。

＜請求原因＞

① 原告が被告との間で売買契約を締結したこと
② ①の契約に基づき被告から原告に目的物が引き渡されたことおよび引渡し当時当該目的物が契約内容に適合しないものであること
③ 目的物の契約不適合による損害の発生およびその額

(2) 抗 弁

　法改正により、「債務者に帰責事由がないこと」は債務者が主張立証すべき旨が明らかにされた（民415条1項ただし書）。売主（被告）は、「引き渡した目的物の契約不適合につき帰責性がないこと」を抗弁として主張できる。

　また、引き渡された目的物の種類または品質に契約不適合がある場合は1年間の期間制限の規定（民566条）の適用を受ける（Ⅰ2(3)(エ)(B)参照）。

31　筒井＝村松編著・前掲書（注1）280頁。

32　筒井＝村松編著・前掲書（注1）279頁。

716

Ⅲ　債務不履行に基づく損害賠償請求訴訟

＜抗弁＞

（被告の帰責事由の不存在）

---

❶　引き渡した目的物の契約不適合が、契約その他の債務の発生原因および取引上の社会通念に照らして被告の責めに帰することができない事由によることを基礎づける具体的事実

（期間制限──目的物の種類または品質に関する契約不適合の場合）

---

❷　原告が②の契約不適合の事実を知った時から１年が経過したこと

---

(3)　**再抗弁**

買主（原告）の権利の期間制限の抗弁に対する再抗弁は目的物の契約不適合による解除の場合（Ⅰ2(3)(エ)(C)参照）と同様である。

＜再抗弁＞

（期間内の通知──期間制限に対し）

---

❸　原告は、②の契約不適合の事実を知った時から１年以内にその事実を被告に通知したこと

（契約不適合に関する売主の認識等──期間制限に対し）

---

❹　原告が、引渡しの時にその契約不適合を知っていたこと、または重大な過失によって知らなかったことを基礎づける具体的事実

Ⅲ　債務不履行に基づく損害賠償請求訴訟

不動産売買契約の売主が債務の本旨に従った履行をしないとき、または、債務の履行が不能であるときは、買主は売主に対し、これによる損害の賠償を請求することができる（民415条１項）。引き渡された目的物が契約不適合である場合の損害賠償請求（Ⅱ2参照）と同じ条文が適用されるが、ここでは、売主が不動産の引渡し等の債務の履行を遅滞している場合および当該債務が履行不能等である場合について述べる。

〔第3部・第2章〕第3節　攻撃防御方法の体系と要件事実

1　請求原因

(1)　債務の履行をしない場合

　債務不履行による損害賠償請求の要件は、「売主（被告）の債務の発生」、「売主が債務の履行をしないこと（履行期の経過（履行期の種類により要件事実が異なる）および履行しないことが違法であること）」（Ⅰ2(3)(ア)(A)(a)参照）、「買主（原告）の損害の発生およびその額」である。

　民法416条は、1項で賠償請求できる損害の範囲を、「通常生ずべき損害」（通常損害）とし、2項で特別の事情によって生じた損害（特別損害）も当事者が「その事情を予見すべきであったとき」[33]に賠償請求できる旨規定する。賠償の範囲について、特別の事情を当事者が実際に予見していたか否かといった事実の有無によるのではなく、その事情を予見すべきであったといえるか否かという規範的な評価により判断するとの解釈を明確化したものである。[34]

＜請求原因＞

> ①　原告が被告との間で売買契約を締結したこと
> ②　不動産の引渡しまたは所有権移転登記手続の履行期を経過したこと
> 　（Ⅰ2(3)(3)(A)の〈抗弁〉①参照）
> ③　原告が代金支払の提供をしたこと
> ④　履行遅滞による原告の損害の発生およびその額
> 　（特別損害の場合は、特別事情に関し被告が予見すべきであったこと）

(2)　履行不能等の場合

　債務の履行が不能であるとき、債務者（売主）がその債務の履行を拒絶する意思を明確に表示したとき（単に履行を拒んだというだけでなく、履行拒絶の意思がその後に翻されることが見込まれない程度に確定的なものであることが必要である）[35]、債務が契約によって生じたものである場合において、その契約が解除され、または債務の不履行による契約の解除権が発生したときは、

33　旧民法では「予見し、又は予見することができたとき」と規定されていた。
34　筒井＝村松編著・前掲書(注1)77頁。
35　筒井＝村松編著・前掲書(注1)76頁。

718

債権者（買主）は、履行に代わる損害賠償（いわゆる塡補賠償）を請求することができる（民法415条2項各号）。

上記のうち、たとえば、履行不能による塡補賠償を請求の場合の請求原因は次のようになる。

＜請求原因＞

①　原告が被告との間で売買契約を締結したこと ②　①の契約に基づく被告の債務が履行不能になったこと ③　原告の損害の発生およびその額

2　抗　弁

売主（被告）は抗弁として、「債務の不履行が契約その他の債務の発生原因及び取引上の社会通念に照らして債務者（売主）の責めに帰することができない事由による」ことを主張できる（民415条1項ただし書）。法改正により、遅行遅滞など履行不能以外の債務不履行についても債務者に帰責事由がない場合には責任を負わない旨が明確化され、帰責事由の有無は「契約その他の債務の発生原因及び取引上の社会通念に照らして」判断されることとなった。この改正の趣旨は、従来の実務運用を踏まえ、帰責事由についての判断枠組みを明確化したにとどまり、実務のあり方が変わることは想定されていない。[36]

＜抗弁＞

●　債務の不履行が被告の責めに帰することができない事由によることを基礎 　づける具体的事実

---

[36]　筒井＝村松編著・前掲書（注1）74頁以下。

〔第3部・第2章〕第4節　審理・判決における問題点

第4節　審理・判決における問題点

I　売買の目的物・代金額の特定と認定

1　目的物の特定と認定

　売買契約の要素である目的物（不動産）は、特定して主張されるべきである。通常、土地は、所在・地番・地目・地積により、建物は、所在・家屋番号・種類・構造・床面積によって特定される。また、区分所有建物については、1棟の建物の表示（所在・建物の番号・構造・床面積）および専有部分の建物の表示（家屋番号・種類・構造・床面積）によって特定される。1筆の土地の一部、1棟の建物の一部が目的物である場合には、単に「○○番宅地○○㎡のうち北側半分」というような表記では十分ではなく、基点を明確にして、各地点への方角、距離等を示すなどした現地再現性のある図面等を併用して初めて特定される。[37]

　売買の目的物である不動産の範囲または同一性に争いがある場合、その認定にあたっては、契約書の記載内容を検討するほか、①売買の当事者（特に買主）における売買の動機・目的が何であるか（契約前の事情）、②現況がどのような状態であるか、売買の価額と目的物の時価あるいは利用価値等を踏まえた公正な価格との間に乖離はないか（契約時の事情）、③売買後の当事者の言動、買主の目的物についての異議の有無、買主の使用占有状況等とこれに対する売主の異議の有無（契約後の事情）などの事情が考慮される。[38]

2　代金額の特定と認定

　売買契約の要素として、代金額の合意内容が特定して主張されるべきである。不動産売買代金額は、確定した金額が主張されることが多いが、「坪○

---

[37]　司法研修所編『民事判決起案の手引〔10訂版〕』（法曹会、2006年）18頁以下参照。
[38]　村田渉編著『事実認定体系契約各論(1)〔新訂〕』（第一法規、2018年）47頁。

720

円」など代金額が具体的に算出できる決定方法を明示して主張することもできる。売買契約の締結時に争いがない場合などは代金額の決定方法としては「時価」と定める旨の主張でもよいと解されるが[39]、売買代金支払請求訴訟の場合、請求金額を根拠づけるために「時価額」を具体的に主張・立証する必要がある。また、売主（原告）が主張した代金額と証拠から認定できる代金額との間に相違があっても、原告は通常は契約の同一性を損なわない範囲内で異なる代金額をも黙示に主張していると考えられるから、その主張の範囲内であれば原告の明示の主張と異なる代金額による売買契約の締結を認定することは可能である[40]。

売買代金額に争いがある場合、その認定にあたっては、まずは契約書の記載を検討することになるが、そのほか、売買代金額は目的物の時価あるいは利用価値等を踏まえた公正な価格とほぼ合致するのが通常であることから、目的物の現状のほか、売買の動機・目的等、増額あるいは減額が相当と考えられるような特段の事情の有無・内容についての検討が必要になる[41]。

II　農地の売買

農地の所有権を移転する場合は原則として農業委員会の許可が（農地法3条）、農地以外の用途（宅地など）に転用する目的で所有権を移転する場合は原則として都道府県知事等の許可が必要であり（農地5条）、この許可を受けないでした行為は、効力を生じないとされる（農地3条6項・5条3項）点に注意すべきである。これらの規定は、許可がなければ売買契約の効力を発生させないとするものではなく、許可がなくても売買契約は成立するが農地所有権移転の効力を生じない旨を定めたものと解されている。したがって、売買契約に基づく債権的効果により、売主は、買主のため、知事等に対し所定の許可申請手続をなすべき義務を負い、その許可があったときは所有権移転登記手続をなすべき義務を負うとされる[42]。

39　司法研修所編・前掲書(注3)3頁。
40　司法研修所編・前掲書(注3)3頁。
41　村田編・前掲書(注38)52頁。

〔第3部・第2章〕第4節　審理・判決における問題点

III　売買契約成否の認定

1　問題の所在

　売買契約は諾成契約であるが、不動産取引は、第1節Iの特徴から、実務慣行上も一般人の法意識としても、当事者が契約内容の中心部分について合意しさえすれば当然に売買契約が成立するとは考えられていないのが普通であり、売買契約成立の際に契約書の作成や手付金の授受が行われることが通例である[43]。他面、契約当事者間に親密な人的関係がある場合などは信頼関係に基づいて契約書が作成されないこともある。契約の成否が争点となる場合に、どのような事情があれば契約の成立を認定できるかが審理上の問題となる。

2　売買契約の成否の判断にあたり考慮される事情

(1)　売買契約書の作成・手付金等の授受が行われている場合

　裁判例では、売買契約書の作成、手付金等の授受をもって売買契約が成立したとする取引慣行が重視されていると考えられる[44]。したがって、売買条件が確定的に合意され、売買契約書が作成されて手付金等が授受されたときは、特段の事情がない限り契約の成立を認めることができる。

(2)　売買契約書が作成されていない場合

　売買契約書が作成されていない場合、間接事実から売買契約の成否を推認することになるが、その際には、①契約当事者における売買の必要性・動

---

[42]　最判昭和49・9・26民集28巻6号1213頁。なお、売買契約がされたが、農地法上の許可がされる前に目的不動産が非農地化した場合において、一定の事情の下で、当該許可なしに売買契約の効力が完全に生ずるとした事例がある（最判昭和42・10・27民集21巻8号2171頁、最判昭和44・10・31民集23巻10号1932頁、最判昭和52・2・17民集31巻1号29頁など）。

[43]　鎌田薫「売渡承諾書の交付と売買契約の成否」ジュリ857号114頁以下、一宮なほみ「売買契約の成否」塩崎勤編『裁判実務体系(11)不動産訴訟法』（青林書院、1987年）357頁以下各参照。

[44]　青山邦夫「売買契約の認定について」山本矩夫＝山口和男編『民事判例実務研究(4)』（判例タイムズ社、1985年）223頁以下参照。

機・目的、②交渉の経過、③契約後の言動（引渡し・占有状況、登記手続、固定資産税の支払等）が考慮される[45]。裁判例では当事者間の具体的な交渉経過のほか次のような事情が重要な間接事実として考慮されている[46]。

㋐ 手付金等の授受

売買条件が合意され、相当額の手付金が授受されていることは、契約成立の認定に積極的な間接事実となる。逆に、手付金または内金を支払う旨の合意が認められるにもかかわらず、何らの金銭授受も行われていないことは、契約成立の認定に消極的な間接事実となりうる。

㋑ 当事者による売買の合意内容に沿った言動

当事者が売買の合意内容に沿った言動をとっていることは、契約成立の認定に積極的な間接事実となる。

買主とされる者が目的物の占有を取得継続し、売主とされる者が異議を述べていないこと、売主とされる者が売買交渉の趣旨に沿った土地の分筆および合筆の手続をしたこと、売主とされる者が長く先代名義となっていた目的物の登記を売買交渉中に自己名義に移転したこと、買主とされる者が目的物に相当の費用をかけて工事をしたことなどがあげられる[47]。

このほか、買主とされる者が目的不動産を取得する必要があったこと、継続的に目的不動産に関する公租公課を支払っていることなども、契約成立の認定に積極的な間接事実となる。

㋒ 確定的な意思表示の留保

売買条件の概略について合意に達し、「売渡承諾書」、「買付証明書」、「売買仮契約書」などの書面が作成交付されたが、なお未調整の条件について交渉を継続し、その後に正式な売買契約の作成が予定されている場合、その売買契約書の作成に至るまで、いまだ確定的な意思表示が留保されていると考えられ、契約成立の認定に消極的な間接事実となり得る[48]。それらの書面の記

---

45 村田編著・前掲書（注38）57頁。

46 司法研修所編「民事訴訟における事実認定」245頁、手嶋あさみ「売買契約の認定」伊藤眞＝加藤新太郎編『判例から学ぶ民事事実認定』（有斐閣、2006年）207頁以下、青山・前掲論文（注44）223頁以下、鎌田・前掲論文（注43）114頁以下、栗田哲男「不動産売買における買付証明書・売渡承諾書の効力」判タ736号26頁以下、一宮・前掲論文（注43）357頁以下各参照。

47 仙台高判昭和62・11・16判タ662号165頁、東京地判昭和52・2・24訟月23巻3号443頁など。

723

〔第３部・第２章〕第４節　審理・判決における問題点

載内容によっては、契約成立が認定される余地もある。

㈐　売買代金額と時価との隔絶

売買代金額とされた金額が時価と隔絶していることは、売買契約成立の認定に消極的な間接事実となり得る。判例をみると、「時価と代金が著しく懸絶している売買は一般取引通念上首肯できる特段の事情のない限りは経験則上是認できない」とされた事案がある。[49]「特段の事情」としては、たとえば、買戻特約があるために特に代金を低廉に定めた等の事情が考えられる。当事者間の親密度も売買代金を低廉にする一つの要因となりうるが、減額の程度等が問題となる。[50]

Ⅳ　和解の場合の問題点

訴訟上の和解において、当事者が売買の合意をし、代金額、目的不動産の引渡しおよび所有権移転登記手続の時期等を取り決めることがある。対象となる目的物・代金額を明確に特定すべきことはⅠと同様である。また、この場合、訴訟費用のほかに種々の費用が発生しうる（測量を実施した場合の測量費、所有権移転登記の手続費用等）。これらの費用を当事者間でどのように負担するかについても合意し、明確にしておくことが望ましい。

（武宮英子）

48　東京地判昭和57・2・17判時1049号55頁等。

49　最判昭和36・8・8民集15巻7号2005頁。

50　青山・前掲論文(注44)223頁以下参照。

はじめに

第3章
明渡・引渡請求訴訟

はじめに

　土地や建物の不動産の明渡しや引渡しを求める訴訟は、頻繁にみられる事件類型である。

　これを訴訟物により類型化すると、物権的なものと債権的なものとに分けられる。物権的なものとして代表的なものは「所有権に基づく不動産明渡請求訴訟」であり、債権的なものとして代表的なものは「売買契約に基づく目的物引渡請求訴訟」および「賃貸借契約の終了に基づく不動産明渡請求訴訟」である。以上は、司法研修所編『紛争類型別の要件事実〔3訂版〕』（法曹会、2021年）の類型に基づく。これ以降の検討は、同書の類型順に行うこととする。

　なお、「明渡し」と「引渡し」の概念上の区別につき、「引渡し」は被告から原告に直接支配を移転する一般的な態様をいうのに対し、「明渡し」はこのうち被告が不動産に居住し、あるいは物品を置くなどして占有しているため、これを引き払って立ち退くことにより原告に不動産の直接支配を得させる特別な場合をいうと説明する文献もあるが[1]、いずれも民事執行法168条による直接強制の方法により強制執行される点で何ら変わりはないから、これらをあえて区別する意味は薄いともいえ[2]、実務上も厳密な使い分けがなされているかは疑問があるので、これ以降の検討においては特に使い分けはしない。

---

[1]　鈴木忠一＝三ケ月章編『注解民事執行法(5)非金銭執行・担保権実行・罰則』（第一法規、1986年）52頁。

[2]　本井巽＝賀集唱編『民事実務ノート(3)』（判例タイムズ社、1969年）80頁。

〔第3部・第3章〕第1節　訴訟物の構成

　また、平成29年法律第44号により民法の債権関係規定等が改正され、改正後の民法が一部を除いて令和2年4月1日から施行されている（以下、改正後の民法を「民法」といい、改正前の民法については「旧民法」という）。そこで、以下では、施行後の民法の適用を前提に検討する。

第1節　訴訟物の構成

I　売買契約に基づく目的物引渡請求訴訟

1　訴訟物の意義

　民事訴訟における審判の対象である訴訟物については新・旧訴訟物理論の対立があるが、実務的には民法等の実体法に根拠をもつ個別具体的な権利を訴訟物と考える旧訴訟物理論が支配的といえる[3]。

　それは、実体法上の権利そのものを訴訟物ととらえることにより、民事訴訟における審判の対象である訴訟物が実体法の規定とつながりをもち、その結果、訴訟物たる権利の発生根拠事実としてのいわゆる要件事実が実体法の個別具体的な条文の解釈から素直に導き出されることとなるからである。たとえば、「売買契約に基づく目的物引渡請求権」という権利が訴訟物だとすると、この権利を発生させる実体法の規定は売買契約の要件・効果を定めている民法555条であり、民法555条の解釈を通じて訴訟物たる権利の発生根拠事実としての要件事実が確定されることになる。詳しくは第2節で述べるが、同条は「売買は、当事者の一方がある財産権を相手方に移転することを約し、相手方がこれに対してその代金を支払うことを約することによって、その効力を生ずる」と規定していることから、売主と買主の意思の合致、つまり、「買主である原告と売主である被告との間で売買契約が締結された」ことが

3　司法研修所編『新問題研究要件事実〔追補〕』（法曹会、2020年）3頁。

民法555条から導き出される権利の発生根拠事実としての一般的抽象的な要件事実ということになる[4]。

　このように旧訴訟物理論は民法等の実体法の個別具体的な条文に根拠を有することから、要件事実の源泉が明確であり、この点にこそ旧訴訟物理論の利点が存するといえる。これは訴訟の迅速な審理のために最も重要なことである。なぜなら、民事訴訟の審理においては、権利の発生根拠事実である要件事実は何かを前提として（とりあえず訴訟物の検討をしているので、訴訟物である権利を発生させる根拠事実である請求原因を前提として説明するが、以下に述べることは抗弁等についても同様にあてはまる）、当事者間にその事実に関して争いがあるか、争いがある場合にこれをどのように立証し認定していくのか、という形で争点を明確にしていくのであるが、旧訴訟物理論によれば、前提となる要件事実の源泉が明確であるから、個々の条文の解釈に争いが生じる余地はなお存するものの、少なくともどの法律のどの条文の解釈が問題となっているかは確定でき、その結果、思考のターゲットは絞り込まれ、審理の方針が立てやすく、迅速で充実した審理が期待できることになるからである。なお、訴訟物間の検討については第3節で行う（以上はあくまでも旧訴訟物理論を前提とする実務家の立場からみた旧訴訟物理論の利点であって、新訴訟物理論を前提とする学者の立場からみた旧訴訟物理論の問題点等指摘されている[5]）。

2　売買契約に基づく目的物引渡請求訴訟における訴訟物

　したがって、売買契約に基づく目的物引渡請求訴訟における訴訟物は、民法555条を根拠とする売買契約に基づく目的物引渡請求権である。

　なお、債権は、権利義務の主体、権利の内容、発生原因によって特定されることから、売買契約に基づく目的物引渡請求権は、通常、契約の当事者、契約の目的物、契約の締結日、代金額等によって特定される。そして、契約に基づく請求権は契約ごとに発生するものと考えられるので、訴訟物の個数

4　司法研修所編・前掲書（注3）9頁以下、司法研修所編『紛争類型別の要件事実〔4訂版〕』（法曹会、2023年）2頁以下。

5　高橋宏志『重点講義民事訴訟法(上)〔第2版補訂版〕』（有斐閣、2013年）25頁以下参照。

〔第3部・第3章〕第1節 訴訟物の構成

は、契約の個数によって定まることになる。[6]

ところで、以上の説明は、売買契約を締結すると売主に対する目的物の引渡請求権が買主に発生することを所与の前提としているが、そもそも売買契約を締結することによって契約当事者が拘束される根拠については、①当事者の合意に基づいて権利が直接発生するという考え方（合意説）と、②法により権利が発生するという考え方（法規説）の対立がある。[7]訴訟物を実体法上の権利ととらえる旧訴訟物理論を前提とする限り、訴訟物である権利（請求権）は実体法に根拠を有する必要があるから、法から権利が発生するという法規説のほうにこそ親和性があり、契約の拘束力も債権の発生を定める各実体法規に基づくと考えるのが素直であろう。なお、この点については本来論理が逆であって、法により権利が発生するという考え方を前提として、実体法上の権利を訴訟物ととらえる旧訴訟物理論が存在するのかもしれない。そして、民法上、典型契約について規定している第3編債権編の第2章契約の第2節贈与ないし第14節和解までの各節の冒頭にある規定（冒頭規定）こそが、各典型契約の成立要件を定める規定であり、この成立要件に該当する事実が当該典型契約に基づく請求権を発生させる要件事実であるとする冒頭規定説が、実務の支配的見解となっている。[8]

したがって、売買契約に基づく目的物引渡請求権は民法555条を根拠とするものである。

II 所有権に基づく不動産明渡請求訴訟

1 所有権に基づく物権的請求権

所有権に基づく物権的請求権を直接定めた実体法の条文は存在しないが、

---

6 司法研修所編・前掲書(注3) 4頁。
7 この点に関する詳しい検討は、村田渉＝山野目章夫編著『要件事実論30講〔第4版〕』（弘文堂、2018年）102頁以下〔村田渉〕、加藤新太郎＝細野敦『要件事実の考え方と実務〔第4版〕』（民事法研究会、2019年）20頁以下が参考となる。
8 村田＝山野目編著・前掲書(注7)95頁、司法研修所編・前掲書(注3) 9頁以下。

728

占有訴権における、①占有回収の訴え（民200条）、②占有保持の訴え（民198条）および、③占有保全の訴え（民199条）に対応して、①他人の占有によって所有権が侵害されている場合に発生する返還請求権、②他人の占有以外の態様、方法によって所有権が侵害されている場合に発生する妨害排除請求権および、③所有権侵害のおそれがある場合に発生する妨害予防請求権の3類型に分類して考えるのが通説的見解である[9]。これは、パンデクテン方式をとる民法の定め方、つまり、第2編物権編の第1章総則の次に第2章として占有権に関する規定がおかれ、その中に「占有訴権」に関する規定（民197条〜202条）をおき、その最後に「本権の訴えとの関係」に関する規定（民202条）がおかれる（ここで「本権」とは、所有権等の占有権以外の物権と理解される）とともに、第3章以下に所有権等に関する規定がおかれていることから、第2章の占有権に関する規定を所有権以下の各物権に準用する可能性が示唆されていると考えられるからである[10]。

なお、所有権に基づく物権的請求権は、物権である所有権から発生するものではあるが、あくまで人に対する請求権であって、物権である所有権（物に対する支配権）そのものとは訴訟物を異にすることに注意しなければならない[11]。

2 所有権に基づく不動産明渡請求訴訟における訴訟物

したがって、所有権に基づく不動産明渡請求訴訟における訴訟物は、上記のうち所有権に基づく返還請求権としての不動産明渡請求権である。

なお、物権は、権利の主体と権利の内容によって特定される。そして、所有権に基づく物権的請求権は、侵害されている所有権の個数と所有権侵害の個数によって定まることから、1個の占有による1筆の土地の返還請求権であれば訴訟物は1個だが、占有が1個でも土地が複数筆になれば土地の筆数に応じた複数の返還請求権があることになる[12]。

---

9 我妻榮（有泉亨補訂）『物権法民法講義(2)〔新訂版〕』（岩波書店、1983年）21頁、司法研修所編・前掲書（注3）54頁、司法研修所編・前掲書（注4）45頁。

10 内田貴『民法(1)〔第4版〕』（東京大学出版会、2008年）22頁参照。

11 司法研修所編・前掲書（注3）56頁。

〔第3部・第3章〕第1節　訴訟物の構成

Ⅲ　賃貸借契約の終了に基づく不動産明渡請求訴訟

1　終了原因による訴訟物の異同

　賃貸借について、民法601条は、貸主が「ある物の使用及び収益を相手方にさせること」を約し、借主が「これに対してその賃料を支払うこと」だけでなく、「引渡しを受けた物を契約が終了したときに返還すること」も約することによって、その効力を生ずる旨定めている。

　したがって、賃貸借契約の終了に基づく明渡請求権は、民法601条の賃貸借契約の効果として発生する賃借物返還義務に基礎をおき、解除、解約の申入れ等の個々の終了原因自体の効果として発生するものではないと考える（一元説）のが、条文に根拠を有し、かつ条文に最も忠実な考えといえる。[13]

　本書旧版では、旧民法601条を前提に、以下の検討をしていたが、条文改正により、上記のとおり見解を改めた。

〈以下、旧版における検討〉

　　賃貸借契約の終了に基づく不動産明渡請求訴訟において、終了原因が複数ある場合の訴訟物の異同については、①終了原因ごとに訴訟物がすべて異なる（多元説）とし、あるいは、㋐債務不履行による解除、㋑合意解約・期間満了等による契約の終了、㋒建物について正当事由ある場合の解約申入れのように、類別された終了原因ごとに訴訟物が異なる（三元説）[14]とする見解と、②賃貸借契約の終了に基づく明渡請求権は、賃貸借契約の効果として発生する賃借物返還義務に基礎をおくものであり、解除、解約の申入れ等の終了原因自体の効果として発生するものではないから、1個の賃貸借契約に基づく明渡請求である限り、終了原因のいかんにかかわらず、訴訟物は常に1個であり、個々の終了原因は原告の攻撃方法にすぎないとする見解（一元説）[15]との対立があるが、一元説が実務の大勢といわれ

12　司法研修所編・前掲書（注3）55頁以下。

13　司法研修所編・前掲書（注3）追補9頁。

14　岩松三郎＝兼子一編『法律実務講座民事訴訟編(2)第1審手続(1)』（有斐閣、1964年）104頁等。

730

Ⅲ　賃貸借契約の終了に基づく不動産明渡請求訴訟

ている[16]。

　この一元説は、あくまで賃貸借契約（旧民法601条）なり、使用貸借契約（旧民法593条）なりの個々の具体的な契約の効果として目的物返還義務が発生するとしているのであり、いわゆる「返還約束説」をとるものではないとされる[17]。しかし、「特に注目すべきことは、この考え方を更に発展させ徹底させてゆくと、一般に、他人に物を使用収益させる契約に基づく返還請求訴訟の訴訟物を特定するためには、その発生原因として、当事者間の『返還約束』を主張すれば足り、それが民法上の賃貸借契約に当たるか、あるいは使用貸借契約に当たるかまでを明らかにする必要はないという理論にまで発展する可能性をもつことである。けだし、使用収益の対価の有無は、返還約束自体に本質的なものではないともいえるからである」との指摘があり[18]、このような問題点を包含しているという意味において同感である。

　また、売買契約については、①当事者の一方が解除権を行使した場合の原状回復請求権（旧民法545条）と、②当事者の合意解除による不当利得返還請求権（旧民法703条）とが実体法上の根拠条文を異にすることから訴訟物としても別であるとされており[19]、このことからすると、賃貸借等の貸借型の場合に限り、①当事者の一方が解除権を行使したことを原因とする返還請求権も、②当事者の合意解除を原因とする返還請求権も実体法上の根拠は、賃貸借契約であれば旧民法601条であり、使用貸借契約であれば旧民法593条であって、いずれにしても契約が同一であれば同じだと考えるのには違和感をおぼえる。

　そのため、個人的には、賃貸借契約終了に基づく不動産明渡請求訴訟の

15　山木戸克己「訴訟上の請求について」山木戸克己『民事訴訟理論の基礎的研究』（有斐閣、1961年）130頁等。

16　宮川種一郎＝賀集唱編『民事実務ノート⑴』（判例タイムズ社、1968年）130頁、司法研修所編・前掲書（注４）90頁、司法研修所編・前掲書（注３）138頁、司法研修所編『民事訴訟における要件事実⑵』（法曹会、1992年）10頁。

17　法教育支援センター編『要件事実ノート』（商事法務、2007年）133頁。

18　田辺公二「攻撃防御方法の提出時期」中田淳一＝三ケ月章編『民事訴訟法演習⑴判決手続⑴』（有斐閣、1963年）135頁。

19　最判昭和32・12・24民集11巻14号2322頁。

731

〔第3部・第3章〕第1節　訴訟物の構成

訴訟物は、①当事者の一方が有する解除権を行使した場合の原状回復請求権（旧民法545条）、②当事者の合意解除による不当利得返還請求権（旧民法703条）および、③当事者の一方が有する解除権を行使した場合でもなく合意解除でもない賃貸借契約終了に基づく返還請求権（旧民法601条）の3種類に分けて考えるのが、民法等の実体法の条文に根拠を有し、かつ条文に最も忠実ではないかと考えている。[20]

　ただ、この考えは実務で一般的に通用しているわけでもないので、以下の説明は実務の大勢といわれている一元説に基づいて行うことにする。

〈以上、旧版における検討〉

2　賃貸借契約の終了に基づく不動産明渡請求訴訟における訴訟物

　したがって、賃貸借契約の終了に基づく不動産明渡請求訴訟における訴訟物は、賃貸借契約の終了に基づく目的物返還請求権としての不動産明渡請求権である。

　そして、一元説によると、訴訟物の個数は賃貸借契約の個数によって定まることになるから、1個の賃貸借契約に基づく明渡請求権である限り、終了原因の数のいかんにかかわらず、訴訟物は常に1個となる。[21]

20　最判昭和28・9・11民集7巻9号918頁参照。
21　司法研修所編・前掲書（注3）122頁以下・追補9頁。

732

Ⅰ　売買契約に基づく目的物引渡請求訴訟

第2節　攻撃防御方法の体系と要件事実

Ⅰ　売買契約に基づく目的物引渡請求訴訟

【事例1】

　　原告が、令和3年1月10日、被告から甲土地を代金1800万円で買ったとして、被告に対し、甲土地の引渡しを求めた。

1　請求原因

(1)　概　要

　まず、請求原因とは、訴訟物である権利を発生させるために必要な最小限の事実である。

　ここで最小限の事実にこだわる理由は、最小限の事実を明らかにすることにより、その裏返しとして、それ以外の事実を立証命題から除外することができるからである。つまり、売買契約に基づく目的物引渡請求訴訟において、たとえば、目的物の所有権の所在について当事者間で主張の食い違いがあったとしても、他人の権利を売買の目的とすることもできるから（民561条）、目的物の所有権が売主に帰属していることが売買契約の成立要件とはならない。また、目的物引渡時期についても、法律行為の効果として発生する債権（請求権）は、発生すれば直ちに履行を請求することができるのが原則であって、法律行為に始期を付したときに限り、期限が到来するまで履行を請求することができなくなるにすぎないから（民135条）、履行期限（始期）は権利阻止事実（後記2(1)参照）であって、やはり売買契約の成立要件とはなら

22　司法研修所編・前掲書(注3)11頁。

733

〔第3部・第3章〕第2節　攻撃防御方法の体系と要件事実

ない。したがって、これらは訴訟物たる権利である目的物引渡請求権の発生[23]のためには無関係な事情にすぎず、少なくとも請求原因の立証命題からは除外することが可能であり、その結果として、審理目標が特定され、明確化されるので、前述したとおり訴訟の迅速な審理が図られることとなるのである。

　なお、現実の民事裁判においては、準備書面や判決書に、厳格に必要最小限の事実の記載を求めているわけではない。しかし、その場合であっても、裁判官や代理人は審理目標の特定、明確化をなおざりにしているわけではなく、かえって必要最小限の事実を十分に理解したうえで、その他諸々の事情を考慮してそのような記載をしているのであるから、上記の説明は、実務の運用と異なることを求めているわけではなく、その背後にある（実務家の頭の中にある）目に見えないものを説明しているのだと理解してもらいたい。[24]

(2)　売買契約に基づく目的物引渡請求訴訟の請求原因

　このような観点から、訴訟物である「売買契約に基づく目的物引渡請求権」という権利を発生させるために必要十分な事実は何かと考えると、民法555条より、それは売主の「財産権を相手方に移転する」という意思表示と、買主の「これに対してその代金を支払う」という意思表示との合致ということになる。[25]

　ところで、売買契約の「成立」とは、事実ではなく、上記意思表示が合致した結果、売買契約という法律行為の効果が生じる状態になったという法的評価であることに注意しなければならない。したがって、請求原因として「原告を買主とし、被告を売主として、甲土地について代金を1800万円とする売買契約が成立した」と摘示したのでは、不十分ということになる。正確には、当事者の上記のような二つの意思表示の合致があったと摘示すべきことになるが、「買った」とか、「売った」とか、「売買した」とかの言葉は、上記2つの意思表示の合致を表示する日常用語として熟しているといえるので、実務では「原告は、被告から、令和3年1月10日、甲土地を代金1800万円で買った」と記載すれば足りるものとして扱われている。[26]

23　司法研修所編『民事訴訟における要件事実(1)〔増補版〕』（法曹会、1986年）118頁。
24　司法研修所編・前掲書（注3）8頁以下参照。
25　司法研修所編・前掲書（注3）9頁以下。

734

<請求原因>

○　原告は、被告から、令和3年1月10日、甲土地を代金1800万円で買った

2　抗弁以下の要件事実

(1)　否認と抗弁

当事者間で争いのない事実は、弁論主義の下ではそのまま判決の資料として採用される（民事訴訟法179条）。そのため、「原告は、被告から、令和3年1月10日、甲土地を代金1800万円で買った」という請求原因が、当事者間において争いがないか、または証拠により認められれば、令和3年1月10日の時点で訴訟物たる目的物引渡請求権が発生することになる。そして、特段の事情（下記「権利障害事実」、「権利消滅事実」、「権利阻止事実」が認められる）がない限り、訴訟物たる権利は口頭弁論終結時にもなお存在し（権利の永続性）、行使できるものと扱われる（なお、これは法律効果であって、推定の問題ではない）ことから[27]、原告の請求は認容されることになる。

したがって、請求原因に対する被告の争い方はふたとおりあって、一つは、請求原因を否認して原告にその立証を求めるものであり、もう一つは、請求原因を認めるか、または請求原因を否認しつつ、それが証拠上認められることを前提として、その法律効果の発生を障害し、消滅し、または阻止する事実を抗弁として主張し、それを立証するものである。このように、抗弁とは、①請求原因から生じる法律効果を覆すこと（障害、消滅、阻止）、②被告に主張・立証責任があることおよび、③請求原因と両立すること、をその内容とするのであって、仮に両立しない事実であれば否認となるにすぎない。なお、両立の有無の判断は、常に事実のレベルで行わなければならない。仮に法的効果のレベルで行うと、請求原因から発生する法的効果を打ち消すのが抗弁であるから、常に両立しないことになり、抗弁が生じないことになってしまうからである[28]。

26　司法研修所編『民事判決起案の手引〔第10訂補訂版〕』（法曹会、2020年）4頁1・12頁10参照。

27　司法研修所編・前掲書(注3)5頁以下参照。

28　司法研修所編・前掲書(注3)14頁・21頁以下参照。

ところで、「権利障害事実」とは、令和3年1月10日の売買契約の存在を認め、または証拠上認められたとしても、なお同日の時点で目的物引渡請求権を発生させない事実であり、典型的には虚偽表示（民94条）や公序良俗違反（民90条）のような無効をもたらす事実がこれにあたる。次に、「権利消滅事実」とは、上記売買契約の存在を認め、または証拠上認められた場合に、同日の時点で目的物引渡請求権は発生したが、その後これが消滅したことから、口頭弁論終結時にはもはや存在しているとは扱えないとする事実であり、典型的には弁済（民473条）や消滅時効（民166条等）がこれにあたる。最後に「権利阻止事実」とは、令和3年1月10日時点の目的物引渡請求権が現在も存在していると扱うことができるが、これを行使できない状態にさせる事実であり、典型的には同時履行の抗弁権（民533条）や前記履行期限（始期・民135条）がこれにあたる。[29]〔図2〕は、これを事実と法律効果に分けて模式化したものである。

〔図2〕 効果発生、障害、消滅、阻止事実と法律効果の関係

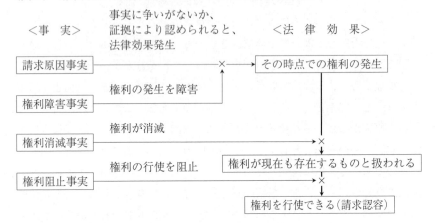

(2) 同時履行の抗弁

双務契約の当事者の一方は、相手方がその債務の履行を提供するまでは、自己の債務の履行を拒むことができる（民533条本文）。

---

[29] 司法研修所編・前掲書（注3）23頁以下参照。

Ⅰ　売買契約に基づく目的物引渡請求訴訟

　これが同時履行の抗弁権とよばれるものであるが、条文上「拒むことができる」となっていることから、「拒まないこともできる」のであって、「履行を拒む」ためには「拒むことができる」という権利を行使する旨の主張（権利主張）をしなければいけない。これが、権利抗弁といわれるゆえんである。[30]

　ところで、同時履行の抗弁権が発生するためにはその債務が双務契約から生じたものであることが必要であるところ、【事例1】において、抗弁として同時履行の抗弁権を主張しようという事態が発生するのは、原告が請求原因として双務契約である売買契約締結の事実を主張したことを前提としているから、すでに同時履行の抗弁権が発生していることが請求原因において主張として基礎づけられている。したがって、被告は、抗弁としてあらためて、代金支払債務と目的物引渡債務とが同時履行の関係にあることを基礎づける事実（双務契約である売買契約締結の事実）を主張する必要はないことになる。

　なお、条文上は「相手方がその債務の履行を提供するまでは」履行を拒むことができるとされているが、判例上、「相手方の履行の提供があつても、その提供が継続されない限り同時履行の抗弁権を失うものでない」こととされている。[31]そして、「提供の継続」といえるためには現実の提供または口頭の提供を毎日のように継続せざるを得ないから、結局のところは相手方が「履行」しない限りは履行を拒めるのであって、被告としては、「原告が代金1800万円を支払うまで目的物の引渡しを拒絶する」との権利主張をすればよいことになる。[32]

＜抗弁＞

（同時履行）

- ●　原告が代金1800万円を支払うまで甲土地の引渡しを拒絶する

30　留置権（民295条）に関する最判昭和27・11・27民集6巻10号1062頁参照。

31　最判昭和34・5・14民集13巻5号609頁。

32　司法研修所編・前掲書（注4）19頁・8頁、司法研修所編・前掲書（注26）27頁1参照。

737

〔第3部・第3章〕第2節　攻撃防御方法の体系と要件事実

Ⅱ　所有権に基づく不動産明渡請求訴訟

【事例2】

　　甲土地を所有していると主張する原告が、甲土地を占有している被告に対し、
　甲土地の明渡しを求めた。

1　請求原因

(1)　所有権に基づく返還請求権の発生要件——民法188条との関係を中心として

　所有者は、法令の制限内において、自由にその所有物の使用、収益および
処分をする権利を有する（民206条）から、所有権に基づく返還請求権は所
有者がその占有を奪われていることによって発生するものであり、①原告が
その物の所有者であること、②被告が現に所有物に対する所有者の占有を妨
げている者であることを原告が主張・立証すべきである。

　さらにこれらに加えて、③被告がその物に対する正当な占有権原を有してい
ないことも原告が主張・立証すべきかが問題となる。民法188条が、「占有
者が占有物について行使する権利は、適法に有するものと推定する」と規定
しており、この規定は法律上の権利推定規定と解されていることから、民法[33]
188条が適用されるとすると、原告においてその反対事実、つまり上記③を
主張・立証すべきということになるはずである。

　ところが、学説上、所有者から権利を取得したといって占有する者はこの
所有者に対して民法188条の推定を主張し得ないとか、民法188条の権利推定
はその占有を伝来的に取得した前主に対しては効力を有しないとかと説明さ
れており、判例もそのような趣旨だと考えられている。[34]　　　　　　　　　　　　　[35]

　しかし、このように考えると、たとえば、原告と被告が不動産の二重譲受

33　司法研修所編・前掲書（注23）26頁。

34　我妻・前掲書（注9）490頁等。

35　司法研修所編・前掲書（注3）58頁、最判昭和35・3・1民集14巻3号327頁。

738

Ⅱ　所有権に基づく不動産明渡請求訴訟

人の関係にある場合や、被告が原告の前主との間で賃貸借契約を締結し対抗力を得た後に、原告が前主から所有権を取得した場合のように、被告が、原告から権利を取得したわけでもなく、原告から占有を伝来的に取得したわけでもない場合には、民法188条の権利推定がおよび、原告において被告がその物に対する正当な占有権原を有していないことをも主張・立証すべきことになってしまうのではなかろうか。

　そこで、もう一度「占有」による推定規定について検討してみる必要がある。つまり、占有者は、民法188条により「占有物について行使する権利を適法に有する」ものと推定されるほか、民法186条により「所有の意思をもって占有する」ものと推定される（正確には「暫定真実」）ことから[36]、民法186条と民法188条により占有者が適法に有するものと推定される権利は、結局のところ「所有権」にほかならない。そのため、原告が請求原因において主張・立証すべき反対事実とは、「占有者である被告以外の者が当該物を所有している」ということになる。なお、「所有」は本来権利であって事実とは異なるが、後記(2)のとおり権利自白が認められる等、事実と同じように扱われていることから、以下では「所有」も「事実」と同じように説明することがある。

　ところで、原告は、請求原因として「被告が当該物を占有している」こととあわせて、「原告が当該物を所有している」ことをも主張・立証しなければならないところ、「原告が当該物を所有している」ことを主張・立証すれば、それはすなわち上記反対事実たる「占有者である被告以外の者が当該物を所有している」ことをもあわせて主張・立証したことになるはずである。なぜなら、原告は「被告以外の者」であるからである。したがって、「原告が当該物を所有している」ことが要件となる所有権に基づく返還請求訴訟では、請求原因において、「被告が当該物を占有している」旨を主張・立証することにより、民法186条と民法188条が適用され、「被告が当該物を所有している」ことが推定されたとしても、その反対事実である「占有者である被告以外の者が当該物を所有している」ことをも常に主張・立証されることに

36　司法研修所編・前掲書(注23)27頁。

739

〔第3部・第3章〕第2節　攻撃防御方法の体系と要件事実

なるから、民法186条と民法188条の推定が当該訴訟の主張・立証責任に影響を与えることはないといえる。[37]

　さらに、所有権に基づく返還請求訴訟に限定することなく、地上権等の物権に基づく返還請求訴訟や登記された賃借権に基づく返還請求訴訟でも同様に考えることができる。なぜなら、原告の権原の正当性を基礎づけるため、請求原因として「物権」あるいは「登記された賃借権」の設定契約の相手方が設定契約の当時所有権を有していたこと（正確にいうと、下記のとおり、「物権」については処分行為であるから設定契約当時所有権を有していたことが必要となるが、「債権」である「賃借権」の場合には他人物賃貸も認められていることから、設定契約当時所有権を有していなくてもその後現在までの間に所有権を取得していればそれで足りることになる）を主張・立証しなければならず、その結果「占有者である被告以外の者が当該物の所有権を有している」こともあわせて主張・立証したことになるからである（なお、権利の永続性については前記Ⅰ2(1)のとおり）。また、被告が上記「所有権を有していた相手方」である場合もあり得るが、この場合には物権的請求権（登記された賃借権に基づく請求権も含む）ではなく、設定契約に基づく引渡請求権を訴訟物とすればよいので、そもそも民法188条の推定の問題は生じない。

　以上より、請求原因は次のとおりとなる。

＜請求原因＞

> ①　原告は、現在甲土地を所有している
> ②　被告は、現在甲土地を占有している

(2)　所有要件と権利自白

　ところで、上記①は、現在すなわち事実審の口頭弁論終結時において、原告が甲土地を所有していることである。しかし、「原告の現在の所有」というのは事実ではなく、過去の一時点における一定の事実（所有権取得原因事実）が存在したことによる法的効果にすぎない。

37　村田渉「法律実務家養成教育としての要件事実の考え方について」ジュリ1288号69頁の脚注61参照。なお、遠藤浩ほか監修『民法注解財産法(1)民法総則』（青林書院、1989年）347頁以下も同趣旨と思われる。

Ⅱ 所有権に基づく不動産明渡請求訴訟

過去の一時点における所有権の取得原因事実
　↓法律効果
その時点での所有権の発生または移転
　↓法律効果（権利の永続性）
現在（事実審の口頭弁論終結時）も所有権が存在していると扱われる

　このように現在の原告の所有権を基礎づけるために、原告は、前主（前所有者）からの所有権取得原因事実を主張・立証する必要があるが、さらに前主の所有権を基礎づけるために、究極的には原始取得までさかのぼって主張・立証する必要があることになり、これが立証されなければ請求が棄却されてしまうことになる。しかし、これは理論上のことであって、通常は、どこかの時点までさかのぼれば被告が争わない時点があるから、実務では、その時点で権利自白を成立させ、上記のような困難な所有権取得原因事実の主張・立証を簡素化している。

ある時点で所有権の存在について権利自白が成立
　↓法律効果（権利の永続性）
現在（事実審の口頭弁論終結時）も所有権が存在していると扱われる

　そして、権利自白をどの時点で成立させるかについては、次のとおりである。

原告の現在の所有について権利自白が成立するか
　Yes →権利自白成立
　No
　↓
原告の過去の時点の所有について権利自白が成立するか
　Yes →権利自白成立
　No
　↓
原告の前主の所有につき権利自白が成立するか
　Yes →権利自白成立
　No

741

〔第３部・第３章〕第２節　攻撃防御方法の体系と要件事実

> ↓
>
> 権利自白が成立するまで前々主へとさかのぼっていく

　権利自白がいつの時点で成立するかは、被告の争い方次第といわざるを得ない（なお、権利自白の具体的な成立時期の検討等については【事例３】〜【事例７】参照）[38]。

(3)　被告の占有

　原告は、被告による妨害状態として、被告が現在すなわち口頭弁論終結時において、甲土地を占有していることを主張・立証しなければならない。

　なぜなら、現在における原告の所有と現在における被告の占有がいずれも認められた場合に、訴訟物としての現在における返還請求権が初めて発生することになるからである（現占有説）[39]。

> | 原告の現在の所有＋被告の現在の占有 | → | 現在の返還請求権 |
> |:---:|:---:|:---:|
> | （事実の存在） | （法律効果） | （権利発生） |

2　抗弁以下の要件事実

(1)　所有権喪失の抗弁

【事例３】

> 　被告は、令和３年２月12日、原告から甲土地を代金2000万円で買ったと主張している。

(ア)　権利自白の成立時点

　前記１の(2)で述べたとおり、過去の一時点における所有権の取得原因事実が認められると、その法律効果としてその時点での所有権の発生または移転が生じ、現在（口頭弁論終結時）も所有権が存在しているものと扱われる（権利の永続性）。しかし、上記過去の一時点以降に原告以外の者が原告から所有権を取得した事実（所有権取得原因事実）が主張・立証されると、従来

---

[38]　司法研修所編・前掲書（注３）59頁以下参照。

[39]　司法研修所編・前掲書（注３）63頁以下、司法研修所編・前掲書（注23）57頁以下参照。

742

Ⅱ　所有権に基づく不動産明渡請求訴訟

の所有者であった原告からその者に所有権が移転するので、原告はその時点で所有権を喪失する。その結果、原告が現在（口頭弁論終結時）も所有しているとはいえないので、訴訟物である現在（口頭弁論終結時）の返還請求権が生じないことになる。[40]　なお、このような場合には、原告が所有権を喪失する時点における原告の所有について、権利自白が成立することになる。[41]

＜請求原因＞

①　原告は、令和 3 年 2 月12日当時、甲土地を所有していた
②　被告は、現在甲土地を占有している

㈤　所有権喪失の抗弁

ところで、所有権喪失の抗弁というと権利消滅事実のように聞こえるが、所有権に基づく物権的請求権を訴訟物とする場合には、訴訟物である現在の物権的請求権を発生させないように働くので、所有権喪失の抗弁は権利障害事実となる。これに対し、所有権確認訴訟においては、まさに権利消滅事実である。

そして、売主が所有する特定物について、売買の合意があれば、契約の締結により原則として直ちに買主に所有権が移転する（民176条）[42]ので、売主である原告から買主である被告へ甲土地の所有権が移転するためには、①「被告は、原告から、令和 3 年 2 月12日、甲土地を代金2000万円で買った」ことのほか、②「原告が、①の売買契約当時、甲土地を所有していた」ことも主張・立証する必要があることになる。しかし、②はすでにこの抗弁の前提となる請求原因の中に権利自白が成立したものとして現れているから、被告において抗弁としてもう一度主張・立証する必要はないことになる。[43]

＜抗弁＞

（所有権喪失──売買）

●　被告は、原告から、令和 3 年 2 月12日、甲土地を代金2000万円で買った

40　司法研修所編・前掲書(注 3)65頁。
41　司法研修所編・前掲書(注 3)60頁・62頁。司法研修所編・前掲書(注26)16頁14参照。
42　最判昭和33・ 6 ・20民集12巻10号1585頁。
43　司法研修所編・前掲書(注 3)65頁以下、司法研修所編・前掲書(注26)37頁21参照。

743

〔第 3 部・第 3 章〕第 2 節　攻撃防御方法の体系と要件事実

⑵　対抗要件の抗弁

【事例 4 】

> 　原告は、令和 3 年 2 月12日、Aから甲土地を代金1800万円で買ったと主張し、被告は、同年 1 月10日、同じくAから甲土地を代金2000万円で買ったと主張している。

㈠　権利自白の成立時点

　権利自白が成立するのは、その時点での相手方の完全な所有権を認めていると評価できるときに限られる。したがって、被告が原告の前主であるAから甲土地を買い受けたとして、二重譲渡の関係にあることを前提に対抗要件の抗弁を主張する場合には、被告は、原告からではなく、Aから所有権を取得したと主張しているのであるから、原告の所有権について権利自白をしたとみることはできない。そして、前述のとおり、権利はいったん発生した以上、これが消滅・変更されない限り、現在も存在しているものと扱われるので、結局のところ原告、被告それぞれの前主であるAについて権利自白が成立するのは、A—原告間の売買契約とA—被告間の売買契約のどちらか古い方の契約時点ということになる。そのため、原告は、前主であるAについてその時点での権利自白が成立することを前提に、Aから原告への所有権取得原因事実としての売買を請求原因において主張することになる。[44]

＜請求原因＞

> ①　Aは、令和 3 年 1 月10日当時、甲土地を所有していた
> ②　原告は、Aから、令和 3 年 2 月12日、甲土地を代金1800万円で買った
> ③　被告は、現在甲土地を占有している

㈡　対抗要件の抗弁

　対抗要件の抗弁の主張・立証責任に関する考え方としては、次の 3 説がある。[45]

　①　第三者抗弁説　　被告が第三者であることを基礎づける事実だけを主

44　司法研修所編・前掲書（注 3 ）61頁・71頁、司法研修所編・前掲書（注26）16頁15・17頁16参照。
45　司法研修所編・前掲書（注 3 ）73頁以下。

744

張・立証すれば足りるとする説

② 事実抗弁説 ①に加えて、原告が対抗要件を具備していないという事実まで主張・立証しなければならないとする説

③ 権利抗弁説 ①に加えて、原告が対抗要件を具備するまでは原告の所有権取得を認めないとの権利主張をしなければならないとする説

このうち第三者抗弁説が実体法的理解からは最も素直な考え方であるといわれているが、実務的には権利抗弁説がとられている。[46] 結局のところ、第三者において対抗要件を問題とする趣旨であることを明らかにするために、対抗要件の抗弁を権利抗弁と理解して第三者に権利主張もあわせてさせるというものである。しかし、対抗要件の抗弁を権利抗弁と理解すべき理由が、裁判規範としての性格に照らして困るという説明だけでは、実体関係でも権利主張が必要であることの説明にはならないのではないかとの指摘があるので、この点について若干の検討を加えてみたい。

まず、権利抗弁とは、前記Ⅰ2(2)同時履行の抗弁権（民533条）の説明の際にも述べたとおり、条文上認められた権利（たとえば民533条では「履行を拒むことができる」という権利）を行使する旨の主張（権利主張）を権利者がしなければいけないというものである。

これに対し、不動産に関する物権変動の対抗要件について定めた民法177条は、「不動産登記法……その他の登記に関する法律の定めるところに従いその登記をしなければ、第三者に対抗することができない」と規定しており、直接的には「物権変動があったことを主張しようとする者」は登記をしなければ対抗できない旨を定めているにすぎない。ところで、「登記なくして対抗できない第三者」とは、「登記の欠缺を主張するにつき正当な利益を有する者」をいうとの制限説が、今日の確定判例であり、通説である。この制限説を前提にすると、「正当な利益を有する第三者」が「登記の欠缺を主張した（問題とした）」場合に、「物権変動があったことを主張しようとする者」は対抗することができなくなる一方、この第三者から、登記の欠缺を主張しないで相手方を権利者と認めることはできるものとされている。したがって、

---

46 司法研修所編・前掲書(注23)247頁以下参照。

〔第3部・第3章〕第2節　攻撃防御方法の体系と要件事実

「登記の欠缺を主張するにつき正当な利益を有する第三者」は、「登記の欠缺を主張する（問題とする）」権利を有しており、この権利を行使する旨の主張（権利主張）をしたときに初めて、「物権変動があったことを主張しようとする者」は対抗することができなくなるのである。このように判例により条文上の要件が変容されていると解することができるのであれば、民法177条も結局のところ民法533条と同様に権利抗弁であるといえるのではなかろうか。

　なお、民法には、「第三者に対抗することができない」と規定する条文がほかにも一定数存在する。そのうち、たとえば民法94条2項の「第三者」については、「虚偽の意思表示の当事者又はその一般承継人以外の者であって、その表示の目的につき法律上利害関係を有するに至った者」をいうとされており、[47] 虚偽表示による無効が「第三者」の権利行使の有無に係るわけではないから、これについては上記のような意味での権利抗弁とは考えられない。しかし、少なくとも動産に関する物権の譲渡の対抗要件について定めた民法178条と指名債権の譲渡の対抗要件について定めた民法467条については、二重譲渡の場合の対抗要件の抗弁における権利主張に関して、民法177条と同様に解することができると考える。[48]

＜抗弁＞

（対抗要件）

> ❶　被告は、Aから、令和3年1月10日、甲土地を代金2000万円で買った
> ❷　原告が対抗要件を具備するまで、原告の所有権取得を認めない

(3)　対抗要件具備による所有権喪失の抗弁

【事例5】

> 　原告は、令和3年1月10日、Aから甲土地を代金1800万円で買ったと主張し、被告は、同年2月12日、同じくAから甲土地を代金2000万円で買い、すでに所有権移転登記を具備したので、自分が所有者であり、原告は所有者ではないと主張している。

47　最判昭和42・6・29裁判集民87号1397頁。

48　最判昭和56・10・13裁判集民134号97頁。司法研修所編・前掲書（注26）38頁23参照。

746

Ⅱ 所有権に基づく不動産明渡請求訴訟

(ア) 権利自白の成立時点

前記(2)(ア)と同様、原告は、A─原告間の売買契約とA─被告間の売買契約のどちらか古いほうの契約時点で権利自白が成立することを前提に、請求原因を主張することになる。[49]

<請求原因>

> ① Aは、令和3年1月10日当時、甲土地を所有していた
> ② 原告は、Aから、令和3年1月10日、甲土地を代金1800万円で買った
> ③ 被告は、現在甲土地を占有している

(イ) 対抗要件具備による所有権喪失の抗弁

二重譲渡の事案では、被告が登記を具備することにより確定的に所有権を取得し、その反面、原告は確定的に所有権を失う（この場合、所有権は原告からではなく、Aから被告へ直接移転するから、原告が所有者であった時期はなかったことになる）。このような抗弁も、「所有権喪失の抗弁」と呼ばれているが、前記(1)の所有権喪失の抗弁と区別するため、「対抗要件具備による所有権喪失の抗弁」と呼ぶのが適当である。[50]

なお、弁論主義の下、被告は、対抗要件の抗弁と対抗要件具備による所有権喪失の抗弁の両方を主張することもできるし、どちらか一方のみを主張することもできる。ただ、対抗要件としての「登記」の具備は登記事項証明書を書証として提出することにより容易に裏づけることができるので、実務上は争いがないものとされる場合が多く、被告が登記を具備したと主張している場合には、対抗要件具備による所有権喪失の抗弁のみを主張しているとみるべき場合が多いといえよう。[51]

ところで、被告が対抗要件具備による所有権喪失の抗弁を主張するには、前記(2)と同様、「Aが甲土地を所有していた」こと（請求原因として権利自白が成立している）を前提として、①「被告が、Aから、甲土地を買い受けた」ことのほか、②「Aが被告に対し甲土地について①に基づき所有権移転登記

---

[49] 司法研修所編・前掲書(注3)61頁、司法研修所編・前掲書(注26)16頁15・17頁16参照。

[50] 司法研修所編・前掲書(注3)80頁以下。

[51] 司法研修所編・前掲書(注4)57頁。

747

〔第3部・第3章〕第2節　攻撃防御方法の体系と要件事実

手続をした」ことを主張・立証しなければならない。[52]

＜抗弁＞

（対抗要件具備による所有権喪失——売買）

> ❶　被告は、Aから、令和3年2月12日、甲土地を代金2000万円で買った
> ❷　Aは、被告に対し、上記売買契約に基づき、甲土地につき所有権移転登記
> 　手続をした

なお、ここで、「①の売買契約に基づく所有権移転登記手続」とは、所有権移転登記が「①の売買契約の義務の履行としてされたこと（関連性）」と「手続的に適法にされたこと（適法性）[53]」の2点を表している。[54]

(4)　占有権原の抗弁

【事例6】

> 　被告は、令和3年2月1日、原告から甲土地を賃料1カ月15万円、賃貸期間同日から令和8年1月末日までの5年間との約定で賃借し、甲土地の引渡しを受けたと主張している。

㈠　権利自白の成立時点

被告は、原告から賃借権の設定を受けたとして占有権原の抗弁を主張して争っているのであり、原告の現在所有を争っているわけではないので、原告の現在所有について権利自白が成立するものとして、原告は請求原因を主張することになる。

なお、仮に被告が原告の前主Aから賃借権の設定を受けたとして占有権原の抗弁を主張する場合には、原告と被告の関係は一種の対抗関係となる（民605条等）から、この場合にも原告の現在所有について権利自白が成立するのか、あるいは、前記(2)と同様、原告の前主であるAの元所有について権利自白が成立することになるのかは、後記㈡のような問題もあり、なお検討を要する問題である。[55]

52　司法研修所編・前掲書(注3)81頁、司法研修所編・前掲書(注26)37頁22・38頁24参照。

53　最判昭和41・11・18民集20巻9号1827頁参照。

54　司法研修所編・前掲書(注4)75頁以下参照。

55　司法研修所編・前掲書(注3)112頁（抵当権設定契約との関係で権利自白の成立時について検

748

Ⅱ　所有権に基づく不動産明渡請求訴訟

＜請求原因＞

> ①　原告は、現在甲土地を所有している
> ②　被告は、現在甲土地を占有している

㈲　占有権原の抗弁

　被告が占有する物につき正当な占有権原を有している場合、原告の所有権に基づく返還請求権はそもそも発生しない。この場合、原告が占有権原のないことを請求原因として主張・立証するのではなく、被告が占有権原のあること（正確には占有権原となる権利を発生させる根拠事実）を抗弁（所有権に基づく返還請求権の発生を障害する権利障害事実）として主張・立証することになることは前述のとおりである。

　被告は、原告から甲土地を賃借したと主張しているので、民法601条に基づき、当事者と目的物の特定のほか、目的物を一定期間使用・収益させることと、その対価としての賃料額の合意を占有権原である賃借権の発生根拠事実として主張・立証することになる。しかし、使用目的や敷金などの合意は、占有権原である賃借権の発生根拠事実としては不要である[56]。仮に、上記賃貸借契約が合意された期間の満了により終了していた場合には、原告において、占有権原（抗弁）の権利消滅事実（再抗弁）として、期間の経過を主張・立証することになる。他方、被告は、請求原因で主張された被告の現在の占有の正当性を基礎づけるため、それが抗弁で主張した上記賃貸借契約に基づくものであることもあわせて主張する必要がある[57]。

　ところで、所有権に基づく抵当権設定登記抹消登記手続請求訴訟において、被告が抵当権設定登記の登記保持権原の抗弁として抵当権設定契約の締結を主張した場合、抵当権設定契約は直接物権の発生を目的とする物権契約であることから、契約の成立要件として、当事者間の合意に加え、「原告が抵当権設定契約当時その不動産を所有していた」こともあわせて主張する必要が

　討したもの）、司法研修所編・前掲書(注26)15頁13・19頁18参照。

56　司法研修所編・前掲書(注３)123頁以下・追補９頁以下。

57　司法研修所編・前掲書(注３)115頁（抵当権設定登記と抵当権設定契約との関係について検討したもの）参照。

〔第3部・第3章〕第2節　攻撃防御方法の体系と要件事実

あるところ、すでに原告が請求原因において主張している「原告が現在その不動産を所有している」ことについて権利自白が成立していたとしても、これによって「原告が抵当権設定契約当時その不動産を所有していた」ことが基礎づけられるわけではない。[58]したがって、被告は、抗弁において「原告が抵当権設定契約当時その不動産を所有していた」ことを主張することとする[59]か、請求原因における権利自白の成立時点を抵当権設定契約当時とすることになる。[60]

　そして、所有権に基づく不動産明渡請求訴訟において、被告が占有権原の抗弁として賃貸借契約の締結を主張する場合に、その賃借権が所有者に対する正当な占有権原となるためには、賃借権が所有者等の正当な処分権限を有する者から設定されたものであることが要件となることから、[61]上記抵当権設定契約の場合と同様に、被告は抗弁において、「原告が賃貸借契約当時その不動産を所有していた（正当な処分権限を有していた）」こともあわせて主張しなければいけないのではないかとの疑問が生じてくる。しかし、賃貸借契約は債権契約であって、他人物賃貸借も認められている（民559条・561条）から、賃貸借契約の成立要件としては当事者間の合意だけで足りるので、「原告が賃貸借契約当時その不動産を所有していた（正当な処分権限を有していた）」こともあわせて主張する必要はない。また、原告が現在その不動産を所有しているのであれば、原告との間で締結した賃借権は少なくとも現時点においては正当な占有権原であるとして、原告に対し主張できるから、被告としては、最低限「原告が現在その不動産を所有している」ことを主張すれば足りるといえる。そして、「原告が現在その不動産を所有している」ことについては、すでに原告がこの抗弁の前提となる請求原因において主張し、権利自白も成立していることから、これによって被告が正当な占有権原を有していることが基礎づけられていることになる。したがって、所有権に基づく抵当権設定登記抹消登記手続請求訴訟の場合とは異なり、被告は、抗弁に

---

[58]　詳しくは司法研修所編・前掲書(注4)74頁参照。

[59]　司法研修所編・前掲書(注26)39頁26参照。

[60]　司法研修所編・前掲書(注3)112頁以下。

[61]　最判昭和50・4・25民集29巻4号556頁参照。

750

Ⅲ　賃貸借契約の終了に基づく不動産明渡請求訴訟

おいて「原告が賃貸借契約当時その不動産を所有していた（正当な処分権限を有していた）」ことをあわせて主張する必要はないと考える[62]。

＜抗弁＞

（占有権原——賃貸借）

> ❶　被告は、令和3年2月1日、原告から甲土地を賃料1カ月15万円、賃貸期間同日から令和8年1月末日までの5年間との約定で賃借した
> ❷　被告は、令和3年2月1日、原告から上記賃貸借契約に基づき、甲土地の引渡しを受けた

Ⅲ　賃貸借契約の終了に基づく不動産明渡請求訴訟

【事例7】

> 　原告は、被告に対し、令和2年5月1日、甲土地を賃料1カ月15万円、賃貸期間同日から令和4年4月末日までの2年間との約定で賃貸し、甲土地を引き渡したと主張するのに対し、被告は、いまだ建物は建てていないが、上記賃貸借契約は建物の所有を目的とするものであったと主張している。

1　請求原因

　原告は、被告に対し、賃貸期間の満了により賃貸借契約が終了したとして賃借物である甲土地の明渡しを求めている。したがって、原告は、請求原因として、まず、賃貸借契約が締結された旨、具体的には、前記Ⅱ2⑷㈠のとおり民法601条に基づき当事者と目的物の特定のほか、目的物を一定期間使用・収益させることと、その対価としての賃料額の合意を主張・立証することになる。また、賃貸借契約は諾成契約であって当事者の合意だけで成立するから、賃貸借契約が終了したとして甲土地の返還を求めるには、原告が被告に対し上記賃貸借契約に基づき甲土地を引き渡していたことがその前提とならざるを得ない。そして、賃貸借契約の終了により賃借物の返還請求権が

62　司法研修所編・前掲書（注26）37頁20・39頁26参照。

751

〔第3部・第3章〕第2節　攻撃防御方法の体系と要件事実

発生すること（民601条）から、賃貸借契約の終了原因事実を主張する必要があるところ、賃貸借の目的物が建物の場合とは異なり、土地の場合には特別法である借地借家法または借地法の適用を当然に受けるわけではないので、期間の合意と約定の賃貸期間の末日である令和4年4月末日の経過を主張・立証すればよいことになる（民604条1項）[63]。

＜請求原因＞

---

① 原告は、被告に対し、令和2年5月1日、甲土地を賃料1カ月15万円、賃貸期間同日から令和4年4月末日までの2年間との約定で賃貸した

② 原告は、被告に対し、令和2年5月1日、上記賃貸借契約に基づき、甲土地を引き渡した

③ 令和4年4月末日は経過した

2　抗弁以下の要件事実

借地借家法3条により、借地権の存続期間は30年とされている。ここで「借地権」とは建物の所有を目的とする土地の賃借権をいう（借地借家2条1号）から、土地を目的物として賃貸借契約が締結された場合に、建物の所有を目的としていたときは借地借家法の適用を受けることとなる。その結果、賃貸期間が30年に伸長され（借地借家9条）[64]、いまだ期間が満了していないことになるから、被告は、抗弁として、原告と被告との間で賃貸借契約につき建物の所有を目的とする合意をしたことを主張・立証すればよいことになる[65]。

＜抗弁＞

（建物所有目的）

● 原告と被告とは、本件賃貸借契約において、建物の所有を目的とすることを合意した

63　司法研修所編・前掲書（注3）123頁以下、司法研修所編・前掲書（注26）15頁12参照。

64　最判昭和44・11・26民集23巻11号2221頁。

65　司法研修所編・前掲書（注3）127頁以下、司法研修所編・前掲書（注26）36頁19参照。

752

Ⅱ　訴訟物と主張の内包関係

┌───┐
│　　**第3節　審理・判決における問題点**　　│
└───┘

Ⅰ　訴訟物の選択

　これまで、①「売買契約に基づく目的物引渡請求訴訟」、②「所有権に基づく不動産明渡請求訴訟」および③「賃貸借契約の終了に基づく不動産明渡請求訴訟」という訴訟物により類型化された訴訟を前提として、各訴訟の内容について検討してきたが、たとえば、原告が被告から売買により不動産の所有権を取得したという事案では、上記①と②のいずれの訴訟も提起することができるし、原告が不動産の所有者であり、また賃貸人でもあるという事案では、上記②と③のいずれの訴訟も提起することができる。

　このような場合、いずれの訴訟を提起するのか、つまり、いずれの訴訟物を選択するのかは、民事訴訟法の基本原則である処分権主義（民訴246条）の下、原告においてこれを決定することになる[66]。

　なお、原告が訴訟物として何を選択したのかについては、訴状の記載を合理的に解釈して判断することになる（民訴133条2項2号、民訴規53条）[67]。

Ⅱ　訴訟物と主張の内包関係

　原告が被告から売買により甲土地の所有権を取得したという事案において、原告が上記②の訴訟を提起したときに、被告が原告―被告間の売買の成否等を争っているため、原告の甲土地所有について権利自白が成立しない場合には、その前主である被告の甲土地所有について権利自白が成立するかを検討し、成立する時には、原告は、請求原因として、㋐「被告が、原告に対し、甲土地を代金〇〇万円で売った」ことのほか、㋑「被告が上記売買契約の当時、甲土地を所有していた」ことと、㋒「被告が甲土地を現在占有してい

66　司法研修所編・前掲書（注3）121頁。
67　司法研修所編・前掲書（注3）3頁。

753

〔第3部・第3章〕第3節　審理・判決における問題点

る」ことを主張・立証することになる。

　ところが、上記㋐はそれだけで上記①の訴訟の請求原因として足りており、②の訴訟の請求原因は、①の訴訟の請求原因を内包しているのではないかとの疑問が生じる。

　しかし、②の訴訟の訴訟物は「所有権に基づく返還請求権としての甲土地明渡請求権」であるから、①の訴訟の訴訟物である「売買契約に基づく目的物引渡請求権」の権利発生根拠事実である上記㋐だけを主張・立証したからといって、②の訴訟の訴訟物たる権利が発生するわけではなく、原告としては、請求認容判決を得るため、上記㋐だけではなく、㋑および㋒も主張・立証せざるを得ない。また、①の訴訟と②の訴訟をともに提起した場合には、2つの請求を客観的に併合していることになるから、判断の順序はともかくとして、必要に応じ各請求について判断することになる。なお、上記㋐が認められない場合にはいずれの請求も棄却されることになるが、他方、上記㋐が認められたからといって必ずしも①の請求が常に認容となるわけではない。たとえば、被告から抗弁として消滅時効の主張・立証がされたような場合には、債権的請求権を訴訟物とする①の請求は棄却されることになるが、物権的請求権を訴訟物とする②の請求は必ずしも棄却されるわけではない。[68]

　したがって、訴訟物を異にする場合には、いわゆる主張の内包関係は生じないことに注意を要する。[69]

Ⅲ　基本的な書証

　不動産については、不動産登記法による登記制度が整備され、不動産の表示および権利が公示されている。そこで、不動産に関する事件については、不動産の特定のためにも、不動産の権利関係の変遷を明らかにするためにも、登記事項証明を訴状に添付することが求められている（民訴規55条）。特に事実経過が長年にわたるような事案の場合には、事実経過（不動産の表示、権利関係の変遷等）を理解するために、現在事項だけでなく、閉鎖事項につい

68　大判大正5・6・23民録22輯1161頁。

69　司法研修所編・前掲書(注23)58頁以下（特に61頁）参照。

754

ても証明書が必要になることがあるので、どの範囲の証明書を提出するか、事案に応じて検討する必要がある。

　また、物権の設定および移転は、当事者の意思表示のみによって、その効力を生ずる（民176条）ものの、訴訟になり、争われた場合には、第2節で検討したとおり、当事者の意思表示を立証する必要が生じる。この際には、意思表示の内容（契約内容）が記載された契約書を書証として提出することにより、当事者の意思表示を容易に立証することができる。したがって、争点を絞り込み、迅速な審理を実現するためにも、契約書が存在する場合には、登記事項証明書だけでなく、契約書も、訴状と一緒に証拠として提出すべきであろう。

（原　克也）

〔第3部・第4章〕第1節　総　説

第4章
境界確定・土地所有権確認
請求訴訟

第1節　総　説

I　はじめに

　境界紛争については、対立の根深いものの代表にあげられるものである。この境界紛争を解決する手段として考えられるものは、境界確定訴訟と所有権確認訴訟である。いずれを選択しても、多くの場合、当事者の関心は、「自分の土地はどこまでか」すなわち所有権の範囲という点にあることは疑いのないところであろう。それでありながら、後述のように立証責任の問題があることなどにより、公法上の土地の境界を定める（通説）手続である境界確定訴訟が多くの例で選択されてきた。このような実体と訴訟の形式が乖離したような傾向が、境界確定訴訟の性質について、さまざまな学説を生み出すことになった。境界確定訴訟の性質につき、古くからの対立があることは周知のところである。

　境界確定訴訟については、実務家の手になるものだけでも、すでに相当多数、詳細かつ網羅的で、理論的に精緻な諸論稿が出ている。[1]

1　代表的なものは、奥村正策「土地境界確定訴訟の諸問題」鈴木忠一＝三ケ月章監修『実務民事訴訟講座⑷不動産訴訟・手形金訴訟』（日本評論社、1969年）、倉田卓次「境界確定の訴について」最高裁判所事務総局編『境界確定訴訟に関する執務資料』（法曹会、1980年）577頁、伊藤瑩子「境界確定の訴訟に関する判例・学説」最高裁判所事務総局編『境界確定訴訟に関する執務資料』

II 境界確定訴訟の性質

1 学 説

　境界確定訴訟の性質については、大別して、確認訴訟説と形成訴訟説に分かれる。確認訴訟説は、所有権を異にして隣接する土地の間に存在する境界を確認しようとする、特殊な確認訴訟の類型とするものが多いが、通常の所有権確認訴訟の一形態にすぎないとする見解もある。

　他方、現在の判例・通説は、形成訴訟説によっている[2]。この説は、共有物分割訴訟、父を定める訴えなどと同じく、形成の基準となる法規に従って形成要件がなく、法律的主張としての請求がない、実質的に非訟事件であるが、形式的に形成訴訟として扱われるというものである（形式的形成訴訟説）。

　この説によれば、申立てには一定の境界線を主張することは不要であり、裁判所は当事者の主張に拘束されず、請求棄却の判決はすることができないとされる。そしてこの説における確定の対象は、公法的な境界（地番によって特定・区分される土地の境界）であるとされる。このような考え方は、境界確定訴訟を所有権の争いから遮断しているものといえる。もっとも中には、公法上の境界でなく、所有権の限界を画する私法上の境界であるとする説[3]もある。

（法曹会、1980年）649頁、小川英明「境界確定訴訟」藤田耕三＝小川英明編『不動産訴訟の実務〔7訂版〕』（新日本法規出版、2010年）、奈良次郎「境界紛争に関する訴えについての若干の考察（上）・（中）・（下）」判評338号2頁・判評339号2頁・340号2頁）、松津節子「境界確定訴訟」小川英明＝長野益三編『現代民事裁判の課題(1)不動産取引』（新日本法規出版、1989年）、伊藤瑩子「境界確定事件と和解」後藤勇＝藤田耕三編『訴訟上の和解の理論と実務』（西神田編集室、1988年）等がある。

　特に、奈良・前掲論文（注1）（上）・（中）・（下）は、この種事件を担当する裁判官が論点を検討するうえでは必読のものといえる。多数の学説の対立状況等については、これら文献を参照されたい。

　本書初版執筆時に接することができなかったが、この主題につき非常に詳細なものに、寳金敏明『境界の理論と実務〔改訂版〕』（日本加除出版、2018年）がある。内容も網羅的で、かつ各制度に対する深い造詣に裏づけられている。ぜひ参考とされたい。

2　兼子一『新修民事訴訟法体系〔増訂版〕』（酒井書店、1965年）146頁ほか。

3　宮川種一郎「境界確定訴訟の再評価」判タ270号49頁。

〔第3部・第4章〕第1節　総　説

　さらに、上記確認訴訟説と形成訴訟説のいずれにもよらず、両者の複合的な性質を有するとする複合訴訟説もある。[4]

　多数の学説が対立しているのは、上記のように訴訟の形式と実体が乖離していることなどに原因がある。しかし、実務においては、理論的に不都合な面があることはともかく、次に述べる判例の展開により、形式的形成訴訟説で運用されているので、この問題は解決済みのものとして、本章では、判例・通説を中心に、裁判実務について述べる。

2　判　例

　判例は、当初確認訴訟的な判示をしていたが、形成訴訟説的な口吻を示すものが現れ、やがて、大審院はその性質が確認訴訟か形成訴訟かは明示しなかったが、申立てには一定の境界線を主張することは不要であり、裁判所は当事者の主張に拘束されず、請求棄却の判決はすることができないと、形成訴訟説の立場を示し、対立に終止符を打った。[5]

　最高裁判所になってからは、この傾向はより明確となり、判例①では、[6]「境界とは異筆の土地の間の境界である。しかし、かかる境界は右175番山林（筆者注：Aの土地）が160番の四山林（筆者注：Bの土地）と区別されるため客観的に固有するものというべく、当事者の合意によつて変更処分し得ないものであつて、境界の合意が存在したことは単に右客観的境界の判定のための一資料として意義を有するに止ま」ると判示した。

　さらに、判例②では、[7]「土地境界確定の訴においては、判決主文において、特定の隣接地番の土地相互の境界を表示すれば足るのであつて、所有権確認の請求が含まれない限り、右土地の所有者が誰であるかを主文に表示することを要するものではない」と判示した。

　これに加え、判例③は、[8]「境界確定訴訟にあつては、裁判所は当事者の主

4　小室直人「境界確定訴訟の再検討」中村宗雄先生古稀記念祝賀論文集刊行会編『民事訴訟の法理〈中村宗雄先生古稀祝賀記念論集〉』（敬文堂出版部、1965年）115頁以下。

5　大判大正12・6・2民集2巻7号345頁。

6　最判昭和31・12・28民集10巻12号1639頁。

7　最判昭和37・10・30民集16巻10号2170頁。

8　最判昭和38・10・15民集17巻9号1220頁。

758

Ⅱ　境界確定訴訟の性質

張に覊束されることなく、自らその正当と認めるところに従つて境界線を定むべきものであつて、すなわち、客観的な境界を知り得た場合にはこれにより、客観的な境界を知り得ない場合には常識に訴え最も妥当な線を見出してこれを境界と定むべく、かくして定められた境界が当事者の主張以上に実際上有利であるか不利であるかは問うべきではないのであり、当事者の主張しない境界線を確定しても（筆者注：旧）民訴186条の規定に違反するものではない」とし、控訴審における不利益変更禁止の原則の適用はないと判示した。

　これら判例①～判例③を経て、判例④は、「本件訴は、当事者相互の相接する各所有土地間の境界に争があるため、その境界を現地に即し具体的に定める創設的判決を求める、いわゆる境界確定の訴であつて、所論Ｂ地区が被上告人の所有に属することの確認を求める所有権確認の訴ではなく、相隣者間の土地所有権の範囲の確認を目的とする訴でもないことは、原判決摘示の請求趣旨および請求原因ならびに記録にあらわれた当事者の弁論の経過に徴し明らかである」。「いわゆる境界確定の訴にあつては、当事者間の相接する所有地相互の境界が不明ないし争あることの主張がなされれば十分であつて、原告において特定の境界線の存在を主張する必要はないのであるから、本件原告たる被上告人が所論のように境界線の主張を変更したからといつて、何らの違法もな」い、と判示した。

　また、判例⑤は、「境界確定の訴は、隣接する土地の境界が事実上不明なため争いがある場合に、裁判によつて新たにその境界を確定することを求める訴であつて、土地所有権の範囲の確認を目的とするものではない。したがつて、上告人主張の取得時効の抗弁の当否は、境界確定には無関係であるといわなければならない」と判示した。

　その後、判例⑥では、「上告人は原審において原判示(1)の土地と同(2)の土地の境界の画定を求める旨の中間確認の訴えを提起したが、境界の確定は、係争土地部分の所有権の確認と異なり、土地所有権に基づく土地明渡訴訟の先決関係に立つ法律関係にあたるものと解することはできないから、本件中

9　最判昭和41・5・20裁判集民83号579頁。
10　最判昭和43・2・22民集22巻2号270頁。
11　最判昭和57・12・2裁判集民137号573頁。

759

〔第3部・第4章〕第1節　総　説

間確認の訴えは、不適法として却下すべきものである」と判示している。

　このように、最高裁判所は、通説の立場に従い、形成訴訟説をとること、確定の対象も公法上の土地の境界であることを次第に明確にしてきた。もっとも、所有権とは全く無関係としているというわけでもなく、別の判例では、[12]境界確定訴訟の提起に所有権の取得時効中断の効力を認めている。

　以上のように、現在は、この立場によって裁判実務が行われていると解してよいと思われる。

Ⅲ　筆界特定制度

1　境界確定訴訟の困難さと不動産登記法の改正

　古くから行われてきた境界確定訴訟であるが、同訴訟は、難件の代表格とされてきた。その原因として、一つに証拠の曖昧さからくる事実認定の困難さ、もう一つにその特異な訴訟形態の理解の難しさをあげる見解がある。[13]さらに付け加えるなら、関係当事者の対立の根深さであろうか。第1の理由である「証拠の曖昧さからくる事実認定の困難さ」の原因として、公法上の境界を定めるという訴訟でありながら、これまで、公的な機関や専門家の関与がないのが通常であり、地図や境界標について十分な知識のない素人が勝手な見解に基づいていがみ合ってきた、という点があげられる。また、境界紛争の解決した結果を法務局の地図や登記簿に反映するしくみも十分でなかった。平成17年法律第29号による不動産登記法の改正により、筆界特定制度が設けられ、上記のような問題の解決に貢献することが期待されている。

　法改正の過程では、境界確定に関する紛争は全面的に筆界特定制度に委ね、これを争う途は、同制度による確定の結果を行政訴訟により取り消すのみとするとの方策も検討された。しかし結局、この手続を必ず経なければならないものとはせず、結論には行政処分性もないものとするという任意の制度に落ち着き、裁判所の境界確定訴訟はそのまま存置されることとなった（不登

12　最判昭和38・1・18民集17巻1号1頁。
13　奥村・前掲論文(注1)180頁。

148条）。

この制度の利用は高水準にある。法務省の統計によると、平成18年の制度発足以来、毎年2000件以上の新件の受理があり、申請件数の累計は、平成30年までの13年間で3万2000件を超える。これは、後記3のような本制度が狙った、境界紛争に専門家の知識、能力を導入して迅速な判断を行うということが国民の支持を得た、といえるからではないだろうか。本制度の隆盛により、裁判所の境界確定訴訟の件数にどのような変化が現れたのか、知りたいものである。

2 　筆界特定手続の流れ

筆界特定手続の流れを簡単に紹介しておく。この手続は、境界確定訴訟における通説同様、隣接する土地間の公法上の境界を定めることを目的としている。所有権の範囲を定めるものでないことは明記されている（不登135条2項）。手続は、土地の所有名義人の申請により始まり、職権による手続開始は予定されていない。申請書において、申請人は、対象土地の特定、筆界特定を必要とする理由等を明らかにする。申請を受けて、法務局職員は、資料の収集を行うが、この段階で、法務局所在の資料や登記官の専門的知識・能力が活用される。さらに、筆界調査委員（弁護士や土地家屋調査士が予定されている）および法務局職員による現地調査が行われる（不登135条1項）が、ここでも専門家の知識・能力が活用される。この現地調査では、調査委員および法務局職員は、他人の土地に立ち入ることができ（不登137条）、また申請人および関係人に通知して立会いの機会を設けることになっている（不登136条1項）。申請人および関係人は筆界特定登記官に対し、資料および意見の提出ができる（不登139条1項）。これらを経て、調査委員会は、筆界特定登記官に対し意見を提出する（不登142条）。この意見を踏まえ、筆界特定登記官は筆界特定を行い、筆界特定書を作成する。筆界特定書は、「登記記録、地図又は地図に準ずる図面及び登記簿の附属書類の内容、対象土地及び関係土地の地形、地目、面積及び形状並びに工作物、囲障又は境界標の有無その他の状況及びこれらの設置の経緯その他の事情を総合的に考慮して」作成され、その結論および理由の要旨が記載された（不登143条1項）、判決書のよ

うなスタイルのものが作成される。この結論に不満があっても、不服申立ては予定されておらず、境界確定訴訟を提起することになる。

筆界特定がされた場合においては、その旨が公告され（不登144条1項）、対象土地の登記記録に記載される（不登規234条）。関係人には通知され、関係人のみならず何人も筆界特定書等の写しの交付を請求できる（不登規238条）。筆界特定登記官は現地に杭を入れることはできないが、当事者の費用で境界標を設けることが有益であると説明する運用がされている。一定の場合には、地図の訂正も行われる。もっとも、筆界特定の成果に基づいて、職権で地積更正の登記や地図訂正が行われるとの明文の規定はなく、筆界特定登記官から管轄登記所の登記官に連絡が行われることに止まっている[14]。

3　筆界特定制度の意義

このように、筆界特定制度の意義は、地図、登記や境界標に関する専門家の知識・能力を活用して、現地調査を行い、その結果により、境界に関するそれなりの根拠のある、一応の（公定力がないという意味で）判断を、境界確定訴訟によるよりも迅速に行うことが、まず第1にあげられる。そして、当事者や関係者がこの解決を受け入れることができれば紛争解決となるので、その結果を登記や地図に反映させる途を拓いた点が、さらにあげられる（筆界確定の結果が登記や地図に反映されれば、筆界が未定である土地が減少し、地図整備事業が促進され、不動産取引の円滑化につながる）。仮にその結果が受け入れられず、境界確定訴訟の提起となった場合でも、筆界特定制度の記録の取り寄せ（不登147条）によって、前記専門家の知見を同訴訟に活かし、訴訟における判断の適正・迅速化に貢献する点を、さらにあげることができよう[15]。

14　詳しくは、寳金・前掲書（注1）465頁以下参照。

15　この項につき、山野目章夫「新しい不動産登記制度㉓・㉔」NBL855号72頁・857号61頁参照。

II 所有権確認訴訟

第2節 訴訟物

I 境界確定訴訟

形成訴訟説に基づいて述べる。この説からは、前記のように、法律的主張としての請求がないため、裁判所は原告の主張の内容や範囲に拘束されずに、何らかの解決を与える判決をしなければならないとされる。したがって、請求すなわち訴訟物というものはこの訴えには存しない。原告は主張・立証責任を果たさなくても請求を棄却されることがない。当事者はこの種の訴訟においてほぼ例外なく自己の主張する境界線を示すが、それは事実上のものにすぎず、裁判所はこれに拘束されることなく正しいと思われる境界線を判示すべきであって、民事訴訟法246条の例外にあたるとされている。

II 所有権確認訴訟

これに対し、所有権確認訴訟の訴訟物は、係争土地（所有権に争いのある土地の部分）に関する原告の所有権の有無ということになる。原告は、係争土地の範囲を示し、それについての自己の所有権の取得を基礎づける事実を主張・立証すべきことになる。

763

〔第 3 部・第 4 章〕第 3 節　攻撃防御方法の体系と要件事実

第 3 節　攻撃防御方法の体系と要件事実

I　境界確定訴訟

1　要件事実

　上記のような境界確定訴訟の特質からすれば、境界確定訴訟の要件事実（といっても、上記のように、主張・立証責任がないから、他の訴訟と識別できる程度に特定するための訴訟要件となる）は、最も簡素に記載すれば、以下のようになる。

　　①　某所13番の土地は原告の所有であり、原告は昭和〇年〇月〇日、訴外Aから売買によりこれを取得した

　　②　①記載の土地と隣接する同14番の土地は被告の所有である

　　③　両土地間の境界に争いがある

　　④　よって、両土地間の境界を定めることを求める

　境界確定訴訟においては、上記のような特質があるから、境界線については、裁判上の自白も成立しない。請求の認諾もない。前記第 1 節 II 2 の判例①が判示するとおり、土地の境界は当事者の合意により処分しうるものではないからである。

2　当事者適格

　境界確定訴訟の当事者適格については、上記のとおりの要件事実であるから、隣接する二つの土地の各所有者に当事者適格があるとされる。この点を初めて明確に判示した判例がある。[16] 同判決は、隣接する土地の一方または双

---

[16]　最判昭和46・12・ 9 民集25巻 9 号1457頁。

764

方が共有に属する場合の境界確定の訴は、固有必要的共同訴訟と解すべきである旨をも判示している。

また、別の判例では[17]、隣接する甲乙両地の各所有者間の境界確定訴訟において、甲地のうち右境界の一部に接続する部分につき乙地の所有者の時効取得が認められても、甲地の所有者は、右境界部分についても境界確定を求める当事者適格を有する旨を判示している。他方、ほかの判例では[18]、一方当事者甲の所有地が他方当事者乙によってすべて時効取得された結果、甲が一方の土地の所有権を失ったため、隣接関係が否定されたとして、甲の当事者適格を否定している。前記第1節Ⅱ2で述べたように、時効取得の主張は、境界確定には無関係であるのだが、時効取得の結果、当事者適格は否定されることがありうることになる。

3　抗　弁

上記のような境界確定訴訟の特質からすれば、境界確定訴訟には抗弁というものも観念し得ないことになる。よくこの種の訴訟において、係争土地の取得時効成立が主張されることがあるが、これは前記第1節Ⅱ2の判例⑤が判示するとおり、境界確定とは全く無関係であって、抗弁たり得ないということになる。

Ⅱ　所有権確認訴訟

1　要件事実

所有権確認訴訟においては、請求原因の要件事実は、所有権の取得を基礎づける事実を主張・立証すべきことになる。まず自己所有土地に関する同事実を主張し、係争土地に関しては、係争土地を特定した後、その部分が自己所有土地に含まれる根拠、あるいは時効取得等を主張する例が多いと思われる。具体的には以下のようになろう[19]。

17　最判昭和58・10・18民集37巻8号1121頁。
18　最判平成7・7・18裁判集民176号491頁。

〔第3部・第4章〕第3節　攻撃防御方法の体系と要件事実

① 　某所13番の土地は原告の所有であり、原告は昭和○年○月○日、訴外
　Aから売買によりこれを取得した

② 　①記載の土地と隣接する同14番の土地は被告の所有である

③ 　別紙図面記載のイ、ロ、ハ、ニ、イの各点を順次直線で結んだ範囲の
　土地（以下、「本件係争土地」という）は、13番の土地の一部であり、原
　告は、①により、13番の土地とともに本件係争土地の所有権を取得した

あるいは

③′ 　別紙図面記載のイ、ロ、ハ、ニ、イの各点を順次直線で結んだ範囲の
　土地（以下、「本件係争土地」という）は、14番の土地の一部であるが、
　13番の土地に接する部分であり、原告は、①の頃から、自己のものと信
　じて、平穏公然に本件係争土地を使用してきた。①の頃から20年が経過
　した。原告は取得時効を援用する。よって原告は、平成△年△月△日、
　本件係争土地の所有権を取得した

④ 　被告は、本件係争土地が自己の所有であると主張しており、原告の所
　有権を争っている

2　抗　弁

　所有権確認訴訟の抗弁については、通常の所有権に関する訴訟と同じく、
権利喪失の抗弁等が考えられよう。もっとも、実際には境界紛争に関する所
有権確認訴訟においては、その部分だけが独立して取引の対象となることは
考えにくいから、このような抗弁が主張されることは稀であろう。もちろん、
当事者の変動がある場合は話は別である。

19　奈良・前掲論文（注1）(下)157頁は、境界線を基礎づける事実は、重要な間接事実であり、厳密
　な意味での弁論主義に服しない、としているので、この訴訟形態でも、裁判所は当事者の主張に
　は拘束されないことになる。

II 証拠

第4節　審理・判決における問題点

I　主　張

　境界確定訴訟の要件事実につき、前記第3節I1のように記載したが、前記第2節Iに述べたように、当事者はこの種の訴訟においてほぼ例外なく自己の主張する境界線を示している。これが事実上のものにすぎず、裁判所はこれに拘束されることなく正しいと思われる境界線を探求すべきとはいえ、まず当事者がその境界線を主張する根拠を具体的に主張する必要がある。[20]これは所有権確認訴訟においては、原告の所有権の取得を基礎づける事実と直結するから、非常に重要である。被告においても同様に、その主張する境界線（境界確定訴訟の場合）や、原告の所有権取得を否定する理由（所有権確認訴訟の場合）を具体的に主張する必要がある。

II　証　拠

1　書　証

　この種の訴訟においては、当事者は、自己の主張する境界線を記載した図面を多数提出してくることが多い。多くの場合、境界紛争は長い年月にわたっているため、その間に当事者が私的に何回も測量をさせており（相手方の立会いを経ていないことも多い）、多数の図面が作成されている。そのほか公図や分筆図等も提出されるのが通常である。これを双方当事者がすれば、図面の数はたちまち膨大なものとなる。そのため、裁判所は、初めて事件に接したときは、どの図面がどういう意味をもっているのか、どういう違いがあるのかわからず、非常に混乱させられることが多い。そのようなことを避け

20　奈良・前掲論文（注1）(上)153頁によると、第1審判決にその事実摘示が不十分な例が多く、中には当事者がこの点を全く主張しない例があったという。

〔第3部・第4章〕第4節　審理・判決における問題点

るためには、現在の民事訴訟実務では証拠説明書（民訴規137条）の提出の慣行が定着しているので、その立証趣旨の欄にそれぞれの図面がどういうものか記載してもらうのがよいであろう。その程度では書ききれないというのであれば、当事者の陳述書等に各図面の説明をしてもらうべきであろう[21]。

2　人　証

この種の事件においては、あまりあてにならない証拠方法の一つであろう。もっとも事情をよく知り、かつ訴訟遂行に熱意もある双方当事者の尋問が一般的に行われるのは、他の事件と変わりがない。ところで、境界紛争には古くから続くものが多い。当該土地に関する以前の状況を知るためには、当事者だけでは事情がわからず、土地の古老等の証言を得ることが必要な場合等もある（ただし伝聞には注意を要する）。また、繰り返し係争土地の測量をしている土地家屋調査士の尋問が有意義であることもありうる。

3　検　証

他の事件ではあまり行われなくなった検証だが、境界紛争においては、必須といえよう。いかに多くの書証が提出されようとも、百聞は一見にしかずであり、現地を見ないとイメージがわかないものである。もちろん現地を見れば一目瞭然というわけにはいかないが、それでも現地を見ずに心証形成はできないというべきである。検証調書は、正確な図面をつくるのは裁判所書記官では無理なので、既存のものを利用して、手間の節約を図るべきであろう。もっとも簡易にやるのであれば、検証という形式をとらず（たとえば現地進行協議）、現地での指示説明のみ受けて、調書は作成しないというので

---

[21] 各種地図の見方については、倉田・前掲論文（注1）623頁以下に詳細に記載されている。なお、分筆図については、以前から分筆の際には出て行く土地に限っては実測がされていた（したがって、残り地の面積は全くあてにならない）が、この地積測量図は昭和53年以前のものは現地復元性が低いとの指摘もある（日本土地家屋調査士会連合会編『土地境界基本実務(1)』（日本土地家屋調査士会連合会、2006年）188頁）。注意を要する。前記平成17年不動産登記法の改正から、分筆後残余地の地積を分筆する土地の地積を減ずる方法（いわゆる残置計算）により算出することが許されなくなり、残余地についても測量による求積をしてその方法を明らかにすべきものとなったとのことである（山野目章夫『不動産登記法』（商事法務、2009年）184頁）。もっとも、それ以前から全地求積をしていたという土地家屋調査士の声もあるようである。

Ⅱ 証 拠

も、意味がないわけではないと考える。

4 鑑 定

　境界確定訴訟における鑑定は、測量を主体とするものとなる。鑑定事項は、裁判所が具体的に定めるものであるが、一定の条件を示して（たとえば、境界に争いのある両土地全体を実測し、それを、一定の点を通って、公簿面積で案分した線を入れるよう命じるなど）、それに従って測量をさせ、図面を作成させることになる。このような鑑定であるから、医療過誤訴訟等におけるそれのように当該医療行為における過失の有無を直接問うようなものと異なり、裁判所の心証形成を直接左右することは考えにくいであろう。したがって、鑑定が命じられるのは、裁判所の心証形成を経て、それに沿った図面が必要だが存在しない、といった場面になるのではなかろうか。ところで、このようにすると、裁判所の心証が当事者にわかってしまう。そうすると、測量鑑定は、費用の予納が必要であることもあり、裁判所が心証を開示して、当事者がそれに納得した場合に事実上限られるのではないだろうか。

　ここで判決書ないし和解調書に添付する図面について述べておく。判決が言い渡されて確定したり、和解が成立しても、それに基づいて現地で境界を定めることができなければ何の意味もなく、境界紛争の解決のためには、現地復元性のある図面が必須である（主文に表示された境界線の基点が、判決理由および添付図面と対照しても、現地のいずれの地点にあたるかを確定し得ないときは、当事者間ではその基点の位置につき争いがなかったとしても、主文不明確の違法を免れない、とした判例がある[22]。筆者も、境界確定訴訟の前訴を経ていながら、判決添付図面に現地復元性がなかったために紛争の解決がされず、その後当事者を少し変えて境界確定訴訟が提起されたケースを担当したことがある）。ところが、証拠として提出されている図面の中に、裁判所の心証に適った図面がないことがある。図面に示された特定の点を結んだ線を境界と定めようとするならば、それが図示されていないということは考えにくいであろうが、公簿面積で案分するのを正当と考えるような場合は、その線が図示されてい

---

22 最判昭和35・6・14民集14巻8号1324頁。

769

〔第3部・第4章〕第4節　審理・判決における問題点

ないことがありうる。しかしこのような場合でも、裁判所が定規で図面に適当に線を入れてそれを境界とすることはできない。このような境界線では現地復元性がないのである。そのためには、上記のように鑑定をして、判決や和解調書に添付できるような図面を作成しておく必要がある。そうすると、心証開示が必要となるが、心証が不動のものとなっていないような場合や、事前に完全に開示したくない場合は、図面作成時に複数の候補の線（たとえば現地のイ点とホ点を結ぶ線と、公簿面積で案分する線）を入れて作図してもらい、その中から最終的に判決で採用する線を選択するなどもあり得よう。

5　その他

前記第1節Ⅲで触れたように、筆界特定制度においては、筆界特定手続で作成された記録を境界確定訴訟において文書送付嘱託の方法により入手できるとされている。従来、境界確定訴訟においては、証拠資料が不十分で曖昧なところが大きな問題であったから、専門家である登記官や土地家屋調査士等の関与した文書が利用できることのメリットは大きいであろう。

Ⅲ　審　理

1　境界確定訴訟の困難さ

多くの法律実務家は、境界確定訴訟は難件であると考えていると思われる。その原因としては、前述のように、証拠の曖昧さからくる事実認定の困難さとその特異な訴訟形態の理解の難しさがあり、これに関係人の感情の対立が加わる。訴訟形態の問題は通説で割り切ってしまうとしても、事実認定の困難さは、法律実務家誰もが苦しむところであろう。現地に杭等の境界標がないこともしばしばであり、あってもその由来等が不明で信用できるかどうかわからない、また前述したように、おびただしい数の図面が提出されるが、公図等はどこまでが信用できるか明らかでないし、現地で測量して作成された図面も、多くは当事者の一方のみの考えに基づいて作成されているから、どこまでそれに依拠しうるかはかなり不確かである。また、当事者の一方の

770

みの考えに基づいて作成されている図面では、当事者の双方が主張する線や
地点が記載されておらず、その2種類の境界線の位置関係がわからないとい
うことさえある。[23]

　境界確定訴訟の性質決定の問題が克服されたとして、次にこの判断の困難
さから法律実務家を救うのは、地図の見方やどのような地図に依拠するか、
現地の状況を見てどのように判断するかなどのルールを定式化することであ
ろうが、残念ながら、事案は千差万別であり、他の民事事件も同様であるが、
定式化は難しい。各裁判例や前掲した文献を検討して、当該事案に合った見
方を探すしかないといえよう。

2　境界確定の判断の手法

　ドイツ民事訴訟法920条1項は、正当な境界が知れないときは、占有状態
を標準として境界を定める、占有状態を確定することができないときは、係
争地面を等分して双方の土地に割り当てることを要する、と定め、2項は、
前項の規定に従ってした境界の決定が、確定面積等の知れたる事情と一致し
ないなどの結果を生じるときは、この事情を考慮して公平に適した方法によ
って境界を定める旨を規定している。この規定を意識したと思われる大審院
の判例もある。[24]前記ドイツ民事訴訟法の規定によると、裁判所は、まず占有
状態により、それができないときは面積案分により境界を定め、それによる
と不都合が生じるときは、適宜公平な方法によって定める、とされており、
この訴訟の性質決定に忠実に形成的側面が強く感じられる。しかし、わが国
では、これとは異なり、現在の占有状態のみによって境界を認定してはいな
いし、ほとんどの場合は、さまざまな証拠によって、杭その他の境界標や自
然の地形等を基に境界を認定しているのが通常であり、形成的に境界を定め
るという事例は、極めて稀であろう。[25]だからこそ、裁判所が境界と認定する
線が当事者の作成してきた地図に全く載っていないということは通常はなく、

23　倉田・前掲論文(注1)613頁は、当事者双方の用いる地点の符号を共通化させることが審理を
　　促進すると述べる。
24　大判昭和11・3・10民集15巻695頁。
25　奥村・前掲論文(注1)187頁、奈良・前掲論文(注1)㊥155頁以下参照。

〔第3部・第4章〕第4節　審理・判決における問題点

そのような地図を利用して判決が言い渡せるのである。

Ⅳ　判決主文

1　境界確定訴訟

境界確定訴訟における主文には、以下のようなものが多いであろう。

【記載例1】　主文例（境界確定訴訟）

> 　某所13番の土地と14番の土地との境界は、別紙図面記載のイ点とロ点とを結ぶ直線であることを確定する。

上記のように、境界確定訴訟には請求棄却も一部棄却もなく、上記のような実質判決か、訴訟要件を欠く場合の却下判決しかあり得ない。

境界確定訴訟は形成訴訟であるので、対第三者の形成効が生じ、判決が確定した場合に、その結果を登記簿や図面に反映させることができると解されている。しかし、その効力が事実上のものなのか、法律上のものなのか明らかでないところがある。また、本質的に非訟事件である境界確定訴訟には、既判力は生じないとされている。

2　所有権確認訴訟

所有権確認訴訟における主文には、以下のようなものが多いであろう。

【記載例2】　主文例（所有権確認訴訟）

> 　別紙物件目録記載の土地のうち、別紙図面記載のイ、ロ、ハ、ニ、イの各点を順次直線で結んだ範囲の土地は、原告の所有であることを確認する。

こちらは、請求棄却も一部棄却もあるのはもちろんである。前記のように、境界を基礎づける事実は、間接事実であって裁判所は当事者の主張に拘束されないと解すれば、係争土地全部の所有権が立証できないとき常に全面敗訴となるのではなく、一部勝訴もありうることになる。このように解すると、訴訟形態による差異は小さくなる。

V 和 解

1 境界確定訴訟

前記第1節Ⅱ2の判例①が判示するとおり、土地の境界は当事者の合意により処分しうるものではない。このため、境界そのものにつき和解をすることはできないというのが通説である。しかしそれでも合意が成立することはあり、その場合、実務上は、訴えを所有権確認に変更し、所有権の範囲を確認する内容の合意を成立させる扱いが行われている。境界確定の訴えについては、訴訟の終了を明らかにするため、取下げをする扱いが多い。[26]このような処理が可能である理由は、当事者の真意が自己の所有権の範囲にあるという点にある。係争土地については、必要があれば後に分筆し、一方当事者に移転するという扱いをとることもある。

和解条項の一例を掲げる。[27]

【記載例3】 和解条項例（境界確定訴訟）

(ア) 原告と被告は、別紙図面表示のイ、ロ、ハ、ニ、イの各点を順次直線で結んだ範囲の土地○○平方メートルについて、原告が所有権を有することを相互に確認する。

(イ) 被告は、原告に対し、平成○年○月○日限り、別紙図面表示のホ、への両点を直線で結んだ線上に設置した板塀を撤去する。

(ウ) 原告と被告は、本件訴訟手続を終了させることを合意する。

エ 訴訟費用は各自の負担とする。

---

[26] 小川弘喜＝渡辺昭二「書記官事務を中心とした和解条項に関する実証的研究」書記官実務研究報告書19巻1号260頁は、「訴訟物自体の処理について取下げ又は訴訟終了の合意によらず、『その余の請求放棄』条項又は清算条項によることは、形式的形成訴訟説の立場に立つ限り、境界確定訴訟では当事者に境界に関する実体上の請求権が存在しないのであるから理論的ではない」とする。

[27] 和解条項の文例につき、小川＝渡辺・前掲論文(注26)260頁以下、伊藤・前掲論文(注1)266頁。

〔第3部・第4章〕第4節　審理・判決における問題点

　一般に、境界紛争においては、長い年月を要しているものも多く、隣接地に住むなどしている者同士が長いこと角突き合わせているため、感情的な対立が深刻なものが多い。したがって、境界紛争の和解は簡単でないのが通常である。この種の訴訟において和解を成立させるためには、裁判所は、審理も十分に熟した頃になってから、確たる心証を得て、それを基に適切な和解案を当事者に示し、説得の過程では、当事者の対立的な感情も解きほぐしながら、和解を進めるべきであろう。[28]

2　所有権確認訴訟

　所有権確認訴訟においては、和解の対象はまさに所有権であり、当事者が処分できるものであるから、境界確定訴訟について述べたような技術的な問題は起こらない。境界確定訴訟のところで示した所有権確認の和解条項で処理すべきこととなる。しかし、感情的な対立が激しく、和解が困難である事情は少しも変わらないので、境界確定訴訟について述べたのと同様、十分に審理が進行した段階になって心証を得てから、適切な和解案を提示して、これに基づいて説得し、和解を進めるべきであろう。

（村越啓悦）

28　伊藤・前掲論文（注1）264頁。

774

Ⅱ　賃料増減請求

第5章
賃料増減額確認請求訴訟

第1節　総　説

Ⅰ　賃　料

　賃料とは賃貸借契約における物の使用収益の対価である（民601条）。一般に、不動産の賃貸借契約の場合には、土地の使用収益の対価を「地代」、建物の使用収益の対価を「家賃」ということが多いし、借地借家法は、地上権設定契約における土地の使用収益の対価を「地代」（民法266条も同じ）、土地もしくは建物の賃貸借契約における使用収益の対価を「借賃」としている（借地借家11条・32条）が、本章では、土地および建物の賃貸借契約における使用収益の対価を「賃料」と呼ぶことにする。

Ⅱ　賃料増減請求

1　法的根拠

　賃料は、賃貸人・賃借人間の合意により定められるものであるから、契約法の原則からすれば、いったん合意された賃料を一方当事者の意思のみで変更することはできないこととなる。しかし、不動産の賃貸借契約の期間は、十数年あるいは数十年の長期にわたることがあるため、長時間の経過によって当初の合意の基礎となった事情に大幅な変更が生じることはありうることであり、そのような場合には、契約当事者の衡平を図るためにも、賃料額を

775

〔第3部・第5章〕第1節 総 説

適正妥当なものに変更する必要があるといえる。そこで、平成4年に施行された借地借家法は、一定の要件がある場合に、一方当事者の相手方に対する一方的な意思表示によって賃料額を変更することができるとしている（借地借家11条・32条）。なお、借地借家法施行以前にあった借地法、借家法においても、同様の趣旨の規定が設けられていたし（旧借地法12条、旧借家法7条）、これらの法律が制定される以前にも、判例は、民法1条2項の「信義誠実の原則」から派生する事情変更の原則という一般条項を適用して賃料増減請求権を認めていた（なお、古い判例は「慣習法」や「事実たる慣習」を根拠にしていたとされる）。

以下、本章では、借地借家法に規定された賃貸借契約における賃料増減請求権について論ずることとする。

2 法的性質

賃料増減請求権は、「賃料を増額する」あるいは「賃料を減額する」旨の一方当事者の意思表示のみで法的効果を発生させるものであり、形成権である。上記意思表示が相手方に到達した時に直ちに（始期を定めた場合にはその始期から）、増減請求の範囲内かつ客観的に相当な額について賃料の増減額の効果が発生し、従前賃料が変更される。それゆえ、賃料増減額確認請求訴訟における裁判所の判断は、すでに増減額請求によって増額または減額の効果が発生し、客観的に定まっている相当な賃料額（相当賃料額）を確認するものとなる。

Ⅲ 賃料増減請求が認められる要件等

1 はじめに

賃料増減請求が認められるのは、事情の変更により現行の賃料額が客観的に不相当となったときである。もっとも、増減額について当事者間に協議が

---

1 幾代通＝広中俊雄編『注釈民法(15)債権(6)〔新版〕』（有斐閣、1989年）648頁〔篠塚昭次〕。
2 最判昭和32・9・3民集11巻9号1467頁など。

調わずに訴訟に至った場合には、賃料の増減を主張する原告において、事情の変更によって現行の賃料額が不相当となっていることのみならず、自己の主張する増減後の賃料額が相当であることを基礎づける具体的事実についても主張・立証する必要があるとされている[3]。

2　事情の変更を構成する主たる要素

借地借家法11条1項は土地賃貸借契約に関して、事情の変更を構成する要素、すなわち、現行賃料額が不相当となり、自己の主張する増減後の賃料額が相当であることを基礎づける事情の代表的なものとして、以下の事項を掲げているが、これらの事項に限定されるものではなく、賃貸借契約の当事者が賃料額決定の要素とした事情その他諸般の事情を総合的に考慮すべきものとされている[4]（なお、借地借家法32条1項は、建物賃貸借契約に関して、ほぼ同様の規定をしている）。

(1)　土地に対する租税その他の公課の増減

土地の公租公課は、土地の賃貸借契約を継続するに際して必要な諸経費であることから、その増減は、事情の変更を構成する要素とされている。

(2)　土地の価格の上昇もしくは低下その他の経済事情の変動

土地の価格の上昇もしくは低下は、経済事情の変動を示す典型的な例であるため、事情の変更を構成する要素とされている。その他の経済事情の変動を示すものとしては、消費者物価指数、名目総生産、経済成長率などがある。

(3)　近傍類似の土地の賃料との比較

周囲の類似の土地賃貸借事例における賃料との比較検討であり、その結果は、事情の変更を構成する要素となる。

3　事情の変更を構成するその他の要素

(1)　個人的事情の変化

賃料増減請求が認められるための事情の変更は、原則として、経済事情の変動などの客観的な事情の変更であって、当事者の個人的な事情の変更は含

3　司法研修所編『民事訴訟における要件事実(2)』（法曹会、1992年）70頁。
4　最判平成15・10・21民集57巻9号1213頁など。

〔第3部・第5章〕第1節　総　説

まれないとされているが、例外的に、個人的な事情が賃料額に反映している
とみられる場合には、その個人的な事情の変化も考慮することができるとし
たものがある[5]。

(2)　相当期間の経過

賃料増減請求が認められるためには、現行賃料が定められた時から相当期
間が経過していることを必要とするとの見解もあるが、短期間のうちに急激
に事情が変化することもありうることから、相当期間の経過は賃料増減請求
権の行使の要件ではなく、現行賃料が不相当となっているか否かを判断する
際の一つの考慮要素にすぎないとされている[6]。

4　賃料に関する特約

(1)　一定期間賃料を増額しない旨の特約

借地借家法は、「一定の期間地代等（賃料）を増額しない旨の特約がある
場合には、その定めに従う」としている（借地借家11条1項ただし書・32条1
項ただし書）ので、賃料を一定期間据え置く旨の特約が存在する場合には、
事情の変更により現行賃料が不相当となっていると認められたとしても、賃
料増額請求は認められないこととなる。もっとも、例外的に、事情の変更が
極端に著しい場合には、増額請求が認められるとする見解もある[7]。

(2)　賃料自動改定特約

賃貸借契約締結に際して、一定期間ごとに一定割合で賃料を増額する旨の
合意や公租公課等の増減などの何らかの事情の変化に応じて一定の割合で賃
料を増減させる旨の合意がされることがある（「賃料自動改定特約」、「スライ
ド条項」などと呼ばれている）。借地借家法11条1項、32条1項は、賃料不増
額の特約がある場合を除き、契約の条件にかかわらず、賃料増減請求権を行
使できるとしているのであるから、強行規定としての実質を持つものである
が[8]、他方、賃料額の決定は本来当事者の自由な合意に委ねられているのであ

5　東京地判昭和57・3・26判タ478号85頁、最判平成5・11・26裁判集民170号679頁など。

6　最判平成3・11・29裁判集民163号627頁など。

7　星野英一『法律学全集㉖借地・借家法』（有斐閣、1969年）240頁、鈴木禄弥『現代法律学全集
⑭借地法(下)』（青林書院、1971年）872頁など。

るから、自動改定特約は賃借人に不利な特約として当然に無効になるもので
はなく、自動改定特約における賃料改定基準が同条項の規定する経済事情の
変動等を示す指標に基づく相当なものである場合には有効であるとされる。
もっとも、賃料の改定基準を定めるにあたって基礎とされていた事情が失わ
れることにより、自動改定特約によって賃料額を定めることが同条項の趣旨
に照らして不相当なものとなった場合には、自動改定特約の適用を争う当事
者は自動改定特約に拘束されずに賃料増減請求権を行使することができると
されている。[9] そして、自動改定特約がある場合の賃料増減請求の当否ないし
相当賃料額の判断にあたっては、自動改定特約に拘束されることはなく、自
動改定特約による改定前に当事者間で現実に合意された賃料のうち直近のも
の（直近の賃料の変動が賃料増減請求による場合にはそれによる賃料）を基にし
て、その合意された日から当該請求の日までの間の経済事情の変動等のほか、
諸般の事情を総合的に考慮すべきであり、自動改定特約の存在や合意に至っ
た経緯などは上記諸般の事情の一つとして考慮の対象となるにすぎない。[10]

5　一時使用目的の賃貸借契約

　借地借家法25条は、臨時設備の設置その他一時使用のための土地の賃貸借
契約（たとえば、建設現場の簡易宿泊施設用建物の敷地や資材置場とするための
土地の賃貸借契約）について、土地の賃貸借契約に関する同法の強行規定の
うち一部の規定の適用を排除しているが、借地借家法11条の適用は排除され
ていないので、一時使用目的の土地の賃貸借契約にも借地借家法11条の適用
がある。

　これに対して、借地借家法40条は、一時使用のための建物の賃貸借契約
（たとえば、海外出張の期間中の国内の自宅建物の賃貸借契約）について、借地
借家法32条の規定の適用を排除しているので、一時使用目的の建物の賃貸借
契約の場合には、賃料増減請求権が発生する余地はない。

8　最判昭和56・4・20民集35巻3号656頁など。

9　最判平成15・6・12民集57巻6号595頁。

10　最判平成20・2・29裁判集民227号383頁。

〔第3部・第5章〕第1節　総　説

6　サブリース契約

　一般に、一棟の建物を所有する者から不動産業者等が建物を一括して賃借し、建物所有者に対しては一定の賃料収入を保証する一方で、その同意を得て建物の各部屋を個々の転借人に転貸する内容の契約を、サブリース契約とよんでいる。サブリース契約は、営業用賃貸ビルの需要増を背景に、賃料と転貸料との差益を得ることを目的とした不動産会社等の開発業者が、土地所有者に対して、将来的に一定の賃料収入を保証すること（賃料保証合意）や建物建築資金を援助することなどを条件に、賃貸事業用の建物の建築を働きかけるなどして締結されることがあり、この場合、開発業者にとっては、不動産の所有権を取得することなく事業を展開できるというメリットがあり、土地所有者にとっては、自ら賃貸事業を行うリスクを開発業者に転嫁し、安定した賃料収入を確保することが可能となる（同時に、遊休資産等の有効利用にもなる）といったメリットがある。

　このようにサブリース契約においては、開発業者が建物所有者に対して、長期にわたり一定の賃料収入を保証しており、建物所有者もこの収入を基に事業計画を立てているのが通常であったが、バブル経済の崩壊により、建物の賃料収入が減少し、開発業者に損失が発生するようになったため、開発業者が建物所有者に対して、賃料保証合意に反して賃料減額請求権を行使し、訴訟を提起することが相次いだ。これらの訴訟において、サブリース契約に借地借家法32条の適用があるか否かが争われることとなり、下級審の裁判例は、肯定説、否定説に分かれていたところ、最高裁判所は、肯定説を採用するとともに、賃料減額請求の当否および相当賃料額を判断するために、通常の建物賃貸借契約とは異なるサブリース契約の特殊性を考慮すべきであるとした。[11]

11　前掲最判平成15・10・21、最判平成15・10・23裁判集民211号253頁、最判平成16・11・8裁判集民215号555頁など。

780

Ⅳ　賃料増減請求権の行使方法、行使後の権利義務等

1　行使方法

　賃料増減請求権は形成権であるから、一方当事者から相手方への一方的な意思表示によってなされ、土地の賃料の場合は借地借家法11条1項所定の要件（建物の賃料の場合には借地借家法32条1項所定の要件）を満たしていれば、この意思表示が相手方に到達した日にその日の分から「将来に向かって」（同条項）賃料の増減額の効果が発生するとされているが、それより先の時点で効果が発生するものとする意思表示も許される。意思表示は口頭でもよいが、実務上は、後日相手方から賃料増減請求権行使の有無や行使時期が争われることを回避する意味もあって、配達証明付きの内容証明郵便が用いられることがほとんどである。また、この意思表示は増減後の金額を明示してされることが多いが、金額を明示する必要はない。相当賃料額以上への増額（もしくは相当賃料額以下への減額）を求める請求であっても、賃料増減請求権の行使としては有効である。この場合には、相当賃料額まで増減する限度で効果が生ずることとなる。一方、金額を明示して増額の意思表示をしたが相当賃料額よりも少額であった場合や、減額の意思表示をしたが相当賃料額よりも多額であった場合には、明示した金額の限度で賃料増減の効果が生ずるのであり、請求額を超えて増減を認めることはできない。

2　共同賃借人の場合

　賃借人が死亡して複数の相続人がこれを承継し、共同賃借人となっているような場合の賃料債務は不可分債務であるから、賃貸人が共同賃借人の一人に対して賃料請求権を行使すれば、賃借人全員に対して請求の効果が発生す

12　最判昭和45・6・4民集24巻6号482頁など。

13　東京地判昭和42・4・14判タ208号185頁、東京地判昭和55・6・26判時990号208頁など。

14　最判昭和32・3・28民集11巻3号610頁参照。

〔第3部・第5章〕第1節　総　説

ることになる。しかし、賃料額を変更することは賃借権の内容の変更であるから（民251条参照）、賃貸人が賃料増額請求権を行使するについては、賃借人全員に対してしなければならず、一部の賃借人に対する請求は効力を生じない。[15]

3　行使後の権利義務等

　賃料増減請求権が行使されると、従前賃料額は相当賃料額に変更されるが、当事者間に相当賃料額について争いがある場合は、調停や訴訟で解決を図ることとなるため、最終的な解決までには一定の時間を要する。そうすると、たとえば増額請求の場合、賃貸人は増額後の額を請求するのに対し、賃借人は従前賃料もしくは賃借人が相当と考える額（賃貸人が請求している額より低い額）しか支払わないことから、賃貸人は不足分について賃料不払があるとして、これを理由に賃貸借契約の解除を主張して不動産の明渡しを求めることもある。このような場合に、最終的に裁判で賃借人が支払っていた賃料額よりも高い額が相当賃料額と認定されると、客観的には、賃借人に賃料の一部不払という債務不履行があったこととなり、賃貸人の契約解除を認めざるを得ないような状況となるが、このような結論は相当でないとされていた。

　そこで、昭和41年の借地法、借家法の改正により、増減額について協議が調わないときは、賃貸人が増額請求をした場合には、賃借人は増額を正当とする裁判が確定するまでは、自らが相当と認める賃料（通常は従前賃料）を支払っていれば、債務不履行を構成しない（したがって、賃貸人は、これを理由に賃貸借契約を解除することは許されない）とされ、逆に、賃借人が減額請求をした場合には、賃貸人は、減額を正当とする裁判が確定するまでは、自らが相当と認める賃料（通常は従前賃料）を請求できるものとし、賃借人がこれを支払わなければ債務不履行を構成するものとされた（したがって、この場合の賃借人が、裁判確定前であるにもかかわらず、自己の主張する減額後の額を支払っていると、賃料不払を理由に賃貸借契約を解除されることがあり、後日、裁判において、減額請求が正当であったとされたとしても、解除の効果は覆

15　最判昭和54・1・19裁判集民126号1頁。

らない場合もあり得ることとされた）。

「相当と認める賃料」とは、賃借人または賃貸人が主観的に相当と考える額とされており、それが客観的には不相当であってもかまわないとされているので、たとえば、増額請求の場合に、賃借人が従前賃料額の支払を続けているような場合には、ほとんどの場合「相当と認める賃料」とされることになると解される。もっとも、賃借人が従前賃料額を支払っていた場合であっても、「賃借人が自らの支払額が公租公課の額を下回ることを知っていたときは、賃借人が……主観的に相当と認めていたとしても、特段の事情のない限り、債務の本旨に従った履行（相当賃料を支払った）ということはできない」とした判例がある。[16]

上記のとおり「相当と認める賃料」を支払っていればよいとされたことの代償として、増額請求の場合、賃借人が支払っていた額よりも裁判で確定された額が高いときには、賃借人は賃貸人に対して、支払額と確定賃料額との差額を支払うほか、この差額に対して、それぞれの賃料の弁済期から差額を完済するまで年1割の割合の遅延損害金を支払う義務を負うこととされ、減額請求の場合、賃借人が支払っていた額よりも裁判で確定された額が低いときには、賃貸人は賃借人に対して、受領賃料額と確定賃料額の差額を支払うほか、この差額に対して、賃料受領の時から差額を完済するまで年1割の遅延損害金を支払う義務を負うこととされた（旧借地法12条2項・3項、旧借家法7条2項・3項）。これらの規定は、現行の借地借家法にも引き継がれている（借地借家11条2項・3項・32条2項・3項）。

V　賃料増減額確認請求訴訟の訴訟形態等

1　訴訟形態

賃料増減額確認請求訴訟は、請求権を行使した者（増額請求の場合は賃貸人、減額請求の場合は賃借人）が原告となって、行使後の賃料額の確認を求め

16　最判平成8・7・12裁判集民179号587頁。

〔第3部・第5章〕第1節　総　説

る確認請求訴訟として提起されることがほとんどであり、同時に、増額後の賃料額を前提とした未払賃料の支払請求、減額後の賃料額を前提とした過払賃料の返還請求などの訴訟が提起されることも多い。稀に、賃料増額請求権を行使された賃借人が原告となって、行使後の増額分の賃料債権の不存在確認を求める確認訴訟が提起されることもある。

2　調停前置

　賃料増減額確認請求訴訟は、調停前置とされているので、賃料増減請求に関する訴えを提起しようとするものは、まず調停を申し立てなければならない（民調24条の2第1項。調停前置主義）。そのため、調停を経ずに訴えが提起された場合、裁判所は、調停に付することが不適当な場合を除いて調停に付さなければならないとされている（民調24条の2第2項）。

　この調停前置主義は、平成4年の借地借家法の施行に際して、民事調停法が改正されて新設されたものである。このような規定が設けられた理由としては、①借地借家関係が継続的な法律関係であることから、できるだけ話し合いで解決することが望ましいこと、②争われる金額が少額であることが多いため、訴訟という厳格な手続での解決には訴訟経済上の問題があること、③調停委員という民間人の専門的知識を活用することが可能となること、などが指摘されている。[17]

Ⅵ　東京地方裁判所における賃料増減額確認請求訴訟の現状

　東京地方裁判所においては、賃料増減額確認請求訴訟は、民事通常部に配てんされているところ、上述した民事調停法の調停前置主義を無視して、調停を経ることなく訴訟が提起されることもある（多くの場合は、訴訟提起前に、賃貸人・賃借人間で賃料の増減について交渉が行われているが、その交渉での双方の言い分が大きく隔たっていたような場合には、調停を申し立てても成立の可

---

[17]　石川明＝梶村太市編『注解民事調停法〔改訂版〕』（青林書院、1993年）350頁。

性はないとの判断から、直ちに訴訟を提起することが少なくない）。このような場合、受訴裁判所は、民事調停法24条の2第2項の規定に従って、訴訟事件を調停に付することもある（ただし、調停を進めるにあたっては、必要な証拠資料がそろっていることが望ましく、訴訟での整理を先行させることもある）。法に従って調停を経て訴訟が提起された場合でも、受訴裁判所が相当と認める場合や当事者が希望した場合には調停に付される。

　東京地方裁判所では、調停専門部（民事第22部）が設置されているため、訴訟事件が調停に付されると、この調停事件は民事第22部で取り扱われることとなる。民事第22部には、不動産評価の専門家である不動産鑑定士の資格を有する調停委員が多数在籍していることから、賃料増減額確認請求訴訟が調停に付された場合には、上記専門家を当該事件の調停委員会を構成する調停委員に任命している。調停委員会では、早期の段階で、当事者双方の主張を確認し、訴訟段階では不足していた証拠資料の提出を促すなどした後、実際に現地を見分するなどしたうえで、不動産鑑定士の調停委員を中心にして当該事案における相当賃料額についての調停委員会の意見をまとめ、これを当事者双方に提示して、話し合いによる解決を勧めており、多くの事件が調停成立により解決されている。もっとも、調停委員会の提示する相当賃料額についての意見は、費用や時間の点での制約があるため、民事訴訟法上の正式な鑑定と比較して、証拠資料の収集や収集したデータの分析において限界があることも確かである。したがって、費用や時間をかけても、あくまでも自己の主張する賃料額が相当であることを立証したいと考えるのであれば、調停よりも訴訟での鑑定を選択すべきである。他方、費用や時間をかけて鑑定をしても、自己の主張する金額が相当賃料額と認められる保証はないから、訴訟によって実現可能な経済的利益の程度によっては、公平な立場にある専門家調停委員を中心とした調停委員会の意見を尊重して事件を解決する途を探ることは合理的かつ妥当なものといえる。賃料増減額確認請求訴訟の当事者としては、訴訟のいずれかの段階において、少なくとも一度は、専門家調停委員を中心とした調停による解決を探ってみることが必要なことではないかと思われる。

〔第3部・第5章〕第2節　賃料増減額確認請求訴訟の訴訟物と確定判決の既判力の範囲

第2節　賃料増減額確認請求訴訟の訴訟物と確定判決の既判力の範囲

I　訴訟物・既判力

　賃料増減額確認請求訴訟の訴訟物については、賃料が増減額された日から事実審の口頭弁論終結時までの期間の賃料額とする見解もある（期間説）が[18]、原告が特定の期間の賃料額について確認を求めていると認められる特段の事情のない限り、賃料増減請求の効果が生じた時点の賃料額であり、その時点の賃料額に係る判断について既判力が生じるとするのが判例である（時点説）[19]。そのため、賃料増減額確認請求訴訟（前訴）の事実審の係属中にいずれかの当事者が行使した賃料増減請求を後の訴訟において主張したとしても、前訴確定判決の既判力に抵触せず、許されることになる。また、賃料増減額確認請求訴訟の実務においては、増減額請求に係る特定の日「以降」の賃料額についての確認を求めるという請求の趣旨が一般的であり、認容判決の主文でも同様の記載がされることが多いが、上記判例の立場を前提とすると、「以降」という語は特定の日以降の期間を表しているものではなく、賃料増減請求の効果が生じたとする時点を特定し、その日から「将来に向かって」（借地借家11条1項・32条1項）賃料の増減額の効果が生じたことを示すにとどまると解することになろう。原告があえて特定の期間の賃料額についての確認を求める場合には、請求の趣旨や判決主文において終期を明示してその趣旨を明確にすべきものと解される。

18　大阪高判昭和49・12・16高民集27巻7号980頁など。
19　最判平成26・9・25民集68巻7号661頁。

II 印紙額の算定

　賃料増減額確認請求訴訟の印紙額（訴え提起の手数料）の算定については、時点説に立つ判例が出るまでは[20]、期間説を前提にして、訴え提起から口頭弁論終結までの平均審理期間を1年としたうえで（訴え提起時には口頭弁論終結時は不明であるため、平均審理期間を採用している）、増減後の賃料額と従前の賃料額の1カ月あたりの差額に、増減の効果が発生した時期から訴え提起時までの期間と12カ月を合計した期間を乗じて得た額を訴訟物の価額とするのを原則としてきた。しかし、時点説に立つ場合であっても、原告について、その主張どおりの賃料増減が認められれば少なくとも1年程度はその利益を享受しうるとみることができるため、上記判決が出た後も従前の訴額算定の[21]実務は変更されていないようである。なお、原告が訴え提起時において、上記額よりも、賃貸借契約の目的物である土地または建物の価額の2分の1の額のほうが低いことを疎明した場合には、例外的に、この低いほうの価額を訴訟物の価額としている[22]。

第3節　攻撃防御方法と要件事実

　以下では、土地の賃貸借契約の場合を例にして説明するが、建物の賃貸借契約の場合もおおむね同様である。

20　前掲最判平成26・9・25。

21　前掲最判平成26・9・25。

22　裁判所書記官研修所編『訴額算定に関する書記官事務の研究〔補訂版〕』（法曹会、2002年）46頁。

〔第3部・第5章〕第3節　攻撃防御方法と要件事実

I　請求原因

1　要件事実

　原告は、請求原因として、建物所有目的で土地の賃貸借契約が成立したこと、賃料増減請求権を行使したこと、上記行使時点で従前の賃料額が不相当となり原告の主張する賃料額が相当となったこと、被告が原告の主張する賃料額を争っていることなどを主張・立証する必要がある。賃貸人が原告として、賃借人である被告に対して、賃料増額請求権を行使し、増額後の賃料額の確認および増額後一定期間分の賃料を請求する場合における請求原因の要件事実は次のとおりである。

① 　原告と被告が、建物の所有を目的とする土地の賃貸借契約を締結したこと

② 　原告が被告に対し、①の契約に基づいて目的物を引き渡したこと

③ 　原告が被告に対し、賃料を増額する旨の意思表示をしたことおよびその意思表示が到達した時期

④ 　上記意思表示の時点において、従前賃料が事情の変更（土地に対する租税その他の公課の増減、土地の価格の上昇もしくは低下その他の経済事情の変動、近傍類似の土地の賃料等の比較、その他事情変更を基礎づける各種の事情）により不相当となり、⑤で主張する賃料額が相当となったことを基礎づける事実

⑤ 　増額後の賃料額

⑥ 　被告が上記賃料額の相当性を争っていること

⑦ 　上記賃料請求に係る一定期間が経過したこと

2　要件事実についての説明

　賃料増減請求権は、借地借家法に基づいて発生する権利であるから、①において、単に土地の賃貸借契約を締結したことを主張・立証するだけでは足りず、建物所有目的の土地賃貸借契約（借地借家法の適用のある土地賃貸借契

788

約。借地借家1条）であることを主張・立証する必要がある。賃料は、目的物を一定期間賃借人の使用可能な状態においたことに対する対価として発生するものであるから、②および⑦の主張・立証が必要となる。

③については、賃料増減請求権は形成権であり、意思表示が相手方に到達したときに相当な範囲で賃料増減の効果が発生するので、意思表示の到達時期の主張・立証が必要となる。なお、すでに述べたとおり、賃料増減請求は口頭で行うことも可能であるが、請求権行使の事実および行使の時期を明確にしておくために、内容証明郵便が使用されることが多い。賃料増減請求権行使の場面では、増減後の賃料額（すなわち、原告が主張する相当賃料額）を明示することは必要ないので、「相当な賃料への増減を求める」といった程度のものでかまわないが、訴え提起の場面では、原告として確認を求める対象が「相当賃料額」であるから、⑤において、具体的な金額を明示して主張すべきこととなる。

④については、法文の表現によれば「従前賃料額の不相当性」が賃料増減請求の要件であるかのようにみえるが、従前賃料額が不相当であることを主張・立証しても、⑤の増減額後の賃料額が相当であることを根拠づけることにはならないから、増減額後の賃料額が相当であることを主張・立証する必要があるとされている[23]。土地についての公租公課の増減、土地の価格の上昇もしくは低下、その他の経済事情の変動、近傍類似の土地の賃料などについて、具体的に主張・立証することとなる。

⑥は、確認の利益を基礎づける事実である。

Ⅱ　抗弁等

賃貸借契約において一定期間賃料を増額しない旨の特約があるときは、被告は、これを抗弁として主張・立証することができる。また、増額後の賃料の支払を求める請求に対しては、被告は、場合によっては、抗弁として、増額後の賃料請求権の消滅時効を主張・立証することができる。

23　司法研修所編・前掲（注3）70頁。

〔第3部・第5章〕第4節　審理・判決における問題点

　また、被告は、上記④に対して反論反証をすること、すなわち、原告の主張する賃料額が相当でないこと（現行賃料が不相当となっていないこと）を基礎づける事情を主張・立証することができる。

第4節　審理・判決における問題点

I　争点整理および証拠調べをするうえでの問題点

　一般的な賃料増減額確認請求訴訟においては、従前賃料が不相当となったと主張する原告が、自己の考える「相当賃料額」を主張し、従前賃料が不相当となっており、自己の主張する額が相当となっていることを立証していくこととなる。したがって、賃料増減額確認請求訴訟の争点は、「相当賃料額」であるところ、これを算定するためには、不動産鑑定士による賃料の鑑定評価が必要不可欠である。

　そのため、裁判所は、当事者に対して、不動産鑑定評価に必要となる基礎資料の提出を促すこととなる。多くの訴訟では、調停手続を経ていることから、これらの資料はすでに当事者の手元にあることが多く、比較的速やかに提出される。訴訟提起前や調停の段階で、当事者がすでに不動産鑑定士に賃料の鑑定評価を依頼し、この鑑定評価が証拠として提出されることも少なくない。

　このような資料が揃った段階で、裁判所は、当事者の意向を確認しながら、専門家調停委員が関与する話し合いによる解決の可能性がある場合や、話し合いによる解決は困難でも、当事者双方に鑑定費用を負担してまで裁判上の鑑定を申請する意向がなく、専門家調停委員に「相当賃料額」についての意見を出してもらい、これを証拠として判決をすることに当事者双方とも異議がない場合などには、速やかに訴訟事件を調停に付すことになる。この調停は、調停前置主義に基づく調停（原則として簡易裁判所における調停である）ではなく、地方裁判所における調停である（この調停についての東京地方裁判

790

所における実情は、前記第1節Ⅵで述べたとおりである）。

　当事者双方が話し合いによる解決を望まず、鑑定費用を負担して裁判上の鑑定を希望する場合には、必要な基礎資料を提出させたうえで、鑑定を採用することとなる。

Ⅱ　相当賃料額を求める算定方式

1　総合方式

　すでに述べたとおり、土地賃貸借契約に関して事情の変更を構成する要素は、借地借家法11条1項が掲げている事情に限定されるものではなく、これらの事情のほか、賃貸借契約の当事者が賃料額決定の要素とした事情その他諸般の事情を総合的に考慮すべきものとするのが判例であり[24]、相当賃料を算定する手法については、諸般の事情を総合して算定する総合方式が採用されている。

2　不動産鑑定評価による算定手法

　賃料増減額確認請求訴訟においては、ほとんどの場合、相当賃料額を算定するために不動産鑑定士による賃料の鑑定評価が行われている。この鑑定評価は、訴訟において裁判所が採用した鑑定によって実施されることもあるが、訴訟当事者が私的に不動産鑑定士に鑑定評価を依頼することも多い（その結果としての鑑定書が、書証として提出されることになる）。

　不動産鑑定士が鑑定評価を行うにあたって準拠すべき不動産鑑定評価基準（以下、「評価基準」という）によれば、不動産の賃料の鑑定評価の手法としては、新規賃料の場合には、積算法、賃貸事例比較法、収益分析法等があり、継続賃料の場合には、差額配分法、利回り法、スライド法、賃貸事例比較法等がある。

　賃料増減額確認請求訴訟で問題となる賃料は継続賃料であるところ、平成

24　前掲最判平成15・10・21など。

〔第3部・第5章〕第4節　審理・判決における問題点

26年評価基準では、継続賃料を求める鑑定評価について、最高裁判決[25]の考え方を反映させた基準改正がされており、現行賃料を前提として、契約当事者間で現行賃料を合意しそれを適用した時点（直近合意時点）以降において、公租公課、土地および建物価格、近隣地域もしくは同一需給圏内の類似地域等における賃料または同一需給圏内の代替競争不動産の賃料の変動等のほか、賃貸借等の契約の経緯、賃料改定の経緯および契約内容を総合的に勘案し、契約当事者間の公平に留意のうえ決定するものとしている。

3　各種算定法

(1)　差額配分法

差額配分法は、対象不動産の経済的価値に即応した適正な実質賃料または支払賃料と実際実質賃料（実際に支払われている不動産に係るすべての経済的対価）または実際支払賃料との間に発生している差額について、契約の内容、契約締結の経緯等を総合的に勘案して、当該差額のうち賃貸人に帰属する部分を適切に判定して得た額を実際実質賃料または実際支払賃料に加減して、試算賃料を求める手法である。

賃貸人に帰属する部分については、継続賃料固有の価格形成要因に留意しつつ、一般的要因の分析および地域要因の分析により差額発生の要因を広域的に分析し、さらに対象不動産について契約内容および契約締結の経緯等に関する分析を行うことにより、適切に判断するものとされている。

(2)　利回り法

利回り法は、基礎価格に継続賃料利回りを乗じて得た額に必要諸経費等を加算して試算賃料を求める手法である。

基礎価格および必要諸経費等の求め方については、積算法（新規賃料を求める鑑定評価の手法）に準ずるものとされている。また、継続賃料利回りは、直近合意時点における基礎価格に対する純賃料の割合を踏まえ、継続賃料固有の価格形成要因に留意しつつ、期待利回り、契約締結時およびその後の各賃料改定時の利回り、基礎価格の変動の程度、近隣地域もしくは同一需給圏

25　前掲最判平成20・2・29。

内の類似地域等における対象不動産と類似の不動産の賃貸借等の事例または同一需給圏内の代替競争不動産の賃貸借等の事例における利回りを総合的に比較考量して求めるものとされている。

(3) スライド法

スライド法は、直近合意時点における純賃料に変動率を乗じて得た額に価格時点における必要諸経費等を加算して試算賃料を求める手法である。直近合意時点における実際実質賃料または実際支払賃料に即応する適切な変動率が求められる場合には、当該変動率を乗じて得た額を試算賃料として直接求めることができるものとされている。

変動率は、直近合意時点から価格時点までの間における経済情勢等の変化に即応する変動分を表すものであり、継続賃料固有の価格形成要因に留意しつつ、土地および建物価格の変動、物価変動、所得水準の変動等を示す各種指数等を総合的に勘案して求めるものとされている。また、必要諸経費等の求め方は積算法に準ずるものとされている。

(4) 賃貸事例比較法

賃貸事例比較法は、多数の継続中の賃貸借等の事例を収集して適切な事例の選択を行い、これらに係る実際支払賃料に必要に応じて事情補正および時点修正を行い、かつ、地域要因の比較および個別的要因の比較を行って求められた賃料を比較考量し、これによって対象不動産の試算賃料を求める手法である（試算賃料を求めるにあたっては、継続賃料固有の価格形成要因の比較を適切に行うことに留意しなければならない）。賃貸事例比較法は、近隣地域または同一需給圏内の類似地域等において対象不動産と類似の不動産の賃貸借等が行われている場合または同一需給圏内の代替競争不動産の賃貸借等が行われている場合に有効とされている。

賃貸借等の事例の収集および選択については、取引事例比較法（不動産の価格を求める鑑定評価の手法）における事例の収集および選択に準ずるものとされている。この場合、賃貸借等の契約の内容について類似性を有するものを選択するように留意しなければならない。また、事情補正および時点修正並びに地域要因の比較および個別要因の比較については、取引事例比較法の場合に準ずるものとされている。

〔第3部・第5章〕第4節　審理・判決における問題点

Ⅲ　判決主文についての留意点

1　賃料増減額確認請求

　判決主文においては、①賃貸借契約の特定、②増減の効果発生日の特定、③増減額の確定に留意することとなる。賃貸借契約は、契約の目的物である不動産を明示することによって特定するのが通常である。賃料増減の効果発生日は、その日を特定して明示することとなる。増減額については、増額後もしくは減額後の金額（通常は1カ月あたりの金額）を確定し、これを記載する。主文例は、以下のようなものとなる。なお、これらの主文例における「以降」の意味については、前記第2節Ⅰで述べたとおりである。

【記載例4】　主文例（賃料増減額確認請求①）

> 　原告・被告間の別紙物件目録記載の土地の賃貸借契約に基づく賃料は、平成20年7月15日以降、1カ月50万円であることを確認する。

【記載例5】　主文例（賃料増減額確認請求②）

> 　被告が原告に賃貸中の別紙物件目録記載の建物の賃料は、平成20年8月10日以降、1カ月35万円であることを確認する。

2　給付請求

　判決主文において留意すべきことは、通常の給付判決の場合と同様であり、計算違いがないか、附帯請求の起算日に誤りがないかなどに留意することとなる。

Ⅳ　和解および和解条項についての留意点

Ⅳ　和解および和解条項についての留意点

1　和解についての留意点

　和解においては、主として、①賃料額をいくらとするか、②賃料額をいつから増減するか、の2項目が双方の互譲の対象となる。これらの点について合意ができれば、賃料の清算対象となる期間および金額（増額訴訟においては未払賃料、減額訴訟においては過払賃料）が確定するので、そうなると、この金額をどのように支払うかということが問題となる。和解の内容としては、一般的に、①原告・被告間の賃貸借契約の賃料が特定時期以降1カ月いくらであることを確認する（増減後の賃料額の確認条項）、②未払賃料もしくは過払賃料について、清算すべき金額を確定したうえで、いついくら返還することを約束する（清算金の支払条項）、というようなものになる。

2　和解条項についての留意点

　和解の内容は、上記のようになるので、賃料額の確認条項については、賃料増減の時期、増減後の賃料額について、誤りのないよう留意し、清算金の支払条項については、清算金の額、清算金の計算根拠となる期間、分割返済の場合には具体的な返済方法（初回支払時期、分割回数、懈怠約款等）について、誤りのないように留意することとなる。和解条項は、以下のようなものとなる（賃料増減額確認請求訴訟において、増額賃料を合意したうえ、未払賃料の支払を約束するパターンの和解条項である）。

【記載例6】　和解条項例（賃料増減額確認請求訴訟）

> ①　原告と被告は、原・被告間の別紙物件目録記載の土地の賃貸借契約（以下「本件契約」という。）の賃料を、平成19年2月1日以降1カ月16万円に改定する。
> ②　被告は、原告に対し、本件契約に基づく平成19年2月1日から平成20年8月31日までの間の未払賃料（改定賃料月額16万円と従前賃料月額14万円の差

〔第3部・第5章〕第4節　審理・判決における問題点

額月額2万円の19か月分）として、金38万円の支払義務あることを認め、こ
れを、平成20年8月31日限り、原告の指定する銀行口座に振り込む方法によ
り支払う。

③　被告が前項の金員の支払を怠った場合には、被告は、前項の金員（38万
円）から既払金を控除した残額に対する平成20年9月1日から支払済みまで
年5分の割合による遅延損害金を支払う。

④　原告は、被告に対し、②の未払賃料についての各支払期日から支払済みま
で年1割の割合による各利息金の支払義務を免除する。

⑤　被告は、原告に対し、平成20年9月1日から①による改定賃料額の支払義
務があることを認め、毎月末日限り翌月分を原告の指定する銀行口座に振り
込む方法により支払う。

（大嶋洋志）

796

第6章
共有物分割請求訴訟

はじめに

　共有とは、複数の者が1個の物を所有している状態をいう。各共有者が共有物分割請求権を有することは民法256条に規定されており、その法的性質は形成権であると解するのが多数説である[1]。

　共有物分割請求権が設けられている趣旨は、共有物は、共有者の意見が合致しなければ十分に物の利用および改良をすることができず、かつ、各共有者は、自己の専有物のようには共有物について利害を感じないことから、自らその物の利用および改良に熱心にならないものであり、このため、共有物は、十分な利用、改良を受けないことが多いことによるものと説明されている[2]。判例も、民法256条の立法の趣旨・目的について、「共有の場合にあつては、持分権が共有の性質上互いに制約し合う関係に立つため、単独所有の場合に比し、物の利用又は改善等において十分配慮されない状態におかれることがあり、また、共有者間に共有物の管理、変更等をめぐつて、意見の対立、紛争が生じやすく、いつたんかかる意見の対立、紛争が生じたときは、共有物の管理、変更等に障害を来し、物の経済的価値が十分に実現されなくなるという事態となるので、同条は、かかる弊害を除去し、共有者に目的物を自由に支配させ、その経済的効用を十分に発揮させるため、各共有者はいつで

1　もっとも、近年の有力説は、民法256条の権利を形成権ではなく、協議による分割、裁判による分割の前提要件としてその行使が必要とされる一種の物権的請求権であるとする（川島武宜＝川井健編『注釈民法(7)物権(2)〔新版〕』（有斐閣、2007年）468頁〔川井健〕、小粥太郎編『新注釈民法(5)物権(2)』（有斐閣、2020年）589頁）。

2　梅謙二郎『民法要義(2)』（有斐閣、1896年）179頁。

〔第3部・第6章〕第1節　訴訟物の構成

も共有物の分割を請求することができるものとし」ていると説明している[3]。

　境界線上に設けた境界標、囲障、障壁、溝および堀は、その性質上、共有物であっても共有物分割の対象にはならないものと規定されており（民257条）、区分所有建物の共用部分も性質上共有物分割の対象とはならない。

　共有物の分割について共有者間に協議が調わないとき、または協議をすることができないときは、その分割を裁判所に請求することができる（民258条1項）。本章においては、民法258条1項に基づく共有物分割請求訴訟における問題点を論じる。

第1節　訴訟物の構成

I　共有物分割請求訴訟の特色

　共有物分割請求訴訟は、講学上形式的形成訴訟とよばれる訴訟類型の一つであり、訴訟の形式はとっているが、権利関係の確定を目的とするものではなく、その実質は非訟事件であり、ただ、対象となる法律関係の重要性などの政策的理由から訴訟手続とされているにすぎないものである。判例も、民法258条1項に基づく共有物分割訴訟は、その本質は非訟事件であって、法は、裁判所の適切な裁量権の行使により、共有者間の公平を保ちつつ、当該共有物の性質や共有状態の実情に適合した妥当な分割が実現されることを期したものと考えられるとする[5]。そして、共有物分割請求訴訟においては、当事者は、単に共有物の分割を求める旨を申し立てれば足り、分割の方法を具体的に指定することを要しないし、裁判所は当事者が申し立てた分割の方法に拘束されないものとされている[6]。このように、共有物分割請求訴訟は、法

3　最判昭和62・4・22民集41巻3号408頁。
4　伊藤眞『民事訴訟法〔第8版〕』（有斐閣、2023年）176頁。
5　最判平成8・10・31民集50巻9号2563頁、最判平成25・11・29民集67巻8号1736頁等。
6　最判昭和57・3・9裁判集民135巻313頁。

798

律関係の存否が審判対象になっていないため、訴訟物が存在しないのが特色である。

II　共有物分割請求訴訟の当事者

　共有物分割請求訴訟は、固有必要的共同訴訟であり、共有者の全員が当事者となっていなければならない。もっとも、当初、共有者の一部のみを被告として訴えを提起した場合において、その後残余の共有者を被告として提起した訴えを併合すれば適法な訴えとなる[7]。また、当初、共有者全員を被告として訴えを提起した後に、被告の一部が共有持分を譲渡した場合であっても、譲受人が訴訟参加ないし訴訟引受けによって当事者となることにより、適法な訴えとなる。これに対し、共有者の一部が当事者となっていない状態で、原告が何らの措置をとらなかった場合は、訴えは不適法として却下を免れない。

　なお、所在不明の共有者がいる場合は、その者を被告に入れていれば訴えは適法となると解される。これに対し、共有者の中に特定できない者（以下、「不特定共有者」という）が含まれている場合は、この者を被告とすることができないため、そのままでは適法な訴えを提起することができない[8]。この場合は、後記の民法262条の2に基づき当該不特定共有者の持分を取得したうえで、他の共有者に対して共有物分割請求訴訟を提起することとなろう。

7　大判大正12・12・17民集2巻12号684頁。

8　もっとも、法務省民事局ホームページに掲載されている新民法（本文に後記）の概要を紹介する法務省民事局「令和3年民法・不動産登記法改正、相続土地国庫帰属法のポイント」（令和5年8月16日更新）36頁では、共有物分割について共有者間で協議することができない場合においても裁判による共有分割をすることができることが新民法258条1項によって明確化されたとした上で、そのような場合の例として共有者の一部が不特定共有者である場合をあげている。しかし、そのように解した場合、不特定共有者も被告とするのか、その場合どのような表記をするのか、あるいは不特定共有者以外を当事者とすれば固有必要的共同訴訟であっても適法な訴えとなるのかなど、裁判実務上疑問の余地がなくはない。この点は最終的には裁判実務における事例集積により解決されることと思われる。

799

〔第3部・第6章〕第2節　攻撃防御方法と要件事実

第2節　攻撃防御方法と要件事実

　共有物分割請求訴訟は、前記のとおり形式的形成訴訟であり弁論主義の適用がないから、主張・立証責任の観念はない。そして、要件事実とは、法律効果の発生要件に該当する具体的事実を指し、常に主張・立証責任が存在するものであるから、共有物分割請求訴訟においては、要件事実は存在しないということになる。共有物分割の攻撃防御方法を共有物分割を理由あらしめるための事実と阻害する事実に分けると、次のとおりに考えることができる。

I　共有物分割を理由あらしめるための事実

　共有物分割を理由あらしめるための事実としては、①原告と被告がいずれも共有物の持分権を有していること、②共有者間に分割協議が調わないこと、があげられる。

1　原告と被告がいずれも共有物の持分権を有していること

(1)　共有物の特定

　まず、共有物の特定が必要である。後記第3節III 3のとおり、分割の対象となる共有物が多数の不動産である場合には、これらを一括して分割の対象とすることも許される。

(2)　主張・立証方法

　共有物の持分権を有することは、事実の問題ではなく権利関係の問題であるから、権利自白が成立する所有者ないし共有持分権者までさかのぼったうえで、これらの者からの承継取得を主張・立証することになる。

(3)　登記名義と真実の所有者が異なる場合

　登記名義と真実の所有者が異なる場合につき、不動産の共有物分割請求訴訟においては、共有者間に持分の譲渡があっても、その登記が存しないため、譲受人が持分の取得をもって他の共有者に対抗することができないときは、共有者全員に対する関係において、右持分がなお譲渡人に帰属するものとし

800

て共有物分割を命ずべきであるとした判例がある[9]。登記上の共有持分権者が原告として共有物分割請求訴訟を提起した場合であっても、実体的無権利者である場合には、分割請求は却下されるべきである。

(4) 相続財産の共有

相続財産の共有は、民法249条以下に規定する「共有」とその性質を異にするものではないが[10]、令和3年4月の民法改正（令和3年法律第24号による改正、令和5年4月1日施行。本章において、同改正前の民法を「旧民法」とし、同改正後の民法を「新民法」ないし「民法」という）前の旧民法下では、遺産相続により相続人の共有となった財産の分割について、共同相続人間に協議[11]が調わないとき、または協議をすることができないときは、旧家事審判法（現行法では家事事件手続法）の定めるところに従い、家庭裁判所が審判によってこれを定めるべきものであり、判決手続によることはできないこととされていた[12]。したがって、相続人が、分割前の遺産について共有物分割請求訴訟を提起した場合は、不適法な訴えとして却下されるべきである。他方、共有物について遺産共有持分と通常の共有持分が併存する場合、共同相続人の一部から遺産を構成する特定不動産の共有持分権を譲り受けた第三者が遺産共有持分と通常の共有持分との間の共有関係の解消のためにとるべき裁判手続は、遺産分割審判ではなく、共有物分割訴訟であり[13]、この理は、共有物について遺産共有持分と通常共有持分との併存が生ずるに至った経緯や、共有物分割を求める者が遺産共有持分と通常共有持分のいずれを有する者であるかにかかわらず妥当する[14]。

9　最判昭和46・6・18民集25巻4号550頁。

10　最判昭和30・5・31民集9巻6号793頁。

11　なお、共同相続された金銭債権その他の可分債権は、相続開始と同時に当然に相続分に応じて分割されるため（最判昭和29・4・8民集8巻4号819頁等）、共有関係の問題は生じない。もっとも、共同相続された委託者指図型投資信託の受益権および個人向け国債は、上記可分債権と異なり相続開始と同時に相続分に応じて分割されることはない（最判平成26・2・25民集68巻2号173頁）。したがって、まずは遺産分割を経る必要があることとなる（前掲最判平成26・2・25は、遺産分割審判を経て共有となった投資信託受益権等について共有者の一部が他の共有者に対し共有物分割等を求めた事案であった）。

12　最判昭和62・9・4裁判集民151号645頁。

13　最判昭和50・11・7民集29巻10号1525頁。

〔第3部・第6章〕第2節　攻撃防御方法と要件事実

　新民法でも、原則的には旧民法下におけると同様に、分割前の遺産については共有物分割請求訴訟を利用することができないとの上記の理が妥当するものとしつつ（民258条の2第1項）、遺産共有と通常共有が併存する場合において、相続開始の時から10年を経過したときは、当該遺産共有持分について遺産分割請求があった場合において、相続人が裁判所から民法258条の規定による共有物分割請求があった旨の通知を受けた日から2カ月以内（民258条の2第3項）に当該裁判所に異議の申出をしたときを除き（民258条の2第2項ただし書）、共有物分割請求訴訟を利用可能とした（民258条の2第2項本文）。これは、遺産分割上の権利を長年にわたって行使しておらず、共有物分割の請求がされても特に遺産分割上の権利を行使しないようなケースでは、相続人は、その共有物に関しては遺産分割上の権利を行使する意思に乏しいと評価でき、共有物分割を先行させても相続人を不当に害することにならないことなどから、相続開始後10年が経過した場合、一定の場合を除き民法258条の規定による共有物分割をすることができることとして、遺産共有と通常共有を共有物分割請求訴訟によって一元的に処理することを可能にしたものである。なお、この場合は、遺産に属する共有持分の解消は具体的相続分ではなく法定相続分または指定相続分を基準とすることとされた（民898条2項）。

(5)　所在等不明共有者

　共有者の中に不特定共有者ないし所在不明者（以下、あわせて「所在等不明共有者」という）がいる場合、共有者は、前記のとおり、後者の所在不明者を相手にすれば適法な共有物分割請求訴訟を提起することができるが、前者の不特定共有者を相手に適法な共有物分割請求訴訟を提起することはできない。もっとも、新民法によって、共有者は、一定の場合を除き、裁判所に対し、所在等不明共有者の持分の取得を請求したり（民262条の2）、所在等不明共有者の持分を含め共有者全員の持分を特定の第三者に譲渡することを停止条件として所在等不明共有者の持分を譲渡する権限の付与を請求したりすることができる（民262条の3）こととされた。この制度を利用することによ

14　前掲最判平成25・11・29。

って、所在等不明共有者がいる場合においても、共有者において不特定共有者の持分を取得したうえで適法な共有物分割請求訴訟を提起したり、あるいは第三者において共有物の持分全部を取得したりすることができるようになるため、共有状態の解消が図られることになる（なお、遺産共有の場合には相続開始から10年経過後でなければ利用できない（民262条の2第3項・262条の3第2項））。

(6) 夫婦共有財産

離婚時の財産分与については、離婚前の夫婦が共有名義の財産を有する場合、その財産の分割は財産分与の方法によらなければならないものではなく、共有物分割請求によることもできるという裁判例（中間判決）がある。[15]

(7) 組合財産

共有物が組合財産である場合は、清算前に組合財産の分割を求めることはできず、持分の払戻しの規定による（民676条3項・681条）。

2　共有者間に分割協議が調わないこと、または分割協議をすることができないこと

旧民法258条1項にいう「共有者間に協議が調わないとき」とは、共有者の一部に共有物分割の協議に応ずる意思がないため共有者全員において協議をすることができない場合を含むものであって、現実に協議をしたうえで不調に終わった場合に限られるものではない、とする判例があったところ、新民法により、この点が明文化された。[16]

なお、原告が、他の共有者に分割協議を求めずに共有物分割請求訴訟を提起したとしても、他の共有者の訴訟態度から分割協議が調わないことが明らかであるときは、同要件を満たしているものと解してよいであろう。

また、共有者の中に所在不明者がいる場合は、当該共有者との関係で同要件を満たしているものと解される。

15　東京地中間判平成20・11・18判タ1297号307頁。

16　前掲最判昭和46・6・18。

〔第 3 部・第 6 章〕第 2 節　攻撃防御方法と要件事実

Ⅱ　分割を阻害する事実

分割を阻害する事実としては、①分割禁止契約、②権利濫用、があげられる。

1　分割禁止契約

共有者は、5 年を超えない期間内は分割をしない旨の契約をすることができる。この契約は更新することができるが、更新の時から 5 年を超えることはできない（民256条 1 項ただし書）。分割禁止契約は、共有者の特定承継人に対しても効力を有するが（民254条）、共有物が不動産である場合は、登記をしなければ対抗することができない（不登59条 6 号）。

共有不動産を任意に売却して売却代金を持分割合に従って配分する旨の裁判上の和解が成立しても、同和解成立後 3 年近く経っても任意売却できる見込みがない状態にある場合には、特段の事情のない限り、共有者は裁判所に対し共有不動産の分割を請求することができると判示した裁判例がある。[17]上記和解は、共有状態を解消する効果を有するものではなく、共有物分割請求権に制約を加えるものにすぎないし、分割禁止契約においてすら期間制限があることからすれば、合理的期間が経過してもなお任意売却の見込みがなければ、もはや共有物分割請求権に対する制約は及ばないと解すべきであろう。

2　権利濫用

共有物分割請求に対しても、一般法理である権利濫用の適用があり、別居中の夫が妻と子の居住する夫婦共有名義の不動産について共有物分割請求をしたことは権利の濫用にあたるとされた裁判例[18]、共有物分割請求の対象である不動産が原告らの父かつ被告の夫の遺産であって、遺産分割協議によって共有持分が決められたものであり、その際、共有者の一人である被告が当該不動産において余生を送ることを当然の前提として同人の持分割合を法定相

17　東京高判平成 6・2・2 判タ879号205頁。
18　大阪高判平成17・6・9 判時1938号80頁。

804

続分よりもことさら少なくしたものであること、当該不動産の現物分割は不可能であり、競売による分割を実施するとすれば、被告が住むべき家を失うことになりかねない等の事情の下では、共有物分割請求は、権利の濫用にあたり許されないとした裁判例がある。[19]

3 その他

森林法旧186条本文は、共有森林につき共有物分割請求権を一定の場合に禁止していたが、この規定は憲法29条2項に違反し無効とされ[20]、現在、同条文は削除されている。したがって、共有物が森林であることは、現在においては抗弁とはなり得ない。

第3節 審理・判決における問題点

I 各種の分割方法

1 現物分割および賠償分割

(1) 原 則

新民法下においては、共有物の原則的分割方法は、現物分割（共有物を持分割合に応じて物理的に分ける方法。持分割合以上の現物を取得する共有者に当該超過分の対価を支払わせて過不足を調整する、いわゆる部分的価格賠償を含む）および賠償分割（後記のいわゆる全面的価格賠償）の方法である（民258条2項）。元々、旧民法では、原則的分割方法を現物分割としつつ、判例によって、現物分割をするにあたっては、当該共有物の性質・形状・位置または分割後の管理・利用の便等を考慮すべきであるから、持分の価格に応じた分割をするとしても、なお共有者の取得する現物の価格に過不足を来す事態の生

---

19 東京地判平成3・8・9金判895号22頁。
20 前掲最判昭和62・4・22。

〔第3部・第6章〕第3節　審理・判決における問題点

じることは避けがたいところであり、このような場合には、持分の価格以上
の現物を取得する共有者に当該超過分の対価を支払わせ、過不足の調整をす
ることも現物分割の一態様として許されるものとして、いわゆる部分的価格
賠償の方法を認めていた。また、判例は、後記(2)のとおり、さらに進んで一
定の条件の下での全面的価格賠償の方法も認めていた。新民法では、これを
明文化し、裁判所が命ずることができる共有物の分割方法として、現物分割
および賠償分割があることを列挙したうえで、後記2のとおり、これらの分
割方法によっては分割することができない場合、またはその価格を著しく減
少させるおそれがある場合に、裁判所が競売を命ずることができることとし
た。なお、共有者が持分の一部を放棄する主張をすることも許され、この場
合は価格賠償の必要はない。

(2)　全面的価格賠償に係る判例

　共有物を共有者のうちの一人の単独所有または数人の共有とし、これらの
者から他の共有者に対して持分の価格を賠償させるいわゆる全面的価格賠償
については、前記のとおり、旧民法下では明文の規定がなかったところ、以
下のとおり、一定の要件を満たす場合（特段の事情がある場合）にはこれを
認めるという判例法理が確立していた（なお、①～③は、同日に出された別の
判決である）。これが明文化された新民法下では、前記(1)のとおり、現物分
割（いわゆる部分的価格賠償を含む）と賠償分割（いわゆる全面的価格賠償）は
いずれも原則的方法（あくまでも同順位）として列挙されているところ、賠
償分割における判断要素については規律を設けず、引き続きこれらの判例を
含む判例法理に委ねることとされたものと思われる。

①　最判平成8・10・31民集50巻9号2563頁

　　民法258条により共有物の分割をする場合において、当該共有物を共
有者のうちの特定の者に取得させるのが相当であると認められ、かつ、
その価格が適正に評価され、当該共有物を取得する者に支払能力があっ
て、他の共有者にはその持分の価格を取得させることとしても共有者間
の実質的公平を害しないと認められる特段の事情があるときは、共有物

21　前掲最判昭和62・4・22。
22　最判昭和45・11・6民集24巻12号1803頁。

を共有者のうちの一人の単独所有または数人の共有とし、これらの者から他の共有者に対して持分の価格を賠償させる方法（いわゆる全面的価格賠償の方法）によることも許される。同判決においては、不動産を共有者の一人に取得させるのが相当でないとはいえないとしても、当該共有者に賠償金の支払能力がある事実を確定することなく、直ちにいわゆる全面的価格賠償の方法を採用した原審の判断には、違法があるとして、原判決破棄差戻しとなった。

②　最判平成8・10・31裁判集民180号643頁

当該共有物の性質および形状、共有関係の発生原因、共有者の数および持分の割合、共有物の利用状況および分割された場合の経済的価値、分割方法についての共有者の希望およびその合理性の有無等の事情を総合的に考慮し、当該共有物を共有者のうちの特定の者に取得させるのが相当であると認められ、かつ、その価格が適正に評価され、当該共有物を取得する者に支払能力があって、他の共有者にはその持分の価格を取得させることとしても共有者間の実質的公平を害しないと認められる特段の事情が存するときは、共有物を共有者のうちの一人の単独所有または数人の共有とし、これらの者から他の共有者に対して持分の価格を賠償させる方法による分割をすることも許される。同判決においては、共有者の一人（甲）が有する持分割合が228分の223であること、共有物である土地の面積が合計32.1㎡にすぎないこと、甲が全面的価格賠償の方法による分割を希望していること、土地の価格が適正に評価されていること、価格賠償が困難であるとは考えられないこと、という事実関係の下においては、全面的価格賠償の方法により土地を分割することが許されるとして、全面的価格賠償の方法による分割を命じた原判決を維持した。

③　最判平成8・10・31裁判集民180号661頁

共有不動産が病院、その付属施設およびこれらの敷地として一体的に病院の運営に供されており、これらを切り離して現物分割をすれば病院運営が困難になることも予想されるという事実関係の下において、共有者の一人（甲）が競売による分割を希望しているのに対し、他の共有者

〔第3部・第6章〕第3節　審理・判決における問題点

（乙および丙）は自らが共有不動産を取得した上での全面的価格賠償の方
法による分割を希望しているところ、事実関係によれば、共有不動産を
乙および丙に取得させるのが相当でないということはできない上、乙お
よび丙の支払能力いかんによっては全面的価格賠償の方法をとっても共
有者間の実質的公平を害しないにもかかわらず、全面的価格賠償の方法
により共有物を分割することの許される特段の事情の存否について審理
判断することなく競売による分割をすべきものとした原審の判断に違法
があるとして、原判決破棄差戻しとなった。

④　最判平成11・4・22裁判集民193号159頁

本判決において、遠藤光男裁判官は、「事案によっては、更に進んで、
現物取得者が判決確定後一定期間内に右対価を支払うことを条件として
共有物の権利を単独で取得する旨の判決を言い渡すこともできると考え
る」という追加補足意見を述べている。

2　競　売

共有物を前記1の現物分割および賠償分割の方法によって分割することが
できないとき、または分割によってその価格を著しく減少させるおそれがあ
るときは、裁判所は、その競売を命ずることができる（民258条3項）。民法
258条3項の要件を満たす場合であっても、必ず競売を命じなければならな
いと規定されているものではないから、後記Ⅱ1の分割方法の選択に関する
判断要素を考慮して、競売が相当か否かを判断することになろう。新民法で
は分割方法として現物分割のほか賠償分割が明文化されたことは前記のとお
りであるが、現物分割によっても賠償分割によっても共有物を分割できない
ときとは、現物分割をすると共有物の価格を著しく減少させることとなる上
に、賠償分割をしようにも、共有者の中に共有物を単独取得した上で他の共
有者に対して賠償金を支払う能力を有する者がいないような場合が想定され
よう。[23]

---

[23]　法制審議会民法・不動産登記法部会第24回「議事録」20頁〔沖野眞已委員発言〕参照。

Ⅱ　争点整理および証拠調べをするうえでの問題点

　共有物分割請求訴訟には、前記第 2 節のとおり、法的意味における主張・立証責任は存しないが、分割方法の選択および共有物の財産評価（競売による分割の場合を除く）が争点となり、これらの点について、各当事者が自己に有利な主張・立証をすることにより、事実上の主張・立証責任が生じる。

1　分割方法の選択に関する判断要素

　共有物の分割方法には、前記のとおり現物分割、部分的価格賠償、全面的価格賠償および競売の方法があり、裁判により分割する場合には、次の要素等が考慮される。

(1)　当事者の希望

　請求の趣旨および請求の趣旨に対する答弁において、当事者が具体的分割方法についての申立てをすることが通常であるが、裁判所は、当事者の申立てに拘束されない。[24]　もっとも、共有物分割は私的自治の原則が妥当すべき事柄である（民258条 1 項参照）ことから、民事訴訟法246条の適用自体を否定すべきではなく、原告は共有物の分割の方法を申し立てる必要があり、その方法が相当ではないと考える他の共有者（被告）は反訴の方法で他の分割方法を求めるべきであって、裁判所はその方法に拘束されると解すべきであるとする見解[25]もある。いずれにせよ、分割方法に関する当事者の希望は、分割の具体的妥当性を考慮するにあたって重要な要素であり、訴訟においては、当事者が希望する分割方法の中で最も相当なものはどれか、という争いになることがほとんどである。[26]

---

[24]　前掲最判昭和57・3・9。

[25]　髙田裕成ほか編『注釈民事訴訟法(4)第一審の訴訟手続(2)』（有斐閣、2017年）945頁〔山本和彦〕。

[26]　裁判所は複数の当事者からお互いに異なる分割方法の意向が示された場合、裁判所は共有者のいずれもが望まない第三案による分割を命ずるのではなく、当事者のいずれか一方の意向に沿った分割を命ずるのが相当との指摘もある（小粥編・前掲書(注 1)604頁）。

809

〔第3部・第6章〕第3節　審理・判決における問題点

(2)　持分割合

共有者の持分割合が極端に偏っており、持分割合どおりに現物分割をすると共有者の一方の取得分の利用価値がほとんどなくなるような場合は、部分的価格賠償や全面的価格賠償によるのが相当である。

(3)　共有物の性状

土地の現物分割をする際には、土地の形状、高低差や道路との関係等を考慮して、分割後の土地の利用を阻害しないように配慮すべきである。

建物1棟のみが分割の対象となっている場合など、現物分割が物理的に不可能な場合には、全面的価格賠償や競売によるほかはない。共有物である不動産の面積が僅少であるなど、現物分割をすると全く利用価値がなくなるような場合も同様である。

(4)　共有物の利用状況

共有物である建物に現に居住しており転居が困難な場合とか、共有不動産で事業を営んでいる場合など、共有物の利用状況を変更することが相当でない場合がありうる。

(5)　経済的価値

現物分割の場合は、共有者の取得分の経済的価値が持分に応じて平等になるよう分割することが必要である。共有物の形状等により経済的価値が平等になるように分割できない場合は、価格賠償により調整することになる。もっとも、その場合、共有物の現物を取得する者に賠償金の支払能力があるか否かも重要な判断要素となってくることに留意すべきである。

2　共有物の財産評価

競売により分割する場合は、競売手続において評価が行われるが、それ以外の方法により分割する場合には、あらかじめ共有物の財産評価をすることが必要である。そして、現物分割ないし価格賠償による分割をする場合には、分割後の各物件の財産評価をすることが必要であり、複数の分割方法が考えられる場合は、それぞれの分割方法に対応した財産評価をすることが必要である。

共有物の財産評価に争いがない場合、共有物分割請求訴訟は形式的形成訴

訟であるから弁論主義の適用がないとしても、当事者間に争いがないことを判断要素の一つとして、当該争いのない評価額を基礎とした認定をすることは許されるであろう。

これに対し、財産評価の結果について当事者間に争いがあり、財産評価の方法についても合意ができない場合は、証拠調べとしての鑑定によるのが相当であろう。当事者が私的鑑定書を提出した場合であっても、その内容に争いがあれば、鑑定の申出を促すのが相当である場合が多い[27]。

また、専門家調停委員による調停に付すことも考えられる。調停不成立になった場合であっても、当事者全員が財産評価に関する調停委員の意見に異存がなければ、同意見を財産評価の認定に供することが考えられる。このような訴訟運営をする場合は、全当事者が調停委員の意見に従うという意思があることを確認する必要がある。また、調停委員が意見を述べる前提として、財産評価の基礎となる事実については、当事者間において合意を形成するか、調停主任裁判官が暫定的心証に基づく事実認定をすることが相当である。

3　分割方法の特定

現物分割の場合は、分割対象となる物および分割によって各当事者が取得すべき部分が図面によって客観的に特定され、現地復元性を有することが必要である。当事者の提出した測量図がそのまま使用できず、かつ当事者双方が任意に協力して図面を作成することが困難な場合には、鑑定によって図面を作成することも考えられる。

Ⅲ　判決における問題点

1　分割に伴う債務の履行を確保するための手続的措置

部分的価格賠償や全面的価格賠償の方法による共有物分割を命ずる判決が確定すると、現物取得者はそれによって直ちに当該共有物の共有持分を取得

27　なお、前記Ⅰ1⑵②に掲げた最判平成8・10・31裁判集民180号643頁に係る判タ931号144頁の解説参照。

〔第3部・第6章〕第3節　審理・判決における問題点

するのに対し、その共有持分を喪失する者は、現物取得者に対する金銭支払請求権を取得するにすぎないと考えられているところ、この金銭支払請求権は、現物取得者の支払能力または資産状態によっては、権利内容を実現できない場合があるため、前記Ⅰ1(2)に掲げた各判例は、全面的価格賠償の方法による共有物分割を命ずる場合には、諸事情の総合考慮による相当性が認められることに加えて、現物取得者に裁判所の認める対価の支払能力があることを要件としている。もっとも、支払能力の有無に係る認定判断は将来支払がされるであろうという蓋然性の予測であるから、それを確実に証明し認定することには本来的困難が伴うため、旧民法下では、金銭債務の履行を確保するために何らかの手続的措置を講ずる必要があるとの指摘もされていた。[28]

　そこで、新民法では、以上の問題意識などを前提にしつつ、金銭債務の履行に限定することなく、裁判所は、共有物の分割の裁判において、当事者の申立てがなくとも、金銭支払債務、物の引渡債務、登記義務の履行その他の給付を命ずることができることとされた（民258条4項）。

　なお、原告が共有物分割とともに（分筆のうえ）持分移転登記請求をする場合において、裁判所が原告の求める分割方法と異なる分割をする際、持分移転登記請求はどのように判断すべきかが問題となる。この点に対しては、形式論理的には持分移転登記請求は棄却すべきこととなるはずであるが、原告の持分移転登記請求の趣旨は、申立てどおりに分割されなくとも、現物分割がされたときにはその分割に応じた持分移転登記請求を求めているものと解して、分割内容に応じた持分移転登記請求を認容すべきであるとする見解があった。[29] この理は、上記のとおり当事者の申立ての有無にかかわらず裁判所が移転登記等を命ずることができるとされた新民法下では尚更妥当であろう。

---

[28]　最判平成10・2・27集民187号207頁における河合伸一裁判官の補足意見、前掲最判平成11・4・22における遠藤光男・藤井正雄両裁判官の補足意見参照。

[29]　奈良次郎「共有物分割の訴えについて」藤原弘道＝山口和男『民事判例実務研究(5)』（判例タイムズ社、1990年）337頁。

Ⅲ　判決における問題点

2　登記の移転等と賠償金給付の同時履行

　裁判所は、登記の移転または引渡しと賠償金給付を命ずる判決をする場合には、後者の履行確保の見地から、当事者による同時履行の抗弁の有無にかかわらず裁量によって登記の移転等につき賠償金支払との引換給付を命ずることができる。[30]

3　複数不動産の現物分割方法（一括分割の可否）

　判例は、数個の共有建物が１筆の土地上にあり外形上一団の建物とみられる場合に、民法258条により右建物につき現物分割をするには、右建物を一括して分割の対象とし、共有者がそれぞれ各個の建物の単独所有権を取得する方法によることも許されるとしていたが[31]、その後、分割の対象となる共有物が多数の不動産である場合には、これらの不動産が外形上一団とみられるときはもとより、数カ所に分かれて存在するときでも、右不動産を一括して分割の対象とし、分割後のそれぞれの部分を各共有者の単独所有とすることも、現物分割の方法として許されるものというべきであるとして、さらに緩やかに一括分割を認めることを明らかにするに至った。[32]

4　分割の人的範囲

　多数の共有者中の一人が原告となって分割請求をした場合に、原告に対してのみ持分の限度で現物を分割し、その余は被告らの共有として残すことは許され[33]、分割請求をする原告が多数である場合に、被告の持分の限度で現物を分割し、その余は原告らの共有として残す方法によることも許される。[34]

30　前掲最判平成11・4・22における遠藤光男・藤井正雄両裁判官の補足意見。なお、法務省民事局・前掲資料（注8）36頁においても、「賠償金取得者が同時履行の抗弁を主張しない場合であっても、共有物分割訴訟の非訟事件的性格（形式的形成訴訟）から、裁判所の裁量で引換給付を命ずることも可能」とされている。

31　前掲最判昭和45・11・6。

32　前掲最判昭和62・4・22。

33　前掲最判昭和62・4・22。

34　最判平成4・1・24裁判集民164号25頁。

813

〔第3部・第6章〕第3節　審理・判決における問題点

Ⅳ　主文例

以下に、判決主文例を掲げる。訴訟費用の負担の裁判の記載は省略した。

【記載例7】　主文例（現物分割のみを命ずる場合）

別紙物件目録一記載の土地を同目録二記載の1の土地と2の土地に分割し、1の土地は原告の所有とし、2の土地は被告の所有とする。

【記載例8】　主文例（現物分割とともに登記を命ずる場合）

1　別紙物件目録一記載の土地を同目録二記載の1の土地と2の土地に分割し、1の土地は原告の所有とし、2の土地は被告の所有とする。
2　被告は、別紙物件目録二記載の2の土地について、前項の分割による分筆登記手続をした上、原告に対し、同目録1記載の土地について、共有物分割を原因とする持分2分の1の所有権移転登記手続をせよ。

【記載例9】　主文例（部分的価格賠償による現物分割を命ずる場合）

1　別紙物件目録一記載の土地を同目録二記載の1の土地と2の土地に分割し、1の土地は原告の所有とし、2の土地は被告の所有とする。
2　原告は、被告に対し、金50万円を支払え。

【記載例10】　主文例（全面的価格賠償とともに登記と賠償金の引換給付を命ずる場合）

1　別紙物件目録記載の土地を次のとおり分割する。
(1)　別紙物件目録記載の土地を原告の単独所有とする。
(2)　原告は、被告に対し、金1000万円を支払う。
2　本判決が確定したときは、被告は、原告に対し、前項(2)の1000万円の支払を受けるのと引換えに、別紙物件目録記載の土地について共有物分割を原因とする持分移転登記手続をせよ。

IV　主文例

【記載例11】　主文例（競売を命ずる場合）

> 別紙物件目録記載の土地について競売を命じ、その代金から競売費用を控除
> した金額を原告に3分の2、被告に3分の1の割合で分割する。

　上記各分割方法の応用として、第1次的に一方当事者の単独所有とする全
面的価格賠償の方法による分割をするが、その賠償金の支払をしないときは、
第2次的に他方当事者の単独所有（共有）とする全面的価格賠償の方法によ
る分割とし、その賠償金の支払をしないときは、競売による分割をすること
を命じた裁判例がある[35]。同判決の主文は次のとおりである。

> 1　被告が、本判決確定の日から1か月以内に、原告Aに対し3028万4556円を、
> 　原告Bに対し1135万6708円をそれぞれ支払ったときは、
> 　(1)　別紙物件目録記載の土地を被告の単独所有とする。
> 　(2)　各原告は、被告に対し、同土地について、共有物分割を原因とする各原
> 　　告持分全部移転の登記手続をせよ。
> 2　被告が第1項の期間内に同項の金員の支払をせず、本判決確定の日から2
> 　か月以内に、原告Aが1927万1990円を、原告Bが722万6996円をそれぞれ被
> 　告に対し支払ったときは、
> 　(1)　別紙物件目録記載の土地を原告らの共有（原告Aの持分11分の8、原告
> 　　Bの持分11分の3）とする。
> 　(2)　被告は、同土地について、原告Aに対し持分198分の56につき、原告B
> 　　に対し持分198分の21につき、それぞれ共有物分割を原因とする持分移転
> 　　登記手続をせよ。
> 3　被告が第1項の期間内に同項の金員の支払をせず、かつ、原告らが第2項
> 　の期間内に同項の金員の支払をしないときは、別紙物件目録記載の土地につ
> 　いて競売を命じ、その売得金（売却代金から競売手続費用を控除した金額）
> 　を原告Aに18分の8、原告Bに18分の3、被告に18分の7の割合で分割する。

35　東京地判平成19・4・26裁判所ホームページ。

〔第3部・第6章〕第3節　審理・判決における問題点

Ⅴ　和　解

1　和解による共有物分割

　判決と異なり、当事者の合意によって自由に分割することができる。たとえば、土地の現物分割の場合、宅地分譲を見越して共有の進入路を設けることが考えられる。また、敷地上に建物が建っておりともに共有物分割請求がされている場合は、判決で現物分割をすることは極めて困難であるが、和解であれば、建物を取り壊して土地を現物分割をすることも可能である。全面的価格賠償についても、判決であれば共有物の取得者の賠償金支払能力が必要であるが、和解であれば、賠償金を分割弁済したり、共有持分に担保権を設定して借入れをすることによって支払うなど、当事者の合意がある限り自由になしうる。また、競売を内容とする和解も可能である。[36]

2　和解条項例

以下に、和解条項例を掲げる。[37]

【記載例12】　和解条項例（現物分割）

> 1　原告と被告A及び同Bは、原告と被告らの共有である別紙物件目録記載の土地（以下「本件土地」という。）を分割し、次のとおり各自の単独所有とする。
>
> （1）原告の所有部分　本件土地のうち別紙図面（略）表示のアイキクアの各点を順次直線で結ぶ範囲の土地〇〇平方メートル
>
> （2）被告Aの所有部分　本件土地のうち別紙図面表示のイウカキイの各点を順次直線で結ぶ範囲の土地〇〇平方メートル

---

[36]　東京高判昭和63・7・27東高民時報39巻5号～8号50頁。

[37]　裁判所書記官研修所編『書記官事務を中心とした和解条項に関する実証的研究』（法曹会、1982年）264頁以下、梶村太市＝深沢利一『和解・調停の実務〔補訂版〕』（新日本法規出版、2007年）731頁以下、星野雅紀編『和解・調停モデル文例集〔改訂増補版〕』（新日本法規出版、2007年）169頁以下を参考とした。

816

V 和解

 (3) 被告Bの所有部分 本件土地のうち別紙図面表示のウエオカウの各点を
   順次直線で結ぶ範囲の土地○○平方メートル

2 原告と被告A及び被告Bは本件土地を前項のとおり分筆登記手続をしたう
 え、それぞれの所有部分につき、前項の共有物分割を原因とする所有権移転
 登記手続をする。

3 前項の登記手続費用は、各取得者の負担とする。

4 （略）

【記載例13】 和解条項例（賠償分割）

1 原告と被告は、本日、原告と被告との共有である本件土地を原告の単独所
 有とすることとし、これにより被告が取得する償金を○○万円と定める。

2 原告は被告に対し、平成○年○月○日限り、第３項の所有権移転登記を受
 けるのと引換えに、前項の金員を被告方に持参又は送金して支払う。

3 被告は原告に対し、平成○年○月○日限り、前項の代金の支払を受けるの
 と引換えに、本件土地につき第１項の共有物分割を原因とする所有権移転登
 記手続をする。

4 前項の登記手続費用は、原告の負担とする。

5 （略）

【記載例14】 和解条項例（任意売却）

1 原告と被告は、本日、原告と被告の共有である本件土地を利害関係人に代
 金○○円で売り渡し、利害関係人はこれを買い受けた。

2 原告と被告は、平成○年○月○日限り、第３項の代金の支払を受けるのと
 引換えに、利害関係人に対し、本件土地につき本日付け売買を原因とする所
 有権移転登記手続をする。登記手続費用は利害関係人の負担とする。

3 利害関係人は、平成○年○月○日限り、前項の所有権移転登記を受けるの
 と引換えに、原告及び被告に対し、不可分的に第１項の代金○○円を支払う。

4 原告と被告は、本件土地の売買代金○○円を、原告３分の１、被告３分の
 ２の割合で分割する。

5 （略）

817

〔第3部・第6章〕第3節　審理・判決における問題点

【記載例15】　和解条項例（競売）

1　原告らと被告らは、原告らと被告らの共有である本件土地及び建物を競売
　に付することを合意し、本和解〔調停〕条項に基づき、平成○年○月○日ま
　でに、共同であるいはそれぞれ単独で、競売の申立てをする。
2　原告らと被告らは、前項により申し立てた競売に係る本件土地及び建物の
　売却代金総額から執行費用を控除した額を、次の割合で分配する。
　(1)　原告甲が3分の1
　(2)　原告乙、被告丙及び被告丁が各9分の2
3　（略）

3　留意事項

(1)　登　記

　登記原因は、分割方法いかんにかかわらず「共有物分割」であり、その日
付けは、共有物分割の協議が成立した日となる。[38]

　和解条項中において、登記手続費用の負担を明確にしておくことが相当で
ある。

(2)　税務上の問題

　持分割合のとおりに現物分割した場合は、課税の問題は生じない。しかし、
持分割合のとおりに分割しなかった場合、賠償分割であれば譲渡所得、持分
の一部放棄であれば贈与税の問題が生じうる。また、複数の共有物を一括し
て分割し、それぞれが各個の共有物を単独所有するような場合は、土地建物
の交換をしたときの特例（所得税法58条、所得税基本通達58－6）に該当する
場合を除き交換による譲渡所得の問題が生じうる。

（島田英一郎）

---

[38]　香川保一編著『不動産登記書式精義(上)〔新訂版〕』（テイハン、1994年）1399頁。

I 沿革

第7章
借地非訟手続

第1節 概 要

I 沿 革

建物所有を目的とする土地の借地契約において、建物の種類、構造、規模または用途を制限する旨の借地条件がある場合、借地権者は、その条件に従う義務がある。また、契約の更新の後に借地権者が残存期間を超えて存続する建物を新たに築造しようとする場合、借地権設定者の承諾を要する（借地借家7条1項）。借地権者が借地上の建物を第三者に譲渡するために借地権（通常は賃借権）を譲渡ないし転貸するには、借地権設定者の承諾を要する（民612条）。

借地権設定者と借地権者とは、土地の利用をめぐり利害を異にするから、借地権者が、借地権設定者に無断で借地条件に反する建物を建築し、契約更新後に建物を再築し、借地権を譲渡ないし転貸した場合、借地権設定者から借地契約を解除される可能性がある。判例法上、借地権者の行為が形式的には債務不履行にあたる場合であっても、信頼関係を破壊するような背信性がない場合、解除を認めない扱いが定着しているが、法律秩序の維持と社会経済上の不利益を避け、合理的な土地利用を促進する観点からは、借地をめぐる紛争の発生を避けることが望ましい。

そのような趣旨から、借地非訟制度は、裁判所が、簡易・迅速な手続により、借地条件の変更や借地権設定者の承諾に代わる裁判をし、併せて必要に応じて他の借地条件の変更や財産上の給付を命じる裁判をし、逆に、借地権

819

〔第3部・第7章〕第1節　概　要

設定者による建物および賃借権の優先的譲受け等を認める裁判をすることにより、借地関係の実情を踏まえて利害の調整を図る制度として、昭和41年の旧借地法改正（昭和42年施行）において創設された。その後、平成3年の借地法等の改正による借地借家法（平成4年施行）において、①借地条件変更（以下、「条件変更」という。借地借家17条1項）、②増改築許可（借地借家17条2項）、③借地契約更新後の建物再築許可（以下、「再築許可」という。借地借家18条1項）、④土地の賃借権譲渡・転貸許可（以下、「譲渡・転貸許可」という。借地借家19条1項）、⑤競公売に伴う賃借権譲受許可（以下、「譲受許可」という。借地借家20条1項、）、⑥借地権設定者からの建物、賃借権の優先譲受許可（以下、「介入権」という。借地借家19条3項・20条2項）の6類型が整備された。

借地非訟制度は、各申立てに係る個別事案の解決に資するとともに、鑑定委員会の意見や財産上の給付等の付随処分の判断の積み重ねを経て、予測可能性のある紛争解決制度として、裁判所外における紛争解決の指標としても有用性を示している。

Ⅱ　制度の特徴

1　非訟性と争訟性

借地非訟制度は、借地条件を変更するか否か、借地契約において制限されている増改築や譲渡・転貸を承諾するか否かといった、本来、借地契約関係の当事者が自主的に判断し決定できる事項について、当事者間の利害の調整を図ることを目的として、その内容を裁判によって決定する制度であり、権利または法律関係の存否を確認する通常の訴訟事件とは異なり、非訟事件として制度設計されている。裁判所には、借地関係の実態や周辺の諸事情を考慮し、その裁量により衡平妥当な解決を図ることが認められている。

他方、裁判による借地契約関係の変更は、借地契約の両当事者に重大な影響を及ぼし、両者の利害の対立も顕著であるから、借地非訟手続は争訟的性格を有する。したがって、借地非訟事件については、非訟事件手続法の適用

820

もあるが（借地借家42条1項）、争訟的性格等を考慮した規定が借地借家法および借地非訟事件手続規則に設けられている。なお、非訟事件手続法及び家事事件手続法の施行に伴う関係法律の整備等に関する法律（平成23年法律第53号。以下、「関係法律整備法」という）により借地借家法の規定も一部改正された。改正前は、借地非訟手続は非訟事件の性質を有することが明らかであるにもかかわらず、旧非訟事件手続法（明治31年法律第14号）の第1編（総則）の規定を「準用する」（改正前借地借家42条）としており、適切な用語とはいえなかったが、改正により、非訟事件手続法3条により同法第2編（非訟事件の手続の通則）が「適用」されることを前提にして、借地非訟事件に相応しない一部の規定のみ「適用しない」（改正後借地借家42条1項）とするとともに、特則として定める意義を有しないこととなった諸規定（裁判所職員の除斥等に関する改正前借地借家43条、事実の探知および証拠調べに関する改正前借地借家46条等）を削除するなどした。

2 二当事者対立主義

利害の対立する借地関係の当事者双方に平等に手続に関与させ、主張や立証の機会を与えるため、両当事者を手続上の当事者として対等に扱い、積極的に審理に関与する機会を保障する趣旨の規定が設けられている（借地借家46条・50条・51条・53条～56条、借地手続規14条～18条等）。

3 職権主義と処分権主義

職権主義による一般的な非訟事件と異なり、借地非訟事件は争訟性が強く、基本的に処分権主義による規律に親しむということができる。ところが、旧非訟事件手続法には申立ての取下げ、和解および付調停に関する規定がなかったことから、改正前借地借家法は、処分権主義による規定を設けており、申立ての取下げ（改正前借地借家19条4項・5項は取下げができることを前提とする）や、和解・付調停（改正前借地借家52条）に関する規定をおいていた。新しい非訟事件手続法は、申立ての取下げ（非訟63条1項）や和解（非訟65条）ができる旨の規定をおき、改正後の民事調停法も非訟事件の付調停に関する規定（民調20条4項）をおいたことから、関係法律整備法による改正で

〔第3部・第7章〕第1節　概　要

和解・付調停に関する特則は削除された。しかし、これは条文の適用関係が
整理された結果であって、基本的な規律には変更はない。

4　職権探知主義

　資料の収集は職権主義により、弁論主義の適用はない。裁判所は、当事者
の主張しない事実を職権で調査し、裁判の基礎とすることができ、自白には
拘束されない。職権による事実の調査および証拠調べができる旨定める非訟
事件手続法49条1項は借地非訟手続にも適用される（そのため同様の規定で
ある改正前借地借家法46条は関係法律整備法により削除された）。もっとも、当
事者にも証拠調べの申立権が与えられていること（非訟49条1項）、当事者は
事実の調査および証拠調べに協力するものとするとされていること（非訟49
条2項）、当事者に証拠調べへの立会権が認められていること（非訟53条1項
が民事訴訟法の証拠調べに関する規定を準用していることからの帰結）に留意し
なければならない。なお、実務においては、従前から、二当事者対立構造に
加え、裁判所や後述する鑑定委員会の調査能力にも限界があるから、当事者
に主張の機会を与え、裁判所の事実の調査の内容を通知し、手続的な保護を
図っており、この点は新しい非訟事件手続法および改正後借地借家法の下で
も変わりはない（借地借家51条・53条、借地手続規17条）。

　なお、当事者は、裁判所が立てた審理計画に従い、審理が迅速に進行する
よう協力しなければならない（借地手続規16条2項）。

5　非公開主義

　一般的な非訟事件と同様、借地非訟手続は、原則として非公開であるが、
裁判所は相当と認める者の傍聴を許すことができる（非訟30条）。もっとも
二当事者対立構造をとっていることの反映としての実を確保するため、審理
資料は当事者間で公開される必要があることから、両当事者に期日の立会権、
記録の閲覧謄写等が認められる（借地借家46条・51条、借地手続規15条）。

Ⅲ　手続の概要

1　手続の準則

　前記Ⅱ1のとおり、借地非訟手続は、非訟事件手続法3条により同法第2編（通則）が適用されるほか、借地非訟手続の特質に照らした特則が借地借家法第4章、借地非訟事件手続規則に定められており、借地借家法42条により非訟事件手続法の準用がある。

2　申立て

　申立ては、非訟事件手続法43条、非訟事件手続規則1条1項に定める事項のほか、借地非訟事件手続規則10条1項に定める事項を記載した書面および附属書類を提出してする。口頭申立ては許されない（非訟43条1項、非訟規1条）。

　管轄は、借地の所在地を管轄する地方裁判所または簡易裁判所（当事者双方の合意があるときに限る）にあり、専属管轄である（借地借家41条）。なお、非訟事件手続法は、第1審裁判所（地方裁判所または簡易裁判所）においては、裁判所の許可を得て弁護士でない者を手続代理人とすることができるとされているが、借地非訟事件は、争訟性が強く、当事者の積極的な手続活動が予定されていること、当事者の利害に大きな影響を及ぼす事項を取り扱うことから、地方裁判所については、弁護士でなければ手続代理人となることができない（借地借家44条1項）。

　申立人は、二つ以上の事項について裁判を求める場合において、これらの事項についての非訟事件の手続が同種であり、これらの事項が同一の事実上および法律上の原因に基づくときは、一つの申立てにより求めることができるとされている（非訟43条3項）。一つの借地契約の当事者の一方または双方が複数の場合が典型的である。実務上、譲渡・転貸や譲受許可にあわせて条

1　申立書の書式は最高裁判所のホームページからダウンロードできる。

〔第3部・第7章〕第1節　概　要

件変更や増改築許可が予定されているとして、両者があわせて申し立てられることが多いが、上記併合の要件は満たしていないとされる。もっとも、裁判所の裁量により手続を併合する（非訟35条1項）ことは差し支えないとされているから、順次の申立てを要するとするのは迂遠であり、上記申立ての併合の要件を満たしていないからといって直ちに手続を分離する（非訟35条1項）必要まではないものと解される。

　申立書に必要的記載事項（非訟43条2項）が欠けている場合または所定の申立手数料を納付しない場合には、裁判長は、申立人に対し、相当の期間を定めて補正を命じ、申立人が補正命令に応じないときは、命令で申立書を却下しなければならない（非訟43条5項）。

　申立人は申立ての基礎に変更がない限り、申立ての趣旨および原因を変更することができるが、これにより手続が著しく遅滞することとなるときは、裁判所はその変更を許さない旨の裁判をすることができる（非訟44条1項4号）。実務上は譲受予定者の変更、増改築や条件の内容の変更等のほか、増改築許可の申立てに係る改築予定建物の変更に伴い、借地条件変更の申立てが新たに必要となった場合なども、追加的変更が許される場合があると解されている。

3　審　理

(1)　審　問

　争訟性に鑑み、両当事者に攻撃・防御を尽くさせる必要があるから、裁判所は、申立て後速やかに当事者の陳述を聴く審問期日を開かなければならない（借地借家51条1項、借地手続規14条・15条）。機会を与えれば足りるから、当事者の出頭の有無は問わない。

　各当事者は、相手方当事者の審問に立ち会う権利を有する（借地借家51条2項）ので、通常は同席させて手続を進める。また、裁判所は、鑑定委員会に意見を求める前には付随処分に関する陳述を聴かねばならず（借地借家51条2項）、鑑定委員会の意見に関する陳述の機会を与えなければならない（借地手続規8条3項）。当事者の陳述をすべて審問で聴取する必要はなく（借地手続規17条1項）、実務上は、数回、審問期日を続行することが多いが、

Ⅲ　手続の概要

適宜書面により主張させることもある。

(2)　証拠調べと事実の調査

　借地非訟手続には職権探知主義が採用され、裁判所は、当事者の主張した事実と職権で調査した事実を裁判の基礎とする。

　裁判所は、職権で事実の調査あるいは証拠調べを行い、資料を収集する（非訟49条1項）。事実の調査とは、民事訴訟法の手続や方式によらず、自由に証拠資料を収集することをいい、当事者の陳述の聴取（借地手続規17条1項）、借地と建物の見分、官公署への照会、他の記録の取寄せ、関係書類や証拠の取調べなどがある。相当と認めるときは、事実の調査を裁判所書記官に命じて行わせることができる（借地手続規19条2項）。自白の拘束力はないが、当事者の陳述が一致すれば、通常、立証は不要であろう。事実の調査は期日外に行われることもあるから、当事者に通知しなければならない（借地借家53条）。証拠調べは民事訴訟法の例による（非訟53条、非訟規45条1項）。

　事実の調査と証拠調べの選択は、裁量によるが、簡易・迅速の要請から、実務上、証拠調べが行われることは少ない。

(3)　最終審問期日

　終局裁判をする前に、当事者に裁判の基礎となる資料の内容を把握させ、攻撃防御を尽くさせるため、審問期日において、審理を終結する旨を宣言しなければならない（借地借家54条）。

4　終局裁判

　借地非訟事件の裁判は決定である（非訟54条）。手続を完結する終局裁判には、申立ての認容、却下、棄却の裁判があり、申立ての形式的要件（適法要件）を欠く場合は却下、実質的要件を欠く場合は棄却する。申立てを認容する場合、裁判所は、職権で他の借地条件（地代および存続期間）を変更し、財産上の給付を命じ、その他相当の処分をすることができる（付随処分）。手続費用は、特に裁判で負担者を定めた場合を除き、各自の負担である。（非訟26条1項）。

　借地非訟事件の終局裁判（付随処分を含む）に対しては、告知を受けた日から2週間以内に即時抗告ができる（非訟66条・67条）。

825

〔第3部・第7章〕第1節　概　要

5　和解・調停

裁判所は、随時和解を勧告し、職権で調停に付すことができる（借地借家52条）。借地非訟の対象事項は本来、当事者が自由に決定できるもので、当事者間の協議によって解決されることが本来であり、借地非訟手続は協議が調わない場合の代替手段である。また、借地関係は長期にわたり継続するから、円満な関係の構築が望ましく、逆に、これを機会に関係を解消することが望ましいこともある（が、介入権により借地関係を解消できる場面は限定されている）。したがって、和解や調停を積極的に活用し、裁判における結論にとらわれず、各事案に応じた現実的な解決を図るべく、実際に、和解や調停が成立する事例も多い。

Ⅳ　裁判の効力

1　効力発生の時期

借地非訟事件の終局決定は、当事者間の法律関係を形成、変更するという重大な効果を有するため、効力の安定と当事者の利益の保護のため、確定しなければ効力を生じない（借地借家55条2項）。

2　形成力・執行力

申立てを認容する裁判には、形成力があり、借地条件を変更する合意、増改築や借地権の譲渡・転貸等についての設定者の承諾、建物および借地権の売買契約などがあったと同様の法律関係を形成し、付随処分についても、給付義務の発生や賃料の増額、借地期間の延長などの法律関係を形成する。形成力は申立認容の裁判の効力の中心であり、裁判の形式的確定によって、実体法上の法律関係の変更を生ずる（許可等を財産上の給付に係らせた場合は、確定後に給付をしたときに効力が生ずる）。

給付を命ずる裁判は、強制執行に関しては裁判上の和解と同一の効力を有するので（借地借家58条）、確定判決と同一の効力を有することから（民訴

267条)、執行力もあり、これを債務名義（民執22条7号）として強制執行をすることができる。

3　既判力の有無

借地非訟の裁判には既判力がない。却下、棄却の裁判の確定後も、前の事件の最終審問期日前の事情を主張して、再度申立てをすることができ、確定裁判の存在を理由に却下することはできない。認容の裁判の確定後は、通常申立ての利益がないことになろう。

4　効力の及ぶ主観的範囲

借地非訟の裁判の効力は、当事者、または最終の審問期日後、裁判の確定前の承継人（当該借地関係についての当事者としての地位を承継した者であって、相続等の一般承継のほか、当該権利が譲渡された場合のような特定承継を含むが、特定承継の場合には、当該権利の移転を相手方に対抗することができる場合に限る）に及ぶ（借地借家57条）。最終の審問期日前の承継人は、当事者参加（非訟20条）または強制参加（借地借家43条）により裁判の効力が及ぶ。確定後の承継人は、借地関係を承継できるならば、借地権の内容として形成された効果を承継すると解される。ただし、特定承継の場合、具体的当事者について定められた給付義務等を承継しないことは当然である。

5　借地非訟手続を経ずにした違反行為の効力

借地非訟手続を経ることにより、適法に行うことができるにもかかわらず、それを怠っているのであるから、内容によっては信頼関係を破壊する事情となる可能性はあろう。

V　鑑定委員会

1　鑑定委員会制度

借地非訟事件においても、裁判所は、的確かつ円滑な審理の実現のため、

〔第3部・第7章〕第1節　概　要

または和解を試みるにあたり、必要があると認めるときは、当事者の意見を聴いて、専門的な知見に基づく意見を聴くために専門委員を非訟事件の手続に関与させることができる（非訟33条1項）。もっとも、借地非訟事件においては、鑑定委員会への意見聴取により、不動産の評価や取引に関する専門的な知見を得ることができるので、借地非訟事件の手続に専門委員が関与する場面はあまり多くない。

　借地非訟事件において、裁判所は、裁判にあたり、原則として、鑑定委員会の意見を聴かなければならない（借地借家17条6項・18条3項・19条6項・20条2項）。

　裁判所が、裁量権を適正に行使し、個々の事案に応じた衡平妥当な結論を示すには、前提として、土地、建物に関する知識、不動産の鑑定評価や取引の実情など社会経済的事情についての知識が不可欠である。そこで、専門的知識を補充し、かつ、民間人の良識を反映させることによって、裁量権の適正妥当な行使を確保するため、鑑定委員会の制度が導入された。

2　鑑定委員会の構成

　鑑定委員は非常勤の裁判所職員で、各事件ごとに、3名以上の鑑定委員が鑑定委員会を組織する（借地借家47条1項）。鑑定委員は原則として、地方裁判所があらかじめ選任した者、あるいは当事者が合意によって選定した者の中から事件ごとに裁判所が指定する（借地借家47条2項）。実務上、当事者の合意による例はほとんどない。

3　意見を求める事項

　法律上限定はないが、条件変更、増改築許可の相当性、各申立てについて財産上の給付および賃料増額の要否とその額、介入権の対価等を諮問するのが一般的である。具体的な諮問事項は以下のように定められることが多い。

〔表〕　借地非訟手続における鑑定委員会による諮問内容

事件類型	諮問内容
	本件土地は付近の土地の利用状況その他の事情の変更により、堅固な建物の築造を相当とするに至ったものと認められるか。

828

条件変更	条件変更が認められる場合、相手方に対する財産上の給付が必要であるか。あるとすればいくらが相当か。
	条件変更が認められる場合、本件土地の地代の改定が必要であるか。あるとすればいくらが相当か。
増改築許可	本件増改築は、その規模、構造、敷地の面積からして、本件土地の通常の利用上相当と認められるか。また、増改築につき、隣地に対する影響から許可を不相当とする事情はあるか。
	増改築を許可する場合、相手方に対し財産上の給付が必要であるか。あるとすればいくらが相当か。
	増改築を許可した場合、本件土地の地代の改定が必要であるか。あるとすればいくらが相当か。
譲渡許可	本件借地権の譲渡を許可する場合、相手方に対する財産上の給付が必要であるか。必要とすれば、いくらが相当か。
	本件土地の地代を増額する必要があるか。あるとすれば、いくらが相当か。
介入権行使	相手方が、本件建物および借地権を譲り受ける場合、その対価はいくらが相当か。

4 鑑定委員会の手続等

　鑑定委員会は、事実関係の調査、資料収集ができ、事件記録の閲覧、現地調査、官公署への調査、取引慣行の調査等を行うのが通常である。強制力はない。審問期日等の立会も可能である（借地手続規6条）が、例はほとんどない。手続保障の観点からは、借地契約の内容、借地関係の経過等、法的判断と関連の深いものは、原則として、裁判所が調査・確定したところを基礎とし、公簿の記載等、客観的な資料を調査するにとどめるのが相当である。地域の土地利用の現状や変遷、借地や建物の現況など、専門的立場から適切な資料を得ることが望ましい事実については、鑑定委員会の調査とそれに基づく見解が期待される。

　当事者に調査の立会権はないが、実務上は、現地調査に立ち会う機会を与えている。

　鑑定委員会の意見および補足説明の内容の決定は、評議を行い、過半数の

〔第 3 部・第 7 章〕第 2 節　借地非訟事件の要件

意見で決する（借地手続規 7 条 1 項）。鑑定委員会の評議は秘密である（借地手続規 7 条 2 項）。

　鑑定委員会は、原則として主文および理由を記載した書面を作成して意見を報告する（借地手続規 8 条 1 項）。裁判所は、当事者に鑑定委員会の意見を通知し、陳述を聴かなければならない（借地手続規 8 条 3 項）。

　裁判所は、意見の理由不足、前提事実や算定方法への疑問、意見書作成後の事情変更については、鑑定委員会に確認すべきであり、追加意見を求めることもできる（借地手続規 8 条 2 項）。

　鑑定委員会の活動に係る費用は国庫負担である（借地借家 47 条 3 項）。

5　意見を聴くにあたっての留意点

　鑑定委員会は、裁判所とは独立に活動する。しかし、鑑定委員会の意見の前提として、賃借権の残存期間、借地に関する従前の経過、その他一切の事情を考慮しなければならないから、上記事情について裁判所と鑑定委員会が共通認識を有していることが好ましい。法律上規定はないが、実務上は、鑑定委員会への諮問の前に、借地契約の内容、経過、当事者双方の事情、土地や借地権の価格、借地契約に関する慣行の有無など事実関係について、検討しておき、鑑定委員を指定した後、裁判所から鑑定委員会に対し、事件の概要等を説明するための打合せを行うことが多い。

第 2 節　借地非訟事件の要件

Ⅰ　総　論

　借地非訟事件の要件には、形式的要件といわれるものと実質的要件といわれるものとがある。形式的要件は申立ての適法要件であり、この要件を欠く申立ては不適法であるから却下する。実質的要件は、借地非訟の裁判の判断基準となる実体的要件であり、この要件を認めることができる場合は、申立

てを認容し、要件を欠く場合は、申立てを棄却する。

　借地非訟手続においては、各要件に該当する事実は証明を要し、疎明では足りない。職権探知主義の下、いわゆる主張・立証責任はなく自白の拘束力もない（実務上審問の全趣旨により認められるとすることが多いと思われる）が、裁判所の探知能力には限界があるから、当事者は事実上自己に有利な事実を主張する必要性があり、また、事実について証明を要する以上、事実の存否が確定できない場合、いずれの当事者がその不利益を負うかという意味での客観的挙証責任は存在する。

　以下、各事件類型に共通する要件について述べた後、各事件類型の概要と要件について述べる。

Ⅱ　各類型に共通の要件

1　当事者

　借地非訟の性質上、原則として、借地契約関係の両当事者が当事者となり、借地権者が申立人、借地権設定者が相手方であることが多いが、例外や留意点がある。

　条件変更は、条件の内容により、設定者が取得できる経済的利益が異なるから、設定者が経済的合理性に基づき、より有利な条件への変更を求めることも許されるというべきであって、設定者も申し立てることができる。

　譲渡・転貸許可は、譲受予定者が申し立てることは許されず、代位行使もできないが、譲受許可は、借地権者ではなく、建物を取得した買受人に申立権があり、従前の借地権者や買受人の特定承継人には申立権がない。

　介入権は、譲渡・転貸許可や譲受許可の申立ての相手方とされた設定者に申立権があり、上記各申立てをした借地権者や買受人が相手方となる。

　転借地権者も申立てをすることができる。この場合、原借地権に同様の特約が存在する場合、転借地契約は原借地契約の特約の制限を受けるから、転借地契約だけでなく、原借地契約の特約の制限も排除する必要があることになる。したがって、転借地人は、転借地契約についての申立てとあわせて、

831

〔第3部・第7章〕第2節　借地非訟事件の要件

原借地契約についても同趣旨の申立てをしなければならず、転貸人と賃貸人双方が相手方となる。介入権は、転貸人も、賃貸人も（転貸人の承諾を得て）、申し立てることができる。

　共同賃貸、共同賃借といった借地契約の当事者が複数いる場合、付随処分等の関係で複雑な法律関係が生ずるおそれがあるから一部の者のみが当事者となることはできない。一部の者のみに対する申立ては、残余の者が参加するなどしない限り、不適法である。介入権は、他の設定者の承諾を得れば、複数の設定者の一部が単独で申立てをすることができ、その場合、設定者と借地権者等の地位を有することになる。

2　借地権の存在

(1)　適法要件としての借地権

　借地権とは、建物所有を目的とする地上権および土地賃借権をいい、手続の性質上、申立ての適法要件である。借地権が存在しない場合、申立ては不適法である。

　土地の地上権および賃借権であっても、建物所有目的でないものは対象とならない。更新後の建物再築許可申立事件を除き、定期借地権を含む。一時使用のための賃借権については、長期間の使用を前提とする条件変更や増改築許可については含まないと解される。その余の申立てについても、定期借地権や一時使用のための賃借権については、残存期間等との関係で借地権設定者に不利益が生じるなど、相当性や借地権設定者に不利となるおそれの有無といった要件との関係で、申立てを棄却する判断がされることがあり得る。定期借地権の場合、その旨の登記がないと、設定者は譲受人に対し、当該借地権が定期借地権であることを対抗できないから、譲渡・転貸許可の申立て時や審理の当初に、借地権設定者に不利益を及ぼさないよう、対抗要件の具備を確認することが望ましい。地上権は、物権として譲渡性があるから、通常、譲渡・転貸許可の申立て等の対象とならないが、当事者間に設定者の承諾がなければ譲渡または第三者に対する賃借権を設定できないという特約（債権的合意）があれば、対象となる。

　借地の一部についての申立ては、その範囲を、位置、面積、建物との関係

などによって特定し、図面を添付して明確にする必要があるし、借地が分割されることにより借地権設定者に不利益が生じるなど、相当性や借地権設定者に不利となるおそれの有無といった要件との関係で、申立てを棄却する判断がされることがあり得る。増改築許可については、増改築部分が土地の一部であっても、付随処分においては増改築部分の面積と借地全体の面積との割合を考慮してされるものであるから、借地の一部に限って申し立てる場面はほとんどなく、許されないとされている。譲渡・転貸許可の場合、借地権の一部譲渡は、譲受人等との間に新たな借地契約関係を生じさせ、従前の賃貸借契約の内容も変更されるなど、設定者に与える不利益が大きいため、これを許容すべきでないとの見解もあるが、実務上は、原則として適法と扱い、借地契約関係の複雑化は財産上の給付において考慮し、借地の分割により、建築関連法規上、建物の建築等に支障を来すとか、借地の面積の減少、不整形化により、著しい価値の低下を招くなど、設定者の不利益が著しく大きい場合に限り、申立てを棄却すべきであると考えられている。他方、譲受許可の場合、申立人が競公売により取得した建物の従たる権利として取得した賃借権（地上権は対象とならない）の及ぶ範囲を特定して申し立てることになる。借地上に複数の建物がある場合、そのうちの一部を取得した申立人は、土地の利用状況や他の建物の所有者との協議による借地の区分（賃借権の分割）等に基づき、自らの判断で範囲を特定して申し立てることになるが、裁判所は、これに拘束されるものではなく、当該建物の敷地として通常必要な範囲を定めて、その範囲で許可の裁判をすべきである。なお、関係者に争いがあるときは最終的には別途訴訟で決することとなろう。

　所有者の異なる2筆以上の土地上に、建物がまたがって建てられているいわゆるまたがり建物の場合のうち、数人の土地所有者から各土地を賃借してまたがり建物を所有している場合については、承諾をしない借地権設定者すべてを相手方として、申立てをする必要がある。

　介入権は、前提となる申立てが複数の建物の一部（および借地の一部であるその敷地）についてされたならば当該一部分について、複数の建物について一括してされたならば借地全部について、申し立てるべきである。またがり建物については、敷地の所有者が借地権設定者と建物の所有者である場合

〔第3部・第7章〕第2節　借地非訟事件の要件

は、申立てをすることは許されない。裁判所は、法律上、賃借権およびその目的である土地上の建物を借地権設定者へ譲渡することを命ずる権限を付与されているが（借地借家20条2項・19条3項）、賃借権の目的外の土地上の建物部分やその敷地の利用権を譲渡することを命ずる権限など、それ以外の権限は付与されていないので、借地権設定者の上記申立ては、裁判所に権限のない事項を命ずることを求めるものといわざるを得ないからであるとされる。敷地の所有者が共同して介入権の申立てをすることは許されるとの見解もあるが、そのような場合であっても、建物の共有持分の設定や敷地利用権の処理については困難が予想される。そして、介入権の行使が困難であるということは、一度またがり建物が建築されると、設定者が借地の利用権を回復することが著しく困難になるということであるから、またがり建物を前提とした条件変更や増改築許可も、否定的に解さざるを得ない場面が多くなるものと思われる。

(2) 借地権の存否の判断

　裁判所は、借地権の存否を独自に判断でき、この点について訴訟が係属していても、それを理由に申立てを却下すべきではなく、裁判所は自ら審理判断し、申立てを処理すべきである。

　しかし、借地非訟事件の裁判には既判力はなく、借地非訟の裁判が前提とした借地権の存否の判断にも拘束力はない。当事者は、民事訴訟等で借地権の存否を争うことができる。認容の裁判の確定後に、民事訴訟等により、借地権の不存在が確定した場合、借地非訟の裁判は無効となるが、付随処分による給付義務に係る執行力は当然には失効せず、給付義務者は、請求異議の訴えにより、債務名義としての効力を消滅させる必要があり、給付が終了している場合は、不当利得として返還を求めることになるなど、借地非訟の裁判を信頼した当事者や第三者が不測の損害を被る可能性がある。そこで、法は、対象となる借地の権利関係に関する訴訟その他の事件が係属するときは、その事件が終了するまで、裁量により、借地非訟手続を中止することができるものとした（借地借家48条）。

2　最決平成19・12・4民集61巻9号3245頁。
3　最決昭和45・5・19民集24巻5号377頁。

実務上、借地非訟事件が申し立てられると、借地権設定者が、地上建物の朽廃や地代の不払等を理由とする借地契約の解除を理由に借地権の消滅等を主張し、手続の中止を求めることがある。しかし、当事者双方の主張・立証等から、借地権の存在を否定するのは困難とみられるものや、実質的には借地権の存否に異論はないが感情的な抵抗感から主張するものも少なくない。そのような場合に手続を中止することは迅速処理の要請から相当でないから、訴訟提起を理由に直ちに手続を中止する例は少ない。民事訴訟その他事件の種類内容、争いの態様・程度、進行状況、借地権の存否等について判断の食い違う蓋然性の程度、あるいは申立人が迅速な裁判を必要とする具体的事情等諸事情を総合的に考慮する必要がある。

3　特約の存在、当事者間の協議不調

借地非訟事件（介入権の申立てを除く）は、借地契約上、建物の種類等に制約を加える条件（特約）がある場合、増改築、譲渡・転貸を制限する特約がある場合、期間更新後の建物再築について借地権設定者が承諾しない場合に、条件の変更や承諾に代わる許可を求める手続であるから、上記各特約の存在が前提となる。しかし、迅速かつ簡易な手続による紛争の事前防止を目的とした借地非訟制度の趣旨に鑑みると、特約の存否について、厳密な主張・立証を求めることは相当ではなく、当事者の一方のみが特約の存在を主張するような場合も、特約が存在する場合に含まれると解し、申立ての利益を否定しないのが相当である（特約の内容の詳細は後述する）。

同様に、当事者間の協議不調も、協議の成立が明らかに認められる場合を除き、申立ての利益を否定すべきではない。借地契約関係の変更に係る事柄であるから、当事者間で任意の協議により解決することが望ましいし、協議ができていれば、申立ての必要性もない。しかし、借地契約の当事者の関係はさまざまであるし、迅速な解決が要求されることもあるから、事前協議がないからといって申立てを不適法とまでいうべきものとは考えられない。なお、再築許可の場合は、法文上、借地権者が借地権設定者の承諾を得ずに新たな建物を築造しても借地権設定者が借地契約の解約を申し入れることができない特約がある場合を除外している。

835

〔第3部・第7章〕第2節　借地非訟事件の要件

4　申立ての時期

　譲渡転貸許可については、申立ての時期を、借地権者が借地上の建物を第三者に譲渡する前に制限する規定がある（借地借家19条1項）。譲渡とは、所有権の移転を意味する。実務上は、土地賃借権譲渡・転貸許可の裁判を効力発生要件とする所有権の移転時期の特約が付されている契約が通例であるので、実際上の問題は生じていないとされている。同許可の制度は借地上の建物を処分する限りにおいて借地権者の投下資本の回収を可能にしようとするものであるから、申立ての時点で、建物が存在していなければならない。他方、条件変更については具体的な建築計画や建物の使用状況とは関係なく、抽象的に借地条件を変更するものであることや、借地借家法17条1項にも、申立て時期を限定するような文言がないことから、申立ての時期を制限する理由はないと解されているが、紛争を未然に防ぐという制度趣旨に照らし、建物を現在の借地条件と異なる用途に供する前にするのが望ましい。増改築許可については明文の規定はないが（借地借家17条）、増改築工事完成後にされた増改築許可の申立ては、すでに完成した増改築について、借地契約上の適否を判断し、適法であることの確認を求めるものにほかならず、借地非訟の制度と相容れないから、不適法と解されているが、増改築工事に着手したものの、完成前に申立てをした場合にあっては、増改築許可の裁判を得ることが借地権設定者との信頼関係を破壊せず、かつ、工事が容易に着工前の状態に回復可能な段階にとどまっているようであれば、その申立てを適法であると解しても差し支えないとされている。借地契約更新後の建物再築については、みなし承諾の制度の適用がなく（借地借家7条2項ただし書）、借地権者が、借地権設定者の承諾を得ることなく建物を築造した場合には、借地契約を終了させる権限が借地権設定者に付与されていることから（借地借家8条2項）、借地契約更新後の建物再築許可の申立ては、建物の再築前にしなければならないと解されているが、この借地契約を終了させる権限は、建物が完成したときに行使できると解されているので、再築工事着手後であっても、建物が完成する前であれば、申立ては適法であると解されている。

　借地権設定者が条件変更を申し立てる場合には申立ての時期の制限はない。

836

II　各類型に共通の要件

譲受許可は、建物取得後にすることになるが、法は、建物の代金を支払った後2カ月以内に申し立てなければならない（借地借家20条3項）とし、借地権設定者の地位が不安定になることを防止しようとしている。買受人が、代金の支払後2カ月以内に、譲受けについて承諾を求める民事調停を申し立てた場合は、調停が不成立となるなどして調停事件が終了した日から2週間以内に本件申立てをすれば、調停申立時に申し立てたものとみなされる（借地借家20条4項）。この期間は、法定の不変期間であり、伸長や短縮はできない。

介入権は、裁判所が定めた期間内にしなければならない（借地借家19条3項・20条2項）。裁判所は、譲渡・転貸許可、譲受許可の申立てを適法と認めたときは、借地権設定者が介入権の申立てをすべき期間を定め、口頭または送達により告知する。期間は、告知を受けた日から少なくとも14日以後と定めなければならない（借地手続規12条）。右期間の告知を受ける前であっても申立てはできる。申立時期に反した申立ては不適法であり却下しなければならない。

5　借地に関する一切の事情

(1)　総　論

いずれの類型においても、裁判所は、裁判にあたり、「借地に関する一切の事情」を考慮しなければならない。ここにいう裁判は、後述する付随処分の裁判を含む。各類型の要件が認められる場合は、一切の事情を考慮し、付随処分により、当事者の衡平を図ることが可能であるか、可能であるならばその内容を検討すべきであるし、設定者に付随処分では賄いきれないというような事情があれば、申立てを棄却すべきことになる。各要件がないのに、一切の事情を考慮して申立てを認容することを許す趣旨ではない。

各類型ごとに、法文上摘示されている事情は若干異なる。条件変更と増改築許可は、「借地権の残存期間」「土地の状況」「借地に関する従前の経過」、再築許可は「建物の状況」「建物の滅失があった場合には滅失に至った事情」「借地に関する従前の経過」「借地権設定者及び借地権者が土地の使用を必要とする事情」、譲渡・転貸許可、譲受許可は「賃借権の残存期間」「借地に関

837

〔第3部・第7章〕第2節　借地非訟事件の要件

する従前の経過」「賃借権の譲渡または転貸を必要とする事情」である。法文上列挙されている事情は例示ではあるが、それぞれの類型において少なくとも常に考慮すべき要素であると解する。

　なお、借地契約の内容、申立て前にした当事者間の協議の概要は申立書の任意的記載事項であるが、申立ての許否や付随処分の判断にあたり、借地権の残存期間や借地に関する従前の経過を含む一切の事情を考慮する必要があるうえ、和解等の参考にもなることからこれを記載させることが望ましく、記載のない場合は、審問等において聴取する必要がある。

(2)　残存期間

　設定者にとって更新拒絶は土地利用権回復の機会であり、訴訟により解決するのが相当であるから、借地権の残存期間が短く（おおむね2年・3年、最大でも5年以内程度か）、更新拒絶について正当事由の具備の可能性があり、借地権者側に緊急の必要性がないような場合、設定者の借地権終了への期待は保護に値するし、条件変更や増改築の場合、存続期間、正当事由、買取請求権を行使された場合の買取価格等に関連して、借地権設定者に法律上ないし事実上の不利益を及ぼすから、申立てを否定する方向に働くであろう。もっとも、将来の正当事由具備の判断は、当事者双方の事情の流動性や立退料の提供による補完がありうることから予測が難しいし、正当事由の具備について一般に裁判例は厳格であるから、実務上、棄却例は稀である。実際上は、更新拒絶の可能性が相当程度あり、訴訟係属中の場合などは、裁判所は、取下げを勧告するか、中止して本案訴訟の結果を待つことを検討すべきであろう。

(3)　借地に関する従前の経過

　借地に関する従前の経過は、法文上いずれの類型においてもあげられている。借地契約の当事者間の関係をいい、借地権設定の経緯（近親者間の温情的なものであることを両当事者が了解し、地代も低廉であったとか、不法占拠を承認して、契約を締結したなど。もっとも契約締結後相当期間経過しているのが普通であるから、直ちに申立てを棄却すべき事情になるわけではない）、借地関係の現状（信頼関係破綻の有無）などである。権利金、更新料等の支払の有無は、その法的性格に鑑み、考慮すべき事情にあたらないと解される。

838

II　各類型に共通の要件

⑷　土地の状況

　土地の状況は、当該借地の面積、地盤の状況等の当該土地の物理的状況、対象借地と道路との位置関係等、周囲・隣地の状況等の社会的状況等をいうものであり、申立てを棄却させる方向に働くまでの事情としては、たとえば当該土地が変更後の借地条件に沿った建物使用に適さない状況にあること（地盤が弱くて堅固建物が建てられないなど）があげられる。

⑸　建物の状況

　建物の状況は、建物の現況（面積、築年数等）、利用状況等をいう。借地借家法の適用のある借地権は建物の朽廃が終了事由にならないから、朽廃が近いことは、早急に建替えが必要な事情として借地権者に有利な事情として働く可能性が高いであろう。

⑹　建物の滅失と滅失に至った事情

　建物の滅失と滅失に至った事情であるが、建物が完全に滅失した場合でなくとも、残った建物を全体として観察し、物理的側面のみならず、機能的側面からも建物としての社会的経済的効用が失われているかどうかを総合的に判断することになろう。滅失に至った事情は、建物の消滅の原因をいい、天災、類焼、土地収用による取壊しなどの場合は借地権者に有利に働くであろう。

⑺　土地の使用を必要とする事情

　土地の使用を必要とする事情は、設定者が借地契約の更新を拒絶するについて正当事由の有無を判断する場合の比較衡量事由とほぼ同一と考えられる。

⑻　賃借権の譲渡または転貸を必要とする事情

　賃借権の譲渡または転貸を必要とする事情は、借地上の建物を第三者に譲渡・転貸しなければならない具体的必要性である。

⑼　その他一切の事情

　その他一切の事情は、各類型において列挙された以外の事情である。借地条件変更、増改築許可、再築許可においては、設定者や近隣住民が被る利用面での不利益の有無、程度（隣接する設定者の土地に日照等の支障が出るなど）、建物の老朽化の程度、従前の交渉経過などがあろう。

839

〔第3部・第7章〕第2節　借地非訟事件の要件

Ⅲ　借地条件変更

1　概　要

　現時点で借地契約を締結するならば、建物の種類等について、既存の借地契約中の借地条件と異なる内容で合意することが相当であると考えられるような場合、裁判所は、建物の種類等を制限した借地条件をこれとは異なる借地条件に変更し（借地借家17条1項）、非堅固建物所有を目的とする借地条件を堅固建物所有を目的とするものに変更する（借地法8条の2第1項）ことができる。

　借地条件変更は増改築許可と異なり、抽象的、観念的に借地条件を変更するものであり、申立てにおいて将来の建築予定建物について、具体的に特定する必要はないが、相当性や、財産上の給付額等の参考にもなるから、具体的に想定しているものがあるのであれば、建築予定の建物について具体的内容を明らかにすることが望ましい。

　なお、借地契約に、建物の種類・構造を制限する借地条件と増改築制限特約とが定められている場合に、借地条件変更の裁判によって、当該借地条件が変更されることにより、増改築許可の裁判の目的も達せられる関係にある（「大は小を兼ねる」）として、借地条件変更のみを申し立てれば足りると扱われていた時期もあるが、現在は、当該借地条件に合致しない建物に増改築をしようとする借地権者は、借地条件変更の裁判と増改築許可の裁判の双方を申し立てる必要があるとされている。

2　要　件

　借地条件の変更の要件としては、以下の要件が必要である（借地借家17条1項）。

---

　①　借地契約の当事者のいずれかからの申立てであること
　②　借地権が存在すること

840

③ 建物の種類等を制限する借地条件が存在すること

④ 法令による土地利用の規制の変更、付近の土地の利用状況の変化、その他の事情の変更（以下、「事情変更」という）により、現に借地権を設定するにおいては、従前の借地条件とは異なる建物の所有を目的とすることが相当となったこと

⑤ 借地権の残存期間、土地の状況、借地に関する従前の経過その他一切の事情（以下、「借地に関する一切の事情」という）を考慮し、借地条件の変更が相当と認められること

3　建物の種類等を制限する借地条件の存在

建物の種類等を制限する旨の借地条件とは、借地上に築造する建物に関して借地権者に制約を課すことを内容とする借地権者と借地権設定者との間の特約の一切をいう。「建物の種類、構造、規模または用途」は例示列挙と解されている。「種類、構造」は、不動産登記法に同じ文言が使用されており、おおむね同趣旨と考えられ、「種類」は、借地上に築造すべき建物の主たる用途（種類の制限の例としては、「建物は居宅に限る」「店舗用」などがある）、「構造」は、借地上に築造すべき建物の物理的構成（構造の制限の例としては、「借地上に築造する建物は木造に限る」などのほか、堅固・非堅固の区別もこの分類に含まれる。両者の区別は、借地借家法によるが、法文上は、堅固建物は、石造、土造、煉瓦造またはこれに類するものであるから、社会通念上、例示と同程度以上と認められるものであり、実務上、鉄筋コンクリート造り、重量鉄骨造りは堅固建物、軽量鉄骨造りは非堅固建物と解されているが、建築技術の向上により、判断が微妙な場合もある）、「規模」は、借地上の建物の大きさ（規模の制限の例としては、「2階以上の建物は建ててはならない」などがある）、「用途」は、種類より細分化された使用目的（用途の制限の例としては「自家用住宅に限る」などがある）をいうものであり、「その他の制限」には、「隣地境界線から1メートル以内に建物を築造しない」などがあろう。

4　事情の変更

借地条件変更の制度趣旨は、旧借地法以来、契約法の講学上いわゆる事情

〔第3部・第7章〕第2節　借地非訟事件の要件

変更の原則を基盤とすると理解されている。契約成立時に、契約の前提とされていた事情が、当事者が予見し得ないような変化を遂げ、当初の契約を維持することが相当でなくなったからこそ、裁判所が契約内容を形成的に変更することが許されるというべきである。

したがって、原則として、「事情の変更」は、周囲の客観的な事情の変更により、現に借地権を設定するならば、今ある借地条件と異なる建物の所有を目的とすることが相当であるというような変化が生じたことをいうと解される。「法令による土地利用の規制の変更」「付近の土地の利用状況の変化」は「事情の変更」の例示である。前者の例としては、都市計画法上の防火地域の指定などがある。同指定を受けた地域内には、原則として耐火建物等の建築が強制されるから、事情の変更の典型である。ほかには、準防火地域の指定、都市計画法上の用途地域等の指定、指定容積率や建ぺい率の規制の変更などがある。「付近の土地の利用状況の変化」は、借地権設定当時は当該借地の近隣地域に木造など非堅固建物が多かったが、その後商業地として発展し、堅固な高層建物が増加し、非堅固建物の敷地として利用することが周囲の状況とそぐわなくなった場合などをいう。「その他の事情変更」には、自治体の指導要綱の変更など条件変更するに相応する場面全般が含まれる。いずれにせよ、条件もその変更内容も多様なものが想定されるから、対応する客観的事情の変化とその程度の認定は事案に応じた検討が必要であり、変化した事実の内容、両当事者の事実の認識の有無、知らなかったことについての過失の有無や程度、借地条件変更の態様と当該事実との関係等も勘案し、具体的事案に応じ、個別に決するべきであろう。

5　相当性

事情の変更が「現に借地権を設定するにおいては、その借地条件と異なる建物の所有を目的とすることが相当である」ことを要する。事情の変更を前提とした現状において、一般通常人の経済的合理性に基づくならば、借地上の建物について、当該借地条件と異なる借地条件を設定した借地契約を締結すると認められる場合が必要である。

842

Ⅳ　増改築許可申立事件

【記載例16】　主文例（借地条件の変更：借地借家法）

> 1　申立人が、この裁判確定の日から3カ月以内に、相手方に対して金○○
> 万円を支払うことを条件として、申立人と相手方との間の別紙物件目録記
> 載の土地についての賃貸借契約を営業用建物の所有を目的とするものに変
> 更する。
> 2　前項の賃貸借契約の賃料を前項の目的変更の効力が生じた日の属する月
> の翌月1日以降、1カ月金○○万円に改定する。

【記載例17】　主文例（借地条件の変更：旧借地法）

> 1　申立人が、この裁判確定の日から3カ月以内に、相手方に対して金○○
> 万円を支払うことを条件として、申立人と相手方との間の別紙物件目録記
> 載の土地についての賃貸借契約を堅固な建物の所有を目的とするものに変
> 更する。
> 2　前項の賃貸借契約の期間を、前項の目的変更の効力が生じた日から30年
> と定め、かつ、その賃料を右の目的変更の効力が生じた日の属する月の翌
> 月1日以降、1カ月金○○万円に改定する。

Ⅳ　増改築許可申立事件

1　概　要

　借地契約により増改築が制限されている場合に、裁判所は、一切の事情を
考慮し、増改築について借地権設定者の承諾に代わる許可を与え、当事者間
の衡平を図るため、付随処分をすることができる。なお、増改築許可申立て
に関する規定は旧借地法の改正前後で変化はない。

　増改築許可は、増改築を制限する特約そのものの変更ではなく、借地上の
建物の個別具体的な増改築について借地権設定者の承諾に代わる許可を与え、
特約の適用外とするもので、借地条件自体の変更・失効を内容とする借地条
件変更の裁判とは異なる。

843

〔第3部・第7章〕第2節　借地非訟事件の要件

2　要　件

増改築許可の裁判の要件としては、以下の要件が必要である（借地借家17条2項）。

---

① 増改築の予定があること
② 増改築を制限する旨の特約が存在すること
③ 借地権が存在すること
④ 増改築が土地の利用上相当であること
⑤ 増改築が借地に関する一切の事情を考慮して相当であること
⑥ 当事者間で協議が調わないこと
⑦ 申立ての時期が相当であること、主観的要件として正当な当事者が存在すること

3　増改築の予定

増改築は、増築、改築、新築の総称である。増築は、既存の建物に手を加え、床面積を増加させるもの、改築は、既存の建物を取り壊し、建て直すものである。通常の修繕は含まないが、構造体である主要な柱や土台にわたるものや、屋根を半分以上葺き替えるものなどの「大修繕」は含まれると解する（軽微な修繕についての申立ても却下する必要はなく、付随処分においてその点を考慮すれば足りる）。建物の種類・構造を制限する借地条件と異なる建物を建てようとする場合は、借地条件変更の裁判も併せて申し立てるべきは前述のとおりであるから、裁判所は、予定している建物が建物の種類等に関する借地条件の範囲内か否かを審査する必要がある。

相当性等の判断のため、増改築の具体的内容を特定する必要があり、増改築の別、規模、建物の構造、階層、用途、建築位置等を特定し、設計図等を添付することが望ましい。抽象的な増改築の許可を求める申立ては不適法である。

844

4 特約の存在

増改築を制限する特約は、借地上の建物の増改築行為を全面的に禁止し、あるいは部分的に制限するものをいう。借地条件を制限する特約との区別は微妙であり、具体的条項をみて検討する必要があるが、「借地上の建物について重大な変更を加えないこと」などは増改築を制限するものと解されるが、「現に存する建物を超える規模の増改築については地主の承諾を要する」などは、建物の種類等を制限する借地条件と解される。

5 相当性

当該増改築が土地の通常の利用上相当でなければならない。相当性の判断は、借地の所在地と近隣の土地の使用状況、建物の面積、階層、高さ、構造、外観、借地内での位置、使用目的等との関連性、必要性などを総合して勘案する。原則として、主観的な目的等は考慮すべきでないが、客観的にも主観的にも増改築の必要性が認められないような場合は、相当でないと判断されることになろう。相当性を欠く場合の例としては、住宅地に工場を建設するとか、隣地の日照等を阻害する建物であるとか相隣関係に悪影響を及ぼす場合、建築基準法違反（適法に建築できない建物への増改築を裁判所が許可するのは相当ではない）の建物を建てようとしている場合、地盤からみて不適合な建物を建築しようとしている場合などである。

【記載例18】 主文例（増改築許可申立事件）

---

1 申立人が、この裁判確定の日から3カ月以内に相手方に対して金〇〇万円を支払うことを条件として、申立人が、別紙物件目録1記載の土地上に存する同目録2記載の建物を取り壊して、同目録3記載の建物を築造することを許可する。

2 申立人と相手方との間の別紙物件目録1記載の土地に関する賃料を、前項の許可の効力が生じた日の属する月の翌月1日以降月額〇〇万円に改定する。

〔第3部・第7章〕第2節　借地非訟事件の要件

V　借地契約更新後の建物再築許可申立事件

1　総　論

　借地借家法は、借地上の建物の堅固・非堅固を問わず、普通借地権の当初の存続期間を、一律に当初は30年、最初の更新後は20年、以後は10年と定めた。そして、建物の朽廃による借地権消滅の制度を廃止し、契約更新後の存続期間中に建物が滅失した場合、設定者は、地上権の放棄または土地賃貸借の解約の申入れをすることができるとした。また、その場合に、借地権者が残存期間を超えて存続するような建物を建築するには設定者の承諾を要し、承諾があったときは存続期間が延長されることとし、承諾なしに再築をしたときは借地権設定者は地上権の消滅請求ないし賃借権の解約を申し入れることができるとした（借地借家7条・8条）。

　この改正に併せて、借地借家法は新しい類型の借地非訟手続を設け、設定者が、地上権の消滅の請求または借地契約の解約の申入れをすることができない旨を定めた場合を除き、借地権者が残存期間を超えて存続すべき建物を築造することにつき、やむを得ない事情があるにもかかわらず、借地権設定者が承諾をしないときは、裁判所に承諾に代わる許可を求めることができるものとした。

　契約更新後は、借地契約の目的は一応の達成をみたというべきで、借地関係を終了させることにも合理性があるが、いかなる事情があっても、設定者の承諾がなければ建物の再築が許されないとするのは硬直的であるから、具体的事情に即し、柔軟な利害調整を図ることを目的としたものである。

2　要　件

　再築許可の裁判の要件としては、以下の要件が必要である（借地借家18条1項・2項）

①　借地借家法施行後に設定された借地権が存在すること

846

②　借地契約が更新された後に借地権者が建物を新たに建築する場合であること

③　残存期間を超えて存続すべき建物を築造する場合であること

④　建物を再築するにつき、やむを得ない事情があること

⑤　借地権設定者が建物の築造を承諾しないこと

⑥　借地契約において借地権設定者が地上権の消滅の請求または土地の賃貸借の解約の申入れをすることができない旨を定めた場合でないこと

3　新たに建物を建築する場合

建物再築許可の申立てができるのは、借地契約の更新後に借地権者が新たに建物を築造する場合であり、更新には合意更新、借地借家法5条の更新請求または使用継続による法定更新、建物の再築につき承諾があった場合の法定更新（借地借家7条）も含まれる。更新を前提とするから、定期借地権には適用がない。

借地借家法18条2項は「建物の状況」と規定し、建物の存在を想定しているから、再築は、建物が朽廃、滅失した場合と人為的に建物を取り壊して新たに建物を建てる建替えの場合とを含むものと解される。なお、再築建物が従来の借地条件と異なる場合には、条件変更を申し立てることを要する。増改築制限特約については、本申立てに内包される。

4　残存期間を超えて存続すべき建物

「残存期間を超えて存続すべき建物」とは、耐用年数が借地権の残存期間より長期である建物である。申立ての適法要件としては、耐用年数が残存期間より長いか短いかという相対的な判断で足りるが、付随処分で借地契約の延長すべき期間を決定することになるから、ある程度年数を判断する必要がある。ここにいう耐用年数とは、社会的・経済的にみて建物としての効用が失われるに至る年数をいうと解すべきで、建物が物理的に損壊するという意味での耐用年数ではない。それもあって、耐用年数は一律に定まらず、税法上の法定耐用年数等は参考にはできるが、同種同等の建物も、自然条件、利用、保全状況などにより相当の格差が生じうるから、個別事情を勘案して耐

847

〔第3部・第7章〕第2節　借地非訟事件の要件

用年数を割り出すべきであり、建築士、不動産鑑定士等により構成した鑑定委員会の意見等を参考にすることになろう。

　申立てにあたっては、再築する建物の内容を明らかにする必要があり、増改築許可申立てと同様、建物の種類、構造、規模または用途、借地上の位置等を明らかにし、設計図等の図面を添付するのが望ましい。

5　やむを得ない事情

　借地権者が残存期間を超えて存続すべき建物を再築するについてやむを得ない事情が存することが必要である。「やむを得ない事情」とは、増改築許可申立ての要件である「土地の利用上相当」というよりも厳格なものと解され、契約更新後は、設定者の利益を重視し、再築を例外的なものと扱うのが法の趣旨であろう。したがって、設定者が再築の承諾を希望しない事情を超える場合であることを要し、両当事者の衡平の観点から、一切の事情を考慮し、やむを得ない事情の存否を判断することが必要となる。たとえば、建物が新しいのに、事故や天災で滅失したような場合などは、やむを得ない事情があるというべき場合が多いと考えられるし、建物が現存している場合に、借地権者が収益を得るため、あるいは居住性の向上を図るためというような場合は、やむを得ない事情にあたると解するのは困難であろう。

【記載例19】　主文例（契約更新後の建物再築許可申立事件）

〔建物が滅失している場合〕
1　申立人が、この裁判確定の日から〇カ月以内に、相手方に対し、〇〇万円を支払うことを条件として、申立人が、別紙土地目録記載の土地上に、別紙再築目録記載の建物を新たに築造することを許可する。

〔建物が滅失していない場合〕
1　申立人が、この裁判確定の日から〇カ月以内に、相手方に対し、〇〇万円を支払うことを条件として、申立人が、別紙土地目録記載の土地上の別紙建物目録記載の建物を取り壊して、別紙再築目録記載の建物を新たに築造することを許可する。
2　申立人と相手方との間の別紙土地目録記載の土地についての借地契約の

期間を、前項の許可の効力が生じた日から起算して○○年と定める。

3　申立人と相手方との間の別紙土地目録記載の土地についての借地契約の地代を、第1項の許可の効力が生じた日の属する月の翌月1日以降月額○○円に改定する。

Ⅵ　土地の賃借権譲渡・転貸許可申立事件

1　総　論

　借地権者が、借地上の建物を第三者に譲渡しようとする場合に、当該第三者が賃借権を取得し、または同人に転借しても設定者に不利となるおそれがないにもかかわらず、借地権設定者が承諾しないときは、借地権者は、裁判所に対し借地権設定者の承諾に代わる許可を求めることができる。

　借地上の建物を譲渡するには、賃借権の譲渡・転貸を伴うため、設定者の承諾を得られないままでは賃貸借契約を解除されかねない。裁判例の積み重ねにより、背信性が認められないときは解除を許されないが、紛争防止の観点から、賃借権の譲渡の制限自体は維持しつつ、具体的な譲渡・転貸に限定して許容することを可能としたものである。

　譲渡・転貸許可の裁判は、効力発生後6カ月以内に、建物の譲渡がされないとき（所有権移転登記あるいは建物の引渡しを要する）は、効力を失う（借地借家51条）。借地権者は許可の裁判を得ても譲渡を強制されないので、長期間譲渡されないことにより、設定者の地位が不安定になったり、財産上の給付が衡平を欠くような事態に至ったりすることを防止する趣旨である。

2　要　件

　譲渡・転貸許可の裁判の要件としては、以下の要件が必要である（借地借家19条1項・2項）。

〔第3部・第7章〕第2節　借地非訟事件の要件

> ①　土地賃借権が存在すること
> ②　借地権者が借地上に建物を所有していること
> ③　借地権者がこの建物を第三者に譲渡するのに伴って土地賃借権の譲渡または転貸を使用する場合であること
> ④　賃借権譲渡または転貸が借地権設定者に不利益となるおそれがないこと
> ⑤　借地権設定者がその譲渡または転貸を承諾しないこと
> ⑥　一切の事情を考慮して賃借権の譲渡または転貸を認めることが相当であること

3　借地上の建物の存在

　この類型の申立ては、借地権のみの処分ではなく、建物の譲渡に伴う借地権の処分の自由を認める趣旨であるから、借地上の建物の存在が要件となる。建物のない状態で借地権の譲渡・転貸を認めることは関係当事者の衡平を害するから、申立て後に建物が滅失した場合は申立てを却下すべきであり、裁判確定後譲渡前に建物が消滅した場合は裁判は失効すると考えるべきであるが、建物が消滅した事情や設定者の意思によっては例外を認める余地もある。建物に価値があるか否かは問わないが、仮設的ないしは形式的な建物を建て、建物の存在を求めた法の趣旨を潜脱するような場合には、転貸・譲渡の必要性が否定されることになろう。

4　譲渡・転貸

　譲渡は建物の所有権を第三者に移転することであり、転貸は第三者に建物の使用権を設定することであり、いずれも有償無償を問わず、借地上の建物の譲渡に伴ってされることを要する。

　譲渡担保や仮登記担保権の設定については、議論があるが、債務不履行により担保権を実行する際には、譲渡・転貸にあたると考えられる。相続は包括承継であるから譲渡にあたらないが、特定遺贈等はこれに含まれる。

　譲受予定者は、自然人、法人等を問わないが、譲受人の個性が重要であるから、申立ての際に建物譲受予定者を氏名、住所により特定しなければなら

850

ず、特定していない申立ては不適法である。ただし、予備的、あるいは選択的に複数の譲受予定者について申し立てることは許される。

5　借地権設定者に不利となるおそれがないこと

　譲受予定者に対する譲渡・転貸が設定者に不利となるおそれがないことを要する。考慮要素としては、まず、譲受予定者の資力がある。設定者は、賃料収入の確実性に利害と関心を有するからであるが、実際には、譲受予定者には相応の資力を有するものが多いから、問題となることは少ない。また、借地契約における信頼関係の維持の必要性から、譲受予定者の人的、社会的信用を考慮すべきである。いわゆる暴力団や風俗上好ましくない営業のため建物を利用する場合は不利となるおそれがあるというべきであるが、借地権設定者の個人的な好悪に基づいて主張される可能性もあるから留意すべきである。分譲マンションの建設を目的として借地権譲渡許可の申立て（転貸許可ではない）をしたような場合には、原則として、借地権設定者に不利になるおそれがあるというべきであるが、当初から分譲マンション等を建築することが予定されていたような場合には、譲渡・転貸について承諾があるとみるべきであろう。

【記載例20】　主文例（土地の賃借権譲渡事件）

1　申立人が、この裁判確定の日から3カ月以内に相手方に対して金〇〇円を支払うことを条件として、申立人が別紙賃借権目録記載の土地賃借権を［住所］［氏名］に譲渡することを許可する。

2　前項の賃借権の譲渡を条件として、上記賃借権の賃料を前項の譲渡の日の属する月の翌月1日以降月額〇〇円に改定する。

〔第 3 部・第 7 章〕第 2 節　借地非訟事件の要件

Ⅶ　競公売に伴う賃借権譲受許可申立事件

1　総　論

　第三者が借地上の建物を競公売により取得した場合に、当該第三者が賃借権を取得しても設定者に不利となるおそれがないにもかかわらず、借地権設定者がその賃借権の譲渡を承認しないときは、裁判所は、設定者の承諾に代わる許可の裁判をすることができる。

　競公売により、買受人が借地上建物の所有権を取得すると、特段の事情がない限り、敷地の借地権も買受人に移転するが、借地権が賃借権である場合も事前に設定者の承諾を得るすべはなく、借地権設定者にも強制的な賃借権の移転を承諾すべき義務はないから、買受人は、敷地の賃借権の取得を借地権設定者に対抗できないこととなる。このような状況は、借地上の建物の担保価値を低下させ、競公売制度への信頼も損なうことから、制度導入に至った。

2　要　件

　譲渡許可の裁判の要件としては、以下の要件が必要である（借地借家20条1項）。

---

① 　土地賃借権が存在すること
② 　借地権者が借地上に建物を所有していること
③ 　第三者が建物を競公売によって取得したことにより敷地の賃借権を譲り受けたこと
④ 　賃借権譲受が借地権設定者に不利となるおそれがないこと
⑤ 　借地権設定者がその賃借権譲受を承諾しないこと
⑥ 　一切の事情を考慮して第三者の賃借権譲受を認めるのが相当であること

　各要件のうち、③以外は、借地借家法19条の譲渡転貸許可申立ての要件と同様である。

852

3 競公売による建物の取得と賃借権の譲受け

競売とは、民事執行法による強制執行としての競売、担保権実行としての競売を意味し、公売とは、国税徴収法、地方税法等の滞納手続による公売処分等を意味する。

建物の公競売の場合は、建物等に伴って借地権も譲渡されるが、そのうち地上権は物権であり譲渡性があるから、賃借権のみが問題となり、転貸は問題となり得ない。

【記載例21】 主文例（競公売に伴う賃借権譲受許可申立事件）

---

1 申立人が、本裁判確定の日から3カ月以内に相手方に対し金〇〇円を支払うことを条件として、別紙物権目録記載の土地についての賃借権を申立人が譲受することを許可する。
2 前項の賃借権の譲渡を条件として、同賃借権の賃料を前項の譲渡の日の属する月の翌月1日以降、月額〇〇円に改定する。

Ⅷ 借地権設定者の建物・賃借権譲受申立事件

1 概 要

譲渡・転貸許可および譲受許可の申立てがあった場合に、設定者が、第三者への借地権の譲渡を受け入れない場合、裁判所が定める期間内に自ら建物の譲渡および賃借権の譲渡または転貸を受ける旨の申立てをすることができ、その場合、裁判所は、相当の対価または転貸の条件を定め、借地権者または買受人に対し、設定者に対する譲渡または転貸を命ずることができる。

これは、介入権といわれており、賃借権を譲渡・転貸しようとしている借地権者に相当の対価を得させ、競公売による買受人についても投下資本の回収をさせて、借地権者、買受人の不利益を回避しつつ、自己の好まない第三者の借地権の取得を受認することを余儀なくされる設定者に、自ら建物を取得して土地所有権の回復を図る機会を与え、両者の利害の調整を図ったものである。

〔第3部・第7章〕第2節　借地非訟事件の要件

　介入権の申立てがあると、裁判所は、原則として、建物と賃借権の対価を定め、これらを借地権設定者に譲渡すべきことを借地権者または買受人に命ずる裁判、または、建物の対価と転貸の条件を定めて、建物を借地権設定者に譲渡し土地を借地権設定者に転貸すべきことを借地権者に命ずる裁判をしなければならない。ただし、賃借権の譲渡または転貸が設定者の承諾なく行われたとしても、背信行為と認められないような特段の事情がある場合、たとえば、借地権者と譲受人等の間に親戚関係や会社とその主要な構成員であるといった関係がある場合など、両者間に特殊で緊密な関係がある場合、借地権者が慎重を期して申立てをしたにもかかわらず、介入権行使を認めるというのは不合理であるから、裁量的に介入権の申立てを棄却することができると解する。

　建物代金は、衡平の観点から、対抗力を有する借家人がいる場合には借家権価格を控除し、不法占拠者がいる場合は明渡しのための費用等を控除し、決定する。他方、抵当権等、先順位の担保権が設定されている場合は、建物および借地権を買い取った設定者が、その権利を失う事態は好ましくないから、その抹消について先履行を命じるのが相当で、そうであれば、価格を控除する必要はない。

　借地権の対価は、鑑定委員会の意見を聴き、決定するのが通常である。介入権における借地権価格は、おおむね更地価格の60％〜80％程度としている例が多い。この場合、借地人が、予定どおり借地権の譲渡許可の裁判を得たとすると、借地権設定者に対し、財産上の給付を支払うことになるから、借地権者が実際に取得するのは、借地権譲渡の対価から、財産上の給付相当額を控除した金額である。よって、設定者が支払うべき対価も、客観的に相当な借地権価格から、財産上の給付に相当する額（通常は、借地権価格の10％）を控除して算出するのが相当であり、これが実務上定着した取扱いである。

　設定者に対する譲渡が命じられると、借地上の建物は借地権設定者に売却されたこととなり、借地権者は建物および敷地を引き渡し、建物につき所有権移転登記手続をする義務を負い、設定者は対価を支払う義務を負う。両者の債務は対価性があるから、裁判所は、同時履行を命ずることができる。転貸であれば、借地権者は建物および敷地を使用させる義務を負い、設定者は、

854

借地条件に従い、転借地代の支払義務を負う。

介入権の申立ての認容裁判により、借地権者あるいは買受人の申立事件は当然に終了するから、却下ないし棄却する必要はない。

2 要 件

介入権の裁判の要件としては、以下の要件が必要である（借地借家19条3項・20条2項）。

---

① 借地借家法19条1項または20条1項の申立てがあること
② 借地権設定者が、裁判所の定める期間内に本件申立てをすること

---

3 借地借家法19条1項または20条1項の申立てがあること

介入権の申立てができるのは、適法な譲渡・転貸許可または競公売による賃借権譲受許可の申立てが係属している場合である。両申立てが取り下げられたときまたは不適法として却下されたときは、介入権の申立ても効力を失う。介入権の裁判があった場合は、譲渡・転貸許可、譲受許可の申立ておよび介入権の申立ては、当事者双方の合意がなければ取り下げることはできない。反対当事者の期待を保護する趣旨である。

4 設定者の申立て

借地権者等の申立ての棄却を解除条件とする申立ては許されない。

【記載例22】 主文例（介入権申立事件）

---

1 申立人から相手方に対し、別紙物件目録一記載の土地についての賃借権及び同目録記載の建物を代金〇〇円で譲渡することを命ずる。
2 申立人は、相手方に対し、相手方からの前項の代金の支払を受けるのと引換に、前項の建物について、所有権の負担となる一切の登記の抹消登記手続をした上で、所有権移転登記手続をし、かつ、同建物を明け渡せ。
3 相手方は、申立人に対し、申立人から前項の所有権移転登記手続及び建物の明渡を受けるのと引換に、第1項の代金を支払え。

〔第3部・第7章〕第3節　付随処分

第3節　付随処分

I　総　論

　申立てを認容する場合、裁判所は、職権で、他の借地条件（地代および存続期間）を変更し、財産上の給付を命じ、その他相当の処分をすることができ、これを付随処分という。

　認容裁判は、建物の種類等に関する借地条件を変更し、あるいは増改築や譲渡・転貸等を許可することを内容とするが、申立ての相手方（多くは借地権設定者）にとって不利益となる場合が多いから、当事者の申立てを待たず、裁判所に、諸般の事情を考慮して、申立てが認容されることによる当事者間の利害の調整を図るものとして、上記処分をさせ、当事者間の衡平を確保しようとしたものである。

　付随処分は必要的なものではなく、裁判所の裁量も、当事者間の衡平を図るために必要な範囲に限定される。

　付随処分は、借地非訟手続の紛争予防的役割を裏打ちするものであり、借地非訟手続の特徴の一つとして、実務上、当事者から、付随処分の有無および当否に大きな関心が寄せられ、実質的な争点となっている事案も多い。

　代表的な付随処分には、申立てを認容する際に命ずる「財産上の給付」、すなわち承諾料の支払や、条件変更ないしは許可の裁判の効力を財産上の給付に係らしめること（設定者に給付請求権を取得させるのではなく、借地権者が財産上の給付をすることを条件に裁判の効力を発生させること）、「他の借地条件の変更」にあたる地代の改定や借地期間の延長などがある。

　付随処分についても、実質的要件の判断と同様に、建物の状況、建物の滅失があった場合には滅失に至った事情、借地に関する従前の経過、借地権設定者および借地権者（転借地権者を含む）が土地の使用を必要とする事情その他一切の事情を考慮しなければならない。また、鑑定委員会の意見を聴取することを要する。

Ⅱ　財産上の給付

　財産上の給付は、一定額の金銭の支払を命ずるものであり、最も重要で、当事者の関心も高い。財産上の給付の理論的根拠については、さまざまな見解が主張されてきたが、現在の実務においては、大半の裁判例が、特段の事情のない限り、「諸般の事情を斟酌して」、その支払を命じており、事情によって、その金額を増減する取扱いが定着している。

　財産上の給付の額の決定は鑑定委員会の意見に基づくことが多いが、鑑定委員会の意見も、裁判例上の取扱いも、算定方法は、おおむね以下のとおり、借地の更地価格ないし借地権価格に一定割合を乗じて行っている例がほとんどである。

　借地条件変更についてはおおむね更地価格の５％程度、増改築の場合には、全面改築の場合で更地価格の３％程度を基準とし、これに改築による床面積の増加の程度や賃貸物件の建築等による収益の増加等の土地利用効率の増大などを加味して５％程度までの間で決定するとしている例があり、借地条件変更を伴う場合には借地条件変更それ自体とは別に７％程度を加味した例もあるようである。譲渡・転貸許可および譲受許可については、借地権価格（転借地権価格）の10％程度を原則とし、譲受許可は、正常な市場における借地権価格の10％程度とする裁判例が多い。

　この算定方法は、硬直的との批判もありうるが、当事者の予測可能性や迅速さが要求される実務上の処理にあっては、一定の合理性を有するということができよう。

　また、この算定方法によると、財産上の給付の額を実質的に決定づけるのは、借地の更地価格であって、その算定は鑑定委員会の不動産鑑定士の専門的知見に期するところが大きいが、裁判所としても、その合理性について検討する必要があろう。

　なお、再築許可の財産上の給付の額については、現時点では議論が尽くされておらず、将来の裁判例の集積を待つことになるが、借地条件変更に類するものとなろうか。

857

〔第3部・第7章〕第3節　付随処分

Ⅲ　他の借地条件の変更

1　期間延長

　法律の規定または当事者の合意により定められた借地権の存続期間を申立ての認容にあたって変更（伸長）することであるが、借地借家法施行後に締結された借地契約の場合は、法定の存続期間が異なることはないから、通常、期間の延長は行われない。また、定期借地権の場合には、存続期間はその本質であるから、付随処分により変更することは許されない。

　旧借地法は、堅固建物か非堅固建物かのいずれの所有目的であるかによって、借地権の存続期間を区別して規定していたことから、その点の変更があったときは、存続期間も必然的に旧借地法2条の規定を充足する形で変更すべきであるとの前提で、堅固建物所有目的への条件変更の認容裁判において、特別の事情があるときを除き、借地権の存続期間を裁判確定の日から30年と定める裁判例が多くみられたが、現在は、当事者双方から更新時の紛争を避けるために存続期間を定める希望が述べられているような事案以外は、これに否定的な取扱いが多数を占めているようである。

　再築許可については、裁判は、借地借家法7条1項の承諾がない場合にこれに代わる許可をするものであるが、承諾があった場合には承諾または築造のいずれか早い日から20年間存続するものとされていることとの均衡から、通常は期間の延長の付随処分がされることとなろう（借地借家18条1項）。

2　地代の改定

　条件変更が認容される場合は、地代がそもそも高額であるとか、地代変更後間がないといった特別の事情がある場合を除き、付随処分として地代を増額することが多い。特に、堅固建物所有目的への変更や増改築許可の場合には、土地の利用効率が増加することから、適正地代が高額になるのが社会通念上普通であるからである。

　地代は、本来、地代増減額請求訴訟により、改定されるべきものであるが、

858

借地条件変更を認める機会に当事者間の衡平を図る一方法として許されるものであり、従来の地代が低額にすぎたというような事情を過度に考慮すべきではない。地代減額は、借地権者の意思表示により行われればよく、付随処分が、設定者の不利益を調整することに主眼があることからすると、消極に解すべきである。

地代の増額にあたっては、鑑定委員会の意見に基づいて行うことになり、不動産鑑定士委員の専門的知見に負うところであるが、その合理性について、検討すべきことはいうまでもない。そして、当該土地の客観的諸事情、当事者の主観的事情等の条件変更にまつわるさまざまな事情を織り込んだ総合的な判断が求められる。

3　その他の借地条件の変更

付随処分として、相当な額の敷金を差し入れるべき旨を定め、その交付を命ずることができるとした例がある。[4]

Ⅳ　その他相当の処分

前述した、認容の効力発生を財産上の給付に係らせることがこれにあたる（譲渡転貸許可申立事件については規定がある（借地借家19条））。この場合には、借地契約関係が不安定になることを避けるため、財産上の給付の履行に一定の期限（通常は3カ月とすることが多い）を付すことが相当である。

財産上の給付として借地の一部の返還（借地権の放棄）を命ずることなどは、裁判所が借地権者の財産権を失わせることになり、不相当であって、許されない。

〈参考文献〉

・金子修編著『一問一答　非訟事件手続法』（商事法務、2012年）

・稲本洋之助＝澤野順彦編『コンメンタール借地借家法〔第4版〕』（日本評論社、

4　最決平成13・11・21民集55巻6号1014頁。

〔第 3 部・第 7 章〕第 3 節　付随処分

2019年）

・植垣勝裕編『借地非訟の実務』（新日本法規出版、2015年）

・田山輝明ほか編『別冊法学セミナー新基本法コンメンタール借地借家法〔第 2版〕』（日本評論社、2019年）

・金子修編著『逐条解説非訟事件手続法』（商事法務、2015年）

・石渡圭「非訟事件手続法の施行に伴う借地借家法の一部改正について」NBL966号46頁

・市川太志「借地非訟事件の処理について」判タ967号 4 頁

・金子修「新非訟事件手続法の制定について」NBL958号53頁

・借地非訟実務研究会編『借地非訟事件便覧』（新日本法規出版、1977年）

・裁判所職員総合研修所編『会社非訟事件及び借地非訟事件を中心とした非訟事件に関する書記官事務の研究』（法曹会、2021年）

・園部厚『書式借地非訟・民事非訟の実務〔全訂 6 版〕』（民事法研究会、2024年）

・加藤靖「借地非訟事件の運用上の諸問題」判タ1414号44頁

・石栗正子「借地非訟事件の現状」判タ1050号35頁

（日野直子）

●判例索引●

（裁判所・判決言渡日順）

【大審院】

大判明治34・2・22民録7輯2巻101頁
154

大判明治34・5・8民録7輯5巻52頁
45

大判明治36・6・19民録9輯759頁
84

大判明治38・2・13民録11輯120頁
75

大判明治38・12・11民録11輯1736頁
158

大判明治39・1・29民録12輯72頁
75

大判明治39・4・25民録12輯660頁
154

大判明治39・10・10民録12輯1219頁
153

大判明治39・11・26民録12輯1570頁
75

大判明治40・7・9民録13輯811頁
266

大判明治41・10・20民録14輯1027頁
75

大判明治41・12・15民録14輯1276頁
108,159

大判明治41・12・15民録14輯1301頁
91,158

大判明治43・1・24民録16輯1頁
156

大判明治43・12・9録16輯910頁
702

大判明治44・2・3刑録17輯32頁
174

大判明治44・11・14民録17輯708頁
196

大判明治45・6・28民録18輯670頁
154

大判大正2・10・25民録19輯857頁
3

大判大正3・8・10新聞967号31頁
243

大判大正3・10・27民録20輯818頁
266

大判大正3・12・8民録20輯1058頁
52

大判大正3・12・11民録20輯1085頁
70

大判大正3・12・23民録20輯1160頁
266

大判大正4・3・3民録21輯224頁
80

大判大正4・3・10刑録21輯279頁
169

大判大正4・3・20民録21輯395頁
171

大判大正4・12・8民録21輯2028頁
75

大判大正5・2・22民録22輯165頁
74

大判大正5・3・11民録22輯739頁
74

大判大正5・6・23民録22輯1161頁
754

大判大正5・9・20民録22輯1440頁
78,79

大判大正6・2・10民録23輯138頁
535

大判大正6・3・7民録23輯421頁
62

大判大正7・3・2民録24輯423頁
106

大判大正8・5・26民録25輯892頁
75

大判大正9・2・19民録26輯142頁
74,75

大判大正9・5・5民録26輯622頁
78

861

判例索引

大判大正 9 ・ 7 ・20民録26輯1077頁
78
大判大正10・ 2 ・19民録27輯340頁
46
大判大正10・ 4 ・14民録27輯732頁
74,75
大判大正10・ 6 ・21民録27輯1173頁
53
大判大正10・11・ 3 民録27輯1888頁
62
大判大正10・11・28民録27輯2045頁
84
大判大正11・10・10民集 1 巻575頁
70
大判大正11・11・24民集 1 巻670頁
272
大判大正12・ 6 ・ 2 民集 2 巻 7 号345頁
758
大判大正12・12・17民集 2 巻12号684頁
799
大判大正13・10・ 7 民集 3 巻476頁
70
大判大正13・10・ 7 民集 3 巻509頁
70
大判大正13・12・ 8 新聞2351号20頁
75
大判大正14・ 3 ・13新聞2389号18頁
477
大判大正14・ 7 ・ 8 民集 4 巻412頁
107
大判大正15・ 2 ・24民集 5 巻235頁
668
大判大正15・12・20民集 5 巻873頁
87
大判昭和 2 ・ 2 ・ 2 民集 6 巻133頁
702
大判昭和 3 ・ 8 ・ 1 民集 7 巻671頁
231
大判昭和 4 ・ 2 ・20民集 8 巻59頁
95
大判昭和 5 ・10・31民集 9 巻1009頁
556
大判昭和 7 ・ 1 ・13民集11巻 1 号 7 頁
267
大判昭和 7 ・ 4 ・20新聞3407号15頁

230
大判昭和 7 ・ 5 ・27民集11巻1289頁
231
大判昭和 7 ・ 7 ・19民集11巻1552頁
47
大判昭和 8 ・ 1 ・14民集12巻71頁
120
大判昭和 8 ・ 7 ・ 5 大審院裁判例 7 巻民166
頁　56
大判昭和 9 ・ 6 ・15民集13巻1164頁
219
大判昭和 9 ・ 7 ・25大審院判決全集 1 輯 8
号 6 頁　78
大判昭和 9 ・11・24新聞3787号 9 頁
86
大判昭和 9 ・12・28民集13巻2427頁
77
大判昭和11・ 3 ・10民集15巻695頁
771
大判昭和12・ 2 ・26民集16巻176頁
697
大判昭和12・10・30民集16巻1565頁
76
大判昭和13・ 6 ・ 7 民集17巻1331頁
243
大判昭和13・ 7 ・ 7 民集17巻1360頁
70,76
大判昭和13・ 9 ・28民集17巻1927頁
78,79,93
大判昭和13・ 9 ・30民集17巻1775頁
196,198
大判昭和13・11・ 1 民集17巻21号2089頁
270,307
大判昭和14・ 3 ・31新聞4448号 7 頁
77
大判昭和14・ 7 ・ 7 民集18巻748頁
99
大判昭和15・ 9 ・18民集19巻1611頁
89
大判昭和16・ 6 ・12判決全集 8 巻23号 4 頁
153
大判昭和16・11・18法学11巻617頁
39
大判昭和16・12・ 9 法学11巻715頁
202

862

大判昭和17・2・24民集21巻151頁
79

大判昭和17・2・27新聞4763号12頁
267

大判昭和17・4・30民集21巻9号472頁
273

大判昭和17・9・30民集21巻911頁
95,96,160

【最高裁判所】

最判昭和23・2・10裁判集民1号73頁
11

最判昭和24・10・4民集3巻10号437頁
56,63

最判昭和26・5・31民集5巻6号359頁
550

最判昭和26・11・15民集5巻12号735頁
56

最判昭和26・12・21裁判集民5号1099頁
63

最判昭和27・4・25民集6巻4号451頁
204

最判昭和27・11・27民集6巻10号1062頁
737

最判昭和28・9・11民集7巻9号918頁
732

最判昭和28・9・18民集7巻9号954頁
74,167

最判昭和28・9・25民集7巻9号979頁
532,551

最判昭和29・1・21民集8巻1号64頁
46,48,512

最判昭和29・4・8民集8巻4号819頁
801

最判昭和30・2・18民集9巻2号179頁
551

最判昭和30・5・31民集9巻6号774頁
169

最判昭和30・5・31民集9巻6号793頁
801

最判昭和30・6・3裁判集民18号741頁
76

最判昭和30・6・24民集9巻7号919頁
70

最判昭和30・7・15民集9巻9号1058頁
712

最判昭和30・10・4民集9巻11号1521頁
504

最判昭和30・12・20民集9巻14号2027頁
524

最判昭和30・12・26民集9巻14号2097頁
256

最判昭和30・12・26民集9巻14号2140頁
56,513

最判昭和30・12・26刑集9巻14号3053頁
174

最判昭和31・5・15民集10巻5号496頁
266

最判昭和31・6・5民集10巻6号643頁
70

最判昭和31・6・26民集10巻6号730頁
204,205

最判昭和31・6・26刑集10巻6号874頁
174

最判昭和31・12・6民集10巻12号1527頁
702

最判昭和31・12・28民集10巻12号1639頁
758

最判昭和32・2・28裁判集民25号671頁
503

最判昭和32・3・28民集11巻3号610頁
781

最判昭和32・6・11裁判集民26号859頁
163

最判昭和32・9・3民集11巻9号1467頁
267,776

最判昭和32・12・24民集11巻14号2322頁
731

最判昭和33・2・14民集12巻2号268頁
256

最判昭和33・5・23民集12巻8号1105頁
666

最判昭和33・6・5民集12巻9号1359頁
56

最判昭和33・6・14民集12巻9号1449頁
99

最判昭和33・6・20民集12巻10号1585頁
3,743

最判昭和33・8・28民集12巻12号1936頁
160

判例索引

最判昭和33・10・14民集12巻14号3111頁
102,154,156
最判昭和34・5・14民集13巻5号609頁
699,737
最判昭和34・8・7民集13巻10号1223頁
76
最判昭和34・9・17民集13巻11号1412頁
28
最判昭和35・3・1民集14巻3号307頁
77,80
最判昭和35・3・1民集14巻3号327頁
738
最判昭和35・3・31民集14巻4号663頁
163
最判昭和35・6・14民集14巻8号1324頁
769
最判昭和35・6・28民集14巻8号1547頁
546
最判昭和35・7・27民集14巻10号1871頁
107
最判昭和35・11・29民集14巻13号2869頁
99,160
最判昭和35・12・20民集14巻14号3130頁
391
最判昭和36・2・24民集15巻2号304頁
273,274,562
最判昭和36・3・24民集15巻3号542頁
244,497,622
最判昭和36・4・27民集15巻4号901頁
163,165
最判昭和36・4・28民集15巻4号1211頁
551
最判昭和36・5・4民集15巻5号1253頁
75
最大判昭和36・7・19民集15巻7号1875頁
168
最判昭和36・7・20民集15巻7号1903頁
107
最判昭和36・7・21民集15巻7号1939頁
205
最判昭和36・8・8民集15巻7号2005頁
724
最判昭和36・9・29民集15巻8号2228頁
265
最判昭和36・11・21民集15巻10号2507頁

197,209,519
最判昭和37・3・15民集16巻3号556頁
251,252
最判昭和37・5・24民集16巻5号1157頁
660
最判昭和37・8・10民集16巻8号1720頁
694
最判昭和37・10・30民集16巻10号2170頁
758
最判昭和37・10・30民集16巻10号2182頁
247
最判昭和38・1・18民集17巻1号1頁
760
最判昭和38・2・12裁判集民64号405頁
468
最判昭和38・2・22民集17巻1号235頁
102
最判昭和38・3・1民集17巻2号290頁
327,553
最判昭和38・9・5民集17巻8号932頁
64
最判昭和38・9・27民集17巻8号1069頁
204,548
最判昭和38・10・15民集17巻9号1220頁
758
最判昭和38・11・14民集17巻11号1346頁
205
最判昭和38・11・28民集17巻11号1554頁
661
最判昭和39・3・6民集18巻3号437頁
154
最判昭和39・7・28民集18巻6号1220頁
203,546
最判昭和39・10・8裁判集民75号589頁
504
最判昭和40・8・2民集19巻6号1368頁
205,548
最判昭和40・11・19民集19巻8号2003頁
508
最判昭和40・11・24民集19巻8号2019頁
55,57,59,513,514
最判昭和40・11・30裁判集民81号237頁
286
最判昭和40・12・21民集19巻9号2221頁
137,163

最判昭和40・12・21裁判集民81号683頁
515
最判昭和41・1・21民集20巻1号65頁
57
最判昭和41・1・27民集20巻1号136頁
551
最判昭和41・4・14民集20巻4号649頁
121,138
最判昭和41・4・21民集20巻4号720頁
204,205,548
最判昭和41・5・20裁判集民83号579頁
759
最判昭和41・10・21民集20巻8号1640頁
550
最判昭和41・11・18民集20巻9号1827頁
748
最判昭和41・11・22民集20巻9号1901頁
106
最判昭和41・12・23民集20巻10号2211頁
172
最判昭和42・1・20民集21巻1号16頁
104
最判昭和42・4・6民集21巻3号533頁
198,199,209,510
最判昭和42・6・27民集21巻6号1507頁
447
最判昭和42・6・29裁判集民87号1397頁
746
最判昭和42・9・29民集21巻7号2010頁
487
最判昭和42・10・27民集21巻8号2171頁
510,722
最判昭和43・2・22民集22巻2号270頁
759
最判昭和43・2・23民集22巻2号281頁
202,209,519
最判昭和43・3・28裁判集民90号813頁
251
最判昭和43・4・2民集22巻4号803頁
468,474,475
最判昭和43・6・21民集22巻6号1311頁
56,514
最判昭和43・6・27民集22巻6号1427頁
263
最判昭和43・7・5裁判集民91号623頁

286
最判昭和43・8・2民集22巻8号1571頁
163
最判昭和43・8・20民集22巻8号1677頁
458
最判昭和43・8・20民集22巻8号1692頁
121
最判昭和43・9・3民集22巻9号1767頁
138
最判昭和43・9・6民集22巻9号1862頁
660
最判昭和43・10・8民集22巻10号2145頁
488
最判昭和43・11・15民集22巻12号2671頁
163
最判昭和43・11・15裁判集民93号233頁
85
最判昭和43・11・21民集22巻12号2741頁
547
最判昭和43・11・21民集22巻12号2765頁
163
最判昭和44・1・16民集23巻1号18頁
163
最判昭和44・2・21裁判集民94号377頁
515
最判昭和44・4・15裁判集民95号97頁
273
最判昭和44・4・25民集23巻4号904頁
163
最判昭和44・6・17裁判集民95号509頁
206
最判昭和44・6・26民集23巻7号1264頁
425,468,470
最判昭和44・7・17民集23巻8号1610頁
559
最判昭和44・9・18民集23巻9号1675頁
666
最判昭和44・9・25裁判集民96号625頁
287,308
最判昭和44・10・31民集23巻10号1932頁
722
最判昭和44・11・26民集23巻11号2221頁
752
最判昭和45・2・24裁判集民98号229頁
163

判例索引

最判昭和45・2・26民集24巻2号89頁
474
最判昭和45・2・26民集24巻2号104頁
457
最判昭和45・3・3裁判集民98号349頁
520
最決昭和45・5・19民集24巻5号377頁
834
最判昭和45・6・4民集24巻6号482頁
267,535,562,781
最判昭和45・7・21民集24巻7号1091頁
528
最判昭和45・8・20民集24巻9号1268頁
492
最判昭和45・10・22民集24巻11号1599頁
459,460
最判昭和45・11・6民集24巻12号1803頁
806,813
最判昭和46・1・26民集25巻1号90頁
160
最判昭和46・4・23民集25巻3号388頁
559
最判昭和46・5・25裁判集民103号55頁
517
最判昭和46・6・18民集25巻4号550頁
801,803
最判昭和46・6・24民集25巻4号574頁
74
最判昭和46・6・25下民集32巻1号～4号
158頁 327
最判昭和46・11・25民集25巻8号1343頁
327,328,553
最判昭和46・12・9民集25巻9号1457頁
764
最判昭和47・2・18民集26巻1号63頁
204,549
最判昭和47・3・24裁判集民105号333頁
661
最判昭和47・4・14民集26巻3号483頁
244
最判昭和47・6・27民集26巻5号1067頁
566,636,648
最判昭和47・7・6民集26巻6号1133頁
639
最判昭和47・11・16民集26巻9号1603頁

206,207,548
最判昭和47・11・28裁判集民107号265頁
197,520
最判昭和48・4・5民集27巻3号419頁
713
最判昭和48・4・12裁判集民109号79頁
164
最判昭和48・4・24裁判集民109号193頁
549
最判昭和48・6・7民集27巻6号681頁
446
最判昭和48・12・11裁判集民110号667頁
509
最判昭和49・4・9裁判集民111号531頁
251
最判昭和49・9・4民集28巻6号1169頁
509
最判昭和49・9・26民集28巻6号1213頁
95,722
最判昭和50・2・20民集29巻2号99頁
206,548
最判昭和50・4・10下民集23巻5号～8号
857頁 414,574
最判昭和50・4・25民集29巻4号556頁
750
最判昭和50・7・25民集29巻6号1170頁
667
最判昭和50・9・25金法772号26頁
524
最判昭和50・11・7民集29巻10号1525頁
801
最判昭和50・12・26民集29巻11号1890頁
468,471,472
最判昭和51・3・4民集30巻2号25頁
559
最判昭和51・10・12民集30巻9号889頁
666
最判昭和51・12・20民集30巻11号1064頁
199,510,513
最判昭和51・12・20裁判集民119号355頁
56
最判昭和52・2・17民集31巻1号29頁
722
最判昭和52・2・22民集31巻1号79頁
184,190

最判昭和52・2・22裁判集民120号107頁
273
最判昭和52・3・11民集31巻2号171頁
87
最判昭和52・4・4裁判集民120号401頁
57,514
最判昭和52・4・26裁判集民120号543頁
667
最判昭和53・7・4最判32巻5号809頁
492
最判昭和53・10・5民集32巻7号1332頁
168
最判昭和54・1・19裁判集民126号1頁
272,782
最判昭和54・1・25民集33巻1号26頁
81
最判昭和54・2・22民集33巻1号79頁
667
最判昭和54・9・6裁判集民127号375頁
65,515
最判昭和55・3・6裁判集民129号247頁
506
最判昭和55・6・5裁判集民130号1頁
437
最判昭和56・1・27民集35巻1号35頁
9,31
最判昭和56・1・30下民集31巻5号～8号
858頁　569,575
最判昭和56・2・17裁判集民132号129頁
190
最判昭和56・3・24民集35巻2号254頁
666
最判昭和56・4・20民集35巻3号656頁
269,308,779
最判昭和56・6・16裁判集民133号47頁
324
最判昭和56・6・16裁判集民133号75頁
525
最判昭和56・6・18民集35巻4号798頁
573
最判昭和56・7・17民集35巻5号977頁
573
最判昭和56・10・13裁判集民134号97頁
746
最判昭和57・1・21民集36巻1号71頁

131
最判昭和57・2・23民集36巻2号154頁
671
最判昭和57・3・9裁判集民135巻313頁
798,809
最判昭和57・3・12民集36巻3号349頁
230
最判昭和57・6・17裁判集民136号99頁
57,514
最判昭和57・12・2裁判集民137号573頁
759
最判昭和58・1・20民集37巻1号1頁
324
最判昭和58・4・19裁判集民138号611頁
31,518
最判昭和58・4・19判時1082号47頁
9,10
最判昭和58・10・18民集37巻8号1121頁
765
最判昭和59・4・20民集38巻6号610頁
207
最判昭和59・9・18裁判集民142号311頁
31,518
最判昭和60・1・24裁判集民144号65頁
282
最判昭和61・2・27裁判集民147号161頁
505
最判昭和61・3・17民集40巻2号420頁
510
最判昭和61・4・25裁判集民147号615頁
573
最判昭和62・4・22民集41巻3号408頁
798,805,806,813
最判昭和62・7・17裁判集民151号583頁
405,406
最判昭和62・9・4裁判集民151号645頁
801
最判昭和63・2・25裁判集民153号443頁
673
最判昭和63・7・1民集42巻6号477頁
663
最判平成元・2・17民集43巻2号56頁
567
最判平成2・7・5裁判集民160号187頁
31,518

判例索引

最判平成2・11・20民集44巻8号1037頁
246,247
最判平成3・3・22民集45巻3号268頁
217,222
最判平成3・3・22民集45巻3号293頁
553
最判平成3・3・22民集45巻3号322頁
663
最判平成3・4・2民集45巻4号349頁
114
最判平成3・11・29裁判集民163号627頁
268,778
最判平成4・1・24裁判集民164号25頁
813
最判平成4・9・22民集46巻6号571頁
649
最判平成4・10・20民集46巻7号1129頁
145
最判平成5・2・12民集47巻2号393頁
573
最判平成5・2・18裁判集民167号129頁
275,276
最判平成5・3・16民集47巻4号3005頁
58,514
最判平成5・7・19裁判集民169号243頁
103
最判平成5・9・24民集47巻7号5035頁
623
最判平成5・11・26裁判集民170号679頁
281,287,778
最判平成5・12・17裁判集民170号877頁
245,246
最判平成6・2・8民集48巻2号373頁
90
最判平成6・3・22民集48巻3号859頁
52,515
最判平成6・3・24裁判集民172号99頁
654
最判平成6・4・5裁判集民172号201頁
667
最判平成6・6・7裁判集民172号633頁
322
最判平成6・7・14民集48巻5号1109頁
663
最判平成6・11・22民集48巻7号1355頁

713
最判平成6・12・16裁判集民173号517頁
257
最判平成7・7・7民集49巻7号2599頁
649
最判平成7・7・18裁判集民176号491頁
765
最判平成8・1・26民集50巻1号155頁
138,670
最判平成8・7・12民集50巻7号1876頁
275,276
最判平成8・7・12裁判集民179号587頁
783
最判平成8・10・14民集50巻9号2431頁
551
最判平成8・10・29民集50巻9号2506頁
110,163,165
最判平成8・10・31民集50巻9号2563頁
798,806
最判平成8・10・31裁判集民180号643頁
807,811
最判平成8・10・31裁判集民180号661頁
807
最判平成8・11・12民集50巻10号2673頁
201,520
最判平成9・2・25裁判集民181号351頁
66,516
最判平成9・7・1民集51巻6号2452頁
524
最判平成9・7・15民集51巻6号2645頁
670
最判平成9・12・18民集51巻10号4241頁
261
最判平成10・2・13民集52巻1号65頁
110,137,258
最判平成10・2・27集民187号207頁
812
最判平成10・3・26民集52巻2号513頁
663
最判平成10・3・26LEX/DB25541552
418
最判平成10・10・30民集52巻7号1604頁
570
最判平成10・12・18民集52巻9号1975頁
259

868

最判平成11・4・22裁判集民193号159頁
808,812,813
最判平成11・7・13裁判集民193号427頁
251
最決平成11・10・26裁判集民194号925頁
673
最大判平成11・11・24民集53巻8号1899頁
215,219,224,226,228,232,233,234,235
最判平成12・1・27裁判集民196号201頁
261
最判平成12・2・29民集54巻2号582頁
42
最判平成12・3・21裁判集民197号703頁
577
最判平成12・12・19金法1609号53頁
510
最判平成13・2・22判時1745号85頁
145
最判平成13・3・28民集55巻2号611頁
277
最決平成13・4・13民集55巻3号671頁
668
最決平成13・11・21民集55巻6号1014頁
859
最判平成13・11・22裁判集民203号743頁
122,123,504
最判平成13・11・27民集55巻6号1311頁
146
最判平成13・11・27民集55巻6号1380頁
123,504
最判平成14・1・22民集56巻1号46頁
568
最判平成14・3・28民集56巻3号613頁
568
最判平成14・9・24裁判集民207号289頁
618
最判平成14・10・15民集56巻8号1791頁
623
最判平成15・6・12民集57巻6号595頁
270,301,308,561,779
最判平成15・7・3裁判集民210号217頁
672
最判平成15・10・10裁判集民211号13頁
617
最判平成15・10・21民集57巻9号1213頁

264,270,271,280,287,303,363,366,561,
564,777,780,791
最判平成15・10・21裁判集民211号55頁
363,366
最判平成15・10・23裁判集民211号253頁
264,280,303,363,366,780
最判平成15・12・9民集57巻11号1887頁
42
最判平成16・4・23民集58巻4号959頁
579
最判平成16・6・29裁判集民214号595頁
270,307
最判平成16・11・8裁判集民215号555頁
264,280,303,363,530,780
最判平成16・11・18民集58巻8号2225頁
40,486,523,572
最判平成17・3・10民集59巻2号356頁
225,228,232,235
最判平成17・3・10裁判集民216号389頁
270,271,369,564
最判平成17・3・29裁判集民216号421頁
256
最決平成17・6・24裁判集民217号277頁
571
最判平成17・9・16裁判集民217号1007頁
522
最判平成17・12・7民集59巻10号2645頁
650
最判平成17・12・16裁判集民218号1239頁
558
最判平成18・1・17民集60巻1号27頁
107,163
最判平成18・2・7民集60巻2号480頁
516
最判平成18・3・16民集60巻3号735頁
248,498
最判平成18・3・30民集60巻3号948頁
566,653
最決平成18・9・11民集60巻7号2622頁
499,660,668
最判平成18・10・20民集60巻8号3098頁
662
最判平成19・2・27裁判集民223号343頁
32
最判平成19・7・6民集61巻5号1769頁

483,570,617

最判平成19・7・6民集61巻5号1940頁
500

最決平成19・12・4民集61巻9号3245頁
834

最判平成20・2・29裁判集民227号383頁
300,301,779,792

最判平成21・4・23裁判集民230号435頁
584

最判平成22・6・1民集64巻4号953頁
116,117,608

最判平成22・7・16裁判集民234号307頁
489

最判平成23・1・21裁判集民236号27頁
489

最判平成23・3・24民集65巻2号903頁
489,559

最判平成23・4・22民集65巻3号1405頁
521

最判平成23・7・12裁判集民237号215頁
489

最判平成23・7・15民集65巻2号2269頁
489,555,560

最判平成23・7・21裁判集民237号293頁
484

最決平成23・10・11裁判集民238号1頁
402,420

最判平成24・1・17裁判集民239号621頁
417

最判平成24・2・7裁判集民240号1頁
657

最判平成24・9・13民集66巻9号3263頁
489

最判平成25・2・26民集67巻2号297頁
258

最判平成25・3・22裁判集民243号83頁
608

最判平成25・4・9裁判集民243号291頁
490

最判平成25・11・29民集67巻8号1736頁
798,802

最判平成26・2・25民集68巻2号173頁
801

最判平成26・9・25民集68巻7号661頁
786,787

最決平成28・3・18民集70巻3号937頁
403,596

最判令和3・6・29民集75巻7号3340頁
480

【控訴院・高等裁判所】

東京控判大正2・12・25新聞925号21頁
10

仙台高判昭和31・5・10民集16巻7号1381
頁　76

福岡高判昭和31・6・18下民集7巻6号
1578頁　208

東京高判昭和32・9・11東高民時報8巻9
号220頁　661

広島高岡山支判昭和33・12・26高民集11巻
10号753頁　462

福岡高判昭和34・6・20下民集10巻6号
1315頁　90

名古屋高判昭和35・8・10下民集11巻8号
1698頁　639

名古屋高判昭和36・3・31高民集14巻3号
213頁　434

東京高判昭和36・12・20高民集14巻10号
730頁　188

東京高判昭和37・1・30下民集13巻1号
104頁　244

東京高判昭和38・9・11東高民時報14巻9
号243頁　652

大阪高判昭和41・2・11判時448号55頁
462

東京高決昭和43・7・10高民集21巻4号
370頁　248

大阪高判昭和43・11・28下民集19巻11号・
12号753頁　476

福岡高判昭和47・2・28判時663号71頁
248

東京高判昭和47・5・30下民集23巻5号〜
8号288頁　574

福岡高判昭和47・11・22刑月4巻11号1803
頁　174

仙台高判昭和48・1・24高民集26巻1号42
頁　460,462

福岡高判昭和48・10・31下民集24巻9号〜
12号826頁　243,248

名古屋高判昭和49・1・16判時743号63頁

199

大阪高判昭和49・1・18判時744号61頁
577

大阪高判昭和49・12・16高民集27巻7号
980頁 786

東京高判昭和49・12・18判時771号43頁
57

東京高判昭和50・1・29高民集28巻1号1
頁 248

東京高判昭和50・6・30判時790号63頁
10

東京高判昭和50・11・26東高民時報26巻11
号226頁 578

東京高判昭和51・4・28東高民時報27巻4
号102頁 623

東京高判昭和51・8・16判時837号47頁
89

東京高決昭和51・11・11下民集27巻9号～
12号774頁 652

東京高判昭和52・3・31東高民時報28巻3
号86頁 199,200,201

東京高判昭和53・2・27下民集31巻5号～
8号658頁 412,413,417,574

東京高判昭和53・3・30東高民時報29巻3
号71頁 200,201

東京高判昭和53・12・11判時921号94頁
441

大阪高判昭和54・3・16下民集34巻9号～
12号1128頁 169

東京高判昭和54・5・30下民集30巻5号～
8号247頁 244

名古屋高判昭和54・7・30判時946号61頁
169

東京高判昭和54・8・28判タ398号93頁
530

東京高判昭和54・11・7下民集30巻9号～
12号621頁 9

東京高判昭和55・3・26下民集31巻5号～
8号808頁 574

大阪高判昭和55・4・25下民集31巻5号～
8号815頁 575

東京高判昭和56・8・25東高民時報32巻8
号190頁 561

東京高判昭和56・8・31判時1018号117頁
470

東京高判昭和56・10・26判時1028号51頁
528

大阪高判昭和56・10・30判時1043号123頁
477

高松高判昭和56・12・7判時1044号383頁
89

東京高決昭和57・3・26下民集33巻1号～
4号141頁 669

東京高判昭和57・4・28判タ476号98頁
428,436

東京高判昭和57・8・31下民集33巻5号～
8号968頁 166

東京高判昭和57・10・25家月35巻12号62頁
639

東京高判昭和58・3・17判タ497号117頁
623

大阪高判昭和58・5・10判タ500号164頁
267

大阪高判昭和58・7・19判時1099号59頁
200

福岡高判昭和58・12・22判タ520号145頁
248

大阪高判昭和59・10・26判時1146号69頁
13

東京高判昭和60・1・25高民集38巻1号1
頁 87

大阪高判昭和60・6・28判タ565号110頁
447

東京高判昭和61・11・17東高民時報37巻11
号・12号128頁 405,406

大阪高判昭和61・11・18判タ642号204頁
446

大阪高判昭和61・11・28判時1242号55頁
574

大阪高判昭和61・12・9判タ640号176頁
188

大阪高判昭和62・11・10判時1277号131頁
414,417,574

仙台高判昭和62・11・16判タ662号165頁
723

仙台高判昭和63・4・25判時1285号59頁
89

東京高判昭和63・7・27東高民時報39巻5
号～8号50頁 816

東京高判昭和63・11・30金法1242号112頁

871

553

東京高判平成元・1・31金法1237号25頁
390

東京高判平成元・2・6金判823号20頁
433

東京高判平成元・3・30判時1306号38頁
349

大阪高判平成元・5・26判タ704号236頁
577

大阪高判平成元・9・29民集45巻3号303
頁　335

高松高判平成元・12・13判時1366号58頁
243,248

東京高判平成2・1・25金判845号19頁
200,201,438

東京高判平成2・3・27判時1355号59頁
393

大阪高判平成2・4・26判時1383号131頁
16

東京高判平成2・5・14高民集43巻2号82
頁　349

大阪高判平成2・6・26民集49巻7号2709
頁　569

東京高判平成3・1・28判時1375号71頁
342

東京高判平成3・7・16判タ779号272頁
339

大阪高判平成3・8・29判時1410号69頁
577

東京高判平成3・9・26東高民時報42巻1
号～12号64頁　576

東京高判平成4・3・26判時1449号112頁
339

仙台高決平成4・5・27判タ805号210頁
591

東京高判平成4・6・24判タ807号239頁
322,347

大阪高判平成4・9・30民集50巻7号1895
頁　276

東京高判平成5・9・30判時1477号58頁
392

東京高判平成5・12・27金法1397号44頁
353

東京高判平成6・2・2判タ879号205頁
804

東京高判平成6・2・23判時1492号92頁
20

東京高判平成6・3・28判時1505号65頁
275

東京高判平成6・7・19金判964号38頁
475

東京高判平成6・8・4高民集47巻2号141
頁　419,575

東京高判平成7・2・28判時1529号73頁
413

東京高判平成7・6・14判タ895号139頁
578

福岡高判平成7・6・29判時1558号35頁
12

東京高決平成7・8・8金判989号33頁
672

福岡高判平成7・10・27民集52巻7号1678
頁　575

東京高判平成7・12・18判タ929号199頁
579

東京高判平成8・2・20判タ909号176頁
575

東京高判平成8・3・28高民集49巻1号5
頁　75

東京高判平成8・12・26判時1599号79頁
569

東京高決平成9・3・14判時1604号72頁
671

東京高判平成9・5・15判時1616号70頁
577

名古屋高判平成9・6・18判時1616号153
頁　579

東京高判平成9・7・31判例集未登載
418

福岡高判平成10・7・21判時1695号94頁
458

東京高判平成10・8・21判タ1020号212頁
343

東京高決平成10・9・14判時1665号71頁
671

東京高判平成10・9・30判時1677号71頁
338

大阪高判平成10・11・6判時1723号57頁
652

東京高判平成10・12・3金法1537号55頁

530

東京高判平成11・9・8判時1710号110頁
38,522

大阪高判平成11・9・17判タ1051号286頁
120,569

東京高判平成11・12・2判タ1035号250頁
320,321,328

東京高判平成12・3・23判タ1037号226頁
353

大阪高判平成12・9・28判時1753号65頁
580

東京高判平成12・12・14判タ1084号309頁
331

福岡高判平成12・12・27判タ1085号257頁
577

名古屋高判平成13・3・29判時1767号48頁
61

東京高判平成13・6・7判時1758号46頁
652

東京高判平成13・10・29東高民時報52巻1
号〜12号18頁　265

東京高判平成13・12・26判タ1115号185頁
440

東京高判平成14・3・5判時1776号71頁
365

大阪高判平成14・5・16判タ1109号253頁
579

大阪高判平成14・6・21判時1812号101頁
583

東京高判平成14・10・22判時1800号3頁
288

東京高決平成14・11・8判タ1109号109頁
392

東京高判平成15・1・16LEX/DB28081250
335

東京高判平成15・2・13判タ1117号292頁
369

東京高判平成15・9・25判タ1153号167頁
440

福岡高那覇支判平成15・12・25高民集56巻
4号1頁　477

東京高決平成16・5・20判タ1210号170頁
579

東京高判平成16・7・14判時1875号52頁
582

大阪高判平成16・12・2判時1898号64頁
435,442,446,522

名古屋高決平成16・12・7判時1892号37頁
671

大阪高判平成17・6・9判時1938号80頁
804

東京高決平成17・7・6判タ1198号294頁
670

東京高判平成17・11・30判時1935号61頁
660

東京高判平成18・2・15判タ1226号157頁
626,629,631

福岡高判平成18・9・5判時2013号79頁
505

東京高判平成18・10・12金判1265号46頁
283

東京高判平成18・11・28判時1974号151頁
488

東京高判平成18・11・30判タ1257号314頁
281

大阪高判平成18・12・19判時1971号130頁
119

福岡高判平成19・3・20判時1986号58頁
491

仙台高判平成19・3・30LEX/DB28132159
332

福岡高判平成19・7・24判時1994号50頁
369

東京高判平成19・9・12判タ1268号186頁
582

東京高判平成19・9・13判タ1258号228頁
249

東京高決平成20・4・25判時2032号50頁
673

大阪高判平成21・8・27判時2062号40頁
264

大阪高判平成23・6・10判時2145号32頁
494

高松高判平成26・4・23判時2251号60頁
249,498

高松高判平成26・6・19判時2236号101頁
443

大阪高判平成26・10・16金商1460号10頁
637

東京高判平成27・9・9金法2050号62頁

302

東京高判令和元・6・12D1-Law28272906
261

大阪高判令和3・5・21判時2533号13頁
166

【地方裁判所】

千葉地判大正9・5・27新聞1761号15頁
10

東京地判昭和27・1・18下民集3巻1号45
頁　297

東京地判昭和30・7・8下民集6巻7号
1347頁　459

大分地判昭和31・8・9下民集7巻8号
2151頁　89

東京地判昭和31・11・26下民集7巻11号
3364頁　450

大分地判昭和32・2・8下民集8巻2号
241頁　89

東京地判昭和32・9・18下民集8巻9号
1717頁　197,198

大阪地判昭和33・6・9下民集9巻6号
1024頁　202

東京地判昭和33・6・13判時157号24頁
462

横浜地判昭和33・11・27下民集9巻11号
2332頁　207

東京地判昭和34・1・26下民集10巻1号
143頁　198

東京地判昭和34・6・22下民集10巻6号
1318頁　9

東京地判昭和34・12・16判時212号29頁
432,447

山口地岩国支判昭和36・2・20下民集12巻
2号320頁　572

東京地判昭和36・4・24判時265号29頁
461

東京地判昭和36・5・1下民集12巻5号
1065頁　552

大分地判昭和36・9・15下民集12巻9号
2309頁　89

東京地判昭和36・10・20下民集12巻10号
2490頁　474

東京地判昭和36・12・18判時287号17頁
462

横浜地判昭和38・3・25下民14巻3号444
頁　625

名古屋地判昭和38・11・11下民集14巻11号
2221頁　479

東京地判昭和39・10・22判タ170号237頁
469

千葉地判昭和39・11・25判タ172号214頁
506

奈良地判昭和40・10・4下民集16巻10号
1543頁　388

大阪地判昭和41・1・20民集23巻11号2113
頁　435

東京地判昭和41・11・19判タ202号181頁
462

東京地判昭和42・2・2判タ205号163頁
208

東京地判昭和42・4・14判タ208号185頁
781

函館地判昭和42・9・4判時504号82頁
477

京都地判昭和42・9・5判時504号79頁
470

横浜地判昭和42・10・27下民集18巻9号・
10号1048頁　471

大阪地判昭和43・6・3判タ226号172頁
437

和歌山地田辺支判昭和43・7・20判時559
号72頁　652

京都地判昭和43・11・5判タ230号279頁
462

山形地判昭和43・11・25下民集19巻11号・
12号731頁　89

京都地判昭和44・3・27判タ236号151頁
13

東京地判昭和44・5・2判時571号61頁
459

東京地判昭和44・10・15判時585号57頁
247

東京地判昭和45・11・25判時629号87頁
460

東京地判昭和45・12・19下民集21巻11号・
12号1547頁　89

大阪地判昭和46・10・9判タ274号269頁
447

東京地判昭和47・6・10下民集23巻5号～

8 号303頁　389

東京地判昭和47・9・12判時694号72頁
479

東京地判昭和47・11・15判時698号75頁
461

東京地判昭和48・3・23判タ295号279頁
436, 477

京都地決昭和48・9・19判時720号81頁
652

仙台地決昭和49・3・28判時778号90頁
652

東京地判昭和49・12・6判タ322号190頁
445

東京地判昭和51・5・27判時844号48頁
490

東京地判昭和52・2・24訟月23巻3号443
頁　723

東京地判昭和52・10・27判時882号63頁
391

東京地判昭和53・2・1下民集29巻1号〜
4号53頁　391

東京地判昭和53・2・1下民集31巻5号〜
8号646頁　414, 574

東京地決昭和53・5・31判時888号71頁
651

東京地判昭和53・9・11判タ381号89頁
199

大阪地判昭和53・11・29判タ375号105頁
575

東京地八王子支判昭和54・7・26判時947
号74頁　447

横浜地判昭和54・9・5判タ403号149頁
639

東京地判昭和54・10・30判時946号78頁
436

東京地判昭和54・12・17判時966号60頁
89

東京地判昭和55・2・12判時965号85頁
552

東京地判昭和55・6・26判時990号208頁
781

東京地判昭和55・12・19判タ449号83頁
244

横浜地決昭和56・2・18下民集32巻1号〜
4号40頁　416

東京地判昭和56・6・24判時1022号85頁
477

東京地判昭和56・7・15判タ455号123頁
450

東京地判昭和56・9・30判時1038号321頁
417, 574

東京地判昭和56・12・14判タ470号145頁
32

東京地判昭和57・2・17判時1049号55頁
13, 724

東京地判昭和57・2・22判タ482号112頁
437, 477

東京地判昭和57・3・26判タ478号85頁
778

東京地判昭和57・4・28判時1057号77頁
623

大阪地判昭和57・9・22判タ486号109頁
434

大阪地判昭和57・10・22判時1068号85頁
578

東京地判昭和58・1・28判時1080号78頁
548

東京地判昭和58・4・25判時1086号123頁
247

大阪地判昭和58・7・14判タ509号185頁
12

名古屋地判昭和58・12・16判時1111号127
頁　474

宮崎地判昭和58・12・21判タ528号248頁
434

東京地判昭和59・2・24判時1131号115頁
448

横浜地川崎支判昭和59・6・27判タ530号
272頁　414, 574

東京地判昭和59・12・12判タ548号159頁
15, 507

東京地判昭和60・1・30判時1169号63頁
548

大阪地判昭和60・4・22判タ560号169頁
623

東京地判昭和60・4・25判時1178号95頁
265

奈良地葛城支判昭和60・12・26判タ599号
35頁　15

横浜地判昭和61・1・29判時1178号53頁

判例索引

405

札幌地判昭和61・2・18判時1180号3頁
400

京都地判昭和61・2・20金判742号25頁
19

横浜地判昭和61・2・21判時1202号97頁
623

大分地判昭和61・4・24判夕622号121頁
9

横浜地判昭和61・7・9判夕621号115頁
479

東京地判昭和61・9・25判時1240号88頁
574

千葉地判昭和61・10・27判時1228号110頁
275

東京地判昭和61・11・28判夕640号187頁
651

大阪地判昭和61・12・12判夕668号178頁
120

東京地判昭和61・12・23判時1252号58頁
89

名古屋地判昭和61・12・26判時1229号125
頁　474

東京地判昭和62・3・23判時1260号24頁
321

東京地判昭和62・4・10判時1266号49頁
579

福岡地判昭和62・5・19判夕651号221頁
576

仙台地判昭和62・6・30判夕651号128頁
20

福岡地判昭和62・7・14判夕646号141頁
405

名古屋地判昭和62・7・27判時1251号122
頁　400

横浜地判昭和62・11・12判時1273号90頁
255

東京地判昭和62・11・27判時1280号97頁
435

横浜地判昭和62・12・11判時1289号99頁
275

東京地判昭和63・2・29判夕675号174頁
12,16

横浜地判昭和63・4・14判時1299号110頁
57

横浜地判昭和63・4・21判時1293号148頁
321

京都地判昭和63・6・16判時1295号110頁
413,574

東京地判昭和63・11・10判時1323号92頁
573

東京地判昭和63・11・28判夕702号255頁
579

東京地判平成元・3・15D1-Law28170589
393

東京地判平成元・3・29判時1344号145頁
445

福岡地判平成元・6・7判夕714号193頁
339

東京地判平成元・6・19判夕713号192頁
353

東京地判平成元・7・4判時1356号100頁
337

東京地判平成元・7・10判時1356号106頁
330,337,349

東京地判平成元・8・28判夕726号178頁
333

横浜地判平成元・9・7判時1352号126頁
119

東京地判平成元・9・14判夕731号171頁
345

横浜地判平成元・9・25判時1343号71頁
275

東京地判平成元・9・26判時1354号120頁
528

東京地判平成元・9・29判時1356号112頁
337

東京地判平成元・11・28判時1363号101頁
328

東京地判平成元・12・12判夕731号196頁
20

東京地判平成元・12・27判時1353号87頁
342

東京地判平成2・1・19判時1371号119頁
338

東京地判平成2・1・30判時1370号83頁
578

東京地判平成2・3・8判時1372号110頁
350,553

東京地判平成2・4・25判時1367号62頁

319,346

東京地判平成 2 ・ 5 ・31判タ748号159頁
575,576

東京地判平成 2 ・ 9 ・10判時1387号91頁
349

東京地判平成 2 ・11・13判時1395号78頁
334

東京地判平成 2 ・11・30判時1395号97頁
556

東京地判平成 2 ・12・26金判888号22頁
17

東京地判平成 3 ・ 1 ・29判時1401号75頁
573

東京地判平成 3 ・ 2 ・28判時1405号60頁
438

東京地判平成 3 ・ 2 ・28判タ765号209頁
329

東京地判平成 3 ・ 3 ・ 8 判時1402号55頁
413

東京地判平成 3 ・ 4 ・24判タ769号192頁
335

東京地判平成 3 ・ 5 ・13判時1396号82頁
329

東京地判平成 3 ・ 5 ・30判時1395号81頁
351

東京地判平成 3 ・ 5 ・30金判889号42頁
17,508

東京地判平成 3 ・ 6 ・20判時1413号69頁
324

東京地判平成 3 ・ 7 ・25判時1416号98頁
350

東京地判平成 3 ・ 8 ・ 9 金判895号22頁
805

東京地判平成 3 ・ 9 ・ 6 判タ785号177頁
328

東京地判平成 3 ・10・ 7 判時1432号86頁
419

東京地判平成 3 ・11・12判時1421号87頁
417

東京地判平成 3 ・11・26判時1443号128頁
334

東京地判平成 3 ・11・28判時1438号85頁
549

横浜地判平成 3 ・12・12判時1420号108頁
419

東京地判平成 3 ・12・26判時1418号103頁
414,574

東京地決平成 4 ・ 1 ・30判時1415号113頁
417

大阪地判平成 4 ・ 2 ・21判時1457号122頁
651

福井地判平成 4 ・ 2 ・24判時1455号136頁
275

神戸地判平成 4 ・ 2 ・28判タ799号194頁
20

東京地判平成 4 ・ 3 ・16判時1453号142頁
578

東京地判平成 4 ・ 3 ・19判時1442号126頁
577

東京地判平成 4 ・ 4 ・16判時1428号107頁
448

東京地判平成 4 ・ 8 ・27判タ823号203頁
575

東京地判平成 4 ・ 8 ・27判タ823号205頁
548,549

東京地判平成 4 ・ 9 ・14判時1474号101頁
333

東京地判平成 4 ・ 9 ・22判時1468号111頁
574

東京地判平成 4 ・ 9 ・25判タ825号258頁
340

京都地判平成 4 ・10・22判時1455号130頁
400,405,576

名古屋地判平成 4 ・10・28金判918号35頁
507,511

大阪地判平成 4 ・12・21判時1453号146頁
652

東京地判平成 5 ・ 1 ・22判時1473号77頁
333

東京地判平成 5 ・ 1 ・26判時1478号142頁
19

東京地判平成 5 ・ 2 ・ 9 判時1462号132頁
392

名古屋地決平成 5 ・ 3 ・11判時1485号77頁
651

東京地判平成 5 ・ 3 ・29判タ873号189頁
52,707

名古屋地判平成 5 ・ 6 ・11判タ833号218頁
473

大阪地判平成 5 ・ 6 ・18判時1468号122頁

877

449

東京地八王子支判平成 5 ・ 7 ・ 9 判時1480号86頁　405,414

大阪地判平成 5 ・ 9 ・13判時1505号116頁　347

東京地判平成 5 ・ 9 ・30判タ874号202頁　573

東京地判平成 5 ・10・ 1 判時1497号82頁　449,451

松山地判平成 5 ・10・26判時1524号113頁　275

浦和地判平成 5 ・11・19判時1495号120頁　575

大阪地判平成 5 ・12・ 9 判時1507号151頁　120

東京地判平成 5 ・12・24判タ855号217頁　12

東京地判平成 6 ・ 3 ・24判時1522号85頁　575

東京地判平成 6 ・ 3 ・31判時1519号101頁　419

東京地判平成 6 ・ 8 ・25判時1539号93頁　343

東京地判平成 6 ・ 9 ・ 1 判時1533号60頁　477

横浜地判平成 6 ・ 9 ・ 9 判時1527号124頁　417,576

東京地判平成 6 ・11・15判時1537号139頁　650

東京地判平成 7 ・ 2 ・24判タ902号101頁　315

東京地判平成 7 ・ 5 ・31判時1556号107頁　119

長野地上田支判平成 7 ・ 7 ・ 6 判時1569号98頁　652

東京地判平成 7 ・ 8 ・28判時1566号67頁　551

東京地判平成 7 ・ 8 ・29判時1560号107頁　120

東京地判平成 7 ・ 9 ・26判タ914号177頁　320

東京地判平成 7 ・10・ 5 判タ912号251頁　579

東京地判平成 7 ・10・16判タ919号163頁　349

名古屋地決平成 7 ・11・ 8 判タ910号238頁　651

東京地判平成 7 ・11・21判時1571号88頁　405,576

東京地判平成 7 ・12・ 8 判時1578号83頁　118

東京地判平成 8 ・ 3 ・15判時1583号78頁　336

東京地判平成 8 ・ 5 ・20判時1593号82頁　338

東京地判平成 8 ・ 6 ・13判時1595号87頁　530

東京地判平成 8 ・ 7 ・ 3 金判1022号32頁　472

東京地判平成 8 ・ 7 ・ 5 判時1585号43頁　418

東京地判平成 8 ・ 7 ・12判タ926号197頁　434

東京地判平成 8 ・ 7 ・29判タ941号203頁　322

東京地判平成 9 ・ 1 ・28判時1619号93頁　200,438

東京地判平成 9 ・ 1 ・28判タ942号146頁　556

東京地判平成 9 ・ 2 ・24判タ968号261頁　354

福岡地小倉支判平成 9 ・ 5 ・ 7 判例集未登載　578

横浜地判平成 9 ・ 5 ・26判タ958号189頁　436

東京地判平成 9 ・ 6 ・ 5 判タ967号164頁　556

東京地判平成 9 ・ 7 ・ 7 判時1605号71頁　120

浦和地川越支判平成 9 ・ 8 ・19判タ960号189頁　119

東京地判平成 9 ・ 9 ・18判時1647号122頁　61,478

東京地判平成 9 ・ 9 ・29判タ984号269頁　352

松山地判平成 9 ・ 9 ・29判時1649号155頁　247

東京地判平成 9 ・10・20判タ973号184頁　445

東京地判平成 9 ・10・29判タ984号265頁

338, 352

東京地判平成9・11・7判タ981号278頁
332

大阪地岸和田支判平成9・11・20判タ985
号189頁　248

東京地判平成10・3・10判タ1009号264頁
556

松山地判平成10・5・11判タ994号187頁
442

東京地判平成10・5・13判時1666号85頁
438

東京地判平成10・5・28判時1663号112頁
561

東京地判平成10・5・28判タ988号198頁
478

東京地判平成10・7・16判タ1009号245頁
479

大阪地判平成10・8・25判時1668号112頁
583

広島地尾道支判平成10・9・2訟月45巻5
号979頁　625

東京地判平成10・9・16判タ1038号226頁
38, 442

東京地判平成10・10・26判時1680号93頁
19

東京地判平成11・1・22金法1594号102頁
339

東京地判平成11・1・28判タ1046号167頁
626, 633

大阪地判平成11・2・18判タ1003号218頁
119

釧路地判平成11・3・16判タ1039号130頁
89, 90

大阪地判平成11・3・23判時1677号91頁
580

神戸地判平成11・6・21判時1705号112頁
581

神戸地判平成11・7・30判時1715号64頁
439

浦和地判平成11・12・15判時1721号108頁
553

千葉地判平成12・11・30判時1749号96頁
446

静岡地判平成12・12・22訟月48巻9号2167
頁　75

東京地判平成13・2・20判タ1136号181頁
579

東京地判平成13・3・6判タ1129号166頁
449

東京地判平成13・5・30判タ1101号170頁
319, 324

神戸地尼崎支判平成13・6・19判時1781号
131頁　490, 574, 576

東京地判平成13・6・27判時1779号44頁
118, 440, 446

大阪地判平成13・9・5判時1785号59頁
420, 579

岐阜地判平成13・11・28判タ1107号242頁
332

千葉地判平成14・1・10判時1807号118頁
120

名古屋地判平成14・1・30LEX/DB280711
34　339

名古屋地判平成14・2・22LEX/DB280717
81　336

那覇地判平成14・5・14LEX/DB28071030
326, 367

神戸地判平成14・7・4裁判所ホームペー
ジ　449

東京地判平成14・7・16金法1673号54頁
273

奈良地葛城支判平成14・9・20裁判所ホー
ムページ　436

さいたま地判平成15・1・14LEX/DB2808
1177　449

東京地判平成15・2・24判タ1121号284頁
10

札幌地判平成15・6・26裁判所ホームペー
ジ　478

東京地判平成16・2・19判時1875号56頁
582

東京地判平成16・4・23判時1866号65頁
438

東京地判平成16・7・13金法1737号42頁
584

東京地判平成16・7・30判時1887号55頁
62

東京地判平成17・2・3判例集未登載
332

東京地判平成17・2・25判例集未登載

判例索引

350

東京地判平成17・3・14判例集未登載
351

東京地判平成17・3・30判例集未登載
330

東京地判平成17・4・19判例集未登載
320

東京地判平成17・4・22判例集未登載
329

東京地判平成17・4・27判例集未登載
328

東京地判平成17・5・30判例集未登載
330,351

東京地判平成17・5・31判例集未登載
336

東京地判平成17・6・23判例集未登載
328

東京地判平成17・7・12判例集未登載
327,344

東京地判平成17・7・20判例集未登載
331

東京地判平成17・8・9判時1983号90頁
497,626

東京地判平成17・8・26判例集未登載
503

東京地判平成17・9・27判例集未登載
345

東京地判平成17・10・11判例集未登載
329

東京地判平成17・10・21判例集未登載
345

東京地判平成17・12・5判時1914号107頁
119

東京地判平成17・12・14判タ1249号179頁
655

東京地判平成18・1・20判時1957号67頁
440

福岡地判平成18・2・2判タ1224号255頁
569

東京地判平成18・5・30判時1954号80頁
493

東京地判平成18・6・9判時1953号146頁
490

東京地判平成18・6・27判時1961号65頁
420,494

東京地判平成18・7・18判時1961号68頁
487

東京地判平成18・8・31判タ1256号342頁
574

東京地判平成18・9・5判時1973号84頁
118,485

大阪地判平成18・10・25判タ1237号181頁
650

東京地判平成18・12・8判時1963号83頁
120,523,653

東京地判平成19・1・24判時1984号46頁
582

東京地判平成19・2・1判タ1257号321頁
579

大阪地判平成19・3・30判タ1273号221頁
208

東京地判平成19・4・26裁判所ホームページ 815

福岡地判平成19・4・26判タ1256号120頁
450

東京地判平成19・5・16(2007WLJPCA05
76009) 354

京都地判平成19・10・2裁判所ホームページ 449

東京地判平成19・10・3判時1987号27頁
417

東京地判平成19・10・11(2007WLJPCA10
118006) 12

東京地判平成20・2・27判時2011号124頁
265

東京地判平成20・4・23判タ1284号229頁
335,336,553

大阪地判平成20・5・20判タ1291号279頁
440,447

東京地判平成20・6・11(2008WLJPCA06
118001) 318

大阪地判平成20・6・25判時2024号48頁
652

東京地判平成20・11・10判時2055号79頁
12,17

東京地中間判平成20・11・18判タ1297号
307頁 803

大分地判平成20・11・28判タ1298号167頁
166

札幌地判平成21・4・22判タ1317号194頁

364

京都地判平成21・7・23判時2051号119頁
264

東京地判平成21・10・29判時2057号114頁
655

東京地判平成21・11・30(2009WLJPCA11
308003) 346

東京地判平成22・1・15(2010WLJPCA01
158016) 18

東京地判平成22・5・20D1-Law28291486
551

東京地判平成22・10・4(2010WLJPCA10
048013) 346

東京地判平成23・2・1(2011WLJPCA02
018003) 316

東京地判平成24・1・20判時2153号49頁
365

東京地判平成24・3・23判時2152号52頁
555

東京地判平成24・4・23LEX/DB25493952
325

東京地判平成24・5・31LEX/DB25494437
438

東京地判平成24・7・18LEX/DB25495927
325

東京地判平成24・8・1 LEX/DB25496020
316

東京地判平成24・9・7判時2171号72頁
494

東京地判平成24・9・27LEX/DB25497159
358

東京地判平成24・11・1 LEX/DB25497266
355

東京地判平成24・12・12LEX/DB25498926
347

東京地判平成25・1・25判時2184号57頁
357,553

東京地判平成25・1・25LEX/DB25510446
316

東京地判平成25・2・13LEX/DB25510907
359

東京地判平成25・2・25判時2201号73頁
312,360,553

東京地判平成25・3・14判時2204号47頁
344

東京地立川支判平成25・3・28判時2201号
80頁 358

東京地判平成25・4・22LEX/DB25512566
257

東京地判平成25・9・17LEX/DB25515013
361

東京地判平成25・12・24判時2216号76頁
312,359

東京地判平成26・2・28LEX/DB25517907
316

東京地判平成26・4・15LEX/DB25519248
428,440

東京地判平成26・5・27LEX/DB25519806
317

東京地判平成26・11・28LEX/DB25522958
319,321

東京地判平成26・12・16LEX/DB25523108
318

東京地判平成27・1・7 LEX/DB25524668
433

東京地判平成27・1・27LEX/DB25524427
324

東京地判平成27・2・5 判時2254号60頁
340

東京地判平成27・4・10判タ1421号229頁
498

東京地判平成27・8・5 判時2291号79頁
366

東京地判平成27・9・14LEX/DB25531412
319

東京地判平成27・9・18LEX/DB25530790
496

東京地判平成28・1・22LEX/DB25533348
317

東京地判平成28・2・25LEX/DB25533795
320

東京地判平成28・3・18判時2318号31頁
341,356

東京地判平成28・11・30D1-Law29038646
261

東京地判平成29・2・7 LEX/DB25554062
440

東京地判平成29・2・13LEX/DB25551446
244

東京地判平成29・2・22LEX/DB25551436

881

判例索引

433
東京地判平成29・6・15LEX/DB25555247
318
東京地判平成29・9・28LEX/DB25539408
556
東京地判平成29・10・18LEX/DB25539667
321,323
東京地判平成29・11・28金判1551号49頁
556
東京地判平成29・11・30(2017WLJPCA11
308035) 317
東京地判平成30・1・30LEX/DB25551562
560
東京地判平成30・2・16LEX/DB25552533
369
東京地判平成30・3・2 LEX/DB25552876
495
東京地判平成30・3・9 LEX/DB25552647
317
東京地判平成30・3・29LEX/DB25552845
441
東京地判平成30・3・30LEX/DB25553129
315
東京地判平成30・6・27LEX/DB25555645
344
東京地判平成30・8・9 LEX/DB25557080
496
東京地判平成31・2・25LEX/DB25559427
438
大阪地堺支判令和2・8・26判時2533号20
頁 166

【家庭裁判所】

大分家審昭和49・12・26家月27巻11号41頁
638

【簡易裁判所】

東京簡判平成16・12・15裁判所ホームペー
ジ 439

●事項索引●

【英数字】

superficies solo cedit　374
17条決定　534
210条通行権　242,247
213条通行権　242,245,253,260

【あ行】

相手方　588
明渡し　725
明渡請求訴訟　686
あんこ　429
遺産共有　801
意思決定権　42
意思自治　25
意思主義　152
一元説　730
一時使用目的の借地権　528
一時使用目的の賃貸借契約　779
一括競売　373
一般借地権　382,383
一般定期借地権　527
一般媒介契約　426,453
囲繞地　497
囲繞地通行権　241,497
委任の本旨に従う　426
違法性論　42
違約手付　47,512
　──の解釈　62
　──を兼ねる解約手付　62
売主の責めに帰すべき事由　125,127,130
売渡承諾書　14,15,16,18,507,723
売渡証明書　14,17
永続性　687
横領罪　174
オーダーメイド賃貸　564
オーダーメイド賃貸借契約　368
オーダーメイドリース　270
オール決定主義　589
覚書　19

【か行】

改築　605
買付証明書　14,16,17,18,507,723
階梯賃料　309
買主に移転した権利が契約内容に適合しない　136
買主の債務を先履行とする合意があること　699
買主の重過失　701
買主の責めに帰すべき事由　125,127
買主の損害賠償請求権　129
買主の追完請求権　124
買戻し　516
買戻特約付売買契約　516
解約　515
解約手付　46,512
　──と契約の拘束力　48
各算定方式の特徴　294
確認訴訟　683
確認訴訟説　757
確認の利益　789
隠れた瑕疵　118
瑕疵　116,483,607,616
瑕疵担保　112
瑕疵担保責任　483,607
過失の立証責任　28
片手　429
価値権説　224,237
家父（土地所有者）の用法　255
可分債務　377,386
仮契約書　13
仮差押え　592
仮処分　215,593
仮処分解放金　598
仮の地位を定める仮処分　598
換価権説　238
管轄　588
環境瑕疵　119
慣習法　776

883

事項索引

間接事実　687
完全履行請求権　124
鑑定委員会　827
鑑定人　680
管理組合による一体的処理　387
管理占有　224,235
管理費　494
期間説　786
期間の定めのある借家契約　552
期間の定めのない借家契約　552
危険移転　185
危険負担　176,483
期待利回り　792
既判力　786
義務違反者　398
規約効力規定　408
規約敷地　375
客観的瑕疵概念　116
旧一般借地権　382
給付請求　794
給付訴訟　683
強行規定　778,779
供託　591
協定書　19
共同生活上の個別の利益の侵害　417
共同生活上の不当行為　416
共同の利益　494
共同利益背反行為　397,407
　　――の３段階　411
　　――の一般的基準　412
共同利益背反行為者　398
　　――に対する制裁措置　411
共有　797
共有者間に分割協議が調わないこと　803
共有物の特定　800
共有物分割請求権　596
共有物分割請求訴訟　687,797
　　――の当事者　799
　　――の特色　798
共有物分割の訴え　683
緊急性（迅速性）　587
空間所有権　376
国立マンション事件　566
区分所有権　376,494
　　――および敷地利用権の競売請求の決議

401
　　――の競売請求　399
　　――の剥奪　400
区分所有権売渡請求権　381
　　――での時価　391
区分所有権売渡請求権者　389
区分所有者の共同の利益　417
組合財産　803
境界確定訴訟　687,756
境界確定訴訟に関する請求権　596
境界確定の訴え　683
景観利益　566
競公売に伴う土地賃借権譲渡許可　852
形式的形成訴訟　683,687
形式的形成訴訟説　757
形式的競売　402
形成権　776,781,789
形成訴訟　683
形成訴訟説　757
継続性　687
継続地代　291
係争物に関する仮処分　593
継続賃料　265,791,792,793
　　――の鑑定評価手法　283
　　――の評価手法　287
　　――を求める評価手法　289
継続賃料利回り　792
継続家賃　292
競売　808
　　――の方法　809
競売請求　494,495
競売妨害目的　229,232
軽微性　194
契約解除　141,616
契約自由の原則　25,50,486
契約書　9
　　――の作成　506
契約成立意思　22
契約責任説　693
契約締結上の過失　2,26,517
契約内容適合給付義務　112,113
契約内容に適合しない　116
契約内容不適合　607,610,616
契約の解除　616
契約の拘束力　47

884

契約の熟度　36
契約の熟度論　23
契約の成立　2
契約不適合責任　115,150,483,568
　　──を減免する特約　148
契約への不適合　484
契約目的達成不能　194
契約を破る自由　51
権原占有　232
建築　605
建築確認　608
建築瑕疵型事件　607,611,616
建築関係訴訟　604
建築基準法　605,609,679
建築基準法上の私道　261
建築規制　250
建築士　608
建築物　605,679
現実の提供　52
原始的不能　26
原状回復費用の支払請求　556
限定賃料　288
現物分割　805,809
権利抗弁　737,745,746
権利抗弁説　157
権利根拠規定　688
権利自白　739,740
権利主張　737,745,746
権利障害規定　688
権利障害事実　736,743,749
権利消滅事実　736
権利推定規程　738
権利阻止規定　688
権利阻止事実　736
権利に関する契約不適合責任　136
権利の一部が他人に属する場合　139,142
権利の永続性　735,740,741
権利の全部が他人に属する場合　142
権利滅却規定　688
合意説　728
好意通行　241
公課倍率方式　296
交換価値　222,227
交換価値実現妨害状態　222
抗告人　588

行使後の権利義務　781,782
工事の完成　616
更新拒絶　531,552
更新料条項　489
更新料の支払請求　555
更新料の返還請求　560
公租公課倍率法　309
口頭の提供　52
口頭弁論　589
後発的不能　26
抗弁　735,789
効力要件主義　152
国土利用計画法　510
固定資産評価証明書　591
固定賃料　309

【さ行】

債権契約　750
債権者　588
債権者代位権の転用　216
債権侵害論　170
催告解除　134
財産上の給付　857
財産評価　810
最低賃料保証特約　310
再売買の予約　516
再売買予約対象不動産の高騰　525
債務者　588
債務者の責めに帰すべき事由　134
債務者を特定しない仮処分　594
債務不履行　485,607,616,717
　　──による解除　701
債務不履行責任　129
詐害行為取消権　166
差額配分法　287,289,791,792
差額配分方式　295,299
詐欺　39
錯誤　38
サブリース　270
サブリース契約　563,780
　　──と借地借家法28条の正当事由　362
　　──における借地借家法28条の適用の有
　　無　364
三元説　730
暫定真実　739

885

事項索引

暫定性（仮定性）　587
敷金の返還請求　558
敷地　375
敷地延長　250
敷地権　374
敷地権たる旨の登記　374
敷地利用権　373,375
　　――としての一般借地権　384
　　――なき区分所有権　373,379
　　――の時価の算定方法　581
　　――の割合　378
敷地利用権割合の不十分な区分所有権
　393
敷引特約　489
事業用借地権　378
事業用建物の建て貸し契約　368
事業用定期借地権　527
時効取得　488
自己借地権　486
仕事の完成　188
試算賃料　792,793
事実たる慣習　776
事情変更　483,776,777,788
　　――の原則　524,776
事前協議特約　307
質権　140
執行異議　499,664
執行関係訴訟　658
執行官保管　214,235
執行抗告　499,664
執行妨害　213
実質賃料　288,792,793
指定流通機構　427
指定流通機構登録義務　426
時点説　786
自動車通行　247
私道の通行使用権原　240
支払賃料　288
支払保証委託契約　592
借地権　527
借地権価額の算定方法　528
借地権者の土地使用の必要性　319
借地権設定契約の一体性　385
借地権設定者の建物・賃借権譲渡許可
　684

借地権設定者の建物・賃借権譲受　853
借地権設定者の土地使用の必要性　315
借地条件変更　684,840
借地上の建物の売買　138
借地における土地の有効利用・再開発の必
　要性　342
借地に関する従前の経過　322
借地非訟事件　487,684,819
借賃額　681
釈明処分の特例　590
借家関係訴訟　543
借家における再開発の必要性　348
自由競争　171
収益分析法　289,791
住宅の品質確保の促進等に関する法律
　　　　　　　　　　→住宅品確法
住宅品確法　149
　　――95条　146
従たる契約　54
修補　124
重要事項説明義務　427
主観的瑕疵概念　116
受任者の義務　425
主文例　814
主要事実　687
純賃料　792,793
準袋地　244
償還　52
消費者契約　149
消費者契約法　150
情報提供義務　37,486
証明　590
証約手付　47,512
消滅時効　146
処分禁止の仮処分　595
　　――の種類　595
処分禁止の登記　595
処分権主義　685
書面交付等義務　426
書面審理　589
所有権確認請求訴訟　686
所有権確認訴訟　756
所有権の移転時期　3
所有者不明土地・建物の管理制度　633
所有者不明土地に係る訴訟の実務上の問題

886

事項索引

635
自力救済　493
人格権的権利　261
信義誠実の原則　776
信義則　25
信義則上の付随義務　486
新規地代　291
新規賃料　292
　　──を求める評価手法　289
新規家賃　288
審尋　589,599,601
新築　605
新築住宅に関する特別規定　146
信頼関係破壊法理　194
信頼利益の賠償　131
心理的瑕疵　119
数量指示売買　121,503
数量に関する契約不適合　121
スライド条項　778
スライド法　287,291,791,793
スライド方式　285,295,298
　　──における変動率　285
生活妨害に係る訴訟　648
請求原因　733,788
請求権競合　171
正常賃料　288
正当事由　489,531
成約手付　46
積算法　289,791,792
積算方式　294,297
責任追及期間　485
絶対的袋地　243
接道要件　250
説明義務　37,485,521
説明義務違反　120
善意悪意不問原則　160
専属専任媒介契約　427,454
専任媒介契約　426,453
全面的価格賠償　806,809
専門委員　680,690
専門委員制度　613
専門家調停　691
専門家調停委員　613,680,682
占有移転禁止の仮処分　215,593,597,602
　　──の被保全権利　594

占有者に対する引渡競売　404
占有侵害　233
専有部分　493
善良なる管理者の注意義務　426
相関関係論　171
増改築許可　843
総合方式　296,299,791
相互的・交錯的通行権　254
相殺　713
相続財産の共有　801
相対的袋地　243
増築　605
送電線地役　254
相当地代の算定方式　293
相当賃料　283
　　──の具体的な算定手法　285
　　──の算定　282
相当賃料額　776,779,781,782,785,789,
　790
　　──の決定の際の留意事項　300
　　──を求める算定方式　791
相当賃料決定時に斟酌すべき事情　303
相当と認める額　275
相当と認める賃料　783
相当家賃の算定方式　297
双方未登記　156
相隣関係　496
　　──の規定の性質　621
即時抗告　591,602
訴訟物　685,694,726
その他の処分禁止の仮処分　597
疎明　590
損害賠償請求　141
損害賠償請求と追完請求　131
損害賠償額の予定としての手付　47

【た行】

対価的均衡　126
代金額の特定　720
代金減額請求　140
代金減額請求権　126,127,503
　　──の要件　126
代金減額の算定基準時　129
代金減額の算定方法　128
代金支払請求　692

887

事項索引

代金支払請求権　692
代金の減額　616
代金の利息　695,697
　——の支払請求　693
対抗不能　153
対抗要件　137,489
対抗要件主義　152
対抗力　137
第三者供託　592
第三者制限説　159
第三者被害型事件　607,611
第三者の範囲論　160
代償請求権　172
代理　424
諾成契約　751
宅地建物取引業者　452
宅地建物取引業法　511
　——40条　149
多元説　730
立退料　489
建物　604,678,679
　——の増改築許可　684
　——の耐震性能の不備　355
　——の賃借人の建物使用の必要性　328
　——の賃貸借に関する従前の経過　331
　——の賃貸人の建物使用の必要性　329
　——の利用状況および建物の現況　334
建物明渡請求訴訟　545
建物買取請求権　487
建物再築許可　684,846
建物収去請求　388
建物収去土地明渡請求権を保全するための
　建物の処分禁止の仮処分　595,597
建物譲渡特約付借地権　378,527
建物としての基本的な安全性　484
他人の物の売買　508
短期賃貸借　218
担保　590
　——の提供　591
　——の取戻し　592
　——を取戻す方法　592
担保額の決定方法　591
担保価値維持請求権　223
担保権を買主が消滅させた場合　142
担保責任の期間制限　143

担保提供期間　592
担保取消決定　592
担保不動産収益執行　236
地役権　137,140
　——に基づく登記請求権　258
　——の時効取得　256
　——の留保　255
遅延利息説　697
地上権　137,140,528
　——の売買　114
地上物が土地に属する
　→ superficies solo cedit
地代債務　386
地代増減額請求事件の訴額　531
地代の算定方法　530
地代の増減額請求　529
中間的合意文書　12
中間的文書　12
駐車場専用使用権　569
中途解約　552
長期間継続した借地権の解消　321
調停条項裁定制度　535
調停前置　784,790
調停前置主義　486,535,681,784,790
眺望に関する説明義務違反　569
直接取引　458
直近合意時点　792,793
直近合意賃料　300
賃借権　140,528
　——の時効取得　488
　——の譲渡　114,487
賃貸借　137
賃貸事例比較法　287,289,291,791,793
賃貸事例比較方式　295,299
賃料　775
　——の本質　263
　——の不相当性　267
賃料改定に関する特約　269
　——の効力　307
　——の種類　306
賃料債務　377
賃料自動改定特約　270,778
賃料自動増額特約　270,308
賃料支払請求訴訟　545
賃料増減額確認請求訴訟　686,775

888

事項索引

——の印紙額 787
——の訴訟形態 783
——の訴訟物 786
賃料増減額請求 489,561,683
賃料増減額請求訴訟 690
賃料増減請求 775,786
——が認められる要件 776
——の実質的要件 276
賃料増減請求権 776,779,781,788
——の行使 267
——の行使方法 781
——の法的性質 266
賃料増減請求権行使の効果 273
賃料増減請求権行使の方法 272
賃料不減額特約 270,307
賃料不増額特約 307,778
賃料を増額しない旨の特約 269,778
賃料を減額しない旨の特約 270
追完請求 125,140
追完請求権 124
追完と共にする損害賠償 131
追完に代わる損害賠償 132
追完の催告 127
通行権 496,498
——の競合 259
——の主体 244
——の併存 260
通行地役権 253,254,498
つくば方式 378
停止条件付賃借権 225
定期借家制度 554
定期借地権 378,382 ,388,486
提供 51
抵当権 140,142,488
——に基づく明渡請求 213
抵当権本質論 237
手付 45,512,515
——の内金 54
——の額 53
——の予約 54
——を放棄 51
手付損 46
手付流れ 51
手付（損）倍戻し 46
手付返還請求権放棄の意思表示 51

転貸 487
転得者 164
転付命令 499
登記効力要件主義 152
登記に関する承諾請求権 596
登記保持権原 749
当事者恒定 597
当事者恒定効 593,595
同時履行の抗弁権 737
特定人留保型通行権 254
特定物債権 167
特別事情による保全取消し 501,601
特別の事情 493
土地工作物責任 491
土地の転貸許可 684,849
土地の賃借権譲渡 684,849
土地の特定 504
土地の利用状況 323
取下げ 600
取引事例比較法 793

【な行】

二重譲渡 152,153
農地の高騰 524
農地の売買 721
農地法 509

【は行】

背信的悪意者 163
媒介契約上の注意義務 424
売買仮契約書 723
売買契約の解除 133
売買契約の締結 696
売買の一方の予約 516
判決主文 794
判例における相当賃料の算定方法 293
被害者側の過失 447
引渡し 725
引渡命令 214
比準方式 285
筆界調査委員 761
筆界特定書 761
筆界特定制度 760
筆界特定登記官 761
非訟事件 684

889

事項索引

非農地化　509
被申立人　588
標準媒介契約約款　454,466
費用の過分性の要件　581
品質における契約不適合を理由とする買主の権利の期間制限　144
品質に関する契約不適合　117
不可分債務　377,386,781
不完全履行　133
複合訴訟説　758
袋地　243
付随義務　194
付随性（従属性）　587
付随的義務　193,519
付随処分　856
物権契約　749
物権的請求権　216
物権変動時期　3
物理的瑕疵　118
物理的侵害　229
不当毀損行為　413
不動産　604,677,678,680
不動産鑑定士　680,682,690
不動産鑑定評価基準　287,791
不動産競売　656
不動産質権　137
不動産仲介業者　423,452
不動産仲介契約　424,452
不動産に関する権利の一部についての処分禁止の仮処分　596
不動産に関する登記請求権（仮登記を除く）を保全するための処分禁止の仮処分　595
不動産の一部についての権利保全　596
不動産売買仮契約書　13
不動産売買関係訴訟　502
不動産売買契約の成立　502
不動産売買契約の成立時期　2
不動産売買の成立時期の認定基準　21
不動産売買の特質　7
不動産売買のプロセス　5
不当使用行為　413
不服申立方法　600
部分的価格賠償　809
不法行為　28,616,617

不法行為責任　169,483
不法行為制度の目的　170
不法占有　222
ブルーマップ　591
分割禁止契約　804
分割方法の選択　809
文書送付嘱託　770
分有　375,380
分離・搬出物　230
ペット飼育　418
返還請求権　729
弁明の機会　405
妨害排除請求権　729
妨害予防請求権　729
法規説　728
報酬告示　454,455
法定敷地　375
法定責任説　112
法定地上権　373,391,500
法定通行権型通行権　254
法定通路　250
法定利息説　698
法的性質　776
冒頭規定説　728
法律効力規定　408
法律要件　687
暴力団事務所に対する立退請求　400
法令上の制限　121
補完事由としての立退料　327,340
保全仮登記　595,598
保全抗告　602
保全抗告手続　588
保全執行手続　600
保全処分　214
保全取消し　601
保全取消手続　588
ボンド　592

【ま行】

マンション標準管理規約　407
未登記通行地役権　257
密行性　587,589,599
三つの借地権　382
みなし完成　190
民事訴訟　677,682

890

民事調停　532,681
民事保全手続の当事者　588
民事保全の特色　587
民法94条2項類推適用　155
無権原占有　231
無権利者からの権利取得　155
無催告解除　135
無償通行権の特定承継　245
無償・無期限の通行地役権　254
無剰余取消し　579
無断譲渡転貸　550
申込証拠金　54
申立人　588
黙示合意　254
黙示の通行地役権　569
目的物の数量　121
目的物の特定　720
目的物の引渡等の請求　693

【や行】

優先弁済請求権　222,227
要件事実　687,788
要素たる債務　193,519
要素に錯誤　505
要物契約　54
用法違反　548
予備的合意　36

【ら行】

履行期前の履行の着手　57
履行遅滞に基づく損害賠償請求権の発生原
　因事実　697
履行の着手　513
履行の追完　616
履行費用　124
履行不能　718
　——等による解除　704
　——等による履行拒絶　704
履行補助者の責任　28
履行利益の賠償　130
離婚に伴う財産分与請求権　596
利回り法　287,290,791,792
利回り方式　285
留置権　137,140
両手　429

隣地使用権　497,625
　——の主体　629
ローン壊し　62
ローン条項　61
路地状敷地　250

【わ行】

和解　536,600,795,816
和解条項　795

〈編者略歴〉

澤 野 順 彦（さわの　ゆきひこ）

弁護士・不動産鑑定士・元立教大学大学院法務研究科教授
澤野法律不動産鑑定事務所所長・法学博士

（略　歴）

昭和36年3月	中央大学法学部卒業
昭和39年10月	司法試験第二次試験合格
昭和40年9月	不動産鑑定士第二次試験合格
昭和42年4月	弁護士登録（横浜弁護士会）
昭和44年2月	澤野法律事務所所長
昭和45年12月	不動産鑑定士第三次試験合格
昭和46年1月	澤野法律不動産鑑定事務所所長
昭和63年9月	立教大学大学院法学研究科後期課程修了（法学博士）
平成元年4月	日本大学大学院理工学研究科非常勤講師（〜平成16年）
平成6年4月	立教大学法学部非常勤講師（〜平成8年）
平成16年4月	立教大学大学院法務研究科教授（〜平成19年）

（主な著書）

（単著）『改訂・借家の法律相談』（住宅新報社、1982年）

（単著）『借地借家法の経済的基礎』（日本評論社、1988年）

（単著）『借地借家法の現代的展開』（住宅新報社、1980年）

上記2点により平成4年度日本不動産学会賞（論文賞）受賞

（単著）『新・競売不動産の評価』（住宅新報社、2001年）

（単著）『不動産法の理論と実務〔改訂〕』（商事法務、2006年）

（単著）『論点　借地借家法』（青林書院、2013年）

（単著）『不動産訴訟の実務から見た改正民法（債権法・相続法）POINT50』（青林書院、2021年）

（編著）『不動産法論点大系』（民事法研究会、2018年）

（編著）『実務解説　借地借家法〔第3版〕』（青林書院、2020年）

（共編著）『コンメンタール借地借家法〔第4版〕（日本評論社、2019年）

本書第1部担当

編者略歴

齋藤　隆（さいとう　たかし）

弁護士・元裁判官・元慶應義塾大学大学院法務研究科客員教授

（略　歴）

昭和48年3月　　慶應義塾大学法学部法律学科卒業

昭和49年9月　　司法試験第2次試験合格

昭和50年3月　　慶應義塾大学大学院法学研究科修士課程修了

昭和52年4月　　裁判官任官。東京地裁八王子支部判事補、秋田地裁判事補、大阪
　　　　　　　　地裁判事補、山形地裁酒田支部判事補、東京地裁判事、東京法務
　　　　　　　　局訟務部付（検事）、東京地裁判事（東京高等裁判所職務代行）、
　　　　　　　　長野地裁民事部部総括判事、東京地裁民事第49部（通常部）部総
　　　　　　　　括判事、同第22部（調停・借地非訟・建築事件部）部総括判事、
　　　　　　　　同第21部（民事執行センター）部総括判事を経て

平成20年3月　　釧路地方・家庭裁判所長

平成22年4月　　札幌地方裁判所長

平成23年8月　　東京高裁部総括判事

平成27年8月　　定年退官

平成27年9月　　弁護士登録（第二東京弁護士会所属）

平成28年4月　　慶應義塾大学大学院法務研究科客員教授（～令和6年）

（主な著書）

（共編著）『専門訴訟講座(2)建築訴訟〔第3版〕』（民事法研究会、2022年）

（編著）『建築関係訴訟の実務〔3訂版〕』（新日本法規出版、2011年）

（共編著）『民事要件事実講座(3)民法(1)債権総論・契約』（青林書院、2005年）

（共編著）『リーガル・プログレッシブ(4)民事執行〔補訂版〕』（青林書院、2014年）

（共著）『裁判官の視点　民事裁判と専門訴訟』（商事法務、2018年）

本書第3部担当

893

編者略歴

岸　日出夫（きし　ひでお）

元裁判官・東京都立大学法科大学院教授

（略　歴）

昭和57年3月	中央大学法学部法律学科卒業
昭和60年10月	司法試験第二次試験合格
昭和63年4月	裁判官任官。横浜地裁判事補、水戸地家裁下妻支部判事補、旭川地家裁判事補、東京地裁判事補、東京地裁判事、釧路地家裁北見支部長（判事）、東京地裁判事を経て
平成16年4月	旭川地裁部総括判事
平成18年4月	裁判官訴追委員会事務局（次長）
平成20年7月	東京高裁判事
平成21年4月	司法研修所民事裁判教官
平成25年4月	東京高裁判事
平成25年8月	千葉地裁部総括判事
平成28年4月	東京地裁部総括判事
平成30年3月	東京地家裁立川支部長
平成31年2月	高松地裁所長
令和2年12月	長野地家裁所長
令和4年4月	千葉家裁所長
令和5年5月	定年退官
令和6年4月	東京都立大学法科大学院教授

（主な著書）

（編集代表）『Q&A 建築訴訟の実務』（新日本法規出版、2020年）

（共著）『新・裁判実務大系(12)民事執行法』（青林書院、2001年）

（共著）『事例と解説　民事裁判の主文』（新日本法規出版、2015年）

（共著）『事実認定体系　契約各論編(3)〔新訂〕』（第一法規、2018年）

本書第2部担当

●第 2 版執筆者一覧●

(執筆順)

〈第 1 部〉

良永　和隆（専修大学法学部教授、弁護士）第 1 章

野澤　正充（立教大学法学部教授）第 2 章

上原由起夫（元成蹊大学大学院法務研究科教授、弁護士（上原法律事務所））
　　　　　第 3 章

澤野　和博（立正大学法学部教授、弁護士（澤野法律不動産鑑定事務所））
　　　　　第 4 章

藤井　俊二（創価大学名誉教授）第 5 章

石田　　剛（一橋大学大学院法学研究科教授）第 6 章

難波　讓治（中央大学法学部教授）第 7 章

白石　　大（早稲田大学法学学術院教授）第 8 章

松尾　　弘（慶應義塾大学大学院法務研究科教授）第 9 章

岡本　詔治（龍谷大学名誉教授）第10章

澤野　順彦（弁護士（澤野法律不動産鑑定事務所））第11章

内田　勝一（早稲田大学名誉教授）第12章

丸山　英氣（千葉大学名誉教授、弁護士（港共同法律事務所））第13章

鎌野　邦樹（早稲田大学名誉教授）第14章

小柳春一郎（獨協大学名誉教授）第15章

中村　　肇（明治大学専門職大学院法務研究科教授）第16章

〈第 2 部〉

岸　日出夫（元千葉家庭裁判所所長、東京都立大学法科大学院教授）第 1 章

長谷川　誠（元盛岡地方・家庭裁判所所長）第 2 章

石黒　清子（弁護士（野田記念法律事務所））第 3 章

矢作　和彦（弁護士（矢作・市村法律事務所））第 4 章

村重　慶一（元松山地方裁判所所長、元弁護士）第 5 章

鎌野　邦樹（早稲田大学名誉教授）第 5 章

甲良充一郎（弁護士（甲良法律事務所）、元東京高等裁判所判事）第 6 章

第2版執筆者一覧

齋藤　　隆（弁護士（ひかり総合法律事務所）、元東京高等裁判所部総括判
　　　　　　事）第7章

大久保由美（弁護士（島田法律事務所））第8章

澤野　順彦（弁護士（澤野法律不動産鑑定事務所））第9章

〈第3部〉

齋藤　　隆（弁護士（ひかり総合法律事務所）、元東京高等裁判所部総括判
　　　　　　事）第1章

武宮　英子（大阪地方裁判所部総括判事）第2章

原　　克也（山形地方・家庭裁判所所長）第3章

村越　啓悦（弁護士（村越法律事務所）、元東京地方裁判所判事）第4章

大嶋　洋志（福島家庭裁判所所長）第5章

島田英一郎（横浜地方裁判所判事）第6章

日野　直子（静岡地方・家庭裁判所部総括判事）第7章

（所属は、令和6年9月現在）

●初版執筆者一覧●

（執筆順）

〈第1部〉

良永　和隆	野澤　正充
上原由起夫	澤野　和博
藤井　俊二	石田　　剛
難波　讓治	鎌田　　薫
白石　　大	松尾　　弘
岡本　詔治	澤野　順彦
内田　勝一	丸山　英氣
鎌野　邦樹	小栁春一郎
中村　　肇	

〈第2部〉

塩崎　　勤	長谷川　誠
石黒　清子	宮川　博史
村重　慶一	甲良充一郎
安藤　一郎	

〈第3部〉

齋藤　　隆	武宮　英子
原　　克也	村越　啓悦
大久保正道	酒井　良介
日野　直子	

【専門訴訟講座⑤】不動産関係訴訟〔第2版〕

令和 6 年12月 1 日　第 1 刷発行

編　者　　澤野順彦・齋藤　隆・岸 日出夫
発　行　　株式会社　民事法研究会
印　刷　　藤原印刷株式会社

発行所　株式会社　民事法研究会
　　　　〒150-0013 東京都渋谷区恵比寿3-7-16
　　　　　　〔営業〕TEL 03(5798)7257　FAX 03(5798)7258
　　　　　　〔編集〕TEL 03(5798)7277　FAX 03(5798)7278
　　　　　　http://www.minjiho.com/　info@minjiho.com

落丁・乱丁はおとりかえします。　　　　　ISBN978-4-86556-587-4
カバーデザイン：袴田峯男

民事法研究会の法律専門誌

各分野の最新の情報や実務動向等を掲載した専門情報誌！

● 知的財産・バイオ・環境・情報・科学技術と法を結ぶ専門情報誌！

Law & Technology

知的財産権・科学技術・情報と法を結ぶわが国唯一の専門情報誌！ 弁護士・弁理士などの法律実務家、企業の特許・法務部関係者、研究者、行政関係者などの必備の書！直販の年間購読者限定で、ご購読のPDFデータを提供しています！

■隔月刊(年 4 回発行)・B 5 判・平均130頁
■年間購読料　8,800円(税10%・送料込)

お得な年間購読の
お申込みはこちらから→

● 最先端の理論・実務を紹介する専門情報誌！

現代 消費者法

わが国の被害例・対応例はもとより、世界の消費者法の動向を的確にフォローし、消費者法制のさらなる改善や消費者主権の確立に向けた関係者必須の諸情報を発信！

■隔月刊(年 4 回発行)・B 5 判・平均120頁
■年間購読料　8,400円(税10%・送料込)

お得な年間購読の
お申込みはこちらから→

● 21世紀の司法書士像を創る総合法律情報誌！

市民と法

「身近な街の法律家」としての使命と役割を担う司法書士の方々に対して、日々の実務の必須知識や指針を提供し、さらには自らが蓄積した実務知識や情報、業務の現状に対する問題提起や司法書士制度の将来展望を考察し、提言・発表する場でもある総合法律情報誌！

■隔月刊(年 6 回発行)・B 5 判・平均100頁
■年間購読料　9,600円(税10%・送料込)

直販制・分冊販売不可
お得な年間購読の
お申込みはこちらから→

● 後見実務に役立つ情報が満載！

実践 成年後見

毎号の特集では実務で直面している問題点に焦点をあて、わかりやすく解説がなされています。後見実務に携わる弁護士、司法書士、社会福祉士等の実務家をはじめ、研究者、行政担当者、福祉関係者、親族等にとって貴重な情報が満載！

■隔月刊(年 6 回発行)・B 5 判・平均140頁
■年間購読料　9,000円(税10%・送料込)

お得な年間購読の
お申込みはこちらから→

発行　民事法研究会

〒150-0013　東京都渋谷区恵比寿 3-7-16
(営業) TEL. 03-5798-7257　　FAX. 03-5798-7258
http://www.minjiho.com/　　info@minjiho.com

裁判事務手続講座シリーズ

2022年3月刊 改正民事執行法施行後の実務等、最新の法令・実務・書式に対応させ改訂！

書式 不動産執行の実務〔全訂12版〕
——申立てから配当までの書式と理論——

全訂12版では、不動産競売からの暴力団排除を含む民事執行法（令和2年4月）等の法改正に完全対応するとともに、最新の裁判例・文献・論文を収録し、実務の動向等に基づいて内容を見直し改訂！

園部　厚　著

（A5判・693頁・定価6710円(本体6100円＋税10％)）

2020年8月刊 各目的財産に応じた執行手続を流れに沿って解説し、豊富な書式・記載例を充実！

書式 債権・その他財産権・動産等執行の実務
〔全訂15版〕——申立てから配当までの書式と理論——

令和2年4月施行の民法（債権法）改正や執行の実効性の向上のために債務者以外の第三者からの財産状況の情報取得手続の新設をはじめとする民事執行法の改正、関係法令の改正、最新の判例を収録して大幅改訂増補！

園部　厚　著

（A5判・1100頁・定価9900円(本体9000円＋税10％)）

2020年6月刊 インターネット関係の仮処分命令申立書などの記載例を追録して改訂増補！

書式 民事保全の実務〔全訂六版〕
——申立てから執行終了までの書式と理論——

各種目録など申立てに必要な書類に関する章立てを整理し、申立てから執行終了まで、実務の流れに沿った豊富な書式・記載例を充実させた1冊！　不服申立てなど付随手続も網羅しているので関係者にとって極めて至便！

松本利幸・古谷健二郎　編

（A5判・664頁・定価6600円(本体6000円＋税10％)）

2024年5月刊 所有者不明土地の利用の円滑化を図る方策等最新の実務に対応！

書式 借地非訟・民事非訟の実務
〔全訂六版〕——申立てから手続終了までの書式と理論——

令和5年施行の改正民法で見直された共有関係制度・財産管理制度については章を新設して詳解！　共有物の管理・変更に係る裁判や所有者不明・管理不全土地（建物）管理命令事件の裁判に関するものなど84の書式を収録！

園部　厚　著

（A5判・695頁・定価7700円(本体7000円＋税10％)）

発行　民事法研究会

〒150-0013　東京都渋谷区恵比寿3-7-16
（営業）TEL 03-5798-7257　FAX 03-5798-7258
http://www.minjiho.com/　　info@minjiho.com

最新実務に必携の手引

― 実務に即対応できる好評実務書！ ―

2021年11月刊 DIP型の倒産手続である民事再生の書式と実践的ノウハウを開示したロングセラー！

書式　民事再生の実務〔全訂五版〕
―申立てから手続終了までの書式と理論―

民法（債権法）改正やこれに伴う民事再生法改正を反映し、最新の判例・学説を収録して改訂！　東京と大阪の弁護士が共同執筆することで、双方の手続に言及することができるとともに、申立代理人としての実務上の留意点・再建の手法についても、詳細に解説！

藤原総一郎・軸丸欣哉・松井裕介　編著

（Ａ５判・691頁・定価　7,480円（本体　6,800円＋税10％））

2021年 4月刊 改正民事執行法で規定された「子の引渡し」の間接強制の実務・書式を追録！

書式 代替執行・間接強制・意思表示擬制の実務〔第六版〕
―建物収去命令・判決に基づく登記手続等の実務と書式―

令和２年４月施行の改正民事執行法で規定された「子の引渡し」の間接強制の実務・書式を追録（第３章第４節）するとともに、近年における民法等の改正に対応！　実務の流れに沿って関連書式を収録し、書式には記載例を提示しているので、具体的でわかりやすい至便の書！

園部　厚　著

（Ａ５判・509頁・定価　5,500円（本体　5,000円＋税10％））

2021年 4月刊 令和元年会社法改正に対応！　手続の流れに沿って詳解！

書式　会社訴訟の実務
―訴訟・仮処分の申立ての書式と理論―

事例の積み重ねによって深化・進化した会社訴訟理論を詳細に分析するとともに、実務家が必要とする多様な書式例を示しつつ一体として解説！　申立てに携わる弁護士はもとより、法務・コンプライアンス担当者や公認会計士、税理士など法律実務家にとっても必携の書！

武井洋一・浦部明子・三谷革司・伊藤一哉・松田由貴・渡邉和之　編

（Ａ５判・663頁・定価　7,260円（本体　6,600円＋税10％））

2020年10月刊 改正民法（債権法）その他の最新の法令に対応した実務を収録して補訂！

書式 和解・民事調停の実務〔全訂八版補訂版〕
―申立てから手続終了までの書式と理論―

簡易・迅速・廉価な紛争解決手続を利用するうえで最低限必要な知識を書式・記載例を一体として解説し、検索性を向上させた実務に至便なロングセラー！　各書式には記入例と作成上の留意事項が記載されているので、極めて実務の対応が容易！

茗茄政信・近藤　基　著

（Ａ５判・297頁・定価　3,520円（本体　3,200円＋税10％））

発行　民事法研究会

〒150-0013　東京都渋谷区恵比寿 3-7-16
（営業）TEL. 03-5798-7257　　FAX. 03-5798-7258
http://www.minjiho.com/　　info@minjiho.com

専門訴訟講座❹

医療訴訟
〔第2版〕

浦川道太郎・金井康雄・安原幸彦・宮澤　潤　編

Ａ５判・738頁・定価8,800円（本体8,000円＋税10％）

▶初版刊行以後の法理論と裁判実務の進展を反映し、必要に応じて裁判例の入替えを行うなど、実務や学説の状況を最新のものにして改訂！
▶[第1部：法理編]では、研究者を中心に、紛争の中に活きる理論を解説し、新たな形での「理論と実務の架橋」を実現！
▶[第2部：実務編]では、医療機関側代理人、患者側代理人それぞれの立場より、手続の流れに沿って訴訟提起前の対応から受任、訴訟活動における紛争解決のノウハウと法的問題点のとらえ方を開示！
▶[第3部：審理編]では、地方裁判所医療集中部出身の裁判官により、最新の審理のあり方について訴訟遂行上の留意点を踏まえて解説！

専門訴訟講座❸

保険関係訴訟
〔第2版〕

山下　丈・山野嘉朗・田中　敦　編

Ａ５判・831頁・定価9,350円（本体8,500円＋税10％）

▶保険法ほか保険業法、各種約款および損害（火災・自動車等）、生命、傷害の各種保険の知識まで要し、一般の民商事契約に比べ特殊で理解が容易でない印象の保険紛争につき、研究者・実務家・裁判官が専門知識を駆使して解決の理論と実務指針を明示！
▶[第1部：法理編]では、研究者により、紛争の中に活きる理論を解説し、新たな形での「理論と実務の架橋」を実現！
▶[第2部：実務編]では、保険企業法務に携わる弁護士、保険会社関係者により、各種保険の特徴から保険類型に応じた法的問題点、紛争防止の留意点を実践的に詳解！
▶[第3部：主張・立証責任編]では、裁判官・元裁判官により、各種保険類型別の主張・立証責任の所在と内容、留意点について判例を踏まえて解説！

発行　民事法研究会

〒150-0013　東京都渋谷区恵比寿3-7-16
（営業）TEL. 03-5798-7257　FAX. 03-5798-7258
http://www.minjiho.com/　　info@minjiho.com

請負、売買、不法行為訴訟を中心に紛争の法理・実務・要件事実を詳解！

【専門訴訟講座②】

建築訴訟
〔第3版〕

松本克美・齋藤　隆・小久保孝雄　編

A5判・1057頁・定価9,900円（本体9,000円＋税10％）

▶極めて専門性が高く、専門的知識・能力を必要とされる建築訴訟について、研究者・実務家・裁判官がそれぞれの専門知識を駆使して紛争解決の理論と実務指針を豊富な書式、資料を織り込みつつ明示！

▶従来、瑕疵担保責任として民法に規定されていたものが、契約内容不適合責任として新たな規定が設けられたほか、権利行使期間にかかわる消滅時効制度も大きく改正された平成29年民法（債権関係）改正に対応させるとともに、最新の判例、理論・実務状況を踏まえた待望の改訂版！

▶斯界の著名な研究者、東京・大阪地裁建築集中部出身裁判官、専門調停委員を経験した弁護士が最新の紛争解決指針を解説！

▶研究者・裁判官・弁護士・司法書士・司法修習生、法科大学院生に必携の1冊！

本書の主要内容

第1部　建築訴訟の法理
- 第1章　建築訴訟の意義と法的構造
- 第2章　建築瑕疵（契約内容不適合）訴訟
- 第3章　建築工事当事者間のその他の訴訟
- 第4章　建築行政紛争
- 第5章　建築近隣民事紛争

第2部　建築訴訟の実務
- 第1章　総　説
- 第2章　建築紛争の諸類型と訴訟
- 第3章　当事者代理人からみた建築訴訟
- 第4章　建築訴訟の審理
- 第5章　判決と和解

第3部　建築訴訟の要件事実と裁判
- 第1章　工事請負契約関係訴訟における要件事実と証明責任
- 第2章　売買契約関係訴訟における要件事実と証明責任
- 第3章　不法行為関係訴訟における要件事実と証明責任
- 第4章　損害額算定に関する諸問題

資料編

発行　民事法研究会

〒150-0013　東京都渋谷区恵比寿3-7-16
（営業）TEL. 03-5798-7257　FAX. 03-5798-7258
http://www.minjiho.com/　　info@minjiho.com

専門訴訟講座シリーズ

専門的知識・能力を必要とされる交通事故訴訟をめぐる法理・実務・要件事実を研究者・実務家・裁判官が詳説！

専門訴訟講座① 交通事故訴訟〔第2版〕

塩崎　勤・小賀野晶一・島田一彦　編　　　（A5判・1013頁・定価 9680円（本体 8800円＋税10％））

請負、売買、不法行為訴訟を中心に建築をめぐる紛争の法理・実務・要件事実を詳解！

専門訴訟講座② 建築訴訟〔第3版〕

松本克美・齋藤　隆・小久保孝雄　編　　　（A5判・1057頁・定価 9900円（本体 9000円＋税10％））

保険法施行後の保険関係訴訟をめぐる法理・実務・要件事実を研究者・実務家・裁判官が詳説！

専門訴訟講座③ 保険関係訴訟〔第2版〕

山下　丈・山野嘉朗・田中　敦　編　　　（A5判・831頁・定価 9350円（本体 8500円＋税10％））

初版刊行以後の法理論と裁判実務の進展を反映し、必要に応じて裁判例を入替えて改訂！

専門訴訟講座④ 医療訴訟〔第2版〕

浦川道太郎・金井康雄・安原幸彦・宮澤　潤 編（A5判・738頁・定価 8800円（本体 8000円＋税10％））

最新の論点・判例分析、訴訟類型ごとの実務と要件事実を研究者・裁判官・弁護士が詳説！

専門訴訟講座⑤ 不動産関係訴訟〔第2版〕

澤野順彦・齋藤　隆・岸日出夫　編　　　（A5判・950頁・定価 9680円（本体 8800円＋税10％））

平成23年改正特許法下での理論・実務を展望し、法理・実務・裁判と要件事実を詳解！

専門訴訟講座⑥ 特許訴訟〔上巻〕〔下巻〕

大渕哲也・塚原朋一・熊倉禎男・三村量一・富岡英次 編　〔上〕(A5判・833頁・定価 8470円(本体 7700円＋税10％))〔下〕(A5判・755頁・定価 7480円(本体 6800円＋税10％))

多様な利害関係の適切・公正な調整を図るための「理論」「実務」「要件事実と裁判」を詳解！

専門訴訟講座⑦ 会社訴訟──訴訟・非訟・仮処分──

浜田道代・久保利英明・稲葉威雄　編　　　（A5判・1000頁・定価 9350円（本体 8500円＋税10％））

利害関係人間の公正・平等を図り、組織や財産価値を保全し、迅速な解決に至る指針を詳解！

専門訴訟講座⑧ 倒産・再生訴訟

松嶋英機・伊藤　眞・園尾隆司　編　　　（A5判・648頁・定価 6270円（本体 5700円＋税10％））

発行 民事法研究会
〒150-0013 東京都渋谷区恵比寿3-7-16
（営業）TEL 03-5798-7257　FAX 03-5798-7258
http://www.minjiho.com/　info@minjiho.com